ISBN 978-0-260-98563-7
PIBN 10997796

FB &c Ltd, Dalton House, 60 Windsor Avenue, London, SW19 2RR.
Company number 08720141. Registered in England and Wales.

For support please visit www.forgottenbooks.com

Johann Heinrich Jung's

(genannt Stilling)

usgewählte Werke

in

vier Bänden.

Vierter Band.

Stuttgart:

Inhalt.

Seit.

I. Der christliche Menschenfreund, in Erzählungen für Bürger und Bauern (1803). 1

Ueber den Revolutionsgeist unserer Zeit zur Belehrung

297

Journalisten (1807). 337

IV. Ueber Reliquien. 365

V. Antwort durch Wahrheit in Liebe auf die an mich gerichteten Briefe des Hrn. Prof. Sulzers in Konstanz über Katholicismus und Protestantismus (1811). . . . . . 40[illegible]

VI. Die große Panacee wider die Krankheit des Religions-

Der
Christliche Menschenfreu
in
Erzählungen
für
Bürger und Bauern.
1803.

Gehe aus auf die Landstraßen und an die Zäune, und nöthige sie herein zu kommen, auf daß mein Haus voll werde.

Luc. 14. v. 23.

Erste Abtheilung.

In einem gewissen Lande, dem ich den Namen: die Grafschaft Geisenfels geben will, liegt oben, nahe an einem hohen waldigten Gebirge, ein ziemlich großer Flecken, dessen Bürger sich theils mit dem Ackerbau, theils auch mit Fabriken ernähren, und der hier Kirchenheim heißen soll. Die Einwohner sind wohlhabende Leute, wozu vorzüglich eine Leinwand-Manufactur vieles beiträgt; denn viele arme Leute spinnen Flachs, andere nähren sich mit Bleichen, andere mit Weben, und wieder andere mit Tagelohngehen. Dadurch kommt nun viel Geld in den Flecken, so daß dann auch die Landwirthe, welche Ackerbau und Viehzucht treiben, ihre Sachen gut verkaufen können.

An einem schönen Abend, als die dunkeln Schatten schon die Häuser des Fleckens bedeckten, der messingene Kirchthurm-Knopf noch eben wie ein Stern flimmerte, und die Schatten des Blaune-Berges gegen Abend die letzten Sonnenstrahlen den Wald hinan jagten, hielten die zween Bleicher, Johann und Thomas, während dem sie das Garn von der Bleiche aufnahmen, folgendes Gespräch:

Thomas. — Nein! — Gott bewahre und behüte ein jedes frommes Mutterkind für einem solchen Tod!

Johann. Du meynst wohl den reichen Pfifferling — I nu! — für einem solchen Tod ist wohl ein jedes frommes Mutterkind sicher.

Thom. Ja so! — da hast du recht! — aber sag mir

doch in aller Welt, ist es nicht schrecklich, so zu sterben! — was hilft nun die arme Seele aller Reichthum?

Joh. Da hast du wohl recht! — aber sag mir doch, wie wars denn eigentlich mit seinem Tod — ich hab davon sprechen hören, aber den rechten Grund weiß ich noch nicht.

Thom. Den rechten Grund kann ich dir sagen, denn ich war dabei. Nein! das vergeß ich in meinem Leben nicht, wenn ich nur dran denke, so gehts mir durch Mark und Bein

Joh. Nun so sag doch, wie wars denn eigentlich?

Thom. Du weißt, daß der reiche Pfifferling lang kränklich war; endlich kam's denn zur Wassersucht, und vollends — so wie der Doctor sagt — auch zur Brustwassersucht; da konnte nun der arme Mensch nicht leben und nicht sterben! immer mußte er im Stuhl sitzen, und die Fenster mußten offen stehn, und doch konnt' er keinen Odem bekommen — das war denn eine Angst, die war schrecklich, und dann war er so ärgerlich, so krittelich, daß es ihm niemand recht machen konnte: immer glaubte er noch, er würde wieder aufkommen; und als ihm der Doctor sagte: er sollte sich nicht zu fest darauf verlassen, denn es könnte auch gar leicht anders kommen, so fluchte er fürchterlich, und jagte ihn fort mit den Worten: er sollte ihm nie vors Gesicht kommen er verstünde nichts, er bekäme keinen Heller von ihm, und was er alles weiter sagte. Du weißt, wie fleißig unser alter Herr Pfarrer die Kranken besuchte; allein nun kann er auch nicht mehr vom Platz kommen — der stirbt einmal auf eine andere Art wie Pfifferling.

Joh. Das glaub ich; — kam denn sein Herr Sohn, der Candidat, nicht dahin?

Thom. Ei ja! er kam freilich, aber der glaubt ja — so wie die Leute sagen — nicht an den Herrn Christus und dann sagt er auch, das Krankenbesuchen helfe nichts.

Joh. Nu — das ist mir ein schöner Pfarrer, der! — aber was machte der Einfalts-Pinsel da?

Thom. I Nu! — da saß er, wie ein Schulknabe, wenn der Schulmeister bös ist! dann fing er an ihn zu trösten, und ihm vorzuschwatzen, das bringe die Krankheit so mit sich, jedes Uebel nähme endlich ein Ende, und was er alles weiter sagte. Endlich riß dem Kranken die Geduld aus, er brüllte ihm heischer entgegen: ob er Rath wisse, wie der Teufel selig werden könnte? — und als der Candidat für Schrecken nichts antwortete, so jagte er ihn auch fort.

Joh. Aber für einmal, Thomas! wenn unser alter Pfarrer da gewesen wäre — wahrhaftig! der Mann hätte noch gerettet werden können — er wär wenigstens als ein bußfertiger Schächer gestorben. Wäre dem armen Pfifferling da nur so einfältig vorgestellt worden, daß auch der größte Sünder noch selig werden könnte, wenn er sich mit recht herzlicher Buße zum Herrn Jesu wendete, vielleicht hätte er sich noch bekehrt.

Thom. Das hab ich ihm gesagt, aber er wendete den Kopf weg, und antwortete: das geht mich nichts an! freilich, unser alter Herr Pfarrer hätte es besser sagen können, als ich.

Joh. Nun wie gings denn weiter?

Thom. Seine Frau, die Tochter, der Knecht und die Magd durften ihm endlich nicht mehr vor das Gesicht kommen, sie saßen unten in der Stube in einem Eck beisammen, wie Schafe bei einem fürchterlichen Donnerwetter, sie weinten still, und sagten kein Wort. Der Friedrich durfte gar nicht vor seine Augen kommen, den konnte er schon in gesunden Tagen nicht leiden, weil er arm ist, und seine Tochter doch nicht von ihm ablassen will. Dieser saß unten bei den Weibsleuten, und tröstete sich so gut er konnte.

Joh. Ach Gott! das war ein schweres Stück Arbeit: denn Mutter und Tochter sind beide gottesfürchtig, und da kann man denken, wie's jemand zu Muth ist, der Mann und Vater im Rachen der Hölle sieht.

Thom. Ja wohl! die beiden Weibspersonen waren wie halb todt, sie konnten nur still weinen; wenn von Beten die Rede war, so sagte die Mutter, oder auch die Tochter, sie hätten sich oft auf den Boden hingestreckt und Gott um Barmherzigkeit für ihn angerufen, aber dann wär's gerad, als wenn ihnen alle Gedanken vergingen, und als wenn der Himmel mit

Brettern vernagelt wäre, kein Gebet dringe hinauf oder hindurch.

Joh. Entsetzlich! Entsetzlich! nun wie ging's weiter?

Thom. Wir Nachbarn machten es nun unter einander aus, daß wir abwechselnd Tag und Nacht bei ihm bleiben wollten; es dauerte aber nun nicht lange mehr. Ach Gott, welche Stunden waren das! — er verfluchte den Tag seiner Geburt — und seine Eltern, er lästerte Gott — und dann sank er wieder in einen Schlummer. Endlich kam dann der schreckliche Augenblick — er sahe starr vor sich hin, seine Miene war fürchterlich. Dort kommen sie! rief er wüthend — Ach ihr Leute! sie kommen! — die ganze Hölle kommt! — Die Haare sträubten sich, er hub sich auf, stieß mit Händen und Füßen von sich, erstickte und wurde schwarzblau. Johann und Thomas weinten nun eine Weile, ehe sie wieder reden konnten, dann fuhr Thomas wieder fort: es war uns allen schrecklich zu Muth, vielleicht so, wie es uns einst am jüngsten Tag seyn wird. Wir stunden da, wie arme Sünder, vor Gottes Gericht! unser waren drei, ich, und der Schneider Jacob, und dann der Schmid Peter; endlich fielen wir uns alle um den Hals, weinten laut und dann schwuren wir alle drei einen theuern Eid vor Gott, daß wir durch Gottes Beistand nun fromme Christen werden wollten.

Joh. Ja wahrlich! das war auch das Beste, was ihr thun konntet, dieser Tod hat unsern ganzen Flecken, ich möchte fast sagen — bekehrt! —

Thom. Ja wenns nur Stand hielt; — aber da könnte nun der Herr Candidat etwas Rechts ausrichten, wenn er das nun jetzt so recht benutzte — auf der Kanzel wohl nicht, um der Verwandten willen, aber sonst so im Umgang — allein weißt du, was er sagt?

Joh. Ich kanns wohl denken! — nun was sagt er denn?

Thom. er sagt: das wär so ganz natürlich! — die Krankheit bringe schreckliche Beängstigungen, und dann sey das blos Einbildung mit den Teufeln und der Hölle, und alle, die die Brustwassersucht hätten, erstickten, und würden dann schwarzblau, man sollte doch daraus nicht so ein Wesen machen, es bestärke ja blos im Aberglauben, und was er alles weiter faselte.

Joh. Nun dazu brauchen wir eben keinen Candidaten, der uns das sagt, wer nur je Wassersüchtige gesehen hat, der weiß das; meine selige Baase starb auch an dieser Krankheit, auch die war schrecklich beängstigt, auch die erstickte und wurde schwarz, aber wie ein Lamm, das zur Schlachtbank geführt wird, sie rief: Herr Jesu, erbarm dich mein! — Ach erlöse mich aus diesem Jammer! — und als sie starb, rief sie: Herr Jesus ich komme, nimm meine Seele zu dir, — und bei all der schrecklichen Angst, sahe sie doch aus, wie ein Engel. Es ist auch nicht immer darauf zu gehen: viele fromme Leute können auch sehr ängstlich im Tod seyn, und auch wohl glauben den Satan zu sehn, als ob er sie verschlingen wolle, und werden doch selig, aber rasen, fluchen, lästern and dann so sterben, das ist doch ganz was anders, und darauf sollte der Candidat die Leute aufmerksam machen. Weißt du, wie mir das Ding vorkommt? — Sieh! das ist eben wie in unserer Kirche, Du weißt das Gemälde, wo der Satan Christum versucht — doch nein! — ich kann Dirs noch deutlicher machen: Siehst du! stell dir vor, da hingen zwei Gemälde, eins wär ein Engel, und das andre ein böser Geist, an beiden wären einerlei Farben, und nun stellte sich der Candidat hin und sagte: Nun ihr Leute seyd doch nicht närrisch, die Farben sind ja ganz natürlich am einen wie am andern, beide Bilder sind ja ganz einerlei. Was braucht ihr euch für der Gestalt zu entsetzen? Verstehst Du mich auch, Thomas? — wie ichs so recht meyne?

Thom. Ja freilich versteh ich Dich! — mir fällt da Christus am Kreuz zwischen den Mördern ein, alle drei leiden einerlei Qual, aber welch ein Unterschied im Betragen?

Joh. Richtig? Deins paßt besser als Meins. Aber was ists denn doch eigentlich, das man dem Pfifferling zur Last legt; Du weißt, daß ich erst seit einigen Jahren hier bin, und so lang er lebte, scheute man sich viel von ihm zu reden, er war reich, mächtig und rachsüchtig.

Thom. Ich hab ihn von Kind auf gekannt, und mein seliger Vater war mit ihm gleiches Alters; der hat uns Kindern so im Vertrauen manchmal von ihm erzählt, um uns einen Abscheu an solchen Dingen einzuprägen! Pfifferling war von Jugend auf ein gescheiter Kerl gewesen; da er nun ganz und gar kein Vermögen hatte (denn seine Eltern hatten Bankerutt gemacht, als er noch jung war —), so legte er sich auf allerhand Kniffe, um ohne Mühe und Arbeit Geld zu gewinnen, bald handelte er mit Vieh, dann mit Pferden, und wo er ungestraft dazu kommen konnte zu betrügen, da ließ er's nicht. Als nun der siebenjährige Krieg anging, so legte er sich aufs Marketendern; man lernte ihn als ein schlauen Menschen kennen, und brauchte ihn zu allem, wo List nöthig war. Endlich wurde er gar Kriegs-Kommissair, und nun ging erst seine Erndte an. Auch sagte man sich ins Ohr, er sey einmal mit einer Kriegskasse durchgegangen.

Als es endlich Friede wurde, so kam er wieder her nach Kirchenheim, miethete sich ein Haus, und fing nun eine Handlung an: allein das wollte nicht gehen: denn er verstund die rechte Handlung nicht, sondern nur das Schachern und Betrügen, daher verlehnte er nun das Geld an die Bauersleute, und ließ sich ihre Güter verschreiben. Nun schien er gar barmherzig, wenn die Leute keine Interesse brachten, so mahnte er sie nicht, und wenn sie sie brachten, so sagte er: Ihr guten Leute! warum thut ihr euch so weh? behaltet doch das Geld, ich brauch es ja nicht! — Dies trieb er so lang, bis Kapital und Interesse hoch genug gestiegen waren, dann mahnte er die Leute um beides, und wenn sie dann kein Geld schafften, so jagte er sie von Haus und Hof, und nahm ihnen die Güter weg.

Joh. Lieber Gott! welch ein abscheulicher Mensch.

Thom. Lieber Johann! das Meisterstück der Bosheit kommt noch; einen falschen Eid zu schwören, das war ihm eine Kleinigkeit, nur hütete er sich, daß mans ihm nicht beweisen konnte; aber eben die falschen Eide machten ihm auch in seiner Krankheit am mehrsten zu schaffen. Ich weiß nicht, ob es Dir bekannt ist, daß unser Herr, der Herr Friedenhold, ihn einmal besucht hat; er hatte wegen einer andern Sache mit ihm zu reden, und wie er denn nun, wie alle Welt weiß, ein Engel Gottes in menschlicher Gestalt ist, so suchte er auch mit Gelegenheit an sein Herz zu kommen; aber sobald das Pfifferling nur merkte, fuhr er auf, sahe Herrn Friedenhold schrecklich an, und brüllte ihm entgegen: ich stehe am Thor der Hölle, und weiß aufs allergewisseste, daß der, der einen falschen Eid geschworen hat, nie Gnade zu hoffen hat. Herr Friedenhold redete ihm zu, und sagte: Wenn aber der, der einen falschen Eid geschworen hat, das, was er dadurch geschadet hat, wieder ersetzt, und der Obrigkeit feierlich erklärt, er habe falsch geschworen, und dann herzliche Buße thut, so kann er doch noch wie ein Brand aus dem Feuer gerettet werden? Darauf brüllte Pfifferling: Ja! — wenn er aber das nun nicht will? — jetzt schwieg unser Herr, und ging fort.

Joh. Erschrecklich! Erschrecklich! aber Du sagtest noch von einem Meisterstück der Bosheit, was war das?

Thom. Das will ich Dir nun auch erzählen. Das Haus, worin er gewohnt hat und gestorben ist, und das Gut, welches er viele Jahre besessen hat, gehörte einem Weißgerber Henkelmann; dieser Mann war immer kränklich und seine Frau nie gesund; sie hatten zwei Kinder zusammen gezeugt, zween Söhne, die beide auch ihres Vaters Handwerk gelernt hatten, und ihm auch halfen; allein bei allem war kein rechter Segen, der Mann hatte kein Geld, folglich konnte er auch keinen Verlag thun, und so ging es immermehr hinter sich. Pfifferling gab ihm oft gute Worte und bot ihm so viel Geld an, als er nur wollte, allein Henkelmann wehrte sich so lang, bis es endlich so weit kam, daß die Creditoren auf den Concurs drungen; jetzt gelung es Pfifferlingen, sein Geld anzubringen, er gab das Geld her und ließ sich nun Haus und Hof verschreiben.

Die Furcht für Pfifferling mochte nun wohl den Henkelmann

fleißiger und vorsichtiger machen; er strengte alle seine Kräfte an; seine Söhne thaten auch ihr Bestes, und so kamen die guten Leute vorwärts, und wie alle Welt sagt und glaubt, so trugen sie nach und nach ihre Schulden ab; endlich mochten sie auch noch etwas dazu gelehnt haben, so daß sie nun dem Pfifferling nichts mehr schuldig waren.

Indessen starb Henkelmanns Frau, auch er wurde von Tag zu Tag schlechter. Pfifferling besuchte ihn oft freundschaftlich, und endlich starb denn auch Henkelmann an der Zehrung. Jetzt wollten nun die Söhne theilen und ihre Sachen in Ordnung bringen; allein wie erschracken sie, als nun Pfifferling das ganze ehmalige Capital nebst den Interessen forderte. — Sie glaubten ihn bald zu überzeugen, sie liefen zu des Vaters Schrank, um die Quittungen zu holen, allein da war keine einzige zu finden, und eben so wenig die zurückgegebene Obligation, — jetzt war guter Rath theuer, sie liefen zu geschickten Advocaten, sie baten, sie flehten, aber alles half nichts, sie hatten kein einziges Mittel, die Bezahlung zu beweisen, als daß sie oft von ihren Eltern gehört hatten, es sey alles bezahlt! — Indessen suchten sie alles hervor, was sie konnten, um ihre Sache zu beweisen, es wurden Zeugen abgehört, allein kein Beweis war hinreichend, endlich kam es dann zum Eid, den Pfifferling ruhig schwur: und darauf wurde ihm dann Haus und Hof zuerkannt; seiner Angabe nach hätten ihm die Söhne noch ein paar hundert Thaler bezahlen müssen, allein er war so barmherzig, daß er sie ihnen schenkte. Dieß ärgerte den ältesten Henkelmann so sehr, daß er eine hitzige Krankheit bekam und starb, und der Jüngste ging in die Fremde; nach etlichen Jahren kam er wieder, und heirathete zu Aschenborn ein braves Mädchen, mit der er auch verschiedene Kinder hat, aber es soll ihm gar kümmerlich gehen. Siehe, das ist so das Hauptsächlichste von Pfifferlings Geschichte.

Joh. Gott bewahre doch jeden Menschen für einem solchen Leben, was hilfts ihm nun? — aber hör! ist denn der Friedrich wirklich mit der Tochter versprochen?

Thom. Ja! sie sind schon über Jahr und Tag versprochen, und die Mutter ist auch wohl damit zufrieden: denn Friedrich ist ein frommer braver Mensch — Du weißt, wer bei unserm Herrn Friedenhold auf dem Comtoir ist, der wird fromm und gut, wenn er es auch vorher nicht war — freilich hat er gar kein Vermögen: denn ein Pfarrer auf dem Land bringt selten etwas vor sich. Und dann konnte auch Pfifferling kein frommes Gesicht leiden.

Joh. Ich kann nicht begreifen, wie ein braves Mädchen einen solchen Menschen wie Pfifferling war, heirathen kann! —

Thom. Ihr Vater prügelte sie so lang, bis sie Ja sagte.

Joh. Ja so!

So weit waren die beiden in ihrer Erzählung gekommen, als sich ihnen Herr Friedenhold nahte und sagte: Kinder! macht nun, daß das Garn in die Lauge kommt, es ist hohe Zeit. Dieß machte dem Gespräch ein Ende, und die beiden braven Männer befolgten den ihnen gegebenen Befehl.

Friedenhold war, wie meine Leser schon im Vorhergehenden werden bemerkt haben, ein fabrizirender Kaufmann, der eine große Leinwandfabrik hatte und viele Menschen ernährte; er war nie verheirathet gewesen, seine Schwester besorgte seine Haushaltung, und er mit etlichen Comtoirbedienten, unter denen Friedrich, eines braven aber schon längst verstorbenen Landpredigers Sohn, der älteste und vornehmste war, die große und weitläufige Fabrik und Handlung.

Des Abends nach dem Nachtessen ließ Herr Friedenhold den Herrn Friedrich (dieß war sein Zuname, mit dem Vornamen hieß er Theodor) in sein Cabinet kommen, ließ ihn zu sich auf das Sopha sitzen und nun begann folgendes Gespräch:

Friedenhold. Sagen Sie mir, lieber Friedrich! die reine Wahrheit, haben Sie der Jungfer Pfifferling Hoffnung zur Heirath gemacht?

Friedrich. Ich hab' Ihr nicht allein Hoffnung gemacht, sondern ich hab' mich auch mit ihr versprochen.

Friedenh. Was hatten Sie denn für eine Absicht bei dieser Heirath? — war es das Mädchen oder das Geld?

Friedr. Das Mädchen war meine Hauptabsicht, ich lernte

sie auf einem Spaziergang kennen, nachher fand ich immer mehr, daß sie eine recht gottesfürchtige, christliche und tugendsame Frauensperson und ihrer Mutter Ebenbild ist. Freilich kam nun auch die Vorstellung dazu, daß ich, als ein Mensch ohne Vermögen, durch sie versorgt werden könnte; dieß war aber in der That nur Nebensache.

Friedenh. Wußten Sie aber auch, wie Pfifferlings Vermögen erworben ist? — und wissen Sie es jetzt? — hat es Ihnen seine schreckliche Krankheit und sein schrecklicher Tod nicht laut in die Ohren gedonnert?

Friedr. Um Gotteswillen, Herr Friedenhold! sie zerrissen mir das Herz! — Ja! etwas wußte ich davon, aber so wußte ich es nicht, wie ich es nun erfahren habe.

Friedenh. Daß Sie das Mädchen nun heirathen müssen, das versteht sich; aber denken Sie auch wohl an den noch immer geltenden und in tausendmaltausend Fällen bewahrheiteten Spruch des Jehovah: — Ich will der Väter Missethat an den Kindern heimsuchen bis ins dritte und vierte Glied? — dieser Fluch geht eigentlich auf die irdischen Güter: denn im geistlichen Verstand sollen die Kinder der Väter Sünde nicht tragen.

Friedr. Mein Gott! Mein Gott! kein Mensch kann mir nach empfinden, wie mir seit dem schrecklichen Tod zu Muth ist. Ich hab' die Rosalie so lieb wie mein eigenes Leben, aber ich bin in einer solchen Angst und Furcht für dem erzürnten göttlichen Richter, daß ich ihm jetzt auf der Stelle alles aufopfern könnte, wenn es seyn müßte.

Friedenh. Beileibe kein solches Opfer! — es ist ihre höchste Pflicht, die Rosalie nun zu heirathen. — Die beiden armen verscheuchten Schafe, Mutter und Tochter, bedürfen eine tröstende Stütze durch dieses Leben, an der sie hinwanken bis zum Ziel: denn sie können doch nicht wieder eine rechte frohe Stunde haben; ihnen ist also immerwährender tröstender Zuspruch durchaus nöthig: und den können Sie ihnen gewähren; aber dennoch ist hier ein Opfer — ein großes Opfer nöthig; und ich möchte so gern, daß Sie Ihre Pflichten alle selbst wäßten, und erkennten, ohne daß ich nöthig hätte, sie ihnen zu sagen: Ich will der Väter Missethat an den Kindern heimsuchen bis ins dritte und vierte Glied — wie können Sie diesem Fluch entgehen?

Friedr. Ich denke, wenn ich an des Vaters Missethat keinen Theil nehme. —

Friedenh. Richtig! — und —

Friedrich. Ach jetzt geht mir ein Licht auf; und des Vaters Missethaten so vollkommen wieder gut mache, als es in meinem Vermögen steht. — Lieber Gott! welch ein Stern des hohen göttlichen Friedens durchfluthet mein ganzes Wesen — jetzt sagen Sie mir ja kein Wort mehr, Sie sollen vollkommen mit mir zufrieden seyn — Gott, welch ein Gedanke? — ich darfs kaum wagen, ihn auszusprechen! — Sollte nicht das Schicksal des armen Sünders in der Ewigkeit dadurch erleichtert werden können?

Friedenh. Ganz gewiß! und zwar beträchtlich: denn alsdann hören ja alle die Seufzer, die Klagen und das Geschrei zu Gott um Rache über ihn auf. Und Sie, lieber Freund, erwerben sich dadurch einen unaussprechlichen Segen: denn dadurch werden sie ein Sündentilger — und folglich Christo in seinem Hauptgeschäfte ähnlich. Wenn Sie dieß Meisterstück gut und ohne Eigendünkel ausführen, dann werden Sie dereinst Ihren Gnadenlohn nicht übersehn können.

Jetzt herzte und küßte Friedenhold den Friedrich und entließ ihn dann mit vielen Segenswünschen. Friedrich war wie neugeboren, aller Kummer verschwand, nur ein einziger trüber Gedanke stieg in seiner Seele auf, nämlich ob auch wohl Rosalie und ihre Mutter in seinen Plan einwilligen würden? — er warf sich daher auf sein Angesicht vor Gott, und betete inbrünstig, daß Er doch die Herzen dieser beiden lieben Menschen so lenken wollte, daß sie ihm in der Ausführung seines Vorsatzes nicht hinderlich seyn möchten. Er fühlte sich innig beruhigt, und legte sich dann schlafen.

Des andern Tages, sobald er eine Stunde von seinen Geschäften abmüßigen konnte, eilte er zu den beiden tiefgebeugten

Frauenspersonen, er fand sie wie im Jammer versunken, sie saßen dort in einer Ecke wie Menschen, denen die Sonne auf ewig untergegangen ist.

So wie der gute Friedrich hereintrat, und sie sein frohes Angesicht sahen, und seinen freundlichen Gruß hörten, so erheiterten sie sich etwas, stunden auf und gingen ihm entgegen, sie wollten reden und konnten nicht; endlich fing die Mutter an: Lieber Herr Friedrich, Sie sind jetzt noch unser einziger Trost — Gott verbirgt sein väterliches Angesicht für uns! — Schimpf und Schande ist in der Welt unser Loos! — Man weist mit Fingern auf uns, und geht uns von weitem schon aus dem Wege! — Wär mein Mann am Galgen gestorben, wir könnten nicht ärger beschimpft seyn, als jetzt! — Ach Herr Friedrich, verlassen Sie uns nicht, halten sie meiner Tochter nur Ihr Versprechen! —

Friedr. Eben deßwegen komm ich her, um Ihnen zu sagen, daß ich mein Versprechen nicht allein halten, sondern nun bald erfüllen will. Aber setzen Sie sich beide, ich hab Sachen von der äusserften Wichtigkeit mit ihnen zu reden (alle drei setzten sich), es gibt ein Mittel — freilich! ein schweres Mittel, wodurch Sie Gottes väterliche Huld wieder vollkommen erlangen können — doch was sag' ich? die hatten Sie ja nie verloren, sondern Ihr Kummer verdunkelte Ihnen Gottes väterliches Antlitz, wie eine Wolke die Sonne — Ja, es gibt ein gewisses Mittel, wodurch nicht allein Ihre unverdiente Schmach von Ihnen genommen wird, sondern wodurch Sie den höchsten Grad der Liebe und Hochachtung aller Menschen erwerben können — ein Mittel — welches den armen Verstorbenen in hohem Grad beruhigen kann! — und gewiß beruhigen wird.

Mutter und Tochter rungen die Hände, weinten und schluchzten laut — und dann fing die Mutter an: es fängt mir an, ein Licht aufzugehen! — mir auch! setzte Rosalie hinzu: Lieber, lieber Freund! fuhr die Mutter fort, wir beide, ich und meine Tochter, sind zu allen bereit, sobald Sie es sind — ich hab schon lang den Vorsatz gefaßt, nach meines Mannes Tod

Alles — Alles, sogar mein eingebrachtes Vermögen, an die Obrigkeit zu übergeben, damit sie so viel wie möglich die armen Leute, die um das Ihrige gekommen sind, damit befriedigen könne; aber mir war bange, Sie möchten dann meiner armen Rosalien nicht Wort halten können, weil sie dann keinen Heller mehr im Vermögen hat.

Friedr. Lieber Gott! wie gütig bist du? und ich komme eben deßwegen her, um Ihnen zu sagen: Daß ich Rosalien mein Versprechen nicht halten könnte, so lange sie noch einen Heller im Vermögen hat.

Den Uebergang aus dem tiefsten Kummer zur höchsten Freude, der hier vorging, kann keine Feder beschreiben; Mutter und Tochter fielen ihm um den Hals, und betheuerten beide, daß sie gerne mit ihrer Hände Arbeit sich nährten und mit Wasser und Brod und schlechten Kleidern vorlieb nehmen wollten, wenn das Meer von Ungerechtigkeiten nur einigermaßen dadurch erschöpft und ausgetrocknet werden könnte.

Friedrich beruhigte sie, und sagte: Ja! so viel nur in Menschenkräften steht, soll alles wieder gut gemacht, und dadurch auch die arme Seele beruhigt werden. Aber Sie, Frau Mutter! brauchen doch ihr Vermögen nicht aufzuopfern! — Freund! versetzte die ehrwürdige Frau, ich habe sechs und zwanzig Jahr am Tisch der Ungerechtigkeit gegessen, ich muß von der ganzen Zeit, die ich im Ehestand gelebt habe, Kostgeld bezahlen, und dann ist ja auch mein Vermögen zu lauter Betrug und Ungerechtigkeit verwendet worden, kurz und gut! ich und meine Tochter wollen nur so viel behalten, als zur nothdürftigsten Kleidung erforderlich ist, alles übrige, Hausrath und alles bleibt hier.

Friedr. Nun Gott Lob und Dank! jetzt lassen Sie mich nur machen, Sie sollen Wunder sehn! — Gott wird uns nicht verlassen, wir wollen Ihm nur trauen, Er wird uns Mittel an die Hand geben, wodurch wir uns ehrlich ernähren können.

Jetzt untersuchte nun Friedrich die ganze Sache: er fand, daß Pfifferling hundertunddreißigtausend Gulden blos an Capitalien, theils in Banken, theils auf Obligationen, und theils auch bei großen Herrn ausstehen hatte; dann fand er einen Coffer voller alten Louisd'or, und dann auch eine Menge Briefschaften, die ihm in allen Stücken den Weg zeigten, wo er etwas gut zu machen habe. — Aber er fand auch Gräuel, wofür ihm das Herz im Leibe bebte. Jetzt wurde nun vorerst die Heirath beschlossen und ausgeführt; Friedrich blieb auf dem Comtoir, und seine Frau und Schwiegermutter im Pfifferlingschen Haus, bis zur ausgemachten Sache.

Zu Kirchenheim gings, wie es in aller Welt zu gehen pflegt: der ganze Flecken war voll Geschwätz über Pfifferlings Tod — der eine hatte ihn schon in Gestalt eines Wolfs mit glühenden Augen, des Nachts um 12 Uhr im Garten gesehen; der andere hatte ihn rabenschwarz des Nachts auf seinem Acker gesehen, wie er da um die Mahlsteine herumschlich, und die Weiber konnten des Schwatzens über Friedrichs Heirath mit Rosalien nicht satt werden; dann sagte die Eine: nun da kriegt der Friedrich eine reiche Frau, er thut auch wohl dran, da er selber nichts hat — man sieht doch, die Frommen freien doch auch nach Geld — sie wissen auch wohl, wozu es gut ist — andern können sie gut vorpredigen, man solle sich aus der Welt nichts machen, Geld und Gut mache es nicht aus, aber da sieht mans! — Schweig doch still, Catharine! antwortete die andere, das Ding versteht unser Eins nicht; siehst du! der Friedrich fängt nun eine Handlung mit dem Geld an, und gibt dann den armen Leuten etwas zu verdienen, so wie Herr Friedenhold — Ach du liebe Zeit! — Ja — wenn unser Eins so viel hätte, so könnte mans auch — die leben doch herrlich und in Ueberfluß, die haben gut wohlthätig seyn u. s. w.

Friedrich hörte das alles ganz gleichgültig an, und suchte in Geheim alles so einzurichten, daß kein Mensch etwas merkte. Als er nun mit seiner Vorbereitung fertig war, so schickte er einen Boten nach Aschenborn mit einem Brief an den Weißgerber Henkelmann, worin er ihn dringend bat, nächsten Sonntag mit seiner Frau und allen seinen Kindern zu ihm zu kommen. Henkelmann wußte nicht, was er sagen und denken sollte; oft fiel ihm ein, der fromme brave Friedrich wolle ihn vielleicht mit etwas Geld unterstützen, weil ihm doch seines Schwiegervaters Ungerechtigkeit bekannt seyn müßte, dann aber dachte er auch wieder — Ach so gut sind auch die frommen Leute nicht. Endlich dachte er, es sey besser, er warte es ab, und gehe des Sonntags Morgens hin; denn er war auf den Vormittag bestellt.

Voller Erwartung trat also den nächsten Sonntag der gute Henkelmann mit seiner Frau und vier Kindern zu Friedrichs Stube herein, alle waren sehr ärmlich, aber doch reinlich gekleidet. Friedrich, seine Frau und seine Schwiegermutter waren alle drei so bewegt, daß sie sich der lauten Thränen nicht enthalten konnten. Setzt euch, Ihr Lieben! stammelte Friedrich weinend — sie setzten sich alle und wußten nicht, was sie sagen und denken sollten. Die Frau Pfifferling und ihre Tochter, die Frau Friedrich, wußten noch kein Wort von dem, was Friedrich vorhatte.

Als sich nun Friedrich gefaßt hatte, so fing er an:

Lieber Freund Henkelmann! ich hab Euch mit Frau und Kindern zu mir kommen lassen, um Euch den Schaden zu ersetzen, den Ihr durch meinen Schwiegervater gelitten habt. Hier (er reichte ihm ein Papier hin) hier findet Ihr unser dreier, meiner Schwiegermutter, meiner Frau und meine Uebertragsschrift, worinnen Euch dieses Haus, nebst dem Gut, so wie es Euer seliger Vater besessen hat, wieder übergeben wird; es gehört Euch von Gottes und Rechts wegen zu, und es ist mit allen Verbesserungen, die darauf geschehen sind, von dieser Stunde an Euer Eigenthum.

Henkelmann und seine Frau verstummten, wurden blaß, und starrten bald den Friedrich, bald die Frauen an — endlich ermannte sich der gute Mensch, und sagte, mit Thränen in den Augen und gebrochenen Worten: O Ihr Engel Gottes! — ist es möglich? — träume ich nicht?

Friedr. Nein, Freund! Ihr träumt nicht! nehmt mir nur das Papier ab!

Henkelmann. Nun in Gottes Namen! — aber wo soll ich nur Worte hernehmen, Ihnen gnug zu danken?

Friedr. Von danken ist hier, wahrlich! die Rede nicht, sondern davon ist die Rede, Euch Lieben! um Verzeihung zu bitten, daß Euch durch unsern Vater so unrecht geschehen ist. Jetzt bitten wir Euch hier vor Gottes Angesicht, nun ferner der armen Seele, die vor Gottes Gericht steht, nichts mehr zur Last zu legen, sondern ihr alles so vollkommen zu verzeihen, als wenn Euch nie Unrecht geschehen wäre!

Henkelmann und seine Frau zugleich. O Gott, von Herzen! Gott mache ihn selig um Jesu Christi willen!

Alles weinte laut — solcher Auftritte gibt es nicht viel in der Welt — die Kinder, von denen das älteste ein Sohn von 12 Jahren, und das jüngste ein Mädchen von sechs Jahren war — begonnten zu merken, was vorging; sie begreifen es so halb und halb — sie lachten, hüpften, und die Aeltesten hatten auch Thränen in den Augen.

Als nun dieser erste Sturm vorüber war, so bereitete Friedrich auch den zweiten: Freund Henkelmann! fing er an, wir sind aber noch nicht fertig, mein Schwiegervater hat das Gut 20 Jahr besessen, ohne daß er Recht dazu hatte: er muß also auch von zwanzig Jahren die Pacht bezahlen, und die beträgt jährlich 600 Gulden, folglich gebe ich Euch hier eine Schuldverschreibung, worinnen ich Euch die Summe von 1200 Gulden zusichere. Ich wollte Euch von Herzen gerne alsofort die ganze Summe ausbezahlen, sie liegt droben bereit, allein da Ihr so vieles Geld nicht gewohnt seyd, so fürchte ich, es möchte Euch durch die Finger gehen, und ihr möchtet es nicht recht anlegen; Ihr seyd ein Weißgerber. Ihr müßt nun mit dem Geld eine Weißgerberei ins Große anlegen, damit Ihr nun etwas vor Euch bringt, und auch andern armen Leuten Brod geben könnt.

Daß Henkelmann und seine Frau für Freude, Verwunderung und Dank gegen Gott nicht ohnmächtig wurden, das war ein Wunder; sie liefen in der Stube herum, schlugen die Hände zusammen, dankten Gott laut, küßten den Friedrich und den beiden Frauenzimmern die Hände, und dann küßten sie sich und ihre Kinder; endlich rief Henkelmanns Frau laut, und schlug dabei die Hände über dem Kopf zusammen: Großer Gott! vergib, vergib dem armen Pfifferling in der Ewigkeit: denn durch ihn sind wir glücklicher geworden, als wirs hätten hoffen können. Henkelmann fügte hinzu: Ja wahrlich, er war das Mittel, daß wir Gott kennen, und Ihm vertrauen lernten, und nun werden wir auch durch ihn wieder reichlich belohnt.

Die selige Beruhigung, den hohen göttlichen Frieden, den hier Friedrich und die beiden Frauenzimmer empfanden, kann keine Feder beschreiben, ihre Angesichter glänzten für Freude und ihre Augen von Thränen der Wonne. O ihr lieben Leser alle! glaubt nur gewiß, daß solche Freuden alle sinnliche Belustigungen übertreffen; was ist Tanz und Spiel, was sind Schauspiele und Eß- und Trinkgelage gegen diesen Vorgeschmack des Himmels? — und doch that hier Friedrich noch nichts besonders; — alles, was er that, war seine größte Schuldigkeit: denn er konnte ja das Gut nicht behalten, ohne zugleich seines Schwiegervaters Raub und Diebstahl zu billigen und daran Theil zu nehmen.

Aber jetzt war Friedrich noch nicht fertig: sobald also dieser zweite Sturm auch vorbei war, nahm er den Henkelmann bei der Hand und sagte: nun kommt alle mit mir; alles folgte ihm; — jetzt führte er nun die Leute in den Keller, wo er ihnen allen Wein und Eß- und Trinkvorrath zeigte; dann gieng er mit ihnen von Stube zu Stube, und von Kammer zu Kammer, wo er überall alle Schränke, Kisten und Kasten aufschloß, und ihnen alles zeigte.

Darauf folgte der Stall mit dem Vieh und dann die Scheuern mit dem Futter- und Getreide-Vorrath, nachdem das alles besehen war, so führte er das Henkelmannische Ehepaar, nebst den Kindern in die Stube, wo nun das Mittags-Essen bereitet war; hier speisten nun alle zusammen, und als das geschehen war, so zog Friedrich wieder ein Papier heraus, reichte es dem Henkelmann hin, und sagte: Hier, Freund! hier ist das

Inventarium von allem, was ihr gesehen habt, — jetzt fiel ihm Henkelmann ins Wort, und rief: Nein! Herr Friedrich, nimmermehr! es ist nun gnug, ich will eben so wenig etwas haben, das nicht mein gehört, als Sie! — Friedrich fuhr ruhig fort: Laßt mich ausreden, ich weiß, was ich thue, und wie weit ich gehen muß, wenn ich ruhig leben und sterben soll. — Alles, was ihr gesehen habt, und noch mehr als das, ist da im Inventarium enthalten; es ist Euer. —

Henkelmann: Nein! es ist nicht mein, denn Sie haben ja von 20 Jahren her den Pacht bezahlt.

Friedrich. Still, Freund! habt ihr denn alle die 20 Jahr durch, jedes Jahr Eure 600 Gulden erhalten? — oder habt Ihr Euch nicht vielmehr kümmerlich behelfen müssen? — meine größte Schuldigkeit ist, auch von den Pachtgeldern, die mein Schwiegervater in seinen Nutzen verwendet hat, die Interessen zu bezahlen. Ich hab nachgerechnet, und gefunden, daß der Werth des Inventariums genau jene Interessen ausmacht. Daß Euer Bruder vor Kummer gestorben ist, das kann ich Euch nicht ersetzen, das muß ich dem großen Sündentilger auf Golgatha überlassen.

Henkelmann und seine Frau wußten nicht mehr, was sie sagen und denken sollten. Endlich fieng er an und sagte: Maria! (so hieß seine Frau) und ihr, meine Kinder! vergeßt diesen Tag in euerem ganzen Leben nicht, denkt immer daran, daß alles, was heut Herr Friedrich an uns gethan hat, blos dadurch geschieht, daß er fromm, daß er ein wahrer Christ ist; heut versprech ich dem lieben Gott und unserm Erlöser, daß ich von nun an durch seine Gnade ganz ein anderer Mensch und auch ein wahrer Christ werden will — Frau und Kinder! ihr müßt mir das auch versprechen; mit Freude und mit Thränen thaten sie es — und meine lieben Leser! — die guten Leute haben auch Wort gehalten.

Jetzt folgte nun der letzte Auftritt: Friedrich rief nun auch das Gesinde herein, und sagte: Seht! dieser Mann und seine Frau sind nun euere Herrschaft, wenn Ihr ferner hier im Hause bleiben wollt — ich brauche euch nun nicht mehr — die Leute sahen ihn starr an, aber es wär nicht anders.

Jetzt nahm nun Friedrich seine Schwiegermutter an den einen, und seine Frau an den andern Arm, und führte sie in ein andres hübsches Bürgerhaus, wo er oben im zweiten Stock eine kleine, aber nette Wohnung gemiethet, und sie auch aus seinem eigenen Vermögen mit dem nöthigen Hausrath versehen hatte.

Kaum hatten die beiden Frauenzimmer das alles gesehen, so fielen sie beide mit lautem Weinen Friedrich um den Hals — O lieber Sohn! fing die Mutter an: welch einen seligen Tag haben Sie uns heute bereitet! — Sie haben ein Meisterstück der Rechtschaffenheit gemacht! jetzt ist all mein Kummer verschwunden, ist mirs doch, als wenn ich im Himmel wär! — und mir auch! setzte Rosalie hinzu, wer einen solchen Mann hat wie ich, dem kann kein Kreuz zu schwer fallen, ausser Eins, nämlich wenn er früh stirbt. —

Fragt Ihr mich, liebe Leser! was denn nun der ganze Flecken, und insonderheit die Klatschweiber sagten: — so antworte ich — sie sagten überall nichts — denn es war ihnen unbegreiflich — und dann wißt ihr ja wohl, daß man nichts sagt, wenn man nichts böses zu sagen weiß; denn seinem Nächsten etwas Uebels nachzusagen, wenn es auch nicht wahr ist, ist solcher Leute größtes Vergnügen — ein Vergnügen, das in jenem Leben schreckliche Qualen nach sich ziehen wird.

Endlich fand denn doch des Steffens Ursel, daß der Friedrich eben nichts sonderliches gethan hätte, denn das alles war ja doch im Grund nicht sein, und dann behielt er ja noch viele Tausende übrig, wovon er reichlich leben konnte. Ihr werdet sehn, setzte die Ursel hinzu: welch ein schönes Haus er nun bauen wird! — dies beruhigte nun die Leute, denn das leuchtete ihnen ein.

Friedrich kehrte sich an das alles nicht, sondern er fuhr im Stillen fort, alle diejenigen vollkommen zu befriedigen, die Pfifferling betrogen hatte; — dieß begriff man, aber das konnte man nicht begreifen, daß nun die Frau Pfifferling und ihre Tochter, die Frau Friedrich, anfingen, für die Fabrik zu spinnen, für andere Leute für Lohn zu nähen, zu waschen und zu biegeln. Ursel, Catharina und Brigitte überlegten ganze Stunden, wie das Ding zusammen hienge, allein sie brachten nichts heraus; endlich, wenn sie von einander gingen, so schnaltzte Ursel mit den Fingern, und rief: ich glaub, es ist lauter Großthuerei! —

Als nun aber Friedrich anfing ein grosses Haus zu bauen, so beruhigte man sich, jetzt wußte man seinen ganzen Plan, denn nun sahe jeder, daß er mit Pfifferlings Geld eine schöne große Wohnung bauen, und dann eine Fabrik anlegen wollte — jedermann hielt das auch für vernünftig, nur das wollte niemand in den Kopf, daß sich die Frauen mit ihrer Hände Arbeit ernährten. Endlich wollte ihnen niemand mehr zu arbeiten geben — man sagte ihnen, sie sollten sich doch schämen, daß sie der Welt einen solchen blauen Dunst vor die Augen machen wollten, da sie so reiche Leute wären — es gäb arme Leute, denen müßte man etwas zu verdienen geben, ihnen nicht; und wenn sie denn so arm wären, so sollte Friedrich das kostbare Bauen einstellen und das Geld nicht so verschwenden.

Diese Schmach trugen die Frauen mit Geduld, und machten nun Schmuckarbeit für die Galanterie-Krämer.

Was sagte aber Friedenhold zu dem allen? — Antw.: Er machte es wie der liebe Gott, er schwieg mit innigem Wohlgefallen, und wartete den rechten Zeitpunkt ab.

Wir wollen einsweilen den guten Friedrich bauen lassen, und ihn in seinem Vorhaben nicht stören, wir werden zu seiner Zeit wohl erfahren, was er damit vorhat.

*) Ich habe in dieser Erzählung hin und wieder eines Candidaten gedacht, der nach der neuen Art predigte und lehrte, und daher den Leuten nicht gefiel; er war sonst ein sehr braver und

---

*) Eine wichtige Anmerkung. Ich bitte alle meine Leser, dieses ganze Gespräch mit ernster Aufmerksamkeit zu lesen und zu prüfen, und wem es in dieser höchstwichtigen Sache noch nicht gnugthut, mich mit Anstand und Würde, nur nicht mit Hohn und Machtsprüchen zu widerlegen.

rechtschaffener junger Mann, der Sohn des Herrn Pfarrers Eberhard, der nun beinahe 50 Jahr zu Kirchenheim das Predigtamt treu und fleißig verwaltet hatte, nunmehro aber Alters und Schwächlichkeit halber nicht mehr ausgehen und predigen konnte. Er hatte seinen Sohn sehr christlich erzogen, und ihn selbst in allen nöthigen Vorkenntnissen unterrichtet; auf der Universität aber hatte er am Glauben Schiffbruch gelitten, indem er durch die Philosophie nun ein Zweifler geworden war. Der Vater merkte das zu seinem größten Herzeleid, er ließ ihn ordiniren und für sich predigen, und unter brünstigem Gebet und Gottes Beistand hoffte er ihn wieder auf den rechten Weg zu bringen.

Pfifferlings Tod und das Gespräch, welches in dem Flecken allgemein war, daß ihn der böse Feind geholt habe, und daß er nun nach dem Tod in schrecklicher Gestalt umherging, bewog den Candidaten Eberhard, eine Predigt zu halten, worin er beweisen wollte, daß es eigentlich keine böse Geister gebe, oder wenn es ihrer auch gebe, daß sie denn doch nicht auf der Erde wären, und nicht auf die Menschen wirken könnten, und eben so wenig könnte der abgeschiedene Geist eines Menschen nach dem Tod erscheinen, das sey lauter Aberglauben, den man mit der Wurzel ausrotten müsse, u. s. w.

Diese Predigt machte in der Gemeinde grosses Aufsehen, die Kirchenältesten fanden für nöthig, dem Candidaten darüber einen Verweis zu geben, und man würde weiter gegangen seyn, wenn man nicht aus Liebe und Ehrfurcht gegen den Vater, den Sohn geschont hätte. Die ganze Sache bewog nun den Herrn Friedenhold, einmal einen Versuch zu machen, ob er nicht durch vernünftige Vorstellungen bei dem Candidaten etwas ausrichten könne; er ließ ihn daher zum Essen bitten, und als das vorbei war, so fing Friedenhold an: Herr Candidat! Sie haben am letzten Sonntag eine Predigt gehalten, welche die Gemeinde sehr geärgert hat, häten Sie sich doch dafür, es taugt weder für sie, noch für die Gemeinde.

Der Cand. Aber Herr Friedenhold, sagen Sie mir doch aufrichtig, können Sie denn das billigen, daß man in dem ganzen Flecken glaubt, Pfifferling sey vom bösen Geist geholt worden, und nun wandere er nach seinem Tod im Garten und auf dem Feld umher?

Friedenh. Wer wird das billigen? — ein wahrer Christ gewiß nicht! — es ist nur das die Frage, ob Sie gerade das rechte Mittel treffen, diesen Aberglauben auszurotten?

Der Cand. Mir dünkt doch, es wär am sichersten und vernünftigsten, die Leute über diesen Punkt aufzuklären, und ihnen die reine Wahrheit, ohne allen orientalischen Schmuck, den doch die Bibel unstreitig hat, vorzutragen: denn wenn sie einmal überzeugt sind, daß es keinen Teufel gibt, so holt er auch niemand mehr, und wenn sie über die Natur der menschlichen Seelen richtig belehrt sind, so können sie auch unmöglich mehr glauben, daß jemand nach dem Tod wieder kommen und umher gehen könne.

Friedenh. Können Sie mir beweisen, daß es außer den Menschen keine vernünftige Wesen mehr gibt?

Der Cand. Begreifen kann das niemand, aber wenns ihrer auch gibt, so gehen sie uns nichts an.

Friedenh. Können Sie beweisen, daß sie uns nichts angehen? ich rede aber von solchen Beweisen, wogegen kein vernünftiger Mensch etwas einwenden kann, und denen er beifallen muß, so bald er sie gehörig erwogen und verstanden hat.

Der Cand. Nein! einen solchen Beweis kann freilich kein Mensch führen, aber bedenken Sie doch! Gott soll böse Geister erschaffen haben, die die Menschen quälen, und sie zum Bösen, zur Sünde reizen, ist das denn Gott geziemend?

Friedenh. Also ist es auch Gott nicht geziemend, daß er böse Menschen geschaffen hat, die ihren Nebenmenschen quälen und sie zum Bösen und zur Sünde reizen; und doch kann kein Mensch läugnen, daß sie da sind.

Der Cand. Gott hat doch auch keine böse Menschen geschaffen, sondern sie sind böse geworden.

Friedenh. Das kann ja auch von den bösen Geistern der Fall seyn, daß sie Gott geschaffen hat, und daß sie böse geworden sind.

Der Cand. Daß das alles möglich ist, das geb ich zu,

aber wenn Sie mir auch beweisen sollten, daß es wirklich so sey, so würde Ihnen das schwer fallen.

Friedenh. Wir wollen sehn, wie weit wir kommen! — Wir haben also nun ausgemacht, daß es böse Geister gibt, die auf die Menschen wirken können, nur sey beides Gott nicht geziemend, das ist: seinen Eigenschaften nicht gemäß; nicht wahr?

Der Cand. Allerdings!

Friedenh. Sind sich denn die Gelehrten nur darinnen einig, daß Sie nun gewiß wissen, was Gott geziemend und was Ihm unanständig ist?

Der Cand. Die Aufgeklärtesten sind sich darinnen allerdings einig.

Friedenh. Wirklich? — also die Aufgeklärtesten! — Wie, wenn aber nun die andere Parthie, welche das Daseyn böser Geister und ihre Einwirkung auf die Menschen behauptet, auch sagte, sie sey die Aufgeklärteste, was wollten Sie dann antworten? — ehe und bevor Sie Ihre Sätze nicht so beweisen können, daß niemand etwas dagegen einwenden kann; so lang also Ihre Sätze noch unbewiesene Meynungen sind, so lang dürfen sie auch das Wort Aufgeklärteste nicht gebrauchen: denn es ist alsdann immer möglich, daß die Gegenparthei die aufgeklärteste ist.

Der Cand. Mein Gott! Herr Friedenhold! Sie reden von Beweisen, und fordern Beweise — wie kann man denn in solchen übersinnlichen Dingen, die nicht durch unsere Sinnen empfunden werden können, solche Beweise führen, denen niemand widersprechen kann?

Friedenh. Gut! aber gibt es denn übersinnliche Dinge, die der Mensch doch nothwendig wissen muß?

Der Cand. Allerdings! zum Beispiel: das Daseyn Gottes, die Unsterblichkeit der Seelen, und Strafen nach diesem Leben; diese Hauptpunkte müssen geglaubt werden, sonst fällt ja alle Tugend weg, und die Menschheit könnte nicht bestehen.

Friedenh. Vollkommen wahr! aber da alle die Dinge auch übersinnlich sind, folglich nicht so gewiß bewiesen werden können, daß jedermann, der den Beweis hört, auch so überzeugt wird, daß er nichts mehr dagegen einwenden kann, wie wollen Sie da nun den Ungelehrten, der von Ihrer Logik und Metaphysik nichts versteht, und die Stärke des Beweises nicht beurtheilen kann, von diesen übersinnlichen Grundwahrheiten überzeugen? — Noch mehr! wenn diese drei Hauptsätze, das Daseyn Gottes, die Unsterblichkeit der Seelen, und die Belohnungen und Strafen nach diesem Leben so wichtig sind, daß das Wohl der ganzen Menschheit darauf beruht, wie Sie selbst gestehen, sollte denn Gott, der liebreiche Vater der Menschen, seine Kinder in diesen wichtigen Stücken ungewiß gelassen haben?

Der Cand. Es ist allerdings ein fester Glaubensgrund nöthig; und diesen finden wir ja auch in der Bibel.

Friedenh. Also bis dahin sind wir nun gekommen. Wie kommts aber, daß alle Nationen in der Welt, auch die, die von der Bibel nichts wissen, sogar die Wilden, diese drei Hauptpunkte glauben? denn aller Fabeln und Ungereimtheiten, die sie damit verbinden, ungeachtet, ist sich doch die ganze Menschheit in dieser Hauptsache einig.

Der Cand. Es kann nicht anders seyn, die ersten Menschen mußten durch sinnliche Erfahrungen und Offenbarungen Gottes davon überzeugt werden, und so hat sich dann diese Ueberzeugung auf die ganze Nachkommenschaft fortgepflanzt.

Friedenh. Glauben Sie denn nicht, daß die Bibel eine Geschichte der sinnlichen Erfahrungen und Offenbarungen Gottes an die Menschen sey?

Der Cand. Allerdings! das habe ich Ihnen ja vorhin schon dadurch zugestanden, daß ich Ihnen sagte: sie enthalte den festen Glaubensgrund der übersinnlichen Hauptwahrheiten.

Friedenh. Lieber Herr Candidat! — wenn das ist, so müssen Sie ja auch alles glauben, was sie von übersinnlichen Dingen ausdrücklich als wahr angibt; da sie nun das Daseyn guter und böser Geister und ihre Einwirkung auf die Menschen schlechterdings nicht als orientalische Einkleidung, sondern als gewiß und wahr behauptet, wie können Sie denn als Lehrer der Religion noch sagen, das alles sey nicht wahr?

Der Cand. Erlauben Sie! ich habe gesagt: die Bibel enthalte den festen Glaubensgrund, daraus folgt noch nicht, daß alles, was darinnen erzählt wird, durchaus göttliche Wahrheit sey.

Friedenh. Ei! so sagen Sie mir doch, wie Sie die göttliche Wahrheiten ausfündig machen, und von dem, was irrig und menschlich ist, unterscheiden wollen?

Der Cand. Das, was einmal unstreitig, allgemein nothwendig und zum Wohl der Menschheit unentbehrlich ist, wie zum Beispiel die Lehre vom Daseyn Gottes, von der Unsterblichkeit der Seelen, von den Belohnungen und Strafen nach diesem Leben und dann die ganze Sittenlehre, welche dem Menschen zeigt, was er thun und lassen müsse, um nach seinem Tode glücklich zu werden, dieß alles wird aus der Bibel herausgezogen und angenommen, alles andere läßt man dann an seinen Ort gestellt seyn.

Friedenh. Wissen Sie gewiß und können Sie unwidersprechlich beweisen, daß der Mensch weiter nichts zu glauben brauche, als das?

Der Cand. Mir deucht doch, wenn ihm das alles bekannt sey und wenn er das wisse und glaube, so wisse er alles, was ihm von übersinnlichen Dingen in diesem Leben zu wissen nöthig ist.

Friedenh. Bedenken Sie, lieber Herr Candidat! daß es eine sehr ehrwürdige Classe sehr gelehrter, helldenkender und gewiß in sittlicher Rücksicht vortrefflicher Menschen gibt, die gewiß nicht ohne wichtige Gründe den ganzen Inhalt der Bibel für göttliche Offenbarung halten. Können Sie nun beweisen, daß diese Leute zu viel glauben? — können Sie beweisen, daß nichts in der Bibel göttliche Offenbarung ist, als das, was Sie so eben angeführt haben?

Der Cand. Nein, das kann ich unmöglich beweisen.

Friedenh. Also kommt alles bloß darauf heraus, daß vieles in der Bibel gefunden wird, das Sie und Ihres gleichen für ungeziemend und Gott unanständig halten, — aber beweisen können Sie es nicht. Aber nun weiter! Wenn Gott dem Menschen etwas offenbart, ist es dann gleichgültig, ob es der Mensch annehmen will, oder nicht?

Der Cand. Nein! Herr Friedenhold! das kann und darf den Menschen nicht gleichgültig seyn.

Friedenh. Lieber! — Lieber Herr Candidat, Sie gestehen, daß Sie nicht beweisen können, daß nur das, was sie aus der Bibel zur Erbauung der Menschen herausnehmen, göttliche Offenbarung sey — Sie geben also zu und müssen zugeben, daß es möglich sey, daß noch mehreres — ja daß der ganze Inhalt der Bibel, insofern er von der Bibel selbst dafür ausgegeben wird, göttliche Offenbarung seyn könne, und endlich gestehen Sie auch aufrichtig, daß das, was Gott den Menschen offenbart, ihnen keinesweges gleichgültig seyn dürfe, sondern von ihnen angenommen werden müsse. Sagen Sie mir um Gottes willen, was folgt nun daraus? — sprechen Sie sich doch selbst Ihr Urtheil, ich mags nicht thun; Sie wollen in dem Buch der Offenbarungen Gottes nach Ihrer eigenen Weisheit beurtheilen, was göttliche Offenbarung sey, und was Menschen etwa hinzugesetzt haben können — oder was unter den göttlichen Offenbarungen den Menschen zu glauben nothwendig sey oder nicht!!! — Glauben Sie, daß es einem Rechtsgelehrten hingehen werde, wenn er bei der Entscheidung eines Prozesses unter den herrschaftlichen Verordnungen nur diejenigen auswählt, die ihm nach seinen Begriffen vernünftig vorkommen, oder muß er sich nicht vielmehr nach allen richten, bis man ihm beweist, daß nicht alle vom Landesherrn herkommen? Lieber, lieber Herr Candidat! Glauben Sie dereinst vor dem göttlichen Gericht mit Ihren Meynungen, denn beweisen können Sie nichts, durchzukommen? — bedenken Sie wohl! — Sie können nicht beweisen, daß die ganze Bibel, so wie sie da ist, und sich selbst dafür erklärt, nicht Gottes Wort sey — dadurch gestehen Sie, daß die Bibel, so wie sie da ist und sich selbst dafür erklärt, doch Gottes Wort seyn könne.

Sie sind ferner überzeugt, daß eben diese Bibel den festen Glaubensgrund in übersinnlichen, von Gott geoffenbarten Dingen enthalte; wollen aber doch nach Ihrer eigenen Weisheit beurtheilen können, daß nur die Lehren vom Daseyn Gottes, von der Unsterblichkeit der Seelen, von Belohnungen und Strafen nach diesem Leben, und dann die Sittenlehren unzweifelbare göttliche Offenbarungen seyen. Indessen können Sie doch abermal nicht beweisen, daß nur diese, und keine andere Offenbarungen Gottes dem Menschen zur Seligkeit nöthig seyen: Ja Sie sind sogar — und das mit Recht überzeugt, daß der Mensch, im Fall noch mehrere göttliche Offenbarungen in der Bibel sind, doch verpflichtet sey, auch diesen zu glauben und sich nach ihren Vorschriften zu verhalten. Wie kann er das nun, wenn er sie nicht weiß, oder wenn sie ihm von seinen Lehrern zweifelhaft gemacht werden? —

Der Candidat wurde blaß, und die Thränen drungen ihm in die Augen; Herr Friedenhold! antwortete er, bin ich nicht überrascht worden? — wollen Sie nicht so gütig seyn und mir diese Sätze ins Kurze ziehen, damit ich sie besser übersehen kann?

Friedenh. Herzlich gerne! geben Sie wohl acht! Sie haben mir zugestanden, daß die übersinnlichen Hauptwahrheiten, die dem Menschen zu seiner Bestimmung nöthig sind, ihm von Gott geoffenbart werden mußten.

Der Cand. Allerdings! denn die Begriffe vom Daseyn Gottes, seinen Eigenschaften, von der Unsterblichkeit der Seelen, und von Belohnung und Strafe nach diesem Leben, mußten ihm geoffenbart werden. Dieser Satz ist des strengsten Beweises fähig.

Friedenh. Dann erkannten Sie auch für wahr, daß diese göttliche Wahrheiten oder Offenbarungen in der Bibel enthalten seyen — wurden auch überzeugt, daß mehrere göttliche Offenbarungen zur Bestimmung des Menschen in der Bibel enthalten, folglich ihm auch zu glauben nöthig seyn könnten, als die, deren Sie so eben gedacht haben.

Der Cand. Das ist ebenfalls unstreitig.

Friedenh. Wenn also die Bibel die göttlichen Offenbarungen an die Menschen enthält, so sind nur zween Fälle möglich, entweder sie ist, insofern als sie sich selbst dafür erklärt (nämlich die canonischen Bücher des alten und neuen Testaments), durchaus göttliche Offenbarung, oder sie enthält nur die göttlichen Offenbarungen, unter einer Menge menschlicher Zusätze, die niemand verpflichten können.

Der Cand. Auch das ist unwiderlegbar — kein dritter Fall ist möglich.

Friedenh. Wenn die Bibel durchaus Gottes Wort ist, so muß sie auch durchaus von den Menschen dafür angenommen, und alles, was sie enthält, muß ohne die geringste Widerrede geglaubt werden.

Der Cand. Ganz gewiß! das ist unstreitig!

Friedenh. Wenn im zweiten Fall, die Bibel, die göttlichen Offenbarungen unter vielen menschlichen, nicht verbindenden Zusätzen enthält, so ist durchaus nöthig, daß sie auch ein Kennzeichen angeben muß; an dem man das Göttliche von dem Menschlichen mit der allergewissesten Gewißheit unterscheiden kann, so daß gar kein Zweifel darüber mehr möglich ist. — Sehen Sie die Wahrheit dieses Satzes auch ein? — denn wenn dem nicht so wäre, so könnte der eine das Göttliche für menschlich und der andere das Menschliche für göttlich halten. Mit einem Wort, dann wär die bloße Vernunft wieder Richterin in Glaubenssachen und alle positiven Religionen hätten ein Ende, und dann ist der Weg zum allergröbsten Naturalismus und Atheismus gebahnt, und sogar unvermeidlich.

Der Cand. Ja das ist richtig!

Friedenh. Hat denn nun die Bibel diese Kennzeichen?

Der Cand. Wenn sie die hätte, so wär ja alles entschieden — Nein, die hat sie nicht!

Friedenh. Lieber Herr Candidat! so geben Sie denn Gott die Ehre und gestehen Sie, daß also die ganze Bibel, alten und neuen Testaments durchaus Gottes Wort, seine Offenbarung an die Menschen sey.

Der Cand. Erlauben Sie, daß ich Ihre Gründe näher überlege und erwäge — und dann muß ich doch auch noch die Einschränkung hinzufügen, die Sie selber gemacht haben, nämlich: insofern sie die Bibel selbst für die Offenbarung Gottes erklärt.

Friedenh. Wie verstehen Sie aber diese Einschränkung?

Der Cand. Die Bücher des alten Testaments, die Christus und die Apostel anführen und aus denen sie Sprüche citiren, wären dann eigentlich Canonisch. Aber noch Eins! ich muß über zween Punkte noch Ihre Meynung hören: Hat sich denn Gott in seinen Offenbarungen nicht zu Zeiten nach den Begriffen der Menschen gerichtet? Z. B. hat nicht Christus die Jüdische Vorstellung vom Satan aus Nachgiebigkeit gegen die Juden beibehalten? und kann auch nicht vieles der morgenländischen Denk- und Sprachart zugerechnet werden?

Friedenh. Allerdings hat sich Gott gar oft und durchgehends nach den Begriffen der Menschen gerichtet, aber gewiß der Wahrheit unbeschadet; der Gott der Wahrheit stellte die übersinnlichen Dinge, von denen die Menschen keinen Begriff haben, unter sinnlichen zweckmäßigen Bildern dar; aber unmöglich konnte er falsche Begriffe der Menschen als wahr anerkennen; nein! so wahr Gott und so wahr sein Sohn Jesus Christus die Wahrheit selbst ist, so gewiß ists auch, daß Christus zu dem wichtigen Irrthum nicht einmal geschwiegen, geschweige ihn noch positiv bekräftigt haben würde, wenn es keine bösen Geister gäbe, die noch immerfort auf die Menschen wirken und ihnen schaden können. In Ansehung der morgenländischen Sprachart, die in der Bibel unverkennbar ist, versteht sich ja von selbst, daß sie, der Deutlichkeit und Bestimmtheit der göttlichen Offenbarung nicht schaden darf; daß sie also nicht die Wahrheit der Thatsachen ändert, sondern diese nur in passende Bilder einkleidet, wodurch sie dann auch eben so reichhaltig und lebhaft in der Darstellung wird.

Der Cand. Sie werden mir aber doch eingestehen, daß

die Gerüchte, welche im Flecken von Pfifferling umherschleichen, purer Aberglaube sind.

Friedenh. Aberglaube kann man sie nicht mehr nennen, sobald man meine, so eben entwickelten Begriffe für wahr hält; aber Lästerungen, Schmähungen, Injurien sind es, die die Polizei scharf bestrafen sollte. Von dieser Seite muß man sie ansehen und um so viel schärfer bestrafen, weil sie einen Todten betreffen, der sich nicht mehr verantworten kann.

Jetzt empfahl sich der Candidat und ging fort. Von der Zeit an bemerkte man eine Veränderung in seinen Predigten; er wurde behutsamer in seinen Ausdrücken, und näherte sich immer mehr der wahren evangelischen Einfalt.

Friedrichs Bauwesen wollte eigentlich niemand recht einleuchten; Einige muthmaßten dieses, Andere jenes, bis nach zwei Jahren alles fertig war, wo es sich dann von selbst zeigte, was es werden sollte. Während dieser Zeit mußten sich die beiden Frauen, die Frau Pfifferling und die Frau Friedrich, ziemlich knapp behelfen. Friedrich wunderte sich oft, daß sich Herr Friedenhold so still verhielt und ihn und seine beiden Frauenzimmer auch mit keinem Heller weiter unterstützte, als was sie in seiner Fabrik verdienten, auch über Friedrichs ganzes Betragen sagte er kein Wort, weder gutes noch böses. Indessen beklagte sich Friedrich nicht über ihn, sondern er schwieg ganz still und empfahl Gott die ganze Sache. Freilich ließen die Frauen zu Zeiten ein Wörtchen verlauten, dann verwies sie aber Friedrich zur Gedult.

Endlich kam es nun dazu, daß sich Friedrich öffentlich erklärte, warum und wozu er gebaut habe: das Haus war groß, dauerhaft und zierlich, aber nicht prächtig, es bestand aus einem Hauptgebäude mit zween Flügeln.

Das Hauptgebäude war zu einem Stift für Frauenspersonen, Bürgerstandes, die vornehm erzogen, aber arm waren, und sich gut und ehrbar aufgeführt hatten, bestimmt. Die Wittwen der Prediger und der weltlichen gräflichen inländischen Dienerschaft, konnten auch in dies Stift kommen, und wenn sie eine eigene Wohnung und Kinder hatten, von denen sie nicht wegkommen konnten, so bekamen sie jährlich 200 Gulden; 20 Frauenzimmer wurden auf diese Weise versorgt. Der rechte Flügel war zum Armenhaus für Männer und Waisenknaben eingerichtet, und der linke Flügel für Frauenspersonen und Waisenmädchen. Wie die vortreffliche Einrichtung dieser Anstalt eigentlich beschaffen war, das gehört nicht hieher, und es würde auch zu meinem gegenwärtigen Zweck zu weitläuftig seyn.

Der regierende Graf war so gerührt über diese Verwendung des Pfifferlingischen Reichthums, daß er selbst nach Kirchenheim kam, die Anstalt besahe und den Friedrich einmal ums andermal umarmte und küßte. Er bot dem Friedrich Aemter, Titel und Belohnung an, allein alles umsonst, Friedrich verlangte nichts, als landesherrlichen Schutz und Bestätigung seiner Stiftung, die ihm dann auch mit vielen Lobsprüchen in einer feierlichen Urkunde gewährt wurde. Dies alles hatte Friedrich mit der Kiste voller alten Louisd'or und mit 200,000 Gulden, die ihm von der Befriedigung Aller, die Unrecht gelitten hatten, noch übrig geblieben waren, ausgerichtet. Nun rathet einmal, liebe Leser! was nun Ursel, Catharina und Brigitte sagten. — Wenn sie sich begegneten, so sagten sie nichts; sie machten nur eine schnippsche Miene; sobald aber nun wirklich Leute ins Stift aufgenommen wurden, so gabs wieder Stoff genug zum lästern, weil immer Personen hineinkamen, denen sie es nicht gönnten.

Den Tag, nachdem der Graf zu Kirchenheim gewesen war, gabs am Abend einen rührenden Auftritt bei Friedrichs Abendessen: die beiden Frauen waren so vergnügt und die Freudenthränen flossen so häufig über ihre Wangen herab, daß ihnen Friedrich endlich zureden mußte, um ihrer Gesundheit zu schonen. Dann zog er ein Papier aus der Tasche und legte es seiner Schwiegermutter auf den Teller; sie sah es an und las: —

Bestallungspatent für die Wittib Dorothea Pfifferling, Vorsteherin des Pfifferlingischen Stifts zu Kirchenheim.

Die gute Frau konnte sich nicht mehr halten, sie fiel auf ihre Knie, fing an laut zu weinen und rief schluchzend: Du Allmächtiger Gott! wie gut bist Du, Dir dank ich, und widme Dir mein ganzes Leben! — dann sprang sie auf und schloß Friedrichen in ihre Arme, küßte ihn unaufhörlich und sagte, du Engel Gottes, welch ein Freudemacher bist du! — hätte ich mir doch nichts angenehmers wünschen können, als das.

Nun wurde auch das Patent gelesen; ihr war alles frei angesetzt und jährlich 600 Gulden haares Geld an Gehalt. Friedrichs Frau, die Rosalie, freute sich so sehr, daß ihr weh wurde, sie mußte sich zu Bette legen, und da sie doch auch an sich selber dachte, so sagte sie zu Zeiten zu ihrem Mann: Aber was wird am Ende aus uns werden? dann antwortete Friedrich: sey zufrieden, gute Seele! auch uns wird der Herr versorgen, wenn wir auf der Probe ausgehalten haben.

Ueber die Thür am Hauptgebäude des Stifts ließ Friedrich die in Stein gehauene Ueberschrift setzen:

Pfifferlings Stift,
der göttlichen Erbarmung gewidmet.

Das gemeine Volk tadelte den Namen Pfifferlingsstift sehr, und man konnte gar nicht begreifen, warum Friedrich dieser wohlthätigen Anstalt einen so bösen verhaßten Namen gegeben habe? aber die Vernünftigen begriffen es sehr wohl. Pfifferling war nun dem göttlichen Gericht übergeben; Menschen hatten kein Recht mehr über ihn zu urtheilen, besonders da nun die Folge seiner Missethaten in Segen für die Menschheit verwandelt waren; es war also auch billig, daß der Gedanke des Fluchs, der mit dem Namen Pfifferling verbunden war, ebenfalls in einen Gedanken des Segens verwandelt wurde.

Das Gespräch, daß Pfifferling nach seinem Tod umhergehe, hatte sich nun seit geraumer Zeit vermindert; auf einmal aber erhub es sich von neuem so stark, daß ganz Kirchenheim darüber in Bewegung gerieth; viele Leute liefen des Nachts um 11 Uhr hinaus, um das Gespenst zu sehn, und zu Zeiten sahen sie es, und dann erzählten sie des andern Tages, wie feurig und schrecklich es aussehe. Friedrich, seine Frau und seine Schwiegermutter litten dabei unaussprechlich; sie waren überzeugt, daß ein Betrug dahinter stecke, aber wie er zu entdecken sey, das mußte nun überlegt werden. Friedenhold, Friedrich und der Candidat Erhard beschlossen endlich, diese Sache ins Klare zu bringen, es möchte auch kosten, was es wolle; sie nahmen also ihre Maaßregeln sehr geheim; diesen zufolge ging jeder von ihnen des Abends spät und allein, so daß er nicht bemerkt werden konnte, durch einen Umweg in die Nähe des Ackers, auf welchem sich das Gespenst sehen ließ: verabredeter Maaßen kamen sie dann da hinter einer Hecke zusammen. Nicht manchen Abend hatten sie da dem bösen Geist aufgelauert, als er wirklich erschien — ja wahrlich, er sahe schrecklich aus; er hatte Hörner auf dem Kopf, und wie finster es auch war, so sahe man doch, daß er einen langen Schwanz nachschleppte, zwischen den Hörnern zeigte sich ein schrecklicher Kopf mit glühenden Augen, und aus Maul und Nase ging auch ein feuriger Schein hervor.

Unsre drei Männer säumten nun nicht lang, sondern sie theilten sich so ein, daß jeder einen besondern Umweg nahm, so daß sie das Gespenst in die Mitte bekamen und es ihnen also nicht entlaufen konnte. Mit der Schnelle des Windes hatten sie es umringt — da stund nun der Betrüger und warf das glühende Fratzengesicht, welches ein hohler Kürbis, mit ausgeschnittenen Augen, Nase und Maul, mit einer Lampe war, weg; dann warf er auch die Ochsenhaut, in die er sich verhüllt hatte, weg und rief um Erbarmung. Allein die wäre hier sehr unzeitig gewesen; der abscheuliche Mensch mußte alsofort die Ochsenhaut wieder umhängen, und den Kürbis wieder zwischen die Hörner heften, die Lampe war nun freilich ausgelöscht, dennoch mußte er sie wieder in den Kürbis stellen, und nun so in Gespenstergestalt mit ihnen gehen.

Indessen waren auch jetzt wieder verschiedene Leute aus

dem Flecken draußen gewesen und hatten von Ferne gestanden; als diese nun auch die andern Drei — weil in der Nacht alles schwarz ist — für Gespenster angesehen hatten, so liefen sie, was sie laufen konnten, nach Haus, und des andern Morgens gabs einen Lärm, die ganze Hölle sey auf dem Acker gewesen und die bösen Geister hätten den Pfifferling noch einmal geholt. Dieser vermeintliche Pfifferling war aber nun auf dem Rathhaus und zwar ohne Geld zu sehen; wozu dann auch der ganze Flecken durch den Ausrufer eingeladen, und jedermann bekannt gemacht wurde: der Bastian Reckel, ein gemeiner Bürger in Kirchenheim, sey seit Pfifferlings Tod das Gespenst gewesen, und wer ihn nun als Gespenst sehen wolle, der könnte nur aufs Rathhaus kommen. Daß nun alles dahin lief, das versteht sich; erst zeigte man ihn bei offenen Fenstern in einer Gespensteruniform, wo er dann so lächerlich aussahe, daß auch der Ernsthafteste sich des Lachens nicht erwehren konnte; wurden aber die Fenster zugemacht, so war dann auch freilich die Gestalt keineswegs lächerlich, sondern dem gemeinen Volk schrecklich genug.

Wer nur einigermaßen ehrlich und redlich dachte, der freute sich von Herzen über diese Entdeckung; hingegen die Klatschweiber waren bitterböse, daß das Ding so gekommen war; am bösesten aber war die Brigitte: denn sie war Bastian Reckels Frau.

Bei genauer Untersuchung fand sich nun, daß die ganze Sache folgender Gestalt zusammen hing: Pfifferling hatte ehemals den Acker, auf welchem das Gespenst gefangen wurde, so wie viele Güter im Concurs an Schuld bekommen; nachher brachte ihn Friedrich wieder an den rechten Erben; nun hatte Reckel einen Acker, der an diesen Acker stieß und er bediente sich der gottlosen List, durch diese Spuckerei dem Eigenthümer seinen Acker leid zu machen, damit er ihn um eine Bagatelle Geldes verkaufen möchte, bei welcher Gelegenheit er ihn dann an sich zu bringen gedachte. Dies alles wurde nun jedermann mit allen Umständen bekannt gemacht und dabei bemerkt, daß die mehrsten Gespenstergeschichten auf solchen Gründen beruhten. Reckels Urtheil fiel indessen dahin aus, daß er drei Abende nacheinander in seiner Gespenstergestalt am Pranger stehen, und dann nach der Hauptstadt Geisenfels gebracht, und dort mit einer guten Tracht Schläge ins Zuchthaus aufgenommen werden sollte; welches gerechte Urtheil denn auch alsdfort an ihm ausgeführt wurde.

Bastian Reckels Frau, die Brigitte, war indessen an dem Allen ganz unschuldig, denn weil sie schwatzhaft war, so hatte ihr ihr Mann kein Wort von seiner Schelmerei gesagt; dieser Ausgang der Sache that also eine sehr heftige Wirkung auf sie. Der unauslöschliche Schimpf der auf sie und ihre Kinder fiel, der Mangel, weil ihr nun der Ernährer fehlte, und endlich der Verlust ihres Mannes, der auf unbestimmte Zeit im Zuchthaus saß — das Alles stürmte dergestalt auf die arme Seele los, daß sie in tiefe Schwermuth verfiel, so daß man sie bewachen mußte, weil sie Versuche machte, sich ums Leben zu bringen. Jetzt fühlte Friedrich wieder die Pflicht, zu helfen: in diesem Zustand konnte die Frau ihre Haushaltung nicht versorgen; er ließ sich also von der Obrigkeit zum Vormund über diese arme Familie anstellen: dann verpachtete er, was zu verpachten und verkaufte, was zu verkaufen war, und nahm dann Frau und Kinder ins Stift auf. All dies Ungemach war Folge von Pfifferlings Verbrechen, folglich mußte auch Pfifferlings Stift wieder gut machen, was nur immer gut gemacht werden konnte.

Jedermann glaubte nun, daß die Gespensterspuckerei ein Ende haben würde; allein sie fing aufs neue wieder an und zwar schlimmer und bedeutender als je: es entstund nämlich bald nach Reckels Gefangennehmung ein Gerücht, Pfifferling sey wieder am Wandern und zwar auf dem nämlichen Acker. Auch fing es in dem gewesenen Pfifferlingischen, nunmehr Henkelmännischen Hause zu klopfen, zu werfen und zu seufzen an; und man hörte etwas oben im Hause hin und her gehen, und wenn man zusahe, so war nichts da.

Henkelmann und Friedrich kamen öfter zusammen und überlegten, was sie zu thun hätten: denn auch Henkelmann war überzeugt, daß es wieder ein infamer Betrug sey; allein sie sahen auch wohl ein, daß der jetzige Betrüger, durch Reckels Exempel belehrt, sich wohl auf den Fall vorgesehen haben würde, daß man ihn so nicht fangen könne, und sie vermutheten gar leicht, daß einer darüber das Leben einbüßen könne, wenn man ihm zu nahe käme; Friedenhold und der Candidat wurde daher auch zu Rath gezogen. Indessen fuhr das Gerücht immer fort, gräuliche Sachen zu erzählen.

Die Erscheinungen, die man jetzt auf dem Acker bemerkte, verhielten sich so: Man sahe auf einmal einen glühenden Mann, und dann verschwand er wieder; dann erschienen Feuerflammen, dann fuhren feurige Schlangen durch die Luft weg und zischten, u. s. w.

Oben gemeldete vier Männer gingen noch oft des Nachts hinaus, so daß sie aber einen andern Weg nahmen, um nicht dahin zu kommen, wo andere Beobachter waren. Friedenhold nahm dann immer sein Fernglas mit, wodurch er nun deutlich erkannte, daß alles, was da erschien, lauter Feuerwerkskünste waren, nur die Gefahr, erschossen, oder auf eine andere Art unglücklich zu werden, hielt die Männer ab, sich näher hinzuzuwagen.

Das gemeine Volk in Kirchenheim war nun wieder recht dreist geworden; da hieß es: Ja nun sieht man doch, daß es Gespenster gibt — irret euch nicht, Gott läßt sich nicht spotten! — es ist denn doch auch nicht alles Betrug! — unser Herr Gott will doch da seine Macht zeigen, und an dem Pfifferling einmal ein Exempel statuiren — mag der Friedrich immer aus seinem Raub ein Armenhaus stiften, man sieht doch, daß das die arme Seele nichts hilft. Wie tief das Friedrichen und seine Leute kränken mußte, das läßt sich denken, er ruhte also nicht, bis daß er diese gottlose Betrügerei entdeckt hatte.

Henkelmann war an seiner Seite auch nicht müßig, um auf den wahren Grund zu kommen; endlich fiel ihm der Gedanke ein, ob nicht ein recht wachsamer und dabei böser Hund der beste Entdecker der Spukerei in seinem Haus seyn könnte? — er theilte den Gedanken Friedrichen, dem Candidaten und Friedenhold mit, und sie billigten ihn, insofern, daß es einmal könnte probirt werden, doch müßte es heimlich gehalten werden, und dann wär es gut, wenn der Hund von der Art wäre, daß er nicht viel bellte. Indessen war das Alles nicht nöthig: denn die Vorsehung, die ihre wahren Verehrer nie über Vermögen prüft, sorgte dafür, daß auch diese Betrügerei ans Licht kam.

Friedrich kam auf den Gedanken, einmal am Tage in der Gegend des Ackers spazieren zu gehen und zwar des andern Morgens ganz früh, wenn es des Abends vorher gespukt hätte. Diesen Gedanken führte er ganz heimlich und für sich allein aus; er schlich mit Anbruch des Tages an Ort und Stelle, und fand nun da die deutlichsten Spuren von Feuerwerksmaterien und dazu gehörigen Anstalten. Aber er fand zum Glück noch mehr: er bemerkte von weitem an der Hecke etwas Weißes: auf einmal fiel ihm ein, es könnte wohl ein Papier seyn und vielleicht ein geschriebenes, aus dem sich etwas errathen ließ; er lief also hin, und fand einen eröffneten Brief, den der Betrüger vermuthlich mit dem Schnupftuch aus dem Sack gezogen hatte. Die Aufschrift war: An den Herrn Thebus in Dankelsberg; dies war dem Friedrich genug, flugs steckte er den Brief zu sich und eilte nun auf einem Umweg nach Haus.

Dieser Thebus — eigentlich Debus oder Tobias — war ein Quacksalber, der alles kuriren konnte; dann war er auch ein Schwarzkünstler oder Teufelsbanner, zu dem die thörichten Leute hinliefen, wenn ihnen etwas gestohlen war, um den Dieb zu erfahren, oder auch wenn sie glaubten, daß eine Kuh, oder ein Rind bezaubert wäre, die Zauberin zu erfahren und die Hexerei wieder wegzunehmen, u. s. w.

Sobald Friedrich zu Haus und allein war, holte er den Brief aus seiner Tasche hervor und las ihn; hier fand er nun den Aufschluß der ganzen Sache: einer oder mehrere Bürger in Kirchenheim — dies schloß er aus dem Inhalt, denn der Brief hatte keine Unterschrift — waren mit dem

Debus im Einverständniß; ihnen allen war viel daran gelegen, daß der Glaube an Gespenster unterhalten würde, und aus dem Grund hatten sie die Betrügerei sowohl auf dem Feld, als in Henkelmanns Haus veranstaltet.

Friedrich sahe ein, daß hier keine Zeit zu verlieren war: denn sobald Debus den Brief vermißte, so mußte er nothwendig besorgen, daß ihn jemand fände, der für ihn einen nachtheiligen Gebrauch davon machen könnte: folglich mußte er sich aus dem Weg machen.

Friedrich ging deswegen alsofort zum Amtmann, der dann auf der Stelle etliche Mann nach Dankelsberg schickte, um den Debus abzuholen. Sobald dies besorgt war, so ließ der Amtmann auch den Schulmeister holen, dieser mußte die Handschrift des Briefs untersuchen, wo sich dann fand, daß ihn der Vieharzt in Kirchenheim, der ehemals lange Viehhirte gewesen war, geschrieben hatte — auch dieser wurde alsofort ins Amthaus geholt.

Als dieser arme Tropf den Brief sahe, so erstarb ihm das Herz im Leibe, denn er dachte an Reckels Schicksal; zudem konnte er ja auch seine Hand nicht verläugnen. Er wurde todtenblaß, wankte, und mußte sich auf einen Stuhl setzen. Nachdem er sich etwas erholt hatte, so fing er an zu weinen, und bat um seiner armen Frau und Kinder willen um Gnade, er wolle ja gerne alles erzählen. Der Amtmann versicherte ihm, daß ein freiwilliges Geständniß der ganzen Betrügerei seine Strafe sehr erleichtern würde; indessen müsse er doch nun im bürgerlichen Gefängniß so lange aufbewahrt werden, bis man auch die andern Mitschuldigen gefangen genommen und verhört hätte. Friedrich, der noch immer zugegen war, tröstete ihn und sagte: wenn er redlich alles gestände, so wolle er bei dem Herrn Grafen für ihn bitten, daß ihm seine Strafe erlassen würde, und da er arm sey, so wolle er sorgen, daß seine Frau und Kinder bis zur ausgemachten Sache aus dem Stift mit Essen und Trinken versorgt würden.

O Herr Friedrich! versetzte hierauf der Vieharzt: daß Sie ein Engel Gottes sind, das wissen wir schon lange, und eben dieß thut mir am wehesten, daß wir sie so gekränkt haben. Dann wendete er sich zum Amtmann und sagte: lassen Sie doch ja auch den Nachtwächter holen, der hat großen Antheil an der Sache. Auf der Stelle wurde der Amtsbote beordert, ihn abzuholen. Auch dieser dachte an nichts weniger als an so etwas; als er daher in die Amtsstube kam, und den Vieharzt todtenblaß da sitzen sahe, so merkte er etwas. Auch er entsetzte sich so sehr, daß mans wohl merken konnte, doch suchte ers zu verbergen, und seine ersten Aeusserungen bezeugten, daß er sich aufs Läugnen legen wollte.

Als der Vieharzt das merkte, so trat ihm das Feuer ins Gesicht, er wurde ärgerlich und sagte: Hanspeter! bedenke dich wohl, was du thust! — mit dem Läugnen machst du das Uebel nur ärger; ich will alles bekennen, was ich weiß, und du magst läugnen so lang du willst, am Ende kommts doch heraus, und dann wirst du desto härter gestraft; sey ein ehrlicher Mann und bekenne. Nun ja dann! — antwortete Hanspeter, wenns so ist, so will ich dann auch bekennen.

Jetzt erzählten diese beiden nun die ganze Geschichte: Der Vieharzt sowohl als der Nachtwächter waren äusserst abergläubische Leute. Tagewählen, Segensprechen, Geisterbeschwören, Leichensehen und Schatzgräbereien waren ihnen äusserst wichtige Glaubensartikel, von denen sie auch in Geheim Gebrauch machten, und sich manchen schönen Heller damit verdienten. Da sie nun hofften, auch den Pfifferling zu beschwören, und damit einen hübschen Thaler zu gewinnen, so hatten sie diese Spuckerei veranstaltet; dazu kam aber auch noch der Grund: weil die Sache mit dem Bastian Reckel so übel abgelaufen war, so fürchteten sie, die Leute möchten nun nicht mehr an Gespenster glauben, wodurch sie dann ebenfalls Schaden leiden würden. Den Thebus hatten sie aber deßwegen mit in ihr Complott gezogen, weil er in Geistersehereien und Gespensterkünsten sehr geschickt war.

Diese beiden, der Vieharzt und der Nachtwächter, wurden nun ins Bürgergefängniß gebracht.

Am Nachmittag kam nun auch der berühmte Teufelsbanner

Thebus an; all seine Schlauheit, mit der er sich aus der Sache zu ziehen hoffte, half ihm nichts, er wurde überwiesen, und endlich bekannte er auch; bei dieser Gelegenheit kam man nun auf mehrere Spuren seiner gottlosen Betrügereien, die nun alle zu jedermanns Warnung öffentlich bekannt gemacht wurden.

Der Vieharzt wurde als ein bußfertiger Sünder auf ein Jahr aus der christlichen Gemeinde ausgeschlossen, wo er dann, wenn er in seiner aufrichtigen Buße beharrte, wieder aufgenommen werden sollte.

Der Nachtwächter aber, welcher ungefühliger und halsstarriger war, kam auf ein Jahr ins Zuchthaus, und der Thebus wurde auf lebenslang ins Zuchthaus verwiesen, und dort zu schwerer Arbeit verurtheilt.

Jetzt war nun die Gespenstergeschichte ganz zu Ende, der ganze Flecken war nun theils vom Ungrund dieser Spuckerei überzeugt, theils auch durch die Strenge der Strafen abgeschreckt, weiter davon zu reden, vielweniger wieder etwas von der Art zu beginnen.

Als nun Friedrich die Betrügereien und Missethaten seines Schwiegervaters, so viel in seinen Kräften stunde, wieder gut gemacht und dessen ganzes Vermögen zu lauter wohlthätigen Anstalten verwendet hatte, so genoß er nun die Beruhigung eines guten Gewissens, und den Frieden Gottes, der über alle Vernunft geht. Er arbeitete also treu und vergnügt auf Friedenholds Comtoir, und in seiner Fabrik für den bisher erhaltenen Lohn fort, und seine gute Frau nährte sich dann auch kümmerlich, aber ehrlich und redlich, so gut sie konnte. Die Frau Stiftsvorsteherin, ihre Mutter, unterstützte sie dann, wenn Hülfe noth war, und so lebten die drei edle Menschen eine Zeitlang ohne wichtige Vorfälle fort.

Friedenhold hatte sich bisher betragen, als ob ihn Alles wenig interessirte, er schien bei allem gleichgültig zu seyn; endlich aber zeigte er sich auch in seiner wahren Gestalt: Er lud den Friedrich und seine Frau auf den nächsten Sonntag zum Mittagessen ein; dieß war noch nie geschehen, sie wunderten sich beide darüber, und vermutheten etwas Besonderes.

Beide gingen also zu gehöriger Zeit hin, und fanden weiter niemand, der eingeladen war, als die Frau Stiftsvorsteherin, ihre Mutter.

Ehe zu Tisch gegangen wurde, führte Friedenhold die drei Eingeladenen in sein Cabinet, ließ sie niedersetzen, und nun fing er an: Herr Friedrich! Sie sind in der Kunst der Wohlthätigkeit und des Freudemachens ein ausgelernter Meister; seit der Zeit, wo Sie sich so wahrhaft groß und christlich darin gezeigt haben, hab ich auch in der Stille daran studirt, und wir wollen nun einmal versuchen, wie weit ich darinnen gekommen bin — Daß den drei Gegenübersitzenden das Herz für Erwartung zu klopfen anfing, das versteht sich. — Nun zog Friedenhold auch ein Papier aus der Tasche, und fing nun an: Herr Friedrich! Sie haben mir viele Jahre mit vollkommener Treue und unermüdetem Eifer gedient — hier haben Sie zur Belohnung meinen, mit Ihnen, ohne Ihr Wissen, geschlossenen Gesellschaftscontract: Sie sind forthin mein Handlungs- und Fabrikgesellschafter, und bekommen die Hälfte des Gewinns — Friedrich fiel ihm mit vielen Thränen um den Hals, und sagte: in der Ewigkeit will ich Ihnen danken, jetzt kann ichs noch nicht. Was die beiden Frauen begonnten, das kann man leicht denken.

Als nun der erste Sturm vorüber war, so wurde zu Tisch gegangen, man speiste froh und vergnügt zusammen, und ergötzte sich theils mit munteren, ehrbaren, theils auch mit erbaulichen Gesprächen. Am Schluß wurden auch Waffeln oder Eisenkuchen (dieses sind viereckigte wohlschmeckende Kuchen) aufgetragen; der Kuchen, den Friedrich bekam, sahe wohl recht schön und natürlich aus, allein er war kalt; Friedrich merkte bald, daß es damit nicht richtig war, und als er das Ding recht untersuchte, so fand er, daß es ein Futteral war, welches wiederum ein Papier enthielt; er nahm es heraus, öffnete es und sahe, daß es ein Testament war, in welchem Herr Friedenhold ihn zum Universalerben eingesetzt und an Kindesstatt angenommen hatte; seinen Verwandten — er hatte ausser seiner Schwester niemand, der ihm nahe verwandt war, — hatte er schöne und wichtige Legate vermacht.

Nun ging das Verwundern, das Danken und Gottverherrlichen wieder an, und als auch dieser Sturm vorüber war, so setzte man die vorigen Gespräche wieder fort, bis der Caffee aufgetragen wurde; jetzt eilte aber die Jungfer Friedenhold, damit ihr ihr Bruder nicht wieder zuvor käme, und führte den Friedrich und seine Frau an einen Tisch, der mit einer Serviette bedeckt war, diese hub sie auf, und siehe! da stand eine schöne porcellänene Caffeekanne, nebst Milchkanne, Zuckerdose, Spülnapf und 12 Tassen, ebenfalls alles von Porcellan, die schenkte sie der Frau Friedrich; als sich auch diese mit vieler Rührung bedankt hatte, so fuhr die Jungfer Friedenhold fort: jetzt, liebe Freundin! nehmen Sie doch auch den Deckel von der Kanne, und sehen Sie zu, was darinnen ist! Rosalie thats, und sie zog auch ein Papier heraus; dieß war nun auch ein Testament, in welchem die Jungfer Friedenhold, Friedrichs Frau, einige Legate ausgenommen, ebenfalls zur Universalerbin eingesetzt hatte. Von diesem allem hatte Friedenhold kein Wort gewußt, und dieser Zug von seiner Schwester rührte ihn bis zu Thränen; er küßte und umarmte sie vielmals, und sagte: wie danke ich Gott für eine solche Schwester! — diese Ader an dir hab ich noch nicht gewußt. Die Jungfer Friedenhold war eine stille, sehr gottesfürchtige Seele, welche in Geheim sehr viel Gutes ausübte.

Nach dem Caffee nahm nun Friedenhold die Frau Friedrich, und Friedrich die Jungfer Friedenhold am Arm; Friedenhold ging voran, und nun ging der Zug nach der andern Seite des Hauses, wo sie eine vollständige, mit allem nöthigen Hausrath versehene Wohnung fanden. Jetzt setzte Friedenhold nun noch zu dem allem die Wohlthat hinzu, daß er den jungen Leuten diese Wohnung zum Eigenthum übergab, und sie ersuchte, alsofort einzuziehen und sie in Besitz zu nehmen. Friedrich hatte schon oft darüber nachgedacht, was doch Friedenhold, der seit Jahr und Tag daran zurecht gemacht hatte, mit dieser Wohnung machen wollte, nun wußte ers.

Meine Leser werden mir die Beschreibung von allen den rührenden Ausbrüchen der Freude, des Danks gegen Gott und Friedenhold, und seine Schwester entlassen; es ist nicht möglich, das alles mit Worten auszudrücken, es muß empfunden werden.

Liebe Leser! denkt nur ja nicht, so etwas ließe sich gut schreiben, aber obs auch wirklich Leute gebe, die so handelten, das sey eine andere Frage! —

Liebe Freunde! ich versichere Euch vor Gott, daß es wirklich Leute gibt, die so handeln, und wer in der That und Wahrheit ein Christ seyn will, der muß schlechterdings in allen solchen Fällen, im Kleinen wie im Großen, es eben so machen, wie es Friedrich mit seines Schwiegervaters Vermögen gemacht hat, wenn er selig sterben will. Friedenholds Verfahren war keine schuldige Pflicht, aber da er keine Kinder und keine nahe Verwandten hatte, so war es schön, edel und wahrhaft christlich.

Vielleicht wendet ihr mir ein: Ja, Friedenhold und Friedrich hatten gut wohlthätig seyn, sie hatten die Mittel dazu! — Ei! denkt doch an die arme Wittwe, die nur einen Heller in den Gotteskasten legte, und was der Herr Christus dazu sagte; diese hat mehr gegeben, als die andern alle! — seyd Ihr nur in Euren kleinen Verhältnissen treu, wohlthätig, das sieht Gott eben so gnädig an; er weiß ja wohl, was ihr könnt und nicht könnt.

Einige Zeit nachher, als Friedrich bei Friedenhold eingezogen war, fand sich ein sehr feiner, ehrbar gekleideter, ganz unbekannter Mann von etwa 35 bis 36 Jahren zu Kirchenheim ein; er logirte im Wirthshaus, und hielt sich einige Wochen da auf, ohne mit irgend jemand Bekanntschaft zu machen. Nach den Polizeigesetzen hätte er sich nicht so lange da verweilen dürfen, ohne seinen Namen, Stand und den Zweck seines Aufenthalts der Obrigkeit anzuzeigen; allein sein ehrwürdiges und bedeutendes Ansehen bewog die Obrigkeit zur Nachsicht.

Endlich machte er bei Herrn Friedrich und seiner Frau einen

Besuch, allein es war, als ob ihm die Rede stockte; wenn er etwas sagen wollte, so konnte er nichts als Thränen hervorbringen; zu Zeiten seufzte er, und sagte: Mein Gott! sie sind edle Menschen! — allein dabei bliebs auch. Indessen fing er an eine Wohnung zu suchen, um sie zu miethen; jetzt fand aber der Bürgermeister nöthig, seine Pflicht zu erfüllen, und den Fremden freundschaftlich zu ersuchen, ihm anzuzeigen, wer er sey, was seine Absicht seye, und warum er sich in Kirchenheim niederlassen wolle? — . . . . .

Das, was davon bekannt wurde, war: Er sey ein Amerikaner, stamme aber aus Deutschland her, und sein Vorsatz wäre, seine Interessen ruhig in Kirchenheim zu verzehren, und wo er könnte, seinem Nebenmenschen Gutes zu erzeigen; sein Name sey Thomas More; es ist auch gar wohl möglich, daß der Burgermeister selbst weiter nichts von ihm erfuhr.

Kaum war dieser More ein viertel Jahr in Kirchenheim gewesen, als er gefährlich krank wurde; es schien sich mit ihm zur langwierigen Auszehrung anzuschicken; als Friedrich und seine Frau das erfuhren, so nahmen sie sich seiner an, sie besuchten ihn so oft sie konnten, und sorgten dafür, daß er einen guten Arzt bekam, und daß es ihm bei seiner guten Bezahlung auch nicht an guter Aufwartung fehlen möchte.

An einem schönen Nachmittag im Monat October, als die Sonne ihre Strahlen schon sehr schief über die Erde hinwarf, die Schatten der Bäume lang über das falbe Gras hinlagen, und die gelben Blätter von den Bäumen herabknisterten, fiel es Friedrichs Rosalien heiß ein, den Herrn More zu besuchen; um des Wohlstands willen bat sie ihren Mann, sie doch zu begleiten, welcher ihr auch von Herzen gern diesen Gefallen that.

Als sie ins Haus traten, in dem er wohnte, und sie nach ihm fragten, so sagte man ihnen, er sey hinter dem Haus im Garten; sie gingen also zur Hinterthür hinaus, und fanden ihn im Schlafrock im Gang in der Mitte des Gartens auf- und abwandeln, man sahe ihm schon die wirkliche Zehrung an: der Kopf war vorwärts gebeugt, die Schultern hoch, die Haare gerad abhangend, die Knie steif, die Beine mager und die Füße bis an die Knöcheln geschwollen.

Dieser Anblick, in Verbindung mit der hinwelkenden Herbst-Natur, machte einen so wehmüthigen Eindruck auf Herrn Friedrich und seine Frau, daß ihnen beiden die hellen Thränen über die Wangen herabliefen; sie nahten sich dem Herrn More sehr freundlich, und fragten nach seinem Befinden; ich befinde mich so leidlich, heute! antwortete er, und als er Thränen in ihren Augen sahe, so wurde er so innig und tief gerührt, daß er zur nächsten besten Ruhebank hinwanken und sich setzen mußte; nach einer kleinen Weile, als er sich etwas wieder erholt hatte, sagte er: Kommen sie, meine Lieben! wir wollen ins Haus gehn, ich muß etwas mit ihnen reden, sie müssen das wissen, ehe ich sterbe. Alle drei gingen also zusammen auf sein Zimmer, wo sie sich setzten, und wo nun More folgende Geschichte erzählte; er mußte wegen Müdigkeit oft abbrechen, oft wurde auch sein zärtliches Gemüth so angegriffen, daß er einige Minuten kein Wort sprechen konnte.

Ich bin, fing er an, als ein kleines Kind, das noch an der Mutterbrust liegt, nach Amerika gekommen; meine Mutter war gebürtig aus Deutschland — durch eine entsetzliche Bosheit wurde sie mit ihrem Säugling zu Schiff gebracht und nach Amerika geführt, um dort verkauft zu werden; dieß ging so zu: Meine Mutter war sehr schön, dieß hatte einen reichen Officier verleitet, sie zu heirathen; ein Jahr durch besuchte er sie oft Wochen lang, und dann verreiste er wieder; nach einem Vierteljahr schrieb er ihr, sie möchte doch mit ihrem Kinde in eine gewisse Seestadt kommen, die etwa 10 Stunden von ihrem Wohnort entfernt war — er habe da einige Wochen lang Geschäfte, damit er sie doch bei sich haben möchte; meine Mutter reiste mit mir dahin, er war sehr herzlich und freundlich. Nach einigen Tagen, als eben die Mittagsmahlzeit vorbei war, fing er an: liebes Kind! ich bin auf ein Schiff zum Caffee gebeten, und du sollst auch mitkommen, gehe mit und nimm auch das Kind mit, so kannst du desto ruhiger seyn! — Meine Mutter begleitete ihn recht gern, sie kamen auf das Schiff, und wurden vom Patron freundlich aufgenommen, und in eine Cajüte (so heißen die Kammern, die in den Schiffen sind) geführt, hier wurde nun Caffee getrunken, gelacht, gescherzt; endlich ging der Schiffspatron mit meinem Vater hinaus, sie blieben sehr lang aus, es wurde Abend, meine Mutter fing an sich zu ängstigen, sie ging endlich hinaus, um sich zu erkundigen — allein wie erschrack sie, als ihr der Schiffpatron sagte: geben Sie sich zufrieden, Madam! Sie fahren mit nach Amerika, dort gibts bravere und bessere Männer als ihr Officier, der ist schon länger als eine Stunde wieder am Land. —

Was er weiter gesagt hatte, das wußte meine Mutter nicht, ihr war Hören und Sehen vergangen, und als sie sich wieder besann, so lag sie im Bett, ich schlief neben ihr, und ein etwas ältlicher ansehnlicher Mann, den sie vorher nicht bemerkt hatte, saß neben ihr vor dem Bette. So wie sie erwachte, ging das Wehklagen an, der Mann vor dem Bette hörte eine Weile zu, endlich fing er dann an:

Liebe, gute Frau! daß Sie weinen und klagen, das ist Ihnen nicht zu verdenken, denn Sie sind schändlich behandelt worden; allein wenn Sie eine Christin sind, so müssen Sie auch wissen, daß Gott keine Leiden auflegt, die Er nicht auch tragen hilft, sobald man Ihn nur herzlich darum anruft — es ist ja ein wahres Glück für Sie, daß sie von einem solchen satanischen Bösewicht befreit sind. Aber waren Sie denn förmlich mit dem Menschen verheirathet? Allerdings! antwortete meine Mutter: meine Eltern glaubten mir ein großes Glück zu verschaffen, und redeten mir also zu, bis ich endlich Ja sagte — Aber du guter, treuer Gott! fuhr sie fort, in welcher Lage bin ich nun? — Ach mein Gott! meine Eltern! was werden sie sagen, u. s. w. Der Mann ließ sie eine Weile fortklagen, dann beruhigte er sie wieder mit christlichen Trostgründen auf die herrlichste Weise, und als er endlich alles aus ihr herausgelockt, und sich nun überzeugt hatte, daß sie nicht allein eine ehrliche, sondern auch eine fromme christliche Frau war, so sagte er zu ihr: liebe Freundin! beruhigen Sie sich ganz, ich will so für Sie sorgen, wie für mein Kind — der Schiffspatron hat den Auftrag, sie in Amerika zur Sclavin zu verkaufen, ich will ihn fragen, wie viel er für sie haben will, ich bezahle es ihm dann, und so sind Sie mein, ich werde dann weiter für Ihren sorgenfreien Unterhalt bedacht seyn. Und damit Sie um so viel ruhiger seyn können, so will ich Ihnen sagen, wer ich bin: ich bin ein Kaufmann aus Philadelphia, und dort verheirathet, ich hab eine fromme, brave Frau, und vier zum Theil schon erwachsene Kinder, Sie können mit Ihrem lieben Säugling so lang bei uns bleiben, bis wir sie auf eine anständige Art untergebracht haben, und sobald wir nur die erste Gelegenheit dazu finden, so sollen Sie dann an Ihre Eltern schreiben, damit Sie sich beruhigen können.

Dieser Mann, welcher Schaling hieß, wußte meine Mutter durch christliche Trostgründe und durch seine liebreiche Anerbietungen so zu beruhigen, daß sie sich völlig zufrieden gab; und nun gern mit nach Pensylvanien reiste.

Die liebe selige vortreffliche Mutter konnte des Rühmens und Preisens der himmlischen Vatertreue nicht müde werden, wenn sie an diese Reise dachte, und sich dann vorstellte, wie Gott ihr in der schrecklichen Lage, in die eine Frauensperson je gerathen kann, seinen Engel Schaling gesandt, der sie sicher und ohne das mindeste Ungemach nach Philadelphia und in den Schooß seiner Familie geführt habe.

Schaling redete also mit dem Schiffspatron wegen meiner Mutter; so ein roher Mann dieser auch zu seyn schien, so hatte er doch einen Abscheu an diesem Handel, sobald als er erfuhr, daß meine Mutter eine fromme und honnete Frau, nicht aber ein liederliches Offiziers-Mensch sey: denn für so etwas hatte er sie gehalten, und weil sie schön war, so hatte er dem Offizier — es wird mir so schwer, ihn meinen Vater zu nennen — zehn Carolinen oder zehn englische Pfund für sie bezahlt.

Hier fuhr Friedrich auf und sagte heftig: was! — der Offizier hat Geld für Sie genommen?

More. Setzen Sie sich nur ruhig nieder, solche Gemüthsbewegungen sind mir unauslöschlich! — Ja, Freund! mein Vater hatte meine Mutter und mich an einen Schiffscapitain verkauft, und das für 10 Carolin; diese 10 Carolin gab Herr Schaling dem Patron wieder, denn dieser schämte sich der Sache dergestalt, daß er keinen Heller Profit haben wollte.

Die Reise ging sehr glücklich von Statten, sie kamen bald und gesund in Philadelphia an, und meine Mutter wurde von Schalings Frauen und Kindern wie eine Schwester aufgenommen und behandelt. Jetzt schrieb nun meine Mutter an ihre Eltern ihre ganze Geschichte, die sich endlich auch beruhigten. Sie hatten den Offizier zu verklagen gesucht, allein sie konnten ihn nicht ausfindig machen, und zudem wurden sie vom Kriegsgericht nicht nur nicht angehört, sondern sogar ausgelacht. Dabei blieb's nun, und bald nachher starben sie; ob nun noch Verwandten da sind, das weiß ich nicht; meine Mutter hatte noch einen Bruder und eine Schwester, an die sie verschiedenemal schrieb, aber nie eine Antwort erhielt, ich mag mich auch jetzt nicht weiter nach ihnen erkundigen; ist Vermögen da, nun so mögen sie's behalten, ich verlange nichts von ihnen.

Ich hab Ihnen schon gesagt, daß meine Mutter schön und fromm war. Dieß bewog einen reichen Pflanzer, der noch ledig und schon etwas bejahrt war, um sie anzuhalten; da er nun durch seine Gottesfurcht und Wohlthätigkeit allgemein bekannt und beliebt war, so gab ihm meine Mutter ihre Hand und heirathete ihn.

Dieser mein Stiefvater hat mich erzogen, ich nahm aus Dankbarkeit gegen ihn und mit seiner Erlaubniß seinen Namen an, weil mir der Name meines natürlichen Vaters ein Abscheu war. Wir lebten in der allerglücklichsten Lage höchst zufrieden zusammen, endlich starb meine Mutter; ein paar Jahr nachher wurde auch mein Vater schwächlich, und endlich wurde eine Auszehrung aus seiner Krankheit; da ich nun ein sehnliches Verlangen hatte, die übrige Zeit meines Lebens in Deutschland zuzubringen, so vermachte mir mein Vater

2000 Pfund Sterling (22,000 Gulden), und alles Uebrige verwendete er zu wohlthätigen Stiftungen.

Bald hernach starb der edle Mann, ich besorgte alles, was zu besorgen war, und reiste dann nach Deutschland. —

Herr More wurde nun auf einmal so bewegt, daß er Herrn Friedrich und seine Frau bat, ihn zu verlassen, bis er sich wieder erholt hatte; denn das, was er nun noch zu sagen habe, würde einen Auftritt verursachen, der ihm leicht einen Blutsturz zuziehen und das Leben kosten könne. Dann bat er ferner, sie möchten doch nicht eher wieder zu ihm kommen, bis er sie darum ersuchte.

Friedrich und seine Frau waren äusserst gespannt, und sie hätten gern das Ende von seiner Erzählung gehört, allein Pflicht und Wohlstand geboten, sich zu entfernen. Sie gingen also nach Haus, und legten sich nun aufs Vermuthen und Errathen, allein das half alles nichts, sie mußten's eben abwarten.

Zwei Tage nachher schickte More ein versiegeltes Papier an Friedrich, er öffnete es und fand nun folgende Fortsetzung seiner Erzählung:

Mein Plan war, in Deutschland meinen eigentlichen Vater aufzusuchen, mich in seiner Nähe aufzuhalten, wenn er noch lebte, ohne mich ihm zu erkennen zu geben; fände ich dann endlich, daß es auf eine andere Weise nützlich seyn könnte, ihm zu sagen, wer ich sey, so würde ichs mit der gehörigen Schonung thun; wäre er aber noch ein Bösewicht, wie ehemals, so würde ich mich eben so unerkannt wieder entfernen, als ich gekommen war. Mit diesem Vorsatz ging ich nach B....., wo er damals in Diensten gestanden hatte; nun erfuhr ich, wo er gebürtig her war — ich reiste dahin — das ist: hieher! Ach, lieben Herzen, faßt Euch! — Pfifferling war mein Vater!

Wie Friedrich und Rosalien hiebei zu Muth war, das läßt sich denken — also noch eine schreckliche Missethat mehr! Rosalie lief in der Stube umher, rang die Hände und rief: Herr Jesus Christus, erbarm dich der armen Seele! — Endelich verdrängte dann doch die Freude, einen braven Bruder gefunden zu haben, jenen Kummer — allein der Gedanke, daß sie ihn bald wieder verlieren würden, hüllte den Sonnenstrahl jener Freude wieder in ewige Nacht ein.

Gern wäre nun Rosalie alsofort hingelaufen, um ihren Bruder an ihr Herz zu drücken, allein eben dieser Auftritt war's, den More fürchtete: sie mußte sich also gedulden, bis er sie zu sich bat.

Friedrich las nun die Erzählung vollends aus; More fuhr fort: Auf dem Wege hieher erkundigte ich mich allenthalben nach Pfifferling, dem ehemaligen Kriegskommissär, und je näher ich kam, desto schrecklicher war das Gerücht von ihm; in S..... erfuhr ich endlich, daß er gestorben sey und was Ihr Lieben mit seinem Vermögen angefangen hättet; wie mich das erfreute und beruhigte, das kann ich Euch mit Worten nicht beschreiben; der Haß, der sich in meiner Seele gegen meinen Vater durch das Andenken an seine Ungerechtigkeiten und Gräuelthaten erzeugte, verlosch nun ganz. — Ja ich verzeihe ihm nun von ganzem Herzen — und rufe unabläßig in meinem Innersten um Erbarmung für seine arme Seele — Großer Gott! wäre doch seine Rettung nur noch möglich!

Lieber Bruder und liebe Schwester! — ich bin am Thor der Ewigkeit, und sehe schon von ferne den ewigen Morgen schimmern, ich sollte Euch beide billig zu Erben meines Vermögens, das jetzt noch aus 20,000 Gulden besteht, einsetzen; aber ach! seyd so gütig, erlaubt mir doch, daß ich auch meinem armen Vater dieses Geld zum Opfer bringe! — Ach, könnt es doch ein Sühnopfer seyn! — ich will mit meiner Verlassenschaft die hiesige Schule beschenken, mit dem Beding, daß allemal ein würdiger gelehrter und frommer Mann zum Schullehrer angestellt werde; dieser soll dann jährlich 600 fl. haben und dafür alle Kinder umsonst unterrichten; die übrigen Interessen vom Capital sollen dazu angewendet werden, daß die Schulgebäude in gutem Stande erhalten und die armen Kinder mit den nöthigen Schulbüchern und Schreibmaterialien versehen werden.

Hier sehen Sie, lieber Bruder, meinen unveränderlichen letzten Willen; haben Sie nun die Güte, edler, in solchen Sachen erfahrner Mann! nach meinem Tode das alles nach Ihren besten Einsichten auszuführen.

Friedrich und Rosalie freuten sich von Herzen über diesen Entschluß — sie antworteten dem guten Bruder sehr liebreich in einem Briefchen, und bezeugten ihm, daß Ihnen das alles sehr lieb und angenehm sey.

Nach ein paar Tagen ließ More die Beiden wieder zu sich kommen; der Willkomm läßt sich besser empfinden, als beschreiben.

Erlaubt mir, meine lieben Leser! daß ich hier eine Erinnerung einschalte: Denkt nur nicht, daß ich Euch hier Sachen schreibe, die gar zu übertrieben sind — sagt nicht, der Herr More hätte das nicht nöthig gehabt, daß er mit seinem Geld eine Freischule stiftete, denn sein Geld war ja rechtmäßig erworben — und Pfifferling hatte ja mit dem allem nichts zu thun. — Allerdings hatte Herr More die Pflicht auf sich, seines Vaters Ungerechtigkeiten tilgen zu helfen; denn wie viele waren derer noch, die weder Friedrich, noch More wußten, und die sie also auch denen, die Pfifferling betrogen hatte, nicht wiedergeben konnten? Ach Gott! Meine Lieben! nehmt doch dergleichen Sachen nicht so auf die leichte Schulter! — Ihr wollt ja doch gerne selig werden, wenn Ihr sterbt, und wie bald ist Euer Leben verflossen — nun glaubt mir gewiß, daß Ihr nicht selig werden könnt, so lang Ihr noch mit Wissen und Willen einen ungerechten Heller, geschweige Geld und Güter besitzt, die Ihr mit Unrecht an Euch gebracht habt; ihr müßt das alles dem wieder geben, dem es gehört, und wenn Ihr das nicht thut, so werdet Ihr gewiß ewig verdammt; könnt Ihr aber die Leute nicht mehr ausfindig machen, denen es gehört, oder weißt Ihr die wahren Eigenthümer und ihre Erben nicht, so prüft Euch, ob es kein Mittel mehr gäbe, sie zu finden? — findet Ihr keins, so gebt dann all das ungerechte Gut den Armen, dieß sieht dann der liebe Gott auch gnädig an, und wenn Ihr dann übrigens Euch bekehrt und christlich lebt, so könnt Ihr doch noch aus Gnaden um Christi willen selig werden.

Tröstet Euch nur ja damit nicht, daß Christus für die Sünder gestorben sey, und daß Er auch Euere Sünden durch sein Leiden und Sterben getilgt habe — Ja Er hat auch Euere Sünden durch sein Leiden und Sterben getilgt, aber dann erst, wenn sie Euch von Herzen leid sind und Ihr Euch bekehrt; nun kann man ja unmöglich sagen, der Betrug oder der Diebstahl sey einem leid, oder man habe sich bekehrt, wenn man immer im Betrug oder Diebstahl beharrt und das behält, was man so ungerechter Weise erworben hat.

Sagt mir einmal, liebe Leser! aber prüft Euch, und bedenkt es recht! wenn Euch einer um 100 Thaler betrogen hätte — wärt Ihr dann damit zufrieden, wenn der Betrüger sagte: es thut mir herzlich leid, daß ich dich betrogen habe, ich will es auch nicht mehr thun, ich habe mich nun bekehrt, und der liebe Gott wird mir meine Sünden um Christi willen verzeihen, verzeihe du mir auch! — würdet Ihr nicht vielmehr sagen: Ja! wenn du mir erst die hundert Thaler wieder gegeben hast, darnach reden wir dann von Verzeihen und Bekehren. Oder würdet Ihr nicht wünschen, daß der, der Euch betrogen hat, Euch wieder gebe, was er Euch mit Unrecht abgezwackt hat? — Nun, wenn Ihr das wünscht und für Recht haltet, so thut es auch selbst.

Wenn Ihr auch selbst niemand betrogen, keinem Menschen Unrecht gethan habt, und Ihr besitzt ungerechte Güter, die Ihr auch mit Recht geerbt oder auch erblich gekauft haben könnt, so seyd nur gewiß versichert, daß der Fluch des Allmächtigen darauf ruht, und daß Ihr gewiß keinen Segen damit haben werdet — wenn Ihr anders gewußt habt, daß der, von dem Ihr sie erbtet, oder kauftet, sie durch Betrug an sich gebracht habe: und wußtet Ihr es nicht, erfahrt es aber hernach, so müßt ihr die ungerechten Güter bei Heller und Pfenning wieder an den rechten Mann bringen.

Ihr sagt ja selbst im Sprichwort: Unrecht Gut gedeiht nicht! und: Unrecht Gut kommt nicht an den dritten Erben! Wenn Ihr aber auch das alles gethan, alles unrechte Gut wieder an seinen wahren Eigenthümer gebracht habt, oder wenn Ihr ihn nicht wußtet, es zum Besten der Armen verwendet habt, so müßt Ihr noch nicht denken, jetzt könnet Ihr ruhig und selig sterben — Nein! meine Lieben! das ist noch bei weitem nicht genug, zum Seligwerden wird weit mehr erfordert, als daß man niemand betrügt, oder keine groben Laster an sich hat — Wer in den Himmel kommen will, der muß himmlisch gesinnt seyn; Ihr könnt das von Herrn More lernen, wenn Ihr nun weiter lesen werdet.

Herr More schien sich zu Zeiten wieder zu erholen, so daß jedermann glaubte, er würde wieder besser werden; allein es wollte denn doch nicht recht Stand halten, doch brachte er noch den Winter so ziemlich durch.

Noch muß ich bemerken, daß er seinen Schwager Friedrich und seine Schwester dringend gebeten hatte, vor seinem Tod keinem Menschen zu entdecken, daß er Pfifferlings Sohn sey. Dies wurde, wie leicht zu denken ist, auch heilig gehalten. Er blieb also Herr More so lang er lebte.

Der Candidat Eberhard war, wie oben gemeldet, durch seine Unterredung mit Herrn Friedenhold ziemlich zum Nachdenken gekommen; nun lernte er auch den Herrn More kennen, der ihm so ausserordentlich wohl gefiel, daß er wöchentlich wohl drei bis viermal zu ihm ging und ihn freundschaftlich besuchte. More merkte wohl, wo es ihm noch fehlte, auch hatte ihm Friedrich schon den ganzen Charakter dieses braven jungen Mannes geschildert, daher beschloß Herr More, zu versuchen, ob er ihn nicht vollends zur völligen Ueberzeugung des wahren Christenthums bringen könnte. An einem Nachmittag in der Charwoche, es war auf den grünen Donnerstag, kam der Candidat auch zu Herrn More, und da sich dieser jetzt ziemlich wohl befand, so knüpfte er folgendes Gespräch an:

More. Haben Sie heut geprädigt, Herr Candidat?

Der Candidat. Nein! ich werde morgen predigen.

More. Ja so! morgen ist Charfreitag; was haben Sie für einen Text gewählt?

Der Cand. In der Fasten müssen wir über die Leidensgeschichte predigen; folglich hab' ich morgen Ev. Joh. 19. v. 25—30. wo Christus dem Johannes seine Mutter empfiehlt, mit Essig getränkt wird und dann stirbt.

More. Darf ich so frei seyn, zu fragen, was sie für einen Lehrsatz aus diesem Theil der Geschichte zur Erbauung Ihrer Zuhörer gewählt haben?

Der Cand. Ich werde das Beispiel Christi, in Ansehung seiner kindlichen Liebe zu seiner Mutter, besonders dringend zur Nachahmung empfehlen; ich habe dazu einen ganz besonders wichtigen Grund: nämlich, in hiesiger Gegend herrscht eine solche Vernachlässigung der Liebe und Ehrfurcht der Kinder gegen die Eltern, daß sie sich öfters an ihnen vergreifen, und sie wohl gar im Alter Mangel leiden lassen.

More. Das ist ja schrecklich! schweigt denn die Obrigkeit dazu still?

Der Cand. Nein! sie straft solche Kinder — wenn die Eltern klagen, aber das geschieht selten.

More. Ey mein Gott! darauf muß ja die Polizei acht haben, und selbst der Kläger seyn — das ist ja ein Hauptfehler; aber das wars nicht, wovon ich jetzt mit Ihnen reden wollte. Wird denn dieser Lehrsatz: nämlich, das Beispiel Christi in der kindlichen Liebe — Ihre ganze Predigt ausmachen?

Der Cand. Ja wohl! ich meyne, daß ich wohl eine ganze Stunde darüber mit Nutzen werde reden können.

More. Daran ist nicht zu zweifeln, aber Sie haben ja das ganze Jahr durch so viele Predigttage, die keiner besondern Feier gewidmet sind, an welchen Sie solche äußerst nützliche Predigten halten können, aber es gibt im Jahr nur einen Charfreitag — ein Feiertag, der unter allen bei weitem der wichtigste ist, weil Christus an diesem Tage den Zweck seiner Sendung vollbracht hat; ich dächte, da sollten

Sie doch lieber die Worte des Herrn: Es ist vollbracht — welche auch in dem nämlichen Stück der Geschichte vorkommen, gewählt haben. Die allerwichtigste Glaubenslehre der Christen, vom Leiden und Sterben des Erlösers für die Sünden der Welt müßte doch wahrlich! an einem solchen Tage, der eigentlich zur Feier des Todes Jesu von jeher bestimmt ist, der Hauptgegenstand der Predigten seyn.

Der Cand. Ja! das ist nun eben ein Punkt, wovon viel zu sagen wäre — in diesem Stück bin ich mit mir selbst noch nicht auf dem Reinen.

More. Wie so denn, Herr Candidat?

Der Cand. In der gewöhnlichen Vorstellung von der Erlösung durch Christum liegt so viel Vernunftwidriges, daß mans unmöglich so dem Buchstaben nach glauben kann, wie es Christus und die Apostel ausdrücken.

More. Das wär doch arg! — was kommt Ihnen denn besonders vernunftwidrig vor?

Der Cand. Das Hauptsächlichste ist mir immer: Daß Gott nicht anders habe die Sünde vergeben können, als wenn ein höchst unschuldiger Mensch den schmerzlichsten Tod für die Sünder litte: diesen Tod wolle dann Gott so ansehen, als wenn der Sünder ihn selbst ausgestanden habe. Dies kommt mir ganz ausserordentlich widersinnig vor.

More. Lieber Freund! hören Sie ein Gleichniß; und dann sagen Sie mir, ob das auch widersinnig und vernunftwidrig ist! Gesetzt, eine Mutter hat ein Kind, das noch an ihrer Brust trinkt, nun wird aber das Kind sehr elend und unheilbar krank; die Mutter meynt, sie müßt für Leid vergehen, allein kein Arzt kann dem Kind anders helfen, als durch eine sehr schmerzhafte Kur, die die Mutter selbst an ihrem eigenen Körper vornehmen lassen muß, damit ihre Milch die Heilkraft bekommt, wodurch das Kind gesund werden kann. Ist das nun widersinnig?

Der Cand. Nein! das ist keineswegs widersinnig, aber wie paßt das nun auf Christum und seine Erlösung?

More. Lieber Freund! es paßt so viel, daß es beweißt, die Lehre von der Genugthuung Christi lasse sich auch — wenn es darauf ankomme, vernünftig und philosophisch erklären: denn wenn man annimmt, Christus habe sich selbst durch sein ganzes Leben, Leiden und Sterben, durch Unterstützung seiner göttlichen Natur, fähig gemacht, daß er nun durch seinen Geist die verlornen Kräfte des Menschen zum Guten stärken, folglich den, der sich ihrer nur treulich bedient, heilig und selig machen kann, und daß er nun durch eben diesen Geist auch so weise regiert, daß nach und nach die Folgen der Sünde zu lauter nützlichen Zwecken würden, wie wir davon ein lebhaftes Beispiel an Herrn Friedrichs Verfahren mit seines Schwiegervaters Vermögen haben — ich sage, wenn man dies alles annimmt, sich die Sache so vorstellt, so kann die Vernunft nichts dagegen einwenden.

Der Cand. Das ist richtig! aber wer bürgt mir nun dafür, daß es auch wirklich so ist? — Wenn die Bibel die Quelle übersinnlicher Wahrheiten seyn soll, so muß ich sagen, daß Sie die Sache in ganz andern Vorstellungen vorträgt.

More. Nun so vernünfteln Sie dann auch nicht, sondern glauben Sie der Bibel!

Der Cand. Sie haben ganz recht! aber dann kommen wir wieder auf Sachen, die der gesunden Vernunft anstößig sind.

More. Lieber Herr Candidat! geben Sie Gott und der Wahrheit die Ehre, und hören Sie mir nur einmal mit angestrengter Aufmerksamkeit zu, und unterbrechen Sie mich nicht, bis ich fertig bin: Der natürliche Mensch vernimmt nicht die Dinge, die des Geistes Gottes sind, sie sind ihm eine Thorheit — das ist: sie kommen ihm widersinnig, vernunftwidrig, ja gar abgeschmackt vor — er kann sie nicht begreifen. Dies ist nun auch der Fall mit dem ganzen Erlösungsgeschäfte und mit der Bekehrung und Erneuerung des Menschen zum Ebenbild Gottes. Beherzigen Sie nur einmal das Gespräch Christi mit Nikodemus, Joh. 3 — hier sagt der Herr: der in Adam von Gott abgefallene Mensch müsse von neuem geboren, ein ganz anderer, zu allem Guten geneigter, oder ganz umgeschaffener Mensch werden. Dies kam auch den natürlichen Nikodemus ungemein thöricht vor, ich meyne, ich sähe es, wie er so vernünftig lächelt und sagt: Wie soll das hergehen? — Christus aber fährt ganz ruhig fort, und sagt: du spürst doch wohl, wenn der Wind geht, das fühlst du, aber wo eben der Wind, den du fühlst, entsteht und wo er endlich aufhört zu wehen, das weißt du nicht — Siehe, so ist es auch gerade mit der neuen Geburt, wovon ich dir eben sagte: der Mensch spürt Veränderung in seiner Seele, er bekommt Lust zum Guten, anstatt daß es ihm vorhin ein Eckel war, alle weltliche Dinge, die ihm sonst Freude machten, die werden ihm gleichgültig und er liebt nun Gott und Menschen von Herzen — wo nun dieser himmlische Wind herkommt, wie das alles zugeht, davon weiß er kein Wort, er begreift es auch nicht, und doch fühlt er so gewiß wie etwas, so gewiß er sein eigenes Ich fühlt, daß das alles in ihm vorgehe.

Der natürliche Nikodemus begreift aber auch dies eben so wenig, denn er antwortet: Wie können solche Dinge geschehen? — hierauf gibt ihm dann Christus den Verweis — du bist ein Gottesgelehrter, und das in Israel, in dem Volk, das die zuverlässigsten sinnlichen Erfahrungen von den Offenbarungen Gottes hat und schriftlich besitzt, und weißest das nicht einmal?

Sehen Sie, lieber Herr Candidat! das ist nun auch jetzt noch der Fall mit allen Nikodemen unserer Zeit; ehemals und auch zum Theil noch jetzt, mochten viele nicht weiter forschen, theils aus Gemächlichkeit, theils aus Furcht vor ihren Vorgesetzten, auch wohl aus Furcht, sie möchten in Zweifel gerathen, sie bleiben also Nikodemuse und glauben ruhig fort, was die Kirche glaubte, viele kamen dann endlich auch noch eben so wie Nikodemus zum wahren lebendigen Glauben.

Heute zu Tage ist das aber nun ganz anders: jetzt haben nun die natürlichen Menschen die Dinge, die des Geistes Gottes sind, in Untersuchung gezogen und die göttliche Thorheit vor den Richterstuhl ihrer Weisheit gestellt, jetzt muß sich nun die Weisheit rechtfertigen lassen von ihren Kindern.

Lieber Freund! es gibt nur einen Weg, zur Gewißheit in den Dingen, die des Geistes Gottes sind, zu gelangen, und das ist die lebendige Erfahrung: und da ist es nun eben übel, daß keiner sich schämt, die Erfahrung nicht zu haben; ausgemacht wahr ist es, daß nur der wahre Christ aus Erfahrung die Gewißheit des Glaubens haben kann, und daß derjenige, der die Gewißheit des Glaubens nicht hat, sie auch noch nicht erfahren haben kann, folglich auch noch kein wahrer Christ ist; sagt man das nun jemand, der noch zweifelt, aber doch immer ein Christ seyn will, so empört sich sein ganzer Stolz, und anstatt in sich zu gehen, sich genau zu prüfen und den wahren Weg des richtigen evangelischen Glaubens einzuschlagen, wälzt er lieber die ganze Schuld auf die Bibel, dreht, zerrt und erklärt so lang daran, bis sie ihm entweder gar nichts mehr gilt, oder nur das sagt, was er gesagt haben will.

Es geht mit der himmlischen Wahrheit der Religion genau so, wie mit einer alten Medizin, die durch tausend Erfahrungen bewährt ist, woran aber die studierten Aerzte immer tadeln, und sagen, sie sey weder der Natur, noch der Vernunft gemäß, und doch wird jeder, der sie ordentlich braucht, gesund: Wer also gewiß seyn will, daß die Medizin ächt ist, der muß sie brauchen. Ich stehe an den Thoren der Ewigkeit, und ich hab keine Hoffnung mehr, länger zu leben — Ach Freund! wie schrecklich würde mir jetzt zu Muth seyn, wenn ich nicht mehr Gewißheit des Glaubens hätte, als Sie! — denn auch der größte Zweifler — ist doch noch immer Zweifler — das heißt: er muß doch gestehen, daß die Bibel, so wie sie da ist, wahr seyn könne, und wenn sie nun wahr ist, so wird dann auch an ihm erfüllt, was die Bibel ihm und seines gleichen droht. Ich bin noch ein junger Mann, erst etliche und dreißig Jahr alt, und stehe doch schon mit einem Fuß im Grabe: lieber Herr Candidat! wie leicht kann Ihnen das auch überkommen, und wenn Sie dann an meiner Stelle stünden, o wie seicht und wie elend würde Ihnen dann Ihre Philosophie, und wie unvernünftig Ihre jetzige Vernunft vorkommen — Gott! wie sehr würden Sie's bereuen, das Ungewisse für das Gewisse gewählt zu haben! — Auf dem Punct, wo ich jetzt stehe, treten mir alle Sünden meines ganzen Lebens vor die Augen, da wird keine vergessen, mein Gewissen zieht sie alle vor seinen Richterstuhl, da ist keine gering, und die Entschuldigung, wir sind schwache Menschen — kommt mir wie eine Lästerung vor —

du hättest stark werden können! — schreit einem dann das Gewissen mit starker Stimme entgegen, aber deine sinnliche Bequemlichkeit war dir lieber und du hast nicht gewollt. Wenn ich da nun keinen Erlöser hätte, was würde dann aus mir?

Lieber Freund! verlassen Sie sich ja nicht auf die einzelnen Beispiele, daß Zweifler doch ruhig und freudig mit Zuversicht gestorben sind; dies kann auch bei den größten Bösewichtern der Fall seyn. Ach, es ist eine große Wohlthat, wenn das Gewissen diesseits des Grabes noch aufwacht und den armen Sünder zum Zufluchtnehmen zu Christo treibt; er kann dann noch wie ein Brand aus dem Feuer gerettet werden.

Hier brach More ab, um sich nicht zu sehr abzumatten, der Candidat saß noch eine Weile und dachte nach; endlich fing er an: Herr More! erlauben Sie mir nur noch ein Wort, dann will ich Sie auch für heute nicht weiter bemühen: Ich bin mir bewußt, daß ich von ganzem Herzen die Wahrheit suche, und von ganzem Herzen gern glauben will, was ich glauben muß; sagen Sie mir nur, was ich denn nun thun, wie ichs anfangen muß?

More. Wenn Ihnen das ein wahrer Ernst ist, so beten sie unablässig um die Erkenntniß der Wahrheit, hören sie nicht auf, den Vater des Lichts um Erleuchtung zu bitten, und dann wachen Sie sorgfältig über alle ihre Gedanken, Worte und Werke. Wenn sie in dieser Gesinnung beharren, so werden Sie endlich gewiß erhöret werden.

Jetzt nahm der Candidat Abschied und ging fort. Wahr ist es, auch dies Gespräch hatte ihn wieder der Wait nähehrher gebracht, aber am eigentlichen Entschluß, das Evangelium von Jesu Christo, so wie es da ist, anzunehmen, daran fehlte es noch sehr; der Verstand war vorbereitet, aber noch war das Herz kalt. Indessen wer ernstlich will, der bleibt gewiß nicht zurück: denn der Vater der Menschen will, daß jeder, dem es nur ein Ernst ist, selig zu werden, auch selig werden soll. Es fehlte also dem Candidaten nur noch eine Herzens-Erschütterung; und siehe, sie kam! —

Der Amtmann Birkenfeld in Kirchenheim hatte einen Sohn,

der mit dem Candidaten Eberhard von gleichem Alter war; er hatte auch zugleich mit ihm studirt, sie waren von der Wiege an gute Freunde gewesen, und auf der Universität hatte sich diese Freundschaft noch fester gegründet. Der junge Birkenfeld war Advokat, und ein braver rechtschaffener junger Mann.

Bei einer gewissen Gelegenheit war dieser junge Mann zu Geisenfels gewesen und hatte sich im Tanzen erhitzt und darauf kalt getrunken, wodurch er sich eine Lungenentzündung zugezogen hatte, die in Vereiterung, folglich in eine völlige Lungensucht überging. Alle Mittel wurden angewendet und alle Aerzte in der ganzen Gegend gebraucht, aber vergeblich, und der letzte erklärte ihm rund heraus, er solle sich nur bereit machen: denn Menschenhülfe sey aus. Anfänglich schien ihn das nicht so sehr zu erschrecken und seine Antwort war: in Gottes Namen! ich bin bereit; bei fernerem Nachdenken über seinen Zustand aber überfiel ihn eine Angst, die von Tag zu Tag zunahm, und endlich so schrecklich wurde, daß man ihn bewachen mußte. Sein Freund, der Candidat Eberhard, besuchte ihn oft und tröstete ihn auf die gewöhnliche Art, daß er ja rechtschaffen und ehrbar gelebt habe, daß es Gott mit dem Menschen so genau nicht nehmen werde, sonst würde ja kein Mensch selig u. s. w.; dann wurde Birkenfeld mürrisch, und endlich sagte er: Wenn du keinen bessern Trost weißt, so bleib zu Haus, ich weiß besser, wer ich bin, und was ich bin; dieß befolgte dann auch der Candidat und blieb zu Haus, indessen konnte er denn doch auch nicht ruhig seyn: denn er sahe, welch eine große Lücke in seiner Theologie und Amtsführung noch auszufüllen sey. Mit seinem Vater sprach er nicht gern über solche Gegenstände, denn der betrübte sich zu sehr, er weinte, rung die Hände und lamentirte, daß sein Sohn nicht besser gerathen seye. Indessen wurde es mit dem jungen Birkenfeld so arg, daß es kaum mehr auszuhalten war, und es war zu befürchten, daß er durch seine schreckliche Unruhe, Kämpfen und Ringen sich einen schleunigen Tod zuziehen würde. Endlich verlangte er doch einmal seinen Freund, den Candidaten Eberhard, zu sich; dieser wurde gerufen, und er kam; so wie er in die Stube trat, rief ihm der Kranke mit hohler, heißerer Stimme zu: Freund! weißt du denn in der ganzen weiten Welt kein Mittel — weißt du keins im Himmel und auf Erden, wie ich nur der Verdammniß entgehen könne, vom Seligwerden will ich gar nicht sagen, darauf hab ich längst Verzicht gethan?

Der Cand. Lieber, lieber Birkenfeld! um Gotteswillen beruhige dich doch! — Gott ist ja die ewige Liebe! — Er ist gewiß barmherzig!

Plötzlich unterbrach ihn der Kranke mit Heftigkeit und versetzte: Wenn du nichts bessers weißt, so schweig! — bedenk nur, wie viele Worte ich in der Welt geredet habe, die in den Seelen derer, die sie hörten, sündhafte Gedanken erweckten, die dann wieder zu Wort und That wurden, und wieder andere zur Sünde reizten, und so geht das noch immer fort — jede Sünde, die ich begangen, heckt immer neue Sünden aus, und das geht so in Ewigkeit fort; nun denke nur darüber nach, Freund! wie manch unnützes Wort ich in der Welt geredet, wie vieles ich täglich und stündlich gethan habe, das die schädlichsten Folgen hat — o mein Gott! mein Gott! meine Sünden stehen wie ungeheuere Berge vor mir, die täglich höher, und immer unübersteiglicher werden! Und dann bedenke auch noch das, Freund! ich bin stolz, ich kann niemand neben mir sehen, der mehr ist als ich, ich liebe eigentlich niemand, als mich selbst, und darum liebe ich auch nur diejenigen, die mich lieben, und mir viel Schönes sagen, aber wer mir auch aus wahrer Liebe etwas zuwider sagt, über den werde ich bös, und ich möchte mich gern an ihm rächen, wenn ich nicht fürchtete, meine Ehre dadurch zu verlieren; wenn ich den Armen etwas gebe, so geschieht das nur blos, entweder um ihrer los zu werden, oder das Vergnügen meiner eigenen Wohlthätigkeit zu genießen, und dann hab ich auch gar gerne, wenn es auch andere Leute erfahren, und mich für liebreich, fromm und wohlthätig halten, u. s. w. Sag mir, Freund! wie ist es nun möglich, daß ein solch Wesen in den Himmel kommen und mit den seligen Geistern leben und umgehen kann?

Der Cand. Wenn du es so nimmst, so wird kein Mensch selig.

Der Kranke. Geh nach Haus, wenn du nichts Besseres weißt — ich fühle sehr tief in meinem Innersten, was ich wohl hätte seyn und werden können, und auch hätte werden müssen, wenn ich nur gewollt hätte. — O Gott! wie viele gute Menschen hab ich gekannt, die gewiß selig geworden sind! und ich Unglücklicher stehe nun da vor der dunkeln Pforte, wo jeder hinein, aber keiner heraus geht, und bin gewiß, daß mein ewiges Schicksal schrecklich seyn wird! —

Dieses große und wichtige Sündenbekenntniß des kranken jungen Mannes machte einen tiefen Eindruck auf den Candidaten — Ja es ist wahr! sagte er in sich selbst — so ist es, die Sünden erzeugen Sünden, und vermehren sich ins Unendliche, sie hören in Ewigkeit nicht auf zu wirken — ja es ist ein Erlöser nöthig! — und dann dachte er ferner, ist es auch wieder nicht möglich, daß ein gewöhnlicher Mensch mit seinen Leidenschaften selig werden kann. Du hast recht, Birkenfeld! fing er endlich an, du hast mich überzeugt, aber es ist noch Rettung möglich — ist es dir recht, wenn ich meinen Vater bitte, daß er dich besucht, so kannst du ihm eure Sänfte schicken und ihn holen lassen. Birkenfeld bedachte sich eine Weile — dann sagte er: Ob ich schon nicht glaube, daß ich noch gerettet werden könne: denn ich halte es für unmöglich — so will ich doch auch das noch versuchen, und ihn holen lassen.

Hierauf nahm der Candidat nun Abschied, ging nach Haus, und erzählte seinem Vater alle Worte, die der Kranke zu ihm gesagt hatte — jetzt nahm der alte Pfarrer Eberhard seine Kappe ab, faltete die Hände, blickte empor und sagte: Dir dank ich, mein Gott! daß du mich erhöret, und mir nur noch einmal in meinem Leben Gelegenheit verschafft hast, die wirksame Kraft der Erlösung durch deinen eingebornen Sohn Jesum Christum in aller ihrer Stärke zu zeigen; dann wendete er sich zu seinem Sohn und sprach: Wenn du heut

Glauben hast, mein Sohn! so wirst du die Herrlichkeit Gottes sehen.

Jetzt wars, als ob der alte Apostel neue Kräfte bekäme, er ließ sich seine Amtskleider bringen, zog sie an, und erwartete nun die Sänfte; diese kam zur bestimmten Zeit, und so wurde er dann zum Kranken getragen; daß der Candidat mitging, das brauch ich wohl nicht zu erinnern. So wie der Pfarrer ins Amthaus kam, so fanden sich auch die äußerst betrübten Eltern in der Krankenstube ein, um diesem Besuch beizuwohnen. Der Pfarrer setzte sich dem Kranken gegenüber, und fing nun an:

Lieber Herr Birkenfeld! ich hab Sie getauft, catechisirt und zum Abendmahl confirmirt — nun höre ich von meinem Sohn, daß Sie Ihre Sünden ängstigen, und daher an ihrer Seligkeit zweifeln — haben Sie denn das alles vergessen, was Ihnen die Religion Jesu in Ihrer Lage anräth?

Der Kranke. Ich habs eben nicht vergessen, aber nachdem ich studirt und allerhand Schriften gelesen habe, so kann ichs nicht mehr glauben, folglich auch auf meinen Zustand nicht anwenden.

Der Pfarrer. Das kann ich wohl denken! — aber glauben Sie denn, Sie seyen der einzige Mensch in der Welt, der keine Hoffnung habe, selig zu werden?

Der Kranke. Das kommt mir fast so vor, und wenn ich doch recht bedenke, so gibt es noch größere Sünder und Böswichter wie ich, aber wie es denen auch gehen wird —! —

Der Pfarrer. Obs größere oder kleinere Sünder gibt wie Sie, darauf kommts hier nicht an: denn wir Menschen sind alle von Natur so verdorben, daß es nur auf die Umstände ankommt, ob wir die größten Böswichter werden, oder die kleinsten, im Grund sind wir alle gleich.

Der Kranke. Ja Herr Pfarrer, Sie haben recht! das seh ich ein, wär ich in die Gelegenheit gerathen, von Jugend auf versäumt, aus einer bösen Gesellschaft in die andere geschleudert worden, ich hätte auf dem Hochgericht, am Galgen sterben können.

Der Pfarrer. Ganz richtig! und ich auch, wenn mich die göttliche Barmherzigkeit nicht bewahrt hätte.

Der Kranke. Ja Herr Pfarrer! wenns darauf ankommt, warum hat Sie mich denn nicht bewahrt?

Der Pfarrer. Lieber Freund! wie können Sie so reden? hat sie Sie denn nicht so gütig geleitet, daß Sie nicht an den Galgen gekommen sind? — bedenken Sie wohl! ist das nicht Gnade und Erbarmung vom lieben himmlischen Vater, daß Er Ihnen eine edle christliche Erziehung hat geben lassen, und Sie so geleitet hat, daß Sie nicht ein noch größerer Sünder geworden sind?

Der Kranke. Ach ja wohl! aber das macht mich nun eben verdammungswürdig, daß ich alle diese Wohlthaten schlecht benutzt habe; und warum hat mich die göttliche Barmherzigkeit denn nicht vor allen Sünden bewahrt?

Der Pfarrer. Weil sie ein frei erschaffenes Wesen nicht zwingen will, und auch ihrer Natur nach nicht kann. Aber ich höre ja da mit Verwunderung, daß Sie sich für verdammnißwürdig erklären; das paßt ja in das philosophische System nicht, das Sie anstatt des Christenthums angenommen haben; woher wissen Sie denn, daß Sie verdammnißwürdig sind?

Der Kranke. Ach Herr Pfarrer! das ist bei mir keine Sache des Kopfs — oder wie soll ich sagen? — der Ueberlegung — ich fühls und weiß es so gewiß, als ich bin; es ist etwas in meinem Wesen, das mir auf das allergewisseste zu erkennen gibt, daß ich um meiner Sünden, und überhaupt um meiner bösen verdorbenen Natur willen ewig verdammt werde.

Der Pfarrer. Das unbekannte Wesen in Ihnen, das Ihnen dieses sagt, hat ganz recht, wenn sie so bleiben, wie sie sind. Aber können Sie denn merken, was dieß unbekannte Wesen damit will, daß es Sie so ängstigt? —

Der Kranke. Ja! was kann es damit wollen? — Sie meynen vielleicht, es suche meine Bekehrung — lieber Gott! was kann mich die helfen? — ich bin nahe am Tod, ich kann meine Sünden nun nicht mehr gut machen, und kann auch in der Welt nichts Gutes mehr ausrichten.

Der Pfarrer. Aber was meynen Sie wohl, was das unbekannte Ding zu Ihrem Wesen seyn mag?

Der Kranke. Nennen Sie's Gewissen, moralisch Gefühl, Sittengesetz, oder wie sie wollen.

Der Pfarrer. Lieber Freund! weder das moralische Gefühl, noch das Sittengesetz weiß auch nur ein Wort von Verdammungswürdigkeit! — Theuerer Kranker! Ihr unbekanntes Etwas ist noch der entfernte Rest der göttlichen Gnade, die Ihnen durch die Taufe wiederfahren, und durch Ihre christliche Erziehung genährt worden ist; sie züchtiget Sie, daß Sie noch jetzt das ungöttliche Wesen und die weltlichen Lüste verläugnen sollen.

Der Kranke. Herr Pfarrer! Sie haben recht, da geht mir ein Licht auf — Ja, es ist noch ein Ueberrest von Religionskenntniß, der sich jetzt im Hintergrund zeigt, und mich rügt.

Der Pfarrer. Gut! aber hat denn diese Gnade, die Sie so züchtigt, recht oder unrecht?

Der Kranke. Ach mein Gott! sie hat vollkommen recht!

Der Pfarrer. Nun was will sie denn von Ihnen?

Der Kranke. Sie stellt mir alle meine Sünden, mit Ihren unendlichen Folgen, und meine so äusserst sündhafte Natur sehr lebhaft vor Augen.

Der Pfarrer. Erzeugt das nicht den heissen Wunsch in Ihnen, daß Sie doch in Ihrem ganzen Leben keine Sünde möchten begangen haben, und daß Sie ein vollkommen guter Mensch seyn möchten?

Der Kranke. Ach ja, Herr Pfarrer! das ist mein einziger Wunsch; Sie verstehens besser, wie wir jungen Leute, Sie kommen dem Grund immer näher. Aber was hilft mich nun so nahe am Tod dieser Wunsch?

Der Pfarrer. Er macht sie selig! — ist das nicht gnug?

Der Kranke. Wie? was? das versteh ich nicht!

Der Pfarrer. Aber ich versteh es, lieber Freund! hören Sie zu! Das was jetzt im Innersten Ihrer Seele so laut spricht und Ihre Sünden rügt, ist die züchtigende Gnade Gottes — ein Werk des heiligen Geistes in der Seele.

Der Kranke. Warten Sie, lieber Herr Pfarrer! das muß ich erst gewiß wissen — kann es nicht Schwermuth, Hypochondrie, oder so etwas seyn?

Der Pfarrer. Kann Schwermuth und Hypochondrie für sich allein bei einem Menschen, der keine Religionskenntnisse hat, die Vorstellungen hervorbringen, die Sie haben? — die Schwermuth für sich allein macht jede kleine Gefahr, jedes kleine Leiden unerträglich schwer, aber sie weiß von Sünde und Verdammungswürdigkeit nichts?

Der Kranke. Ja das ist wahr!

Der Pfarrer. Also, der heilige Geist bedient sich Ihrer körperlichen Schwäche zu Ihrer Bekehrung: dazu braucht die Gnade auch natürliche Mittel.

Der Kranke. Gut, Herr Pfarrer! aber was kann mich jetzt noch die Bekehrung helfen?

Der Pfarrer. Das wollen wir nun sehen, Sie wünschten vorhin, daß Sie in Ihrem ganzen Leben keine Sünde möchten begangen haben, und daß Sie ein recht guter, vollkommen tugendhafter Mensch seyn möchten; und ich antwortete darauf, dieser Wunsch mache Sie selig — und das will ich Ihnen nun beweisen: Sehen Sie, lieber Freund! Sie stehen in der Ueberzeugung, Sie müßten alle Ihre begangene Sünden wieder gut machen, wenn Sie selig werden wollten, nicht wahr?

Der Kranke. Ja davon bin ich gründlich überzeugt!

Der Pfarrer. Und dann wissen Sie auch gewiß, daß sie ein vollkommen guter Mensch seyn müssen, wenn sie selig werden wollen.

Der Kranke. Ganz richtig!

Der Pfarrer. Sehen Sie nun theuerer Freund! die strengen und durchaus gerechten Forderungen der Gerechtigkeit Gottes an die Menschen; — aber sehen Sie nun nicht auch, daß diese Forderungen kein Mensch — durchaus kein Einziger erfüllen, folglich auch kein einziger selig werden kann?

Der Kranke. Ja, Herr Pfarrer! das sehe ich ein, da ist wahr!

Der Pfarrer. Glauben Sie denn wirklich, daß kein Mensch selig wird?

Der Kranke. Nein, das kann ich doch auch nicht glauben, das wäre ja erschrecklich!

Der Pfarrer. Nun lieber, lieber Birkenfeld! so geben Sie doch Gott die Ehre und sagen Sie mit Mund und Herzen, daß Jesus Christus in die Welt gekommen sey, die Sünder selig zu machen.

Der Kranke. Ach Herr Pfarrer! wie gerne glaubte ich das, wenn ich nur könnte! Aber sagen sie mir doch nur, wie kann denn Christus meine begangene Sünden tilgen, wie kann Gott geschehene Sachen ungeschehen machen? — wie kann ich selig werden, da ich doch noch nichts Gutes gethan habe? — und wie kann ich besser werden als ich bin, da ich am Rand des Grabes stehe?

Der Pfarrer. Für das alles lassen Sie den Erlöser sorgen; es giebt tausend Dinge in der Welt, die wir nicht begreifen können, die uns so gar ungereimt oder unmöglich vorkommen, und doch wahr sind. Ich stehe Ihnen dafür, daß sie in kurzem das alles — zwar nicht begreifen — aber gewiß mit einem ruhigen und beseligenden Glauben fassen werden. Nicht wahr, Sie wissen gewiß, daß die Forderungen der Gerechtigkeit Gottes wahr und gerecht sind.

Der Kranke. Ja das weiß ich so gewiß, als ich lebe!

Der Pfarrer. Sie wissen gewiß, daß kein einziger Mensch im gegenwärtigen Zustand die Forderungen dieser Gerechtigkeit erfüllen, daß also, wenn der himmlische Vater kein Mittel zur Erlösung gefunden hat, kein Mensch selig werden kann.

Der Kranke. Auch davon bin ich fest überzeugt.

Der Pfarrer. Und doch sind Sie auch gewiß überzeugt, daß es Menschen gibt, die selig werden?

Der Kranke. Unstreitig!

Der Pfarrer. Nun so muß es ja ein Mittel geben, wodurch diese ebenfalls sündhafte Menschen selig werden.

Der Kranke Ach Gott, ja das ist gewiß!

Der Pfarrer. Wissen sie denn Eins, ausser Christo?

Der Kranke. Nein, Herr Pfarrer! ich weiß keins!

Der Pfarrer. Sie würden also dieß Mittel gern gebrauchen, wenn Sie's nur begreifen könnten! — Bedenken Sie doch nur, wie thöricht es wäre, wenn Sie eine Arznei, die so viel Tausenden geholfen hätte, deswegen nicht nehmen wollten, weil sie ihre Wirkungsart nicht begreifen könnten. Lieber Freund! die züchtigende göttliche Gnade bedient sich Ihrer Krankheit, um sie zum einzigen seligmachenden Mittel zu treiben; dies ist ein unumstößlicher Beweis, daß Sie Gott noch selig machen will — freilich wär es unendlich besser gewesen, wenn Sie ihr früher gefolgt hätten, allein die Barmherzigkeit Gottes ist unbegreiflich, hüten Sie sich sehr, daß Sie diesen Ihren letzten Ruf an Sie nicht versäumen, verläugnen Sie Ihren Vernunftstolz, und nehmen Sie kindlich die in Jesu Christo angebotene Gnade an! — Ich versichere Ihnen heilig, Sie werden in kurzem glauben, und dann nicht begreifen können, daß Ihnen die Sache des Christenthums vernunftwidrig vorgekommen ist.

Der Kranke. Lieber, lieber Herr Pfarrer! ich kann Ihnen nicht mehr antworten, Sie haben mich in die Enge getrieben. Aber sagen Sie mir nur, was ich dann nun thun soll!

Der Pfarrer. Sie sollen sich dem ewigen liebenden Vater der Menschen zu den Füßen in den Staub legen, und nicht eher wieder aufstehen, bis Sie dieser ewigliebende Vater zum ewigliebenden Sohn gezogen hat.

Der Kranke fing hier an zu weinen und zu schluchzen, und der Candidat zitterte und bebte. Herr Pfarrer! antwortete der Kranke; Sie sind ein Engel Gottes, seyen Sie doch mein Advokat bei dem Vater! — hier fiel der Candidat auf die Knie, und rief: Ach Mann Gottes! und mein Vater auch der Meinige!

Dies war beinah dem ehrwürdigen Greis zuviel — aber er stärkte sich in Gott, sank auch auf die Knie, breitete die Hände gen Himmel aus, und rief — jetzt lag der Kranke auf dem Angesicht im Staube — der Pfarrer rief: Vater aller Wesen! Vater in Jesu Christo, deinem eingebornen Sohn! verherrlichet seyst und werdest du in Ewigkeit dafür, daß du deinen Leuchter noch nicht wegrückest, sondern in dieser dunkeln und schrecklichen Zeit noch arme Sünder zur Buße und Bekehrung rufst und zu deinem Sohn ziehst; deine ewige Liebe, deine erbarmende Gnade hat auch diese beiden jungen Männer noch am Rande des Abgrunds mit den Haaren vom Verderben zurück gezogen. Ach ich rufe, und höre nicht auf zu rufen, bis du vollends an Beiden das Werk deiner unergründlichen und herrlichen Gnade vollendet hast; und du großer Weltversöhner! der Du alle Gewalt im Himmel und auf Erden empfangen hast, und sie nun auf deinem Throne aller Welten dazu anwendest, Sünder selig zu machen! — Laß deinen heiligen Geist diese beiden reumüthigen Sünder innig und fest überzeugen, daß ihnen ihre Sünden vergeben sind, und schaffe dann in ihnen ein reines Herz und einen neuen gewissen Geist, der sie von allen Zweifeln befreien, ihr ganzes Wesen heiligen, und dann zu seiner Zeit selig machen möge. Endlich, mein Herr und mein Gott! lasse nun auch mich deinen alten Diener im Frieden zur seligen Ruhe eingehen, denn meine Augen haben dein Heil gesehen. Amen!

Nun stund der Pfarrer auf, aber nun lag auch der Candidat auf dem Angesicht und weinte in dem Staub. Gut! meine Kinder! sagte der Pfarrer, hört nicht auf zu ringen mit Gott, bis ihr Gnade und Vergebung der Sünden erlangt habt. Jetzt ließ er sich nun in der Sänfte wieder nach Haus tragen.

Erst des Abends um zehn Uhr kam der Candidat mit rothgeweinten Augen nach Haus, und erzählte nun seinem Vater, was mit dem Kranken vorgefallen war; er hatte noch eine Weile gelegen; dann war er aufgestanden, und mit Engelsfreudigkeit hatte er gerufen — Wo sind meine Eltern? — nachdem sie gekommen waren, hatte er des Lobpreisens nicht satt werden können, und von ganzer Seele Gott gedankt, daß er ihm seine Sünde um Christi willen verziehen habe. Seine Liebe zum Erlöser sey über allen Begriff groß, und er sehne sich nun zu sterben, um ewig bei ihm zu seyn, u. s. w.

Aber lieber Vater! fuhr der Candidat fort, so gut ist es

mir geworden, ich flehe in meinem Innersten unaufhörlich um Gnade, aber da ist weder Stimme noch Aufmerken!

Der Vater. Ja! das glaub ich, Du hast auch noch vorher eine sehr wichtige Pflicht zu erfüllen, ehe Du Gnade erlangen kannst.

Der Sohn. Ach sagen Sie mir — welche? — lieber Vater!

Der Vater. Du hast das Evangelium von Jesu Christo nicht gepredigt, und dadurch einige geärgert, vielleicht auch einige in ihrem Glauben irre gemacht — jetzt wirst Du wohl wissen, was Du zu thun hast.

Der Sohn. Ach mein Gott! — Ja ich weiß es! und nächsten Sonntag will ich öffentlich meine Sünden bekennen, alle meine Irrthümer widerrufen, und von nun an das Evangelium von Jesu Christo rein predigen.

Der Vater. Der Herr segne dich, mein Sohn! jetzt bist Du auf dem rechten Wege, Du wirst bald Gnade und Vergebung der Sünden erlangen, und ein sehr gesegnetes Werkzeug in der Hand des Herrn seyn und bleiben. Er sey gelobt, daß er mein heißes Flehen erhört hat!

Des andern Tages verlangte der kranke Birkenfeld wieder einen Besuch vom Herrn Pfarrer; die Sänfte wurde also am Nachmittag ins Pfarrhaus geschickt, der Pfarrer ließ sich zum Kranken tragen, und der Candidat ging wieder mit.

Die Veränderung war unbeschreiblich, die mit dem Kranken vorgegangen war — Herr Pfarrer! und du Freund meiner Jugend! — Ach mein Gott! stöhnte er ihnen entgegen, wie thöricht, wie thöricht, wie blind und wie unbegreiflich elend kommen mir jetzt alle meine vorigen Grundsätze vor! — jetzt ist mir alles lichthell und klar, — nur die Religion ist mir vernünftig, sonst nichts. Alle meine ehmaligen Begriffe sind trügende Schatten, wie ganz anders erscheint mir nun alles im Licht der Wahrheit.

Der Pfarrer bekräftigte das alles, und nun folgte ein so kräftiges Dankgebet auf den Knien, daß man alle Anwesende in Thränen hätte baden können.

Nun hatte aber der Kranke noch ein Hauptanliegen: Er wünschte nun herzlich, noch einmal zu guter Letzte zu communiciren; der Pfarrer billigte das sehr, und versprach ihm, er wolle einige gute Menschen ersuchen, daß sie mit ihm das Abendmahl genießen möchten: denn es sey nicht schicklich, daß es einer allein genöße, weil es auch zugleich ein Liebes- und Vereinigungs-Mahl mehrerer Christen seyn solle.

Dieser Gedanke gefiel dem guten Birkenfeld sehr, auf einmal aber fing er an: Herr Pfarrer! bei dem schönen Wetter will ich in der Kirche kommuniciren! — und welch eine Wonne wärs, wenn sich Herr More — mein College auf dem Todespfade, auch dazu verstünde.

Wenns nur nicht schadet! — riefen die Eltern beide; ich denke es nicht! versetzte der Pfarrer, so schlecht sind beide Kranken noch nicht. — Ja wahrlich! das wäre vortrefflich! — gehe doch hin, lieber Sohn! zum Herr More und frage ihn; ich will so lang hier bleiben, bis Du wieder kommst.

Der Candidat ging nicht, sondern lief fort.

Das Gerücht von des jungen Birkenfelds Bekehrung, und was von Wort zu Wort im Amthaus geredet worden, und was vorgegangen war, auch daß der Candidat eines andern Sinnes sey, lief wie ein Lauffeuer durch den ganzen Flecken und setzte alle Menschen in Bewegung, in Erstaunen und Verwunderung; viele freuten sich mit lautem Jubel, welches vorzüglich bei Friedenhold und seiner Schwester, bei Friedrich seiner Frauen und Schwiegermutter, bei dem Herrn More, und dann bei jenen Bleichern, dem Johann und dem Thomas, der Fall war; überhaupt und im Grund aber freute sich doch jedermann darüber.

More empfing den Candidaten mit hoher Freude — Gott Lob und Dank! rief er ihm entgegen, daß Sie gerettet sind. Der Candidat erwiederte: lieber Freund, ich bin noch nicht gerettet, aber ich werde gerettet werden, ich höre nicht auf zu flehen, bis mich Jesus Christus angenommen hat — O wenn Sie's nur redlich meynen, fuhr More fort, so wirds daran nicht fehlen, halten Sie nur treu im Bußkampfe aus! —

Dies versprach der Candidat und er hielt auch Wort: Jetzt richtete er nun seine Bestellung aus — Herr More willigte augenblicklich mit hoher Freude ein und sagte: nun hätte mir doch in der Welt nichts Erwünschteres begegnen können! — Augenblicklich eilte der Candidat wieder ins Amthaus, verkündigte diese Nachricht mit größter Freude; jetzt gingen nun die beiden, der Pfarrer und sein Sohn, nach Haus, und entwarfen nun folgenden Plan:

Der Kirchendiener sollte von Haus zu Haus gehen, und jeder Familie in Kirchenheim ankündigen, daß die beiden Kranken, More und der junge Birkenfeld, nächsten Sonntag in der Kirche zum Abendmahl gehen wollten, wer nun einen lauteren und christlichen Trieb bei sich fühlte, sich mit diesen beiden Christen noch einmal vor ihrem Ende durch die Gemeinschaft des Geistes Jesu Christi in Liebe zu vereinigen, der möchte doch mit ihnen communiciren, und also auch nächsten Sonnabend zur gewöhnlichen Zeit zur Vorbereitung in die Kirche kommen: zu dieser Vorbereitungspredigt wurden aber auch noch besonders alle Gemeindsglieder, keins ausgenommen, deswegen eingeladen, weil der Candidat noch etwas besonders sehr Wichtiges vorzutragen habe.

Dies alles wurde nun auch vollkommen so ausgeführt, wie man den Plan entworfen hatte: der Candidat wählte die Vorbereitungspredigt zu seinem Buß- und Glaubensbekenntniß, weil es ihn so am schicklichsten dünkte, und er selbst sich auch dadurch am besten zum Abendmahl vorbereitete.

Alles war äußerst gespannt und neugierig, was es denn nun am Sonnabend Nachmittag geben würde? — schon der Gesang erregte große Aufmerksamkeit, man sang nämlich das schöne Lied des seligen Pastor Untereydes: Erleucht mich, Herr, mein Licht! — darauf folgte nun die Predigt über die Worte Ps. 119. v. 67. Ehe ich gedemüthigt ward, irrete ich; nun aber halte ich dein Wort.

Mit einer glühenden Beredtsamkeit zeigte der Candidat nach Anleitung dieser Worte, daß Stolz und Selbstsucht ganz allein die Ursachen des Unglaubens und des Abfalls von der christlichen Religion seyen, er habe es an sich selbst erfahren; man wolle selbst alles wissen, aus eigenen Kräften alles ergrübeln, und was man nicht ergrübeln könne, das wolle man auch nicht glauben; und das Gute, was man aus eigenen Kräften nicht thun könne, das wolle man auch nicht thun, so sey es ihm selbst bisher zu Muth gewesen, daher habe er auch so gröblich geirrt; aber nun habe ihn die Gnade und Barmherzigkeit Gottes gedemüthiget, und er wolle auch nun sein Wort halten.

Darauf bekannte er nun mit vielen Thränen und lautem Weinen, daß er bisher kein Lehrer der christlichen Religion, sondern ein Irrlehrer gewesen sey, er habe nicht das lautere reine Wort Gottes, sondern seine eigene Meynungen gepredigt, er verdiene also nicht länger ein Prediger zu seyn, und bitte daher Gott und die ganze Gemeine demüthig und bußfertig um Verzeihung, aber von nun an verspreche er, das zu lehren, was Christus und seine Apostel gelehrt hätten, und durch Gottes Gnade dann auch darnach zu leben u. s. w.

Eine solche Bewegung und Regung hatte man in der Kirchenheimer Kirche noch nie erlebt; es entstund ein lautes Schluchzen und Weinen; endlich schloß dann der Prediger mit der ernstlichen Aufforderung, doch nun auch mit ihm ernstlich daran zu denken, wie das Verlorne wieder gut zu machen seye, und endigte dann alles mit einem herzerhebenden feierlichen Beichtgebet.

Durch diese Predigt wurde jedermann so gerührt, daß sich fast die ganze Gemeinde zur morgenden Communion entschloß; es war eine solche Rührung und Erweckung im ganzen Flecken, daß alle, welche wahre Christen waren und den Gang der göttlichen Gnade kannten, große Veränderungen zum Guten davon erwarteten.

Des andern Tags, nämlich des Sonntags, predigte nun der Candidat über die Worte Christi, Joh. 17. v. 17. Heilige sie in deiner Wahrheit, dein Wort ist die Wahrheit. Hier suchte er nun zu beweisen, daß die Bibel Gottes Wort, folglich allein die Wahrheit sey, und daß der Christ auch durch diese Wahrheit allein geheiligt werden könne und müsse, und hinwiederum, daß auch die Heiligung nur allein in dieser Wahrheit möglich sey. Nach der Predigt wurde dann auch communicirt.

Die beiden Kranken hatten sich nahe an den Altar auf Stühle gesetzt, und der alte Pfarrer saß nicht weit von ihnen an dem Ort, wo das Brod bei dem Abendmahl ausgetheilt wird, in einem Lehnsessel. Die beiden Kranken hatten sich ausbedungen, nach der ganzen Gemeine, am aller letzten, mit dem alten Pfarrer und seinem Sohn, welche nach dem dortigen Gebrauch zuletzt communicirten, das Abendmahl zu genießen. Alles ging in großer feierlicher Stille und mit der rührendsten Andacht zu; als nun die ganze Gemeine fertig war, so kamen die beiden Kranken auch krumm gebückt und schwächlich zum alten Pfarrer, der ihnen dann das Brod brach, eben so kamen sie nun auch zum Candidaten, der ihnen den Wein reichte, kaum war dies geschehen, so fiel der alte Pfarrer auf die Knie und rief: Halleluja Dir, der du auf Golgatha starbst! — dann sank er auf sein Angesicht und verschied. Der Candidat sank auf die Knie neben seinen Vater und rief: Herr Jesus Christus, mein Vater! Ach Herr, erbarme dich unser! mein Vater stirbt, die ganze Gemeine drängte sich herzu, und siehe! der alte Diener des Herrn war wirklich entschlafen.

Die beiden Kranken wurden durch das alles, was da vorgegangen war, auch sehr schwach, man führte sie also nach Haus, und brachte sie zu Bette. Dann trug man auch die ehrwürdige Leiche ins Pfarrhaus und besorgte, was zu besorgen war.

Herr More lebte noch 6 Wochen, dann starb er in den Armen seines Freundes, des Candidaten Eberhard, sanft und selig; der junge Birkenfeld aber schleppte sich noch durch bis in den Herbst, und starb dann auch freudig und voller Hoffnung des ewigen Lebens, unter dem Gebet eben dieses Freundes.

Der Candidat Eberhard hatte sich nun durch seine gründliche Bekehrung zu einem vortrefflichen und ächt-evangelischen Prediger gebildet, daher bat nun auch die Gemeine Kirchenheim ihren Landesherrn, daß er ihm ihre Pfarrstelle geben möchte; der Graf willigte gern in dies Gesuch, und so wurde dann der bisherige Candidat ein sehr würdiger Nachfolger seines seligen Vaters.

Indessen hatten nun auch Friedrich und seine Frau bekannt gemacht, daß der verstorbene Herr More Pfifferlings Sohn gewesen sey; natürlicher Weise verschwieg man aber die nähern Umstände, ob sie gleich das Gerücht nach und nach bekannt machte.

Seht meine lieben Leser! das ist nun die erste Erzählung des christlichen Menschenfreundes. Ihr seht daraus, was die eigentliche wahre Herzensreligion leisten kann, und wirklich leistet — bedenkt nur, welch einen unendlichen Segen verbreiteten Friedrich und More weit und breit um sich her, und noch auf die späteste Nachwelt, und womit? — mit den schrecklichen Sünden und Missethaten ihres Vaters! — da heißt es wohl recht, wo die Sünde mächtig ist, da ist die Gnade noch weit mächtiger geworden. Nun bedenkt einmal, lieben Freunde! können nun arme sterbliche, aber fromme Christen schon so viel Gutes stiften, und auf solche Weise wirklich Sünden tilgen, wie vielmehr wird es unser, zur Rechten Gottes erhöhter Herr und Heiland Jesus Christus können! — Jetzt gedenkt nur einmal ruhig, welch ein Bösewicht der Pfifferling war, und welche Berge von Sünden er aufgehäuft hatte — und diese Berge von Sünden wurden in den Händen einiger frommen Christen noch weit größere Quellen des Segens. Ich denke aber doch nicht, daß Euch der Gedanke einfallen werde: nun wohlan! so laßt uns auch so sündigen, damit hernach ein solcher Segen dadurch hervorgebracht werden könne — behüte Gott! das wäre schrecklich! und der Sünder ist und bleibt immer verdammt, und wird nach dem Verhältniß seiner Sünden gestraft, wenn er nicht bei seinem Leben noch so viel gut gemacht hat, als er kann, und sich bekehrt — was hernach andere für ihn gut machen, das kann vielleicht seine Verdammniß einigermaßen erleichtern, aber keineswegs ihn selig machen.

Man darf nie Böses thun, daß Gutes daraus komme. Wenn aber das Böse einmal geschehen ist, dann ist es etwas Göttliches, seine Folgen zum Besten der Menschheit zu benutzen.

Dann könnt Ihr auch nach Anleitung dieser Erzählung einen Blick in das große Geheimniß der Erlösung thun: hätte Pfifferling nicht mit so schreienden Ungerechtigkeiten so große Summen aufgehäuft, so wären alle die herrlichen Anstalten, die Friedrich zu Stand brachte, nie getroffen worden. Eben so, wie es hier im Kleinen ist, so ist es auch mit den Sünden der ganzen Welt im Großen; Christus regiert durch sein Wort und Geist so göttlich weise, daß endlich alle Folgen der Sünden in lauter Segen verwandelt werden, und die in Adam gefallene Menschheit durch Christum endlich glücklicher, weit herrlicher und seliger wird, als wenn sie nie gefallen wäre.

Lebt wohl, liebe Leser! Gott segne diese Erzählung an Euern Herzen!

Zweite Abtheilung.

Es hat für diesmal etwas lange gewährt, meine herzlich geliebten Leser! bis ich Euch wieder etwas erzählen kann. Ich war beinahe ein halb Jahr auf Reisen, um Blinden und Augenkranken zu dienen, und als ich nun wieder nach Haus kam, so war eine solche Menge Briefe zu beantworten, daß ich erst heute wieder etwas für euch schreiben kann.

Nichts in der Welt liegt mir so sehr am Herzen, als die Ausbreitung des Reichs Jesu Christi, und in demselben Eure Seligkeit. Glaubt mir sicher, meine Freunde und Freundinnen! mir blutet das Herz, wenn ich so sehe, wie die rasendste Ueppigkeit, zügellose Schwelgerei, Pracht, Unschuld und Wohlstand entehrender Modeputz, und mit allen dem auch Geldmangel und Armuth unaufhaltbar zunehmen — Sagt mir, wo will das endlich hinaus? — Alle Züchtigungen und Gerichte Gottes, und besonders der letzte schreckliche Revolutionskrieg, haben nichts auf den großen Haufen vermocht, im Gegentheil der größte Theil ist schlimmer geworden, und die wenigen Guten haben sich veredelt und gebessert. Es ist demnach nichts gewissers, als daß es Teutschland, und der europäischen Christenheit überhaupt, nicht besser, gewiß aber noch weit schrecklicher ergehen wird, als allen alten Völkern, insonderheit den Juden, Römern und Griechen — unser Land wird uns am Ende auch wüste gelassen, und alles durch Krieg, Hunger und Seuchen verheert werden; diese dunkle Aussicht in die Zukunft könnte vielleicht dadurch heller werden, wenn sich unser Volk mit Buße und Reue zum barmherzigen und liebevollen Vater der Menschen wendete, und in Jesu Christo, dem großen Sündentilger, Vergebung und Kraft zur Besserung des Lebens, der Sitten und der gründlichen Heiligung suchte, allein das ist nicht zu erwarten. Man lehrt und predigt zwar mündlich und schriftlich, was man thun müsse; die Sittenlehre Christi ist in aller Munde, allein wer befolgt sie? — Das bloße Wissen, was man thun müsse, die trefflichsten Kenntnisse aller menschlichen Pflichten machen es wahrlich nicht aus; welcher Trunkenbold und welcher Dieb ist nicht tief und innig überzeugt, daß er durch sein Laster schwerlich sündigt, allein seine Leidenschaft beherrscht ihn; ungeachtet aller seiner Ueberzeugung kann er es doch nicht lassen; seine getäuschte Vernunft hängt ein Mäntelchen über seine Verbrechen, und er macht sich weiß, Gott werde es so genau nicht nehmen, Er wisse ja, wie schwach die Menschen seyn, u. s. w.

Seht, meine Lieben! da hängt der ganze Fehler, man lehrt die Pflichten, man klärt den Kopf auf, aber das verdorbene Herz, mit allen seinen bösen Leidenschaften und seinem ungebrochenen Eigenwillen, bleibt ungebessert. Würde man dem Volk sein natürliches Verderben aufdecken und mit den wärmsten und lebhaftesten Ausdrücken zeigen, daß kein Mensch in seinem natürlichen unwidergebornen Zustand selig werden könne, — und wahrlich! wahrlich! dies ist unter allen Wahrheiten die gewisseste — so würden noch viele aufgeweckt, vielen die Augen geöffnet und zum Erlöser getrieben werden, allein dies Zufluchtnehmen zu Christo, dies einzige Mittel zur wahren Heiligung, oder nach dem jetzigen Sprachgebrauch tugendhaft zu werden, wird unvermerkt aus den Augen gerückt, man verwirft es, als einen mystischen Aberglauben; und doch, wenn Ihr Euch nur die Mühe geben wolltet, diesen sogenannten mystischen Aberglauben genau zu prüfen, so würdet ihr gewiß finden, daß er die wahre und einzige Hauptlehre der ganzen Bibel, und besonders des neuen Testaments ist; und dann beobachtet auch die Menschen genau, die diese

Hauptlehre des Christenthums von Herzen glauben und darnach leben, ob sie nicht die besten und gehorsamsten Unterthanen, die besten Ehegatten, die besten Eltern, überhaupt die besten Menschen und die zuverlässigsten Freunde sind. Ich will Euch davon ein Beispiel erzählen, welches mir ein sehr lieber und verehrungswürdiger Mann aus der Schweiz geschrieben hat.

In einer gewissen Gegend, wo ein Theil der Unterthanen revolutionssüchtig ist, und wo es nur einer kleinen Veranlassung bedarf, um die wüthendsten und schrecklichsten Grausamkeiten zu begehen, entstand auch in dem letzten Jahr wieder ein Aufruhr, wogegen die Obrigkeit die gehörigen Anstalten machte und Kriegsvölker abschickte, um die Unruhe zu stillen. Während dieser Zurüstungen von beiden Seiten sagte ein solcher rasender Bauer zu einem friedlichen christlichen Nachbaren, der nie an solchen empörenden Auftritten Theil nahm, sondern sich gehorsam, still und ruhig betrug, wie es einem wahren Christen zukommt: wenns zum Treffen kommt, so werde ich der Erste seyn, der dein Haus in Brand steckt und dich mit den Deinigen ermordet. Was geschah? — Die Soldaten kamen, die Bauern wehrten sich, es kam in der Nähe der Wohnung des christlichen Mannes wirklich zum Treffen, und siehe da! eben der Wüthende, der so fürchterlich gedroht hatte, fiel zuerst — Der fromme bedrohte Nachbar sieht ihn aus seinem Fenster, holt ihn in sein Haus, legt ihn in sein eigen Bett, läßt ihn durch einen Wundarzt besorgen, und verpflegt ihn mit einer solchen Sorgfalt, als wenn er sein eigener Sohn wäre.

Dies edle Betragen machte einen so tiefen Eindruck auf den Verwundeten, daß er seine Kameraden holen läßt, ihnen ihr Vergehen, selbst in seiner ganzen Abscheulichkeit schildert, ihnen dagegen das Betragen des von ihm so sehr beleidigten Mannes rühmt, sie zur Besserung vermahnt und dann von ihnen Abschied nimmt.

In wie weit seine Rede gefruchtet habe, ist mir nicht bekannt, doch zweifle ich nicht, es werde wohl irgend ein Saamkorn auf fruchtbares Erdreich gefallen seyn. Der Verwundete verlangte hierauf einen Geistlichen, und starb wenige Tage hernach ganz bußfertig. Sollte man hier nicht auch sagen können: es wird mehr Freude im Himmel seyn über einen solchen Sünder, der Buße thut, als über neun und neunzig Moralisten, Selbstgerechte und Rechthaber, die der Buße und des Versöhnungswerks Christi nicht nöthig haben? Wird ein solcher Bußfertiger, Begnadigter und Erlöster des Herrn nicht selig und überselig seyn, wenn er nur Taglöhners-Belohnung im Himmelreich bekommt? wogegen jene Anspruch am Obenansitzen bei dem großen Abendmahl machen, und deswegen schimpflich abgewiesen werden. Wahre Herzensdemuth und wahre herzliche Gottes- und Menschenliebe — das sind die unumgänglich nöthigen Bürgertugenden im Reiche Gottes; wer die nicht hat, der kann nicht hinein kommen. Aber wer erlangt diese Herzensdemuth? — Gewiß kein anderer, als der, der so ganz innig seine Verdammnißwürdigkeit und sündliches Verderben erkennt und fest überzeugt ist, daß er nicht anders, als aus pur lauter Gnade durch das verdienstvolle Leiden und Sterben Christi selig werden kann — und die wahre Gottes- und Menschenliebe erfüllt dann erst das Herz, wann es tief überzeugt wird, daß ihm nun alle seine Sünden um jenes Verdienstes willen vollkommen vergeben sind, und ihrer nimmermehr wieder gedacht werden soll: denn wem viel vergeben ist, der liebt auch viel.

Bei dieser Gelegenheit muß ich Euch eine höchstnöthige Erinnerung geben: denkt nur ja nicht, wenn die Sache so stehe, so sey es genug, mit der Bekehrung bis aufs Todbett zu warten — das wäre wahrlich ein erschreckliches und vermessenes Wagstück — Wißt Ihr denn, ob Ihr nicht plötzlich aus der Welt weggerissen werdet? — und wie wenig Krankheiten gibt es, in denen der Geist und das Gemüth vermögend sind, über ihren jammervollen Zustand nachzudenken? — das heißt die Langmuth Gottes auf Muthwillen ziehen, und es ist sehr wahrscheinlich, daß gerade solche Verächter der göttlichen Erbarmung am wenigsten dieser Gnade Gottes, der Vergebung ihrer Sünden gewürdigt werden; ich habe Beispiele genug erlebt, daß solche Aufschieber endlich im Sterben unbekehrt und sicher einschlummern, oder ohne Gnade und Vergebung der Sünden zu erlangen, in tobender Verzweiflung dahin fahren.

Bei dieser Gelegenheit muß ich noch einer höchstwichtigen Sache gedenken, die dem herzlich liebenden Menschenfreund oft vielen Kummer macht, nämlich:

Welches ist das Schicksal der grossen Menge Menschen nach dem Tod, die hier blos ehrbar und bürgerlich rechtschaffen gelebt, eben keine grossen Laster begangen, auch wohl gute Werke ausgeübt, aber doch in ihrem verdorbenen Naturstand ungeändert geblieben sind und sich nicht bekehrt haben?

Lieben Leser! über diesen Punkt will ich Euch zwei äusserst wichtige Wahrheiten sagen:

1) Jesus Christus, der Mund der Wahrheit, der nie lügen kann, sagt ausdrücklich zu Nikodemus: Es sey denn, daß jemand geboren werde aus dem Wasser und Geist, so kann er nicht in das Reich Gottes kommen. Hieraus folgt also, daß jeder Mensch, der selig werden will, eine ganz andere Natur bekommen müsse, als er von seiner fleischlichen Geburt her hat, er muß auch geistlich neu geboren werden; so lieb ihm in seinem Naturstand sündliche Lüste und Neigungen waren, so lieb müssen ihm nun alle gute christliche Handlungen, und sein Wille in allen Stücken dem Willen Gottes gemäß seyn. So wie das Wasser den Körper reinigt, so muß die Seele durch das Blut Christi von allen Sünden gereinigt, und durch seinen Geist zu allem Guten gestärkt und in der Heiligung wieder in das Ebenbild Gottes umgestaltet werden; wer das nicht in sich empfindet, der kann und darf sich auf die Seligkeit keine Hoffnung machen, und wenn er noch so tugendhaft und ehrbar gelebt hätte: denn er hat die unumgänglich nöthigen Bürgertugenden des Reichs Gottes, wahre Herzensdemuth und wahre Gottes- und Menschenliebe um deswillen nicht, weil sie nicht anders als durch die Wiedergeburt erlangt werden können.

Dies muß aber nun auch schwache christliche Gemüther, die sich eben nicht erinnern können, daß eine merkliche Veränderung mit ihnen vorgegangen, nicht ängstigen und kleinmüthig machen: oft, und besonders bei denen, die von Jugend auf christlich erzogen worden, wird diese Veränderung in der Seele allmählig und unvermerkt bewirkt, ohne daß man sich eben eines Zeitpunkts erinnern könnte, in dem man bekehrt worden sey.

Der selige und vortreffliche Prediger Eickel in Elberfeld besuchte einsmals ein krankes Kind, und nachdem er sein herzliches und durchdringendes Gebet vollendet hatte, so sagte der Vater zu ihm: Herr Pastor! ich habe Ihnen einen geheimen Kummer zu klagen, der mich oft sehr ängstigt: Wer doch ein wahrer Christ seyn will, der muß einmal in seinem Leben seine Sünden herzlich bereut und beweint, wahre Buße gethan, und sich dann gründlich bekehrt haben; da ich mich nun nicht erinnern kann, daß so etwas je in meinem Leben mit mir vorgegangen ist, so fürchte ich, nicht ohne Grund, daß ich noch nicht wiedergeboren, und also noch in meinem natürlichen verdorbenen Zustand bin. Eickel sahe ihn freundlich an und sagte: Ein reicher Mann, der viele Güter besitzt, hatte zween Verwalter, die beide nicht viel taugten, und ihres Herrn Güter vernachläßigten und verprassten. Ernstlich verwieß ihnen der Herr ihr Vergehen, und drohte ihnen, daß er sie tüchtig durchprügeln lassen würde, wenn sie sich nicht besserten und treulicher sein Vermögen verwalteten.

Einer von ihnen ließ sich das gesagt seyn, er that was er konnte, um mit Treue zu dienen; und so oft ihn seine Schwachheit übereilte, so lief er zu seinem Herrn, bat ihn um Verzeihung, versprach Besserung, und folgte dann auch dem Rath, den ihm sein Herr gab, so gut er konnte.

Der andere Verwalter aber ließ die Warnungen und Drohungen seines Herrn zu einem Ohr hinein und zum andern wieder hinaus gehen, und er fuhr fort, seines Herrn Güter zu vernachläßigen und zu verschwenden; endlich wurde der Herr des Warnens müde, er schickte ein paar Bediente hin;

die ihm die gedrohte tüchtige Tracht Prügel austheilen mußten. Das half; von nun an wurde er ein ganz anderer Mensch, und diente nun mit aller Treue, so daß der Herr wohl mit ihm zufrieden war, freundlich mit ihm redete, und ihm auch oft etwas schenkte. So oft der erste Verwalter das sahe, wurde er traurig; endlich wagte ers, ging zu seinem Herrn und sagte: dadurch daß Sie, mein Herr! meinen Collegen so tüchtig haben durchprügeln lassen, ist er gut geworden, und Sie haben ihn recht lieb; ich fürchte also, da ich nicht auch rechtschaffen geschlagen worden bin, so bin ich noch nicht wie ich seyn soll, und Sie haben mich auch noch nicht recht lieb. Lächelnd sprach der Herr zu ihm: Einfältiger Mensch! wer sich durch Liebe leiten läßt, der braucht nicht gezüchtiget zu werden: gehe hin, diene mit aller Treue und sey meiner Liebe versichert.

Dies Gleichniß ist artig und treffend. Wer sich auf solche Weise beängstigt fühlt, der prüfe sich nur unpartheiisch, ob er die Eigenschaften eines wiedergebornen wahren Christen an sich habe? — das ist, ob er sich von Natur für einen fluch- und verdammnißwürdigen Sünder erkenne, und sich auch mit tiefer Beugung und Rührung so fühle? Ob er von Herzen an Jesum Christum und seine Heilslehre glaube, und Ihn innig und über Alles liebe, und ob er seinen Willen ganz und ohne Vorbehalt dem Willen Gottes und so aufgeopfert habe, daß er in Nichts, weder im Kleinen noch im Großen, etwas anders wolle und wünsche, als was Gott will? — Wer diese Kennzeichen gründlich, und wenns auch nur dem Anfang nach wäre, in sich findet, der sorge dann um seine Bekehrung nicht; die Methoden und die Wege, zum Ziel zu gelangen, sind sehr verschieden.

Die zweite Wahrheit, die ich euch sagen wollte, ist folgende: Hütet Euch sehr für dem lieblosen Urtheil über Andere! — Wenn Ihr an jemand keine Buße oder Bekehrung bemerkt habt, so urtheilet nicht gleich über ihn, als ob er kein Christ wäre — die besten Christen sind oft am unbemerktesten und verborgensten; und die, welche sich so öffentlich und für aller Welt dafür ausgeben, sind es oft gar nicht. Mir sind Beispiele bekannt, daß Menschen, die jedermann — ich will nicht sagen für fromm — sondern gar für heilige Menschen hielt — auf ihrem Todbette entsetzlich gekämpft, mit Verzweiflung gerungen und sich noch gar nicht für wahrhaft bekehrt, erkannt haben, ob sie gleich ihr ganzes Leben durch andere ermahnt, gelehrt und erstaunlich viel Schönes vom Christenthum gesprochen haben.

Daß die besten Christen gar oft unbekannt und verborgen sind, ist gewiß; man merkt äußerlich nichts Unterscheidendes oder Ausgezeichnetes an ihnen; sie leben stille, eingezogen und unanstößig unter ihren Nachbarn, sie schwätzen wenig vom Christenthum, aber im verschlossenen Kämmerlein reden sie desto mehr mit Gott und ihrem Erlöser. Sie werden wenig geachtet, sogar — auch von eben nicht bösen Menschen — verachtet; kurz, sie sind alltägliche Leute, um die sich niemand viel bekümmert; ich kann euch davon einige Beispiele erzählen:

In dem einsamen Dörfchen, in welchem ich geboren und erzogen worden bin, lebte ein alter Bauer — ich hab ihn noch sehr gut gekannt, er hieß Josthenrich Stein; dieser Mann war schlecht und recht, still und einfältig, er wartete seines Berufs, war ein guter, treuer, hülfreicher Nachbar, und weinte mit den Weinenden, freute sich aber auch mit den Fröhlichen; übrigens rechnete man ihn nicht unter die Erweckten, oder vorzüglich Frommen, wie meinen Vater, zu dem öfters solche Leute kamen und sich mit ihm vom Christenthum unterredeten; auch suchte der alte Stein solche Leute nicht, sondern er ging fleißig in die Kirche und zum Nachtmahl, wo man ihn oft sehr gerührt und weinen sah, weiter aber erklärte er sich nicht, sprach auch mit niemand darüber; ich bemerkte gar oft, daß er mir sehr aufmerksam zuhörte, wenn ich Sonntags Nachmittags unserer Gemeinde in der Schule eine Predigt aus des seligen Doctor Conrad Mels Postille, die Posaune der Ewigkeit genannt, vorlas, und daß er dann Thränen vergoß, so daß mein Großvater zuweilen zu meinem Vater sagte: in dem alten Stein muß doch etwas Gutes stecken. — Er war ein Kohlenbrenner, so wie mein Großvater, den er auch lieb hatte, und wenn dieser vom Christenthum sprach, denn sie waren oft wochenlang im Wald beisammen, so hörte der alte Stein zu, war oft gerührt, und stimmte oft mit einem herzlichen Ja. — Jawohl! bei, übrigens aber kam aus dem Schatz seines Herzens wenig hervor. Kurz! man hielt ihn für weiter nichts, als für einen guten Menschen.

Endlich, als an einem Morgen mein Großvater etwas vor der Hausthür arbeitete, so kam der alte Stein die Straße herauf; sein Angesicht glänzte vor Freude und seine Augen waren voller Thränen. Eberhard, fing er an: ich muß dir etwas erzählen: ich habe diese Nacht einen merkwürdigen Traum gehabt: — nun fing er an zu schluchzen, die Thränen hemmten ihm die Sprache — dann fuhr er fort: ich stand auf einem hohen Berg und sahe in ein prächtiges Land, voller Städte und Dörfer — Eberhard! — ich kann dir die Herrlichkeit nicht beschreiben, da stand ich nun und konnte mich nicht satt sehen, bald kam — nun weinte er laut — der Herr Christus — Nein! das ist unaussprechlich — und sagte: Komm du frommer und getreuer Knecht, und gehe nun ein zu deines Herrn Freude.

Mein Großvater staunte, war innig gerührt, freute sich mit dem alten Josthenrich, sprach ihm tröstlich zu, und kam nun zu uns in die Stube, um uns das Alles mit allen Umständen zu erzählen. Auch wir staunten und verwunderten uns, und mein Großvater und mein Vater fingen nun an zu glauben, daß der alte Stein wohl unter die verborgenen Auserwählten gehören möchte; bald hernach wurde der gute Mann krank, und nun floß seine Seele in herrlichen Herzensergießungen über, und er starb froh und heiter den Tod des Christen.

Dieser Mann hatte nun in seinem ganzen Leben den Schild des Christenthums nicht ausgehangen, und ich bin überzeugt, daß er sich selbst nicht einmal für einen wahren Christen gehalten hat; aber die Bürgertugenden des Reichs Gottes, Herzens-Demuth und wahre Gottes- und Menschenliebe hatte er, ohne darauf zu merken, oder sich etwas darauf zu Gute zu thun; darum soll man über niemand lieblos urtheilen.

Als ich im Bergischen zu Krähwinkel bei Herrn Flender Hauslehrer und Handlungsgehülfe war, so lebte in unserer Nachbarschaft eine arme Wittwe, die sich mit Taglohngehen und schwerer Arbeit kümmerlich nährte, sie hatte einige noch unerzogene Kinder, und es fiel ihr sehr schwer, sie täglich zu sättigen, und mit den schlechtesten Kleidern ihre Blöße zu decken; diese Frau war äußerst still, verschwiegen, treu und fleißig, weiter wußte man nichts von ihr; man hörte sie nie klagen, sondern sie trug ihren Jammer allein, daher kams auch, daß sich niemand weiter um sie bekümmerte, sie war überhaupt eine unbemerkte, sehr alltägliche Person. Damals waren in der Gegend sehr viele fromme und erweckte Leute, die oft zusammen kamen und Erbauungsstunden hielten; aber diese arme Wittwe fand sich nie bei denselben ein, man erwartete sie aber auch da nicht, denn man dachte gar nicht an sie.

Sie wohnte abgelegen in einer elenden Hütte; endlich wurde sie krank, dieß wurde aber nur dadurch bekannt, daß die Kinder zuweilen in andre Häuser kamen und für ihre kranke Mutter etwas zur Labung und Stärkung begehrten; das schickte man ihr gleichgültig und bekümmerte sich dann nicht weiter um sie. Nun starb sie, jetzt nahm man sich der Leiche an: denn die Frau mußte doch unter die Erde; nach dortigem Gebrauch ging aus jedem Haus jemand mit zur Leiche, und ich wurde dazu bestimmt, der Armen diese letzte Ehre zu erzeigen. Sie wurde eine gute Stunde weit nach Hückeswagen gefahren und dort beerdigt; aber wie wurde uns Leichenbegleitern allen zu Muth, als der Prediger auf der Kanzel in der Leichenpredigt die Geschichte seines Besuchs bei der selig Entschlafenen erzählte! — Sie hatte zu ihm geschickt und um das Abendmahl gebeten; er geht also hin, findet die Kranke auf einem elenden Strohlager, aber in einem solchen seligen und fröhlichen Zustand, daß er nur staunen und zuhören konnte; jetzt legte sie Bekenntnisse von der in ihr wohnenden Gnade und Erleuchtung ab, genoß das Abendmahl auf die rührendste Weise, und bat dann den Prediger, er möchte ihr über die Worte Psalm 57, v. 3: Ich rufe zu Gott dem Allerhöchsten, zu Gott, der meines Jammers ein Ende macht, die Leichenpredigt halten, welches dann auch mit allerseitiger innigster Rührung geschah. Nun hörte man aller Orten! Wer sollte das gedacht haben! Wenn man das doch auch gewußt hätte, so würde man gewiß die arme Frau unterstützt haben, u. s. w. Ich denke aber dabei, man thue am besten, wenn man alle wahre Armen unterstützt, und ihnen mit Liebe und Wohlwollen zuvorkommt, dann trifft man auch gewiß solche arme Wittwen. Nun noch ein Beispiel:

Der oben schon bemerkte Prediger Eickel in Elberfeld erzählte mir folgende Geschichte: Einsmals kommt ein zwölfjähriger Bettelknabe an seine Thür; barfuß, zerrissen und zerlumpt, steht er da und bittet um ein Almosen. Warum arbeitest du nicht? versetzte Eickel; du könntest ja einem Bauern die Kühe hüten — so ein gesunder groser Junge muß nicht betteln! Herr Pastor! antwortete der Knabe, das hab' ich gethan, aber jetzt ist meine arme Mutter sehr lange krank, und sie hat niemand, der ihr aufwartet, als mich; da muß ich ihr doch nun etwas zu essen holen, und auch mir selbst; denn wir haben auf der Welt gar nichts. Nun setzte Eickel eine seiner Hauptpflichten in die Krankenbesuche; den ganzen Tag brachte er damit zu, und ihm entging niemand, der krank war. Von dieser Patientin aber hatte er noch kein Wort gehört; er fragte also angelegentlich, wer ist denn deine Mutter, und wo ist sie? — Der Knabe sagte ihm ihren Namen, und daß sie in der Distelpeck wohne. Jetzt erinnerte sich der Prediger ihrer, er kannte sie als eine Wittwe, die immer in Tagelohn gegangen war, und sich immer durch Treue und Fleiß redlich ernährt hatte: wie lang ist deine Mutter krank? fuhr Eickel fort; ein halb Jahr, erwiederte der Junge.

Eickel. Warum bist du denn nicht gleich zu mir gekommen und hast mir das gesagt?

Der Knabe. Wir wollten Euch nicht bemühen; wir haben auch den Herrn Jesum zum Freund, daran haben wir genug. Diese Antwort fiel dem frommen Prediger aufs Herz, mit froher, freundlicher Miene fuhr er fort:

Kennst du denn den Herrn Jesum?

Der Knabe. Ja wohl kenne ich Ihn! es wär schlimm, wenn ich Ihn nicht kennte.

Eickel. Wie hast du Ihn dann kennen lernen?

Der Knabe. Das will ich Euch erzählen: meine Mutter konnte mich nicht viel in die Schule schicken, doch hab ich lesen und etwas Schreiben gelernt; in die Kirche konnte ich niemals gehen, weil ich dazu keine Kleider hatte; aber meine Mutter betete oft mit mir, und sagte mir viel vom Herrn Jesus, auch daß ich Ihn lieb haben und Ihm hübsch folgen müsse, aber das half nicht viel, das ging zu einem Ohr hinein und zum andern wieder heraus. Nun mußte ich einmal in die Stadt gehen und Brod holen, als ich bei der Kirche kam, so war just Wochenpredigt, die Thüren waren offen und nicht viel Leute in der Kirche; nun bekam ich Lust, doch einmal hinein zu gucken, um zu sehen und zu hören, was da vorging. Nun ward Ihr gerad auf der Kanzel, ich stellte mich hinter einen Stuhl und horchte, was Ihr wohl sagen möchtet; da erzählet Ihr nun so schön, wie der Herr Jesus die Armen so lieb hätte, und daß sie alle seine Brüder und Schwestern wären, nur müßten sie auch fromm seyn und Ihn recht lieb haben. O Herr Pastor! was für schöne Sachen habt Ihr da gesagt? die vergeß ich mein Lebtag nicht. Von der Zeit an hab ich zu nichts mehr Lust, als zum Herrn Jesus; von Ihm sprechen wir den ganzen Tag; wenn ich nur ein wenig Zeit habe, so lese ich im Testament, oder bete zum Herrn Jesus, immer hab ich mit Ihm zu thun.

Wie sich Eickel über den Knaben freute, das ist nicht zu sagen. Er gab ihm etwas, schickte ihn dann fort und versprach ihm, seine Mutter diesen Nachmittag zu besuchen, welches dann auch geschah; aber was Wunder? einen menschlichen Engel in zerrissenen Lumpen, auf einem feuchten, übelriechenden Strohlager; — er sagte mir, er habe da solche himmlische Ausflüsse aus dieser erleuchteten Seele angehört;

daß er mit tiefer Ehrfurcht da gesessen, gestaunt und den Herrn der Herrlichkeit angebetet hätte; indessen saß der Knabe mit gefaltenen Händen und mit frohen funkelnden Augen zu den Füßen seiner Mutter und hörte zu.

Daß hier der Armuth und dem Jammer augenblicklich abgeholfen wurde, das versteht sich. Nicht lange hernach starb diese vortreffliche Christin, und ihr Knabe wurde versorgt; was ferner aus ihm geworden ist, das weiß ich nicht.

Solche Seelen geht vorzüglich des seligen Christian Friedrich Richters herrliches Lied an:

Es glänzet der Christen inwendiges Leben,
Obgleich sie von Außen die Sonne verbrannt,
Was ihnen der König des Himmels gegeben
Ist keinem als Ihnen nur selber bekannt.
Was niemand verspüret,
Was niemand berühret,
Hat ihre erleuchtete Sinnen gezieret,
Und sie zu der göttlichen Würde geführet.

Sie scheinen von Aussen die schlechtesten Leute,
Ein Schauspiel der Engel, ein Eckel der Welt,
Und innerlich sind sie die lieblichsten Bräute,
Der Zierrath, die Krone, die Jesu gefällt,
Das Wunder der Zeiten,
Die hier sich verbreiten,
Den König, der unter den Lilien weidet
Zu küssen, in güldene Stücke gekleidet u. s. w.

Hiebei fällt mir ein, was einsmals der fromme Prediger Johann Newton in London in einer Gesellschaft frommer Leute sagte: Wir werden uns einst, wenn wir in den Himmel kommen, über drei Dinge sehr wundern:

1) Daß wir so viele Leute da finden, die wir da nicht erwartet hätten.

2) Daß viele nicht da sind, von denen wir doch gewiß geglaubt hätten, daß sie da seyn würden, und

3) Was uns noch am meisten wundern wird, das wird seyn, daß wir selbst da sind.

Obige drei Beispiele hab ich nur deswegen erzählt, damit man über niemand lieblos urtheilen möge: denn es kann jemand innerlich sehr christlich gesinnt seyn, ohne daß mans eben von aussen bemerkt; wenn aber jemand durch sein Leben und Wandel zeigt, daß er kein Christ ist, so ist das freilich etwas anders, indessen auch da sollen wir nicht richten: denn das ist Gottes Sache. Es könnte aber auch wohl jemand denken, auf die Weise kann ich auch wohl ein wahrer Christ seyn, ohne es zu wissen — Lieber Leser! Der du so denkst, prüfe dich genau, ob du die Kennzeichen an dir hast, die ich oben als Merkmale der wahren Wiedergeburt und des wahren Christenthums angegeben habe; findest du die nicht an dir, so mache dir nur ja keine Hoffnung zur Seligkeit: denn die erlangst du gewiß nicht, wenn du die Bürgertugenden des Himmelreichs nicht an dir hast.

Es ist wahrlich unbegreiflich, wenn man so einen Tag nach dem andern die Menschen beobachtet, und dann sieht, wie Einer nach dem Andern in die andere Welt übergeht, ohne daß sich die Lebenden einmal besinnen und denken, wie wenn dich das Schicksal auch träfe, wie würde es dir dann gehen? — Eben du liebe Seele! der du dieses liesest, besinne dich jetzt auf der Stelle, in diesem Augenblick und frage dich, ob du wohl in der Ewigkeit ein gutes Schicksal zu erwarten hättest, wenn du diesen Abend oder morgen früh nicht mehr hier wärest? — denke nicht, das hat keine Noth, so stirbt man nicht: denn du weißst ja Beispiele genug, daß Leute unvermuthet durch Schlag- und Steckflüsse; oder auch durch ein Unglück aus dieser Zeit in die Ewigkeit hingerissen werden. Oder wenn du etwa glaubst, oder dächtest: Nun wenn ich dann auch sterbe, so wird mir der liebe Gott um Christi willen gnädig seyn — so irrst du sehr, wenn du obengedachte Kennzeichen nicht an dir hast. Siehe, ich sage dir im Namen Gottes: So wahr der Herr lebt! du kannst unmöglich Theil am Reich Gottes haben, unmöglich in den Himmel kommen, wenn noch eine einzige sündliche Leidenschaft in dir herrscht.

Hast du noch eine einzige sündliche Neigung, die dir lieb ist, die du nicht aufopfern, nicht verläugnen willst, so mache dir nur ja keine Rechnung auf die Seligkeit, sondern sey versichert, daß dein Zustand, wenn du in dieser Verfassung stirbst, entsetzlich seyn wird; in der Bibel wird die Hölle und Verdammniß als ein ewig brennendes, unauslöschliches Feuer, oder als ein, im Innern des Verdammten nagender Wurm beschrieben, der nie stirbt. Diese Bilder machen uns einigermaßen begreiflich, wie schrecklich die Qual der Verdammten seyn müsse! — jetzt lies und betrachte einmal sorgfältig, was ich dir hier sinnlich und begreiflich vorstellen will: Gesetzt du stirbest heut oder morgen; jetzt erwachst du aus der Betäubung des Todes; — du besinnest dich, du findest, daß du von allen deinen Lieben, Mann, Weib, Kindern, Eltern, Freunden u. s. w. getrennt bist; du weißt, daß du nie wieder zu ihnen auf die Erde zurück kehren kannst, es ist nun auf immer und ewig nicht mehr möglich. Dein größtes Vergnügen in deinem Leben war, entweder Wollust, oder Gelderwerb, oder starke Getränke zu genießen, oder sonst eine sinnliche Lust: vielleicht auch Tanz, Schauspiele, lustige Gesellschaften, u. d. gl. Nun bist du in eine dunkle, traurige Wüste versetzt, wo du von dem Allem nichts findest — sag, wie wird dir da zu Muth seyn? — muß dich nicht die Erinnerung an dein nunmehr wie ein Traum verschwundenes irdisches Leben, wie ein innerlich nagender Wurm, peinigen? — wirst du nicht ein ewiges Heimweh nach dem Erdenleben bekommen? ein Heimweh, das nie geheilt werden kann? — dazu kommt dann noch die Rüge des Gewissens, welches dir unaufhörlich vorwirft: Siehe! das ist nun der Erfolg deiner Trägheit und deines Ungehorsams! — wie oft ist dir gesagt worden: du möchtest dich doch bessern und bekehren! — aber es half nicht, du hattest noch immer Zeit genug, und schlugest alle Vermahnungen in den Wind, jetzt ist nun alle Hoffnung für dich verschwunden, und du mußt in dem jammervollen Zustand bleiben, in dem du dich befindest — Sag, lieber Leser! würde das nicht schon Hölle genug für dich seyn? — und doch ist das bei weitem nicht alles: denn du findest dort Myriaden deines Gleichen, Millionen verdammter Seelen, die für Verzweiflung über ihren jammervollen Zustand wüthen, dich und sich untereinander auf die schrecklichste Art beleidigen, und gerne morden und tödten möchten, wenn sie könnten. Was aber noch das schrecklichste ist — du befindest dich in der Gewalt und unter der Herrschaft der bösen abgefallenen Engel und ihres Königs, des Satans, die nur darinnen ihre Freude haben, andere Wesen zu quälen und ihre Wuth an ihnen zu kühlen — und alle diese Qualen, aller diesen Jammer hören nicht etwa mit dem künftigen Tode auf — denn du bist unsterblich! — mußt du dich in diesem Zustand nicht selbst verfluchen oder verwünschen, daß du in deinem Erdenleben so unaussprechlich leichtsinnig und unachtsam gewesen bist, und die angebotene Gnade in Jesu Christo verachtet hast?

Denke nicht, lieber Leser! daß ich dir die Hölle zu schrecklich, oder zu heiß abgemahlt hätte! — die Bibel gibt von einem noch schrecklichern Zustand Winke — eine fürchterliche Gegend, mit allen Schrecken der Natur ausgerüstet, vermuthlich in der Tiefe, oder dem Mittelpunkt der Erden, wo auch der unsterbliche Körper unleidliche Schmerzen auszustehen hat, wird der Schauplatz deines Jammers seyn. Lieber Leser! der du dieses liesest, beherzige dies! bekehre dich! noch ist es Zeit, vielleicht in einer Stunde nicht mehr.

Vielleicht denkt der Eine oder Andere: wer weiß auch, ob das wahr ist? — ich antworte: Die Bibel sagt es, und zwar nicht etwa zweifelhaft, sondern sehr bestimmt — denkt an den reichen Mann und den armen Lazarus, und besonders daran, was Christus zu denen zu seiner Linken sagen wird: Gehet hin von mir ihr Verfluchten in das ewige Feuer, das dem Teufel und seinen Engeln bereitet ist. Glaubet nur nicht, daß uns der Herr Christus etwa nur damit bang machen wolle — Nein! Er täuscht niemand, sondern Er redet Wahrheit und sein Wort ist ewige Wahrheit.

Andere unter euch trösten sich vielleicht mit der Wiederbringung aller Dinge, welche lehrt, daß nach und nach alle Verdammten, so gar am Ende die abgefallenen Engel selbst, selig werden sollten. Wer sich damit trösten kann, der gehört eher ins Tollhaus, als unter vernünftige Menschen, und ein solcher ist werth zu fühlen, was Verdammniß ist. Denn

1) sagt das Wort Gottes nirgens ausdrücklich und bestimmt, daß die Verdammten dereinst noch eine Rettung zu hoffen hätten; sondern man glaubt hin und wieder Winke zu finden, daß es wohl so seyn könnte, und dann scheint es unserer Vernunft Gott geziemender und seiner ewigen Liebe angemessener, auch endlich einmal wieder sich aller seiner Geschöpfe zu erbarmen, aber, liebe Seelen! wie oft täuscht uns unsre Vernunft und wie oft irren wir? — Ja es kann gar wohl seyn, daß wir dereinst in jenem Leben, wenn wir klärer sehen werden, alles ganz anders beurtheilen: und

2) gesetzt denn auch, die Wiederbringung aller Dinge wär wirklich wahr und gegründet — alle Verdammten und bösen Geister würden am Ende noch selig, so ist doch das ausgemacht, daß die Qual der Hölle ewig währen soll; dies Wort ewig bedeutet in der Bibel bald eine unendliche Zeit, wie zum Beispiel, wenn von Gott, vom ewigen Leben, und von der ewigen Seligkeit geredet wird; an andern Orten bedeutet es aber auch eine unbestimmte, aber sehr lange, viele Jahrhunderte, auch Jahrtausende fortdauernde Zeit. Nun wollen wir den Fall stellen, bei dem Ausdruck: Ewige Verdammniß, müsse das Wort Ewig im letztern Sinn verstanden werden, so ist denn doch das wenigstens gewiß, daß die Qualen der Hölle viele Jahrhunderte, oder gar Jahrtausende fortdauern werden; und wer in aller Welt kann und wird so unbesonnen seyn, auf die schwankende Hoffnung hin zu sündigen? —

Wenn z. B. ein Fürst das Tanzen dergestalt verböte, daß derjenige, welcher tanzte, auf zehn Jahre ins Zuchthaus gebracht, und täglich dreißig Ruthenhiebe erhalten sollte: sagt! — würde es wohl einem Einzigen — auch dem, dem es die heftigste Leidenschaft wäre — einfallen zu tanzen? — es versteht sich, wenn er gewiß wüßte, daß es der Obrigkeit nicht verborgen bleiben könnte? — und wie schwach ist dieser Vergleich gegen eine Jahrtausend fortwährende Höllenqual?

Dieser schauervollen und schrecklichen, aber gewiß wahren Vorstellung, wollen wir nun auch eine andere entgegen setzen: wenn du, mein lieber Leser! dich von Herzen bekehrt hast, und bist im Glauben an Jesum Christum treu geblieben; wenn du aus allem deinen Kräften die Lehre des Evangeliums befolgt hast, dir jede Sünde, die dich übereilt, von Grund der Seelen leid ist; wenn du dich schlechter fühlst als andere, folglich von Herzen demüthig bist; wenn dir der Erlöser alles in allem ist und du Ihn, und in Ihm alle Menschen herzlich liebest, und du kommst nun auf dein Sterbebette, und siehst den nahen Tod vor dir, sag mir, wie wird dir dann zu Muth seyn? — Die innige Ueberzeugung, daß dir alle deine Sünden vergeben sind und daß du Gnade bei Gott durch Christum gefunden hast wird dich den erhabenen, über alle Vernunft und Vorstellungen gehenden Gottesfrieden empfinden lassen, der schon für sich selbst Seligkeit ist; zwar empfinden auch viele wahre Christen vor ihrem Tod noch oft schwere Beängstigungen, und mancher muß noch einen schweren Kampf kämpfen, aber der ist bald vorüber, und der so furchtbare Tod selbst ist doch für solche erlöste Seelen nur ein Einschlummern, wie schrecklich er auch den Umstehenden oft vorkommt.

Aber nun dein Erwachen aus diesem Todesschlummer? — wie wird dir seyn? — du besinnest dich, fühlst nun dein ganzes Selbstbewußtseyn, fühlst innig und tief, daß du ein Erlöster, ein Begnadigter des Herrn bist; die Engel, ausgesandt zum Dienst derer, die die Seligkeit ererben sollen, nahen sich dir in himmlischer Herrlichkeit; sie bewillkommen dich mit herzlicher Bruderliebe, und führen dich fort in das Reich des Herrn, in die seligen Gefilde der Herrlichkeit Gottes, die noch kein Auge gesehen, kein Ohr gehört, und in keines Menschen Herz und Vorstellung gekommen ist; da findest du nun die großen Schaaren aller Heiligen und Erlösten, die von Adam an bis dahin gestorben sind; du triffst da deine frommen Voreltern und alle deine Geliebten wieder an, wenn sie anders gottesfürchtig gelebt haben, und freuest dich mit Ihnen, mit unaussprechlicher Freude. Wer mag alles aussprechen und beschreiben, was dort auf uns wartet, und wir sollten diese grosse Seligkeit auf eine so elende Weise verscherzen! — um eines irdischen Gewinns oder Vergnügens willen, das nur eine kurze Zeit dauert, und im Grund manchmal kein Gewinn oder Vergnügen ist, vernachläßigen; das wäre ja höchst unvernünftig und strafbar.

So gerne ich auch alle meine Leser in den Himmel wünschen möchte, so weiß ich doch wohl, daß das leider! nicht möglich ist — doch ich mag lieber sagen: möglich ist es wohl, aber es wird doch nicht geschehen: denn mancher wird das, was ich bisher geschrieben habe, wohl lesen, auch allenfalls sagen: Ach ja! der Mann hat wohl recht! — und dann wandelt er doch wieder seinen Weg fort, und thut, was er will; allein ich bin dann unschuldig an seinem Blut; denn ich habe ihm gesagt, ich habe ihm zugerufen: rette deine Seele! und er hats nicht gethan, meiner Stimme nicht gehorcht.

Ausser diesen bisherigen allgemeinen Aufforderungen zur Buße und Bekehrung, muß ich euch auch besondere Gräuel mit ihren natürlichen Folgen und Farben vor Augen malen, die hin und wieder unter euch im Schwange gehen: das Erste, was mir gerad einfällt, ist: daß oftmals Hausväter und Hausmütter ihre alte Eltern so verächtlich behandeln, wohl gar Noth leiden lassen und mißhandeln; das hat entsetzliche Folgen. Diejenigen, welche sich dieses Verbrechens schuldig machen, können sich fest darauf verlassen, daß aller Segen von ihnen und ihrer Familie weichen und daß es ihnen ihre Kinder reichlich vergelten werden, wie sie an ihren Eltern gehandelt haben.

Man kann oft nicht begreifen, warum ganze Familien so äusserst unglücklich werden, alles ihr Arbeiten, Ringen und Streben hilft nichts, sie sind arm und bleiben arm, untersucht man die Sache genau, so wird man immer so etwas finden, das einen Fluch auf eine solche Familie gebracht hat. Vielleicht wendet mir der Eine oder der Andere ein, daß dieser Fluch doch vielmehr darinnen zu suchen sey, daß solche Hausleute, oder Erwerber ihren Beruf nicht gehörig verstünden, nicht vorsichtig, oder auch nicht sparsam genug wären — hierauf antworte ich: bei aller Vorsicht und Sparsamkeit und bei den besten Kentnissen wird auch noch Glück und Gelingen im Handel, Wandel und Gewerbe erfordert, von wem hängt aber dies ab? — Von wem anders als vom großen Weltregenten, der dies Glück und Gelingen zuwenden kann wem Er will, und eben dieser Weltregent hat gesagt, daß Er die Missethat der Väter heimsuchen wolle an den Kindern bis ins dritte und vierte Glied; dies ist nämlich so zu verstehen: Er wolle sie durch Entziehung seines irrdischen Segens, und durch allerlei Trübsal auf die Missethat ihrer Eltern aufmerksam machen, um sie dadurch zu bewegen und zu warnen, daß sie sich dafür hüten möchten, übrigens sollen die Kinder nicht die Sünden ihrer Eltern tragen, das ist: Gott will die Kinder nicht strafen um der Missethat ihrer Eltern willen, sondern Er will sie blos darüber heimsuchen, sie belehren, und ihnen zeigen, was es heiße, gegen Ihn sündigen.

Eins der schrecklichsten Vergehen, welches einen solchen Fluch Gottes nach sich zieht, ist die verächtliche Behandlung der Eltern.

Jehovah sagt in den zehn Geboten: Du sollst Vater und Mutter ehren, auf daß du lang lebest im Lande, das dir der Herr dein Gott gibt. Also, wer Vater und Mutter ehrt, soll zeitliches Glück und Segen haben; daraus folgt ganz natürlich: wer Vater oder Mutter verachtet, den soll Unglück und Fluch verfolgen. Sogar heißt es an einem Ort in der Bibel: Spr. Sal. 30. v. 17. Ein Auge, das den Vater verspottet, und verachtet der Mutter zu gehorchen, das werden die Raben am Bach aushacken und die jungen Adler fressen. Das heißt: der wird so verfallen, ein solcher Böswicht werden, daß ihm Galgen und Rad zu Theil werden wird; und sollte das auch nicht immer wörtlich in Erfüllung gehen, so ist das doch eine ausgemachte und durch viele Erfahrungen bewährte Sache, daß ein solcher Elternverächter nichts als Fluch und Unglück zu erwarten hat, und wohl ihm! wenn es ihm noch in diesem Erdenleben trifft, und nicht in jenes Leben verschoben wird.

Ich hab in meiner Lebensbeschreibung und auch sonst hin und wieder eine Geschichte erzählt, die mir ewig unvergeßlich bleibt. Als ich in meinem zehnten oder eilften Jahr zu Hilgenbach, im Fürstenthum Nassau-Siegen, in die Schule ging, so trug sich folgendes zu: in gedachtem Flecken lebte ein Ehepaar, das sich von einem Handwerk nährte; Mann und Frau waren fleißig, und im Grund recht gute und brave Leute. Nun hatten sie einen abgelebten Vater, und einen kleinen Knaben von etwa 4 bis 5 Jahren; diese vier Personen machten die ganze Familie aus, und alle vier speisten auch zusammen an einem Tisch.

Nun wurde der alte Vater immer schwächer, sein Gesicht blöder, er zitterte, konnte den Eßlöffel nicht, ohne etwas zu verschütten, zum Munde bringen, und wurde also im Essen etwas eckelhaft. Dies bewog den Sohn und die Schwiegertochter, ihn von dem Tisch, an welchem er über siebenzig Jahr gespeißt, an dem er eben diesen seinen einzigen Sohn ernährt und groß gezogen hatte, zu entfernen, und ihn allein hinter dem Ofen essen zu lassen; der Alte schwieg, und — ging hinter den Ofen; da bekam er nun sein Essen in einem irdenen Schüsselchen. Weil er aber keinen Tisch hatte, und dies Schüsselchen auf seinen bebenden Knien halten mußte, so entfiel es ihm oft und zerbrach. Um diesem Verlust zu entgehen, wurde ihm endlich ein hölzernes Näpfchen gegeben, aus dem er nun essen sollte. Dies bemerkte der kleine vierjährige Knabe; er schlich vom Tisch weg, fing an Brettchen zusammen zu tragen und zusammen zu stellen; gleichsam für die lange Weile fragte ihn sein Vater: Junge, was machst du denn da? die Antwort des Knaben war: ich mache ein Tröglchen, aus dem Ihr essen sollt, wenn ich einmal groß bin.

Diese Worte waren ein Donnerschlag in den Ohren und Herzen der Eltern, und sie erkannten beide wohl, daß der furchtbare Gesetzgeber auf Sinai noch der Nämliche sey und durch ihr Kind gesprochen habe. Flugs stunden sie beide auf, mit Thränen baten sie den alten Vater um Verzeihung, und behielten ihn nun gern an ihrem Tisch, so lange er lebte. Auf diese Weise entgingen sie nun dem traurigen Schicksal, in ihrem Alter aus einem hölzernen Trog essen zu müssen. Diese Geschichte ist zuverläßig wahr und sehr merkwürdig.

Um zu beweisen, daß das alte Sinaitische Gesetz auch noch im Neuen Testament gültig ist, von dem nämlichen Gott noch immer gehandhabt wird, und die darauf gelegte Verheißungen und Drohungen erfüllt werden, will ich noch einige Erzählungen dieser Art hinzufügen.

Ich habe eine Familie gekannt, an die ich noch immer nicht anders, als mit einem wehmüthigen Schauer gedenken kann. Zween alte Männer, welche Brüder waren, hatten ehemals ihre Mutter, theils aus Fühllosigkeit, theils aus Geiz, im eigentlichen Sinn zu Tod hungern lassen; freilich geschah das nicht so geradezu; in dem Fall würde man sie wohl bei dem Kopf genommen haben; auch hatten sie wohl die Absicht nicht, ihre Mutter ums Leben zu bringen, sondern man gab ihr so wenig und so schlecht zu essen, daß sie endlich aus Schwäche starb; klagen mochte die alte Frau nicht, und das würde sie auch nichts geholfen haben, denn es wäre zum Proceß gekommen, und die Behandlung wäre noch schlimmer geworden. Von nun an wich aller Segen von diesen beiden Söhnen, beide hatten sich in einem Dorf verheurathet, beide plagten sich mit ihren Weibern und Kindern vom frühen Morgen bis in die späte Nacht, und aßen Kartoffeln mit Salz, um sich durchzubringen; aber es half alles nicht, sparen, geizen, arbeiten Tag und Nacht, alles war vergebens, beide Brüder waren und blieben sehr arm.

Einer von ihnen, wo ich nicht irre, der Aelteste, war ein roher ruchloser Mann, der Ehre darinnen suchte, vermessene und Gottesvergessene Reden zu führen, und mit schmutzigen und gotteslästerlichen Spässen die Gesellschaft zu unterhalten. Lieben Leser! ich habe ihn sterben gesehen! — schrecklicher ist mir nie etwas vorgekommen, er saß in einem Lehnsessel, starrte dorthin, als wenn er die ganze Hölle offen vor sich sähe, und mit verzweifelndem Brüllen hauchte er die Seele aus. Er hinterließ eine Tochter, eine sehr brave und rechtschaffene Frau, sie hatte einen armen einfältigen Tropf geheurathet, der aber, nachdem er einen Haufen Kinder mit ihr gezeugt hatte, sich hinlegte und starb, wodurch sie auch eben nichts verlor.

Wie sich die arme Frau plagte, um sich und ihre Kinder durchzubringen, das ist unbeschreiblich, sie arbeitete sich zu todt, ihre Kinder geriethen an den Bettelstab, und ihr Haus und Güter in fremde Hände. Ihr einziger Bruder war genau ein solcher gottesvergessener Mensch wie sein Vater, auch er starb schrecklich, und seine Frau und Kinder mußten betteln. Dies ist die Geschichte des einen Sohns, der zu Tod gehungerten Mutter; nun auch die Geschichte des andern:

Dieser alte Greis war kein unebener, sondern im Grund ein gutmüthiger Mann, nur daß er gern prahlte und groß that. Seine Frau war auch ein gutes, einfältiges Weib, aber doch eine treue, fleißige und gute Hausmutter. Alle ihre Kinder — einen Sohn ausgenommen — waren recht brave, ungemein fleißige, und ich darf wohl sagen, gottesfürchtige Leute, aber das half alles nicht, die alten Eltern arbeiteten sich todt, und kamen nie zum ordentlichen Sattessen. Der älteste Sohn hatte sich ins Haus verheurathet und eine vortreffliche Frau bekommen, beide plagten sich Tag und Nacht, aber sie konnten nicht weiter kommen, daß sie satt Brod gehabt hätten, mit Kartoffeln mußten sie sich nachhelfen.

Die älteste Tochter heurathete einen geschickten Mann; allein was halfs? sie arbeitete sich todt, und ihm hab ich selbst noch, als er mir mit seinem Bettelsack begegnete, ein Allmosen gegeben; die Kinder sind in die weite Welt gerathen, wohin — das weiß ich nicht.

Der zweite Sohn war ein elender Mensch, er strotzte von Stolz, ging aus Stolz weder in die Kirche, noch zum Nachtmahl, und kein Mensch konnte begreifen, worauf er sich etwas einbildete. — Kurz! er lebte und betrug sich so, daß ihm, als er starb, ein ehrliches Begräbniß versagt wurde, er wär nie verheurathet, hatte aber doch Kinder, und auch mehr als einmal einen falschen Eid geschworen.

Wo die zweite Tochter hingekommen ist, das weiß ich nicht, sie war ein besonderes gutes, christliches und edles Mädchen.

Der älteste Sohn quälte sich indessen mit seiner Frau durch allen Jammer durch; nach und nach fing das Haus an, ihm über den Kopf zusammen zu fallen: denn er hatte nicht so viel übrig, daß er es ordentlich repariren lassen konnte. Endlich kam er auf den Einfall, diese Jammerwohnung zu verlassen, und sich auf einem andern Platz ein neues Haus zu bauen; gegen alles Vermuthen fand der Mann Credit, er brach das alte Haus ab, baute ein neues, und nun gelang ihm alles, er fand Glück und Segen, und da, wo seine Großmutter Hunger starb, wachsen nun Dornen und Disteln. Wer sieht hier nicht die Erfüllung der göttlichen Drohung? denn wenn Jehovah auf dem Berg Sinaï den Kindern, welche ihre Eltern ehren, langes Leben auf ihrem väterlichen Erbe verheißt, so folgt aus dem Gegensatz, daß diejenigen, welche ihre Eltern mißhandeln, auf ihrem väterlichen Erbe keinen Segen, sondern Fluch finden sollen, und daß der Herr, auf diese Weise, die Missethat der Väter heimsucht an den Kindern bis ins dritte und vierte Glied. Doch müssen wir uns sehr hüten, daß wir nicht alsofort auf ein solches Verbrechen schließen, wenn wir Hausleute, oder Familien im Unglück sehen — die Vorsehung hat viel weise Ursachen, warum sie Kreuz und Trübsal über die Menschen verhängt; aber wenn man weiß, daß Kinder ihre Eltern mißhandelt haben, und man sieht dann augenscheinlich, wie der Herr seine Drohung erfüllt; so mag man wohl ein warnendes Beispiel daran nehmen, und dieses dann auch als einen Beweis der Wahrheit und Göttlichkeit der Bibel ansehen.

Ein junges Frauenzimmer, eine Tochter rechtschaffener Eltern, welche übrigens sehr häuslich und von untadelhafter Tugend und Aufführung war, hatte die Unart an sich, ihre sehr fromme aber etwas einfältige Mutter verächtlich zu behandeln, sie zu Zeiten blosszustellen, und die schuldige Ehrerbietung aus den Augen zu setzen. Was geschah? — sie heurathete dem Ansehen nach sehr glücklich, aber sie bekam eine Schwiegermutter, die sie fürchterlich quälte, viele Jahre lang mit äussersten Verachtung drückte, und so sehr sie sich auch nach Kindern sehnte, so bekam sie doch keine, und die Erinnerung konnte ihr nicht entgehen, daß sie dies harte Schicksal an ihrer Mutter verdient habe.

Oft kommt es auch nicht so weit, daß Kinder ihre alten Eltern wirklich verachten, oder beleidigen, aber ihre Unterhaltung ist ihnen doch eine Last, eine Beschwerde; besonders ist dieses bei armen Hausleuten der Fall, denen es schwer wird, sich und ihre Kinder ehrlich durchzubringen. Aber auch dieses ist sündlich — hier fehlt es am Glauben und Vertrauen auf den Vater im Himmel. Nichts ist gewisser, als daß eine liebreiche Verpflegung der alten Eltern, wenn auch nicht immer in dieser, doch gewiß in jener Welt reichlich vergolten, und daß auch oft eine solche gleichsam gezwungene Verpflegung der Eltern geahndet wird; eine sehr arme, aber rechtschaffene Frau, die sichs nebst ihrem Mann blutsauer werden ließ, klagte oft und sagte: Ja! wenn nur unsre gute Mutter nicht wäre, sie kann mir nichts mehr thun und sie ißt noch wie eine gesunde Person; und ich darf es ihr auch an nichts fehlen lassen, u. s. w. Endlich starb die alte Mutter, und nun freute man sich — aber man irrte sehr: denn nun wurde es den guten Leuten noch schwerer, sich durchzubringen; endlich starb der Mann, seine Wittwe verheurathete eine Tochter bei sich ins Haus, und dieser ging es so elend, daß sich die Mutter als Haushälterin bei einer andern Familie vermiethen mußte, sie fand nirgends Unterkunft, besuchte bald hie, bald da, und dann starb sie. Dagegen weiß ich auch eine andere ehrwürdige Hausmutter, die ihren uralten Schwiegervater, der ganz kindisch geworden und bettlägrig war und wie ein Kind behandelt und gereinigt werden mußte, mit vieler Mühe und Unkosten verpflegte, und doch noch um Fortdauer seines Lebens ernstlich betete: denn sie war überzeugt, daß er ein Segensstifter für ihr Haus und Familie sey.

Am häufigsten findet man die Mißhandlung der alten Eltern unter den Bauersleuten, und zwar in dem Fall, wenn die Eltern so thöricht sind und ihren bei sich verheuratheten Kindern Haus und Güter übergeben, und sich dann einen gewissen Unterhalt ausbedingen; da folgt ein Fluch und ein Unsegen auf den andern; gemeiniglich haben auch die Alten ihre Eltern ehemals gemißhandelt und zur Vergeltung geht es ihnen nun eben so; und die Kinder bauen sich dann dadurch ebenfalls wieder einen Schweinstrog, aus dem sie im Alter essen müssen. Nach und nach gehen solche Familien zu Grunde, und sie sind in Zeit und Ewigkeit unglücklich. Hieher gehört die bekannte Geschichte: Ein Sohn schleppte seinen alten Vater an den Haaren gegen die Hausthür zu, um ihn hinaus zu werfen; der Alte litte das, ohne ein Wort zu sagen, aber als er an die Thürschwelle kam, so fing er an: jetzt hör auf, ich hab meinen Vater auch nicht weiter an den Haaren geschleppt. Der Sohn ließ sich das sagen, und ließ den Vater los: vermuthlich deswegen, damit er dereinst auch nicht weiter geschleppt werden möchte. O des grundlosen Verderbens! — Die Prediger auf dem Lande müssen besonders auf diese schreckliche Sünde aufmerksam seyn, und sie sowohl auf der Kanzel, als in häuslichen Unterredungen ernstlich rügen; besonders soll das auch eine Hauptmaterie in den Katechisationen seyn, um die Kinder mit der ganzen Abscheulichkeit dieses Verbrechens bekannt zu machen. Nun will ich euch aber auch, meine lieben Leser! Geschichten von solchen Kindern erzählen, welche wahre Liebe und Treue an ihren Eltern bewiesen haben; jeder suche sie, je nach seiner Lage, nachzuahmen. Folgende Erzählung steht in dem ersten Band des herrlichen Buchs: Anekdoten für Christen und auch für solche, die es nicht sind. S. 61.

Eine vornehme Gesellschaft reiste nach Schottland, und kam dort in die schöne und reiche Handelsstadt Glasgow, am Fluß Clyde. Da nun an ihrer Kutsche etwas zu verbessern war, so mußte sie sich in einem Gasthof eine kurze Zeit aufhalten. Diesem Haus gegenüber war das öffentliche Gefängniß. Als die

Reisenden so am Fenster standen und zum Zeitvertreib sahen, was auf der Gasse vorging, so kam ein Herr daher geritten, welcher zwar nicht kostbar, aber doch nett und reinlich gekleidet war; er hatte einen blauen Reiserock an, und trug einen Hut mit einer goldenen Tresse; gleich einem Menschen, der sehr bestürzt ist, stieg dieser Herr vor dem Gasthof ab, gab dem Wirth mit einer auffallenden Eilfertigkeit den Zügel seines Pferdes in die Hand, und lief dann auf einen alten Mann zu, welcher an einem neuangelegten Pflaster auf der Straßen fest stampfte.

Der Fremde grüßte den Alten sehr liebreich, nahm ihm den Stampfer aus der Hand, stampfte dann damit und sagte: Das ist saure Arbeit für einen alten Mann — habt ihr keinen Sohn, der Euch die Arbeit abnehmen könnte? O ja, hochgeehrter Herr! versetzte der Alte, ich habe drei wackere Bursche, aber die sind nur nicht bei der Hand — nennt mich nicht hochgeehrter Herr! — rief der Fremde, es schickt sich besser für mich, Euere grauen Haare zu ehren. Wo sind denn die Söhne, von denen Ihr sprecht? Der alte Steinpflasterer sagte: sein ältester Sohn wäre Offizier in Ostindien, und der jüngste hätte sich neulich unter einem Regiment anwerben lassen, in Hoffnung, auch so etwas zu werden, wie sein Bruder. Nun fragte der Fremde hastig: wie steht es denn mit dem Mittelsten unter Euren Söhnen? bei dieser Frage wischte der Alte die Augen und sagte schluchzend: Er ist Bürge für mich worden, der arme Junge! er hat versprochen, meine Schulden zu bezahlen, und weil er sein Versprechen nicht ganz erfüllen konnte, so hat man ihn in das Gefängniß gerade da neben an gesetzt. — Der Reisende that drei schnelle Schritte nach dem Gefangenhaus, kehrte aber schnell wieder um, und sagte zu dem Alten: Hat Euch denn der ausgeartete Sohn von Offizier gar nichts geschickt, Euch Euer Leben zu erleichtern? — O mein Herr! fiel ihm der Alte ins Wort, er ist gar nicht ausgeartet; wahrlich, er ist es nicht. Gott segne den guten Jungen! Er hat mir viel mehr Geld geschickt, als ich nöthig hatte; aber ich bin nicht vorsichtig damit umgegangen: ich war Bürge für einen Herrn, von dem ich gemiethet hatte, und dadurch verlohr ich mein Geld, und Alles was ich sonst noch auf der Welt hatte, dazu. — In diesem Augenblick steckte ein junger Mensch seinen Kopf bis an die Schultern durch die eisernen Stangen des Gefängnisses, und rief laut: Vater! Vater! wenn er noch lebt, so ist das Bruder Wilhelm! Ja! Ja! rief der Fremde, indem er den alten Mann in seine Arme drückte, wobei ihm die Thränen aus den Augen stürzten, ich bin euer Sohn Wilhelm! Ich bins! Noch ehe der Vater, der gar nicht wußte, wie ihm geschah, diese Zärtlichkeit erwiedern konnte, stürzte eine reinliche alte Frau aus der Thüre einer armseligen Wohnung und rief: Wo ist mein Sohn! wo ist mein lieber Wilhelm! Der Kapitän ließ, sobald er sie erblickte, seinen Vater los, und rannte in ihre Arme. Die reisende Gesellschaft, die dies alles mit ansahe, war eben so gerührt, als irgend eine von denen Personen, welche zur Verwandtschaft des alten Vaters gehörten; diese alle liefen herunter auf die Gasse, während dem der Kapitän mit seinen Eltern in ihr Haus gegangen war, und wo sich die Einwohner des Orts bereits vor der Thür versammelten. Einer von der reisenden Gesellschaft kehrte sich daran nicht, sondern drängte sich durch ins Haus hinein, und sagte: Herr Kapitän, ich ersuche Sie um ihre Bekanntschaft; fünfzig Meilen hätt' ich reisen wollen, diesen rührenden Auftritt anzusehen; und Sie werden uns eine grosse Freude machen, wenn Sie und Ihre Eltern zu Mittag im Wirthshaus mit uns speisen wollen. Der Kapitän dankte für die gütige Einladung, die er, wie er sagte, mit Vergnügen annehme; allein er könne nicht eher an Essen und Trinken denken, bis sein armer Bruder erlöst wäre. Er legte auch alsobald in die Hände des Stadtrichters eine Summe nieder, die so viel betrug, als die Forderung war, und der wagte es dann, den Bruder ohne weitern Proceß in Freiheit zu setzen, und darauf kam die ganze Familie zu der reisenden Gesellschaft in den Gasthof, wohin sie das versammelte Volk begleitete, von welchem Einer nach dem Andern dem wiedergekommenen Landsmanne die Hand gab und schüttelte, und deren Liebkosung er ohne das geringste Zeichen von Hoffart oder Vornehmthun erwiederte. Dieser edle Mann, welcher Brown hieß, erzählte hierauf der Gesellschaft, daß er die Leinweber-Profession gelernt, vor ungefähr achtzehn Jahren aber als ein wilder Knabe, sich unter die Soldaten der ostindischen Compagnie habe annehmen lassen. Während seines Dienstes habe es das Glück gefügt, daß der Lord Clive ihn bemerkt habe und mit seiner Aufführung zufrieden gewesen sey; dieser habe ihn dann von einer Stufe zur andern befördert, bis er endlich Kapitän und Regimentsquartiermeister geworden, in welchem Posten er ehrlicher Weise über zwölftausend Pfund zusammen gespart, und nach dem Frieden seinen Abschied genommen habe. Er hatte seinem Vater verschiedenemal Geld geschickt, von dem er aber nur einmal hundert Pfund — ein Pfund Sterling ist ungefähr eine Karoline — empfangen hatte. Die andere Sendung war einem Concursfähigen in die Hände gerathen und verloren gegangen, und die dritte an einen Kaufmann in Schottland übermacht worden, der aber vor der Ankunft dieses Geldes gestorben war, so daß sie noch aus der Verlassenschaft berechnet werden mußte.

Um nun vollends seiner Wohlthätigkeit freien Lauf zu lassen, schenkte er seinem alten Vater sogleich fünfzig Pfund zu seinen nöthigsten Ausgaben, ausser den hundert Pfund, die er schon dem Stadtrichter für seinen gefangenen Bruder gegeben hatte. Dann vermachte er seinen Eltern zu ihrem Unterhalt jährlich achtzig Pfunden, welche nach ihrem Tode seine beiden Brüder fort erhalten sollten. Dann versprach er, seinem jüngsten Bruder eine Offiziers-Stelle zu kaufen, und den andern mit sich in Compagnie zu nehmen, weil er gesonnen sey, eine Manufactur anzulegen, um den Fleißigen Arbeit und Nahrung zu verschaffen.

Seiner Schwester, die an einen Pachter verheurathet war, der sich nicht am Besten stunde, wollte er fünfhundert Pfund als einen Brautschatz geben.

Endlich theilte er auch noch unter die Armen der Stadt,

worin er geboren war, fünfzig Pfund aus; und gab allen Einwohnern ohne Unterschied ein Tractament.

Sagt mir, liebe Leser! was empfindet Ihr bei dem Lesen dieser vortrefflichen Geschichte? — rührt sie euch nicht bis ins Innerste der Seele? — und wenn das ist, so handle doch jeder in seinem Theil und in seiner Lage, je nach seinem Vermögen, eben so! — Ihr braucht nicht des edlen Kapitän Browns zwölf tausend Pfund zu haben, es kommt nur auf Euere Gesinnung an, ist die so, wie die Seinige, so könnt Ihr mit Euerem Wenigen ebenso edel handeln.

Das innige Vergnügen, das solche edle Thaten gewähren, geht über alle Lustbarkeiten der Welt, und damit Ihr auch ein Beispiel der Liebe in der Armuth haben möget, so will ich Euch aus dem nämlichen Buch: Anekdoten für Christen, 1ster Band, eine andere Geschichte erzählen, sie steht S. 154.

Der berühmte deutsche Dichter, Jakob Immanuel Pyra, der im Jahr 1744 als Lehrer am Köllnischen Gymnasium in Berlin in seinen jungen Jahren starb, war der Sohn eines preußischen Advokaten, welcher unter der vorigen Regierung, nebst vielen andern, das traurige Schicksal erfuhr, kassirt zu werden. Da er kein eigenes Vermögen besaß, so kam er so weit herunter, daß er sich mit seiner Frau und beiden Söhnen sehr kümmerlich als Schreiber ernähren mußte. So wenig nun unser junger Pyra, bei der äußersten Dürftigkeit seiner Eltern, irgend eine Unterstützung von ihnen erwarten konnte, so wagte er es doch im Jahr 1735 auf die Universität nach Halle zu gehen, und eben hier war es, wo er das stärkste Beispiel der kindlichen Liebe gab: dem ungeachtet er hier so kümmerlich leben mußte, daß ihm oft die nöthigsten Bedürfnisse des Lebens entgingen, und er ausser der Armuth immer mit Krankheiten zu kämpfen hatte, so trieb ihn doch die zärtliche Liebe des Herzens zu seinen armen Eltern, daß er ihnen ein kleines Stipendium, ein Stück Geld, das jährlich aus einer Stiftung armen Studenten verwilligt wird, und das Pyra so eben erhalten hatte, alsofort freiwillig überschickte.

Als ihn der berühmte Dichter zu Laublingen, der würdige Prediger Lange, welcher zu gleicher Zeit mit ihm studirte und ihn seiner vertrauten Freundschaft würdigte, eben acht Tage lang nicht gesehen hatte, so traf er ihn endlich von ungefähr an einem öffentlichen Orte an, und erschrack über ihn, daß er so elend aussahe. Pyra that ausserordentlich schüchtern, endlich aber gestand er, nach langem liebreichen Zureden seines Freundes, daß er seiner armen Mutter sein Stipendium geschickt, und nun seit drei Tagen nichts genossen habe; er habe in diesen Umständen unmöglich jemand besuchen können, um niemanden seinen Mangel zu verrathen. Lange wurde dadurch innig gerührt, und von der Stunde an, nicht allein in Ansehung seiner Gaben und Talente, sondern auch in jedem Betracht, sein Führer und wohlthätiger Verpfleger.

Diese Erzählungen von Beispielen liebreicher Sorge für die Eltern sind sehr rührend, und weil diese Sorge leider! selten ist, so sieht man sie als eine hohe Tugend und als eine Wirkung der christlichen Religion an. So viel ist wahr, wer seine Eltern vernachläßigt, oder gar verachtet, der kann unmöglich ein Christ seyn, aber auch schon in der menschlichen Natur ist die Pflicht, den Eltern alle nur mögliche Liebe und Hochachtung zu erzeigen, gegründet: wer sie versäumt, ist nicht allein kein Christ, sondern nicht einmal ein Mensch, er sinkt zur Classe der wilden Thiere herab. Daher findet man schon unter den Heiden, die von Christo und seiner Religion nichts wissen, musterhafte Beispiele der kindlichen Liebe: Eines davon will ich Euch erzählen, es steht im ersten Band der obengemeldeten Anekdoten für Christen S. 155.

Das Kaiserthum Japan ist ein grosses, stark bevölkertes Reich, es besteht aus einer grossen Insel gegen Morgen, jenseits ganz Asien, und ist von China durch ein nicht sehr breites Meer getrennet. Die Einwohner sind alle Heiden, und werden von zween Monarchen, einem geistlichen und einem weltlichen beherrscht, und ihre Religion befiehlt ihnen, viele Götter anzubeten, sie ist ein Mischmäsch von lauter Aberglauben. Bis daher durfte keine christliche Nation mit den Japanesen Handlung treiben, ausgenommen die Holländer, von denen wir dann auch vermuthlich die Geschichte erhalten haben, die ich nun erzählen will.

In diesem Kaiserthum Japan, wo man überhaupt bei der Erziehung der Kinder sorgfältig darauf sieht, ihnen die größte Liebe, Ehrfurcht und Dankbarkeit gegen ihre Eltern einzuflößen, hatte eine Wittwe drei Söhne. Sie war aber so arm, daß sie nichts weiter hatte, als was ihre Kinder mit ihrer Händearbeit verdienten. Da dieses zu ihrer aller Unterhalt nicht hinreichen wollte, so geriethen die drei Söhne, um ihrer Mutter das Nöthige zu verschaffen, auf einen sehr seltsamen Entschluß: die Regierung hatte seit langer Zeit bekannt gemacht, daß jeder, der einen Straßenräuber einbringen würde, eine ansehnliche Summe zur Belohnung erhalten sollte. Die drei Brüder machten also untereinander aus, einer von ihnen sollte für einen Räuber ausgegeben werden, und die andern beiden wollten ihn vor den Richter führen; sie looßten also, wer der Räuber seyn sollte, und das Loos traf den Jüngsten. Seine Brüder banden ihn und führten ihn als einen Missethäter fort. Der Richter befragte ihn; er gestand, daß er Straßenraub getrieben; man brachte ihn nach dem Gefängniß, und gab den beiden Andern die darauf gesetzte Summe zur Belohnung. Da aber ihr Herz bei der Gefahr und dem nahen Tod ihres geliebten Bruders zu sehr gerührt wurde, so suchten sie Gelegenheit, zu ihrem Bruder ins Gefängniß zu kommen, und weil sie von Niemanden gesehen zu werden glaubten, so überließen sie sich aller ihrer Zärtlichkeit. Ein Officier, der von ungefähr ihr Weinen und Klagen mit anhörte, wurde nicht wenig gerührt. Er ließ sogleich den beiden Angebern jemand nachfolgen, um hinter die eigentliche Beschaffenheit dieser sonderbaren Sache zu kommen. Man brachte ihm die Nachricht, daß die beiden jungen Leute in ein Haus gegangen wären, und daselbst einer Frau, welche unfehlbar ihre Mutter sey, die Sache erzählt hätten; daß diese Frau alsbald erbärmlich zu weinen angefangen und ihren Söhnen befohlen habe, das Geld sogleich zurück zu tragen, weil sie lieber Hungers sterben, als ihr Leben durch den Verlust ihres Sohnes verlängern wolle. Als dem Richter dies Alles erzählt wurde, so wurde er von Mitleid und Bewunderung eingenommen; er ließ den Gefangenen vor sich bringen, und fing abermals an, ihn zu verhören; da er nun sahe, daß sich der junge Mensch immerfort und standhaft für einen Räuber ausgab, so entdeckte er ihm, daß ihm der ganze Verlauf der Sache bekannt sey. Nun umarmte der Richter den edlen Gefangenen zärtlich, und gab alsofort dem Kaiser Nachricht von dieser Geschichte, welcher von dieser großmüthigen That so gerührt wurde, daß er die drei Brüder zu sehen verlangte, sie mit Lobeserhebungen überhäufte, und dem Jüngsten eine jährliche Einnahme von fünfzehenhundert Thalern — nach unserm Geld — den beiden Andern aber, jedem fünfhundert Thaler, auf Lebenslang versicherte.

Es ist wahr, diese That der dreien Brüder ist groß, edel, und unnachahmlich stark, aber doch nicht rein christlich; daß ein Christ für seine Eltern sterben kann, davon haben wir Beispiele, allein mit Unwahrheit sich für einen Räuber auszugeben, das will mir doch nicht recht einleuchten — doch was bedarfs hier einer Warnung? es hat so leicht nicht Noth, daß sich einer unter uns so edelmüthig versündigen und diese Japanisch-heidnische Großthat nachahmen wird.

Aber laß uns doch einmal untersuchen, woher es komme, daß unter uns Christen, und besonders in Deutschland, die Eltern so oft und vielfältig von ihren Kindern mißhandelt werden! — Die nächste Ursache ist unstreitig: Mangel an Liebe und Hochachtung, und die folgende: unersättliche Habsucht, auch wohl wirklicher Mangel und drückende Armuth — wenn man sieht, daß man kaum seine Kinder ernähren kann, so wirds dem ungefühligen rohen Thiermenschen vollends unerträglich, seine Eltern, die seiner Meinung nach so wohl zu entbehren wären, auch noch zu verpflegen. Freilich ist der gänzliche Mangel an wahrer christlicher Religion, an der Religion des Herzens, die Grundursache: der wahre Christ begeht alle diese Fehler nicht, allein davon will ich jetzt nicht reden, der blos bürgerliche, rechtschaffene und gesittete Mensch kann sich schon an seinen Eltern nicht versündigen, ohne den Ruhm der bürgerlichen Rechtschaffenheit und Sittlichkeit zu verlieren.

Wir wollen also jetzt nur bei den Regeln der bürgerlichen Zucht und Ehrbarkeit stehen bleiben, und dann aus diesem Gesichtspunct untersuchen, woher der Mangel an Liebe und Hochachtung der Kinder gegen ihre Eltern entstehe?

Daß der ganze Fehler in der äusserst schlechten Kinderzucht zu suchen sey, das bedarf keines Beweises. Wenn die Kinder sehen, wie niederträchtig ihre Eltern mit ihren Großeltern umgehen, so prägt sich ihnen das tief ein; sie wissen und glauben nicht, daß das eine so große Sünde sey. Will man mir dagegen einwenden, sie hörten doch in Kirchen und Schulen oft genug, wie scharf Gott Liebe und Ehrfurcht gegen die Eltern befohlen habe, und wie streng er die Uebertreter dieses Gesetzes bestrafen wolle, so antworte ich: durch das öftere, von Jugend auf tausend- und abermals tausendmal gehörte Vorschwatzen und Vorpredigen, das dann noch dazu gewöhnlich so eiskalt geschieht, daß man dabei einfrieren könnte, wird das Herz so daran gewöhnt, und bekommt eine so dicke Schwiele, daß nichts mehr durchdringen kann. Würden die Lehrer des Volks auf den Grund dringen, und ihren Zuhörern und Schülern ihr grundloses Verderben und die schrecklichen Strafen, die auf sie warten, gründlich und nach der Wahrheit, mit lebendigen Farben schildern, so würde doch noch mancher aufgeregt, erweckt und bekehrt werden; allein diese Methode verwirft man heut zu Tage und bedenkt nicht, daß die blosen Moralpredigten über die Herzen der Zuhörer so wie kalt Wasser über einen glatten Stein wegglitschen; das Herz des Menschen ist ohnehin von Natur, in Ansehung der zu erfüllenden Pflichten, ungefühlig.

Das böse Beispiel der Eltern ist es aber nicht allein, wodurch die Kinder lieblos gegen sie werden; es kommen noch mehrere Ursachen hinzu:

Wenn die Eltern große Fehler und Schwachheiten an sich haben, oder gar lasterhaft sind, wie ist es da möglich, daß ihre Kinder Liebe und Hochachtung gegen sie haben können? — im Gegentheil, es muß Verachtung in ihren Herzen entstehen, ob sie sie gleich nicht äussern dürfen; und doch geschieht dies Aeussern nicht selten. Wenn aber einmal Liebe und Hochachtung gegen die Eltern verschwunden, und Verachtung an die Stelle gekommen ist, so ist leicht zu begreifen, daß nun solche Kinder ihre alte Eltern schlecht behandeln und schlecht verpflegen werden, besonders wenn es ihnen dann noch dazu an Gewissenhaftigkeit fehlt.

Ein anderer Fehler in der Kinderzucht, der leider allzugewöhnlich ist, besteht in folgender Behandlung: man läßt die Kinder ihre Unarten forttreiben; wenns zu arg wird, so keift und schimpft man; bald hilft das etwas, bald wieder nicht, die Kinder werden des Polterns gewohnt und kehren sich nicht daran; endlich reißt dem Vater die Geduld aus, voll Zorn und Wuth nimmt er nun ein Stück Seil oder einen Stock, oder was er sonst bei der Hand hat, und prügelt unbarmherzig darauf los — die natürliche Folge ist, daß das so hart geschlagene Kind einen Groll auf den Vater wirft, und es ihm — wie man zu sagen pflegt — hinter das Ohr wickelt; vorzüglich ist dies der Fall, wenn Eltern ihre halberwachsenen Kinder so mißhandeln, sie vergessen diese Beleidigung nie, und ihre kindliche Liebe erkaltet.

Ein ganz entgegengesetzter Fehler, der aber die nämliche Folge hat, ist der, wenn die Eltern gar zu nachgiebig gegen ihre Kinder sind, alle Unarten ungestraft hingehen lassen, mit ihnen leichtfertig scherzen, in ihrer Gegenwart leichtsinnige Späße, auch wohl unzüchtige Reden führen, und überhaupt allenthalben sündliche Schwächen zeigen — wie ist es da möglich, daß die Kinder Hochachtung gegen ihre Eltern haben und sie lieben können? — bei solcher Kinderzucht oder vielmehr Unzucht, wird alles Verderben in ihnen genährt und gepflegt, und keine einzige Tugend in ihr Herz gepflanzt.

Ich habe eine Familie gekannt, in welcher der Vater ein schwacher und gutmüthiger Mann war, der aber die Art an sich hatte, durch allerhand, oft fade, oft witzige Einfälle die

Gesellschaft zu unterhalten. Dies war nun auch der Gebrauch, wenn er mit seiner Familie zu Tisch saß; Morgens, Mittags und Abends wurden die Speisen unter beständigem lautem Gelächter hinunter gewürgt, und alle Späße waren gewöhnlich unzüchtigen Inhalts. Es war also natürlich, daß seine Kinder, drei Söhne und eine Tochter, welche von der Wiege an nichts anders gehört hatten, voll unreiner Gedanken und Triebe wurden; auch sie unterhielten die Gesellschaft nach väterlicher Weise, und der Erfolg war, daß die Tochter sich frühzeitig mit einem armen und schlechten Menschen einließ, und ihn heirathen mußte; die zween jüngeren Söhne ebenfalls mit schlechten Weibsleuten sich vergingen, und sie heiratheten, und nun alle drei äußerst arm und elend wurden; nur der älteste Sohn, der eben auch nicht besser war, als die andern, wurde dadurch erhalten, daß er sich in eine sehr feine und tugendhafte Person frühzeitig verliebte, und sich mit ihr versprach; diese Liebe dauerte viele Jahre, ehe die Heirath vollzogen werden konnte; denn der Vater wollte sie durchaus nicht zugeben — und warum nicht? Antwort, weil die Braut den Namen seiner Frau hatte — diese war nämlich zwanzig Jahre bettlägrig an der Gicht gewesen, und er hatte viel mit ihr ausgestanden; endlich willigte er denn doch ein. Dieser älteste Sohn führte sich ehrlich auf, ob er gleich auch viele von seines Vaters Unarten an sich hatte.

Liebe Leser! welche Verantwortung laden sich solche Eltern auf den Hals, die auf eine so elende Weise Kinder und Kindeskinder auf Zeit und Ewigkeit unglücklich machen!!! —

Eine andere, ebenfalls Bauernfamilie, in dem nämlichen Dorf, hatte einen Vater und eine Mutter von ganz anderer Art; der Vater war ein ernster, doch dabei freundlicher Mann; nie ging ein ungeziemendes Wort aus seinem Munde; er scherzte auch nicht einmal auf eine unerlaubte Art; Alles, was er sagte, hatte Händ' und Füße, daher war er auch im ganzen Dorf so geachtet, daß sich nicht leicht Jemand unterstund, in seiner Gegenwart etwas Unanständiges zu thun, oder zu sagen. Seine Frau war lebhaft, sehr emsig, auch wohl zuweilen krittlich, allein im Uebrigen war sie ebenso ehrbar als ihr Mann; auch ihr ging kein ungezogenes Wort aus dem Munde.

Ihre Kinder waren von der Wiege an gewohnt zu gehorchen, ohne nur ein Wörtchen zu widersprechen; dies kam aber daher: Niemals forderten die Eltern etwas von ihnen, das ihnen zu schwer war, auch befahlen sie ihnen nie Etwas zu einer Zeit, wo eine Leidenschaft herrschte, die sie zum Ungehorsam hätte zwingen können; wollte dann die Mutter Etwas mit Gewalt durchsetzen, so sagte der Vater in Geheim zu ihr: gib dem Kind keinen Anlaß zur Sünde des Ungehorsams, hernach thut es, was du willst, von selbst, und dies war gewöhnlich auch der Fall; was aber auch einmal befohlen war, das mußte auch allemal unabbittlich geschehen. Alles geschah liebreich, ohne Zorn und ohne Wortwechsel, daher kam es auch, daß die ganze Familie sanft gebildet, liebreich, mit einem Wort: wahrhaft christlich wurde.

Endlich verheiratheten diese Eltern eine von ihren Töchtern bei sich ins Haus, sie bekam einen etwas rohen, schlecht erzogenen Mann, der gern prahlte und der Wahrheit nicht immer treu blieb. Allein es währte keine zwei Jahre, so war er ganz umgewandelt, und eben so fein, artig und gesittet, wie die andern.

Ihr möcht Euch wohl wundern, wie das zugegangen sey? ich antworte: sehr natürlich! wenn er prahlte, oder Unwahrheiten sagte, so schwieg man, und betrug sich so, als ob Niemand ein Wort gesagt hätte, aber man war immer freundlich gegen ihn, und kam ihm mit Liebe zuvor. Mußte man ihm auf etwas antworten, so geschah es gewissenhaft und ohne die geringste Beleidigung. Bei andern Gelegenheiten aber, wo der Tochtermann keinen Anlaß gegeben hatte, und also nicht denken konnte, daß mans auf ihn sagte, wurden die Laster der Prahlerei, der Lügen und der Ungesittetheit vom Vater scharf gerügt, und ihre Folgen lebhaft geschildert. Hiezu kam nun noch das edle Beispiel der ganzen Familie: man hörte und sahe da nichts anders als Liebe, Freundlichkeit und Rechtschaffenheit; in einem solchen Umgang hätte auch der roheste Mensch entweder gesittet werden oder entlaufen müssen. Dies Letztere, nämlich das Entlaufen, ist die Folge des Siegs der Tugend über das Laster und der Liebe über Haß, Neid und Stolz.

Eben dieser Familien-Vater, von dem ich jetzt rede, war äusserst sanft, ohne sich aber doch auch nur das Geringste nehmen zu lassen, wenns auf Recht und Billigkeit ankam, wie folgende Geschichte zeigte. Er war Kirchenältester, ein Amt, das dort lebenslänglich und zwar umsonst verwaltet wird, wobei aber doch manches Verdrüßliche und manche Versäumniß vorkommt. Um nun diesen Männern einen Ersatz für ihre Mühe zu verschaffen, so befreite sie die Obrigkeit von den Frohndiensten. Dies gab nun allgemeinen Verdruß, weil dadurch die andern Bauern um so viel mehr zu Frohnen bekamen. Männer, die redlich und christlich dachten, nahmen auch diese Befreiung nicht an, sondern sie schwiegen still und frohnten fort wie bisher. Nun waren aber einige Bauern in dem Dorf, von welchem ich jetzt rede, die einen alten Familiengroll auf das Haus des Kirchen-Aeltesten hatten, und einer von ihnen war in dem Jahr gerad Gemeindevorsteher; dieser berief die Gemeinde zusammen, ohne dem Kirchen-Aeltesten Etwas davon zu sagen. Dann stellte er der Gemeinde vor, daß man das nicht zugeben könne, und daß der Aelteste eben sowohl frohnen müßte als sie, und um ihm das zu zeigen, wollte man morgen den Wegbau vornehmen; das Alles wurde genehmigt und beschlossen; nun ging der Vorsteher selbst von Haus zu Haus, und bot die Leute auf, morgen um die und die Stunde an einem gewissen Ort am Weg zu machen. Nun kam er auch an das Haus des Kirchen-Aeltesten, der in seinem Backhaus nahe an der Thür, an einem hölzernen Geräthe arbeitete; nun entstand folgendes Gespräch:

Guten Morgen, Nachbar!

„Dank hab!

Morgen sollen die Wege da und da gemacht werden.

„Es ist gut!

Ja! Ihr werdet aber doch auch Jemand schicken?

„Ich will einmal sehen!

Nein! nicht einmal sehen — Ihr müßt Jemand schicken!

„Nein! ich muß nicht!

Ja, Ihr müßt, das wollen wir Euch lehren —

So ging das nun eine Weile mit Schnauben, Drohen und Schäumen fort. Der Aelteste sagte ganz ruhig: Franz! geh mir doch aus dem Licht, ich kann ja nicht gut sehen! Die kaltblütige Ruhe des Mannes brachte den Vorsteher ausser sich, er griff nach den Haaren des Aeltesten, dieser aber reckte den starken Arm aus, hielt den Wüthenden zurück, und sagte: höre einmal Franz! jetzt geh nach Haus und laß das Zanken bleiben, das hilft dich nichts; da dies nun nicht half, so faßte er ihn auf der Brust, und schob ihn fort, bis er weit genug war, und als Franz da auch noch nicht fort wollte, so schleuderte ihn der Aelteste dort auf den grünen Wasen hin, und nun ging jeder seinen Weg. Des andern Morgens schickte denn doch der Aelteste Jemand mit, um am Wegbau zu helfen.

Ich erzähle diese Geschichte nicht, um sie als ein Muster der Nachfolge zu empfehlen: denn es wäre immer besser gewesen, wenn der Aelteste gleich gesagt hätte: Ob ich gleich nicht schuldig bin zu frohnen, so will ich doch meinen Nachbarn nicht beschweren, sondern ich will helfen wie bisher. Allein er kannte die Wuth seiner Feinde und den abscheulichen Charakter des Vorstehers, dessen Galle er nun einmal in ihrem eigenen Gift ersticken wollte. Uebrigens war der Aelteste ein vortrefflicher Mann, er starb, noch ehe er nöthig hatte, von seinen Kindern verpflegt zu werden, seine Frau aber wurde blind und bettlägrig, und von ihren Kindern recht christlich versorgt und verpflegt.

Der Mangel an Liebe und Hochachtung gegen die Eltern liegt also in der schlechten Kinderzucht, und diese entsteht entweder aus einer schlechten Aufführung der Eltern: denn wie können sie ihre Kinder besser erziehen als sie selbst sind? oder in einer allzustrengen oder allzunachgiebigen Behandlung der Kinder, beides verdirbt sie.

Liebe Leser, betragt Euch, und lebt immer so, daß Euch Eure Kinder für die besten Menschen halten, die sie kennen, so wirds an Liebe und Hochachtung nicht fehlen, und aus Liebe und Hochachtung werden sie Euch gehorchen; behandelt sie nie als gebietende Herren, sondern als liebende und belehrende Freunde, so wird Friede und Segen in Euern Familien seyn.

Es gibt aber auch viele Menschen, bei denen eine unfühlige Rohheit herrschend ist; diese entsteht ebenfalls aus Mangel an Erziehung: von Jugend auf läßt man der verdorbenen Natur ihren Lauf, was die Kinder wollen, das geschieht; unter ihres Gleichen hören und sehen sie nichts als Böses; die allergröbsten sinnliche Lüste werden Herr und Meister; die mehresten, oft unbarmherzigen Schläge und Züchtigungen der Eltern machen sie nur noch hartnäckiger, boshafter und rachsüchtiger, und endlich, wenn sie der Zucht des Vaters entwachsen sind, so schnauben sie ihre Eltern an, mißhandeln sie, und die Verpflegung ist erbärmlich.

Kürzlich erzählte mir noch ein sehr würdiger Freund eine Geschichte, welche zeigt, wie unglaublich weit eine solche Rohheit gehen kann:

Ein gewisser Bauer hatte noch seinen alten Vater zu unterhalten; dieser arme Greis mußte oben im Haus in einem elenden Stübchen seine alten Tage einsam verleben, und wie seine Nahrung und Kleidung beschaffen war, das läßt sich leicht denken. Viel zu lange lebte er seinem hartherzigen Sohn, der ihn daher immer anschnaubte und ihm kein freundliches Wort sagte; da nun in solchen Häusern die Treppen gewöhnlich schlecht und steil, alte Leute aber steif und unbehölfen sind, so trug sichs zu, daß der Alte im Heruntergehen stolperte, vorwärts stürzte, und das Genick zerbrach; folglich auf der Stelle todt blieb.

Daß dieser Zufall dem Sohn gar nicht nahe ging: denn er brauchte ja nun den Vater nicht lang auf dem Krankenlager zu verpflegen, oder viel Geld an Aerzte und Arzneien zu verwenden, das ist begreiflich, und man sieht es auch aus seinen Aeusserungen gegen den Prediger: denn als der Bauer kam, um ihm den Tod seines Vaters anzuzeigen und die Beerdigung zu verabreden, so sagte er ganz gleichgültig: Herr Pfarrer, mein Vater ist gestorben!

Der Pf. Euer Vater? — ich hab ja nichts von seiner Krankheit gehört?

Der Bauer. Ha! er war auch nicht krank, er hat eben den Hals gebrochen — ich dachte als oft, wenn er einst stürbe, wie man ihn die Treppe wolle herunter bringen, jetzt ist er unten.

Schrecklich! Ihr, die Ihr dieses leset, wenn Euch die Haut nicht schaudert, wenn Euch nicht Eckel und Entsetzen anwandelt, so stehts sehr schlecht mit Euch.

Eine unersättliche Habsucht oder der stinkende Geiz ist bekanntlich eine Wurzel alles Uebels, folglich auch solcher Versündigungen gegen die Eltern. Da werden allerhand Plane gemacht, wie man seine Güter und Gewerbe vergrößern und verbessern will, gegen dieses hab ich nun zwar nichts, wenn es anders durch christliche und ehrliche Mittel geschieht, — aber dann fehlts gewöhnlich; man scharrt alles zusammen, was man nur ungestraft erhaschen kann, und da immer das Geld die Hauptsache ist, womit man Alles ausrichten kann und muß, so sucht der Bauer Alles, was er vom Acker und aus dem Stall erübrigen kann, zu Geld zu machen — Aber da sitzen nun die alten Eltern droben, essen und trinken, aus dem, was sie verzehren, könnte man doch auch jährlich einen hübschen Thaler lösen, und dann könnten sie doch auch mehr arbeiten, die Mutter könnte noch wohl täglich ihr Stück spinnen, der Vater noch dies und das thun, u. s. w. Diese Gedanken und Vorstellungen werden dann alle Tage bitterer, die Liebe erkaltet, und verwandelt sich in Haß und Verachtung. Hätten solche Geizhälse und fühllose Menschen nur einigen Begriff von den wahren Mitteln, wohlhabend zu werden, so würden sie wissen, daß dies nächst dem Fleiß und ordentlicher

Sparsamkeit lediglich vom göttlichen Segen abhange, und daß dieser Segen dadurch erlangt und auf Kinder und Kindeskinder verbreitet werde, wenn man überhaupt wohlthätig, und besonders gegen die Eltern liebreich und ehrerbietig ist.

Endlich ist aber auch Mangel und Armuth gar oft die Ursache der übeln Behandlung und Verpflegung der Eltern. In einem solchen Fall würde ich mit meinen Eltern und mit meinen Kindern redlich und ehrlich theilen, auch lieber selber hungern, als es meinen Eltern fehlen lassen.

Ach Gott! — Ach Gott! — keine Last drückt härter, als die Thränen der Eltern über ihre Kinder! — Sie zünden in dem Herzen ihrer ungerathenen Kinder eine ewige Höllenglut an, die oft erst nach dem Tod fühlbar wird, aber dann auch in Ewigkeit nicht verlöscht.

Verzeiht mir, liebe Leser! daß ich euch mit dieser Sache so lang aufgehalten habe, sie ist gar zu wichtig, als daß man so kurz davon abkommen könnte.

Ein anderes Laster, welches so ungeheuern Schaden anrichtet, und leider! an vielen Orten allgemein ist, ist der übermäßige Genuß starker Getränke, und besonders des Branntweins; der Schade, welcher daher entsteht, ist mannigfaltig und schrecklich; denn

1) Wird Geld dafür ausgegeben, das man in der Haushaltung nöthig hätte.

2) Wird dadurch, daß man im Wirthshaus sitzt, die edle Zeit verschwendet.

3) Wirken die starken Getränke schädlich auf die Gesundheit, ein Vollsäufer, oder Trunkenbold wird sehr selten alt.

4) Wer sich einmal an die starken Getränke gewöhnt hat, der wird ihr Sclave; er muß hernach trinken, er kanns nicht lassen; dies gilt besonders vom Branntwein. Dies Getränke in Uebermaaß getrunken, tödtet früher oder später unausbleiblich; wenn man einmal dahin gekommen ist, daß man zittert, bis man ein Glas Branntwein getrunken hat, so ist man verloren, und es wird eine fast übernatürliche Anstrengung und Kraft erfordert, um sich von diesen Tyrannen los zu

reissen; und wenn dieses dann auch zuweilen gelingt, so kostet es doch gewöhnlich das Leben und; was endlich

5) nun noch das Schlimmste ist, die ewige Seligkeit geht darüber verloren; denn wie kann Jemand den Wirkungen des Geistes Gottes in seiner Seele Raum geben, wenn sie beständig mit dem Geist des Branntweins oder anderer starken Getränke angefüllt ist? — Die Trunkenheit weckt alle sinnliche Triebe und böse Begierden, erhöht sie, und macht sie herrschend, und diese müssen doch unterdrückt und verläugnet werden, sie dürfen nicht herrschen im sterblichen Leibe mit ihren Lüsten, wenn man selig werden will.

Bedenkt dies Alles wohl, liebe Leser! denn es sind wichtige Wahrheiten, die alle durch die Erfahrung bestätiget sind.

Ein gewisser ehrbarer, frommer und christlicher Bürger in einer Stadt hatte eine Handthierung, bei welcher er des Morgens sehr frühe aufstehen mußte; um nun seine Frau und Kinder nicht in der Ruhe zu stören, nahm er einen Schluck Branntwein, ging an seine Arbeit, und gegen acht Uhr brachte man ihm dann sein Frühstück. Nach und nach wuchs der Schluck Branntwein zu einem Spitzglas voll, vom Spitzglas kam es zum Stutzglas, von diesem zu halben Schoppen u. s. w., hierauf folgte dann auch natürlicher Weise ein Rausch, und da nun auch das Händezittern kam, wenn der Rausch aufhörte, so mußte der arme Mann wieder Branntwein trinken, um arbeiten zu können. Ueber dies Alles kam er endlich zum Nachdenken, er wurde tief und gründlich überzeugt, daß er zeitlich und ewig unglücklich würde, wenn er den Branntwein nicht abschaffte. Diese Ueberzeugung war so stark und kräftig, daß er den unüberwindlichen Entschluß faßte, nie wieder Branntwein zu trinken. Er hielt Wort, aber nun wurde er schwach und elend; diese Schwachheit wurde nach und nach so groß, daß er sich zu Bette legen mußte; er fing an, sein Selbstbewußtseyn zu verlieren und irre zu reden, und nun kams dahin, daß man seinen Tod erwartete; jetzt wurde ich als Arzt gerufen, ich ging hin, und fand Frau und Kinder im trostlosen Zustand. Alles weinte und wehklagte laut, und verschiedene Weiber aus der Nachbarschaft saßen da und weinten mit.

Den Kranken fand ich phantasirend, todtenblaß, die Augen starr, den Mund weit offen, und den Puls kaum merkbar. Jetzt nahm ich die Frau allein, und fragte sie, ob ihr Mann etwa aufgehört habe, Branntwein zu trinken? — Denn ich hatte so etwas davon vernommen. — Ja! sagte sie, er hat schon viele Wochen lang keinen Tropfen mehr zu sich genommen. Jetzt wußte ich, was ich zu thun hatte; ich schwieg also still, setzte mich, und verschrieb einen recht guten und starken Liqueur, aus Zimmtwasser, Anisbranntwein u. d. g. in die Apotheke, und zwar eine gute Portion; dann blieb ich bei dem Kranken, bis die Arznei kam, und nun nahm ich ein Theeköpfchen voll davon, hub mit dem rechten Arm den Kranken auf, und hielt ihm mit der linken Hand die Medizin vor den Mund; der Geruch schon stärkte ihn, er holte tief Odem, nahm einen Schluck, der ihm so wohl that, daß er leise ausrief: Ach! das ist zweimal Abgezogener! — Die Anwesenden waren in ihrem Jammer vertieft, und hörten das nicht, ich aber wußte nun, daß die Sache gewonnen war, ich verordnete also, daß man dem Kranken alle zwo Stunden ein halb Theeköpfchen geben und mit der Medizin fortfahren sollte. Noch den nämlichen Tag stand der Kranke auf, und er wurde bald wieder gesund. Diese Cur wurde nun für ein halbes Wunderwerk angesehen, weil Niemand den eigentlichen Grund wußte, und ich mußte auch schweigen, um des Mannes Ehre zu schonen.

Als nun dieser Kranke wieder genesen war, so sagte ich ihm: da seine Natur nun einmal den Branntwein nicht ohne Lebensgefahr entbehren könne, so solle er jeden Morgen ein Spitzglas voll zu sich nehmen, aber auch nicht mehr; und dann solle er während der Mahlzeit des Mittags und des Abends jedesmal einen Schoppen guten alten Rheinwein trinken, so würde er sich nach und nach den Branntwein ohne Gefahr abgewöhnen können. Hierauf gab er mir zur Antwort: Diesen Rath kann ich nicht befolgen: denn wenn ich einmal wieder Branntwein trinke, so bin ich verloren; ich kenne meine Natur, zuweilen werde ich mich überwinden können, aber mehrentheils auch nicht, und dann bekommt der Branntwein wieder die Herrschaft über mich; meine zeitliche und ewige Glückseligkeit geht verloren, und ich muß dann doch vor der Zeit sterben; es ist also besser, ich halte mein Versprechen, werfe mich in die Arme meines Erlösers, und wenn ich dann auch sterben muß, so hab ich das Zutrauen zu seiner Gnade und Barmherzigkeit, Er werde mich in sein Reich aufnehmen, dieß hab ich aber nicht zu hoffen, wenn ich am Branntweintrinken bleibe.

Ich stellte ihm noch einige Beweggründe entgegen, aber das half alles nicht, er blieb unbeweglich, alle Arzneimittel wirkten nicht, und zu denen, die ihm geholfen hätten, ließ er sich nicht bewegen, er kränkelte also fort, und ein halb Jahr hernach starb er.

Ob dieser Mann recht oder unrecht gehandelt habe, darüber kann nur der Herzen- und Nierenprüfer urtheilen, wir dürfen nicht richten. Wenn er geirrt hat, so bin ich gewiß, daß sehr wenige Branntweinsäufer durch seinen Irrthum verführt werden, den nämlichen Fehler zu begehen; ob ich gleich seinen Vorsatz nicht billigen konnte, so wurde mir doch der Mann in dem Augenblick sehr ehrwürdig. Ich hätte aber an seiner Stelle den Rath des Arztes befolgt und mich dann mit ernstlichem Wachen und Beten, mit Ringen, Kämpfen und Flehen zur rechten Kraftquelle gewendet und ich wäre gewiß gewesen, daß mir die nöthige Stärke, die Lust zum Branntwein zu überwinden, nicht würde gefehlt haben.

Welch ein Verderben das Laster der Trunkenheit über eine Familie bringen könne, davon kann man überall die traurigsten Beispiele finden, wenn man nur darauf merken will, und es ist mir unbegreiflich, wie es möglich ist, daß man sich durch so schreckliche Beispiele so wenig warnen läßt — vermessene gotteslästerliche Reden, Zank, Schlägereien, Todtschläge und andere fürchterliche Laster mehr, sind natürliche Folgen des Vollsaufens, zudem geht Ehr und Reputation, Wohlstand und häuslicher Friede und mit dem Allem auch der Segen Gottes verloren, und an dessen Stelle tritt Verachtung und Schande, Armuth und schlechte Kinderzucht, mit einem Wort, der Fluch des Allmächtigen.

Ich habe eine vornehme Familie gekannt, deren Geschichte ich zum Beispiel und zur Warnung erzählen will: Ein wackerer und geschickter junger Mann, der Sohn eines Kaufmanns, legte eine Leinen- und Baumwollen-Manufaktur an, und mit den verfertigten Waaren besuchte er die Frankfurter Messe; da er nun noch nicht verheirathet war und damit umging, eine Gattin zu suchen, so bemerkte er in seinem Laden in der Messe gegen ihm über in einem andern Laden ein sehr schönes und artiges junges Frauenzimmer, die mit ihrem Vater ebenfalls die Handelsgeschäfte besorgte; diese Person gefiel ihm, er erkundigte sich und hörte nichts anders als Gutes von ihr, er machte also ihrem Vater und ihr seine Anträge, diese wurden angenommen und er heirathete sie. Diese Ehe war anfangs glücklich, sie zeugten einige Kinder zusammen und ihre Handlung ging im Segen und gut von statten.

Nach und nach bemerkte der Mann an seiner Frau zu Zeiten etwas Läppisches, Unartiges, und mit ihrem sonstigen Betragen nicht Uebereinstimmendes; dieß kam ihm fremd vor, er forschte nach, und fand nun, daß sie dann nach Anisbranntwein roch und also berauscht war; dieß betrübte ihn schmerzlich, er ermahnte sie ernstlich und freundlich, sich diesem Laster nicht zu ergeben, dieß half auch wohl auf einige Zeit, aber es war schon zu spät, ihre Natur konnte den Branntwein nicht mehr entbehren, und wenn der Mann in der Messe war, und dieß war jährlich zweimal einige Wochen lang der Fall, so überließ sie sich dergestalt dem Trunk, daß sie öfters in einem Tag eine Maaß vom besten und stärksten Anisbranntwein trank; sie war also den ganzen Tag berauscht, machte sich durch ihr Betragen vor jedermann verächtlich, ihre Leidenschaften wuchsen, weil sie die Vernunft nicht mehr beherrschte, an Religion war hier gar nicht zu denken; die Kinderzucht war abscheulich, und das Gesinde nebst den Arbeitsleuten thaten was sie wollten, und so ging in der Haushaltung und Handlung alles den Krebsgang; kam nun der Mann wieder, so fand er des Jammers und der Unordnung so viel, daß er genug zu thun hatte, um seine Hauswirthschaft und Geschäfte nur im Schweben zu erhalten.

Endlich kam es zwischen diesen Eheleuten zu einem Auftritt, der vollends das Glück und den Wohlstand, Ehre und Ansehen dieser Familie auf immer zu Grund richtete; an einem Sonntag Vormittag, als der Mann in die Kirche gegangen war, die Frau aber zu Haus blieb und sich während der Zeit sehr berauscht hatte, so kommt sie im Taumel auf den Gedanken, daß ihr ihr Mann untreu sey — sie brütete darüber, stieß auch einige Reden und Drohungen aus, die auf Eifersucht Bezug hatten, und als nun ihr Mann aus der Kirche kam und zum Unglück eine der Mägde bei ihm war, so wurde sie rasend; so wie die Magd in das Haus trat, gab sie ihr unter Fluchen und Schelten eine derbe Ohrfeige, und ihren ganz unschuldigen Mann überhäufte sie mit den allerniederträchtigsten Schimpfwörtern. Jetzt rieß ihm die Geduld aus, der so lang zurückgehaltene Kummer brach wie ein wüthender Strom durch den Damm; zum Glück war die Frau in Umständen, daß er sie nicht mißhandeln durfte, aber er tobte fürchterlich, schlug alles entzwei, warf unter den fürchterlichsten Ausbrüchen der Wuth alles durcheinander; die Frau, die Kinder, alle Hausgenossen liefen aus dem Hause mit lautem Wehklagen; die Nachbarn liefen herzu, und nun kam alles an den Tag; gegen Abend legte sich zwar der Sturm wieder, aber Ruhe, Frieden und Liebe kamen nie wieder in diese Wohnung zurück; der Mann hielt sich entfernt, und lebte traurig und einsam für sich, die Frau überließ sich ihrem Laster ganz, und starb dann in ihren besten Jahren, und er, von Kummer und Gram abgehärmt, folgte ihr bald nach; einige Kinder starben auch, alles ging hinter sich, und ob noch jemand von dieser Familie lebt, das weiß ich nicht.

Was war nun die Grundursache von allem diesem Jammer? — nichts anders als der elende Branntwein — ist das nun nicht entsetzlich! — und wie leicht kann jemand in dieß

Unglück gerathen, wenn er nicht sorgfältig über sich wacht? Die unglückliche Frau, von der ich so eben geredet habe, war ein tugendhaftes Mädchen, untadelhaft von Sitten und Betragen, und eine recht gute Haushälterin, allein wenn sie mit ihrem Vater in die Messe reiste, so hatten beide immer einen Krug Anisbranntwein bei sich, um sich im Wind und rauhem Wetter, oder auch in schlechten Herbergen damit zu stärken und zu erquicken; das junge Frauenzimmer fand leider Geschmack an dem Getränke, und ihr Vater wachte nicht sorgfältig über sie, daher entstand nun das endlose Unglück. Sagt mir, ist es denn wohl der Mühe werth, um des kurzen elenden Wohlgeschmacks und der Freude des so bald vorübergehenden sündlichen Rausches willen, sein und der Seinigen ganze Glückseligkeit zu verscherzen? —

Ich könnte noch von mehreren Lastern reden, die besonders unter den gemeinen Leuten, Bürgern und Bauern im Schwang gehen, allein ich will das auf die Folge versparen, und nur jetzt noch von den Mitteln reden, wodurch man diesen Lastern und allen ihren unglücklichen Folgen entgehen kann. Eigentlich gibt es nur ein Mittel, welches gegen das alles schützt, und dieß ist das wahre Christenthum; die Religion gibt Kraft, auch die herrschendsten Laster zu bezwingen — darum werdet wahre Christen, so ist alles gewonnen!

Fragt Ihr, wie sollen wir es aber machen, um wahre Christen zu werden, so will ich Euch kurz und bündig darauf antworten: Thue Buße und glaube ans Evangelium! und wenn ihr das gern thun möchtet, und wißt nicht, wie ihr das angreifen sollt, so will ichs Euch sagen: ist es Euch ein wahrer Ernst, wahre Christen, Kinder Gottes und ewig selig zu werden, so faßt den ernsten, festen und unüberwindlichen Vorsatz, von nun an nicht mehr Euern eigenen Willen und Lüsten, sondern ganz allein und unbedingt dem Willen Gottes zu folgen, dann geht in Eure verschlossene Kammer und sagt das Euerm himmlischen Vater in einem kindlichen Gebet, versprecht Ihm kindlich zu folgen und bittet ihn um Kraft dazu; zugleich müßt Ihr von nun an auf Euere Gedanken, Worte und Werke genau acht geben und Euch immer fragen, ist das und das auch wohl dem Willen Gottes gemäß? — und da Ihr dieß Wachen über Euch selbst jeden Augenblick vergessen werdet, so müßt Ihr Euch so oft daran erinnern, als Ihr könnt, und so oft dieß geschieht, müßt Ihr in Euerm Herzen ernstlich zu Gott um Kraft beten.

Wenn Ihr darinnen eine Zeitlang treu gewesen seyd, so werdet Ihr allmählig finden, daß ihr mehrere Sünden und Gräuel an Euch habt, als Ihr Euch jemals habt vorstellen können und in Euerem Gemüth wird sich Etwas offenbaren, das Euch auch die kleinsten Sünden als groß und abscheulich vor die Augen malt; dieß Etwas in Eueren Seelen ist das Gewissen, in welchem die züchtigende Gnade Gottes nun Ihr Werk zu Euerer Bekehrung anfangt. Freilich fällt dieß alles dem natürlichen Menschen schwer, allein man braucht nur mit Ernst und Treue fortzufahren, denn:

Die kleine Müh, das kurze Streiten
Bringt unaussprechlich süße Ruh.

Mit der Zeit wird das Gefühl des eigenen Verderbens und der Sündhaftigkeit so lebhaft, und die Erfahrung, daß man doch mit aller Anstrengung dem Willen Gottes nicht ganz gemäß leben kann, bringt die Seele so ins Gedränge, daß sie sich nicht zu rathen noch zu helfen weiß — wieder in den vorigen gefühllosen Zustand zurück zu gehen — ist ihr schrecklich, denn sie weiß, daß sie alsdann ewig verloren seyn würde, und eine Qual auf sie warte, von der sich kein Mensch eine Vorstellung machen kann. Vorwärts zu gehen, um dem Willen Gottes gemäß zu leben, ja, das möchte sie von ganzem Herzen gern — aber das kann sie nicht, sie hat keine Kraft dazu und sie ist auch zugleich mit Gewißheit überzeugt, daß sie, wenn sie im gegenwärtigen Zustand stürbe, unmöglich selig werden könne, weil sie noch keine Eigenschaft an sich hat, die dazu durchaus erforderlich ist. Der Wille ist zwar gründlich geneigt, dem Willen Gottes gemäß zu leben, und die Seele ist fest entschlossen, ganz für Gott zu leben und zu sterben, allein sie hat durchaus keine, oder doch viel zu wenig Kraft dazu. Zugleich ist sie lebendig überzeugt, daß die heutige Art, das Christenthum zu lehren und auszuüben, wobei es nur auf ein bürgerliches gesittetes Leben und öfters eine oder andere, so recht in die Augen fallende, gute und wohlthätige Handlung auszuüben, ankommt, das verdorbene Herz aber ganz ungebessert bleibt, durchaus unzulänglich zur Seligkeit sey und man dadurch der vorigen Verdammniß nicht entgehen könne. Jetzt gäb ein solcher in der Buße stehender Mensch eine ganze Welt darum — wenn er sie hätte — wenn er jetzt sein bisheriges sündhaftes Leben ungeschehen machen könnte, aber auch das ist unmöglich; seine Sünden sind nun einmal begangen und können durch keine Allmacht ungeschehen gemacht werden; er fühlt nun nichts als Verdammungswürdigkeit. — Jetzt ist das Zufluchtnehmen zu Christo, nämlich der Glaube ans Evangelium, das einzige, aber auch zuverlässige Mittel; die bußfertige Seele wendet sich nun ernstlich, mit Zuversicht und wahrem Glauben zu ihrem Heiland und Erlöser Jesu Christo, und fleht um Vergebung und Tilgung der Sünden und um Erlösung aus diesem jammervollen und kraftlosen Zustand, ist dieß Gebet ernstlich anhaltend und der Vorsatz unüberwindlich, ganz und ewig ein Eigenthum des Herrn zu seyn, und aus allen Kräften seinem allein guten Willen gemäß zu leben, so entsteht bei dem Einen auf einmal, bei andern allmählig, eine ruhige und feste Ueberzeugung im Gemüth, daß um des Leidens und Sterbens, um des Blutes und der Wunden Jesu Christi willen, nun alle Sünden so vollkommen vergeben seyen, als wenn sie nie wären begangen worden. Diese Ueberzeugung ist so gründlich und die Gewißheit von der Wahrheit der Vergebung der Sünden so groß, daß die Vernunft von keiner Wahrheit so fest überzeugt seyn kann, als es das Herz von dieser ist; man kann getrost im Nothfall sein Leben darauf wagen, und man ist gewiß, daß man dabei keine Gefahr läuft, getäuscht zu werden.

Jetzt erfährt man nun, daß es nicht allein Vernunftwahrheiten, sondern auch Herzenswahrheiten gibt, von denen ein Unbekehrter gar nichts weiß, sich auch keine Vorstellung davon machen kann; er verlacht und verachtet sie wohl gar als Täuschung der Phantasie und als Schwärmerei; hingegen der wahre Christ weiß besser, was es ist; der ganz umgekehrte Wille, der nun dem göttlichen Willen unbedingt gemäß ist, die nun ganz umgeänderte Herzens-Neigung, vermög welcher man nun einen unüberwindlichen Eckel an eitelen, sündlichen Lüsten und Vergnügen empfindet, hingegen nur an göttlichen Dingen Lust und Freude hat, die herzliche Demuth, vermög welcher man sich unter die geringsten und schlechtesten Menschen zählt; die unaussprechliche Liebe zum Erlöser, und in Ihm zum Vater, mit einem Wort, die gänzliche Umwandlung der verdorbenen Natur und die Wiederdarstellung des Ebenbildes Gottes in der Seele, machen einen solchen bekehrten und erweckten Menschen seiner Sache so gewiß, als es nur durch irgend eine sinnliche Erfahrung möglich ist. Wer aber nun auch diese Erfahrung nicht gemacht hat, der kann sie auch nicht begreifen und sich eben so wenig eine Vorstellung davon machen, weil die sinnliche Vernunft aus ihrem eigenen Licht gar keinen Schimmer davon hat und auch nicht haben kann, so bald aber die Seele, so wie ich oben bemerkt habe, in den wiedergebornen Zustand versetzt worden ist und dieß himmlische Licht ihre Vernunft erleuchtet hat, so findet sie in allem eine solche Zweckmäßigkeit und Gottgeziemtheit; in der Natur und in der heiligen Schrift wird ihr alles so zusammenpassend und so klar, daß sie an der Glaubenswahrheit so wenig zweifeln kann, als ein Sehender am Tage oder an der Nacht und am Daseyn einer Welt.

Einem Menschen, der von dem allem nichts erfahren hat, kann man nun wohl verzeihen, wenn er es auch nicht begreift und es also auch nicht glauben kann, aber wenn er nun diese Bekehrung und Wiedergeburt, diese innere Erleuchtung und Glaubensgewißheit für Trug, Aberglauben und Täuschung erklärt, sie verhöhnt und verlästert, da er doch sieht, oder wenigstens sehen und erfahren kann, daß die Menschen, welche daran glauben und nach obigen Begriffen bekehrt und zum Ebenbild Gottes erneuert sind, sich vor allen Menschen durch Tugend, Rechtschaffenheit, Wohlthätigkeit und Liebe auszeichnen, so sündiget er auf eine schreckliche Weise; die Erfahrung, daß der wahre Christ, der obige Lehre für wahr hält und ihre Kraft an sich erfahren, immer der beste Mensch ist, sollte ihn doch wenigstens behutsam und bescheiden machen, so wie ein vernünftiger Arzt allemal Achtung für eine Arznei hat, welche unerwartet große und wohlthätige Wirkung thut, ob er gleich nicht begreifen kann, wie es zugeht, und sogar die Zusammensetzung dieser Medizin für läppisch und abergläubisch hält.

Ein Hauptgrund, warum auch viele, die sich noch zum alten evangelischen Christenthum bekennen, die innere Wirkung des heiligen Geistes zur Buße, Bekehrung, Wiedergeburt und Heiligung und damit verbundene gänzliche Veränderung des Sinnes, nebst der Empfindung des über alles erhabenen göttlichen Friedens und der beseligenden Nähe des Herrn läugnen und für Phantasie und Schwärmerei erklären, liegt darinnen, daß sie das alles nicht selbst erfahren haben. — Diese Ueberzeugung, dieses Bewußtseyn empört ihren Stolz, sie schämen sich, sich selbst zu gestehen, daß sie noch keine wahren Christen, noch nicht der Seligkeit fähig sind, dürfen es nun nicht wagen zu widersprechen, wenn sie etwa eine höhere Macht oder den Verlust ihres Credits zu fürchten haben, so heucheln sie, das auch alles erfahren zu haben, und weil das nun nicht wahr ist, so mischen sie falsche Ideen dazu, und so entstehen dann Irrthümer, Sekten und allerhand dem Christenthum nachtheilige Folgen. Wenn sie aber Freiheit zu reden und nichts zu befürchten haben, so brechen sie los und schäumen Wuth und Verachtung aus, denn ihr Stolz ist beleidigt, und doch fühlen sie tief und gewiß, daß solche wahre Christen weit bessere Menschen sind als sie.

Wenn nur alle Unbekehrte und Weltmenschen wüßten, wie wohl es einem wahren Christen auch selbst im Unglück, in Kreuz und Trübsal zu Muth ist, so würden sie sich bald bekehren, allein da sie das nicht wissen und auch allen Beschreibungen davon in der Bibel sowohl, als in andern Schriften nicht glauben, so bleiben sie, was sie sind, und gehen dann verloren.

Der wahre Christ fühlt in seinem Gemüth, daß er durch Christum mit Gott versöhnt und Er ihm gnädig ist; er weiß gewiß, daß Gott die Welt im Großen und im Kleinen regiert und, daß ohne seinen Willen kein Sperling vom Dach und kein Haar von seinem Haupt fällt; dieß macht ihn unaussprechlich ruhig: denn nun weiß er, daß auch die Leiden, die über ihn kommen, ihm zum Segen gereichen, und wenn er sie nur recht benutzt, seine Seligkeit erhöhen werden; denn denen, die Gott lieben, müssen alle Dinge zum Besten dienen, und der Gerechte, der wahre Christ ist auch im Tode muthig und getrost.

Im Jahr 1586 wurde in der Schweiz ein gottseliger Bauersmann um der evangelischen Wahrheit willen zum Feuer verdammt; als er bereits auf dem Scheiterhaufen stand und angebunden war, so verlangte er, daß der Richter, so wie es auch in der Schweiz gebräuchlich ist, bei dem Verbrennen gegenwärtig seyn sollte; der Richter weigerte sich lange, als er aber doch endlich herbei kam, so sagte der Bauer zu ihm: „Ihr habt mich heute als einen Ketzer zum Tode verdammt, nun bekenne ich zwar, daß ich ein armer Sünder, keineswegs aber, daß ich ein Ketzer bin, denn ich glaube und bekenne von Herzen alles, was in den Glaubens-Artikeln enthalten ist. Nun bitte ich dieß einzige noch zu guter Letzte von Euch, mein Herr Richter! daß Ihr herzutretet und erstlich auf meine, hernach auf Euere Brust Euere Hand legen und dann vor allem diesem Volk frei und mit Wahrheit ansagen wolltet, welches Herz unter uns beiden vor Furcht und Angst am härtesten schlage, meines oder Eueres. Ich will fröhlich und getrost zu meinem Jesu abscheiden, an den ich glaube, wie Euch aber hiebei zu Muth ist, das werdet Ihr wissen."

Der Richter, der nicht wußte, was er sagen sollte, befahl das Feuer anzuzünden, aber doch mit solchen Mienen und Geberden, daß man wohl merken konnte wie ihm zu Muth war. S. Anekdoten für Christen 1ster Band, Seite 8. Stelle Euch nur einmal vor, was das für ein schrecklicher Tod ist, lebendig verbrannt zu werden, und doch war dieser fromme Bauer muthiger und getroster als sein Richter.

In England war ein berühmter Dichter Namens Addison, dieser wurde krank, und als der Tod nahe war, so ließ er einen jungen Freund rufen, der vermuthlich noch nicht so ganz mit dem Christenthum auf dem Reinen war; der Jüngling kam, als Addison wirklich am Sterben war, und als nun jener fragte, was dieser von ihm verlangte, so antwortete der sterbende Addison, indem er ihm die Hand drückte, mit schwacher Stimme: Siehe, in welchem Frieden ein Christ sterben kann. Nun noch eine Geschichte dieser Art.

Es ist bekannt, daß im Jahre 1572 am 24. August, also auf Bartholomäustag spät in der Nacht, viele tausend Reformirten in Paris von den Katholiken sind ermordet worden, und weil gerade ein königlicher Prinz Hochzeit hatte, folglich viele Fremde in der Stadt waren, so nennt man diese Ermordung die Pariser Bluthochzeit oder die Pariser Bartholomäus-Nacht. Die Grausamkeiten, welche dabei vorgefallen sind, lassen sich nicht alle beschreiben, das Blut erstarrt einem in den Adern, wenn man es liest. Damals befand sich in Paris ein sehr vornehmer Herr von königlichem und fürstlichem Herkommen, nämlich der Admiral Caspar von Coligny, welcher unter den dortigen Reformirten einer der vornehmsten und ihre größte Stütze war. Dieser Herr kam den 22. August, also zwei Tage vor der schrecklichen Mordnacht, aus dem königlichen Schloß von der Hochzeit und fuhr nach Haus, unterwegs fiel aus einem Fenster ein Schuß auf ihn, vermög dessen er mit zwei Kugeln stark verwundet wurde; einige Edelleute und Bediente, die bei ihm waren, erschracken heftig, nur der verwundete alte Greis erschrack nicht, sondern zeigte ihnen mit unverändertem Gesicht das Haus, aus welchem der Schuß gekommen war, und ließ dann dem König Nachricht davon geben. Als man ihn nach Haus führte und einer von seinen Leuten den Verdacht äusserte: die Kugeln, mit denen er wäre geschossen worden, könnten wohl vergiftet gewesen seyn, so gab er zur Antwort: es wird nichts geschehen, als was Gott beschlossen hat; als man ihm den beschädigten Finger, wegen des entstehenden kalten Brandes, ablösen mußte, woraus zu schliessen ist, daß die Kugeln wirklich vergiftet waren, denn sonst wäre der Brand so schnell nicht entstanden, so litt er große Schmerzen, aber er duldete sie mit unveränderlicher Standhaftigkeit; sogar als er die Thränen und Klagen der Umstehenden, selbst des Predigers Merlin sahe, so fragte er sie: Meine Freunde, warum weint ihr? was mich anbelangt, so halte ich mich für glücklich, diese Wunden um des Namens Gottes willen empfangen zu haben. Als man endlich in jener schrecklichen Bartholomäusnacht in sein Haus einbrach, und sogleich nach geöffneter Thür alles, was den Mördern nur begegnete, getödtet wurde, so wurde er nebst den Seinigen durch das Schießen aufgeweckt. Sogleich fielen alle plötzlich zur Erde, um sich der Erbarmung Gottes zu empfehlen. Er selbst befahl dem Prediger, ihm ein lautes Gebet vorzusprechen, und empfahl seinen Geist mit tiefen Seufzern in die Hände des Erlösers. Einer seiner Bedienten, der darauf in die Stube kam, sagte zu ihm: mein Herr! Gott ruft uns zu sich, und es ist nicht möglich, Widerstand zu thun. — Darauf antwortete der Admiral: Ich hab mich schon lange auf meinen Tod gefaßt gemacht. Sorget ihr alle nur für Euere Sicherheit, so gut ihr könnt, denn mein Leben würdet ihr vergebens zu retten suchen, ich empfehle meine Seele der Barmherzigkeit Gottes. Indem er dieses sprach, bemerkte man in seinem Gesicht so wenig eine Veränderung, als wenn gar nichts Ausserordentliches vorgefallen wäre. Alle, bis auf einen einzigen Diener, der treulich bei ihm verharrete, folgten seinem Rath, und ein Theil von ihnen entkam durch den obern Theil des Hauses. Jetzt kamen die Mörder die Treppe hinauf. Ein Deutscher, Namens Behme, der ein Hausgenosse des Herzogs von Guise war, trat zuerst in die Stube des Admirals; er fand ihn auf einem Sessel sitzend und fragte ihn, ob er der Admiral wäre? — ich bin es, sagte derselbe; aber ihr junger Mensch solltet für meine grauen Haare und für mein Alter Achtung haben! — sogleich versetzte ihm der Mörder einen Streich auf den Kopf, und die Uebrigen kamen hinzu und ermordeten ihn mit vielen Wunden. Selbst einer von den Mördern gestand nachmals, daß er nie einen Menschen in der nahen Todesgefahr standhafter gesehen habe. S. Anekdoten für Christen 1. B. S. 99.

Seht, meine Lieben! welch eine Kraft die wahre Frömmigkeit, selbst in der schrecklichsten Stunde gewährt! — und da wir nun alle nicht wissen können, was uns noch bevorsteht: denn die Zukunft ist in unsern Zeiten dunkel und sehr bedenklich; so laßt uns doch mit großem Ernst uns bekehren, Buße thun, und die Gnade Gottes in Christo suchen, laßt uns wahre Christen werden, so haben wir nichts zu fürchten, und wenn wir dann auch sterben müßten, geschähe es auch auf die schrecklichste Weise, so ist das immer nur ein kurzer Uebergang, und was darauf folgt, ist eine unendliche Seligkeit, deren Wonne mit keinem irdischen Vergnügen verglichen werden kann.

Es ist wahr, der wahre Christ hat sehr viel, und gewöhnlich mehr zu leiden als die Weltmenschen, aber er trägt auch alles viel leichter, denn in seinem Innern wohnt eine solche beruhigende Kraft, die ihm auch die schwersten Trübsale tragen hilft; ich kenne einige Weibspersonen, die in den schrecklichsten, schwersten und schmerzhaftesten Krankheiten fröhlich und getrost sind, und sich freuen, dieß Kreuz ihrem Erlöser nachtragen zu dürfen, ich darf sie hier nicht kenntlich machen, sonst würde ich große und erhabene Züge von ihnen sagen können, statt dessen will ich hier wieder einige Beispiele von längst verstorbenen Menschen erzählen.

Als im Jahr 1726 die Stadt Valmont durch eine heftige Feuersbrunst verwüstet wurde, indem die Flamme, nebst der Kirche, die meisten Häuser der Stadt in die Asche legte, hatte das Haus des protestantischen Predigers Nardin ein gleiches Schicksal. Als er mitten in der Nacht eiligst herausgehen mußte, war er standhaft genug, mit gelassener Miene einen Theil seines Hausraths zerstreut, einen andern Theil geraubt und den übrigen durchs Feuer verzehrt zu sehen. Allein er konnte sich des lebhaftesten Schmerzes nicht erwehren, als er die Häuser so vieler zärtlich geliebten Glieder seiner Gemeinde in den Flammen sahe. Bei dem Anblick dieses allgemeinen Unglücks wurde er von einem so starken Schauer überfallen, daß ihn seine Freunde nöthigten, sich in ein Bette zu legen, welches sie auf einen erhabenen Ort, von welchem er dieß schreckliche Schauspiel sehen konnte, zubereitet hatten. Als man hiemit beschäftiget war, kam einer der vornehmsten Offiziere, der katholischer Religion war, aus dem Schloß gegangen, und da er den Nardin auf der Erde liegen sahe, so fragte er ihn, was er da mache? Der Prediger sagte: Ich wärme mich, mein Herr! und bei der größten Kälte, die ich empfinde, bitte ich den Herrn, die Hitze des Feuers, welches die Menschen nicht auslöschen können, zu dämpfen. Erstaunt über diese Gegenwart des Geistes, konnte sich der Offizier nicht enthalten, ihn zu bewundern, und zu denen, die um ihn waren, ganz laut zu sagen: Wenn ich nicht glaubte, meine Religion wäre gut, so wünschte ich des Prediger Nardins Religion zu haben. Wenn man diese Geschichte so obenhin liest, so findet sich eben nichts Auffallendes darinnen; so bald man sie aber genauer betrachtet, so findet man bald den hervorstechenden Charakterzug des wahren und weitgeförderten Christen, daß ihm fremde Noth näher gehe, als seine eigene, und daß er dennoch auch diese Leiden mit wahrer Ergebung in den Willen Gottes trage. Diese Eigenschaft des Christen ist groß und erhaben.

Der selige Schlipalius, Freitags-Prediger zum heil. Kreuz in Dresden, hatte sich in der letzten schrecklichen Belagerung dieser Stadt, wegen der fürchterlichen Gewalt der Bomben, nebst den Seinigen in einen Keller verborgen. Als man ihm dahin die Nachricht brachte, daß sein Haus in vollen Flammen stehe, so sprach er zu den Seinigen: Kinder! wir müssen auch Gott im Feuer loben! der Herr hats gegeben, der Herr hats auch Macht, wieder zu nehmen, sein Name sey ewig gelobt! zum Seligwerden braucht ihr das nicht, was Euch Gott jetzt im Feuer nimmt; wir müssen ja ohnedem als die größten Bettler, aus lauter Gnaden, allein um Jesu Blutes und Todes willen selig werden. Wie Er Euch wird durchbringen, das wird Er wissen; ich traue es seinem Erbarmen zu, daß er mich noch eine kleine Zeit wird bei euch lassen, so daß wir das Nothdürftigste wieder anschaffen können. Dieß sagte er, und gerade so gings auch, er lebte noch eine Zeitlang, und am Nothwendigen fehlte es ihm nicht.

Sagt mir, liebe Leser! kann wohl ein Mensch aus eigenen Kräften, in dem nicht eine besondere Gnade Gottes wohnt, so ruhig im schrecklichsten Unglück seyn? Nein gewiß nicht! — nur allein der wahre Christ ist dazu fähig, und dieß allein wäre ja schon der Mühe werth, sich von ganzem Herzen zu bekehren.

Zu Zezenow in Hinterpommern schlug einst das Wetter ein, und legte fast alle Gebäude in die Asche. Der dasige Prediger Beyer war ein sehr frommer Mann, der mit großem Segen in seiner Gemeinde arbeitete; er hatte eben des Sonntags vorher davon gepredigt, wie das Herz eines Christen von allen irdischen Dingen müsse losgerissen werden, damit man sich wahrhaftig geschickt fühle, dem, der keinen Rock hat, den seinigen mitzutheilen. An dem Tage, da das Wetter einschlug, ging der gute Prediger auf dem Felde spazieren, er dachte eben darüber nach und prüfte sich selbst, ob sein Herz wirklich von aller Anhänglichkeit an das Irdische so frei sey, daß er Alles, was er im Vermögen habe, mit ruhiger Zufriedenheit missen könnte? Während diesen Betrachtungen hörte er einen Donnerschlag, er wandte sich um und sahe seine Pfarrwohnung in lichten Flammen stehen, denn der Blitz hatte sie angezündet. So unerwartet ihm nun auch dieser Anblick war, so wurde doch sein Herz dadurch so wenig beunruhigt, daß er vielmehr voll Freudigkeit und Lob Gottes war. Er ging zwar nach Zezenow zurück, kehrte aber bald wieder um auf seinen vorigen Weg, auf den ihn seine Gattin, Kinder und Hausgenossen begleiteten, sie waren eben so getrost und freudig, ob sie gleich auch nicht das Geringste retten konnten, und einen sehr ansehnlichen Verlust erlitten. Eben dieß Schicksal hatten sehr viele seiner frommen Zuhörer, die nicht nur ihre Häuser, sondern auch ihre Früchte verlören, indem sie das Unglück gleich nach der Erndte betraf. Alle bezeugten eine ausserordentliche Zufriedenheit mit dem Wege Gottes, auf den sie jetzt die Vorsehung leitete, so daß sich diejenigen, welche weniger Christenthum und Freundlichkeit besaßen, selbst schämten, ihre Traurigkeit merken zu lassen. Als alles in vollen Flammen stand, rief ein Bauer aus: Seht! da brennen unsre Götter, hier fliegen sie im Rauch auf — Gottlob dafür! —

In der Folge belohnte Gott das Vertrauen dieser frommen Leute sehr reichlich, und bewies in der That, daß niemand zu Schanden wird, der sich fest auf Ihn verläßt. Aus dieser merkwürdigen Geschichte kann man erkennen, was eine gute, herzliche Predigt eines frommen Mannes in christlichen Seelen bewirken kann — denn es ist sichtbar, daß die Freudigkeit des Jezenower Bauern durch die Predigt am Sonntag vorher erweckt worden war.

Ich habe einen frommen unverheiratheten Handwerksmann gekannt, welcher besonders gute Gaben und sehr viele Kenntnisse in Bibel- und Religions-Wahrheiten hatte; des Sonntags pflegte er Freunde zu besuchen, die seiner Gesinnung waren, um sich mit ihnen von Gott und göttlichen Dingen zu unterreden. Als er nun auch einsmals in einem Kirchdorf einen solchen Besuch machte, wo ein sehr eifriger und hitziger, übrigens aber doch ein gutdenkender Prediger war, der aber solche Privat-Erbauungsstunden durchaus nicht leiden konnte, weil eben dadurch so viele sträfliche Unordnungen in seiner Gemeinde entstanden waren, so verging sich der Prediger im Zorn so weit, daß er seine zwei Knechte, welche rohe und ungeschliffene Kerls waren, dem frommen Handwerksmann nachschickte, und zwar mit dem Auftrag, ihn tüchtig durchzuprügeln; als nun der arme Wanderer einen Büchsenschuß vom Dorf weg war, so überfielen ihn die zwei Knechte und führten ihres Herrn Auftrag redlich aus. Einer von diesen Knechten war so blutarm, daß er einen zerrissenen Rock anhatte; nachdem der fromme Mann also braun und blau geprügelt war, so raffte er sich auf, zog seinen Rock aus, gab ihn dem armen Kerl, und sagte: Gott verzeih dir, so wie ich dir verzeihe — hier schenke ich dir meinen Rock, damit du etwas anzuziehen hast. Der Kerl nahm den Rock und zog mit seinem Kameraden ab, und der fromme Handwerksmann ging auch seiner Wege. Was wohl der Prediger mag gedacht und empfunden haben, als er die Geschichte mit dem Rock erfuhr? — den Menschen, der den Rock bekam, habe ich viele Jahre lang gekannt, er war roh, unwissend und vermessend, er heirathete, arbeitete wie ein Pferd, rang und kämpfte von Morgen früh bis spät in die Nacht mit der bittersten Armuth, aber es half alles nicht, und wenn nun die Noth am größten war, so half ihm der fromme Mann, den er ehemals so geprügelt hatte, heraus. Endlich starb er im Elend, und seine Frau und Kinder geriethen nun vollends an den Bettelstab; er war ein Sohn von einem der alten Männer, die ihre Mutter hatten todt hungern lassen, wie ich oben erzählt habe. Der fromme Handwerksmann starb auch um die nämliche Zeit.

Die Gottseligkeit, das wahre Christenthum ist zu allen Dingen nützlich, und hat Verheißung dieses und des zukünftigen Lebens — so sagt der Apostel, und der wahre Christ weiß und erfährt es, daß es wahr ist; er ist in allen Vorfällen gutes Muths: denn er weiß, daß denen, die Gott lieben, alle Dinge, auch die schwersten Leiden, zum Besten dienen; dieß macht ihn eben so fröhlich, wie wir aus den so eben erzählten Beispielen gesehen haben; hierzu kommt aber nun noch etwas unaussprechlich Wichtiges: so lang man noch unbekehrt ist, so ist einem der liebe Gott oder der Herr Jesus so etwas gleichgültiges, ich mag wohl mit Grund sagen, so etwas widriges und unangenehmes, daß man nicht gern an Ihn denkt, und wenn man etwa Noth oder Schande halber, oder auch aus Gewohnheit betet, so hat man gar keinen Genuß davon, man bleibt kalt und todt, und man ist froh, wenn man damit fertig ist; hingegen wenn man durch wahre Buße und Bekehrung Vergebung der Sünden, Gnade und Frieden bei Gott gefunden hat, so denkt man an nichts lieber als an Jesum Christum und an den himmlischen Vater in Christo, der nur in Christo und nirgends anders zu finden ist; man spricht und unterhält sich in seinen Gedanken mit Gott, als mit einem sehr lieben Freund; man klagt Ihm alle seine Noth und fragt Ihn in Allem um Rath. Jetzt kann man recht kindlich und herzlich beten, und man wird, wenn es nur halb möglich ist, erhört. Eigentlich werden alle Gebete des wahren Christen erhört: denn wenn er auch gerade das nicht bekommt, warum er gebeten hat, so bekommt er doch etwas Anders, das ihm noch nützlicher ist, als das, warum er gebeten hat; indessen hat man doch auch viele und sehr merkwürdige Beispiele, daß Gott dasjenige gibt, was man sich von ihm erbeten hat, und zwar so, daß man augenscheinlich sieht, man würde es nicht erhalten haben, wenn man nicht gebeten hätte. Von solchen merkwürdigen Gebetserhörungen will ich euch auch einige Beispiele erzählen.

Ein frommer Prediger, Namens Myconius, der zu der Zeit der Reformation lebte, lag an der Schwindsucht so elend darnieder, daß er dem seligen Doctor Luther sein nahbevorstehendes Ende meldete; nun ist aber bekannt, daß gedachter Luther ein großer Held im glaubigen Beten war; er schrieb also an den Myconius, und befahl ihm im Namen Gottes zu leben, weil er ihn zur Reformation noch sehr nöthig hätte. Der Herr lasse mich ja nicht hören, so lang ich lebe — schrieb Luther — daß Ihr gestorben seyd, sondern schaffe es, daß Ihr mich überlebt. Das bitte ich mit Ernst, wills auch gewähret seyn und so haben, und mein Wille soll geschehen, Amen! — Myconius, den die Lungensucht so elend gemacht hatte, daß er schon sprachlos da lag, sah diese Worte des Lutherus, nach seiner eigenen nachherigen schriftlichen Versicherung, so kräftig an, als das Machtwort Jesu: Lazarus, stehe auf! und ward dadurch sehr gestärkt, daß er nicht nur wieder aufkam, sondern auch zum höchsten Erstaunen derer, die ihn gekannt, noch sechs Jahre lebte.

Ich muß aber hiebei die Bemerkung machen, daß man Luthers Ausdrücke im Beten eben nicht nachahmen soll, er hatte überhaupt in seiner Sprache die Art so an sich, daß er kraftvoll redete, im Herzen war er doch demüthig und ergeben in Gottes Willen; überdem war er ein großes Werkzeug in der Hand Gottes, dem man nicht Alles nachthun muß, was er wagen durfte. Dies Gebet aber, das er für den Myconius that, gibt uns ein unläugbares Beispiel einer wirklichen Erhörung: denn man weiß, daß die Lungensucht, wenn sie einmal so weit gekommen ist, nicht mehr geheilet werden kann, und hier geschah es ohne Arznei; und dann sieht man auch, daß der Glaube des Kranken die Hauptursache der Genesung war; dieser Glaube wird immer erfordert; selbst Christus konnte den Kranken nicht helfen, wenn sie nicht von Herzen glaubten. Daß Luther auch auf eine andere Art beten konnte, das sieht man aus folgender Geschichte: Im Jahr 1532 ging er am 9ten Junius, als es eben lange nicht geregnet hatte, in seinem Garten spazieren. Als er sah, wie Alles so dürre war, so betete er und sprach: „Lieber Gott! Du hast gesagt durch den König David, Du seyest nahe Allen, die Dich anrufen, Allen, die Dich mit Ernst anrufen; wie kommts denn, daß Du uns nicht willst Regen geben, ob wir schon lange schreien und bitten? Wohlan, gibst Du uns keinen Regen, so willst Du uns etwas Besseres geben. Friede im Lande und schmale Bissen daneben ist doch besser als ein fruchtbar Jahr, das der Feind verzehrt. Aber lieber himmlischer Vater! laß Dich doch überbitten, um Deines lieben Sohns Jesu Christi willen, der da gesagt hat: Wahrlich! Wahrlich! ich sage euch, so ihr den Vater um etwas bitten werdet in meinem Namen, so wird Er es euch geben. Bittet, so werdet ihr nehmen. Nun würden wir uns vor Deinen Feinden schämen müssen, hinfort dieses in der Kirche zu predigen, wenn Du uns nicht wolltest erhören. Ich weiß, was wir von Herzen schreien und sehnlich seufzen: Ach erhöre uns!" — So redete Luther mit Gott im Glauben, und noch dieselbe Nacht regnete es.

Solch eine kindliche Art, mit Gott zu reden, ist Ihm angenehm, und wenn es im Glauben geschieht, so ist es auch nie vergeblich, es wird allemal erhört, wenn wir auch gerade nicht das Nämliche erhalten, warum wir beten.

Einem frommen Prediger im Würtembergischen starb ein Kind, und er hatte eben nicht so viel, um es anständig beerdigen zu lassen. Er ging mit seiner Gattin in die Kammer und betete, und unter dem Gebet klopfte ein Bote an das Haus und bringt ihm fünf und zwanzig Gulden, ohne ihm zu melden von wem; es kam aber von der gottseligen Jungfer Sturmin, welche unter dem Namen der Würtembergischen Tabea bekannt ist. Das Merkwürdigste dabei ist, daß diese gute Seele von den Umständen des Predigers nichts wußte, sondern nur in ihrem Innern einen Drang fühlte, ihm das Geld zu schicken. Ich selbst habe mehr als eine noch merkwürdigere Gebetserhörung von dieser Art erfahren. Von solchen Beispielen kann man unmöglich sagen, daß sie Zufall seyen — der Unglaubige wird bei obigen Gebetserhörungen des seligen Luthers noch immer einwenden: Myconius würde auch ohne das Gebet gesund worden seyn, und ohne Luthers Gebet würde es doch die folgende Nacht geregnet haben, aber was kann er zu dieser so eben erzählten Geschichte sagen? — Dort betet der fromme Prediger mit seiner Gattin im verschlossenen Kämmerlein, und noch ehe sie beten, erhört sie schon Gott und gibt der Jungfer Sturmin ins Herz, dem Pfarrer so viel Geld zu schicken, als er nöthig hat, ohne daß sie weiß, daß er Geld braucht und wie viel er braucht — das erkläre mir einmal einer durch den Zufall — Der himmlische Vater, der da wohl wußte, daß der Prediger beten würde, wollte seinem Knecht die Freude machen, daß er alsofort schon während dem Gebet erhört werden sollte.

Ich war in Marburg einmal in einer dringenden Geldverlegenheit, aus der ich mich nicht heraus zu helfen wußte; gerad in dem Zeitpunct, wo ichs haben mußte, kam ein Wechsel von dreihundert Gulden von einer Dame, die über fünfzig Meilen weit von Marburg im südlichen Deutschland wohnt, und die nicht ein Wort von meiner Verlegenheit wußte, und der ich auch im Geringsten in nichts gedient hatte, die mir also nichts schuldig war, sie schickte mir dies Geld blos deswegen, weil sie in ihrem Gemüth dazu angetrieben worden war; eben so bekam ich auch einmal zweihundert siebenzig Gulden aus dem nördlichen Deutschland von einer andern Dame, die auch kein Wort von meiner Noth wußte, gerad zu der Zeit, wo ichs sehr bedurfte; auch diese hatte es blos aus innerem Antrieb gethan. Dies ist mir mehrmals geschehen, und solche Erfahrungen stärken den Glauben. Hiebei muß ich aber auch noch das erinnern, daß sich nur Niemand auf eine solche Hülfe verlassen soll, der noch kein wahrer Christ, noch nicht von Herzen und mit seinem ganzen Willen von Gott abhängig ist; wer faul und nachläßig oder ein Verschwender ist, der mag so lang beten als er will, er wird nicht erhört, denn es heißt: bete und arbeite! — auch der fromme Christ wird nicht immer erhört, weil ihm oft ein schweres Leiden nützlich ist. Doch wer recht glaubig beten kann, der kann viel ausrichten. Ich will noch einige merkwürdige Gebetserhörungen erzählen.

Ein Prediger war in einer großen Hungersnoth so freigebig, daß er endlich selbst in die Lage kam, eine Abendmahlzeit entbehren zu müssen. Er mußte seine Frau, die ihm darüber Vorwürfe machte, zufrieden sprechen, dann ging er in sein Kämmerlein, schloß die Thür hinter sich zu, rang im Gebet mit Gott, und bat Ihn, sein Vertrauen zu ihm zu segnen und nicht zu beschämen. Alsofort kam ein Unbekannter, ein Mensch, der noch dazu dem Christenthum feind war und von dem man am allerwenigsten eine solche Wohlthätigkeit hätte erwarten sollen, und schenkte so viel Brod, als auf einige Tage genug war, und versicherte dabei, daß er unvermuthet auf diese Entschließung gekommen sey und keine Ruhe gehabt, bis er sie bewerkstelliget und ausgeführt habe. Diese Geschichte ist auch merkwürdig; sogar ein Gottloser, ein Religionshasser muß den Willen des Herrn erfüllen, wenn ein Christ, ein Kind Gottes in der Noth ist.

Die Wittwe eines zu Frohburg in Sachsen gestandenen Predigers, Cornelius Vogels, die sich nach ihres Mannes Tod zu Weida im Voigtland aufhielt, that im Jahr 1712, am Montag nach Ostern, einen unglücklichen Fall, wodurch ihr rechter Arm zerbrochen und die rechte Seite des Gesichts dergestalt beschädigt wurde, daß das rechte Auge alles Sehen verlor. Sechs Jahre nachher, nämlich 1718, ging diese Wittwe am Neujahrstag gesund in die Kirche. Unter der Predigt wurde ihr das linke Auge dunkel, sie fiel in eine tiefe Ohnmacht, und als sie sich erholte, sah sie auch mit dem linken Auge nichts mehr. Drei Jahre lang brauchte sie mit der größten Treue und Genauigkeit die Arzneien der besten Aerzte, aber ohne Wirkung, sie hörte auf zu gebrauchen und nahm ihre Zuflucht blos zu Gott mit Gebet. Am 27sten Juni 1727 lag sie Gott mit dem brünstigsten Gebet an, ihr das Gesicht nur zur äussersten Nothdurft wieder zu schenken. Nun kommt eine Magd einer Wohlthäterin und bringt ihr zu essen; sie zieht die wegen der auffallenden Kälte über das Gesicht gezogene Mütze in die Höhe und erblickt mit ihrem linken Auge ganz deutlich die Magd und das Essen.

Der Jenaische Arzt Doctor Stock, der diese Nachricht erzählt, hat sie am 13ten September 1732 selbst gesehen, und sie hat damals in ihrem achtzigsten Jahr noch Schrift gelesen und selbst geschrieben.

Ein gottseliger Fuhrmann, Namens Christoph Buche, der nachher das Waisenhaus zu Langendorf bei Weisenfels gestiftet hat, nahm in jeder Noth seine Zuflucht gerade zu Gott und fand immer Erhörung und Hülfe; als er zum erstenmal von Weisenfels nach Leipzig fuhr und in den Gasthof zum Birnbaum einkehrte, mußte er wider Vermuthen einen Tag länger bleiben, als er seine Rechnung auf Kost und Futter für die Pferde gemacht hatte; er hatte neun Groschen mehr verzehrt als er bezahlen konnte; der Hausknecht aber verstattete ihm nicht wegzufahren, bis er Alles berichtigt hätte, weil er ihn nicht kannte. In dieser Noth fielen ihm die Worte ein: Rufe mich an in der Noth, so will ich dich erretten, und du sollst mich preisen. Buche faßte diese Worte im Glauben auf, ging in den Stall, fiel auf seine Kniee und bat Gott im Vertrauen auf diese seine gnädige Verheißung um Rettung und Hülfe. Noch indem er betete, wurde sein Herz leichter, er stund auf und ging nach dem Thorweg auf die Straße zu, in der Hoffnung, etwa einen Bekannten aus Weisenfels zu finden, der ihm aus seiner Noth helfen könnte. Als er mitten unter das Hausthor kam, so sah er ein zusammengerolltes Papier auf der Erde liegen, dies hob er auf, ohne zu denken, daß eben Geld darinnen seyn werde, und siehe, er fand darinnen zwölf Hessische- oder Cassel-Albus, welche gerad die neun gute Groschen ausmachen, die er zu bezahlen hatte.

Eben dieser fromme Fuhrmann hatte zu einer andern Zeit einige vornehme Personen aus Weisenfels über Land gefahren, und zwar zu einer Zeit, da die Tage sehr kurz und die Wege sehr schlecht waren. Schon war der Abend herbeigekommen und die Pferde müde geworden, als er noch über einen hohen Berg zu fahren hatte, wo die armen Thiere nicht mehr fort konnten, und selbst, als die Reisenden ausgestiegen waren, keinen Strang mehr angezogen. Die Personen, welche er fuhr, fingen an, ihn heftig zu schelten und ihm Vorwürfe zu machen, daß er sie gegen die finstere Nacht nicht fortschaffen könnte; Buche aber betete zu Gott und flehte um Hülfe. Jetzt kamen ihm die Worte ins Gemüth: Fürchte dich nicht, ich bin mit dir — weiche nicht, ich bin dein Gott — und so weiter Jes. 41. Dieser Spruch stärkte ihn so, daß er den Personen, die er fuhr, die Versicherung ertheilte: Gott werde bald helfen! — eine Frau, die dabei war, schalt ihn einen Narren, und sagte: Gott werde nicht vom Himmel kommen und ihm helfen u. s. w. Unter diesen Reden kam eine Post den Berg schnell herab gefahren, und da der Postillion ins Horn stieß, sprach Buche abermals: Nun wird uns Gott helfen — Ja, sagten die Reisenden, er wird dir die Postpferde nicht ausspannen und dir heraushelfen, solltest du auch nimmermehr herauskommen. Allein was geschah? Der Postillion kam herbei, hielt still, redete ihn an und sprach: Kamerad! was machst du hier? — da lieg ich am Berge, antwortete Buche, und kann nicht hinaus, und warte auf die Hülfe Gottes. Kaum hatte er dies gesagt, so stieg der Postillion ab, spannte ihm, ehe er noch darum gebeten worden, seine Pferde vor, führte ihn glücklich den ganzen Berg hinaus und wollte durchaus kein Trinkgeld von ihm annehmen.

Der Herr erhört im Kleinen wie im Großen das Gebet seiner Kinder.

Zu einer andern Zeit trug sichs zu, daß der jüngste Sohn der Wirthin, bei welcher er sein Quartier in Weisenfels hatte, tödlich krank war. Schon lag das Kind ohne alle Hoffnung zur Genesung, der Medicus wollte keine Arznei mehr verordnen, und der Prediger hatte es bereits eingesegnet. Die Mutter gerieth darüber in einen solchen Jammer und brach in so heftige Klagen aus, daß sie Buche unten im Hof weinen und heulen hörte; er ging deswegen zu ihr hinauf, fragte, warum sie so kläglich thäte, und erkundigte sich, was ihr krankes Kind mache? — sie antwortete ihm, es sey keine Hülfe und Rath mehr übrig, das Kind müßte sterben, denn der Medicus wolle keine Arznei mehr geben. Buche suchte die Frau zu beruhigen und sagte, sie sollte sich zufrieden geben, wenn auch ihr Arzt nicht mehr helfen könne, so wisse er noch einen Größern, der es gewiß könne. Hierauf ging er in den Stall und bat Gott herzlich um die Genesung dieses Kindes, damit die ungläubige Menschen doch sehen und erkennen möchten, daß er helfen könne, wo alle menschliche Hülfe aus sey; während diesem Gebet empfand er eine besondere Freudigkeit, die er als eine Versicherung der Erhörung annahm. Er stand auf, ging zur betrübten Mutter des kranken Kindes und sprach zu ihr: sie sollte nur getrost seyn, sein Arzt hätte versprochen zu helfen; und von der Stunde an besserte es sich mit dem Kinde — es wurde gesund und lebte noch, als Buche starb.

In Berlin lebte vor etwa hundert Jahren ein sehr frommer und eifriger Prediger, Namens Johann Casper Schade, ein Mann, der von den Weltkindern ebenso gehaßt, als von den Kindern Gottes geliebt wurde; das kam aber daher, weil er sehr scharf gegen alle im Schwang gehende Laster predigte. Dieser erfuhr einst folgende merkwürdige Probe des Glaubens und des Gebets. Ein Jude hatte ein krankes Kind, von welchem er glaubte, daß es vom Satan besessen sey; es war aber vermuthlich mit der fallenden Sucht, Mondsucht oder Würmern behaftet. Dieser Jude kam mit einem Bedienten seiner Synagoge zu dem Prediger Schade, und beklagte sich, daß alle ihre rabbinischen Gebete und Ceremonien, deren man sich dieses Kind zu heilen, nach ihrer Art bedient hätte, nichts ausrichten könnten. Sie baten ihn dabei, daß er zu ihnen kommen und die Kraft seines Gebets versuchen möchte. Herr Schade war sogleich willig, ihr Verlangen zu befolgen, jedoch mit der Bedingung, daß er für dieses Kind nicht anders, als im Namen Jesu von Nazareth beten würde. Als man ihm dies endlich erlaubte, so ging er in das Haus des Juden, rufte durch ein inbrünstiges und gläubiges Gebet Jesum von Nazareth um die Genesung des kranken Kindes an, und wurde erhöret: denn das Kind wurde aus seinem elenden Zustand befreit. Seit der Zeit betrachteten ihn die Juden als einen Propheten, und da nach dem Tode des Herrn Schade einige gottlose Menschen vom geringsten Pöbel sein Grab verunehrten und mit seinem Körper ein gleiches zu thun gedachten, wenn sie nicht durch die Anstalten der Obrigkeit daran gehindert worden wären, so sagten die Juden: Gott würde die Bosheit dieser gottlosen Christen, welche sie gegen einen prophetischen Lehrer ausüben, gewiß genug strafen.

Eben dieser Schade hat auch das herrliche Lied: Sey Lob und Ehr dem höchsten Gott — gedichtet. Bei seinem Tod trug sich etwas Artiges zu: als seine Krankheit anfing gefährlich zu werden, so vereinigten sich verschiedene seiner Freunde und Freundinnen zum Stundengebete, das ist: jeder wollte eine Stunde für den Kranken beten, so daß alle vier und zwanzig Stunden mit dem Flehen für die Erhaltung seines Lebens ausgefüllt waren. Einsmals, als eben eine fromme Frau in ihrem Stundengebet für ihn begriffen war, so überwältigte sie der Schlaf und sie träumte, sie sehe den Prediger Schade in verklärter Gestalt vor ihren Augen emporsteigen, er lächelte sie an und sagte: ich bin dir entwischt — die Frau erschrack so, daß sie aufwachte; sie lief hin ins Haus des Kranken, und siehe da, er war so eben entschlafen.

Ein sehr würdiger Geistlicher, den ich nicht nennen mag, erfuhr schon in seinen frühesten Jahren vorzügliche Proben der göttlichen Güte in Erhörung seines kindlichen Gebets, davon ihm folgende vor andern merkwürdig geblieben sind:

Im Jahr 1719, als er neun Jahr alt war, kostete der Berliner Scheffel Roggen einen Dukaten, und es fiel seinen Eltern, welche viele Kinder hatten, sehr schwer, nur täglich für eben so viele Groschen Brod zu kaufen, als Personen zu ihrer Haushaltung gehörten; sie waren Handwerksleute, konnten sich aber sonst reichlich und ordentlich ernähren. Bei dem allem theilten sie doch jedem Armen, deren bei damaliger Theuerung sehr viele waren, sehr willig von dem Brode mit, das sie selbst so sparsam aßen. Diese bedürfnißvollen Umstände rührten den gutherzigen Knaben so sehr, daß er es nicht wagte, seine Eltern um das Geld zu bitten, welches er zu den Schulbüchern nöthig hatte, aber er wagte diese Bitte bei seinem himmlischen Vater; er ging mit kindlichem Vertrauen in sein verschlossenes Kämmerlein und flehte zu Gott, dem Vater unsers Herrn Jesu Christi, um das nöthige Geld, und wurde bald nachher auf folgende Weise erhört.

In dem Hause seiner Eltern war eine Gaststube für Landleute, welche in die Stadt kamen, ihr Getreide zu verkaufen. Diese mochten, da sie jetzt bei dem hohen Preise des Getreides immer viel Geld einnahmen, und bei diesem Ueberfluß vielleicht weniger aufmerksam waren, etwas davon verloren haben: denn eben in dem Auskehricht aus dieser Stube fand der junge Knabe nach seinem Gebet noch einige Groschen mehr, als er bedurfte. Dies munterte den jungen Beter auf, in der Folge bei allen vorfallenden Gelegenheiten und Bedürfnissen den lieben Gott getrost und mit aller Zuversicht zu bitten, wie die lieben Kinder ihren lieben Vater, und er blieb niemals unerhört. Nicht nur in seinem Hause, sondern auch ausser demselben, ja manchmal ausser der Stadt, in entlegenen einsamen Gegenden, wohin er zu Zeiten ging und betete, fand er die gesuchte Erhörung.

Einst hatte er ein kostbares Buch gelehnt, um etwas darin nachzuschlagen; einer seiner Mitschüler entwendete ihm dasselbe heimlich, und wollte es durchaus nicht gestehen, sondern betheuerte seine Unschuld mit vielen Worten und Schwören. Der hierüber in Angst gerathene fromme Knabe wandte sich herzlich und anhaltend zu Gott und bat Ihn, er wölle doch dem, der das Buch gestohlen habe, das Herz so kräftig rühren, daß er das Buch wieder bringen müsse — und siehe! es geschahe noch an dem nämlichen Tage mit den merkwürdigsten Umständen.

Im vierzehnten Jahr seines Alters hatte er schon die Größe und das Ansehen eines achtzehnjährigen Jünglings. Dies nöthigte ihn bei damaliger starken Werbung, sich aus seiner Vaterstadt in eine Schule ausser Landes zu begeben: er ging also zu seinem Bruder, der um eben die Zeit in der Nachbarschaft Prediger an einem fürstlichen Hof geworden war und der von dem an väterlich für ihn sorgte. Nicht lange nachher ward sein Vater langwierig und allem Ansehen nach tödtlich krank, und verlangte vor seinem Ende vorzüglich diesen seinen jüngsten Sohn noch einmal zu sehn und zu segnen. Der fromme Jüngling machte sich sogleich auf den Weg und schlich sich, aus Furcht vor den Soldaten, bei Nacht ins väterliche Haus. Hier bemerkte er mit Wehmuth, daß seine fromme Mutter, die sonst sehr stark im Glauben, mithin christlich, großmüthig und fast über Vermögen wohlthätig war, bei der so langwierigen Krankheit ihres lieben Mannes, welche ausserordentliche Kosten verursachte, schwach und kleinmüthig werden wollte. Er that Alles, was er konnte, um sie zu trösten und aufzurichten; er bereitete sie kindlich auf ihren künftigen Wittwenstand vor, indem er ihr Beispiele von armen Wittwen aus der Bibel vorhielt, welche Gott so wunderbar versorgte, daß weder sie noch ihre Waisen Mangel gelitten; dann gab er ihr einen Gulden, den ihm sein Bruder zum Reisegeld geschenkt hatte, als einen kleinen Beitrag zu den Krankheitskosten seines Vaters. Dies rührte die Mutter nicht wenig, und da der Sohn bei seinem Abschied ebenfalls betrübt und wegen der Kriegsleute besorgt und furchtsam war, so tröstete sie ihn wieder mit dem Exempel des Propheten Elisa und seines Knaben, da sie zu Dothan in Gefahr waren. 2 Kön. 6.

Nun trat der fromme Jüngling des Morgens früh, noch ehe es Tag war, seine Rückreise an und eilte auf Neben- oder Feldwegen über Wiesen und Aecker nach der ordentlichen Landstraße, die zu dem benachbarten Land führet. Hier geschah es, daß er auf einem frisch gepflügten Acker mit seinem Fuß an etwas stieß, das seiner Meinung nach ein Stein war, das aber bei der Morgendämmerung aus dem schwarzen Erdreich weiß hervorblickte. Dieser Schimmer reizte ihn, die vermeinte Steinfigur aufzuheben und in die Tasche zu stecken, eilte aber unter andächtigen Gedanken furchtsam fort, ohne wieder an dieselbe zu denken, bis er über die Gränze und nun in Sicherheit war. Jetzt am hellen Tag wollte er nun sehen, was es war, das er aufgehoben hatte, und siehe da, es war ein blanker Doppelthaler, welcher in einem Erdkloß steckte, weswegen er ihn durchs bloße Gefühl nicht bemerkt hatte; mit Freudenthränen fiel ihm der Gulden ein, den er seiner Mutter gegeben hatte, und er dachte an die Worte des Erlösers: Gebet, so wird euch gegeben.

So oft sich dieser kindliche Beter in seinem hohen Alter an die in seiner Jugend so oft erfahrne göttliche, gnädige Erhörung seines Gebets erinnerte, so oft gerieth er in eine dankbare Bewunderung und Freude und erkannte dann von Neuem die rührende Erklärung des Ausspruchs der ewigen Weisheit: Meine Lust ist bei den Menschenkindern; dann wünschte er mit bewegtem Herzen, daß er doch jedem Christenkinde so recht in die Seele hinein möchte rufen können: Habe deine Lust an dem Herrn, der wird dir geben, was dein Herz wünscht: Befiehl betend dem Herrn deine Wege und hoffe auf Ihn, Er wirds wohl machen.

Diese schöne Worte, meine lieben Leser, rufe ich euch auch zu. Wenn Ihr es einmal dahin gebracht habt, daß Ihr Eure Lust am Herrn habt, daß er Eure größte Freude ist, an Gott zu denken und in Eurem Gemüth mit dem Herrn Christus umzugehen, dann könnt ihr versichert seyn, daß Ihr auch das erlangen werdet, was Euer Herz wünscht: denn Ihr werdet auch alsdann nichts wünschen, als was dem Willen Gottes gemäß und Euch wirklich gut ist. O wie glücklich werdet Ihr dann — auch selbst mitten in Kreuz und Trübsal seyn! — dann werdet Ihr Euch nicht mehr ängstlich bekümmern, wie es Euch noch gehen werde; auch in den bedenklichsten und verworrensten Umständen, wo Ihr weder aus noch ein wißt, hilft der Herr herrlich durch — dann braucht Ihr nur in einem ernstlichen und kindlichen Gebet dem Herrn alle Euere Noth, Euere Umstände, alle Euere Wege zu befehlen und von ganzem Herzen auf Ihn und seine Hülfe zu hoffen, so werdet Ihr erfahren, daß Er Alles wohl machen, Alles herrlich ausführen wird.

Aber dies Alles geht Euch nichts an, so lang Ihr noch keine wahren Christen, noch nicht von Herzen bekehrt seyd. So lang noch nicht der Herr und sein Reich Euere größte Lust ist, sondern so lang noch das Streben nach irdischen, vergänglichen Dingen Euere ganze Seele ausfüllt, so lange könnt Ihr Euch der väterlichen Leitung Gottes nicht trösten. Die Weltkinder läßt Er ihre eigene Wege gehen, da zerarbeiten sie sich dann in der Menge ihrer Wege und haben niemals wahre Ruhe und Frieden: denn wenn sie auch das wirklich erlangen, was sie suchen, so währt doch ihre Zufriedenheit nicht lange, sondern der unersättliche Geist des Menschen will immer mehr haben; wer nach Geld und Gut trachtet, der wird niemals genug bekommen, immer will er noch mehr haben. Wer Ehre und Ansehen in der Welt sucht, der mag so hoch steigen als er will, er wird immer nach einer noch höhern Stufe trachten und nie zufrieden seyn. Der Wollüstling genießt und schwelgt so lang er kann, und seine Seele wird nie gesättigt. Endlich, wenn der Tod kommt, so steht dann der arme Geist da an den Thoren der Ewigkeit. — Alles, was ihm lieb ist, das bleibt zurück, und für sein zukünftiges ewiges Glück hat er nicht gesorgt, jetzt ist nun sein Jammer unaussprechlich. . . . . .

Liebe Leser! ich beschwöre Euch bei Eurem ewigen Heil,

bekehrt Euch, werdet wahre Christen! wenns auch im Anfang etwas schwer hergeht, so werdet Ihr doch bald finden, daß ich Euch den besten Rath gegeben habe, und ihr werdet mir dereinst in der Ewigkeit vor dem Thron des Allherrschers dafür danken.

Du aber, Geist des Vaters und des Sohns! begleite dies Büchlein mit deiner Gnade und mit deinem Segen, mache jeden darinnen enthaltenen Gedanken zu einem fruchtbaren Saamenkorn in den Herzen Aller, die es lesen werden. Amen!

Dritte Abtheilung.

Im Anfang des September-Monats des verflossenen Jahres ruhte unser deutsches Vaterland noch im tiefsten Frieden; niemand ahnte Krieg, und siehe da! im Anfang des Octobers, also vier Wochen später, bedeckten französische und östreichische Kriegsheere die Straßen des südlichen Deutschlands, und der Donner der Kanonen grollte durch Berg und Thal. Liebe deutsche Landsleute! Laßt uns einmal ruhig über diese Sache nachdenken! sollte das nichts zu bedeuten haben? — und sollte uns der liebe Gott durch diese sehr ernste Kraft- und Thaten-Sprache nichts sagen wollen? — Wir wollen es ernstlich und gewissenhaft untersuchen.

Wenn wir die ganze Geschichte der Menschheit von Anfang an, bis daher, durchdenken, so finden wir, daß es in allen Reichen und Völkern endlich dahin kam, daß Ueppigkeit, Erkaltung in der Religion, Unglauben und unbändige Zügel- und Sittenlosigkeit in allen Ständen von den höchsten bis zu den niedrigsten, herrschend wurde. So wie das Verderben entstand und zunahm, so warnte auch der Vater der Menschen durch die gewöhnlichen kräftigsten Mittel, durch Krieg, Hunger und Pest; viele einzelne kamen dadurch auch zur Besinnung und bekehrten sich, aber bei weitem die mehrsten blieben verstockt, und mußten also am Ende auch den Zornbecher des Allerhöchsten bis auf die Hefen austrinken. Ich will euch zur Belehrung und Warnung die wichtigsten Geschichten dieser Art, nach der Wahrheit, und wie sie sich zugetragen haben, erzählen.

Die Geschichte des Volkes Israel und der Juden wißt ihr aus der Bibel, indessen will ich doch noch das Eine und das Andere näher in Erinnerung bringen und warm ans Herz legen: Ihr wißt, daß nach des Königs Salomons Tod durch die Unvorsichtigkeit seines Sohns Rehabeams, das Königreich in zwei Reiche, in Israel und Juda, getheilt wurde. In Israel war Samaria, und in Juda Jerusalem die Hauptstadt; nun mußte aber das ganze Volk, alle zwölf Stämme, jährlich dreimal zum Tempel nach Jerusalem kommen, um da nach dem Gesetz, welches Gott durch Mose gegeben hatte, zu opfern. Jetzt da nun die zehen Stämme Israels ihren eigenen König hatten, so fürchtete dieser, seine Unterthanen möchten wieder von ihm abfallen, wenn sie so oft nach Jerusalem ins Königreich Juda reisten, wo die Könige aus dem Hause Davids alle Mittel anwenden würden, die Israeliten wieder an sich zu locken; daher stiftete er einen eigenen Opferdienst an zweien Orten, nämlich zu Dan und zu Bethel, und wählte dazu den egyptischen Götzen Apis, der die Gestalt eines Ochsen hatte, dadurch kam nun das Volk Israel ganz vom wahren Gott ab und gerieth ins Heidenthum, und mit ihm in die abscheulichsten Laster.

Hiezu kam nun noch die Nachbarschaft der Phönizier, derer Hauptstädte Tyrus und Sidon waren; diese Nation war damals durch Schifffahrt und Handlung berühmt, und die reichste in der ganzen bekannten Welt, aber eben dadurch auch die üppigste, lasterhafteste und gottloseste geworden. Mit diesen Nachbarn gingen die Israeliten um, und ahmten alle ihre Gräuel nach; sogar heirathete ihr König Ahab die phönizische Prinzessin Jesabel, welche nun vollends den Gräuel auf die höchste Stufe führte, und eine Blutschuld nach der andern aufs Land brachte.

Es ist der Mühe werth, daß ihr diese lehrreiche Geschichte in den Büchern der Könige nachleset. Da folgte nun ein göttliches Gericht auf das andere, eine Landplage lösste die andere ab, die Propheten thaten Wunder, predigten den wahren Gott, sagten vorher, welch ein großes Unglück dem König und dem ganzen Volk bevorstünde, und alles, was sie vorher sagten, das geschah — und doch gehorchte man ihnen nicht, man verspottete und verfolgte sie. Sagt, lieben Freunde und Freundinnen! sagt mir redlich, ist es bei uns besser? — sind wir etwa frömmere, bessere Menschen als jene Israeliten? Nun freilich! wir beten eben keine Ochsen und Kälber an, aber gibt es denn unter euch nicht Menschen genug, die ihre Ochsen und Kälber, oder sonstige irdische Güter lieber haben als Gott und ihren Erlöser Jesum Christum? und eben dieses lieber haben ist ja eben so schlimm als Anbetung. Was aber die herrschenden Laster und die Sittenlosigkeit betrifft, so ist es damit unter uns noch weiter gekommen, als jemals bei irgend einer gesitteten Nation auf der ganzen Erde! — Meine Lieben! Die wir die reinste und heiligste Religion bekennen, an denen der Vater der Menschen den ganzen Reichthum seiner Barmherzigkeit erschöpft hat — Sagt selbst! — was kann, was wird das für Folgen haben? — natürlicherweis schrecklichere, als jemals ein Volk erfahren hat.

Aber schrecklich war auch das Schicksal des Königreichs Israel: unter der Regierung des Königs Ahab belagerte Benhadad, der König von Syrien, die Hauptstadt Samaria, wodurch die Hungersnoth so hoch stieg, daß eine Mutter ihr eigen Kind schlachtete und aß — 2. König. 6. v. 28 u. 29. Dies ist doch wohl die höchste Stufe des Jammers und des Verfalls der Sitten.

Mose hatte schon viele hundert Jahre vorher gesagt, daß es dahin mit dem Volk Israel kommen würde, 5. Mos. 28. v. 53 u. f., und Jeremia sagt in seinen Klagliedern Cap. 4. v. 10, daß es von den barmherzigen Weibern geschehen sey. Das ist fürchterlich! — und doch betheuern die Weissagungen, daß der Jammer, der die europäische Christenheit, also uns selbst — in den letzten Zeiten treffen würde, schrecklicher seyn werde, als jemals Menschen, so lang die Welt steht, erfahren hätten.

Endlich kam denn der König von Assyrien, und führte das ganze Volk Israel, alle zehen Stämme, weg, und sie wurden so in alle vier Winde zerstreut, daß sie nur Gott allein wieder finden kann; indessen machte es das Königreich Juda auch so arg, daß auch dieser Theil der Israeliten, ungefähr hundert und dreißig Jahr später, vom König Nebukadnezar von Babel überwunden, weggeführt, und Stadt und Tempel zerstört wurde.

Siebenzig Jahr hernach kam ein Theil des Volks, vorzüglich die Stämme Juda und Benjamin, wieder zurück in sein Land; von nun an hießen sie Juden, auch diese verschlimmerten sich wieder dergestalt, daß sie es noch weit ärger machten, als ihre Vorfahren — sie hatten ihren Messias unter sich, sie sahen seine Wunder, waren überzeugt, daß nur Gott solche Thaten verrichten könne, und doch, damit er durch eben diese Kraft-Thaten nicht das ganze Volk gewinnen und an sich ziehen möchte, welches wahrlich! sein größtes Glück gewesen seyn würde, so wurde er um eben dieser Wunder und zwar um des göttlichsten, um der Auferweckung Lazari willen, hingerichtet. Man lese mit Aufmerksamkeit Joh. 11. v. 45 bis 53., und zwar auf eine solche Art hingerichtet, die an Schmerz und Schmach ihres gleichen nicht hatte, und bei dem Allem war die jüdische Obrigkeit vollkommen überzeugt, daß Christus nicht blos unschuldig, sondern ein vortrefflicher heiliger Mann, ein Prophet Gottes sey: Denn diejenigen, von denen der Herr am Kreuz in seinem Gebet sagt: Vater, vergieb ihnen, denn sie wissen nicht, was sie thun, waren römische Soldaten und auch Juden, die ihn freilich nicht so kannten, als die Rathsherren zu Jerusalem. Diese schreckliche, gegen alle Ueberzeugung, aus bloßer Bosheit veranstaltete Hinrichtung unsers Heilandes, machte nun vollends das Maaß der Sünden überfließend voll; nun brachen aber auch die göttlichen Gerichte mit Macht, wie große Wasserfluthen durch alle Dämme, ein Schlag folgte auf den andern, und die letzte Zerstörung Jerusalems ist und bleibt die schauderhafteste und schrecklichste Geschichte dieser Art bis daher; ich mag sie hier nicht erzählen, indem sie ja jedermann bekannt ist, aber das kann ich doch nicht unbemerkt lassen, daß auch da wiederum eine Mutter aus Hunger ihr Kind schlachtete, kochte und verzehrte — es ist sonderbar! — gerade als ob es deswegen Gott verhängte, oder zulasse, damit die Drohung Mosie erfüllt würde. — Aber eben diese pünktliche wörtliche Erfüllung ist uns Bürge, daß auch alle übrigen eben so pünktlich werden erfüllt werden, und deswegen, wehe uns!

Wenn ihr etwa glaubt, liebe Zeitgenossen! so arg machten wir es doch heutzutag nicht, wir hätten denn doch Christum nicht gekreuzigt, so muß ich euch darauf antworten, wir haben deswegen Christum nicht gekreuzigt, weil er nicht in unserer Gewalt ist, aber wir haben ihn an allen Orten und Enden noch weit schnöder und schändlicher behandelt, als die Juden selbst, und das will ich beweisen.

Die Juden wußten und sahen gar wohl, daß Jesus ein frommer und heiliger Prophet Gottes wäre, aber daß er gar der Messias seye, das stritte gegen alle ihre Begriffe, die sie vom Mesias hatten, und da sich nun Christus dafür bekannte, so empörte das ihr Innerstes dergestalt, daß sie lieber alle seine Wunder dem Satan zuschrieben, als ihn für den Messias erkannten. Wir aber wissen aus millionen Erfahrungen, daß der Glaube an Jesum Christum, an seine Gottheit, an seine Weltregierung und an die fortdauernden Wirkungen seines Geistes viele Millionen schlechter verdorbener Menschen zu vortrefflichen, frommen und heiligen Menschen gebildet hat; dieß wäre nicht möglich, wenn Jesus Christus nicht wahrer Gott, nicht Weltregent wäre, und sein Versprechen, denen den heiligen Geist mitzutheilen, die von Herzen an ihn glauben, nicht hielte und halten könnte. Wir haben es tausend und tausendmal erfahren, daß Jesus Christus wirklich auf die unwiedersprechlichste Weise Gebete erhört, und dem allem ungeachtet fällt man von ihm ab und lästert ihn; man würdigt ihn zum bloßen Menschen herab und erklärt seine Anbetung für Abgötterei. Nein, das hätten die Juden nicht gethan, wenn sie ihn so gekannt hätten, wie wir ihn jetzt kennen, wenigstens kennen könnten, wenn wir wollten: denn von der babylonischen Gefangenschaft an bis zur letzten Zerstörung Jerusalems, und durch alle Jahrhunderte ihres namenlosen Elends durch bis daher bleiben sie unerschütterlich bei ihrem Mosaischen Gesetz und Talmud.

Die Juden verwarfen also Christum, weil sie ihn nicht kannten, und nicht in dem Grad kennen konnten, wie wir ihn kennen — Wir aber verwerfen ihn, nachdem wir durch millionen Erfahrungen belehrt worden sind, daß er wahrer Gott, Weltregent und unser Heiland und einziger Seligmacher ist. Sagt, lieben Freunde! was wird, was muß unser Schicksal seyn? — Ach laßt uns ihm entgegen gehen, ihm unsere schweren Vergehungen bekennen, ihm in die Ruthe fallen und ihm ewige Treue geloben, es ist hohe Zeit, denn seine Gerichte kommen schnell, eins über das andere.

Nachdem nun Jerusalem zerstört und das jüdische Volk in allen vier Winde zerstreut war, so kam nun die christliche Religion empor, welche endlich im Anfang des vierten Jahrhunderts der Kaiser Konstantin selbst annahm; jetzt wurde sie nun bald allgemein, aber die verdorbene menschliche Natur verläugnete sich abermals nicht, Ueppigkeit und Sittenlosigkeit, ja die allerabscheulichsten Laster nahmen bald dergestalt überhand, daß die Geschichte der christlichen Kaiser zu Konstantinopel, und mit ihnen der ganzen morgenländischen Christenheit, eine Geschichte der ungeheuersten Gräuel und Laster aller Arten ist. Eilfhundert Jahr sahe der Herr diesem Unfug mit göttlicher Geduld und Langmuth zu; oft züchtigte und warnte er sie, bald durch einheimische, bald durch auswärtige Kriege, und durch alle Mittel, die er von jeher angewendet hatte, um die Menschen zu sich zu ziehen und zur Besonnenheit zu bringen, aber alles vergebens; Konstantinopel war und blieb der Sitz und die Wohnung des rasendsten Luxus und der abscheulichsten Laster. Jetzt bildete sich nun nach und nach eine Macht, die der Herr am Ende brauchte, um der abgewichenen sündhaften morgenländischen Kirche seine schwere züchtigende Vaterhand zu zeigen. Mahomed hatte schon frühe seine Religion gestiftet, wozu ihm das grundlose Verderben der morgenländischen Christen beförderlich gewesen war; er gründete das Reich der Sarazenen, welches nachher allmählig ein Land nach dem andern von dem großen und mächtigen römisch-griechischen Reich an sich riß und seinen gänzlichen Fall vorbereitete; nun kamen die Türken dazu, welche das sarazenische Reich eroberten, die mahomedanische Religion annahmen, und dem griechischen Kaiserthum mit der Zeit so nahe rückten, daß ausser der Stadt Konstantinopel wenig mehr davon übrig war; an dieses Sündennest kam endlich auch die Reihe, und es ist wohl der Mühe werth, daß ich euch die Eroberung dieser großen und prächtigen Stadt, durch den türkischen Sultan oder Kaiser Mahomed den zweiten, zur Warnung und Belehruug etwas umständlich erzähle:

Eine Hauptursache, warum die Türken so mächtig wurden und das griechische Reich so drängten und bezwungen, bestund in dem Streit, den die römisch-katholische Kirche mit der griechischen hatte. Die Päpste zu Rom wollten auch dem Patriarchen zu Konstantinopel, allen Bischöfen und der ganzen morgenländischen Kirche befehlen, und diese wollte sich durchaus nicht befehlen lassen. Da nun der abendländische römische Kaiser zu Wien und alle Könige und Fürsten in Europa dem Papst anhingen, so kam auch keiner dem griechischen Kaiser zu Hülfe, sondern sie überließen ihn ganz seinem Schicksal. Genua und Venedig waren noch am willigsten zur Hülfe; Genua schickte auch Schiffe und einen erfahrnen General mit einigen Truppen, aber alles, was geschah, war bei weitem nicht hinreichend, Gott hatte den Untergang der Stadt beschlossen.

Der türkische Kaiser Mahomed der zweite war ein großer und kluger Kriegsheld, aber auch ein grausamer Mann, ein Tyrann, der wenige seines gleichen in der Geschichte hat; er rückte Konstantinopel immer näher, so daß im Winter 1453 der griechische Kaiser ausser den Mauern seiner Stadt nichts mehr zu befehlen hatte. Der letzte griechische Kaiser hieß Konstantin der zwölfte, von der Familie der Paläologen; er war ein edler, vortrefflicher Mann, und vielleicht der beste Mensch und Christ in der Stadt, aber er war beständig mit den schlechtesten Menschen, mit dem verdorbensten Hof umgeben; das wußte er, er konnte es aber leider! nicht ändern: denn er hatte keine bessere Leute — welch ein beklagenswürdiges Schicksal!

In dieser bedrängten Lage, in welcher Kaiser Konstantin bei dem Sultan Mahomed um Schonung der armen Landbewohnet hat, und es ihm auch versprochen, aber nicht gehalten wurde, und in welcher er so sehnlich den Frieden, aber vergeblich wünschte, ließ er alle türkische Gefangene frei, und schickte dann einen Gesandten an den Sultan, durch den er ihm in standhafter Ergebung des Christen und Heiden folgendes sagen ließ:

„Da weder Eide noch Verträge, noch Willfahrung den Frieden sichern können, so verfolge dein gottloses Kriegen. Mein Vertrauen ist auf Gott allein gerichtet; sollte es ihm gefallen, dein Herz zu erweichen, so wird mich die glückliche Veränderung erfreuen; gibt er aber die Stadt in deine Hände, so unterwerfe ich mich seinem heiligen Willen ohne Murren. Allein bis der Richter der Welt zwischen uns den Ausspruch thut, ist es meine Pflicht, in Vertheidigung meines Volks zu leben und zu sterben."

Hierauf antwortete der Sultan feindselig und entscheidend, es war also weiter nichts mehr zu thun, als zu kämpfen und zu sterben.

Im April des Jahrs 1453 fing Mahomed die Belagerung der Stadt Konstantinopel an. Damals war das Schießpulver noch nicht lange erfunden, und man wußte noch nicht recht damit umzugehen, indessen bediente sich doch dessen der Sultan, indem er eine ungeheure Kanone gießen ließ, welche eine steinerne Kugel, sechshundert Pfund schwer, eine Meile weit schoß, die aber, nachdem sie etlichemal gegen die Befestigung gelöst worden war, zersprang; er hatte aber noch viele kleinere Kanonen, mit denen man aber noch nicht recht umzugehen wußte, sie thaten also wenig Schaden.

Die Stadt Konstantinopel ist dreieckigt; auf der Mitternachtseite ist ein Fluß, der den Hafen bildet, auf der Morgenseite, vor der Spitze des Dreiecks her, fließt ein breiter Canal, der von Nordosten aus dem schwarzen Meer kommt, und sich in ein kleines Meer, der Propontis, oder auch Mar di Marmora genannt, das die Mittagsseite der Stadt ausmacht, ergießt; an der Abendseite ist Land, und hier war die Stadt sehr stark befestigt; hier begann also Mahomed die Belagerung, allein die Einwohner vertheidigten sich so tapfer, daß der Sultan mit aller seiner Macht nichts ausrichten konnte.

An der Morgen- und Mittagsseite lagen die genuesischen Kriegsschiffe, da war also der Stadt nicht beizukommen, an der Mitternachtseite war die Stadt nicht geschützt, aber wie konnten die Türken da hinüberkommen? — ihre Schiffe lagen gegen Nordosten den Kanal hinauf und konnten vor den Genuesern nicht herzu kommen — allein was vermag ein Kriegsheld nicht? — Mahomed befahl, und Tausende griffen die Arbeit an, sie zogen die Schiffe aus dem Kanal, den Berg herauf, oberhalb der Vorstadt Pera über die Höhe hin, dann den Berg herab, und vor Konstantinopel in den Hafen. Jetzt fing nun hier die Belagerung an, und jetzt half die angestrengteste Tapferkeit der armen Bürger nicht mehr; jetzt kam nun die Reue, man flehte zu Gott um Erbarmen, das Bild der Jungfrau Maria wurde in feierlichen Prozessionen durch die Stadt getragen, und allenthalben sahe man Thränen und hörte Töne der Verzweiflung, allein es war nun zu spät: denn eine erzwungene Buße wendet kein Gericht, keine Strafe mehr ab.

Am Abend des 28. Mai 1453 ließ der Kaiser Konstantin die Edelsten und Bravsten unter den Griechen und Bundesgenossen zu sich in den Pallast kommen, und munterte sie zur Tapferkeit auf, er verhieß ihnen Belohnungen, er beschwor sie, sich tapfer zu wehren, und suchte die fast erstorbene Hoffnung zu beleben. Der Kaiser und alle diese Getreuen weinten und umarmten sich, und dann ging jeder auf den Wall auf seinen Posten; der Kaiser aber begab sich mit einigen getreuen Begleitern in die Sophien-Kirche, wo sie unter Thränen und gebetvoller Andacht das Abendmahl empfingen; dann verfügten sie sich in den Pallast, der von Schreien und Wehklagen wiederhallte; hier ruhte der Kaiser ein wenig aus, er bat alle, die er etwa beleidigt haben möchte, um Vergebung, stieg dann zu Pferde, und ritt hin, um die Wachen zu visitiren und zu sehen, was der Feind mache.

Des folgenden Morgens, am 29. Mai mit Anbruch des

Tages fing nun der Generalsturm an, die Griechen kämpften mit unerhörter Tapferkeit, und man konnte überall die Stimme des Kaisers unterscheiden, womit er die Seinigen zum Kampf aufmunterte, allein ihrer waren viel zu wenig, um zweihundert und fünfzigtausend Mann zurückzuschlagen; sie unterlagen endlich der Menge, und starben den Tod fürs Vaterland. Der Kaiser wich keinen Schritt, er kämpfte fort, bis er endlich auf der Stelle ermattete; als er fühlte, daß seine Kräfte wichen, warf er den Purpur weg, damit man ihn nicht erkennen möchte, dann rief er: ist denn kein Christ zu finden, der mir den Kopf abhaut? — denn er fürchtete, er möchte lebendig gefangen werden. Endlich traf ihn eine unbekannte Hand, er fiel, und mit diesem Fall hörte aller Widerstand auf, die Türken drangen schaarenweis in die Stadt, und in der ersten Hitze wurden zweitausend Christen niedergehauen. Jetzt fing nun die Plünderung an, die Einwohner standen gedrängt auf den Gassen und Plätzen beisammen, wie die Schafe, wenn sie die Angst vor den Wölfen zusammentreibt.

Die große und prächtige Sophien-Kirche war ganz mit Menschen angefüllt, und die Thüren verriegelt, allein die Türken hieben sie mit Aexten auf, und nun wurden alle Einwohner zur Sclaverei verdammt; die vornehmste weltliche und geistliche Herren und Damen wurden mit den schlechtesten und geringsten Taglöhnern und Thürhütern, Knechten und Mägden zusammengekoppelt, zu den niedrigsten Arbeiten und den schnödesten Mißhandlungen verdammt, oder auch weggeführt und verkauft. Die Behandlung solcher Sclaven war besonders in jener Zeit schrecklich. Ueber sechzigtausend Menschen aus der Stadt wurden mit Stricken zusammengebunden, hinaus ins türkische Lager und auf die Schiffe gebracht, dann wurden sie unter die Soldaten vertheilt, und entweder verkauft oder zum Dienst gebraucht; in Häusern, Kirchen und Klöstern wurde alles geplündert, was nur einigen Werth hatte, auch dieses bekam der Soldat zur Belohnung.

Am Nachmittag hielt Sultan Mahomed seinen Einzug in die Stadt, und nahm Besitz vom verödeten Palast; jetzt war nun seine erste Sorgen, zu wissen, was aus dem Kaiser Konstantin geworden seye? — er wurde gesucht und gefunden, man erkannte ihn an dem goldnen Adler, der auf seine Stiefeln gestickt war, und Mahomed gewährte ihm ein anständiges Leichenbegängniß. Anfänglich bezeigte er sich gnädig und menschlich gegen die kaiserliche Familie, aber einige Tage hernach strömte das Blut der vornehmsten Griechen auf der Rennbahn, wo er sie alle hinrichten ließ. Nachher erlaubte, oder befahl er den Griechen auf dem Land, in die Stadt zu ziehen und die verlassenen Häuser zu bewohnen, auch viele Türken liessen sich in Konstantinopel nieder.

Seht, meine Lieben! so gab Gott die abgewichene lasterhafte griechische Kirche in die Hände eines grausamen und feindseligen Volks, unter dessen Druck sie noch ohnmächtig seufzt; denkt nur nicht, wir hätten es nicht so arg gemacht, es würde uns also auch so schlimm nicht gehen; im Gegentheil, wir haben noch viel härter gesündigt wie sie — die morgenländische Christen hätten nie den Glauben an Jesum Christum verläugnet, er war und blieb ihnen wahrer Gott und der Heiland der Welt, durch dessen blutiges Verdienst man allein selig werden könne und müsse; ihr Fehler bestand nur darinnen, daß sie diesem Glauben nicht gemäß lebten, sondern in der üppigsten Zügellosigkeit und den schändlichsten Lastern versunken waren; aber sind wir abendländische Christen nicht das auch? — und über das alles kommt nun noch der Abfall von Christo dazu, was haben wir also zu erwarten? — Gewiß die schrecklichsten Gerichte, so wie sie noch nie ein Volk so lang die Welt steht erfahren hat. Wie können wir uns doch mit der falschen Hoffnung schmeicheln: Gott werde bei uns eine Ausnahme machen — er werde es mit den Weissagungen, die zuverläßig auf unsre Zeiten zielen, nicht zur Erfüllung kommen lassen. Das thaten auch alle Völker; je näher die Gerichte heranrückten, desto sicherer wurden sie. Vor der Sündfluth, als Noah die Arche baute und seine Zeitgenossen warnte, kehrten sich diese so wenig daran, daß sie Gastmahle hielten, sich untereinander verheiratheten und in Sicherheit ihr Lasterleben fortsetzten, bis Noah in die Arche ging und ihnen das Wasser über dem Kopf zusammenschlug. Vor der babylonischen Gefangenschaft suchten die Israeliten immer Hülfe bei andern Königen, anstatt, daß sie sie bei Jehovah hätten suchen sollen; ihre falsche Propheten machten sie immer sicherer, so, daß sie auf die Warnungen der wahren nicht achteten, sondern sie verfolgten, auch wohl gar tödteten. Nach der Himmelfahrt Christi vor der letzten Zerstörung Jerusalems, als die römischen Landpfleger und Kriegsheere den Juden immer drückender und immer unleidlicher wurden, folgte eine falsche Hoffnung, ein falscher Messias und eine Empörung auf die andere, bis es die Römer endlich müde wurden, und dem jüdischen Staat den Garaus machten. Eben so hatte auch ein Schwärmer den Griechen in Konstantinopel weiß gemacht, wenn die Türken die Stadt mit Sturm eroberten, so würde ein mächtiger Engel vom Himmel herabkommen, die Türken verjagen, umbringen, und sie erretten. Das glaubten die thörichten Sünder, sie erwarteten den Engel in der Sophienkirche, aber er kam nicht; sondern Henkersknechte des erzürnten Weltbeherrschers fesselten sie in die Bande der schrecklichsten Sclaverei.

Die göttliche Barmherzigkeit gab der abendländischen Christenheit so manches herrliche Mittel zu ihrer Verbesserung und der Vervollkommnung an die Hand; denn einige Jahre vor der Eroberung Konstantinopels durch die Türken wurde die Buchdruckerei erfunden — eine Wohlthat, wofür man Gott nie genug danken kann. — Drei und sechzig Jahre später entstand die gesegnete Reformation, Ost- und Westindien und Amerika wurden entdeckt, Handel, Fabriken und Gewerbe fingen an zu blühen, und es wäre nur darauf angekommen, das alles mit Ausübung des wahren Christenthums zu verbinden, allein das geschah nicht, im Gegentheil, man häufte Gräuel auf Gräuel und Sünde auf Sünde. Man kann ohne Schaudern und Entsetzen die Geschichte der ost- und westindischen Entdeckungen nicht lesen, solche Grausamkeiten und satanische Laster haben die wildesten Heiden nie begangen, als die sogenannten Christen dort ausgeübt haben, und die Reformation änderte eigentlich in dem allgemeinen Leben der europäischen Christen wenig oder gar nichts: Die Protestanten waren und blieben im Ganzen eben so große, unbekehrte und ungebesserte Sünder, als ihre Nachbarn, die Katholiken; indessen ist und bleibt doch die Reformation eine unermeßliche Wohlthat Gottes, denn das Wort Gottes und die alte apostolische reine Lehre wurden doch wieder bekannt, und gaben denn doch vielen tausend einzelnen Menschen Gelegenheit, ihrem Gott und Erlöser wiederum im Geist und in der Wahrheit zu dienen; überhaupt aber blieb es bei dem Alten, die Christenheit wurde um nichts besser, daher folgte nun hundert Jahr nach der Reformation eine sehr schwere Züchtigung, welche besonders Deutschland am härtsten traf, nämlich der dreißigjährige Krieg, dieser entstund folgender Gestalt:

Seit den Zeiten des Johannes Huß, welcher 1416 zu Kostnitz oder Konstanz von den Katholischen verbrannt wurde, war in Böhmen eine sehr große Anzahl vornehmer und geringer Leute, die sich zur Lehre des Huß bekannten, welche mit der protestantischen fast ganz übereinkommt; diese Böhmen stunden unter östreichischer Oberherrschaft, und wurden von derselben besonders auf Anstiften der Jesuiten sehr gedrückt.

Als nun der Kaiser Matthias im Jahre 1619 gestorben war, und Ferdinand Kaiser und König in Ungarn und Böhmen wurde, so nahmen ihn die Böhmen nicht an, sondern sie wählten den reformirten Kurfürsten von der Pfalz, Friedrich V. zu ihrem König, dieser nahm auch die Königs-Würde an, einige deutsche Fürsten riethen ihm ab, andere kamen ihm zu Hülfe, und so entstund ein schrecklicher und verheerender Krieg, der dreißig ganze Jahre dauerte; der Kaiser schickte seine Armeen ins Feld, der Kurfürst Friedrich mit seinen Bundesgenossen war ihnen nicht gewachsen, die andern Fürsten schwankten, und wußten nicht recht, welche Parthie sie ergreifen sollten, und die Jesuiten, welche diesen Krieg als eine Gelegenheit ansahen, die Protestanten gänzlich zu Grund zu richten, schürten das Feuer auf alle mögliche Weise, und wirklich, sie hätten ihren Zweck erreicht, die protestantische Religion wäre vertilgt, und ganz Deutschland Oesterreich unterthänig geworden, wenn nicht Gott den König von Schweden, Gustav Adolph, erweckt hätte, dem bedrängten Deutschland zu Hülfe zu kommen.

Indessen haußten vorzüglich drei kaiserliche Generale mit ihren Armeen schrecklich in Deutschland; Tilly, Pappenheim und Wallenstein sind drei Namen, bei denen man sich aller Schrecken dieses Kriegs erinnert — aber auch die zu Hülf gekommenen Schweden machten es nicht viel besser, auch sie verbreiteten Armuth und Elend in alle Hütten, wohin sie kamen, die Spanier kamen noch dazu, und so war des Jammers, dreißig Jahre lang, kein Ende.

Dieser Krieg raffte eine große Menge Menschen weg, die Armeen mußten leben, daher entstand dann auch Theurung und Hungersnoth, hierzu kam noch eine allgemeine Unsicherheit; allenthalben streiften Räuberbanden umher, die die armen ausgezogenen Landleute plünderten, und oft ermordeten. — Noch nicht genug, auch die Pest kam dazu, welche hin und wieder so heftig wüthete, daß ganze Dörfer ausgestorben waren. Viele Millionen Menschen wurden damals durch alle diese Plagen in Deutschland aufgerieben; endlich machte dann der Westphälische Frieden diesem Jammer ein Ende. Seitdem ist fast beständig hier und dort in der Christenheit Krieg gewesen, und viele Länder sind auch hart gestraft worden, besonders war der letzte französische Revolutionskrieg fürchterlich und schrecklich, und ein bedeutendes Vorspiel zukünftiger Gerichte. In diesem Krieg wurden namenlose Grausamkeiten begangen; besonders war die sogenannte Schreckenszeit fürchterlich; Menschen wurden zu Tausenden, durch allerhand Qualen und auf allerhand Weise, ohne Urtheil und Recht hingerichtet; uns Deutschen und andern Christen in den Ländern, die das noch nicht erfahren haben, stehen ähnliche Schicksale noch bevor: denn wir müssen uns nicht vorstellen, daß wir besser seyen, als die Einwohner von Frankreich. — So verdorben auch die vornehmsten Stände in diesem Reich waren, so war doch der gemeine Mann noch immer eben so gesittet und tugendhaft als er in Deutschland und andern Ländern ist, wir können uns in diesem Fall keines Vorzugs rühmen.

Ich sehe voraus, daß mancher, wenn er dieß liest, den Kopf schütteln und sagen wird: warum macht doch der Mann den Leuten so angst und bange? wofür ist das? — wo kann er denn wissen, daß die Zukunft so traurig seyn wird? und wenn das auch der Fall wäre, so ist es ja doch besser, wenn man es nicht weiß, als wenn man schon so lange vorher mit der Furcht vor der Zukunft gemartert wird.

Andere, und zwar die Aufgeklärte, werden sagen: Da sieht man doch wieder recht den Obscuranten, den trübsinnigen Schwärmer; die Obrigkeit sollte ihm das Schreiben verbieten, er macht ja alles zu Kopfhängern u. s. w.

Höret ihr alle, die ihr auf die erste oder zweite Art über mich und meine Schriften urtheilt, ich sage euch hier feierlich und wohlbedächtlich: es wird eine Zeit kommen, wo ihr und euers gleichen kein Plätzchen der Sicherheit finden, und vor Angst aus einer Kammer in die andere und von einem Ort zum andern fliehen werdet — die Zunge wird euch am Gaumen kleben, und ihr werdet um Rettung flehen, und sie nicht finden.

Um euch, meine lieben Freunde und Freundinnen! gegen diese schrecklichen Folgen des Unglaubens und des Leichtsinns zu sichern, verkündige ich euch alle diese schweren Gerichte voraus, damit ihr frühzeitig Buße thun, euch bekehren, und so der Gnade, der Barmherzigkeit und des Schutzes eures durch Christum versöhnten Gottes gewiß seyn könnt. Ich schreibe und erzähle euch ja dieses alles nicht deswegen, um euch bange zu machen, sondern damit ihr alles, was Gott über die verdorbene Christenheit verhängt, mit ruhiger Freudigkeit erwarten könnt, und euch nicht zu ängstigen braucht, wenn solche Gerichte kommen. Der Christ bekümmert und fürchtet sich nie, wenn er anders treu und redlich im Schaffen seiner Seligkeit ist und der Heiligung mit Ernst nachjagt — in diesem Falle rettet ihn entweder sein Gott, und führt ihn an einen sichern Ort, oder er gibt ihm Freudigkeit, Muth und Kraft, allen Gefahren, sogar auch dem Tod getrost entgegen zu gehen; in allen diesen Fällen überwindet er immer weit, durch den, der uns geliebt und sich auch für uns in den Tod gegeben hat. Der Unglaubige und Unbekehrte hingegen hat gar keinen Trost, und er verschmachtet im Elend.

Von jeher war es leider gewöhnlich, daß man sagte: es ist Friede und hat keine Gefahr, und auf einmal überkommt sie die Gefahr ganz unerwartet, wie uns Deutsche der gegenwärtige Krieg überfallen hat; wenn dann in solchen Fällen Zeugen und Wahrheit auftraten, und die Menschen zur Sinnesänderung, zum Besserwerden und zum Besinnen auffor- derten, und denen, die das nicht thaten, mit schweren Gerichten drohten, so wurden sie verlacht, verspottet, gelästert, auch wohl gar verfolgt, und mit Gefangenschaft bestraft, man lese nur in der Bibel, wie es die Israeliten dem Propheten Jeremia gemacht haben; aber der Erfolg ist dann auch immer der nämliche: die Gerichte bleiben nie aus, die Zeugen der Wahrheit bekommen ihren Gnadenlohn am Ziel, und mit ihnen die, deren Seelen sie aus dem Verderben gerettet haben.

Sollte es denn aber wohl Grund haben, daß jetzt in unsern Zeiten solche schwere göttliche Gerichte über uns schweben, und die grosse Versuchungsstunde, die über den ganzen Erdboden kommen soll, nahe ist? — dieß wollen wir mit wenigem untersuchen:

Laßt uns nur einmal zuvor mit den leiblichen oder physischen Beweisen den Anfang machen: Vor dem siebenjährigen Krieg trank der gemeine Mann gewöhnlich noch Wasser, und zu Zeiten ein Glas Bier; anstatt des Thee's und des Kaffee's wurde des Morgens eine Bier-, Mehl- oder Milchsuppe gegessen, die Vornehmern tranken Thee, und nur dann, wenn sie Besuche hatten, Kaffee, aber jetzt trinkt alles Kaffee, und noch dazu gewöhnlich täglich zweimal; sogar das Gesinde macht täglich zweimal Anspruch auf den Kaffee, und in den mehrsten Städten und bei den Vornehmen auf dem Lande bekommt es ihn auch. In den Ländern, wo kein Wein wächst, wurde nicht allgemein Wein, sondern Bier getrunken, aber jetzt verarmen die Bierbrauereien, und die Weinwirthe werden reich. Mit dem Essen, besonders bei Gastmahlen, wird ein solcher ungeheurer Luxus getrieben, daß gewöhnlich von dem Aufwand eines einzigen Tractaments eine arme Familie mehrere Monate leben könnte.

Im Hausgeräthe herrscht, besonders bei den Vornehmern, eine Pracht, die unglaublich ist: Thee- oder Kaffee-Tassen, deren eine 20 bis 30 Gulden kostet, ein Dutzend Stühle für ein- bis zweihundert Gulden, silberne Leuchter, krystallene Hangleuchter oder Lüstre, von 5 bis 600 Gulden, das alles ist in den Häusern der Vornehmen und der Kaufleute nichts seltenes, und die geringeren Stände ahmen es nach, so gut sie können.

Die Kleiderpracht ist bei beiderlei Geschlechtern erstaunlich; dazu kommt dann noch die abwechselnde Mode, so daß man die Kleider nicht einmal tragen kann, bis sie gehörig abgenutzt sind, sondern immer, der Mode wegen, neue machen muß. Man nehme dazu den allgemein herrschenden Spielgeist, so daß man in allen honetten Gesellschaften um Geld spielen, am Kartentisch sitzen und die Zeit verderben muß. Welch eine Menge Geldes an Comödien, Bälle und öffentliche Lustbarkeiten verschwendet wird, das ist nicht zu sagen, und kann nicht berechnet, nicht genug beklagt werden. Nimmt man nun noch dazu, daß alle dergleichen Arten des Luxus, der Unersättlichkeit der menschlichen Natur gemäß — nicht ab, sondern immer zunehmen, so folgt unwidersprechlich, daß auch die Einnahmen im Verhältniß jener Ausgaben steigen müssen — ist das aber nun auch wirklich der Fall? — und gesetzt auch, er wäre es, so ist doch der Flor der Gewerbe, Landwirthschaft, Fabriken und Handlung nicht unendlich; der Gewinn kann ausserordentlich hoch steigen, aber er hat doch seine Gränzen — der ganze Reichthum der Natur kann endlich erschöpft werden, aber der Hunger einer Seele, die im irdischen, sinnlichen Genuß lebt, steigt ins Unendliche, und wird nie gesättigt.

Allein, wenn wir uns in der gegenwärtigen Zeit recht umsehen, und den Zustand der Gewerbe redlich und unpartheyisch prüfen, so ist das keineswegs der Fall, daß allenthalben Gewinn und Gewerb so zunimmt, wie der Luxus, im Gegentheil, an den mehrsten Orten nimmt er ab — nun überlegt nur selbst, was das für Folgen haben muß? — nach und nach wird die Armuth hin und wieder einzelne Familien wie ein gewappneter Mann überfallen; Wuth, Verzweiflung, Selbstmord, heimlicher und öffentlicher Diebstahl, Raub und Mord werden überhand, und die öffentliche Sicherheit abnehmen. Von den einzelnen Familien wird das nach und nach zum Allgemeinen übergehen, diejenigen, die Gewalt haben und die allgemeine Armuth zu empfinden anfangen, werden sich ihrer Gewalt bedienen, und die Schwächern drücken und vollends aussaugen. Wenn aber nun auch noch Krieg, Theurung und Mißwachs dazu kommen, wie das wirklich gegenwärtig der Fall ist, so müssen ja alle diese schreckliche Folgen noch beschleunigt werden.

Bei allen Völkern und Religionen pflegte man, je nach dem Gottesdienst, Denkungsart und Gebräuchen einer Nation, in solchen Fällen, und bei drohenden Landplagen, zu Gott seine Zuflucht zu nehmen; dort opferte man, hier stellte man Fast-, Buß- und Bettage an, und da hielt man Prozessionen u. d. g. Dieß alles zeigt denn doch an, daß man noch an Gott und an seine Weltregierung glaube, und daß er, wenn man sich demüthig und bußfertig an ihn wendete, sich erbarmte und solche drohende Ruthen wieder weglegte, wie man davon, sowohl in der Bibel, als auch in der Geschichte überhaupt, Beispiele findet, aber leider! leider! bei uns ist der herrschende Zeitgeist ganz anders gesinnt: man glaubt nun einmal überzeugt zu seyn, daß Beten nichts hilft, sondern daß alles so seinen natürlichen unabänderlichen Gang fortgeht — ein ganz teuflischer Grundsatz — wozu also nun öffentliche Bettage? — und eben so wenig können dann auch Buße und Bekehrung etwas im göttlichen Plan der Weltregierung ändern — ein Gedanke, wozu die menschliche Vernunft die Quellen oder Vordersätze in der Hölle geholt hat — daraus folgt also nun auch ganz natürlich, daß alle dergleichen religiöse Erweckungs-Anstalten unterbleiben, und daß gar nicht mehr daran gedacht wird.

Das ist aber noch nicht alles; mit obigen fluchwürdigen Grundsätzen verbindet man nun auch noch folgenden, welcher ganz abscheulich, und dazu gemacht ist, die ganze Menschheit zu ruiniren, zur Verdammniß und allen göttlichen Gerichten reif zu machen, man behauptet nämlich: der Mensch sey dazu bestimmt, und habe also auch das Recht, alle sinnlichen Vergnügen zu genießen, in so fern sie ihm selbst und andern nicht nachtheilig sind. Dieser Satz ist ein so scheinbarer Trugschluß, wie es keinen mehr in der Welt gibt, denn wenn man das Wort bestimmt wegläßt, und an dessen Statt sagt, es sey dem Menschen erlaubt — so kann ihn auch der strengste Christ vertheidigen, denn es kommt dann darauf an, wie man die Worte — in so fern die Vergnügen ihm selbst und andern nicht nachtheilig sind — mehr oder weniger streng nimmt — ich will dieß durch ein Beispiel erklären:

Gesetzt, ich habe jetzt einen Thaler übrig, den ich auch eben auf die Zukunft nicht so nöthig habe, und ihn also jetzt wohl zu meinem Vergnügen anwenden kann; nun tritt folgender Collissionsfall ein: ich bin eingeladen worden, an einer erlaubten Lustparthie auf dem Lande Antheil zu nehmen, dazu hab ich also den Thaler bestimmt; indem ich nun damit umgehe, mich zu dieser Lustparthie anzuschicken, so erfahre ich die dringende Noth eines Armen, dem ich mit meinem Thaler abhelfen kann — jetzt bleibt der Christ zu Haus, denn er sagt: diesem Armen ist meine Lustparthie nachtheilig, und er hilft seiner Noth ab; der Mann nach der Mode aber zieht die Lustparthie vor, und sagt gleichfalls: sie schadet dem Armen ganz und gar nicht, denn sein Elend wird dadurch nicht größer.

Jetzt bedenke man wohl, welche Folge die Auslegung obiger Worte durch den Christen habe — würde diese Denkungsart unter den Menschen allgemein werden, so gäb es durchaus keinen Armen mehr, und der Himmel würde auf die Erde zurückkehren. Im Gegentheil muß sie allmählich zur Hölle werden, wenn die Erklärung nach der Mode statt findet, und wahrlich! wahrlich! sie findet statt.

Die wahre, ächte Christus-Religion spricht ernst und laut: Der Mensch ist nicht zum Genuß sinnlicher Vergnügen, sondern zur Vervollkommnung seines sittlichen Charakters, zur

Heiligung und Gottähnlichkeit bestimmt, und da jener Genuß die sittlichen und heiligen Kräfte schwächt, so muß ihn der Christ beständig verläugnen, und nur so viel davon genießen, als zur Erhaltung, Erholung und Stärkung seiner physischen Kräfte erforderlich ist; alsdann behält er auch so viel übrig, daß er seinen nothleidenden Nächsten unterstützen kann.

Hingegen der Geist unserer Zeit spricht frech und laut: Der Mensch ist vermöge aller seiner Anlagen zum Genuß der sinnlichen Vergnügen bestimmt; darum muß er täglich alles aufsuchen und zu erlangen trachten, was diesen seinen Hunger und Durst sättigen kann, er muß aber dabei Rücksicht auf seine Gesundheit nehmen und auch seinem Nächsten sein Recht nicht kränken, übrigens sorgt er für sich selbst, und so mag es dann auch jeder andere machen; der Staat muß für die Armen sorgen; edle, wohlthätige Handlungen der Menschenliebe übt man bei Gelegenheit aus; sie stehen einem honetten Mann gut an, machen ihm einen guten Ruf und ersetzen auch die menschliche Schwächen, die man hier und da mit dem weiblichen Geschlecht und sonst begeht, u. s. w.

Vermög dieses schrecklichen, aber unter uns allenthalben durch Thatsachen sprechenden Grundsatzes lebt man nun in der ungebundensten Sicherheit dahin — es ist unglaublich, wie weit die Gefühllosigkeit geht: ich hab im letztern Revolutionskrieg mehr als einmal erfahren, daß in einer Stadt in dem einen Hause eine Menge im Krieg Verwundeter, theils in den größten Schmerzen jammerten, theils auch im Todeskampf ächzten, und im andern Hause war Musik und Ball, wo sich dann auch die Offiziere, welche jene commandirt hatten, mit lustig machten. — Sagt selbst, wie muß einem so schwer Leidenden oder Sterbenden zu Muth seyn, wenn er die Musik der Tänze und den tobenden Tritt seiner Mitmenschen hört, von denen man erwarten sollte, daß sie mit ihnen weinten, oder das Geld, das sie da verjubeln, zur Erquickung der Leidenden anwendeten? — Wahrlich! sie seufzen zu Gott, daß er ihrem Jammer ein Ende machen wolle; aber auch, daß er denen, die so gefühllos gleichsam ihrer Leiden spotten, zu erkennen geben möge, was es heiße, in den schwersten Leiden unserer Mitmenschen sich lustig machen und ihres Elends nicht achten.

Wie kann man doch jetzt, wo Millionen Menschen, unsre Brüder und Schwestern, unter der Last des Kriegs hungern und dürsten und Alles verloren haben; wo Kinder und Säuglinge mit Weinen und Klagen ihre unschuldigen Händchen nach Vater und Mutter ausstrecken und um Brod flehen, halb nackend vor Kälte zittern und beben und vor Jammer vergehen, aber von dem Allem nichts erlangen, weil Vater und Mutter selbst verhungern und erfrieren, sagt, Menschen! wie kann man da Bälle und Lustparthien anstellen? — wie ist es möglich, bei kostbaren Gastmahlen und Theegesellschaften froh zu seyn? — und doch ist es nicht nur möglich, sondern es geschieht täglich, und zwar mit dem größten und üppigsten Aufwand.

Wenn wir uns also genau prüfen und dem Geist unserer Zeit recht ins Gesicht sehen, so finden wir, daß es nicht blos physische Ursachen gibt, die uns die Nähe schrecklicher, göttlicher Gerichte verkündigen, indem aus der zügellosesten Verschwendung, die unter uns herrscht, nothwendig ein allgemeiner und schrecklicher Bankerott entstehen muß, sondern es gibt auch geistige Ursachen, die noch weit kräftiger wirken und uns den Zorn des Allerhöchsten mit allen seinen Folgen über den Hals zuziehen, und diese Ursachen sind: Erkaltung aller Religionsgefühle oder sonst guter frommer Empfindungen, daher unaussprechliche Gefühllosigkeit bei dem Leiden unserer Mitmenschen; die Quellen davon sind: Unglaube und Abfall von Christo, man arbeitet mit Macht daran, die Bibel und mit ihr unsern theuersten Erlöser verdächtig zu machen, und da ist es ja ganz natürlich, daß jede fromme und gute Empfindung ersticken und jede böse Leidenschaft grünen und blühen müsse.

Dies alles geschieht nun, nachdem uns unser himmlischer Vater durch so viele Erfahrungen belehrt hat, daß die christliche Religion den Menschen den Weg zur Seligkeit zeige und sie schon hier fromm, gut und glücklich mache; nachdem er uns durch so viele Beispiele sowohl in der Bibel als auch sonst in der Geschichte gezeigt hat, daß eine solche Beharrlichkeit im üppigen und gottlosen Leben durchaus kein gut thue, und unfehlbar die schrecklichsten Strafen darauf folgen, und, nachdem er uns seit 10 bis 20 Jahren her seine Ruthe schon schrecklich drohend gezeigt hat, und wir uns ganz und gar nicht daran gekehrt haben.

Jetzt urtheilt nun selbst, ob wir nicht allen Grund zu fürchten haben, daß diese große Versuchungsstunde, die über den ganzen Erdkreis kommen soll, sehr nahe sey — besonders da auch der Apostel Paulus geweissagt hat, daß diese große Trübsal kommen werde, wenn der Abfall von Christo da sey, und der ist wirklich da und wird noch bis zu einer gewissen Höhe steigen; wenn also die Weissagung vom Abfall unläugbar vor unsern Augen erfüllt wird, so wird gewiß auch die von der Versuchungsstunde, die der Mensch der Sünden über die Erde und besonders über die Christenheit bringen wird, in Kurzem erfüllt werden.

Hier muß ich euch aber sehr ernstlich warnen, ja Niemand für den Menschen der Sünde zu halten, bis ihr auch die Wahrzeichen an irgend jemand unverkennbar und gewiß bemerkt, woran man diesen schrecklichen Widerchristen erkennen soll. Diese Wahrzeichen sind:

1) Daß man ihn in seinem Bild übermenschlich, gleichsam göttlich verehren soll.

2) Diejenigen, die das thun, bekommen ein gewisses Zeichen am Haupt oder an der Hand oder an beiden Theilen, und diese genießen dann alle bürgerliche Freiheit; die es aber nicht thun, werden grausam gedrückt und verfolgt; besonders wird mit dieser Verehrung auch die Verläugnung Jesu Christi und seiner beseligenden Lehre verbunden seyn.

3) Muß sich entweder im Namen oder im sonstigen Charakter dieses Menschen eine merkwürdige Zahl finden, wodurch er auch auf die Menschheit wirkt, und die er ebensfalls zum

Unterscheidungszeichen seiner Verehrer und nicht Verehrer macht; und endlich

4) Besteht sein Hauptcharakter in der Feindschaft gegen Christum und seine wahren Verehrer, die er schrecklich verfolgen und drängen, aber auch eben darüber fürchterlich gerichtet werden wird.

So lang ihr alle diese Zeichen nicht beisammen an einem Kaiser, König, Papst oder irgend einem Regenten findet, so lange ists eine sehr schwere Sünde, irgend jemand für den Menschen der Sünde zu halten, der es dann doch wirklich nicht ist; welch eine Beschuldigung ist dies? — man könnte ja Niemand schwerer beleidigen als durch diesen Verdacht. Ich sage euch mit der höchsten Wahrheit: der Mensch der Sünden ist noch nicht offenbar; aber sehr weit kann er in Ansehung der Zeit nicht mehr entfernt seyn.

Daß wir schon wirklich die Vorboten der großen allgemeinen Versuchung erfahren, das ist wohl nicht zu läugnen: Stellt euch nur einmal folgende, ganz sichere Beschreibung der gegenwärtigen Verfassung der vornehmsten Reiche des ganzen Erdkreises vor: Nach allgemeinen Nachrichten soll im chinesischen Reich, welches erstaunlich groß ist und am äussersten Ende des festen Landes von Asien liegt, eine große Revolution und immer Krieg seyn; alle ostindische Reiche sind beinahe ganz in der Gewalt der Engländer, die noch immer mit den dortigen Regenten Krieg führen. In Persien ist ein unaufhörlicher Krieg zwischen den einzelnen Partheien und ihren Häuptern. Das ganze türkische Reich ist in beständigem innern Kampf und Empörung. In Arabien ist es noch immer kriegerisch und unruhig. In Egypten sind die Bey's noch immer im Krieg begriffen. In Algier herrscht Aufruhr und Mord. In Amerika und auf dem ganzen Weltmeer kämpfen Engländer, Franzosen und Spanier miteinander, eben dieser Krieg ist auch die Ursache, daß jetzt die zwei größten Monarchen in Europa, die zwei Kaiser von Oestreich und Frankreich, mit einander Krieg führen, wodurch nun wiederum alle Regenten der ganzen Christenheit in einen bewaffneten Zustand getreten sind, und nun nehme man die allenthalben herrschende Theurung dazu, so kommt ein Zustand heraus, der äusserst bedenklich ist und eine höchst traurige Zukunft fürchten läßt.

Was ist denn nun bei diesen Umständen unsere Pflicht und was müssen wir thun, um dem zukünftigen Zorn zu entfliehen?

Dies ist nun freilich die Hauptfrage, aber wie herzlich wünsche ich, daß sie so leicht und so gern befolgt werden könnte, als ich sie beantworten kann — und doch würde euch diese Befolgung auch in der größten Trübsal unaussprechlich glücklich machen, euch in den größten Leiden freudig erhalten.

Seit einigen Jahren hat sich, besonders im südlichen Deutschland, ein Trieb verbreitet, nach Amerika zu ziehen: diese Familien haben auch diesem Trieb gefolgt und sind dahin gezogen, diese sind nun zwar dem gegenwärtigen Jammer entgangen, aber ich hab gewisse Nachrichten aus Amerika, daß es ihnen da — wenigstens sehr vielen — gar nicht wohl geht; und das ist auch natürlich: denn wer die Beschaffenheit in Amerika kennt, der weiß auch sehr gut, daß Geld und Freunde dort nöthig sind, um erträglich leben zu können, wer das nun nicht hat, dem gehts gewöhnlich sehr übel. Also, das Wegziehen in fremde Länder ist das Mittel nicht, wodurch man dem zukünftigen Zorn entflieht, indem ja auch die Versuchungsstunde über den ganzen Erdkreis, folglich auch über Amerika kommen soll — höchst wahrscheinlich wird der Herr seinen Auserwählten einen Ort anweisen, wohin sie fliehen und sich bergen können, wenn die Hitze der Drangsale überhand nehmen will; diese Anweisung müssen wir aber dann auch erwarten und nicht voreilig davon laufen. Amerika ist schwerlich dieser Ort der Sicherheit, vermuthlich befindet er sich in den Morgenländern, überhaupt aber entflieht man auf diese Weise dem zukünftigen Zorn nicht, sondern dadurch geschieht es sicher und zuverläßig, wenn man aus seinem alten verdorbenen Zustand auszieht und durch Buße, Bekehrung und Wiedergeburt ein neues Leben, einen neuen Wandel vor

Gott und in seiner Gegenwart anfängt, fortsetzt und darinnen bis ans Ende treu beharrt.

Wer diesen Weg einschlägt, der kann sich fest und sicher darauf verlassen, daß ihm kein Sturm, auch nicht die schrecklichste Trübsal schaden wird; denn er hat eine Quelle der Sicherheit und des Trostes in sich selbst, er weiß gewiß, daß ihm kein Haar von seinem Haupte ohne den Willen seines himmlischen Vaters fallen kann und daß dieser Wille immer sein Bestes will, was kann und was hat er allda zu fürchten? Derjenige, der sich noch in seinem unbekehrten Naturstand befindet, kann sich zwar nicht vorstellen, wie man in der größten Trübsal ruhig und froh seyn könne, allein man kann sich vieles nicht vorstellen, das dem ungeachtet dennoch wahr ist. Ich will euch einige Beispiele erzählen, woraus ihr sehen könnt, wie muthig der Christ auch in den schrecklichsten Leiden und Gefahren ist; dann auch, wie wunderbar er oft durch die väterliche Führung seines Gottes und Erlösers aus denselbigen gerettet wird.

Im sechzehnten Jahrhundert, nicht lange nach der Reformation, lebte im Breisgau ein katholischer Pfarrer, dessen Namen aber die Geschichte nicht aufbewahrt hat: der berühmte Reformator Oecolampadius erzählt sie und versichert, daß er sie von einem Augenzeugen gehört habe. Dieser Pfarrer hörte von den neuen Lehren der Reformatoren, dies brachte ihn dahin, daß er sich darnach erkundigte, ihre Schriften und die Bibel las, und dann auch überzeugt wurde, daß Luther und seine Mitarbeiter recht und er, so wie die Katholischen überhaupt, bis daher in vielen Stücken geirrt hätten; er bekehrte sich also aus seiner bisherigen Finsterniß zum Licht, predigte und lehrte nun auch nach dem Evangelium und verheirathete sich auch, welches, wie ihr wißt, den katholischen Geistlichen durchaus verboten ist.

Nun trug sichs um die Zeit zu, daß hin und wieder in Deutschland die Bauern aufrührisch wurden, in großen Schaaren umherzogen und viel Unheil stifteten, auch raubten und mordeten, bis daß sie endlich durch obrigkeitliche Gewalt wieder in Ordnung gebracht wurden. Ein solcher Haufe aufrührischer Bauern kam nun auch in den Ort, wo der Pfarrer war, sie brachen in sein Haus ein und plünderten ihn ganz aus; er erinnerte sie, wie unrecht sie handelten, daß sie aufrührisch wären und nun raubten und plünderten; er predigte ihnen das Evangelium; suchte sie zu besänftigen und behandelte sie so, wie es einem Lehrer der Religion der Liebe zukommt, allein das hieß tauben Ohren gepredigt, und einer von den Bauern sagte ihm geradezu, er sollte nur stillschweigen, denn die Pfaffen hätten sie nun lang genug mit der Krämerei ihrer Meß und des Fegfeuers geschunden, sie kämen nun, um ihr Geld wieder zu holen; er habe noch immer genug behalten, Christus sey ja auch arm gewesen, und wenn er nicht schwiege, so wollten sie ihm das Haus über dem Kopf anzünden.

Dieser Bauern-Aufruhr wurde nun zwar wieder gestillt, allein auf einmal kamen des Nachts Soldaten ins Pfarrhaus und nahmen den guten Pfarrer gefangen, sie banden ihm Händ und Füße, setzten ihn dann auf ein Pferd und führten ihn fort. Er wurde lang im Gefängniß aufbewahrt, wo er entsetzliche Martern ausstehen mußte, bis man ihm endlich das Todes-Urtheil bekannt machte, daß er solle ertränkt werden, und warum? — weil er geheirathet hatte.

Als er hinaus geführt wurde, um ins Wasser gestürzt zu werden, sprach er Jedermann freundlich zu und war heiter. Die Geistlichen ermahnten ihn, er solle beichten und die Absolution empfangen, er antwortete aber: er habe bei seinem Heiland Jesu Christo gebeichtet, auch von ihm selbst die Absolution empfangen, sie aber möchten wohl zusehen, was sie thäten, indem sie nach unschuldigem Blut dürsteten: denn der Herr, der Herzen- und Nierenprüfer, sey wahrhaftig, und der habe gesagt: die Rache ist mein, ich will vergelten.

Dieser Pfarrer hatte einen dürren und magern Körper, daher sagte er folgende, seine letzten Worte: Ich hätte meine dürre, magere Haut, die kaum an den Knochen hängt, doch bald ablegen müssen. Ich weiß, daß ich sterblich bin, ein armer Erdwürm, und habe mich lang nach diesem meinem letzten Tag gesehnt und gebeten, daß ich bald möchte aufgelöst werden und bei meinem Herrn Christo zu seyn.

Diese christlichen Reden konnten seine Verfolger nicht ertragen, sie befahlen aber dem Henker, ihn alsofort ins Wasser zu stürzen, welches dann auch geschah.

Hieraus könnt ihr erkennen, welchen Muth und Freudigkeit die christliche Religion gibt: denn wenn der Gerechte sogar im Tode getrost ist, wie vielmehr wird er es dann in allen andern Trübsalen und Unglücksfällen seyn.

Im Jahr 1771 war ein Aufruhr in der Stadt Moskow in Rußland. Der dortige Erzbischof Ambrosius, ein sehr würdiger Mann, der blos durch seine Geschicklichkeit im Predigen, durch Fleiß in seinem Amt und durch sein christliches Leben zu dieser hohen Würde gelangt war, hatte auch durch Mißverstand oder heillosen Verdacht den Haß der Aufrührer auf sich geladen. Als er das Toben des herandringenden Pöbels hörte, fiel er auf seine Knie, streckte die Hände nach einem Crucifix aus und sprach mit Thränen: Herr, vergib ihnen, denn sie wissen nicht, was sie thun; führe sie nicht in Unfall, sondern wende ihr Stürmen ab. Und wie sich durch den Tod des Jonas die Meereswellen gelegt haben, so lege sich nun durch meinen Tod das Brausen dieses wüthenden Volks. — Wie er sahe, daß sie die Thür seines Klosters aufbrachen, so ging er in die Kirche, beichtete bei dem Priester, der eben Messe hielt, empfing das heilige Abendmahl und überließ sich dann ohne Widerstand seinen Mördern, die ihn vom Altar weg zur Kirche hinaus schleppten und vor dem Kloster umbrachten, und sprach bis an seinen letzten Athemzug den Namen Jesus aus. Seine Mörder bekamen bald nachher die wohl verdiente Strafe. Welch eine himmlische Gesinnung gibt doch die wahre Gottseligkeit? — Da mags einem gehen, wie es will, man fühlt sich glücklich.

Ein Prinz von Braunschweig, Namens Albrecht Heinrich, war erst 19 Jahre alt, als er im Jahr 1761 im siebenjährigen Krieg eine schwere Wunde bekam, an welcher er auch sterben mußte. Dieser junge Prinz äusserte in seinen letzten Stunden die angenehmste und seligste Fassung: gleich nach dem Empfang der Wunde sah er die Vorbereitung zum Tode als sein wichtigstes und nothwendigstes Geschäft an; dies war ihm aber auch nichts Neues, denn er war schon längst mit den Gegenständen bekannt, auf die es jetzt vorzüglich ankam. Am Tage seiner seligen Vollendung, als man schon früh Morgens alle Züge des Todes in seinem Gesichte sah, fragte er seinen ersten Wundarzt, wie weit er glaubte, daß sein Ende noch wohl entfernt sey? — und als dieser ihm mit einer wehmüthigen Miene zur Antwort gab, daß seine bevorstehende große Veränderung wohl nicht weit mehr seyn könne, sprach er mit der heitersten Gelassenheit: ich bin mit dem Willen Gottes vollkommen zufrieden, und will meinem Tod geruhig entgegen sehen, ich kann ihn aber auch ebenso ruhig im Bette erwarten. Nachdem er sich hierauf vom Lehnsessel dahin tragen lassen, empfahl er seinen, durch die Genugthuung seines Erlösers gerechtfertigten Geist, in die Hände seines himmlischen Vaters, und nahm darauf von allen Umstehenden mit Darreichung der schon erstorbenen Hand und mit den zärtlich freundlichsten Blicken, womit er allezeit seine Freunde, die Menschen, ansahe, und worüber auch die Todeszüge keine Gewalt hatten, Abschied. — Nach einem kurzen Schlummer, den alle Anwesende für den letzten hielten, erwachte er wieder, bat den Kammerjunker du Till, sich neben ihn zu setzen und dictirte ihm eine Art von Testament, worin er alle, denen er glaubte, Erkenntlichkeit schuldig zu seyn, bis auf die geringsten Bedienten herab, der Großmuth seines Herrn Vaters empfahl. Hierauf fiel er wieder in einen sanften Schlummer, aus dem er ganz belebt wieder erwachte und abermals gedachten Kammerjunker zum Schreiben aufforderte; er dictirte ihm verschiedene Dank- und Abschiedsbriefe an die Personen seiner Familie und an seinen gewesenen Hofmeister, und als ihn der Leibarzt erinnerte, sich ein wenig zu erholen, so antwortete er, er hätte nur noch von seinen beiden jüngsten Geschwistern Abschied zu nehmen, dies wolle er aber in einem einzigen Brief thun, er fing auch an, denselben zu dictiren, aber mitten im Brief schien der in der Auflösung stehende Geist sich von der Erde zu erheben: denn die Anrede an seine Geschwister, die sich mit einer rührenden Ermahnung zur Gottesfurcht und Tugend anfing, verwandelte sich mitten im Brief in eine Rede mit Gott. Und gleich darauf übergab er auch seinen Geist in die Hände seines himmlischen Vaters, schloß seine Augen und starb.

Sagt doch, meine Lieben! ist wohl alle irdische Hoheit und Glückseligkeit mit der Ruhe und dem innern Frieden des wahren Christen zu vergleichen? in den schrecklichsten Gefahren ist er zufrieden.

Man kann sich nicht leicht etwas Schrecklichers denken, als lebendig verbrannt oder auch von den wilden Thieren zerrissen zu werden, und doch hat man in beiden Fällen Beispiele, daß wahre Christen mit Freuden beide Arten des Todes ausgestanden haben. Viele unter den ersten Christen lobten und verherrlichten ihren Erlöser, für den sie starben, noch in den Flammen, und Johann Huß, der Anno 1415 zu Constanz am Bodensee lebendig verbrannt wurde, ging auch dem Scheiterhaufen fröhlich entgegen; als er nahe an die Gerichtsstätte kam, so sah er, daß ein altes Mütterchen noch einen Reisbündel zum Scheiterhaufen trug: denn sie glaubte dadurch Vergebung der Sünden bei Gott zu erlangen, wenn sie etwas zur Verbrennung eines Ketzers beitrüge — dies bewegte den Huß zu lächeln und zu sagen: O du heilige Einfalt!

Der heilige Ignatius und andere Märtyrer mehr wurden in einen verschlossenen Raum gebracht, um welchen herum Behälter von wilden Thieren, als Löwen, Tiger, Bären, Pardel, Leoparden u. dergl. gebaut waren, dann ließ man eins oder mehrere von diesen wilden Thieren heraus, die dann auf einen solchen Menschen losgingen, ihn zerrissen und verzehrten. Ignatius ging diesem schrecklichen Tod mit einer beispiellosen Freudigkeit entgegen, es war, als ob er zur Hochzeit ginge — im Grund war das auch so: denn er ging ja zur Hochzeit des Lamms.

Werdet nur wahre Christen, liebe Freunde und Freundinnen! und dann fürchtet nichts mehr als die Sünde. — Man hat aber auch Beispiele genug, wie mächtig und wunderbar der Herr die Seinigen aus Gefahren errettet, davon will ich euch nun auch einige Beispiele erzählen:

Gegen das Ende des sechszehnten Jahrhunderts hatte sich die reformirte Religion in Frankreich sehr ausgebreitet, und die katholische Obrigkeit wendete alle mögliche, auch die grausamsten Mittel an, um die neue Religion ganz auszurotten. Man nannte die Reformirten Hugenotten. Nun lebte zu der Zeit ein berühmter und gelehrter Mann, auch ein Hugenotte, in Paris, Namens Beroald, bei welchem ein kleiner Knabe Namens d'Aubigne (man spricht es Dobinje aus) in der Lehre und Erziehung war. Dieser Dobinje war von vornehmer, adelicher Herkunft, und seine Eltern wollten, daß er nicht nur etwas lernen, sondern auch reformirt, das ist: ein Hugenotte werden sollte.

Da nun auch sehr viele vornehme Leute, Prinzen und Grafen, Hugenotten waren, so wollten sich diese nicht so hinrichten lassen, sondern sie sammelten eine Armee und führten Krieg gegen den König und die Katholischen, wodurch sie aber nichts gewannen, sondern der Jammer und das Blutbad wurde immer größer. Das wahre Christenthum hat nie durch Krieg, sondern immer durch Lieben, Dulden und Leiden gesiegt. Als es nun einst recht unsicher in Paris war und allenthalben die Reformirten oder Hugenotten umgebracht wurden, so war auch der fromme Beroald mit seinem kleinen Dobinje nicht mehr sicher; er beschloß also, mit seiner Familie und seinen Schülern zu entfliehen. Dies that nun dem Dobinje unendlich weh; denn er mußte seine schönen Bücher und alle das Spielzeug, das ihm sein Vater mitgegeben hatte, zurücklassen; dies preßte dem armen Knaben die bittersten Thränen aus, allein sein Lehrer, der fromme Beroald, faßte ihn freundlich an der Hand und sagte zu ihm: O mein kleiner Freund!

empfindest du nicht, was das für ein Glück für dich ist, daß du schon in deinem zarten Alter im Stande bist, etwas um desjenigen willen zu verlieren, dem du Alles zu danken hast.

Diese kleine, flüchtende Gesellschaft, welche aus vier Mannspersonen, drei Frauenzimmern und zwei Kindern bestand, nahmen also unter mancherlei Gefahren ihren Weg nach der Festung Couranze (Curangse), denn sie glaubten, daß dieser Ort noch in den Händen der Hugenotten seye, allein sie hatten leider! geirrt, denn es lag ein Offizier Namens Dachon (Daschong) mit hundert Reitern darinnen, welcher den Reformirten spinnefeind war. Dieser nahm sie nun alle gefangen und übergab sie einem ebenso feindseligen Manne in Verwahrung.

So sehr auch der Knabe Dobinje noch ein Kind war, so weinte er doch nicht, als man ihn ins Gefängniß brachte, aber er konnte seine Thränen nicht zurückhalten, als man ihm seinen kleinen, silbernen Degen sammt dem Wehrgehänge mit einer silbernen Kette nahm.

Der feindselige Ketzermeister, der sie alle in Verwahrung hatte, verhörte den Knaben sehr oft und erzürnte sich sehr über seine gescheite Antworten. Einige Offiziere, welche aus seinem atlassenen Kleid und feinem Betragen schlossen, er müsse wohl von vornehmem Stand seyn, brachten ihn zum Commandanten Daschong. Dieser sagte ihm nun, daß er mit seiner ganzen Gesellschaft lebendig würde verbrannt werden, wenn er und sie alle nicht katholisch würden; hierauf antwortete ihm der Knabe: Der Abscheu vor der Messe benimmt mir alle Furcht vor dem Feuer. Zu gleicher Zeit befanden sich zwei Musikanten im Zimmer, und die Gesellschaft tanzte. Der Commandant befahl dem Knaben, eine Galliarde zu tanzen, und Dobinje thats so schön, daß die ganze Gesellschaft Vergnügen daran hatte und ihm dankte; allein das Alles erweichte das Herz der Tyrannen nicht, sondern man schickte ihn unter gräulichen Beschimpfungen wieder ins Gefängniß.

Als nun der fromme Beroald erfuhr, daß ihnen allen das Todesurtheil gesprochen sey und daß sie lebendig sollten verbrannt werden, so erforschte er den Muth seiner kleinen Gesellschaft und ob sie auch alle entschlossen wären, lieber diesen schrecklichen Tod auszustehen, als ihren Glauben zu verläugnen? — allein er fand sie alle standhaft. Am Abend, als man ihnen zu Essen brachte, kam auch der Scharfrichter mit, der sie am zweiten Tage hernach hinrichten sollte.

Als dieser fort und die Thür des Gefängnisses geschlossen war, so fingen sie alle an zu beten, um sich auf den Tod zu bereiten; allein zwei Stunden hernach kam ein Offizier von der Besatzung, dem ihre Verwahrung anvertraut und der ehemals ein Geistlicher gewesen war, zu ihnen ins Gefängniß. Er küßte den kleinen Dobinje und sagte zu Beroald: Entweder will ich sterben oder ich will euch alle retten, und zwar aus Liebe zu diesem kleinen Knaben. Haltet euch bereit, aus dem Gefängniß zu gehen, wenn ichs euch sagen werde. Sehet aber nach, ob ihr mir nicht fünfzig oder sechzig Thaler geben könnt, daß ich ein paar Männer damit bestechen kann, ohne deren Beistand ich euch nicht zu retten vermag. Man handelte nicht lange mit ihm, sondern man gab ihm sechzig Thaler, die man in die Schuhe versteckt hatte. Um Mitternacht kam dieser Offizier wieder zu ihnen mit zween Männern und sagte zu Beroald: mein Herr! sie haben mir gesagt, daß der Vater dieses kleinen Knaben einer von den Befehlshabern in Orleans gewesen sey; versprechen sie mir Dienste unter seiner Compagnie; — die Stadt Orleans war damals in der Gewalt der Hugenotten — Man versprach ihm nicht nur dieses, sondern auch eine gute ansehnliche Belohnung dazu. Dann befahl er, daß jedes von ihnen das andere bei der Hand halten sollte; die Hand des kleinen Dobinje nahm er selbst, führte sie in der Stille bei einer Wache vorbei, von dort aus unter ihrer Kutsche weg in eine Scheune, und dann gewannen sie quer Feld ein die Landstraße nach Montargis, allwo sie endlich nach ausgestandenen vielen Mühseligkeiten und Gefahren alle gesund und wohlbehalten ankamen.

Die Herzogin von Ferrara, welche daselbst wohnte, empfing diese guten Leute alle mit vieler Güte, und besonders den kleinen Dobinje; sie ließ ihn neben sich auf einem kleinen Stuhl sitzen und sprach drei Stunden lang mit ihm über die Verachtung des Todes um der Religion willen: denn man hatte ihr erzählt, was er dem Commandanten Daschong geantwortet hatte, als er ihm mit dem lebendig Verbrennen drohte.

Die Herzogin behielt diese Gesellschaft drei Tage lang bei sich, damit sie sich wieder erholen möchten; dann ließ sie sie auf eine bequeme Weise weiter bringen, und endlich kamen sie dann auch nach Orleans in Sicherheit. Der junge Dobinje wurde in seinen reiferen Jahren Stallmeister bei dem berühmten König Heinrich dem vierten in Frankreich.

Seht, so weiß auch der Herr die Seinigen aus der Versuchung zu erlösen; erst prüfte er diese Leute, ob sie ihm auch treu bleiben würden, und dann rettete er sie.

Ich habe oben schon erzählt, daß die Böhmen vor dem Anfang des 30jährigen Kriegs den Kurfürsten Friedrich von der Pfalz zu ihrem König wählten, woher dann gedachter schrecklicher Krieg entstand. Dieser Kurfürst wohnte hier in unserer Stadt Heidelberg. Dies veranlaßte nun den kaiserlichen General Tilly, daß er im Jahr 1622 hieher kam und diese Stadt belagerte; am sechsten September wurde sie mit Sturm eingenommen, und nun mußte die gute Stadt alles ausstehen, was nur die Frechheit der Soldaten an Weibern und Jungfrauen durch Rauben, Morden, Plündern und Verwüsten ausüben kann.

Zu der Zeit befand sich hier der Professor Alting, der noch durch seine Schriften bekannt ist; vermuthlich war er den Oestreichern als ein berühmter reformirter Theologe beschrieben worden, woher er denn auch in der größten Lebensgefahr war. Er war eben in seiner Studierstube, als man ihm sagte, die Kaiserlichen hätten die Stadt eingenommen. Sogleich verriegelte er die Thür, wendete sich im Gebet zu Gott und erwartete alle Augenblicke, daß die Soldaten einbrechen und ihn tödten würden. Jedoch ehe er sichs versah, kam sein Freund, der Rector der Universität, Bethusius, rufte ihn heraus und führte ihn durch eine Hinterthür zu dem Haus des Kanzlers, welches Tilly zu plündern verboten hatte, weil darinnen wichtige Dokumente, Acten und Briefschaften aufbewahrt wurden. Dies Haus wurde von einer Anzahl Soldaten bewacht, die unter den Befehlen eines Obristlieutenant standen, der besonders nach Raub und Mord begierig war; da er aber nun hier bleiben mußte und also nicht plündern und morden konnte, so schickte er Soldaten aus, welche die wohlhabendsten Bürger zu ihm führen mußten, denen er dann auf allerhand Weise Geld abzwackte. Zu diesem fürchterlichen Manne wurde Alting gebracht, der ihm sein von Blut rauchendes Schwerdt vor die Augen hielt, und sagte: an diesem Tage habe ich mit dieser Hand zehn Menschen umgebracht und ich würde den Professor Alting als den eilften dazu setzen, wenn ich wüßte, wo er zu finden wäre? — allein, wer bist du denn? — Alting antwortete: Ich war ein Lehrer bei der Universität — durch diese kluge und doch wahre Antwort entging er der Gefahr: denn der Obristlieutenant versprach ihm hierauf alle Sicherheit.

Hier brachte er eine der traurigsten Nächte ganz ohne allen Schlaf zu: denn er wurde durch das Geschrei der geraubten Weibspersonen und durch das Winseln der Männer, die an ihren Wunden und Qualen starben, wachend erhalten. Da er aber bemerkte, daß sehr viele zu diesem Hause, als zu dem einzigen sichern Ort, ihre Zuflucht nahmen und er zugleich fürchtete, er könnte vielleicht verrathen werden, so versteckte er sich auf den obersten Boden unter das Dach. Zu eben der Zeit wurde auch der Obristlieutenant von Tilly abgerufen und das Haus den Jesuiten übergeben, die aber Altings eben so bittere Feinde waren und er also in eben so großer Lebensgefahr war. Doch sorgte Gott durch seine besondere Vorsehung auch hier für sein Leben: Die Küche dieses Hauses hatte sich Tilly selbst vorbehalten, und über dieselbe war ein pfälzischer Koch gesetzt, der den Professor Alting kannte und liebte; dieser Koch ernährte und verbarg ihn so lange, bis er gelegene Zeit fand, und da die Jesuiten eben mit den Anstalten zu einer Messe beschäftigt waren, so bestach er drei baierische Soldaten, die den Alting nach seinem Hause bringen mußten. Hier fand er bei seiner Ankunft alle seine Sachen zerbrochen und geplündert, in seiner Bibliothek aber saß ein Hauptmann, der ihn nicht kannte, und sich rühmte, daß das Alles sein wäre. Doch, sagte er, gebe ich dir die Erlaubniß, ein Buch auszusuchen und mitzunehmen. Alting schlug dieses höflich aus und sagte: Mein Herr! wenn alle diese Sachen ihnen zugehören, so wünsche ich, daß sie sie länger behalten mögen, als ihr voriger Besitzer.

Mit tausend Gefahren begleitet, schlich er sich von Heidelberg weg und kam nach Heilbronn. Von da wendete er sich nach den Niederlanden, wo er zu Gröningen und Leyden noch viele Jahre mit Ruhm und mit Nutzen lebte und lehrte. So rettet der Herr die Seinigen, die auf ihn trauen, auch aus den größten Gefahren, dies beweist auch folgende merkwürdige Geschichte.

Der selige Fresenius, welcher zu Frankfurt am Main als Senior gestorben ist, stand, als er noch Candidat war, als Hauslehrer bei dem Rheingrafen zu Grumbach; von hier bekam er den Ruf zum Predigtamt nach Niederwiese, wo auch sein Vater als Prediger gestanden hatte. Eines Tages hatte er sich entschlossen, eine Reise zu Pferde nach seiner zukünftigen Gemeinde zu Niederwiese vorzunehmen. Ein Mensch, dem er einst ein Hinderniß gewesen, auf seinen bösen Wegen fortzuwandeln, hatte den grimmigsten Haß wider ihn gefaßt und ihm den Tod geschworen. Dieser Unglückliche erfuhr die vorhabende Reise des Fresenius und suchte auf dem Wege von Grumbach nach Niederwiese einen bequemen Ort aus, wo er auf den frommen Mann lauern und seinen verruchten Entschluß ausführen könnte.

Nun hatte aber der Rheingraf den Fresenius einige Stunden länger aufgehalten, so daß er auf den bestimmten und bekannten Zeitpunkt nicht von Grumbach hatte wegreiten können, dadurch war der blutdürstige Mensch des Wartens müde geworden und voraus nach Niederwiese geritten, in den

Gedanken, daß er da vielleicht seine Rache würde ausführen können. Kurz darauf, als sich dieser von dem Ort, wo er dem Fresenius aufgelauert, eben entfernt hatte, kam Fresenius daselbst an. Eine ganz ungewöhnliche Angst und Beklemmung bemächtigte sich seines Herzens, ohne daß er den geringsten Grund davon angeben konnte. Er befahl sich dem Schutz Gottes, und kaum war er an dem Ort vorbei, so wurde ihm wieder wohl, und er konnte Gott mit freudigem Herzen danken.

Fresenius war nicht weit von dannen geritten, als ihm Leute begegneten, die ihm sagten, daß ein Unbekannter nach jemand gefragt habe, der so gekleidet wäre, wie er, und auch ein solches Pferd reite, mit dem Auftrag, daß wenn sie ihm etwa begegneten, sie ihm doch sagen sollten, daß ein alter guter Freund ihn in dem nächsten Wirthshaus erwarten würde.

Fresenius konnte sich auf keinen solchen Freund besinnen, er ritt indessen stärker, um ihn noch einzuholen. Nach einigen Stunden erblickte er einen Menschen, der über eine Anhöhe vor ihm ritt, und er erkannte in ihm gleich den Mann, der ihm den Tod geschworen hatte. Bei dieser Entdeckung befand er sich an einem Ort, wo, neben der ordentlichen Landstraße, noch ein Fußweg nach Niederwiese führte, den sein Feind gewählt hatte. Unentschlossen, welchen Weg er nehmen sollte, ließ er den Zügel fallen, und das Pferd ging den Fahrweg. Er aber entschloß sich, auf seinen Feind zuzureiten, in Hoffnung, daß er hier wenig zu fürchten hätte, und daß ein freundlicher Zuspruch vielleicht sein Herz gewinnen würde; als er aber den Fahrweg verlassen und in den Fußweg einlenken wollte, fing das Pferd an, sich aufzubäumen und zu schnauben, und war durch wiederholte Versuche nicht vom Fahrwege abzubringen.

Der vorgegebene Freund war indessen in einem Flecken eingekehrt, und eben daselbst beschloß Fresenius auch über Nacht zu bleiben, und es traf sich, daß der blutdürstige Mensch gegen ihm über logirte. Fresenius ließ ihn aufs freundschaftlichste zu sich einladen, da er aber nicht zu bewegen war, entschloß er sich, selbst zu seinem Freund hinzugehen. Dieß geschah.

Fresenius entdeckte ihm, daß er sein ganzes Vorhaben wisse, hielt ihm aufs liebreichste seine Unbilligkeit und die Folgen seiner beschlossenen That vor, versicherte ihn seiner wärmsten Freundschaft, und brachte ihn durch Sanftmuth und Liebe dahin, daß er verstummte und erblaßte, Fresenius aber seinen Weg ungehindert fortsetzen konnte.

Aus dieser schönen Erzählung läßt sich vieles lernen; Fresenius bekam diesen Feind durch seine Amtstreue, oder vielmehr durch Beobachtung seiner Christenpflicht. — O wie oft ist das der Fall und des wahren Christen gewöhnliches Schicksal; allein daran darf er sich nicht kehren, sich dadurch nicht abschrecken lassen, und wenn es auch sein Leben kosten sollte; je mehr er auf diese Art leidet, desto größer wird auch dereinst sein Lohn seyn, und desto mehr wächst auch sein innerer Friede.

Auch die göttliche Bewahrung, die Fresenius hier erfuhr, ist sehr schön und tröstlich; es ging seinem Pferd wie ehemals Bileams Esel — vielleicht sah es auch auf dem Fußwege einen warnenden Engel stehen, der es zurück scheuchte; und endlich wie schön und wie christlich betrug sich Fresenius gegen seinen Todfeind? — die Liebe, die Liebe ist eine Waffe, die alles überwindet.

Der wahre Christ kann also in allen Fällen getrosten Muths seyn, es mag so gefährlich aussehen als es will, denn der allmächtige Gott, der Beherrscher der ganzen Welt, ist sein Vater, und lauter Liebe; alles, was ihm widerfährt, das geschieht zu seinem wahren Besten, und wenn es einem auch in der Vorstellung noch so schrecklich vorkommt, so giebt doch der Herr hohen Muth und kraftvolle Freudigkeit, sobald als es nöthig ist. Wenn ihr also, meine Lieben! Gefahren vor euch seht, entweder, daß euch Krieg droht, oder daß gefährliche ansteckende Seuchen in eurer Nähe sind, oder daß euch sonst ein Unglück droht, so bekümmert euch nicht, und seyd nicht verzagt, sondern wendet euch kindlich im Gebet zu eurem himmlischen Vater, bittet ihn um Schutz und Gnade. Fleht zu Jesu Christo, — welcher eigentlich der Weltregent ist, er wolle doch eure Sünden tilgen und euch bewahren, und wenn es euch gut wäre, schwere Leiden auszuhalten, so möchte er euch Kraft dazu geben u. s. w.; ich versichere und verspreche euch, ihr werdet gerade in der größten Noth einen Muth und eine Freudigkeit verspüren, die euch alles leicht macht, und noch öfter werdet ihr wunderbar errettet werden, ohne daß euch oder den Eurigen auch nur ein Haar gekränkt werden kann.

Dieß alles ist heilige Wahrheit, und ihr könnt euch fest darauf verlassen, aber nicht anders, als wenn ihr wahre Christen seyd, und euch auch in allen Stücken als wahre Christen aufführt und betraget; hierüber muß ich euch nun noch eine und andere Warnung und Verhaltungsregel geben:

Vor allen Dingen müßt ihr keine herrschende Sünde und Laster an euch dulden, denn so lang das geschieht, so lang ist vom wahren Christenthum keine Rede. Besonders ist man so leichtsinnig im Eidschwören; da gibt es Kaufleute, die mit verbotenen Waaren handeln, damit das nun nicht geschehen möge, so befiehlt die Obrigkeit, der Kaufmann soll einen Eid schwören, ob die Waare, die er in seinem Laden oder Waaren-Lager habe, sein seye oder nicht? — denn wenn sie nicht sein ist, so handelt er nicht damit, sondern er versendet oder spedirt sie blos für einen andern; was thut er also? — wenn die Zeit kommt, daß er schwören soll, so verkauft er sie geschwind an einen guten Freund, und wenn der Eid vorbei ist, so kauft er sie wieder, und treibt dann seinen Handel fort. Das heißt Gott und die Obrigkeit für Narren halten, und das wird schrecklich bestraft werden.

Unter den Bauers- und gemeinen Handwerksleuten wird auch der Eid wenig geachtet, und man schwört oft um einer Kleinigkeit willen falsch; ich hab aber auch gar oft Beispiele erlebt, daß solche meineidige Hausväter oder Hausmütter keinen Segen mehr gehabt haben, sondern auf Gottes Erdboden gleichsam verdorrt sind. Ich hab einen leichtsinnigen, gottesvergessenen jungen Menschen gekannt, der seinen Eltern heimlich Geld stahl, dann mit dem weiblichen Geschlechte verbotenen Umgang hatte, und sich überhaupt alles erlaubte, sobald es nur nicht entdeckt und öffentlich bestraft wurde. Endlich bekannte eine junge Frauensperson auf ihn, daß sie von ihm schwanger sey; er läugnete das kaltblütig ab, und als ihm der Eid auferlegt wurde, so schwur er, daß er mit der Weibsperson nichts zu thun gehabt habe; er wurde also für unschuldig erklärt, dann ging er weg, kam aber nach einiger Zeit wieder, und heirathete die nämliche Person, um derentwillen er den Eid geschworen hatte. Indessen kam die Person ins Kindbett, und einige Zeit hernach saß diese junge Frau mit ihrem kleinen Säugling in der Hausthür, und ihr Mann stand neben ihr. Es war aber ein schweres Gewitter am Himmel; plötzlich schlug der Blitz diesen Mann nebst seiner Frau todt, und dem Säugling, den sie an der Brust hatte, widerfuhr nicht das Geringste, er blieb am Leben.

Ich weiß es so gut wie einer, daß dieser Schlag auch ein sehr frommes Ehepaar hätte treffen können; auch das weiß ich, daß ein sehr frommer Mann grausamer Weise ermordet werden kann; wenn aber solche Laster vorher gegangen sind, so darf man auch wohl solche Unglücksfälle damit in Verbindung setzen und sie als Strafgerichte ansehen. Nur darf man den Satz nicht umkehren, wie ehemals die Juden zu Christi Zeiten, und aus einem unglücklichen gewaltsamen Tod auf vorhergegangene Laster schließen.

Das falsche Eidschwören ist eine schreckliche Sünde, und wer falsch geschworen hat, der kann nicht eher Gnade bei Gott finden, bis er das wieder gut gemacht, wieder erstattet hat, was durch seinen falschen Eid Unrechts geschehen ist, und wenn er das nicht mehr kann, so muß er wenigstens der Obrigkeit aufrichtig und reumüthig entdecken, daß er falsch geschworen habe, damit sie noch berichtigen könne, was noch zu berichtigen ist. Wenn dann ein solcher Sünder gethan hat, was in seinen Kräften steht, um das wieder gut zu machen, was er verdorben hat, so kann er sich dann mit festem Vertrauen zum großen Sündentilger Jesu Christo wenden, und dann wird er auch da Gnade und Vergebung der Sünden finden.

Glaubt nur ja nicht, daß ihr die Güter und Vortheile, die ihr durch Betrug, falsche Eide und durch ungerechte Mittel an euch gebracht habt, in Ruhe und im Segen geniessen, und doch dabei selig werden könnt. — Nein, das ist durchaus unmöglich! — wer sich da auf das verdienstvolle Leiden und Sterben Christi verläßt, der betrügt sich entsetzlich: denn dieses kommt nur wahren, bußfertigen und von Herzen sich bekehrenden Sündern zu gut; wie kann man aber von einem sagen, er sey wahrhaft bußfertig, reumüthig, und er bekehre sich von Herzen, so lang er das behält, was er mit Unrecht an sich gebracht hat, oder so lang er nicht thut, was in seinen Kräften steht, um das wieder gut zu machen, was er verdorben hat.

Ehe ich weiter gehe, muß ich doch noch einen und andern Fehler rügen, der unter euch im Schwange geht: denn so lang grobe und vorsetzliche Sünden herrschen, so lang könnt ihr euch des göttlichen Schutzes und seiner Gnade in Kriegszeiten und andern göttlichen Gerichten nicht getrösten. Ein nicht genug erkannter, allgemein herrschender Gräuel ist die Untreue des Gesindes: junge Leute, beiderlei Geschlechts, gewöhnlich ohne Vermögen, gehen bei reichern Leuten in Dienst, um sich Nahrung und Kleidung zu verdienen, auch wohl das Haushalten zu lernen. Entweder aus eigenem Antrieb, oder auch durch Verführung anderer Knechte und Mägde, suchen sie sich bald hie bald da einen kleinen Vortheil zu machen; und da sie weder in den Schulen noch in den Catechisationen die feinen Unterscheidungen zwischen Recht und Unrecht kennen gelernt, oder sie doch wieder vergessen haben, so halten sie nicht vor Sünde, hie oder da sich eine Kleinigkeit zuzueignen, die der Hausherrschaft gehört, vorzüglich sind sie im Essen und Trinken unredlich, sie glauben sich nicht zu versündigen, wenn sie bald hie oder da etwas naschen, oder sich einen Leckerbissen zueignen, der ihnen nicht zukommt. Nach und nach gewöhnen sie sich daran, sie kommen vom Feinern zum Gröbern, und verlieren allmählich alles Gefühl für Recht und Unrecht, und mit ihm die Gnade Gottes; kommen solche Leute hernach in den Ehestand und in ihre eigene Haushaltung, so setzen sie ihr ungerechtes Leben fort, erziehen Kinder für die Hölle, und Fluch und Verderben folgt ihnen auf dem Fuß nach; zu Zeiten werden sie auch reich und wohlhabend, aber ihnen selbst zum Gericht, und ihr Gut kommt nicht an den dritten Erben.

Ich bekam vor vielen Jahren eine Magd in meine Haushaltung, welche sich in allen Stücken sehr ehrbar betrug; wir bemerkten auch nicht die geringste Untreue an ihr, im Gegentheil, sie wußte uns in der Meinung zu erhalten, sie seye vorzüglich treu und rechtschaffen. Sie war sehr eingezogen, liebte keine Lustbarkeiten, und saß den ganzen Sonntag Nachmittag in der Gesindestube und las in einem geistlichen Buch. Wenn ich und meine Frau christliche Reden führten, so horchte sie theilnehmend zu, und schien Freude daran zu haben. Ueberhaupt war sie sehr still, ernst und sprach wenig.

Ich erinnere mich nicht mehr, ob sie länger als ein Jahr bei uns war, endlich sagte sie uns den Dienst auf, indem sie vorgab, sie wolle heirathen: denn sie war mit einem sehr frommen und braven Jüngling versprochen, der sie auch, mit unserer Bewilligung, zu Zeiten auf ehrbare und erlaubte Art besuchte.

Kaum war sie aus unserm Dienst, so wurde sie bei einer Verwandtin, wo sie ihre Brauttage zubringen wollte, krank, und jetzt kamen nun alle ihre Gräuel, nicht durch ihre eigene Geständnisse, sondern durch göttliche Schickung, durch andere Leute an den Tag; sie hatte in meinem eigenen Hause, in höchster Geheim, schändlich unzüchtig gelebt, Präsente, die mir von genesenden Patienten gemacht worden, unterschlagen; ganze Tafeln Chocolade, die mir von Freunden geschickt wurden, beiseite gebracht, so daß sie einen ziemlichen Vorrath davon hatte, sie konnte das, weil meine Frau immer kränklich und oft viele Tage lang ausser allem Selbstbewußtseyn war; und wenn sie auf den Markt ging, um Victualien einzukaufen, so hatte sie sich auch manchen Vortheil zugeeignet. Alle diese Gottlosigkeiten hatte sie so fein gemacht und sich so in den Mantel christlicher Frömmigkeit eingehüllt, daß wir nicht das Geringste gemerkt hatten.

Dieß alles erfuhr nun auch ihr braver Bräutigam; er ging

zu ihr, hielt ihr sehr ernstlich ihr gottloses Leben und schändliche Heuchelei vor, und kündigte ihr dann seine Verbindung mit ihr auf; allein sie schien sich aus dem allem wenig oder nichts zu machen; bald nachher heirathete sie einen Wittwer, einen Handwerksmann, der weiter nichts hatte, als was er mit seiner Hand verdiente; ob er ihr voriges schändliches Leben erfahren hat, das weiß ich nicht. Hätte ich sein Vornehmen gewußt, so hätte ich ihn gewarnt, denn ich kannte ihn als einen bürgerlichen braven Mann, allein ich erfuhr diese betrübte Heirath nicht eher, als nach ihrer Copulation. Als sie ins erste Kindbett kam, so wurde ich zu Gevatter gebeten, ich ging, so wie ichs für Pflicht halte, selbst hin, um das Kind zu heben. Ach Gott, welch ein Anblick! abgehärmt, seelzagend, trostlos und in Armuth, saß die Kindbetterin im Bette; sie sah mich an, wie ein armer Sünder seinen Richter; mit innigster Wehmuth sprach ich ihr freundlich zu, tröstete sie, und sagte ihr über ihr geführtes gottloses Leben kein Wort (dieß wäre auch sehr am unrechten Ort und zu unrechter Zeit gewesen), es war auch etwas in ihr, das laut genug sprach, so daß es keiner äussern Erinnerung weiter bedurfte.

Ehe ein Jahr verging, kam diese Person in Lumpen gehüllt, mit ihrem Kind auf dem Arm, an meine Thüre und bettelte, und daran ist sie auch geblieben, so lang ich in der Gegend war. Was hernach aus ihr geworden ist, das hab ich nicht erfahren. Ihr Kind aber starb früh, zu seinem größten Glück. Wie kann nun eine solche Person, die in ihrer Jugend schwere Sünden auf Sünden gehäuft hat, dann wenn schwere göttliche Gerichte kommen, ruhig und getrost seyn? — ja dann kann sie es, wenn sie von ganzem Herzen Buße gethan, sich bekehrt, und dann bei Christo Vergebung der Sünden gefunden hat, aber unendlich besser wäre es denn doch immer, wenn sie solche Verbrechen nie begangen hätte. Auch bei den Menschen bleibt doch immer eine Erinnerung zurück, es heißt doch immer: Ja es ist wahr, die Person ist nun gut und brav, aber ehemals war sie eine gottlose Kreatur, und bei aller Besserung traut man doch nie recht, weil ein solcher Mensch leicht wieder in die vorigen Fehler zurückfallen kann.

Ein gewisser Kaufmann, der auf dem Land wohnte und Eisenhämmer hatte, von denen die verfertigten Waaren sechs Stunden weit auf der Achse gefahren werden mußten, hielt zu dem Ende einige Pferde und Fuhrknechte; was für Betrügereien in solchen Verhältnissen vorgehen, das glaubt niemand, der es nicht erfahren hat: Da wird den armen Pferden zu Haus das Futter entzogen und verkauft, und auf der Straße setzen sie mehr Zehrgeld an, als sie gebraucht haben, und auch hier bekommen die armen Thiere nicht, was ihnen gebührt. Junge unverdorbene Bursche, die in eine solche Gesellschaft gerathen, werden Bösewichte, ohne es zu wollen. Ich habe diese bedauernswürdige Menschenklasse aus vielen Erfahrungen kennen lernen: Unwissenheit, Schlauheit im Betrug, plumpe Grobheit, Zanksucht, die gröbste Wollust und Völlerei, das ist so der gewöhnliche Charakter dieser Mannspersonen; kommen sie nun in den Ehestand, so ist weder Segen noch Gedeihen in ihrer Haushaltung, und aus den Kindern werden eben solche gottesvergessene Menschen als ihr Vater. Wie schrecklich ist das?

Gar oft sind aber auch die Hausherrschaften schuld an dem Verderben ihres Gesindes; vorzüglich ist dieß bei den vornehmern Ständen und in den Städten der Fall: denn da man überhaupt das Gesinde für eine geringere Menschenklasse hält, als man selbst ist — und o Gott! wie können Christen, die alle Brüder und Schwestern sind, so denken? — so läßt man es immer fühlen, daß man besser und vornehmer ist, und dieß thut weh — sehr weh — wenn nun eine solche Person, Knecht oder Magd, nicht von Herzen fromm ist, so sucht sie sich heimlich zu rächen, wo sie nur immer kann, sie betrügt und bestiehlt ihre Herrschaft allenthalben, wo sie nur glauben kann, daß es nicht auskommt; die Herrschaft hingegen, die das weiß und merkt, verschließt nun alles und zeigt überall Mißtrauen, wodurch dann das Uebel immer ärger wird. Eine ächt christliche Herrschaft ist freundlich, ernst gegen ihr Gesinde; sie behauptet ihre Autorität, aber nicht aus Stolz, sondern weil es die bürgerliche und häusliche Ordnung so erfordert; sie behandelt ihr Gesinde mit Liebe, so wie Eltern ihre Kinder behandeln, und sorgt auch auf alle Weise für ihr Bestes. In einem Hause, wo das geschieht, da kann auch untreues Gesinde wieder treu und redlich werden. Ich weiß ein Beispiel, daß ein junger Mann sich hatte verleiten lassen, einer Bande Spitzbuben bei einem nächtlichen Einbruch hülfreiche Hand zu leisten; bei eben diesem Einbruch wurden sie alle gefangen; der junge Mann aber fand Gelegenheit, aus dem Gefängniß zu entwischen und in ein entferntes Land zu entfliehen, wo er sich bei einer recht christlichen Hausherrschaft als Fuhrknecht vermiethete. Durch die Behandlung, welche ihm hier wiederfuhr, wurde der sonst rohe und gewissenlose Mann endlich rechtschaffen und brav; er heirathete hernach eine Bauerntochter, mit der er einen Hof bekam, auf welchem er sich als ein guter Hausvater und Ehegatte betrug, und auch da, als man sein früheres Schicksal erfuhr, ihn lieb und werth behielt.

Noch ein Laster ist unter euch, lieben Leuten! nur gar zu häufig herrschend, nämlich das Lästern und Afterreden; mancher hat so recht seine Freude daran, wenn er seinem Nachbarn etwas recht Böses nachsagen kann, je schlimmer es ist, desto lieber erzählt man es. Dieß geschieht sogar von Menschen, die noch dazu gottesfürchtig seyn wollen.

Ein gewisses, sehr feines und frommes Bauernmädchen, dessen Wandel und Aufführung von jeher untadlich gewesen war, kommt in aller Unschuld durch das Dorf die Straße herab gegangen; ein Pferd, das ihr begegnet, erschrickt vor ihr, schlägt hintenaus und läuft davon, zwei Weiber sehen das, die eine sieht die andere bedenklich an, und sagt: Das ist doch sonderbar! hast du es gesehen, Margarethe? — Margarethe macht ein noch bedenklicheres Gesicht, und antwortete: Sollt ich es nicht gesehen haben. Der Krug geht so lang zum Bach, bis er bricht Hals und Krach! ich hab der Liese lange nicht getraut, da sieht mans — wer die einmal bekommt, der wird was erfahren! —

Beide Weiber gehen nach Haus, und blos durch ihren elenden

Verdacht und Sucht, etwas Wichtiges zu erzählen, wird die fromme Liese in weniger als drei Tagen in dem Dorf und in der ganzen Gegend in den Verdacht der Hexerei gebracht, den nun auch nichts in der Welt mehr austilgen konnte. Das arme Mädchen weinte und trauerte Tag und Nacht, niemand ging gern mit ihr um, niemand war freundlich gegen sie; Jünglinge, die sie sonst gerne sahen, gingen kaltsinnig vor ihr vorbei, sie grämte sich, härmte sich ab, und verblühte. Endlich fand sich ein verständiger junger Mann, der sie heirathete, aber auch dieser mußte die Schmach mit ihr tragen, beide wurden nun in Gesellschaften nicht gern gesehen, und so führten beide ein trauriges Leben. In diesem Zustand besuchte ich sie, denn ich kannte sie von Jugend auf, weil wir mit einander verwandt waren; sie trug ihr Kreuz zwar mit christlicher Geduld, aber es wurde ihr doch schwer; endlich starb sie ohne Kinder, und ihr Geist erhob sich an einen Ort, wo man sie besser kennen wird als hier.

Dieses große Unglück war die Folge eines unbedachtsamen Geschwätzes zweier Weiber, die gern etwas wichtiges Neues erzählen wollten, und sich daher des Einfalls freuten, die gute Liese zu einer Hexe zu machen, ohne daß sie es selbst anfangs glaubten, hernach aber durch das Gerücht, das sie selbst veranlaßt hatten, zu vermuthen anfingen, sie könnte doch auch wirklich wohl eine Hexe seyn, und am Ende es ganz und gar glaubten. Denkt nicht, liebe Leser! das sey ein seltener Fall, glaubt mir, daß dieser unglückselige Aberglaube unter dem gemeinen Volk auf dem Lande noch durchgehends, wenigstens an vielen Orten, herrschend ist. Wer wird denn deßwegen, weil ein Pferd vor jemand erschrickt, diesen jemand der Hexerei beschuldigen? — ich will euch zur Warnung einen noch traurigern Fall erzählen, der sich in meiner frühen Jugend, in meiner Nachbarschaft zugetragen hat, und dessen ich mich noch sehr genau erinnere.

Zwei ehrbare Ehepaare, Bauernstandes, wohlhabend, von christlicher Denkungsart, und allgemein beliebt, wohnten in einem großen Hause, das der Länge nach durch eine Wand in zwei Wohnungen getheilt war. Die beiden Frauen liebten sich von Herzen, und waren von jeher die besten Freundinnen, desgleichen auch die Männer.

Nun trug es sich zu, daß die eine Frau, die ich hier Martha nennen will, eine sonderbare Krankheit bekam; öfters des Tages kamen ihr Vogelstimmen aus dem Halse, dann bellte sie wie ein Hund, oder maunzte wie eine Katze, dann pfiff sie wie eine Amsel oder wie eine Nachtigall, und das alles geschah ohne ihren Willen, und ohne daß sie es ändern konnte. Dieser seltsame Zustand wurde allgemein bekannt, und aus der Nähe und Ferne kamen viele Leute, um dieß Wunder zu sehen und zu hören.

Hätte man nun verständige Aerzte gefragt und zu Rath gezogen, so würden diese gesagt haben, das Uebel rühre von Würmern her, man hätte die gehörigen Mittel dagegen gebraucht, und die Frau wäre ohne weiters wieder gesund geworden; allein von dem allem geschahe nichts, sondern man raunte sich ins Ohr, das gehe nicht mit rechten Dingen zu, die Frau seye behext. Dieß glaubte nun auch der Mann der kranken Frau; vollen Zorns und Rache machte er sich des Abends insgeheim auf den Weg zu einem berühmten Teufelsbanner, welcher 4 Stunden von da auf einem einsamen Bauernhof wohnte; diesem erzählte er sein Unglück, und dieser machte nun die Vermuthung zur Gewißheit, die Frau sey behext, und um sie zu curiren und zugleich auch die Hexe zu erfahren, müsse er, der Mann der Martha, eine durchaus schwarze Katze zu bekommen suchen, sie dürfe aber ja kein weißes Fleckchen an sich haben; dieser Katze müsse er das Herz aus dem Leibe schneiden, und es drei Stunden in der Milch von einer durchaus schwarzen Kuh, die auch kein Fleckchen an sich habe, kochen; während dem Kochen wäre die Hexe gezwungen, in sein Haus zu kommen, um die Hexerei seiner Frau wieder abzunehmen.

Jetzt überlege man nur einmal diese satanische Betrügerei; kam jemand während dem Kochen ins Haus, so war der oder die das Werkzeug der Zauberei, kam niemand, oder wurde die Frau nicht curirt, so hatte entweder die schwarze Kuh, oder die schwarze Katze irgendwo einige weiße Härchen gehabt, die man nicht bemerkt hatte — großer Gott, welche Teufelei! schleunig eilte nun der Mann wieder fort, und ruhte nicht, bis er das Herz und die Milch nach der Vorschrift hatte; nun begab er sich an einem Sonntag Vormittag in aller Stille ans Kochen; zum Unglück fällt es der nächsten Nachbarin und Herzensfreundin, die mit ihm unter einem Dache wohnte, und die ich Maria nennen will, ein, ihre kranke Nachbarin zu besuchen, sie kommt ins Haus, sieht den Mann in der Küche etwas kochen, naht sich ihm, und fragt, was er koche? Entsetzen, Verwirrung und Traurigkeit, über die Entdeckung, daß die liebste und beste Hausfreundin selbst die Hexe seye, bemächtigte sich des Mannes so, daß er blaß wurde, die Thränen stürzten ihm aus den Augen, und in der Wuth ergriff er ein Stück Holz, und brüllte: Du vermaledeite Hexe! mache meine Frau gesund; in einem Flug war Maria zur Thüre hinaus, sie eilte in ihr Zimmer, und weinte laut; denn so bald sie sich besinnen konnte, so fiel ihr ein, daß der Mann der Martha vor einigen Tagen bei dem Teufelsbanner gewesen sey, Martha hatte ihr das anvertraut, und daß nun der Verdacht der Hexerei auf sie gefallen sey.

So wie ihr Mann aus der Kirche kam, klagte sie ihm weinend ihr Unglück, dieser ging nun alsofort zu seinem Nachbarn und forderte Erklärung wegen der groben Behandlung seiner Frau; indessen hatte sich aber der Mann der Martha besonnen, denn wenn es zur Klage kam, so konnte er nichts beweisen, und wurde noch obendrein scharf bestraft, daß er Rath bei einem Teufelsbanner gesucht hatte; er bat also den Mann der Maria um Verzeihung, und sagte: es seye eine grobe Uebereilung gewesen, er habe seine Frau durchaus nicht im Verdacht, wie er auch dazu kommen sollte u. s. w.; der Mann der Maria gab sich zufrieden, und nun wollte auch diese wieder auf dem alten Fuß mit ihrer Freundin Martha umgehen, aber man begegnete ihr so kalt und verschlossen, daß sie ihre Besuche bald einstellte; da nun aber auch der traurige Verdacht der ganzen Nachbarschaft dazu kam, jeder der guten Maria den

Rücken zukehrte und Niemand mehr freundlich mit ihr sprach, so wurde ihr das unerträglich; sie weinte Tag und Nacht, und grämte sich dergestalt, daß sie die Auszehrung bekam, und innerhalb Jahr und Tag starb. Das gemeine Volk ärgerte sich, daß die Frau auf dem Kirchhof ein ehrliches Begräbniß bekam, aber der Redliche weinte in der Stille dieser Märtyrin des Aberglaubens eine Mitleids-Thräne auf ihr Grab. Auch der Mann folgte ihr aus Kummer bald nach; Martha war indessen längst wieder gesund geworden, und weder ihr noch ihrem Manne fiel es jemals ein, daß sie sich an dem frommen Ehepaar schrecklich versündigt hatten. O wie viele bürgerlich gesittete und in den Augen der Welt geehrte und untadelhafte Menschen haben schreckliche Blutschulden auf sich geladen, ohne daß sie es selbst wissen! — und wie fürchterlich werden sie dereinst vor dem Richter aller Welt zittern und beben, wenn sie so ganz unerwartet erkennen werden, wie groß ihre Sündenschuld ist und nun auch keine Gnade finden, sondern zur ewigen Verdammniß verurtheilt werden: denn da hilft die Entschuldigung nicht, sie hätten nicht gewußt, daß das eine so große Sünde sey — denn sie konnten es wissen; die heilige Schrift und die Religion droht dem Lästerer und Verläumder die ewige Höllestrafe.

Denke nur ja Niemand, daß die Aufklärung nunmehr diesen Aberglauben ausgetilgt habe — keinesweges! — dies Ungeheuer schleicht noch überall unter den niedern Ständen umher, ohne daß es der geistliche oder weltliche Vorstand ahnet — und wenn es der Eine oder der Andere auch ahnet, so ahndet er es doch nicht; denn er achtet es nicht der Mühe werth, und doch ist diese Sache von äusserster Wichtigkeit. Hier gilt nicht das gewöhnliche Sprichwort: wo kein Kläger ist, da ist kein Richter, sondern die Polizei muß genau acht geben und selbst der Kläger seyn. Sie muß sich nach der Quelle solcher übler Nachreden erkundigen und nicht ruhen, bis sie sie herausgebracht hat und dann die Schuldigen exemplarisch strafen. In dem so eben erzählten Fall hätte ich den Teufelsbanner brandmarken, an den Pranger stellen und dann auf lebenslang ins Zuchthaus stecken lassen und der Mann der Martha hätte auch verdient, einige Wochen bei Wasser und Brod im Thurm zu sitzen.

Hauptsächlich sind aber die Kirchen- und Schullehrer an diesem Elend schuld: diese sollten Eltern und Kinder eines Bessern belehren und ihnen die richtigen Begriffe von der sogenannten Hexerei beibringen; sie sollten ihnen sagen, daß Hexen keine Wunder thun können und daß es auch überhaupt keine mehr gibt; unsre uralte, heidnische Voreltern hatten Priesterinnen, welche auch zugleich ihre Aerzte waren und die Kräfte der Kräuter kannten, diese hießen Hexen oder Druiden, das Wort Hexe war damals ein Ehrentitel. Diese Weiber hatten allerdings viele verborgene Naturkenntnisse, aber sie verbanden auch den abscheulichsten Aberglauben, Gaukelei und Betrügerei damit; gar oft waren sie die verworfensten Menschen, man haßte und man fürchtete sie, aber Wunder konnten sie nie thun. Nachdem das Christenthum eingeführt war, so wurden diese Gräuel nach und nach abgeschafft, und jetzt ist von Hexerei und Zauberei gar keine Rede mehr, im Gegentheil, wer noch daran glaubt und seinen Nächsten durch einen solchen Verdacht unglücklich macht, der begeht eine Zauberei-Sünde, die dereinst vom Richter aller Welten schrecklich bestraft werden wird.

Ist es nun ein Wunder, wenn Gott bei solchen herrschenden Gräueln und Lastern, die man nicht einmal für Gräuel und Laster hält, Krieg, Hunger, Theurung und böse Seuchen ins Land schickt? — das ist eher ein Wunder, daß ein solches abergläubisches, unbußfertiges und ungehorsames Volk nicht vom Erdboden vertilgt wird. —

Ich habe den ganzen siebenjährigen und nun auch den ganzen französischen Revolutionskrieg durchlebt und vielfältige Gelegenheit gehabt, uns Deutsche in allen Ständen zu beobachten, und ich kann heilig versichern, daß wir im Ganzen nach jedem Krieg beträchtlich schlimmer und lasterhafter geworden sind; Ueppigkeit, Unzucht, Luxus und Leichtsinn nahmen immer beträchtlich zu. Freilich gab es auch immer einzelne Menschen, die sich bekehrten und sich durch solche Züchtigungen bessern ließen, aber auf das ganze Volk haben bis daher alle göttliche Gerichte zur Besserung nicht das Geringste vermocht — Sagt, meine lieben Leser! was kann und was muß dieß für Folgen haben? — keine andere, als daß Gott endlich, des Erbarmens müde, seine treuen Verehrer, die bis daher der Gegenstand des Spotts und der Verachtung waren, nach und nach, unbemerkt, an einen Ort der Sicherheit führt und dann das unverbesserliche Volk, die ganze abendländische Christenheit, einem so schrecklichen Gericht übergibt, als noch keins, so lang die Welt steht, irgend ein Volk auf der ganzen Erde betroffen hat.

Ich weiß wohl, daß mich die gelehrten Herren nach der Mode bitter höhnen, schimpfen, verlachen und wo möglich auch verfolgen werden; sie sagen laut: die Aufklärung nimmt zusehends zu und der Aberglaube nimmt ab; die Menschheit fühlt ihre Würde mehr, sie wird freier, edler und mannbarer, sie wird cultivirter und feiner im sinnlichen Genuß; allenthalben hört und sieht man edle Handlungen der Menschenliebe, u. s. w.; einige unter ihnen bemerken nun zwar die gränzenlose Sittenlosigkeit und die zunnehmenden Laster, sie klagen darüber und können nicht begreifen, woher das kommt, da man doch jetzt mehr Moral predigt, als jemals — indessen, die wahre Ursache fällt ihnen nicht ein, und am Ende beruhigen sie sich damit, es werde sich ja nach und nach geben, im Ganzen werde denn doch die Menschheit immer besser, besonders seitdem man angefangen habe, die Religion vom Aberglauben zu reinigen. Ach, daß sich Gott erbarme!

Daß man mich bei dieser herrschenden Denkungsart mit meinen Schriften unerträglich findet, das ist ganz und gar kein Wunder, dies war das Schicksal aller Zeugen der Wahrheit von der Welt an bis daher. Man bedenke nur, wie es den Propheten Elia und Elisa, Micha, Jeremia, Sacharia, Barachiä Sohn, Christo selbst und seinen Aposteln ging: alle wurden von ihren Zeitgenossen verlacht, bitter gehaßt, verfolgt und wohl gar getödtet — aber urtheilt selbst, wer hatte von jeder recht? — die Verfolger oder die Verfolgten? Jetzt habe ich da nun wieder Gelegenheit zu Vorwürfen gegeben; man wird mich beschuldigen, ich setze mich den Propheten und sogar Christo gleich — gesetzt nun, das thäte ich, was hätten die Herren denn dabei zu erinnern, die die Heiligen des alten Testaments für Phantasten und mitunter auch für böse feindselige Politiker erklären, die sogar Christum selbst zum blossen Menschen herabwürdigen; wenn ich dann auch mich ihnen gleich achtete, was wäre ich dann? — Allein das sey ferne von mir, ich kenne mich sehr gut und weiß, wer und was ich bin, alles, was nur irgend Gutes und Brauchbares an mir ist, ist ganz unverdientes Gnadengeschenk Gottes, durch seine Gnade bin ich, was ich bin, nämlich ein Zeuge seiner Wahrheit in diesen letzten bedenklichen Zeiten; durch seine heilige und erhabene Führung hat er mich von Jugend auf zu diesem Beruf erzogen und vorbereitet, und darum will ich nun auch treu darinnen ausharren, so lang ich lebe; keine Schmach, kein Spott, keine Verachtung soll mich irre machen, je ärger und je feindseliger man mit mir umgeht, desto treuer und beständiger werde ich die Wahrheit von Jesu Christo bekennen und Blut und Leben dran wagen.

In dieser Eigenschaft also, meine Lieben! verkündige ich euch im Namen Gottes schwere Gerichte und Strafen, die in der nahen Zukunft über euch kommen werden, wenn ihr euch nicht von Herzen bekehret. Ihr werdet gehört haben, wie viele tausend Menschen die gelbe Pest im vorigen Jahr zu Malaga in Spanien und der umliegenden Gegend und zu Livorno in Italien aus diesem Leben weggerissen hat, und welch eine drückende Theurung und Hungersnoth herrschte an vielen Orten, besonders in Böhmen und dem nordöstlichen Deutschland? — ein Freund schrieb mir, die Hungersnoth sey an einem gewissen Ort so groß gewesen, daß Leute — mit Ehren zu melden — vom Schindanger Fleisch zum Essen geholt hätten — der Wasenmeister habe es aber verhindert. Jetzt kommt nun wieder der bedenkliche Krieg dazu, welcher zwar wahrscheinlich bald zu Ende gehen und wieder einen

Frieden erzeugen wird, allein die ganze Lage der Dinge ist denn doch so bewandt, daß man nicht allein kein ruhiges Erdenglück mehr zu hoffen hat, bis das Reich Gottes da ist, sondern daß man auch die schrecklichsten Strafen und Gerichte befürchten muß, alle Werkzeuge sind dazu in Bereitschaft

Es kommt also nun hier alles darauf an, daß wir wissen, was wir bei allen diesen Erwartungen zu thun haben, was unsre Pflicht ist: und dann, daß wir sie aber auch treulich befolgen.

Die erste Hauptpflicht ist: wahre Buße und Bekehrung; wir müssen unsern bisherigen sündhaften Wandel gründlich und unpartheiisch untersuchen und ihn genau nach den Pflichten, die uns das Evangelium vorschreibt, prüfen; wo wir dann finden werden, wie weit wir von dem Leben, das aus Gott ist, und wodurch wir allein selig werden können, entfernt sind? — wir werden finden, daß wir, wenn wir in diesem Zustand sterben, nichts anders, als die ewige Verdammniß zu erwarten haben — und wie bald, wie unerwartet kann uns der Tod übereilen! — Vor einigen Tagen kam des Vormittags um eilf Uhr eine ansehnliche Frau zu mir, um mich wegen ihrer Augen zu Rath zu ziehen, sie war übrigens gesund und wohl, wir sprachen über vieles, und die gute Frau dachte gewiß nicht dran, daß ihr der Tod gleichsam auf den Fersen säße, denn drei Stunden später fiel sie auf offener Straße um und war auf der Stelle todt. Dies geschieht häufig auch dann, wenn keine böse Krankheiten herrschen, wenn aber auch diese noch dazu kommen, so ist man ja jeden Augenblick in der augenscheinlichsten Todesgefahr, und was wird dann aus uns, wenn wir nicht durch Christum mit Gott versöhnt sind?

Wenn wir uns also gründlich untersucht und gefunden haben, daß die Sünde noch herrschend in uns ist, so müssen wir mit Beten, Flehen und Ringen um Gnade unaufhörlich anhalten, bis wir Barmherzigkeit und Vergebung der Sünden erlangt haben. Dies empfindet man im Gemüth durch eine beruhigende Freudigkeit, die mit inniger Liebe und Zutrauen zum Vater in Christo verpaart ist. Zugleich ist auch nun der ganze Wille geneigt, in allen Stücken dem allein guten Willen Gottes zu folgen und sich ihm ganz aufzuopfern. Diese gänzliche Umkehr des Willens und diese Liebe und Zutrauen zu Christo und dem Vater machen das gewisse Kennzeichen der Wiedergeburt aus; nun kommt aber alles darauf an, daß diese neue Geburt nicht wieder erlöscht und stirbt; deswegen ist nun täglich neuer Ernst und immerwährendes Wachen und Beten und der Wandel in der Gegenwart Gottes durchaus nöthig und unentbehrlich; ist man darinnen treu, so wächst man in der Heiligung und Erleuchtung, man bekommt geöffnete Augen des Verstandes, und die Befolgung des Willens Gottes wird einem dann allmählig zur andern Natur; man kann und mag nicht anders handeln. Wer einmal dahin gekommen ist, der weiß schon, wie er sich in allen Fällen zu benehmen hat, und doch kann ihm zuweilen die Beobachtung einer wichtigen Pflicht entgehen, die er gar nicht erkannt oder auch nicht für wichtig gehalten hat. Ich will euch hierüber ein Beispiel anführen:

In allen Kriegen pflegen alle Menschen von allen Ständen, die auch die ganze Sache nichts angeht, Parthie zu nehmen: im Anfang des siebenjährigen Kriegs hielten es die Katholischen mit Oestreich und Frankreich, und die Protestanten mit Preußen; Bauern und Bürger disputirten und zankten bei allen Gelegenheiten; sie halfen mit der Zunge Kriegführen, und zu Zeiten gab es auch blutige Köpfe.

Im letzten französischen Revolutionskrieg hatten es die Katholischen und Protestanten weniger mit einander zu thun, als die Christglaubigen und Unglaubigen, und dann als die Adeligen und Unadeligen. Was mich aber am mehrsten wundert und was ich beinahe nicht begreifen kann, ist, daß jetzt in dem Krieg zwischen dem österreichischen oder deutschen und dem französischen Kaiser die Katholischen und Protestanten wieder Parthie nehmen: Die Katholischen halten es mit Oesterreich und glauben, wenn es gewönne, so würden die Protestanten unterdrückt, und die katholische geistliche Fürsten wieder in ihre Länder eingesetzt werden. O wie einfältig! die großen Herren führen höchst selten Krieg um der Religion willen, das ist ihnen nur Nebensache, die man so mit besorgt, wenn es sich mit der Hauptsache, dem Schutz und der Vergrößerung ihrer Länder, verträgt. Der gegenwärtige Krieg hat ganz und gar nichts mit der Religion zu thun, und darum sollten billig Katholiken und Protestanten in dieser Beziehung gar nicht Parthie nehmen, es ist ja die thörichste Grille von der Welt, die aber doch immer wieder zwischen beiden Religionen Groll und Zwietracht erzeugt.

Ein wahrhaft christlicher Unterthan soll in keinem Krieg Parthie nehmen; er kann nicht wissen und also auch nicht beurtheilen, wer unter den kriegführenden Mächten recht oder unrecht hat, und wenn er es nun auch wüßte und beurtheilen könnte, so soll er doch schweigen und sich nicht darüber erklären, dies erfordert die christliche Klugheit. — Der wahre Christ befiehlt seinem Gott die Sache und entscheidet nicht, wem er den Sieg gönnt: denn er kann nicht wissen, wem ihn Gott zuwenden will; und wenn er betet, so bittet er Gott, er möchte doch dem den Sieg geben, der ihn am besten zur Verherrlichung seines Namens und zum größten Wohl der Menschheit anwenden würde. Wird er aufgefordert, entweder Soldaten ins Quartier zu nehmen oder Geld oder Naturalien zu liefern, so gehorcht er ohne Murren dem, der Gewalt über ihn hat; übrigens aber nimmt er am Krieg selbst nicht Antheil, es sey denn, daß seine Obrigkeit ihn aufforderte, das Vaterland vertheidigen zu helfen. Jeder christliche Hausvater hat aber große Ursache zu beten, daß Gott dies große Unglück verhüten wolle.

Wenn er Soldaten ins Quartier bekommt, so gibt er ihnen, was er hat und kann, und ist freundlich gegen sie; sind sie grausam und tyrannisch, so beschwert er sich bei ihren Vorgesetzten, und wenn das nicht hilft, so klagt ers Gott und trägt dies Leiden mit Geduld, sein himmlischer Vater wird ihn schützen und bewahren und ihm und den Seinigen nicht schwerer auflegen, als er tragen kann. O wie oft und viel habe ich das an mir und andern erfahren! — wer sich von Herzen zum Herrn wendet, ihn um Hülfe anfleht und ihm dann auch treu dient, der wird gewiß nicht zu Schanden.

Im Krieg trägt es sich gar oft zu, daß der Ort, wo man wohnt, entweder durch Schlachten, oder Belagerungen verbrannt und ausgeplündert wird, auch in diesem Fall soll der christliche Hausvater nicht verzagen, sondern nur getrost seyn und fest auf seinen Gott trauen; dies ist durchaus nöthig: denn der Zweifler, der Mißmuthige und Mißtrauische empfängt nichts, sondern nur der wahre Christ, der mit kindlichem Glauben und Vertrauen zu seinem himmlischen Vater hinaufblickt und von ihm alle Hülfe erwartet, die ihm auch dann gewiß nicht ausbleibt, wenn er auch das Seinige dabei thut, denn dies ist unbedingt nöthig.

Meiner seligen Frau Urgroßvater, Johann Georg von St. George, war Syndicus in der ehemaligen Reichsstadt Worms, zu der Zeit des orleanschen Kriegs, in welchem die Pfalz von den Franzosen schrecklich verwüstet wurde. Dies traurige Schicksal traf nun auch gedachte Stadt, sie wurde ausgeplündert und dann angezündet, der Syndicus von St. George mußte also mit seiner Frau und neun lebendigen Kindern auswandern: denn sie waren rein ausgeplündert, und hatten weiter nichts, als was sie auf dem Leib trugen; sie fuhren über den Rhein, und am diesseitigen Ufer blickten sie nochmals mit lauten Thränen zurück und sahen nun, wie die ganze Stadt und ihre eigene Wohnung in lodernden Flammen stand. Die guten Leute pilgerten zu Fuße fort; sie nahmen ihren Weg nach Frankfurt zu, welches 14 bis 15 Stunden von Worms entfernt ist: denn die Frankfurter waren unbeschreiblich wohlthätig gegen die unglücklichen Pfälzer; hier kamen sie nun gesund und wohlbehalten an, sie wurden liebreich aufgenommen, und auch hier wurde St. George wieder Syndikus. Er kam wieder in seinen vorigen Wohlstand und lebte noch lange im Segen; seinen Kindern und Kindskindern geht es noch bis auf den heutigen Tag wohl.

Der Vater von diesem Syndicus war ein vornehmer Mann,

ein Ritter von St. George aus Frankreich, welcher um der Religion willen vertrieben wurde, seine Zuflucht nach Hessen nahm, sich in Ziegenhain niederließ und sich da von einem kleinen Handel ehrlich und redlich ernährte.

Eben diese Vatertreue Gottes erfuhr auch der Urgroßvater meiner jetzigen Frau; dieser hieß Coing und war ein sehr begüterter Mann in Burgund, auch dieser wurde unter dem König Ludwig dem vierzehnten um der Religion willen von Haus und Hof vertrieben, aber auch er fand in Deutschland Glück und Segen und sein Vaterland wieder, und auch seine Nachkommen sind rechtschaffene Leute, die ihr redliches Auskommen haben.

Es ist erstaunlich, was für sonderbare und merkwürdige göttliche Bewahrungen während dem Revolutionskrieg hin und wieder häufig geschehen und dem kleinmüthigen Christen zur Stärkung gewesen sind. Es würde ein sehr wohlthätiges Werk seyn, wenn irgend ein christlicher Menschenfreund die Mühe übernähme, alle diese Erfahrungen, aber der strengen Wahrheit gemäß, zu sammeln und zum Druck zu befördern. Die große Wahrheit des Christenthums, daß jeder einzelne Mensch und Christ unter der allerspeziellsten göttlichen Leitung und Führung stehe, so daß auch kein Haar ohne Gottes Willen von seinem Haupt fallen kann, ist so äusserst tröstlich und wichtig, daß mit ihr die ganze christliche Religion zu Grunde geht, wenn sie nicht mehr geglaubt wird; und da sie heut zu Tage von vielen Predigern sogar geläugnet wird, so ist alles daran gelegen, daß man alle nur möglichen Beweise für dieselbe aufsucht und bekannt macht, aber ich sage noch einmal, sie müssen wahr und richtig erzählt werden.

Wer Heinrich Stillings Lebensgeschichte, welches meine eigene wahre Geschichte ist, aufmerksam liest, der wird eine Menge unwiderlegbarer Beweise von dieser ganz besondern Vorsorge Gottes finden. Ich habe ja auch in diesem Büchlein schon einige merkwürdige Geschichten erzählt, die hieher gehören.

Eine andere Hauptpflicht des christlichen Hausvaters in

solchen trübseligen Zeiten ist die Menschenliebe oder Wohlthätigkeit. Unstreitig ist in diesen Fällen auch Vorsicht nöthig, damit man nicht mehr weggibt, als man hat, das heißt: wenn man andern Leuten schuldig ist, die auf die Bezahlung dringen, so muß man erst diese Schuld abtragen, ehe man dem Dürftigen aus der Noth hilft. Indessen kommt es in solchen Fällen auf den Glauben und dann auch auf die dringende Noth des Dürftigen an. Ich kenne einen Arzt, der kein Vermögen, aber viele Schulden hatte, worunter auch einige dringende waren, und doch mußte er manchmal, wenn arme Kranke hülflos verschmachteten, aus der äussersten Noth retten: denn er traute es seinem Gott zu, daß er ihm auch das Nöthige geben würde, um seine Schulden zu tilgen, und dies geschah dann auch auf eine herrliche Weise. Indessen ist der Fall selten, daß durch zu große Wohlthätigkeit gesündigt wird.

In unsern gegenwärtigen Zeiten, wo Krieg und Theurung so viele Menschen in manchen Gegenden drücken, viele Gefahr laufen, den Hungerstod, den schrecklichsten unter allen, zu sterben, und auch wohl wirklich sterben, kann sich der Christ ein schönes Capital auf die Ewigkeit sammeln, wo es ihm mit überschwenglicher Seligkeit und Herrlichkeit verintressirt wird, ohne daß er hier nöthig hätte, zu darben oder irgend etwas Nöthiges zu entbehren.

Es ist ausserordentlich schwer, bei der Wohlthätigkeit oder dem Allmosengeben immer das rechte Ziel zu treffen. Es gibt Christen, die die Worte des Herrn: gib dem, der dich bittet — geradezu nach dem Buchstaben nehmen, und jedem, der sie um etwas anspricht, auch etwas geben. Allein er sagt auch, wer dich um den Rock bittet, dem gib auch den Mantel, wer dich auf einen Backen schlägt, dem biete auch den andern dar, u. s. w., dies alles wird ja kein vernünftiger Mensch so nach dem Buchstaben verstehen, sondern nach dem wahren Sinn, der darinnen liegt, nämlich: erzeige deinem Nächsten alle nur mögliche Liebe und Dienste — gib dem, der es bedarf, ohne zu rechnen und zu räsonniren, im Glauben und Vertrauen auf deinen himmlischen Vater; aber nur dem dürftigen und nicht dem betrügerischen, diebischen Bettler, wenn du ihn als einen solchen kennst; und kennst du ihn nicht, so gib ihm, aber nur soviel, als die dringende Noth erfordert.

Im verwichenen Sommer, als ich nach Hanau verreist war und des Morgens im Wilhelmsbad jemand besucht hatte, begegnete mir auf dem Rückweg nach Hanau, den ich zu Fuß machte, eine bürgerlich gekleidete Frau; sie ging schamhaft und langsam neben der Chaussee auf dem Fußpfad, und ich mitten auf dem Wege, sie sah mich schüchtern an, ging vorbei, und nun bedachte sie sich und sagte: Ach, geben Sie mir doch etwas, meine Kinder leiden Hunger! — ich, der ich die Schliche und Künste der Bettler aus vieler Erfahrung gar wohl kenne, griff halb verdrüßlich und kaltsinnig in meine Tasche und holte meinen Beutel heraus; noch verdrüßlicher wurde ich, als ich fand, daß ich keine Kreuzer, sondern lauter vier und zwanzig Kreuzerstücke hatte, indessen schämte ich mich doch auch, gar nichts zu geben, unwillig reichte ich ihr ein solches vier und zwanzig Kreuzerstück hin; auf einmal erheiterte sich der Blick der Frau, ihr Emporblick zum Vater und Bruder der Armen, ihre aufgehobene gefaltene Hände und nun der Ausruf, ich danke dir Gott, daß du Gebete erhörst, nun sterben heute meine Kinder nicht vor Hunger, sie haben in drei Tagen kein Brod gehabt, erschütterten mich so, daß mir die Thränen aus den Augen drangen, aber ich stand auch beschämt da, so daß ich kein Wort hervorbringen konnte — Lieber Gott! dachte ich:; der Sechsbätzner, der da eine Familie vom Hungerstod errettet und also einen unendlichen Werth hat, ist nun für mich ganz und gar verloren, die tausendfältige Zinsen, die ich davon in der Ewigkeit hätte ziehen können, sind hin; lieber Gott! verzeih mir für diesmal, das soll mir gewiß nie wieder passiren. Hiezu gehört nun folgendes Gegenstück.

Vor etlichen Jahren kam in Marburg ein junger ansehnlicher Mann zu mir; er klagte mir mit Thränen und anscheinender Frömmigkeit, er habe da und da im Dienst gestanden, dann habe er einen Beruf da und dahin bekommen; da er nun Frau und Kinder, aber kein Vermögen habe, so hätte er aus Mangel an Reisegeld nicht so bald an den Ort seiner Bestimmung ziehen können; nun sey aber ein naher Verwandter in Sachsen gestorben, von dem er nach allen Rechten eine hübsche Summe hätte erben müssen, er sey also auch mit seiner Frau dahin gereist; vorher aber habe er zu Haus Alles verkauft, um Reisegeld dazu zu bekommen, dies habe er aber nun in Sachsen verzehren müssen, indem man ihn aufgehalten und ihm doch am Ende nichts gegeben hätte, jetzt sey er nun auf der Reise nach dem Ort, wohin man ihn berufen habe und erbärmlich übel dran, denn er habe gar kein Geld mehr; auf dem Postwagen zu fahren, daran dächten sie nicht, sie wollten gerne zu Fuß gehen, aber sie müßten doch essen und trinken und auch des Nachts herbergen können, und dazu werde doch Geld erfordert; er habe sich vor der Stadt in das und das Wirthshaus einquartirt, er wolle aber den Abend noch weiter gehen, um nur je eher je lieber den Ort seiner Bestimmung zu erreichen.

Bei dem frommen Vortrag dieses Mannes zweifelte ich keinen Augenblick an der Wahrheit desselben, ich gab mir Mühe und brachte in der Geschwindigkeit eilf Gulden zusammen, die ich ihm mit Freuden einhändigte; auch er blickte mit Thränen empor, verwies mich auf die Vergeltung in der Ewigkeit und wanderte dann mit einem frommen Händedruck fort. Eine Viertelstunde hernach gab mir ein Freund noch einen Laubthaler für diesen Reisenden; ich lief ihm selbst nach und traf ihn nach, ungefähr eine kleine halbe Stunde von Marburg, auf dem Wege an; ich gab ihm den Laubthaler, er wollte ausser sich kommen vor Rührung, dann wanderte er mit Frau und Kindern fort, und ich mit Dank gegen Gott, der mir eine gute Handlung hatte gelingen lassen, nach Haus. Ein paar Tage hernach, als ich auf einem Spaziergang vor gedachtem Wirthshaus vorbeiging, stand der Wirth vor der Thür; lächelnd redete er mich an, und sagte mir, daß ich noch eine kleine Weinrechnung an ihn zu bezahlen hätte. Dies befremdete mich, ich erwiederte: wie so? Der Wirth antwortete: der fremde Herr N. N. haben ein paar Flaschen Wein bei ihm auf meine Rechnung verzehrt, er hätte sichs bei ihm überhaupt recht wohl seyn lassen. Als ich ihm nun betheuerte, daß ich ihm dazu durchaus keine Erlaubniß gegeben hätte, so versetzte der Wirth: Ach, das konnte ich wohl denken, und es fällt mir gar nicht ein, im Ernst sie darum zu mahnen. Er hatte nun einmal den Wein getrunken, und anstatt mich zu bezahlen, wies er mich an Sie an; Sie sind mir deßfalls nichts schuldig.

Auf ähnliche Art bin ich mehrmals betrogen worden, es thut freilich weh und fordert uns zur Vorsicht auf — aber man muß sich dennoch durch eine solche teufelische Bosheit nicht abschrecken lassen, wohlthätig zu seyn; ich bin gewiß, daß mir vom Vater der Menschen die gute Handlung, die ich an dem Fremden ausübte, ebenso angerechnet wird, als wenn dieser in allen Stücken die reine Wahrheit gesagt hätte und wirklich der Mann gewesen wäre, für den ich ihn hielte: indessen wäre es doch besser gewesen, wenn die 13 Gulden 45 kr. eine wahrhaft arme und würdige Familie bekommen hätte.

O die Wohlthätigkeit, besonders wenn sie aus wahrer christlicher Menschenliebe herrührt, ist ein Saame, den man im Himmelreich aussäet und von dessen Frucht man dereinst ewige Nahrung in Hülle und Fülle haben wird! Erinnert euch nur, was der Herr Jesus Matth. 25. v. 31 bis 46 so herrlich und majestätisch erzählt: Er beschreibt da seine Zukunft zum Gericht, und wenn er die Frommen und Gottlosen, Schaafe und Böcke zur Rechten und Linken gestellt hat, so entscheidet er das Schicksal aller dieser Menschen blos nach dem Gesetz der christlichen Menschenliebe und sagt zu den Frommen: Alles, was ihr Gutes und Liebes euerem dürftigen Nächsten erzeigt habt, das sehe ich so an, als wäre es mir selbst geschehen, darum kommt nun, ihr Gesegnete meines

Vaters! kommt und werdet nun Bürger in dem Reich, das euch vom Anbeginn der Welt an bereitet ist.

Hingegen zu den Gottlosen spricht er: Alles, was ihr eurem Mitmenschen Gutes und Liebes hättet erzeigen können, wenn er in Noth und Dürftigkeit war, und ihr habt es nicht gethan, das ist gerade so, als wenn ihr mich selbst hättet hungern, dürsten, nackend und gefangen seyn lassen, ohne euch meiner zu erbarmen, darum fahret nun auch hin, ihr Verfluchten, in das ewige Feuer, das dem Teufel und seinen Engeln bereitet ist. Ach Gott, wie schrecklich!

Aus dieser wichtigen Stelle müßt ihr aber nicht schließen, es sey also genug, wenn man nur wohlthätig gegen die Armen sey, — man könne übrigens so lasterhaft leben als man wolle. — Nein keineswegs! — eben daher entstehen so viele wichtige und schädliche Irrthümer und Secten, daß man einzelne Sprüche aus der Bibel herausnimmt und seine Lieblingssätze damit beweisen will: man muß immer die Sprüche, die von einerlei Sache handeln, zusammennehmen und dann einen durch den andern erklären. Wer also aus dieser Beschreibung des jüngsten Gerichts schließen will, es sey damit genug, wenn man nur recht wohlthätig gegen die Armen sey, der beherzige auch, was Paulus 1 Cor. 13, v. 3 sagt: Und wenn ich all mein Hab und Gut unter andere austheilte, auch meinen Leib (für sie) verbrennen ließ, hätte aber keine Liebe, so könnte mir das nichts helfen. Ihr seht also, daß es hier bei der Wohlthätigkeit, so wie bei allen christlichen Tugenden blos auf die Quelle ankommt, aus der sie herfließt, und diese Quelle ist die wahre Liebe zu Gott und Christo. Ich muß dies etwas deutlicher erklären:

Man pflegt sich gewöhnlich des Ausdrucks: aus Menschenliebe müsse man wohlthätig seyn, zu bedienen — der Ausdruck ist wohl richtig, aber man hat denn doch sehr selten den richtigen Begriff von dem Wort Menschenliebe — Gesetzt, ich gebe einem Armen Etwas und prüfe mich dann, ob ich diesen Menschen im eigentlichen Wortverstand lieb habe? so werde ich mehrentheils finden, daß das nicht der Fall ist:

denn oft kenne ich einen solchen Menschen nicht, und ich weiß nur, daß er dürftig ist; ich gebe ihm also doch, was er bedarf. Das, was wir also gewöhnlich lieben, oder liebhaben nennen, kann nur bei Personen statt finden, die mit uns einerlei Neigung, einerlei Charakter, einerlei Gesinnung und Wünsche haben, oder in deren Umgang und Vereinigung mit uns wir uns glücklich fühlen. Diese eigentliche physische Liebe empfinden wir bei einem Armen nur dann, wenn obige Verhältnisse statt finden: dann hat aber die Wohlthätigkeit gar keinen Werth, weil auch der größte Sünder und Verbrecher in diesem Fall wohlthätig ist, es sey denn, daß auch die wahre göttliche Liebe damit verbunden ist. Diese Liebe ist es also, worauf es hier ankommt, und diese will ich euch nun näher beschreiben:

1 Joh. 5. v. 3. sagt der Apostel: denn darinnen besteht die Liebe zu Gott, daß wir seine Gebote halten, und die sind nicht schwer; und ebenso bezeugt auch Christus: wer mich liebet, der wird mein Wort halten u. s. w. Die wahre eigentliche christliche Liebe besteht darin, wenn man nicht aus knechtischer Furcht vor der Strafe, sondern von Herzen gern, und mit vollkommenem freien Willen das thut, was Gott befohlen hat. Dieß ist aber einem bloßen unwiedergebornen Naturmenschen unmöglich, was der etwa Gutes thut, das thut er, weil er glaubt, er müsse es thun, hingegen der wiedergeborne wahre Christ thut es auch dann gerne, wenn er keine Belohnung zu erwarten hat; er thut es aus Pflicht und Dankbarkeit gegen Gott, und fühlt tief, daß er auch dazu verpflichtet wäre, wenn er keine Seligkeit zu hoffen hätte. Seht, dieß ist also die christliche Gottesliebe, die mit der physischen oder Freundschaftsliebe ja nicht verwechselt werden darf: denn sie ist viel inniger, reiner und erhabener. Die Liebe zu Christo, welche schon sinnlicher ist, weil Christus als Mensch unser Bruder ist, dient gleichsam der Liebe zu Gott dem Vater zur Unterlage; wir können Gott nur in Christo lieben.

Jetzt kann ich euch nun auch begreiflich machen, was die wahre christliche Menschenliebe ist, und worinnen sie bestehe: Lieben heißt also im Bibelsinn, den Willen desjenigen erfüllen, den man lieben will oder soll; wenn ich also einem Menschen aus freier Willensneigung seine Wünsche, seinen Willen erfülle, so ist das Liebe im biblischen Verstand. Da nun aber der Wille und das Wünschen der Menschen überhaupt nur einer, und mehrentheils dem Willen Gottes zuwider ist, Gott aber das höchste Wohl aller Menschen will, indem er sie mit der höchsten, reinsten, ewigen Liebe liebt, und alle seine Gebote dahin zielen, die Menschen mit der vollkommensten Glückseligkeit in alle Ewigkeit zu beglücken, so kann ich meine Mitmenschen nicht höher, nicht göttlicher und reiner lieben, als wenn ich die Gebote Gottes gegen sie erfülle. Ich liebe also auch den Feind, wenn ich ihm das thue, was mir Gott gegen ihn zu beobachten befohlen hat, das ist: wenn ich ihm in der Noth beistehe, mich nicht an ihm räche, seinen Haß dulde, und ihm alle seine Beleidigungen mit Wohlthun, Liebe und Freundlichkeit erwiedere; und ebenso besteht nun auch die Liebe gegen die Armen blos in milder freundlicher Hülfeleistung, und nicht in der Freundschaft.

Wenn man diese wahre christliche Liebe recht betrachtet, so findet man, daß sie die Mutter jeder wahren, reinen und lautern Liebe und Gegenliebe ist; ja sie erzeugt Liebe, wo vorhin keine war, sie nimmt den Mißverstand weg, und verwandelt gar oft den Haß in Liebe; und wenn mein Freund durchaus unversöhnlich ist, so daß ich durch nichts seine Liebe gewinnen kann, so wird er doch so durch meine Liebe gelähmt, daß er mir nicht mehr schaden kann; gewöhnlich aber wird der Feind versöhnt, und hernach oft der wärmste Freund.

Nichts übertrifft die innere hohe Freude, die man bei der ächt christlichen Wohlthätigkeit empfindet; schon um dieses Genusses wegen sollte man wohlthätig seyn, aber dieser Zweck wäre dann auch nicht rein, weil man aus wahrer Gottes- und Menschenliebe wohlthätig seyn muß. Zuweilen belohnt sich auch die Wohlthätigkeit auf der Stelle, wie ich euch davon ein Beispiel erzählen will:

Im Jahre 1778 war der Winter in Graubündten so streng, daß verschiedene Menschen erfroren; unter andern wurde ein

Schlachter eben dieß Unglück erfahren haben, wenn ihn nicht ein Geistlicher, der eben des Weges kam, auf der Straße angetroffen und gerettet hätte; er nahm ihn mit sich in sein Haus und sorgte für seine Erholung. Der Schlachter legte sich des Abends in diesem wohlthätigen Pfarrhaus mit allen Empfindungen der Dankbarkeit zu Bette, um Mitternacht aber erwacht er und bemerkt ein starkes Geräusch im Haus, flugs steht er auf, nimmt seinen dicken Prügel und eilt in die Stube; hier fand er die Magd des Pfarrers, die ihn versicherte, ihr Herr schlief. Der Schlachter aber beruhigte sich nicht dabei, sondern von einer verborgenen Ahnung getrieben, eilte er in das Zimmer des Pfarrers; hier fand er diesen seinen Wohlthäter gebunden auf der Erde liegen und zwei Kerls, die Geld zählten; es gelang ihm, die beiden Spitzbuben zu Boden zu schlagen und den Pfarrer zu befreien, dieser aber war so menschenliebend, daß er nicht einmal erlauben wollte, die Diebe der Obrigkeit zu überliefern.

Noch eine artige Geschichte muß ich euch erzählen: In Rom wohnte ein gewisser Cardinal, Namens Farnese, welcher sehr reich und sehr wohlthätig war. Dieses hört eine arme Frau, sie entschließt sich also, zu ihm zu gehen, und ihn zu bitten, ihr aus einer dringenden Noth zu helfen, in der sie sich jetzt eben befand; sie ging, und nahm ihre Tochter, ein Mädchen von 17 Jahren, mit; im Pallast des Cardinals verfügte sie sich ins Vorzimmer, und stellte sich mit ihrer Tochter unter die Leute, die da stunden; bald kam der Cardinal, und indem er die Anwesenden überschaute, fiel ihm besonders die Frau mit ihrer Tochter wegen ihrer anständigen Miene und bescheidenen Demuth in die Augen; er näherte sich ihnen, und fragte sehr gnädig und liebreich, womit er ihnen dienen könne? die Frau antwortete ihm, sie wäre durch mancherlei Unglücksfälle, die zu weitläuftig zu erzählen wären, endlich dahin gebracht, daß sie sich in der Vorstadt in einer kleinen Wohnung hätte einmiethen müssen, nun wolle der Hausherr die Tochter heirathen, die sie da bei sich hätte, weil er aber ein Bösewicht sey und ihr liebes Kind unglücklich machen würde, so könne sie nicht einwilligen, und nun wolle er sie noch heute aus dem Haus jagen; wenn sie nur fünf Ducaten hätte, so könnte sie sich retten.

Der Cardinal ging weg, schrieb ein Billet, kam wieder, brachte es der Frau und sagte ihr, sie solle damit zu seinem Haushofmeister gehen und es ihm überreichen; mit dem gerührtesten Dank empfing die Frau das Billet, wobei ihr der Cardinal noch die Ermahnung gab: sie möchten beide bei so guten Gesinnungen beharren, so könnten sie sich auch noch ferner seiner Gewogenheit versichern. Die gute Frau, vor Freuden ganz ausser sich, bezeugte ihm nebst ihrer Tochter ihre Erkenntlichkeit auf das lebhafteste, und eilte sogleich mit dem empfangenen Billet zu dem Haushofmeister, der es in seine Brieftasche steckte und ihr fünfzig Ducaten hinzahlte. — Nein, mein Herr! sagte sie, als sie das Geld sahe, Sie irren sich, in der Anweisung stehen nur fünfe; ich hab seine Eminenz — dieß ist der Titel der Cardinäle — um mehr nicht gebeten. — Sehen sie hier, liebe Frau! sagte der Haushofmeister, indem er ihr das Billet zeigte, meine Ordre enthält, Ihnen fünfzig Ducaten auszuzahlen — sie erwiederte: O so hat sich gewiß der Herr Cardinal geirrt! er versetzte: Nein, gute Frau, ich kenne meinen gnädigsten Herrn sehr gut, setzen Sie mich nicht in Gefahr, ihm zu mißfallen — sie beschlossen nun beide, miteinander zum Cardinal zu gehen, um zu hören, wer recht hätte. Der Cardinal hörte sie an, nahm dann die Anweisung zurück, und sagte: ihr habt beide recht, ich hab mich geirrt; dann schrieb er eine neue Anweisung von fünfhundert Ducaten, und setzte nun noch hinzu: Ihr Betragen, liebe Frau! beweist, daß ich geirrt habe; gehen Sie nun geschwind, bezahlen sie Ihren Wirth und verlassen Sie ihn; befriedigen Sie ihre Gläubiger, denn deren hat man immer einige, und mit dem übrigen statten Sie ihre Tochter aus. Liebe Leser! welch eine edle That! — Jeder gehe hin und thue desgleichen. — Ja, werdet ihr sagen, nicht jeder kann das; wer die Ducaten so hätte, wie der Cardinal Farnese, der könnte auch solche Wohlthaten austheilen — ich sage euch: jeder, auch der Aermste, kann

Wohlthaten ausüben, die eben so viel, auch noch mehr vor Gott gelten, als jene fünfhundert Ducaten, das will ich euch durch folgende Geschichte beweisen:

Als ich noch Arzt war, so war in meiner Nachbarschaft eine Magd, die viele Jahre bei einem ungefühligen reichen Mann gedient hatte, und dabei seit langer Zeit engbrüstig war. Auf einmal verlor sich die Engbrüstigkeit, sie bekam statt dessen ein krankes Bein, daß sie nicht wohl mehr gehen und ihren Dienst versehen konnte; ihr hartherziger Herr, dem sie so lange treu gedient hatte, sagte ihr nun, er könne sie nicht mehr brauchen, sie müsse sehen, wo sie unter käme. In seinem großen schönen Haus, das sie so lang geputzt und rein gehalten hatte, war kein Raum mehr für sie, und für die vielen Speisen und Leckerbissen, die sie ihm gekocht hatte, war doch aus dem großen Vorrath für Küche und Keller nichts für sie übrig, und überdem war sie elternlos, auch hatte sie keinen nahen Verwandten, zu dem sie ihre Zuflucht nehmen konnte, aber es fand sich ein anderer Verwandter, der sich über sie erbarmte:

Nicht gar weit von der Stadt wohnte ein sehr frommer, christlicher aber blutarmer und lahmer Mann, der auf Krücken ging, nebst zwei erwachsenen, eben so frommen Töchtern in einem kleinen Häuschen; seine Wohnung bestand in einer Stube, in einer Kammer und einer kleinen Küche. Weil er lahme Beine hatte, und also nicht viel ausrichten konnte, so wirkte er auf einer Maschine Schnür-Nesteln, womit das weibliche Geschlecht seine Kleider zuschnürt; bei dieser Arbeit konnte er immer sitzen, und er verdiente damit kümmerlich, aber heiter und zufrieden sein Brod. Die beiden Töchter halfen dann mit Spulen und Arbeiten in den Fabriken, und erwarben sich dadurch auch ihre Nothdurft.

Diese drei Menschen, die mit oben gemeldeter Magd weder dem Blut nach verwandt, noch auch bekannt waren, holten sie freundlich und liebevoll in ihr kleines Häuschen, und weil es im Frühling und des Nachts noch kalt war, so legten sie die kranke Magd in die warme Stube auf des Vaters Bett, der Vater legte sich in die Kammer auf der Töchter Bett, und die Töchter machten sich ihr Bett in der Stube auf den Boden, damit sie des Nachts der Kranken nahe seyn möchten; sie selbst lebten kümmerlich, um ihr das nöthige Erquickende und Stärkende zu ersparen.

Aber nun mußte doch ein Arzt gebraucht werden; aus Mangel wendeten sie sich an einen Quacksalber, der ein paar Stunden entfernt wohnte; dieser kannte nun die Krankheit nicht, und kam auch nicht, um das Bein zu besehen. Da man ihm nun gesagt hatte, es sey ein schwarzbrauner Flecken am Bein, so urtheilte er, es sey der kalte Brand, und verordnete gebrannten Alaun, den man auf den Fleck streuen sollte. Dieß geschah; die arme Patientin litt die schrecklichsten Schmerzen, sie und die frommen Töchter hatten weder Tag noch Nacht Ruhe, man lief zum Arzt, der aber sagte: das müsse so seyn, und so dauerte dieser unsägliche Jammer drei ganze Wochen, jeder, der das Bein sahe, erschrack, und es schien nun kein anderer Rath mehr übrig zu seyn, als das Bein abzunehmen, welches aber der äusserst schwachen Patientin das Leben würde gekostet haben.

In dieser dringenden Noth fällt jemand ein, man solle mich holen, ich würde die Patientin gern umsonst bedienen und ihr das Beste rathen. Dieß geschahe; die älteste Tochter kam, und erzählte mir mit ängstlicher Schüchternheit die ganze Geschichte, ich verwies ihr freundlich, warum sie doch nicht eher gekommen wäre, denn ich hatte von der ganzen Sache kein Wort gehört, ich lief alsofort mit dem edlen Mädchen hin — aber, guter Gott! welch ein Anblick! — ich fand die Patientin mager, wie ein Knochengerippe, und den ganzen Waden, von oben bis unten, bis auf die Hälfte abgelöst und den Schienbeinknochen blos; die eiternde Wunde war bei dreiviertel Schuh lang, und über zwei Zoll tief. Dieser Anblick verwundete mir das Herz; ich ließ also die eine Tochter in das nah gelegene Wäldchen gehen, wo das Groß-Schwalben-Kraut oder die Goldwurzel häufig wuchs; von diesem Kraut mit der Wurzel ließ ich einen Arm voll holen; dann mußte die andere Tochter eine lange Binde machen, feines altes Leinwand aufhäckeln, und dann einen Schoppen Bienenhonig besorgen. Das Kraut wurde dann von den Blättern befreit, Wurzel und Stengel ausgepreßt, so daß man eine gute Quantität von dem goldgelben Saft bekam. Dieser Saft bleibt aber nicht gelb, sondern er wird schmutzig grün-grau — mit diesem Saft vermischte ich eben so viel Bienenhonig, machte dann aus den leinenen Fasern viele Bäuschlein, die ich in den Saft mit Honig tunkte, und dann die ganze Wunde damit belegte; hernach legte ich den Waden ordentlich an das Bein an, und umwickelte es mit der Binde. Dieß Verband wurde täglich ein paar mal wiederholt, und alle drei Tage frischer Saft gemacht; dann brauchte ich auch innerliche stärkende Mittel, und durch diese Behandlung wurde diese brave Person in wenigen Wochen vollkommen wieder hergestellt; das Bein war völlig heil, nur unten am Ende der Wunde ließ ich eine kleine Oeffnung, die wie eine Fontanelle behandelt wurde, weil ich fürchtete, das Uebel möchte sich wieder auf die Brust werfen. Diese Person begab sich nun wieder in Dienste, und war und blieb gesund.

Wer war nun hier der größere Wohlthäter — der Cardinal Farnese oder mein alter lahmer Freund mit seinen zwei Töchtern?

Der Cardinal entbehrte an seiner ganzen Glückseligkeit und seinem Wohlleben nichts, dadurch daß er der armen Frau fünfhundert Ducaten schenkte; aber hier entbehrten drei gute Menschen eine lange Zeit sehr viel: denn sie opferten von ihrer äussersten Nothdurft der armen Kranken sehr vieles auf — dem ungeachtet übte doch auch der Cardinal eine sehr edle Handlung aus, die ihm gewiß nicht unvergolten bleiben wird. Ihr seht also, meine Lieben! daß niemand so arm ist, der nicht christlich wohlthätig seyn könne.

Allem Vermuthen nach werden sehr viele unter euch, wenn sie dieses gedruckt lesen, Gelegenheit genug finden, wohlthätig zu seyn, denn es stehen uns traurige Zeiten bevor: Theurung und Hungersnoth sind durchgehends ganz unvermeidlich, und wer weiß, ob nicht auch der Krieg noch fortdauern wird, wo dann die zahlreichen Armeen überall die Vorräthe aufzehren werden. Darum bitte ich euch alle um Gottes willen, werdet doch einmal nachdenkend über euren Zustand, und höret auf, leichtsinnig zu seyn! Glaubt nur gewiß, daß alle die schweren Gerichte, die wir theils schon empfinden, und die uns in der nahen Zukunft drohen, und nicht ausbleiben werden, blos um unserer Sünden willen über uns kommen. Werft euch vor dem erzürnten Vater der Menschen in den Staub, fleht ihn an um Erbarmung, versprecht ihm gründliche Besserung eures Lebens, aber haltet dann auch Wort! er ist und bleibt Vater, er wird sich dann auch über euch erbarmen, wenn ihr mitten im Feuer der Leiden seyd; entweder wendet er es dann von euch ab, oder er gibt euch Muth und Kraft, euer Kreuz willig zu tragen. Thut Buße, folgt mir, es wird euch nicht gereuen.

Dann seyd auch wohlthätig! theilt den letzten Bissen Brod mit euren leidenden hungrigen Brüdern. — So wahr der Herr lebt, der gesagt hat: was ihr den Armen thut, das thut ihr mir, der wirds euch nicht entbehren lassen, sondern es tausendfältig an euch und eueren Kindern segnen.

Noch nie ist ein christlicher Wohlthäter verhungert — es ist nicht möglich. — Ja! er kann in schwere Proben gerathen, aber wenn er glaubig aushält, so wird er mächtig und herrlich gerettet.

Ein Gebetlied in schweren Zeiten.

Mel. Jesu meines Lebens Leben ꝛc.

Vater! König aller Welten!
Höre uns in deinem Sohn!
Willst du nach Verdienst vergelten,
Dann ist Jammer unser Lohn.
Sieh doch an des Mittlers Leiden
Und der Menschheit Schwächlichkeiten,
Ach erlös uns dießmal noch,
Aus der Noth! erhör uns doch!

Wir sind werth der schwersten Leiden,
Aber, geh' nicht ins Gericht!
Ach in diesen dunkeln Zeiten,
Zück doch deine Ruthe nicht
Ueber uns verlaßne Kinder!
Freilich sind wir schnöde Sünder,
Aber ach! erlös uns doch
Aus der Noth, nur diesmal noch!

Dir ist alle Macht gegeben,
Treuer Heiland! deine Huld
Gab der Welt ja Licht und Leben,
Tilgte auch der Menschen Schuld,
Tilg doch auch, was wir verdienet!
Sind wir denn nicht auch versöhnet?
Wir sind Stroh in heißer Gluth,
Lösch sie durch dein theures Blut!

Sieh wir wollen uns bekehren,
Und von Herzen Buße thun.
Alle Weltlust gern entbehren,
Darum, ach verzeih' uns nun!

Herr, wir schwören dir aufs Neue,
Unverrückte feste Treue!
Ach erlös uns diesmal noch
Aus der Noth! erhör uns doch!

Freilich ist erzwungne Reue
Liebster Jesus! wenig werth,
Und gewöhnlich schwört man Treue
Wenn die Trübsal uns beschwert.
Darum kann man uns nicht trauen
Und auf unsere Treu nicht bauen:
Denn es ist um sie geschehn,
Wenn es uns wird besser gehn.

Ja das auch gestehn wir gerne,
Aber schau von deinem Thron
Hier auf uns in dunkler Ferne,
Denk an den verlornen Sohn!
Denk an uns verlorne Söhne!
Fürst der Gnaden! Ach, und kröne
Uns in dieser Jammerzeit,
Jetzund mit Barmherzigkeit.

Aber dann nimm uns gefangen,
Unter deines Geistes Zucht,
Was das Herz dann wird verlangen,
Was der Geist auf Erden sucht.
Ach das prüfe du nur strenge,
Bring die Seele ins Gedränge,
Bis sie alles gern entbehrt,
Was dein weiser Rath verwehrt.

Ach du weißt ja unsre Schwäche,
Daß der Mensch so wenig kann.
Liebster Heiland! drum, so spreche
Kraft in unser Herz, und dann
Taufe uns mit Geist und Feuer,
Und im Wachen immer treuer,
Im Gebet von Herzen rein,
Und im Kampfe stark zu seyn.

Daß doch die Erlösungsgnade
Und dein blut'ger Opfertod
Uns recht fühlbar auf dem Pfade
Tröstend wär in jeder Noth!
Ach verkläre doch dein Leiden,
Herr, in diesen trüben Zeiten,
In uns allen, daß wir nun
Sanft in deiner Liebe ruhn

Doch in diesem Ruh'n geschäftig,
Treu in deinem Dienst zu seyn,
Laß doch deinen Geist recht kräftig
Uns zu diesem Dienste weihn.
Gieb zu jedem guten Werke
Muth, Gelegenheit und Stärke,
Und es werde jede That
Einst zur hoffnungsvollen Saat.

Vater! daß dieß unser Sehnen
Unsers Herzens Vorsatz ist,
Das bezeugen wir mit Thränen,
Und da du doch Vater bist,
O so nimm uns arme Sünder,
Nun auch als versöhnte Kinder,
Die sich dir in Demuth nahn,
Wiederum zu Gnaden an!

Und dann wehre doch dem Jammer,
Der jetzt Land und Leute drückt!
Führ doch aus der dunkeln Kammer
Jeden, der so tief gebückt,
Unter deines Zornes Bürde,
Wankt, und endlich sinken würde.
Laß den Sturm vorübergehn!
Herr erhöre unser Flehn!

Vierte Abtheilung.

Wo soll man denn nun in unsern Tagen anfangen, und wo soll man endigen? Die Gerichte des Herrn gehen ihren erhabenen Gang. Am 2ten Septemper des 1806ten Jahres traf einen Theil des Kantons Schwyz in der Schweiz ein schreckliches Unglück, das ich Euch doch, meine lieben Leser! etwas umständlich erzählen muß.

Zwischen einem hohen Berg, der Rußberg genannt, und einem andern hohen Berg, welcher der Rigi heißt, befand sich ein schönes fruchtbares Thal, mit etlichen schönen Dörfern und einzelnen Bauernhöfen; an der einen Seite des Thals ist ein See, der von dem Ort Lowerz, der daran liegt, der Lowerzer See heißt. Hier lebten noch am gedachten 2ten September des Morgens und des Mittags vierhundert und achtzig Männer, Weiber und Kinder, mit hundert und drei und siebenzig Stück Vieh, sorgenfrei vergnügt, und am Abend um fünf Uhr waren sie alle begraben; dies ging so zu:

Oben neben der Spitze des Rußbergs befand sich eine andere Spitze, der Spitzen-Bühl genannt, welcher auch für sich allein einen beträchtlichen Berg ausmachte. An diesem Spitzen-Bühl bemerkte man Dienstags den 2ten September des Morgens, daß einige Steine von beträchtlicher Größe herab rollten. Da dies aber in der Schweiz eben nichts Seltenes ist, so achtete man nicht darauf, zugleich hörte man auch dann und wann ein dumpfes Getöse, wie einen fernen Donner; auch dies machte nicht aufmerksam, denn es ist nichts Ungewöhnliches, weil die Schnee-Lawinen oft ein solches Getöse machen. Jedermann war also sorgenlos, und wartete seines Berufs, oder seines Vergnügens, oder auch seiner Leiden. Jeden übereilte hier der Donner der Gerichts-Posaune rasch und schnell, er brüllte ins Thal hinein: Kommt wieder Menschenkinder und werdet zu Staub! An diesen 2ten September des 1806ten Jahrs, Dienstags Abends um drei viertel auf fünf Uhr, rutschte der ganze Spitzen-Bühl den Rußberg herab, er schob den ganzen Wald vor sich weg, und stürzte sich dann in einem Augenblick über das ganze Thal hin, so daß vier Dörfer und einige Bauernhöfe mit vierhundert und sechsundachtzig Männern, Weibern und Kindern, und hundert und dreiundsiebenzig Stück Vieh, bei zweihundert Schuh hoch mit Erde bedeckt wurden. Dies Alles war in zwei bis drei Minuten geschehen. Um halb fünf Uhr war das ganze Thal noch ein Paradies Gottes, um dreiviertel auf Fünf ein Ruin, der nichts als ungeheure Felsen und rohe Erde in einem neuen Berg zeigte, der da nun stand, wo vorhin frohe Kinder spielten und Viehheerden weideten. Der Sturz war so heftig und schrecklich, daß Felsenstücke von viel tausend Zentnern den gegenüberstehenden Rigi hinauf geschleudert und die stärksten Bäume dadurch zersplittert wurden. Durch das starke Reiben der Felsen aufeinander und der Lage Steinkohlen, die sich in der Tiefe des Berges befand, entstand dann auch in dem Augenblick des Sturzes ein Feuer, das mit Flammen in die Luft hin fuhr, aber auch wieder auslöschte. Die gewaltsame Bewegung der Luft warf in der Nähe des Falls Häuser um, die sonst der Bergfall nicht berührte, und der dritte Theil des Lowerzer See's wurde mit Erde ausgefüllt, wodurch das Wasser in demselben so angeschwellt wurde, daß es weit über die Ufer hinauf stieg und einige Häuser wegspülte. Eine Stunde lang und breit ist das Thal verschüttet.

Einige meiner Freunde und Freundinnen, aus dem Kanton Bern und dem Canton Aargau, hatten sich durch Gottes Verhängniß entschlossen, um die Zeit eine Lustreise in die Gegend und auf den Rigi zu machen, weil man auf diesem Berg eine unvergleichliche Aussicht hat, und sie mußten gerade diesen Augenblick des schrecklichsten Unglücks treffen: acht

Personen aus dem Berner Gebiet und neun aus andern Bezirken wurden verschüttet! einige, die noch im Wirthshause zu Arth zurück geblieben waren und nun ihren Reisegefährten auf einen Büchsenschuß nachfolgten, sahen, wie der Bergfall von ihnen hin ihre Freunde wie der Wallfisch eine Menge kleiner Fische verschlang, so daß sie vor ihren Augen verschwanden. Andere Nachbarn, die in der Nähe auf dem Felde arbeiteten, oder das Vieh hüteten, und den Blick gerade in die Gegend gerichtet hatten, sahen auf einmal Leute fliehen, den Berg einstürzen, und wie Wind, Staub und Steine noch die armen fliehende Leute erwischte, im Kreis herumwarf, und dann bedeckte. Großer Gott, wie schrecklich! aber nun denkt euch nur den Zustand, wenn es sich nun traf, daß Felsenstücke so auf einander stürzten, daß hie oder da ein Haus nicht ganz zertrümmert wurde, und so Leute verschüttet wurden, die lebendig blieben, — welcher Jammer — welche Verzweiflung; — und wirklich einige, welche noch lebendig herausgegraben wurden, können die Angst nicht lebhaft genug schildern, die sie während der Verschüttung empfunden hatten. Diese bezeugen auch, daß sie in ihrer Nähe hin und wieder Jammergeschrei gehört hätten. Die Vorstellung davon dringt durch Mark und Bein.

Aber nun, meine Lieben! sind denn wohl diese guten Schweizerseelen vor allen Sünder gewesen, daß Gott ein so schreckliches Unglück über sie verhängt hat? — Urtheilt so nicht, liebe Christen! aber laßt Euch auch den Gedanken nicht einfallen, als achte Gott seine Menschen nicht, und es käme Ihm auf einige hundert oder tausend Unglückliche nicht an; nein, jede Seele ist Ihm theuer, für jede hat Jesus Christus sein Blut vergossen. Dergleichen große Natur-Ereignisse gehören in die Geheimnisse der großen Weltregierung, die wir vielleicht dereinst im reinen Licht erkennen und den Herrn der Herrlichkeit dafür preisen werden. Indessen will ich euch doch ein und anderes Beruhigendes darüber an die Hand geben.

1. Daß unter diesen 484 Seelen viele gewesen, die als reife Garben in die Scheunen des großen Hausvaters eingeerntet werden konnten, daran ist wohl kein Zweifel, und es gibt ge-

wiß keinen leichteren Tod, als ganz unerwartet in einem Augenblick von Haupt bis zu Fuß zerschmettert zu werden. Diese guten Seelen kamen also im ewigen Vaterland an, ohne zu wissen, wie ihnen geschahe.

2. Es waren gewiß auch viele darunter, die bisher redlich und christlich gewandelt hatten, die aber bei längerem Leben wieder abgewichen wären und den bevorstehenden Proben und Versuchungen nicht würden haben widerstehen können. Diese sind also nun gerettet und in Sicherheit. Ist das nun nicht eine große Güte und Barmherzigkeit Gottes? —

3. Unter den Verschütteten befinden sich 128 Kinder, diese sind nun alle auf einmal und in einem Augenblick selig geworden — wie viele von ihnen wären große Sünder geworden, und was hätten sie noch in unsern bedenklichen Zeiten zu ertragen gehabt, dem sie nun entgangen sind.

4. Wie viele Traurigkeiten und Thränen sind dadurch erspart worden, daß hier liebende Familien, Freunde und Verwandten, alle auf einmal, und miteinander in jenes Leben befördert wurden? — wären sie bald hie, bald da, wie gewöhnlich, eines natürlichen Todes gestorben, so hätten Eltern die Kinder, Kinder die Eltern, Männer ihre Weiber, Weiber ihre Männer und Freunde ihre Freunde beweint; diese Thränen und Klagen alle wurden hier gespart, sie entschliefen alle zusammen und erwachten zusammen, da wo keine Trennung mehr zu fürchten ist.

5. Daß auch viele böse, gottlose Menschen unter ihnen waren, daran ist kein Zweifel; diese wurden also aus ihrer Sündenbahn weggerissen, damit sie das Maß nicht noch völler und ihre Verdammniß schwerer machen möchten. Zugleich wurden sie auch in die Lage gesetzt, daß sie niemand mehr schaden konnten.

6. Was sollen wir aber von denen denken, welche lebendig verschüttet wurden, und drunten in ihren engen Behältern in der schrecklichsten Noth und Angst eines langsamen Todes sterben mußten? — darüber läßt sich nun freilich wenig Tröstliches sagen, aber so viel ist doch gewiß, daß auch der bitterste

Mensch in diesem Glutopfer des Jammers zur Erkenntniß kommen, und im Anblick eines nahen und gewissen Todes nach Gnade suchen mußte, wo sie allein noch zu finden war. Freilich läßt sich dagegen einwenden, daß in diesem allerschrecklichsten Zustand die hoffnungsloseste Verzweiflung wohl schwerlich jemand zu einer solchen Besinnung werde kommen lassen; allein ich antworte dagegen, daß dies wohl in den ersten Stunden der Fall seyn könnte, aber mir däucht, es müsse doch bald auch die Vorstellung in der Seele aufsteigen, was wird denn nun weiter aus dir? — und dann könnte doch wohl das Gnadesuchen nicht ausbleiben. Gesetzt aber, auch diese höchste Stufe des Elends thue diese Wirkung in einer verstockten Seele nicht, nun so ist sie um wenige Stunden früher in einer leichtern Verdammniß, als die, zu der sie nun reif ist. Waren aber auch fromme Seelen in diesem Zustand, so muß man wissen, daß der in ihnen wohnende hohe Gottesfriede und die Empfindung der Nähe des Herrn auch sogar die Hölle zum Himmel machen können. Der wahre Christ hat in keinem Fall etwas zu befürchten.

Seht, meine Lieben! so sehe ich dies schauerliche Unglück in der Schweiz an, und so kann ich mich bei dem Schicksal dieser meiner Mitmenschen beruhigen. In der Offenbarung Johannis Cap. 6, v. 16. Jesaj. 2, v. 19. und Hosea 10, v. 8. und Luc. 23, v. 30 wird geweissagt, daß Könige, Fürsten, Hauptleute und alle, die zu dem großen Gerichtstage reif sind, es für eine Wohlthat halten würden, wenn Berge über sie fielen und wenn sie von Hügeln bedeckt würden. Diese Wohlthat ist diesen guten Schweizern wiederfahren. Ruht sanft, ihr guten Seelen, in eurem Riesen-Grabe!

In den alten Geschichten, als nämlich vom dreißigjährigen Krieg, auch wohl früher und später, erzählt man von allerhand Wundern, die sich in der Natur zeigten, und als Vorboten, oder auch als Warnungen vor großen schweren Gerichten angegeben wurden. Dies verlacht man in unsern Tagen als einen Aberglauben; man ist nun so aufgeklärt und so klug geworden, daß man dergleichen Dinge als Zufälle und als

Wirkungen natürlicher Ursachen angibt, die mit den Schicksalen der Menschen nichts zu thun haben. Daß der Bergfall in der Schweiz seine natürliche Ursachen hatte, und daß er kein eigentliches Wunder ist, daran wird kein vernünftiger Mensch zweifeln, aber daß er gerade in dieser Zeit und unter diesen Umständen sich zutrug, das ist wahrhaftig nicht von ungefähr. Und es werden Zeichen geschehen an Sonne, Mond und Sterne, und den Leuten wird bange seyn für Furcht und Warten der Dinge, die da kommen sollen u. s. w. sagt Christus. Alle diese Zeichen werden keine Wunder, sondern ganz natürlich seyn, aber eben deswegen, weil sie natürlich sind, stehen sie als warnende Buchstaben und Worte im großen Buch der Natur, und zeigen dem aufmerksamen Leser, wie weit wir nun in der Zeit des großen Weltregiments gekommen sind. Der Bergfall in der Schweiz ist ein großes, vielsprechendes und vielbedeutendes Wort Gottes.

In Rom und der umliegenden Gegend, und nachher in Ungarn, zu Ofen und der Vorstadt Pesth, waren ernsthafte Erdbeben, die Muttererde schaudert wegen alle dem Unfug, der auf ihr vorgeht. Vielleicht sagst Du: O, es gab oft Erdbeben! — Ja! der gabs, aber es kommt jetzt noch manches hinzu, so daß alles zusammen genommen, weit bedeutender wird, als je.

An der Gränze von Italien in der Gegend von Udine sahe man vor kurzem eine Feuer- und Wolkensäule, welche sich etwa 600 Fuß hoch über eine namhafte Stadt senkte, deren Namen ich vergessen habe; ich glaube, sie hieß Palmanova, sie richtete allerhand Unfälle und Schaden an, zerriß Bäume, deckte Häuser ab und zerstörte auch einige, auf den Wällen versengte sie Bäume und Sträuche u. s. w.

Zu Nürnberg sah man eine sehr hell glänzende feurige Kugel gegen Süd-Südwest, welche auch in dieser Richtung von Norden gegen Süden fiel; in Meiningen sahe man sie mit großem Geprassel in vier Stücke zerspringen.

In England sind so ungeheure Wolkenbrüche und Wasserfluthen entstanden, daß man in vielen Jahren kein Beispiel davon in der Geschichte hat, dazu kommt nun noch eine sonderbare Erscheinung: Es ist nämlich dort eine solche schwermüthige Stimmung unter das weibliche Geschlecht gekommen, daß sich viele selbst umbringen; man sah vier Weiber auf einmal in den Fluß, der durch London fließt und die Themse heißt, sich stürzen.

Im Canton Unterwalden in der Schweiz, der noch vor wenigen Jahren während dem Revolutionskrieg so schreckliche Schicksale erlitten hat, war in diesem bedenklichen Herbst auch ein so fürchterlicher Wolkenbruch, daß ein ungeheurer Schaden dadurch entstanden ist.

Du fragst vielleicht, lieber Leser! Was denn die Bergfälle, die Feuersäulen, die Feuerkugeln, die Wolkenbrüche und die Selbstmorde der Weiber bedeuteten? — Siehe, das will ich dir sagen: Sie sind alle miteinander nichts anders, als Warn- und Weckstimmen; wir sollen auf unserer Hut seyn, damit uns nicht etwas Aergeres widerfahren möge. Wir sollen uns zum Herrn bekehren und Buße thun, damit wir, wenn uns seine schwere Gerichte treffen, vor dem Thron der Barmherzigkeit Gnade finden mögen.

Wenn Euch kluge und gelehrte Leute das Ding erklären wollen, und sagen: mit dem Bergfall im Canton Schwyz war es eine ganz natürliche Sache: denn unter dem Spitzen-Bühl war eine große Höhle mit einem See; dieser See wurde nun durch den langwierigen Regen überschwemmt und der Berg so untergraben, daß er einstürzen mußte, oder: da, im vordern Italien sammelte sich viel brennbare Luft im Dunstkreis, diese bildete sich säulenförmig, zündete sich dann an und so entstand die Feuersäule; oder: eben dergleichen Materien ballen sich in der Luft zu einer Feuerkugel zusammen; oder wenn viele regenschwangere Wolken durch Sturmwinde auf einen Ort, wo hohe Berge und viele tiefe Thäler sind, zusammengetrieben wurden, so entstehen Wolkenbrüche; oder, wenn eine schwermüthige Seelenkrankheit entsteht, die ihre Ursache in der dicken Luft hat und besonders auf die Weiber wirkt, so entstehen daher Selbstmorde der Weiber, so gebt dem hochgelehrten Herrn, der Euch so etwas natürlich erklärt, zur Antwort: O ja! das hat alles seine Richtigkeit; wenn das Blutgericht einem armen Sünder das Todesurtheil spricht und der Fürst unterschreibt es, so geht es ganz natürlich zu, und es geschieht kein Wunder. Wer behauptet denn auch, daß dergleichen Unglücksfälle Wunderwerke seyen? — sondern das behauptet der wahre Christ, daß die Natur eine Dienerin Gottes sey, und daß sie so eingerichtet ist, daß sie auch die Menschen belehren und zu ihrer wahren Besserung antreiben und anweisen könne. Alles, was wir in der Natur sehen, die Blume auf dem Felde, der Vogel in der Luft, das Eichhörnchen, das auf den Aesten hüpft, und der Wurm, der auf der Erde kriecht, das alles belehrt uns, daß es einen Gott gebe, der das alles gemacht habe, und also allmächtig; der alle diese Welten erhält, und also allgütig, der alles so eingerichtet hat, daß eins neben dem andern bestehen kann und also allweise sey. Auf diese Art ist die ganze Schöpfung ein Buch voller lebendiger Buchstaben, in dem man seine ganze Lebenszeit durchlesen, studiren und immer etwas Neues und Gutes zum Preis des Schöpfers finden kann.

Aber nun muß ich Euch auch bei dieser Gelegenheit so im Vorbeigang etwas ans Herz legen, woran wohl Wenige unter euch in ihrem Leben mögen gedacht haben: was verdient wohl der, der aus diesem Buch Gottes, das Er selbst mit eigener Hand geschrieben hat, einen Buchstaben auskratzt oder vertilgt? — das heißt, was verdient der, der einen Wurm, irgend ein unbedeutendes Thierchen, eine Blume, oder sonst ein Geschöpf, das er selbst mit aller seiner Mühe und Kraft nicht wieder herstellen oder ersetzen kann, vernichtet oder muthwillig verdirbt? — Die Rede ist nicht von irgend einem Geschöpf, das den Menschen schädlich ist, oder das der Mensch sonst zu seinem Nutzen gebrauchen kann, sondern davon, wenn man blos zum Zeitvertreib, oder aus purem Muthwillen ein Kraut, Blume, Baum, Pflanze oder Thier, sey es auch das verächtlichste, verdirbt, tödtet, oder gar peinigt. Wie oft sieht man, daß Knaben mit ihrem Stab oder Gerte in der Hand schöne Blumen, die nur der allmächtige Schöpfer machen kann, mir nichts, dir nichts blos zum Spaß abhauen und verderben? — oder daß sich ein solcher unbedachtsamer Knabe neben einen jungen Baum hinsetzt und ihn ringelt, das ist: rund um die Rinde durchschneidet und ein Stück abschält, wodurch dann unfehlbar der Baum verdirbt und abstirbt. Ich habe ein fürchterlich belehrendes Beispiel von einem Mann erlebt, der als Knabe seine Freude daran hatte, Bäume zu ringeln und sie zu verderben.

In einem gewissen Dorf lebte ein junger Bauersmann mit einer Frau und etlichen kleinen Kindern. In seiner Jugend hatte er seine Freude am Ringeln junger Eichen und andrer Bäume, er wurde deßwegen zwei Jahr ins Zuchthaus gebracht. Nachher hörte man dergleichen Unfug nicht mehr von ihm; wie sein übriger Lebenswandel war, das weiß ich nicht; er war wenigstens so, daß die Obrigkeit nichts Strafwürdiges an ihm fand. Im Januar des Jahrs 1788 in der strengsten Kälte ging dieser Mann zu einem seiner Nachbarn und ersuchte ihn, daß er morgen mit ihm gehen möchte, um den Baum zu fällen, den ihnen Beiden das Forstamt zu ihrem Gebrauch geschenkt hatte; er stand oben im Wald, etwa einen Büchsenschuß weit vom Dorf. Bei diesem Ansuchen überfiel den Nachbarn eine ungewöhnliche Angst, so daß er sich lang weigerte, mitzugehen. Der junge Bauer lachte ihn aus und sagte, wofür er sich doch fürchte? es sey ja keine Gefahr dabei. Endlich ließ sich der Nachbar bereden, er ging des andern Morgens mit, aber seine Angst dauerte fort. Als der Baum rund um tief genug eingehauen war, so brach er und fiel, aber nicht auf die Erde, sondern er lehnte sich an einen andern an. Beide betrachteten die Lage des Baums und fanden, daß einer hinaufsteigen und einen gewissen Ast abhauen müsse, woran der Baum hing, worauf er alsdann zur Erde fallen müßte.

Jetzt war nun die Frage, wer von beiden hinaufsteigen und das verrichten sollte? — der ängstliche Nachbar weigerte sich durchaus, und sagte: er wolle lieber sein Antheil am Baum dran geben, als da hinaufsteigen; der andre lachte ihn aus und versetzte: nun so steige ich hinauf und haue den Ast ab; dies wurde ausgeführt, er stieg hinauf, stellte sich auf einen Ast des nicht abgehauen festen Baums und hieb den Ast ab, der den abgehauenen fest hielt. Jetzt wälzte sich dieser herum, und welch ein schrecklicher Zufall! — er fiel nicht auf den Boden, aber ein langer Ast, der vorn eine dürre Furke oder Gabel hatte, faßte mit dieser Gabel den armen jungen Bauern gerade um den Hals, und in dem Umwälzen des Baums streckte sich der Ast mit der Furke, und dem Mann, der darin hing, dorthin hoch in Luft; dort hing er nun zwischen Himmel und Erde und kein Mensch konnte zu ihm kommen und ihm helfen. Der unten stehende Nachbar jammerte, rief ins Dorf hinein um Hülfe, und alles kam hinzugelaufen, auch die hochschwangere Frau des armen, in der Luft schwebenden Mannes kam mit ihren Kinderchen und rief zu Gott um Erbarmen, aber niemand machte einen Versuch, den armen, mit dem Tod kämpfenden Menschen zu retten. Endlich kam ein junger Mensch mit einem langen Seil herzu gelaufen! dieser kletterte eilig den Baum hinan, kroch über den Ast hin, machte dem Hangenden das Seil um den Leib um, wickelte es dann ein paarmal um den Ast, hieb die Furke mit seinem Beil entzwei, und ließ nun den armen Mann herab, aber es war zu spät, das Genick war verrenkt, er war ohne Rettung todt. Jedermann fiel bei diesem Unglück das Ringeln der Bäume in seiner Jugend ein — ich aber möchte dies doch nicht gerne als die Ursache dieses fürchterlichen Todes ansehen, indessen wollen wir die Hand auf den Mund legen, aber das Ringeln der Bäume und muthwillige Verderben der Geschöpfe Gottes bleiben lassen.

In einem gewissen Land in Deutschland lebte im vorigen Jahrhundert auch ein Bauer, der in seiner Jugend als Knabe Freude daran hatte, Vogelnester auszunehmen, den jungen Vögelchen die Augen auszustechen, und sie dann fliegen zu lassen. Er dachte sich dabei nichts Böses, und sein Herz und Gewissen sagte ihm nichts darüber. Nachdem er erwachsen war und das gehörige Alter erreicht hatte, so heirathete er, und das erste Kind, das er bekam, hatte keine Augen, und war ohne Rettung blind. Nach ein paar Jahren kam das zweite, auch dies hatte keine Augen; wieder nach ein paar Jahren das dritte und auch ohne Augen; wo ich mich recht erinnere, so kam auch das vierte blind auf die Welt. Beide Eltern wollten vor Jammer vergehen, und machten Gott gleichsam Vorwürfe, daß er sie so hart strafe. Endlich, als der Vater auch einmal in einer Gesellschaft darüber klagte, so trat ein alter Nachbar zu ihm und sagte: Lieber Nachbar! beklage dich nicht, denke daran, wie ich dir so oft sagte, du solltest doch den armen Vögelchen die Augen nicht ausstechen, denn der liebe Gott sorge für die jungen Raben und für die Sperlinge, aber du hörtest mich nicht, jetzt straft dich der liebe Gott hart und schwer dafür.

Sagt nicht, meine lieben Freunde! das war auch gar arg, den armen Vögelchen die Augen auszustechen! — gebt nur einmal genau auf eure Kinder acht, wenn sie auf Gassen und Straßen spielen! — wie oft sie dann, wenn ihnen etwas Lebendiges in die Hände geräth, ein solches Thier quälen und zu todt peinigen! — Welch einen Unfug treiben die Kinder mit den Maikäfern und den jungen Vögeln? — desgleichen mit Fröschen, gefangenen Mäusen und andern Insekten! — Der empfindsame Naturforscher findet auf seinen Spaziergängen Schmetterlinge und Käfer; ohne Umstände, und ohne etwas dabei zu empfinden, spießt er ein solches Geschöpf Gottes lebendig an eine Stecknadel, und steckt es auf seinen Hut, wo es dann noch viele Stunden lebt, und unter vielen Qualen mit dem Tode ringt, und endlich stirbt. O es gibt noch viele unerkannte Sünden, die der ewigliebende Vater mit schweren Gerichten rügt, ohne daß wir wissen, warum! — Dient es zu unserm Nutzen, daß ein Thier sterben muß, so sterbe es so geschwind wie möglich, und ohne unnöthige Qual.

Wir wundern uns oft und können nicht begreifen, wie es der liebe Gott, der ja die Liebe selbst ist, übers Herz bringen könne, so schwere Gerichte über die Menschen zu verhängen, aber daran denken wir nicht, wie wir es dem übers Herz bringen können, einen so liebreichen Gott und Vater täglich, und manchmal auf eine bittere Weise zu betrüben? — ich habe so eben von allerhand muthwilligen Qualen geredet, die die Menschen den Thieren anthun, oder wie sie Blumen, Kräuter, Bäume und dergleichen Geschöpfe muthwillig verderben; aber ach! es gibt dergleichen Uebertretungen, die noch wichtiger sind, noch mehr, wodurch die göttlichen Gerichte gereizt werden, daß sie endlich unaufhaltbar, wie schwere Gewitter, losbrechen müssen.

Seit ein paar Jahren ist besonders das nördliche Deutschland durch Hungersnoth, Nahrungslosigkeit und Armuth schwer heimgesucht worden, und nun zieht sich noch über das alles ein schwerer und fürchterlicher Krieg dorthin. Gebt einmal redlich Antwort und sagt mir, woher kommt das, daß der Vater der Menschen, die ewige Liebe selbst, so hart gegen diese unsre Landsleute in Hannover, im Preußischen, in Sachsen und den angränzenden Ländern ist? — Ihr werdet mir antworten: die Engländer haben unsre Fabriken zu Grund gerichtet, und die großen Herren haben nun eben Krieg angefangen: die Erndte war schlecht und dies und das ist nicht wohl gerathen u. s. w. Das mag nun alles so seyn, aber warum ist es denn so, und warum verhängt der liebe Gott solche Gerichte über diese Gegenden, denn er hätte ja das alles wohl verhüten können. — Ich will Euch den gewissen und wahren Grund anzeigen.

Vor dreihundert Jahren stand noch die ganze Christenheit, also auch Deutschland, unter der tyrannischen Herrschaft des Pabstes und seiner Geistlichkeit. Die Pfarrer eurer Voreltern waren mehrentheils abscheuliche Menschen, die selbst in allerhand Sünden und Laster lebten, und sich auf alle Weise zu bereichern suchten, aber sich um die armen Menschenseelen wenig bekümmerten. Dazu kam nun ein ganzes Heer von Klöstern, Mönchen und Nonnen aller Art, die nun durch Aberglauben und Betrügereien die Menschen vollends verderbten und verführten. Endlich erbarmte sich der Herr über Deutschland, er erweckte Doctor Martin Luther, Melanchthon und andere theuere

Männer, welche die Reformation bewerkstelligten, und dem gemeinen Mann die Bibel, das Wort Gottes, in deutscher Sprache in die Hände lieferten.

Die Kurfürsten und Herzoge von Sachsen, die Markgrafen oder Kurfürsten von Brandenburg, die Herzöge von Braunschweig, Fürsten von Anhalt und die Landgrafen von Hessen schützten als Pfleger und Säugammen die neuentstehende Kirche des Herrn mit apostolischer Kraft; wenns nöthig war, so kämpften sie für die evangelische Wahrheit, und vergossen ihr Blut für den, der sein Blut auf Golgatha auch für sie vergossen hat. Aber jetzt durchziehe man einmal das ganze nördliche Deutschland in die Länge und Breite, von einem Ende zum andern, und untersuche, ob denn die Lehre Luthers und seiner Freunde, ob das gewiß wahre und richtige Glaubens-Bekenntniß der lutherischen Kirche, die augsburgische Confession, und das eben so wahre und richtige symbolische Buch der evangelisch reformirten Gemeinde, der heidelbergische Catechismus noch allgemein geglaubt und gelehrt werde? — Ihr könnt Meilenweit reisen, ehe ihr einmal einen Prediger findet, der noch nach dem Sinn des Evangelii und der Bibel an Christum glaubt; und es ist kein seltener Fall, zu hören, daß man auf den Kanzeln in den Predigten öffentlich die Anbetung unsers hochgelobten Erlösers für Abgötterei erklärt — sogar über seine Menschwerdung zweideutige Winke gibt — das ist die Beschaffenheit des Christenthums im nördlichen Deutschland, da ist der große Abfall zu Hause. Freilich hat der Herr auch noch seine siebentausend wahre Verehrer daselbst und die evangelische Brüdergemeinde und noch viele fromme und liebenswürdige Mitglieder in diesen Ländern, aber der große Haufen und die mehresten ihrer Vorsteher und Lehrer sind keine evangelische Christen mehr.

Jetzt bedenket nun einmal, ob denn der Herr, der so viel an uns gethan hat, das immer so hingehen lassen könne? Die Sittenlosigkeit, Sünde, und Verderben nehmen so zu, daß sich die Menschheit endlich nach Leib und Seel selbst in ein grundloses Verderben stürzen würde, wenn nicht solche

Gerichte, Krieg, Hunger, Theurung, Seuchen und dergleichen dem Gräuel noch einigermaßen Einhalt thäten und noch hie und da manche zur Besinnung brächten. Ein namhafter Schriftsteller im nördlichen Deutschland klagte einstmals in einer seiner periodischen Schriften über die über allen Begriff einreißende Sittenlosigkeit — die Ursache suchte er und konnte sie nicht finden, da sie doch so nahe liegt. In Kirchen und Schulen muß man sie suchen; Christus wird nicht mehr gelehrt, wie können dann Christen gebildet werden?

Das Schlimmste bei der Sache ist aber folgende sehr richtige und gewisse Bemerkung: in allen Zeiten, von Christo und seinen Aposteln an, bis daher, war die Christenheit auch oft so grundverdorben, daß sich die ewige Liebe ihrer erbarmen und sie durch schwere Gerichte und Züchtigungen läutern, reinigen, strafen, und wer sich bessern wollte, zu sich ziehen mußte; aber es ist ein großer Unterschied zwischen allen diesen Zeitpunkten des Verderbens und dem unsrigen — der äussere historische Glaube an Christum, den Sohn Gottes, blieb immer unerschüttert, daran zweifelte der allerüppigste und lasterhafteste Priester nicht — daß es einzelne Zweifler und Unglaubige gab, thut zur Sache nichts, überhaupt glaubte man ans Evangelium und an die Symbole der Kirche, und wie vielen Aberglauben und heidnisches Wesen man auch damit verband, die Hauptsache blieb doch immer Hauptsache — aber jetzt ist dies ganz anders, jetzt stürzt die menschliche Vernunft Christum vom Thron seiner Herrlichkeit und setzt sich selbst hinauf — man fällt ganz ab von Christo und macht ihn zu einem bloß menschlichen Lehrer, dessen Lehren man befolgen müsse; aber seine anbetungswürdige Gottheit und sein Versöhnungswerk, wodurch doch nur allein der Mensch die Kraft erhält, die Gebote Christi zu befolgen, erklärt man laut für dummen Aberglauben, und alle, die ihn noch glauben und lehren, belegt man mit dem Spottnamen eines Obscuranten, das ist: eines Verdunklers.

Nun sage mir einmal einer, was das für Folgen haben muß und haben wird? — Wenn in alten Zeiten solche schwere

Gerichte und Landplagen kamen, so ordnete man Fast-, Buß- und Bettage, auch tägliche Betstunden an; gesetzt auch, daß bei allen diesen Anstalten wenig heraus kam, so bewies es doch, daß man noch an Gott, an Christum und an Erhörung des Gebets glaubte, aber jetzt denken weder Obrigkeiten noch Unterthanen an so etwas; man sieht das Beten höchstens für eine Andachtsübung an; aber daß Gott Gebete, das Verlangen seiner getreuen Anhänger erhöre, daß das Gebet der Gerechten viel vermöge, das glauben diese große, gelehrte Herren nicht mehr. Daher kommts nun, daß ins allgemeine nicht mehr gebetet wird; nur allein die einzelnen hier und da seufzenden Christen beten, und ihr Vater, der ins Verborgene sieht, hört sie, und wenn er ihnen auch gerade das nicht geben kann, warum sie bitten, so gibt er ihnen denn doch etwas anderes und besseres, denn kein aufrichtiges Gebet eines wahren Christen bleibt unerhört.

So siehts in der ganzen Christenheit, vorzüglich aber im nördlichen Deutschland aus — im nördlichen Deutschland, in den Gegenden, Orten und Ländern, wo das Licht des Evangelii am ersten und hellsten leuchtete, nun aber auch am ersten wieder ausgelöscht wird. Man sammelt Geld, um dem seligen Luther in seiner Vaterstadt Eisleben ein Denkmal zu errichten — schön! das macht uns Deutschen Ehre, und warum haben wir es nicht eher gethan? — sogar hat man ihn — den Mann Gottes — in Berlin aufs Theater gebracht. — Lieber Gott! Luthern ins Schauspielhaus! — das alles hätte er in seinem Leben wissen sollen, was würde er gesagt haben?

O ihr lieben deutschen Landsleute! befolgt Luthers Lehre und glaubt, wie er geglaubt hat, das wird ein schöneres, bleibenderes und Gott wohlgefälligeres Denkmal seyn, als wenn man ihm eins von Marmor in Eisleben stiftet. Macht Luthern nicht zum Theaterhelden. Nein! das war er wahrhaftig nicht, er war ein praktischer Mann, voller Geist und Wahrheit. Wir leben in Zeiten, die denen ähnlich sind, in welchen Christus lebte: damals verfolgten auch die Pharisäer und Schriftgelehrten die Lehrer der Wahrheit; aber den alten Propheten bauten sie auch Grabmäler und Denkmäler — es ist gerade bei uns auch so.

Ich habe es oft gesagt und auch nicht undeutlich in meinen Schriften geäussert, das nördliche Deutschland wird am Ende den Becher des göttlichen Zorns bis auf die Hefen austrinken müssen, und jetzt schon läßt es sich dazu an. Herr erbarme dich deiner armen Menschen. Sie sind ja doch alle deiner Hände Werk!

In der Schweiz und im südlichen Deutschland gibt es eine große Anzahl wahrer Christen; vom Elsaß an bis in Ungarn hinein findet man unter allen Religionspartheien vortreffliche und in der Religion weit geförderte Menschen; es gibt freilich da auch abgewichene und zwar sehr bittere Unchristen, aber verhältnißmäßig nicht so viele als im nördlichen Deutschland. Diese Gegenden sind nun schon im Schmelztiegel gewesen, und ihnen steht nur noch die letzte Probe bevor, da hingegen das nördliche Deutschland noch alles vor sich hat, was ihm der ernste Vaterwille Gottes zu seiner Züchtigung, Besserung und Bestrafung für zuträglich hält. Aber deswegen sollen die wahren Christen im nördlichen Deutschland nicht zittern und zagen; sie sollen nur getrost seyn und auf den Herrn trauen, der kann auch mitten in den schrecklichsten Nöthen Sicherheit schaffen, er kann in die Höhe und wieder herausführen; wenn dies aber geschehen soll, so müßt ihr euch auch reinigen von allem gottlosen Wesen und alles das ablegen, was die göttlichen Gerichte über euch herbeiführen können.

Ich habe in den vorigen Heften und auch schon in diesem gewisse Unarten gerügt und angezeigt, durch die man den Vater im Himmel erzürnen und zu ernsten Strafen bewegen kann: ich will in diesen Belehrungen fortfahren und euch zeigen, wie ihr dem zukünftigen Zorn entrinnen könnt.

Ein Hauptverderben beruht auf dem Betragen der Eheleute gegeneinander; wenn der Hausvater mit der Hausmutter oder die Hausmutter mit dem Hausvater beständig zankt, wenn sie sich untereinander ihre Unart beständig vorwerfen, sagt, wie kann da die Kinderzucht gedeihen? — wie kann da das Gesinde Ehrfurcht vor solche Hausherrschaften haben und ihnen gehorsam seyn? Zu Zeiten statuirt dann auch Gott ein sehr ernstes Exempel, um solche unartige Eheleute Andern zum warnenden Beispiel aufzustellen; vor etlichen Jahren habe ich ein solches erlebt.

In einem kleinen Landstädtchen lebte ein Bürger, der mit seiner Frau täglich zu zanken hatte; er wollte immer seine Autorität als Herr im Haus beweisen, und sie wollte doch auch mit rathen und auch etwas zu sagen haben; darüber bekam sie dann auch von Zeit zu Zeit Rippenstöße und Ohrfeigen, die sie dann nicht anders als mit Scheltworten erwiedern konnte.

An einem Abend spät um 10 Uhr kam dieser Mann in der äußersten Noth seines Herzens zu mir, ob er gleich bei 12 Stunden von mir entfernt wohnte, und klagte mir mit Weinen, daß seine Frau an beiden Augen blind geworden, und er bat mich mit einer Art von Verzweiflung, daß ich doch helfen möchte. Ich erkundigte mich nach der Ursache dieses Unglücks, und er gestand mir, daß er seiner Frau eine Ohrfeige habe geben wollen, sie habe sich aber gedreht, und so sey der Schlag zum Unglück auf das linke Auge gekommen, und dies sey ausgeschworen, jetzt sey nun auch das rechte entzündet und sie sehe keinen Stich daraus. Ich sagte ihm, ich könnte gar nicht urtheilen, vielweniger etwas verordnen, ehe und bevor ich die Patientin gesehen hätte; er versprach mir, sie zu bringen, welches dann auch in wenigen Tagen geschah; aber du guter Gott! sie war ohne Rettung blind, das linke Auge war durch den unglücklichen Schlag ganz gequetscht und nun verschworen und vereitert, und das andere war nun auch dadurch angesteckt worden und eben so zu Grund gerichtet. Beide Eheleute waren untröstlich und unglücklich.

Es hat seine Richtigkeit und es ist in göttlichen und weltlichen Rechten gegründet, daß der Mann des Weibes Haupt sey, aber so wenig, als das Haupt den übrigen Körper und seine Theile mißhandelt und mißhandeln darf, eben so wenig darf ein Mann seine Frau mißhandeln; und dies Mißhandeln besteht nicht blos darinnen, daß man seine Frau schlägt, sondern auch darin, wenn man despotisch und gebieterisch mit ihr verfährt. Es gehört ja wahrlich! nicht viel Nachdenkens dazu, um einzusehen, daß eine Frau eben sowohl Mensch ist, als der Mann, folglich auch eben die nämlichen Menschenrechte besitzt; — und wie vieles hat eine solche Frau und Ehegattin zu leiden, wenn der Mann gar nichts leidet? — Wer eine Frau in Kindesnöthen gesehen hat und dann nicht eine solche Werkstätte der göttlichen Allmacht, wo sie täglich neue Menschen schafft, ehren, schonen und lieben kann, der ist ein gefühlloser, elender Wicht und nichts weniger als ein Christ.

Manche Männer, die sich darstellen als erweckte fromme Christen, betragen sich doch in ihren Häusern als Tyrannen und Despoten: ich will nicht fordern, daß ein Geschäftsmann seiner Frau seine Geheimnisse anvertrauen soll, das würde in manchem Fall unverzeihliche Schwäche seyn, aber wenn nun auch ein Geschäftsmann oder auch ein anderer Mann, der keine Staatsgeschäfte verwaltet, aber doch eigene wichtige Berufspflichten hat, seiner Frau, als seiner zuverläßigen Freundin, alles, was er weiß, anvertrauen kann und darf, wie wohlthätig ist das? Aber ich weiß edle Weiber, die ihren Männern an Klugheit und Verschwiegenheit nichts nachgeben und ihnen wohl mit Rath und That an die Hand gehen, manches erleichtern und viel Verdrüßlichkeit abwenden können; allein der Mann betrachtet sich als ein Wesen höherer Art; er würdigt sein edles Weib nicht seines Vertrauens, sondern weißt sie strenge ab, wenn sie ihm, geschehe es auch noch so freundlich, einreden will. Wer noch diesen Sinn hat, der denke nur ja nicht, daß er angefangen habe, ein Christ zu seyn, denn der Christ regiert sein Haus nicht anders, als Christus seine Gemeine, das ist: mit Liebe und Demuth.

Ist es nicht Vorgeschmack des Himmels, wenn der Mann, ermüdet von seiner Arbeit, Mittags oder Abends nach Hause kommt und ihm dann seine Frau freundlich entgegenkommt, ihn mit den Speisen, die sie ihm selbst oder doch durch ihre Anordnung, bereitet hat, erquickt und durch ihr liebevolles Betragen stärkt und aufheitert? und was verdient nun dagegen ein Mann, der diese Liebe nicht durch Gegenliebe erwiedert, sondern ihr mürrisch und gebieterisch begegnet? — O wie bitter wird er das dereinst büßen müssen! — Es gehen oft ehrbare und blühende Familien zu Grund und werden elend, ohne daß man weiß, woher es komme; wenn man aber genau untersuchte, so würde man in einem solchen Betragen des Mannes leicht die Ursache eines solchen strengen göttlichen Gerichts finden.

In einer gewissen Stadt lebte eine Wittwe mit zwei Töchtern, beide waren bildschöne christliche Jungfern, und jede hatte 30,000 Gulden; die Mutter hatte einen großen Waarenladen, den sie selbst verwaltete. Die eine Tochter verheirathete sich an einen braven Mann in der nämlichen Stadt und lebte recht vergnügt und glücklich; die andere aber bekam einen schönen jungen Mann aus der Ferne, der auch 30,000 Gulden im Vermögen hatte und dem nun die Mutter die Handlung übertrug und bald darauf starb.

Dieser Mann, den ich Schmecker nennen will, gab sich für einen Christen aus; er hielt Erbauungsstunden in seinem Hause und darinnen gar schöne und rührende Reden: sein ganzes Wesen athmete Liebe und Wohlwollen, er begegnete allen Menschen mit dem angenehmsten und gefälligsten Betragen, und wer nicht das Innere seiner Haushaltung kannte, der ahnte nicht von Ferne, daß er ein wahrer Eheteufel war. Seine Frau war schön wie ein Engel, eine wahre Christin, klug, demüthig und bescheiden, und über das alles eine vortreffliche Haushälterin, und doch begegnete ihr Herr Schmecker, ihr Mann, wie ein Christ nicht seiner Hausmagd begegnet; sie durfte nie an seiner Tafel essen, sondern sie aß unten in der Stube mit ihren Kinderchen allein, und ihr Herr Mann oben auf seinem Zimmer. Nie waren ihm die Speisen, die sie ihm zubereitete, gut genug, und das Delikateste wurde bezankt und betadelt.

Aber immer daneben bei allem dem gingen die Erbauungs-

Stunden in seinem Haus fort; er gab Eheleuten, Hausvätern und Hausmüttern die vortrefflichsten Lehren, denen er selbst gerade zuwider lebte. Sein frommes edles Weib duldete, litt und schwieg; sie gebar Kinder, erzog sie in der Furcht des Herrn und starb. Sie wurde selig durch Kinderzeugen, denn sie war in ihren schweren Leiden immer standhaft in der Geduld geblieben. Ich hab sie wohl gekannt, die herrliche Seele!

Kaum war dieser Engel dem Tyrannen aus seinem Gebiet entflohen, so fing nun auch die Vorsehung an, ihm ihr ernstes Gesicht zu zeigen, er hatte ohnehin durch sein kostbares Essen und Trinken sein Handlungs-Capital nicht vergrößert, sondern vermindert, nun kamen aber noch mißlungene Plane, Bankerotte und andere Arten des Verlustes auf einmal dazu, und siehe da! ehe man sichs versah und ehe er selbst daran dachte, war er weit mehr schuldig, als er besaß; es kam also zum Concurs, und da man auch nach und nach erfahren hatte, daß sein Christenthum pure Heuchelei und er ein Satan gegen seine Frau gewesen sey, so schonte man ihn auch ganz und gar nicht, sondern man nahm ihm die silbernen Schnallen von den Schuhen weg, und das mit Recht. Für die Kinder wurde gesorgt, sie wurden glücklich, er aber fiel als ein vornehmer Bettler Jedermann zur Last, und man freute sich, als er starb; er wurde von keiner lebendigen Seele beweint.

Die Männer sollen den Weibern, als den schwächeren Gefäßen die Ehre geben und Geduld mit ihnen haben, denn ihr Antheil an den häuslichen und Ehestands-Leiden ist weit größer, als der Antheil des Mannes. Wenn aber nun noch gar ein Mann seine Frau schlägt, wie dies leider! unter gemeinen Leuten häufig der Fall ist, so sollte billig die Obrigkeit ein solches männliches Ungeheuer öffentlich durch den Büttel tüchtig abprügeln lassen, damit der Unhold fühlen könne, was Schläge sind. Nie, in keinem Fall hat ein Mann Recht, seine Frau zu schlagen, denn sie hat die nämlichen Menschenrechte, wie er; hat die Frau Strafe verdient, so ist die geistliche und weltliche Obrigkeit da, sie zu strafen, aber nicht ihr

Mann; was der nicht durch Liebe und ernstliches Ermahnen bei ihr ausrichten kann, das gehört auch nicht in seine Gerichtsbarkeit. Ein Vater darf nicht einmal seine eigene Kinder mehr schlagen, wenn sie zum Verstand gekommen sind, es ist ganz gegen die Würde des Menschen und gegen den Geist und die Lehre des Christenthums. Das Schlagen der Weiber rührt auch noch aus den alten barbarischen Zeiten her, deren Sitten wir ja längst sollten abgelegt haben, und wer seine Kinder noch durch Schläge ziehen will, wenn sie 15 bis 16 Jahr alt sind, der wird wenig mehr bessern, aber vieles verderben.

Ich habe nun den Männern oft gesagt, was zu ihrem Frieden dienet, jetzt ist aber die Reihe an den Weibern; auch diese haben Pflichten zu beobachten, wenn das häusliche- und Familien-Glück ungestört seyn soll.

Ich kenne einen edlen, frommen, rechtschaffenen Mann, dessen ganzes Lebensglück blos dadurch gestört und gar vernichtigt ist, weil er ein böses, verkehrtes Weib hat. Er ist ein Gelehrter, ein Mann von einem wichtigen Amt und vielen Beschäftigungen; wenn nun seine Frau weiß, daß er gerade viel zu thun hat und auf seiner Studierstube arbeiten muß, so darf er nur einen Abtritt nehmen, wenn er wieder kommt, so findet er sicher seine Frau in seiner Studierstube am Reiben und Putzen, der Boden schwimmt von Wasser, und der arme Mann kann warten, bis am andern Tage das Zimmer trocken ist. Ist er in Amtsgeschäften auf dem Rathhaus oder im Collegio, und sie ist gerade in einer üblen Laune, so ist sie im Stand, drei bis viermal hinzuschicken und ihren Mann zu tribuliren, bis er nach Haus kommt; wenn er ihr dann ernstlich zuredet und ihr Verweise gibt, so bekommt sie Krämpfe, Gichter, die fallende Sucht und dergleichen. Wenn der Mann etwa über Land gewesen ist und am Abend eine erquickende und stärkende Abendmahlzeit nöthig hätte, so kann er sicher darauf rechnen, daß er mit einem trockenen Butterbrod vorlieb nehmen muß.

Da höre ich einen sagen, der dieses liest oder lesen hört:

und da soll man nicht drauf schlagen? Ich antworte: Nein! man soll nicht drauf schlagen, aber den Herrn Richter, Bürgermeister oder Amtmann bitten, daß er das böse Weib so lang bei Wasser und Brod einsperrt, bis sie anderen Sinnes geworden ist. In meiner Jugend las ich die folgende Kur eines bösen Weibes, welche kein Gedicht, sondern eine wahre Geschichte ist.

In den Niederlanden lebte ein Offizier, ein braver, rechtschaffener und feiner Mann, der aber auch mit einer ungerathenen Frau fürchterlich geplagt war; schlagen mochte er sie nicht, weil das vielen Lärm macht und den Mann selbst prostituirt, und doch konnte er es auch so nicht mehr aushalten; endlich gerieth er auf folgenden komischen und sonderbaren Einfall: er ließ eine Wiege machen, worin eine erwachsene Person bequem liegen konnte. Als sie es nun einmal arg genug gemacht hatte, so ließ er etliche starke Soldaten kommen, gab ihnen zwei Bettücher und ein langes starkes dazu eingerichtetes Wickelband: diese mußten nun der Frau die Hände zusammenbinden und sie nun so wie ein Kind einwickeln; dann wurde sie in die Wiege gelegt und nun setzte sich der Mann ganz geduldig zu ihr, wiegte und sang Wiegenlieder; die Frau schrie, zankte, weinte, schäumte vor Zorn und bekam Krämpfe, aber um das alles kümmerte sich der Mann gar nicht, sondern er wiegte und sang, oder wenn er zu thun hatte, so stellte er einen andern an seine Stelle, der wiegen und singen mußte. Als die Essenszeit kam, so wurde ein Brei von Milch, Mehl, Salz und Butter gekocht, der Mann kam und gab ihr den Brei mit einem Löffel ein, sie spie ihm aber den ersten Löffel voll ins Gesicht. Ruhig ging der Mann weg und sagte: du bist also noch nicht hungrig, nun so wollen wir noch etwas warten — Nun wartete er so lange, bis sie der Hunger und andere Bedürfnisse nöthigten, um Erbarmung zu bitten, das geschah dann auch mit vielen Thränen der Reue. Jetzt sagte der Mann zu ihr: Siehe, liebes Kind! so weit hast du mich gebracht, daß ich meinem Herzen so wehe thun und diese schwere Kur mit dir unternehmen mußte; ich will dich nun los machen, und wir wollen nun christlich, vernünftig und liebreich mit einander leben; solltest du aber das vorige Leben wieder anfangen, so kannst du dich darauf verlassen, daß du wieder gewiegt, kindisch behandelt und so bald nicht wieder losgelassen wirst. Jetzt band er die Frau los und er fand nie wieder nöthig, die Wiege zu gebrauchen.

Das alles läßt sich gut schreiben, lesen und erzählen, aber wer in dem Glutofen sitzt und das Unglück hat, ein böses Weib zu haben, der kann sich sehr selten eines solchen Mittels bedienen, besonders, wenn er Gott fürchtet und ein wahrer Christ ist; denn um seiner Kinder, um seiner Ehre und guten Namens willen muß er eben seine eigene Schande zudecken und nur dem Herrn im verschlossenen Kämmerlein seine Noth vortragen, bis er ihn von einem solchen Satansengel erlöst.

Ich kenne drei ehrwürdige Männer — die in einer höchst unglücklichen Ehe leben, weil sie mit Weibern geplagt sind, die wie wahre Satansengel alles hervorsuchen, was nur ihre Männer quälen kann. In diesem Augenblick steigt ein feuriger Seufzer aus meinem Herzen zu Gott empor: O Herr, erbarme dich ihrer!

Dergleichen Gräuel, Sünden und Gebrechen machen ganze Familien auf Kinder und Kindeskinder hin unglücklich, und wenn solche Gebrechen allgemein werden, so folgen auch schwere Landplagen darauf.

Noch eine andere allgemein drückende und beklagenswürdige Sache ist, daß man kaum mehr treues und dienstwilliges Hausgesinde finden kann; die Mägde kleiden sich jetzt wie vornehme Frauenzimmer, und, um das zu können, müssen sie, ungeachtet des erhöhten Lohns, untreu werden. In Frankfurt am Main ging eine Magd ohne Erlaubniß ihrer Frau in die Comödie, als sie wieder kam und es ihr ihre Frau verwies, so gab sie ihr ganz schnippisch zur Antwort: meynen Sie denn, ich sey nicht so gut aufgeklärt wie Sie?

In einer andern nahmhaften Stadt fahren die Mägde in Kutschen auf die Bälle, gehen in die Comödien, auf Vauxbälle und Maskeraden, und die Herrschaft, die so etwas nicht erlaubt, bekommt kein Gesinde. O ihr armen beklagenswürdigen Knechte und Mägde! es wird bald die Zeit kommen, wo ihr Schauspiele, Tänze und Maskeraden erleben werdet, über die ihr Blut weinen möchtet und sie doch bei dem allem mittanzen und mitspielen müsset.

Die heimliche Unzucht, die vom Gesinde getrieben wird, ist himmelschreiend. Dazu werden nun auch freilich die armen Mägde gewöhnlich von den vornehmen Mannspersonen verführt; sie wissen wenig von Sittlichkeit und Tugend: sie sind von geringem Herkommen und schlechter Erziehung, aber dafür rächen sie sich dann auch fürchterlich an den Knaben ihrer Herrschaft. O Gott! es träumt guten Eltern nicht, was oft mit ihren Knaben vorgeht, wenn sie sich Abends zur Ruhe gelegt haben und Wunder meynen, wie wohl ihre Kinder verwahrt sind. Ich mag hier so leichtsinnigen Dirnen den Weg zum Verderben nicht zeigen, indem ich sie und ihre Herrschaften dafür zu warnen glaube.

Junge Mannspersonen, welche glauben, daß ein junges geringes Mädchen, das in ihren Diensten ist, ein Gegenstand ihrer Wollust seyn dürfe, irren sehr; und wenn sie ein solches armes Geschöpf verführen und hernach sitzen lassen, folglich lebenslang unglücklich machen, so bereiten sie sich ein Brandmahl im Gewissen, das in alle Ewigkeit Höllenqual erzeugt, und es ist schwer, einen solchen Fehler wieder gut zu machen; gar oft ist es auch nicht einmal möglich, und dann gehört lebenslängliche Buße im Staub und in der Asche dazu, um vom Rande des Abgrunds noch weggerissen zu werden.

In meiner Jugend trug sich eine Geschichte zu, die viel Lehrreiches enthält, weswegen ich sie auch hier erzählen will:

Auf einem Bauernhof lebten sehr christliche Eheleute, die ihre Kinder in der Furcht Gottes, aber streng erzogen. Nun hatten sie eine erwachsene Tochter, ein sanftes, stilles, bescheidenes und gottesfürchtiges Mädchen, das seinen Eltern nie Anlaß zu irgend einem Verdacht gegeben hatte; zu dieser guten frommen Seele schlich sich in nächtlichen Stunden ein scheinheiliger Wollüstling ein; die Finsterniß und die Gelegenheit brachte sie zu Fall. Die Furcht vor ihren strengen Eltern und vor der Schande zwang sie zur sorgfältigsten Verheimlichung: je weiter sie in ihrem traurigen Zustand fortrückte, desto mehr wuchs die Angst und mit ihr die Verheimlichung. Endlich kam die schreckliche Stunde, und zwar in der Nacht. In der Betäubung ihres Jammers trug sie das Kind hinten in den Hof an einen kleinen Fischteich, band ihm einen Stein an den Hals, und warf es da hinein. Sie wußte alle Umstände so zu verbergen, daß ihre Eltern auch nicht das geringste merkten. Nach einigen Tagen ging sie wieder an ihre gewöhnliche Arbeit, und Niemand wußte etwas anders, als daß sie sich nicht recht wohl befunden hätte.

Indessen schwieg der innere Richter nicht; die düsterste Schwermuth drückte sie, so daß sie weder Tag noch Nacht Ruhe hatte. An einem Abend spät, als sie einen Eimer voll Wasser an oben gemeldetem Fischteich holen wollte, glaubte sie ein helles Flämmchen über dem Ort zu sehen, wo sie ihr Kind hinein geworfen hatte. Jetzt tobte wilde Verzweiflung in ihrem Innersten, sie ließ den Eimer stehen und lief fort; sie brachte die Nacht im Walde zu und des andern Morgens lief sie in die Stadt zur Obrigkeit und erzählte die ganze Geschichte ihres Verbrechens und bat dann, daß man nach den Gesetzen mit ihr verfahren und sie hinrichten möchte.

Die Obrigkeit verfuhr auf dieses Selbstbekenntniß nicht streng mit ihr, man ließ sie unter Aufsicht eines bürgerlichen Mannes auf dem Rathhause verwahren, wo sie nun ihre Eltern und Freunde mit blutigen Thränen besuchten.

Ach! schluchzten und wehklagten die Eltern, warum hast du uns deinen unglücklichen Fall nicht früher, nicht gleich gesagt? — Vater! antwortete die Tochter: wie oft sagtet Ihr, wenn von einem Mädchen erzählt wurde, daß sie sich vergangen hätte: wenn es meine Tochter so machte, ich richtete ein Unglück an, Gott weiß, was ich thäte: — und Ihr, liebe Mutter! was setztet Ihr dann noch hinzu? — und ich gäbe ihr einen Tritt vor den Hintern und jagte sie dann zur

Hausthür hinaus. Dies, liebe Eltern! machte mir so bange, daß ich nichts sagen konnte.

Dann faßten sich Vater und Mutter an den Händen, weinten laut und wehklagten: liebes Kind! wir meyntens gut, wir wollten dich dadurch abschrecken, daß du dich in Acht nehmen und vor liederlichen Burschen hüten sollst. Die Tochter versetzte: Ihr seht nun, daß das nichts hilft; mein Verführer kam zu mir des Abends, wenn Ihr zu Bett gegangen waret; Anfangs sprach er erbaulich mit mir, nach und nach kam er mir immer näher und ich wurde schwächer, bis er mich endlich zu Fall brachte. Ihre Eltern sowohl, als die Obrigkeit wollten ihren Verführer wissen; allein sie sagte ihn nicht und gab zur Antwort: der arme Mensch hat nichts weiter gethan, als was tausend junge Bursche thun: Er hat ein Mädchen verführt, an meinem Verbrechen hat er keinen Antheil; was er jetzt in seinem Gemüth leiden wird, ist Strafe genug für ihn.

Wenn ihr die Obrigkeit drohte, man würde sie mit Gewalt zwingen, ihren Verführer anzuzeigen, so erwiederte sie: ich bitte um Gottes willen, fordern Sie das nicht von mir! jetzt, da es Niemand weiß, kann der junge Mensch noch sein Glück machen; ich kenne ihn, er wird Buße thun und Lebenslang seine Sünde beweinen; nenne ich ihn aber, so fällt auch ein Theil meiner Schande auf ihn, und das hat er doch nicht verdient. Das ganze Betragen dieser Kindesmörderin machte ein solches Aufsehen durchs ganze Land, und Jedermann wurde so dadurch gerührt, daß ihr allgemein verziehen und allgemein gewünscht wurde, die Obrigkeit möchte ihr die Strafe erlassen. Die Obrigkeit benützte auch diese allgemeine Meynung und kündigte ihr an, daß ihr das Leben geschenkt und sie zwei Jahre ohne Züchtigung ins Zuchthaus geschickt werden sollte. Allein sie nahm dies Urtheil keineswegs an, sondern sie appellirte an das göttliche Gesetz, welches ein für allemal gesagt hat: Wer Menschenblut vergießt, dessen Blut soll wieder vergossen werden. Ich will, sagte sie, und muß durch des Scharfrichters Hand sterben, ich hab mit Vorsatz, mit Ueberlegung mein Kind umgebracht, keine weltliche Obrigkeit kann mir diese Strafe erlassen.

Das Criminalgericht kam in Verlegenheit, was bei dieser Sache zu thun sey? — Die Acten wurden an eine berühmte Universität geschickt, und diese fällte das Urtheil, man solle der armen Sünderin ihren Willen erfüllen, und sie mit dem Schwerdt vom Leben zum Tode bringen, welches dann auch unter allgemeinem Mitleiden des ganzen Landes geschah.

Noch etwas liegt mir schwer auf dem Herzen — Ach! daß ich meine Feder in Glut tunken und folgendes in Flammenschrift in die Herzen meiner Leser schreiben könnte! Es gibt ein geheimes Laster der Unzucht, das ich nicht nennen darf, um meine Leser, besonders junge Knaben, nicht neugierig zu machen; wer schon damit behaftet ist, oder wer dazu versucht wird, der kann schon merken, was ich meyne. Junge Knaben, auch junge Mädchen, doch diese seltener, sind diesem schrecklichen Unglück ausgesetzt. Ein Knabe lehrts dem andern, viele kommen auch von selbst daran, sie üben dies Laster in aller Unschuld, und wissen nicht, daß sie etwas Uebels thun und daß sie sich dadurch auf Lebenslang höchst-unglücklich machen. Viele Eltern kennen dies Scheusal gar nicht, und viele, die auch von weitem davon gehört haben, ahnen so etwas von ihren Kindern nicht: es kommt ihnen nicht in den Sinn, daß ihr Söhnchen oder Töchterchen jetzt am schrecklichsten Abgrund hinwankt und bald hineinstürzen wird.

Ich habe ehemals als Arzt und noch bis daher die traurigen und oft so schrecklichen Folgen dieses Lasters zu beobachten Gelegenheit gehabt; ach, welche seelzagende und verzweiflungsvolle Klagen finde ich oft in Briefen, die solche Unglückliche an mich schreiben, und um Rath und Hülfe flehen! —

In einer gewissen Stadt lebte ein sehr frommer und rechtschaffener, in einem öffentlichen Amt stehender Gelehrter; er und seine Frau dienten Gott treulich, erfüllten ihre Pflichten und waren von Jedermann hochgeachtet und beliebt. Dieses liebe Ehepaar hatte drei Söhne, die sie von Jugend auf zu aller Gottseligkeit und Ehrbarkeit anführten, und da sie alle drei Neigung zum Predigtamt hatten, so wurden sie auch alle drei auf die lateinische Schule geschickt, um sich zum Studiren vorzubereiten. Hier lernten sie nun auch alle drei von ihren leichtsinnigen Mitschülern jene schreckliche Handlung, sie übten sie lange aus, ohne ihre Gefahren zu kennen; sie setzten dies Laster auch auf der Universität fort, sie wurden Candidaten und kamen zu ihren Eltern zurück. Das elende Aussehen der drei Jünglinge bedauerten die Eltern sehr, sie schrieben es aber dem übermäßigen Studiren zu, die wahre Ursache aber wußten und vielleicht kannten sie sie auch nicht.

Nach und nach wurden die drei Candidaten immer elender, ihr Kopf schwach, alle Sinnen stumpf, Denken und Ueberlegen fiel ihnen schwer, und nun fingen sie auch alle drei an, den schwarzen Staar zu bekommen und unheilbar blind zu werden. Wie den armen Eltern dabei zu Muth war, das läßt sich denken: sie weinten und klagten Tag und Nacht, aber es fiel ihnen nie ein, daß ihre Söhne durch dies Uebel so unglücklich geworden seyen; hätten sie das gewußt, so wären sie vollends untröstlich gewesen.

Nun trug es sich zu, daß ich durch die Stadt reiste, wo diese Unglücklichen wohnten, und indem ich den dasigen Arzt besuchte und mit ihm zu Mittag speiste, so erzählte er mir den jämmerlichen Zustand der dreien Brüder und bat mich, sie zu besuchen und zu sehen, ob ich etwas thun könnte, um ihnen das beinahe ganz verlorene Gesicht wieder zu verschaffen; von der wahren und geheimen Ursache des Uebels sagte er mir aber kein Wort. Ich ging mit ihm hin und fand — eine Wohnung des gränzenlosen Jammers; die Eltern empfingen mich mit aller Sehnsucht nach Hülfe, zwei von den Söhnen waren im Zimmer, und der dritte in der anstoßenden Kammer, in welche auch der zweite bei meiner Ankunft hineinging, der Aelteste aber blieb. Guter Gott, welch ein Anblick! abgezehrt bis auf die Haut und Knochen stand er da; mit starren und verloschenen Augen sah er mich an; seine Mienen verzogen sich zum Weinen, aber die Thränenquellen waren vertrocknet; die Haut sah in seinem Gesicht und an den

Händen eckelhaft gelb aus. Man sah in seinem Gesicht noch die Ueberreste eines gutmüthigen edlen Charakters, aber die Züge der Verzweiflung tilgten nach und nach alle weg. Ich sah ihn freundlich und mit Mitleid an, betrachtete seine Augen und sahe nun auf den ersten Blick die wahre Ursache alles dieses Elends.

Die andern beiden Brüder wollten nicht zum Vorschein kommen; auf Ersuchen der Eltern ging ich zu ihnen in die Kammer: der zweite schämte sich, und ich konnte ihn kaum zum Antworten bringen, wenn ich ihn fragte. Der dritte aber war ärgerlich, mit dem ließ ich mich nicht ein; soviel sah ich aber mit Gewißheit, daß alle drei durch das geheime Laster waren zu Grund gerichtet worden. Ich merkte aber auch, daß dies die Eltern nicht von Ferne ahnten. Daß ich mich auch gegen sie so wenig als gegen die Söhne etwas merken ließ; das versteht sich, von selbst. Mit dem Doctor sprach ich aber nun unter vier Augen und sagte ihm meine Entdeckung, er bekräftigte sie und antwortete mir, daß er das Uebel gleich von Anfang an gemerkt hätte; sie hätten aber erklärt, daß sie das Laster nun nicht mehr lassen könnten, wenn sie nun auch darüber sterben müßten. Zuverläßig ist dies auch das traurige Schicksal dieser drei jungen Männer in wenigen Jahren gewesen, denn ich habe nachher nichts mehr von ihnen gehört. Nun bedenkt nun einmal, liebe Leser und Freunde! welche Folgen eine Handlung hat, die von Anfang so unbedeutend scheint! — diese drei Candidaten hätten in drei Gemeinden, als Prediger, dem Reich Gottes und dem Staat sehr nützlich werden können. Sie hätten drei honette christliche Frauenzimmer heirathen und gesegnete Väter vieler braven Kinder werden und in einem gesegneten Alter ruhig und im Frieden sterben können, und alles dieses Glück verscherzten sie durch eine elende schädliche und heimliche Befriedigung einer schnöden Lust, die nicht einmal des Nennens werth ist.

Es ist der Mühe wohl werth, daß ich euch den Zustand eines solchen unglücklichen Selbstbefleckens nach der Wahrheit schildere; ich will nichts übertreiben, sondern alles so beschreiben, wie es ist und wie mir es solche Unglückliche oft und vielfältig selbst beschrieben haben.

Man hat Beispiele, daß Knaben von zehn Jahren, viele auch später an dieses Laster, bald von selbst, bald durch Unterricht und Beispiel anderer gekommen sind; oft sind auch wollüstige Weibspersonen Schuld daran. Im Anfang, und je nachdem der Körper gesund und stark ist, merkt man nichts Schwächendes oder Nachtheiliges; aber da derjenige, der einmal daran gewöhnt ist, es schwerlich und endlich gar nicht mehr lassen kann, so entstehen früher oder später folgende schreckliche Folgen: ein solcher Mensch sucht die Einsamkeit, um seine schnöde Gewohnheit auszuüben, so bald dies geschehen ist, fühlt er fürchterliche Gewissensbisse, er nimmt sich fest vor, das Laster nicht mehr zu begehen, aber die Einbildungskraft ist voller unzüchtiger Vorstellungen, und bald, manchmal noch an dem nämlichen Tag, schleicht er ins Verborgene und sündigt aufs Neue.

Es gibt auch viele, besonders rohe und ungezogene oder auch solche Knaben und Jünglinge, die gar nicht daran denken, daß das etwas Uebels sey, die gar keine Reue, gar keine Gewissensbisse nach verübter That spüren, sondern ohne Nachdenken das Laster begehen, so oft ihnen der Reiz dazu ankommt, aber bald und dann, leider! gar oft zu spät zeigen sich die schrecklichen Folgen. Durch die unmäßige Erschöpfung der edelsten Kräfte des Körpers entsteht allmählig eine Schwäche, eine Trägheit, die mit nichts zu vergleichen ist; alle Fröhlichkeit verschwindet und es entsteht eine Schwermuth, welche ein wahrer Vorgeschmack der Hölle ist. Ein solcher unglücklicher junger Mensch vergeht wie ein Schatten; der Appetit zum Essen wird geschwächt, und wenn er ihn auch behält, so kann er doch nichts vertragen und nichts verdauen; seine Einbildungskraft wird immer mit unzüchtigen Bildern bestürmt, und diese lassen ihm dann keine Ruhe, bis er ins Verborgene geht und seinen Trieb befriedigt; sobald dies geschehen ist, überfällt ihn Höllenqual, er fühlt sich schon verdammt, er verflucht und verwünscht das Laster, und doch, sobald sich der Reiz dazu wieder einstellt, so begeht er es wieder. Dieß geht nun Jahre lang so fort, bis endlich der Tod und Verzweiflung dem Jammer ein Ende machen.

Der Zustand, in dem sich ein solcher Elender befindet, ist über alle Beschreibung schrecklich: denn wenn er endlich, während dem Allem, erwachsen und nun in den Jahren ist, daß er heirathen, eine Familie gründen und glücklich machen könnte, so befindet er sich in einem Zustand, der ihm das unmöglich macht. Er ist der Liebe fähig, er sieht Frauenspersonen, die er herzlich lieben, und glücklich mit ihnen seyn könnte, aber er sieht sie so, wie dereinst die Verdammten die Seligen ansehen werden, dieß Glück ist auf ewig für ihn verloren. Düstere Schwermuth umgibt ihn, kein Sternlein des Trostes leuchtet ihm; er treibt unter schrecklichen Gewissensbissen in der Einsamkeit sein Laster fort, und stirbt langsam an der Rückenmarks-Auszehrung und in wilder Verzweiflung, in der Blüthe seiner Jahre dahin.

Denkt nicht, liebe Leser und Freunde! daß ich die Sache übertreibe, oder daß dieß Laster selten sey. Leider! Leider! es ist allgemeiner, als man glaubt, den Aerzten ist das bekannt genug. Daß es nicht bei allen obige schreckliche Folgen hat, das hat auch seine Ursachen: viele junge Leute werden noch zeitig gewarnt, ehe es zu weit gekommen ist; andere haben stärkere Körper, denen es weniger schadet, aber wenn sie in den Ehestand kommen, so zeigen sie ihnen die traurigen Folgen.

Daß auch bei dem weiblichen Geschlecht ein ähnliches Laster statt findet, ist leider! allzuwahr; ich habe mannigfaltige Beweise dieser traurigen Wahrheit in Händen.

O ihr jungen Leute! — ihr, die ihr mich versteht! — und o wie glücklich sind die, denen das alles, was ich da geschrieben habe, ein Räthsel ist. — Ihr jungen Leute alle, die ihr das Unglück habt, in dies Laster verfallen zu seyn, bebt vor dem Abgrund, vor der Hölle zurück, die vor euern Augen offen steht — ja bebt zurück! denn bald könnt ihr es nicht. Es gibt ein gewisses Mittel, euch noch zu retten, und dieß ist, der himmelfeste Vorsatz, nie wieder das Laster zu begehen, aber dann auch diesen Vorsatz treu auszuführen. Freilich wird aufs letzte diese Ausführung beinahe unmöglich, denn der Reiz dazu ist fast unüberwindlich, aber alles ist möglich dem, der da glaubet; wenn euch der Reiz wie ein wüthender Satan überfällt, so wendet euer Herz zum Sündentilger, fleht um Kraft, und kämpft bis aufs Blut, bis ihr überwindet; wenn ihr treu ausharret, so wird der Kampf immer leichter und hört mit dem Reiz endlich ganz auf. Es ist allerdings traurig, daß sich dann die verdorbene Natur des Nachts, ohne Wissen und Willen, im Schlaf noch zu helfen sucht allein; wenn man spät schlafen geht, betend einschläft, nicht auf dem Rücken liegt und des Morgens aufsteht, so bald man erwacht, so verliert sich auch das hernach allmählich. Dann heißt es aber auch bei euch mit vollem Recht: es wird mehr Freude im Himmel seyn, über einen Sünder, der Buße thut, als über neun und neunzig Gerechte, die der Buße nicht bedürfen.

Stellt euch aber die Wonne vor, die euer ganzes Wesen durchströmen muß, wenn ihr nun über einen schrecklichen Tod und über die ewige Verdammniß gesiegt, und nun wieder Hoffnung zum Leben und zur Seligkeit errungen habt! es wird euch zu Muth seyn, wie einem armen Sünder, der auf dem Richtplatz begnadigt und seiner liebenden Frau und Kindern wieder gegeben wird.

Ihr Eltern! Väter und Mütter! seyd wachsam über eure Kinder, besonders auf die Knaben, schleicht ihnen oft nach, wenn sie an einen Ort allein gehen, doch ohne daß sie es merken; besonders ist dieß die Pflicht der Schullehrer, denn in den Schulen ist dieß schreckliche Laster gewöhnlich.

Es scheint mir, als ob dieß fürchterliche Uebel unsern Alten gänzlich unbekannt gewesen sey; ich wenigstens habe in der Geschichte keine Spur davon gefunden. Guter Gott! sind dann der Laster und Verbrechen noch nicht genug unter den Menschen, müssen noch neue erfunden werden? — aber das sind die Folgen der Verfeinerung aller sinnlichen Vergnügen;

die Nerven werden so reizbar und die Einbildungskraft so lechzend nach wollüstigen genußreichen Bildern, daß endlich die überspannte Natur zu unnatürlichen Mitteln, diesen Genuß zu erlangen, hingerissen wird.

Dieß alles wird nun noch durch die Erkaltung in der Religion befördert: unsere einfältige Vorfahren und ihre Kinder hatten eine große Furcht vor der Hölle und der ewigen Verdammniß. Das sinnliche Bild des höllischen Feuers, des Pfuhls, der mit Feuer und Schwefel brennet, machte einen tiefen Eindruck auf sie, dadurch wurden sie von vielen Sünden und Lastern zurückgehalten; und ebenso freuten sie sich auch des Himmels und der ewigen Seligkeit, und beflissen sich eines frommen und ehrbaren Wandels: denn da das alles in der Bibel steht, so zweifelte niemand daran, und es fiel niemand ein zu zweifeln, daß die Bibel Gottes Wort sey; einen solchen Zweifler hätte man als einen Gotteslästerer hingerichtet. Jetzt aber ist der ein einfältiger Dummkopf, der etwas glaubt, die Schönheit der Tugend soll die Triebfeder seyn, gut und fromm zu werden, aber malt sie so schön wie ihr wollt und könnt — o ihr Tüncher mit losem Kalk! — das alles hilft euch nicht, das Volk hat keine Augen für geistige Schönheit, und wie wenig aufgeklärte Augen kennen sie? — Eure Verantwortung wird dereinst schrecklich seyn!

Wir leben jetzt in Zeiten, die denen ähnlich sind, die vor der babylonischen Gefangenschaft und vor der letzten Zerstörung Jerusalems hergingen; Zeiten des endlichen göttlichen Gerichts, welches mit Macht, wie ein Gewitter hereinbricht, wenn die Langmuth Gottes auf Muthwillen gezogen worden und nun des Erbarmens müde ist. Ebenso, wie ehemals die Israeliten und nachher die Juden, ist unser Deutschland, vom Thron an bis auf die Bauernhütte herab, mit Blindheit geschlagen. Das fällt niemand ein, daß diese schwere Zeiten Folgen unserer vielfältigen Sünden seyen, sondern unsre aufgeklärte Zeitgenossen sehen das alles als ein nothwendiges Uebel an, das aus den menschlichen Verhältnissen entspringt, und womit Gott nichts zu thun hat. Aber kann dann ein vernünftiger Mensch behaupten, der gegenwärtige gelinde Herbst und Winter sey so vom Kaiser Napoleon verordnet worden, damit beide ihm zur Besiegung der Preußen und Russen behülflich seyn möchten? ist ihm nicht alles von allen Seiten günstig, auch das, was durchaus nicht in seiner Gewalt, sondern allein in der Gewalt Gottes ist? O ihr Thoren und träges Herzens zu glauben allen dem, was die Propheten geredet haben! Seht ihr dann nicht klar und deutlich, daß der Herr diesen großen Kriegshelden berufen hat, seine Christenheit zu züchtigen, und daß er ihn auf alle Weise begünstigt? — und wozu er nun noch weiter bestimmt ist, das wollen wir in Geduld und Abhängigkeit von unserm vielgekrönten Könige, dem Fürsten aller Fürsten und Herrn aller Herren, ruhig erwarten, indessen die Hand auf den Mund legen und seine Fügung verehren. Der Apostel Paulus sagt: Seyd unterthan der Obrigkeit, die Gewalt über euch hat, denn es ist keine Obrigkeit ohne von Gott. Jetzt hat uns nun Gott in die Gewalt der französischen Nation gegeben, sie ist jetzt da, wo sie Besitz genommen hat die von Gott verordnete Obrigkeit, folglich müssen auch alle Unterthanen ihr gehorchen, und wer das nicht thut, der sündigt schwer und doppelt: denn erstlich ist er dem göttlichen Befehl gerade zu ungehorsam, und zweitens zieht er sich das schrecklichste Unglück auf den Hals, indem die französische Macht ja weit stärker ist, als etliche tausend Bürger und Bauern, die sich zusammenrotten und Unruhe stiften. Gesetzt, auch ein ganzes Land vereinigte sich und jagte die Franzosen über die Gränzen, was wäre nun dadurch gewonnen? — in kurzer Zeit würde eine stärkere Armee kommen, alles mit Feuer und Schwerdt verheeren, eure Weiber und Kinder zu Wittwen und Waisen machen, und sie ins größte Elend stürzen, und daran wäre dann niemand Schuld als ihr selbst. Und glaubt ihr denn, daß diejenigen, die in einem solchen Kampf todt bleiben, fürs Vaterland sterben? nein gewiß nicht, sie sterben als Uebelthäter, die dem göttlichen Befehl ungehorsam gewesen sind und ihr Vaterland höchst unglücklich gemacht haben; sie werden daher auch vor dem göttlichen Gericht keine

Gnade finden, sondern zur ewigen Verdammniß verwiesen werden.

Die Häupter unserer deutschen Nation haben mit ihren Armeen gegen Frankreich gekämpft, und sind überwunden worden, jetzt müssen wir uns nun unter die gewaltige Hand unsers über unsere Sünden erzürnten Gottes demüthigen, und uns wie wahre fromme Christen betragen, damit er uns dann, wenn wir uns durch ächte Reue und Buße wieder zu ihm bekehrt haben, zu der ihm allein bekannten Zeit auch wieder aus dem Staub, in den wir hingesunken sind, erhöhen möge. Durch Empörung und Aufruhr erreichen wir diesen seligen Zweck gewiß nicht.

Damit ihr aber auch genau wissen möget, was denn eigentlich die Pflicht des wahren Christen in unsern schweren und betrübten Zeiten sey, so will ich sie euch hier kurz und deutlich, so wie sie in der heiligen Schrift gegründet ist, erklären und vortragen:

1) Der wahre Christ greift nie zu den Waffen, bis ihn sein Landesherr oder die Obrigkeit, die Gewalt über ihn hat, dazu auffordert, geschieht dieß, dann muß er gehorchen, oder wenn ihm sein Gewissen nicht erlaubt, Waffen gegen seine Mitmenschen zu brauchen, so muß er, wenn ihn der Landesherr nicht frei geben will, in ein Land ziehen, in dem man diese Forderung nicht an ihn macht.

2) Er muß alle Soldaten, die er zur Einquartierung bekommt, freundlich und liebreich behandeln, und sie durch gute Worte zu gewinnen suchen; er gibt ihnen, was er hat, und traut auf Gott, der ihm bei Gebet, Fleiß und Treue alles wieder doppelt und dreifach ersetzen kann und wird.

3) Vor allen Dingen aber sucht er nun sein bisheriges sündliches und unbußfertiges Leben zu ändern und sich von ganzem Herzen zu bekehren: er muß daher den festen und unwiderruflichen Vorsatz fassen, ein treuer Jünger Jesu Christi zu werden, und alles treulich zu thun und zu lassen, was dieser unser theuerster Erlöser zu thun und zu lassen befohlen hat; denn hierinnen liegt eben unser Hauptverbrechen, daß wir von

Christo abgewichen sind. Die leidige aufklärende Vernunftweisheit hat uns von der alleinseligmachenden Erlösungslehre, wie sie uns Christus und seine Apostel hinterlassen haben, abtrünnig gemacht, und eben darum kommen nun so schwere Strafen über uns, wenn wir also wieder Gnade bei Gott und unserm schwer beleidigten Erlöser finden wollen, so müssen wir mit wahrer Buße vor ihn treten und mit Ernst und schmerzlicher Reue zu ihm sagen: Vater, wir haben gesündigt bis in den Himmel und vor dein Angesicht, wir verdienen nicht mehr deine Kinder zu heißen und an dem Erbe deiner Heiligen Theil zu nehmen, laß uns nur deine Taglöhner werden, und nimm uns als solche wieder zu Gnaden an. Wenn wir dann aber auch Wort halten und ernstlich um Gnade und Kraft flehen, uns des Wandels in der Gegenwart Gottes befleißigen und in Liebe und Demuth alle unsere Pflichten treulich zu erfüllen suchen, so wird er uns gnädig seyn und uns nicht zu Taglöhnern, sondern zu seinen Kindern wieder auf- und annehmen. Wer aber auch dieß alles nicht thut, sondern im Abfall von Christo und in der Kaltsinnigkeit und Gleichgültigkeit gegen ihn beharrt, der hat ein schrecklicheres Schicksal zu erwarten als alle Menschen, die jemals gelebt haben; seine Verdammniß und Höllenqual nach seinem Tod wird unter allen die fürchterlichste seyn.

4) Endlich, seyd treu und fleißig, jeder in dem ehrlichen und christlichen Beruf, in den ihn die Vorsehung gesetzt hat, und dann befleißigt euch auch der christlichen und vernünftigen Sparsamkeit; denn auch dadurch haben wir uns schwerlich versündigt, daß wir uns sehr an den Luxus, das ist, an eine üppige Lebensart, gewöhnt haben. Von den vornehmsten Ständen an bis zu den geringsten ist alles kostbarer und verschwenderischer geworden; die Häuser, das Hausgeräthe, die Kleidung, Essen und Trinken und die Lustbarkeiten kosten jetzt durch doppelt mehr, als sie unsre alte biedere Vorfahren gekostet haben, und ist doch auch alles viel theurer und allenthalben das Einkommen oder der Verdienst geringer — nun kommen noch Kriegslasten, Hungersnoth, Theurung und hie und da

ansteckende Seuchen dazu, sagt selbst, was will am Ende daraus werden? — wahrlich! wahrlich! nichts anders als ein zeitlicher und ewiger Concurs! ist das nun nicht schrecklich? —

Noch etwas liegt mir schwer auf dem Herzen, dessen ich mich entledigen muß: wir wissen nun also, welcher Jammer unser ganzes deutsches Vaterland, besonders jetzt in den nördlichen Theilen drückt — wir wissen, daß viele hunderttausende unserer dortigen Landsleute und Mitbrüder unter den Lasten des Kriegs seufzen und im tiefsten Kummer schweren Hunger leiden — jetzt prüfe sich jeder unpartheyisch! — treten wir wohl mit Thränen des Mitleids vor Jesum Christum den Weltregenten und über uns erzürnten Richter, um Gnade für jene Unglücklichen zu erflehen? geht uns ihre Noth wohl so zu Herzen, daß wir uns diese oder jene Lustbarkeit versagen, um für das darauf zu verwendende Geld irgend einen Hungrigen zu speisen, einen Durstigen zu tränken, einen Nackenden zu kleiden, oder einen Kranken zu erquicken suchen? — Wie sieht es bei einer solchen Prüfung in unserm Innersten aus? — Ach Gott! — erbärmlich! — Bei den vornehmen Ständen sind der Clubs, der Casinos, der Bälle, der Conzerte, der Schauspiele, der Theegesellschaften und der Gastmahle kein Ende — und bei den geringern Ständen sehnt man sich nach den Sonn- und Feiertagen, weil man an den Werktagen keine Zeit hat, um an jenen, den Uebungen der christlichen Religion geweihten Tagen, sich den wildesten Ausschweifungen Preis zu geben. Jünglinge und Mädchen erhitzen sich im ausgelassensten Tanz und in hitzigen Getränken, und verscherzen da nicht selten das Glück ihres ganzen Lebens, ihre Gesundheit und die Hoffnung der ewigen Seligkeit. Andere gehen in die Wein- und Bierhäuser, und versaufen da ihr Geld und ihren Verstand, während dem ihre Weiber und Kinder kaum Brod und den nothdürftigen Unterhalt haben, u. s. w.

Wie, wenn nun einmal alle, die sich solchen Vergnügungen überlassen, nur die Hälfte sich abbrächen, und für dieß Geld arme Leidende erquickten, welch ein großer Theil des Jammers würde dadurch gelindert werden? aber daran ist nicht zu denken.

Die Wohlthätigkeit ist die unzweifelbare Frucht der wahren Gottseligkeit, wer diese Tugend nicht ausübt, der ist kein Christ, und darum hat sie auch Christus zur Prüfungsregel festgesetzt, nach welcher er am großen Gerichtstage die Menschen beurtheilen, richten, strafen und belohnen wird. Weh! Weh! dann uns!

Aber warum schreibe ich das alles? — man hat ja alle Warnungen, die ich nun über dreißig Jahr öffentlich und vielfältig in meinen gedruckten Schriften bekannt gemacht habe, verhöhnt, verlacht, und mich als einen Erzschwärmer bitter angefeindet, ungeachtet ich damals, als ganz Europa noch im tiefsten Frieden schlummerte, schon den allgemeinen Jammer voraussagte. Ich verkündigte Deutschland eine gänzliche Revolution, als die Reichsverfassung noch auf ihren festen Füßen stand, Frankreich noch an keine Revolution dachte, und Preußens Sieggewohnte Armeen in ihrer vollen Kraft da standen. Dem nördlichen Deutschland habe ich sein schreckliches Gericht lang vorher gesagt, aber wer hat darauf gemerkt? — Jetzt, da nun alles geschehen ist, was ich voraus gesehen, und treulich, öffentlich verkündigt habe; jetzt sollte man doch Rücksicht auf meine Schriften nehmen, und meine so brüderlich gemeynte Warnungen nicht in den Wind schlagen, sondern meinem Rath zur Buße und Bekehrung folgen: denn wahrlich! wahrlich! die Gerichte Gottes über die europäische Christenheit sind bei weitem noch nicht zu Ende — sind meine bisherigen Voraussagungen richtig eingetroffen, so werden auch diese eintreffen. Darum: o Deutschland! bekehre dich zu dem Christus, von dem du abgefallen bist! — wo nicht, so wird dein Schicksal vor allen Adams-Kindern das Schrecklichste seyn!

Denkt doch nicht, daß ich so vermessen wäre, mich selbst für einen Propheten zu halten! — keineswegs! sondern alles, was ich sage und schreibe, das gründet sich allein auf die Bibel und die darinnen enthaltene Maximen und Regeln, nach denen der Herr die Welt regiert: Wenn ein Volk in Ansehung der Erkaltung in der Religion, der zügellosen Laster, der gränzenlosen Ueppigkeit und des Leichtsinns den

Völkern, die eben so, in der Bibel beschrieben werden, ähnlich wird, so werden es auch ähnliche Gerichte treffen, denn Gott der Allweise und Gerechte bleibt sich immer gleich; und wenn er nun vollends eine Nation mit Gnade und Segen überschüttet hat, wie dieß bei uns Christen der Fall ist, und ein solches Volk macht es dann noch schlimmer, als alle andere, die je gewesen sind, so werden es auch schwerere Gerichte treffen, als je die Menschheit erfahren hat.

Wenn also mein treugemeyntes Schreiben und Warnen nichts fruchtet, warum schreibe ich denn? — dazu habe ich zwei wichtige Gründe: Erstlich, um wenigstens das Meinige zur Rettung meiner Mitmenschen und Zeitgenossen zu thun, und zweitens habe ich, Gott sey Lob und Dank! die beruhigende Erfahrung, daß durch meine Schriften, die in allen Welttheilen gelesen werden, viele aufgeweckt, viele getröstet, viele im Glauben gestärkt, und viele, die nicht einerlei dachten, zur Einigkeit des Geistes gebracht worden sind. Wenn also das Ganze nicht mehr zu retten ist, so werden doch viele Einzelne gerettet.

Selig sind alle diejenigen, die meinen Warnungen Gehör geben und sich ernstlich zum Herrn bekehren, es ist hohe Zeit, bald wird es zu spät seyn.

Ein anderes Uebel, das besonders unter denen, die noch an Christum glauben, häufig gefunden wird, besteht darinnen, daß man sich in allerhand Spekulationen vertieft, und von der reinen, lieben, christlichen Einfalt abweicht; so gibt es zum Beispiel viele, die jetzt den Propheten Daniel und die Offenbarung Johannis fleißig betrachten, und nun glauben, daß der gegenwärtige Krieg und die gegenwärtigen Zeit-Umstände darinnen deutlich vorher gesagt wären: Sie wissen schon, wer das kleine Horn, wer das Thier aus dem Abgrund und wer der König von Mittag und der von Mitternacht ist, und wenn sie nun hie und da Aehnlichkeit finden, so glauben sie; der Herr habe ihnen Licht und Erleuchtung gegeben, um auch Zeugen der Wahrheit zu seyn; wer nun anders denkt als sie, den bedauern sie, und wenn er ihnen nicht Beifall geben kann und will, so halten sie ihn für irrig, oder für einen, der dem Geist der Wahrheit widerstrebt.

Lieben Freunde! ihr alle, die ihr euch jetzt mit Auslegung der Weissagungen beschäftiget, hört meine brüderliche, herzlich gut gemeynte Ermahnung an, und folgt ihr, es soll euch nicht gereuen!

Das, was im Propheten Daniel, in der Offenbarung Johannis und in andern Weissagungen auf unsere Zeiten geht, das besteht darinnen, daß sehr schwere Gerichte dann über die Christenheit ergehen würden, wann der Abfall von Christo offenbar seyn würde; durch diese Gerichte sollten dann die Glaubigen geprüft und bewährt, und überhaupt dann eine Scheidung zwischen wahren und falschen, zwischen Christen und Nichtchristen, angefangen werden. Gegen das Ende dieser Gerichte würde eine Macht offenbar werden, welche es nur darauf anlegt, den Abfall von Christo zu vollenden und das Christenthum von der Erde zu vertilgen; diejenigen, die dieser Macht dann Gehör geben und Christum verläugnen, die werden mit gewissen Kennzeichen versehen, woran man wissen kann, wer zu den Nichtchristen oder Widerchristen gehört, diese genießen dann vollkommene bürgerliche Freiheit; alle andere aber, die diese Kennzeichen nicht annehmen wollen, die Christo treulich anhangen, werden grimmig verfolgt. Dieß ist nun die große Versuchungsstunde, die über die ganze bewohnte Erde ergehen und wodurch die Gemeinde des Herrn durchaus rein und ohne Flecken dargestellt wird; denn wer in dieser schwersten aller Prüfungen treu ausharrt, der ist gewiß ein wahrer Christ. Auf diese Versuchungsstunde folgt dann auch das schreckliche Gericht über jene feindselige antichristliche Macht, denn der Herr wird plötzlich mit seinen Heiligen erscheinen, jene Macht in den Feuer- und Schwefelsee schleudern, und nun mit seinen bewährten und treuen Anhängern das Reich des Friedens auf Erden gründen.

Seht, meine Lieben! das ist alles, was wir noch zur Zeit wissen sollen und wissen dürfen, und es ist auch gerade so viel, als wir jetzt von der Zukunft zu wissen nöthig haben, mehr wissen wollen ist sträflicher Vorwitz, denn das ist einmal eine ewige Wahrheit, daß uns Menschen die Schicksale der Zukunft verborgen bleiben müssen, damit wir die Vorsehung in ihrer Weltregierung nicht hindern. Nur so viel läßt uns die ewig erbarmende Liebe Gottes kund thun, als wir bedürfen, um uns in Acht zu nehmen und uns durch wahre Buße, Glaube und treue Anhänglichkeit an unsern Erlöser Jesum Christum und sein heiliges Evangelium auf diese wichtige Zukunft vorzubereiten und zu stärken, und dazu ist uns das, was ich oben nach Anleitung der biblischen Weissagungen von der nahen Zukunft gesagt habe, hinlänglich und genug: denn wir sehen aus dem Abfall und den schweren Gerichten, die über uns ergehen, daß wir wirklich in dieser letzten Zeit leben, und wir können mit Gewißheit glauben, daß nun auch das übrige schnell aufeinander folgen wird. Jetzt ist nun leicht einzusehen, was wir zu thun haben, jeder muß seines Berufs treu und fleißig warten, aber große Anstalten und Plane auf die Zukunft, große und Jahrhunderte ausdauernde Gebäude anzulegen und weitaussehende Verordnungen auf Kindes-Kinder hinaus zu machen, dazu möchte ich doch nicht rathen, nur das Nöthige veranstaltet und weiter nichts.

Die Hauptsache aber besteht darinnen, daß man sich selbst, und besonders seine Kinder, mit großem Ernst und Eifer, mit feurigem Gebet und Flehen zum wahren Glauben an Jesum Christum treibt und anhält; mit wahrer Reue und Buße unaufhörlich um Gnade, Licht und Kraft bittet, und sich mit dem unwiderruflichen Vorsatz, als ein wahrer Christ zu leben und zu sterben, es koste auch, was es wolle, bewaffnet. Wer das nicht thut, jetzt kaltsinnig bleibt, und nach laodicäischer Art weder kalt noch warm, sondern lau ist, der wird auch gewiß in der künftigen großen Versuchungsstunde nicht standhaft bleiben, sondern die widerchristliche Kennzeichen annehmen, und dann ist sein Schicksal schrecklich; wer aber meinem Rath folgt, der braucht sich ganz und gar nicht zu fürchten, denn der Herr wird ihm immer so viel Licht und Kraft geben, als er bedarf, es gehe ihm auch wie es wolle, und seine Treue wird mit der höchsten Seligkeit belohnet werden, deren ein Mensch empfänglich ist, und über das alles ist auch der Anfang dieser Seligkeit nahe. Ach! bedenkt doch, liebe Leser! wie wichtig dieß alles ist! — laßt euch erbitten, meinem so treuen und wohlgemeynten Rath zu folgen!!! —

Eine andere wichtige Pflicht besteht darinnen, daß wir uns in die großen Welthändel nicht mischen; wir lassen die großen Monarchen ihre Kriege führen, ohne uns für diesen oder jenen zu erklären; wer Recht oder Unrecht habe, das geht uns nichts an, wir gehorchen Dem treu, der Gewalt über uns hat, ich sage treu, nicht blos äusserlich und zum Schein, sondern von Herzen und redlich, und zwar in allen Stücken, so lang uns nicht etwas befohlen wird, das gegen die christliche Religion und unser Gewissen streitet; wenn dieß geschieht, so darf man nicht gehorchen, aber man darf sich auch nicht wehren, nicht Gewalt brauchen, sondern man bittet um Schonung und um die Gewissensfreiheit, wird uns diese nicht gewährt, so zieht man weg, und kann man das nicht, so stirbt man lieber, als daß man gegen Gewissen handelt; dazu wird dann der Herr hinlängliche Kraft geben.

Bei dem allem aber muß man in der Stille und schweigend auf die Zeichen der Zeit merken; denn so wenig es erlaubt ist, vorwitzig aus den Weissagungen die einzelnen Vorfälle der Zukunft bestimmt vorhersagen zu wollen, eben so nöthig ist es doch auch, alles wohl zu beobachten, damit man von keinem Feind überrascht wird, besonders ist dieß Aufmerken dann nöthig, wenn es einmal dazu kommt, daß Anstalten getroffen werden, die der Religion Gefahr drohen: denn alsdann ist der große Zeitpunkt, wo es nicht blos auf die ewige Verdammniß, sondern auf die allerschrecklichste, nämlich auf den Grad der Verdammniß ankommt, in dem Satan selbst gequält werden wird; und kommen nun vollends die Kennzeichen hinzu, von denen ich oben sagte, daß sie denjenigen, der sie annimmt und an sich trägt, als einen Abgefallenen von Christo bezeichnen, dann ist es vollends Zeit aufzupassen, und lieber alles, auch den schrecklichsten Tod zu leiden, als diese

Kennzeichen anzunehmen, denn denkt an die furchtbaren Worte des dritten Engels: Offenb. Joh. 14. v. 9. 10. und 11. So jemand das Thier anbetet und sein Bild, und nimmt das Mahlzeichen an seine Stirn oder an seine Hand, der wird von dem Wein des Zorns Gottes trinken, der eingeschenkt und lauter ist in seines Zorns Kelch; und wird gequält werden mit Feuer und Schwefel vor den heiligen Engeln und vor dem Lamm und der Rauch ihrer Qual wird aufsteigen von Ewigkeit zu Ewigkeit, und sie haben keine Ruhe Tag und Nacht, die das Thier haben angebetet und sein Bild, und so jemand hat das Mahlzeichen seines Namens angenommen.

Diese Drohung ist die schrecklichste in der ganzen heiligen Schrift; daher müssen wir dann, wenn es einmal unsre Religion gilt, äusserst aufmerksam seyn: fordert man von uns, daß wir irgend etwas göttlich verehren sollen, das nicht Gott ist, oder daß wir irgend ein Zeichen an uns tragen sollen, welches ein Beweis ist, daß wir von unserer Religion abgefallen sind, so erinnern wir uns der schrecklichen Worte des dritten Engels, und gehorchen nicht, um keinen Preis, aber wir trauen uns auch nicht, sondern wir fliehen, und können wir das nicht, so verhalten wir uns wie die Schlachtschafe, wir dulden alles, was man mit uns anfängt, und überwinden durch des Lammes Blut, das ist: durch Schweigen, Dulden und Leiden — niemand fürchtete sich vor dieser Zeit! denn der Herr wird dann seinen treuen Bekennern einen solchen hohen Muth und Freudigkeit verleihen, daß sie ihn unter den größten Martern werden preisen und verherrlichen können. Und dieses kurze Leiden! welch eine Seligkeit folgt darauf! so wie die Abgefallene von Christo, die das Mahlzeichen des Thiers angenommen und das Thier angebetet haben, zur allerschrecklichsten Höllenqual sollen verdammt werden, so sollen die laodicäischen Ueberwinder — nämlich eben diejenigen, die in diesem Zeitpunkt treu bleiben — auch zum höchsten Grad der Seligkeit erhoben werden; man lese das, was der Herr diesen Ueberwindern verheißt, Offenb. Joh. 3. v. 21. Wer überwindet, dem will ich geben, mit mir auf meinem Stuhl zu sitzen, wie ich überwunden habe, und bin gesessen mit meinem Vater auf seinem Stuhl.

So wie die Drohung des dritten Engels die schrecklichste ist, die in der ganzen Bibel steht, und so wie diese diejenigen trifft, die in dieser letzten und wichtigsten Probe abfallen, so ist auch diese Verheißung, die der Herr selbst denen gibt, die in eben diesem Zeitpunkt treu bleiben und in des Lammes Blut überwinden, die allerherrlichste in der ganzen heiligen Schrift.

Jetzt muß ich aber wieder auf alle diejenigen zurückkommen, die sich jetzt an die Offenbarung Johannis wagen und sie auf unsere Zeiten anpassen wollen; und ich warne sie alle im Namen Gottes und unsers Erlösers Jesu Christi vor folgenden Punkten:

1) Noch zur Zeit niemand für das Thier aus dem Abgrund zu erklären, denn es ist noch nicht offenbar, sondern es wird dann erst offenbar, wenn man sein Bild anbeten, die Religion Jesu auf irgend eine Art verläugnen, und ein Zeichen annehmen soll, welches beweist, daß man von Christo abgefallen und ein Verehrer des Thiers ist.

2) Keine Ordens- oder Ehrenzeichen, sie mögen Namen haben wie sie wollen, für das Mahlzeichen des Thiers zu erklären, wenn dieß Zeichen nicht ein Beweis des Abfalls von der Religion ist. In welche Noth und Verlegenheit würde man einen treuen Verehrer des Herrn setzen, wenn ihm ein Ordens- oder Ehrenzeichen angeboten würde, und man wollte ihm beweisen, es sey das Mahlzeichen des Thiers! — Es gab fromme Leute, die im Anfang der französischen Revolution die französische Kokarde auf dem Hut für jenes Mahlzeichen hielten, und doch konnte der, der sie trug, glauben was er wollte. Wenn einmal eine andere Religion vorgeschlagen wird, und wenn diejenigen, die sie annehmen, sich durch irgend ein Zeichen von denen, die sie nicht annehmen, unterscheiden, dann ist es Zeit, aufzupassen.

3) Behutsam in der Zahl des Namens des Thiers zu seyn: mit den Zahlen kann man wunderbare Versuche machen, und

alles herausbringen, was man will. Wenn nun hie und da merkwürdige und passende Facits herauskommen, so muß man nicht gleich den, auf dessen Namen sie passen, für das Thier erklären.

4) Nicht zu kühn in der Erklärung der prophetischen Zahlen zu seyn, und dadurch die Zeit genau und mit Gewißheit bestimmen zu wollen. Es ist sehr wahrscheinlich, daß zwischen hier und 1836 der Kampf ausgekämpft und das Reich des Herrn gegründet seyn wird; aber daß es ganz gewiß so sey, das wage ich nicht zu behaupten, und noch weit weniger das Jahr und den Tag anzugeben, an welchem dieß oder jenes geschehen soll; und

5) Sich auch sogar im Reden genau in Acht zu nehmen, daß man nicht dieß und jenes aus den Weissagungen auf diese und jene Person oder Sache deute, denn dadurch werden die Leute irre und wissen am Ende nicht, woran sie sind und wer recht oder unrecht hat, und dadurch kann es dann kommen, daß man das rechte Tempo versäumt. Denkt doch nur über folgendes nach: ich kenne sehr viele, die jetzt die Offenbarung Johannis und die Weissagung Daniels zu erklären suchen; jeder von ihnen glaubt, Gott habe ihm besonders Licht in der Sache gegeben, und unter diesen allen sind doch keine zwei, die in ihren Erklärungen nur einigermaßen übereinstimmen — folglich kann unter allen nur einer, und vermuthlich gar keiner, die Wahrheit treffen.

Die Zeugen der Wahrheit haben uns so viel gesagt, als wir jetzt zu wissen nöthig haben, jetzt wollen wir weiter nicht grübeln, sondern unsre Seelen in den Händen tragen, unaufhörlich und ernstlich wachen und beten, unsre Lampen, den Docht des Glaubens und das Oel des Geistes immer bereit halten, auf die Zeichen der Zeit merken, und dann den Herrn walten lassen.

Aber wir leben nicht allein in Ansehung des Kriegs, des Abfalls und der göttlichen Gerichte überhaupt, in gefährlichen und bedenklichen Zeiten, sondern unter denen, die noch bisher an Christum geglaubt und als Christen gewandelt haben; unter den Erweckten selbst fangen hie und da kräftige Irrthümer an zu herrschen; die so entsetzlich sind, daß sie kaum geglaubt werden können: denn es ist nicht unbegreiflich, daß es im Württembergischen eine große Anzahl (die von ihnen selbst auf einige tausend angegeben wird) gewisser Separatisten, die den Kaiser Napoleon laut und öffentlich für den eingebornen Sohn Gottes, für den wahren Gott halten? sie sagen, seine Gelangung auf den französischen Thron sey seine zweite Zukunft zum Gericht und zur Gründung seines herrlichen Reichs. — Diese Leute sind nun nicht etwa gutmüthige irrende Schwärmer, nein! sie sind gefährlich für die bürgerlichen Gesellschaften; sie verachten alle Obrigkeit, versagen ihr allen Gehorsam, und was sie thun müssen, das geschieht durch Zwang; sie nennen jedermann Du, beweisen niemand die schuldige Ehrerbietung und Höflichkeit, und schimpfen auf alle, auch auf die frömmsten Prediger; sie verabscheuen Kirche und Sakramente, leben übrigens eingezogen und still, sie tragen weiße Hüte mit Kokarden, und die Weiber sollen gestickte Sterne auf der Brust tragen. Man hatte lange Geduld mit diesen gefährlichen Menschen, da sie sich aber durchaus keiner Ordnung unterwerfen und der Obrigkeit nicht gehorchen wollten, so nahm endlich die königliche Regierung zu Stuttgart eine beträchtliche Anzahl der vornehmsten Verführer gefangen; viele wurden an den Füßen mit Ketten gefesselt und zu Ludwigsburg ins Zuchthaus gebracht, wo sie dann unter der Begleitung einer Wache an Wegen arbeiten oder sonst etwas schaffen müssen; andere hat man in die Narrenhäuser gethan, und andere mit Gefängnißstrafe belegt. Ich war im Spätherbst 10 Tage in Ludwigsburg, ich sahe diese Unglücklichen, hörte ihre Geschichte und ihr höchstgefährliches Betragen. In eben diesen Tagen trug sich folgendes zu: an einem gewissen Tage, ich weiß nicht welcher Feierlichkeit er gewidmet war, wurde eine Predigt gehalten. Der Offizier, der die Aufsicht auf die Zuchthäusler hatte, wurde des ewigen Widerstandes und der Widerspenstigkeit dieser Leute müde, und wollte sie nun mit Gewalt in die Kirche zwingen, er ließ also jeden mit vier Mann in die Kirche tragen und auf den Boden niedersetzen. Kaum fing der Prediger auf der Kanzel an zu reden, so schrien sie: Halt du dein Lügenmaul, was du da sagst, ist nicht wahr u. s. w. Damit die Predigt ungestört gehalten werden konnte, mußte man sie hinaus transportiren. Dieß geschah, als ich selbst in Ludwigsburg war, alles, was ich also von diesen Leuten erzähle, ist gewisse Wahrheit.

Seht, Freunde! auf solche schreckliche Abwege kann man gerathen, wenn man von der Einfalt in Christo, von dem Einen, das Noth ist, abweicht, sich ins Grübeln vertieft und in den Weissagungen alles finden will, was man gern darinnen finden möchte. Ich ermahne oft solche Grübler in meinen Briefen, und bitte sie brüderlich, sie möchten sich doch in Acht nehmen, daß sie nicht auf Irrwege geriethen, allein dann geben sie mir zu verstehen, daß ich zu den Weisen und Klugen gehöre, denen der Herr seine Geheimnisse nicht offenbare, wohl aber den Unmündigen, die sie dann selbst seyn wollen. Welch ein Widerspruch? sie wollen die Unmündigen seyn, und halten sich doch für weiser und klüger als ich.

Es gibt noch eine andere Sekte von Schwärmern im südlichen Deutschland; diese sind auch strenge Separatisten, die weder in die Kirche noch zum Abendmahl gehen, übrigens aber nicht so abgeschmackte und lästerliche Grundsätze haben, als diejenigen, von denen ich oben geredet habe. Diese halten den Ehestand für sündlich, für Hurerei; lesen tiefsinnige mystische Schriften, die sie nicht, wenigstens nicht recht, verstehen, daraus bilden sie sich dann ein Hirngespinst von göttlicher Weisheit, nachdem sie die Bibel zu erklären suchen, und gerathen dadurch auf gefährliche Abwege. Einer der vornehmsten schrieb ein paarmal an mich, warnte mich: „ich sollte das Bücherschreiben bleiben lassen, ich verführe die Menschen dadurch, ich sey ein Vorläufer des Antichrists und ein Comödiant, ich sollte mich lieber auf die Schneiders-Werkstätte setzen, und den Schauspielern, den Comödianten die Kleider machen und flicken, ich lebte ja in beständiger Hurerei, weil ich verheirathet wäre u. s. w., und dieser Mann ist nicht etwa ein schlechter einfältiger Mensch, sondern er hat wirklich Kenntnisse und gilt viel unter seinen Mitbrüdern. Welch ein Stolz und welch eine Bitterkeit! Ist das nun der Geist der Liebe, der Geist Christi? — und doch halten sie sich für vorzüglich gute Christen. Ein anderer machte es in einem Brief an mich so arg, daß er mir sogar drohte, er würde mich wohl zu finden wissen. Wenn doch diese arme betrogene Leute bedächten, was Paulus an den Timotheus schreibt, daß es in den letzten Zeiten Menschen geben würde, die verbieten würden, ehelich zu werden, die also den Ehestand verachteten, und unter welche schädliche Menschenklasse er solche Irrgeister rechnet!

Endlich gibt es auch noch eine nicht geringe Anzahl, übrigens guter und christlicher Leute im südlichen Deutschland, die nichts als Fluch und Verderben in Kirchen und Schulen sehen; unter den vielen rechtschaffenen und wahrhaft christlichen Predigern und Schullehrern, die sich dort Gottlob! noch befinden, ist doch selten einer, der ihnen nur einigermaßen recht ist; sie halten daher die Kirche ihres Vaterlandes, und vielleicht auch noch andere dazu, für die babylonische Hure, von der man ausgehen müsse, damit man nicht an ihren Strafen Theil nehmen möge; und dieses Ausgehen haben mehrere hunderte auch wirklich ins Werk gesetzt und sind nach Amerika gezogen. Mir begegnete vor ein paar Jahren eine solche Heerde armer betrogener Menschen, etwa fünfzig Männer, Weiber und Kinder, auf einem Spaziergang bei Heidelberg, die aus dem Würtembergischen kamen und auch nach Amerika reisten. Ich hätte Blut weinen mögen, denn ich weiß, welchem Jammer und Elend solche bedauernswürdige Leute entgegen gehen, denn ich bekomme zu Zeiten Briefe aus Amerika von frommen Predigern und Kaufleuten, die mir den kläglichen Zustand rührend schildern, in welchem sich solche deutsche Ausgewanderte dort befinden. Amerika ist wahrlich der Ort nicht, wohin wir uns retten sollen. Der Herr wird den Seinigen zur rechten Zeit den Platz anweisen, wo sie gegen den Sturm sicher sind; bis dahin muß ein jeder da bleiben, wohin ihn die Vorsehung gesetzt hat. Hoffe auf den Herrn und thue Gutes; bleibe im Lande und nähre dich redlich. Ps. 37, v. 3.

Gott! es sind traurige Zeiten! der schreckliche Krieg und an vielen Orten bittere Armuth, Hunger und Theurung drücken die arme Menschheit von Außen; und von Innen hat der größte Theil keinen Trost mehr an der Religion, weil man ihm die Hauptwahrheiten des Christenthums zweifelhaft gemacht hat. Viele taumeln hin und berauschen sich, so gut sie können in sinnlichen Vergnügen und machen dadurch das Uebel ärger; andere können das nicht, denn sie haben das Vermögen nicht dazu; diese schleppen sich dann schwermüthig von einem Tag in den andern, und man kann auf sie anwenden, was der Prophet Jesaia 21, v. 11 und 12 sagt: Hüter! ist die Nacht bald vergangen? Hüter ist die Nacht bald vorbei? — der Hüter aber sprach: Wenn der Morgen schon kommt, so wird es doch Nacht seyn. Wenn ihr schon fragt, so werdet ihr doch wieder kommen und abermal fragen.

Aber auch unter denen, die sich zu Christo bekennen, ist der Zustand gefährlich und bedenklich; denn da sucht der Feind auf alle mögliche Weise Unkraut zu säen; da schleicht Er in Lichtengelsgestalt umher und berückt die schwachen Seelen auf tausendfältige Weise: diesen haucht er hohe Kenntnisse in ihre Phantasie und macht ihnen weiß, das seyen göttliche Offenbarungen; dadurch werden sie dann aufgebläht, geistlich stolz, und doch glauben sie gar demüthig zu seyn; sie maßen sich an, andere zu lehren, und wenn sich diese dann nicht belehren lassen wollen, so fällen sie das Urtheil über sie, und so gerathen sie dann unter die Pflastertreter im Reiche Gottes, denen am Ende der Herr die schrecklichen Worte zurufen wird: Weichet alle von mir, ihr Uebelthäter, ich habe euch nie erkannt! — Jenen sucht er ihren Glauben wankend zu machen und sie in Verzweiflung zu stürzen, wieder andern sucht er die Idee wichtig zu machen, daß der fromme Mann, an dem sie vorzüglich hängen, allein Wahrheit gelehrt habe und alle andere geirrt hätten, folglich auch die nicht auf dem rechten Wege seyen, die diesen vorzüglich anhingen. — So hat mich einmal ein wichtiger Mann unter den Inspirirten tüchtig ausgeputzt, daß ich an dem seligen Johann Friedrich Rock, den ich doch in der That für einen großen und wichtigen Zeugen der Wahrheit halte, hie und da Mängel zeigte, welches ich darum that, weil man auch zu viel aus ihm machte und den seligen Grafen von Zinzendorf nebst der Brüdergemeinde zu sehr und zu bitter heruntersetzte. Ist ja doch kein Heiliger ohne Tadel, und die Himmel sind nicht rein vor ihm.

Liebe Kinder! wenn es gegen Abend geht und man hat noch einen weiten Weg nach Haus, der zudem noch durch einen Wald voller Räuber und reißender Thiere führt, was muß man dann thun? — darf man da vom Wege ab in den Wald spazieren und Vögelnester, Kräuter, Blumen oder sonst etwas Hübsches suchen? — und wenn nun noch dazu schwere Gewitter aufsteigen, sagt selbst, muß man sich da nicht mit guten Waffen versehen und geradewegs, spornstreichs, ohne sich eine Minute aufzuhalten, nach Hause eilen? — im Geistlichen ist das genau unser Fall. Liebe Freunde! laßt uns doch jetzt weiter nichts wissen wollen, als Jesum Christum, den Gekreuzigten! — laßt uns unter einander herzlich und brüderlich lieben, wenn wir auch in diesem oder jenem Stück nicht genau einerlei Meinung sind, genug, wenn nur der Glaubensgrund richtig ist, denn auf diesem allein beruht die Einigkeit des Geistes und die Gemeinschaft der Heiligen. Christus sagt: daran wird man erkennen, ob ihr meine Jünger seyd, wenn ihr Liebe gegen einander habt. Liebe, wahre Gottes-, Menschen- und Bruderliebe, verbunden mit wahrer, inniger Herzensdemuth, die sich wahrhaft für sündhafter und armseliger erkennt als alle andere, diese beiden sind die wahren untrüglichen Merkmale des wahren Christen, und wo sie mangeln, da helfen alle andere Tugenden ganz und gar nichts, sie sind nur ein blendender Glanz ohne lebenbringende Wärme.

Ich habe oben des Wegziehens nach Amerika gedacht: da es immer noch Leute gibt, die wohl dahin ziehen möchten, auch wohl von andern dazu aufgemuntert werden, so halte ich es für meine Pflicht, die wahre Beschaffenheit dieser Sache treu und gewissenhaft zu beschreiben, besonders da ich sie umständlich und aus vielen Erfahrungen genau weiß und kenne.

Der nächste Weg von der holländischen Küste bis an die amerikanische geht über das große atlantische Weltmeer und beträgt ungefähr zweitausend und zweihundert Stunden oder eilfhundert deutsche Meilen; wenn man immer recht guten Wind hat, so braucht man sechs bis sieben Wochen zu dieser Seereise; wer nun an die Schifffahrt und an die Lebensart auf den Schiffen nicht gewöhnt ist und nun nichts als Himmel und Wasser sieht, auf dem er mit dem Haus, darinnen er wohnt, hin und her schwankt, dem wird sehr traurig zu Muth; viele werden auch seekrank, welches ein sehr beschwerlicher Zustand ist. Ein Reisender, der allein und mit hinlänglichem Geld versehen ist, kommt noch ziemlich gut durch; aber denkt euch einen armen Bauersmann, der seine Frau und Kinder bei sich hat, die dann ängstlich sind, und der das Kapitälchen, das er aus seinem verkauften Gute löste, schonen muß, damit er in Amerika wieder eins kaufen könne, der daher dem Schiffscapitän und den übrigen Schiffleuten nicht viel geben kann, denkt euch einen solchen Mann, wie muß ihm jetzt zu Muth seyn, wenn er schlechte Schiffskost, an die er mit den Seinigen nicht gewöhnt ist, essen und sich dabei überall rauh anfahren und auf die Seite schieben lassen muß! wenn er seiner Frau stille Thränen sieht und hört die Kinder weinen und flehen: Ach Vater! laß uns wieder nach Hause gehen! — und doch ist das alles nur der Fall, wenn es recht gut geht! wie, wenn es aber nun widerwärtige Winde gibt, wenn Stürme und Ungewitter kommen, welches häufig geschieht; wenn das Schiff bald auf diese bald auf jene Seite schwankt, so daß alles, was nicht fest ist, überhaufen fällt und man sich selbst manchmal an einen Pfosten fest binden muß, damit man nicht jeden Augenblick umgeworfen werde, und wenn dieses nun viele Wochenlang dauert und man in beständiger Todesgefahr ist — wenn nun über das alles (denn man muß doch mit Frau und Kindern leben) das mitgebrachte Kapitälchen immer kleiner oder während der Zeit aufgezehrt wird, was soll dann ein solcher armer Mann in Amerika anfangen? — sein Schicksal ist dann schrecklich. Es geschieht auch nicht selten, daß ein Schiff ganz verunglückt und ein Mann seine Frau und Kinder oder die Frau den Mann und die Kinder vor ihren Augen ertrinken sieht. Dies wiederfuhr zweien meiner Landsleute: der erste reiste im Anfang der vierziger Jahre des verflossenen Jahrhunderts nach Amerika; sie sahen Land in der Ferne, aber das Schiff gerieth auf eine Sandbank; da nun der Sand nicht trägt, sondern aus einander weicht, so versinkt das Schiff allmählig und alles ist ohne Rettung verloren; das geschah auch nun meinem armen unglücklichen Landsmann, er sah seine Frau und Kinder vor seinen Augen ertrinken, und die Schiffer, die vom Lande herzueilten, um die Menschen zu retten, aber zu spät kamen, hörten ihn noch das alte Lied: Jammer hat mich ganz umgeben, Elend hat mich angethan, Trauren häßt mein ganzes Leben, Trübsal führt mich auf den Plan, Gott hat meiner ganz vergessen, keinen Trost weiß ich zu fassen, hier auf diesem Unglücksmeer, u. s. w. mit klagender Stimme laut rufen; wie sie an das Schiff kamen, so war es schon tief unter dem Wasser, und alle Menschen waren ertrunken.

Der andere war ein Nachbar meines Vaters, ein herzguter, grundehrlicher Mann, aber es wollte ihm nirgend gelingen; er war ein Bauer, hatte ein kleines Gütchen, und im Herbst, wenn dort Eisen geschmolzen wird, so half er in den Schmelzhütten; er und seine Frau waren fleißige Leute, aber es mußte ihnen wohl an Ueberlegung fehlen, genug, sie geriethen in Schulden, und nun kamen sie einmal auf den Einfall, nach Amerika zu ziehen; vernünftige Leute widerriethen es ihnen, aber das half nicht, sie verkauften ihr Gut, Haus und Hof, bezahlten die Schulden und reisten fort; auch dieß arme Familie kam nicht nach Amerika, sondern das Schiff verunglückte auch, und alle Menschen, die darauf waren, mußten im Wasser umkommen.

Ein solches Unglück geschieht nun zwar nicht oft, aber doch zuweilen, und es kann jeden treffen. Wenn aber nun auch ein solcher Mann mit seiner Familie glücklich dort ankommt, so ist er deswegen noch lange nicht am Ziel, sondern nun gehen seine Sorgen erst recht an, und wenn er so unglücklich war, daß er den Schiffskapitän nicht hinlänglich bezahlen konnte, oder wenn dieser ein böser gewissenloser Mann ist, so geschieht es nicht selten, daß er die armen Leute zu Sclaven verkauft, und dies ist dann das größte Unglück, das Jemand widerfahren kann; solche Leute müssen für schlechte Kost und erbärmliche Kleider unter harter Behandlung die sauerste Arbeit verrichten, und sie wären weit glücklicher gewesen, wenn sie auf dem Wege ertrunken wären.

Gesetzt aber auch, das alles geschieht nicht, sondern ein solcher Mann kommt glücklich an und hat noch so viel Geld, daß er sich dort ankaufen kann, so muß er nun sehen, wie und wo er zurecht kommt: nahe an den Städten, und überall, wo das Land bewohnt ist, da sind die Güter sehr theuer und gewöhnlich gar nicht zu haben; zudem gehören sie auch wohl reichen Leuten, bei denen ein deutscher Bauer mit Frau und Kindern als Knecht unterkommen kann; allein das ist ein jämmerliches Leben, denn wenn die Herrschaft nicht christlich denkt, und das ist kein seltener Fall, so ist und bleibt eine solche bedauernswürdige Familie bei schwerer Arbeit arm und elend.

Will also der neu angekommene Hausvater ein eigenes Gut haben, so weist man ihm eins an der äußersten Gränze in der Wildniß an, wo er viele Meilen weit von Städten und Dörfern entfernt, aber in der Nähe der wilden Menschen ist. Hier wird ihm sein Landgut abgemessen; da sitzt er nun ohne Haus und Hof, das Essen muß er sich auf so lange Zeit kaufen und sogar mitbringen, bis er sich selbst etwas erzogen hat, aber dazu gehört noch viel, er sitzt in einem Wald, jetzt muß er sich geschwind eine Hütte bauen, um unter Obdach zu kommen, dann muß er mit großer Mühe Bäume ausrotten und sich Platz machen, um Gärten, Aecker und Wiesen anzulegen; zu Zeiten besucht ihn auch wohl ein Wilder, der auf der Jagd umherstreift, ihn bestiehlt oder auch wohl todtschlägt, wornach dann kein Hahn kräht. Kurz, ich kann alle die Beschwerlichkeiten nicht hart genug schildern, die solche arme Leute zu überwinden haben, bis sie nur einigermaßen leidlich eingerichtet sind.

Denkt aber nun auch darüber nach, wie viele Bequemlichkeiten wir in unserm deutschen Vaterland haben! — und daß wir uns unglücklich fühlen, wenn wir sie entbehren müssen: brauchen wir Schuhe, so gehen wir zum Nachbar Schuhmacher, das kann jener Bauer in seiner Einöde nicht, oder er muß viele Meilen weit bis zum nächsten Ort reisen, dazu hat er keine Zeit, er muß sich und den Seinigen also selbst die Schuh machen, so gut oder so schlecht er kann, aber wo bekommt er Leder, wo das Handwerkszeug, das er braucht? — er bedarf Kleider, Hut, Strümpfe, seine Frau hat allerhand nöthig, so auch seine Kinder — endlich entschließt er sich 20 bis 30 Meilen weit nach dem nächsten Ort zu reisen, um sich allerhand Nothwendigkeiten anzuschaffen; jetzt ist die Frage, ob er auch Geld dazu hat; denn bis er dort soviel erzogen und verkauft hat, dazu gehört Zeit, und man braucht vieles in der Haushaltung, bis man dazu kommt. Will die Frau waschen, so hat sie keine Seife, sind die Hemden zerrissen, wo ist da Leinwand? bis sie selbst Flachs oder Hanf erzogen, Garn daraus gesponnen und Tuch daraus gewebt hat, dazu gehört Zeit, und will sie es kaufen, Geld. Man durchdenke alles, was man in einer Haushaltung bedarf, und setze sich dann in die Lage eines solchen Mannes, welcher Mangel, welches Elend? — und wenn nun der Mann, die Frau oder ein Kind krank wird, wo ist da ein Arzt? — und wenn eins stirbt — nun so bleibt nichts anders übrig, als daß die andern, der Mann die Frau, die Frau den Mann, die Eltern die Kinder oder die Kinder die Eltern, da an einem Ort in der Nähe so gut in die Erde scharren, als sie können. Prediger, Kirchen und Schulen sind weit entfernt. Die Eltern müssen ihre Kinder selbst unterrichten, aber wie wenige sind dazu geschickt? — und wo finden sie hinlängliche Zeit dazu? — Wenn also die Eltern nicht ganz ernstlich christlich gesinnt sind, so verwildern sie nach und nach, und ihre Kinder und Kindeskinder wissen endlich von der Religion, von Gott und seinem Wort ganz und gar nichts mehr. Wollen solche Familien in die Kirche und zum Abendmahl gehen, so müssen sie entweder viele Meilen weit reisen oder sie müssen warten, bis ein Prediger in die Nähe kommt, das geschieht dann gewöhnlich in einem Wald, an einem Ort, den alle in der ganzen Gegend wissen, der Tag und die Stunde sind auch bestimmt; hier versammeln sich nun die Leute aus der Nähe und Ferne, und zwar unter freiem Himmel; der Prediger steht alsdann entweder auf einem hohen Stein oder auf einem Wagen oder auch auf einem abgehauenen Baumstamm und predigt das Evangelium von Jesu Christo; da vergeht dann dem Separatisten sein Eckel gegen die Kirchen und Prediger; in dem Zustand, worin er lebt, wird sein Herz weich und sein Geist gebeugt; hier vergeht ihm sein Stolz und seine Anmaßung, daß er besser sey als andere Christen, die noch in die Kirche gehen, oder daß er sich verunreinige, wenn er mit ihnen das Abendmahl genöße. Hieher werden auch die Kinder zur Taufe gebracht, welche oft über Jahr und Tag alt geworden sind, ehe man sie dieses Sakraments theilhaftig machen konnte. Oft bleibt eine solche Gemeinde mit dem Prediger einige Tage an einem solchen Ort beisammen, wo dann täglich einmal, auch wohl zweimal gepredigt wird.

Jetzt frage ich jeden meiner Leser auf sein Gewissen: darf ein Hausvater, der in seinem deutschen Vaterland sein nothdürftiges Auskommen hat, seine Frau, seine Kinder und Nachkommen in eine solche schreckliche Lage versetzen — und werden ihn nicht seine Nachkommen dereinst vor dem Gericht Gottes verklagen?

Daß es dann und wann, hin und da einem besser glückt, das gebe ich gerne zu; aber darf man dann einen erträglichen, sogar kümmerlichen Zustand, einem so ganz ungewissen Schicksal aufopfern? — es ist besser, in Deutschland kümmerlich leben, als sich und die Seinigen solchen Gefahren auszusetzen.

Wundert ihr euch vielleicht, daß man dies alles so nicht

weiß; so antworte ich darauf, daß die mehresten, die dorthin ziehen, wegen Mangel an Posten und andern Gelegenheiten selten schreiben können, und die es können, dürfen nicht alles so schreiben, wie es ist; weil dann niemand mehr kommen würde.

Junge unverheirathete Mannspersonen, die etwas gelernt haben, können zuweilen dort ihr Glück machen, aber arme Bauern- oder Handwerksfamilien sollen zu Haus bleiben.

Ach Gott! wie mannigfaltig sind doch die Abwege, die zum Verderben führen, wie vielfältig die Verirrungen auf denselben und wie unzählbar die Gefahren, die dem Menschen auf seinem Lebenswege drohen! — nur der wahre Christ kann ruhig und mit getroster Hoffnung eines seligen Ausgangs seine Lebensreise fortsetzen; denn er weiß, daß alles, was ihm begegnet, zu seinem Besten dient, er übergibt seinem himmlischen Vater sein ganzes Schicksal, thut nichts, als was er weiß, daß es Gottes Wille ist, und wenn er ihn in einer Sache nicht weiß, so wartet er, bis er ihn erkennt: kann er aber nicht warten, so betet er demüthig um Licht in der Sache und thut dann, was er glaubt, daß das Beste sey. In diesem Fall aber wird er immer am sichersten zu Werke gehen, wenn er seiner natürlichen Neigung nicht folgt, weil diese gewöhnlich dem Willen Gottes zuwider sind.

Ich habe nun so vieles von dem Verderben, das in der Christenheit herrscht, von den mancherlei Abweichungen und Irrwegen und von den schweren Gerichten gesagt, die uns jetzt drücken und noch ferner drücken werden. Hierbei kann euch der Gedanke einfallen und ihr könnt fragen: wirds dann mit uns gar aus seyn, wird es in Deutschland und überhaupt in Europa nie wieder gut werden? — darauf will ich euch nach Anleitung der heiligen Schrift und der Geschichte, so wie ich glaube, genugthuend antworten:

Das erste Gericht, das über die Menschheit erging, war die Sündfluth, in welcher der einzige Hausvater Noah mit seiner Familie übrig blieb, von dem alle jetzt lebende Menschen abstammen. Damals wurde also das ganze übrige menschliche Geschlecht von der Erde vertilgt, das kann und wird jetzt nicht geschehen, sondern das jetzige Gericht geht eigentlich nur über die verdorbene Christenheit, welche geprüft und durch diese Prüfung gereinigt werden soll; diejenigen, die sie nicht aushalten, nicht darin bestehen, die also von Christo abfallen, werden zur schwersten und ewigen Verdammniß verurtheilt werden, dies war noch nie der Fall: denn sogar diejenigen, die in dem schrecklichen allgemeinen Gericht der Sündfluth umkamen, hatten noch Hoffnung, begnadigt zu werden. S. 1 Petr. 3, v. 19. 20. Dahingegen unsere Zeitgenossen, welche zu unsern Zeiten abfallen und nicht standhaft beharren, sich auch durch alle diese göttlichen Gerichte nicht warnen und zur wahren Buße und Bekehrung bringen lassen, zum Feuer und Schwefelsee, das ist zum allerhöchsten Grad der Verdammniß verwiesen werden sollen, und dieser Jammer soll von einer Ewigkeit zur andern fortwähren. Offenb. Joh. 14, v. 9. 10. 11. Wenn also nun die Christenheit von allen abgefallenen und verdorbenen Menschen gereinigt ist und aus lauter wahren Verehrern Christi besteht, so wird er, unser vielgeliebter Herr, erscheinen und sein Reich des Friedens, von dem alle Propheten geweissagt und so herrliche Dinge versprochen haben und welches Offenb. Joh. 20 noch näher und bestimmter angezeigt wird, auf der Erden gründen; dann wird er erst recht auf dem Stuhl Davids sitzen, alle Nationen, von einem Ende der Erden bis zum andern werden ihm gehorchen, alle Könige, Fürsten und Regenten auf Erden werden nach seinen Gesetzen regieren und seines Königreichs wird kein Ende seyn.

Ob nun Christus zu der Zeit sinnlich, persönlich, so daß man ihn sehen und sprechen kann, an einem Ort auf der Erde wohnen, oder ob er nur geistlich und unsichtbar regieren wird, das kann noch nicht genau bestimmt werden; ich für meinen Theil glaube aber das Erste. Diejenigen, welche in den gegenwärtigen, schweren Gerichten, und in der künftigen großen Versuchungsstunde treu und standhaft ausharren, aber während der Zeit gestorben sind, und überhaupt alle Heiligen, die dem Herrn vorzüglich und mit Treue gedient haben, werden dann bei dieser Zukunft Christi von den Todten auferstehen und mit ihm regieren. Offenb. Joh. 20, v. 4. 5. 6. und 1 Cor. 15, v. 22. 23. 24. Das wird eine Regierung seyn! Selig und abermals selig sind alle diejenigen, die das Glück haben werden, in diesen glückseligen Zeiten zu leben! Wo wird aber nun dieser unser vielgekrönter König seine Residenz haben? — in Deutschland und überhaupt in ganz Europa schwerlich: denn es war von jeher in der göttlichen Regierung gebräuchlich, die Länder, welche durch viele Sünden unter dem Fluch und dadurch in schwere göttliche Gerichte gerathen waren, eine lange Zeit brach liegen zu lassen. Wie ließe sich auch da ein glückliches, vergnügtes Leben denken, wo einem überall zerstörte Städte, Ruinen von Schlössern und Pallästen, verbrannte Dörfer und über alle das Unglück traurende Menschen in die Augen fielen? — solche Länder müssen nun ruhen, bis alle Spuren des Jammers gänzlich weggetilgt sind. Ich will euch zum Beweis einige Beispiele anführen:

Als ehemals die alten Israeliten, die Königreiche Juda und Israel, das Maaß ihrer Sünden vollgemacht hatten und die Könige zu Babel und Assyrien von dem Herrn zu Scharfrichtern über sein verbrecherisches Volk verordnet wurden, so verheerten und verwüsteten diese das ganze Land mit Feuer und Schwerdt, und das Volk Israel und Juda wurde nach Babel und noch weiter in die nördlichen Gegenden von Asien weggeführt. Jetzt lag das ganze Land Canaan brach; einige Ausländer zogen hinein und wohnten darinnen, und dieser Zustand der Verwüstung währte siebenzig Jahr.

Dann bekamen die Juden die Erlaubniß, wieder in ihr Land zu ziehen; viele Tausende aus den Stämmen Juda, Benjamin und Levi zogen auch dahin und bauten die Stadt Jerusalem und andere Städte nebst dem Tempel wieder, aber es ging gar kümmerlich her, und sie mußten sich noch einige hundert Jahr mit ihren mächtigen Nachbarn herumschlagen, wo dann sehr vieles Blut vergossen wurde; selten hatten sie einige Jahre Ruhe. Indessen kam denn doch das Land wieder in Flor, Jerusalem und der Tempel wurden prächtiger, als je, aber nun wurden sie von den Römern überwunden, alle Laster wurden wieder herrschend, und da sie sogar Jesum Christum den Herrn der Herrlichkeit kreuzigten, so gingen nunmehr die alten Weissagungen, daß dies ungehorsame Volk in alle vier Winde sollte zerstreut werden, in Erfüllung. Jedermann kennt die schreckliche Geschichte der Zerstörung Jerusalems und der Verheerung des jüdischen Landes durch die Römer, und von der Zeit an sind sie nunmehr 1736 Jahr zerstreut und im Elend, und ihr Land feiert eine sehr lange Brache, die aber nun bald aufhören wird.

Assyrien und Babylonien waren ehemals die blühendsten Reiche in der Welt, aber ihre Laster, ihre Verbrechen und ihre schändliche Abgötterei brachten auch die rächenden Gerichte Gottes über sie; dies geschah schon etwa dreihundert Jahr vor Christi Geburt, und jetzt sieht man nicht mehr, wo Babel und Ninive, die größten und prächtigsten Städte in der ganzen Welt, gestanden haben, und die ganze Gegend ist einsam.

Griechenland war viele Jahrhunderte nach einander blühend, und endlich legte sogar der erste christliche Kaiser Constantinus seine Residenz in diesem Lande an, und baute Constantinopel; jetzt währte der blühende Wohlstand noch über tausend Jahre, aber noch hat es keine Nation an Liederlichkeit, Niederträchtigkeit und Ueppigkeit so weit getrieben, als die Griechen; wiewohl wir Abendländer ihnen nichts nachgeben und den schändlichen Abfall von Christo noch hinzuthun, den man den Griechen nicht Schuld geben kann. Endlich wurde dann auch die ewige Liebe des Erbarmens müde, und die damaligen noch sehr grausamen Türken überwanden sie, verheerten ihre schönen Länder, eroberten Anno 1453 Constantinopel, und von der Zeit an, nunmehr schon 353 Jahr, feiert auch das christliche Griechenland in der Türkei seine schwere und traurige Brache; denn die heutigen Griechen leben im Druck und im Elend und sind zu einer Unwissenheit, Erkaltung und Niedrigkeit herabgesunken, die sich kaum vorstellen läßt. Aber daß Christus der wahre eingeborne Sohn Gottes und gleiches

Wesens mit dem Vater ist, das glauben sie noch immer fest und unverbrüchlich, freilich ist dieser Glaube bei ihnen todt, aber er kann leicht wieder belebt werden, wenn der Herr einmal wieder ihren Leuchter aufrichtet und anzündet, und das wird auch bald geschehen, und dann ist auch ihre Brachzeit zu Ende. Da wir es nun mit unsern Sünden ebenso arg gemacht haben, wie alle obigen Völker, und da bei dem größten Theil der abendländischen Christenheit nun noch der Abfall und die Empörung gegen Christum dazukommt, so werden auch die Gerichte über unsere Abendländer weit schrecklicher seyn, als sie je gewesen sind.

Hiebei ist aber folgendes sehr merkwürdig: der Abfall von Christo ist eigentlich das Hauptverbrechen unserer Zeit, und eben dieses Hauptverbrechen, welches zur Sünde in den heiligen Geist wird, sobald man bis ans Ende darinnen beharrt, braucht der Herr zum kräftigsten Reinigungs- und Fegungsmittel seiner Tenne; bei allen vorherigen Gerichten wurden die bösen Menschen größtentheils vorher durch die allesleitende Vorsehung an einen sichern Ort ausser Landes gebracht und also gerettet. Das wird auch bei uns geschehen, wenn es einmal Zeit ist; alle übrigen aber, Gute und Böse durcheinander, mußten den Becher des Zorns Gottes austrinken, die Guten zu ihrer Läuterung, Reinigung und Antrieb zu mehrerem Ernst und die Bösen zur wohlverdienten Strafe.

Bei uns aber wird das nicht der Fall seyn: denn in der großen Versuchungsstunde kommt es darauf an, ob man an Christum als den Sohn Gottes und Erlöser glauben oder von ihm abfallen wolle? Dann werden viele Tausende, denen Christus bisher gleichgültig war und die vielleicht auch ziemlich neumodisch und philosophisch dachten, sonst aber doch Wahrheit und Tugend liebten, offene Augen bekommen; das alles, was sie erlebt haben, wird sie nun überzeugen, daß ausser Christo kein Heil sey, folglich werden sie sich nun ernstlich zu Christo und seinem uralten Evangelio bekehren; von dieser tröstlichen Hoffnung sehe ich schon seit einigen Jahren die Vorboten und Anlagen. Die übrigen aber, die im Abfall beharren und sich gegen Christum empören, werden alle, alle, keinen Einzigen ausgenommen, theils durch die schrecklichen Gerichte nach und nach, vorzüglich aber bei der Zukunft des Herrn, von der Erde vertilgt werden. Da nun das herrliche Reich des Herrn wahrscheinlich in den Morgenländern und namentlich zu Jerusalem seinen Hauptsitz haben wird, so werden sich auch die nunmehr von allen Ungläubigen befreite Deutschen und Abendländer allmählig dahin ziehen, und so wird der Leuchter des Herrn und sein Licht wieder in den Morgenländern und namentlich im gelobten Land seyn, und Europa, besonders Deutschland, werden eine lange Brache feiern. Indessen wird Deutschland doch immer noch Fürsten und Einwohner haben, aber es wird kein Leben, kein Flor der Gewerbe und der Wissenschaften, kein so blühender Wohlstand da seyn, wie in den Morgenländern, bis es sich allmählig wieder erholt und dann auch an dem großen Segen des allwaltenden Reichs des Herrn endlich Theil nimmt.

Seht, meine lieben Freunde! so ungefähr stelle ich mir die nahe und entfernte Zukunft vor; haben wir schwere und traurige Zeiten vor uns, so ist dann auch das, was darauf folgt, desto herrlicher, und an diesem werden dann auch alle Theil nehmen, welche während der Zeit der Prüfung und der Leiden treu geblieben sind, und den Kampf redlich durchgekämpft haben: denn wenn sie vor der Zukunft Christi sterben, so werden sie bei dieser Zukunft auferweckt und also an der ersten Auferstehung Theil haben, und erleben sie sie, so nehmen sie in diesem irdischen sterblichen Leben schon Theil am Reich des Herrn.

Wahre und glaubige Christen brauchen sich vor den gegenwärtigen und zukünftigen schweren Zeiten und Trübsalen gar nicht zu fürchten. Leset doch den 91sten Psalm von Anfang bis zu Ende, da werdet ihr finden, wie sicher der, der fest auf Gott vertraut, in allen möglichen Gefahren ist, ich will euch zum Beschluß einige merkwürdige Beispiele der göttlichen Bewahrung und Erhaltung erzählen.

Als ich im Jahr 1775, im 15ten Jahr meines Alters,

auf der Lützel, einem einsamen Walddörfchen, in meinem Vaterland, dem Fürstenthum Nassau-Siegen, Schullehrer war, so hatte ich meinen Aufenthalt bei einem Förster. Nun kam ich einstmals im hohen Sommer des Nachmittags um 5 Uhr aus der Schule, ich fand Niemand im Hause, die Wohnstube war leer, ich ging einigemal auf und ab, und nun fielen mir einige Flinten in die Augen, die da hinter dem Ofen standen. Ohne etwas dabei zu denken oder sonst etwas vorzuhaben, nahm ich eine davon, die ziemlich alt und verrostet war, ich blies oben in den Lauf hinein, und da es mir vorkam, als könnte ich dadurch blasen, so glaubte ich, sie wäre nicht geladen, ich schlug die Pfanne auf und fand sie leer, ohne Pulver, nun spannte ich auch den Hahn, ließ ihn loß, und er gab Feuer, nun kam die Magd zur Thüre herein, ich zielte auf sie, spannte den Hahn und ließ ihn Feuer geben; sie drohte mir mit dem Finger und sagte: mit den Flinten läßt sich nicht spassen! — und ging dann zur andern Thür wieder hinaus, jetzt spannte ich den Hahn noch einmal, löste ihn; mit einem fürchterlichen Knall ging das Gewehr los, die Kugel flog durch die Wand, an welcher der Viehstall stieß; einem Ochsen zwischen den Hörnern durch und dann auch noch tief in die gegenüberstehende Wand; jetzt war mir schrecklich zu Muth, ich warf die Flinte hinter den Ofen, lief hinaus unter Gottes freien Himmel und weinte; ich war erstarrt. Als ich wieder ins Haus kam, so fand ich die Magd mit rothgeweinten Augen, sie drohte mir wieder mit dem Finger und sagte: wie unglücklich hätten wir beide werden können! — diese Wahrheit fühlte ich auch tief und fühlte sie für mein Lebenlang. Aber welch eine göttliche Bewahrung und gütige Leitung! — Wäre die Magd einen Augenblick später gekommen, so war sie auf der Stelle des Todes und ich mein ganzes Leben durch unglücklich: denn ich hatte eine Blutschuld und also ein Brandmahl im Gewissen. Freilich hätte ich keinen vorsätzlichen Mord begangen, aber mein muthwilliger Leichtsinn war doch bis zur Möglichkeit eines Todtschlags gestiegen, und dieser Gedanke hätte mir hernach mein ganzes Leben verbittert; und dann ist das auch etwas schreckliches und ein grosses Leiden, wenn jedermann gleichsam mit den Fingern auf einen zeigt, und mit Schaudern sagt: Seht, das ist der, der einmal eine Magd erschossen hat! — ein solcher unglücklicher Mensch wird noch lebenslang gleichsam gescheut, er trägt gewissermaßen auch ein Kains-Zeichen an sich. Alles das stellte ich mir so lebhaft vor, daß mir der Eindruck davon ein wohlthätiger Engel der Bewahrung geworden ist: denn niemals habe ich mir nachher einen Scherz erlaubt, mit dem nur die geringste Gefahr verbunden war. Besonders war das noch eine gütige Leitung der Vorsehung, daß die Flinte wirklich losging und die gefährliche Wirkung hervorbrachte: — denn wenn dies nicht geschehen wäre, so hätte ich vielleicht noch oft den verwegenen Scherz gewagt, und endlich ein Unglück angerichtet. Der Knall war also eine wohlthätige Warnstimme Gottes.

Ein paar Jahre früher war ich an einem Sonntag Nachmittag ganz allein auf dem alten ruinirten Schloß, welches ich in meiner Lebensgeschichte Geißenberg genannt habe; eigentlich heißt es aber Ginsberg; ich ging da zwischen dem alten Gemäuer herum und suchte Schneckenhäuser, deren es da viele gab; dann setzte ich mich an eine Mauer hin, nahm einen Stein und klopfte eine Weile an der Mauer, ich hatte dabei gar keinen Zweck, sondern es war blos kindischer Zeitvertreib; bald fiel ein Stein von oben herab vor mir nieder, ich erschrack, lief, und hinter meiner Ferse stürzte die Mauer ein, wäre der Stein nicht gefallen, so wäre ich zerschmettert worden. Daß hier alles ganz natürlich zuging und kein Wunder dabei geschah; das weiß ich sehr wohl, aber das ist so ausnehmend herrlich und tröstlich, daß die weise Vorsehung auch die gewöhnlichen Vorfälle in der Natur, ja sogar unsre eigenen Sünden und Vergehungen, zu wohlthätigen Bewahrungsmitteln zu gebrauchen weiß.

Ich könnte ausserordentlich wichtige Beispiele anführen, wie mich Gott, ohne daß ich im geringsten etwas dazu beitrug, vor schweren Sündenfällen bewahrt hat, und wie oft ich am

Rande des Abgrundes wankte, ohne daß ich es wußte, und von seiner erbarmenden Hand zurückgerissen wurde; nachher erfuhr ich es, und dann war ich voller Dank gegen diese unaussprechliche Liebe; erzählen kann ich aber diese Beispiele nicht, es kommt vieles dabei vor, das sich öffentlich nicht sagen läßt, und auch vieles, das dem selbstgerechten Splitterrichter Stoff zum verurtheilen gibt, und dazu mag ich keinen Anlaß geben. Dereinst in der Ewigkeit kann ichs besser erzählen.

Folgende Geschichte ist und bleibt mir ewig unvergeßlich: Als ich noch bei Herrn Peter Johannes Flender an der Krähwinckeler-Brücke im Großherzogthum Berg — den ich in meiner Lebensgeschichte Spanier genannt habe — Hauslehrer und Gehülfe in seiner großen Eisenfabrik und Handlung war, so mußte ich oft drei Stunden weit auf die Landstraße gehen, und da auf die Fuhrleute passen, welche Eisen aus dem Nassauischen brachten, und es im Bergischen verkauften, bei welcher Gelegenheit ich dann den Einkauf zu unserer Fabrik besorgte. Ich pflegte oft in einem einsamen, an der Straße gelegenen Wirthshaus einzukehren und zu übernachten, welches an der Schmidte hieß; hier kam ich auch einmal, wie gewöhnlich, an einem Abend spät an; es war im Herbst, und die Tage waren kurz, ich hatte ungefähr dreihundert Gulden in französischen Laubthalern in einem Gürtel um den Leib, und dieser war nicht so versteckt, daß ihn nicht jedermann bemerken konnte; diesen behielt ich Tag und Nacht um den Leib, mein Vertrauen auf Gott war so stark, daß ich mich vor nichts fürchtete, und bei Tag und bei Nacht die gefährlichsten Oerter allein passirte.

Diesen Abend traf ich in dem Wirthshaus weiter niemand als drei Mannspersonen an, der eine war ein dicker, starker, etwa 50jähriger Mann, in einer grünen Jacke, bockledernen Beinkleidern und Stiefeln, neben ihm stand ein gezogenes Rohr oder Kugelbüchse; er schien mir ein Jäger zu seyn, in seinem Gesicht aber bemerkte ich etwas Furchtbares, er saß auf der rechten Seite des Ofens. Auf der linken Seite saß ein Mann von etwa vierzig Jahren in einem blauen Rock, er war einem Handwerksmann ähnlich, in seinem Gesicht war etwas Scheues und Heimtückisches, und dort hinten am Tisch saß ein Handwerksbursche, der seinen Bündel neben sich hatte; ich setzte mich vor den Ofen, also den beiden ersten gegenüber; mir fiel nicht von weitem der Gedanke ein, daß ich hier in Gefahr wäre. Ich sprach die Leute offen und freundlich an, und erkundigte mich nach ihnen, so viel es der Wohlstand erlaubte; allein ich erfuhr nichts, der Dicke in der grünen Jacke antwortete einsilbig, und der im blauen Rock gar nicht; ich blieb aber freundlich und herzlich gegen sie, und sagte ihnen etwas Angenehmes und Zutrauliches, so oft sich Gelegenheit dazu darbot; mit dem Wirthe und der Wirthin sprach ich aber von meinem Handelsgeschäfte offen und zutraulich, ohne Rückhalt, und mein schwerer Geldgurt schwoll auch zwischen der Weste und den Beinkleidern ohne Scheu hervor, so daß ihn jedermann sehen mußte. Bei dem allem hatte ich gar keine Absicht, es ist meine Art so, überall wo ich hinkomme, offen, freundlich, herzlich und zuvorkommend zu seyn, und dieß hat mich auch noch nie gereut.

Nun wurde für uns drei der Tisch gedeckt, ich legte den andern zwei das Essen vor, und wir speisten zusammen; jetzt wurde doch der dicke Grün-Jacke etwas gesprächiger, er erzählte, er sey im siebenjährigen Krieg preußischer Husar gewesen; dann kamen allerhand Geschichten zum Vorschein, wo er mit gewesen, wie es bei diesem oder jenem Scharmützel zugegangen war, und wo es Beute gegeben hatte. Bei dem allem aber blieb er noch immer sehr zurückhaltend, und ich erfuhr nicht, wer er war; der Blaurock aber sagte noch immer kein Wort.

Jetzt wurde nun in der nämlichen Stube dort an der Wand Stroh zurecht, und für jeden von uns vier ein Kissen darauf gelegt; dahin legten wir uns nun; erst der Blaurock, dann der dicke Husar, dann ich, dann der Handwerksbursche. Ich schlief die ganze Nacht durch eben so ruhig und sorgenfrei als zu Haus. Des Morgens, als der Tag graute, wurden wir alle wacker, boten uns einen guten Morgen, und stunden von unserm Strohlager auf; dann kam der Kaffee, der dicke Grün-Jacke war jetzt besonders freundlich und gesprächig; er sagte zu mir: Sie haben uns gestern Abend bedient, jetzt will ich den Kaffee schenken; das geschah dann auch mit solcher freundlichen Artigkeit, daß ich den Mann lieb gewann. Nun mußte der Wirth die Rechnung machen, es wurde bezahlt, der dicke Mann hing seine Kugelbüchse an die Schulter, der Blaurock nahm seinen Stock, und der Handwerksbursche schnürte noch an seinem Bündel. Jetzt fragte ich höflich den dicken Mann, wer er sey? Er antwortete: Ich heiße Hans Clauberg! — empfahl sich, ging, und sagte noch zu dem Handwerksburschen: nun macht fort, eilt euch! — Die Worte Hans Claubergs fuhren mir wie ein Donnerschlag durch mein ganzes Wesen, ich weiß nicht, wie mir war, denn Hans Clauberg war der Hauptmann einer furchtbaren Räuberbande von 50 Mann, die damals durch Rauben und nächtliche Einbrüche die ganze Gegend unsicher machte. Mein Gott! dachte ich: der schreckliche Hans Clauberg, dessen Name das ganze Land zittern macht, war in diesem einsamen Wirthshaus mein Schlafgeselle! — was ich weiter dachte, das läßt sich leicht errathen. Jetzt war auch der Handwerksbursche fertig; er war ein Webergeselle aus Sachsen; diesen fragte ich, wie und wo er zu dem Hans Clauberg gekommen sey? — er antwortete: er habe ihn gestern Nachmittag auf der Straße angetroffen, und er habe ihm versprochen, ihn zu einem guten Meister zu bringen, wenn er mit ihm ginge. Nun sagte ich ihm, wer der Mann sey — der junge Mensch wurde todtenblaß und weinte. Ich setzte mich geschwind hin und schrieb an einen frommen Prediger in Elberfeld, dem ich den Vorgang erzählte, und ihn bat, den guten Jüngling bei einem Meister zu bringen; den Brief gab ich ihm mit, und mit lautem Dank gegen Gott und mich zog er nun seine Straße; doch ließ ich ihn nicht den gewöhnlichen Weg gehen, sondern ich wies ihm einen andern an. Einige Jahre nachher traf ich ihn in Elberfeld, er hatte dort geheirathet, war nun Meister, und es ging ihm wohl.

War das nicht eine merkwürdige göttliche Bewahrung? — Nie hatte Clauberg eine bequemere Gelegenheit gehabt, 300 Gulden zu bekommen als jetzt: denn das Wirthshaus liegt einsam an der Straße; zudem waren wir vier ganz allein, der Blaurock gehörte zu ihm, er durfte mir nur den Gurt abschnallen und zur Thür hinausgehen, so krähete weiter kein Hahn darnach; und warum that der Räuberhauptmann Clauberg das nicht? — Wie kam es, daß mir der Mann und sein Begleiter dießmal nicht verdächtig vorkam, da doch ein jeder anderer bald gemerkt haben würde, daß es mit diesen Leuten nicht richtig sey? — und ich selbst bemerkte so etwas bei allen andern Gelegenheiten auf den ersten Blick. Jetzt fiel mir so etwas gar nicht ein, erst nachher erinnerte ich mich der verdächtigen Gesichter. Hätte ich es den vorigen Abend entdeckt, so wäre ich heimlich weggeschlichen, eine halbe Stunde weiter gegangen, und hätte mich da einquartirt, denn da war ich unter vielen Menschen, und also sicher.

Nachdem erfuhr ich, daß Clauberg die Nacht vorher aus dem Gefängniß zu Schwelm entwichen sey; vermuthlich hatte ihm der Blaurock dazu geholfen und ihn mit Geld versehen, jetzt wären ihm also meine 300 Gulden zu paß gekommen, und doch nahm er sie nicht; ungeachtet er sie um meinen Leib sahe, und mich wahrlich nicht zu fürchten brauchte.

Für den Handwerksgesellen wars ein Glück, daß ich gerade dazwischen kam, wer weiß, was sonst aus ihm geworden wäre.

Aber nun muß ich noch eine Bemerkung hinzufügen: von dem Abend oder dieser Nacht an hörte Clauberg auf, ein Räuber zu seyn; man hörte und sahe von seiner Bande nichts mehr, und späterhin erzählte man mir, er sey auf eine besondere Veranlassung begnadigt worden, habe sich in einem andern Land niedergelassen, treibe da ein ehrliches Gewerbe, und sey ein braver rechtschaffener Mann geworden. Vielleicht ist er im Gefängniß zu Schwelm zur Erkenntniß seiner schweren Verbrechen gekommen, und mit dem Vorsatz entwichen, sein schändliches Leben nunmehr zu bessern und nicht mehr zu rauben — in dem Falle ließ sich begreifen, wie es kam, daß er mich nicht plünderte. Ach! darf ich es wagen zu vermuthen, daß mein freundliches zuvorkommendes Wesen und meine mit untergemischte geistliche Reden einen wohlthätigen Einfluß auf ihn gehabt, entweder den bußfertigen Vorsatz in ihm geweckt, oder wenn er schon da war, doch gestärkt und befestigt haben? — die Veranlassung zu diesem kühnen Gedanken geben mir folgende zwei Bemerkungen:

Daß ich so gar nichts Verdächtiges bemerkte, welches doch immer vorher und nachher geschahe, scheint mir eine Veranstaltung der Vorsehung zu seyn; denn hätte ich so etwas entdeckt, so wäre ich entweder weggegangen, oder ich wäre doch still und zurückhaltend geblieben, und wer weiß, ob dann Clauberg bei allen guten Vorsätzen der Versuchung widerstanden hätte, mich zu berauben.

Dieß wird noch durch die zweite Bemerkung bestärkt, nämlich: daß er des andern Morgens so herzlich, so offen und so freundlich war. Gesetzt aber auch, ich wäre ein Werkzeug zu seiner Besserung gewesen, so könnte ich mir doch nichts zurechnen. Denn ich hatte ja den Vorsatz nicht, ihn zu bekehren; aber es wird mich doch unendlich freuen, wenn ich in jenem Leben finde, daß es so ist.

Unter allen göttlichen Bewahrungen, die ich erfahren habe, sind auch folgende zwei sehr merkwürdig: Ich war vom Herbst im Jahre 1778 an bis in den Herbst 1784 Professor der Kameralwissenschaften in Lautern in der Pfalz; im Jahre 1784 wurde die hohe Schule von Lautern nach Heidelberg verlegt, wir Professoren zogen also dahin. Anno 1786 im Herbst kamen allerhand wichtige Umstände zusammen, die mich veranlaßten, einen sehr vortheilhaften Beruf als Professor der Staatswirthschaft auf die Universität nach Marburg in Hessen anzunehmen, ich zog also im Frühjahre 1787 dahin. Wenige Jahre nachher brach der schreckliche Revolutionskrieg aus, in welchem die Pfalz jenseits dem Rhein, also auch Lautern an Frankreich kam, und die ganze Pfalz, besonders Mannheim und Heidelberg, sehr geängstigt wurden. Die Professoren in Heidelberg geriethen in große Verlegenheit, sie bekamen einige

Jahre keine Besoldung; wie unglücklich wäre ich gewesen, wenn ich da geblieben wäre, indem ich kein eigenes Vermögen habe! — In Marburg hingegen war ich wohl versorgt, und lebte dort sechzehen und ein halbes Jahr in Ruhe und Frieden.

Die andere väterliche Vorsorge Gottes ist noch merkwürdiger: In den Jahren 1800 bis 1803, und auch noch später hin, dachte niemand, daß dem nördlichen Deutschland ein so großer Jammer bevorstände, ich aber ahnete ihn, und war immer aus der Massen schwermüthig; ungeachtet ich in Marburg die angenehmsten und freundschaftlichsten Verhältnisse hatte, indem auch meine jetzige Frau dort geboren und erzogen ist, so war doch dort meines Bleibens nicht mehr, und doch sahe ich durchaus keine Spur, wie und wo ich mit meiner starken Familie unterkommen und Versorgung finden sollte, indessen vertraute ich Gott, und hoffte, er werde alles wohl machen.

Im Herbst 1802 wurde ich in die Schweiz berufen, um dort Blinden und Augenkranken zu dienen; auf meiner Durchreise machte ich hier in Karlsruhe unserm verehrungswürdigsten Großherzog Karl Friedrich von Baden meine Aufwartung, und da entwickelte sich nun der anbetungswürdige Plan der Versehung zu meiner Rettung und Sicherheit, indem dieser theuere Fürst mir versprach, mich bei erster schicklicher Gelegenheit von Marburg weg und in seine Länder zu berufen, und zwar ohne Amt oder irgend eine Bedienung, sondern nur blos zu dem Zweck, zum Besten der Religion und des Reichs Gottes thätig zu seyn.

Jetzt sahe ich mit innigstem Dank gegen Gott und diesen vortrefflichen Fürsten den Ausweg, den ich auf das folgende 1803te Jahr getrost gehen konnte; denn die Vorsehung räumte auch in Marburg alle unübersteigliche Hindernisse weg, und machte mich allenthalben frei.

Da aber mein Gehalt nicht viel über die Hälfte so groß war als dasjenige, welches ich in Marburg genoß, so wurde es mir von vielen sehr verdacht, daß ich so schlecht für meine Frau und Kinder sorgte, und hie und da war auch wohl einer, der mir zu verstehen gab, meine Schwärmerei würde mich unglücklich machen; indessen folgte ich im Vertrauen auf Gott meinem Ruf, und zog nach Heidelberg; und wenn mich nun jemand fragte: hast du seitdem je Mangel gehabt? so muß ich zum Preis Gottes antworten: Nein! niemals! — in Marburg kam ich bei dem großen Gehalt doch zu Zeiten in Verlegenheit, aber seitdem in Heidelberg noch nicht einmal. Aber wie würde mir jetzt in Marburg zu Muth seyn? — ganz Hessen ist von den Franzosen besetzt: in Marburg liegt eine solche Besatzung, und meine ganze Besoldung bekam ich nicht von der Universität, sondern vom Kurfürsten; dieser ist nun fort und wer würde mich jetzt besolden? Lobe den Herrn meine Seele und vergiß nicht, was er dir Gutes gethan hat!

Zum Beschluß muß ich euch noch eine sehr merkwürdige Geschichte erzählen, die ich letzthin in einer gedruckten Schrift las, welche das Museum des Wundervollen heißt; eine Geschichte, die so ganz das Gepräge der Wahrheit hat, und unwidersprechlich beweist, daß die göttliche Vorsehung auch die kleinsten und geringsten Dinge regiert, und daß es eine ewige Wahrheit sey, wenn unser Heiland sagt: Eure Haare sind alle gezählt, und es fällt keines auf die Erde, ohne den Willen eures Vaters im Himmel.

Ein angesehener Mann wohnte mit seiner Frau, seiner Schwiegermutter und einer Magd in einem Haus, in welches er erst kürzlich gezogen war; er kannte also die Gefahr nicht, die ihm in demselben drohte, und wodurch seine Frau, seine Schwiegermutter, die Magd und eine Waschfrau unvermeidlich des Todes gewesen wären, wenn die Vorsehung nicht auf eine sonderbar merkwürdige Art alle kleine Umstände zu ihrer aller Rettung gelenkt hätte, und dieß geschahe folgender Gestalt: die Frauenzimmer waren mit Waschen beschäftigt, und alle in der Küche; die Waschfrau stand neben dem Goßstein an der Wand und hatte die Waschbütte vor sich; ihr gegenüber, also gegen die Mitte der Küche zu, stand die Magd an der nämlichen Bütte, beide wuschen, und die Frau nebst ihrer Mutter hatten andere Geschäfte in der nämlichen Küche, es war des Morgens, und der Mann war in der Wohnstube.

Jetzt kam ein Bekannter zu dem Mann in die Stube, um eine Rechnung mit ihm abzuthun, dieß geschahe; nun rief der Mann seine Frau aus der Küche, damit sie nachsehen möchte, ob auch der Abschluß der Rechnung so richtig sey? nachdem das geschehen war, so ging der Fremde fort, und die Frau wollte auch wieder in die Küche gehen; gleichsam scherzend sagte der Mann zu ihr, bleib doch noch ein wenig da! und als sie sich weigerte, und sagte, sie habe keine Zeit, so griff sie der Mann an beiden Armen, schob sie an einen Stuhl, und setzte sie auf denselben nieder; jetzt kam die Mutter in die Stube, um zu sehen, wo ihre Tochter so lang bliebe, weil sie vermuthlich ein dringendes Geschäft miteinander zu verrichten hatten. In dem Augenblick hörten sie einen schrecklichen Donner und Gepolter in der Küche; mit seelzagender Bestürzung liefen sie alle drei hinaus, und fanden nun, daß die ganze Decke oder Bühne über der Küche her mit einer großen Menge Torf, den man dort anstatt des Holzes zur Unterhaltung des Feuers braucht, herabgestürzt war, denn die Bretter der Decke waren unter den Balken her genagelt, und ruhten rund umher an den vier Wänden auf Leisten. Das schwere Gewicht des darauf geschütteten Torfes hatte nun allmählich alle Nägel locker gemacht, und so brach auch die ganze Last auf einmal los und stürzte herab.

Der erste Gedanke der drei Jammernden war, daß die Waschfrau und die Magd nothwendig zerschmettert seyn müßten; die Frau lief also in der Angst ihres Herzens hinaus in den Hof, schlug die Hände über dem Kopf zusammen, und rief um Hülfe, der Mann aber räumte so schnell und so viel er konnte, den Torf weg, um dahin zu kommen, wo die Waschfrau und die Magd gestanden hatten; bald hört er einige Worte von der Waschfrau; freudig rief er, lebt sie noch? sie antwortete: ja, ich bin unter dem Goßstein! er fragte ferner: aber die Magd? sie versetzte: die habe ich fortgeschickt, Wasser zu holen; mit lautem Jubel wurde das der jammernden Frau gesagt, der Torf weggeräumt und die Waschfrau aus ihrem engen Behälter befreit. Diese war ausser dem Schrecken und ein paar unbedeutende Verwundungen, die vielleicht durch den Stoß an den Goßstein entstanden waren, nicht das geringste zu Leide geschehen.

Jetzt überlege man nur einmal ruhig alle Umstände, die hier zur Rettung der vier Personen zusammentrafen, und sage dann, das sey alles von ungefähr so gekommen! jeder einzelne Umstand allein könnte als ein Ohngefähr angesehen werden, wenn es je ein Ohngefähr gibt, welches ich aber nicht glaube, denn wenn das Herabfallen eines Haars kein Ohngefähr ist, so gibt es gar keins: aber sobald viele solcher Umstände zu einem Zweck zusammentreffen, so muß durchaus eine weise, alles lenkende Macht da seyn, die diesen Zweck festsetze und dann die Mittel ordnet, um ihn zu erreichen; und dieß war hier der Fall:

Denn erstlich mußte der Fremde gerade in dieser Stunde der Gefahr kommen und seine Rechnung bringen.

Diese Rechnung war nun zweitens der Grund, daß die Frau aus der Küche gerufen wurde, weil nur sie die Richtigkeit derselben beurtheilen konnte.

Drittens, damit auch die Mutter aus der Küche gerettet werden möchte, mußte der Mann mit seiner Frau scherzen, und sie gegen ihren Willen aufhalten; denn wäre sie gleich fortgegangen, so wäre auch die Mutter nicht gekommen, und da beide mitten in der Küche beschäftigt waren, so wären sie auch beide jämmerlich zerschmettert worden.

Viertens, gerade im Zeitpunkt der Gefahr mußte die Waschfrau die Magd antreiben, Wasser zu holen; denn vor der Waschbütte wäre sie ganz ohne Schutz, und also des unvermeidlichen Todes gewesen; und

Fünftens. Wer stellte die Waschfrau neben den Goßstein an die Wand? wer anders als der schützende Engel der Vorsehung! — dieß war der einzige Platz in der ganzen Küche, an dem sie sicher war: denn so bald sie oben das Krachen hörte, fuhr sie schnell mit dem Kopf und Oberleib unter den

Gossstein, der in der Höhe eines Tisches, mit einem Ende in der Wand und mit dem andern auf starken Pfosten ruht, und also den Einsturz aufhielt. Lauter natürliche Umstände, deren sich aber die väterliche Vorsehung Gottes als Mittel bediente, vier Personen zu retten, deren Lebensziel noch nicht da war.

Seht, meine Lieben! wie Gott allgegenwärtig, allmächtig und allweise, allenthalben zum Besten der Menschen wirksam ist! es kommt nur alles darauf an, daß man an ihn glaubt, fest auf ihn traut, vor seinem Angesicht und in beständigem Andenken an ihn, wandelt, in allen Dingen im Kleinen wie im Großen nach seinem Willen handelt, und alles betend verrichtet; wenn man darinnen treu ist, so kann man sich seiner gnädigen Bewahrung trösten, und wenn uns dann auch etwas Widriges begegnet, so können wir gewiß versichert seyn, daß es zu unserm wahren Wohl gereichen und uns dereinst Freude machen wird. Der Herr verleihe uns allen diese Gesinnung. Amen!

II.

Ueber den

Revolutionsgeist unserer Zeit

zur

Belehrung der bürgerlichen Stände.

1793.

Urtheilt nicht lieblos von Andern, damit es Euch nicht eben so gehen möge! — denn nach eben den Grundsätzen, wornach ihr Andere verurtheilt, wird man Euch auch verurtheilen, und der Maßstab, den Ihr für Andere braucht, wird hernach auch dienen, Euch darnach zu messen. Ihr entdeckt im Augenblick das geringste Fleckchen in den Augen Eures Nebenmenschen und denkt nicht daran, daß Ihr selber den Staar habt. Ihr untersteht euch wohl gar diese Augenflecken zu kuriren, und Euch zu beschweren, wenn der Patient nicht still halten will, und es fällt Euch nicht ein, daß Ihr mit Euern Staaraugen ja nicht einmal sehen könnt, ob denn auch wirklich wahre und nicht eingebildete Flecken da sind. O, ihr erbärmlichen Aufklärer! laßt Euch doch erst den Staar stechen, und wenn Ihr dann selber helle Augen habt, dann könnt Ihr ja versuchen, ob's Euch gelingt, jene Flecken in anderer Leute Augen wegzubringen.

Matth. 7. V. 1—5.

1.

Untersuchung der Quellen des heutzutage allgemein herrschenden Revolutionsgeistes.

Ob der Trieb nach Freiheit und Gleichheit in französischem Sinn und nach dem Genuß dieser sogenannten Menschenrechte wirklich allgemein sey? das würde uns die traurigste Erfahrung gezeigt haben, wenn die Franzosen bei ihren Einfällen in Brabant, Deutschland und Savoyen nicht so kopflos und nicht so ausserordentlich inconsequent gehandelt hätten. Es ist in der That eine sonderbare Erscheinung, daß gerade jetzt, in einer Zeit, wo wir uns eines gewissen Grades der Aufklärung rühmen, eine allgemeine Unzufriedenheit mit unseren Regierungen in allen bürgerlichen Ständen herrschend wird. Haben sich denn wirklich unsere Regenten verschlimmert? — sind in der That die wahren Rechte der Menschheit zu unsern Zeiten mehr eingeschränkt worden, als zu den Zeiten unserer Vorfahren? mit einem Wort: hat der Depotismus zugenommen? Oder: können wir nicht auch so fragen? — sind uns nicht vielleicht die Schranken der Gesetze unleidlicher geworden als unsern Vätern? — haben wir uns nicht verschlimmert? machen wir nicht Forderungen zu Menschenrechten, die es ganz und gar nicht sind? mit einem Wort: haben wir bürgerlichen Stände alle mit einander so ganz und zumal die Kinderschuhe ausgezogen, daß wir nun in der Staatshaushaltung mitrathen können, oder gar einer demokratischen Staatsverfassung fähig sind? —

Liebes deutsches Publicum! die Sache ist wahrlich der Mühe werth; laßt uns doch einmal mit nüchternem, ruhigem und unpartheiischem Gemüthe eine genaue Prüfung anstellen, was in diesem Fall, wo es um nichts geringeres, als unsre ganze zeitliche Glückseligkeit zu thun ist, wirklich und ohne Täuschung Wahrheit sey.

Es stehen hier zwei wichtige Partheien vor dem Richterstuhl der gesunden Vernunft und des allgemeinen Menschenverstandes, die eine ist der Regenten-Stand nebst dem hohen und niedern Adel und in den katholischen Ländern den geistlichen Stiftungen; und die andere ist die gesammte Classe der eigentlichen Unterthanen, oder die bürgerlichen Stände alle mit einander. Diese letztere Classe ist Kläger: sie klagt nämlich die erste an, daß sie ihre Gewalt mißbrauche, den so rechtmäßigen Genuß der Menschenrechte, vorzüglich der Freiheit und Gleichheit, über die Gebühr einschränke, sich selbst aber einer Freiheit und eines Luxus anmaße, wozu sie keineswegs berechtiget sey; sie fordert also Abschaffung jener Mißbräuche, Ersatz der Menschenrechte und Einschränkung ihrer eigenen Freiheit und ihres eigenen Genusses.

Darüber sind wir doch wohl alle einig, daß wir zuerst diese Klage im Licht der Wahrheit prüfen müssen; es fragt sich nämlich:

1) Läßt sich ein Besitz der Macht des Stärkern, oder der obrigkeitlichen Gewalt ohne wahren und eingebildeten Mißbrauch denken? — Gewiß nicht! — Wird ja der Allweise und Allgütige in seiner Machtverwaltung getadelt und ihm ein eisernes Schicksal angedichtet, wie läßt sichs nun fordern, daß ein menschlicher Regent so weise seyn soll, nie seine Gewalt zu mißbrauchen; oder daß er gar seine Disposition so klug machen müsse, daß sich auch nicht einmal seine Unterthanen einbilden können, er mißbrauche sie?

2) Sind wir über den Begriff der Menschenrechte im Klaren? Hat die klagende Parthie genau bestimmt, welcher Grad der Freihet und Gleichheit ihr als Menschenrecht zukomme? Gott! — wie kann doch bei den himmelweit verschiedenen Begriffen vom Erlaubten und Unerlaubten, in so viel tausend Köpfen allenthalben Gefühl und Selbstbewußtseyn des Genusses der Freiheit statt finden? und wo das nicht statt findet,

da klagt man über Druck, über Einschränkung der Freiheit und der Menschenrechte. Gott! — wie kann bei der unendlichen Abstufung in den Graden des Reichthums, der moralischen Güte, des Verstandes, der List, der Verschlagenheit und der Macht an eine nur einen Augenblick dauernde Gleichheit der Stände gedacht werden? und

3) Wirds durch die Einschränkung der Gewalt oder Freiheit, oder des Genusses der regierenden Familien und des Adels besser werden? — werden wir dann freier und gleicher seyn? — Ich fürchte, diejenigen, die in dem Fall die regierende Gewalt mit jenen theilen, sind zehnmal ärgere Despoten als die, über welche sich jetzt so bitter beschwert wird. Man beobachte nur einmal solche Freunde der Freiheit und Gleichheit in ihrem häuslichen Zirkel und so weit sie zu befehlen haben, ob sie denn da die Grundsätze, deren Ausübung sie von ihren Obern fordern, selbst befolgen? O sie wissen sich sehr gut allen möglichen Respekt zu verschaffen! — sie halten ihre Untergebene sehr genau in den Schranken der Unterwürfigkeit, und während der Zeit, wo sie sich keinen Genuß versagen, müssen ihre Dienstboten bei saurer Arbeit und Dienstbarkeit mit der gewöhnlichen Hausmannskost vorlieb nehmen; ist denn das auch der Genuß der Menschenrechte, den sie von ihren Obern fordern? und ist das Freiheit und Gleichheit? wie wenn einmal ihr Hausgesinde, oder überhaupt ihre Untergebene gegen sie aufstünden und Rechenschaft von ihrer Haushaltung und Gesetzgebung forderten und allenfalls mitrathen wollten? — wenn sie über jede Pfeife Canaster, über jede Bouteille Burgunder oder Champagner, über jeden Prachtaufwand, den sich ihre Herrschaft erlaubt, murren, maulen und drohen wollten, wie bald würde man sie wegjagen, oder bei der geringsten Widersetzlichkeit die Polizei zu Hülfe rufen? — Wie kann bei einer solchen unwiderlegbaren Liegenheit der Sachen die Parthie der Unterthanen ihre Obrigkeit und den Adel wegen begangener Verbrechen gegen die Menschenrechte verklagen, da sie selbst überall, wo sie die Macht dazu hat, den Depotismus in vollem Maße ausübt? — Laßt uns doch erst einmal unsre eigene Augen von

den groben Balken befreien, damit wir rein und deutlich sehen können, hernach läßt sich dann auch vom Splitter-Ausziehen in der Regenten Augen sprechen; dann wirds erst drauf ankommen, ob wir dazu befugt sind? und wenn wirs wären, obs rathsam sey, sich dieser gefährlichen Operation anzumaßen.

Das Wissen blähet auf, und der Grad der Aufklärung, in dem wir uns jetzt befinden, mag wohl die nämliche Eigenschaft haben. Wir besitzen viele Kenntnisse, erstaunlich viele! alle Wissenschaften sind unläugbar weit vorwärts gerückt; besonders glauben wir im politischen Fach große Fortschritte gemacht zu haben; jedermann kannegießert und jedermann dünkt sich geschickt zu seyn, das Staatsruder zu führen. Eine Menge Zeitschriften athmet diesen Geist, sie zu schreiben und sie zu lesen ist Mode geworden, daher kommts dann, daß man, um seine Belesenheit und seine Kenntnisse zu zeigen, in allen Gesellschaften über Obrigkeiten und Regierungsfehler loszieht und deklamirt; man fühlt sich durch diese angemaßte Freiheit gleichsam in höhere Sphären versetzt, und sucht in diesem Räsonniren den leidigen Ersatz dafür, daß uns die Vorsehung so unverdienter Weise zurückgesetzt und nicht zu Regenten gemacht hat. Eben durch dieses unaufhörliche Reiben der Geister werden sie erhitzt, und je mehr ihre Menge zunimmt, desto mehr wächst das Sehnen nach Revolution. Stolz ist ihre erste Triebfeder.

Die zweite und zwar sehr wirksame Quelle des Revolutions-Geistes finden wir im so sehr überhandgenommenen physischen und moralischen Luxus; wir bedürfen heut zu Tage so viel zur Nahrung, Kleidung und zum Wohlstand, daß die Besoldungen nicht mehr zureichen wollen und der bürgerliche Erwerber nicht mehr so viel gewinnen und beibringen kann, als er der Mode gemäß braucht. Da nun auch aus den nämlichen Gründen die Bedürfnisse der regierenden Familien wachsen, folglich auch von den Unterthanen mehr entrichtet und bezahlt werden soll, so sucht man den Fehler nicht in seiner eigenen Haushaltung auf, sondern man klagt über den Aufwand und die Verschwendung der Regenten, und erbittert sich über die Großen, wodurch dann der Revolutionssinn eine neue Triebfeder und einen stärkeren Reiz bekommt. Fast noch stärker, wenigstens eben so schädlich, wirkt der moralische Luxus: alles liest Romanen und Schauspiele; und der Schriftsteller, der Eingang finden und nützlich wirken will, muß der Wahrheit ein romantisches oder dramatisches Kleid anziehen. In diesem weitschichtigen Felde der Imagination schafft sich nun der Geist unserer Zeit lauter Ideale, die seiner Vorstellung vom Schönen und Guten entsprechen, im Grund aber Wesen sind, die nirgend existiren und in unserer gegenwärtigen Welt nicht existiren können, gewöhnliche Handlungen rühren uns nicht mehr; der Schriftsteller, der also gefallen und das Herz erschüttern will, muß zum Unerhörten und Erstaunlichen seine Zuflucht nehmen; sind wir denn nicht endlich dahin gekommen, daß die Geisterwelt wieder den Stoff hergeben muß, wenn wir gerührt werden sollen? — man erinnere sich nur an Schillers Meisterstück, den Geisterseher, und an alle die Nachahmungen, die daher entstanden sind! — Was kann nun für ein anderes Resultat dabei herauskommen, als daß wir alle die überspannten Ideale in die wirkliche Welt übertragen und sie zum Maßstab der Menschen und ihrer Handlungen machen. Wo uns nun die Schaubühne oder die Lectüre irgend ein ausgezeichnetes Regentenbild vorstellt, da vergleichen wir, und da wir schon ohnehin partheiisch in Ansehung der oberen Stände sind, so sehen wir ihre Fehler im hellesten Licht, ihr Gutes aber und ihre Tugenden stellen wir geflissentlich ins Helldunkel, oder in den stärksten Schatten. Aus dieser traurigen Stellung des Geistes unserer Zeit läßt sich nun auch leicht der Menscheneckel erklären, den man leider! bei so vielen sonst guten Seelen wahrnimmt: sie haben sich ein Ideal vom Menschen abstrahirt, das sie nirgend finden, dies macht sie mißlaunig und oft bis zum Selbstmord unzufrieden; und eben diese sind gewöhnlich die heftigsten Feinde der Regenten, und wenn sie selbst nicht adelich sind, auch des Adels. Großer Gott! warum suchen sie doch das Ideal der Menschen-Vollkommenheit ausser sich? — warum bilden sie sich nicht selbst erst nach diesem Ideal? — wenn sie damit einmal zu Stande gekommen sind, und sie haben dann noch Muth und Lust zu räsonniren und zu critisiren, so mögen sie's dann thun. Ich besorge aber, wenn wir einmal bei uns selbst aus Untersuchen und Aufräumen kommen, so finden wir so viel zu schaffen, daß wir der Regenten und anderer Menschen Fehler gerne darüber vergessen.

Die vorzüglichste und fruchtbarste aber auch furchtbarste Quelle des Revolutions-Geistes finden wir ferner in der erstaunlichen und wahrlich beweinenswürdigen Sittenlosigkeit, ja ich darf wohl sagen Gottlosigkeit unserer Zeit, die in eben dem Verhältniß gefährlich ist, als sie unbemerkt im Finstern schleicht: die äußerliche Cultur, der Anstand und besonders der allgemein herrschende Geist der Wohlthätigkeit, womit die eiternden Geschwüre überkleistert werden, blenden unsere Augen, daß wir den tiefen und unheilbaren Schaden nicht wahrnehmen; wir haben nun alles auf Moral und Menschenliebe reduzirt, und wahrlich! die beste Religion kann auch keinen andern Zweck haben; allein, üben wir denn auch aus, was wir im Munde führen? — ehemals war öffentlicher Raub und Mord gewöhnlicher als jetzt. Die Gerichtsstätten waren mit Leichen der Uebelthäter angefüllt, jetzt sind sie zwar leer und veralten zu Ruinen, allein gibts darum weniger Räuber und Mörder? — ist es weniger Raub, wenn man einem unschuldigen, unerfahrnen, aber mit reizbaren Nerven begabten Mädchen auf dem Schlangenwege nachschleicht, sie endlich zu Fall bringt, und dadurch einen braven Mann seiner künftigen Gattin, eine mögliche gute Familie ihrer Mutter, und eine solche unglückliche Person gar oft ihrer ganzen zeitlichen und ewigen Glückseligkeit verlustig macht? — ist das weniger als Mord, wenn man vernünftige Geschöpfe in die Welt setzt, die aus Mangel einer guten Erziehung schlechte, arme bedürftige Menschen, oder wohl gar Bösewichter werden? — oder wenn man dem edlen rechtschaffenen Mann seine schwache Gattin verführt, die ohne diese Verführung gut geblieben und wohl gar tugendhaft geworden wäre? — heißt das nicht morden, wenn man bei leichtfertigen Dirnen seinen eigenen und seiner Nachkommen Lebensquelle vergiftet, und solche gefallene, verabscheuungswürdige, aber doch mitleidswerthe Wesen noch immer tiefer stürzt? Ist des Empordrangs nach Ehren und Aemtern auf Unkosten des rechtschaffenen, bescheidenen und thätigen Mannes weniger geworden? — in dem Fall schmeichelt und heuchelt man den Fürsten, und knüpft ihnen wohlweislich, wie man zu sagen pflegt, die Faust in der Tasche. Haben wir ja frische und fürchterliche Beispiele, daß gelehrte, berühmte und verständige Männer, die ihrem Fürsten ihr ganzes Glück und ihre dermalige anständige und ehrenvolle Existenz zu danken hatten, diesem ihrem Wohlthäter nicht blos den Gehorsam aufkündigten, sondern ihn auch, so viel an ihnen war, seiner Regierung entsetzten. An dem allem ist vorzüglich Stolz und Mangel an Religion und Gottesfurcht schuld. Die Religion befiehlt schlechterdings der Obrigkeit, die Gewalt über uns hat, zu gehorchen, und dies so lange, als sie unser Leben und das, was zum Wesen gehört, schützt; geschieht dieß nicht mehr, so muß man an sichere Oerter auswandern, und kann man das auch nicht, so tritt das Gesetz der Nothwehr, aber nicht des Aufruhrs ein.

Wer nun einigermaßen die Welt kennt, der weiß, daß dieses so eben entworfene Bild, leider! passend ist; Männer, die einen großen gelehrten Ruf, sogar den Ruhm der Wohlthätigkeit und Wirksamkeit zum allgemeinen Besten haben, tragen insgeheim schreckliche Brandmale in ihrem Gewissen mit sich herum. Religionslehrer, denen aus sichern Ursachen dran gelegen ist, den Veredlungs- und Vervollkommnungsweg so breit und so eben zu machen, als nur möglich ist, feilen, drehen und critisiren so lange an der ehrwürdigen Quelle aller Sittlichkeit, bis sie ganz und gar keine Form und kein Ansehen mehr hat, und in dieser Gesinnung bilden sich Jünglinge zu Volkslehrern, die dann wahrlich keine große Progressen in der Aufklärung des Volks machen können.

Die Hand aufs Herz, edler biederer deutscher Mitbürger! gib Gott die Ehre und sag die Wahrheit: ist die Classe Menschen, die ich bisher geschildert habe, besonders unter den Gelehrten und sogenannten Honoratioren, nicht zahlreich und drewegen furchtbar? unbändiger Stolz, zügellose Wollust, geheimer Ingrimm gegen Christum und seine Religion, und eine schreckliche Kälte gegen Gott, das sind die Quellen des Revolutions-Geistes und auch zugleich seine deutlichen Characterzüge. Den Titanen gleich bestürmt dieser Geist den Thron der Gottheit, wie vielmehr wird ihm die Herrschaft seines Mitmenschen und dessen Obergewalt unleidlich seyn? — Dieser Titanismus ist Hochverrath gegen die göttliche Majestät und wird schrecklich bestraft werden; und eben diese Parthie ist es, die heut zu Tage vorzüglich den Ton angibt, den so viele übrigens gute Menschen nachlallen. Ist es nun nicht billig, erst an sich selbst anzufangen, wenn von Abstellung der Mängel und Gebrechen die Rede ist? — wie kann man mit Augen, die so ganz verdorben sind und alles unrichtig und im falschen Licht sehen, Mängel und Gebrechen der Staatsverfassungen und der vorgesetzten Obrigkeiten nach der Wahrheit beurtheilen? — Laßt uns erst die Balken wegräumen, ehe wir uns an die Splitter unserer Regenten wagen! —

II.

Untersuchung der Klage über den Mißbrauch der regierenden Gewalt.

Ja, es ist doch unläugbar, höre ich hie und da einen rechtschaffenen Mann klagen, daß die Obrigkeiten öfters ihre Gewalt mißbrauchen; es ist freilich wahr, daß auch die Unterthanen verdorben sind, aber deswegen können sie doch von ihren Regenten Gerechtigkeit und eine wohlgeordnete Regierung fordern! — Gut! laßt uns auch darüber unpartheiisch reden und die Sache im Angesicht der reinen Wahrheit prüfen: gesetzt, ein braver christlichdenkender Mann hat von seinen Voreltern den Zehenten eines Dorfs, oder Lehngüter geerbt, deren Besitzer ihm jährlich gewisse Abgaben entrichten müssen; jetzt sind jene Zehenten und diese Einkünfte ein Theil des Ertrags, wovon er leben und seine Familie seinem Stande gemäß versorgen und ernähren muß; nun macht er seinen Plan, was er jährlich braucht, und setzt jene Einkünfte unter die ständigen Einnahmen, die er also, wenn er ordentlich auskommen soll, nicht entbehren kann. Wie, wenn nun die Bauern des zehentbaren Dorfs die Gerechtsame dieser Zehenten untersuchen wollten? — wenn ihnen ein neumodischer Kopf vordemonstrirt, die Zehnten seyen überhaupt ungerechte Abgaben und ein Eingriff in die Menschenrechte; sie bezahlen ja dem Landesherrn ihre gebührende Steuern und Schatzungen, und hätten also nicht nöthig, auch von ihrer, mit saurem Schweiß erworbenen Erndte, noch einem Manne etwas abzutragen, von dem sie nicht den geringsten Genuß oder Vortheil hätten; was würde dann der brave, rechtschaffene und christlichdenkende Mann dazu sagen? — würde er sich nicht auf das Recht der Erbschaft berufen, im Fall der Noth sein Recht durch einen Proceß ausmachen, und ihn gewinnen?

Oder wenn sein Lehnbauer zu ihm käme und wollte ihm beweisen, es sey gegen die Menschenrechte, daß er außer den Staatslasten, die ohnehin schwer genug wären, auch noch an ihn so vieles entrichten müsse, was würde dieser Lehnsherr dazu sagen? — könnte er sich nicht mit vollem Recht auf seine angeerbte Gerechtsame berufen? — würde es ihm nicht wehe thun, wenn man ihm die Abschaffung des Weins, des Caffee's und anderer Bequemlichkeiten des Lebens, deren Genuß ihm Erziehung und Gewohnheit zum Bedürfniß gemacht hat, zumuthen wollte, damit jene Bauern und sein Lehnsmann ihre vermeintliche Menschenrechte geniessen können? —

Ob dieses Gleichniß auf den gegenwärtigen Fall passe, das wird sich nun zeigen; unsre deutschen Fürsten und Grafen sind von undenklichen Zeiten her im Besitz ihrer Länder und Unterthanen. Viele dieser Länder sind ursprünglich Grundeigenthum der regierenden Familie und die Bauern ihre Eigenbehörige; freilich sind diese Verhältnisse durch den Gang der Dinge, durch Krieg- und Friedensschlüsse, Entscheidungen der Reichsgerichte, durch Verordnungen und Verträge auf tausenderlei Weise modifizirt und bestimmt worden; allein eben dadurch sind nun auch die Rechte und Pflichten des Regenten und seiner Unterthanen genau berichtigt, so daß jeder in jedem Fall weiß, was er zu thun hat und wie weit er gehen darf. Wenn nun eine regierende Familie auf diese angeerbte und wohlerworbene Gerechtsame genau hält und sich da nichts abkürzen lassen will, so kann man ihr vor dem Richterstuhl der strengsten Gerechtigkeit nichts zur Last legen. Wenn man mir aber dagegen einwendet, daß man auch über diese Behauptung der herrschaftlichen Gerechtsame ganz und gar nicht klage, sondern nur die Mißbräuche und die vielfältigen Ueberschreitungen der Gränzen dieser Gerechtsame rüge und abgeschafft wissen wolle, so antworte ich: daß man erstlich allerdings sehr vieles gegen die Behauptung der Rechte der regierenden Familien einzuwenden suche, und zweitens, daß die Mißbräuche und Uebertretungen der Gesetze in dieser unvollkommenen Welt eben so wenig als Krankheiten und Tod abzuschaffen seyen, und daß jedes gewaltsame Mittel, das die Unterthanen anwenden, die Mängel in ihrer Regierungsverfassung zu verbessern, weit schrecklicher und dem Genuß der Menschenrechte gefährlicher sey, als der strengste Despotismus selbst.

Daß der herrschende Titanismus allerdings den Regenten, dem Adel und der Geistlichkeit in den katholischen Ländern ihre wohlerworbenen Rechte und Vorzüge entziehen wolle, das ist so entschieden wahr und in unsern Tagen durch die traurigsten Erfahrungen so sonnenklar erwiesen, daß es wohl keiner weitern Zeugnisse bedürfte, wenn man nur nicht mit sehenden Augen blind wäre. Man wende mir nicht ein, daß nur von unrechtmäßig an sich gezogenen Gütern die Rede sey; nein! auch die rechtmäßigen und wahren Domänen der Regenten will man ohne Ersatz unter die Bauern vertheilen; der Adel wird nicht etwa auf seine, in den Staatsverfassungen gegründeten, alten Rechte und Vorzüge zurückgesetzt; keineswegs! im Gegentheil, man hebt ihn gar auf und jagt ihn ins Elend. Man berechnet nicht, was die geistlichen Stiftungen von Alters her mit Recht besitzen, um das neuerworbene davon abzusondern, mit nichten! man hebt sie gänzlich auf und läßt ihre friedliche Nutznießer betteln, wo sie wollen, wenn sie nicht mit den Titanisten in ein Horn blasen wollen.

Gott bewahre! — Höre ich da einen sagen, wer denkt denn in Deutschland an solche schreckliche Ausschweifungen der Neufranken? — Guter Freund! dachten denn auch wohl die redlichen Männer, die dem königlichen Märtyrer, Ludwig dem XVI., die Zusammenberufung der Stände zur Abstellung der Mißbräuche anriethen, daß ihre wohlgemeynten Vorschläge solche Folgen haben würden? — Man nehme einmal einem deutschen Reichsfürsten seine Soldaten, seine bewaffnete Macht weg, und versammle dann die drei Stände, mit der vollen Freiheit, die Mißbräuche abzuschaffen, und man wird sehen, welcher unabsehbare Jammer daraus entstehen wird: alle ehemals gestrafte Missethäter, alle, die jemals ihrer Meynung nach von Ober- und Unterobrigkeiten beleidigt worden, alle stolze und emporringende Geister, alle, alle werden sich mit dem übrigen Abschaum des Volks vereinigen, und es wird ihnen an Demagogen nicht fehlen, die ihnen in den Mund legen, was sie fordern sollen; solche Horden werden in jeder deutschen Reichsprovinz so gut wie in Paris die Nationalversammlung bestürmen, wer ihnen widerspricht, wegjagen, und ihre eigenen Creaturen, Marats, Robespierre's u. dergl. hinsetzen, und in wenigen Jahren wird ebenso das Blut des Regenten und der Edelsten des Volks in Deutschland fließen als in Frankreich; vielleicht mordet der Deutsche nicht so theatralisch, wie der Neufranke, aber desto fester und wüthender. Man wende mir nicht ein, daß man dieses durch eine bewaffnete Macht verhüten könne — wer soll denn diese commandiren? der Fürst? — dann hört ja wieder die Abstellung der Mißbräuche auf, indem sich ein bewaffneter Fürst keine Gesetze vorschreiben läßt. Die Volksversammlung? — in dem Fall wird sich der Pöbel von seinen Deputirten keine Gesetze vorschreiben lassen, folglich wird der Demagoge commandiren, und dann gibt es Auftritte, wie jene, wo die Petion's und Santerre's Volksführer waren. Mit einem Wort, hebt man einmal die Schranken auf, so herrscht der zügellose Haufe, und das allgemeine Elend ist nicht zu übersehen.

Laßt uns doch einmal billig und nüchtern über die Sache

urtheilen und uns an die Stelle einer regierenden Familie setzen: ein Erbprinz wird von der Wiege an im Schooß seiner Familie erzogen, seine Eltern und Geschwister sind um ihn, er hört beständig von seinen Ahnen, von seinen königlichen und fürstlichen Verwandten, deren Thaten, Vorzügen, Rechten und Gütern reden; alles, was ihm nicht verwandt ist, das sieht er mit tiefer Ehrfurcht sich ihm und den seinigen nahen, wie ist es also anders möglich, als daß er die Glieder seiner und aller fürstlichen Familien für Wesen von höherer Art, als alle andere Menschen, ansehen muß? diese Idee wurzelt also so tief in seinem Gemüth ein, daß sie durch keine Gewalt mehr ausgelöscht werden kann.

Nach und nach wird er älter, er gewöhnt sich an die mannigfaltige Bedienung, Bequemlichkeit und Lustbarkeiten des Hofs; alle Ehrfurchtsbezeugungen und Schmeicheleien, die ihm gesagt und erzeigt werden, hält er für höchst pflichtmäßige Huldigungen, die die geringeren Stände der regierenden Familie vollkommen schuldig seyen, und die weit entfernten bürgerlichen Stände, seine künftigen Unterthanen, bleiben ihm so fremd und noch bis dahin so gleichgültig, als wenn sie ihn gar nichts angingen.

Nun sage mir einmal irgend einer unter den hitzigsten Demagogen: wenn seine Famile regierend und er selbst Erbprinz wäre, ob er sich nicht genau in dem nämlichen Fall und in der nämlichen Gesinnung befinden würde? — die Menschheit ist sich immer gleich, auf dem Thron wie in der Bauernhütte; wie können wir fordern, daß die regierenden Familien so ohne Vergleich mehr leisten sollen, als wir in ihrer Lage leisten würden? — doch weiter.

Der junge Herr bekommt Lehrer, und zwar die besten, welches nicht immer der Fall ist, man unterrichtet ihn in seinen Pflichten, als Mensch, als Christ und als künftiger Regent; er bekommt neue Begriffe, er lernt seine Verhältnisse gegen Gott und gegen die Unterthanen kennen, aber er bleibt doch immer Prinz, ein Wesen höherer Art, und selbst seine Führer und Lehrer bezeugen ihm in ihrem Umgang eine Achtung, die dieses Gefühl unterhält; immer aber sind mit diesem Gefühl Ueberzeugungen von der Rechtmäßigkeit alles des Genusses verbunden, den die regierende Familie vor allen andern von jeher fordert. So wie sich nun der junge Herr den Jahren des Unterschieds oder der Majorennität nähert, so bekommt er eine Art von Hof, oder er geht auf Reisen; von nun ab an hört der Unterricht auf; da nun die durchaus rechtschaffenen Menschen weit seltener, als die nicht rechtschaffenen sind, jene sich auch nie hervordrängen, so ist es ein seltenes und ganz ausserordentliches Glück, wenn der Prinz Männer um sich hat, die ihn nur nicht verderben. Gewöhnlich drängen sich Menschen zu ihm hinan, die die Larve der Feinheit und der Ehrlichkeit vorstecken, innerlich aber von lauter Leidenschaften regiert werden. Er müßte mehr als menschlichen Verstand haben, ja er müßte ein Engel seyn, wenn er allen den Fallstricken entgehen wollte, die ihm Heuchler und Schmeichler stellen, um ihn in ihr Interesse zu ziehen und ihre eigenen selbstsüchtigen Zwecke zu erreichen. O sagt mir, ihr brausende Fürstentadler! — würdet ihr an ihrer Stelle besser seyn?

Endlich kommt dann ein solcher Prinz an die Regierung; da treten nun Heere von Menschen aller Art auf, die etwas zu fordern haben; der eine sucht dieses, der andere jenes, keiner aber, oder doch selten einer, das allgemeine Beste, und doch stellen sich alle so, als wenn sie ihr Leben, ihr Hab und Gut für den Fürsten und das Vaterland aufopfern könnten und wollten. Da soll nun der Fürst durch alle die Masken durch und ins Herz sehen. Ei! dann müßte Er ja ein Gott seyn! da sind alte Minister und geheime Räthe, die den Gang der Regierungsgeschäfte in den Händen haben, Familien, die hoch am Brett stehen, ungerechte und schädliche Höflinge, die sich hinaufgeschwungen haben, allen diesen sieht nun der junge Regent auf die Finger und merkt Unrath; er entfernt einen nach dem andern, und nun fangen diese an laut zu klagen, und die Publizität hallt es in allen öffentlichen Blättern nach.

Jetzt erscheint der Fürst vor dem Publikum als ein strenger und ungerechter Despot. Endlich und zuletzt sieht er allenthalben

Unredlichkeit, Eigennutz und Heuchelei, jetzt traut er fast keinem Menschen mehr, auch gegen den redlichen Mann wird er mißtrauisch, und wer wills und kanns ihm verdenken? Auch der rechtschaffenste und treueste Fürst wird unter diesen Umständen endlich verdrießlich, er hilft sich in dem Wirrwarr der Geschäfte so gut durch als er kann, wählt sich eine Lieblingsbeschäftigung, um doch auch des Lebens einigermaaßen froh zu werden, und läßt übrigens den Gang der Dinge so gut gehen, als er kann.

Während der Zeit bleiben nun die alten Mängel und Gebrechen und es kommen noch wohl neue dazu, viele werden aber auch abgeschafft. Besonders erheben sich bei dem überhandnehmenden Luxus Klagen über die vielen Abgaben, die die Unterthanen entrichten müssen; vielleicht geschieht das auch hin und wieder nicht ohne Grund; allein man stelle sich einmal an den Platz des Fürsten, er hat Familie und Verwandten, deren jeder den standesmäßigen Unterhalt als ein Recht fordert; in den Kammer-Etats hat jede Einnahme ihre bestimmte Ausgabe, bleibt jene aus, so kann auch diese nicht stattfinden, und der, der entbehren muß, klagt; und wo soll man bei einer solchen Menge der Dinge anfangen und endigen?

Ueberhaupt muß man, wenn man richtig von der Sache urtheilen will, den Gesichtspunkt nicht aus den Augen lassen, in dem sich ein Regent befindet.

Ein Fürst sieht die Vorzüge, die seine Familie vor andern hat, als ein angeerbtes Recht an, er glaubt, den Genuß derselben vor Gott und der Welt verantworten zu können; sein Hof, sein Glanz, seine Kostbarkeiten, seine bequemere Lebensart, die Ehrfurcht und der Gehorsam anderer gegen ihn, und das Recht, Gesetze zu geben und zu befehlen, das alles sind ihm Güter, die er rechtmäßig geerbt hat; liegen nun in allem diesem Genuß Mißbräuche verborgen und man hat auch das Herz, sie ihm zu sagen, so kann er sich doch nicht so leicht überreden, daß er Unrecht handele: denn er thut und genießt, was seine Vorfahren gethan und genossen haben, warum soll er angeerbten Vorzügen entsagen? — und wenn er denn auch den Muth hätte, für seine Person zu sparen und gar als Privatmann zu leben, kann und darf er seiner Familie, Mutter, Onkeln, Tanten, Vettern, Gemahlin, Geschwistern u. dergl. die nämliche Lebensart aufdringen?

Dazu kommt dann noch die tief eingewurzelte Idee, von der sich ein Fürst selten losmachen kann, daß nämlich Land und Leute sein angeerbtes Eigenthum seyen, von dem er eben den Genuß mit Recht fordern könne, den seine Vorfahren von jeher ohne Widerrede genossen haben. Wir wissen ja alle aus der täglichen Erfahrung, daß es unter allen Classen der gewöhnlichen gebrechlichen Naturmenschen am mehrsten, der Tugendhaften wenige, und der großen und wahrhaft edlen Männer selten einen gibt; warum soll nun der Regentenstand, der weit mehr Schwierigkeiten in Ausübung der sittlichen Pflichten zu überwinden hat, gerade hier eine Ausnahme machen? Wahrlich! diese Forderung ist ungerecht. Ich komme immer wieder aufs Balkenausziehen zurück: wir Honoratioren stehen gegen die geringeren Stände in einem ähnlichen Verhältniß, wir haben Sopha's, gepolsterte Stühle, tapezierte Zimmer mit Gemälden, Kupferstichen u. dergl., wir essen täglich Fleisch und niedliche Speisen, und trinken Wein, Caffee, Chocolade u. s. w., wir kleiden uns in kostbare Tücher, Seide und feine Leinwand; wir haben goldene Uhren und Tabatieren und Ringe, und wir reiten und fahren, wo wir auch gehen könnten. Jetzt laßt uns einmal den Handwerksmann und Bauern mit uns vergleichen: er ist Mensch, wie wir, hat aber das alles nicht, im Gegentheil, er plagt sich, arbeitet sich ab und behilft sich manchmal erbärmlich; das nicht nur, sondern eben der saure Schweiß, den er mit Thränen aus seinem Blut herauspreßt, der wird uns zur Besoldung, zu der Quelle, woraus wir alle unsern Luxus bestreiten, und die uns manchmal noch nicht groß genug ist; der nämliche Fall findet bei allen Gelehrten, Kaufleuten, Capitalisten, die von ihren Interessen leben und reichen Güterbesitzern statt, alle, alle ernährt der Bauer und der Handwerksmann mit seinen sauern erworbenen Hellern. Was würden wir sagen, wenn nun diese Gewerbstände gegen uns auftreten und Abschaffung aller Mißbräuche fordern wollten? — und doch könnten sie das mit dem nämlichen Recht, womit wir den Regentenstand und den Adel zur Reformation zu drängen suchen. O laßt uns gerecht seyn! — Mißbräuche finden wir in dieser unvollkommenen Welt allenthalben bei Hohen und Niedern, und wer sie dann durchaus abgeschafft wissen will, der fange ja erst bei sich selbst an: denn wenn das jeder thut, so wirds überall besser werden.

Alles, was ich bisher zur Entschuldigung des Regentenstandes gesagt habe, das gilt nun auch je nach Verhältniß vom Adel und den geistlichen Stiftungen; überall liegen Rechte und Verträge, aber auch Mißbräuche zum Grund, zu deren Abschaffung ein jeder bei sich selbst den Anfang machen muß.

Noch muß ich einen Einwurf entkräften, den mir mancher Titaniste und Nichttitaniste machen wird; sie sagen: Gott! warum hat uns denn das Schicksal nicht in der freien Schweiz, in Holland oder in England geboren werden lassen? da athmet man Freiheit, da kann man reden, schreiben, singen und sagen und glauben, was man will! — Ich versichere Ihnen meine Herren! es gibt überall Schranken, die für Ihren unbändigen Freiheitstrieb viel zu eng sind; man muß überall bezahlen, arbeiten und gehorchen, überall herrschen Mißbräuche, und jede Staatsverfassung hat ihre Vorzüge und ihr Drückendes: bei aller Freiheit muß sich doch der Berner Bauer von Zeit zu Zeit seine Viehställe von den herrschaftlichen Salpetersiedern ausgraben lassen; ein schreckliches Servitut, woran meines Wissens kein deutscher Fürst mehr denkt; bei aller Freiheit muß der holländische Bauer ohne Vergleich mehr zahlen, als der Deutsche; und bei aller Freiheit muß sich der Britte von seinen öfters neidischen und unerfahrnen Zunftgenossen verurtheilen oder von seines Gleichen um Schulden willen so lang in den Thurm werfen lassen, bis er auch den letzten Heller bezahlt hat. Ich weiß solchen unzufriedenen Freiheitsstürmern keinen bessern Rath, als daß sie nach Amerika und zwar in die unbewohntere Gegenden ziehen, da können sie ja machen, was sie wollen. Und wenn es ihnen so sehr um Menschenwohl und Beglückung zu thun ist, so finden sie dort unter den Wilden ein weites Feld, wo sie wohlthätig wirken und mit der Zeit wohl gar, so wie Manco Capac in Peru, eine kaiserliche Familie gründen können.

III.

Untersuchung der Freiheit und Gleichheit als angemaaßter Menschenrechte.

Die Revolutionssucht unserer Tage kommt mir gerade so vor, als wenn die Schulkinder eines Dorfs endlich einmal in der Aufklärung so weit fortgerückt wären, daß sie glaubten, sie hätten mit ihrem Schulmeister gleiche Menschenrechte, und sich daher vornehmen, schlechterdings ihren Buckel nicht mehr den Streichen ihres Lehrers so geduldig darzubieten und seinen Befehlen, gerade in der Stunde, wenns ihm gefiel, die Lection aufzusagen, durchaus nicht mehr zu gehorchen. Dort knirscht der latschichte Gassenbube, dem das Laster schon aus allen Zügen herausguckt, auf den Zähnen über den Sohn des Herrn Pfarrers, daß er da an einem Tisch allein sitzen darf oder über des Schulzen Sohn, daß er die Oberstelle einnimmt. Endlich werden diese freie Menschen des Joches müde, sie schmeißen den Schulmeister vor die Thür, schlagen den Söhnen des Pfarrers und des Schulzen Löcher in die Köpfe und jagen sie auch fort, und nun wählen sie sich aus ihrer Mitte selbst einen Schulmeister oder gar etliche, die von Zeit zu Zeit abwechseln müssen; was dabei nun für eine Zucht und Ordnung herauskommen kann, das läßt sich denken, und um das Lernen und Fortrücken in Kenntnissen ist es bei dieser Verfassung ganz und zumalen geschehen; die Bestimmung und der Zweck der Schule wird schlechterdings nicht erreicht, und doch haben die Schulknaben genau nach unsern herrschenden Begriffen von Freiheit und Gleichheit oder den Menschenrechten gemäß gehandelt. Darauf höre ich einen einwenden:

Dies Gleichniß ist elend und hinkend; sind wir denn noch Schulknaben? — niemand kann ja ehender Anspruch auf den Genuß der Menschenrechte machen, bis sein Verstand entwickelt ist und er den vollen Gebrauch seiner Vernunft hat! — ich antworte: mein Gleichniß ist nicht so hinkend, nicht so elend, als es Ihnen vorkommt; der ganze Unterschied besteht darinnen, daß die Schulkinder Eltern haben, die sie wohl bald in Ordnung bringen werden, übrigens ist die Parthie ziemlich egal; können wir sagen, daß bei dem gemeinen Mann der Verstand völlig entwickelt sey und daß er den vollen Gebrauch der Vernunft habe? — woher denn die erstaunlichen Verirrungen des Aberglaubens und die so gar schwachen Begriffe von sittlichen Pflichten, von Recht und Unrecht? — sogar der Gelehrtenstand ist bei aller seiner vermeintlichen Aufklärung und bei allem Fortschritt in den Wissenschaften, wahrlich und im eigentlichen Sinn noch im Schulknabenalter: Wie wenig sind der Wahrheiten, die wir wissen und über deren wesentliche und zufällige Eigenschaften wir gleichförmig denken! — wir sind uns nicht in den wichtigsten Pflichten der Religion und der Sitten, nicht einmal in den Gesetzen des Naturrechts einig, wie können wir da sagen, wir seyen keine Schulknaben mehr? — bedarf das Volk überhaupt keines Mannes, der es mit der Zuchtruthe in der Hand in den Schranken hält? — Wehe uns! wenn auch unsre Schulmeister, so wie in Frankreich, vor die Thüre geworfen würden, was würde dann aus unserer Ruhe und Sicherheit werden? — Die heut zu Tage herrschenden Begriffe von Freiheit und Gleichheit sind daher abscheulich, empörend, und es ist Hochverrath, sie auszubreiten, so heilig und ehrwürdig sie auch in ihrer reinen und ungetrübten Quelle seyn mögen. Laßt uns diese wichtige Sache näher prüfen: jeder Mensch fühlt sich frei, wenn er nirgend in seinen Handlungen oder in seinem Wirkungskreis gehindert oder eingeschränkt wird, wenn er also thun darf, was er will; wir können auch das noch dazu rechnen, wenn er zu Befriedigung der Staatsbedürfnisse entweder gar nichts, oder doch nur so viel beizutragen braucht, als er sich selbst ungezwungen bestimmt hat. Diese Freiheit ist uneingeschränkt, und ein jeder, der sie geniesst, ist also insofern vollkommen glücklich und in diesem Punkte befriedigt.

Sobald wir diese uneingeschränkte Freiheit als ein heiliges und unverletzbares Menschenrecht ansehen, so hat auch jeder Mensch ohne Ausnahme völlig gegründeten Anspruch auf den vollkommenen Genuß dieses Rechts, folglich darf auch keiner den andern in diesem Genuß hindern. Dazu wird aber erfordert, daß

1) Jeder Mensch, jedes Mitglied einer bürgerlichen Gesellschaft im höchsten Grad der Deutlichkeit wisse und erkenne, welche Handlung an und für sich selbst recht oder unrecht, erlaubt oder unerlaubt und nützlich oder schädlich sey? — denn ich setze den Fall, der eine oder der andere weiß das nicht, so wird er jeden Augenblick mit seinem Nebenmenschen in Collision kommen, er wird also oft einem andern seine Freiheit einschränken, oder die seinige wird, wenigstens seiner Meinung nach, eingeschränkt, er genießt also, seinen Begriffen gemäß, die ihm zukommende Menschenrechte nicht; und

2) Muß bei einer uneingeschränkten Freiheit, mit der vollständigsten Erkenntniß aller vollkommenen und unvollkommenen Pflichten, auch ein vollkommen guter Wille verpaart gehen: denn was hülfe das Wissen alles dessen, was man thun sollte, wenn man es nicht thun wollte? — in diesem Fall würde wiederum allenthalben die Freiheit eingeschränkt werden und vom Genuß dieses Menschenrechts wäre ebenfalls keine Frage mehr. Da nun aber die Verbindung der vollständigsten Erkenntniß aller Pflichten mit dem vollkommen guten Willen den vollkommensten Grad der Veredlung und der endlichen Bestimmung der menschlichen Natur ausmacht, so kann unstreitig die uneingeschränkte Freiheit auch nirgends anders, als in einer Gesellschaft von lauter vollendeten Menschen stattfinden. Der Verfasser der Lebensläufe in aufsteigender Linie sagt daher an irgend einem Ort gar schön:

„Wenn wir einmal alle im Paradies leben können, ohne daß einer von uns seine Hand ausstreckte, um vom Baum der Erkenntniß des Guten und Bösen zu essen, dann wollten wir zu unserm König gehen und sagen: Steig nun herab, lieber König! von deinem Thron und sey, wie unser einer: denn wir brauchen dich nun nicht mehr."

Daß wir also in uns einen Trieb nach unumschränkter Freiheit fühlen, und daß diese Freiheit auch ein wirkliches Menschenrecht sey, das hat seine volle Richtigkeit; allein dieser Trieb hat keinen andern Zweck, als um uns durch Veredlung unserer Natur und durch immer steigende sittliche Vollkommenheit dieser Freiheit immer würdiger zu machen; sie aber in unserem jetzigen Zustand fordern zu wollen, kommt eben so heraus, als wenn recht muthwillige, leichtsinnige und verschwenderische Pupillen ihre Vormünder zwingen wollten, daß sie ihnen ihr elterliches Vermögen herausgeben sollten. Hier auf dieser Erde sind wir in der Schule oder im Verbesserungshause und bedürfen der genauen Aufsicht eines Zuchtmeisters, wenn wir uns nicht alle Augenblick an unserm Mitmenschen vergreifen sollen. So wie dereinst unsre Vollkommenheit wächst, so wird auch in der künftigen Welt unsre Freiheit wachsen, das können wir der Gerechtigkeit und Güte Gottes sicher zutrauen.

Eigentlich fordern aber auch unsre heutige Titanisten den Genuß der uneingeschränkten Freiheit nicht: denn sie sehen wohl ein, daß das nicht angeht, sondern sie bestimmen das Freiheitsrecht so:

Jedermann muß thun dürfen, was er will, so lang er seinem Nebenmenschen nicht schadet. Dieses ist nun der Begriff der natürlichen Freiheit. Wir wollen auch diesen untersuchen:

Wenn ein Bauer dem andern durch das Gras seiner Wiese oder über das Getraidefeld geht, ehe es Halme getrieben hat, so ist der eine überzeugt, dies Gehen schade weder dem Gras noch dem Getraide; der andere aber weiß gewiß, daß es schadet, und er befürchtet, man möchte ihm mit der Zeit einen gewohnten Weg daraus machen; er klagt also, und jenes Gehen wird verboten oder gar bestraft; dieser Fälle gibt es täglich und unter allen Menschen so viel, daß die Polizei und die Justiz damit alle Hände voll zu thun haben. Wir können daher mit Grund behaupten, daß wir in dem, was unserem Nebenmenschen schadet, bei weitem nicht einerlei Meinung sind, sogar, daß jeder Mensch darinnen seine eigenen Grundsätze habe, die theils aus dem Grad der Erkenntniß seiner Pflichten, theils auch aus seiner ihm eigenen Denkungsart entspringen. Da nun aber jeder Freiheitsgenuß nothwendig darinnen bestehen muß, daß man sich wirklich als frei empfindet, so ist kein Mensch frei, insofern er unter Gesetzen lebt: denn er wird oft und vielfältig gegen seine Ueberzeugung eingeschränkt. Die natürliche Freiheit ist also ein Ding, das zugleich ist und nicht ist, folglich ein Widerspruch, und also unmöglich.

Gibt es denn ganz und gar keine Freiheit, so lang wir in dieser unvollkommenen Welt leben? — O. ja! es gibt eine eingebildete und eine wahre Freiheit. Die eingebildete ist, wenn man bei mannigfaltigen Einschränkungen sich doch für frei hält, und das ist der Fall, in dem sich die Republikaner gewöhnlich befinden; diese müssen bezahlen, arbeiten und gehorchen, so gut, wie andre Unterthanen, aber da sie entweder ihre Vorgesetzten wählen helfen oder zu Zeiten mitrathen dürfen, vornehmlich aber, weil man ihnen von jeher weiß macht, sie seyen frei, so glauben sie es auch, im Grunde aber ist es doch bloße Einbildung; denn wenn sie auch auf der einen Seite vor den monarchischen Unterthanen Vorzüge haben, so haben sie auch dagegen wieder viele Nachtheile, von denen jene nichts wissen.

Aber laßt uns nun auch einmal die wahre Freiheit prüfen! — eine Freiheit, die jedermann und bei allen Einschränkungen vollkommen genießen, folglich sich so glücklich fühlen kann, als es in diesem Erdenleben möglich ist; wenn wir den Begriff der Freiheit recht in seinem Wesen betrachten, so ist sie im Grunde nichts anders, als ein anerschaffener Trieb, durch ungehindertes Wirken von einer Stufe zur andern hinaufzusteigen, um endlich den Gipfel der vollkommenen Menschenhöhe zu erreichen; eigentlich ist also der Freiheitstrieb mit dem Vervollkommnungstrieb einerlei. Nun besteht aber der ganze Fehler darinnen, daß wir jene Menschenhöhe höchst ungerechter Weise entweder im Reichthum oder im höchsten Genuß aller sinnlichen Vergnügen, sey es auch im reinen und abstracten Sinn des Epikurs oder im immer steigenden Genuß der äußeren bürgerlichen- und Standesehre suchen; gewöhnlich verbinden wir sogar alle diese Zwecke mit einander und machen sie zum glänzenden Ziel, wornach wir ringen, folglich ist es nicht anders möglich, als daß wir uns in die sinnlichen Gegenstände, die uns Reichthum und Vergnügen gewähren und in die bürgerliche Ehre unter einander theilen müssen. Bei einem unendlichen und unersättlichen Trieb aber theilen müssen, das widerspricht unserer Natur und unsern Begriffen von den Menschenrechten, und eben hier liegt der ganze Grund alles Mißvergnügens, indem man immer Freiheit und Genuß der Menschenrechte sucht und sie doch in keiner Lage und in keiner Staatsverfassung finden kann.

Es fehlt also hier blos am rechten Begriff von der Bestimmung des Menschen; diese kann bei der Kürze unsers Lebens nicht sinnlicher Genuß und irdische Ehre seyn, sondern sie ist nichts anders, als immer wachsende Erkenntniß unserer Pflichten und alles dessen, was wir zu thun haben, und dann beständige Uebung im Wollen alles dessen, was recht und gut ist. In Ansehung des Erstern wird unsere Wirksamkeit auch unterm strengsten Despotismus nicht eingeschränkt; in Rücksicht der Erwerbung aller Kenntnisse dessen, was unsere Pflicht ist, sind wir in jeder Lage vollkommen frei, besonders, da wir die Hauptquelle dazu in uns selbst haben und wir uns auch wenigstens in Deutschland über Mangel an den äußeren Hilfsmitteln nicht beschweren können; und was das Andere betrifft, so müssen wir immer das nur wollen, was Gott will, weil der nur allein vollkommen weiß, was recht und gut ist; finden wir daher einen Widerstand in unserm Wirken, dessen Ueberwindung für uns zu schwer ist oder wodurch wir Unordnung und Uebels stiften können, so müssen wir das nicht wollen, weil es die Vorsehung nicht will. Daraus folgt also, daß die wahre Freiheit darinnen bestehe, daß man thun dürfe, was man wolle, so lange man zu seiner wahren und eigentlichen Bestimmung wirkt, und also anders nichts will, als was diese befördert; der Genuß dieser Freiheit ist allein Menschenrecht, und kein Despotismus kann ihn hindern; alle andere Forderungen aber sind ungerecht und bloße Chimären.

Was nun auch das andere angemaßte Menschenrecht oder die Gleichheit betrifft, so müssen wir vorerst ebenfalls ihren Begriff zergliedern und untersuchen, worauf sich die Forderung der allgemeinen Gleichheit gründe?

Alle Menschen sind Wesen einer Klasse, alle stammen von gemeinschaftlichen Eltern her, und alle haben einerlei natürliche Anlagen und Triebe; nach dem reinen und abstracten Recht der Natur sind sich also freilich alle Menschen gleich. Aber bei aller dieser Gleichheit herrscht denn doch eine so große Verschiedenheit in der Wahl der Mittel und in den Graden der Stärke der physischen und moralischen Kräfte und Richtung ihrer Anwendung, daß dem allein ohnerachtet kein einziges Individuum dem andern gleich ist. Wenn man also die allerrechtmäßigste Freiheit der Handlungen der Menschen nicht durch den allerunrechtmäßigsten Despotismus ganz aufheben will, wenn also die Menschen nur einigermaßen frei wirken dürfen, so kann diese natürliche Gleichheit nicht lange dauern: denn der eine erwirbt sich mehrere Reichthümer als der andere, und erhält dadurch mehrere Gelegenheit, zu wirken und zu genießen. Wieder einer erlangt mehrere Kenntnisse und Einsichten, als sein Nebenmensch, er wendet sie in seinem Wirkungskreis an, und erringt sich dadurch Rechte und Vorzüge vor ihm. Ein dritter besitzt vorzügliche Leibeskräfte, Muth und Tapferkeit, er erkämpft sich Verdienste um das Vaterland, und wird mit einem gewissen Grad von Obergewalt über andere rechtmäßig belohnt, u. s. w. Aus diesen richtigen Bemerkungen sehen wir, daß sich Freiheit und Gleichheit unmöglich mit einander vertragen können: denn je größer die Freiheit ist, desto größer wird nach und nach die Ungleichheit werden.

Gegen das Alles haben aber auch unsere Revolutionsfreunde, wenn sie nur noch nicht deliriren, ganz und gar nichts einzuwenden; diese Ungleichheit ists nicht, die ihnen so lästig fällt, sondern jene, die blos durch Geburt und Erbschaft entsteht: Da sehen sie eine Menge von Familien, die Gesetzgebung, regierende Gewalt, Ehre, Reichthümer, große Freiheiten und Vorzüge wie andere Güter auf Kinder und Kindeskinder fortvererben, und denen sie gehorchen müssen, ohne daß diese glückliche Menschen Verdienste aufweisen können, die sie dazu berechtigen; das geht ihnen nun ans Herz, das ist nicht zum ausstehen, und doch wette ich Tausend gegen Eins, daß unter denen, die gegen die regierende Familien und den Adel so schrecklich losziehen, selten einer seyn wird, der es nicht, wenn er selbst adelich, gräflich oder fürstlich geboren wäre, höchst unbescheiden finden würde, daß man gegen diese reichskonstitutionsmäßige Ordnung nur das Geringste einzuwenden hätte! — Die Herren bedenken nicht, daß diese Einrichtung Folge der so eben erklärten und aus der Freiheit entsprungenen natürlichen Ungleichheit ist.

Wenn wir den Ursprung der mehrsten altadelichen Familien in Deutschland untersuchen, so werden wir finden, daß ihre Stammväter und viele unter ihren Nachkommen große und wesentliche Verdienste um das Vaterland hatten, man belohnte sie mit freien Gütern und Vorrechten, die sie auf ihre Kinder vererben konnten; und eben dieses Erbrecht sollte dann auch ein Sporn für diese seyn, sich wiederum um den Staat verdient zu machen. Ob nun gleich die Umstände die Sache geändert haben: und die stehenden Armeen dem Adel weniger Gelegenheit geben für ihre angeerbten Rechte und Freiheiten, dem Vaterland zu dienen, so gibt es doch noch immer Veranlassungen genug, wo sich ein solcher Mann eben durch jene Vorzüge vor andern, die sie nicht haben, nützlich machen kann. Wenn dieses nun nicht geschieht, so ist das ein Mangel, eine Unvollkommenheit der menschlichen Natur; wollen wir diese rügen, so müssen wir wieder bei uns selbst zuerst anfangen: denn das ist doch eine ausgemachte Sache, daß ich einen andern wegen eines Verbrechens nicht anklagen darf, dessen ich mich selber in eben dem Maaß schuldig gemacht habe, oder ich muß mir dann auch gefallen lassen, daß sich der Beklagte eben des Rechts gegen mich bedient, und dann würden unsere Revolutionsfreunde größtentheils übel wegkommen: denn wer unter den Honoratioren hat nicht angeerbte Güter, Erziehungs- und Standesvorzüge vor dem gemeinen Mann, die er wahrlich durch persönliche Verdienste nicht erworben hat?

Ebenso, nur in einem höhern Grad, verhält es sich nun auch mit unsern regierenden Familien: einige haben sich in jenen rohen Zeiten, wo Rittermuth die gröste Tugend war, durch Eroberungen emporgeschwungen; allein jede dieser Familien kann dagegen auch wieder Männer unter den Nachkommen der ersten Eroberer aufweisen, die durch eine vortreffliche Gesetzgebung und Regierung, durch Schutz und Beglückung das alles wieder gut machten, was allenfalls in der ersten Besitznehmung ungerecht war. Die mehrsten deutschen Regentenhäuser haben sich indessen in Ansehung der Unrechtmäßigkeit ihrer Besitzungen nichts vorzuwerfen, indem sie, was ihre angestammte Erbländer betrifft, von Kaiser und Reich damit belehnt werden; auch diese können Regenten aufweisen, deren glänzende Thaten und hohe Tugenden mit vollem Recht uns zur ewigen Dankbarkeit auffordern; — Schande! unverzeihliche Schande ist es, wenn wir nun solchen Familien, denen wir ja unsere ganze Ruhe, unsere Gewissensfreiheit, unsere ganze Sicherheit zu verdanken haben, Vorwürfe machen wollen — und worüber? — daß sie mehr sind als wir! — daß sie Menschen sind, die wie alle andere ihre Fehler haben.

Was wäre Holland ohne die Prinzen von Oranien und ohne die Fürsten und Grafen von Nassau? — und doch, wie schnöde belohnt man ihre Nachkommen dafür? Churfürst Friedrich der Siegreiche, Pfalzgraf bei Rhein, Pfalzgraf Gustav von Zweibrücken, Herzog Christoph von Würtemberg, welche Männer? Haben nicht ihre Länder und Staaten diesen Fürsten alles zu verdanken? — Welche unendliche Wohlthaten hat Philipp der Großmüthige, Landgraf zu Hessen, seinen Staaten erzeigt? — seine Reformation, seine Stiftungen für Arme, seine Marburger Universität und seine mannigfaltigen Verordnungen und Einrichtungen, sind sie nicht alle glorwürdige Quellen des Segens für alle seine Unterthanen? — Kann wohl die allersorgfältigste Mutter für ihre Kinder mehr thun, als was die Landgräfin Amalia zur Zeit des dreißigjährigen Kriegs für ihre Unterthanen gethan hat? und wir Hessen sollten gegen dieses so verdienstvolle Fürstenhaus undankbar seyn? — ich gedenke mit Vorsatz keines jetzt regierenden Fürsten, um den Verdacht der Schmeichelei zu vermeiden. Welche vortreffliche Männer hat nicht das gesammte Haus Sachsen aufzuweisen? man denke nur an seine Regenten zur Zeit der Reformation und nachher an Herzog Bernhard von Weimar und an Herzog Ernst den Frommen von Gotha; ohne die innigste Rührung und ohne die Empfindung der tiefsten Ehrfurcht kann ich mich niemals dieses Musters eines christlichen Fürsten erinnern. Auch das Haus Braunschweig hat große und gute Regenten gehabt, und was Herzog Ferdinand war, das darf und kann Deutschland nicht vergessen. Was wären wir jetzt, wenn Friedrich der Einzige nicht existirt hätte? — und doch wäre er nicht Friedrich der Einzige geworden, wenn ihm sein Vater und sein Urgroßvater Friedrich Wilhelm der Große nicht vorgearbeitet hätten. Und endlich können wir, ohne die größte Ungerechtigkeit, dem Erzhaus Oesterreich seine unsterblichen Verdienste um das deutsche Vaterland absprechen? — Wären wir nicht schon vor zwei bis dreihundert Jahren und noch in spätern Zeiten ein Raub der Ottomannen ohne diese Vormauer geworden? — welche große, gute und fromme Regenten waren nicht die Maximiliane? — und laßt uns gerecht seyn! wer Kaiser Franz des Ersten geheimes Leben weiß, der muß diesem edlen Fürsten in seiner Seele gut seyn: denn er hat die vortrefflichsten Regierungsplane entworfen; wenn sie nicht alsofort ausgeführt werden konnten, so waren blos die Verhältnisse schuld, in denen er sich befand; seiner Gemahlin, der Kaiserin Königin Maria Theresia, wird keiner, der ihre Geschichte nach der Wahrheit weiß, das Lob absprechen, daß sie eine höchsttugendhafte, von Herzen fromme und ihre Unterthanen wie eine Mutter liebende Dame gewesen. Joseph der Zweite wurde, aus lauter Hitze und Drang ein ausgezeichneter guter Regent zu seyn, ein Opfer seiner Plane, und Leopold der Zweite bedarf nur des Lesens der Briefe über Italien von Du Paty, um in die Reihe der größten und edelsten Fürsten gesetzt zu werden. Und die Familien dieser unsterblichen und verdienstvollen Männer sollten wir darum, daß es auch zuweilen gewöhnliche, auch wohl lasterhafte Fürsten unter ihnen gibt, dem Titanismus Preis geben? Das hieß wahrlich unserm National-Charakter einen Schandfleck anhängen.

IV.

Untersuchung der Folgen, die aus der Empörung der Unterthanen gegen ihre Obrigkeit entstehen.

Von den Staatsrevolutionen, die aus Eroberungen und durch Besitznehmung fremder Regenten entstehen, kann hier deßwegen die Rede nicht seyn, weil der herrschende Geist unserer Zeit nichts damit zu thun hat; nur allein die Folgen will ich untersuchen, die die Empörung begleiten. Man beruft sich in diesem Fall auf eine Befugniß, die ihren Grund in dem Naturrecht haben soll, daß nämlich unmöglich viele Menschen um eines Einzigen willen, sondern daß dieser Einzige vielmehr um der vielen willen existire. Daraus folgert man dann, wie man glaubt, logisch richtig, daß es nun auch den vielen zukomme, den Einzigen, der um ihres Besten willen da ist, zur Rechenschaft zu ziehen, oder wenn er seinem Zweck nicht entspricht, ganz abzuschaffen, und sich eine andere, ihnen selbst gefällige Verfassung zu geben.

Was den ersten Satz betrifft, daß der Regent um seiner Unterthanen willen, und diese nicht um seinetwillen existiren, so hat niemand etwas dagegen einzuwenden: denn keiner kann regieren, wenn er keine Unterthanen hat; da nun Regieren nichts anders heißt, als die Unterthanen schützen und beglücken, so ist Schutz und Beglückung der Zweck, und der Regent das Mittel zu diesem Zweck. Es ist also ganz natürlich, daß die Mittel um des Zwecks, nicht aber dieser um jener willen da sey. Dieß läugnet aber auch kein vernünftiger Fürst; und Kaiser Joseph der Zweite hat diesen Satz mehr als einmal öffentlich behauptet. Ob aber die Folgerung, daß nun auch deßwegen der Regent schuldig sey, seinen Unterthanen Rechenschaft von seinem Thun und Lassen zu geben, richtig sey? das ist eine ganz andere Frage: denn was kann dieses Rechenschaftgeben für einen andern Zweck haben, als zu untersuchen, ob der Regent auch gut und zweckmäßig regiere? — und im Fall er das nicht thut, ihm Gesetze vorzuschreiben, nach denen er handeln soll, oder wenn man es für gut befindet, ihn gar abzusetzen und einen andern an seine Stelle zu wählen, oder auch eine republikanische Regierungsform einzuführen? also: die Befugniß der Unterthanen, zu untersuchen, ob ihr Landesherr auch gut und zweckmäßig regiere? ists eigentlich, worauf sich die ganze Macht des Revolutionsgeistes gründet. Laßt uns deßwegen diese Befugniß einmal unpartheyisch und nach den strengsten Regeln des Rechts und der Wahrheit prüfen!

Ich glaube, ich darf den Satz als ausgemacht annehmen; daß, wenn das Volk diese Befugniß haben sollte, seinen Regenten wegen seines Thuns und Lassens zur Rechenschaft zu ziehen, auch jeder Hausvater vollkommenen Anspruch auf dieses Recht müsse machen können: denn was könnte ihn doch von diesem Recht ausschließen, da er Unterthan ist, und also geschützt und beglückt werden muß?

Dann darf ich wohl noch einen Satz als ausgemachte und nicht zu bezweifelnde Wahrheit aufstellen, und das ist folgender; jeder, der sich zu einer Handlung berechtigt hält, muß alles Wissen und Wollen, was zu dieser Handlung gehört, oder im Gegensatz; niemand kann Befugniß oder Recht zu einer Handlung haben, die er nicht versteht, oder wenn er sie auch versteht, von dem man nicht gewiß ist, daß er sie nach den besten Regeln seines Wissens und Gewissens ausführen werde.

So ausgemacht richtig und in allen Fällen als unerkannt wahr auch dieser Satz allgemein angenommen wird, so will man ihn doch im Fall der Staatsrevolution nicht gelten lassen; die gemäßigtern Freunde derselben sagen: ja, das versteht sich von selbst, daß der gemeine Mann, der Bauer und der Handwerksmann, von Staats- und Regierungssachen nichts weiß, und daß er also auch in solchen Dingen nicht urtheilen und nicht entscheiden kann; das muß er den Urtheilsfähigen (im Vertrauen gesagt: das glauben sie selbst zu seyn) überlassen.

Die Titanisten hingegen gehen viel weiter; allerdings! sagen sie: hat jeder Hausvater das Recht, hier seine Stimme zu geben, des Volks Stimme ist Gottes Stimme (im Grund in diesem Sinn eine schreckliche Liebe), wenn die Nation oder das Volk eine Verordnung oder ein Gesetz gibt, so ist jedermann schuldig zu gehorchen; sie hat die natürliche Freiheit, sich eine Staatsverfassung zu wählen, die ihr am liebsten ist, taugt sie nicht, was geht das andere an? — und sie hat das Recht, jedem Schranken zu setzen, der ihr da in den Weg tritt; und wenn auch seine Vorschäge besser wären als die ihrigen, sie ist souverain, sie darf thun, was ihr gut däucht.

Beide Behauptungen müssen vor dem Richterstuhl der Vernunft und des gesunden Menschen-Verstandes geprüft werden.

Im ersten Falle sollen blos die Urtheilsfähigen den Regenten zur Rechenschaft ziehen; diese wären also im Grund die Gesetzgeber des Volks; wie sollen nun diese ausgewählt, bestimmt und mit der gehörigen Gewalt versehen werden? — Hier sind nur drei Fälle möglich:

1) Wenn sie der Regent wählt.

2) Wenn sie sich selbst zu Gewalthabern aufwerfen.

3) Wenn sie das gesammte Volk wählt.

Die erste Wahlmethode wird von den Revolutionsfreunden alsofort verworfen: denn sie sagen, das ist eben der Fehler, den wir rügen und den wir abgeschafft wissen wollen.

Die zweite ist deßwegen ein verwerflicher Gedanke, weil sich bei weitem die mehrsten Unterthanen für urtheilsfähig halten, und zwar diejenigen, die es am allerwenigsten sind; welch eine Zerrüttung würde in der bürgerlichen Gesellschaft entstehen, wenn jeder, der da glaubt, er verstünde etwas von Gesetzgebung und Regierungssachen, auch das Recht haben sollte, mitzurathen? — jede Meinung würde eine Parthei bilden; jede Parthei würde sich zu verstärken suchen, und alle würden am Ende gegeneinander zu Felde ziehen. Müßte nicht dadurch eine allgemeine Anarchie und ein unübersehbares Elend entstehen?

Endlich und zum dritten soll das Volk die Urtheilsfähigen wählen; dazu wird nun erfordert, daß das Volk erst muß entscheiden können, wer urtheilsfähig ist, und zweitens muß es sie dann auch wählen wollen. Wer nun nur die geringste Menschenkenntniß, ja wer nur beobachtet hat, welche Kabalen bei Prediger- und Schulmeister- und überhaupt bei allen Volkswahlen gäng und gäbe sind, der muß vor diesem Gedanken zurückbeben; ein jeder Bösewicht und gewissenloser Schlaukopf, der nur die Kunst versteht, sich bei dem Pöbel beliebt zu machen, wird gewählt, der Abschaum der Nation kommt ans Ruder der Gesetzgebung, und nun ist des Jammers kein Ende. Wer kann alle diese Facta läugnen, und wer muß nicht gestehen, daß die Wahl der Urtheilsfähigen durch sich selbst und durch das allgemeine Volk eine bloße, aber höchstgefährliche Chimäre sey? — kann man denn nicht einsehen, daß bei unserer jetzigen, obgleich unvollkommenen Verfassung, wie alles in der Welt unvollkommen ist, und auch nicht anders seyn kann, noch immer am mehrsten Urtheilsfähige in Regierungssachen mitwirken? — Durchgehends werden doch gelehrte und sachkundige Männer zu den Aemtern bestimmt, unsere Generäle und Archonten sind keine Schneider, Schuster und Bierbrauer; wir haben keine Männer an der Spitze, die Vatermörder, entlaufene Galeeren-Sclaven und gebrandmarkte Uebelthäter sind. O ja! ich gestehe gern, daß es auch schlechte Leute in den obern und niedern Collegien gibt, allein welches Uebel ist das größte?

Aus diesem allem ist nun auch zugleich klar, daß die von den Titanisten behauptete Souveränität des Volks ein abscheulicher und höchstgefährlicher Irrthum sey; man stelle mir die kleinen demokratischen Cantons in der Schweiz nicht zum Beispiel auf, diese bestehen aus etlichen Gemeinden, deren Bürger lauter Bauern und die also dem Stande nach alle gleich sind, hier ist eine ruhige Volksherrschaft denkbar; aber wie kann ein großes Volk, das aus so erstaunlich vielen, höchst verschiedenen Ständen besteht, sich selbst regieren? — Gelehrte, Kaufleute, Handwerksleute und Bauern, alle unter sich gegeneinander, und wieder alle gegen den Adel, wie ist da Vereinigung zum allgemeinen Zweck der Staatswohlfahrt möglich? — In diesem schrecklichen Zustand muß nothwendig immer die größte und muthigste Parthei siegen und herrschen; und diese kann aus keinen andern Gliedern bestehen, als aus Menschen vom niedrigsten Pöbel, deren es immer am mehrsten gibt, die also nichts zu verlieren haben, die ohne Erziehung und ohne Kenntnisse sind, und die von den wildesten Leidenschaften beherrscht werden. Wenn der Satz einmal angenommen wird, daß alle Menschen gleiche Rechte haben müssen, und da sich alle gleich sind, so werden in Italien die Banditen und Lazaroni bald den Souverain ausmachen, und in Deutschland wird es dann auch an Herrschern dieses Gelichters ganz und gar nicht fehlen. Freiheit und Gleichheit in diesem Verstand ist ein Thier, das aus dem Abgrund herauf steigt und die Staatsverfassung der Hölle auf Erden einführen will. Wie kann doch Thomas Paine einer Nation die Unfehlbarkeit zugestehen! —

Gegen diese sonnenklare Darstellung wendet man ein, es seye auch die Meynung nicht, daß jener Auswurf des menschlichen Geschlechts etwas zu sagen haben solle, nur der Activbürger, der erwerbende Hausvater sey's, bei dem die Urquelle der regierenden Gewalt ihren Sitz habe und haben müsse! — Gut! — wer schützt ihn aber dabei, er sich selbst? — nun da sind wir ja wieder im Naturstand, wo sich jeder Hausvater mit den Seinigen gegen jeden Anfall bewaffnen und in Sicherheit setzen muß, wahrlich ein höchst trauriges Schicksal! — oder soll eine Armee, eine Nationalgarde ihn schützen? — lieber Gott! davon haben wir das Beispiel in Frankreich; der Activbürger wählt Deputirte; wie das zugehe, das habe ich vorhin geschildert; diese Deputirten machen den Souverain, die Gesetzgeber, aus; jeder oder doch die mehrsten suchen aber ihr eigenes und nicht das gemeine Beste; und sehr selten einer, oft gar keiner, versteht nur das Geringste von der so schweren Wissenschaft einer vernünftigen Politik. Diese Archonten bestimmen nun wieder die Befehlshaber der Nationalgarde, immer aber sind alle diese Herren doch im Grund vom Pöbel und zwar vom allergeringsten und sittenlosesten abhängig: denn der hält sich für den Souverain, und niemand macht ihm dieß Vorrecht streitig. In dieser Verfassung ist also Schutz und Beglückung unmöglich, dagegen Raub und Mord mit allen ihren Folgen allgemein.

Ich weiß Männer, die so weit gehen, daß sie sagen: die Volkssouveränität sey einmal unläugbar, die Folgen möchten nun auch seyn, wie sie wollten; wenn es eine Nation nicht besser haben wolle, so sey das ihre Schuld, und niemand habe sich darin zu mischen. Wie! gehts denn den Menschenfreund nicht an, daß jetzt Millionen Kinder, und abermals mehrere hunderttausend rechtschaffener Menschen aus allen Klassen, dem Raub, dem Mord, der Plünderung, dem schrecklichsten Despotismus und allen Gräueln der Anarchie ausgesetzt sind? — war Frankreich je in irgend einer Lage, und unter irgend einer Regierung so unglücklich wie jetzt? — und ist wohl ein Funke Hoffnung übrig, daß dieses große Reich auf diesem Wege jemals zur Ruhe und zum Wohlstand kommen werde? — man kann sagen, die Schweiz, Holland und England sind ja auf diesem Wege freie und glückliche Staaten geworden; ich antworte aber mit Grund: nein! auf diesem Wege nicht! — man lese Johann Müllers Schweizergeschichte, so wird man eine himmelweite Verschiedenheit finden: viele von Adel, die Geistlichkeit und das Volk setzten sich gemeinschaftlich gegen die unerhörten Bedrückungen der österreichischen Beamten in Defensionsstand, und nun brachte eine Folge die andere hervor. In den Niederlanden wüthete der Herzog von Alba und mit ihm alle Gräuel des Gewissenszwangs; hier trat das Recht der Selbsthülfe ein, und nicht der Pöbel, sondern ein tapferer

Fürst, in Verbindung mit dem Adel wars, der den Holländern mit seinem Blut und Leben die Freiheit erkaufte. In England endlich gab die Eifersucht zwischen den königlichen Familien York und Lancaster, und der daher entstehende blutige Bürgerkrieg, dem Adel Anlaß, sich und dem Volke nach und nach Freiheiten zu erwerben, niemals aber ist von einer absoluten Volksherrschaft in irgend einem Sinn die Rede gewesen. Und überhaupt habe ich in diesen Blättern schon einmal angemerkt, daß die Vorzüge dieser dreien Staatsverfassungen so blendend nicht sind, als wir sie uns vorstellen.

Um aber doch auch den Revolutionsfreunden, besonders in Deutschland, alle Gerechtigkeit wiederfahren zu lassen, so gestehe ich gerne, daß die gemäßigsten und billigsten unter ihnen eine solche schreckliche und verabscheuungswürdige Staats-Umwälzung, wie die französische ist, ganz und gar nicht wünschen, sondern sie glauben: man könne durch friedliche und keineswegs gewaltsame-Mittel nach und nach den Mängeln unserer Regierungsverfassungen abhelfen, und also auf diesem Wege ohne Gefahr zum Zweck kommen.

So billig und edel das nun auch gedacht ist, so zweckwidrig sind die Mittel, deren man sich zu diesem Ende bedient; wir wollen sie prüfen:

Die Preßfreiheit überhaupt, und die Publizität insbesondere, sollen die Mittel seyn, wodurch sie die Regenten und ihre Dienerschaft zur Abschaffung der Mißbräuche bestimmen wollen; man ist der Wohlthätigkeit jener Mittel so gewiß, daß man entweder hohnlächelt oder aus der Haut fahren will, wenn man nur Bedenklichkeiten dabei findet; und dem allem ohngeachtet trete ich vor ganz Deutschland auf und sage laut und unverholen: die Preßfreiheit und die Publizität sind bei dem einzelnen Guten, daß sie hin und wieder gewirkt haben mögen, die nächsten und ich kann mit Grund sagen, die zureichenden Ursachen der allgemeinen Unzufriedenheit mit den Regenten und des allgemein herrschenden Revolutionsgeistes. Durch alle die mancherlei Journale, Zeitungen und fliegenden Blätter ist der wahren, langsam fortschreitenden und gründlich erhellenden

Aufklärung unendlich geschadet, hingegen der Sittenlosigkeit, der frechsten Religionsverachtung, und dem Hang zur zügellosesten Freiheit Thür und Thor geöffnet werden. Läugne das, wer es läugnen kann! — die ganze Menge des lesenden Publikums findet da jeden Augenblick Fehler, bald dieses, bald jenes, bald seines eigenen Regenten aufgedeckt, und gar oft sind solche Erzählungen nicht einmal wahr; indessen glaubt man sie doch, und man wird dadurch nach und nach verdrießlich, mißmuthig und unzufrieden mit allen Obrigkeiten, daraus erzeugt sich endlich ein förmlicher Haß gegen sie, und so ist der Revolutionsgeist gebildet. Ist das denn nun der so wohlthätige Zweck, den solche Lehrer der Menschen beäugen? — und wird dadurch unsere Staatsverfassung nach und nach auf eine friedliche Weise verbessert werden? — gerade das Gegentheil; denn:

1) Gewöhnt man sich dadurch ans Räsonniren und Tadeln der Regierungen, aller ihrer Gesetze, Verordnungen und Handlungen in öffentlichen Gesellschaften, und verbreitet dadurch den Geist der Unzufriedenheit und der Rebellion auch unter den nicht lesenden Ständen.

2) Dadurch, daß mans nun einmal gewohnt ist, alles, was die Obrigkeit thut, zu kritisiren, verurtheilt man nun auch ihre vortrefflichsten Schutz- und Beglückungs-Anstalten, sobald sie uns entweder nicht einleuchten, oder wenn manchmal aus zweien Uebeln, die der Regent weder entdecken kann noch darf, das geringste gewählt werden muß, diese Wahl des geringsten Uebels bitter gerügt wird.

3) Jeder wirkliche Fehler, den der Landesherr macht, denn er ist Mensch und fehlt daher mannigfaltig, wird nicht mit dem Mantel der Liebe bedeckt, nicht nach Menschenliebe beurtheilt, nicht nach der Regel: was du nicht willst, das dir andere thun sollen, das thue ihnen auch nicht, angesehen, sondern man jauchzt und triumphirt als über einen unwiderlegbaren Beweis seiner Rechthaberei, dadurch wird dann der Revolutionsgeist immer tiefer und fester gegründet.

4) Wer nun einmal unzufrieden ist, der befolgt alle herr-

schaftliche Verordnungen mit Widerwillen und mit Zwang; er macht sich kein Gewissen, sie zu übertreten, wo er es nur ungestraft thun kann; da nun kein Gesetz so gut ist, das nicht bei der Verschiedenheit der Gesinnungen hie oder da einem mißfallen sollte, so ist auch der Gehorsam immer mangelhaft und bei der herrschenden Idee von Volksfreiheit, die aus der Publizität entsteht, macht man sich eine Freude daraus, diese Freiheit zu behaupten.

5) Die unvermeidliche Folge von diesem allem ist, daß jeder wachsame Regent sich genöthigt sieht, Aufmerksamkeit, Strenge, genaue Polizei und Strafen auf alle Weise anzuwenden, um seine Gesetzgebung zu handhaben und sich allenthalben Gehorsam zu verschaffen, weil ohne dies die öffentliche Ruhe und Sicherheit unmöglich bestehen kann. Das endliche Resultat von diesem allem kann nun

6) kein anderes seyn, als daß bei dem immer steigenden Grad des Revolutionsgeistes und des allgemein herrschenden Freiheitssinnes, auch die Wirksamkeit der regierenden Gewalt in eben dem Verhältniß steigen muß; geschieht das nicht, so wächst der Muth der Empörung dem Regenten über sein Haupt und die gewaltsame Revolution mit allen ihren gräßlichen Folgen ist unvermeidlich; und will er die Macht des Stärkeren immer vermehren, so wie der Freiheitsdrang zunimmt, so vermehrt sich auch dadurch der Haß und die Erbitterung des Volks gegen ihn, die Unzufriedenheit und die Sehnsucht nach Freiheit wird immer stärker, und wenn endlich ihre Elastizität aufs höchste gespannt ist, so bricht sie durch, und nun ist des Jammers kein Ende. Was soll nun ein Regent unter diesen Umständen thun? — sanft, gerecht und weise regieren! Nun, wenn er das denn thut, so gibts doch tausend und abermals tausend Fälle, wo er dem Laster und dem Unrecht entgegen wirken und diese bestrafen muß; überall, wo er das aber thut, da entstehen Unzufriedene; und weil die wenigsten beurtheilen können, was in Staats- und Regierungssachen immer gerecht und weise ist, aber doch dem Geist unserer Zeit gemäß urtheilen wollen, so ist in einem solchen Fall der Fort-

schritt des Revolutionsgeistes zwar langsamer, aber er wird keineswegs gehindert, und je gelinder die Regierung ist, desto muthiger wächst das Unkraut zwischen dem Waizen empor.

Ich rufe alle verständige, wahrhaft urtheilsfähige und unser deutsches Vaterland liebende Männer auf und bitte sie ruhig und nach den strengsten Regeln der Wahrheit, der Vernunft und der Religion, meine Sätze zu prüfen; ich bin überzeugt, daß sie dann alle mit einander mir ihren Beifall nicht werden versagen können. Ja, ich getraue mir mit meinen Gesinnungen, in diesem Fall und mit diesen Blättern, vor dem Richterstuhl des Weltregenten zu erscheinen, und ich bin gewiß, daß Er mich nicht beschämen, sondern mir Wohlgefallen zuwinken wird.

Sind denn nun die Preßfreiheit und die Publizität, so wie sie heut zu Tage bei uns üblich sind, friedliche und keineswegs gewaltsame Mittel, den Mängeln unserer Regierungsverfassungen abzuhelfen? — Wahrlich nicht! im Gegentheil, sie wirken unfehlbar und unaufhaltbar zur gewaltsamen Revolution mit allen ihren schrecklichen Folgen; und wird es dann durch solche Revolutionen nach so viel vergossenem Bürgerblut besser werden? gewiß nicht! viel lieber will ich mein Leben auf einer wüsten Insel einsam verseufzen, als unter dem wüthenden Volksdespotismus keinen Augenblick meines Lebens und meines Eigenthums sicher seyn.

O es ist um die vernünftige und wohlgeleitete Preßfreiheit und Publizität eine herrliche Sache? — aber darinnen sind wir uns doch alle einig, daß Schriften, die offenbar dem Staat und der Religion schädlich sind, unmöglich geduldet werden können. Welche sind aber dem Staat schädlicher, als wenn man die Handlungen der Regenten, sie mögen nun wirklich oder blos vermeintlich schädlich seyn, öffentlich und ohne Scheu an den Pranger stellt? — indem sie die unvermeidliche Wirkung thun, daß sie eine frühere oder spätere gewaltsame Revolution bewirken müssen, wie ich so eben unwiderlegbar bewiesen habe. Und können wohl Schriften für die Religion schädlicher wirken, als solche, die sie auf einer schiefen Seite vorstellen, ein falsches Licht darüber verbreiten und sie auf eine gröbere oder feinere Weise lächerlich machen? — und haben wir deren heut zu Tage nicht viele?

Liebe deutsche Landesleute! hohe und niedre, vornehme und geringe! — es gibt wahrlich nur einen sanften, friedlichen und wohlthätigen Weg, auf welchem alle Mißbräuche, so viel es in dieser unvollkommenen Welt nur immer möglich ist, abgeschafft werden können, und dieser ist ganz gewiß allgemeines Streben nach sittlicher Vollkommenheit, Veredlung seiner selbst und Vermeidung des Luxus; mit einem Wort: allgemeine und praktische Cultur der reinen und wahren christlichen Religion. Diese lehrt uns unterthan und gehorsam seyn, denen, die Gewalt über uns haben, und nicht etwa allein den Gütigen und Gelinden, sondern auch den Wunderlichen; sie überzeugt uns von unserem eigenen grund- und bodenlosen moralischen Verderben, dadurch werden wir demüthig: denn wir sehen ein, daß wir immer noch größere Fehler als andere haben, und daß wir an ihrer Stelle noch schlimmer seyn würden, wir werden im eigentlichen Sinne tolerant, wir finden an uns selbst so viel zu verbessern, daß wir äußere Reformationen gerne ruhen lassen, wir wissen, daß wir in dieser unvollkommenen Welt des Genusses einer vollen Freiheit unfähig sind und daß sie uns schaden würde, daher dulden wir alle Einschränkungen als Besserungsmittel mit Freuden, und dann können wir gewiß seyn, daß bei einem allgemeinen Fortschritt dieser einzigwahren Aufklärung auch unsere Regenten keineswegs zurückbleiben werden. Nicht der empörende Revolutionsgeist, sondern der alles tragende und durch Beispiel und sanfte Ueberzeugung belehrende Geist der Gottes- und Menschenliebe ist das einzige und wahre Mittel sowohl uns selbst, als unsre Regenten und unsere Staatsverfassungen zu veredeln.

Ist nun hie oder da ein ruhiger Freund der Wahrheit, der nicht mit mir eines Sinnes ist, der widerlege mich, aber mit Gründen, nicht mit Deklamationen; nur diesem werde ich antworten und gerne Belehrung annehmen, wo ich überführt werde; einen solchen bitte ich aber, auch meine Grundlehre der Staatswirthschaft zu lesen, so wird er finden, daß ich auch die Regenten-Pflichten kenne. Jeder aber, bei dem der Titanismus überkocht, der mich mit Hohn und Bitterkeit, Schänden, Schmähen und Vorwürfen angreift, wird von mir mit Stillschweigen, so als wenn er gar nicht existirte, vorbeigegangen; es wird gewiß einmal eine Zeit kommen, wo es sich zeigen wird, wer von uns recht gehabt hat.

III.

Vertheidigung

gegen

die schweren Beschuldigungen

einiger Journalisten.

1807.

Wenn du deine Gabe auf dem Altar opferst, und wirst allda eingedenk, daß dein Bruder etwas wider dich habe, so laß allda vor dem Altar deine Gabe, und gehe zuvor hin und versöhne dich mit deinem Bruder, und dann komme und opfere deine Gabe.

Matth. 5, V. 23. 24.

So lang die Anfälle auf mich in schimpfen, spotten und verdrehen meiner Worte bestehen, so lang halte ich es nicht für nöthig und achte es nicht der Mühe werth, ein Wort darüber zu sagen; denn was soll ich antworten? etwa wieder schimpfen, wieder spotten? — Nein, dafür behüte mich mein Gott, der Christ vergilt nicht Böses mit Bösem, sondern mit Liebe und Schonung. Würde aber jemand meine Lehre, meine Grundsätze zu widerlegen suchen — welches noch nie versucht worden ist — so würde ich ihm Rede stehen und ihm Rechenschaft meines Glaubens geben; oder wenn jemand meine Person und meinen Character eines Verbrechens beschuldigt, so daß dadurch ein allgemeiner Verdacht gegen meine Rechtschaffenheit entsteht, wodurch dann auch nothwendig meine Schriften bei denen, die weder mich noch meine Lehren genau kennen, in Mißkredit gerathen müssen, so fühle ich mich verpflichtet, meine Ehre, meinen guten Ruf und auch die Wahrheit meiner Lehre zu vertheidigen, und dies ist gegenwärtig der Fall.

Verschiedene Freunde aus dem nördlichen Deutschland haben mir geschrieben, daß in einer dortigen Zeitschrift heftige Ausfälle gegen mich geschehen seyen, unter andern behauptet man: ich sey der *Stifter oder Heerführer der gefährlichen würtembergischen Sekte* — Sie verstehen ohne Zweifel diejenige darunter, die den Kaiser *Napoleon* für den Sohn Gottes erklärt, der nun wiedergekommen sey, um sein so lange versprochenes Königreich auf Erden zu stiften, die daher alle andere Obrigkeiten, auch ihre eigene verachtet, ihren Vorgesetzten den Gehorsam versagt, sie schimpft; alle Prediger, auch die frömmsten und rechtschaffensten, für Betrüger und Baalspfaffen erklärt, sich daher von der Kirche und den Sacramenten trennt; die *weiße Hüte mit Kokarden* trägt und sich sonst auf allerlei Weise auszeichnet, dieser höchst gefährlichen und fanatischen Sekte Stifter und Anführer soll ich seyn.

Alle Leser meiner Schriften müssen erstaunen, wie es möglich ist, mir so etwas Abscheuliches aufzubürden — denn sie wissen alle meine Grundsätze und daß es einem gesunden Menschenverstand unmöglich sey, solche Gräuel aus ihnen zu folgern. Diejenigen aber, denen meine Schriften unbekannt sind, können freilich nicht wissen, was darinnen enthalten ist, und denen muß ich also beweisen, daß kein wahres Wort an dieser Sage ist. Wie kann ich aber dieses, wenn sie nicht lesen, was ich geschrieben habe? — freilich wäre nach gewöhnlichen Rechtsgründen der Beweis Pflicht meiner Gegner; ich könnte gerichtlich darauf dringen; allein das will ich nicht, aber das fordere ich von meinen christlichen deutschen Mitbrüdern, daß sie nicht eher solchen Verläumdungen glauben, bis sie auch mich gehört und meine geschriebenen Werke geprüft haben, es ist ja eine längst angenommene Regel, daß man auch den andern Theil hören solle — audiatur et altera pars — nur um dieses bitte ich, und auch darum, daß man mich nicht unverhört verdammen möge.

Im letzten, nämlich 4ten Stück des christlichen Menschenfreundes, habe ich mich über die oben angeführte gefährliche Sekte dergestalt erklärt, daß ich ein abscheulicher Bösewicht seyn müßte, wenn ich so etwas öffentlich bezeugte, und dann heimlich doch, nicht blos ihrer Meinung, sondern noch sogar ihr Anführer wäre.

Man frage jeden, der zu dieser Sekte gehört, was er von mir halte? so wird sich bald zeigen, wie feindselig alle gegen mich gesinnt sind; und man erkundige sich bei den würtembergischen Behörden, die diese Leute gerichtlich verhört und Protocolle über sie abgefaßt haben, so wird sich allenthalben zeigen, daß ich weder am Entstehen noch an der Zunahme dieser Sekte den geringsten Antheil habe. Alle meine Grundsätze sind den Schwärmereien dieser bedauernswürdigen Menschen so geradezu entgegen, daß diese Beschuldigung sehr viel Aehnliches mit derjenigen hat, als die Juden behaupteten, Christus treibe die Teufel aus durch Beelzebub, den Obersten der Teufel. Ich kämpfe — laut allen meinen neuesten Schriften, gegen diese Schwärmer, und soll doch ihr Heerführer seyn; und in meinen ältern Werken wird immer vor solchen wilden Auswüchsen ernstlich gewarnt.

Sollte aber jemand einwenden, meine religiöse Lehrmethode sey überhaupt dazu geeignet, dergleichen ausschweifende Schwärmereien zu veranlassen, so dient zur Antwort: man zeige mir, daß ich irgendwo das Geringste lehre und behaupte, das nicht Christus und seine Apostel, und nach ihnen die theuern Gottesmänner, und endlich unsre verehrungswürdige Reformatoren geglaubt, gelehrt und behauptet haben, und darf ich das nicht? — darf ich nicht mehr lehren und behaupten, was so viele Millionen zu frommen, tugendhaften und vortrefflichen Menschen unläugbar gebildet hat und noch immer bildet? — wenn zu allen Zeiten hie und da einer durch den Mißbrauch religiöser Wahrheiten, Weissagungen und dergleichen im Kopf verrückt und ein Schwärmer wurde, so kann man das der Bibel und ihrer christlichen Glaubenslehre so wenig Schuld geben, als eine vortreffliche heilsame Arznei Schuld an den schädlichen Folgen für denjenigen ist, der sie, anstatt tropfenweis zu nehmen, mit Löffeln ißt, oder ein reiner gesunder Wein an der Völlerei des Trunkenbolds.

Die würtembergischen Schwärmer erklären den Kaiser Napoleon für den nun zum Zweitenmal und zur Errichtung seines längst versprochenen Reichs vom Himmel herabgekommenen Sohn Gottes Jesum Christum.

Ich erkläre den Kaiser Napoleon für ein großes Werkzeug in der Hand der Vorsehung, wodurch Gott große und wichtige Zwecke, die am Ende zum Heil der ganzen Menschheit gereichen müssen, ausführen will. Daß diese meine Erklärung wahr sey, das lehrt uns die Geschichte dieses großen Mannes und die Geschichte unserer Zeit so klar und deutlich, daß kein Vernünftiger daran zweifeln kann: Aber daß er der Sohn Gottes Jesus Christus sey; das würde der Kaiser selbst für Unsinn und Lästerung erklären, wenn er es erführe; das kann nur ein wahnsinniger Schwachkopf behaupten.

Dann sondern sich diese bedauernswürdige Schwärmer von Kirchen, Schulen und Sacramenten ab und versagen der geist- und weltlichen Obrigkeit allen Gehorsam, sie beschimpfen und lästern sie sogar; ich hingegen habe von jeher und besonders in den neuern Zeiten mit großem Ernst gegen den Separatismus gekämpft und unwiderlegbare Gründe angeben, warum man sich nicht von Kirchen, Schulen und Sacramenten absondern, sondern auch dann sich deren bedienen müsse, wenn auch die Geistlichen das nicht sind, was sie seyn sollten. Diese Pflicht hört aber dann auf, wenn Lehren vorgetragen werden, die der Lehre Christi und überhaupt der christlichen Religion entgegen sind. In Ansehung des Verhaltens gegen die Obrigkeit habe ich allenthalben, wo ich nur Gelegenheit dazu fand, Gehorsam und Treue anempfohlen; kein Unterthan hat das Recht, zu untersuchen, ob die Obrigkeit, die Gewalt über ihn hat, mit Recht oder Unrecht zu dieser Gewalt gekommen sey? — sobald sie einmal die Gewalt hat, so hat sie sie von Gott. Gesetzt auch, es sey bloße Zulassung Gottes, so darf der christliche Unterthan das nicht ändern wollen, was Gott zugelassen hat, weil er es nicht zugelassen hätte, wenn er nicht große und heilige Zwecke dadurch erreichen wollte. Königen und Fürsten kommt es zu, ihre Rechte und Länder zu schützen, wenn sie das nun aus allen Kräften thun und gethan haben, und werden dennoch überwältigt, so sind die Unterthanen verpflichtet, dem neuen Herrn treu und gewärtig zu seyn. So lehrt die christliche Religion, die gesunde Vernunft und die Klugheit. Dieß habe ich auch in allen meinen Schriften gelehrt, an diese appellire ich, sie sollen entscheiden.

Die würtembergische Secte, wovon hier die Rede ist, bestand anfangs wenigstens grossentheils aus wahrhaft erweckten Seelen; durch den Separatismus aber, der allemal einen versteckten heimlichen Stolz zur Quelle hat, wenn die Religionsbedienung in Kirchen und Schulen nicht ganz und gar verdorben ist; sind sie allmählig auf Irrwege gekommen, wie solches leicht möglich ist, wenn sich solche gemeine, an Erkenntniß armen Leute von ihren Führern losreißen und dann Bücher lesen, die sie nicht verstehen, oder vielmehr unrichtig verstehen. Doch ich mag mich gegen diese Beschuldigung, die würtembergische Sekte betreffend, nicht weiter vertheidigen. Die Menge meiner dortigen Freunde können und werden Zeugen meiner Unschuld seyn.

Ein anderer Freund schreibt mir, ich würde in dem Morgenblatt darüber angezupft, daß ich einmal in der Schweiz vor dem Essen eine halbe Stunde gebetet hätte — hierauf dient zur Antwort, daß ich nie in der Schweiz, weder vor noch nach dem Essen laut, vielweniger eine halbe Stunde lang gebetet habe. Doch darauf hätte ich fast nicht antworten sollen, diese Anklage ist so läppisch, so unbedeutend, daß ich nicht begreife, wie ein Mensch dazu kommen kann, sich darüber zu beschweren. Ueberhaupt aber wissen alle, die mich kennen, daß ich kein Freund von langen und lauten Gebeten bin, das innere wahre Herzensgebet ist meine Sache. Nun zu einer andern, mehr bedeutenden Beschuldigung.

Verschiedene Freunde in der Schweiz schrieben mir, daß ich in einer dortigen Flugschrift — ich glaube, sie heißt Miszellen der neuesten Weltkunde — sehr bitter angegriffen worden seye, was aber da über mich gesagt werde und wessen man mich beschuldige, das schrieb man mir nicht, ich fragte auch nicht weiter darnach, weil ich mich um solche Schmähungen wenig bekümmere, und etwas Wichtigeres zu thun habe, als so etwas zu lesen, oder gar dagegen zu schreiben.

Bald hernach aber schrieb mir eine sehr fromme und erleuchtete Seele aus Niederdeutschland über allerhand religiöse Gegenstände, unter andern gedachte sie auch eines bittern und beleidigenden Aufsatzes, der in eine der dortigen Zeitungen aufgenommen worden, und mich besonders betreffe, zugleich legte sie mir auch das Zeitungsblatt bei, um es selbst lesen zu können. Hier fand ich nun, daß es vielleicht der nämliche Artikel sey, der in dem Schweizerblatt stehe. Ich theile ihn hier (von

Wort zu Wort mit, damit alle meine Leser selbst urtheilen, und sehen können, was an der Sache ist.

Schweiz.

Ein Schweizerblatt liefert unter der Aufschrift: Ein Blick auf Stilling-Jung und die Religions-Schwärmerei im südlichen Deutschland und in der Schweiz, achtungswerthe Betrachtungen. „In seiner neuesten Volksschrift *) — heißt es in diesem Aufsatz unter andern — spricht Herr Jung auch von dem Bergfall bei Goldau und den dabei Verunglückten, worunter, wie er sich ausdrückt, viele gute Seelen gewesen seyn können, die ins ewige Vaterland kamen, ohne zu wissen wie ihnen geschahe; er sucht gewissermaßen dies Ereigniß als ein göttliches Werk zu rechtfertigen. So wohl gemeynt dies ist, so übel wird es von ihm unternommen; er sagt z. B.: unter den Verschütteten befinden sich 128 Kinder, diese sind nun alle auf einmal und in einem Augenblick selig geworden, u. s. w. Jedermann weiß, wie oft schon dergleichen Ideen unter schwärmerischen Landleuten Kindermorde veranlaßten. Den Bergfall benutzt er aber noch zu andern Zwecken: ihn und die bei Udine gesehene Feuersäule und die Erdbeben in Ungarn, die zu Nürnberg gesehene Feuerkugeln, die Ueberschwemmung im Canton Unterwalden, der neulich in den Zeitungen erwähnte Hang einiger Weiber, sich zu ersäufen, dienen ihm als Zeichen der Zeit, und er deduzirt damit nichts Geringeres, als die Ankunft des jüngsten Tages, — der große Haufe, ist einmal seine Phantasie in Glut, bleibt nicht bei dem stehen, was ihm dieser oder jener gutmüthige Schwärmer angab, er wird selber inspirirt und Prophet, und der gefallene Schneeballen wird wider den Willen des ersten Urhebers zur zermalmenden Lawine. Hr. Jung eifert nun endlich auch, aber gewiß vergebens, gegen die kräftigen Irrthümer, die hie und da unter den Erweckten selbst zu herrschen anfangen. Vielleicht gab aber eben

*) Der christliche Menschenfreund; 4tes Heft.

er zu dem Wahnsinn zum Theil mit Anlaß, der in den Königlich würtembergischen Staaten vor kurzem so viel Unheil in manche Familien brachte. Hr. Jung erzählt das. Er war Augen- und Ohrenzeuge. Er eifert gegen diesen Abfall von Christo, wie ers nennt, hofft vielleicht zur Belehrung und Bekehrung dieser tollhäuslerischen Erweckten beizutragen. Aber sie würden ihm wahrscheinlich eben das antworten, was ihm die Separatisten einer andern Gegend des südlichen Deutschlands schrieben: Er solle das Bücherschreiben bleiben lassen; er verführe die Menschen dadurch; er sey ein Vorläufer des Antichrists und ein Comödiant; er soll sich lieber auf die Schneiderwerkstatt setzen und den Schauspielern, den Comödianten die Kleider machen und flicken, u. s. w., es ist mit der religiösen Schwärmerei wie mit der politischen, der Jüngere wächst dem Meister zuletzt über den Kopf."

So lautet dieser Zeitungsaufsatz, und nun meine Verantwortung dagegen.

Ein Blick auf mich und auf die Religionsschwärmerei im südlichen Deutschland — so heißt der Titel: also ich und die Schwärmerei in Verbindung. Wenn man alle meine religiöse und ästhetische Schriften ruhig und mit unpartheiisch prüfendem Geist liest, mein Leben und Wandel und meine Reden von jeher redlich und ohne Vorurtheil beobachtet hat und noch beobachtet, so wird sich zeigen, daß ich durchaus nichts lehre, nichts behaupte, als was Christus, seine Apostel, und ihnen die ganze rechtgläubige Kirche bis daher gelehrt und behauptet hat. Dies werde ich im Verfolg noch klarer zeigen. Ist nun das ganze christliche Glaubenssystem, wodurch millionen Menschen zu guten Bürgern, Unterthanen, Gatten, Eltern und Kindern gebildet worden sind, Schwärmerei, so sey mir diese Schwärmerei willkommen und gesegnet, sie ist mir doch tausendmal lieber, als die eiskalte Vernunftweisheit, die mich einem eisernen Schicksal unterwirft, von der väterlichen Leitung meines Gottes und von der tröstlichen Bürgschaft meines Erlösers kein Wort weiß. . . . . .

Aber ist denn das christliche Glaubenssystem, so wie wir es in der Bibel finden, wirklich Schwärmerei? — dies war es sechzehn Jahrhunderte lang nicht, man glaubte der Bibel unbedingt, und wer es nicht that, den verabscheute man, man nahm die Vernunft gefangen unter den Gehorsam des Glaubens, weil man überzeugt war, daß sie im Uebersinnlichen nichts wisse. Unter der Regierung Carls des zweiten, Königs von England, entstanden aber Männer, die es wagten, mit ihrer Vernunft das Christenthum zu prüfen, sie bekamen allmählig Nachfolger, und so entstand endlich nach und nach das mechanisch-philosophische Lehrgebäude, welches dem christlichen Glaubenssystem geradezu entgegen ist; nun verwechselt man aber jene mechanische Philosophie mit der Vernunft; was ihren Grundsätzen widerspricht, das soll auch der Vernunft widersprechen, und dies ist ja offenbar grundfalsch: die Philosophie gibt die Grundlage der Vorstellungen des Denkens, Urtheilens und Schließens; darauf gründet nun die Vernunft alle ihre Ansichten und Kenntnisse; sie hat einmal jene Grundlage für unerschütterlich wahr angenommen und glaubt gewiß zu wissen, daß, wenn sie nun logisch richtig schlöße, diese ihre Schlüsse himmelfeste Wahrheit seyen, und dieses ist doch grundfalsch; denn, wenn die erste Grundlage des Denkens Irrthum ist, so ist alles, was auch logisch richtig daraus gefolgert wird, Irrthum; und gerade dies ist der Fall bei unserer neuen Aufklärung in der Religion. Denn ihren Grundsätzen zufolge nimmt die Vernunft nichts an, als was sich auf sinnliche Erfahrungen gründet, aus diesen bildet sie sich die Grundlagen, die Prämissen ihres Denkens, Urtheilens und Schließens, so lange sie nun damit innerhalb den Grenzen der materialen- oder Körperwelt bleibt, so lange handelt sie recht, und wenn sie richtig beobachtet und schließt, so ist auch das, was sie herausbringt, Wahrheit, will sie aber die nämlichen Grundlagen ins Uebersinnliche übertragen, so geräth sie in Widersprüche und höchst gefährliche Irrthümer: denn der Mensch ist in der gegenwärtigen Periode seines Daseyns auf die Körperwelt organisirt, wo er alles außereinander- und nacheinander, in Raum und Zeit, in Ursachen und Wirkungen nothwendig so und nicht anders findet und beobachtet. Daß er aber alles so findet und beobachtet, davon liegt der Grund in seiner Organisation; wären seine sinnliche Organe anders gebaut, so erschien ihm auch die ganze Natur anders; er würde auch ganz anders beobachten, urtheilen und schließen. Wie also die Körperwelt in sich ist und wie sie sich Gott vorstellt, das weiß kein Mensch, und niemand kann es wissen.

Wenn also unsre Vorstellung von der Körper- oder Sinnenwelt nur für uns, aber in sich selbst nicht Wahrheit ist, wie kann sie dann vollends in einer Welt, von welcher unsre Sinnen gar nichts empfinden, Wahrheit seyn? — Unsre aufgeklärte weise Männer beurtheilen Gott und Geist nach dem Maßstabe der materiellen Kräfte und ihrer nothwendigen Wechselwirkung durch Ursache und Folge, und bedenken nicht, daß diese materiellen Kräfte mit allen ihren Wirkungen durch ihre eigene sinnliche Organisation so modifizirt werden und daß sie in der Wahrheit der göttlichen Vorstellung ganz anders sind. Für ein vernünftiges Thier, das nach dem Tod weiter nichts sucht und im Tod sein ganzes Daseyn verliert, mag eine solche Aufklärung noch hingehen, ob sie gleich in dem Fall auch den Leidenden trostlos läßt, aber für den unsterblichen, nach dem höchsten Gut hungernden Geist, ist sie ein betäubendes Gift, eine wahre Pest der Menschheit.

Wird die theokratische Philosophie oder mein theokratisches Freiheitssystem, so wie es die Bibel und die christliche Religion lehren, mit unsern sinnlichen Vorstellungen von der Körperwelt in ein übereinstimmendes Ganzes gebracht, so erhält die Vernunft eine felsenfeste Grundlage ihres Denkens, Urtheilens und Schließens, und wenn sie da logisch richtig verfährt, so kann sie nicht irren. In meiner Theorie der Geisterkunde, an der ich jetzt arbeite, erkläre ich mich näher über mein theologisches Freiheits-System, und zeige, daß es sich sehr wohl mit unsern sinnlichen Vorstellungen vereinigen lasse.

Wenn ich nun ein solches, auf Vernunft, Erfahrung und

Offenbarung gegründetes System, bald in Dichtung, bald in Bildern, bald in Allegorien und bald in Prosa ruhig und vernünftig vortrage, bin ich dann ein Schwärmer und ist meine Lehre, meine Tendenz Schwärmerei?

Die Schwärmerei im südlichen Deutschland hat ganz andere Quellen, als mich und meine Schriften; man frage nur alle Arten von Separatisten und Schwärmern, so wird man ganz andere Ursachen hören, sie sind mir durchgehends alle feind und wahre Antipoden meiner Grundsätze; wie können sie nun meine Anhänger seyn? Doch ich fahre in meiner Verantwortung gegen die Beschuldigungen in obigem Zeitungsaufsatz fort; geheime Seitenhiebe übergehe ich und bleibe nur bei der Hauptsache. Ich soll gewissermaßen den Bergfall zu Goldau in der Schweiz als ein göttliches Werk zu rechtfertigen suchen, so wohlgemeynt das aber sey, so übel würde es von mir unternommen, u. s. w. Ein göttliches Werk habe ich diesen Bergfall nicht genannt, sondern es heißt unten auf der sechsten Seite des 4ten Hefts des christlichen Menschenfreunds so: „Dergleichen große Naturereignisse gehören in die Geheimnisse der großen Weltregierung, die wir vielleicht dereinst im reinen Licht erkennen und den Herrn der Herrlichkeit dafür preisen werden.“ Habe ich da etwas Unwahres, Dummes oder Schwärmerisches gesagt?

Die Rechtfertigung dieses schweren göttlichen Verhängnisses soll von mir übel unternommen worden seyn. Ein Beweis davon ist, daß ich die verschütteten 128 Kinder selig gepriesen habe, und daß durch dergleichen Ideen leicht der Kindermord veranlaßt werden könnte. Liebe Leser! bleibt doch nur einen Augenblick bei dieser Stelle stehen, was muß einem vernünftigen, vorurtheilsfreien Menschen dabei einfallen? — ich mag es nicht denken, vielweniger auf das Papier niederschreiben. — Wenn ich also eine weinende Mutter, welcher ein Kind gestorben ist, damit trösten will, ihr Kind sey selig, denn die Seligkeit der Kinder sey gewiß; wenn es alt geworden wäre, so hätte es ein Sünder werden und verloren gehen können, so handle ich unrecht, denn wie leicht könnte das eine andere schwärmerische Mutter hören, dann flugs nach Haus laufen, ihr Kind ermorden, um es auch selig zu machen.

Wenn der Verfasser dieses Aufsatzes keine andern Beweise meiner übelunternommenen Rechtfertigung hat, so möchte er wohl zu kurz kommen; wir wollen sehen. Es heißt ferner: den Bergfall benutzt er aber noch zu andern Zwecken: ihn und die bei Udine gesehene Feuersäule und die Erdbeben in Ungarn; die zu Nürnberg gesehene Feuerkugeln; die Ueberschwemmung im Canton Unterwalden; der neulich in den Zeitungen erwähnte Hang einiger Weiber, sich zu ersäufen, dienen ihm als Zeichen der Zeit, und er deduzirt damit nichts Geringeres, als die Ankunft des jüngsten Tages.

Jetzt bitte ich alle meine Leser und besonders alle meine Freunde und die vorzüglich, die meine Schriften ganz gelesen haben und sie ganz kennen, ob ich irgendwo nur einen leisen Wink, geschweige eine Behauptung angegeben habe, daß der jüngste Tag nahe sey? Allenthalben, wo die Rede davon ist, setze ich ihn noch über tausend Jahr hinaus. Ich habe Grund zu vermuthen, daß der Verfasser hier die heillose Schwärmerei im Canton Bern in der Schweiz im Auge habe, wo ein junges Mädchen voriges Jahr Offenbarungen vorgab, und behauptete, daß verwichene Ostern der jüngste Tag kommen würde; und da ihr vernünftiger Großvater einen Eckel gegen diese Schwärmerei hatte und sie aus dieser Verbindung zurückbringen wollte, so veranlaßte sie, daß der würdige Greis von ihren Anhängern erdrosselt wurde, und dies aus der liebevollen Absicht, damit seine Seele gerettet würde. Zu dieser Gräuelthat sollen auch meine Schriften den Grund gelegt haben, wie man mir geschrieben hat. Allem Vermuthen nach hat dies auch der Verfasser im Auge, sonst würde er die grundfalsche Behauptung, ich hätte den jüngsten Tag als nahe angekündigt, nicht so vom Zaun abgebrochen haben: denn Gott ist mein Zeuge, daß mir der Gedanke nie in den Sinn gekommen ist, sondern das ist mein Glaube und meine gegründete Vermuthung, daß nun bald Ruhe und Frieden allgemein auf der Erde herrschen werden, indem wahre Christus-Religion über alle Philosophastereien siegen und den ganzen Erdkreis einnehmen werde. Zu dieser süßen Hoffnung gibt mir die Bibel und auch die Vernunft sichere Gründe an die Hand.

Alle Weissagungen der heiligen Schrift, die noch nicht erfüllt sind und auf die letzten Zeiten zielen, versprechen eine Zeit, in welcher wahre Gottesverehrung, Liebe und Frieden auf dem ganzen Erdkreis von einem Ende zum andern herrschend seyn sollen; in der Offenbarung Johannis wird gesagt, daß dieses Reich tausend Jahr währen und einige Zeit hernach der jüngste Tag kommen werde. Der Apostel Paulus gibt 2 Thessal. 2. auch das Zeichen an, an dem man gewiß wissen kann, wann der Anbruch dieses Reichs nahe sey? Dann nämlich, wann der Abfall von Christo in der Christenheit herrschend geworden sey; es ist höchst merkwürdig, daß diese Weissagung in unsern Tagen so wörtlich erfüllt wird: denn was ist Abfall von Christo, wenn es der heut zu Tage herrschende Ton der grossen Welt, vieler Gelehrten, eines grossen Theils der Geistlichkeit, und überhaupt der gesammten Aufklärung nicht ist? Daß man Jesum Christum, trotz seiner eigenen, seiner Apostel und aller wahren Christusverehrer Behauptung, nicht mehr für den wahren anbetungswürdigen Gottmenschen und Weltregenten und nicht mehr für den Versöhner der Menschen mit Gott, sondern nur für einen blossen Menschen erklärt. Daß man die Erlösung durch sein Blut für Schwärmerei hält und die Gnadenwirkungen seines heiligen Geistes frech verläugnet und verspottet; ist das nicht Abfall von Ihm? Fällt man nicht ab von einem Regenten, wenn man ihn nicht mehr für seinen Regenten erkennt und seinen Gesetzen nicht gehorcht, sondern ihnen vielmehr entgegenhandelt? — Wer kann nun noch läugnen daß in unsern Tagen der Abfall von Christo herrschend geworden sey? — und diesen merkwürdigen Abfall sahe Paulus vor ungefähr achtzehnhalbhundert Jahren vorher: — das konnte er wahrlich als Mensch nicht wissen, nur der allwissende Geist Gottes konnte ihm das offenbaren; ist dies aber nun unläugbar, so wird und muß das auch erfüllt werden, was Paulus, von diesem Geist der Wahrheit geleitet, ferner sagt: nämlich der Herr komme nicht — obiges Reich des Friedens zu errichten — bis der Mensch der Sünden, das Kind des Verderbens, von Ihm besiegt sey. Dieser schreckliche Mensch ist noch nicht erschienen, noch nicht offenbar, daß aber in Geheim, im Reich der Finsterniß Vorbereitungen dazu gemacht werden, daran ist nicht zu zweifeln.

Christus und seine Apostel kündigen aber auch sehr schwere Trübsalen, schreckliche Revolutionen in den bürgerlichen Verfassungen, verheerende Kriege, Theurung, Hungersnoth, Seuchen u. dergl. an und versichern, daß diese Plagen zu eben der Zeit dieses Abfalls die Christenheit treffen würden — hiemit verbinden sie dann auch Erschütterungen der physischen Natur, Zeichen am Himmel, Erdbeben und andere schreckhafte Erscheinungen.

Wenn nun nicht der Abfall und andere hiemit verbundene merkwürdige Erfüllungen jener biblischen Weissagungen in unseren Tagen so pünktlich eingetroffen wären und ich wollte dann den Bergfall zu Goldau und andere ungewöhnliche Naturerscheinungen unserer Zeit als Zeichen des herannahenden Reichs Gottes angeben, so würde das freilich zu tadeln seyn, bei so bewandten Umständen aber bestärken sie die Wahrheit der Erfüllung jener alten biblischen Weissagungen, und geben dem Schwachglaubigen mehr Grund, dem betäubenden Geist unserer Zeit zu widerstehen und durch ernstliches Wachen und Beten dem zukünftigen Zorn zu entfliehen.

Gebt doch alle, die ihr dieses leset, Gott und der Wahrheit die Ehre und prüft folgendes unpartheiisch:

In allen meinen religiösen Schriften lehre und behaupte ich nichts, als was jeder gesunde Menschenverstand in der Bibel findet. Ich beweise durch die unzweifelbare Erfüllung der biblischen Weissagungen, daß wir in dem Zeitpunkt leben, die vor der Gründung des Reichs des Friedens auf Erden hergeht und wo also eine Prüfung auf die andere und ein Trübsal auf die andere folgen wird, bis die große Scheidung zwischen wahren Christusverehrern und den Kindern des Abfalls vollendet ist. Wenn ich durch diese ernstliche und wichtige Vorstellungen meine Zeitgenossen dahinzubringen suche, daß sie durch Einsicht und Erkenntniß ihres eigenen sittlichen Verderbens und der nahen furchtbaren Zukunft sich zu einer wahren Sinnesänderung entschließen, wieder zum Evangelium von Jesu Christo zurückkehren, Ihn wieder als ihren Heiland und Seligmacher verehren, Ihn um seinen heiligen Geist bitten, durch den sie dann auch Kraft bekommen, die Gebote Christi zu befolgen; wenn ich mit allen diesen Lehren und Ermahnungen nun auch die unwiderlegbaren Beweise — denn kein Mensch hat sie noch widerlegt — verbinde, daß die ersten Grundlagen der jetzt herrschenden Philosophie und der durch sie bewirkten Aufklärung durchaus grundfalsch und höchst gefährlich seyen, und also die Menschen, meine Brüder und Schwestern, zu guten und vortrefflichen Menschen zu bilden suche, und daß es mir auch — haltet es nicht für Prahlerei, sondern für erwiesene Wahrheit — in allen vier Welttheilen über alles Erwarten gelinge, sagt doch selbst, was kann denn dagegen eingewendet werden? — man sagt, es entstünden dadurch gefährliche Schwärmereien; ich antworte: es ist nicht genug, daß man das so leichtsinnig in die Welt hineinschrieb, sondern es muß b e w i e s e n werden. In Ansehung der Schwärmereien, deren man mich jetzt beschuldigt, bin ich eben so unschuldig, als an dem traurigen Bergfall zu Goldau und an den Feuerkugeln, die über unsern Häuptern zerspringen.

Gesetzt aber auch, unter den vielen Tausenden, die durch meine Schriften bekehrt, belehrt, gebessert und erbaut worden sind, wie ich dieses vor dem Allwissenden in tiefster Demuth versichern kann, befände sich hie und da einer, der durch Mißverstand und Geistesschwäche über dem Lesen meiner Bücher überschnappte und zum Schwärmer würde, wäre mir das beizumessen? — Ich habe mich auch schon oben hierüber erklärt; und wenn denn doch von Schwärmerei geredet werden soll;

so muß ich meine Herrn Gegner fragen: Ob denn nicht die schrecklichste Schwärmerei, die in keiner Völkergeschichte ihres gleichen hat, die bluttriefende Schreckenszeit in Frankreich, eine Folge der herrschenden Philosophie und der durch sie bewirkten Aufklärung gewesen sey? — Können sie das läugnen? — Antwortet man mir: das seyen keine natürliche Folgen ihrer Grundsätze, sondern wilde Auswüchse gewesen; so erwiedre ich, daß auch alle religiöse Schwärmereien wilde Auswüchse meiner Bibel-Religion sind. Nun frage ich alle meine Leser, ob ich die Rechtfertigung Gottes bei solchen Unglücksfällen, wie der Bergfall zu Goldau in meinen Schriften, und besonders im vierten Heft des christlichen Menschenfreundes, übel unternommen habe?

Die folgenden, mit Menschenliebe übertünchten schiefen Bemerkungen übergehe ich, weil sie im Vorhergehenden schon sattsam widerlegt sind. Aber nun komme ich noch zu einem Punkt, worüber ich doch noch einige Wörtlein sagen muß: der Verfasser macht sich eine Gelegenheit, um doch das über alle Maßen Pöbelhafte, das mir ehemals ein schwäbischer Separatist schrieb, hier wieder aufzutischen. Es betrifft nämlich die Stelle, wo ich als ein Vorläufer des Antichrists, als ein Komödiant, als einer, der das Bücherschreiben bleiben lassen und lieber sich auf die Schneiderwerkstatt setzen und den Komödianten die Kleider machen und flicken solle, u. s. w. dargestellt werde.

Daß ich im christlichen Menschenfreund meinem Publikum diese mit Drachengift geschriebene Stelle mittheilte, hatte den Grund: ich wollte zeigen, zu welchen Abgründen der Bosheit die Religionsschwärmerei, wenn man nicht bei dem wahren, reinen Evangelium bleibt, führen könne. Der rasende Mensch schalt mich einen Hurer, weil ich in der Ehe lebe, u. s. w.

Jetzt frage ich jeden unpartheiischen Menschenfreund, was er sich dabei denke, wenn er diesen Abschaum der Bosheit in dem gegen mich gerichteten Aufsatz liest? — Der Verfasser desselben konnte dabei keine andere Absicht haben, als entweder dadurch zu beweisen, daß ich der Stifter, Urheber oder Anführer dieser Schwärmersekte sey, oder mir so im Vorbeigang zu zeigen, wie weit meine Schwärmerei führen könnte — oder — doch den Blick in sein Herz will ich zurückziehen, ich will ihn nicht wagen, sondern dem wahren Herzenskündiger anheim stellen.

Im ersten Fall beweist diese Stelle gerade das Gegentheil, im zweiten fällt alles weg, sobald der erste nicht wahr ist; und im dritten möchte ich nicht an des Verfassers Stelle seyn, wenn einst der Richter aller Gedanken, Worte und Werke die Gesinnungen des Herzens bei dieser Stelle an den Tag bringen wird.

Wie kann ich eine Schwärmerei veranlaßt haben, deren erste Grundsätze den meinigen schnurgerade entgegen sind? — Doch genug über diesen Punkt, er ist unter aller Critik.

Ich war mit dem Schreiben des Vorhergehenden beinahe fertig, als ich eine Broschüre aus der Schweiz erhielt, die den Titel führt: Mein Blick auf Jung Stilling von S. Ringier allié Burkhardt, ehemals allié Seebmatter, Basel in der Schweighäuserischen Buchhandlung, 1807. Dieser Herr Ringier aus Zofingen im Canton Bern hat es also übernommen, mich gegen die Anfälle in den Miscellen der neuesten Weltkunde zu vertheidigen, ich danke Ihm hier öffentlich dafür; der Herr aber wird ihm seine Liebe belohnen am Tage der grossen Vergeltung.

Herr Ringier liefert hier zuerst einen getreuen Auszug alles dessen, was in den Miscellen für die neueste Weltkunde gegen mich eingerückt worden. Es sind drei Stücke, deren das erste in der Beilage zu Nro. 22 steht. Dieses enthält nun die traurige Geschichte, deren ich schon oben gedacht habe, daß nämlich eine junge Frauensperson nebst ihren Gehülfen ihren Großvater umgebracht habe. Hiebei merkt der Verfasser an, daß diese Schwärmer das nahe Ende der Welt aus der Bibel und des bekannten Jung's Schriften beweisen. Daß fast in allen protestantischen Cantonen Stilling'sche

Mystizismus und *Böhmens* Unsinn immer weiter um sich greife, und deshalb die Regierung aufmerksam darauf werden sollte, u. s. w.

Diese Schwärmer beweisen also das nahe Ende der Welt aus der Bibel und meinen Schriften. Daß in allen meinen Schriften kein Wort vom nahen Ende der Welt steht, das habe ich oben schon bemerkt, und daß auch die Bibel sehr unschuldig daran ist, wenn verrückte Köpfe so etwas darinnen finden wollen, das weiß jeder, dem die Bibel heilig ist und der sie mit reinem Sinn liest. Wenn also aus ihr und aus meinen Schriften solche Schwärmereien gezogen werden, so sind wir beide nicht schuld daran; und wenn die Obrigkeit diese Sache beherzigen und allenfalls meine Schriften verbieten soll — denn dieses wird doch wohl unter dem Wort Beherzigung verlangt — so muß sie auch die Bibel verbieten, denn aus ihr beweisen ja auch jene Schwärmer ihren Unsinn. Das sind Vorboten, entfernte Winke, was wir treue Christusverehrer bei fortdaurendem und steigendem Abfall zu erwarten haben. Bei den leichtfertigsten Romanen, bei den gefährlichsten Schriften aller Art, wodurch unsre jungen Leute beiderlei Geschlechts nach Leib und Seele verdorben werden, hat man nichts zu erinnern, da gilt Duldung und Preßfreiheit. Die abscheulichsten Ausschweifungen aller Art, die täglich begangen werden, die ausgelassenste Sittenlosigkeit und tollste Frechheit duldet man nachsichtig, sobald aber nur einmal hie und da ein religiöser Schwärmer etwas Gesetzwidriges beginnt, so will man gleich aus der Haut fahren. Der *Stilling'sche Mystizismus* und *Böhmens* Unsinn soll mit dem gesunden Menschenverstand zugleich wahre Religion und alle Bürgertugend ersticken. *Lieben Männer!* die Ihr dieses geschrieben habt, ich bitte Euch *um Gotteswillen*, beobachtet die *ganze Menge meiner Freunde und Leser meiner Schriften in allen protestantischen Cantonen, und allenthalben*, so weit und breit Ihr wollt und könnt, wenn Ihr dann da nicht wahre Religion, gesunden Menschenverstand und ächte Bürgertugend herrschend findet, so habt Ihr das Recht, gegen mich zu schreiben, als Ihr gethan habt, so lang aber diese Untersuchung, diese Prüfung noch nicht geschehen ist und so lang Ihr meine Schriften noch nicht gelesen und den Geist, der darinnen herrscht, noch nicht redlich und im Licht der Wahrheit geprüft habt.... Ich überlasse hier Euch selbst und jedem ehrlichen Mann, den Schluß hinzuzusetzen. Wahre Religion ist wohl diejenige, welche die besten Menschen, und wahre Bürgertugend die, welche die besten Bürger bildet.

Der zweite Ausfall gegen mich ist der nämliche, den ich im vorhergehenden beleuchtet habe; er steht im 56sten No. der Miszellen. Der Schluß steht nicht in der niederländischen Zeitung, ich will ihn also hier noch einrücken, der Verfasser sagt:

„Irreligiosität und Religionsschwärmerei sind jedem Staat, jedem häuslichen Glück gleich gefährlich. Wie jene unter den vornehmern Klassen des Volks, wüthet diese in den niedrigern. Schriftsteller und Lehrer, welche Irreligiosität oder Schwärmerei verbreiten und unterstützen, sind, als die Urheber unsäglichen Unglücks, gleich strafbar, und verdienen die ernste Aufsicht der Polizei in gleich strengem Grade und aus gleichen Ursachen."

Ganz richtig! Es kommt nur hier darauf an, ob ich Schwärmerei verbreite oder unterstütze? — ich denke doch, wenn ich mit allem Ernst gegen diese Verbreitung und Unterstützung der Schwärmerei in allen meinen Schriften kämpfe, daß dann die Polizei die Ausbreitung derselben befördern müsse!!! Man prüfe alles, was ich je geschrieben habe, besonders empfehle ich hier mein Buch: Theobald oder die Schwärmer. Wem aber das Evangelium von Jesu Christo und der protestantische Lehrbegriff schon

Schwärmerei ist, mit dem habe ich nichts zu thun, und wir sind geschiedene Leute.

Nun folgt aber etwas, das mir unbegreiflich ist.

In No. 68. der Miszellen steht folgendes: der Komet im Jahre 1836. (Ein Nachtrag zu dem Blick auf Stilling — Jung und die Schwärmer in No. 56.)

„Was in dem Aufsatz No. 56. der Miscellen für die Weltkunde über den Hofrath Jung und die Schädlichkeit seiner Prophezeihung von der nahen Zukunft des Herrn und der ersten Auferstehung der Todten gesagt wird, hat seine Richtigkeit. Aber was eigentlich auffallend ist und die Moralität seiner Prophezeihung etwas verdächtig macht, ist, daß der Herr Jung vermuthlich in einem astronomischen Journal, oder sonst wo, gelesen haben mag, daß ums Jahr 1836 am Himmel ein Komet erscheinen muß, und zwar derselbe, welchen man schon im Jahre 1759 sah, der seine Laufbahn immer in sechs und siebenzig Jahren vollendet. Nun setzt er den Termin seiner Prophezeihung auf eben diese Zeit hinaus. Beim Pöbel, welcher, ausser seinen aberglaubensvollen Kalendern, nichts von astronomischen Berechnungen kennt und weiß, wird der Komet eben durch die Jungischen Prophezeihungen ein besonderes Ansehen erhalten, und verbunden mit ihnen, in den Köpfen der armen Leute viel Unheil anrichten. Um so etwas sind Propheten eigentlich wenig bekümmert; genug, wenn beim großen Haufen nur einigermaßen ihre Ehre aufrecht erhalten wird.

Schon Herr Dr. J. F. Benzenberg in Hamburg machte im Jahre 1801 (in Gilberts Annalen der Physik 8. Stück S. 490.) auf diesen nicht ganz edlen Kunstgriff der prophetischen Mühe des Herrn Jung aufmerksam. Die nämliche Weissagung, welche jetzt der christliche Menschenfreund unter dem großen unwissenden Haufen verbreitet, hat er schon in seiner Erklärung der Offenbarung Johannis aufgetischt, wo er die erste Auferstehung der Todten um das Jahr 1830 — 1836 verspricht.

„Es ist mir ein Beispiel vom Niederrhein bekannt, sagt Herr Dr. Benzenberg, wo ein Mann den Bau eines neuen Hauses deswegen einstellte, weil er die erste Auferstehung der Todten mit dem jüngsten Tage verwechselte, und nun den richtigen Schluß machte: daß, da seine Kinder doch nur wenig Freude mehr vom neuen Hause haben würden, er das Bauen lieber wolle seyn lassen. Und er hörte wirklich auf zu bauen. Diese Anekdote ist buchstäblich wahr.

„Lichtenberg sagte: in solchen Fällen ist es gut, wenn die Vernunft einige Jahre vorher die Anhöhen besetzt, von wo aus sie den Aberglauben beschließen kann. Dem zufolge theilte Herr Dr. Benzenberg einige Notizen mit, im Betreff jenes Kometen, den wir im Jahre 1836 zu erwarten haben, und welchen die Schlauheit der Propheten für ihre Unruhe — vielleicht bürgerliche Verwirrung stiftende Absichten benützen möchten. Gut wäre es, wenn vorsichtige Obrigkeiten einige Jahre vorher schon in allen Volkskalendern die Berechnung über die Ankunftszeit des Kometen anzuzeigen befehlen würden.

„Dieser Komet ist schon in den Jahren 1456, 1531, 1607, 1682 und 1759 beobachtet worden.

„Ums Jahr 1836 wird er wieder erscheinen. Sein aufsteigender Knoten liegt im 26sten Grade des Zeichens des Stiers. Die Neigung seiner Bahn gegen die Bahn der Erde beträgt 18 Grad, seine Bewegung ist rückläufig, und sein Abstand von der Sonne in seiner Sonnennähe beträgt ohngefähr zwölf Millionen geographischer Meilen.

„Hieraus ergibt sich, sagt Benzenberg, daß wir im Jahre 1836 wegen des Kometen eben so sicher schlafen können, als wegen der ersten Auferstehung der Todten."

Meine Leser werden mir erlauben, daß ich diese unbegreifliche namenlose Beschuldigung etwas näher beleuchte.

Herr Benzenberg, den ich als einen talentvollen jungen Mann persönlich kenne, der auch mich kennt, dessen ehrwürdiger Vater mein Freund war, in dessen Vaterland ich 15

Jahre lebt, dem mein Leben und Wandel sehr gut bekannt ist; und dem ich in meinem ganzen Leben auch nicht das Geringste zu Leid gethan habe, wagt hier schon den zweiten Gang gegen mich — und warum? — Ei, der Wahrheit wegen! da hört die Freundschaft auf: weil sie die größte und würdigste Freundin ist. Gut! wir wollen nun sehen:

Der ganze Grund aller, gewiß schweren Beschuldigungen, beruht blos auf der Idee, ich hätte **vermuthlich** — und auf dieses **vermuthlich** baut man alle diese Anklagen — in einer astronomischen Schrift gelesen, daß ums Jahr 1836 ein gewisser Komet kommen werde, **und dieß sey wahrscheinlich die geheime Quelle meiner Prophezeihung, daß alsdann auch die Zukunft des Herrn mit der ersten Auferstehung erfolgen werde. Dieß mache meine Prophezeihung und ihre Moralität verdächtig**, u. s. w.

Hierauf dient zur Antwort, daß ich nie in meinem ganzen Leben irgendwo ein Wörtchen davon gehört, gesehen oder gelesen habe, daß gegen das Jahr 1836 ein Komet erscheinen werde, sondern daß ich dieß erst aus diesem Aufsatz erfahre. — **Dieß bezeuge ich vor dem Angesicht dessen, vor dessen Richterstuhl ich dereinst von allen meinen Gedanken, Worten und Werken werde Rechenschaft ablegen müssen.**

Was wird nun aus obigem Vermuthlich, und was wird aus der erhabenen Freundin Wahrheit?

Aus meiner Siegsgeschichte der christlichen Religion und sehr vielen Aeusserungen in meinen Schriften ist ja allen meinen Lesern wohlbekannt, daß die **apocalyptische Zeitrechnung des seligen Prälaten Bengels die Quelle** ist, aus der die Hypothese, daß ums Jahr 1836 der große Kampf ausgekämpft sey, die erste Auferstehung und die Zukunft des Herrn, nebst der Gründung seines Friedensreichs erfolgen werde. — Daß ich diese Idee als sehr wahrscheinlich annahm, war kein Wunder, denn bei genauerer Prüfung fand ich, daß Bengel, seiner Zeitrechnung zufolge, vor sechzig Jahren schon bestimmt hatte, daß der ganze Kampf mit den neunziger Jahren des abgewichenen Jahrhunderts beginnen und gegen 1836 geendigt seyn würde. Das genaue Eintreffen dieser Vermuthung und noch anderer mehr bestimmte mich, Bengels Zeitrechnung den Werth beizulegen, den sie — wie ich glaube — verdient, und dieß bewog mich endlich im Jahre 1798, meine Siegsgeschichte der christlichen Religion in einer gemeinnützigen Erklärung der Offenbarung Johannis herauszugeben. Dieß ist die wahre authentische Quelle meiner Vermuthung dessen, was ich vom Jahre 1836 erwähnt habe, aber von einem Kometen ist mir nie ein Gedanke in die Seele gekommen.

Jetzt bitte ich nun Herrn Dr. Benzenberg, die Hand aufs Herz zu legen, und sich in Gegenwart des Allwissenden und Allsehenden zu prüfen, ob er das nicht gewußt habe? — nämlich, ob er nicht gewußt habe, daß ich aus Bengels Rechnungssystem die Hypothese, daß 1836 der große Termin des Siegs über Finsterniß und Bosheit eintreffen werde, geschöpft habe? — meine Leser sollen aus Folgendem selbst entscheiden.

Vor etlichen Jahren griff mich Herr Benzenberg in einer westphälischen Zeitschrift auf eine curiöse Art an; ich muß hier kurz diese Geschichte erzählen: Bengel machte allerhand Versuche, um zu finden, ob seine apokalytische Zeitrechnung oder Progression auch Glauben verdiene? er wendete sie also auch auf astronomische Berechnungen an, und fand zu seinem Erstaunen, daß man den Lauf der Planeten um die Sonne und noch andere Aufgaben aufs Genaueste darnach berechnen könne. Was also in der Offenbarung Johannis eine Zeit heißt, welche Bengel auf $222^2/_9$ Jahre angibt, ist der Maßstab, nach welchem die Bahn der himmlischen Körper aufs Genaueste ausgemessen werden kann. Wer Lust hat, dieß Factum ganz ausführlich kennen zu lernen, der muß Bengels Cyclum lesen, wie solcher ehemals in Bautzen in der Oberlausitz von einem dortigen Gelehrten ins Deutsche übersetzt und mit wichtigen Anmerkungen versehen worden ist *). Diese zuverlässige Wahrheit gibt dem Bengel'schen System überhaupt eine große Wahrscheinlichkeit.

Nun muß ich ferner bemerken, daß alle Astronomen die Zeit bestimmt haben, in welcher jeder Planet seine Bahn um die Sonne durchlauft, und es ist erstaunlich, wie genau diese Berechnungen sind, und doch kommt keiner mit dem andern ganz überein; der Eine macht das Jahr um einige Secunden — NB. Secunden, Pulsschläge — länger oder kürzer als der Andere. Z. B. Ricciolus setzt die Länge des Jahrs auf 365 Tage, 5 Stunden, 48 Minuten, 48 Secunden, er hat also unter allen die geringste Zahl, Garcäus aber die größte, denn er nimmt die Länge des Jahrs zu 365 Tagen, 5 Stunden, 49 Minuten und 17 Secunden an; folglich beträgt der größte Unterschied zwischen den Astronomen, die in ihrer Bestimmung am weitesten von einander entfernt sind, nur 29 Secunden, nicht einmal eine halbe Minute aufs ganze Jahr. — ich sage nochmals, es ist erstaunlich, daß man es durch Beobachtung mit unsern Instrumenten und durch Berechnung so weit hat bringen können, und doch kommt kein Sternkundiger mit dem andern ganz überein, weil die Verfertigung ganz vollkommener Instrumente unmöglich ist. Diese Unvollkommenheit hebt nun die apocalyptische Zeitrechnung, nach welcher Bengel das Jahr zu 365 Tagen, 5 Stunden, 49 Minuten und 12 Secunden angibt — eine Zahl, die ohngefähr zwischen allen das Mittel hält, und also wahr ist. Man lese meinen Nachtrag zur Siegsgeschichte, und in demselben besonders das zweite Kapitel.

---

*) Der Titel dieses Buchs ist: Dr. Johann Albrecht Bengels u. s. w. Cyclus, oder sonderbare Betrachtung über das große Weltjahr, übersetzt von Johann Gottholb Böhmer, u. s. w. Leipzig bei U. Chr. Saalbach 1773.

Auf diesem Punkte glaubte nun Herr Benzenberg mich eines Irrthums beschuldigen zu können, er rückte also einen Aufsatz in eine westphälische Flugschrift ein, deren Namen mir jetzt nicht einfällt, in welchem er dadurch Bengel und mich widerlegt, daß der berühmte la Lande das Jahr um einige Secunden — man merke wohl einige Pulzschläge aufs ganze Jahr — ich weiß nicht mehr, länger oder kürzer ansetzt. Ob la Lande aber nicht auch irre, so gut wie alle Astronomen, die ihre Berechnungen auf die Beobachtungen mit ihren Instrumenten gründen müssen, das konnte mir Herr Benzenberg unmöglich widersprechen: denn womit wollte er beweisen, daß la Lande unfehlbar sey?

Jetzt frage ich nun, woher weiß Herr **Benzenberg**, daß ich die Bengelische apocalyptische Zeitrechnung als eine wahrscheinliche Hypothese angenommen habe? Ich wollte ihm aus jenem Aufsatz beweisen, **daß er dieß nirgends anders her wissen kann, als aus meiner Siegsgeschichte**, wenn ich ihn noch bei der Hand hätte — aber da **steht ja auch ganz ausführlich, was ich von der Jahrzahl 1836 halte, und wie ich dazu gekommen bin. Jetzt** — ich wiederhole es — bitte ich **Herrn Benzenberg, die Hand auf sein Herz zu legen, und vor dem Allgegenwärtigen, unser beider dereinstigen sehr ernsten Richter, sein Gewissen zu fragen, ob er nicht gewußt habe, daß Bengels Zeitrechnung die Quelle sey, aus der ich die Idee des Termins 1836 geschöpft habe? Wenn dem nun also ist, welcher Geist treibt ihn dann an, mir den Kometen als eine geheime, nicht ganz moralische Quelle unterzuschieben, und noch dazu aus dieser grundfalschen Unterstellung Anlaß zu solchen hämischen Seitenhieben zu nehmen?** — zum Beispiel:

Er spricht von Prophezeihungen, von der prophetischen Muße des Herrn Jung, legt mir spöttisch den Titel eines Propheten bei, und kein Mensch in der Welt wird mir, weder aus meinen Schriften, noch aus meinen Reden, noch aus meinen Briefen, nur eine einzige Stelle zeigen können, in welcher ich mich göttlicher Inspiration rühme, und ohne diese gibt es weder Prophet noch Prophezeihung, noch eine prophetische Muße.

Wer die Weissagungen der heiligen Schrift zu erklären und auf die Zeitumstände anzuwenden sucht, der ist deswegen noch kein Prophet, sondern ein Ausleger der heiligen Schrift, und verdient das Spott und Verachtung?

Wer meine Schriften im Zusammenhang und aufmerksam liest — und wer das nicht thut, der hat kein Recht zu urtheilen — der wird finden, daß kein Mensch Ursache hat, sich vor dem Jahre 1836 zu fürchten, dann wird weder in der physischen noch in der moralischen Natur etwas Schreckhaftes vorgehen, auch wird wohl die erste Auferstehung im Unsichtbaren geschehen, vielleicht auch die Zukunft des Herrn, das alles wissen wir nicht, ich habe ja auch nie etwas anders behauptet. Wenn also hie und da einer mich mißversteht, dafür kann ich nicht. Was aber bis dahin (1836) noch alles geschehen kann, davon haben wir aus dem, was geschehen ist und was jetzt noch wirklich geschieht, ziemlich deutliche und kräftige Vorboten; wenn daher irgendwo einem ängstlichen Hausvater der Gedanke einfiel, was sollst du ein neues Haus bauen, du weißt ja nicht, ob es vielleicht die Kriegsflamme verzehrt und du von Haus und Hof flüchten mußt, u. s. w.? so finde ich darinnen nichts Schwärmerisches.

Den spöttischen Schluß des Herrn Benzenbergs: Hieraus ergibt sich, daß wir im Jahre 1836 wegen des Kometen eben so sicher schlafen können, als wegen der ersten Auferstehung der Todten, wolle ihm der Allerbarmer verzeihen, und ich schließe mit gepreßtem Herzen und traurigem Gemüth über den schrecklichen Geist unserer Zeit, mit dem innigen und herzlichen Wunsch: daß alle meine Gegner, wo sie sind, und wie viele ihrer sind, dereinst

Theilhaber der ersten Auferstehung werden mögen! — O mein Gott! wie werde ich mich freuen, sie mit Wonne an meine Brust drücken und zu ihnen sagen: Ihr gedachtet es böse mit mir zu machen, aber Gott gedachte es gut zu machen: denn solche Uebungen machten mich immer tüchtiger zum Werk des Herrn.

IV.

Ueber

Reliquien.

Das erste Capitel.

Von den Reliquien überhaupt.

Das lateinische Wort Reliquiae, und das griechische τὰ λείψανα, begreift überhaupt alles, was von menschlichen und thierischen Körpern, auch von andern Dingen übrig geblieben ist (S. 1. u. f.). Jedoch bei den Römern und Griechen verstand man auch insbesondere darunter bald die Asche oder die Gebeine eines entseelten menschlichen Körpers, bald auch diesen selbst. Inschriften und Gesetze beweisen (S. 5. u. f.), daß man die Reliquien von dem Körper unterschieden habe. Diesen Unterschied, ob er gleich nicht durchgängig beobachtet wird, machen auch christliche Scribenten (S. 7.). Jedoch nach diesen letztern werden die Reliquien insgemein abgetheilt in geweihte und ungeweihte, deren jene sacrae, diese profanae genannt werden. Eine Distinction, welche von jeher, sonderlich in Rücksicht auf jener Verehrung, sehr große Streitigkeiten veranlaßt hat, die der Herr Verfasser gehörigen Orts anzeigt. (S. 35. u. f.)

Vorab ist zu merken, daß der Gebrauch, entseelte Körper oder die Gebeine aus ihren Grabstellen an einen andern Ort wegzuführen, sehr alt sey. Das mußten Josephs Brüder ihm in seinen letzten Lebensstunden eidlich versprechen; und Moses sorgte hernach bei dem Auszuge der Nation aus Egypten dafür, daß Josephs letzter Wille und seiner Brüder Eid vollzogen ward. Die Gebeine Josephs wurden wirklich mit aus Egypten genommen und nicht eher wieder beigesetzt, als nach dem Tode Josua (S. 9.).

So wissen wir auch aus der alten, vom Plutarch hinterlassenen Geschichte der Griechen, daß der rechtschaffene Cimon, der atheniensische Feldherr, die über 400 Jahre verborgen gelegenen Gebeine des Theseus (eines Königs, der sich bei den Atheniensern durch seine edlen Thaten unvergeßlich gemacht hatte) von der Insel Scyrus wegführte und wegen dieser Beute in Athen frohlockend empfangen und bewundert wurde. Wenn durch ein Mißgeschick die Gebeine des großen vaterländischen Phocions von einer gutherzigen Matrone neben ihren Feuerheerd begraben werden mußten: so blieben sie doch nicht lange an diesem Orte, sondern wurden anständiger beigelegt, und dem Phocion ward eine Ehrensäule gesetzt *). (S. 10.)

Das zweite Capitel.

Von den Reliquien bei den Römern.

Auch bei dieser Nation (S. 12.) war es schon in den ältesten Zeiten üblich, die Gebeine der Verstorbenen wegzuführen. Doch unterschied man schon frühzeitig die perpetuirliche Sculptur von der, nach welcher man einen Körper nur auf eine bestimmte Frist in eine Grabstelle beisetzte. Das ward durch besondere Gesetze gut geheißen: denn war jenes nicht, so durfte in diesem Falle, wenn eine Leiche weggeführt wurde, derselben der Durchgang durch ein fremdes Gebiet nicht versagt werden. Es kamen also bei der Bestattung eines Leichnams diese zwei Fragen vor: Soll derselbe hier begraben werden? Oder soll er sogleich oder bald hernach irgendwohin an einen andern Ort abgeführt werden? Der Sterbende konnte

---

*) Es ist noch ein Beispiel in dem Original von dem Antigonus, der die Reste seines Vaters Demetrius aus Syrien nach Griechenland wegführen ließ: welches ich aber, da ich mich kurz fassen muß, übergehe; jedoch nicht umhin kann, den Leser auf die beigefügte Cautel zu verweisen, nach welcher die bei solchen Fällen von den Griechen und hernach von den Christen gebrauchte, sich auch in vielen gleich scheinenden Ceremonien zu beurtheilen sind.

das eine oder das andere befehlen oder verbieten. Es kommen Inschriften vor, woraus man sieht, daß Sterbende die Wegführung ihrer Gebeine verboten oder auch nur gebeten haben, sie in Ruhe zu lassen. (S. 14. 15.) Das geschah nun oft, wie eben diese Inschriften beweisen, in sehr auffallenden Ausdrücken. Damit ich unter mehreren nur eine anführe: so sey es die (S. 15.), welche sich auf dem Grabmale der Gemahlin des Grafen Tzittan in Albenga, im Genuesischen Gebiete, befindet, und welche uns Muratorius bekannt gemacht hat; sie ist vom Jahre 568, und lautet also:

Rogo te per Dm. omnpm. et Ihm. X. — — Nazarenum ne me tangas nec sepulcrum meum violis (*violes*). Nam ante tribunal aeterni judicis mecum causam dicis (*dices*).

Ich bitte dich (Wanderer) bei dem allmächtigen Gott und Jesum Christum von Nazareth, daß du mich nicht anrührest, noch meine Grabstelle mißhandelst: widrigenfalls sollst du von mir vor dem Richterstuhl des ewigen Richters deswegen angeklagt werden.

Man kann es also für gewiß annehmen, was schon Montfaucon angemerkt hat (S. 15.), daß es die Alten für ein Unglück nach dem Tode hielten, wenn ihre Gebeine beunruhigt würden. Man darf sich also nicht wundern, wenn sie ihre Grabstelle auf alle mögliche Weise verschließen und verwahren ließen; Flüche darauf setzten, wenn dieselben oder ihre Gebeine darinnen Jemand entweihen würde; auch denen Strafen droheten, welche sich so eine Störung ihrer Gebeine nur in den Sinn kommen ließen. Man fand im sechszehnten Jahrhundert eine Urne zwischen zwei ausgehöhlten Steinen mitten in einer Mauer so genau und künstlich eingefugt, daß sie nimmermehr wäre entdeckt worden, wären diese zwei Quadern nicht zufälliger Weise von einander genommen worden *). (S. 15.)

*) Auch diese Anekdote ist aus dem Montfaucon und zwar aus dessen Supplement zu seinen Alterthümern. Ich erinnere

Wie aber die Menschen selten die Mittelstraße treffen, so gings auch hier. Einige, wie wir vorhin gehört haben, waren ganz ausserordentlich bekümmert für ein ehrliches und sicheres Grab: andere hingegen bezeugten sich theils ganz gleichgültig gegen die Bestattung ihres Leichnams, oder sie verfielen gar auf den Unsinn, ihren Körper nach dem Tode wegwerfen zu lassen: wie jener, der sichs von seinem Erben ausbedung: daß dieser seinen Leichnam in die See werfen sollte (S. 16.).

Es konnten aber sehr erhebliche Fälle eintreten, in welchen wegen der Wegführung der Reliquien dispensirt werden mußte. Das gehörte nun in den Zeiten der Republik vor das Pontifical-Departement. Hernach erkannten die Kaiser selbst darüber. Zu den Zeiten des Trajans entstand hierüber eine Streitigkeit, welche vom Trajan, als Pontifex Maximus dahin entschieden ward, daß auch der Proconsul in den Provinzen, ohne Anfrage bei dem Collegio Pontificum, die Translocation der Reliquien, vorkommenden Umständen nach, entweder verstatten oder versagen konnte (S. 17. u. f.). Die christlichen Regenten, weil sie den Titel Pontifex Maximus bis auf den Kaiser Gratian beibehielten *), sprachen auch über die Wegführung der Reliquien (S. 25. u. f.) unmittelbar, wenn es Ueberbleibsale der Heiligen oder der Bekenner des Christenthums; mit Zuziehung des Collegiums der Pontificum, wenn es jene nicht betraf **). Doch wir wollen

---

hier einmal für allemal, daß ich bei der seltenen Belesenheit des Herrn Verfassers mich vieler Allegationen der Kürze wegen enthalten müsse.

*) Es verdient bemerkt zu werden, daß selbst Baronius dieses anerkannt hat, ob schon derselbe vorhin anderer Meinung war. Man sehe den Hrn. Verfasser S. 26. und 27. in der Anmerkung.

**) Ich übergehe hier viele Bemerkungen des Hrn. Verfassers aus den römischen Alterthümern und Gesetzen, um die Leser, welche ich mir denke, nicht aufzuhalten, und meiner Regel, welche mir der Begriff eines Auszugs setzt, getreu zu bleiben. Aber ich übergehe sie ungern. — Die das Werk im Original lesen können, werden mir recht geben.

nun auf die Reliquien der Heiligen und ihre Verehrung bei den Christen kommen.

Das dritte Capitel.

Von den Reliquien der Heiligen und ihrer Verehrung bei den Christen.

Bei dem Wort Reliquien denken Christen gewisse Dinge, die man mit einer Art von Ehrerbietung betrachtet und schätzet (S. 28. u. f.). Alles, was von dem Welterlöser Jesus Christus und von seinen Angehörigen, besonders von seiner Mutter, der heiligen Jungfrau Maria, von seinen Aposteln, von den Märtyrern und von andern Bekennern der Christus-Religion jemals mag zurückgeblieben oder wirklich noch vorhanden seyn — Das alles versteht man darunter. Das mögen nun natürliche Theile: als Knochen, Zähne, Fleisch, Haare, Asche — von ihnen seyn, oder Dinge, die sie nur bei ihrem Leben gebraucht haben: als Kleider, Umhänge, Schweißtücher, Gürtel, Fußsocken, Schuhe — so gehören alle dergleichen Dinge in das Heiligthum der Reliquien. Man zählt auch die Werkzeuge dazu, womit Christus oder seine Bekenner sind gemartert worden oder woran sie den Tod erlitten haben. Daher man noch Bruchstücke des heiligen Kreuzes, — Dornen aus der Dornenkrone und diesen ähnlichen Dinge (welche man gar nicht ohne Grund heilige Ueberbleibsale — nennt), vorzeigen kann.

In der Folge erweiterte man den Begriff und rechnete auch diejenigen Dinge dazu, welche die Heiligen nur berührt hatten; doch man rechnete sie nicht blos dazu, sondern man machte auch Gebrauch davon, wodurch ausserordentliche Wirkungen erfolgten (S. 30. 31.). Ein merkwürdiges Beispiel davon kann man Ap. Gesch. 19, 12. lesen *).

*) Hier nimmt nun der ganze zweite § den lesenswürdigen Excursus ein, worin der Herr Verfasser von dem G. Cassander,

Ehe wir nun auf die Verehrung jener Reliquien kommen, müssen wir die von jeher sehr interessante und doch noch immer unentschiedene Frage aufwerfen: was denn eigentlich von der Verehrung der Reliquien überhaupt zu halten sey? (S. 35. und f.) Einige machen daraus zu viel, andere zu wenig, wieder andere schütten gleichsam das Kind mit dem Bade aus. Wenn es an dem ist, wie doch einige Ausleger dafür halten, daß sich der Satan darum mit dem Erz-Engel Michael gezankt habe (Brief Judä v. 9.) um den Leichnam Moses: daß dieser wieder ausgegraben werden dürfte, um die Israeliten zu einer abgöttischen Verehrung zu verleiten — Wenn dies, sage ich, an dem ist, so wäre jene Frage doch wirklich sehr alt. Doch dem sey, wie ihm wolle; es dient eben so wenig zu unserm Zweck, als jene unendliche Dispüte der Scholastiker über die Verehrung der Reliquien, wieder auszukramen. Der ganze Reliquien-Streit ist seit vielen Jahrhunderten größtentheils Wortstreit gewesen (S. 36.); und das war alles das, was man besonders im achten Jahrhundert auf der zweiten Nicänischen Kirchenversammlung und auf der zu Frankfurt am Main darüber vorbrachte. Denn was die Lateiner durch das Wort (adorare), die Griechen durch προσκυνεῖν bezeichnen, das muß man nicht eben durch: anbeten oder: vor einem auf die Knie fallen — übersetzen. Das wäre ein Unverstand der Sprache. Diese Worte bedeuten oft nicht mehr, als das, was noch bei uns Sitte und Lebensart ist: nämlich, „einer Person vom Stande die Hand küssen" — (S. 36. f.) Und warum das? Darum doch wohl,

---

einem billig denkenden niederländischen Gottesgelehrten und von dessen merkwürdigen, aber nicht mehr sehr bekannten Consultation, Nachricht gibt. Cassander dachte auf eine Vereinigung zwischen den R. Katholischen und den Protestanten, und gab dazu Anschläge, die Grotius meistens billigte. Es ist zu wünschen, daß dieselbe endlich einmal ihr Ziel erreiche: Und unter den Bedingungen, welche der Herr Verfasser (S. 34. f.) angibt, scheint selbige nicht unmöglich zu seyn.

um ihr dadurch ein Zeichen unserer Ehrerbietung, unserer Hochachtung oder unserer Liebe zu geben. Daraus sieht man, welch eine reichhaltige Quelle von Irrthümern die Unwissenheit in der Sprache von jeher gewesen sey. Das sah man doch endlich auf dem Concilium zu Trident (S. 38. f.) ein. Denn da die Väter dieser ehrwürdigen Versammlung das Wort adorare (wenn von Reliquien die Rede sey) in dem Sinne, da es so viel heißt, als anbeten, zu gebrauchen verboten; da thaten sie eigentlich nichts anders, als daß sie die abgöttische Reliquienverehrung überhaupt mißbilligten und verboten. Dennoch konnte man auf diese Weise noch zu keiner Vereinigung kommen. Denn die Streitigkeiten der Theologen von beiden Theilen erzeugten, wie es denn geht, neue Redensarten ohne Sinn (S. 40.).

Ueberhaupt verfehlte man in der ganzen Streitigkeit den rechten Gesichtspunct, aus welchem die Reliquienverehrung anzusehen ist. Denselben zeigt uns nicht die Kunst, sondern die Natur (S. 41.). Wir wollen allein dieser nachgehen, und so werden wir auf zwei Fragen kommen, welche, sobald wir sie beantwortet haben, den ganzen Reliquienstreit aufklären werden.

Nun kommt erst darauf viel an: „ob wir das Andenken der Person, von deren Reliquien die Rede ist, vorzüglich lieben? es sey nun, daß sie mit uns durch die Bande der Freundschaft verbunden war bei ihrem Leben; oder daß sie sich wegen ihrer Verdienste, wegen ihrer Vorzüge oder wegen ihres moralischen Charakters auch nach ihrem Ableben uns noch gegenwärtig erhält.“ (S. 41 *). Dies vorausgesetzt, kommt nun nicht weniger darauf an: „ob wir von der Aechtheit der Reliquien überzeugt sind, oder doch mehr Grund haben, zu behaupten, daß sie der uns lieben oder ehrwürdigen Personen

*) Hier ist der Grund, aus welchem die R. Katholischen auf die Duldung der Protestanten Anspruch machen können in der Reliquien-Sache.

ehemals zugehört haben, als daß sie ihr nicht zugehört haben?" (S. 41.)

Man sieht also leicht, daß sich alles, was man für oder wider die Verehrung der Reliquien sagt, auf diese zwei Sätze oder, welches gleichviel ist, auf den Amor (die Liebe) müsse zurückführen lassen. Und so dachten die ersten Christen in der That davon, in jener Zeit der Unschuld und Einfalt. Als sie die Gebeine des H. Polykarps, des ehemaligen Bischofs zu Smyrna, zusammenlasen und anständig beisetzten, machten ihnen die Juden darüber bittere Vorwürfe; aber sie gaben diesen zur Antwort (S. 42.): „Nur den Sohn Gottes beten wir an; die Märtyrer aber, von welchen wir wissen, daß sie getreue Schüler und Bekenner unsers Herrn gewesen sind, lieben wir, und wir denken mit Recht. Auch sie haben ihren König und Meister herzlich geliebt; und uns ist unendlich viel daran gelegen, solche Schüler desselben, wie sie waren, oder wenigstens ihre Mitgenossen zu werden *)." Doch so viel über die Frage: von der Verehrung der Reliquien! Nun wollen wir zu ihrer Quelle gehen, von welcher wir sagten, daß sie die Liebe wäre.

Das vierte Capitel.

Von der Liebe, als der Quelle der Reliquien-Verehrung.

Aber wir reden (S. 43. f.) von jener ächten, edeln und geistigen Liebe. — Nur wird's nicht so leicht seyn, zu sagen, was sie sey? Fast fürcht' ich, daß es mir, da ich jetzt ihren Begriff aufsuchen und bestimmen will, so gehen werde, wie dem heiligen Augustin, als er sagen sollte: was die Zeit sey? „Wenn mich Jemand fragt, war die Antwort, so weiß ich's nicht; wenn mich aber Niemand fragt, so weiß ich's." Ich sollte denken, wenn wir die Liebe (oder den Amor) einen

*) Euseb. Kirch. Gesch. B. 4, K. 15.

Trieb und heftiges Verlangen der Seele nach dem, was schön und gut ist, nennten; so könnte Niemand, der die Kraft dieser Worte versteht, an diesem Begriff etwas aussetzen. Denn es sey nun, daß wir uns etwas blos als schön und gut denken oder auch so empfinden (welches ein jeder selbst zu prüfen hat), so ist doch offenbar, daß jener Trieb zugleich nach einem immer zunehmenden Vergnügen an demselben und nach einer beständigen Vereinigung strebt. Es wird also auf eins herauskommen, wenn wir sagen: die Liebe sey das sanfte innere Wonnegefühl, dessen wir uns bewußt sind, sobald als wir das Schöne und Gute wahrnehmen, verbunden mit einem hinreißenden und nie aufhörenden Verlangen darnach. Sey es ein wahres, sey es nur ein eingebildetes Schön und Gutes; es ist uns allemal lieb, nimmt uns ein, ist ein Gegenstand dessen, was wir Amor oder Liebe nennen. Nehmet es hinweg, so nehmet ihr uns unser Herz, unsern Amor, unsre Liebe. Ist es nun ein Wunder, wenn eben dies Schöne, dies Gute uns so lange ausnehmend ergötzt, als es uns gegenwärtig ist; so, daß wir nicht ermüden, dasselbe zu empfinden, zu denken und wieder zu denken; ist es zu verwundern, wenn wir selbst mitten im Vergnügen darüber dessen Verlust uns als möglich vorstellen und denselben als möglich fürchten? *) Und dies Vergnügen (S. 48. u. f.) gesellt sich leicht zu einer edeln Sittsamkeit, und diese verbindet sich wieder leicht mit der Ehrerbietung, diese wieder mit dem Wohlwollen, diese mit der Liebe, deren ganze Schilderung in der ganzen Welt nicht trefflicher angetroffen werden kann, als in dem Briefe des Apostels Paulus (1 Korinth. 13.).

In der That, nehmt uns (S. 50.) das Gute, das Schöne aus unserm Gesichtskreise hinweg: was bleibt uns dann übrig? Ein innerlich nagender Kummer, den vielleicht die Zeit ver-

*) Die schöne Stelle, welche in meinem Original aus dem Maximus Tyrius zur Erläuterung dieses psychologischen Raisonnements angeführt ist, übersetzt' ich gern, wären mir nicht die Grenzen eines Auszugs vorgezeichnet.

mindert, aber nur vermindert: heben kann sie ihn in Ewigkeit nicht. Immer wird so ein bittersüßes Schmerzgefühl in uns zurückbleiben und unsere Phantasie beschäftigen oder vielmehr quälen. Ein bittersüßes Gefühl, sage ich; denn es ist beides: süß ists oder angenehm, weil wir hoffen, unsern geliebten Gegenstand bald wieder zu erblicken, zu genießen; bitter ists, weil wir uns doch für jetzt noch gedulden müssen. Das drückt jener große Römer so aus *): „Ich weiß nicht, wie das zugeht, daß wir so gerne da sind, wo die ehemals waren, welche wir liebten und bewunderten. Unser Athen prangt mit den prächtigsten und ausgesuchtesten Kunstwerken; und gleichwohl finde ich daran weniger Vergnügen, als wenn ich mich jener großen Männer erinnere, die ich sonst hier gekannt habe? Als wenn ich daran denke, wo dieser und jener von ihnen wohnte, saß, philosophirte — — oder, als wenn ich ihre Grabstellen nachdenkend betrachte." —

Wie, selbst die Grabstellen nahmen ihn ein, rührten ihn, waren ihm werth? Nicht anders! O ihr guten Christen! was Beinamen ihr auch sonst habt, wollt ihr, und wie wäre es möglich, daß ihr dies nicht wolltet? wollt ihr gute Gemüthsbewegung in euch anfachen, oder deutlicher, wollt ihr fühlen und euch erbauen: so besucht auch zuweilen den Kirchhof und jene Gewölbe und Gräber, worin eure geliebten Freunde ruhen und jener neuen seligen Schöpfung entgegenschlafen. Hier wird euch sicherlich der Gedanke einfallen, jener hoffnungsvollen Aussicht auch bald entgegen zu sehen; d. i. ihr werdet euch nach ihrem Umgange wieder sehnen. Dieser Gesinnung schämten sich die ehrwürdigen Männer des jüdischen und christlichen Alterthums so wenig, daß sie sich derselben vielmehr ausdrücklich merken ließen und sich eine gemeinschaftliche Grabstelle neben ihren Geliebten ausbedungen **).

---

*) Attikus beim Cicero, in dem Buche über die Gesetze. II. 2.

**) Man sehe das vorhin angeführte Beispiel vom Joseph, der in Egypten starb; Abrahams und andere diesen ganz ähnliche Wünsche, z. B. der Ruth, der Judith, des Tobias rc., welche von dem Herrn Verfasser S. 53. u. f. angeführt werden. —

Weil aber diese Sehnsucht (S. 55.) nicht eher kann befriedigt werden, als nach dem Tode: so bleibt der zurückgelassene Freund bis dahin wie im Schwunge, und unterhält sich indessen mit den Ueberbleibseln des Gegenstandes, den er in der Entfernung liebt und wornach er sich sehnt. Wir sagen des Gegenstandes. — Denn wiewohl wir die Ueberbleibsel mit Empfindung betrachten, so, daß sie uns ja zuweilen Thränen und Küsse ablocken, so ist es doch gewiß, daß unser Herz nicht sowohl an ihnen hange, als vielmehr an dem, dessen Andenken sie in uns erneuern, an den sie uns erinnern. Sollen sie diese Wirkung in uns hervorbringen, so dürfen wir wegen ihrer Aechtheit nicht im Zweifel seyn, oder anders ausgedrückt, wir müssen völlig glauben, daß sie wirklich von der Person herrühren, ihr zugehörten, von ihr zurückgelassen worden sind, welche wir lieben, nach welcher wir uns sehnen und der wir uns so gern erinnern. Ist das nicht oder finden wir nur einigen Grund, daran zu zweifeln; sogleich verlieren sie für uns ihren Werth, wir halten uns für betrogen und sehen sie kaum von der Seite an (S. 57.).

Daraus ist klar, daß die Liebe und die Verehrung der Reliquien mit unserer Ueberzeugung von ihrer Aechtheit stehe oder falle: so wie mit der Sympathie, welche wir für die Person oder die Sache fühlen, auf welche sie sich beziehen. Darum machte August (S. 57.) mit der Mumie Alexanders des Großen ein großes Gepränge; setzte ihr eine goldene Krone auf und verehrte sie mit Blumenstreuen. Hingegen, als man ihn fragte: „ob er nicht auch die des Ptolemäus sehen wollte?“ gab er zur Antwort: „er habe nur einen König sehen wollen, nicht aber eine Leiche.“ Was würden wir wohl aus Ueberbleibseln von einem Tiberius, Caligula, Nero und ihres Gleichen machen, wenn ihrer einige unter den herkulanischen Alterthümern vorkämen? (S. 58.) Für den

---

Auch unzählbare Inschriften in unsern Kirchen und auf Kirchhöfen bezeugen, daß dieses Verlangen noch fortwähre.

Kenner der Kunst oder der Geschichte könnten sie wohl ihren Werth haben, aber nicht für's Herz.

Wenn uns aber Jemand fragte: wie hoch die Reliquien-Liebe steigen dürfe? wo sie anheben und aufhören müsse (S. 58. 69.)? so ist das Einzige, was wir darauf antworten können und wofür schon Augustin gewarnet: „daß man sich vorsehe, damit sie nicht in Unsinn und Aberglauben ausarte.“ Denn sonst weiß man wohl, daß die Liebe keine Grenzen kenne. — Auch kann sie nie aufhören, wenn schon die Weissagungen aufhören, die Sprachen aufhören, das Erkenntniß aufhörte, so wird sie doch nie aufhören.

Das fünfte Capitel.

Beispiele aus der alten und neueren Zeit von der Reliquien-Liebe.

Wie gesagt, wer nicht ohne alles Gefühl ist, dem sind Ueberbleibsel von Personen, die er liebte, oder auch berühmter Männer, welche sich um Kirche und Staat und Wissenschaften und Künste verdient gemacht haben, durchaus nicht gleichgültige Dinge (S. 60.). Das scheint der menschlichen Natur — doch was sage ich? es scheint nicht nur der menschlichen Natur gemäß zu seyn, es ist ihr wirklich gemäß, wie ein jeder bei sich selbst wahrnehmen kann. In jenem Verhältnisse haben auch oft Dinge, die an sich, wie man zu reden pflegt, nicht einer Feige werth sind, für uns einen großen Werth: nur müssen wir dessen gewiß seyn oder doch dafür halten, „daß sie wirklich im Besitz der Person gewesen sind, welche wir lieben oder von ihr herrühren oder getreue Kopien von ihr sind, wie z. B., wenn es Gemälde oder Statüen sind. Denn diese wollen wir hier keinesweges ausgeschlossen haben *). Hieraus ist es nun sehr begreiflich, wie es möglich

*) Ein merkwürdiges Beispiel hiervon finde ich in dem Versuch einer Allegorie, besonders für die Kunst, vom Abt Winckelmann. Kap. 10. S. 137.

wär, daß jener (S. 61.) beim Lucian die Lampe Epictets mit dreitausend Drachmen bezahlte, die vielleicht nur drei Obolen werth war. Lucian lacht freilich über diesen theuren Kauf, wie er über alles lacht; wir aber sind doch nicht Willens, ihm zu Gefallen mit zu lachen, weil wir wissen, daß ein jeder in der Welt seinen eignen Geschmack hat und auf seinem eignen Steckenpferde reitet. So wird es auch manchem lächerlich vorkommen und manchem doch gefallen, wenn er hört, daß die erlauchte Familie der Gabrieli in Italien (im Gebiet von Padua im Dorfe Arquati) den Schreibetisch, den Stuhl und selbst das Skelet der Katze des Franz Petrarca aufbehält. Und gleichwohl ists doch so. Ließ doch gar die Witwe Florispina Docta (S. 62.) jenes Skelet in ein krystallenes Gehäuse verschließen, damit es von den neugierigen Zuschauern nicht verletzt würde. Das ist nun einmal so; was hilfts, darüber zu lachen?

Ja! könnte doch wohl Jemand sagen: „das erzählen sie uns aus den Zeiten der düstern Welt. In unsern erleuchteten Tagen werden sie solche seltsame Reliquien-Verehrer nicht aufstellen können.“ Aber es fehlt uns nicht daran. Man wird es kaum glauben (S. 62. u. f.), wie viele gelehrte Männer und Standespersonen, auch Damen von Range, aus verschiedenen und entfernten Gegenden in Hannover von jeher angekommen sind und sich auf den auf der königl. Bibliothek daselbst befindlichen Stuhl, worauf der große Leibnitz gesessen hat, niedergelassen, und dies mit einem sichtbaren Wonnegefühl. Andere vergnügten sich inniglich an einzelnen Papieren, die der große Mann geschrieben hatte; und wiewohl das, was er darauf geschrieben hatte, gar nichts besonderes, oft nur die Probeschrift einer neu geschnittenen Feder war, so besahen sie doch die Papiere mit einer gleichsam andächtigen Miene und küßten sie ehrerbietig — *). Und eben diesen Enthusiasm

*) Für diese und folgende Erzählung ist der Hr. Hofrath Jung, als dermaliger königlicher Bibliothekar, selbst Bürge.

hat man auch von jeher an den Verehrern D. Luthers bemerkt. Eine gewisse Familie besaß einen vergoldeten Löffel, der D. Luthern zugehört haben soll; der Senior derselben schenkte diesen Löffel der königlichen Bibliothek; die Erben fochten diese Schenkung an, aus dem Grunde: der Löffel sey ein Fideicommiß bei ihrer Familie, den der Senior derselben jedesmal zwar in Verwahrung haben, niemals aber veräußern dürfe. Man wandte nichts darwider ein und gab ihnen den Löffel zurück, welchen der Erben-Procurator in dieser Angelegenheit mit großer Freude wieder annahm und überbrachte. Was wir hier v. D. Luthers Löffel erzählen, das gilt auch von dessen Ringe, Gläsern, Büchern und Handbriefen, für welche Dinge viele seiner Verehrer bis zur Superstition von jeher eingenommen gewesen sind *).

Doch damit wir noch deutlicher zeigen, wie sich die Menschen in der Liebe zu den Ueberbleibseln ihrer Geliebten immer gleich gewesen sind, wollen wir einmal wieder (S. 65. u. f.) in das Alterthum zurückgehen, um von dorther noch einige Beispiele zu holen. So ließ Mycerin, der König in Egypten, wie Herodot erzählt, die Mumie seiner einzigen Tochter, über deren frühen Tod er untröstlich war, in eine von Holz ausgebildete, vergoldete und ausgehohlte Kuh (ein bei den Egyptiern geheiligtes Thier) legen und darinnen aufbehalten; vor derselben, mit Unterhaltung eines immer brennenden Nachtlichts, täglich opfern, die Tochter aber jährlich einmal, wie sie begehrt hatte, an die Sonne hervorbringen. Dieses Bild, mit den Vorderfüßen knieend, stand noch zu Herodots Zeiten in der Stadt Sai neben dem königlichen Pallast in einem eignen Zimmer, war mit Purpur und vielen goldenen Zierrathen umgeben und zwischen dessen beiden Hörnern war das Sonnenbild von Gold angebracht.

Und so finden wir viele Exempel von Freunden, Kindern,

---

*) Man kann davon eigene Anekdoten finden in D. G. H. Götzens Schrift: de Reliquiis Lutheri, diversis in locis asservatis, singularia. Lips. 1703. 4.

Eltern und Ehegatten, die bei ihrem Leben verordneten, daß sie im Tode neben einander begraben würden, welches Inschriften (S. 68. u. f.), Dichter und Geschichtschreiber bezeugen. Kaum läßt sich aber eine ausgelassenere Liebe einer Frau gegen die Reliquien ihres Mannes denken, als die der Artemisia (S. 74.), der Gemahlin des Mausolus, Königs in Carien. Der wars nicht genug, ihm nach seinem Tode in Halicarnaß ein Denkmal errichten zu lassen, welches man unter die sieben Herrlichkeiten der Welt zählte; nicht genug, daß sie ihm zu Ehren Wettrennen und Spiele veranstaltete, auch Dichter und Tonkünstler von allen Orten herkommen ließ, um sein Lob zu besingen; sie ging sogar so weit, daß sie dessen Asche und Gebeine mit wohlriechenden Kräutern zerreiben und vermischen ließ und in Wasser trank.

Doch wir wollen nun (S. 76.) auf die Reliquien kommen, welche von jeher und vermuthlich schon im ersten Jahrhunderte den Bekennern des Christenthums lieb und ehrwürdig gewesen sind. Eusebius versichert, daß man die Lehrstühle der Apostel, besonders den des H. Jakobs, lange aufbehalten habe. Auch die Gnostiker hatten Gemälde und Bilder von Jesus Christ, wie Irenäus erzählt, welche sie mit Kränzen schmückten und mit den Büsten der großen Weltweisen zur Schau ausstellten. Eben jener Eusebius sagt (S. 77.): „er habe noch zu seiner Zeit eine alte Statüe von Erz in Cäsarea Philippi gesehen, welche Christum vorstellt, wie ihn das blutflüssige Weib anrührt und er sich nach ihr umsieht und sie von ihrer Krankheit heilt." — *) Es wird von einigen zu dreist und ohne gehörigen Beweis vorgegeben, als ob jene Bilder, Gemälde und Statüen zu einer Art von Abgötterei wären gemißbraucht worden. Zwar, was wird nicht alles in der Welt gemißbraucht? Darf man darum alles abschaffen? Wo bliebe unsre Philosophie, Religion, Gesetze — wo die Sonne

---

*) Diese Statüe ward unter K. Julian umgeworfen und zerbrochen, hernach aber von den Christen wieder ergänzt und in der Kirche aufgestellt. Siehe die Anmerkung S. 77.

am Himmel? (S. 78. u. f.) Ja! möglich ist es allerdings, auch zuweilen wirklich geschehen, daß Bilder, und sonderlich Statüen zu einer verkehrten Religionsübung, zu Aberglauben und Abgötterei Anlaß gegeben haben: aber sind sie darum an sich verwerflich? Ich sollts nicht denken. Auf ihre blinde Verehrer, nicht auf diese Dinge, muß denn doch wohl die Schuld zurückgeschoben werden. Wer wird denn an ihnen göttliche Kraft und Hülfe suchen oder dieselbe von ihnen erwarten oder sein Vertrauen auf ihn setzen? Das hieße freilich die Reliquien, der Vernunft und Religion zum Schimpf, lieben und verehren; und alsdenn wären sie freilich für einen so blinden Verehrer das, was die Gabel und die Scheere in der Hand eines Kindes ist. Daher vorbot man auch auf der vorhin gedachten Kirchen-Versammlung zu Trident diesen Mißbrauch.

Man kann es freilich nicht für so ganz gewiß behaupten (S. 80.), daß von Jesus Christus bei seinem Leben sollten Büsten und Gemälde verfertigt worden seyn; es läßt sich aber doch sehr vermuthen. Es waren doch unter seinen ersten Verehrern Personen von Würde und Vermögen, die ihn ungemein hochachteten und liebten (S. 82.): sollten diese so kaltsinnig gegen sein Andenken gewesen seyn, daß sie sich seiner nicht auf die Art hätten erinnern wollen? da sie ihm so oft zugehört, bewirthet, bewundert, ihn gesehen hatten, wie er zum Tode geführt ward, starb und begraben ward; bald aber hernach seine Auferstehung und Himmelfahrt von den glaubwürdigsten Augenzeugen vernahmen. Es läßt sich also gar nicht anders vermuthen, als daß schon in den ersten Zeiten des Christenthums des Erlösers Bild bald als am Kreuze, bald in einer andern Form, unter die Hausgeräthe der Frommen unter den Zierrathen in den Schlafgemächern gestanden habe, ohne auf verschiedene Erdichtungen (S. 80. f.) Rücksicht zu nehmen, welche hierbei vorkommen. Woher ließe sich sonst eine Sorgfalt der ersten Christen erklären, von welcher Tertullian so sagt: „Wo wir ein- und ausgehen, sitzen oder liegen, da bezeichnen wir unsere Stirn mit dem Zeichen des Kreuzes." Hierzu veranlaßte sie doch zuerst die Begierde, sich des Erlösers zu erinnern; auch da, wo sie nichts von ihm, d. i. kein Bild von ihm sahen. Hernach mag sich der Ausdruck des Apostels darin bestätigt haben, der von sich sagt: „er trage die Mahlzeichen Jesu an seinem Leibe *)."

In der That war es eine und eben dieselbige Quelle, woraus die verschiedenen Manieren, das Andenken der geliebten Personen nach dem Tode zu erhalten, herflossen: sowohl bei den Christen, als bei den Heiden. Immer war's Liebe und Hochachtung. Aber die Manieren selbst waren verschieden. Die Griechen und Römer (S. 84.) verfielen darauf, die Gräber, worin ihrer Lieben Reliquien ruhten, mit Blumen zu bestreuen; auch pflegten sie die Todten zu bekränzen. Das thaten nun die ersten Christen, welche sich immer mit den Heiden nicht gemein machen wollten, zwar nicht; man kann ihnen aber diese Strenge verzeihen. Indessen sahen sie doch mit der Zeit auch ein, daß diese Ceremonie an sich unschuldig wäre und eine Anspielung seyn konnte auf die Ehrenkrone, welche heiligen Ueberwindern jenseit des Grabes in der H. Schrift versprochen wird (S. 85.). Beide Gebräuche wurden von einigen beobachtet, von einigen unterlassen, wie Hieronymus, sonderlich in Rücksicht auf das Blumenstreuen, bezeuget: hingegen verlangte Sulpitius Severus diese fromme Ceremonie, wenn er sie gleich selbst für ein unbedeutendes Opfer erkläret, ausdrücklich. Seine Worte sind folgende: „kommen sie an jene berühmte Küste von Ptolemäus, so erkundigen sie sich doch ja, wo unser Pomponius hin begraben worden. — Lassen sie sichs ja nicht verdrüßen, dahin zu gehen, wo dessen Gebeine ruhen. Da weinen sie bei seinem Grabe für sich — da weinen sie für uns. — Und wenn es schon ein unbedeutendes Opfer ist, so bringen sie es doch seiner Asche; streuen

*) Gal. Kap. 6. am Ende, nicht als ob die Worte das bedeuteten, sondern weil sie es bedeuten sollten.

sie die schönsten und wohlriechendsten Blumen und Kräuter auf sein Grab.“ —

Das sechste Capitel.

Von der Aechtheit der Reliquien, besonders der Heiligen, und wie behutsam diese zuprüfen sind, wegen des dabei vorkommenden Betrugs.

Unsere Leser werden sich erinnern, daß wir oben, im vierten Capitel, die Reliquienverehrung aus zwei Grundsätzen hergeleitet haben (S. 87.). Der erste war die Liebe; der andere die Ueberzeugung oder doch die bestens gegründete Muthmaßung, daß die Reliquien selbst nicht unterschoben, sondern ächt, nicht erdichtet, sondern originell (wahr) seyn. Jetzt sehen wir nun die Frage vor uns, welche eben so schwer als bedenklich zu beantworten ist; diese nämlich: ob sie das wirklich sind? In der That haben sich die zwar gut gesinnten, aber minder vorsichtigen Reliquienverehrer sehr zu hüten, daß sie sich nicht die Schale für den Kern geben lassen und des Spötters Hohngelächter hinterher zuziehen. Denn wiewohl sie dabei eben so wenig verlieren, als der, welcher im Enthusiasm eine Sache küßt, von welcher ihm ein Schalk vorsagt, sie sey ein Ueberbleibsel eines erblaßten innigst geliebten Freundes, so bleibt es doch immer Pflicht, Irrthum zu vermeiden und dem Betrug, so gut als man kann, auszuweichen, wenn gleich jener Betrüger oder Spötter eben dafür des Menschenfreundes Verachtung mit Recht verdient.

Ist nun die Rede (S. 88.) nur von den Ueberbleibseln, von welchen wir wissen, daß sie unsere Geliebte und Freunde bei ihrem Leben im Besitz und im Gebrauch gehabt haben, ja dann ist jene Frage bald entschieden; nicht so bald, wenn die Rede von denen ist, welche wir auf die Aussage anderer für die Reste derer, welche wir liebten oder verehrten, annehmen sollen. Und in diese Klasse gehören alle jene Reliquien, die wir oben im dritten Capitel gleichsam in ein Bündel zusammenwickelten. Sind diese gleich damals, als sie zuerst zum Vorschein kamen, ächt und originell gewesen (welches freilich eine Frage ist, die ein Factum betrifft, und Fragen von der Art leiden es niemals, daß man sie sogleich dreist bejahe oder verneine, noch auch, daß jeder gemeine Kopf darüber urtheile; genug, sind sie gleich Anfangs das gewesen, wofür man sie ausgab); so wüßte ich doch nicht, warum sie nicht alle oder doch einige eben sowohl auf unsere Zeiten hätten kommen, eben so gut hätten aufbewahrt werden können, wie so viele Alterthümer, Denkmale, Münzen, Gemmen, Handschriften der alten Griechen und anderer Nationen auf unsere Zeiten gekommen sind, und noch bis auf den heutigen Tag in den Archiven, Bibliotheken und Kabinetten großer Herren aufbehalten werden. Vielmehr beweisen die herkulanischen Entdeckungen *), daß sich Alterthümer sogar unverwahrt, der Witterung und dem Zufall überlassen, gleichwohl Jahrhunderte hindurch unversehrt erhalten haben. Denn hat man nicht nach einem Zeitraum von siebzehnhundert Jahren und darüber aus den herkulanischen Ruinen noch Gefäße von Glas, von Marmor, von verschiedenen Erzarten, Statüen, Säulen ausgegraben? Hat man nicht, welches noch mehr zu verwundern ist, eben aus jenem Schutt Kleidungsstücke hervorgezogen, Gemälde von noch sehr lebendigen Farben, Stücke Holz, welche zwar durch die Länge der Zeit vermodert, doch aber noch kenntlich genug waren; endlich sogar Ueberbleibsel von Getreide, Brod, Oliven und kleinen Kuchen entdeckt? Was

*) Heraclea oder Herkulanum war vor Zeiten eine Stadt im Königreich Neapolis, in der Provinz, die jetzt Terra di Lavoro heißt. Sie ward bei einem Ausbruch des Vesuvs vom Feuerstrom (Lava), wozu noch ein Erdbeben kam, verschüttet und bedeckt. Man kann im Deutschen davon mehr nachlesen in Joh. Winckelmanns Sendschreiben von den Herkulanischen Entdeckungen. Dieses merke ich um der Leser willen an, welche sonst nicht verstehen möchten, warum hier der Entdeckungen erwähnt wird. Kenner werden darüber das Original meines Auszugs nachlesen.

sollen wir nun von Reliquien halten, welche man in goldne und silberne Kapseln verschlossen, mit Krystallen bedeckt und so bedächtlich und so heilig verwahrt hat, daß man sie weder anrühren noch anhauchen kann (S. 89.). So bedarfs denn nun wohl keines Wunders dazu, wenn man sich die Möglichkeit denken will, wie zum Beispiel ein Stück Holz vom h. Kreuz bis auf unsere Zeiten habe können erhalten werden. Die, welche es aber geradezu für unmöglich erklärten, thaten hier, wie es denn oft geschieht, einen gelehrten Machtspruch.

Aber nun ein Einwurf! und kein unbedeutender (S. 89.)! „Ist nicht, wird man sagen, mit den Reliquien von jeher Betrug getrieben worden? Hat man nicht unzählige damit getäuscht? Gab's nicht von jeher leichtfertige, gewinnsüchtige Reliquien-Krämer?" Wir läugnen das alles gar nicht; wir beklagens vielmehr; wie es denn schon Augustin zu seiner Zeit beklagte: „es gehen, sagt derselbe, jetzt so viele Landstreicher in Mönchsgewand umher, die nirgends zu Hause sind und wo sie hinkommen, zu Hause seyn wollen; einige tragen Gebeine der Märtyrer (der Himmel weiß aber, welcher Märtyrer?) mit sich herum und wuchern damit; andere machen große Aufschneidereien von den Heilkräften ihrer Kleidung und Amulette." — Was sollen wir nun hierzu sagen? Daß das Schicksal der Reliquien auch das Schicksal so vieler alter Urkunden, Testamente, Verträge, Wappen und Siegel, Atteste und Münzen und tausend anderer Dinge (denn was ist in der Welt vor der Gewinnsucht und vor dem Betrug der Menschen sicher?) gewesen sey (S. 91.). Wie haben uns nicht in den mittlern Jahrhunderten die heillosen Abschreiber die Diplome verfälscht? Wie viel Mühe kostet es uns nun nicht, wenn wir die Aechtheit derselben beweisen und sie verständlich erklären wollen? Und welch eine Menge Streitigkeiten sind darüber entstanden. Doch wer kennt die sogenannten diplomatischen Kriege nicht? (S. 91.)

Kann man sich nun noch darüber verwundern, wenn es denen Reliquien nicht besser ergangen ist? Die Päbste, welche doch von jeher viel vermochten, vermochten doch nicht, diesem Unheil zu steuren, auch nicht die Kirchenversammlungen; wiewohl es einige von jenen sehr ungern sahen und auf diesen nachdrückliche Schlüsse darwider gefaßt wurden. Es wird genug seyn, wenn wir nur ein Dekret der Kirchenversammlung zu Trident anführen (S. 91.): „Es soll aller Aberglauben bei der Anrufung der Heiligen, bei der Reliquienverehrung und dem Gebrauch der Bilder abgeschafft werden: jeder schändliche Wucher damit soll verbannt seyn; man soll keine neue Reliquien annehmen, es habe sie denn der Bischof vorher untersucht und gebilligt. Bringt er derselben wegen etwas Glaubwürdiges heraus, so soll er doch noch die Theologen und andere fromme Personen darüber zu Rathe ziehen und das beschliessen, was er der Wahrheit gemäß und der Andacht für nützlich hält. Tritt der Fall ein, daß ein Mißbrauch gänzlich abzuschaffen ist, bei welchem aber Schwierigkeiten und bedenkliche Fragen vorkommen: so soll der Bischof eher nichts entscheiden, er habe denn vorher eine Congregation gehalten und das Gutachten des Metropolitans und der Bischöfe aus den nächsten Provinzen vernommen; doch dergestalt, daß ohne Sr. Päbstl. Heiligkeit Vorwissen nichts Neues beschlossen oder etwas bisher Ungewöhnliches in die Kirche eingeführt werde."

Ob man nun diesem Dekret (S. 92.) stets und überall in der römischen Kirche Folge geleistet habe? dies ist hier jetzt unsere Untersuchung nicht; wollte uns aber gleichwohl Jemand nöthigen, hierauf zu antworten, den verweisen wir auf den einsichtsvollen und berühmten Muratorius, welcher bei dieser Frage die Achsel zuckt und solches mehr wünscht als behauptet *).

(Wir haben in dieser ganzen Untersuchung uns weder vorgenommen, zu behaupten: daß alle Reliquien in der Welt ächt wären, noch alle miteinander auf einmal zu verwerfen. Wir sind weit davon entfernt, dem Aberglauben, denen Verblendungen und den Betrügereien, die uns in dem Reiche der

---

*) Muratorii Dissertatio de Christianorum veneratione erga Sanctos; in ejus Antiquitatibus Italiae, Tomo V. pag. 9.

Reliquien jezuweilen vorkommen, das Wort zu reden: aber wir haben uns doch auch nicht enthalten können, der natürlichen und unschuldigen Sinnlichkeit unserer Mitbrüder (sind sie schwach, so halten wir uns darum nicht für stark *)), eine Gattung von Schutzschrift aufzusetzen.)

Ehe wir unsere Arbeit endigen, wollen wir noch vorher eines gelehrten Jesuiten gedenken, der es für gut fand, gewisse Kennzeichen auszumachen, nach welchen man die Reliquien prüfen müßte. Dieser ist Johann Ferrand: er hat ein zu dieser Absicht artiges Buch zu Lyon im Jahr 1647 lateinisch geschrieben. Er nimmt freilich zum voraus an, daß die Ueberbleibsel, welche schon im Alterthum von Christus, von der heiligen Jungfrau und von den Aposteln genannt worden, ächt wären; man sey (nach der Lehre großer Rechtsgelehrten) jetzt nicht schuldig, die Identität gedachter Reliquien von Neuem zu beweisen; man könne aber dieselbe sicher präsumiren, weil Niemand vermögend wäre, das Gegentheil darzuthun; diese Präsumtion hätte ihre gute Richtigkeit, wenn die beständige Tradition durch mehrere Jahrhunderte hinzukäme, noch mehr, wenn sogar Urkunden damit übereinstimmten. So müßte man denn bei der Untersuchung derselben theils auf ihre Eigenschaften, theils auf die Ueberschriften, auf die alte Ueberlieferungen, auf die Zeugnisse glaubwürdiger Männer darüber, auf die Spuren in der alten Kirchengeschichte, welche dazu hinleiteten, auf die Rescripte der Könige, Bischöfe, Päpste, auf die Visitationsacten in den Bisthümern, auf alte, mit ihnen übereinstimmende Gemälde und andere heilige Zierrathen und Geräthe — Rücksicht nehmen. Das sind die Regeln des Ferrands kurz zusammengefaßt, darüber man bei dem Hrn. Verfasser (S. 94. und f.) das weitere vorfindet.

(Sagt nun Jemand: „er hälte durchaus nichts von den Reliquien" — so wollen wir ihn bei seinem Sinne lassen, ihm auch nichts drein reden, wenn er, um seine Meinung

---

*) Röm. Cap. 15; 1 Cap. 16, 1.

aufs strengste zu beweisen, sein väterlich Erbgut verkaufen und den Armen geben wollte. Nur aber bitten wir ihn, daß er auch andere bei ihrem Sinne lasse und sich nicht über seinen Bruder erhebe, welcher nun einmal am liebsten in der Stellung gegen seinem Krucifix über beten mag: daß er diesen darum nicht verachte, nicht richte, nicht betrübe. Sagt ein anderer: er hatte viel von Reliquien — so wollen wir ihn wieder bei seinem Sinne lassen, ihm auch nichts drein reden, wenn er, um seine Meynung aufs strengste zu rechtfertigen, den Halsschmuck seiner verstorbenen guten Frau noch lange hernach besieht und küßt und mit Thränen benetzt; oder wenn er sich auch bei dem Anblick eines Krucifix oder eines Marien-Bildes oder eines Apostels inniglich freuet, — nur aber bitten wir ihn, daß er darum seinen Bruder, der nicht so fühlbar ist, wie er oder nicht so unterrichtet worden ist, wie er, nicht verketzere, nicht verachte, nicht richte, nicht betrübe. Denn das bleibt unsere ewige Regel, als Christen dem nachzustreben, was zum Frieden und was zur Besserung unter einander dienet *), und dies göttliche Gebot, in Rücksicht der Reliquien zu empfehlen, war unsere Absicht.)

---

*) Röm. 14, 19.

Anhang.

Nachricht von der Lipsanographie des Abts Gerard Molanus.

So hätte ich denn bis hieher einen Auszug aus dem vorhin angeführten Werke des Hrn. Hofraths Jung gegeben, wobei die Treue mein ganzes Verdienst ist. Allenfalls kann es doch für den Unstudirten eine Anleitung seyn, über jenen Gegenstand, den der berühmte Verfasser bei der Quelle aufgesucht und aus dem Chaos des Wortstreits in das Gebiet der menschlichen Empfindungen versetzt hat, vernünftig und billig zu denken.

Die Lipsanographie (oder Reliquien-Beschreibung) macht den zweiten Theil des Buchs und also mit jenem Werke jetzt ein Ganzes aus. Des lateinischen Titels ist bereits oben in der Vorrede gedacht worden und lautet im Deutschen, wie folget: Lipsanographie oder churfürstlich braunschweig-lüneburgischer Reliquien-Schatz: vierte Auflage, mit Anmerkungen vermehrt und mit 21 Kupfertafeln erläutert. Hannover 1783. Wiewohl nun der zu seiner Zeit berühmte Abt zu Loccum, Gerard Molanus *), seinen Namen diesem Buche nicht vorgesetzt hat, so weiß man doch zuverläßig, daß er der Verfasser davon sey. Der Herr von Leibnitz, sein Freund und Zeitgenosse, hat uns diese Nachricht zurückgelassen, welche von dem Herrn Jung in der Vorrede angeführt wird. Die erste Ausgabe erschien im Jahr 1697, deutsch, unter einem lateinischen Titel. Molanus übersetzte das Buch im Jahre 1713, ins Latein, dem Pabst Clemens XI. zu Gefallen, dem es bekannt geworden war und der ihn darum ersuchen ließ. Im Jahre 1724 kam es zum dritten Mal

*) Dessen Leben hat J. J. von Einem deutsch beschrieben. Magdeburg, 1734. 8.

heraus. Und wer hätte nun denken sollen, daß dies Buch von den Verfassern der Acta Sanctorum nicht werde bemerkt werden; doch haben sie dessen in ihren fünfzig Bänden nicht gedacht; und sie hätten in unzähligen Fällen davon Gebrauch machen können. So sagen sie z. B. viel von einem h. Victor und einer h. Corona (einer Märtyrin des zweiten Jahrhunderts), wie diese zwei in Egypten den Märtyrer-Tod erlitten hätten: hingegen nichts davon, welches doch vorzüglich zu bemerken war (S. 78.): „daß noch jetzt der Leichnam der h. Corona, wie der Herr von Eckardt als Augenzeuge versichert, in Quedlinburg vorhanden sey, doch fehle daran der Daum an der rechten Hand, welchen um das Jahr 1502 die damalige Aebtissin dem Churfürst von Sachsen, Friedrich, als ein Geschenk zugeschickt habe und welcher hernach in Wittenberg beigelegt worden," auch davon nichts, daß sich in einem alten Codex aus dem Vatican ein Gemälde befindet, welches der Herr von Leibnitz hat abkopiren lassen, wo man einen König sieht, der die Reliquien der h. Corona und des h. Victors einem Grafen von Lucca, Namens Atto, überreicht. Jener König ist (S. 79.) wahrscheinlich kein anderer, als Otto I., von welchem jene Reliquie auf dessen Gemahlin Adelheid und von dieser auf ihre Tochter, die Aebtissin Mathildis, zu Quedlinburg kam. Dies haben wir nur im Vorbeigehen angemerkt, um an einem Beispiele zu zeigen, wie die Lipsanographie den Verfassern der heiligen Acten hätte nützlich seyn können.

Es äußerten auch viele fürstliche und andere Standespersonen ein Verlangen nach diesem Buche, welches sich wieder selten gemacht hatte; vornehmlich wünschten die, welche auf ihren Reisen viele der hierin beschriebenen ehrwürdigen Denkmale des christl. Alterthums gesehen hatten, solche auf diese Art wieder zu sehen. Um sie nun anschaulicher zu machen, sind 21 Kupfertafeln mit Abbildungen von den vorzüglichsten Reliquien-Gehäusen beigefügt worden. So viel von der Geschichte des Buchs!

Nun wollen wir von den Reliquien selbst etwas überhaupt anmerken.

Es ist kein Zweifel, daß ihrer sehr viele der große und weltberühmte Herzog von Sachsen, Heinrich der Löwe, als er im Jahre 1172 aus dem heiligen Lande, wohin er nach dem heil. Grabe gezogen war, zurückkam, mitgebracht habe *); ob man schon nicht durchgängig genau sagen kann **), welche? das weiß man nicht blos aus dem Zeugnisse Arnolds, des ehemaligen Abts zu Lübeck, welcher es als ein Zeitgenosse Herzog Heinrichs wissen konnte, sondern es sprechen auch Urkunden dafür. Unter andern gedenkt Otto IV., der Sohn Herzog Heinrichs, in seinem Testament sowohl seiner, als seines Vaters Reliquien (quas pater noster habuit et nos habemus) und macht damit der Kirche zum h. Blasius in Braunschweig ein Geschenk. Hier blieben sie auch bis ins Jahr 1671, da sie nach Uebergabe der Stadt der Herzog Joh. Friedrich nach Hannover bringen ließ, wo sie in der Schloßkirche noch zu sehen und jetzt der Aufsicht des Hrn. Hofraths Jung anvertraut sind. Kenner werden bald gewahr, daß die Arbeit an vielen Reliquien-Gehäusen und Geschirren das zwölfte Jahrhundert verräth; andere hingegen sind noch älter; wieder an andern kann man freilich die Hand eines Meisters aus der neueren Zeit nicht verkennen. Das haben doch aber alle Reisende ***), welche aus den entferntesten Gegenden dahin kamen und diese Kleinodien in Augenschein nahmen, versichert: daß sie nirgends an einem Orte so viele respectable Heiligthümer beisammen angetroffen hätten, zu geschweigen, daß viele Stücke dem Künstler Bewunderung abnöthigen. So versicherte schon zu Molanus Zeiten (welcher ehemals die Aufsicht auf diese Denkmale hatte) ein genuesischer Kaufmann (S. 57.): „daß der Künstler, welcher ein ansehnliches Gehäuse verfertiget, das sich wie eine runde Kirche präsentirt, fast sein ganzes Leben mit diesem einzigen Kunst-

---

*) Siehe die Vorrede des Abts Molanus mit Anmerkungen, S. 10. u. f.

**) Daselbst S. 13.

***) Molanus in der Vorrede, S. 13.

werke zugebracht haben müsse: denn es ist mit vielen Stücken von einem orientalischen Marmor ausgelegt, den man Diasper nennt, dessen Härte unglaublich ist, so, daß man, um nur ein Stück dreier Finger breit abzuschneiden, einen ganzen Monat Zeit braucht.“ Es verdient also dieses Werk bewundert zu werden, und ist noch mehr als blos Reliquie.

Verzeichniß
einiger Reliquien, welche sich in der Schloß-Kirche zu Hannover befinden.

Nun wollen wir uns doch einigen Heiligthümern nähern. Da hier erblicken wir zuerst (S. 15.) ein großes silbernes und schön vergoldetes Kreuz mit einem Krucifix in der Mitte. Es ist dasselbe mit einer großen Anzahl Perlen, Korallen und Edelsteinen, worunter ein geschnittener Ametist ist, bereichert. Die darin befindlichen Reliquien werden in den chronologischen Auszügen *) von den Herzogen von Braunschweig und von den Reliquien der Collegiat-Kirche St. Blasius namentlich erwähnt, darin wird auch gesagt: Herzog Heinrich der Löwe habe dieses Kreuz verfertigen lassen. Es sind aber folgende: 1) drei Stücke Holz vom heil. Kreuz; 2) ein Dorn aus Christi Krone; 3) ein Stück vom Pfahl, woran Christus gegeißelt wurde; 4) vom Rock Christi ein Stück; und 5) noch ein Stück vom heiligen Holz.

II. Eine silberne vergoldete Monstranz, griechischer Arbeit, in deren Mitte man durch ein Glas die Reliquie des heil. Bischofs und Märtyrers Blasius in einer goldnen Kapsel erblickt. Unter dieser liegt der Daum vom heil. Markus. Blasius war Bischof zu Sebaste in der Landschaft, welche jetzt Alauduli, vormals Armenia minor hieß, und worin Se-

---

*) Beim Leibnitz, Scriptor. Brunsv. T. II. S. 59.

haftc die Hauptstadt war. Was aber den heil. Markus betrifft, so ist historisch erwiesen, daß dessen Leichnam von den Venetianern aus Alexandrien durch einen sogenannten frommen Diebstahl entführt worden. Es ist aber sehr zweifelhaft, ob die Venetianer diesen Körper noch ganz haben, wenigstens wird daran jener Daum, wie man sagt, vermißt; und verschiedene andere Städte rühmen sich auch, Theile des Körpers von dem Evangelisten zu besitzen *).

III. Wir kommen wieder an ein Kreuz (S. 18.). Es ist ehemals in einen Altar eingefugt gewesen und also ohne Fußgestelle; es ist mit Golddraht-Arbeit, Filagrain überzogen. Man sieht daran die vier Sinnbilder der Evangelisten. Unter den Edelsteinen findet sich ein Saphir von ungemeiner Größe. Die darin befindlichen Reliquien sind: 1) des heil. Apostel Petrus; 2) der heil. Jungfrau Liutrud. Unten liest man diese Worte:

Hoc Gertrud. Com. fieri jussit.

d. i. „Die Gräfin Gertrud hat dieses Kreuz zu einem Reliquien-Gehäuse verfertigen lassen.“ Wahrscheinlich war sie die Tochter Ekberts, des Markgrafen von Meissen, Grafens von Nordheim. — Sie starb im Jahre 1117 oder in dem folgenden. Man kann von ihr sagen, daß ihre Begierde nach Reliquien bis zur Leidenschaft groß gewesen sey. Mit Lebensgefahr ließ sie einst den Sarg des Bischofs von Trier, Auctor hieß er, nebst andern heil. Ueberbleibseln von dort wegführen und nach Braunschweig bringen **).

IV. Noch ein Kreuz (S. 20.) mit Goldblech überzogen, jenem ähnlich. Es ist mit 17 Edelsteinen garnirt, unter welchen sich vornehmlich drei geschnittene auszeichnen, worauf man drei gothische Könige erblickt mit gothischen Ueberschriften.

---

*) Eine umständliche Nachricht davon ist in den Anmerkungen zur Lipsanogr. S. 17. u. f. anzutreffen, dabei sonderlich die Acta SS. zu Rathe gezogen sind.

**) H. Jungs Anm., S. 19., wo die Quellen angeführt sind, auf welche sich diese Erzählung gründet.

Es enthält Reliquien: 1) des heil. Valerius, welchen die Acta Sanctorum für einen Bischof zu Trier ausgeben, und 2) des heil. Pankraz.

V. Hier (S. 20.) erblicken wir nun einen Arm, und in dessen Hand eine Lanzette von gediegnem und übergoldetem Silber. An dem Daum und Mittelfinger sieht man Ringe. Unter den Edelsteinen, die unvergleichlich geschnitten sind, nimmt sich ein kostbarer Saphir aus. Auf der Rückseite dieses Arms steht ein Herzog von Braunschweig, wahrscheinlich Heinrich der Friedfertige, von dem die braunschweigische Chronik sagt: „daß er die in diesem Arm befindliche Reliquie des heil. Sebastian nach Braunschweig mit großem Aufzuge habe einführen lassen, in der Hoffnung, daß dadurch der damals grassirenden Pest könne gesteuert werden.“ Das, sagt die Chronik, sey im Jahre 1473 geschehen, in welchem Jahre auch der Herzog starb (S. 20. u. f.).

VI. Noch eine Hand (S. 22.) und Arm von Silber, vergoldet, auf einem Basament, mit der Ueberschrift:

Brachium S. Innocentii Ducis Thebaeorum.

Darüber die Anmerkung nachzusehen ist.

VII. Ein länglicht viereckiges Reliquien-Gehäuse (S. 28.), von großem Werth, mit einem schönen Deckel von Porphyr, auf welchem man diese Worte liest:

Gertrudis Christo felix ut vivat in ipso
Obtulit hunc lapidem gemmis auroque nitentem.

d. i. „Es hat Gertrud, damit sie in Christo glücklich leben möge, diesen von Edelsteinen und Gold glänzenden Stein geopfert.“

Das Stück ist überaus kostbar und prächtig, und gewiß ebenso sehenswürdig als unschätzbar. Unter 44 großen Edelsteinen sind 15 Saphire und viele andere von minderer Größe; die, welche verloren gegangen sind und leicht auf ein halb hundert an der Zahl hinansteigen, ungerechnet. Alle vier Seiten dieses Vierecks sind in Filagrain von Gold; an den zwei längern sind zusammen 14; an den zwei schmälern sind zusammen 10 Nischen, und in einer jeden von beiden Seiten eine Statüe von gediegenem Golde. Ueber fünf derselben liest man noch diese Namen:

Sigismundi, Constantii, S. Crucis, S. Helenae, S. Adelheidis.

Die darin befindlichen Reliquien sind:

1) Ein Armknochen vom heil. Apostel Bartholomäus. 2) Vom Pfahl, woran Christus gegeisselt wurde. 3) Von der heil. Jungfrau Gertrud. Ist sie die, deren die römische Martyrologie auf den 17ten März gedenkt, (denn der Name kommt uns in der alten h. G. zu oft vor): so wär sie die Tochter Pipius, eines Herzogs und Majordoms der Könige von Austrasien. Sie starb im Jahr 664 und ward, wie man sagt, mit Pfeilen todt geschossen, zu Nivelle in Brabant. 4) Von der heil. Adelheid, der Gemahlin Otto I. *), der Magdeburg und Quedlinburg erbauen ließ.

VIII. Ein (S. 32.) vom H. Berward aus vergoldetem Silber verfertigtes Gefäß oder Patene, in Form einer Monstranz. Christus ist hier auf einer Wolke sitzend abgebildet und wie er zum Weltgericht kommt. Auch sind die Embleme der Evangelisten daran befindlich, nebst verschiedenen lateinischen Inschriften. Von denen unter Glas verwahrten Reliquien muß man das Original nachsehen. Uebrigens war Berward nicht der XIV., sondern der XIII. Bischof von Hildesheim; er konnte schön malen und schreiben, auch in Gold arbeiten und Gemmen schneiden. Er starb im Jahr 1023. Ein Mehreres von ihm siehe S. 33.

IX. Ein Plenarium (S. 36. u. f.), d. i. eine geschriebene

---

*) Die, welche eine von den vorigen Ausgaben der Reliquien-Gallerie oder der Lipsanographie besitzen, werden hier, anstatt Adelheid von Selse oder Salsa, von Felsa lesen. Felsa hat keinen Sinn. Hr. Hofrath Jung hat aus des Abts von Clugny, Odilo, Leben jener berühmten Kaiserin, diese richtigere Lesart hergestellt. Denn Felsa ist nirgends in der Welt; wohl aber Salsa oder Selse, ein nahe am Rhein unweit Straßburg gelegenes Kloster, eine Stiftung der Adelheid.

Sammlung der Evangelien auf die Sonntage und auf Feste der Heiligen. Es ist in groß Quart. Man kann sehen, daß die obere Hälfte des Bandes, welche beinahe zwei Daumen dick ist, von Holz und mit Silberblech überzogen ist. Die Figuren darauf sind: 1) an den vier Ecken die gewöhnlichen Sinnbilder der Evangelisten. 2) Christus α) wie er sein Kreuz trägt, β) wie er im Garten kniet und betet, γ) am Pfahl gegeißelt wird, δ) bei seiner Auferstehung — mit der Siegesfahne (oder dem Labar) auf dem Steine sitzend. —

In der Mitte sieht man Marien, die H. Jungfrau, zwischen den zwei Aposteln Petrus mit dem Schlüssel, und Paulus mit dem Schwert. Paulus steht ihr zur rechten, jener ihr zur linken Hand. Man kann das Alterthum dieses Plenarium oder Vorlesungsbuchs ins 9te Jahrhundert aus guten Gründen setzen; auch sind unter dem Deckel eine Menge Reliquien verwahrt, welche S. 37. u. f. angeführt werden.

X. (S. 39.) ist noch ein Plenar auf Pergament in Folio, aus dem 14ten Jahrhundert, welches die Fest-Evangelien in großer schöner Mönchschrift enthält. Das Buch ist mit vergoldetem Silber beschlagen und mit 19 Edelsteinen und 24 Perlen von aussen besetzt. Der äußere Theil oder Deckel ist in 22 mit Glas belegte, auch mit Perlen gezierte Quadrate eingetheilt, in deren Mitte ein Stückchen Holz vom heil. Kreuz kreuzförmig liegt. Auf der andern Hälfte steht der heil. Blasius in vergoldetem Silber; vor ihm rechter Hand sieht man den Herzog Otto Largus von Braunschweig mit den zwei Leoparden; linker Hand seine Gemahlin Agnes mit dem brandeburgischen Adler, welche vorher Woldemarn, Markgrafen zu Brandeburg, zum Gemahl hatte; sie starb 1334.

XI. (S. 42.). Eine silberne, an Reliquien reichhältige Kapsel. Sie alle zu benennen, hieße dem Leser ein Wörterbuch vorlegen. Ich muß also diesen bitten, mit der wörtlichen Beschreibung von dem Stiche eines geschickten Kupferstechers einstweilen sich genügen zu lassen. Wer kennt nicht den heil. Clemens? wie ungewiß es auch ist, ob er der dritte oder der vierte in der Reihe der R. B. gewesen sey *). Wir wollen hier nur das von ihm sagen, wie dessen Reliquien von Rom auf die Insel Pescara gebracht worden sind. Will Jemand noch mehr wissen, so sehe er davon die Lipsanographie selbst nach (S. 42 u. f.).

Im 9ten Jahrhunderte sind die Ueberbleibsel des heiligen Clemens von Rom auf die Insel Pescara gebracht worden. Der Papst Adrian II. machte damit dem Kaiser Ludwig II. ein Geschenk. Dieser hatte auf jener Insel ein Kloster im Jahre 866 erbaut, der heiligen Dreieinigkeit zu Ehren, und 872 erhielt er diese Reliquien. So steht nun hier der Papst Adrian abgebildet, wie er dem K. Ludwig eine Kiste überreicht. Hinter dem Kaiser steht ein Graf Suppo mit einem Schwert in der rechten Hand und die linke hält er über des Kaisers Schulter, welcher zwei Klosterbrüdern winkt, daß sie die auf ein Thier gesetzte Reliquien-Kiste übernehmen und nach dem Kloster abführen sollen. In der Mitte sieht man die Klosterkirche z. h. D. und dabei eine lateinische Anrede an gedachte Insel. Hierauf überreicht der Kaiser einem Abt den Stab, zum Zeichen seiner Aufsicht über das gestiftete Kloster. — Ein Bischof neben einem Offizier hält dem K. die Charte von der Insel vor mit einer lateinischen Ueberschrift. Hinter dem Kaiser steht ein Graf, Namens Heribald, mit dem Schwert, welcher diese Auftritte beschließt.

XII. oder N. 28. (S. 50.) die Abbildung eines heiligen Häuschens, in dessen Mitte sieht man die heil. Jungfrau sehr schön in Elfenbein abgebildet, mit dem Christuskinde auf ihrem Schooß. An den Flügeln von vergoldetem Silber die Namen der Heiligen, deren Reliquien hier aufbewahrt werden. Sie sind des Apostels Andreas, Maurizius, Blasius, Georgs und der Jungfrau Clara.

XIII. oder N. 45. (S. 56.). Ein Kreuz von gediegenem Golde, von großem Werth und Gewicht, auf einem silbernen

*) Lardners Glaubwürdigk. der Ev. Gesch. 2. Th. B. I. 11. Kap. S. 25. Baumg. Uebers.

übergoldeten Basament, ist überaus prächtig und künstlich gearbeitet. Außer 25 Edelsteinen, worunter 4 Saphirs, zählt man 334 der reinsten Perlen daran. Es enthält die Reliquien des Apostels Petrus, des Evangelisten Markus, Johannes des Täufers und des heil. Sebastians.

XIV. oder N. 56. (S. 61.) eine silberne übergoldete Monstranz, vortrefflich bearbeitet. Die Spitze derselben ist ein Krucifix: in ihrer Mitte ist eine Reliquie, welche unten am Fußgestelle so beschrieben wird:

Deus S. Johannis Baptistae,

(Zahn des h. Johannes des Täufers.)

Man weiß, daß ein Zahn von Joh. dem T. auch unter den Kleinodien des H. R. R. befindlich sey. Diese Reliquie ist nicht dieselbe; obschon einer solchen in dem Testamente Kaisers Otto IV. gedacht wird. Dies wird in den Anmerkungen des H. Jung zu S. 61. in mehreren vorgetragen.

Dies Wenige mag nun genug seyn, von denen in der Schloßkirche zu Hannover verwahrten Reliquien einen Vorschmack zu geben. Unser Plan erforderte nicht, die ganze Lipsanographie, welche aus 143 Hauptnummern und leicht an die tausend gehenden Unterabtheilungen besteht, hier übersetzt zu liefern.

V.

Antwort
durch
Wahrheit in Liebe
auf die
an mich gerichteten Briefe
des Herrn
Prof. Sulzers in Konstanz
über
Katholicismus und Protestantismus.

1811.

Vorrede

an das verehrungswürdige katholische Publikum.

Herr Professor Sulzer in Konstanz, ein frommer, rechtschaffener und gelehrter Mann, und seinem weltlichen Beruf nach kein Geistlicher, eben so wie ich, trug mir vor einigen Jahren einen liebevollen und Wahrheit suchenden Briefwechsel über Katholicismus und Protestantismus an; ich entzog mich demselben nicht, sondern ich war willig und bereit dazu. Nach einiger Zeit wünschte er, daß unsere Correspondenz öffentlich im Druck geschehen und dem Publikum bekannt gemacht würde; auch dies schlug ich nicht aus, sondern ich versprach ihm, auch öffentlich zu antworten. Hierauf arbeitete er nun sein Werk aus und ließ es drucken, unter dem Titel: „Wahrheit in Liebe, in Briefen über Katholicismus und Protestantismus an den Herrn Dr. Johann Heinrich Jung, genannt Stilling, Großherzoglich Badischen Geheimen Hofrath, wie auch an andere protestantisch-christliche Brüder und Freunde, von Johann Anton Sulzer, Doctor der Rechte, Lehrer der praktischen Philosophie, Weltgeschichte und allgemeinen Wissenschafts-Kunde am Großherzoglichen Lyceo zu Konstanz. Mit Genehmigung beider Censuren. Konstanz und Freiburg im Breisgau. Auf Kosten des Verfassers; in Commission bei den Buchhändlern Xaver Forster in Konstanz, und Alois Wagner in Freiburg. 1810. in 8. 405 Seiten.

Dies Buch schickte mir der Herr Verfasser im verwichenen Herbst mit einem brüderlich freundschaftlichen Brief zu; meinem Versprechen zufolge habe ich es nun in folgenden Blättern beantwortet.

So wie ich den Hrn. Verfasser zu kennen glaubte, erwartete ich eine ruhige, sanfte, bibel- und vernunftmäßig prüfende Vertheidigung des wahren und reinen Katholicismus; allein ich hatte mich getäuscht; ich fand eine im strafenden und Verweise gebenden Predigerton abgefaßte Vertheidigung der alten römisch-katholischen Mönchs-Religion, mit allen längst widerlegten Beweisen durchaus belegt. Wir Protestanten werden da behandelt, so wie ein eifriger Dorfpfarrer seine Bauern von der Kanzel herunter auspuzt und ihnen die Hölle heiß macht.

Der erste Gedanke, der mir bei dem Lesen dieses Buchs auffiel, war traurig und schmerzhaft: das gemeine katholische Publikum wurde durch die Mönche und mönchisch gesinnte Priester immer im Haß gegen uns Protestanten bestärkt; man behauptete immer, die römische Kirche sey unfehlbar, alleinseligmachend, u. s. w. Die Protestanten seyen ewig verdammte Ketzer, und wer weiß nicht, welche verhaßte Begriffe der Katholik mit dem Wort Ketzer verbindet! Vortreffliche Männer, und deren nicht wenige in der katholischen Kirche, arbeiten unter der Hand mit Schonung und mit Segen dem finstern, lieblosen und unchristlichen Unfug entgegen. Die katholische Kirche reinigt sich allmälig von ihren allgemein anerkannten Mißbräuchen, und stellt nach und nach den wahren apostolischen Lehrbegriff, der eine geraume Zeit unter einer Menge lithurgischer Kirchengebräuche verdeckt und verborgen war, wieder aus Licht. In den protestantischen Kirchen hingegen herrscht eine allgewaltige, schleunig fortwirkende Gährung, der Sektengeist verschwindet, dagegen aber bilden sich zwei Partheien, die gerade entgegengesetzte Grundsätze haben, nämlich die Neologen und die altgläubige wahre Christen, denen Christus, Gott und Erlöser, und der einzige Grund ihrer Hoffnung und Seligkeit ist. Diese letztere Klasse besteht nur aus wahren Protestanten, weil nur sie dem wesentlichen Inhalt der augsburgischen Confession und der symbolischen Bücher getreu sind; da hingegen die Neologen so lang reformiren, bis sich Bibelreligion und Christenthum im Deismus und Naturalismus verloren haben. Jene ächte altgläubige Protestanten und wahre ächte Katholiken, denen das wahre Christenthum Hauptsache ist, und die die Kirchengebräuche nur als die Andacht befördernde, und die Gemeine auf Christum hinweisende, aber nicht durchaus zur Seligkeit nothwendige Mittel ansehen, nähern sich in wahrer Bruderliebe; und die bevorstehende schwere Versuchung wird gar leicht eine einige und wahre Vereinigung zwischen ihnen zu Stand bringen; diejenigen in der katholischen Kirche, die im Grund nichts glauben, und die protestantischen Nichtsglauber werden dann auch wohl miteinander zurecht kommen.

So dachte ich, und so denke ich noch über den Katholicismus und Protestantismus; nun kommt aber des Herrn Professor Sulzers Buch mit seiner neu aufgeputzten Mönchs-Religion wieder unter das gemeine

Volk, und es gibt noch immer hin und wieder katholische Geistliche, denen es willkommen ist und die Gebrauch davon machen werden. Ich gestehe, daß mich diese Vorstellung sehr betrübt hat: denn die Folgen davon werden gewiß, wenigstens im Publikum, Haß und Trennung seyn. An Ueberzeugung protestantischer Seits ist hier gar nicht zu denken, überall ist Erbitterung über die niedrige Behandlung der Protestanten die Folge; denn es thut doch weh, wenn man solche Männer, wie die Reformatoren, und so viele würdige protestantische Gelehrten, wie inconsequente, eigensinnige, der Wahrheit wissentlich widerstrebende Schiefköpfe behandeln sieht; wenn man da liest, daß alle Protestanten, welche die katholische Kirche kennen und doch nicht katholisch würden, Gefahr liefen, verdammt zu werden, und dergleichen verhaßten Vorwürfe mehr. Eine solche Behandlung reizt den Stolz und entfernt jede Ueberzeugung. Die reine, sanfte, liebevolle Darstellung der Wahrheit siegt immer, das Gegentheil nie.

Ich gebe nun hiemit auch dem katholischen verehrungswürdigen Publikum meine Antwort auf des Herrn Professor Sulzers Briefe in die Hände; mit der feierlichen Erklärung, daß meine ganze Widerlegung nur auf die von Herrn Sulzer als die wahre, einzige, unfehlbare und allein seligmachende, römisch-katholische Kloster- und Mönchs-Religion für wahren Katholicismus erklärte, allgemeine Lehrer-Kirche ihr Augenmerk gerichtet hat, weit entfernt, dem wahren und reinen Katholicismus, den ich durch meine lieben katholischen Freunde recht gut kenne, auch nur das geringste Unangenehme sagen zu wollen. Hiemit empfehle ich mich zu brüderlichen Wohlwollen, mit der Ueberzeugung, daß wir uns dereinst im Reich des Lichts alle zusammen finden und uns dann allerseits gestehen werden, daß all unser Wissen und Erkenntniß hienieden Stückwerk und mangelhaft gewesen ist.

Vorrede

an das Verehrungswürdige protestantische Publikum.

Der geneigte Leser wird aus vorhergehender Vorrede an das katholische Publikum gesehen haben, wovon in folgenden Blättern die Rede ist. Das erste, warum ich inständig bitten muß, ist, ja nicht zu glauben, daß Herrn Professor Sulzers Buch die wahren Grundsätze und Glaubens-Lehren der heutigen katholischen Kirche enthalte: denn es ist ein großer Unterschied zwischen den Grundsätzen, welche diese Kirche vor und eine Zeitlang nach der Reformation, und zwischen denen, die sie jetzt behauptet. Vorzüglich besteht dieser Unterschied darinnen, daß die heutigen helldenkenden Bischöffe, Geistlichen hohen und niederen Standes und Gelehrten, zwar noch immer Ihre Kirche für die beste und reinste halten, welches auch leicht zu begreifen und ganz natürlich ist; aber die Unfehlbarkeit des Pabstes und der Kirche überhaupt, und daß sie allein seligmachend sey, ist nicht mehr herrschender Glaubens-Artikel, sondern man ist überzeugt, daß die Päbste und Concilien gefehlt haben und also fehlen können, und daß ein jeder frommer und wahrer Christ auch ausser ihrer Kirche selig werde. Herr Sulzer behauptet hingegen die ehmaligen römisch-katholischen Grundsätze, nämlich daß die römisch-katholische Kirche die allein wahre, unfehlbare, allein seligmachende, einzige, allgemeine Lehrerkirche sey, genau nach den Vorschriften, welche der römische Hof durch die Mönche und Klostergeistlichen allenthalben auszubreiten und in der ganzen Kirche geltend zu machen suchte, und leider! geltend gemacht hat.

Ich bitte daher alle meine Leser, meine in folgenden Blättern enthaltene Antwort auf Herrn Sulzers Briefe nicht als eine Widerlegung des gereinigten, heut zu Tage herrschend werdenden Katholicismus, sondern der alten Mönchs- und Kloster-Religion, welche Herr Sulzer vertheidigt, anzusehen. Ich werde als ein Protestant leben und sterben, und in keinem Fall auch zum reineren Katholicismus übergehen, weil ich in meinem Glaubensbekenntniß alles finde, was zum Seligwerden vonnöthen ist; aber ich werde jeden Katholiken brüderlich lieben, der in der Hauptsache; in dem wahren und thätigen Glauben an Jesum Christum, in Befolgung seiner Lehre und in seiner versöhnenden Erlösung selig zu werden sucht, wenn er auch noch Cerimonien, Kirchengebräuche und Glaubens-Artikel für nöthig und nützlich hält, die mir es nicht sind.

Höchst wichtig und bedenklich sind aber auch die Beschuldigungen, die uns die Katholiken, und jetzt noch der würdige Verfasser von Theoduls Gastmahl, und auch Herr Professor Sulzer mit großem Recht zur Last legen: Sie sehen den von Tag zu Tag überhand nehmenden Neologismus in unsern Kirchen, wie man die göttliche Person unseres Erlösers von Grad zu Grad herabwürdigt, bis Er endlich zum blossen Menschen,

— und zum — ich mag das Wort nicht aussprechen — wird. Man predigt dem grundverdorbenen Menschen kahle Sittenlehre, welche weder er noch sein Prediger halten kann, noch will, und hält die zur Beobachtung der Gebote Gottes unentbehrliche Gnadenwirkungen des heiligen Geistes und das Seligwerden durch das Verdienst Christi für baare Schwärmerei; ja man nimmt sogar den Grundsatz an, der Protestantismus bestehe in einer immer fortschreitenden Reformation — kann man sich etwas Unsinnigers denken? — Die Grundlage der protestantischen Kirche ist die heilige Schrift, und die mit ihr übereinstimmende Symbolen. Beide haben ihren bestimmten Sinn, sie sprechen deutlich das aus, was wir glauben und thun sollen; wie ist da nun noch eine fortschreitende Reformation — wohlverstanden! — in den Glaubenslehren möglich; diese sind ja bestimmt und jedem gesunden Menschenverstand faßlich; begreiflich sind sie freilich nicht alle, aber wie vieles ist in der äußern körperlichen Natur, das wir nicht begreifen können, und das doch zuverlässig wahr ist. Eine fortschreitende Reformation in Glaubenslehren kann nicht anders als durch die Vernunft geschehen; sobald diese aber keine göttliche Offenbarung außer der physischen annimmt, oder wenn sie sie annimmt, sie nach Prämissen zu erklären sucht, die aus sinnlichen Erfahrungen und Beobachtungen abstrahirt sind, so geräth sie in beiden Fällen durch eine ganz richtige Demonstration in die Naturreligion, die aber für den Menschen im gegenwärtigen Zustand, wo die Sinnlichkeit über das sittliche Prinzip bei weitem die Oberhand hat, Gift und Tod ist, so wie sie bei dem nicht gefallenen Menschen die wahre seligmachende Religion gewesen wäre, weil er in dem Fall die Sittenlehre vollkommen befolgt hätte.

Wenn also der Protestantismus in einer immer fortschreitenden Reformation, also in dem Wege zur Naturreligion bestehen soll, so verletzt er ja ganz die Bedingnisse, unter denen die katholische und protestantische Kirche einen Bund des Friedens mit einander geschlossen und sich wechselseitig gleiche Rechte zugestanden haben. — Diese Rechte aber hat nur der, welcher die Glaubenslehren der heiligen Schrift und der bei den Friedensschlüssen zum Grund gelegten Symbolen annimmt, bekennt und lehrt, und nur der ist ein wahrer Protestant; da hingegen alle, die den Protestantismus für eine immer fortschreitende Reformation erklären, und sich also immermehr von den Glaubenslehren der heiligen Schrift und den Symbolen entfernen, durchaus keine Protestanten, und also vom Friedensbund mit der katholischen Kirche ausgeschlossen sind.

Hiemit will ich aber durchaus nicht sagen, daß solche Neologisch-Denkende nicht geduldet werden sollen, da sie ja Gott duldet bis zur Zeit der Erndte, wo sich dann zeigen wird, wo Wahrheit ist. Aber das ist unerträglich und abscheulich, daß sich solche neologische Consistorien und Prediger für Protestanten erklären, da sie es doch ganz und gar nicht sind; wodurch dann die armen Gemeinden schändlich betrogen und hintergangen werden: sie glauben einen lutherischen und reformirten Prediger zu bekommen. Ja! dem Rock und dem Schein nach, aber im Grund ist er so wenig eins von beiden, als es Seneka, Epictet oder auch gar Epikur waren. Dieses, meine geliebten Leser! ist schrecklich: wie können sich da die armen unwissenden Gemeinden bei ihrer anerkannten und beschwornen Religion schützen und erhalten? und was soll aus ihren armen Kindern werden?

Die Denk- und Glaubensfreiheit ist ein heiliges und unverletzbares Menschenrecht; denke, glaube und schreibe jeder, was er für wahr, für recht und billig hält; der Staat soll ihn dulden, so lang er nichts öffentlich lehrt, was der bürgerlichen Gesellschaft, Regenten und Unterthanen nachtheilig ist. Aber das ist unredlich und verabscheuungswürdige Betrügerei, wenn sich jemand für einen ächtprotestantischen Lehrer erklärt, gar die Bibel und die Symbolen beschwört, und dann hernach eine Gemeinde, die einen ächtprotestantischen Lehrer erwartet, schändlich betrügt.

Der wahrhaft redliche und rechtschaffene Mann, der aber von der Wahrheit der heiligen Schrift, als göttlichen Offenbarung, und den damit übereinstimmenden Symbolen entweder gar nicht, oder doch nicht vollkommen überzeugt ist, der sagt und bekennt es, wenn Rechenschaft seines Glaubens von ihm gefordert wird, und wählt sich dann einen Beruf, der mit seinen Grundsätzen nicht in Collision kommt.

So viel ist gewiß, dieser verworrene, unregelmäßige und gesetzwidrige Zustand kann nicht lange mehr währen: es muß zur Scheidung zwischen wahren und ächten Protestanten, und zwischen falschen und unächten Protestanten kommen; jene müssen wieder eine eigene, den Glaubenslehren der heiligen Schrift vollkommen angemessene Kirche bilden; und diese können sich dann organisiren, so wie es ihnen gefällt und ihren Grundsätzen gemäß ist. So wie es jetzt ist, kann es einmal nicht bleiben.

Aber auch die katholische Kirche befindet sich jetzt in einer höchst bedenklichen Krisis; sie hat kein sichtbares geistliches Oberhaupt; und so lang dieser Zustand währt, kann auch kein Bischof nach ihren Grundsätzen ordinirt werden. Die ganze hierarchische Regierung stockt, und mit ihr der ganze kirchliche Geschäftsgang. Sollte dieser Zustand lange dauern, so lösen sich auch die religiösen Bande auf, und es kommt zu einer großen und bedeutenden Scheidung: denn auch die katholische Kirche hat eine große Menge Sozinianer, Deisten, Naturalisten und Atheisten, die aber durch den Zwang der hierarchischen Bande in Ordnung gehalten werden, so daß sie zwar das Aeußere alles mitmachen und für gute Katholiken passiren, weil sie sehr unglücklich werden würden, wenn sie ihre innere Ueberzeugung laut werwerden ließen. Sobald aber die Hierarchie aufgelöst wird, oder kein Ressort mehr hat, das sie in Thätigkeit erhält, wenn also keine Ahndung und kein Bann mehr zu befürchten ist, dann ist die offenbare Trennung unvermeidlich, und was dann erfolgt, das kann jeder, der in den Wegen Gottes und seinem Wort geübt ist, leicht voraus sehen.

So wohl der wahrhaft gottfürchtende und an Christum glaubende Katholik, als der wahrhaft gottfürchtende und an Christum glaubende Protestant, haben bei allen großen Begebenheiten, die uns bevorstehen, nichts zu fürchten. Sie sind im Schutz ihres Gottes: müssen sie auch leiden, so dient das zu ihrer Heiligung und Veredlung; und mitten in der schweren Prüfung werden sich alle wahre Christen aller Partheien zu einer Heerde unter dem einigen guten Hirten sammeln. Amen.

Zur Nachricht.

Da es — mir wenigstens — unangenehm ist, wenn die Anmerkungen und Citaten auf jeder Seite unten mit anderer Schrift angebracht und beigedruckt werden, so habe ich die Stellen, welche entweder einer näheren Erläuterung oder Berichtigung und eines Beweises bedürfen, auf dem Rand durch fortlaufende Zahlen bemerkt, welche man nur hinten im Anhang unter der gleichen Zahl nachzuschlagen braucht, um das noch dahin Gehörige zu finden. Da ich auch, als Nicht-Theologe von Profession, die Quellen nicht besitze, aus denen die Beweise geführt werden müssen, so habe ich sie aus zuverläßigen Kirchen-Geschichtschreibern ausgeschrieben, und auch die Verfasser derselben anzeigt, um nicht des Plagiats beschuldigt zu werden. Der ruhige und unpartheiische Wahrheitsforscher wird hoffentlich mit mir zufrieden seyn.

Beantwortung des ersten Briefs

über christliche Brüderschaft und die gesammte Lehre Jesu.

Mein theuerster und innig geliebter Bruder!

Ihren ersten Brief vom 29. August 1806 beantwortete ich Ihnen bald hernach den 10. Oktober des nämlichen Jahrs. Da aber meine Antwort Verschiedenes enthielt, das unser Publikum nicht interessiren kann, so will ich mich hier nur auf dasjenige einschränken, was wesentlich ist und zum Zweck gehört.

Sie nennen mich Bruder im Herrn, und geben den Grund dazu an: „daß Sie (wenigstens im Herzen) jeden so nennen, der Jesum von Nazareth als den wahren, von Gott dem Menschengeschlecht verheißenen Erlöser, mit allen wesentlichen Eigenschaften, welche die Schrift des alten und neuen Bundes ihm beilegt, in dem Sinn der Schrift erkennt, anbetet, Ihm glaubt, auf Ihn allein hofft, Ihn frei bekennen, nach reiner und vollständiger Erkenntniß seiner Lehre aus Armuth im Geist sich sehnt, nach derselben sein ganzes Leben einzurichten, aus Gehorsam und Liebe zum Herrn sich bestrebt, wenn auch gleich derselbe noch nicht zu der vorgesagten Erkenntniß der Lehre des Herrn, oder zu einer vollkommenen Fertigkeit im Handeln gelangt wäre u. s. w." Diese Gesinnungen, mein Theuerster! trauen Sie mir zu, und nennen mich deswegen Bruder im Herrn. Zu allen diesen Eigenschaften, welche die christliche oder geistliche Brüderschaft erfordert, und auch zu allen denen, von welchen Sie bezeugen, daß sie von dieser

Brüderschaft ausschliessen, sage ich Ja und Amen. Auch versichere ich Ihnen heilig, daß ich in allen meinen Untersuchungen, auch nicht in der gegenwärtigen, wozu mich Ihre Menschenliebe und Ihre Liebe zur Wahrheit veranlaßt, keineswegs fürchte, auf Wahrheiten zu stoßen, die mit meiner angewohnten Erziehungs-Religion, oder mit meinem etwa errungenen gelehrten Ansehen nicht vereinbarlich wären. Auch das versichere ich Ihnen heilig, daß ich jetzt in meinem 71sten Jahre noch katholisch werden, und zu Ihrer Religion übergehen will, wenn Sie mich überzeugen, daß ausser Ihrer Kirche Niemand selig werden könne. Ist es aber auch in der protestantischen möglich, oder gar noch leichter, so werden Sie mir nicht zumuthen, diesen wichtigen Schritt zu wagen.

Jetzt erlauben Sie mir aber auch, nach meiner Ansicht, die mit der Ihrigen nicht im Widerspruch steht, die Eigenschaft anzugeben, welche zur christlichen Brüderschaft erfordert wird. Nicht wahr? Kinder, die einen Vater haben, sind Brüder, NB. auch dann, wenn sie von verschiedenen Müttern sind — folglich alle, die aus Gott, durch Wasser und Geist geboren sind, sind Kinder Gottes, Joh. 3. (ich werde mich in diesen Briefen allenthalben ihrer eigenen Bibel, der Vulgata bedienen) mithin genau miteinander verbundene, sich innig und herzlich liebende Brüder und Schwestern, oder Geschwister. Diese haben dann auch alle jene Eigenschaften an sich, die Sie, mein Lieber! zur christlichen Brüderschaft fordern. Jetzt frage ich Sie, hier öffentlich vor dem Angesicht Gottes und dem Publikum: Wie können Sie mir alle, von Ihnen selbst angegebene, zur christlichen Brüderschaft erforderliche Eigenschaften zutrauen, da ich aus eigner Schuld außer ihrer Kirche lebe, und also nach Ihrer Aeusserung, Seite 206, kein Heil für mich zu erwarten ist? — Sie glauben von mir, wenn ich nicht katholisch würde, besonders da mir ihre ganze Lehre gar wohl bekannt ist, so könnte ich nicht selig werden; da aber nun nur diejenigen, die aus Gott, durch Wasser und Geist wiedergeboren sind, Gottes Kinder, und also untereinander Geschwister sind, so müssen Sie mir entweder zugeben, ein wiedergeborner Christ würde verdammt, wenn er nicht katholisch wäre, oder weil ich verdammt würde, so könnte ich nicht aus Gott geboren seyn. Wie können Sie mich dann aber Bruder heißen? — Verzeihen Sie mir, theuerster Bruder! Ich darf und muß Ihnen doch auch die Wahrheit in Liebe sagen dürfen. Daß ich Sie aber von ganzem Herzen Bruder nennen kann und darf, weil ich Sie für einen wiedergebornen Christen halte und brüderlich liebe, das erlaubt mir meine Kirche und meine eigene Ueberzeugung: Denn wir glauben fest und mit wahrer Freude, daß in allen christlichen Kirchen diejenigen, welche die von Ihnen selbst angegebene Kennzeichen der christlichen Brüderschaft an sich haben, gewiß selig werden.

Wir kommen nun zum zweiten Theil Ihres Briefes, in welchem Sie näher bestimmen, was Sie unter der Lehre Jesu verstehen; nämlich

„1. Alle einzelne Lehren Christi und seiner Apostel, die uns entweder neu geoffenbaret, oder schon im alten Testament enthalten sind. Mit einem Wort, die Erkenntniß-Gegenstände von Gott, von unserm sittlichen Zustand, von unserm Verhältniß zu Gott, von dem künftigen Leben, kurz, was die ganze Bibel alten und neuen Testaments von Gott, von Christo und dem menschlichen Geschlecht lehrt. Ferner:

Die Glaubenslehren oder Wahrheiten, von denen es nicht eine einzige gibt, welche nicht theils mit der ganzen Lehre von Gott und unserm Verhältniß zu Ihm in unzertrennlicher Verbindung stände, theils mittelbaren oder unmittelbaren Einfluß auf unser sittliches Verhalten hätte.

2. Die Sittenlehren, deren Menge in der Liebe zu Gott, zu uns selbst und zu dem Nächsten enthalten ist.

3. Jene Lehren und Anstalten, durch deren Befolgung und Gebrauch wir sowohl des heiligen Geistes überhaupt, als auch der heiligmachenden Gnade und besonderer Geistesgaben theilhaftig werden sollen, die sogenannten christlichen Tugendmittel und Sakramente.

4. Endlich die verschiedene geistliche Gewalten, ihre Abstufung und Verwaltungsart z. B. die Gewalt zu lehren, zu

predigen, zu taufen, die Hände aufzulegen, das heilige Abendmahl zu verfertigen und auszuspenden, Sünden zu vergeben und zu behalten, die Kirche zu regieren u. s. f., welche Aemter in den Schriften der Apostel unter den Benennungen Bischöfe, Aelteste, Diener, vorkommen. Von welchen Gegenständen unser Herr ohne Zweifel seine Jünger auch besonders belehrt hat, als Er nach seiner Auferstehung vierzig Tage hindurch mit ihnen vom Reich Gottes und dessen Begründung, Einrichtung, Verwaltung und Verbreitung auf Erden sprach. So weit, mein lieber Bruder, Ihre eigene Worte."

Zu Allem, was Sie in diesen vier Abtheilungen Lehre Jesu nennen, insofern es, als solche, aus den Evangelien und apostolischen Schriften erwiesen werden kann, sage ich wiedrum von Herzen Ja und Amen. Aber nun erlauben Sie mir noch eine Bemerkung hinzuzufügen: was Sie mir von der Belehrung unseres Herrn während der vierzig Tage zwischen seiner Auferstehung und Himmelfahrt sagen, davon kann ich weiter nichts annehmen, als was mir die Apostel selbst erzählen, nur diese wußten genau, was ihnen ihr Herr und Meister gesagt hatte; und was sie uns davon mittheilen, das glaube ich fest und gewiß, denn sie hatten den Geist der Wahrheit vor allen Menschen am stärksten empfangen; ausser dem aber glaube ich keinem Bischof und keinem Menschen in der Welt, wenn es nicht mit dem übereinstimmt, was notorisch von Christo und den Aposteln herkommt, das ist, mit dem, was im neuen Testament enthalten ist. Im Verfolg wird es Gelegenheit genug geben, meinen Beweis zu führen, warum ich nichts weiter glauben kann und will.

Indem Sie nun gegen das Ende Ihres ersten Briefs meine Wünsche zur Vereinigung aller wahren Christen, mit Beiseitsetzung ihrer noch verschiedenen Religions-Meynungen, wegen der Gefahr der nahen Zukunft, mit Wohlgefallen billigen, so fragen Sie mich, „was ich unter den Worten, mit Beisetzung ihrer noch verschiedenen Religions-Meynungen verstehe? — und ob nicht redliche Christusfreunde dahin arbeiten, ihre Einsichten sich dazu mittheilen sollen, daß sie zu einer und derselben einen, festen und vollständigen Erkenntniß der gesammten, für das Menschengeschlecht von Christo geoffenbarten Lehre, möglich bald gelangen mögen?" Ja, mein theuerster Bruder! das soll, kann und muß, aber in Liebe geschehen. Ich will mich näher darüber erklären: wenn einer die Eigenschaften hat, die Sie im Anfang Ihres Briefs zur christlichen Brüderschaft fordern, so ist er Ihr Bruder, ein Kind Gottes, er gehört zur Gemeinschaft der Heiligen, und er steht mit allen wahren Christen in der Einigkeit des Geistes. Wenn Sie mir das nicht zugeben, so haben Sie die Güte, Ihr Urtheil so lang auszusetzen, bis ich im Verfolg alle Ihre Briefe werde beantwortet haben. Wenn nun einer von den Mitgliedern dieser Gemeinschaft der Heiligen mehr fordert, so muß er beweisen, daß dies Mehr zum höhern Grad der Heiligung, folglich auch zur Erhöhung der ewigen Seligkeit nöthig sey. Dies ist nun eben der Punkt, den wir beide in unserer wichtigen Correspondenz miteinander auszumachen haben: Ja, mein Theuerster! wir wollen an der Hand des Herrn und unter der Leitung seines heiligen Geistes Schritt für Schritt miteinander fortgehen. Von ganzem Herzen Ihr

treuer Bruder

Jung Stilling.

N. S. Was Sie in Ihren Anmerkungen zum ersten Brief äussern, davon wird im Verfolg noch mehrmals die Rede seyn, meine Gedanken darüber verspare ich dahin.

Antwort auf den zweiten Brief,

der die Veranlassung, Absicht und Verzögerung des Werks des Herrn Verfassers enthält.

Mein theuerster und innig geliebter Bruder!

Sie haben nun aus meinem ersten Brief gesehen, daß ich von dem Allem, was ich Ihnen ehemals darauf antwortete, nichts zurückgenommen habe. Ich gehe noch weiter, ich unterschreibe auch Alles, was Sie in Ihrem zweiten Brief, den ich jetzt vor mir habe, S. 13 und 14 sagen, nur mit der Bemerkung, daß ich nicht Ihre ganze Ansicht, was zur gesammten Lehre Christi gehöre, unterschreibe, sondern nur das, was Sie von dieser Ansicht in Ihrem Brief mitgetheilt haben. Aber mein Lieber! das wird Ihnen auch jeder wahre Christ unter allen Protestanten unterschreiben, dadurch sind wir uns noch um keinen Schritt näher gekommen, wie der Verfolg zeigen wird.

Sie erzählen in diesem Brief, was Sie veranlaßt habe, mit mir zu correspondiren; nämlich, daß Sie theils mit Gelehrten, theils auch mit ungelehrten Protestanten in der Schweiz bekannt geworden wären und den dortigen Religionsstand äusserst genau hätten kennen lernen; da Sie nun diesen Zustand für abweichend von dem Willen unsers Herrn Jesu, und in Ansehung des Heils so vieler Seelen für sehr gefährlich gehalten hätten, so hätte Sie immer mehr das innigste Mitleiden ergriffen, und Sie hätten nun darauf gedacht, wie Sie aus ihrem leidigen Zustand gerettet werden möchten, Sie hätten es also für Pflicht gehalten, das Ihrige zu dieser Rettung beizutragen, und da Sie sich selbst als einem Katholiken nicht Ansehen genug zugetraut, so hätten Sie geglaubt, an einem christlichen wahrheitsliebenden Protestanten, der Einfluß auf das protestantische Publikum hätte, den Mann zu finden, den Sie brauchen könnten; Sie hätten sich also an Lavatern gewendet, der habe sich aber der Sache nicht angenommen, daher hätten Sie sich nun an mich gewendet, und angefangen, Briefe mit mir zu wechseln, u. s. w. Dann erzählen Sie ferner, was Sie bewogen habe, Ihre Briefe an mich drucken zu lassen und öffentlich bekannt zu machen.

Lieber, theurer Bruder! jeder, der diese Ihre gedruckte Briefe, und besonders den zweiten liest, der muß Sie lieben, und überzeugt seyn, daß Gottes- und Menschenliebe die Triebfeder Ihres bedeutenden Schritts gewesen sey. Aber daß Ihr Mitleiden mit uns Protestanten, insofern wir Ihre Kennzeichen der Brüderschaft an uns haben, unbegründet, und wir ganz und gar nicht zu bedauern sind, das werden Sie im Verfolg finden; Sie müssen aber dann auch ebenso vorurtheilsfrei die eine unpartheyische Wahrheit erkennen und gestehen, wie Sie dieß von uns fordern. Mit wahrer Liebe Ihr

treuer Bruder
Jung Stilling.

Antwort auf den dritten Brief,

worinn der Herr Verfasser sein Unternehmen vertheidigt.

Mein theuerster und innig geliebter Bruder!

Alles, was Sie in diesem Ihrem dritten Brief von S. 21. bis 32. in der Mitte schreiben, das unterschreiben wir, Ihre protestantischen Brüder, mit Ja und Amen, nur muß ich bemerken, daß wir nicht zugeben können, daß Ihre Kirche die allgemeine christliche Kirche sey. Diese ist die unter alle christliche Partheien zerstreute Gemeinde des Herrn, die Er selbst durch seinen heiligen Geist leitet und regiert. Zu dieser Kirche, die das Reich des Herrn ausmacht, das nicht von dieser Welt ist, gehören auch Sie, mein Lieber; vor der Hand lassen Sie dieses auf seinem Werth oder Unwerth beruhen, bis ich es im Verfolg apodiktisch als Wahrheit werde bewiesen haben; und dann versichern wir Ihnen auch heilig, daß wir in der Lehre Jesu Christi und seiner Apostel keinen Unterschied in Haupt- und Nebenlehren machen; wir halten aber auch nichts für Lehre Jesu und seiner Apostel, als was im neuen Testament als solche bestimmt angegeben wird.

Nun wollen Sie uns zur Prüfung unseres Religionszustandes bewegen. — Theuerster! Wehe uns! wenn wir das nicht mit aller Treue und in der Gegenwart des Herrn gethan hätten!!! Sie sagen deswegen: es käme einzig darauf an, ob Sie unsern Religionszustand richtig beobachtet hätten, und ob derselbe wirklich von dem Willen unsers Herrn Jesus abweichend und für das Heil unserer Seelen gefährlich sey?

Richtig! mein Lieber! hierauf kommts nun an, und das wollen wir genau und unpartheyisch untersuchen. Sie sagen Seite 36. §. 4. Die Katholiken seyen aus allgemein erkennbaren Gründen überzeugt, daß Sie an Ihrer Religion und Kirche eine gute Sache hätten; wer ihre regelmäßige Organisation, ihre Polizei, ihre von der bürgerlichen Gewalt unabhängige Regierung (dieß ist nun wohl der Fall nicht) u. dergl. mit Vergessenheit seiner Vorurtheile und Abneigung betrachten könnte, dem müßten diese verschiedene gute Beschaffenheiten auffallen, u. s. w. Lieber Bruder! das Alles beweist nicht, daß Ihre Kirche die allein Wahre sey; solche Ordnungen hatte man im Heidenthum und die Juden desgleichen in der verdorbensten Zeit; merken Sie wohl, daß ich Ihre Kirche nicht mit beiden parallel zu stellen gedenke, ich will nur zeigen, daß es auf diese äusseren Dinge nicht ankomme. Jede christliche Religions-Parthei hat ihre Organisation, ihre Ordnung und Polizei, aber keine dieser Gesellschaften ist die ausschließliche Gemeinde oder Kirche des Herrn, diese ist unter Alle vertheilt; es kommt nur darauf an, in welcher die Verähnlichung mit unserm Herrn, oder die Buße, Bekehrung, Wiedergeburt und Heiligung am leichtesten, und wie am sichersten dazu zu gelangen ist? Doch mein Lieber! wir laufen uns ja vor — dieß gehört in den folgenden Blättern an seinen bestimmten Ort.

Sie verwahren sich ferner gegen den Vorwurf der Intoleranz; alles, was Sie über diesen Punkt sagen, ist reine Wahrheit, und alle protestantische wahre Christen stimmen damit überein; belehren dürfen, sollen und müssen wir uns untereinander, aber wie Sie so schön sagen, mit Wahrheit in Liebe, sobald aber der Mächtige den Mindermächtigen deswegen drückt und verfolgt, weil er anderer Meynung ist als er, so ist das Intoleranz; davon aber ist ja zwischen uns ganz und gar die Rede nicht.

Eben so wenig brauchen Sie sich wegen Proselytenmacherei zu entschuldigen: diese bestimmt Christus am besten, Matth. 23. V. 15. Wehe Euch Schriftgelehrten und Pharisäer! Ihr Heuchler! die ihr Meer und Land durchziehet, damit ihr einen Judengenossen (proselytum) machen möget, und wenn er gemacht ist, so macht ihr einen Sohn der Hölle aus ihm, doppelt so sehr, als ihr seyd. Wer also ohne Rücksicht auf Wahrheit und innere Ueberzeugung Menschen anzuwerben sucht, nur um seine Religions-Parthei zu vergrößern und zu verstärken, der ist ein Proselytenmacher. Wer aber durch die Macht der Wahrheit zu überzeugen sucht, wie Sie, dem kann man diesen Vorwurf unmöglich machen. Mit wahrer Liebe

Ihr treuester Bruder

Jung Stilling.

Antwort auf den vierten Brief.

In welchem der Herr Verfasser von der allgemeinen Anstalt redet, durch welche die Lehre Jesu allen Menschen auf Erden mitgetheilt werden soll.

Mein theuerster und innig geliebter Bruder!

Nach so vielen Vorbereitungen kommen Sie der Hauptsache nun näher; Sie wollen nun beweisen, „daß wir, Ihre protestantische Brüder, alle insgesammt nicht auf dem von Jesu unserm Herrn veranstalteten Wege zu reiner, vollständiger und unerschütterlicher Erkenntniß seiner Lehren, Gebote und Heilsmittel zu gelangen, sondern auf einem sehr gefährlichen Abwege wandeln.“ Um den Grund zu diesem Beweis zu legen, entwickeln Sie aus richtigen Vordersätzen den Grundsatz, es müsse ein Lehr- oder Predigtamt, eine lehrende Kirche geben, und diese sey dann die Anstalt, durch welche nach des Herrn Jesu Willen seine Lehre allen Menschen aller Zeiten solle mitgetheilt werden. Daß die Lehre Jesu allen Menschen mitgetheilt werden soll, das ist gewiß sein Wille, auch daß zu dieser Mittheilung äussere Anstalten getroffen werden müssen; welche? das ist nun ferner zu untersuchen. Hierauf gehen Sie nun weiter, lieber Bruder! und suchen festzusetzen, daß die Schriften der Evangelisten und Apostel zwar unter der Leitung des heiligen Geistes geschrieben worden, aber doch nicht alles enthielten, was dem Christen nöthig zu wissen und zu glauben sey; dieß suchen Sie in folgenden sechs Punkten zu beweisen; Sie sagen:

1. Wenn die Bibel alles enthalten sollte, was zur Seligkeit zu wissen nöthig ist, so mußte Sie ein namentliches Verzeichniß ihrer Theile, oder besondern Bücher, mit der Warnung vor jenen, die nicht darin verzeichnet sind, enthalten.

Antwort. Dieß namentliche Verzeichniß haben wir ja, die ersten Christen sammelten und unterschieden sehr sorgfältig die Schriften der Evangelisten und Apostel von denen, die entweder ungewiß oder von Männern waren, denen sie die Unfehlbarkeit nicht in dem Maß zutrauten. Sie nahmen ja nicht einmal solche Schriften als canonisch auf, die den Namen der Apostel an der Stirne trugen, von denen Sie aber nicht ganz gewiß waren, daß die Apostel sie geschrieben hätten, wie z. B. das Evangelium Jakobi, das Evangelium Nikodemi, der Brief Pauli an die Laodicäer, und andere mehr. In Ansehung der canonischen Bücher der heiligen Schrift sind wir Protestanten gar nahe mit Ihrer römischen Kirche einig; im neuen Testament haben wir durchaus die nämlichen Bücher in unserer Bibel, die Sie in der Ihrigen haben, und im alten Testament wiederum. Nur daß Sie einige Bücher für canonisch halten, die wir unter die Apocrypha gesetzt haben, weil sie die jüdische Kirche, die doch da der competente Richter war, nicht für canonisch hielt. Doch auf diese kommt nicht viel an [a]), denn sie enthalten nichts Wesentliches, das nicht auch in den andern Büchern der heiligen Schrift enthalten wäre. Also: wir Protestanten haben die nämliche Bibel, die Sie haben, die Unsrige ist mit der Ihrigen gänzlich übereinstimmend; wo etwa Abweichungen in

Luthers Uebersetzung von der Vulgata sind, da betreffen sie keinen Punkt, der sich auf Heilswahrheiten bezieht. Genug, Ihr hebräisches altes und griechisches neues Testament ist auch das Unsrige.

Was Ihre Aeusserung betrifft, daß die Bibel auch eine Warnung vor dem, was zur Bibel und was nicht zu ihr gehöre, enthalten müsse, so war diese durchaus unnöthig. Unser Herr hat uns, nämlich seiner Gemeinde, seinen heiligen Geist versprochen, der uns in alle Wahrheit leiten soll. Wer diesen Geist hat, der wird in seiner Bibel Alles finden, was ihm zu seiner Vereinigung mit Gott und zum Seligwerden von nöthen ist, und wer diesen Geist nicht hat, dem gilts sehr einerlei, obs eine Bibel gibt oder nicht, und ob mehr oder weniger Bücher darinnen sind. Aber nun setze ich hier einen Grundsatz fest, den Sie mir nothwendig zugeben müssen, nämlich: Alles, was irgend eine Religions-Gesellschaft oder Kirche an Lehren, Gebräuchen und Anstalten den Lehren der Bibel zusetzt oder befiehlt, das muß die Ausübung dieser Lehren erleichtern und befördern. Und jede Religions-Gesellschaft oder Kirche, welche Gebote, Lehr-Vorschriften und Gebräuche gibt und veranstaltet[3]), die die Ausübung der Lehre Jesu erschweren, aus dem Auge rücken, und sich selbst hinstellen, oder ihr gar geradezu widersprechen, kann unmöglich die wahre, alle Menschen belehrende Kirche seyn: Christus und der heilige Geist, der die Apostel belehrte, wußten damals wohl, was den Menschen zu ihrem Heil und zu ihrer Seligkeit bis ans Ende der Tage nöthig seyn würde; wenn also von der Zeit an bis daher auch noch Veränderungen und Beförderungs-Anstalten in seiner Gemeinde gemacht werden müssen, so müssen Sie durchaus die Ausübung der Lehre Jesu befördern und erleichtern, aber sie dürfen ihr, auch nicht im kleinsten Punkt, gerade entgegen stehen. Ich hoffe, Sie werden mir das Alles zugeben?

2. Sie sagen ferner: die von allen Christen zu glauben und

zu befolgende Lehrstücke hätten (von Christo und den Aposteln selbst) als solche bezeichnet werden müssen; oder wenn lauter Hauptstücke darinnen enthalten wären, so hätte am Ende stehen müssen: dieß ist nun Alles, was der Herr von seinen Anhängern erkannt, geglaubt, befolgt, gebraucht und ausgeübt wissen will, damit dieselben Gott gefallen und selig werden mögen. Wie, wenn ich Ihnen, mein lieber, theurer Bruder! mit unwiederlegbaren Zeugnissen Ihrer eigenen Kirche, beweise, daß die Bibel, und besonders das neue Testament, Alles enthalte, was dem Christen zu seiner Seligkeit zu wissen nöthig ist? — was werden Sie dann sagen? — mein Beweis ist folgender: die christlichen Gemeinden im ersten und zweiten Jahrhundert erkannten notorisch das Primat des römischen Bischofs nicht; kein Bischof behauptete den Vorzug dergestalt für den Andern, daß er geglaubt hätte, sie müßten ihm in Religionssachen gehorchen. Hätte man nur von weitem diese Idee gehabt, und hätte sie unser Herr oder einer seiner Apostel nur empfohlen, so war unstreitig die Gemeinde zu Jerusalem die Mutterkirche, von welcher alle Gemeinden in der ganzen Welt herstammen, Micha 4. v. 2. Von Zion wird das Gesetz ausgehen, und das Wort des Herrn von Jerusalem. Diese Mutterkirche gründete sich auf Petrum, denn er war es, der in der Gemeinde präsidirte, als ein Apostel an Judas Ischarioths Stelle gewählt werden sollte; Er war es, der die so höchst gesegnete Pfingstpredigt hielt, Ap. Gesch. 2., hier gründete er recht die Gemeinde des Herrn, wie Er ihm vorausgesagt hatte. Matth. 16. v. 18. Auf diesen Felsen will ich bauen, u. s. w., und bis daher haben die Pforten der Hölle die Gemeinde des Herrn, die durch die ganze Welt zerstreut ist, noch nicht überwältigt, und es wird auch gewiß nicht geschehen. Petrus war es, der Ananiam und Saphiram verurtheilte, Ap. Gesch. 5. Als nun diese Stammgemeinde gegründet war, so wurde Er zu den Heiden gesendet. Die Apostel waren Gesandte des Herrn, die sich nirgends lange aufhielten, daher konnten sie selbst nicht Bischöfe werden; aber Sie waren die Männer, die Bischöfe anordneten. Es ist also gewiß, daß die ersten Christen keinen allgemeinen Bischof hatten, am wenigsten sahen sie damals den römischen dafür an. Von allen Gebräuchen, welche die römische Kirche nachher angeordnet hat, vom Abendmahl unter einer Gestalt, vom Meßopfer, vom ehelosen Leben der Priester, von der Anrufung der Heiligen, von Wallfahrten, von Prozessionen, vom Weihwasser und von vielen andern Satzungen und Gebräuchen, die jetzt die römische Kirche für nöthig zur Seligkeit erklärt, wußten jene ersten Christen kein Wort, und doch hat sie die nämliche römische Kirche für selig erkannt[4]), und ihre frömmsten und berühmtesten Männer erklärt sie für heilig, und befiehlt ihre öffentliche Verehrung in den Kirchen. Hieraus folgt nun unwidersprechlich: wenn Ihre Kirche solche Christen, welche durchaus keine andere Vorschriften hatten, als die geschriebene Lehre Christi und seiner Apostel, für selig und heilig erklärt, so muß sie auch erkennen, daß die geschriebene Lehre Christi und seiner Apostel alles enthalte, was zur Seligkeit zu wissen nöthig ist. Da aber wir Protestanten in eben dem Fall sind, wie jene ersten Christen; nämlich, daß wir keine andere Vorschriften anerkennen, als die uns die Bibel anweist, so muß ihre Kirche auch alle Protestanten, welche die Eigenschaften an sich haben, die Sie, mein Lieber! der christlichen Brüderschaft zueignen, für wahre Christen anerkennen und sie nach ihrem Tod für selig erklären.

3. Sagen Sie: „entweder mußte Gott Uebersetzer und Abschreiber der Bibel in allen Ländern und zu allen Zeiten durch besondern Beistand seines heiligen Geistes also regieren, daß ihr Werk mit den Originalien in den vorhin gesagten Hauptlehrstücken vollkommen übereinstimmte; oder wenn er zuließ, daß auch ungetreue Uebersetzungen und unrichtige Abschriften zum Vorschein kämen, mußte er die Menschen, die Christen werden wollten, durch besondern Beistand seines Geistes wieder also leiten, daß sie die getreuen Uebersetzungen und Abschriften von den unrichtigen unterscheiden konnten; und

dieser Beistand Gottes mußte in der Bibel deutlich versprochen seyn."

Antwort. Sind Sie denn so unbekannt in der Literaturkunde, lieber Herzensbruder! daß Sie nicht einmal wissen, daß in der ganzen Welt, wo nur Christen, griechische, katholische und protestantische zu finden sind, keine Bibeln gefunden werden, die in einem einzigen Punkt christlicher Lehre, und überhaupt in irgend einem wesentlichen Stück der Wahrheit zur Gottseligkeit von Ihrer Bibel, nämlich von der Vulgata, abweichen? — wenn Sie mir eine Bibel dieser Art zeigen können, so will ich gestehen, daß ich in diesem Stück geirrt habe. Woher kommen Ihnen so irrige Begriffe? — Daß es in neuern Zeiten Männer unter den Protestanten gibt, die an der alten ehrwürdigen Bibel drehen und drechseln, um ihre Modephilosophie hinein zu passen, das thut nichts zur Sache; die römische Kirche hatte auch von Zeit zu Zeit solche Leute, die sie mit dem Namen Ketzer belegte, dadurch leidet die Wahrheit nicht; der hebräische und griechische Text bleibt unangetastet, und keiner dieser Männer wagt es, seine eigene Uebersetzung der Bibel auf die Kanzel zu bringen. Luthers Uebersetzung wird in ganz Deutschland gebraucht, und alle Bibeln in der Welt stimmen mit ihr überein, so wie sie mit der Vulgata übereinstimmt. Alle Abweichungen sind unbedeutend, und ihrer sind wenig.

5. Sagen Sie: „hätte es jedoch Gott gefallen, sie also verfassen zu lassen, daß über viele Stellen verschiedene Auslegungen Statt haben konnten, so hätte Gott entweder die zur Auslegung dienliche Parallelstellen selbst anzeigen, oder biblische Auslegungs-Regeln neben der Bibel offenbaren, oder endlich einen jeden Heiden, Juden, Muhamedaner, der jetzt ein Christ werden sollte, inspiriren, und dieß Letztere wieder ausdrücklich versprechen müssen."

Antwort. Daß es in der heiligen Schrift Stellen gibt, die mehr als eine Auslegung zulassen, daran ist kein Zweifel; aber in der Lehre unseres Herrn Jesu und seiner Apostel, in sofern sie Glaubens- und Lebensregeln vorschreibt, wüßte ich keine Einzige, die nicht auch dem Ungelehrtesten deutlich wäre. Verstehen Sie mich recht! jeder wird begreifen, was er thun und lassen soll, wenn er auch mit seiner Vernunft das Wie und Warum nicht immer durchschaut. Ich habe gewiß die heiligen Schriften oft und vielfältig durchgelesen, durchstudirt und erwogen, und ich fand nie eine Einzige, die mir nur eine Einzige Wahrheit zur Seligkeit zweideutig gemacht hätte. Fragen Sie mich, was Wahrheit zur Seligkeit sey? so antworte ich: das ist Wahrheit zur Seligkeit, was die Bibel mir zu glauben und zu befolgen befiehlt, und dieß Alles ist so klar und so deutlich bestimmt, daß es keiner göttlichen, besonderen Offenbarung neben der Bibel, keiner besonderen Inspiration und Versprechung derselben bedarf. Zeigen Sie mir nur eine einzige Bibelstelle dieser Art, die so etwas erfordert; so werde ich Ihnen entscheidend und überzeugend zu antworten wissen, und ein jeder nur einigermaßen unterrichtetere Protestant wird es können. Sie sagen ferner:

6. Mußten alle Menschen ihre Sprache (nämlich die biblische, hebräische und griechische) zuerst lesen können; oder wenn dieses nicht seyn konnte und sie doch Vorleser und Auseinandersetzer der Bibel anhören sollten, so mußten die Hörer, mit der Gabe der Unfehlbarkeit ausgerüstet, die Predigt beurtheilen, gutheißen und verwerfen können.

Antwort. Daß alle Nationen, um die Bibel zu verstehen, griechisch und hebräisch lernen müßten, ist eine Forderung, die keine Antwort verdient; es ist ja genug, daß sie richtig und treu in ihre Sprachen übersetzt wird. Dieß werden Sie mir zugeben, lieber Bruder! aber nun fordern Sie von Seiten der Hörer oder Leser Unfehlbarkeit, vermöge welcher sie sollen beurtheilen können, ob dieß neue vorher unbekannte Buch auch den rechten Weg zu der, die Menschen ewigbeglückenden Seligkeit enthält; da nun diese Unfehlbarkeit durchaus fehlt, so glauben Sie bewiesen zu haben, daß eine vom heiligen Geist regierte lehrende Kirche nöthig sey. Jetzt merken Sie auf folgenden ächt logischen Schluß. Wenn es verschiedene lehrende Kirchen gibt, deren jede behauptet, der Wahrheit am nächsten zu seyn, so muß derjenige, der überzeugt werden soll, die Unfehlbarkeit in so hohem Grad besitzen, daß er entscheiden kann, welche unter Allen die wahre lehrende Kirche sey. Nun behauptet aber eine jede christliche Religions-Parthei, die Ihrige sey der Wahrheit am nächsten, folglich müssen alle Nichtchristen den Geist der Unfehlbarkeit, das ist: den heiligen Geist haben, mithin wahre Christen seyn. Habe ich unrecht geschlossen, mein Theuerster! so zeigen Sie mir, wo? — ist aber meine Folgerung richtig, so geben Sie Gott und der Wahrheit die Ehre, und gestehen Sie mir: daß es keine äussere unfehlbare lehrende Kirche gibt. Die wahre Kirche Christi, von der Alles gilt, was er von seinen Schafen, von seiner Gemeinde sagt, und was Er ihr verheißt, ist keine äussere kirchliche Gesellschaft, sie heißt weder griechisch, noch römisch, noch protestantisch, sondern sie ist unter alle diese Partheien zerstreut. Wer von Herzen an Jesum Christum glaubt, seine Lehren, so wie sie in den Evangelien und apostolischen Briefen enthalten ist, treu befolgt, der gehört zur wahren Kirche Christi, er mag übrigens heißen wie er will. Alle Missionen jeder Kirche können zwar, je nachdem sie Geschicklichkeit im Vortrag oder Ueberredungsgründe besitzen, oder auch die Macht in den Händen haben, mit Feuer und Schwert zu bekehren, Proselyten für ihre äussere Kirchen-Parthei anwerben, aber wahre Christen, wahre Glieder der Gemeinde des Herrn, bilden sie auf diesem Wege nie. Ein wahrer Missionarius (Heidenkehrer) muß ein wahrer Christ, vom heiligen Geist zu diesem Amt ausgerüstet und mit Feuer und Geist getauft seyn, wenn er aus Unchristen Christen machen will. Gesetzt auch, unter denen, die ein blos kirchlicher aber nicht wahrhaft bekehrter Missionarius zu seiner Parthei gewonnen hat, gäbe es zuweilen auch wahre Christen, so ist der Missionarius nur die Gelegenheits-Ursache dazu, der Geist der Wahrheit selbst hat dann durch das Wort Gottes solche Seelen für sich gewonnen.

Der Hauptbegriff, aus dem alle Ihre Schlüsse fließen,

scheint mir folgender zu seyn: Sie behaupten, daß der heilige Geist von der Apostel Zeiten an bis daher nur durch den Kanal der römischen Bischöfe oder durch die römische Kirche auf die Menschheit geflossen sey. Dieß schließe ich aus Ihrem Satz, daß ausser der römisch-katholischen Kirche kein Heil zu finden sey. Nun hatte aber in den ersten Jahrhunderten weder der römische Bischof noch seine Gemeinde[5]) den geringsten Einfluß auf die übrigen Bischöfe und ihre Gemeinden, ausser wenn sie mit zu Rath gezogen wurden; das war aber auch der Fall bei allen andern Bischöfen. Da aber nun die römische Kirche selbst so viele fromme Seelen, die nie zu ihrer Kirche gehörten, aber in jenen ersten Jahrhunderten lebten, für heilig erkennt und ihre Verehrung gebeut, oder wenigstens empfiehlt, so gesteht sie ja selbst, daß der heilige Geist auch durch andere Kanäle mitgetheilt worden sey. Dieß, mein Theuerster! können Sie unmöglich läugnen, wo bleibt aber dann die Succession Petri? — So richtig dieß alles ist, so ist es doch die Hauptsache noch nicht: Ich frage Sie vor dem Angesicht Gottes und der ganzen vernünftigen Welt: kann ein Pabst, ein Bischof, ein Antistes, ein Superintendent, ein Inspektor, oder irgend ein Geistlicher, durch Händeauflegen oder durch irgend ein Cerimoniel den heiligen Geist mittheilen, wenn er ihn nicht selbst hat? — Sie führen S. 55. und 56. so viele Stellen an, wo den Jüngern unsers Herrn und ihren ächten Nachfolgern der heilige Geist versprochen wird, aber Sie können mir unmöglich beweisen, daß irgend ein Bischof, sey er der römische, oder irgend ein anderer Vorgesetzter, irgend einer christlichen Kirche durch bloses Händeauflegen oder irgend ein Cerimoniel den heiligen Geist mittheilen könne, wenn er nicht selbst ein wahrer Christ, im Leben, Wandel und Erkenntniß ein apostolischer Mann, und der, dem er die Hände auflegt, des heiligen Geistes empfänglich, nämlich von Herzen entschlossen ist, als ein wahrer Christ im Dienste des Herrn zu leben und zu sterben. Nur solche Bischöfe und nur solche Kandidaten sind wahre Nachfolger der Apostel, und können sich der Verheißungen trösten, die diese empfangen haben; keine äussere Kirchen können jemand zum Nachfolger der Apostel machen, das kann nur der heilige Geist; aber eine äussere Form und Polizei-Anstalten können sie treffen, die mehr oder weniger nützlich sind.

Doch ich gehe nun zu dem Beweis über, daß kein Pabst, kein Concilium, kein Bischof und kein Geistlicher irgend einer Kirche durch irgend ein Cerimoniel den heiligen Geist jemand mittheilen könne, wenn er ihn selbst nicht hat; und daß er auch in diesem Fall nicht zum Kanal, Fortleiter und Mittheiler des heiligen Geistes dienen könne.

Merken Sie wohl, lieber Bruder Sulzer! auf folgende Sätze: Wenn der heilige Geist in einer Seele herrschend ist, so zeigen sich im äussern Leben und Wandel seine Früchte, und diese sind: Gal. 5. v. 22. Liebe (Wohlthätigkeit), Freude, Friede, Geduld, Gütigkeit, Gutheit, Langmuth, Sanftmuth und Glaube, und was gibt unser Herr seinen Jüngern zur Antwort, als sie Feuer vom Himmel fallen lassen wollten, um dadurch die Samariter zu strafen, Luk. 9. v. 55.? Wisset ihr nicht, wessen Geistes ihr seyd? — Hier meynt der Herr doch gewiß den heiligen Geist. — Alle geistliche Personen also, vom Höchsten bis zum Niedrigsten, in allen Kirchen und Religions-Partheien, welche die oben angeführten Früchte des heiligen Geistes nicht haben, in denen ist auch der heilige Geist nicht, denn wo Er ist, da wirkt Er auch; und eine jede Kirche, deren Grundsatz ist, diejenigen, die nicht zu ihr gehören, oder auch die Irrenden, übrigens gute ruhige Bürger, mit Feuer und Schwert zu verfolgen, zu martern, aus dem Land zu jagen, u. s. w., wird wahrhaft nicht vom heiligen Geist regiert. Hier, mein theurer Bruder! habe ich nicht allein Ihre Kirche im Auge, sondern jede, denn alle haben sich mehr oder weniger dieses Verbrechens schuldig gemacht. In England marterte und verbannte die katholische Königin Maria die rechtschaffensten reformirten Männer, und nach ihr wiederum die reformirte Königin Elisabeth brave fromme Katholiken.

Der heilige Geist siegt nicht durch Gewalt und Zwang, sondern durch Ueberzeugung der Wahrheit. Dieß war seine Methode von der Apostel Zeiten an bis daher, wo Er ein zugängliches Herz findet, da faßt Er Posto, aber auch da zwingt Er den freien Willen nicht, sondern Er rückt die Heils-Wahrheiten ins Auge, warnt durch seine züchtigende Gnade, und heiligt, so wie Ihm das Herz Raum gibt. Jetzt wird doch wohl jeder unpartheyischer Wahrheitsfreund überzeugt seyn, daß niemand einem Andern den heiligen Geist mittheilen könne, wenn er ihn selbst nicht hat; aber ob er nicht ein Kanal oder Fortleiter dieses göttlichen Wesens seyn, ob Er es nicht dadurch Andern mittheilen könne, ohne es selbst zu haben? das ist noch zu erörtern.

Da keine einzige christliche Religionspartheі eine Aufeinanderfolge allgemeiner Bischöfe oder Päbste statuirt und annimmt, als die römische Kirche, so habe ich es auch blos und allein mit dieser zu thun. Es kommt also darauf an, ob es wahr sey, daß der heilige Geist vom Anfang an bis daher, durch die ganze Reihe von Päbsten, die römische Kirche regiert habe?

Wenn der heilige Geist von Anfang an bis daher die Kirche durch die Päbste regiert hat, folglich alle unfehlbar waren, so mußte entweder Alles, was die Päbste thaten, Furcht und Wirkung des heiligen Geistes seyn, oder nur dasjenige, was die Regierung der Kirche betraf, kam vom heiligen Geist. Mit diesem Dilemma sind Sie doch zufrieden, lieber Bruder! — Sie können nichts dagegen einwenden. Nun mag ich Sie aber nicht durch die scandalöse Geschichte so vieler Päbste beschämen, sondern ich muß Sie nur um der Wahrheit willen daran erinnern, so müssen Sie in Ihrem guten frommen Herzen überzeugt seyn, daß der erste Theil meines Dilemmatis, nämlich daß Alles, was alle Päbste gethan haben, Früchte des heiligen Geistes seyen, unmöglich angenommen werden kann; ob aber der andere, daß der heilige Geist auch durch gottlose Bischöfe die Kirche regiert habe, und durch sie auf die ganze Geistlichkeit derselben durch Händeauflegen fortgepflanzt worden sey? das ist eine Frage, die nun noch entschieden werden muß.

Wenn der eine Papst die Bulle aufhob [6]), die sein Vorfahrer hatte ausgehen lassen, und gerade das Gegentheil befahl; wenn zwei Päbste zugleich entstanden, deren der Eine den Andern in den Bann that; wenn einmal mehrere Päbste zugleich regierten, die sich wechselseitig nicht für wahre Nachfolger Petri erkannten, wo und bei wem war damals und in solchen Fällen der heilige Geist? — antworten Sie mir, die Geistlichkeit der Kirche konnte da entscheiden, so antworte ich, die Geistlichkeit verschiedener Königreiche und Länder hielt es mit dem einen Pabst, andere mit dem andern; wer hatte nun recht? War es der heilige Geist, der die Päbste antrieb, die Kreuzzüge gegen die Sarazenen zu befehlen, um ein Land zu erobern, dessen Hauptstadt (Jerusalem) nach dem ausdrücklichen Ausspruch Christi, Luk. 22. V. 14., von den Heiden zertreten werden soll, bis ihre Zeit erfüllt ist, und noch ist sie nicht erfüllt? — Wie ist es möglich, daß sich der heilige Geist widersprechen kann? — Waren die Kreuzzüge gegen die Wallenser, Waldenser, Albingenser und Mährische Brüder von dem Geist, der nicht Feuer vom Himmel auf solche fallen lassen will, die Christum und seine Apostel nicht beherbergen wollten, wie viel weniger wird Er Verfolgungen billigen gegen solche friedliche Leute, wie die so eben Angeführten waren, die nichts anders lehrten, als was Christus und seine Apostel auch gelehrt haben? Oder glauben Sie, lieber Bruder! das Concilium sey über den Papst? so sagen Sie mir: wurde das Concilium von Konstanz durch den heiligen Geist angetrieben, Männer zu verbrennen, die nichts anders lehrten, als was Christus und seine Apostel gelehrt haben? und die das Abendmahl so zu empfangen wünschten, wie es Christus eingesetzt hat, nämlich mit Brod und Wein; Huß und Hieronymus lehrten nichts anders. Doch ich mag keine weitere Beispiele anführen; so viel ist einmal gewiß, daß nicht alle Kirchen-Verordnungen, die die Päpste gegeben haben, vom heiligen Geist waren.

Aber welche wären dann vom heiligen Geist? — Hier gilt wiederum das, was Sie von den verschiedenen Uebersetzungen der Bibel sagen: es sey Unfehlbarkeit nöthig, um das zu unterscheiden; hat man die aber, so bedarf man der lehrenden Kirche nicht. Aus dem Allem folgt nun unwidersprechlich: daß derjenige Kandidat, der den heiligen Geist durch Händeauflegen empfangen soll, ihn vorher haben müsse, um beurtheilen zu können, ob der Bischof, der ihn ordinirt, auch wirklich den heiligen Geist mittheilen könne — und ob überhaupt die Kirche, zu der er sich bekennt, die wahre lehrende Kirche sey? Diese Schlüsse folgen richtig aus Ihren eigenen Behauptungen. Denken Sie nicht, mein Lieber! daß ich mit Vorurtheilen gegen Ihre Kirche eingenommen sey; allein weil sie behauptet, die allein lehrende unfehlbare Kirche zu seyn, ausser welcher kein Heil zu finden sey, so muß ich doch, da Sie mich dazu auffordern, zeigen, daß sie sich diesen Charakter eben so wenig zueignen könne, als irgend eine andere äussere Kirchenform und Verfassung; welche Verfassung aber unter Allen den Vorzug habe, und was eigentlich an der römischen Kirche mit Grund auszusetzen ist, das wird sich im Verfolg finden.

Ich glaubte diese meine Begriffe hier voran schicken zu müssen, um mich im Verfolg desto deutlicher erklären zu können.

Auf der 56sten und 57sten Seite untersuchen Sie die Frage: unter welchen Bedingungen und auf was Weise der den Zwölfen als Beistand im Lehren mitgetheilte Geist Gottes allen ihren Nachfolgern im Lehramt, bis ans Ende der Welt zu Theil werde? Ich will Ihnen diese Frage nach der Wahrheit beantworten: Alle zwölf Jünger und Paulus — nicht Petrus allein — empfingen den heiligen Geist. Alle diese Apostel errichteten nun da, wo sie Eingang fanden, Gemeinden, verordneten Lehrer (Presbyter) oder Aelteste und Armenpfleger, und bestellten dann Aufseher über sie, Episcopos, Bischöfe. Allen diesen Männern theilten sie durch das sichtbare Zeichen des Hände-Auflegens den heiligen Geist mit. Es gab aber bald hie und da Einen, der diesen Geist wieder verscherzte, entweder dadurch, daß er die Welt wieder lieb gewann, oder anderswoher Irrlehren einsog; merken Sie wohl, mein Theuerster! Schon das Auflegen der Hände durch die Apostel sicherte nicht gegen Irrthümer und Abweichungen von der Lehre Jesu; und im Gegentheil, auch Bischöfe, die gewiß den heiligen Geist nicht hatten, konnten Lehrer, Aelteste, Diakonen, u. s. w. durch Hände-Auflegen ordiniren, ohne ihnen dadurch den heiligen Geist mitzutheilen, und doch empfingen ihn diese, weil sie seiner empfänglich waren, zwar nicht durch den ordinirenden Bischof, wohl aber durch Gebet und Befolgung der Lehre Jesu. Das Hände-Auflegen ist eine bloße Cerimonie, welche die Macht zu lehren, und die Sakramente zu bedienen, gibt, an welche sich aber der heilige Geist ganz und gar nicht bindet.

Nach dem Tod der Apostel und apostolischen Männer breitete sich die christliche Religion unter Druck und Verfolgung immer weiter aus; es bildeten sich ansehnliche Gemeinden in Asien, Europa und Afrika, die Bischöfe bekamen immer größere Gemeinden, und mit dem Anwuchs derer ihnen anvertrauten Seelen wuchs auch ihr eigenes Ansehen. Da nun auch viele unter ihnen waren, welche vor ihrer Bekehrung die Philosophie studirt hatten, so nahmen sie das [7]), was Sie der Lehre Christi und der Apostel nicht zuwider zu seyn glaubten, mit in ihr christliches Glaubensbekenntniß auf. Kurz, es entstanden nach und nach äussere Kirchenformen und Polizeianstalten, die den Bedürfnissen der Zeit angemessen waren; mitunter aber auch Gebräuche, die nach dem Heidenthum schmeckten. In allen Gemeinden aber gab es Bischöfe, Lehrer, Aelteste, Diakonen, u. s. w., an denen man nicht nur die Früchte des heiligen Geistes nicht fand, sondern die vielmehr vom Gegentheil beseelt waren, und ebenso waren die Gemeindsglieder bei weitem nicht alle Christen, ob sie schon so hießen; aber es gab auch allenthalben wahre Christen, welche durch ihr Leben und Wandel zeigten, daß sie Früchte des heiligen Geistes trugen; und nur diese unter alle Gemeinden zerstreute wahre Jünger Jesu machten damals so wie jetzt die wahre Gemeinde des Herrn aus, auf welcher von dem ersten Pfingsten an bis daher der heilige Geist ruht, der sich weder an den Bischof zu Jerusalem, noch zu Alexandria, noch zu Antiochia, noch zu Rom binden läßt, sondern sich von jedem, sey er Bischof oder Laie, König oder Bettler, finden läßt, der von ganzem Herzen an Christum glaubt, und durch wahre Buße, Bekehrung, Wachen und Beten, ernstlich um Ihn anhält. Unser Herr entscheidet hier durch einen Machtspruch, den kein Pabst und kein Bischof in der Welt entkräften kann, Luc. 11. v. 13. sagt er, so denn ihr, die ihr böse seyd, euern Kindern Gutes zu geben wißt, wie viel mehr wird Euer himmlischer Vater den guten Geist vom Himmel denen geben, die Ihn begehren. Dieser gute Geist vom Himmel ist doch wohl kein anderer als der heilige Geist, den also jeder empfängt, der Ihn redlich begehrt, da bedarfs keines Hände-Auflegens, keines Bischofs und keiner bischöflichen Succession.

Nach und nach gab es auch Irrlehrer, sowohl im geistlichen Stand, als auch unter den Laien: diese entstanden entweder aus Stolz, oder weil sie glaubten, daß ihre innere Ueberzeugung vom heiligen Geist herkäme; diese wurden dann von den rechtgläubigen Gemeinden geprüft und nach Befinden ausgeschlossen.

Hier ist nun der Ort, wo ich auf die Fragen antworten kann, die Sie mir S. 56. weiter unten, und S. 57. bis gegen das Ende vorlegen. Sie sagen: Wie, wenn der nächste beste Christ einen frommen Trieb, die Lehre Jesu mündlich oder schriftlich vorzutragen in sich empfände, kann er jetzt schon des Beistandes des heiligen Geistes sich getrösten?

Antwort. O ja, mein theuerster Bruder! NB. wenn Er die Lehre Jesu und seiner Apostel rein und lauter vorträgt, übrigens die gehörigen Naturgaben dazu hat, und Gott um den heiligen Geist bittet. Sie fahren fort: Wie, wenn ein solcher nächster bester Christ von einer Stadt- oder Dorfgemeinde, oder von einer Landes-Regierung zum Bischof, Superintendenten, Antistes und dergleichen Würden ernennt würde: theilt ihm diese den Geist der Wahrheit mit? — Nein! mein lieber Sulzer! dadurch bekommt er nur vom Staat die Erlaubniß, zu lehren und die Sakramente zu bedienen, aber den Geist der Wahrheit kann er nur durch ein wahrhaft christliches Leben und durchs Gebet erlangen; ohne dieses gehört er nicht zur wahren Gemeinde oder Kirche Christi.

Jetzt glauben Sie nun, mich erwischt zu haben, indem Sie sich auf eine Stelle im eilften Stück meines grauen Mannes berufen, wo ich vor zwei Männer warne, welche, ob sie gleich von Herzen fromm waren und es mit der Sache des Herrn recht gut meynten, doch aber theils durch falsche Begriffe, theils weil sie nicht zum Predigtamt gehörig berufen, folglich fromme Schwärmer waren, auf Abwege gerathen und ewig verloren gehen konnten; hieraus machen Sie nun den Schluß und sagen: Merkwürdige Worte! also geben Liebe zum Herrn und den Menschen, frommes Bibellesen und Eifer für die Sache des Herrn für sich allein noch nicht den heiligen Geist, sichern nicht vor Irrthum und Verdammniß?

Antwort. Haben Sie keine Beispiele in Ihrer Kirche, daß Erzbischöfe und andere fromme gottselige Männer, die gewiß nach Ihren und meinen Begriffen den heiligen Geist in reichem Maß hatten, geirrt haben? — sogar nach Ihrer Ueberzeugung verloren gegangen sind? Ich will Sie an einige erinnern.

Hieronymus Savanarola, ein Dominicaner von Ferrara, ein ordinirter und geweihter Priester, dessen Schriften kein katholischer Christ, sey er wer er wolle, tadeln kann und wird, wurde auf Befehl des Papstes Alexanders VI. im Gefängniß schrecklich gemartert, und endlich zum Feuer verdammt, und warum? weil er das notorisch lasterhafte Leben des Pabstes scharf getadelt hatte. Joh. Franc. Picus Mirandolanus hat sein Leben beschrieben. Hier fehlte es wohl an beiden Seiten am heiligen Geist, und doch war der Eine Papst und der Andere ein durch Hände-Auflegen geweihter Priester.

Michael Molinos, geboren zu Patacina in Arragonien*), wurde Doktor der heilgen Schrift, und war ein überaus gelehrter Theologe und weltlicher Priester zu Pampelona; zu seinem Unglück reiste er nach Rom, wo er anfänglich bei dem

Papst Innocentius dem Eilften, und einigen Kardinälen sehr hoch angeschrieben war. Entweder sein eigener Mißverstand der wahren Mystik, oder der Mißverstand Anderer, die seine Schriften lasen, oder der Neid seiner Feinde brachten es dahin, daß er für einen Ketzer erklärt und elender Weise eingemauert wurde. Von Ihm stammt die Secte der Quietisten her, die ihn aber so wenig verstehen, als das heilige Kollegium in Rom ihn verstand; übrigens war er ein sehr gelehrter und grundfrommer Mann.

Der Bischof Jansenius zu Ypern[9]), von dem die Jansenisten herstammen, würde in der ganzen katholischen Kirche als ein vollkommen gläubiger, frommer und gelehrter Mann gegolten haben, wenn er die Jesuiten zufrieden gelassen hätte. Diese verfolgten ihn aber, und er wurde dadurch zum Ketzer erklärt.

Noch ein neueres merkwürdiges Beispiel, das hieher gehört[10]), gibt uns der berühmte Fenelon, Erzbischof zu Cambray. Es gibt seit der Apostel Zeiten wenig Männer, die wegen ihrer Heiligkeit, angenehmen Sitten und Gelehrsamkeit, sowohl im Schönen als Wahren, von allen christlichen Religions-Partheien so geschätzt und geliebt worden sind, als dieser vortreffliche edle Mann; und doch mußte er sein herrliches Buch Explication des Maximes des Saints (Entwicklung der Gesinnungen der Heiligen) widerrufen, wenn er nicht ins Ketzer-Register gerathen wollte; und was war denn der Irrthum, den dieß Buch enthielt? — kein Anderer, als daß Fenelon behauptete: man müsse Gott nur um seiner Vollkommenheiten willen, und nicht blos um seiner Wohlthaten willen lieben. Der berühmte Bossuet, Bischof zu Meaux, war längst eifersüchtig und neidisch auf ihn; er wählte diesen Satz, um ihn zu verketzern, die Madame de Maintenon war auch gegen Fenelon eingenommen, und unterstützte den Bischof von Meaux; beide brachten den Papst dahin, daß er dem Fenelon befahl zu widerrufen, und Fenelon gehorchte; hätte er das nicht gethan, so wäre er, seiner Heiligkeit und Rechtgläubigkeit ungeachtet, gewiß verketzert, abgesetzt und in den Bann gethan worden.

Dieser Beispiele aus Ihrer Kirche könnte ich noch viele anführen, allein es mag an diesen genug seyn. Die Folge, die ich logisch richtig daraus ziehe, ist diese: Da es unstreitig in der römischen Kirche Erzbischöfe, Bischöfe und Geistliche gegeben hat, welche nach Ihrem eigenen Geständniß durch den Fortleiter des heiligen Geistes die Kirche selbst, denselben empfangen haben, und denen es gewiß an Liebe zum Herrn und den Menschen, am frommen Bibellesen und Eifer für die Sache des Herrn nicht fehlte, und dennoch durch den Pabst selbst, als Mittheiler des heiligen Geistes, als Irrlehrer, theils hingerichtet, theils in den Bann gethan, theils zum Widerruf gezwungen worden, so folgt daraus unstreitig, daß entweder der Pabst in dieser Religions- und Kirchensache nicht durch den heiligen Geist geleitet wurde, und daß man also, um darüber wieder zu urtheilen, unfehlbar seyn müsse; oder daß die Liebe zum Herrn und den Menschen, frommes Bibellesen und Eifer für die Sache des Herrn; auch dann NB., wenn einer sogar den heiligen Geist durch Hände-Auflegen durch die römische Kirche erhalten hat, noch nicht gegen Irrthum und Verdammniß sichern. Lieber, theurer Bruder! wie können Sie nun jene Ihnen so merkwürdige Worte gegen uns Protestanten gebrauchen?

Daß eine Landes-Regierung, eine Stadt- oder Dorfgemeinde, die einen Prediger ernennt oder einsetzt, ihn mit dem Geist der Wahrheit versehen könne, das hat noch nie die protestantische Kirche geglaubt und behauptet. Diese Stellen können nur die Autorität zu lehren, und die Sakramente zu bedienen, geben, und dazu bedienen sie sich der Ordination, die in Gebeten, Belehrungen und Hände-Auflegen durch die geistlichen Vorgesetzten besteht. S. 58. gehen Sie nun weiter und glaubten die hiebei entstehenden Zweifel aus der heiligen Schrift und aus der gemeinen Menschenvernunft lösen zu können. Gut! wir wollen sehen:

Sie setzen zwei Bedingungen fest, unter denen jemand ein rechtmäßiges Mitglied des von Jesu errichteten Lehrkörpers wird, ist und bleibt;

1. Daß einer ordentlich hierzu gesandt sey;

2. Daß er nebst dieser Sendung sich von dieser Kirche nicht trenne.

Ganz richtig! Diese Sätze nimmt auch die protestantische Kirche an. Wir müssen also untersuchen, was zu einer solchen Sendung gehöre? Sie führen die Stelle an, Ap. Gesch. 13. V. 2. 3., wo von verschiedenen Propheten und Lehrern in der Gemeinde zu Antiochien die Rede ist, daß während dem sie dem Herrn dienten und fasteten, der heilige Geist gesprochen habe: Sondert mir den Barnabas und den Saul aus zu dem Werk, zu welchem ich sie berufen habe; da fasteten und beteten sie, legten ihnen die Hände auf und entließen sie. So von dem heiligen Geist ausgesandt, gingen sie nach Seleuzia.

Was wollen nun diese und alle folgende Stellen sagen? — nichts anders, als daß alle Lehrer der Religion Jesu ordentlich durch Hände-Auflegen zu ihrem Amt gesandt oder ordinirt werden müssen, und das geschahe nicht von Petro allein, sondern von allen Aposteln, und nach ihnen von allen Bischöfen und Vorgesetzten jeder Kirche, so wie es auch bei uns Protestanten geschieht. Sie bemerken aber auch selbst hiebei, und zwar mit Recht, daß diese Männer schon den heiligen Geist vorher empfangen hatten, und daß also das Hände-Auflegen nur ein Cerimoniel war, wodurch ihnen das Lehramt aufgetragen wurde. Ehe Sie also bewiesen haben, mein Theuerster! daß Ihre Kirche, ausschließlich aller Andern, nur das Recht habe, zum Lehramt einzuweihen und zu ordiniren, beweisen alle diese Stellen ganz und gar nichts für Sie. Ich gebe auch zu, daß durch Hände-Auflegen der heilige Geist mitgetheilt werden könne, aber nur dann, wenn der, welcher die Hände auflegt, diesen Geist hat; und der, dem sie aufgelegt werden, dessen empfänglich ist. Sie sagen ferner:

Daß übrigens die Auflegung von tausend Händen mit Gebet und Fasten, verrichtet von solchen, die nicht in der Reihe der von den ersten Aposteln gesandten Aeltesten ständen, nur eine lächerliche Nachäffung der apostolischen Sendungsart wäre, und vor dem Herrn Jesu nichts fruchten würde, versteht sich von selbst.

Lieber, lieber Sulzer! sind die Worte lächerliche Nachäffung, Worte der Wahrheit und Liebe?

Ehe Sie bewiesen haben, daß der Papst und die Bischöfe der römischen Kirche allein und ausschließlich in der Reihe der von den ersten Aposteln gesandten Aeltesten stehen, gilt dieser Satz ganz und gar nichts. Ob Sie das beweisen können, das wird sich im Verfolg zeigen. Aber daß eine Kirche, die nichts anders lehrt, als was Christus und die Apostel und die erste christliche Kirche, in welcher die römische Kirche so viele Heiligen zählt, gelehrt haben, nothwendig eine wahre Nachfolgerin der apostolischen Kirche sey, das läßt sich recht gut beweisen.

Wir kommen nun zur zweiten Bedingung, zur Theilhaftigwerdung des heiligen Geistes im evangelischen Lehramt. S. 81. unten; Sie behaupten, mein Lieber! daß ein nach der Lehre und Uebung der Apostel und der ersten Kirche durch ordentliche Sendung rechtmäßig gewordenes Glied des öffentlichen Lehrkörpers, das unter der Leitung des heiligen Geistes steht; nur so lang ein wahres ordentliches Mitglied der lehrenden Kirche bleibe, als es sich nicht von ihr trennt. — Ganz richtig! — Wie aber, wenn nun die lehrende Kirche selbst nach und nach ausartet, und von der Lehre und Uebung der Apostel und der ersten Kirche abweicht, sind dann ihre Bischöfe und Lehrer auch noch durch ordentliche Sendung rechtmäßig gewordene Glieder des öffentlichen Lehrkörpers, der unter der Leitung des heiligen Geistes steht? — Lieber Theurer! was antworten Sie hierauf, sagen Sie Ja! so behaupten Sie zugleich, daß der heilige Geist der Führer einer von der Wahrheit abgewichenen Kirche sey, von der man sich nicht trennen dürfe; dann aber hat sich doch der römische Bischof von der abgewichenen morgenländisch griechischen Kirche getrennt, die doch unläugbar älter als die römische Kirche war; denn die Kirchen zu Jerusalem und Antiochia waren ja vor der römischen gegründet, welche erst durch Paulum gestiftet wurde. Sagen Sie aber Nein! die Lehrer einer solchen Kirche stünden nicht mehr unter der Leitung des heiligen Geistes, so wird es ja wohl Männern, die das einsehen, erlaubt seyn, sich zu trennen, und ein Lehrsystem nach dem Sinn Christi und seiner Apostel zu gründen; diese Männer sind alsdann wahre Nachfolger der apostolischen und ersten christlichen Kirche, die Bischöfe und Lehrer der abgewichenen Kirche aber nicht, deren Bann in diesem Fall ohnmächtig ist und nichts gilt.

Es kommt also alles auf Ihren Beweis an, ob die römische Kirche noch immer die alte apostolische und keine abgewichene Kirche ist; und diese werden Sie uns nicht schuldig bleiben, und wir werden ihn dann prüfen, ob er Stich hält.

Am Schlusse Ihres vierten Briefes, theuerer und geliebter Bruder [11])! behaupten Sie einen Satz, den ich Ihnen wahrhaftig nicht zugetraut hätte; Sie sagen: Nur diese zwei Bedingungen, die ich so eben beantwortet habe, gehörten zum ächt apostolischen Lehramt; ein evangelisches oder apostolisches Leben sey keine hieher gehörige Bedingung: denn dieß lasse sich weder aus der heiligen Schrift, noch aus der Geschichte der ersten Christen beweisen. Sie behaupten, daß Judas Ischarioth ein ächt apostolischer Lehrer, und die jüdischen Hohenpriester, sogar Kaiphas, der Christum kreuzigen ließ, Männer gewesen seyen, durch die Gott sein Volk belehrt habe. Die Apostel waren noch nicht das, wozu sie unser Herr brauchen wollte, bis sie nach seiner Himmelfahrt am ersten Pfingsten den heiligen Geist empfangen hatten. Damals war aber der unglückselige Judas Ischarioth schon an seinen Ort hingegangen, der gehört also gar nicht hieher. Daß Sie aber sogar glauben, der heilige Geist habe durch die aronitische Priester-Succession bis auf Kaiphas und fernerhin die israelitische Kirche regiert, das begreife ich nicht; dann hat Christus sehr unrecht gehandelt, daß er sich von dieser Kirche trennte und eine neue stiftete.

Ihre zwei Forderungen oder Bedingungen, mein lieber Bruder! wozu ich aber auch noch die zähle, daß der Lehrer die Lehre seiner Kirche rein und lauter vorträgt, sind freilich zur äussern kirchlichen Polizei-Verfassung genug; aber zur wahren lehrenden Kirche, zur ächten Gemeinde Christi, die Er selbst immer im Auge hat, gehört der Bischof, Priester, Pfarrer oder Lehrer nimmermehr, der nicht alle die Eigenschaften an sich hat, die Sie, mein Lieber! zur christlichen Brüderschaft fordern, das ist, der nicht aus Gott geboren ist; oder der die Früchte des heiligen Geistes nicht in seinem Leben und Wandel zeigt.

Zum Beschluß, und gleichsam zum Ueberfluß, muß ich doch noch etwas über den unbeschreiblich paradoxen Satz sagen: gottlose, unbekehrte Bischöfe und Geistliche der wahren lehrenden Kirche könnten den heiligen Geist mittheilen, ohne selbst von Ihm bewirkt zu werden. Sie dienten also nur als Fortleiter, die Ihn durch Hände-Auflegen fortpflanzten.

Weder in der heiligen Schrift noch in der Geschichte der ersten Kirche findet sich eine Spur, die diesen Satz beweist; daß Sie den Bileam hier anführen, zeigt, daß Sie mit den psychologischen Kräften des Menschen nicht hinlänglich bekannt sind. Wie viele Visionärs haben wir, die wirklich zukünftige Dinge vorhersagen, ohne wahre Christen, geschweige Phropheten zu seyn? Ich bitte Sie, unpartheiisch folgende Sätze zu prüfen.

Wenn der heilige Geist durch Fortleiter, in denen Er selbst nicht wirkt, auf Andere geleitet wird, so muß diese Fortleitung doch endlich einen Zweck haben.

Dieser Zweck kann kein anderer seyn, als Menschen in alle Wahrheit zu leiten und sie zu wahren Christen zu bilden, die durch ihr Leben und Wandel, durch Ihre Früchte zeigen, daß sie aus Gott geboren und Kinder des heiligen Geistes sind.

Die Erkenntniß der Wahrheit zur Gottseligkeit ist bei weitem noch nicht genug zur Seligkeit; sondern sie muß auch bei dem Menschen ins Leben übergehen, das Herz muß gebessert; das ist: die Augenlust, Fleischeslust und das hoffärtige Wesen muß in die Verläugnung gegeben, und dagegen der Wille gänzlich in den Willen Gottes übergeben werden; so daß nun der bekehrte Sünder aus Liebe und Dankbarkeit gegen seinen Heiland und Erlöser mit eben der Lust und dem Vergnügen seine Gebote befolgt, mit welchem er im unbekehrten Zustand die Reize zur Sünde befolgte. Dieses Alles, und dann auch den Fortgang in der Heiligung zu befördern, ist der wahre eigentliche Zweck, wozu uns unser Herr seinen heiligen Geist gesendet hat.

Die äussere Kirche kann ihren Gliedern nur die Erkenntniß der Wahrheit zur Gottseligkeit mittheilen. Gesetzt auch, aber keineswegs zugegeben, alle geistliche Personen wären wirklich Fortleiter des heiligen Geistes, so hülfe sie das für ihre eigene Personen nichts; schlägt das Wort der Wahrheit, oder auch ein äusseres Gnadenmittel Wurzel in irgend einem Herzen, so ist die Frage, ob der heilige Geist, der dieß Wurzelschlagen, Keimen, Wachsen, Aufblühen und Früchte-Tragen in der Seele bewirkt, von dem Lehrer der Kirche dem Wort der Wahrheit mitgetheilt worden sey, oder von der Wahrheit selbst, die im Wort oder Gnadenmittel liegt? — Die Antwort ist wahrlich! nicht schwer, sie ist gerade derjenigen gleich, welche ich auf die Frage: kommt die Ueberzeugung von der Wahrheit: zweimal zwei ist vier, von dem Rechenmeister her, der den Unterricht gibt, oder von der Wahrheit selbst, die in dem Satz liegt? — die lehrende Kirche pflanzt die Wahrheit zur Gottseligkeit und die Gnadenmittel fort; dazu verordnet sie Werkzeuge, die durch Studiren und Unterricht die gehörigen Kenntnisse erlangt haben, und durch Hände-Auflegen und andere zur Ordination gehörige Cerimonien zum Lehramt berechtiget werden; aber daß dadurch der heilige Geist mitgetheilt werde, das widerspricht der heiligen Schrift, der gesunden Vernunft und aller Erfahrung.

Ich habe oben einmal zugestanden, daß von einem Apostel selbst, der ein heiliges Leben führt, oder von einem jeden Religionslehrer, der selbst ein wahrer Christ ist und die Früchte des heiligen Geistes im Leben und Wandel zeigt, auch Andern der heilige Geist mitgetheilt werden könne; dieß ist natürlich, und durch die Erfahrung bestätigt: denn ein frommer Geistlicher, der mit Licht, Wahrheit und Nachdruck die Religions-Wahrheiten empfiehlt und durch sein eigenes Beispiel lehrt, der wird weit mehrere wahre Christen bilden, als ein Anderer, dessen Leben und Wandel seinen eigenen Lehren widerspricht; wie kann nun dieser ein Kanal seyn, der den heiligen Geist fortleitet?

Doch ich sehe, daß ich mich noch deutlicher erklären muß: genau, bestimmt und nach dem Wesen der Wahrheit gesprochen, theilt auch kein Apostel oder apostolischer Mann im eigentlichen Sinn den heiligen Geist mit; denn dieß göttliche Wesen bedarf keiner armen menschlichen Fortleiter, sondern die Wärme, die Liebe, die Macht der Wahrheit, womit sie der fromme Religionslehrer an das Herz der Zuhörer legt, kann dieses Herz rühren und den Willen so lenken, daß es des heiligen Geistes empfänglich wird; und so mittelbar kann ein Mensch dem andern den heiligen Geist mittheilen.

Lieber, theurer Bruder Sulzer! alle diese Sätze sind so unzweifelbar wahr und legitimiren sich so an der durch den heiligen Geist und das Wort Gottes erleuchteten Vernunft, daß kein wahrheitsliebender und suchender Mensch etwas mit Grund dagegen einwenden kann. Was helfen die oftmals sehr schmutzigen Kanäle irgend einer Kirche, wodurch sich der heilige Geist fortpflanzen und mittheilen soll? Dieses reine und heilige Wesen ist das Licht und die Wärme der Geisterwelt, allenthalben gegenwärtig und allenthalben wirksam, wo es bewirkbare Gegenstände findet. Wahrheit und Güte pflanzt es in jedes Herz, wo es Glauben und Liebe findet.

Wenn also der fromme Christ durch gründliche Darstellung der Wahrheit den Verstand eines Menschen überzeugt, und durch warme Ueberredung das Herz zur Annehmung derselben gründlich zu bewegen weiß; wenn er also die Dunkelheit und den Schleier, der das Wesen der Menschen umhüllt, wegzuschaffen vermag, so überstrahlt das himmlische Licht des heiligen Geistes die ganze Seele, so daß sie des Herrn Klarheit mit aufgedecktem Angesicht sieht; und seine lebenbringende,

Wärme durchwirkt sie so kräftig, daß jedes Samenkorn des Worts Gottes keimt, und allmählig zur vollkommenen Größe fortwächst. Mit wahrer Bruderliebe

der Ihrige
Jung Stilling.

Antwort auf den fünften Brief.

In welchem der Herr Verfasser des von Christo gestifteten Lehramts Nothwendigkeit und Nutzen für die Menschen und seine Existenz zeigt. Dann auch von einem entscheidenden Glaubens-Richter und vom wahren Glauben an Jesum Christum.

Mein theurer und innig geliebter Bruder!

Nicht allein Juden, Muhamedaner und Heiden, sondern ein jeder nur halb vernünftiger Protestant muß und wird Ihnen aufrichtig zugeben, daß die ersten Betrachtungen über das von Christo errichtete Lehramt die Nothwendigkeit und den Nutzen desselben zum Gegenstand haben müßten.

Sie sagen: da wir Menschen nur auf dreierlei Wegen, nämlich durch Erfahrung, vernünftige Schlüsse und Autorität zur Erkenntniß jeder Wahrheit gelangen können und die Lehre Jesu so viele geheimnißreiche und übernatürliche Wahrheiten, dann willkürlich von Jesu bestimmte Gnadenmittel und andere Verordnungen und Anstalten enthält, welche weder durch Erfahrung, noch durch Nachdenken oder Schliessen von den Menschen können erkannt werden, so sey es nothwendig gewesen, den Weg der Autorität zu erwählen, u. s. w.

Die Lehre Jesu enthält die herrlichste und vollkommenste Sittenlehre in der Welt, die durch Erfahrung und richtige Schlüsse, als solche, von Jedermann anerkannt wird, sobald sie ihm bekannt gemacht wird. Dieser Satz ist apodictisch und keiner Widerlegung, also auch keiner Unterstützung durch menschliche Autorität fähig, denn die hat sie von Christo selbst. Fürs zweite enthält sie Glaubenslehren, die sich theils auf Thatsachen, das ist auf die Lebensgeschichte unsers Herrn und theils auf seine eigene Lehren und Befehle gründen; beide stehen so deutlich in den Evangelien und apostolischen Briefen ausgedrückt, daß es nur eines natürlichen Menschen-Verstandes und keiner Autorität bedarf, um zu verstehen, was der Herr von den Menschen fordert. Es kommt also blos darauf an, zu beweisen, daß der Christus, der das Alles befiehlt, göttliche Autorität habe, und daß er das, was er denen, die an ihn glauben, verheißen hat, auch halten könne und werde. Wer kann das aber überzeugend beweisen? Wahrlich! keine menschliche Autorität, kein Pabst, kein Bischof und kein christlicher Lehrer in der ganzen weiten Welt, sondern nur allein der heilige Geist, der allein kann in alle Wahrheit führen. Dies geben Sie mir auch zu, mein theurer Bruder! aber Sie binden ihn an eine gewisse Lehrerkirche, die nach ihrer Meynung die römische ist; in dieser soll der heilige Geist zu Hause seyn und da nicht irren können, freilich irrt der heilige Geist nicht, aber! aber!

Hier führen Sie verschiedene Stellen an, nämlich Luc. 10. V. 16. Wer euch höret, der höret mich, und wer euch verachtet, der verachtet mich, wer aber mich verachtet, der verachtet auch den, der mich gesandt hat; dies sagte der Herr zu den siebenzig Jüngern, als er sie aussandte, seine Lehre zu verkündigen; wo steht aber hier oder irgend anderswo nur ein Wort oder nur ein Laut, daß diese Sendung hernach allein und ausschließlich auf die römische Kirche übergegangen sey? Dieser Spruch beweist also, so wie mehrere andere, daß Christus ein Lehramt gestiftet habe, daß es also nothwendig und nützlich sey, aber für die römische Kirche beweist er nicht mehr, als für jede andere christliche Kirche. Ferner: Jesaias 54. V. 13. Alle deine Kinder sollen vom Herrn gelehrt seyn, und die Vielheit des Friedens deinen Kindern. Wollen Sie das auf die römische Kirche anwenden?

Mein Theuerster! Sind alle Kinder Ihrer Kirche vom Herrn gelehrt und ruht die Fülle des Friedens auf Ihnen? — Nein, wahrlich! diese Weissagung läßt sich auf keine christliche Kirche noch bis daher anwenden, dies bedarf ja gar keines Beweises, sondern ihre Erfüllung ist noch zukünftig. Ferner: Jeremias 31. V. 33. u. f. Sondern dies wird der Bund seyn, den ich mit dem Haus Israel nach diesen Tagen machen werde, spricht der Herr: ich will mein Gesetz in ihr Innerstes geben und es in ihr Herz schreiben, und ich werde ihnen Gott, und sie werden mir ein Volk seyn u. f. Sagen Sie mir doch, lieber, theurer Sulzer! womit wollen Sie doch in aller Welt beweisen, daß Ihre römische Kirche dies Israel ist? kann nicht eine jede christliche Kirche das auf sich anwenden? denn jede glaubt, sie habe dies Gesetz in ihrem Innern und in ihr Herz geschrieben, und jede glaubt, Jehovah, Jesus Christus, sey ihr Gott und sie sein Volk. Auch die Juden ziehen diese Stellen auf sich, und mit größerer Wahrscheinlichkeit, als wir Christen alle, denn der Name Israel steht da, und wenn ihre künftige Bekehrung statt findet, so mögen diese Verheißungen auch sie wohl vorzüglich angehen. Bis dahin haben Sie also noch nicht bewiesen, daß Ihre Kirche die ausschließliche, allein wahre christliche Lehrer-Kirche sey.

Sie sagen, die Lehre Jesu enthalte viele geheimnißreiche und übernatürliche Wahrheiten, und schließen daraus: weil weder Vernunft noch Erfahrung eine Ueberzeugung dieser Wahrheiten gewähren könnten, so sey eine Autorität nöthig [12]), welche die Macht habe, die Vernunft und den Willen zur Annehmung dieser übersinnlichen Wahrheiten, das ist zum Glauben, zu bestimmen.

Auch hier sind wir uns einig: diese Autorität kann keine andere seyn, als der vom Vater und Sohn ausgehende heilige Geist. Jetzt frage ich Sie vor Gott dem Allgegenwärtigen und vor dem ganzen vernünftigen Publikum: Wo ist der heil. Geist? — erinnern Sie sich nur an das, was ich oben in meiner Antwort auf Ihren vierten Brief gesagt habe — ich füge nun noch hinzu: der heilige Geist ruht auf der ganzen heiligen Schrift; auf dem Wort der Wahrheit; wer diese treu und redlich lehrt, der ist ein wahres Glied der Lehrerkirche, die äussere Anstalt, in welcher er lebt, mag übrigens heissen, wie sie will.

Nur die Bibel, und vorzüglich das neue Testament, das aber auf dem festen Grund des alten ruht, ist die einzige allgemeine Autorität des wahren Christen, ausser ihr gibts keine andere.

Endlich gedenken sie noch solcher Gnadenmittel anderer Verordnungen und Anstalten, die von Jesu willkürlich bestimmt worden, die also durch Vernunft und Erfahrung nicht als nothwendige Pflichten und Erkenntnisse betrachtet werden konnten.

Alle diese Gnadenmittel, Verordnungen und Anstalten sind in der Taufe und im Abendmahl begriffen, von dem Lehramt haben wir schon geredet. Alles andere, was die verschiedene Kirchen aus mancherlei Ursachen noch hinzugeflickt haben, mag zum Theil als Erweckung zur Andacht gut seyn; aber verbindlich und zur Seligkeit nöthig ist nur das, was Christus und die Apostel verordnet haben, und dieses ist Alles im neuen Testament enthalten, ausser dem, was in der Bibel enthalten ist, ist in Ansehung der Religion nichts für den Christen verbindlich.

Lieber Herzensbruder! darüber sind wir uns wohl einig, daß der heilige Geist durch die heilige Schrift die eigentliche wahre Autorität sey, die das, was der Christ thun und glauben soll, bestimmt; allein nun setzen Sie noch hinzu, daß es eine menschliche Autorität gebe, in welcher der heilige Geist ausschließlich zu finden sey; diese allein habe das von Christo und den Aposteln gestiftete Lehramt und sie habe das Recht zu bestimmen, was Christus ausser dem, was im neuen Testament enthalten ist, noch von denen, die an ihn glauben, geglaubt und gethan haben wolle; und diese Autorität sey der Pabst und die römische Kirche.

Ohne von dem Allem nur das Geringste bewiesen zu haben, setzen Sie das Alles als wahr voraus, bedauern uns arme

Protestanten, bitten und ermahnen uns, wir sollten doch der Wahrheit Gehör geben, ohne daß Sie noch Gründe, überzeugende Prämissen angegeben haben, daß das, was Sie behaupten, Wahrheit sey — Sie rühmen die Vortheile einer solchen unfehlbaren Lehranstalt und einzigen wahren Kirche, wir sollen nur die Augen öffnen und sehen, und wahrlich! wir sehen nichts, als eine große öffentliche Anstalt, inwendig und auswendig voller Mängel und Gebrechen; dies wird sich in meiner Beantwortung des folgenden Briefs unwidersprechlich zeigen. Das muß ein Jeder sehen, der Ihr Buch liest, daß Sie es herzlich gut meynen und daß Gottes- und Menschenliebe Ihr Herz belebt; aber das sieht auch Jedermann, sogar der wahre erleuchtete Katholik, daß Sie von Jugend auf Grundsätze eingesogen haben, die nur in den dunkelsten Zeiten Ihrer Kirche herrschend gewesen sind. Nehmen Sie mir diese Bemerkung nicht übel, sie ist reine Wahrheit. In diesen Vorurtheilen sind Sie erwachsen, haben durch diese dunkle und schief geschliffene Brille alle Protestanten um sich her beobachtet, und so entstand dann endlich dies System in ihrer guten und liebevollen Seele.

Mein und der ganzen protestantischen Kirche Begriff von dem öffentlichen Lehramt, so wie es Christus und seine Apostel gestiftet und eingeführt haben, desgleichen von seiner Existenz, ist kürzlich folgender:

Johannes der Täufer, dann Christus und seine Apostel fingen ihren Lehrberuf damit an, daß sie die Menschen aufforderten, Buße zu thun; sie sagten: μετανοεῖτε, welches der heil. Hieronymus durch Poenitentiam agite, übt Reue, ganz richtig übersetzt: das Wort μετανοεῖν, bedeutet eine gänzliche Veränderung der bisherigen irdischen, sinnlichen und sündlichen Gesinnung und ihre Umwandlung in eine himmlische und geistige und sittliche Gemüthsgestalt. Den Beweggrund, warum dies geschehen müsse, setzten diese heiligen Lehrer in die Annäherung des Reichs Gottes: denn wer ein Unterthan dieses Reichs seyn wolle, der müsse nothwendig seine bisherige sündliche Gesinnung ablegen und ein frommer Mensch werden, thäte er das aber nicht, so würden ihn die nahen Gerichte Gottes treffen, und er würde verloren gehen.

Dieser Aufruf zur Buße und Bekehrung ist also das erste Hauptstück des von unserm Herrn und seinen Aposteln gestifteten Lehramts; damit aber der Mensch auch wissen möge, wie und wozu er sich bekehren soll, so muß ihm auch die ganze evangelische Heilslehre von dem Fall Adams und seiner Erlösung durch den Sohn Gottes, Jesum Christum, bekannt gemacht werden; diese Lehre muß er dann auch als gewisse und ewige Wahrheit von Herzen annehmen und glauben. Daher drang hernach Christus in seinem öffentlichen Lehramt auf den Glauben an ihn, als den Erlöser der Welt.

Jetzt frage ich Sie, mein theurer Bruder! — wenn damals Jesus Glauben an sich und seine Sendung forderte, was verstand er darunter? — doch wohl nichts anderes, als daß man ihn von Herzen für den eingeborenen Sohn Gottes, für den versprochenen Messias und Welterlöser anerkennen und seine Gebote treu befolgen müsse. Wer nun so an ihn glaubte und wirklich seinen Befehlen gehorchte, dem versprach er die ewige Seligkeit. Da er aber wohl wußte, daß der Mensch für sich allein nicht Kräfte genug habe, seine Gebote zu befolgen, so gab er auch die Mittel an, wodurch die mangelnden Kräfte ergänzt werden sollten, nämlich die Mittheilung des heiligen Geistes, das Bleiben an ihm wie der Rebe am Weinstock, und der geistige und lebenbringende Genuß seines Fleisches und Bluts, welches er am Kreuz für die Sünden der Welt opfern wollte. Dies war der ganze Inhalt der Lehre Jesu, so lang er sinnlich unter den Menschen wandelte, und darauf beruhte also auch damals der ganze seligmachende Glaube seiner wahren Verehrer. Nach seinem Kreuzestod, seiner Auferstehung und Himmelfahrt wurde nun die ganze Heilslehre durch Thatsachen vollständig, und die mit dem heiligen Geist erfüllten Apostel breiteten diese Heilslehre aus und erfüllten die damals cultivirte Welt damit. Diese Heilslehre, diesen Glauben an Jesum Christum, verkündigen wir Protestanten auch und es kann uns in Ewigkeit nicht bewiesen werden, daß wir etwas anders oder mehr oder weniger lehren.

Jetzt frage ich Sie auf Ihr Gewissen, lieber Sulzer! — Gründet sich die Gültigkeit und Wahrheit des christlichen Lehramts auf die an einander hängende Succession der Bischöfe von den Apostelzeiten an, bis daher, so ist auch das Lehramt der morgenländischen-griechischen, folglich auch der russischen Kirchen, apostolisch gültig, denn die Aufeinanderfolge ihrer Bischöfe von den Apostelzeiten an, bis daher, kann nicht bestritten werden. Oder:

Ist die Succession der unveränderten apostolischen Lehre, die durch alle Jahrhunderte historisch richtig dargethan werden kann — man lese Joseph Millners Geschichte der Kirche Christi — der wahre Grund des gültigen christlichen Lehramts, so kann auch das Lehramt der Protestanten unmöglich anders, als gültig und apostolisch angesehen werden. Oder endlich:

Wenn Sie, wie ich vermuthe, behaupten wollen, beides gehöre zusammen, nämlich die apostolische Succession der Bischöfe und auch die apostolische Successson der Lehre, und nun beides der römischen Kirche, ausschließlich aller andern zuschreiben; so antworte ich: Dann müssen Sie erst beweisen, daß ihre Kirche die allein unfehlbare sey; daß in ihr und durch sie allein der heilige Geist die Menschheit belehre, und daß ihre Lehre den Lehren der heiligen Schrift nicht allein gemäß seyen, sondern auch in keinem Stück mit ihnen im Widerspruch stehen.

Diesen Beweis versprechen Sie im folgenden Brief; bis dahin oder vielmehr bis Sie uns überzeugt hatten, hätten Sie alle die Deklamationen und Bedauerungen der armen Protestanten verſparen sollen, denn sie dienen zu nichts, als daß sie nur Ihr gutes, redliches, menschenliebendes Herz, aber auch eine Bitterkeit gegen den Protestantismus zeigen, die der christlichen Bruderliebe keineswegs geziemt.

Sehen Sie, lieber Bruder! der protestantische Begriff vom wahren apostolischen Lehramt ist folgender: seine wahre Autorität beruht auf der heiligen Schrift, so wie sie von allen Kirchen der Christenheit einhellig und allenthalben unverfälscht und gleichförmig angenommen wird, und auf dem auf ihr ruhenden und ihr seligmachendes Wort überall begleitenden heiligen Geist. Die Autorität aber, das Lehramt zu verwalten, gibt die weltliche Obrigkeit unter der Leitung der von ihr selbst angeordneten Vorsteher und Aufseher der Kirche.

Daß dies von Anfang an, sobald es christliche Obrigkeiten gab, beständig in Uebung gewesen, das beweist die Kirchengeschichte: Die Kaiser zu Konstantinopel regierten die Kirche durch Patriarchen, Erzbischöfe und Bischöfe, aber sie beriefen und bestimmten die höchsten Vorsteher der Kirchen selbst, und beriefen auch die Concilien zusammen. Erst späterhin, als die Bischöfe zu Rom sich das Primat zueigneten, so suchten sie sich auch jenes Rechts der Obrigkeit zu bemächtigen; was das für Unordnungen, Unruhen und blutige Kriege verursacht hat, das zeigt uns die Geschichte. Von den Apostelzeiten an, bis auf Constantin den Großen, gab es keine christliche Obrigkeiten, folglich mußte sich die Kirche selbst regieren; jeder Bischof verwaltete seinen Sprengel; und wenn streitige Lehrpunkte oder sonst schwierige Fälle vorkamen, so correspondirten die Bischöfe mit einander oder sie befolgten auch wohl den Rath des Angesehensten unter ihnen. Von dem römischen Primat war noch lange die Rede nicht.

Um zu beweisen, daß Lehrer, die durch die apostolische Sendung nicht ordentlich berufen worden, nicht gültig sind, führen sie die Stelle Ap. Gesch. 19. V. 13—16. an; sie lautet nach der Vulgata folgender Gestalt: Es versuchten aber einige von den herumziehenden jüdischen Beschwörern über diejenigen, welche böse Geister hatten, den Namen des Herrn Jesu anzurufen und zu sagen: ich beschwöre euch durch Jesum, welchen Paulus predigt. Diejenigen, welche dieses thaten, waren sieben Söhne eines jüdischen Hohenpriesters, Namens Sceva. Der böse Geist aber antwortete ihnen: Jesum kenne ich und Paulum weiß ich, wer seyd ihr aber? — und der Mensch, in welchem einer der bösesten Geister war, fiel über sie her, ward ihrer mächtig und warf sie unter sich, so daß sie nackend und verwundet aus dem Haus flohen. Der Teufel respektirte also diese Beschwörer nicht und rächte sich an ihnen. Sie glauben also, das sey darum geschehen, weil sie nicht von den Aposteln durch Händeauflegen ordinirt worden; daß dies aber nicht der Fall sey, das will ich Ihnen durch eine andere Stelle klar und deutlich beweisen:

Johannes sprach zu unserm Herrn, Marc. 9. V. 38. Meister! wir sahen Einen in deinem Namen Teufel austreiben, der uns nicht nachfolgt, und wir verbotens ihm. Jesus versetzte: verbietet es ihm nicht, denn Niemand, der eine Kraftthat in meinem Namen verrichtet, kann bald übel von mir reden. Denn wer nicht gegen euch ist, der ist für euch. Sie sehen also, lieber Bruder! daß es in diesen beiden Fällen nicht auf die Sendung durch Christum oder die Apostel ankam; daß jene sieben Beschwörer nichts ausrichteten und vom Besessenen mißhandelt wurden, das kam wohl daher, weil sie selbst wegen ihres gottlosen Lebens in der Gewalt des Satans waren. Der Schluß aus dem Allem ist: daß auch derjenige, der nicht ordentlich zum Lehramt berufen ist, wenn er anders die Lehre Christi richtig vorträgt, wahrhaft christlich lebt und die eingeführte kirchliche Ordnung nicht stört, dem Herrn nicht unangenehm sey. Wenn Sie aber jene Stelle gegen uns Protestanten anwenden wollen, so können Sie leicht denken, daß uns das Zeugniß unsers Herrn, der die Wahrheit selber ist, mehr gelten müsse, als das Zeugniß eines Teufels, der ja ein Lügner und ein Vater derselben ist. Joh. 8. V. 44.

Daß auf die Rechtmäßigkeit der Sendung zu einem Lehramt auch ihre Gültigkeit folge, das hat seine Richtigkeit; daß aber die römische Kirche ausschließlich aller andern nur rechtmäßig und gültig senden könne, das muß noch bewiesen werden.

S. 75. Suchen Sie nun das Wort Kirche zu erklären; Sie sagen: eine andere, nicht minder wichtige Frucht der gemeldeten Anstalt unsers Herrn, nämlich des römisch-katholischen Lehrkörpers — ist diese: daß nur allein bei ihr eine eigentliche Kirche, die wahre Kirche möglich ist — u. s. w. Ihr Beweis ist folgender: Sie verstehen unter dem Wort Kirche eine Gesellschaft oder Verbindung aller derjenigen Personen, welche einerlei geoffenbarten Lehrbegriff und darin gegründeten Gottesdienst annehmen. Ganz richtig! diese Definition oder Worterklärung nehmen wir Protestanten auch an. Sie fahren fort und sagen: Jetzt, lieben Brüder! denket nach und gestehet, ob eine Gesellschaft nicht dort und nur allein dort möglich sey, wo ein von Gottes Geist erleuchteter, in Jesu Christi Namen sprechender, von ihm aufgestellter Körper von Hirten existirt? — Da also, meine Brüder! und nur da ist einerlei Lehrbegriff und darinnen gegründeter Gottesdienst möglich.

Lieber, lieber Bruder Sulzer! haben Sie die Güte und zeigen Sie uns auf Gottes weiter Erde eine äussere Kirche, in welcher ein von Gottes Geist erleuchteter, in Jesu Christi Namen sprechender, von ihm aufgestellten Körper von Hirten existirt! — wir Protestanten kennen wahrlich! keine einzige; aber die wahre Gemeine des Herrn, von welcher das im vollen Sinn gilt, was Sie von Ihrer Kirche behaupten wollen und nach deren Gemeinschaft wir alle streben, auf die sich auch der verehrte Theologe in der Schweiz, dessen Sie S. 76. gedenken, beruft — Ja! diese Kirche kennen wir sehr wohl. Alle wahre Verehrer Jesu, in allen christlichen Religions-Partheien, welche die Eigenschaften in der That und Wahrheit, in Wort und Wandel äussern, die Sie zur christlichen Brüderschaft fordern, die bilden zusammen die wahre Kirche Christi. Diese Kirche allein und keine andere enthält die Gesellschaft und Verbindung aller Personen, welche einerlei geoffenbarten Lehrbegriff, nämlich den alten, wahren apostolischen Glauben und den darinnen gegründeten Gottesdienst im

Geist und in der Wahrheit annehmen. Nur allein hier findet sich ein von Gottes Geist erleuchteter, in Jesu Christi Namen sprechender, von ihm aufgestellter Körper von Hirten, und sonst nirgends. Hier allein ist die Gemeinschaft der Heiligen und die Kirche, ausser welcher keine Seligkeit, kein Heil zu finden ist. Diese unsere Behauptung wollen Sie nun in einem der folgenden Briefe ausführlich beantworten. Gut! wir wollen es erwarten. Indessen legen Sie uns S. 77. einen nach Ihrer Meynung schwer zu lösenden Knoten vor; wir wollen sehen, ob ihn zu lösen, Alexanders Schwert nöthig ist.

Sie freuen sich mit allen wahren Katholiken, daß wir und ein großer Theil unserer Brüder die Nothwendigkeit eines unfehlbaren Richters in Glaubenssachen je länger, je mehr fühlen und gestehen, dieser Richter könne kein anderer seyn, als der heilige Geist. Verzeihen Sie, lieber Sulzer! das fühlen wir Protestanten nicht je länger, je mehr, sondern von jeher. Der heilige Geist ist durch das Wort der Wahrheit, nämliich durch die heilige Schrift, unser einziger und unfehlbarer Glaubensrichter; das war er von den Apostelzeiten an, bis daher, und so auch der wahre und einzige Regent der wahren Kirche Christi. Jetzt glauben Sie uns fest zu setzen. Sie fahren fort: Wollt ihr aber euer Wort nicht mehr zurücknehmen, soll es dabei bleiben, daß ein jeder fromme und redliche Bibelforscher den heiligen Geist habe, um durch ihn, wie ihr mir schreibt und sagt, in alle Wahrheit geleitet zu werden, so sehet: u. s. f. Nein! wir nehmen nichts zurück, sondern wir geben das Alles gern und willig zu; was sollen wir aber nun sehen? Antw. daß in der katholischen Kirche vom ersten Jahrhundert her bis auf den heutigen Tag Millionen heiliger Menschen, Päbste, Bischöfe, Priester, Diakonen, Märtyrer, Kirchenlehrer oder Privatpersonen waren, die ihr Leben der Erforschung und Befolgung der Lehre Jesu gewidmet und in der Nachfolge Jesu eben so gottselig als getrost gestorben sind. Nun machen Sie den Schluß und sagen:

Waren diese im Irrthum, so ist euer (der Protestanten) Wort nicht wahr [13]). Waren sie in der Wahrheit, so wisset: Ihr aller Glaube ist einer und derselbe in allen Lehrstücken der Geheimnisse, der Moral, der Sakramente und der geistlichen Gewalten unveränderte Glaube aller Jahrhunderte in allen Ländern auf Erden.

Antw. Wir geben gern zu und glauben auch redlich, daß viele Menschen aus allen Ständen in der römischen Kirche von Anfang an selig geworden sind und noch immerfort selig werden, und zwar durch den wahren altapostolischen Glauben an Jesum Christum und treuen Befolgung seiner Lehre; wer diese Eigenschaften hat, der wird selig, seine äussere Kirche mag heißen, wie sie will, und er gehört zur wahren unsichtbaren Gemeine des Herrn. Mit diesem wahren Glauben kann aber ein solcher Christ noch mancherlei Irrthümer, abergläubische Gebräuche und Lehrsätze verbinden, die ihn zwar am Seligwerden nicht hindern; indessen wäre es doch besser, wenn er das Alles nicht damit verbände. Darinnen irren Sie gewiß, mein lieber Bruder! wenn Sie glauben, daß zum Seligwerden Vollkommenheit im christlichen Wandel erfordert würde. Selbst die Apostel irrten und fehlten noch zuweilen, und zwar nachdem sie den heiligen Geist in so reichem Maß empfangen hätten; so erzählt Paulus Galat. 2. V. 11—14. Petrus habe mit den Heiden gegessen, so lang keine Juden da gewesen wären, hernach aber hätte er sich um der Juden willen den Heiden entzogen, für welche Unredlichkeit er von Paulo einen derben Verweis bekam; und wiedrum entzweiten sich Paulus und Barnabas, Ap. Gesch. 15. V. 39., wo wenigstens Einer irrte und fehlte, wo nicht gar alle beide. Der Christ wächst vom Anfang seiner Bekehrung an, bis zu seinem Uebergang ins bessere Leben, sowohl in der Vollkommenheit der Lehre, als des gottseligen Wandels, wie solches Paulus in so vielen Stellen seiner Briefe bezeugt, z. B. Philip. 3. V. 12. Nicht, daß ichs schon ergriffen hätte oder schon vollkommen wäre, ich jage ihm aber nach, u. s. w.

Nun glauben Sie, uns erwischt zu haben: Sie fahren

fort: Jetzt, theure Brüder! wo ist die Wahrheit? — Wo ist der heilige Geist? — bei der Einigkeit von Millionen heiliger Katholiken, deren Glaube sichtbar war, wie sie selbst? oder bei eurer vorgeblichen unsichtbaren Kirche, von der man nichts erfährt, als eine Verschiedenheit der Meynungen, so groß je eine auf Erden war? — Sprecht!

Ja! ja! wir wollen sprechen: bei allen jenen heiligen und seligen Katholiken war Wahrheit mit Irrthum und allerhand Kirchengebräuchen, die weder Christus noch der heilige Geist befohlen oder empfohlen haben, vermischt; sie hatten den wahren Glauben an Jesum Christum und führten ein gottseliges Leben, nach seiner und der Apostel Lehre; sie hatten den heiligen Geist, und irrten doch in vielen Stücken: denn der Schluß ist sehr unrichtig: wo der heilige Geist ist, da ist Unfehlbarkeit und kein Irrthum mehr: denn man kann ein geringeres, größeres und endlich vollkommenes Maß des heiligen Geistes haben (wiewohl dies Letztere nie in diesem Leben erreicht wird), je nachdem die eigene Vernunft dem heiligen Geist Raum gibt und durch sein himmlisches Licht erleuchtet wird. Sehen Sie, Lieber! ich spreche: da ist Wahrheit! — und da ist der heilige Geist! — da ist Einigkeit — nicht allein von Millionen heiliger Katholiken, sondern schlechterdings von allen christlichen Partheien, wo man von Herzen an Christum glaubt und seine Lehre durch ein heiliges, gottseliges Leben treu befolgt, das ist die wahre Einigkeit des Geistes und die wahre Gemeinschaft der Heiligen, die man nirgend in irgend einer äussern Kirche findet. Ausser diesem wahren apostolischen Glaubensgrund gibt es keine zwei Menschen, weder in der katholischen, noch in irgend einer Kirche, die in ihren Begriffen vollkommen eines Sinnes sind; und worin besteht denn die so gerühmte Einigkeit der römischen Kirche? — In einer Menge Lehren, Begriffe, äusserer religiöser Gebräuche und Uebungen, welche alle mit einander mit dem wahren Glaubensgrund verbunden und allesammt als mehr oder weniger nothwendig zur Seligkeit erklärt worden; daß nun der hierarchische Zwang alle Menschen, die zu dieser Kirche gehören, nöthigt, sich zu dem Allem zu bekennen und das Alles mitzumachen, wenn sie nicht ausgeschlossen, verfolgt und unglücklich werden wollen, das ist eine ausgemachte Sache; daher entsteht nun freilich eine äussere scheinbare Einigkeit und Einheit, so wie sie in anderer Rücksicht auch bei dem Militär statt findet; da aber durch jenen hierarchischen Zwang die Denkfreiheit gehindert wird, ihre Untersuchungen, wahre oder falsche Aufklärungsentdeckungen öffentlich zu gestehen und bekannt zu machen, so entsteht dadurch unter den gelehrten und denkenden Köpfen eine ungeheure Menge Irrgeister, Ketzer aller Art, Atheisten genug, Deisten, Sozinianer, u. drgl., die alle unter dem Schein guter Katholiken alles mitmachen und also schreckliche Heuchler sind; solche Leute entdecken sich in Ihrer Kirche nicht, ausser solchen, die mit Ihnen eines Sinnes sind, aber bei uns Protestanten sind sie desto offenherziger; davon bin ich ein Zeuge ausserordentlich vieler Erfahrungen. Was aber den gemeinen Mann und Nichtdenker in Ihrer Kirche betrifft, der macht sorgfältig alle Cerimonien mit, sagt zu allem ja, was ihm die Kirche befiehlt, läßt sich tausend- und abermals tausendmal durch seinen Beichtvater seine Sünden vergeben und sündigt dann wieder fort, er lebt bürgerlich rechtschaffen, aber von Bekehrung, von Veränderung seiner Gesinnungen ist gar die Rede nicht; so stirbt er sorglos dahin und verläßt sich auf seine Kirche. Hiemit läugne ich aber keineswegs, daß es in Ihrer Kirche auch wahre fromme und heilige Seelen gibt.

In der protestantischen Kirche findet, nach dem Geist dieser Kirche, kein Zwang statt: folglich kann jeder frei untersuchen, und was er für wahr erkennt, laut sagen, so lang es dem Staat und der bürgerlichen Gesellschaft nicht nachtheilig wird, daher werden auch alle unsre Irrgeister und Sekten offenbar, und Jedermann kann sehen, wer ein wahrer Protestant ist. Die protestantische Kirche ist also ein armer, kranker Lazarus, dessen Geschwäre und Gebrechen Jedermann sieht. Dahingegen die römische Kirche äusserlich prächtig und schön ist, inwendig aber desto gefährlichere Geschwüre versteckt, deren denn doch zu Zeiten hie und da eins, wie zum Beispiel Voltaire und viele der Pariser Akademisten, aufbricht und häßlich eitert. Der gemeine Mann und Nichtdenker unter den Protestanten läßt es auch gewöhnlich bei dem Kirchen- und Abendmahlgehen bewenden, aber er weiß doch genau, was er glauben und thun muß, wenn er selig werden will, und daß es auf jenem äusserlichen Kirchenwesen nicht beruht, daher kommen auch weit mehrere gemeine Protestanten zur wahren Buße, Bekehrung, Wiedergeburt und Heiligung, als gemeine Katholiken. Sie selbst, mein theurer Bruder! werden unter Ihren gemeinen Glaubensgenossen nicht so viele Brüder und Schwestern finden, als unter den Protestanten; hier appellire ich an Ihr Herz und an Ihre Ueberzeugung.

Endlich sprechen Sie noch von einer vorgeblichen unsichtbaren Kirche [14]), von der man nichts erfahre, als eine Verschiedenheit der Meynungen, so groß je eine auf Erden war. — Lieber Sulzer! welche bittere Ausdrücke! Ich frage Sie: sind alle Katholiken, welche die Lehren Ihrer Kirche glauben und alle ihre Gebräuche beobachten, wahre Christen? — hierauf können Sie unmöglich ja sagen. Ich frage ferner: gehören alle diese katholische Nichtchristen zur wahren heiligen, christlichen Kirche, zu der Kirche, von welcher Paulus sagt, Ephes. 5. V. 27. Auf daß er sie (die Kirche) ihm selbst darstellte, als eine herrliche Gemeine, die weder Flecken noch Runzel oder etwas dergleichen habe, sondern daß sie heilig und unsträflich sey? Dies werden Sie doch nicht bejahen, denn solche Nichtchristen sind ja Flecken und Runzeln, mitunter auch Geschwüre, die sehr eitern und stinken. Folglich ist ja unwidersprechlich, daß nur die wahren Christen Ihrer Kirche auch eine unsichtbare geistliche Gemeine Christi bilden, so wie in allen andern äussern Kirchen; was Sie von einer so großen Verschiedenheit der Meynungen in der wahren unsichtbaren Kirche Christi sagen, ist durchaus ungegründet, und da Sie sie nach Ihrem eigenen Geständniß selbst nicht kennen, wie können Sie denn so etwas von ihr behaupten? Die vielen verschiedenen Meynungen aller Arten von Christen sind ja nicht die Meynungen der wahren Glieder Christi; diese stehen alle auf einem wahren Glaubensgrund fest, und wo sie verschiedener Meynung sind, da wird jener Glaubensgrund nicht berührt.

Es ist mir eine sonderbare und beinahe unerklärbare Erscheinung, daß ein so frommer liebevoller Mann, wie Sie, folgendes sagen kann, S. 88. Allein das, meine theuren Brüder! ist kaum auszuhalten, wenn ihr, um die Nothwendigkeit einer mit der Gabe der Unfehlbarkeit lehrenden Kirche zu bestreiten, mir immer sagt: Ein nach dem Evangelium eingerichtetes Leben ist die beste, ist die einzige zuverläßige Anstalt, zu reiner, vollständiger und fester Erkenntniß der Heilswahrheiten zu gelangen, u. s. w. Ferner: O ihr Lieben! wie kann dann ein Mensch sein Leben nach dem Evangelio einrichten, ehe und bevor er das Evangelium versteht? Ehe denn er wahr und gründlich und unerschütterlich weiß, was er von Gott, von Jesu unserm Herrn, von dem ganzen Erlösungswerk, von des Menschen Bestimmung, von der Rechtfertigung und Wiedergeburt, von der göttlichen Gnade, von unserer Zukunft, u. s. w. zu glauben hat?

Lesen Sie weiter, lieber Bruder! ich hoffe, Sie werden es doch aushalten können: die Leute, die Ihnen das sagen, sind von Jugend auf in den Heilswahrheiten von ihren Eltern in der Schule und in der Kirche unterrichtet worden; sie setzen also den historischen Glauben voraus und behaupten nur, wenn diese historische Kenntniß der Heilslehre zum Grund liege, und der Mensch wende dann ernstlich seine Kräfte an, die Lehren und Gebote unseres Herrn zu befolgen, so wüchse das Maß der wahren seligmachenden Erkenntniß und Erfahrung durch die Wirkung und Erleuchtung des heiligen Geistes immer mehr nach dem Wort des Herrn, Joh. 7. V. 17. Wenn Jemand d e s s e n (nämlich dessen, der ihn gesandt hat) Willen thun will, so wird er erkennen, ob die Lehre von Gott sey, oder ob ich aus mir selbst rede.

Wenn ein Mensch die buchstäbliche Erkenntniß der christlichen Religion hat und er fängt nun mit Ernst an, sich zu bekehren und nach den Geboten Gottes zu wandeln, so wird er vom heiligen Geist zur Erkenntniß seines grundlosen Verderbens, dadurch in die wahre Buße und dadurch in die gänzliche Umkehrung seines fleischlichen Willens, in den wahren christlichen Willen geführt; hier entsteht nun erst die wahre Bekehrung, und durch die Wiedergeburt ein neuer Mensch, der nun durch die Heiligung von Stufe zu Stufe der christlichen Vollkommenheit entgegengeführt wird. Auf diesem Wege verwandelt sich nun der blose, kalte historische Glaube in den wahren seligmachenden Glauben, jede blose Verstands-Wahrheit wird nun lebendige, fruchtbringende Erkenntniß, und diese Erkenntniß nimmt zu in dem Verhältniß, wie die Heiligung wächst. Hieher gehört nun auch der Spruch, 1 Joh. 2, v. 27. Die Salbung, die Ihr von ihm empfangen habt, wird euch alles lehren, u. s. w.

Wenn Sie von der Geschichte und dem Gang der protestantischen [15]) Kirchen die gehörige Kenntniß hätten — und das wäre doch wohl nöthig gewesen, ehe Sie es wagten, öffentlich gegen sie zu schreiben — so würden Sie wissen, daß es in Schottland, England, Holland, Friesland, zu Halle in Sachsen, in Basel und in der mährischen Brüdergemeine, die man mit Unrecht Herrnhuter nennt, sehr wichtige und sehr gesegnete Missions-Anstalten gibt, wodurch das Evangelium von Jesu Christo in allen Welttheilen mit großem Segen ausgebreitet wird, während dem die römische Kirche, so viel mir bekannt ist, still sitzt und nichts für die armen Heiden thut. Diese unsre, ins Große gehende Missionen beweisen denn doch unwidersprechlich, daß wir nicht so wahnsinnig sind, die buchstäbliche Erkenntniß und historische Belehrung unmittelbar vom heiligen Geist zu erwarten. Wir wissen den Ausspruch Pauli Röm. 10. v. 14. Wie sollen sie anrufen, an den sie nicht glauben? Wie sollen sie dem glauben, von dem sie nichts gehört haben? und wie können sie hören ohne Prediger? recht wohl zu würdigen und zu befolgen. Jetzt, mein Lieber! ist alles, was Sie bis S. 81. sagen, gänzlich berichtigt und ihre falsche Ansicht gezeigt.

Jetzt wollen Sie nun zeigen, wo dies öffentliche, ausschließliche Lehr- und Hirtenamt bestehe? — und setzen darinnen einen Werth, daß sich die römischen Bischöfe vom gegenwärtigen Pabst an, die ganze Reihe hinauf, durch alle Jahrhunderte hindurch an die Apostel anschließen; aber ich bitte Sie, lieber Bruder! beweist das etwas für Sie und die römische Kirche? — hatte die jüdische Kirche nicht die allerunbestrittendste Succession ihrer Hohepriester und des ganzen Priesterstands, nicht allein in Ansehung des Amts, sondern auch des Geschlechts? Alle stammten von Aaron her; aber was bezeugt Christus von diesem Geschlecht und von der gänzlich verdorbenen und ausgearteten jüdischen Kirche? Was aus ihr geworden ist, das sehen wir täglich vor Augen; die Juden sind die lebendige Zeugen ihres Verfalls und namenlosen Unglücks. Die Succession der römischen Bischöfe beweist also gar nicht, daß Ihre Kirche die allein wahre sey und den einzigen wahren Lehrkörper enthalte. Die apostolische Succession beruht also blos auf dem nämlichen Geist, auf dem nämlichen Glauben und auf den nämlichen Gesinnungen in Lehre, Leben und Wandel.

Sie bemerken auch hin und wieder, die griechische Kirche habe sich von der römischen getrennt — hierauf kommt zwar nichts an, allein es ist doch historisch unrichtig, denn die morgenländischen Bischöfe insgesammt, also die gesammte griechische Kirche, erkannte niemals das Primat des römischen Bischofs, dies entstand erst im Anfang des siebenten Jahrhunderts durch Veranlassung politischer Umstände. Die Geschichte bezeugt das unwidersprechlich. Man lese des Abbé de Vertot Tractat vom Ursprung der weltlichen Macht der Päbste und unzählige andere Schriften mehr; vorzüglich aber empfehle ich hier Plancks Geschichte der christlichen, kirchlichen Gesellschafts-Verfassung, 1ter Band, Hannover, bei den Gebrüdern Hahn 1803. S. 634 u. f. Historisch wahr ist, daß sich die römischen Bischöfe von der griechischen Kirche getrennt haben; doch das beweist nichts gegen sie.

Was aber die so gerühmte Einigkeit der Lehre in der römischen Kirche und die Spaltungen in der protestantischen betrifft, so habe ich mich schon oben darüber erklärt; indessen, da Sie hier die Sache näher entwickeln, so muß ich Ihnen wohl Schritt vor Schritt folgen: Sie sagen mit Recht, die Entstehung ungleicher Meynungen seyen nicht zu verhindern, sie müßten aber in der Lehre Jesu durch ein Endurtheil entschieden werden. Dies Endurtheil müßte untrüglich wahr seyn. Dies untrüglich wahre Endurtheil müßte hörbar ausgesprochen und von den streitenden Partheien als untrüglich wahr anerkannt werden, u. s. w.

Dies alles bekräftigen wir Protestanten mit Ja und Amen. Nun fahren Sie aber fort und sagen: Ein solchergestalt entscheidender Richter kann die Bibel nicht seyn; denn man kann schon über sehr wichtige Sachen streiten, die gar nicht in der Bibel stehen. — Lieber Bruder Sulzer! zeigen Sie mir doch eine einzige wichtige, zu den Heils-Wahrheiten gehören sollende Sache, die nicht in der Bibel steht, und ich will Ihnen augenblicklich beweisen, daß sie entweder nicht dazu gehörte oder daß sie wirklich darinnen steht. Ferner sagen Sie: Streitet man über den Sinn vieler wichtigen Bibelstellen, so wäre es lächerlich — Behüte Gott! lächerlich? — die Worte, über deren Sinn gestritten wird, zum Richter selbst zu machen. Antw. In solchen Fällen macht man nicht die schwierige Stelle zum Richter, sondern man zieht die Parallel-Stellen zu Rath, welche immer hell und klar entscheiden, wenn anders nicht Eigensinn, Rechthaberei und Vorurtheil die Augen blenden, und dies ist in keiner Kirche zu verhüten. Ich frage Sie ferner: wie und womit wollen Sie die Unfehlbarkeit Ihrer Kirche in Glaubenssachen beweisen, wenn Sie nicht die Bibel zum obersten Richter aller Ihrer Glaubenslehren annehmen? denn Niemand ist verpflichtet, ihr aufs blose Wort zu glauben; die apostolische Succession Ihrer Bischöfe beweist nichts; und die Fortleitung des heiligen Geistes, durch unheilige Bischöfe und Priester, habe ich schon gründlich widerlegt; Sie können sie in Ewigkeit nicht beweisen.

Sie behaupten ferner: die Vernunft könne ebenfalls der Richter nicht seyn, besonders in Glaubenslehren, die positiv geoffenbaret sind. Sagen Sie lieber so: die Vernunft kann in von Gott geoffenbarten Wahrheiten nicht Gesetzgeber seyn; aber nach den gegebenen Gesetzen urtheilen und richten, erkennen, was übervernünftig, vernünftig und unvernünftig ist, das kann und das muß sie, ohne das wären wir Menschen ja unvernünftige Thiere. Nun sagen Sie aber, sie könne auch über den wahren Sinn der geoffenbarten Worte Gottes nicht beruhigend urtheilen, denn im Fall der verschiedenen Auslegungen würde jeder sagen, er habe den heiligen Geist; und keiner könne es doch beweisen. Sagen Sie mir doch, lieber Bruder! Ist die päbstliche, bischöfliche und priesterliche Vernunft nicht auch menschliche Vernunft — gesetzt auch, aber durchaus nicht zugegeben, der heilige Geist ruhe in und auf allen diesen geistlichen Personen, sie mögen fromm oder gottlos leben; wenn nun ein solcher Mann einen Text erklärt, so sagen Sie mir um Gottes und der Wahrheit willen, wie können Sie da gewiß seyn, ob die Erklärung vom heiligen Geist oder von seiner eigenen Vernunft ist? — es wäre doch, wahrlich! baarer Unsinn, behaupten zu wollen, ein solcher Mensch würde in dem Augenblick unfehlbar, sobald er von religiösen Materien anfinge zu reden. Sagen Sie aber, die Kirche habe die ganze Bibel erklärt und über alle schwierige Stellen entschieden, so wären's doch wieder Menschen, die dies thäten, von denen wieder das nämliche gilt.

Die biblische Auslegungskunst ist kein unermeßliches Studium; jeder gesunde Menschenverstand versteht, was er liest, und jeder hat immer Gelegenheit, bei schwierigen Stellen sich bei seinem Religionslehrer Raths zu erholen. Daß die Auslegungsregeln oder Kunst, wie Sie es nennen, auch nicht Richter seyn können, das versteht sich von selbst.

Sie fahren fort und sagen S. 88. Lit. h. Jeder könne

vorgeben, er habe den heiligen Geist, und seine Erklärung sey die wahre u. s. w. Der Eine könne diesem Bibelbuch den Vorzug geben, der Andere jenem, u. s. w. Lieber Sulzer! das Alles trifft uns Protestanten gar nicht. Die Bibel ist unser Glaubensrichter; alle wahre ächte protestantische Theologen und wahre Christen sind sich in den Wahrheiten, die zur Seligkeit nöthig sind, vollkommen einig. Ich berufe mich hier auf alle ascetische und praktisch christliche Schriftsteller beider protestantischer Kirchen. Wenn Sie diese aber ohne Vorurtheil gelesen hätten, so würden Sie anders urtheilen. Schwärmer und Irrende, deren sich in ihrer Kirche auch die Menge zeigen würden, wenn sie den hierarchischen Bann nicht fürchteten, gehen uns nichts an, denn sie gehören nicht zur eigentlichen protestantischen Kirche; diese hat ihre auf die heilige Schrift gegründete Symbolen; wer davon abweicht, der gehört nicht mehr zu ihr, er mag sich absondern oder nicht.

Sie sagen, Luther hätte den Brief Jakobi verworfen; das nicht, mein Lieber! er zweifelt an seiner canonischen Würde, indessen haben ihn die Theologen seiner Kirche längst widerlegt. Luther war bei allen seinen großen Verdiensten doch ein Mensch, und es ist noch Niemand eingefallen, ihn für unfehlbar zu erklären. Ferner sagen Sie:

Und lieber Freund! Vergiß nicht so mancher Schwärmer aus den niedrigsten Ständen, welche sich's nicht nehmen ließen, sie hätten den heiligen Geist im Leibe, und jetzt Lehren predigten und Gräuelthaten ausübten, vor denen die gesunde Menschenvernunft zurückbebt. Beharrest du jedoch auf deiner Einbildung, du hättest den Geist Gottes, da du es nicht beweisen kannst, so beweiset dies den hohen Grad deiner Krankheit. Wir fragen indessen nach *einem allgemein brauchbaren öffentlichen*, nicht für dich und *mich*, sondern für das ganze Menschengeschlecht *untrüglichen* Richter in Glaubensstreitigkeiten. Lieber Gott! Bruder Sulzer! wie hoch prüfen Sie meine Geduld! — Wo hat denn jemals die protestantische Kirche solche selbstsüchtige Schwärmerei gebilligt und ihre

Gräuelthaten gut geheißen? Was gehen sie solche wilde Auswüchse der Verirrung an? — daß wir sie nicht mit Feuer und Schwert verfolgen, das haben wir von unserm Erlöser gelernt. Aber nehmen Sie mir nicht übel, mein Lieber! wenn ich mich der nämlichen Freimüthigkeit bediene, die Sie sich gegen mich erlauben [16]). Schickten nicht die Päbste Millionen Schwärmer nach dem Orient, um Palästina zu erobern, und begingen sie nicht Gräuelthaten, vor denen die Natur zurückbebt? — war dies nicht der nämliche Fall mit den Waldensern? — hat nicht der Inquisitor Conrad von Marburg unter dem Schutz der römischen Kirche auf den Ketzerbach zu Marburg, die noch daher den Namen hat, eine Menge guter und frommer Menschen lebendig verbrennen lassen? Haben die sogenannte heilige Inquisitionen in Rom, in Spanien, Portugal, u. s. w. nicht Gräuelthaten ausgeübt, die keine Zunge ohne Entsetzen aussprechen kann? — Haben nicht die Mönche Samson, Tetzel u. a. m. die Vergebung vergangener und zukünftiger Sünden für Geld verschachert? war das nicht gräulich und abscheulich? und das Alles auf Befehl der heiligen unfehlbaren römischen Kirche!!! — Hiemit können keine einzelne Schwärmer, an denen die protestantische Kirche nie Theil nahm und sie nie schützte, verglichen werden. Ich weiß wohl, daß nicht alle Päbste und nicht die ganze Kirche solche Grausamkeiten gebilligt haben, billigen und billigen werden. Aber daß Sie nun, mein lieber Bruder! einen apostolischen Hirtenkörper und Unfehlbarkeit in dieser Kirche statuiren, daß Sie behaupten, diese Kirche sey von Anfang an bis daher in Sachen der Religion vom heiligen Geist regiert worden, der also — großer Gott! — ich kann die Lästerung kaum aussprechen, alle solche Gräuelthaten jenen Werkzeugen inspirirt hat, das ist arg; und bei allen diesen sonnenklaren Wahrheiten gehen Sie mit uns Protestanten um, wie ein frommer Dorfpfarrer, wenn er auf seiner Kanzel steht, die armen ungelehrten Bauern da vor sich sieht, ihm dann vor Erbarmen und Mitleiden die Augen übergehen und er ihnen mit den wärmsten, liebevollsten Deklamationen ihre Unarten vorhält.

Auf der 92sten Seite gegen das Ende gedenken Sie des Unterschieds zwischen Lutheranern, Reformirten, Wiedertäufern, u. s. w. Es wird sich im Verfolg Gelegenheit finden, davon zu reden.

Endlich geben Sie uns noch eine sehr derbe Lection über unsere Begriffe vom wahren Glauben an Jesum Christum; Sie sagen: Es ist eine meiner wichtigsten Bitten in diesem ganzen Buch an alle meine protestantische Brüder, sie wollen doch die Augen öffnen, um zu sehen, wie sehr sie sich selbst mit dem Ausdruck: wahrer Glaube an Jesum Christum, täuschen! O meine Brüder! es ist gefährlich, gewisse heilige Worte auszusprechen, dabei fromme Gefühle zu erwecken, diese für ein Zeugniß des heiligen Geistes zu halten und so sich selbst zu beruhigen, ohne daß man deutliche und gründliche Begriffe mit den Worten verbindet. Lieber Sulzer! wie hoch sehen Sie auf uns Protestanten herab! — Wer sich dünken läßt, er stehe, der sehe wohl zu, daß er nicht falle.

Bei Ihrer Beschreibung des Glaubens, S. 94. 95 und 96., habe ich nichts Wesentliches zu erinnern, aber was Sie hernach daraus schließen, ist unrichtig.

Das uralte apostolische Glaubensbekenntniß: Ich glaube an Gott Vater, u. s. w., welches von allen christlichen Religionspartheien angenommen wird, enthält den Grund des christlichen Glaubens und zugleich auch den Hauptinhalt aller in der heiligen Schrift enthaltenen Religions-Wahrheiten. Wer das blos mit dem Verstand für wahr hält, der hat nur den historischen Glauben, der aber zur Seligkeit nicht hinreichend ist. Der wahre seligmachende Glaube in Jesum Christum setzt jenen voraus, hernach aber erfordert er, daß man sich ganz und auf ewig an ihn hingibt, alle seine und seiner Apostel Lehren mit höchstem Fleiß zu befolgen und ihm immer ähnlicher zu werden betrachtet, zu dem Ende aber beständig mit Wachen und Beten vor Ihm wandelt, und Ihn um Mittheilung seines heiligen Geistes anfleht, und nun in dem allen bis in den Tod getreu beharrt. Unter diesen Bedingungen ist man dann aus Gnaden, nicht um seiner guten Werke, sondern um seiner innern christlichen Gesinnungen, um seines Glaubens willen, der ewigen Seligkeit gewiß. Dieser Glaube äussert sich nun in den Früchten des heiligen Geistes. Galat. 5. V. 22. Wo sich diese finden, da ist der wahre seligmachende Glaube, die Sekte mag heißen, wie sie will. Die erste christliche Kirche hatte keinen andern seligmachenden Glauben, und keine andere Sakramente als Taufe und Abendmahl, dadurch wurden ihre Heiligen selig; mithin ist Alles, was die Kirchen noch hinzugethan haben, unnöthig zur Seligkeit, wenn die römische Kirche nicht unfehlbar ist! Das wollen wir nun nächstens untersuchen. Mit treuer Liebe der Ihrige

Jung Stilling.

Antwort auf den sechsten Brief.

Der die Vertheidigung der römischen Kirche, und erstlich ihrer Unfehlbarkeit enthält.

Mein theurer und innig geliebter Bruder!

Dieser Brief nebst den folgenden soll nicht eine Vertheidigung aller Lehrsätze Ihrer Kirche, sondern nur derer enthalten, gegen welche theils Ich, theils Lavater, theils auch andere protestantische Freunde Einwendungen gemacht haben. Zu dem Ende suchen Sie nun hier den Ersten, nämlich daß in den ersten Jahrhunderten die christliche Kirche noch die reine Lehre Jesu gelehrt habe; dann aber sey diese Reinheit bei ihr je länger je mehr verfälscht worden, und das Licht der Wahrheit sey bis auf die große Wiederherstellung derselben im sechszehenten Jahrhundert beinahe ganz verfinstert gewesen, zu entkräften, Sie sagen, wir könnten uns diesen Einwurf aus dem, was Sie in den zwei vorigen Briefen festzusetzen getrachtet hätten, selbst beantworten. Verzeihen Sie, lieber Bruder! das können wir, nach dem was ich darauf geantwortet habe, ganz und gar nicht; Sie müssen uns wahrlich noch ganz andere Gründe entgegen stellen, wenn wir jenen Satz, der durch die Kirchengeschichte authentisch bewiesen ist, zurücknehmen sollen. Sie berufen sich immer auf eine allgemeine Anstalt, auf einen von dem Herrn Jesu errichteten Lehrkörper, durch welchen die Heilswahrheiten rein und vollständig von den Aposteln an bis zum Ende der Zeiten allen Menschen sollen mitgetheilt und erhalten werden, und dieser Lehrkörper sey die römische Kirche, die deswegen auch unfehlbar seyn müsse.

Lieber Sulzer! was helfen hier Klagen, Bedauerungen, Warnungen und grundlose Behauptungen? beweisen müssen Sie! geben Sie Gott und der Wahrheit die Ehre, und beherzigen Sie folgende unzweifelbare Wahrheiten:

Im ganzen neuen Testament steht keine einzige Stelle, aus welcher bewiesen werden kann, daß Christus und die Apostel einen einzigen politisch-hierarchischen Lehrkörper, der unter einem einzigen allgemeinen Bischof, einem Statthalter Christi, stehen sollte, jemals haben errichten wollen. Die Stellen Matth. 16. v. 17. 18. und 19., und Joh. 21. v. 15—17. beziehen sich ja sichtbar nur auf die Person Petri; er war der Fels, auf den der Herr zu Jerusalem seine Kirche gründete, wie ich in einem der vorigen Briefe schon bemerkt habe: und was den zweiten Spruch unsers auferstandenen Erlösers Joh. 21. v. 15—17. betrifft, so bezieht sich dieser sichtbar auf die dreimalige Verläugnung Petri, darum fragt ihn Jesus auch dreimal, hast du mich lieb, und als er das herzlich bejahte, so empfahl ihm der Herr das Weiden seiner Schafe und seiner Lämmer, welches er auch redlich gethan hat. Wenn die römischen Bischöfe in späteren Jahrhunderten diese Stellen auf sich angewendet haben, so beweist das noch lange nicht, daß das auch der Sinn Christi gewesen sey. Wenigstens waren alle übrigen Bischöfe nicht der Meynung.

Daß auch die ganze christliche Kirche in den ersten Jahrhunderten [17]) einen solchen einzigen Statthalter Christi und unter ihm stehenden allgemeinen unfehlbaren Lehrkörper nicht kannte, nicht verlangte, auch nicht statuirte und statuiren konnte; das ist ja so notorisch richtig, daß gar keine Einwendung dagegen statt findet: was die römische Kirche dagegen einwendet, das kann hier nicht gelten; denn in eigener Sache nimmt man kein Zeugniß an. Der Vorzug des römischen Bischofs hatte eine ganz andere und ganz natürliche Ursache: Rom war damals die größte, glänzendste und berühmteste Residenz der Beherrscher der ganzen kultivirten Welt; Paulus hatte daselbst eine große und blühende Gemeinde gestiftet, daß also auch ihr Bischof vor allen andern ein vorzügliches Ansehen haben mußte, das ist begreiflich. Zudem waren alle christliche Gemeinden, die damals existirten, Unterthanen des römischen Kaisers; in allem, was das Irdische betraf, waren Sie von ihm und seinen Statthaltern und Unterobrigkeiten abhängig, und da ihre Religion neu und der heidnischen ganz entgegengesetzt war, so bedurften sie eines Schutzpatrons in Rom, und dazu schickte sich niemand besser, als der römische Bischof, vorab, wenn er ein weiser und kluger Mann war. Daher finden wir auch oft Spuren, daß sich die asiatischen und afrikanischen Bischöfe an ihn wendeten und sich Raths bei ihm erholten; auch mochten sie ihn nicht gern beleidigen, weil er ihnen leichter als jeder Anderer schaden konnte; wenn sie ihn also höchstens für den Ersten unter ihres Gleichen erkannten, so waren sie doch weit davon entfernt, ihn für den einzigen allgemeinen Bischof und Statthalter Christi zu erkennen, oder ihm und seiner Kirche die Unfehlbarkeit zuzuschreiben; denn wir finden Beispiele genug, wo sie ihm derb widersprochen haben. Und unter diesen Bischöfen sind viele, die in der römischen Kirche als Heilige verehrt werden. Ich setze also folgenden Schluß fest:

Da in der heiligen Schrift keine einzige Stelle enthalten ist, aus welcher behauptet werden kann, daß Christus und seine Apostel die Errichtung einer äussern politisch-hierarchischen Kirchen-Verfassung und damit verbundenen Lehrkörpers unter der Leitung eines einzigen allgemeinen Bischofs oder Statthalters Christi nur gewünscht, geschweige befohlen haben, und da auch die ersten christlichen Bischöfe und Gemeinden Jahrhunderte durch den römischen Bischof und seiner Kirche diesen Vorzug keineswegs zugestanden haben, so ist die Anmaßung der römischen Kirche, die Einzige unfehlbare wahre Kirche Christi zu seyn, durchaus ungegründet, denn niemand kann Zeuge und Richter in seiner eigenen Sache seyn.

Christus und seine Apostel wußten sehr wohl, daß im gegenwärtigen, von Grund aus verdorbenen Zustand der Menschheit, in welchem auch keiner der Heiligsten ohne Tadel ist, unmöglich eine solche reine Kirche und unfehlbare Lehranstalt gestiftet werden könnte. Sie lehrten also die Heilslehre zur Seligkeit, und überließen nun dem heiligen Geist und dem in den Evangelien und Briefen der Apostel geschriebenen Wort Gottes die Leitung der christlichen Religion. Auch das wußten sie, daß sich die Christen in Gesellschaften und Gemeinden bilden müßten, wozu auch die Apostel schon durch Anordnung der Presbyter, Bischöfe und Diakonen den Grund legten; und sie konnten auch leicht denken, daß durch den Anwachs der Gemeinden noch mehrere Anstalten getroffen werden würden, die sie aber alle der christlichen Nachkommenschaft zur Anordnung überließen. Hiezu kam nun noch die allgemeine Erfahrung, daß wahrhaft christliche Eltern ihren Kindern zwar die Erkenntniß der Heilslehre, aber nicht den Willen zur Befolgung mittheilen können, und daß sich auch viele zum Christenthum wenden würden, ohne deswegen wahre Christen zu werden. Woher dann natürlich bei größerem Anwachs, Vergrößerung und Vervielfältigung der Gemeinden Eine äussere Namchristen-Kirche entstehen müsse, die aus allerhand, in der verdorbenen menschlichen Natur gegründeten Ursachen, in verschiedene Partheien übergehen würde, deren jede die beste seyn wollte. Ich sage, das Alles sahen und wußten Christus und die Apostel vorher; das ließ sich aber nach den Gesetzen der Theokratie, die den freien Willen des Menschen nie zu seinem Heil zwingt, nicht ändern. Genug, der heilige Geist und das Wort Gottes schaltet und waltet in allen diesen Partheien von Anfang an bis daher, und wer beiden folgt, der wird ein wahrer Christ und gehört zur eigentlichen wahren Gemeinde des Herrn, die Er dereinst sammeln und in ihres Herrn Freude führen wird.

Dieses, mein Lieber! mußte vorher auseinander gesetzt werden, ehe ich weiter gehen und Ihnen zeigen konnte, daß die Lehre Jesu durch alle Jahrhunderte herab immer mehr und mehr verfälscht worden sey.

Sobald die erste apostolische Kirche oder Gemeinde nach und nach dahin ausartete, daß sie nicht mehr aus lauter wahren Christen bestund, sich auch weit und breit ausdehnte und Gelehrte und Ungelehrte, Vornehme und Geringe in ihren Schooß aufnahm, so wuchs auch das Ansehen der Bischöfe, und mit ihnen des gesammten Cleri; dieß wurde nun noch durch andere Umstände bestärkt: Die ersten Christen hatten eigentlich keinen sogenannten Cultus [18]): sie kamen täglich zusammen, lasen die Evangelien und Episteln, suchten das, was sie lasen, in ihrem Leben und Wandel auszuüben, und genoßen dann das Abendmahl nach der Vorschrift des Herrn zu seinem und seiner Leiden Gedächtniß, so wie Er es am letzten Abend seines Lebens befohlen hatte; da war noch von keiner Messe, von keiner Hostie und von keiner Verwandlung des Brods in den Leib und das Blut Christi die Rede. Nun waren aber alle Neubekehrten entweder Juden oder Heiden; beide waren an einen äussern glänzenden, aus vielen Cerimonien bestehenden Cultus und an prächtige Tempel gewöhnt; die Bischöfe, Presbyter und Diakonen fingen ohnehin schon an, sich nicht mehr mit dem Gottesdienst im Geist und in der Wahrheit zu begnügen, das aaronitische und levitische, desgleichen auch das heidnische Priesterthum glänzte ihnen in die Augen; zugleich urtheilte man mit Recht, die christliche Religion würde mehr Zuwachs bekommen, wenn sie mit einem prächtigen äussern Cultus versehen würde, und die heidnische Obrigkeiten würden sie dann auch eher dulden. Sie glaubten auch, sich hierdurch nicht zu versündigen, wenn nur alles Aeussere mit dem innern wahren Christenthum in einen schicklichen Rapport gesetzt würde; wo man Vermögen und Freiheit dazu fand, da baute man Tempel oder Kirchen, versahe sie mit Altären, und da man keine Thiere mehr opfern durfte, so schmückte man das heilige Abendmahl mit mancherlei geheimnißvollen Gebräuchen, brachte es auf den Altar, und machte es zu einem Opferdienst, und so entstund nach und nach die Messe, welche endlich im sechsten Jahrhundert, durch den römischen Bischof Gregorius den Großen, ihren ordentlichen Canon bekam. Man fing nun auch an zu räuchern; nach dem Beispiel des jüdischen Priesterthums ein heiliges Salböl zu machen, und es bei Taufen und bei andern Gelegenheiten zu gebrauchen; was aber am Anstößigsten war, bestund darinnen, daß man nun anstatt der heidnischen Götter, die Bilder unsers Herrn, der heiligen Jungfrau Maria, der Apostel, der apostolischen Männer und Märtyrer in den Kirchen aufstellte, vor ihnen Lichter anzündete, und diejenigen, die sie vorstellen sollten, knieend verehrte und adorirte. Die ersten Christen kamen an den Gedächtnißtagen der Heiligen zusammen, erinnerten sich ihrer in Liebe, und ermunterten sich untereinander zur seligen Nachfolge; aber an eine solche abgöttische, dem Heidenthum so ähnliche Verehrung dachten sie nicht.

Dieß Alles nahm nun noch weit mehr zu, als unter den christlichen Kaisern die christliche Religion die herrschende wurde; der geistliche Stand bildete sich immer mehr aus: es gab mit der Zeit Patriarchen, Erzbischöfe, Bischöfe, Archidiakonen, Diakonen, Akoluthen, Oekonome, u. s. w., die alle ihren Rang im Staat hatten, den weder Christus noch die Apostel verlangten: denn sein Reich war nicht von dieser Welt.

Während den Verfolgungen war auch das Einsiedlerleben emporgekommen [19]); in diesem hatten sich wirklich viele heilige Seelen gebildet. Dieß lockte zur Nacheiferung, und da es nun keine Verfolgung von der Obrigkeit mehr gab, so verfolgte man sich selbst, man schloß sich ein, lebte streng und ehelos, nach gewissen Regeln, und so entstanden Klöster und in denselben Mönche und Nonnen. Durch die Heiligkeit dieser Asceten bewogen, fingen nun die Bischöfe an, das ehelose Leben der Geistlichen immer ernster und strenger zu empfehlen; sie hatten aber auch noch eine geheime Absicht dabei; die ehelosen Geistlichen waren mehr vom Laienstand entfernt, als diejenigen, welche Frau und Kinder hatten, sie hatten ein heiligeres Ansehen, und wurden vom Volk vorzüglich geehrt.

Diese Ausartung der christlichen Kirche war in allen Gemeinden, keine einzige ausgenommen, eingeschlichen; allenthalben hatte nun der äussere glänzende und cerimonienreiche Cultus den reinen einfältigen Gottesdienst der ersten Christen im Geist und in der Wahrheit verdrängt, und doch gab es immer noch verschiedene, und unter den sogenannten Ketzern gewiß auch noch viele, die nebst dem öffentlichen Gottesdienst auch den wahren innern nicht verabsäumten. Indessen finden wir doch, daß auch den heiligsten Männern der äussere Cultus sehr am Herzen lag. Gregorius der Erste, oder der Große, Bischof zu Rom, war gewiß ein edler vortrefflicher Mann, und doch setzte er in den äussern Cultus einen großen Werth, ungeachtet er gewiß dem innern Gottesdienst im Geist und in der Wahrheit sehr nachtheilig ist, sobald man ihn zu einem wesentlichen Theil des Christenthums, als nothwendig zur Seligkeit, erklärt. Wenn wir nun die unpartheiische, untrüglich wahre Geschichte der christlichen Kirche durch alle Jahrhunderte herab, mit vorurtheilsfreiem Gemüth betrachten, so finden wir einen immer zunehmenden Stolz, eine unbändige Herrschsucht, Geiz und Habsucht bei der höhern Geistlichkeit; die Patriarchen, Erzbischöfe, Bischöfe, u. s. w., sind immer im Streit miteinander, sie verketzern sich wechselseitig und sprechen den Bann übereinander aus; sie leben lasterhaft, und wenige ausgenommen, findet man in ihrem ganzen Leben und Betragen keine Spur mehr von der Nachfolge Christi und seiner Apostel. Das Volk aber hielt sich an den äussern, dem Jüdischen und Heidnischen so ähnlichen

Cultus, und lebte dann, wie von jeher, in seinem trägen, üppigen und lasterhaften Leben fort, bis endlich der Herr, des Gräuels müde, die türkisch-muhammedanische Geißel über die morgenländische Kirche schwang, und sie in den Staub stürzte.

An diesem schauervollen Exempel hat sich die abendländische römische Kirche nicht gespiegelt, sondern sie hat den äussern Cultus noch vermehrt, hat ihren Bischof zum allgemeinen Bischof der ganzen Christenheit, zum Statthalter Christi erklärt, der sich nun über alle irdische Majestät erhob, Kaiser und Könige ab- und einsetzte, und also gerade dem Sinn Christi entgegen ein Reich von dieser Welt errichtete. Lieber Bruder Sulzer! ich bitte Sie inständig, verschließen Sie doch die Augen nicht vor der gränzenlosen Unwissenheit, Lasterhaftigkeit, Stolz und Tyrannei der römischen Geistlichkeit bis zum sechzehnten Jahrhundert herab, wo endlich der gotteslästerliche Ablaßhandel vielen die Augen öffnete und darüber die Reformation begann. Und diese Kirche soll noch immer die von Christo und den Aposteln gestiftete wahre unfehlbare Lehrer-Kirche seyn und ihre Lehre und Cultus allein zur Seligkeit führen!

Ist nun mein Satz nicht wahr, daß die Kirche je länger je mehr von der Wahrheit abgekommen, und bis zur Reformation immer tiefer gesunken ist? Ist ihre Lehre von der Taufe und vom Abendmahl noch unverfälscht die nämliche, wie sie Christus und die Apostel festgesetzt haben? — wird Gott in Christo, dieser allein Anbetungswürdige, noch allein verehrt und angebetet? — was sagte dort, Apoc. 22. v. 8. 9., der Engel zu Johannes, als er niederfiel und vor Ihm anbeten wollte? Siehe zu! thue es nicht, denn ich bin dein Mitknecht, u. s. w. Und in der römischen Kirche adorirt man heilige Menschen, die doch noch immer Sünder waren, und blos durch das Verdienst Christi, nicht durch ihre guten Werke selig geworden sind. Ja, man geht noch weiter: man fleht zu wunderthätigen Bildern, man wallfahrtet zu ihnen, man trägt solche Bilder, eben so wie die Heiden ihre Götzen, in Prozessionen umher, u. s. w. Wo hat die erste apostolische Kirche an die Ohrenbeicht gedacht? bei ihr kam es blos darauf an, ob der Sünder wahre Reue bezeugte und von Herzen versprach, sein Leben zu bessern; fand man das, so absolvirte man ihn, aber man gab ihm nicht eine gewisse Anzahl Muttergottes-Grüße und Vaterunser auf, die er am Rosenkranz daherbeten, oder sonst irgend eine Wallfahrt, nach einem sogenannten Gnadenbild oder heiligen Ort verrichten, und da Ablaß holen sollte, wobei gewöhnlich das Herz sündhaft bleibt und nicht gebessert wird. Ich mag nicht alle Mängel und Gebrechen aufdecken, mein lieber Bruder! sondern ich wollte nur zeigen, daß wir nicht irren, wenn wir sagen, die römische Kirche sey bis auf die Reformation immer tiefer herabgesunken, und kein hellsehender Katholik wird es läugnen, daß ihre Kirche selbst seit der Reformation in Lehre und Leben gewonnen habe. Wie können Sie nun im Anblick dieser sonnenhellen Wahrheit sagen, daß Ihre Kirche die Heilswahrheiten bis daher rein und unverfälscht erhalten und mitgetheilt habe, und daß es Lästerung des Sohns Gottes und des heiligen Geistes sey, das Gegentheil zu behaupten. Großer Gott! was soll man dazu sagen?

Auf der 102ten und 108ten Seite beschuldigen Sie uns Protestanten eines Cirkels im Schließen, und zwar auf eine ziemlich spöttische Art: Sie haben nämlich protestantische Gelehrte gefragt, wie es gekommen sey, daß die römische Lehrer-Kirche angefangen habe, Irrlehren vorzutragen? — und darauf zur Antwort erhalten: das sey daher gekommen, weil der Geist des Herrn von ihnen gewichen sey. Sie fragten weiter: Warum denn dieser Geist von ihnen gewichen sey? — die Antwort war: Die Kirche habe sich dessen unwürdig gemacht, weil sie das reine Wort Gottes verlassen und die Lehre Jesu und der Apostel mit Menschensatzungen und allerlei Gebräuchen verfälscht habe. Diese ganz richtige Antwort soll nun einen Cirkel im Schließen enthalten, denn Sie folgern daraus: dann wäre die Kirche auf Irrlehren verfallen, weil der Geist Gottes sie verließ, und dieser verließ sie, weil sie auf Irrlehren verfiel — das ist aber, mit Ihrer Erlaubniß, ein jesuitisches Sophisma:

— Wenn ein Lehrer den heiligen Geist hat und das Wort der Wahrheit richtig lehrt, nun aber anfängt zu vernünfteln, oder auch aus Politik und weltlichen Absichten dieses und jenes vom Wort der Wahrheit wegläßt und etwas anderes hinzusetzt, so zieht sich der heilige Geist in dem Verhältniß zurück, wie sich der eigene Geist hineinmischt; wenn nun diesem durch die göttliche Gnade nicht Einhalt geschieht, so weicht jener endlich ganz. Der heilige Geist zwingt niemand, sondern er läßt jedem seinen freien Willen. In diesem Sinn antworteten Ihnen jene protestantische Freunde; und hätten Sie ihnen den vermeynten logischen Cirkel gezeigt, so würden sie sich wohl heraus geholfen haben.

Das, was ihnen ein anderer Freund sagte: nämlich der heilige Geist sey darum von der Kirche gewichen, weil ihre Lehrer aufgehört hätten, Nachfolger der Apostel im Leben und Wandel zu seyn, ist ganz richtig, dieß kam zu Obigem noch hinzu. Sie behaupten, Sie hätten gezeigt oder bewiesen, daß ein heiliges Leben nicht die Bedingung sey, von welcher der Herr Jesus das rechtmäßige Ansehen und den Beistand seines Geistes im Lehramt wollte abhängig machen. Bewiesen haben Sie das nicht, lieber Sulzer! darauf habe ich im vorigen Brief zur Genüge geantwortet. Diese Behauptung ist schrecklich. Was kann und was darf dann die Kirche nicht alles lehren, wenn sie glaubt, daß Alles, was sie lehre, vom heiligen Geist sey? Ach Gott! hier spricht die traurige Erfahrung so vieler Jahrhunderte für mich! — und Sie können auf der 104ten Seite uns Protestanten noch der Unwissenheit beschuldigen, wenn wir nicht zugeben können, daß es immer so ordentlich in Ihrer Kirche zugegangen sey. Nun machen Sie wieder einen Schluß, der an keinem Probierstein Stich hält. Sie argumentiren so: Es gab von jeher, besonders in den mittlern Zeiten, Päbste und Bischöfe, die unapostolisch lebten, dann gab es aber auch in allen Jahrhunderten eine Menge kirchlicher Hirten, deren Lehre und Leben, so viel es die menschliche Schwachheit zuläßt, im schönsten Einklang waren. Sie fahren fort: Nun sehet, lieben Brüder! die Lehre und der Glaube dieser apostolisch lebenden Oberhirten war überall immer derselbe. — Behüte der Himmel, lieber Sulzer! wie können Sie doch solche durchaus unwahre Sachen behaupten; dieß habe ich im Vorhergehenden aus der authentischen Kirchengeschichte ganz anders gezeigt, aber wenn es auch wahr wäre, was Sie sagen, so ist doch Ihr Schluß ganz unrichtig, der nun so lautet: Entweder war nun beider, nämlich der nicht apostolisch und wirklich apostolischen Oberhirten, Lehre und Glaube irrig oder nicht: sagt Ihr das Erste, so sichert ein apostolisches Leben nicht vor Irrthum; sagt Ihr das Zweite, so schadet ein unapostolisches Leben nicht der Wahrheit im Lehren. Was wollet Ihr jetzt sagen? Lieber Sulzer! was ich jetzt sagen könnte, das übergehe ich mit Liebe, Bescheidenheit und Schonung; aber bemerken Sie noch folgendes: daß ein apostolisches Leben nicht gegen Irrthum sichert, das habe ich oben durch die Beispiele Petri und Pauli bewiesen; man kann mit dem wahren Glauben an Christum vielerlei Irrthümer verbinden, die deswegen an der Seligkeit nicht hindern, wenn sie anders nicht Irrthümer des Willens sind; und ebenso kann auch ein nichtapostolisch lebender Lehrer die Lehren seiner Kirche, Wahrheit oder Irrthum, oder beides miteinander, buchstäblich fortpflanzen, ohne deswegen den heiligen Geist zu haben. Sehen Sie nun, daß wir recht gut wissen, was wir sagen wollen.

Nun klagen Sie wieder über unsere Vorurtheile in Ansehung Ihrer Kirche, und bedauern uns von Herzen. Wer unsre beiden Bücher nach einander liest, der wird sich das zurecht zu legen wissen, und leicht erkennen, auf welcher Seite Vorurtheil ist.

Ich bedaure den Freund, der Ihnen auftrug, nur einen einzigen frommen Bischof in Ihrer Kirche zu nennen; ich weiß ihrer sehr viele; unter welche auch der heilige Karl Boromäus und der vorletzte Fürst-Bischof von Würzburg und Bamberg, von Erthal, gehört. Jetzt kommen Sie auf die Unfehlbarkeit Ihrer Kirche, die Sie nun beweisen wollen.

Der erste Satz, den Sie aufstellen, heißt: Die Unfehlbarkeit ist keines Menschen Eigenschaft von Natur, das ist wahr:

aber kann sie ihm nicht von Gott gegeben werden? Antwort: O ja! die biblischen Schriftsteller hatten sie, aber blos in dem, was ihnen der heilige Geist zum Schreiben inspirirte, im übrigen waren sie fromme Männer, aber nicht ohne Mängel und Gebrechen. Sie fahren fort: Wenn nun unser Herr Jesus dem von Ihm errichteten Hirtenkörper seinen heiligen Geist der Wahrheit zum täglichen Beistand und Vormund bis ans Ende der Zeiten verheißen hat, wird Er sein Wort halten! — O ja, lieber Sulzer! Gewiß, wenn nur auch der Hirtenkörper sein Wort hält. Sie sagen ferner: Und wenn Er (Christus) es hält, wird dann jener Hirtenkörper mit dem Geist der Wahrheit Irrthum lehren können? — Antw. Daß das bei einzelnen Lehrern der Fall sey, daß müssen Sie mir zugeben, sonst wären ja keine Ketzereien in der Kirche entstanden; wohlverstanden! der Geist der Wahrheit lehrte keinen Irrthum, aber der eigene Geist des Lehrers, der sich mit einmischte. Aber nun vernehmen Sie auch meinen Schluß: Da der Hirtenkörper der römischen Kirche aus lauter einzelnen Lehrern zusammengesetzt ist, deren jeder in dem nämlichen Fall ist, nämlich, daß der eigene Geist in die Sache des heiligen Geistes Einfluß hat, und da auch in den collegialischen Verhältnissen der nämliche Fall entsteht, so ist die Ungewißheit des Irrthums unvermeidlich, so daß also die heilige Schrift immer wieder entscheiden muß, was wahr oder falsch ist. Ich weiß wohl, was Sie mir einwenden: Sie sagen, sobald ein Concilium versammelt ist, so regiert der heilige Geist die versammelten Väter; aber man lese nur die Verhandlungen der Concilien, so wird man finden, daß bei weitem nicht Alle Früchte des heiligen Geistes sind; folglich mischte sich auch hier der eigene Geist mit ein. Huß und Hieronymus von Prag sind gewiß nicht auf Verordnung des heiligen Geistes verbrannt worden; kann nun das Concilium in einem Stück fehlen, wer sieht nicht, daß es auch dann in andern fehlen kann. Wo bleibt nun die Unfehlbarkeit der Kirche?

„Lieber Bruder! es thut mir in der Seele weh, daß Sie auf der 107ten S. eine Stelle aus einem meiner Briefe eingerückt haben, die mich vor dem Publikum als einen Prahler darstellt; was man einem Freund im Vertrauen schreibt, das soll nicht öffentlich publizirt werden. Daß Sie aber diese meine Aeußerung so ansehen, als erklärte ich mich auch für unfehlbar, das ist ein großer Mißbegriff: man kann die Gnadenwirkungen des heiligen Geistes sehr lebhaft in sich verspüren, und doch noch in vielen Stücken irren. Wenn protestantische Consistorien und Synoden, Prediger und Schriftsteller in die Censur nahmen, absetzten und straften, so glaubten sie nach ihrer besten Einsicht zu handeln und in diesem Stück nicht zu fehlen; aber überhaupt in einer solchen Sitzung unfehlbar zu seyn, das ist hoffentlich noch keinem Consistorio oder Synode eingefallen. Was Sie von Lavater, Luther und Calvin hier anführen, gilt ganz und gar nichts; wenn man einzelne Stellen aus Briefen oder Schriften heraushebt, und sie nicht in ihrem Zusammenhang darstellt, aus welchem erst ihr wahrer Sinn erkannt werden muß, so können sie nicht als Beweise gegen solche Männer gebraucht werden, und wenn sie nach dem klaren Sinn der Bibel sprechen, so dürfen sie wohl sagen: Was ich da behaupte, ist Wahrheit, es ist Wort Gottes. Daß sich weder Lavater, noch Luther, noch Calvin, noch irgend einer der Reformatoren für unfehlbar gehalten, davon legen sie in ihren Schriften die bündigsten Zeugnisse ab.

Sie erklären sich S. 108. und 109. über die Unfehlbarkeit der Kirche etwas näher und schreiben diesen Charakter nicht jedem Einzelnen, sondern nur blos dem gesammten Lehrkörper zu. Ich habe darauf zur Genüge geantwortet und diesen Satz durch Bibel, Vernunft und Erfahrung gründlich widerlegt. Alle Verheißungen Christi und seiner Apostel können nicht auf irgend eine, mehr oder weniger ausgeartete äußere Kirche bezogen werden, sondern auf die wahre allgemeine christliche Kirche, auf die Gemeinschaft der Heiligen ganz allein; diese wird nicht von Menschen, sondern vom Herrn selbst durch den heiligen Geist und durch sein Wort regiert.

Jetzt kommen Sie nun auf den Artikel von der Unfehlbarkeit des Pabstes, und sagen, daß diese eigentlich nicht ein

Glaubens-Artikel Ihrer Kirche sey. Dann stellen Sie einige Punkte auf, die Ihre Lehre vom Pabst enthalten sollen; Sie sagen:

1. Christus habe unter den zwölf Aposteln Einen mit vorzüglicher Gewalt in der Absicht ausgerüstet, damit durch Aufstellung eines Haupts der Gefahr der Trennung in den Gliedern vorgebeugt werde, und daß dieser Eine Simon Petrus gewesen, zufolge der Schrift, Matth. 16. v. 17—19. und Joh. 21. v. 15—17. Lieber Bruder! diesen ganzen Satz hat die ganze christliche Kirche bis in das sechste Jahrhundert hinein durchaus nicht angenommen; an einen allgemeinen Bischof, unter dem die übrigen alle stehen und ihm gehorchen sollten, dachten Sie nicht, dazu war auch ihr Stolz zu groß. Daß sie, wenn es zu ihrem Vortheil diente, den römischen Bischof als den Ersten unter seines Gleichen ansahen, davon habe ich die Ursache schon oben an seinem Ort angeführt; und dieses Vorrecht suchten auch die römischen Bischöfe zu behaupten, aber das Primat, so wie es nachher die Päbste ausübten, fiel ihnen gar nicht ein; merkwürdig ist, wie Pelagius der Zweite und sein Nachfolger Gregorius der Erste [20]), beide Bischöfe in Rom, über diese Sache dachten:

Der Patriarch Johannes Nesteuta zu Konstantinopel kam zuerst auf den Einfall, allgemeiner Patriarch [21]) seyn zu wollen; er gedachte also, geistlicher Kaiser zu werden, wie sein Herr weltlicher war. Er brachte es auch im Jahre 586 dahin, daß er auf einer Synode zu Konstantinopel dafür anerkannt wurde. Dieß nahm Pelagius der zweite, Bischof zu Rom, so übel, daß er diese Synode für null und nichtig erklärte; und in einem Circularschreiben an die Bischöfe derselben sagte er folgende merkwürdige Worte: Keiner der Patriarchen sollte sich ja dieses unheiligen bösen Titels anmaßen: denn sobald einer unter ihnen ein allgemeiner Patriarch genannt wird, so entziehet man den übrigen diesen Titul. Aber das sey ferne — ferne von allen Glaubigen, daß jemand sich etwas anmaßen sollte, was die Ehre der übrigen Brüder auch im Geringsten schmälern könnte; darum hüte sich Euere Liebe, daß Sie ja in Ihren

Briefen niemand einen allgemeinen Patriarchen nenne, damit sie nicht sich selbst die schuldige Ehre beraube, indem sie einem Andern einen unbilligen Ehrentitul beilegt. Endlich setzt er noch hinzu: Mit göttlicher Hülfe müssen wir alle unsere Kräfte und Vermögen dahin vereinigen, damit nicht die lebendigen Glieder an dem Leibe Christi durch das Gift eines solchen Tituls getödtet werden, u. s. w.

Bald hernach starb Pelagius II., und ihm folgte der berühmte Gregorius I. oder der Große; unter diesem wurde der Streit sehr bitter fortgesetzt; sogar der Kaiser Mauritius und seine Gemahlin schrieben an Gregorium und suchten ihn aufs Beweglichste zur Eintracht zu bewegen; allein Gregorius antwortete dem Kaiser: Er möchte diese Wunde schneiden und den an Hochmuth krank liegenden Patriarchen durch sein kaiserliches Ansehen in Schranken halten: denn alle heilsame Gesetze und Synodal-Schlüsse, ja die Gebote des Herrn Christi selbst, stünden jetzt in Gefahr, durch diesen neuerfundenen, hochmüthigen und pabstartigen Titul (superbi atque papatici cujusdam sermonis inventione) zu Grund zu gehen. Endlich setzt er hinzu: der Herr lasse diesen Namen der Lästerung ferne seyn von den Herzen aller frommen Christen, als durch welchen allen rechtschaffenen Priestern ihre Ehre geraubt und von einem an sich gerissen wird, u. s. w. In der Antwort an die Kaiserin sagt er unter andern: Dieser Hochmuth sey ein gewisses Merkmal und Kennzeichen, daß die Zeiten des Antichrists herannahten. Als nun der Kaiser dem Bischof Gregorius befahl, er sollte um eines kahlen Titels willen keinen Streit anfangen; so antwortete er: Es sey dieses keine nichtswürdige Sache, wenn der Antichrist sich für Gott ausgebe; zwar schienen es nur wenige Silben, über welche man disputirte, sie seyen aber für die ganze Kirche höchst gefährlich. Er wolle seine Gedanken frei heraus sagen: Wer sich einen allgemeinen Priester nenne, oder nennen lasse, der werde durch seine Hoffart ein Vorläufer des Antichrists, weil er sich über alle Andere erhebe, u. s. w.

Kann man es nun den Protestanten übel nehmen, wenn sie den römischen Pabst für den Antichrist erklären? da sie unter den Päbsten selbst zwei Zeugen haben. Indessen kann Niemand ein Antichrist genannt werden, der Christum göttlich verehrt.

Aus diesem Allem sehen Sie deutlich, mein theuerster Bruder! daß die ganze Kirche, die römische nicht ausgenommen, das Primat Petri, in dem Sinn, wie es jetzt Ihre Kirche erklärt, ganz und gar nicht anerkannt habe. Daß sogar die damaligen römischen Bischöfe den Charakter, den bald hernach ihre Nachfolger annahmen, für antichristisch und der Kirche Christi höchstschädlich erklärten. Hätte damals die römische Kirche nur von weitem daran gedacht, das Primat Petri in dem ausgedehnten Sinn sich zuzueignen, so würden ihre Bischöfe auf eine andere Art gegen den Patriarchen zu Konstantinopel protestirt, und den Pabsttitel, wahrhaftig! nicht als antichristisch verworfen haben. Ich schließe also nun mit größter Zuverläßigkeit: Weder Christus, noch die Apostel, noch die ganze allgemeine christliche Kirche, die römische mit eingeschlossen, haben jemals die Idee gehabt, daß die ganze Christenheit durch einen allgemeinen geistlichen Monarchen, dem alle unterworfen seyn sollten, regiert werden sollte. Hätten die ersten christlichen Gemeinden die Worte, welche Christus zu Petro gesprochen, so verstanden, wie sie die römische Kirche versteht, so würden sie sich alsofort an diese angeschlossen und sie für die Mutterkirche anerkannt haben; aber davon finden wir keine Spur. Die Zeugen, die sie anführen, beweisen in dieser Sache wenig, weil die ganze Kirchengeschichte hier laut und klar entscheidet, und eben so wenig können die protestantischen Schriftsteller, die Sie für sich anführen, etwas dagegen beweisen, da man weiß, wie alle diese Männer in Ansehung des Papstthums dachten, und ganz gewiß das nicht behaupten, was Sie, mein lieber Bruder! glauben, das Sie behaupteten.

Die Sage, daß Petrus die letzten Jahre seines heiligen apostolischen Lebens in Rom zugebracht habe [22]), will ich nicht länger bestreiten; in unserer gegenwärtigen Controvers entscheidet das nichts, es kann wohl seyn, daß er da war und mit dem Kopf unterwärts gekreuzigt worden ist, wie die Geschichte erzählt; daß er Bischof in Rom gewesen, das kommt mir deswegen unwahrscheinlich vor, weil die Apostel als Gesandte des Herrn sich nirgend lange aufhielten, sondern immer umherzogen und Gemeinden stifteten, denen sie dann Bischöfe vorsetzten. Der Apostel Johannes lebte in seinen letzten Jahren in Ephesus, aber nicht als Bischof: denn er schrieb ja aus seinem Exil auf der Insel Patmos an den Bischof zu Ephesus, Ap. Gesch. 2. V. 1. Gesetzt aber auch, Petrus hätte eine Ausnahme gemacht und wäre einige Jahre Bischof zu Rom gewesen, gesetzt, er hätte auch seinen Nachfolger, den Clemens, selbst ordinirt, so folgt weiter nichts daraus, als daß die römische bischöfliche Succession mit den Aposteln anfange; dies ist aber auch der nämliche Fall mit den Bischöfen zu Jerusalem, Antiochia und Alexandria, denn daß die römischen Bischöfe von Petro an die ganze christliche Kirche regiert haben sollen oder nur daran gedacht hätten, Päbste oder allgemeine, allen andern Bischöfen gebietende Oberhirten zu seyn, das widerlegt die Kirchengeschichte unwidersprechlich.

Sie dürfen mir nun aber auch nicht übel nehmen, lieber Bruder! wenn ich Ihnen den eigentlichen Ursprung des Pabstthums zeige; ich will mich nicht der bittern Ausdrücke bedienen, die Sie sich gegen uns Protestanten erlauben, sondern die Wahrheit in Liebe sagen:

Gregorius der Erste oder der Große hatte sich, wie oben gemeldet, scharf gegen die allgemeine bischöfliche Würde erklärt; nach seinem Tod folgte ihm Sabinianus, ein Mann, dessen Charakter die unpartheiische Geschichte schrecklich schildert; dieser war über seinen Vorfahrer Gregorius so aufgebracht, daß er seine Schriften verbrennen wollte; diesem folgte Bonifacius der Dritte, der nun eigentlich als der erste Pabst betrachtet werden kann: denn der Kaiser Phokas, einer der wüthendsten Tyrannen, die je gelebt haben, erklärte ihn Anno 606 oder 607 zum Haupt aller christlichen Gemeinden, und von der

Zeit an wuchs die Autorität und Gewalt der Päbste nach und nach, bis sie unter Gregorius dem siebenten ihre höchste Höhe erreichten. Dieser Wachsthum wurde aber auch durch viele politische Umstände sehr gefördert: die morgenländischen Bischöfe und hernach auch die Kaiser, bekamen mit dem Muhamedismo und den siegreichen Waffen der Caliphen, dann auch mit den Türken so viel zu thun, daß sie die neuen Päbste in Rom mußten schalten und walten lassen. Zudem war der christliche Orient mit seinem Monarchen und der ganzen Clerisey so in Schanden und Lastern versunken und dergestalt träg und üppig geworden, daß man sich nicht viel mehr um das Primat in Rom bekümmerte, aber man unterwarf sich ihm doch nicht, sondern die morgenländische Bischöfe blieben unabhängig und blieben es wenigstens mehrentheils bis auf den heutigen Tag. Sie sagen:

2. Die römische Kirche glaube, daß die oberhirtliche Gewalt Petri nach Christi heiligem Willen in der Kirche beständig dauern soll.

Antw. Die christliche Kirche, die von Petro am ersten Pfingsten zu Jerusalem gegründet wurde, ist die wahre heilige evangelisch-, nicht römisch-katholische Kirche, die durch die ganze Christenheit unter alle Partheien zerstreut ist, aus lauter wahren Christen besteht und keinen andern Oberhirten, als Christum hat, der sie durch seinen heiligen Geist und durch sein Wort regiert und dergestalt schützt, daß sie freilich die Pforten der Hölle nie überwältigen werden; wie es aber den äussern katholischen und protestantischen Kirchen, diesem neuen Israel und Juda, gehen werde, darüber wird die Zukunft entscheiden. Gebe nur Gott, daß sie nicht selbst Pforten der Höllen werden mögen.

Ihren 3ten Satz übergehe ich, denn er fällt mit dem Oberhirtenamt des Pabstes von selbst weg. Die Einigkeit des Glaubens ist nur in der wahren unsichtbaren Gemeinde. Im 4ten und 5ten Satz behaupten Sie, daß nach Petri Tod einer aus den Bischöfen seine oberhirtliche Gewalt hätte erben müssen und wirklich geerbt habe, daß dieser kein anderer gewesen und noch sey, als der Bischof zu Rom, und zwar durch übereinstimmende Einwilligung der ersten Kirche.

Lieber Sulzer! Sie behaupten hier zwei Punkte, die ich gründlich widerlegt habe; nämlich, das Oberhirtenamt Petri und der römischen Bischöfe, und dann die übereinstimmende Einwilligung der ersten Kirche. Warum haben Sie keine Beweise geführt? — Sie hätten mir die übereinstimmende Einwilligung der ersten Kirche und ihre Anerkennung des Oberhirtenamts Petri und der römischen Bischöfe nachweisen müssen, das ist aber nicht geschehen; wie können Sie uns nun zumuthen, daß wir Ihnen auf Ihr Wort glauben sollen?

Was Sie ferner von der Unfehlbarkeit des Pabstes sagen und in wie fern sie von Ihrer Kirche angenommen oder eingeschränkt werde, dagegen habe ich nichts zu erinnern. — Wenn Sie mir nicht zutrauen, daß ich mit katholischen Schriftstellern und den ersten Kirchenvätern bekannt bin, so irren Sie sehr, das Studium der Religions- und Kirchengeschichte war von jeher meine Lieblings-Sache; dadurch bin ich eben in den Stand gesetzt worden, Sie zu widerlegen.

Seite 115 sagen Sie: Wenn ich unbefangen gelesen hätte, so würde ich mich gewaltig verwundert haben, wie die Reformatoren so keck seyn konnten, Wahrheiten zu läugnen, welche die allgemeine Kirche auf die Zeugnisse einer Menge ganz unverdächtiger Augen- und nächster Ohrenzeugen fünfzehnhundert Jahre lang ohne Jemandes Widerspruch geglaubt habe. — Hierauf antworte ich:

Diese Keckheit der Reformatoren war sehr nöthig: denn als sie einmal den unläugbaren schrecklichen Verfall der römischen Kirchen eingesehen und sich von ihren Banden losgemacht hatten, so war es um der Rechtfertigung ihres kühnen Unternehmens willen nöthig, nun auch einmal mit der Fackel der Kritik die Dokumente zu beleuchten, auf welche die römische Kirche alle ihre Anmaßungen und Kirchensatzungen gründe? und da fand sich nun sehr Vieles, das in den alten dunkeln Zeiten untergeschoben und verfälscht worden war. Erinnern

Sie sich doch nur an Isidors Dekretalien, an die constantinische Schenkung, an so viele Lebensgeschichten der ersten Märtyrer und Legenden der Heiligen, die mit so vielen Fabeln und abgeschmackten Erdichtungen durchflochten sind, daß sie heut zu Tage kein richtig denkender Katholik mehr glaubt, so werden Sie mir gestehen müssen, daß die Reformatoren um der Religion und der Wahrheit willen, alle jene Dokumente von den Apostelzeiten an, bis auf ihr Jahrhundert hin genau prüfen und das Wahre vom Falschen unterscheiden mußten; und was sie historisch falsch befunden haben, das hat noch Niemand als wahr legitimirt. Was den fünfzehnhundertjährigen Glauben betrifft, mein Lieber! der beweist nichts: denn Aberglaube und Meynungstrug kann sich durch Jahrtausende fortpflanzen. Wie können Sie aber behaupten, daß in allen diesen Zeiten Niemand widersprochen habe, da es ja immer sogenannte Ketzer gab, die oft ziemlich laut widersprachen.

In Ansehung der protestantischen Gelehrten, die Sie da anführen, bin ich sehr zweifelhaft; aber wenn Sie auch Alles das glauben, was Sie ihnen zutrauen, so gilt das für keinen Beweis: denn wir Protestanten nehmen keine menschliche Autorität an.

Endlich schließen Sie Ihren Brief von Seite 115 unten bis 117 mit lauter unrichtigen Beschuldigungen. Gott ist unser Zeuge, daß wir bis zum Ueberdruß beide Partheien gehört haben. Wo ist der ungeheure Fehler, den wir begangen haben? wir haben noch nie eine Vertheidigung der römischen Kirche gegen die Protestanten gefunden, die genugthuend wäre: es ist aber auch keine möglich; alle sind von uns gelesen, geprüft und beantwortet worden. Sie beschuldigen uns, wir sprechen den Reformatoren, wie Orakeln nach. — Ich bitte Sie, lieber Sulzer! behaupten Sie doch aus bloser Bitterkeit und Vorurtheil nicht Dinge, von denen Sie nichts wissen. Wo sind denn noch reformirte Theologen, die an Calvins unbedingte Gnadenwahl glauben? — und wenn Sie mit der Geschichte unserer Kirche genau bekannt wären, so würden Sie auch finden, daß lutherische Theologen vieles in Luthers Begriffen berichtigt haben. Gewiß und wahrhaftig! wir können

Ihre Kirche, besser wie Sie, mein Lieber! davon werden Sie in diesem Buch noch unwidersprechliche Zeugnisse finden. Mit treuer Liebe der Ihrige.

Jung Stilling.

Nachschrift: was Sie hier in Ihren Anmerkungen Lit. d. sagen, nämlich, daß Sie sich getrauten, aus protestantischen, sogar Luthers, Calvins und anderer Reformatoren Schriften eine katholische Dogmatik heraus zu bringen, das muß Sie ja freuen — es wäre auch schlimm, wenn beide Kirchen in allen Stücken verschieden wären. Es kommt hier nur darauf an, daß Sie uns beweisen, diese protestantische Schriftsteller stünden im Widerspruch mit sich selbst.

Beantwortung des siebenten Briefs.

Ueber das Bestimmen der Glaubens-Artikel.

Mein theurer und innig geliebter Bruder!

Sie unterstellen mit Recht, daß wir Protestanten zugeben, wir seyen Gottes Aussprüchen, innern Glauben, und nach Beschaffenheit der Sachen und der Umstände auch äusseres Bekenntniß schuldig. Verzeihen Sie, mein Lieber! der äussere Glauben und das äussere Bekenntniß ist nicht einerlei: jener ist der bloße historische Glaube, das Fürwahrhalten einer Sache, aber ohne innere Theilnahme, die dann den wahren oder innern Glauben ausmacht. Das äussere Bekenntniß ist nur der Ausspruch dessen, was man für wahr hält. Sie fahren fort: Wenn nun Gott zu einer Menge Menschen nicht unmittelbar sprechen will, sondern dazu andere Menschen erwählt, wie ehmals Mosen und die Propheten, wie Jesus Christus die Apostel: und diese auserwählten Organe der göttlichen Worte ihre Sendung auf eine glaubwürdige Art beweisen; sind wir dann dem, was sie uns zu verkündigen haben, nicht innern Glauben schuldig? — Ja, mein Theuer! innern und äussern; aber nun kommen Sie wieder mit Ihrem römischen Lehrkörper, und behaupten, daß es Gottes Angelegenheit sey, zu bewirken, daß derselbe seine Lehre und Befehle rein und vollständig verkündige, und daß man also verpflichtet sey, diesem Lehrkörper zu gehorchen. Lieber Sulzer! mit ihrem Lehrkörper sind wir fertig; ich habe bewiesen, daß die römische Kirche nicht ausschließlich die wahre katholische unfehlbare Kirche sey, sie kann also keine Glaubens-Artikel bestimmen, die nicht in der heiligen Schrift gegründet sind. Wenn Sie doch einmal an die ehmalige jüdische Kirche zurück dächten — diese war auf eine so feierliche Weise von Gott gestiftet worden, deren sich keine einzige äussere christliche Kirche rühmen kann; und welche große Verheißungen habe ihr Gott gegeben, und bei dem Allem sank sie ins äusserste Verderben; und welch eine Menge Zusätze verbanden ihre Aeltesten mit dem Gesetz Mosis und der Propheten; erinnern Sie sich doch, wie ernstlich Christus diese Aufsätze der Alten rügt, und nur den Geist des Gesetzes empfiehlt! — war es denn damals nicht auch Gottes Sache, zu bewirken, daß der jüdische Lehrkörper seine Lehre und Befehle rein und vollständig verkündige? — und geschah es? — wie oft erinnerte der Herr sein Volk durch die Propheten an seine Abweichungen von der Wahrheit und pflanzte durch sie die wahre Erkenntniß Gottes und seinen Dienst im Geist und in der Wahrheit fort! — aber was halfs? — man verfolgte und tödtete sie. Und eben so sandte der Herr von jeher, so wie die Kirche in Verfall gerieth, eine Menge Zeugen der Wahrheit, aber die griechische und römische Kirche behandelten sie noch weit schlimmer als ehmals die israelitische; man belegte sie mit allen ersinnlichen Martern und schickte sie in die Ewigkeit.

Bei dieser Gelegenheit führen Sie Sprüche aus der Bibel an, und warnen uns sehr ernstlich vor dem fürchterlichen Bann, den Christus selbst Matth. 18. v. 17. in den Worten: Wenn er die Kirche nicht höret, so haltet ihn wie einen Heiden und Zöllner, ausgesprochen hat. Lieber Bruder! wenn die römische Kirche die Sprüche der Bibel so erklärt und anwendet, wie Sie diesen anwenden, so sieht es übel um ihre Exegese aus. Christus weist hier die Regel an, wie wir einen Menschen behandeln sollen, der uns beleidigt hat; oder auch überhaupt einen, der uns durch seine Lehre und Leben ärgert. Zuerst sollen wir ihn unter vier Augen ermahnen, hilft das, so daß er in sich geht und sich bessert, so ist es gut, hilft das aber nicht, so soll man diese Warnung in Gegenwart eines oder zweier Zeugen wiederholen; ist das auch vergeblich, so soll man es der Ecclesia anzeigen, und höret er auch diese nicht, so soll man ihn für einen Heiden und Zöllner halten. Hier kommt es blos auf das Wort Ecclesia an; Sie übersetzen es durch das Wort Kirche. Dies Wort kannte aber zu Christi Zeiten noch kein Mensch, denn es gab damals noch keine solche Gesellschaften, wie man sie Jahrhunderte später bildete und sie mit dem Namen Kirche belegte, und unser Herr redete doch gewiß in einer Sprache, die seine Jünger verstanden; das Wort, das Er im Syro-Caldäischen, seiner Muttersprache, gebrauchte, haben die Evangelisten durch das griechische Wort Ecclesia ausgedrückt, welches so viel heißt, als eine zusammenberufene Versammlung. Der wahre Sinn, den also Christus in dieses Wort legt, ist folgender: wenn der Sünder auch in Gegenwart der Zeugen nicht folgt: so laßt ihn in die Versammlung der Gläubigen kommen; wenn ihn diese nun auch ernstlich ermahnt hat, und er bekehrt sich ebenfalls nicht, so schließt ihn aus der Versammlung aus und habt keinen Umgang mehr mit ihm [23]). Dies war die Vorschrift unsers Herrn, die auch von den ersten christlichen Gemeinden treu befolgt wurde, bis endlich das Bannrecht von den Bischöfen und der Geistlichkeit an sich gezogen und ausgeübt wurde: von einer Ecclesia, wie sie nachher entstand, ist hier ganz und gar die Rede nicht. Der Spruch Marc. 16. v. 16.: Wer nicht glaubt, wird verdammt werden, bezieht sich auf die Lehre Christi und seiner Apostel; wer diese nicht glaubig annimmt, der geht verloren; mit dem Spruch Matth. 10, V. 15. verhält es sich eben so, desgleichen mit Luc. 10, v. 16. und 2 Thessal. 1, v. 8—10.

So lang Sie nicht beweisen, mein Lieber! daß die gesammte Lehre der römischen Kirche auch genau die Lehre Christi und der Apostel ist — und das können Sie in Ewigkeit nicht, so lang treffen uns Protestanten jene Sprüche und ihre Drohungen nicht.

Sie behaupten ferner, daß die Gründung der römischen Kirche immer fortgesetzt, immer weiter auf Erden verbreitet und nicht aufhören werde, bis daß nur eine Heerde unter einem Hirten zu Stand gebracht würde. Daß zur Gründung der Kirche auch die beständige Erhaltung der Reinheit und Vollständigkeit der Lehre Jesu gehöre. Nun schließen Sie, Jesus müsse also auch die Gesandten seiner Gesandten, und die fernern, bis zur vollendeten Ausbildung seines Leibes, mit seinem heiligen Geist regieren, und wir müssen ihnen glauben und dem heiligen Geist in ihnen.

Dieß alles ist ganz richtig, nur gilt es weder von der römischen, noch von irgend einer andern äussern Kirche, doch von der römischen am wenigsten. Man lese nur ihre Missionsgeschichten in Japan, in China, in Ostindien, auf der afrikanischen Küste, z. B. zu Congo, und nun vollends in Mexico und Peru, und urtheile dann, ob das heiße, die Lehre Jesu rein verkündigen? — ob da der heilige Geist wirksam gewesen sey? Dagegen prüfe man die Geschichte der protestantischen Missionen zu Tranquebar und überhaupt in Ostindien unter dep Hottentotten und unter den Caffern in Afrika, in den westindischen Inseln, in Nordamerika, auf Labrador, unter den Esquimaux, in Grönland, im russischen Asien und an andern Orten mehr; so wird man allenthalben apostolischen Sinn, apostolischen Geist und wahren christlichen Lebenswandel finden. Wenn Sie sich nur die Mühe geben wollten, diese Sachen genau zu prüfen, und die Folgen der Missionen Ihrer Kirche mit den Folgen der Unsrigen gegeneinander zu halten, so würden Sie bald finden, auf welcher Seite die wahre Kirche Christi am mehresten gewinnt.

Erlauben Sie mir, ich bitte Sie um Gottes und der Wahrheit willen, erlauben Sie mir, lieber Bruder! daß ich einmal einen guten katholischen Christen und einen guten protestantischen neben einander stelle und sie nach der Wahrheit schildere: dem Katholischen werden die Wahrheiten zur Seligkeit beigebracht, so wie sie Christus und die Apostel gelehrt haben — Sie sehen, wie viel ich Ihnen zugebe, lieber Sulzer! denn das ist bei weitem nicht überall der Fall in Ihrer Kirche — aber nun kommen noch so viele Kirchengebote dazu, deren Befolgung auch zur Seligkeit gehört, daß dadurch die Hauptsache ins Dunkel gestellt wird. Man läuft täglich in die Kirche, besprengt sich mit Weihwasser, kniet bald vor diesem, bald vor jenem Bild, betet bald diesen bald jenen Heiligen an; betet eine gewisse Zahl englicher Grüße und Vaterunser, läuft oft in die Messe, begleitet Prozessionen, wallfahrtet bald hie bald dahin, beichtet, läßt sich die Sünden vergeben u. s. w., das geht nun so fort bis ans Ende des Lebens, man läßt sich die Sakramente geben und stirbt; und während all der Zeit betrachtet man uns Protestanten als Heiden und Zöllner. Ich will auch noch den seltenen Fall zugeben, daß sich der katholische Christ bei allen diesen Ceremonien etwas Gutes denkt, so müßte der doch nicht Menschenkenner seyn, der nicht auf den ersten Blick erkennte, daß der sinnliche Mensch alle diese Ceremonien, die er auch zur Seligkeit nöthig glaubt, gern und willig beobachtet, dadurch in eine abergläubische Frömmelei, in heilige enthusiastische Gefühle versinkt; aber darüber die Hauptsache, die wahre Wiedergeburt, die Umwandlung des alten sinnlichen Menschen in den neuen geistigen ganz und gar vergißt. Die innige brünstige Liebe zum Erlöser wird gar oft durch die Liebe zur heiligen Jungfrau oder zu sonst einem Heiligen oder Schutzpatron verdrängt, und sollte noch irgend etwas versäumt worden seyn, so verläßt man sich auf die Seelmessen, die man auch im Nothfall für Geld kaufen kann.

Mit dieser Schilderung vergleichen Sie nun einmal einen guten Protestanten: dieser weiß von allen jenen Ceremonien nichts, aber das weiß er von den Schulen her und hört es in allen Kirchen, daß er dem Vorbild seines Erlösers ähnlich werden muß, wenn er selig werden will, und da er im Bewußtseyn seines natürlichen Verderbens und Mangels an eigener Kraft wohl fühlt, daß er mit aller seiner Anstrengung, heilig zu leben, den Zweck nicht erreicht, so thut er, was er kann, sucht so viel möglich im Andenken an den Herrn zu bleiben, und fleht unaufhörlich im Innersten seiner Seele um den Beistand des heiligen Geistes, der dann auch keinem Menschen geweigert wird, der von ganzem Herzen seine Gnadenwirkungen sucht. Bei diesem anhaltenden Bestreben und dem andächtigen Gebrauch der äußern Gnadenmittel, nämlich dem fleißigen Lesen der heiligen Schrift und anderer erbaulichen Bücher, aufmerksamen Anhören der Predigten und öftern Genuß des heiligen Abendmahls, veredelt sich ein solcher Mensch allmälig und wird dem Muster unsers Herrn immer ähnlicher, die Früchte des heiligen Geistes entwickeln sich nach und nach immer mehr, und der immer hellere Blick in sein natürliches Verderben und in die Heiligkeit Gottes gebiert in ihm eine Demuth aus, die auf den Grund geht und nicht erheuchelt ist. Da er nun auch im Licht der Wahrheit erkennt, daß alle seine besten Handlungen nicht rein in den Augen des allerheiligsten Wesens sind und er damit unmöglich vor dem Richterstuhl Jesu Christi bestehen kann, so nimmt er seine gänzliche Zuflucht zur genugthuenden Erlösung, zum verdienstvollen Leiden und Sterben unsers Herrn, und empfängt dann in seinem Innern durch die Tröstung des heiligen Geistes die gewisse Versicherung der Vergebung seiner Sünden, aber unter dem Beding, daß er in seinem Glauben und christlichen Wandel treu bleibt bis ans Ende. Durch diese Versicherung, welches die wahre Absolution ist, die keine geistliche Autorität ohne obige Bedingnisse geben kann, gebiert nun in ihm die wahre Gottes- und Menschenliebe aus, die sich in allen seinen Gedanken, Worten und Werken äussert. Jene wahre Demuth und diese wahre Liebe sind nun die eigentlichen Bürgertugenden des Himmels; denn da ist Seligkeit, wo jeder jeden liebt wie sich selbst, und jeder unter Allen der Geringste seyn will. Ein solcher Mensch kommt nun nicht nach seinem

Uebergang ins bessere Leben mit dem Bettlerkleid seiner eigenen Werkgerechtigkeit zur Hochzeit des Lammes, sondern er kommt nackt, arm und blos, und kleidet sich blos ins weiße Gewand der Gerechtigkeit Christi, Matth. 22. v. 11, und Off. Joh. 7. v. 14.

Sehen Sie, mein Lieber! dies ist das wahre und getreue Bild solcher Protestanten, denen Sie die Ehre der Brüderschaft vergönnen. Was bedarfs da eines, oft sehr unreinen Canals der äussern Kirche, um den heiligen Geist zu empfangen, der läßt sich von jedem finden, der Ihn redlich und ernstlich sucht. Die äussern kirchlichen Anstalten belehren uns nur, was wir glauben und thun müssen, um selig zu werden.

Seite 121 und f. wollen Sie Einwürfen der Protestanten begegnen, und theilen uns zuerst folgenden mit. Sie sagen: Allein Ihr wendet ein, das Bestimmen von Glaubens-Artikeln sey ein eitles Unternehmen, weil eine vollkommene Uebereinstimmung der einzelnen Vorstellungen in tausend Köpfen eine unmögliche Sache sey; ja, wenn man es genau untersuchen wollte, wie nur zwei einzige Menschen über einen und den nämlichen Gegenstand denken, so würde man sehen, daß die Vorstellung des einen von der des andern verschieden sey.

Lieber Sulzer! wie dieser Satz daher kommt, das begreife ich nicht: in dieser Rücksicht und in dieser Verbindung kann Ihnen das kein Protestant gesagt oder geschrieben haben. Diese Behauptung gründet sich auf das Principium indiscernibilium (Grund des nicht zu unterscheidenden), philosophisch ist er wahr und richtig, aber auf historische Thatsachen und göttliche Offenbarung übersinnlicher Wahrheiten läßt er sich nicht anwenden, wenn anders beide faßlich und deutlich ausgedrückt sind, und das ist ja der Fall bei der Lehre Christi und seiner Apostel, wie ich in der Beantwortung der folgenden Briefe überzeugend beweisen werde. Auf die Weise wäre ja keine Einigkeit des Geistes und keine Gemeinschaft der Heiligen möglich, die ja unter allen wahren Christen aller äussern Kirchen unzweifelbar statt findet.

Noch einen andern Einwurf, den wir Protestanten ihnen entgegensetzen sollen, führen Sie S. 123 an, er heißt: Aber das Bestimmen von Glaubens-Artikeln, überhaupt eine mit Autorität lehrende Kirche hemmt das Forschen in der Schrift. Sie setzen hinzu: Es kommt drauf an, meine Lieben! wie ihr Euch dieß Forschen denkt, u. s. w. Sie haben sich über diesen Gegenstand weitläufig erklärt, ich kann aber Alles kurz beantworten: Sie unterstellen mit Recht, daß das Forschen in der Bibel nicht darauf ausgehen dürfe, daß man untersuchen wolle, ob das, was Mose, die Propheten, Christus und die Apostel gesagt haben, Wahrheit sey, sondern man setzt voraus, daß der Christ das wirklich und ernstlich glaube; folglich geht das Forschen des Christen nur dahin, um den Sinn des Worts Gottes und seiner Wahrheit recht zu ergründen. Hier stoßen wir aber nun eben auf den streitigen Punct, auf den es zwischen uns ankommt; Sie fragen uns, ob wir die Autorität Christi und seiner Apostel anerkennten? — wir antworten: ja allerdings! daraus wollen Sie nun folgern: dann seyen wir auch schuldig, die Autorität der von Christo und den Aposteln angeordneten Lehrer-Kirche zu erkennen, und ihre Erklärung der Bibel als die allein wahre anzunehmen. Lieber! welch ein Schluß! daß die christliche Kirche so nicht geblieben ist, wie sie die Apostel gegründet hatten, und daß sich die römische Kirche allmälig und erst im fünften und sechsten Jahrhundert eine solche Autorität angemaßt hat, das beweist die Geschichte unwidersprechlich; hier ist also von einer von Christo und seinen Aposteln angeordneten Lehrer-Kirche keine Rede mehr. Sie hat sich nach und nach selbst gebildet und die Unfehlbarkeit angemaßt. Gesetzt aber, man nehme auch an, daß sie von Christo und den Aposteln so angeordnet wäre, so müßte sie doch selbst ihrer Sache gewiß seyn, und das ist doch bei weitem der Fall nicht, bald sind die Concilien über den Pabst, dann der Pabst wieder über die Concilien — wo können wir nun wissen, bei wem die Macht sey, Glaubens-Artikel zu bestimmen? — Erinnern Sie sich doch, mein Lieber! — wie sehr die weltlichen Mächte und auch die geistlichen Behörden von jeher mit der feinen und emporstrebenden römischen Politik gekämpft haben; erinnern Sie sich nur an die Bullen in Coena Domini und Unigenitus Dei filius, welche letztere die französische Kirche nicht annahm, an den Emser Congreß u. a. m. Wo ist da Einigkeit des Glaubens und Lehre, und wo Bestimmung der Glaubens-Artikel? — und wer erklärt in einer solchen Ungewißheit die Bibel richtig? — daß unsre Prediger klagen: Herr, wer glaubt unserer Predigt! das soll daher kommen, weil sie ihre Zuhörer nicht zur römischen Lehrer-Kirche führen; sind denn die Predigten in der römischen Kirche fruchtbarer? — davon sehen wir keine Spur.

S. 125 kommen Sie nun auf sich selbst, und bezeugen, daß Sie fleißig in der heiligen Schrift forschen; daran zweifle ich keinen Augenblick. Dann aber machen Sie einen großen Unterschied zwischen Ihrem Forschen und dem Forschen eines Protestanten, Sie thun es unter der Leitung Ihrer Kirche, und der fromme Protestant unter Leitung der Bibel selbst und des heiligen Geistes; wir wollen beide Arten des Forschens etwas näher betrachten: ich habe Ihnen vorhin bei dem Spruch Matth. 18. v. 17, klar und deutlich gezeigt, daß Ihr Begriff von diesem Spruch unrichtig ist; und eben daher entstehen bei Ihnen so viele Fehler in der Erklärung biblischer Sprüche, weil Sie alle, die sich auf die wahre allgemeine Kirche Christi beziehen, auf die römische Kirche und ihre Lehre anwenden, unter welchen beiden doch ein großer Unterschied ist. Die exegetischen Fehler, die daher entstehen, sind nicht zu übersehen und in ihren Folgen sehr gefährlich.

Der fromme wahre Protestant hat die nämliche Bibel, die Sie haben; sie ist ja in der ganzen Christenheit einerlei; vergleichen Sie doch einmal die Uebersetzung Luthers, die Genfer französische Bibel, die holländische Staatenbibel, die englische Bibel, u. a. m. mit Ihrer Vulgata, so werden Sie finden, daß der Unterschied — gar keiner — ist: die verschiedene Lesarten im Griechischen sind so unbedeutend und so gleichgültig, daß in Glaubens-Sachen keine Rede davon seyn kann; und jene Bibeln sind die, welche die ganze protestantische Kirche braucht. Wenn Bahrdt und andere die Bibel verfälschen, so geht das ja die protestantische Kirche nichts an, diese warnen für solchen Verfälschungen und halten sich an ihre Bibel, so wie sie von jeher von der gesammten christlichen Kirche angenommen worden ist. Alle Ihre Ausfälle, mein lieber Bruder! über tausenderlei Uebersetzungen, Verfälschungen und Mißdeutungen gehen uns ja gar nicht an, sie treffen uns im geringsten nicht. Der fromme rechtschaffene Protestant wird schon in der Schule mit der Bibel bekannt, hernach wird sie ihm in der Kirche erklärt, er liest sie auch andächtig für sich selbst; findet er eine Stelle, die er nicht versteht, so sucht er sie sich durch Parallelstellen zu erklären, er betet um Licht und Erkenntniß und traut keiner menschlichen Autorität. Das, was er thun und glauben soll, steht so klar und deutlich in seiner Bibel, daß er darinnen unmöglich zweifelhaft bleiben kann. Von allen Sekten und Mißverständnissen, die Sie uns vorwerfen, werde ich im Verfolg Rechenschaft geben.

Seite 132 gegen unten und auf der folgenden Seite thun Sie einen Ausfall auf uns, der wahrhaftig nicht Wahrheit in Liebe ist und eine scharfe Rüge verdiente, wenn ich nicht durch Wahrheit in Liebe antworten wollte. Sie sagen: Allein ich weiß, was Euch, meine Brüder! an dem Bestimmen der Glaubens-Artikel meiner Kirche am meisten irrt: Sollten wir, sagt Ihr immer, die Freiheit, die wir mit so vieler Mühe errungen, wieder hingeben .... uns vorschreiben lassen, was wir glauben sollen? u. s. w. sollen jetzt wieder Menschen über unsern Verstand und Gewissen herrschen? — Nun folgt der Ausfall, den ich von Bruder Sulzer nicht erwartet hätte: Sie fahren fort: Jetzt bringt diese Idee Euer Blut in Wallung, jetzt findet Ihr nicht Ausdrücke, das, was Euch so widerrechtlich scheint, stark genug zu schildern. Glaubens-Artikel nennt Ihr mit Herrn Salzmann in Schnepfenthal, Schnürbrüste für den Verstand;

die Autorität der römischen Kirche mit Nettelblatt, eine Schlachtbank der Gewissen, ein Joch, das weder Ihr, noch Eure Väter tragen konnten, u. dergl. m.

Lieber Sulzer! was für ein Geist hat Ihnen denn den Gedanken eingehaucht, daß Salzmanns Nettelblatts Ausdrücke die Gesinnung der ganzen protestantischen Kirche sind? — Oder fühlten Sie vielleicht, daß wir Protestanten Wahrheit in diesen Ausdrücken ahnen könnten? — Es kommt hier darauf an, was für Glaubens-Artikel Salzmann meynte — doch wohl die biblischen nicht; und meynte er die, so sprach er nicht als Protestant, sondern als Mensch, dem man seine Freiheit im Denken nicht nehmen kann; und — legen Sie die Hand aufs Herz, lieber Bruder! — wie viele hundert tausend Menschen, die der Ueberzeugung Ihres Gewissens folgen wollten, hat die römische Kirche durch Feuer und Schwert und durch die schrecklichsten Martern ihrer Autorität aufgeopfert [24])! Heißt das Ueberzeugung der Wahrheit durch den heiligen Geist? — und hat nun Nettelblatt unrecht, wenn er die Autorität der römischen Kirche eine Schlachtbank der Gewissen, ein unerträglich Joch nennt? Sie sagen ferner:

Brüder! lieben Brüder! beherrschet doch ein paar Minuten Euern Affekt! gebet der ruhig prüfenden Vernunft einen Augenblick Gehör! ich bitte um der Wahrheit willen. Gut! mein Lieber! Wir wollen uns auf das Schülerbänkelchen setzen und ohne Leidenschaft aufmerksam und ruhig zuhören, doch aber auch zuweilen ein Wörtchen mitsprechen: Sie stellen uns S. 133 — 136 unsere Neologen gegenüber, und behaupten, das, was uns diese in Ansehung der Bibel sagen, das sagten auch wir den Katholiken in Ansehung der Unfehlbarkeit und Bestimmung der Glaubens-Artikel; folglich: das, was wir den Neologen antworteten und antworten müßten, das antwortete uns ächten Protestanten auch die römische Kirche.

Erlauben Sie, mein Lieber! Sie stellen hier die Bibel mit Ihrer Kirche, Tradition und Bestimmung der Glaubens-Arti-

parallel — das ist ja aber eben der streitige Punkt, den wir miteinander auszumachen haben: Wir Christen, Katholiken und Protestanten nehmen die Bibel als göttliche Offenbarung an, sie ist der Grund unsers Glaubens und Lebens. Ausser ihr erkennen wir Protestanten keine Quelle von Glaubens-Artikeln, Sie Katholiken aber sehen die Lehren Ihrer Kirche als eine Fortsetzung der Bibel an, dieß habe ich nun bisher zu widerlegen gesucht, und zwar mit unumstößlichen Gründen, denn

1) ist ausgemacht, daß die römische Kirche von den ersten christlichen Gemeinden an nicht für die regierende, unfehlbare Lehrer-Kirche gehalten wurde: sogar sie selbst wagte es nicht, sich dafür zu halten, bis ihr im fünften und sechsten Jahrhundert ihre feine Politik und die Umstände dazu verhalfen. Wäre die römische Kirche von Petro an als die allgemeine wahre, alle andere regierende Lehrer-Kirche nach Christo constituirt und sanctionirt worden, so hätten Sie gewiß auch die ersten christlichen Gemeinden dafür erkannt und angenommen.

2) Gesetzt aber auch, die römische Kirche könnte diese Autorität behaupten, so folgte daraus ihre Unfehlbarkeit noch lange nicht; sie müßte denn auch beweisen, daß ihr diese von Christo und den Aposteln ausschließlich auch bei allen Ausschweifungen in Leben und Wandel, in Sünden, Schanden und Verbrechen seye zugesichert und sanctionirt worden; dieß kann sie aber in Ewigkeit nicht. Wenn man auch annehmen wollte, die Worte: Auch die Pforten der Höllen sollten sie nicht überwältigen, bezögen sich auf die römische Kirche, so will das weiter nichts sagen, als sie soll unter allen Stürmen fortdauern bis zur Vollendung der Zeiten.

3) Wir sind uns alle darinnen einig, daß die Glaubens-Artikel, welche die Bibel enthält, zur Seligkeit nöthig sind; wenn nun aber die Kirche noch mehrere hinzusetzt, so dürfen sie nicht Sünden und Lastern den Weg bahnen, und Anlaß zu fast unüberwindlichen Versuchungen geben, z. B. ein junger Geistlicher, der im Cölibat leben muß [25]), welche Kämpfe hat er zu bestehen, wenn ihm das weibliche Geschlecht unter vier

Augen beichtet, und welche Gräuel werden noch immer durch das Cölibat und die Beichte veranlaßt, und wer hat beide zu Gesetzen gemacht? Antwort: Die römische unfehlbare Lehrer-Kirche, Christus und die Apostel gewiß nicht. Ferner: die ersten Christen ehrten mit Recht das Andenken der Heiligen und Blutzeugen für die Wahrheit; sie kamen an ihren Todestagen zusammen, erinnerten sich an ihre christliche Tugenden und forderten sich untereinander zur Nachfolge auf, aber an eine Anrufung derselben dachte kein Mensch, und noch vielweniger an eine Aufstellung ihrer Bilder in den Kirchen, gegen welche bei ihrem Beginn viele Bischöfe und Gemeinden heftig stritten, weil sie wohl sahen, daß das wieder zur heidnischen Abgötterei führen könnte. Indessen nahm der Pabst mit seiner Kirche die Bilder in Schutz, als sie Kaiser Leo der Isaurier mit Gewalt abschaffen wollte; welche Betrügereien, Gräuel und Sünden aber nur seitdem mit wunderthätigen Bildern und ihrer Verehrung getrieben worden, das ist weltkundig? dieser beiden Beispiele zur Widerlegung der kirchlichen Befugniß, Glaubens-Artikel zu bestimmen, mag für jetzt genug seyn; im Verfolg werden sich mehrere finden. Ich könnte Ihnen, mein lieber Bruder! eine ganze Menge Gelehrten Ihrer Kirche anzeigen, die in ihren Schriften ungefähr das nämliche behaupten, was ich Ihnen entgegenstelle, und die von Erzbischöfen, Bischöfen und Vikariaten als rechtgläubig erklärt und empfohlen werden. Sie müssen also entweder zugeben, daß alle diese Autoritäten Neologen Ihrer Kirche, oder daß Sie selbst nicht ächt katholisch sind.

Schließlich halten Sie uns noch eine Sache vor, die eben so ungegründet ist, wie alle andere: Die Rede ist von freier Forschung in der heiligen Schrift, wozu jeder Mensch berechtigt ist. Hieraus ziehen Sie die Folge, dann könnten wir es auch den Neologen nicht übel nehmen, wenn sie forschten, und Vieles in der Bibel fänden, was wir nicht darinnen finden. Lieber Sulzer! welche Logik — der wahre ächte Protestant nimmt den hebräischen und griechischen Text der Bibel, übersetzt und erklärt ihn, so wie ihn die alten Juden und die ersten Kirchen-Väter verstanden, erklärt und übersetzt haben *), daher stimmen auch alle unsere Uebersetzungen bis auf unbedeutende Kleinigkeiten mit der Uebersetzung des heiligen Hieronymus oder Ihrer Vulgata überein; diese Bibel erklärt sich nun der Protestant nach dem Wortverstand, und wo er ihm dunkel ist, da erklärt er sich ihn durch Parallelstellen. Der Neologe hingegen nimmt gewisse philosophische Grundsätze zur Basis der Wahrheit an, und macht nun seine Vernunft zur Richterin über die Bibel: daher sucht er die Wunder natürlich zu erklären, nimmt griechische Profanschriftsteller, arabische und andere Autoren zur Hand, und sucht dadurch die und da einen andern Sinn, als die christliche Kirche von jeher gehabt hat, in biblische Sprüche zu legen und dadurch seine philosophische Ideen mit ihr in Einklang zu bringen. Diese Herren sind aber keine Protestanten mehr, sondern Neologen. Protestant ist nur derjenige, der sich nebst der Bibel zu den Symbolen der protestantischen Kirchen, ihrem wesentlichen Gehalt nach, bekennt. Dadurch allein haben die protestantische Kirchen ihre Existenz und gleiche Rechte mit der römischen in dem römisch-deutschen Reich erhalten.

Alles, was ich hier noch weiter sagen könnte, das verspare ich in die folgenden Briefe, die diese Materie noch weiter abhandeln. Leben Sie wohl, lieber Bruder! und seyen Sie dem allen ungeachtet versichert, daß ich Sie herzlich liebe und hochschätze, als Ihr treuer Bruder

Jung Stilling.

---

*) Hier ist nur vom Wortverstand die Rede, nicht von dem innern geistlichen Sinn.

Beantwortung des achten Briefs.

Ueber das Verbot, die Bibel zu lesen, und über die katholische Hierarchie.

Mein theurer und innig geliebter Bruder!

Was das Verbot des Bibellesens in Ihrer Kirche betrifft, so weiß ich sehr wohl, daß das so genau nicht mehr genommen wird. Auch auf den Canon des tridentinischen Concilii, den Sie anführen, wird so genau nicht mehr gesehen. Selbst katholische Gelehrten, z. B. der selige Brentano, unser würdiger und grundgelehrter katholischer Stadtpfarrer Dereser hier in Carlsruhe, und die Herren von Eß in Westphalen haben deutsche Bibelübersetzungen geliefert, gewiß zu dem Zweck, daß daß sie von ungelehrten und Laien gelesen werden sollen.

Vor wenigen Jahren hat sich in England eine sogenannte Bibelgesellschaft gebildet, welche wohlfeile Auflagen der heiligen Schrift veranstaltet, und sie dann an arme oder nicht wohlhabende Hausväter verschenkt. Wir Deutsche wurden damals aufgefordert, uns in diesem Stück an sie anzuschließen, welches auch in Basel, Nürnberg, Frankfurt, Elberfeld und an andern Orten geschehen ist. Auch Katholiken wurden zum Beitritt eingeladen; und mehrere würdige Männer ließen sich willig finden, auch für ihre arme Laien mitzuwirken; nur das Vorurtheil der protestantischen Uebersetzungen stand im Weg; und dieß bewog eben die Herren von Eß, auch für die Katholiken eine wohlfeile Uebersetzung zu liefern. Jetzt trifft also dieser Vorwurf die deutsche katholische Kirche nicht mehr, ausser wo hie oder da ein Mönch oder Mönchischgesinnter ein Pfarramt verwaltet. Wie es in den übrigen durchaus katholischen Ländern mit der Bibel gehalten wird, das ist mir unbekannt. Vor der Reformation, oder vor dem tridentinischen Concilio galt aber das gänzliche Verbot des Bibellesens der Laien noch, welches der Pabst Innocentius III. im 12ten Jahrhundert seiner Kirche aufbürdete[26]).

Oben gedachter Canon des tridentinischen Concilii gibt aber doch das Bibellesen noch nicht allen Laien unbedingt zu, sondern es heißt darinnen so: da es durch die Erfahrung bekannt geworden, daß, wenn die heiligen Schriften in der Volkssprache jedermann ohne Unterschied zum Lesen erlaubt werden, daraus wegen der Vermessenheit der Menschen mehr schaden als Nutzen entsteht, so soll es in Betreff dieses Gegenstandes auf das Urtheil des Bischofs oder eines Inquisitors ankommen, also daß diese mit Zurathziehung des Pfarrers, oder Beichtvaters, die von Katholiken übersetzte Bibel in der Volkssprache denjenigen zu lesen gestatten können, von denen sie glauben werden, daß diese Lesung ihnen nicht zum Schaden, sondern zur Vermehrung des Glaubens und der Gottseligkeit gereichen könne; und diese Erlaubniß sollen dann die Lesenden sich schriftlich geben lassen, u. s. w.

Obwohl der heilige Geist den Vätern dieser Kirchen-Versammlung die Worte: daß wegen der Vermessenheit der Menschen das allgemeine Bibellesen mehr Schaden als Nutzen stifte — in die Feder diktirt hat? Sie selbst, mein Lieber! S. 143. Wem diese Verordnung — des tridentinischen Concilii — zu strenge däucht, den bitte ich, eine Viertelstunde lang an die Zertrümmerung der Einigkeit des christlichen Glaubens, an die Auswüchse unzähliger Sekten und Partheien, an die hieraus entstandene Zerreißung aller Bande der Liebe und Eintracht, an die hieraus entstandenen Aufruhren und Kriege, besonders den bekannten Bauern-Krieg, an die vergossenen Ströme Menschenbluts zu denken; lauter Folgen der von Luthern eingeführten Freiheit, vermöge deren Schneider, Schuster und Bauern über die Bibel herfielen, sie nach ihren Einsichten (was für Einsichten?) auslegten, und mit der vorgeblichen Freiheit der Kinder Gottes allen kirchlichen und bürgerlichen Gehorsam unter und über sich kehrten, u. s. w. Und dies Alles sollen wir in unsern eigenen Geschichtbüchern so finden können.

Mein lieber Bruder Sulzer! erinnern Sie sich doch nur an die unaufhörlichen Zwistigkeiten und Streitigkeiten in ihrer

Kirche über Glaubenslehren. Ich will der alten Ketzer-Fehden vor der Gründung des Pabstthums nicht gedenken, sondern Ihren Blick nur auf die unaufhörlichen Kriege der Orden gegeneinander richten; wie zankten sich die Franciskaner und Kapuziner wegen der Kaputzen? die Jesuiten und Dominikaner wegen der allgemeinen Gnade? — Welche Störung erregten die Jesuiten unter dem Schutz des Pabstes, gegen die Jansenisten, und gegen Quesnel und seine Anhänger, und welche Spaltungen entstanden dadurch in ihrer Kirche? und dann, mein Lieber! von Strömen Bluts darf der Katholik kein Wort sagen — wer hat dessen unter den unsäglichsten Martern irrender und nicht irrender Menschen mehr vergossen, als die römische Kirche?

Aber laßt uns nun einmal untersuchen, ob dann wirklich die Unruhen und der Bauernkrieg zu den Zeiten der Reformation durch das Bibellesen entstanden seyen? — Sie verweisen uns auf unsere eigenen Geschichtbücher; nun so lesen Sie denn Seckendorfs **Historiam Lutheranismi**, Gottfried Arnolds Kirchen- und Ketzer-Historie, und überhaupt alle Geschichtschreiber dieser Zeiten, so werden Sie ganz andere Ursachen finden: Alle, auch die Redlichen in Ihrer Kirche, kamen darinnen überein [27]), daß der namenlose Verfall des geistlichen Standes, ihre gränzenlose Liederlichkeit, ihre unbeschreibliche Unwissenheit und ihr lasterhaftes Leben, verbunden mit Verachtung des Laienstandes und Drucks desselben im Anfang des sechszehnten Jahrhunderts, auf die höchste Stufe gestiegen gewesen sey. Hiezu kam nun noch der allgemeine Druck der Feudalverfassung, der frevelhaften Befehdungen des Adels, und daher entstehenden Räubereien und Plünderungen der Reisenden und gegenseitiger Unterthanen. Dadurch, daß Kaiser Maximilian der Erste den Landfrieden befahl, wurde der Adel gereizt, seine alten Rechte zu vertheidigen und dadurch wurde es eher schlimmer als besser, wir kennen ja die Helden der damaligen Zeit, Götz von Berlichingen mit der eisernen Hand, Franz von Sickingen und andere mehr.

Dieser allgemeine Druck der höhern geistlichen und weltlichen Stände auf die Niedern gerieth nun auf den Punkt, wo eine allgemeine Revolution unvermeidlich war; und diese vollends zu beschleunigen, erschienen die Ablaßkrämer Samson in der Schweiz und Tetzel in Deutschland; zwei Männer, die ganz dazu gemacht waren, ein solches Scandal der Religion, wie der damalige Ablaßkram war, vollends zu satanisiren. Der Unfug war gräßlich, so daß vielen biedern deutschen Männern, auch im geistlichen Stand, darüber die Augen aufgingen. Der Bischof zu Konstanz, Hugo von Breitenlandenberg, schrieb an Zwingli, der eben Pfarrer in Zürich geworden war, er möchte doch dem Unwesen des Mönchs Samson Einhalt thun*); dieser ließ sich das auch nicht zweimal sagen, denn er war vorher schon äusserst aufgebracht darüber. Zu der nämlichen Zeit war Dr. Martin Luther Professor und Prediger zu Wittenberg in Sachsen; auch diesem war der Ablaßkram unerträglich, und überhaupt gab es damals hin und wieder Männer, die sich auf Wissenschaften gelegt hatten, und den tiefen Verfall der Kirche einsahen und bedauerten. Es kam also nur auf Männer an, wie Luther und Zwingli, die es wagten, den Ton anzugeben. Sie gaben ihn an, und der Erfolg ist bekannt.

Es ist ganz natürlich, daß diese Männer ihre Befugniß der allwaltenden herrschenden Kirche so kühn zu widersprechen, vor dem ganzen Publikum beweisen, und sich dadurch legitimiren mußten. Dies konnten Sie nicht anders als durch die Bibel; diese war aber damals ein so unbekanntes und versiegeltes Buch, daß es selbst die Geistlichen kaum kannten. Luther übersetzte sie in die deutsche Sprache, und Leo Juda, Zwingli's College in Zürich, hat auch wenigstens einen Theil davon in sein schweizerisches Deutsch übersetzt. Jetzt sah jeder mit eigenen Augen, und die Reformation gewann einen gesegneten Fortgang. Daß aber nun das Lehren der Bibel an all dem Unfug der Wiedertäufer und der Bauernkriege Schuld gewesen sey, das ist eine Behauptung, die Ihnen, lieber Sulzer! der Allerbarmer verzeihen wolle. Auf die Weise ist die Bibel an allen Ketzereien Schuld. Kann um des

*) Siehe hinten in den Erläuterungen Nro. 16.

Mißbrauchs willen der rechte Gebrauch verboten oder auch nur eingeschränkt werden? — das heilige Manifest Gottes unseres Erlösers sollte von stolzen Sterblichen, die sich anmaßen, seine Statthalter auf Erden zu seyn, ihren Mitmenschen aus den Augen gerückt, oder gezwungen werden, es so zu verstehen, wie es jene Machthaber verstanden haben wollen? — das sey ferne! Jedermann muß selbst sehen können, was der Herr sein Gott von ihm fordert.

Wenn sich ein großer Mann irgendwo hervorthut, großes Aufsehen macht und dadurch Ehre und Ansehen erwirbt, so bekommt er Nachahmer. Der Empordrang ist in der verdorbenen menschlichen Natur gegründet; und das war auch der Fall zur Zeit der Reformation. Es gab hie und da Männer, wie zum Beispiel der Wiedertäufer Thomas Münzer, die sich auch unter dem Vorwand der freien Untersuchung der Wahrheit, oder gar Rettung der Volksfreiheit, einen großen Namen zu machen, und Häupter einer neuen Sekte zu werden suchten. Damals war es nun ein Leichtes, einen großen Anhang zu bekommen; das gemeine Volk war des geistlichen und weltlichen Drucks herzlich müde; es schloß sich also willig an Münzern und seines gleichen an, um sich nun einmal an seinen Unterdrückten zu rächen und seiner Freiheit zu geniessen. Es ist eine sehr gewagte Behauptung, ich möchte fast sagen Lästerung, diesen Unfug als Folge des Bibellesens anzusehen. Und wenn dann auch Schwärmer ihre fixe Ideen aus der Bibel beweisen wollen, so liegt nicht die Schuld an diesem heiligen Buch, sondern an ihrem Unsinn; man kann aus jedem Lehrbuch durch Heraushebung und Verdrehung einzelner Stellen herausbringen und beweisen, was man will, soll man es darum nicht lesen?

Christus empfahl den Juden das Lesen Ihrer Bibel, mit dem Versprechen, sie würden das Zeugniß von Ihm darinnen finden. Joh. 5. v. 39. Die Berrhoenser werden Ap. Gesch. 17. v. 11. gelobt, daß sie im alten Testament die Zeugnisse von Christo und seiner Lehre aufsuchten und prüften, ob sichs auch wirklich so verhielte? —

Wie ists, lieber Bruder! waren die Berrhoeneser etwa Protestanten oder gar Deisten? Nein! mein Lieber! — Lukas nennt sie die edlern unter den dortigen Christen, und warum? eben darum, weil sie in der Bibel (sie hatten keine andere als das alte Testament) fleißig forschten, ob auch die Sache Christi darinnen gegründet wäre; folglich wären wir Protestanten ja auch die Edlern, weil wir im alten und neuen Testament fleißig forschen, was wahre Lehre Christi und seiner Apostel ist, und zugleich prüfen, in wiefern die selbsterfundenen Glaubens-Artikel der römischen Kirche damit übereinstimmen. Aber eben dieses Prüfen fürchtete man, daher das Verbot des Bibellesens. Doch dies Verbot hat Gottlob und Dank nun ein Ende. Es tagt auch in der alten römischen Mutterkirche. Gebe nur der gute und treue Gott, daß sich nicht wieder ein Sturm erhebt; die römische Politik könnte wieder erwachen, und dann würde es schlimmer werden, als jemals.

Hierauf wenden Sie sich nun zum Beweis der Rechtmäßigkeit der Hierarchie *), Sie wollen unsern, leider! sehr gegründeten Einwurf widerlegen, daß die römische Hierarchie sowohl an sich, als in ihrer Ausübung, angemaßte Gewalt, Despotismus und Tyrannei sey.

Sie citiren hier, S. 145, wieder eine ausgerissene Stelle aus einem meiner Briefe, worinnen ich gesagt haben soll, es sey unmöglich, daß Sie die Hierarchie aus der heiligen Schrift beweisen könnten. Wenn ich diesen Ausdruck gebraucht habe, so versteht sich von selbst, daß ich die biblische theokratische Hierarchie nicht darunter verstand, diese bestimmt Paulus, Epheser 4. v. 11. u. f., wo er sagt: Und er (nämlich Christus) hat etliche zu Aposteln gesetzt, etliche aber zu Propheten, etliche zu Evangelisten, etliche zu Hirten und Lehrern, zur Vollendung (Zusammenbringung **Consummatio**) der Heiligen im Geschäfte des geistlichen Amts (**Ministerii**) zur Erbauung des Leibs Christi u. s. w. Eben so wenig verstand ich auch

---

*) Unter dem Wort Hierarchie verstehe ich j e d e Organisation der geistlichen Regierung j e d e r Kirche.

die Hierarchie der ersten Christen im ersten und zweiten, auch noch des dritten und vierten Jahrhunderts darunter. Wie konnte ich das auch? wir haben ja selbst eine Hierarchie: in England, Dänemark, Schweden und in der mährischen Kirche ist sie bischöflich, und bei den übrigen Lutheranern und Reformirten haben wir ebenfalls eine Stufenfolge von geistlichen Vorgesetzten, die nicht wesentlich von jener Einrichtung verschieden ist, nur daß die Benennungen anders sind. Ob der erste Geistliche im Staat Bischof, oder Antistes, oder Superintendent heißt, darauf kommts nicht an. Die hohe Kirche in England unterscheidet sich aber dadurch, daß sie mehr von der römischen Liturgie beibehalten hat, als die anderen Protestanten. Jetzt erlauben Sie mir, mein lieber Bruder! daß ich Ihnen den protestantischen Begriff von der Hierarchie bestimmt und deutlich erkläre:

Das evangelische Lehramt erfordert nach der ersten apostolischen Einrichtung Männer, die die Lehre Christi und seiner Apostel richtig verstehen und deutlich vortragen können und die auch zugleich im Leben und Wandel diese Lehre befolgen und also Vorbilder ihrer Heerde sind; daß alle diese Männer in Kirchen und Schulen unter einer regelmäßigen Leitung, unter einem geistlichen Vorstand stehen müssen, das versteht sich von selbst; und je näher diese hierarchische Einrichtung der ersten Apostolischen kommt, desto besser. Jetzt kommt es aber nun auf die große Frage an: W o r i n b e s t e h t d i e r e g i e r e n d e G e w a l t d e r H i e r a r c h i e? Ist ihr Schwert weltlich oder geistlich? — oder sind ihr gar beide anvertraut?

Der ganze Zweck der Hierarchie ist, den Menschen den Willen Gottes, so wie er sich in seinem Wort geoffenbart hat, bekannt zu machen, und sie dann auf dem Weg der Wahrheit zur Gottseligkeit sicher zu ihrer großen Bestimmung in jenem Leben zu leiten. Jetzt bitte ich Sie, mein Lieber! wohl zu beherzigen, daß weder jene E r k e n n t n i ß des göttlichen Willens, noch diese L e i t u n g auf dem Wege der Wahrheit durch Zwang bewerkstelliget werden kann!!! — D i e v ö l l i g e U e b e r z e u g u n g d e s V e r s t a n d e s oder der Glaube und die freie Zustimmung des Willens oder die wahre gründliche Bekehrung sind der wahre, der Hauptzweck, den die Hierarchie zu erreichen suchen muß, und das kann sie durch nichts anders, als durch das Schwert des Geistes, nämlich durch das Wort Gottes. Dieses Schwert geht aus dem Munde des Erzhirten, Off. Joh. 1. V. 16. Hebr. 4. V. 12. und an andern Orten mehr. Da nun durch das weltliche Schwert oder durch äussern Zwang weder die Ueberzeugung der Wahrheit, noch die freie Beistimmung des Willens erzwungen werden kann, so ist es erstlich unnütz in der Hand der Hierarchie; und da es im Gegentheil die Menschen aus Furcht zum äussern Bekenntniß ohne innere Zustimmung verleiten kann und also Heuchler bildet, so ist es auch zweitens höchst schädlich in den Händen der Geistlichkeit. Sie könnten nun noch fragen, lieber Bruder! ob dann die geistliche Obrigkeit kein weltliches Strafamt ausüben dürfe? — ich antworte: was soll sie bestrafen? — Verbrechen? das kommt bei geistlichen und weltlichen Personen der weltlichen Obrigkeit zu, und es war ein grosser Fehler, daß man schon in den ersten Jahrhunderten die geistlichen Verbrecher den weltlichen Gerichten entzog. Oder Irrthum? — Irrende muß man belehren und überzeugen; kann man das nicht, so bedient man sich der gewöhnlichen Kirchenzucht und hilft die auch nicht, so entfernt man sie aus der Gemeine. Auch selbst die Kirchenzucht darf nicht anders ausgeübt werden, als durch das Schwert des Geistes, Entfernung vom Abendmahl u. drgl.

Sie sehen also, lieber Sulzer! daß es nicht die Organisation der römischen Kirche ist, die ich tadle, sondern die Ausübung ihrer Gewalt; halten Sie nun einmal die hierarchische Regierung Ihrer Kirche gegen das apostolische Ideal, das ich so eben entworfen habe und das sich die protestantische Kirche zum Muster der Nachahmung aufgestellt hat, und dann urtheilen Sie selbst. Denken Sie nur an die schmecklichen Verfolgungen der sogenannten Ketzer, die man oft unter den gräßlichsten Martern langsam hinrichtete; an die Inquisition, ihre Verfahrungsart und an ihre Auto da Fe's, an die vielen Einmauerungen fehlender Mönche und Nonnen, u. drgl. Nein! — mein Lieber! jedes fühlende Menschenherz muß seinen Blick von einer Kirche wegwenden, die dergleichen Gräuelthaten begeht und doch noch immer die wahre unfehlbare allein seligmachende Braut Christi seyn will. Diese Hierarchie können Sie mir nicht aus der Bibel beweisen, und nur dieser ihre angemaßte Gewalt ist Despotismus und schreckliche Tyrannei. Ich sagte so eben, daß es nicht die Organisation der römischen Kirche sey, die ich tadelte, darüber muß ich mich näher erklären: wenn die Päbste mit ihrem Consistorio immer bei der wahren einfachen Lehre des Herrn und seiner Apostel geblieben wären; wenn sie sich keiner weltlichen Herrschaft angemaßt und sich mit dem Schwert des Geistes begnügt hätten; kurz, wenn die Kirche das geblieben wäre, was sie im ersten und zweiten Jahrhundert war; so könnte man auch gar wohl einen allgemeinen Oberhirten dulden; und warum nicht? — ein solcher apostolischer Mann, der die ganze Christenheit mit Frieden und Segen erfüllte, wäre wohl werth, daß man ihm die Füße küßte. Aber darum, weil eine solche Stelle, wie die päpstliche, zu erschrecklichen Mißbräuchen und Usurpationen geführt hat und es in diesem Leben unmöglich ist, daß lauter apostolische Männer auf einander folgen können, darum müssen wir Protestanten sie verwerfen und können sie niemals annehmen.

Sie sehen also, mein Lieber! daß Sie mich in Ansehung des Begriffs von der Hierarchie mißverstanden haben; die Kirche muß allerdings eine Regierung haben, und ich respektire jede Organisation derselben, so wie ich alle Organisationen der weltlichen Staaten respektire, nur wird mir erlaubt seyn, die eine vor der andern mehr oder weniger für nützlich oder auch nach Befinden für schädlich zu halten. Wäre ich in England in der hohen Kirche geboren, so würde ich kein Presbyterianer werden, der ich jetzt bin, so wie alle Reformirten auf dem festen Lande. Die Uniform macht es nicht aus, sondern der treue und pünktliche Dienst im Werk des Herrn. Mit wahrer Liebe ihr treuer Bruder

Jung Stilling.

Beantwortung des neunten Briefs.

Ueber die Tradition.

Mein theurer und herzlich geliebter Brüder!

Dieser ganze Brief beweist, daß Sie die Lehre der protestantischen Kirche von der Tradition gar nicht kennen. Wer hat Ihnen denn gesagt, daß wir überhaupt gar keine Ueberlieferung annehmen? Wir haben ja die ganze heilige Schrift, die Kindertaufe und mehrere kirchliche Einrichtungen der Tradition zu verdanken. Wir nehmen alle Dogmen und Kirchengebräuche an, die durch die Tradition zu uns gekommen sind, insofern sie der heiligen Schrift und dem Sinn der ersten apostolischen Kirche gemäß sind. Die englische hohe Kirche hat die spätere Organisation der kirchlichen Dienerschaft und wir presbyterianische Reformirten die frühere angenommen; im Grund kommt darauf nicht viel an, nur daß der Reichthum und der vornehme Stand der Erzbischöfe und Bischöfe leichter vom demüthigen und einfältigen apostolischen Sinn abführt, wovon wir leider auch in England Beispiele genug haben.

Der Hauptbegriff, worauf alles beruht, ist der: was ist zur Seligkeit nöthig und was nicht? Die Erkenntniß dessen, was zur Seligkeit nöthig ist, gibt uns die heilige Schrift des alten und neuen Testaments; wer nun diese Erkenntniß durch den wahren lebendigen Glauben sich so zu eigen macht, daß er allmählig seinem Erlöser Jesu Christo immer ähnlicher und so in sein Bild, welches das Ebenbild Gottes ist, vergestaltet wird, der wird selig. Die Gnadenmittel, wodurch dem groben sinnlichen und sündlichen Menschen dieser schwere Prozeß, die Verwandlung der grundverdorbenen menschlichen Natur in die göttliche und himmlische erleichtert wird, haben uns ebenfalls Christus und die Apostel vorgeschrieben, sie bestehen in den heiligen Sakramenten, der Taufe und dem Abendmahl und dann in fleißiger Lesung und Betrachtung des Worts Gottes, in fleißiger Besuchung der Predigten, singen, beten u. drgl. Nun hat aber die Kirche durch alle Jahrhunderte herab noch allerhand äussere Cerimonien und Gebräuche hinzugethan; diese gehören nun eigentlich zu der Tradition, von welcher zwischen uns beiden, mein lieber Bruder! die Rede ist; so lang diese Cerimonien und Gebräuche blos als Mittel zur Erweckung, zur Andacht und Emporschwung des Herzens betrachtet werden und dann auch diesem Zweck entsprechen, so lang haben wir nichts dagegen einzuwenden; sobald sie aber den Gottesdienst im Geist und in der Wahrheit verdrängen und selbst an sich als Gottesdienst betrachtet und noch sogar für Glaubensartikel ausgegeben werden, dann müssen wir zurücktreten und mit dem hellen Licht des Evangelii genau und scharf prüfen, was von allen diesen Dingen wahre apostolische Ueberlieferung ist und was nicht.

Hier kommen wir nun eben auf den Hauptpunkt, mein Lieber! in welchem unsere Ueberzeugung ganz verschieden ist: Sie nehmen alles, was die römische Kirche verordnet hat, also ihre ganze Tradition von Anfang an, bis daher, als göttliche Verordnung an, die man ebenso streng befolgen müsse, als die Vorschriften der Bibel, weil sie von eben dem heiligen Geist herrühren sollen, der auch die heilige Schrift eingegeben hat. Dies ist nun der wahre und richtige Begriff von der Tradition, die wir Protestanten in Ewigkeit nicht annehmen können: denn sie gründet sich auf den falschen und höchst gefährlichen Satz: der heilige Geist bediene sich in der römischen Kirche auch gottloser und lasterhafter Menschen, um die in der Bibel nicht befindliche Glaubens-Artikel oder Kirchengebräuche zu offenbaren.

Großer Gott! wie kann der heilige Geist in einem menschlichen Wesen wirksam seyn, das vom Satan beherrscht wird? wie stimmt Christus mit Belial?

Wir werden bei der Beantwortung des folgenden Briefs die neu hinzugekommenen Glaubensartikel prüfen, ob sie vom heiligen Geist seyn können?

In meinen vorhergehenden Briefen habe ich überzeugend bewiesen:

1. Daß die römische Kirche nicht die allgemeine Anstalt sey, durch welche die Lehre Jesu allen Menschen mitgetheilt werden soll.

2. Daß die römische Kirche nicht der allgemeine entscheidende Glaubensrichter sey und nicht seyn könne.

3. Daß die römisch-katholische Kirche nicht unfehlbar sey und es auch nicht seyn könne, und

4. Daß die römische Kirche das Bibellesen nicht verbieten dürfe und daß ihre Hierarchie in Despotismus und Tyrannei ausgeartet sey.

Ich bitte alle meine unpartheiischen Leser, Alles, was ich in den vorhergehenden Briefen geschrieben habe, nach dem Worte Gottes und vernünftig zu prüfen, so werden sie finden, daß diese vier Behauptungen reine und unstreitige Wahrheit sind.

Hieraus folgt also nun der Schluß, daß die ganze römisch-katholische Tradition, insofern ihre Lehren nicht mit den biblischen harmoniren oder ihre Befolgung erschweren oder ihnen gar widersprechen, durchaus falsch sey und von den Christen nicht anerkannt werden darf.

Aus diesem Allem werden Sie sich nun erklären können, mein lieber Bruder! wie es möglich war, daß sich die Reformatoren in ihren dogmatischen Behauptungen auf die Kirchenväter berufen konnten; denn sie und die protestantischen Kirchen nehmen gern ihre Lehren an, sobald sie sehen, daß sie dem Sinn Christi und seiner Apostel gemäß sind.

S. 157, in der Mitte, reden Sie uns Protestanten an und sagen: Sagt uns zur Güte: aus was vor innern (biblischen)

Gründen, ohne Gebrauch der katholischen Tradition, verwarfet Ihr zuerst einige neutestamentische Schriften und nehmet jetzt wieder das ganze neue Testament als inspirirt an?

In dieser Frage, mein Lieber! findet sich ein doppelter Mißverstand. Erstlich nehmen wir freilich eine Tradition unter obigen Einschränkungen an, und wenn Luther bei dem einen oder andern biblischen Buch an seinem canonischen Werth zweifelte, so war das kein Wunder, da er sah, wie ungegründet so Vieles in der römischen Tradition war. Er und seine Nachfolger prüften aber genauer, und fanden nun den Canon der Kirche in Ansehung des Testaments richtig; und zweitens ist das sehr unrecht, wenn Sie der ganzen protestantischen Kirche das aufbürden, was Einer oder nur Wenige gegen den Canon der heiligen Schrift unternommen haben; Semlers und seiner Nachfolger Versuche haben nur dazu gedient, daß man nun noch strenger geprüft und gefunden hat, daß das neue Testament, so wie wir es jetzt haben, ächt canonisch ist. Durch diese meine Erklärung fällt nun Alles weg, was Sie, mein Lieber! auf der folgenden 158. und 159sten Seite sagen.

Sie erzählen S. 160 einen Fall, daß man in einer großen reformirten Stadt die Frage aufgeworfen habe, ob man die Kinder mit wohlriechenden Wassern taufen dürfe, und das Consistorium habe entschieden, daß Christus und die Apostel Fluß oder Brunnenwasser unter dem Wort Wasser verstanden hätten, und das war auch ganz recht und dem Sinn der ganzen protestantischen Kirche gemäß. Was Sie S. 161 und 162 von den verschiedenen Arten der Tradition sagen, dagegen habe ich nichts zu erinnern.

Auf der 163sten und den folgenden Seiten stellen Sie Fragen auf, welche nach ihrer Meynung nicht in der Bibel, wenigstens nicht deutlich beantwortet werden und daher durch die positive Tradition der Kirche entschieden werden müßten. Wir wollen diese Fragen der Reihe nach prüfen:

1. Ob die von Ketzern und im Nothfall von jedem Laien ertheilte christliche Taufe gültig sey?

Antw. Jede Kindertaufe ist gültig, wenn sie nur nach

der Formel der Einsetzung Christi geschieht. Es kommt hernach auf den Unterricht und die Confirmation an, ob diese dem christlichen Glauben gemäß sind. Was die Taufe der Erwachsenen betrifft, so beruht wieder alles auf ihrem Glaubensbekenntniß, was der glaubt, der sie tauft, wenn nur die Taufe einsetzungsmäßig ist, das hat auf den Täufling eben so wenig Einfluß, als wenn ein unbekehrter Geistlicher das Abendmahl austheilt. Es sind auch diejenigen nicht alle Ketzer, welche die Kirche dazu erklärt. Auch wußten die Apostel nichts von dem Unterschied zwischen Clerisei und Laien. Christus hat alle seine Glaubigen zu Königen und Priestern in seinem Reiche gemacht. Off. Joh. v. 6. und 1 Petri 2. v. 5 und 9. Aber um der christlichen Ordnung willen ist es nöthig, daß gewisse Personen zum Taufen bestimmt werden, und dazu sind die von der Obrigkeit und der Kirche verordnete und ordinirte Religionslehrer, sie mögen hernach heißen, wie sie wollen, am zweckmäßigsten. Christus und die Apostel haben dergleichen Einrichtungen den Religions-Gesellschaften, je nach den Umständen, überlassen, und keine hat hier das Recht, einer andern Gesetze vorzuschreiben oder etwas zum Glaubensartikel zu machen, das keiner ist.

2. Ob neugeborne Kinder, ob erwachsene Wahnsinnige müssen getauft werden?

Antw. Hier liegt der schreckliche und unmenschliche Satz zum Grund: ungetaufte Kinder könnten nicht selig werden. Was wohl der große Kinderfreund, der bestimmt gesagt hat: Solcher ist das Reich Gottes, darüber urtheilen wird? — Bei den ersten Christen war es willkürlich, doch fing man bald an, auch die Kinder zu taufen, welches auch die protestantische Kirchen für gut und löblich halten; indessen verketzern wir unsre Brüder, die Mennoniten nicht, welche dafür halten, daß es besser sey, wenn man die Kinder dann erst taufe, wenn sie auch wissen, was Taufe ist; denn sie haben eben so gut, wie wir, die Beispiele der ersten Kirche vor sich. Ob erwachsene Wahnsinnige getauft werden müssen? ist eine Frage, wie viele andere, die in den dunkelsten Zeiten der scholastischen Grillenfängereien aufgeworfen worden sind. Ein Wahnsinniger ist ein Kind; wer nun glaubt, daß die blose Wassertaufe für sich allein das Kind selig mache, der muß auch den Wahnsinnigen taufen. Wer aber weiß und glaubt, daß die heilige Taufe nur ein feierlicher Bund ist, den der Mensch mit Gott macht, in welchem er schwört und verspricht, als ein wahrer Christ zu leben und zu sterben, wogegen ihm dann auch Gott, wenn der Mensch Wort hält, die ewige Seligkeit versichert, der würde es für einen Spott ins Angesicht Gottes halten, einen Wahnsinnigen zu taufen.

3. Ob die Wiederholung der Taufe dem Willen des Herrn Jesu zuwider, also sündlich sey?

Antw. Wenn sie dem Herrn zuwider wäre, so hätte er sie verboten oder seine Apostel hätten es gethan: da sie aber unnöthig ist, so hat sie die Kirche, um der Ordnung willen, verboten, wenn sie aber eine kirchliche Gesellschaft in gewissen Fällen für nöthig hält, wie z. B. die Mennoniten, sündiget sie nicht: denn wenn man glaubt, der Bund zwischen Gott und dem Menschen sey nicht gültig geschlossen oder die Abwaschung von Sünden sey nicht kräftig genug, so mache man es besser.

4. Ob das Fußwaschen kein Sakrament sey? Der Begriff des Wort's Sakrament schließt einen Bund zwischen Gott und dem Menschen in sich. Dies war der Begriff bei der Beschneidung und dem Osterlamm, und der nämliche ist es auch bei der Taufe und dem Abendmahl. Mit dem Fußwäschen verhält es sich ganz anders: da wollte unser Herr nur das größte Beispiel der christlichen Demuth zeigen: es war nämlich im Orient gebräuchlich, daß man mit unbekleideten Füßen, blos mit Sandalien unter den Füßen reiste, daher war es ein Zeichen der Höflichkeit und der Gastfreundschaft, wenn man ankommenden Gästen die von Schweiß, Staub und Schmutz verunreinigte Füße wusch; dies geschah dann von den geringsten Bedienten; daher wollte Christus durch sein Fußwaschen zeigen, wie der Christ sich zu den allergeringsten Liebesdiensten verstehen, das ist, von aller Erhebung über

andere frei seyn müsse. Er wollte uns ein Beispiel der Demuth geben, das wir in allen Fällen befolgen müssen. Da wir nun bekleidete Füße haben, folglich die Nachahmung des Fußwaschens blos ein Erinnerungszeichen der christlichen Demuth ist; so kann man es wie jede Andachtsübung betrachten und es der christlichen Freiheit überlassen, ob es eine Religions-Gesellschaft als ein solches in ihrer Kirche einführen will oder nicht. Als ein Sakrament kann es nie betrachtet werden: weil hier von einem wechselseitigen Bund gar die Rede nicht ist.

5. Ob das heilige Abendmahl nothwendig unter beiden Gestalten müsse genossen; — ob Waizenbrod dazu müsse gebraucht werden; ob nur die Priester des ersten und zweiten Rangs oder auch die Diakonen oder gar die Laien die Gewalt haben, das heilige Abendmahl zu verrichten (verfertigen, vollenden, conficere)?

Antw. Diese wichtige Materie wird im folgenden Brief zur Sprache kommen; hier bemerke ich nur folgendes: wo Christus selbst bestimmt befohlen und verordnet hat, da darf keine menschliche Autorität etwas ändern. Diesen Satz, mein lieber Sulzer! müssen Sie mir zugeben. Nun hat aber Christus bei der Einsetzung des Abendmahls die Worte: nehmet hin und esset! — Trinket Alle daraus! Matth. 26. V. 26 und 27, und Luc. 22. V. 17 und 19. ausdrücklich gesagt, und beides zu genießen befohlen, folglich kann keine menschliche Autorität darinnen etwas ändern, auch daß der heilige Geist nichts verordnet, das dem Sinn unsers Herrn entgegen ist, das versteht sich von selbst. Was das Brod betrifft, so nimmt man das Getreide dazu, das im Lande zum Brod gebraucht wird; nur ist es schicklich, daß man es nicht säuren lasse, weil auch Christus ungesäuert Brod brauchte; und weil er den Osterfladen zerbrach und ihn in Stücken herumgab, und dieses Zerbrechen ein Symbol seiner Leiden und der gemeinschaftlichen Theilnahme an seinem vollgültigen Verdienst seyn sollte, so halten wir Reformirten auch das Brechen des Brods für schicklicher, als die Hostie. Es wäre auch besser und bedeutender, wenn man rothen, anstatt weißen Wein wählte, weil Christus auch rothen Wein brauchte, denn in Palästina gabs keinen andern. Indessen der wesentliche geistige Genuß ist die Hauptsache. Auf die Frage, wer das Abendmahl austheilen soll, antworte ich: die Religions-Lehrer, welche von der Obrigkeit verordnet und von der Kirche ordinirt worden sind.

6. Ob keine andere Schriften des alten Testaments, als diejenigen, die Jesus und die Apostel für canonisch hielten, canonisch seyen, und welche?

Antwort. Hierüber habe ich mich schon im Vorhergehenden erklärt: Christus, die Apostel und die erste Kirche nahmen den Canon der Juden an, den nannte der Herr Mose und die Propheten. Diesen Canon haben die Juden jetzt noch unverändert, und keine Kirche ist berechtigt, noch andere Bücher, als vom heiligen Geist eingegeben, hinzuzuthun.

7. Ob der Selbstmord in keinem einzigen nur erdenklichen Fall erlaubt sey?

Antwort. Da wir unsern Nächsten lieben sollen, wie uns selbst, die Ermordung unsers Nebenmenschen aber als ein todeswürdiges Verbrechen verboten ist, so ist der Selbstmord, wenn er bei gesundem Verstand begangen wird, ein eben so großes Verbrechen, das aber erst in jenem Leben bestraft werden kann und daher fürchterlich und schrecklich ist. Da wir auch ferner nicht wissen, was in der nächsten Minute geschehen kann und es also leicht möglich ist, daß die erhabene Vorsehung jemand, der in der dringendsten Noth ist, ganz unversehens retten kann, so ist auch in dem Fall der Selbstmord nicht erlaubt. Indessen, da man nie, wenigstens sehr selten, die Gemüthslage eines Selbstmörders in seinen letzten Augenblicken weiß, so sind wir verpflichtet, von ihm nach der Liebe zu urtheilen und nie berechtigt, ihn noch nach dem Tode zu beschimpfen, besonders, weil der Schimpf nicht ihn, sondern seine Verwandten trifft.

Sie sehen hier aus meiner Beantwortung dieser Fragen, daß wir mit Hülfe der biblischen Analogie, der von uns anerkannten apostolischen Tradition und einer durch die Religion erneuerten Vernunft gar leicht entscheiden können, was dem Willen Gottes am gemäßesten sey, ohne zur Entscheidung des Pabstes und der Concilien unsre Zuflucht zu nehmen. Wenn der eine oder der andere unserer Philosophen in dergleichen Fällen nicht mit sich selbst einig werden kann, so ist das seine eigene Schuld. Das Licht der heiligen Schrift läßt uns nirgends stecken, wenn wir keine Lieblings-Meynungen haben, die wir gerne darinnen finden möchten; wenn wir uns eines heiligen Lebens befleißigen und ganz willenlos, ohne vorgefaßten Wahn, um Mittheilung des heiligen Geistes beten.

Auf der 168sten Seite gedenken Sie noch der Ehe, als einer Sache, die auch nicht in allen Fällen aus der Bibel entschieden werden kann. Lieber Bruder! mir deucht doch, daß man das könne: in Ansehung der Vielweiberei entscheidet Christus deutlich Marc. 10, V. 6—10. Gott hat nur einen Mann und ein Weib geschaffen; bei dieser göttlichen Ordnung muß es bleiben. Was aber die Ehescheidung betrifft, so ist sie nach V. 11. u. 12. zwischen Ehegatten selbst unter sich nicht erlaubt, es sey denn, daß eins von beiden die Ehe bricht, alsdann darf das Band getrennt werden. Das alles bestimmt Christus genau. Wenn aber Eheleute miteinander so unchristlich und ärgerlich leben, daß sie und ihre Kinder dadurch nach Leib und Seel Noth leiden, so thut die Polizei wohl, wenn sie von Tisch und Bett scheidet, wie solches auch in den römischen und protestantischen Kirchen gebräuchlich ist. Wenn aber nun protestantische Obrigkeiten alsbald scheiden und das Heirathen wieder erlauben, so oft es Eheleuten einfällt, so gehört das unter die Wunden und Geschwüre, die bei uns offen vor aller Menschen Augen eitern; ob es aber nicht schlimmer ist, wenn Eheleute, die von Tisch und Bett geschieden sind, sich nun der Liederlichkeit ergeben und ausschweifen, das lasse ich dahin gestellt seyn. Dies ist dann wieder ein Geschwür, das im Verborgenen eitert. Die mosaischen Ehegesetze legitimiren sich an der gesunden Vernunft und sollen deswegen auch beibehalten werden, insofern sie nicht blos für die jüdischen Polizei-Einrichtungen gegeben worden sind, welches man alsofort sehen kann; die Kirche hat sie also auch mit Recht angenommen; daß sie aber nachher durch noch strengere Gesetze das Heirathen erschwert hat und dann wieder für Geld dispensirt, das ist nicht apostolisch.

Wenn Sie nun, mein lieber Bruder! alles das beherzigen, was ich bis daher über die Tradition gesagt habe, so werden Sie selbst einsehen, daß Alles, was Sie von Seite 165 bis 171 über diesen Gegenstand geschrieben und uns Protestanten ans Herz gelegt haben, von selbst wegfällt: wir erkennen dreierlei Traditionen:

1. Solche, die in der heiligen Schrift gegründet sind, diese nehmen wir als nothwendig an und halten es für Pflicht, sie zu befolgen.

2. Solche, die zwar in der heiligen Schrift nicht unmittelbar gegründet sind, aber doch die Andacht und die Gottseligkeit wirklich befördern können. Obgleich diese für die christlich-religiöse Gesellschaft nicht absolut verbindlich sind, so wäre es doch Pflicht der Vorgesetzten der Kirche, dafür zu sorgen, daß der Cultus für den sinnlichen Menschen rührender, erwecklicher und der Andacht beförderlicher wäre. Hier fehlten die Reformatoren sehr, daß sie das Kind mit dem Bad wegschütteten; und

3. Solche Traditionen und Glaubensartikel, deren Ausübung entweder gerade zu den Grundsätzen der Bibel widerspricht oder doch den Gottesdienst im Geist und in der Wahrheit erschwert und verdrängt, nehmen wir auf keinen Fall an; und nur in diesen liegt der eigentliche Grund der Trennung von der römischen Mutterkirche. Im folgenden Brief wird davon die Rede seyn. Nun noch Einiges über die drei Einwürfe, dir wir, Ihrer Meinung nach, gegen die Tradition machen sollen; der erste lautet so:

Die Bibel selbst verbietet allen Zusatz zu dem geschriebenen Worte Gottes, z. B. 5. B. Mos. 4, v. 2, und Apoc. 22, v. 18.

Der Protestant, der Ihnen das gesagt hat, muß ein sehr eingeschränkter Kopf seyn: denn obgleich das wahr ist, daß man der Bibel nichts zusetzen und auch nichts davon wegnehmen soll, so beweisen das doch die hier angeführten Sprüche nicht: denn im ersten befiehlt Mose nur, daß Niemand sich unterstehen soll, den Gesetzen, die Gott dem Volk Israel in der Wüste gegeben hatte, etwas zuzusetzen oder davon abzuthun, sondern sie so unverändert heilig zu bewahren. Nun sind ja aber hernach noch alle folgende Bücher des alten Testaments hinzugekommen, wie kann also dieser Spruch auf die ganze Bibel bezogen werden? Eben so verhält sichs auch mit dem zweiten, Apoc. 22, v. 18. und 19. Hier wird jeder Zusatz zu diesem Buch der Weissagung, nämlich zur Apocalypse und ebenso auch jede Verkürzung verboten: denn nachher wurden ja erst die Bücher des neuen Testaments gesammelt und der Canon festgesetzt. Wie Sie aber sagen können, es sollte heilig also gehalten werden, nämlich: daß nichts zur Bibel hinzu- und davon gethan werden soll, das begreife ich nicht, da Sie die Tradition der Kirche für ebenso verbindlich halten und behaupten, daß sie auch vom heiligen Geist herrühre. Demnach wäre also die Tradition eine Fortsetzung, ein Zusatz zur Bibel.

Der zweite Einwurf, den wir machen sollen, heißt: Die Bibel enthält alle zur Heilswissenschaft nothwendige Wahrheiten; und sie sagt dieses selbst 2 Tim. 3, v. 15. 17., also brauchen wir keine Tradition.

Konnte dies Paulus seinem Timotheus schreiben, der doch nur das alte Testament kannte, wie viel mehr können wir uns beruhigen, da wir nun auch noch dazu das neue Testament erhalten haben. Daß Sie auf diese Behauptung den Separatismus gründen, ist unrichtig: die Separatisten sehen die äussere Kirchen überhaupt für ein verworrenes Babel an, das in der Lehre und dem Leben von der Wahrheit abgewichen ist. Sie glauben sich also absondern zu müssen, damit sie sich weder in der Kirche, noch bei dem Abendmahl verunreinigen und an den unfruchtbaren Werken der Finsterniß keinen Antheil nehmen mögen. Der Grund des Separatismus ist unbändiger Stolz und Eigendünkel. Beherzigen Sie doch folgenden Schluß: Da die Christen der ersten Jahrhunderte weiter nichts hatten, als die Bibel und die apostolische Tradition und von der spätern römischen kein Wort wußten und doch selig und heilig geworden sind, so muß die Bibel in Verbindung mit der apostolischen Tradition alles enthalten, was zur Seligkeit vonnöthen ist. Da uns Protestanten nun nächst der Bibel auch die apostolische Tradition aus den ersten Kirchenvätern bekannt ist, so wissen wir Alles, was uns zur Seligkeit nöthig ist. Durch die apostolische Tradition wissen wir eben, daß die Bibel alle Heilswahrheiten enthält, denn sie sagen und lehren nichts, das sich nicht genau an die Bibel anschließt.

Der dritte Einwurf heißt: Aber warum hat denn der Herr Jesus den Schriftgelehrten und Pharisäern ihre Traditionen vorgeworfen?

Lieber Sulzer! glauben Sie mir, Petrus würde selbst, wenn er jetzt als Apostel wieder käme, der römischen Kirche die nämlichen Vorwürfe machen; von löblichen Anstalten und Gebräuchen ist ja gar nicht die Rede, sondern von denen, die Lehre Jesu und seiner Apostel gerade zu widersprechen oder dem Gottesdienst im Geist und in der Wahrheit nachtheilig sind. Wir wollen uns über diese wichtige Materie, worauf zwischen uns beinahe Alles ankommt, im folgenden Brief liebreich brüderlich und unpartheiisch unterhalten. Ich verharre mit wahrer Liebe Ihr

aufrichtiger Bruder

Jung Stilling.

N. S. Sie sagen am Schluß Ihres neunten Briefs: Aber ja, ich weiß, was für ein Messer gegen mich ich Euch hier in die Hände gegeben habe, u. s. w. Erlauben Sie! mein Lieber! wir hatten dies Messer schon sehr lange, von Ihnen haben wir es nicht erhalten; sorgen Sie nicht, wir sind keine Kinder mehr und werden es behutsam zu brauchen wissen.

Antwort auf den zehnten Brief.

Von den Lehren, Satzungen und Traditionen der katholischen Kirche, die dem Worte Gottes zuwider seyn sollen.

Mein theurer und herzlich geliebter Bruder!

Da sind wir nun auf dem Standpunkt, wo es darauf ankommt, welcher von uns beiden den Sieg davon trägt: denn eben die Punkte, die Sie hier anführen, sind die Steine des Anstoßes und die Scheidewand, welche die protestantische Kirche von der römischen trennt und ewig trennen muß, so lang letztere nicht davon abgeht. Diese Punkte sind nun folgende:

1. Die Hierarchie — mit dieser sind wir fertig.
2. Die Transsubstantiation.
3. Die Anbetung der Hostie.
4. Die Messe.
5. Die Ohrenbeicht.
6. Die Verehrung oder Anbetung der Heiligen und ihrer Bilder.
7. Das Cölibat, oder der ehelose Stand der Geistlichen.
8. Der Glaubens-Gehorsam gegen den Pabst; und
9. Der vorgebliche katholische Glaubensartikel, daß ausser dieser Kirche kein Heil sey.

Es gehört viel Sanftmuth und Demuth dazu, um das ohne Aufwallung des Unwillens zu ertragen, was Sie mir und uns Protestanten überhaupt von Seite 177 bis 180, und beinahe auf allen Blättern ihres Buchs sagen — Sie behandeln uns als ungehorsame, mit lauter Vorurtheilen benebelte Dummköpfe, deren Augen voll Splitter sind, die Sie herausziehen und uns sehend machen wollen. Lieber, lieber Sulzer! das ist nicht Wahrheit in Liebe. Ich will nicht gleiches mit gleichem vergelten, sondern unbefangen, rein und evangelisch. Ihre Transsubstantiation, das ist: die Verwandlung der Hostie in den wahren Leib und Blut unsers Herrn, widerlegen.

Sie gründen diesen Glaubens-Artikel auf die Worte des

Herrn bei der Einsetzung des heiligen Abendmahls[20]), nehmet hin und esset, das ist mein Leib; und trinket alle daraus, das ist mein Blut des neuen Testaments, u. s. w. Matth. 26, V. 26. und 28., Marc. 14, V. 22. und 24. und Luc. 22, V. 19.

Jetzt lege ich Ihnen, mein Lieber! folgende Alternative vor: Entweder geschahe immer eine Verwandlung, wenn sich Christus der Worte, Ich bin, Du bist, Er ist, u. s. w. bediente; z. B., wenn Er zu Petro sagte: du bist Petrus (ein Fels), so wurde die menschliche Substanz Petri in eine felsichte verwandelt; wenn Er sagte: Ich bin ein Weinstock und mein Vater ein Weingärtner, so mußte das nämliche geschehen, und dergleichen Beispiele mehr; oder eine solche Verwandlung geschahe nur bei der Einsetzung des Abendmahls. Da sich nun nirgends eine Spur findet, wodurch diese höchst wichtige Ausnahme von dem allgemeinen Sprachgebrauch nur von weitem angedeutet, vielweniger bestätiget wird, wie ich fernerhin mit Parallelstellen und aus der Tradition des ersten und zweiten Jahrhunderts beweisen werde, so fällt auf einmal die ganze Lehre von der Transsubstantitation weg; hier gilt keine spätere Tradition und keine menschliche Autorität, Christus und seine Apostel müssen hier entscheiden.

Sie führen zum Beweis das 6te Kapitel des Evangelii Johannis an, wo der Herr so viel vom Essen seines Fleisches und Trinken seines Bluts redet. Seine damaligen Zuhörer fanden dieß gerade so widersinnig, als wir Protestanten die Transsubstantiation. Sie sagten also: Das ist eine harte Rede, wer kann die hören. Jesus merkte das, Er sagte also: Aergert Euch das? — Wie, wenn Ihr denn sehen werdet des Menschensohn auffahren, dahin, wo Er vorher war! — Hiemit wollte Er ihnen zu verstehen geben, daß Er nicht körperlich, physisch und sinnlich bei ihnen bleiben und ihnen sein Fleisch zu essen geben könnte, sondern (hier entscheidet Er die Sache ganz) der Geist ists, der da belebt, das Fleisch nützt zu nichts, die Worte, die ich zu euch geredet habe, sind Geist und Leben.

Lieber Sulzer! wie ist es möglich, nun noch behaupten zu wollen: ohngeachtet Christus gesagt hat, das Fleisch nützt nichts, daß dennoch die Substanz des Mehls und des Wassers oder des Brods in die Substanz des Fleisches und Bluts Christi verwandelt werde? — und da in der Hostie nach der Einsegnung keine Spur von sinnlicher Veränderung zu entdecken ist, so kann sich der erleuchtete Katholik nichts anders bei dieser Verwandlung denken, als daß nach der Einsegnung der geistige oder verklärte Leib Christi in der Hostie gegenwärtig sey [29]); dann fällt aber die Verwandlung weg, und das Brod bleibt Brod, wie vorher.

Diese Idee scheint mir auch Lutherus ungefähr gehabt zu haben, wenn er sagt: daß das Fleisch und Blut des Herrn in, mit und unter dem Brod und Wein durch den wahren Glauben an Christum geistlicher Weise genossen werde. Die reformirte Kirche aber nimmt den Begriff so an, wie er in der 79sten Frage des Heidelbergischen Catechismi ausgedrückt wird, wo es heißt: Christus will uns mit den Worten, das ist mein Leib, das ist mein Blut, nicht allein lehren, daß, gleichwie Brod und Wein das zeitliche Leben erhalten, also sey auch sein gekreuzigter Leib und vergossenes Blut die wahre Speise und Trank unserer Seelen zum ewigen Leben, sondern vielmehr, daß Er uns durch dies sichtbare Zeichen und Pfand will versichern, daß wir so wahrhaftig seines wahren Leibs und Bluts durch Wirkung des heiligen Geistes theilhaftig werden, als wir diese heilige Wahrzeichen mit dem leiblichen Mund zu seiner Gedächtniß empfangen, und daß all seine Leiden und Gehorsam so gewiß unser eigen sey, als hätten wir selbst in unserer eigenen Person alles gelitten und genug gethan.

Sehen Sie, mein lieber Bruder! da haben sie die dreierlei Begriffe vom Abendmahl beisammen. Sie werden nun finden, daß es uns Allen um den geistlichen Genuß des Fleisches und Bluts Christi zu thun ist, und das ist doch das Wesen und die Hauptsache des Abendmahls, worüber nun das Zanken um die Schaale? — und warum machen Sie ein so unnatürliches, in der Bibel durchaus nicht gegründetes Verwandlungswunder zum Glaubens-Artikel, und belegen alle mit dem Bann, die es nicht glauben können?

Sie beziehen auch die Stellen, Joh. 6., auf das Abendmahl, und haben auch darinnen nicht unrecht; wenigstens erinnerten sich die Jünger bei der Einsetzung desselben an jene Reden des Herrn, an das Essen seines Fleisches und an das Trinken seines Bluts. Allein, daß Christus selbst noch etwas anders dabei im Sinne hatte, das ist wohl gewiß: wir haben eine Parallelstelle, die viel Licht in dieser Sache gibt: Joh. 15. vergleicht sich der Herr einem Weinstock, und die, die an Ihn glauben, den Reben, so wie nun die Reben unaufhörlich mit dem Weinstock vereinigt bleiben, und beständig Saft aus ihm ziehen müssen, wenn sie Früchte tragen und nicht verdorren sollen, so muß auch der glaubige Christ unaufhörlich mit Christo vereinigt bleiben, und beständig Seelennahrung aus Ihm ziehen, wenn er Früchte tragen und nicht verdorren soll. Es ist nicht genug, daß der Rebe vom Weinstock abgesondert, dann und wann sich an den Weinstock hängt und Saft zieht. Nein! er muß immer an ihm hängen bleiben; eben so ist es auch damit nicht genug, daß der Christ dann und wann einmal zum Nachtmahl geht, sondern er muß unaufhörlich mit Christo vereinigt bleiben, und Nahrung aus seiner Fülle genießen; daher auch die ersten Christen täglich zusammen kamen, miteinander aßen, und dann auch das Brod brachen, oder das Abendmahl genoßen. Dieß Sakrament hat eigentlich vier Hauptzwecke:

1. Erneuerung des Taufbundes und des Anschlusses an Christum, des Bleibens an Ihm.

2. Oeffentlicher freier Genuß der Erlösungsgüter, und dadurch öffentliches Bekenntniß zu Christo, seiner Lehre und seiner Religion;

3. Kommunion, Vereinigung, brüderliche Verbindung, zunächst mit den wahren Christen, die zusammen das Abendmahl genießen, und dann auch mit allen Glaubigen in der ganzen Welt; und vornehmlich

4. Ist das heilige Abendmahl die Gedächtnißfeier des Leidens und Sterbens unsers Herrn.

Doch ich wende mich wieder zur Lehre von der Transsubstantitation: aus der Geschichte ist bekannt, daß die Kirche, so wie sie sich vermehrte, von Jahrhundert zu Jahrhundert immer mehr von der reinen apostolischen Einfalt abwich, immer mehr äussere Cerimonien und äussern Prunk erfand, und dadurch dem Volk der Christen durch einen sinnlichen Gottesdienst, der dem jüdischen und heidnischen wenigstens im Aeussern ähnlich war, den Gottesdienst im Geist und in der Wahrheit, immer mehr aus den Augen rückte. Vorzüglich war nun das Abendmahl der Gegenstand, der am mehrsten mit geheimnißvollen Gebräuchen ausgeschmückt wurde; man fing an, den Begriff eines Opfers damit zu verbinden[30]), weil Juden und Heiden daran gewöhnt waren. Nach und nach gebrauchte auch hie und da ein Kirchenvater das Wort Verwandlung des Brods und Weins in den Leib und das Blut Christi; allein über die Art und Weise dieser Verwandlung erklärte man sich nicht; es war ein hochheiliges Geheimniß, das man in Dunkel einhüllte, um dadurch bei dem gemeinen Volk desto mehr Ehrfurcht zu erwecken. Indessen wurde der Begriff, daß Christus im Abendmahl selbst gegenwärtig sey, ausgetheilt, sein Fleisch gegessen und sein Blut getrunken werde, immer sinnlicher, und dieß war auch ganz natürlich, weil die ganze Religion immer mehr versinnlicht wurde. Endlich, in der dunkelsten Zeit des Aberglaubens, trat ein Mönch zu Corvey in Frankreich, Paschasius Ratbert, im Jahre 831 auf, und behauptete nicht nur, daß die Redensarten der Väter von der Verwandlung ganz eigentlich zu verstehen seyen, sondern suchte auch durch die Allmacht Gottes zu beweisen, daß vom Brod und Wein in der Messe nichts weiter als das äussere Sinnliche übrig bliebe, und daß eine ganz neue Substanz, nämlich der Leib und das Blut Christi, entstehe, und zwar der nämliche Leib, welcher von Maria geboren, am Kreuz gehangen, getödtet und auferstanden sey, daß also das Beten und Segensprechen des Priesters über dem Brod und

Wein eine doppelte Wirkung habe: 1. eine Vernichtung des Brods und Weins, und 2. eine Erschaffung des Fleisches und Bluts Christi. — Sehen Sie, mein Lieber! das ist der wahre Ursprung, der in der römischen Kirche zum Glaubens-Artikel erhobenen Lehre von der Transsubstantiation, von der weder Christus, noch die Apostel, noch die ersten Christen etwas gewußt haben. Heller denkende Männer, vorzüglich Ratramnus oder Bertram, ein Mönch aus dem nämlichen Kloster, widerlegte seinen Kollegen, und erklärte das Geheimniß der Verwandlung geistiger, und mehr dem Sinn der späteren Kirchenväter gemäß. Noch vorzüglicher aber war die Widerlegung der Transsubstantiation, die der große Gelehrte und würdige Erzbischof zu Mainz, Rabanus Maurus in seinem Tractat de Eucharistia dem Ratbert entgegensetzte; dieser Streit dauerte nun so fort; viele glaubten dem Ratbert, und viele seinen Gegnern. Im folgenden Jahrhundert trat wieder ein heftiger Vertheidiger der Transsubstantiation, Odo, Erzbischof zu Canterbury in England, auf; und um seinen Begriff von der Verwandlung zu beweisen, stach er sich in einen Finger, und machte damit die Hostie blutig, wie solches Wilhelm von Malmesbury, auch ein Mönch, in seiner englischen Geschichte erzählt. Späterhin, im zwölften Jahrhundert, erfand Ruprecht, Abt zu Deutz am Rhein bei Köln, einen Mittelweg, die Impanation oder Assumtion genannt, vermög welcher er behauptete, daß Christus sich auf eine solche Weise mit dem Brod im Abendmahl vereinige, wie sich einst seine göttliche Natur mit der menschlichen vereinigt habe; aber auch diese Meynung wurde verworfen; die Vorstellung Ratberts siegte, und so wurde dann endlich auf dem vierten allgemeinen lateranensischen Concilio, 1215, unter dem Pabst Innocentius dem Dritten, die Transsubstantiation zum Glaubensartikel erhoben. Sehen Sie, mein Lieber! das ist die wahre und treue Geschichte der Transsubstantiation, ein Lehrsatz, der dem ausdrücklichen Ausspruch Christi, Joh. 6, V. 63. geradezu widerspricht: und von dem die Apostel nicht ein Wort gewußt haben: denn Paulus sagt 1 Cor. 10, V. 16. Der Kelch des Segens (oder

Dankens), den wir segnen, ist der nicht die Gemeinschaft (κοινωνία, Communication) des Bluts Christi? das Brod, das wir brechen, ist das nicht die Gemeinschaft des Leibs Christi? — Dieß Wort Gemeinschaft zeigt augenscheinlich an, daß im Abendmahl das Brod und der Wein, mit dem Leibe und Blut Christi gemeinschaftlich, die Erstern mit dem Körper, die Andern mit der Seele genossen werden; daß auch nach der Consecration das Brod Brod, und der Wein Wein bleibt, erhellet auch aus den Worten, Pauli 1 Cor. 11, V. 26. und 27. So oft Ihr von diesem Brod esset, und von diesem Wein trinket, u. s. w.

Der Widerspruch vernünftiger Männer bei der Erfindung der Transsubstantiation, wie z. B. des Erzbischofs zu Mainz, der ein sehr gelehrter Mann war, beweist auch, daß dieser Begriff bis dahin in der Kirche noch nicht zur Sprache gekommen war; wie können Sie nun behaupten, er sey von der Apostel Zeiten her geglaubt, oder angenommen worden? Sollte man nach reiflicher Ueberlegung aller dieser Thatsachen wohl sagen können, der heilige Geist habe im 4ten lateranensischen Concilio die Ansprüche der Väter geleitet? und die römische Kirche sey unfehlbar?

Hierauf kommen Sie nun Seite 180 zur Anbetung der consecrirten Hostie. Von der Apostel Zeiten an bediente man sich des Brods, das man bei der Mahlzeit gebraucht hatte, und hielt nach derselben das heilige Abendmahl damit. In späteren Zeiten, als die Gemeinden so groß wurden, daß man nicht alle zusammen speisen und dann das Abendmahl genießen konnte, fing man an, in den Versammlungsplätzen und hernach in den Kirchen das Sakrament auszutheilen, und man bediente sich dazu immer des gewöhnlichen Brods; man nahm einen solchen Brodkuchen, segnete ihn ein, brach ihn dann in Stücke und theilte ihn aus, und gab dann auch den gesegneten Wein herum; das alles war der Einsetzung Christi gemäß, der das Brodbrechen bei dem heiligen Abendmahl als wesentlich nöthig bestimmte. Mit der Zeit aber schaffte die Kirche das Brodbrechen ab, und gab anstatt des Brods aus Teig geformte

?eiäbchen, welche man Oblaten, Hostien, das ist: Opfer
unte; diese sind nun auch der Gegenstand der Transsub-
ıtiation, und sollen dadurch in den wahren Leib und Blut
risti verwandelt, und Christus in ihnen angebetet werden.
ire diese Verwandlung gegründet, so wäre es auch die
huldigkeit eines jeden Christen, da anzubeten, wo sich der
betungswürdige befindet. Allein da das nun der Fall nicht
so läßt sich leicht denken, was aus der Anbetung der Hostie
rd. O Gott! der Allerliebenswürdigste, diese Sonne der
isterwelt, ist uns ja allenthalben so nahe und läßt sich aller
ten so gern finden, wozu doch solche Annäherungsmittel? —
r fällt hiebei seine Warnung ein: Matth. 24, V. 23.
enn sie Euch dann sagen werden, hie ist Christus oder
, so sollt Ihr Ihnen nicht glauben.

Seite 181 kommen Sie nun zum Beweis der Rechtmä-
gkeit der Messe 31), und daß sie ein Opfer sey; Sie suchen
:ses durch sechs Gründe darzuthun, die wir nun der Ord-
ıng nach betrachten wollen. Sie sagen:

1. Der Glaube der römischen Kirche in Ansehung des Abend-
ahls oder der Messe gründe sich auf den allgemeinen Begriff
s Worts Opfer im eigentlichen und engern Verstande; in
esem heißt ein Opfer dasjenige, was ein rechtmäßiger Prie-
:r zum Zeichen der Oberherrschaft Gottes mit einiger Ver-
ıderung oder Zerstörung der Sache (die also etwas Sichtbares
yn muß) der Gottheit darbringt.

Lieber Bruder! Ein Opfer ist eine Gabe, die der wahre
Gottesverehrer dem Herrn darbringt, um seine Abhängigkeit
om höchsten Wesen zu bezeugen, oder Ihm ein Zeichen seines
Danks zu bringen, oder Ihn wegen begangener Sünden zu
ersöhnen. Vor der Zukunft Christi ins Fleisch waren die
Opfer vorbildlich, jetzt aber hat unser Herr mit einem Opfer
ı Ewigkeit vollendet die Geheiligten, Hebr. 10, V. 14. Merken
Sie wohl, mein Lieber! mit einem Opfer auf ewig
ollendet, jetzt kann es keine Opfer und keine Opferprie-
ter mehr geben; und sagen Sie mir: was opfern Sie denn
ı der Messe? — Da genießt der Meßpriester nach den Be-

griffen, seiner Kirche den Leib und das Blut Christi, in dem Symbol des einmal und auf immer vollendeten einigen Opfers Christi, und eben das ist auch der Fall im Abendmahl, es ist eine Gedächtnißfeier des Leidens und Sterbens Christi, aber kein Opfer — das Opfer, das hier gebracht wird, ist ein versöhnliches, glaubiges, demüthiges, seine Sünden bereuendes, und zum Versöhnungstod Jesu seine einzige Zuflucht nehmendes Herz; das bringt jeder glaubige Christ zum Opfer, und dagegen gibt sich ihm sein Erlöser zur geistlichen Nahrung und Stärkung hin.

Daß die Kirchenväter der ersten Jahrhunderte sich bei Gelegenheit des Abendmahls des Worts Opfer bedienten, hatte ursprünglich folgenden Grund: in den ersten Zeiten, als die Christen noch nicht so zahlreich waren, hielten sie Liebesmahle (Agapen) und am Schluß derselben das Abendmahl. Diese Liebesmahle wurden auf die Art angestellt, wie unsre heutigen Pickenicks. Jeder schickte Speisen an den Versammlungsort, und diesen Beitrag eines jeden zu diesem heiligen Zweck nannte man sein Opfer; von diesen nämlichen Beiträgen an Brod und Wein wurde dann auch das Abendmahl gehalten, es war ein gemeinschaftliches Opfer, das von allen Gliedern zum Dienst des Herrn dargebracht worden war. Daher wurde das Wort Opfer bei dem Abendmahl gewöhnlich. In spätern Zeiten aber verband man, den bekehrten Juden und Heiden zu gefallen, noch einen andern Begriff damit; indem man das Abendmahl selbst auf eine unschickliche Weise ein Opfer nannte, das dem Herrn gebracht würde. Sie fahren fort:

2. Der Glaube, daß die Messe oder das heilige Abendmahl ein Opfer sey, gründe sich auch auf die Vorbedeutung im alten, und Erfüllung im neuen Bunde, daß Christu's ein Priester nach Melchisedecks Art seyn soll, u. s. w.

Daß Christus ein Priester nach Melchisedecks Ordnung, und nicht nach der Ordnung Aarons seyn soll, das hat seine Richtigkeit, ob aber der Priester des höchsten Gottes und König zu Salem, Brod und Wein geopfert habe, das kann nie bewiesen werden; er trug diese Speisen hervor, um Abraham und seine ermüdeten Leute zu erquicken, und segnete den Abraham. Eben so wenig und noch weit weniger kann man sagen, daß Christus bei der Einsetzung des Abendmahls Brod und Wein geopfert habe: beide Nahrungsmittel sollten nur Sinnbilder seines eigenen Opfers seyn, wodurch Er in Ewigkeit vollenden wollte alle, die geheiligt werden. Das Abendmahl ist ein Gedächtniß- und Liebesmahl, wobei wir uns der Leiden unseres Herrn erinnern und an seinem Versöhnopfer so Theil nehmen, als hätten wir uns selbst für unsere Sünden opfern lassen, aber in so fern nur ein Opfer, als wir uns selbst dem Herrn zu seinem Dienst im Geist und in der Wahrheit auf ewig und unwiderruflich übergeben.

3. Berufen Sie sich auf die Weissagung, Malach. 1., V. 11. Wo es nach der Vulgata heißt: denn vom Aufgang der Sonne bis zum Untergang ist mein Name groß unter den Völkern, und an jedem Ort wird geopfert und meinem Namen ein reines Opfer dargebracht, weil mein Name groß ist unter den Völkern, spricht der Herr der Heerschaaren. Lieber Bruder! es fehlt noch viel daran, daß der Name des Herrn bekannt ist unter den Völkern von Aufgang bis zum Niedergang der Sonne. An den wenigsten Orten werden Ihm wahre geistliche Opfer gebracht, die Ihm gefallen, und bei der Reinigkeit der Opfer, die Gott gefallen sollen, werden doch heilige Hände und Herzen erfordert; damit sieht es aber noch schlecht unter uns aus: dieser Spruch, wie so viele Andere, zielt auf eine herrliche künftige Zeit, wo der Herr nur einer und sein Name nur einer seyn wird, und wo Ihm sein Volk opfern wird im heiligen Schmuck; dieß Volk wird er aus allen Kirchen sammeln, wie den Waizen aus den Unkraut vollen Aeckern, die Er dann dem Feuergericht übergeben wird.

In den ersten Jahrhunderten nannte man das Abendmahl die Messe [32]), bekanntlich von dem Wort, welches ein Kirchendiener ausrief: **Missa est**, und nun die, welche nicht zum Abendmahl gehörten, hinaus gingen; aber von der gegenwärtigen Messe, wo nur der Priester unter so vielen Cerimonien das Abendmahl genießt und dem die katholischen Christen beiwohnen müssen, wußte man etliche Jahrhunderte hindurch kein Wort; und durch die Transsubstantiation, also erst im dreizehnten Jahrhunderte, wurde die Messe, was sie jetzt ist. Die ersten Christen wußten von diesem cerimonienreichen Ritus und von der Anbetung Christi in der Hostie kein Wort: und eben diese Anbetung eines aus Mehl und Wasser geformten Scheibchens, das blos zum heiligen Genuß des Abendmahls bestimmt ist; aber das Wesen Christi eben so wenig enthält als irgend ein anderes Brod, können wir unmöglich billigen. Er ist einem jeden wahren Christen so innig nahe, daß er Ihn in der Hostie nicht zu suchen braucht. Was Sie 4tens vom Begriff eines Opfers sagen, das fällt nun von selbst weg.

5. Berufen Sie sich auf den Glauben der Apostel, welche den Tisch des Abendmahls als einen Opfertisch (Altar) angesehen hätten, und führen zum Beweis, 1 Cor. 10, V. 20. und 21., und Hebr. 13, V. 10. an. Lieber Sulzer! was ist das wieder für eine seltsame Schrifterklärung! — in der ersten Stelle warnt Paulus vor den Opfermahlzeiten der Heiden, und sagt den Corinthern, daß Christen, die das Abendmahl des Herrn genießen, unmöglich an jenen Götzen-Mahlzeiten theilnehmen könnten; und in der zweiten, wo er sagt: wir haben einen Altar, davon nicht Macht haben zu essen, die der Hütte pflegen, verweist er die bekehrten Juden auf das einige Opfer Christi, welches die nicht angeht, die noch durch den levitischen Opferdienst Gott versöhnen wollen. Endlich

6. Berufen Sie sich auf den beständigen Glauben der allerersten Kirche; wie aber diese das Wort Opfer in Ansehung des Abendmahls verstanden, das habe ich oben schon auseinander gesetzt [33]).

Jetzt kommen sie nun auf die Ohrenbeichte, und nennen sie ein Sakrament.

Wir haben ein Beispiel, daß der Apostel Paulus einen Verbrecher aus der Gemeinde verbannte; wobei er ihr aber auch einen Verweis gibt, daß sie ihn nicht ausgeschlossen habe, 1. Cor. 5. Bei den ersten Christen geschahe die Verbannung aus der Gemeinde von allen Gliedern derselben, und: wenn der Sünder hernach wahre Reue bezeigte und darinnen beharrte, so wurde er auch, nicht vom Bischof, oder Presbyter allein, sondern mit der Zustimmung der ganzen Gemeinde wieder aufgenommen. Als aber nach und nach der geistliche Stand mehr Ansehen bekam und sich weit über den Laienstand erhub, so eignete er sich auch allein die Absolution, das ist die Vergebung der Sünden und die Wiederaufnahme in die Gemeinde, zu; dabei berief er sich auf die Stellen, Matth. 16., V. 19. und Cap. 18., V. 18. und Joh. 20, V. 21 — 23., wo den Aposteln und ihren Nachfolgern das Recht ertheilt wird, wahren bußfertigen Sündern die Vergebung der Sünden so gewiß zuzusichern, als ob sie ihnen Gott selbst vergeben hätte. Bei der großen Menge der Christen und ihren zahlreichen Gemeinden war auch diese Einrichtung am schicklichsten; immer aber geschahe das Sündenbekenntniß öffentlich, und eben so auch die Aufnahme, die aber nach Beschaffenheit des Fehltritts mehr oder weniger, oft aber auch sehr erschwert wurde: der Gefallene mußte oft lange und schwere Bußübungen durchgehen, ehe man seine Bekehrung für gründlich ansahe, und ihn nach und nach stufenweis wieder aufnahm. So gut dieses gemeynt war, so wurde dadurch doch unvermerkt zu einem christlichen Fackirismus *) der Grund gelegt: denn es konnte einer alle solche Bußübungen vollenden, ohne von Herzen gebessert zu seyn; daher entstanden dann auch selbstgewählte Kasteiungen des Leibes, von denen Christus und die Apostel kein Wort gesagt hatten, um dadurch einen höhern Grad der Heiligkeit zu erreichen, wobei aber doch die wahre Heiligkeit gar oft weit zurück blieb. Endlich in der Mitte des 5ten Jahrhunderts machte der römische Bischof Leo I. eine große Veränderung in dieser Einrichtung: Er gestattete nämlich, daß grobe Verbrecher ihre Sünden irgend einem Geistlichen im Vertrauen unter vier Augen entdecken, und von ihm die Bußübung und Absolution erwarten durften. Bis daher ist aber nur von schweren Sünden, nicht von denen, die der

*) Die Fackirs in Ostindien suchen in den seltsamsten und heftigsten Peinigungen ihres Körpers die größte Heiligkeit.

Mensch täglich begeht, die Rede: diese bekannte von jeher der glaubige Christ seinem Gott und Erlöser, und erwartete von Ihm durch den heiligen Geist die Vergebung der Sünden. Wenn auch jemanden seine Sünden drückten, so besprach er sich darüber mit seinem Seelsorger, der ihm dann mit Rath und That an die Hand ging, und wenn er ein bußfertiges Herz fand, ihn auch der Vergebung seiner Sünden versicherte. Von irgend einer andern Beicht in Ansehung der täglichen Sünden, die nicht Verbrechen gegen die Gesetze und Laster sind, wußte die Kirche in den ersten Jahrhunderten ganz und gar nichts. Gott allein, der den Grund des Herzens erkennt, kann Sünden vergeben, und darum konnte es auch Christus; Menschen können es nur dann, wenn sie wahre Früchte der Buße sehen.

Die Ohrenbeichte war von Leo I. an bis auf Innocentius den Dritten willkührlich; dieser aber machte sie nun auf einem lateranischen Concilio zum Sakrament, und von nun an mußte ein jeder Christ, im Jahre wenigstens einmal, auf Ostern, seinem Beichtvater seine Sünden bekennen; dieses Gebot wurde also im dreizehnten Jahrhundert gegeben; wie kann man nach diesen Thatsachen, die kein Mensch mit Grund läugnen kann, behaupten, die Privatbeichte sey von den Zeiten der ersten Christen her gebräuchlich gewesen?

Lassen Sie uns, mein lieber Bruder! nun auch diese Ohrenbeichte einmal in ihrem Wesen und in ihren Folgen — nicht philosophisch vernünftelnd, sondern mit christlichem evangelischen Sinn näher betrachten: Nicht wahr, mein Lieber! darinnen sind wir uns einig, daß die wahre, vor Gott gültige Vergebung der Sünden lediglich und allein auf einer wahren Buße, herzlichen Reue und dem festen Vorsatz beruhe, diese Sünde nie wieder zu begehen. Wenn der Beichtvater diese Seelengestalt bei einem Beichtenden findet, so darf er ihm im Namen Jesu Christi die Absolution ertheilen. Ich glaube und hoffe, daß dieser Satz auch in Ihrer Kirche bei der Beichte zum Grunde gelegt wird; aber wozu nun die vielerlei Bußübungen? wozu das herzlose Hersagen so vieler Gebete nach dem Rosenkranz? wozu die Wallfahrten? wozu die milden Gaben an Kirchen, Schulen, an die Geistlichkeit und an die Armen? wozu die mancherlei Verrichtungen, mit denen man Ablaß verbindet? u. s. w. Es ist ein großer Irrthum, wenn man glaubt, alle diese Uebungen seyen Zeichen eines bußfertigen Herzens, sie sind ja befohlen! — und wenn auch jemand das Alles aus eigenem Trieb thut, so ist das eben ein Beweis, daß er sich der wahren Buße entziehen, fortsündigen, und mit solchen Uebungen den lieben Gott gleichsam bestechen will. Beherzigen Sie doch, was Paulus 1 Cor. 13., V. 1. 2. und 3. sagt, wo er unter der Liebe, nicht die Wohlthätigkeit, sondern die wahre göttliche Liebe, die eine Frucht der wahren Buße ist, versteht. Die Wohlthätigkeit muß eine Wirkung der Gottes- und Menschenliebe seyn, sie muß aus einem dankbaren Herzen gegen Gott fließen, sobald ich etwas damit verdienen will, so rechnet der Herr dereinst mit mir, und dann wehe mir.

Diese gewiß richtige Bemerkung beweist nun klar und überzeugend, daß die Ohrenbeichte mehr von der wahren Buße abführt, als zu ihr hinweist, und die Menschen verleitet, durch ihre eigene unnütze Werkheiligkeit Vergebung der Sünden und Gnade bei Gott zu erlangen.

Aber wir wollen nun auch die Folgen dieses sogenannten Sakraments betrachten:

Wenn der Katholik seine Sünden nicht alle beichtet, und wie ist das möglich, wenn er sie nicht alle aufschreibt, und wie viele sind ihrer, die er nicht einmal weiß? so werden sie ihm ja auch nicht alle vergeben. — Oder wenn er in Rücksicht dieser an den Herzens- und Nierenprüfer verwiesen wird, warum denn nicht in Rücksicht aller Sünden? beichtet aber auch jemand alle seine Sünden, deren er sich erinnert, so vertraut er gar oft Menschen wichtige Geheimnisse an, die nicht immer mit der angeschwornen Beichtverschwiegenheit begabt sind; und was die Geistlichkeit ehemals durch ihre Endeckungen in der Beicht auszurichten vermochte, davon wäre viel zu sagen.

Aber nun das Schrecklichste, welches mir manchmal Schauer und Entsetzen verursacht hat: der katholische Geistliche lebt im ehelosen Zustand, er wurde diesem Stand gewidmet, ehe er seinen physischen Charakter, den dereinstigen Grad seines Geschlechtstriebes kannte; er legte sein Gelübde ab, nun ist er gebunden; bei den Mehresten geht nun der Kampf an; der fromme Rechtschaffene fleht zu Gott um Kraft und er erlangt sie nicht, denn sein Gelübde war nicht Gott gefällig, es war Menschensatzung, und die Menge derer, denen die Sache Gottes nicht am Herzen liegt, suchen Ersatz auf verbotenen Wegen. Ich versichere Ihnen vor Gott, lieber Sulzer! mir sind von glaubwürdigen, frommen, geistlichen und weltlichen Leuten Gräuel aus dem Beichtstuhl erzählt worden, die mir die Thränen in die Augen trieben, und das sind nicht etwa einzelne Fälle, nein, es geschieht leider! sehr häufig, daher leben auch viele Geistlichen in geheimen oder Winkelehen, welches denn doch unter zweien Uebeln das geringere ist. Es ist wahr, auch die heiligste Einrichtung kann gemißbraucht werden, aber keine Einrichtung darf zum Mißbrauch führen, ich möchte fast sagen, mit den Haaren dazu ziehen. Da nun die Ohrenbeicht unwidersprechlich von der wahren evangelischen Buße abführt, und ihre Folgen häufig schrecklich sind, so kann sie nicht vom heiligen Geiste erordnet worden seyn, sondern sie ist eine Folge der Denkart jener dunkeln Zeiten und des Irrsals, das allenthalben herrschte. Noch viel weniger kann sie ein Sakrament seyn, denn wenn sie auch wirklich eine heilsame Verordnung wäre, so hätte doch die Kirche die Macht, nicht ein Sakrament daraus zu machen: denn da ist der eine Bundsgenosse Gott und der andere der Mensch, wenigstens ist das im alten und neuen Bunde der Fall, folglich muß bei der Stiftung eines Sakraments Gott selbst persönlich und sinnlich der Stifter seyn.

Was die Lehre von der Genugthuung betrifft, so ist das gewiß kein Wortstreit, der zwischen Ihrer und unserer Kirche obwaltet. Ich gebe gern zu, daß auch bei Ihnen die Genugthuung Christi der Grund der Seligkeit ist; es kommt also darauf an, was an des Menschen Seite erfordert werde, um dieser Genugthuung theilhaftig zu werden? — dieß bestimmt nun die heilige Schrift ganz genau: Dem Sünder muß seine

Sünde von Herzen leid seyn, dadurch muß ein unüberwindlicher Vorsatz in ihm entstehen, mit allem Ernst und beharrlich gegen jeden Reiz zur Sünde zu kämpfen, und wenn er strauchelt oder fällt, so muß er immer wieder eben so ernstlich und von Neuem den Kampf beginnen; dabei dann beständig vor Gott wandeln, und im Gefühl seiner Ohnmacht um den Beistand des heiligen Geistes bitten. Wenn er bei dem allem treu beharrt, so faßt sein Glaube Zuflucht zur Erlösung durch Christum, und seine Hoffnung zur ewigen Seligkeit ist gegründet. In diesem Zustand folgen nun die rechtschaffenen Früchte der Buße von selbst; die göttliche Liebe im Herzen und die wahre Demuth lassen überall ihr Licht leuchten; ganz anders aber verhält sichs mit den gewöhnlichen Bußübungen in ihrer Kirche. Ich gebe zu, daß man auch da innere wahre Buße fordere; aber wozu dann die äusseren Bußübungen? wenn jene da ist, so folgen gute Werke von selbst, und ist sie nicht da, so dienen alle auferlegte Bußübungen nichts, im Gegentheil sie sind schädlich, weil sich der Sünder daraus eine Genugthuung vorspiegelt, und sich beruhigt, weil er darauf hin die Absolution empfangen hat.

Alle diese Begriffe haben sich in den ersten Zeiten durch die in die Augen fallende äussere Heiligkeit der Einsiedler und Anachoreten in die Kirche eingeschlichen, und die Mönchsorden haben sie fortgepflanzt; und leider! hat dieser falsche Schimmer, der vor Gott nichts gilt, die wahre Heiligkeit sehr oft verdrängt. Wenns darauf ankommt, so sind die Fackirs der Bramanen die heiligsten Menschen in der Welt, welches sie auch selbst von Herzen glauben. Ein Irrthum erzeugt den andern: aus dieser Quelle entstand dann auch der Reichthum an überflüssigen guten Werken der Heiligen; aus welchem man durch den Ablaß dürftigen Sündern mittheilen konnte. — Lieber Bruder! — das ist doch wahrlich entsetzlich [24])!

Seite 188 suchen Sie die Anbetung der Heiligen und ihrer Bilder von Ihrer Kirche abzulehnen, und zwar unter bittern Vorwürfen, die Sie uns Protestanten darüber machen, daß wir so etwas von ihr glauben und denken können.

Lieber Sulzer! ich weiß wahrlich nicht, was ich dazu sagen

soll! — sehen wir denn nicht bei allen Prozessionen, Wallfahrten, in allen Kirchen und auf Wegen und Straßen, vor Bildern, Kreuzen und heiligen Häuschen katholische Christen knien und beten? — Sind nicht die Erbauungsbücher des gemeinen Mannes, einige neuere ausgenommen, mit Gebeten an die heilige Jungfrau und andere Heiligen Ihrer Kirche angefüllt? — doch das Alles nennen Sie vielleicht nicht anbeten, sondern verehren; laßt uns diese Begriffe näher entwickeln:

Anbeten heißt irgend ein Wesen um Hülfe ansprechen, von ihm etwas erwarten, das nur Gott allein möglich ist; durch dieses Ansprechen oder Anrufen schreibt man einem solchen Wesen göttliche Eigenschaften, z. B. Allmacht, Allwissenheit, Allgegenwart, zu, und wenn dies Wesen nicht Gott selbst, sondern ein erschaffenes oder gar erdichtetes Wesen ist, so ist dies Ansprechen wahre Abgötterei, die durch die ganze Bibel mit Abscheu belegt und mit schweren Strafen bedroht wird.

Verehrung hingegen ist, wenn man die erhabenen Tugenden irgend eines Wesens betrachtet, dadurch mit Hochachtung gegen dasselbe erfüllt wird; ihm, wenn man kann, seine Hochachtung bezeugt, ihm zu Gefallen lebt und seine Tugenden nachzuahmen sucht.

So und nicht anders verehrten die ersten Christen die Mutter des Herrn, die Apostel und Blutzeugen; an ihren Gedächtnißtagen erinnerten sie sich ihrer Tugenden, ihrer Gottseligkeit und ihrer Treue bis in den Tod, und munterten sich untereinander zur eifrigen Nachfolge auf. Dies war löblich, christlich und sehr nützlich. Nach und nach aber ging man weiter, man war aus dem Heidenthum her auch an Halbgötter und Helden, an ihre Verehrung und an ihre Vorstellung durch Bilder gewöhnt, aus guter Meynung, nicht aus bösen Absichten mochte man die christlichen Heiligen gegen die heidnischen Götzen eintauschen; allein der Erfolg hat gezeigt, wie schädlich diese Anstalt war, man hat die Heiligen und ihre Bilder eben so behandelt, wie die Heiden ihre Götzen behandelten. Jetzt bitte ich Sie, lieber Sulzer! erinnern Sie sich doch an alle die wunderthätigen Bilder, vor denen man niedergekniet und von dem Heiligen, den ein solches Bild vorstellen soll, ja sogar von dem Bild selbst Hülfe erfleht und erwartet hat, — erinnern Sie sich doch an alle die Schutzpatrone und Heiligen, zu denen man in allerlei Nöthen seine Zuflucht nimmt und den lieben Gott vorbei geht. Sind denn die Heiligen allgegenwärtig und allwissend? ist ihr Verstand so allumfassend, daß sie die Gebete so vieler Tausenden an allen Orten und Enden wahrnehmen können? heißt das nicht ihnen göttliche Ehre erzeigen, sie anbeten? — ist das Alles nicht Gesetz Ihrer Kirche, warum geschieht es denn noch immer unter ihrem Schutz, und warum verbietet sie nicht streng und unter Strafe des Banns eine solche Gott und Menschen entehrende Abgötterei?

Wir brauchen die Seligen und Heiligen nicht um ihre Fürsprache zu bitten, sie erkennen im Willen Gottes, in dessen Anschauen sie leben, besser wie wir, was uns nützlich ist, und beten gewiß mit vieler Liebe für uns; und sie sind, wahrhaftig! nicht damit zufrieden, daß man sie vergöttert. Und überdem, lieber Bruder! wir haben einen vollgültigen Fürsprecher Jesum Christum und einen Paracliten, der in unsern Herzen das süße Abba ausspricht und uns vertritt mit unaussprechlichen Seufzern.

Laßt uns nun auch untersuchen, ob die römische Kirche nicht die Anrufung der Heiligen und die Verehrung ihrer Bilder angeordnet und gutgeheißen hat? — Es ist bekannt, wie sehr die Juden allen Bildern feind waren, und diese Gesinnung ging auch mit in die erste christliche Kirche über; so wie aber der größere Theil der Christen geborne Heiden waren und der Gottesdienst im Geist und in der Wahrheit erlosch, so nahm auch der äussere sinnliche Pracht bei dem Gottesdienst zu; nun kamen auch Bilder und Reliquien in die Kirchen, und weil man aus dem Heidenthum her gewohnt war, vor den Götzenbildern Lichter anzuzünden und mit Weihrauch zu räuchern, so geschah dies nun auch vor den Bildern der Heiligen.

In den drei ersten Jahrhunderten, als die Christen noch von

den Heiden verfolgt wurden, hatten sie einen Abscheu vor allen Bildern; gegen das Ende des vierten Jahrhunderts aber fand man sie schon hin und wieder in den Kirchen, aber nur als Erinnerungszeichen und Schmuck; indessen gab das Anlaß zum Mißbrauch, und schon Augustinus klagt, daß viele vor den Bildern niederfielen und sie anbeteten. Im sechsten Jahrhundert aber war die Ehrerbietung gegen die Bilder schon so allgemein, daß sie nicht mehr anstößig war; und man fand schon solche, die wunderthätig waren. Indessen war doch der Bilderdienst damals noch kein öffentlich angenommener Lehrsatz der Kirche, aber er wurde doch geduldet und nicht verboten, obgleich hie und da ein Bischof darüber klagte und dagegen eiferte, und das Concilium zu Illiberis den Bilderdienst untersagte.

Gregorius I. der Große, Bischof zu Rom, mißbilligte, daß der Bischof Serenus zu Marseille die Bilder aus den Kirchen wegräumte, weil sie das gemeine Volk anbetete: denn er glaubte, sie dienten doch zu frommen und andächtigen Erinnerungen, aber doch war ihm auch die Verehrung derselben mißfällig. Nach und nach, so wie der Muhammedismus und seine politische Macht wuchs und die morgenländische Kirche besonders auch wegen dem Bilderdienst von den Muselmännern verachtet und verabscheut wurde, so fanden sich hin und wieder einzelne Männer, denen die Augen über diesen Mißbrauch geöffnet wurden; dies war denn auch bei dem Kaiser Leo dem Isaurier der Fall, vielleicht kamen auch noch andere besondere Ursachen hinzu, daß er eine solche Feindseligkeit gegen die Bilder in den Kirchen bewies; dem zufolge gab er im Jahr 726 ein allgemeines Verbot gegen den Bilderdienst heraus; er fand aber so vielen Widerstand, daß er dieses Verbot Anno 730 schärfen mußte. Der Bischof zu Rom, Gregor II. aber, vertheidigte die Bilder sehr unhöflich gegen den Kaiser, und ungeachtet der Bilderstreit lang dauerte, so siegten doch die Bilder endlich in beiden Kirchen. Was die Päbste und die Concilien dafür und dawider gethan haben, das würde zu weitläufig seyn, hier anzuführen; genug, man hat so viele Jahrhunderte durch diesen höchst unnöthigen, und jetzt, da man so viele Bücher hat und Jedermann lesen kann, höchst unnützen Schmuck in den Kirchen geduldet und zu allen schrecklichen und abergläubischen Mißbräuchen still geschwiegen, daß man unmöglich anders urtheilen kann, als der Bilderdienst sey sanctionirter Lehrsatz der Kirche; besonders, da er auch in Rom selbst eben so streng beobachtet wird, als anderswo.

S. 191 wollen Sie den Gebrauch des englischen Grußes an die Mutter des Herrn vertheidigen[35]), und führen unter andern den Spruch Luc. 1, V. 48. an, wo sie sagt: von nun an werden mich selig preisen alle Menschengeschlechter. Lieber Sulzer! sagen Sie mir, welcher Christ preist die Erste unter allen Weibern, die von Adam herstammen, nicht selig? — aber ist das denn eine Seligpreisung, wenn man den englischen Gruß, in Verbindung mit dem Gebet des Herrn, hundert und tausendmal hinter einander hersagt, von dem die hochverklärte Seele droben in ihrer Herrlichkeit nichts sieht und hört, weil Sie weder allwissend noch allgegenwärtig ist? —

Daß unsre Seligen und Heiligen für uns bitten, das habe ich Ihnen oben schon zugestanden, das geschieht aber, ohne daß wir sie darum ersuchen, denn sie sind nicht in dem Zustand, daß sie uns hören und sehen können, und gesetzt auch, sie sehen und hörten uns, so geschehe das doch nur da, wo sie gegenwärtig sind: denn allgegenwärtig sind sie nicht; und endlich finden wir in den Schriften der Evangelisten und Apostel auch nicht die geringste Spur, nicht einen leisen Wink zu einer solchen anbetenden Verehrung der Heiligen.

S. 192 und 193 lehnen Sie Beschuldigungen ab, die ich Ihnen ehemals geschrieben habe und wobei ich hinzusetzte, daß wir sie mit dem Mantel der Liebe zudecken wollten. Diese Beschuldigungen sind folgende: Die römische Kirche glaubt, daß nebst dem Gebrauch der Sakramente des Abendmahls und der Ohrenbeicht, die Anrufung der Heiligen, Wallfahrten, Ablaß, u. dergl. die Mittel seyen, wodurch man des heiligen Geistes und seiner Gnadenwirkungen theilhaftig würde, und daß man ohne den Gebrauch dieser Cerimonien der Einwirkungen jenes göttlichen Wesens gar nicht theilhaftig, folglich auch nicht selig werden könne. Diese Beschuldigungen, mein Lieber! lehnen Sie mit den Worten ab: Es ist dem nicht also, wie Sie sagen. Jetzt fordere ich nun alle Leser Ihres und meines Buchs auf, und frage sie alle: Wenn sie alle unsre beiden Bücher gelesen haben, ob sie dann nicht finden, daß meine obigen Beschuldigungen — NB. Wenn anders Ihre Lehre auch die Lehre der römischen Kirche ist — in der That reine Wahrheit sind?

Endlich setzen Sie noch hinzu: Lassen Sie den Mantel der Liebe uns — wir bedürfen dessen viel mehr, denn Sie. Lieber Sulzer! das ist ein bittrer Hieb! den Mantel der Liebe hat Ihre Kirche, wahrhaftig! nie gegen uns gebraucht; verfolgt, gemartert und getödtet hat sie uns Schuldlose, wo sie nur dazu kommen konnte. Und, verzeihen Sie mir! Sie bedienen sich dessen in Ihrer Wahrheit in Liebe, und besonders im 14ten Brief, ganz und gar nicht. Ueber das Cölibat habe ich mich schon hie und da erklärt; ich füge nur noch folgendes hinzu [36]):

Das ehelose Leben der Geistlichen ist nicht blos eine willkürliche Sache, auch nicht etwa in der heiligen Schrift irgendwo angerathen, sondern für ein höchst schädliches Gebot erklärt worden:

Christus und seine Apostel lebten in Zeiten, wo es mit dem jüdischen Staat auf die Neige ging; in Zeiten, in welchen der Herr ein Wehe über die Schwangern und Säugenden ausrief. Wer also damals nicht heirathete, der konnte sich leichter retten, als einer, der Frau und Kinder und eine Haushaltung hatte. Nachher, als der jüdische Staat gestürzt war und die Apostel zu Land und zu Wasser große Reisen machen mußten und vielen Gefahren ausgesetzt waren, da war es für sie ebenfalls sehr beschwerlich, verheirathet zu seyn und Frau und Kinder zu haben; und überhaupt war ein unverheiratheter Christ in den drei ersten Jahrhunderten besser daran, als ein Hausvater: denn er konnte sich zur Zeit der Verfolgung leichter retten. Dann gebe ich auch gern zu, daß ein lediger Mensch, wenn er anders die Gabe der Enthaltung hat, dem

Herrn freier und ungehinderter dienen kann, als ein Verheirátheter. Dahin zielt eben Paulus 1 Cor. 7, V. 32. u. f. Wenn er aber jene Gabe nicht hat, so soll er heirathen, V. 9.

Daß aber eben dieser Apostel das Heirathen gar nicht tadelt oder den ledigen Stand als eine besondere Heiligkeit ansieht, das bezeugt er 1. Cor. 9, V. 5., wo er ausdrücklich sagt: Haben wir nicht Macht, eine Schwester als Weib mit umher zu führen, wie auch die übrigen Apostel und die Brüder des Herrn und Kephas? oder sind wir, ich und Barnabas, es allein, die die Macht nicht haben, es zu thun?

Hier sehen Sie, mein lieber Bruder! daß die Apostel selbst, auch des Herrn Brüder Jakobus und Judas (von Petro wissen wir es schon aus Matth. 8. und Luc. 4.) nicht allein verheirathet waren, sondern sogar auch ihre Weiber auf ihre Reisen mitnahmen. Also Kephas, das ist Petrus, that das auch, und seine angeblichen Nachfolger zu Rom verbieten die Ehe allen Geistlichen, auch denen, die ruhig in ihren Gemeinden wohnen, sie mögen die Gabe der Enthaltung haben oder nicht; zu ihren Ausschweifungen sieht man lieber durch die Finger, als zu einer christlichen, gottgefälligen Heirath. Eben dieser Apostel Paulus schreibt an seinen Schüler Timotheum, 1 Tim. 3, V. 2. Ein Bischof soll unsträflich seyn, eines Weibes Mann, u. s. w. Er soll keine zwei Weiber zugleich haben, wie das noch hin und wieder gebräuchlich und gegen die göttliche Ordnung war. Daher entstund nun in der griechischen Kirche der Mißverstand, daß ein Bischof auch nicht zwei Frauen nach einander haben dürfe.

Aber was sagen Sie, mein Lieber! zu dem Spruch Pauli 1 Tim. 4, V. 3. Die da verbieten zu heirathen und zu meiden die Speise, u. s. w. Ich bin gar nicht der Meynung, das, was der Apostel in den ersten Versen dieses Kapitels sagt, auf die römische Kirche zu deuten, sondern nur zu beweisen, daß das Verbot der Ehe unter die schwersten und wichtigsten Irrthümer gehört. Wie wollen Sie nun das Cölibat vertheidigen?

Was Sie mir S. 194 und 195 von dem eilften Canon

der Kirchenversammlung zu Carthago im Jahr 390 entgegenstellen, wo beschlossen wird, daß die Bischöfe, Priester und Diakonen an die Enthaltsamkeit und Keuschheit gebunden seyn sollen, damit auch wir (setzen die Väter hinzu) dasjenige bewahren, was die Apostel gelehret und das Alterthum beobachtet hat. Das ist mir gar wohl bekannt; schon im 4ten Jahrhundert, als die Heiligkeit des Einsiedler-Lebens begann in die Augen zu leuchten, fing man auch an, das ehelose Leben als einen besondern Grad der Heiligkeit anzusehen; indessen aller Befehle und Beschlüsse der Bischöfe, Concilien und Synoden ungeachtet, hat sich die griechische Kirche nie binden lassen, viele ihrer Geistlichen heirathen noch bis auf den heutigen Tag.

Noch muß ich bemerken, wie irrig die Carthaginensischen Väter in obiger Stelle die Lehre der Apostel und ihre Tradition anführen; die Stellen, die ich so eben aus den Briefen Pauli angeführt habe, beweisen gerade das Gegentheil. Da sehen Sie, lieber Sulzer! wie man sich auf die Tradition verlassen kann. Was alle Patriarchen, Concilien und Bischöfe nicht zu Stand bringen konnten, das richteten Gregor VII. und seine Nachfolger aus; folglich hatte ich ganz recht, wenn ich den römischen Päbsten die Schuld gab, daß sie das Cölibat eingeführt hätten.

In Ihren Anmerkungen zum zehnten Brief gedenken Sie eines Buchs, etwas fürs Herz auf dem Wege zur Ewigkeit. Da sich der Verfasser nicht öffentlich genannt hat, so mag ich ihn auch nicht nennen, so viel aber darf ich wohl sagen, daß er Bischof der mährischen Brüderkirche oder nach dem gemeinen Sprachgebrauch ein Herrnhuter ist. Er schickte mir sein Buch selbst, und also kenne ich es recht gut. Nicht allein ich, sondern alle wahre Protestanten, die nicht Neologen sind, sogar alle Secten unter ihnen werden diesem Buch Gerechtigkeit wiederfahren lassen, denn es enthält den ganzen Kern des Evangelii und des wahren praktischen Christenthums. Ueber dies Buch ist unter uns allen nur eine Stimme. Das, was er über das Abendmahl sagt, ist auch der wahre Begriff der ganzen protestantischen Kirche, von dem ehemaligen Wortstreit ist gar keine Frage mehr; der liebe Verfasser ist mit der augsburgischen Confession und mit der Stelle, die ich aus dem heidelbergischen Catechismus angeführt habe, gänzlich eines Sinnes; aber daß er nach der Lehre der Transsubstantiation glauben sollte, der Communicant schlinge in der Hostie den ganzen Leib und Blut Christi in den Magen und die Eingeweide hinunter, davon ist er, so wie wir Protestanten alle, weit entfernt.

Leben Sie wohl! Ich bin von Herzen Ihr Sie treu liebender Bruder

Jung Stilling.

Antwort auf den eilften Brief.

Ueber die Ausdrücke, seligmachende — allein seligmachende Religion und Kirche; und — ausser der Kirche kein Heil.

Mein theurer und innig geliebter Bruder!

Ich habe so eben diesen eilften Brief noch einmal ernstlich und bedächtlich durchgelesen, und nun weiß ich wahrhaftig nicht, was ich von Ihnen sagen und denken soll. Sie sprechen mit einer solchen Zuverläßigkeit von Ihrem Catheder herab und setzen uns alle wie A B C-Schüler aufs niedere Bänkelchen; gerade, als wenn Ihnen allein das Licht der Wahrheit leuchtete. Lieber Bruder! unredlich sind Sie nicht, nein! nach allem, was ich von Ihnen weiß, können Sie das nicht seyn, aber Ihre Kirche kennen Sie durchaus und schlechterdings nicht und eben so wenig den Geist der wahren Religion Jesu Christi: verzeihen Sie mir, mein Lieber! die Wichtigkeit der Sache und die Heiligkeit der Wahrheit erfordert, daß ich mit der Sprache gerade herausgehe und Ihnen vor dem Angesicht Gottes und des ganzen Publici zeige, wie sehr Sie irren und sich an uns versündigen. Was hilft der warme, warnende und belehrende Predigerton in einer Sache, die grund- und bodenlos ist.

Ich sage, Sie kennen Ihre Kirche und die wahre Geschichte derselben nicht, Sie haben nur das gelesen, was zu ihrer Vertheidigung geschrieben worden ist, was man ihr aber mit Grund vorzuwerfen hat, dafür haben Sie Augen, Ohren und Herz verschlossen; Sie gehen von dem Grundsatz aus, Ihre Kirche könne nicht fehlen und nehmen nun ihre Vernunft gefangen im Gehorsam des Glaubens an Ihre Kirche. Haben Sie die Kirchengeschichten gelehrter Protestanten, Neologen und Philosophen gelesen und die Quellen, woraus sie geschöpft haben, unpartheiisch geprüft? und diese Quellen sind keine andere, als die Profangeschichte des heidnischen, hernach des griechischen und des abendländischen römischen Reichs, verbunden mit den Schriften der Kirchenväter von den ersten an, bis zu den letzten. Es kommt hier nicht darauf an, was der eine oder andere Historiker aus den Quellen folgert, der unglaubige Spötter spottet, der Philosoph raisonnirt, und der wahre Christ trauert über das Verderben der menschlichen Natur.

Gottfried Arnolds Kirchen- und Ketzerhistorie, Mosheim, Planks und Henke's Kirchengeschichte, verbunden mit Gibbon's classischem Werk, Geschichte der Abnahme und des Falls des römischen Reichs, muß man lesen und studiren, um die gewisse und richtige Wahrheit zu erfahren. Ich wiederhole mit Ernst, daß ich mich nicht auf die Autorität dieser Männer, sondern auf die Quellen stütze, die sie mit kritischem Fleiß und Redlichkeit gewählt und angezeigt haben, und nun frage ich Sie: Haben Sie eins oder anderes dieser Werke gelesen und die Quellen geprüft? haben Sie das gethan, und Sie können dann noch vierzehn solcher Briefe schreiben, so sind wir geschiedene Leute. Haben Sie das aber nicht oder haben Sie nur mit partheiischem Vorurtheil gelesen und nicht aufmerksam die Quellen geprüft und wagen es dann doch, so gegen mich aufzutreten, so wagen Sie sehr viel: denn Sie nöthigen mich dadurch, zur Vertheidigung des Protestantismus, den Schaden Josephs in Ihrer Kirche aufzudecken, wodurch das Publikum mehr von ihr zurückgeschreckt, als zu ihr hingeleitet wird, und dieses war doch wohl der Zweck Ihres Buchs. Wenn Sie diesen Zweck erreichen und zur Vereinigung der Protestanten mit den Katholischen mitwirken wollten, so mußten Sie die Mängel und Gebrechen Ihrer Kirche offen gestehen, das Wahre und Gute, das sie hat, ins Licht stellen und dann sanft und liebevoll die Mittel angeben, die nach Ihrer Einsicht zur Vereinigung führen können; statt dessen aber stellen Sie sich auf den Lehrstuhl und setzen zwei Hauptsätze fest: erstlich die Kirche ist unfehlbar, denn sie wird noch immer vom heiligen Geist regiert, und zweitens: ausser ihr ist kein Heil, wenn man sie kennt, und sich doch nicht mit ihr vereinigt; und nun schildern Sie den Protestantismus gerade von seiner schlechtesten Seite — dies wird sich im dreizehnten Brief zeigen — waschen uns die Köpfe, lehren und vermahnen uns, als wenn wir die verhärtesten Herzen hätten und das helle Sonnenlicht mit sehenden Augen nicht sehen wollten. Ist das nicht empörend? und mußte ich nicht — da Sie mich aufgefordert haben — antworten und Ihnen durch Beweise und Thatsachen zeigen, wie sehr Sie sich im Katholicismus und Protestantismus irren? Lesen Sie meine am Schluß dieses Werks befindliche Erläuterungen und prüfen Sie die angeführten Beweisstellen, so werden Sie finden, wie schonend ich in Ansehung Ihrer Kirche verfahren habe, indem ich nur das gesagt habe, was zur Vertheidigung des Protestantismus nöthig war. Doch ich wende mich nun zur Beantwortung Ihres Briefs.

Sie führen zuerst eine Stelle aus dem Carlsruher evangelisch-lutherischen Catechismus an, die Sie so deuten, als wenn sich diese Kirche auch die Eigenschaft der allein seligmachenden zueigne; die Stelle heißt: die Religion, bei welcher man selig werden kann, ist die christliche, nachdem sie einem verkündiget worden. Aber nicht alle, welche sich äusserlich zur christlichen Kirche bekennen, haben die lautere seligmachende Glaubens-Lehre. Die evangelisch-lutherische ist nach allen Stücken in der heiligen Schrift gegründet.

Jetzt sagen Sie mir, mein Lieber! warum haben Sie hier

das Wort seligmachende, und nicht das Wort lautere unterstrichen? — Sie legen auf das Wort seligmachende den Accent, der doch nach dem ganzen Sinn der Stelle dem Wort lautere zukommt? — Die evangelisch-lutherische Kirche sagt hier mit Schonung und Behutsamkeit: In der christlichen Religion (überhaupt) kann man selig werden, aber nicht alle christliche Partheien haben die lautere seligmachende — nicht wie Sie sagen, die lautere seligmachende — Glaubenslehre.

Wenn die Zürcher Kirche nach 1740 sagte: die allein seligmachende reformirte Kirche, so war das noch ein Schmutzflecken, den Sie aus dem älterlichen Hause mitgebracht hatte. Ich bin überzeugt, daß die gegenwärtigen Zürcher Theologen diesen Ausdruck nicht gebrauchen werden.

Wenn ich Ihren Brief nach genauer Prüfung recht verstehe [37]), so reduzirt sich Ihre ganze Idee auf den simpeln Satz, daß der Nichtkatholik, der Ihre Kirche genau kennt und dann doch nicht zu ihr übergeht, nicht selig werden könne. Freilich ist dieser Begriff etwas milder, als derjenige, der besonders in den Mönchs- und Nonnenklöstern herrschend ist, daß überhaupt kein Mensch, der nicht katholisch ist, selig werden könne, und den der despotische und schreckliche Pabst Bonifacius VIII. durch die Bulle unam sanctam gegen das Ende des dreizehnten Jahrhunderts sanctionirt und zum Glaubensartikel erhoben hat. Dieser lieblose, unapostolische und die schrecklichsten Folgen verursachende Gedanke war zwar von alten Zeiten her herrschend in der Kirche: denn alle Verketzerungen, Bannflüche und Verfolgungen stammen aus dieser Quelle her, aber zu einem Glaubensartikel, der durch den Pabst in Verbindung mit einer beträchtlichen Anzahl Bischöfe und Aebte, also mit einem Concilio zum allgemeinen Kirchengesetz gemacht wurde, gelangte er erst in der so eben angezeigten Zeit; und die Kirche hat bis auf spätere Zeiten den fürchterlichsten Gebrauch davon gemacht: und wenn sie consequent handeln wollte, so mußte sie das thun. Bedenken Sie nur, mein Lieber! wenn ein Mensch und vorzüglich ein Fürst oder sonst irgend ein Machthaber diesen Satz glaubt und gründlich davon überzeugt ist, wozu hält er sich dann nicht verpflichtet? was ist schrecklicher, als nach dem Tod eine endlose Verdammniß? — Jetzt sind ihm alle Mittel erlaubt, um nur Menschen zu retten; alle Lehrer, die anders lehren, als seine Kirche, muß er aus der Welt schaffen, und zwar auf die schauderhafteste Art, um andere abzuschrecken und zu warnen; alle Kinder solcher Eltern, die nicht katholisch werden wollen, muß er ihren Eltern aus den Armen reißen, um sie in seiner Religion zu erziehen und sie vom ewigen Verderben zu erretten, und wenn er das alles nicht thut, so handelt er nicht consequent. Die Geschichte erzählt uns die schrecklichsten und rührendsten Auftritte dieser Art; ich habe selbsten noch dergleichen erlebt und schmerzlich bedauert.

So sehr Sie auch diesen Glaubensartikel Ihrer Kirche gemildert haben, so ist und bleibt er doch in seinen Folgen der nämliche: wo Katholiken und Protestanten unter einander wohnen, da kennen ja letztere ihre Kirche genau; wenigstens die Lehrer und die gebildetsten sind mit ihren Grundsätzen genau bekannt, folglich sind sie unnachläßlich verdammt, wenn sie nicht katholisch werden.

Lieber Sulzer! Sie sind menschenliebend, haben ein edles, gutes Herz, fühlen Sie denn nicht das Gräuliche und Abscheuliche dieser Idee? — Wenn auch Ihre Kirche wirklich unfehlbar wäre, woher hätte sie dann das Recht bekommen, andere Menschen in ihre Bande zu zwingen? — da ja Gott, der doch wahrhaftig höchst vollkommen und unfehlbar ist, allen Menschen Denk- und Gewissensfreiheit verstattet und nur durch die Macht der Wahrheit zu überzeugen, aber Niemand zu zwingen sucht; dies ist seine weise und liebevolle Regierungsmaxime, die wir Protestanten auf alle Weise zu befolgen suchen, den Erfolg überlassen wir dem Vater der Menschen.

Wie, wenn aber nun Ihre Kirche irrte — und daß sie wirklich in den wichtigsten Hauptstücken der christlichen Lehre gröblich irrt, das haben wir im vorhergehenden Brief gesehen, was wird dann aus dem alleinseligmachenden Glaubensartikel? — dann werden rechtschaffene und rechtsinnige Lehrer verfolgt, Kinder frommer wahrhaft christlicher Eltern werden aus dem Licht der Wahrheit zum Irrthum geleitet und die besten Menschen unglücklich gemacht. O lieber Sulzer! laßt uns den Vorhang über die Trauerscenen fallen lassen, die uns die Geschichte, besonders nach der Reformation, treulich aufbewahrt hat.

Sie sagen S. 201. Wenn wir die römisch-katholische Religion die alleinseligmachende nennen, so verstehen wir es so, daß diese Religion unter allen Religionen auf Erden die Einzige sey, deren Lehrsätze, sammt ihren Erkenntniß-Quellen und Verkündigungs-Anstalt, dem Sinn Jesu Christi vollkommen gemäß seyen, also, daß die Heilslehre nach den Worten und dem Geist des Herrn Jesu rein und vollständig in unserer Religion enthalten sey, u. s. w.

Guter Gott! beherzigen Sie doch nur folgendes: die Hauptstücke des Christenthums sind: wahre Buße, Vergebung der Sünden und Rechtfertigung, Wiedergeburt und Heiligung bis zum Ziel des Lebens, und dieß alles beruht auf dem wahren Glauben an Christum.

Die wahre Buße ist eine ernstliche, von Herzen gehende Reue über die bisher begangene Sünden, und ein ernstlicher beharrlicher Vorsatz, hinfort nicht mehr zu sündigen. Wenn nun auch die römische Kirche den nämlichen Begriff unterstellt, so legt sie doch Bußübungen auf, die verdienstlich seyn sollen, und die gewöhnlich für die Buße selbst angesehen werden, wobei dann das Herz unbekehrt bleibt.

Die Vergebung der Sünden kommt allein Gott zu, und eben so auch die Rechtfertigung durch das Erlösungswerk Christi; beide sind die Folgen einer wahren Buße. Die römische Kirche aber sichert die Vergebung der Sünden und die Rechtfertigung denen zu, welche die ihnen aufgegebene Bußübungen und verdienstliche Werke ausgerichtet haben; vom Ablaß und von den überflüssigen Werken der Heiligen will ich nicht einmal etwas sagen.

Die Wiedergeburt ist eine gänzliche Veränderung und Umwandlung der natürlichen sündlichen Neigungen in lauter Lust und Liebe zu Gott, zu Christo und zu allen christlichen Tugenden, verbunden mit wahrer Demuth; obgleich die römische Kirche dieß auch zugesteht, so wird doch die Taufe eigentlich als die Wiedergeburt betrachtet, wobei man sich dann gar zu leicht beruhigt.

Die Heiligung endlich ist die, durch die Unterstützung der innern Gnadenwirkungen des heiligen Geistes beständige Uebung in treuer Befolgung der Gebote unseres Herrn: in der römischen Kirche aber besteht sie in treuer Befolgung der äussern Gebräuche und Cerimonien, die die Kirche vorgeschrieben hat.

Wenn der Seelsorger in Ihrer Kirche ein wahrer Christ ist, so wird er freilich durch alle diese Hüllen durchbrechen und die ihm anvertraute Seelen auf den Kern hinweisen; aber lieber Gott! wie wenig sind dieser Geistlichen? — die mehrsten hängen selbst am äusseren Schaalenwerk und kennen das wahre innere Christenthum nicht. Erlauben Sie mir, mein Bruder! Ihnen nur noch eine Verschiedenheit Ihrer Kirche von der reinen Lehre Jesus und der Apostel zu zeigen: Erinnern Sie sich nur, wie Christus, die Apostel und die ersten Christen das Abendmahl celebrirten! — Nach der genau bestimmten Einsetzung sollen alle Christen gebrochenes Brod und Wein genießen, und in der Messe genießt beides der Priester nur allein; und wenn die Gemeinde communicirt, so bekommt sie blos die Hostie. Dieser Genuß des Abendmahls unter einer Gestalt wurde in der dreizehnten Sitzung der Kirchenversammlung zu Konstanz zum Gesetz, und derjenige, der es nicht hielt, zum Ketzer gemacht. Ist da nicht in einem Hauptstück das Gesetz der Kirche dem Gesetz Christi gerade zuwider? — Wie können Sie nun nach allen den Irrthümern und Abweichungen, die ich in den vorhergehenden Briefen und nun auch in diesem gezeigt habe, sagen: Ihre Kirche habe die Lehre Jesu ganz rein, unter allen christlichen Partheien am vollkommensten? — Alles, was ich dagegen behaupte, sind ja lauter Thatsachen, die jeder Protestant, der zwischen Katholiken wohnt, täglich vor Augen sieht, und daher unmöglich geläugnet werden können.

Sie sagen ferner: der Satz S. 203. Wer auch ohne seine

Schuld die katholische Religion nicht hat, oder nicht rein und vollständig inne hat, wird verdammt, sey kein Glaubensartikel Ihrer Kirche.

Welcher Pabst oder welches Concilium hat denn die Bulle unam Sanctam Bonifacii des Achten aufgehoben? so lang das nicht geschieht, ist sie Kirchengesetz, und wenn es geschieht, wo bleibt dann wieder die Unfehlbarkeit der Kirche?

Lieber Sulzer! ich weiß sehr gut, wie so sehr viele wackere, vortreffliche und edle Männer in der römischen Kirche, in der Stille, ohne Geräusch, in dem uralten baufälligen hie und da Risse bekommenden und mit Wust befleckten großen Tempel aufräumen, flicken, ausbessern und reinigen; und wie wäre es auch möglich, daß eine Religionsgesellschaft, die so viele Jahrhunderte, unter so vielen politischen und religiösen Verhältnissen und Kämpfen aller Art von Menschen, guten und schlechten durcheinander, regiert wurde, ohne große Mängel und Gebrechen seyn sollte. Merkwürdig war es, was der Cardinal Cajetan in Augsburg zu Luthern selbst, oder zu einem seiner Freunde sagte: wenn euer Topf so lange bei dem Feuer gestanden hat wie der unsrige, so wird er auch stinken — ich meyne, daß auch unser Topf stinkt! aber wir sagen auch nicht, unsre Kirche sey unfehlbar und alleinseligmachend, wir behaupten nicht, daß die protestantische Kirche die einzige rechtsinnige Lehrerkirche sey; aber das behaupten wir, daß wir die Lehre Jesu und seiner Apostel rein, lauter und unverfälscht haben, das beweist die Bibel selbst und unsre Symbolen; gibt es nun viele unter uns, die von dieser Norm abweichen, so geht das die ächte protestantische Kirche, die sich fest an ihre reine Lehre hält, nicht an. Sie läßt jedem seine Denkfreiheit und sucht nur durch die Wahrheit zu siegen, und sie wird siegen; doch davon im Verfolg.

Sobald die römische Kirche die Alleinherrschaft über die ganze Christenheit nicht fordert, ihre großen Mängel und Gebrechen erkennt, andere Kirchen neben sich nicht verachtet, nicht Gewalt übt, um anders Denkende in ihre Bande zu zwingen, und sich nicht mehr die unfehlbare und alleinseligmachende nennt, so ist Sie uns wegen dem Guten und Wahren, das sie ungeachtet aller Mängel und Gebrechen noch hat, theuer und ehrwürdig; und wir alle miteinander, alle, die es redlich meynen, könnten sich dann die Hände bieten, und gemeinschaftlich an der allgemeinen Besserung des Ganzen arbeiten, sobald sie aber in dem Ton auftritt, wie Sie, lieber Sulzer! in Ihren Briefen an mich, so müssen wir, dem Befehl des Apostels Petri zufolge, 1 Petri 3. V. 15. 16., Rechenschaft geben jedermann, der Grund fordert der Hoffnung, die in uns ist; und so werden dann immer wieder die traurigen Unterscheidungszeichen, die uns trennen, in Erinnerung gebracht, und so die dereinstige Vereinigung zu einer Heerde unter einem Hirten, der aber gewiß der Pabst nicht seyn wird, verhindert und erschwert.

Was Sie im Verfolg von christlichen Grundsätzen, dann von Juden, Heiden und Muhamedanern sagen, enthält nichts, wobei ich noch etwas zu erinnern hätte, das nicht schon im Vorhergehenden erinnert, oder das hier zu unserm Zweck zu erörtern nöthig wäre, oder das auch mit meinen Einsichten nicht übereinstimmte. Ueber die Seligkeit der Nichtchristen sollen wir gar nicht raisonniren, sondern sie der Vaterliebe Gottes anheimgeben, und nur schaffen mit Furcht und Zittern, daß wir selbst selig werden.

Auf der 225sten Seite richten Sie nun wieder Ihren Blick auf uns Protestanten, und suchen uns die Gefahr zu schildern, in der wir uns befinden sollen. Sie bedienen sich dazu dreier Sätze, und diese sind folgende. Sie sagen:

1. Haben wir Katholiken Gründe zu fürchten, die Anzahl der in Euern Gemeinden in schuldloser Unwissenheit und Irrthümern Lebenden, oder der vor Gott redlich Irrenden, sey sehr klein, ungeheuer kleiner, als es scheinen möchte.

2. Glauben wir, das Ihr wegen des Mangels der Heilmittel, die sich in der katholischen Kirche finden, es unendlich schwerer habt, Euer Seelenheil zu wirken als wir.

3. Sehen wir Euch in der größten und nächsten Gefahr auch die richtigen Religionskenntnisse, die Ihr noch besitzt, alle Tage zu verlieren und in verderbliche Irrthümer zu fallen.

Den ersten Punkt wollen Sie in diesem, und die beiden andern in den zwei folgenden Briefen abhandeln. Wir nehmen also nun den ersten vor, und beleuchten ihn mit der Fackel der Wahrheit.

Wenn man hier in Ihrem Brief das, was Sie über den ersten Punkt von Seite 227. bis 243. sagen, liest, so traut man seinen Augen nicht, und man weiß nicht, wie es möglich ist, daß ein gelehrter Mann, von einem edlen und Wahrheit liebenden Charakter, solche Unwahrheiten nacheinander hinschreiben und drucken lassen kann.

Sie fürchten, unter der großen Menge aller protestantischen Partheien möchten nur Wenige seyn, die die römisch-katholische Religion nicht kennten, daß also bei weitem der größte Theil sie wirklich kenne, also nicht schuldlos irrte, folglich verloren gehen müsse. Lieber Sulzer! eben darum, weil wir die, fast in allen Heilswahrheiten von der evangelischen Einfalt abgewichene römische Kirche sehr genau kennen, darum können wir uns nicht mit ihr vereinigen.

Sie fangen die Vertheidigung ihres Satzes damit an, daß Sie glauben, jedermann unter dem gemeinen Volk müsse doch wohl wissen, wer der Stifter seiner Religionspartei sey, die Lutheraner müßten wissen, daß sie Doktor Luther; die Reformirten, daß sie Ulrich Zwingli und Calvin; die Wiedertäufer, daß sie Thomas Münzer; die Quacker, daß sie den Schuster Fox, die Herrenhuter, daß sie den Grafen von Zinzendorf; die Socinianer, daß sie die beiden Socine, u. s. w. zu Stiftern haben [38]).

Ja, mein Lieber! jeder Schulknabe weiß das, aber der Schulknabe unter den Wiedertäufern weiß auch, daß der aufrührerische Thomas Münzer nicht der Stifter seiner Parthei war, sondern der fromme und rechtschaffene Menno Simonis.

Aber wozu dient nun das alles? — Sie wollen damit sagen, der gemeine Mann müßte dadurch irre werden, und am Ende nicht wissen, wer unter allen die rechte Religion habe, denn es könne doch nicht siebenzehnerlei rechte Religionen geben, u. s. w. Sie halten uns so oft und so viel die mancherlei

Sekten und Partheien vor, die sich in unserer Kirche befinden sollen, und denken nicht an das ewige Gezänke in Ihrer Kirche, das von Anfang an bis daher gewährt hat. Sie sehen alle Namen, die Sie daher zählen, als besondere Religionspartheien an, und wissen nicht, daß sie alle, die Socinianer ausgenommen, in dem wahren seligmachenden Glauben an Jesum Christum und den wesentlichsten Heilswahrheiten ganz eines Sinnes sind. Die Trennungspunkte sind Nebensachen: denn daß sich die Quacker unmittelbar vom heiligen Geist belehren lassen wollen und keine Prediger brauchen, dabei aber fleißig die heilige Schrift lesen und betrachten, das kann man ihnen ja gönnen, besonders da sie liebenswürdige, brave und sehr tugendhafte Leute sind. Unser Herr sagt: an ihren Früchten sollt ihr sie erkennen. Die Mennoniten oder Wiedertäufer haben die evangelische Glaubenslehre einfältig, lauter und rein; daß sie ihre Kinder erst taufen, wenn sie erwachsen sind und wissen, was Taufe ist, darinnen haben sie in der ersten Kirche vieles für sich, und daß sie keine studirte und besoldete Lehrer, die sie Aeltesten (Presbyter) nennen, haben wollen, das steht ihnen ja frei; würde sich ihre Gemeinde weit ausbreiten, so würden sie auch weitere Maaßregeln gebrauchen. Mit ihrem ehemaligen Bischof Jan Decknatel in Amsterdam habe ich Briefe gewechselt, seine Predigten sind voller apostolischer Salbung, und rein evangelisch, er selbst war ein auserwählter Mann Gottes [39]); was nun endlich die Brüdergemeinde betrifft, so ist ihre Glaubenslehre nicht im geringsten Punkt von den protestantischen Symbolen verschieden, auch ist der selige Zinzendorf keineswegs ihr Stifter, sondern der traurige Ueberrest der uralten Waldenser, die sich in Mähren mit der ebenfalls uralten, durch zwei griechische Missionarien, Cyrillus und Methodius, gestifteten Kirche, vereinigten, wozu hernach auch noch der Rest von Hussiten kam. Dieses Häuflein wahrer und geprüfter Christen wurde im Anfang des verwichenen Jahrhunderts von der österreichischen Regierung mit Feuer und Schwerdt verfolgt; einige von diesen flüchteten auf die Güter des Grafen von Zinzendorf in der Oberlausitz; hier fanden sie zu Berthelsdorf geneigte Aufnahme, und ein klein Halbstündchen davon fingen sie an Herrnhut zu bauen.

Zinzendorf, der in Halle studirt und aus warmer Liebe zur Religion sich auf die Theologie gelegt hatte, nahm sich dieser Leute an, und da sie von der Zeit ihrer Stiftung an, aus der griechischen Kirche her, auch Bischöfe hatten, und der berühmte Amos Comenius, und nach ihm Jablonsky in Berlin ihre letzte Bischöfe waren; so behielt Zinzendorf diese alt apostolische Einrichtung bei, und ließ sich selbst von Jablonsky zum Bischof der mährischen Kirche einweihen; dann begann er eine Erneuerung dieser Gemeinde, nannte sie die Brüdergemeinde, gab ihr eine neuere und vortreffliche Liturgie und strenge Kirchen-Disciplin, und bestimmte sie vorzüglich zu Missionen unter die heidnische Völker, wo noch keine christliche Missionarien hingekommen waren. Anfänglich, als diese Gemeinde sich zu formiren begann, so fand sie Widerspruch von verschiedenen protestantischen Theologen; nachdem aber ihr Bischof Spangenberg die Ideam fidei unitatis Fratrum herausgegeben, welche ihren Lehrbegriff enthält, seitdem ist die Gemeinde oder Brüderkirche in den protestantischen Kirchen in brüderlichem Verhältniß, und gar keine Sekte, sondern ein besonderes protestantisches Institut, welches ungefähr gegen uns in dem nämlichen Verhältniß steht, als etwa ein Orden oder sonst eine Brüderschaft in der römischen Kirche, die sich zu einem gewissen heilsamen Zweck vereinigt hat.

Was Sie S. 227 von gränzenloser Uneinigkeit, von entsetzlichen Schwanken aller Meynungen, von Auszehrung des Christenthums u. drgl. sagen, das ist aus der Luft gegriffen, und wir Protestanten wissen kein Wort davon. Seit vielen Jahren her hat sich dieß Schulgezänke um Worte und Grillenfängereien ganz verloren; wenns hie und da Separatisten gibt, so kommen sie nicht in Betracht, ihrer sind wenig, auch die Mennoniten machen keine grosse Anzahl aus, und die beiden protestantischen Kirchen gehen Hand an Hand friedlich und ruhig ihren Gang fort; was den Neologismus und seine unvermeidliche Folgen betrifft, desgleichen auch das weitere vom

Protestantismus, das wird sich in folgenden Briefen finden. Die unbedingte Gnadenwahl ist ja eine Ausgeburt ihrer Kirche: der heilige Augustinus hat sie auf die Bahn gebracht, und Sie, mein Lieber! werden sich doch wohl des bittern Streits erinnern, den die Dominikaner und Franziskaner über diesen Punkt gehabt haben. Uebrigens ist sie kein Glaubensartikel der reformirten Kirche mehr, und wenn etwa hie oder da ein alter Pfarrer daran hängen sollte, so kommt der nicht in Betracht. Das alles, was ich hier Ihrem durchaus ungegründeten Raisonnement entgegengesetzt habe, ist reine Wahrheit, jeder unpartheiische Beobachter wird Alles so finden. Ach! unsre Wunden und Geschwüre sind etwas ganz' anders: an unserm Glaubens- und Lehrbegriff fehlts wahrlich! nicht, wohl aber an treuer Befolgung desselben; und hier dürfen Sie ja Ihrer Kirche keinen Vorzug einräumen, denn die pünktliche Beobachtung alles Cerimonien-Gepränges beweist nicht die treue Befolgung der Lehre Christi; der gemeine Mann beruhigt sich dabei, und glaubt, wenn er die Gebote der Kirche befolgt habe, so könne ihm die Seligkeit nicht fehlen; daß er also in diesem Wahn freudig stirbt, lieber Sulzer! das beweist ganz und gar nichts; bei dem Erwachen jenseits der grossen Gardine wird ers ganz anders finden; da hilft keine Sündenvergebung durch Menschen; wenn die verdorbene Natur nicht ganz umgeändert und in die Aehnlichkeit mit dem sittlichen Charakter unsers Herrn verwandelt worden ist, so ist alles Cerimonienwesen leeres Stroh, das keine Körner enthält, und also jenseits nicht gebraucht werden kann.

Was den gebildeten Katholiken betrifft, so ist er entweder glaubig oder unglaubig; im ersten Fall reinigt er seine Begriffe, arbeitet sich durch alle die Kirchenhüllen durch, trägt den hierarchischen Druck, so gut er kann, und sucht an der Quelle Geist und Leben. Wie ehrwürdig mir und uns Allen solche edle Menschen, solche Glaubenskämpfer sind, davon könnte ich viele rührende Beispiele anführen. Ist aber der Katholik unglaubig, so geht er viel weiter als unsre Neologen: denn da er durch den Kirchenbann gehindert wird, sein Inneres laut werden zu lassen, wenn er sich nicht unglücklich machen will, so führt ihn der eingeschränkte Freiheitsdrang immer weiter, bis er endlich in den unversöhnlichsten Religionshaß ausartet. Die Kirchen-Cerimonien findet er läppisch und kindisch, und die Tochter des Himmels, die wahre Religion Jesu, kennt er in aller Schönheit nicht. Daher verachtet und verspottet er seine Religion insgeheim von ganzem Herzen: wenn er aber in eine Lage kommt, wo er den Kirchenbann nicht zu fürchten hat, so entsteht eine Explosion in seinem Innern, die die fürchterlichsten Folgen hat. Wer waren die Stifter der französischen Revolution? keine andern, als eine Gesellschaft solcher Katholiken, und wer stiftete den Illuminaten-Orden, den noch zu rechter Zeit die Obrigkeit in seinen Planen und deren Ausführung hemmte? Ebenfalls Katholiken! wenn sich auch Protestanten dort und hier mit angeschlossen, so beweist das nichts gegen den Protestantismus.

Seite 229 und 230 wollen Sie beweisen, daß wir Reformirten eigentlich nicht wissen, was reformirt sey — und führen zum Beispiel eine reformirte Frau aus dem Canton Bern an, die in der Kirche zu Solothurn einem Jesuiten mit Heulen und Wehklagen geklagt habe, wenn sie auch sterben sollte, so wisse sie nicht, was das heiße, reformirt seyn; und unten in der Note sind Sie begierig, zu erfahren, welcher von Ihren reformirten Lesern, gelehrt oder ungelehrt, dieses so sagen könne, daß alle, die sich Reformirte nennen, mit seiner Erklärung übereinstimmen. — Lieber Bruder! wahrhaftig! es gehört viel dazu, bei solchen empfindlichen und äusserst beleidigenden Stellen in den Schranken der Geduld, der Sanftmuth und der Liebe zu bleiben. Wie! Sie wagen es bei Ihrer Unwissenheit und Partheilichkeit in Ansehung des Protestantismus, öffentlich aufzutreten und in einem solchen Ton mit uns zu sprechen? — Wer ist Lutherisch? Antw. Der, welcher nächst der heiligen Schrift die Augsburgische Confession als das Symbol seiner Kirche anerkennt — und wer ist Reformirt? — Antw. Der, welcher nächst der Bibel den heidelbergischen Catechismus als Symbol seiner

Kirche anerkennt. Nur daß man das Polemische in beiden Büchern aus Liebe zum Frieden nun mit Stillschweigen zu übergehen pflegt. Wenn nun gerade jemand von seiner Religion keine Definition geben kann, so kann man ihn deswegen keiner Unwissenheit beschuldigen, er lernt ja in Kirchen und Schulen, was er glauben und wie er leben soll. Was aber nun die arme Frau in Solothurn betrifft, so bin ich doch an ihrer Stelle roth geworden: beweist denn ein solches unwissendes Weib, und beweisen tausend solcher Weiber und Männer etwas gegen uns? — darf man hier durch Induktion schließen? — ich will tausend und abermal tausend Katholiken fragen, was ist katholisch, oder was heißt katholisch seyn? und sie werden mir schwerlich antworten können, wenn diese Frage nicht in ihrem Catechismo steht.

Sie klagen S. 231 u. f. über unsern Kaltsinn und über unsere Gleichgültigkeit gegen eine richtige und feste Erkenntniß der gesammten Lehre Jesu, und eben dieß macht Sie am meisten für unser Heil zittern. — Sie fahren fort: denn da Ihr sehet, daß Ihr seit Eurer sogenannten Reformation weder durch biblische Auslegungskunde, noch durch Privat-Einsichten eines jeden Einzelnen, noch durch den eingebildeten Beistand des heiligen Geistes eines jeden Einzelnen zu einem und demselben Glauben gelangen konntet, warum verließet Ihr nicht schon längstens — warum verlasset Ihr nicht eher heute als morgen diese grundlosen Hypothesen, und sucht und ergreift jenes Mittel, durch welches allein — nach der Vernunft sowohl als nach Jesu Anleitung — das Menschengeschlecht, also auch Ihr, zu reiner und unerschütterlicher Erkenntniß der gesammten Heilslehre gelangen könntet und solltet? ich bitte um Antwort.

Ja, lieber Sulzer! die sollen Sie haben, und zwar nicht in dem Ton, den sie nach der höchsten Billigkeit verdienen, sondern im Ton der Liebe durch Wahrheit: Sie kennen den Protestantismus nur aus Büchern und aus Besuchen in der Schweiz, denn in Ihrem Zirkel zu Konstanz und der dortigen Gegend können Sie ihn unmöglich kennen lernen: haben Sie denn die theologischen und Erbauungs-Schriften jener protestantischen Kirchenlehrer, die allgemein von allen protestantischen Partheien als classisch anerkannt werden, gelesen und redlich geprüft? — kennen Sie Johann Arndts wahres Christenthum, Speners, Frankens, Köppens, Reinhards, und so vieler anderer ansehnlicher Gottesgelehrten Schriften aus der lutherischen Kirche? — kennen Sie Saurins, Wilberforc's, Krafts, Lavaters, Ewalds, Heßens, Müeßlins — doch wer kann sie alle nennen — und so viele andere Werke aus der reformirten Kirche? sind Ihnen folgende Werke der Mennoniten: Menno Simonis, Deknatels und anderer Schriften und Predigten bekannt? haben Sie des berühmten Quackers Wilhelm Pens No Cross no Crown (kein Kreuz keine Krone), ein vortreffliches Werk, gelesen? — und kennen Sie die dogmatischen Schriften der Brüdergemeine? — wäre Ihnen der Geist des Protestantismus aus diesen Schriften allen bekannt, so müßten Sie die Hand auf den Mund legen und laut sagen: verzeiht mir, Brüder! ich habe gröblich geirrt! — Diese Einheit des Geistes, diese Uebereinstimmung in der Bibelerklärung, und dieser lautere reine evangelische Sinn ist nie auch nur von Ferne in der römischen Kirche bemerkt worden.

Wenn Sie, mein Lieber! den protestantischen Lehrbegriff richtig beurtheilen wollten, so mußten Sie nicht etwa hie und da ein Buch nehmen, um etwas zu suchen, wodurch Sie uns Eins versetzen konnten, sondern Sie mußten den wahren Protestantismus bei den Kirchenlehrern jeder Kirche, welche allgemein für fromme, rechtgläubige und gelehrte Männer anerkannt werden, gründlich studiren, und dann würden Sie gefunden haben, daß unsre protestantische Kirche auf einen Felsen gegründet ist, und daß sie die Pforten der Höllen trotz allem Neologismus, und was auch Sie und der bescheidene Verfasser von Theoduls Gastmahl ahnen, oder nicht ahnen mögen, nie überwältigen werden.

Erlauben Sie mir doch, lieber Bruder! Sie zu fragen: wie kamen Sie, rechtschaffener, liebevoller Mann dazu, solche höchstfeurige brennende Pfeile in solcher Menge auf uns loszuschließen, ehe Sie uns kannten, und wußten, ob wir eine solche, übrigens der römischen Kirche ganz geläufige, Behandlung verdienten? Sie haben also hier wieder durch Induction geschlossen; dieser und jener und wieder ein anderer Protestant hat dies und das geschrieben, folglich ist dies und das protestantischer Lehrbegriff.

Und nun noch Eins: haben Sie dann bei unsern Brüdern und Schwestern in der Schweiz Gleichgültigkeit und Kaltsinn gegen eine richtige und feste Erkenntniß der gesammten Lehre Jesu, oder auch ein Schwanken in der Bibelkenntniß und den Glaubens-Artikeln gefunden? ich, der ich doch ihrer eine große Menge in beinahe allen Cantonen, und sehr viele genau, gewiß besser als Sie kenne, weiß von dem allem kein Wort, alle streben in Einigkeit des Geistes nach dem vorgesteckten Ziel, das ihnen vorhält die himmlische Berufung in Christo Jesu. Daß der Eine über Nebensachen, z. B. über die Reinigung nach dem Tod, über die nähere und fernere Zukunft Christi, über die Eigenschaften des künftigen Reichs Christi auf Erden, oder nicht auf Erden u. dergl. anders denkt, als der andere, das thut der Glaubens-Einigkeit keinen Schaden. Ich habe von Jugend auf vielen und genauen Umgang mit Katholiken gehabt, und habe die nämliche Dissonanzen in den Grundsätzen Ihrer Kirche häufig und oft gehört; das, worauf Sie also hier wiedrum Ihre Behauptung gründen, ist abermal grund- und bodenlos. Nun noch eine grundfalsche und empörende Stelle: Sie sagen S. 233:

„Daß alle christliche Partheien eines und dasselbe Glaubens-Bekenntniß (ich glaube an Gott Vater u. s. w.) sprechen, was hilft das bloße Sprechen eben derselben Worte, wenn nicht alle eben denselben Verstand damit verbinden? nur eben die verschiedenen Begriffe, die bei jenen Worten unter den Christen statt haben, erzeugen ja die verschiedenen Partheien, anders denkt von Gott, dem Vater, dem Sohn und dem heiligen Geiste, von der Menschwerdung Christi, von der Erlösung, von der Kirche, von der Nachlassung der Sünden, von dem Abendmahl, von der Auferstehung, von dem Zustand der

Ewigkeit, der Lutheraner, der Reformirte, der Anglikaner, der Arminianer, der Socinianer, die in England sich jetzt vermehrende Swedenborgianer u. s. f. anders unter sich, und anders als der Katholik. Allein in diesem Glaubensbekenntniß stehet nichts von der Rechtfertigung und Wiedergeburt, von der Hoffnung, von der Taufe, dem Abendmahl, der Erbsünde, der Sünde gegen den heiligen Geist, von der Nothwendigkeit der guten Werke, nichts von der ganzen Moral; sind dieses Nebensachen? So täuschet Ihr Euch mit Worten, so versenket Ihr Euch selbst in die schrecklichste Gleichgültigkeit." Ei! Ei! lieber Bruder Sulzer! das alles sagen Sie so daher in einem Odem, als wenn es eine weltkundige erwiesene Sache wäre; warum haben Sie das alles nicht mit Thatsachen bewiesen? Soll Ihnen denn das Publikum auf Ihr Wort glauben? Sie sind Jurist und müssen wissen, daß Sie das, was Sie behaupten, auch beweisen müssen.

Fürs Erste, lassen Sie doch die Socinianer weg, diese gehören ja weder zu Ihrer noch zu unserer Kirche, ob ihrer gleich in beiden genug seyn mögen; überhaupt müssen Sie alle, die den protestantischen Lehrbegriff nicht annehmen, auch nicht als Protestant betrachten. Ich wiederhole, was ich schon einmal gesagt habe: in Ihrer Kirche eitern die Geschwüre unter dem äussern Prachtkleid heimlich und unter sich, und in der unsern öffentlich vor aller Welt Augen. Was ist nun schlimmer, und was gefährlicher? doch zur Sache:

Sie sagen, die Lutheraner, die Reformirten, die Engländer, die Arminianer und Swedenborgianer dächten verschieden in den Artikeln des christlichen Glaubens, und wissen doch sehr wohl, daß die Lutheraner und Reformirten ehemals nur in den Begriffen vom Abendmahl und dem freien Willen verschieden waren, und es nun nicht mehr sind: denn daß die Lutheraner noch Vater unser sagen und die Hostie beibehalten haben, thut der Einigkeit des Glaubens und Geistes keinen Eintrag. Aber wie die Arminianer daher kommen, das fällt nicht jedermann alsofort in die Augen — sie stehen nur da, um die Reihe der a n e r und i s t e n in der protestantischen Kirche zu vergrößern. Jakob Herrmanns oder Arminius war reformirter Prediger zu Amsterdam, und wurde von da im Anfang des sechszehnten Jahrhunderts als Professor der Theologie nach Leyden berufen; hier fand er nun, daß seine Collegen, und besonders Gomarus, die Lehre von der absoluten Gnadenwahl sehr streng lehrten und behaupteten, daß Gott in seinem ewigen und unabänderlichen Rathschluß beschlossen habe, daß ein Theil der Menschen, und zwar bei weitem der größte, zur ewigen Verdammniß, der kleinere aber zur ewigen Seligkeit bestimmt sey. Diese in ihren Folgen so fürchterliche Lehre, die zu den Antinomien des menschlichen Verstands gehört, wo er seine Gränzen findet, wurde dem Arminius anstößig; er lehrte und schrieb dagegen, und kam darüber mit Gomaro in einen heftigen Streit, der sich auch aus den Niederlanden nach England verbreitete. Jeder bekam seine Anhänger, und so entstanden Arminianer und Gomaristen, beide ächte Reformirten, so wie die Dominikaner und Franziskaner ächte Katholiken blieben, als sie über den nämlichen Punkt miteinander zankten. Wie ists, lieber Bruder! ich hoffe doch, daß Sie nun auch ein Arminianer seyn werden. Freilich! nach Ihrem Buch zu urtheilen, sollte man fast glauben, Gott habe nur die wahren Christen in der römischen Kirche zur ewigen Seligkeit, alle andere aber, wenigstens solche, die die Lehre dieser Kirche kennen und sie nicht annehmen, zur ewigen Verdammniß bestimmt; dies ist aber eben so schlimm, als der Satz des Gomarus. So viel kann ich Ihnen sagen, daß die ganze reformirte Kirche jetzt dem Arminius beipflichtet, und die lutherische war von jeher seiner Meynung. Sie trennen auch die Anglikaner, das ist die englische Kirche, von der reformirten, die nur darinnen verschieden ist, daß sie eine bischöfliche Organisation hat. Sind denn die dänischen und schwedischen Kirchen deswegen keine Lutheraner, weil sie auch Bischöflich sind? — macht denn das Kleid den Mann?

Nun führen Sie auch noch die Swedenborgianer an, davon wird die Rede im letzten Brief seyn; hier bemerke ich nur so viel, daß sie fromme brave Leute sind, die an Jesum

Christum von Herzen glauben, seine Lehre zu befolgen suchen und durch sein Verdienst selig zu werden gedenken; sie glauben an die baldige Entstehung einer neuen vollkommenen Kirche, suchen sich darauf zuzubereiten und bedienen sich dazu besonders des Swedenborgischen Werks: die wahre christliche Religion, enthaltend die ganze Theologie der neuen Kirche; findet man, daß sie oder irgend eine Religionspartheı in ihren Sätzen nicht mit dem Lehrbegriff der Protestanten übereinkommt, so widerlegt man sie öffentlich und beweist ihren Irrthum, mehr können wir nicht thun, denn wir haben keinen Befehl von Gott, solche Leute zu verfolgen und zu verbannen.

Jetzt sagen Sie mir, mein Lieber! was ist nun aus Ihrer so bittern Beschuldigung geworden? — Sie werfen uns vor, daß alle unsere Laner und isten in den Hauptstücken der christlichen Religion verschieden dächten, und ich berufe mich auf ihrer aller Schriften und Glaubensbekenntnisse, wo sich dann findet, daß alles, was Sie da gesagt haben, aus der Luft gegriffen ist.

Lieber Bruder Sulzer! Sie kommen mir vor, wie ein Mensch, der mir auf freier Straße begegnet, einen Prügel in der Hand führt, nun auf mich zuläuft, mich küßt, umarmt und einmal ums andere mich lieber Bruder! heißt, und zwischendrein unbarmherzig auf mich losprügelt, mit der freundlichsten Miene ruft: siehe! wie lieb ich dich habe! das ist dann Wahrheit in Liebe.

Ich muß es Ihnen tief in die Seele sagen: Ich stehe hier vor dem Angesicht Ihres und meines Gottes, und Ihres und meines Erlösers, mit der Freudigkeit des Christen, der seiner Sache gewiß ist, mit der ich auch auf dem Schaffot erscheinen würde, wenn mich der Herr, mein himmlischer Führer, dazu bestimmt hätte, für seine Ehre und seine Lehre mein Leben zu verbluten, daß Sie in Ihrer Partheilichkeit und in Ihrem bittern Haß gegen den Protestantismus schrecklich irren; und daß Ihr übrigens so gutes liebesvolles Herz dermaleinst blutige Thränen darüber weinen wird.

Das übrige dieses Briefs besteht aus lauter grundlosen Deklamationen, die nun alle wegfallen.

Dem allen ungeachtet bleibe ich unverrückt Ihr treuer Bruder

Jung Stilling.

Nachschrift. In Ihren Anmerkungen zum eilften Brief sagen Sie: niemand wird ein Beispiel wissen, daß ein Katholik auf dem Sterbebette, um in Religionszweifeln sein Gemüth zu beruhigen und sein Seelenheil ausser Gefahr zu setzen, verlangt habe, Protestant zu werden, aber umgekehrt gab und gibt es immer Protestanten, welche bei dem Anblick des Todes und der Ewigkeit noch verlangen, Katholiken zu werden.

Was den ersten Punkt betrifft, so habe ich vorhin schon darauf geantwortet: dem glaubigen Katholiken kann deswegen auf dem Todtbette nicht bange werden, weil er das alles erfüllt hat, was ihm seine Kirche vorschreibt: er ist fleißig in die Messe gegangen, hat zu gehöriger Zeit gebeichtet, und darauf sind ihm vom Priester die Sünden vergeben worden, und jetzt empfängt er auch noch die heiligen Sakramente: sollte auch nun noch etwas ersetzt oder nachgeholt werden müssen, so verläßt er sich auf die Seelmessen nach seinem Tod. Dies alles glaubt er fest von Jugend auf, und stirbt ruhig; aber wissen Sie denn, mein Lieber! wie es jenseits mit ihm aussieht? wenn sein ganzes Wesen nicht durchaus geändert worden und er den Weg der wahren Buße, Wiedergeburt und Heiligung nicht durchgegangen hat, so helfen alle jene todten Werke ganz und gar nichts. Was Sie da wieder ohne allen Beweis von den Protestanten sagen, ist abermal ein Schluß durch Induction, und also falsch: denn wenn Sie zehn Beispiele wissen, daß Protestanten auf dem Todtbette Katholiken geworden sind, so versichere ich Ihnen dagegen bei Gott und der höchsten Wahrheit, daß ich mich in den sechzig Jahren, in welchen ich meine ganze Besonnenheit gehabt habe (denn ich bin nun 70 alt), ungeachtet ich immer in Ländern gelebt habe, wo Katholiken und Protestanten unter einander waren, nicht eines einzigen Protestanten erinnere, der auf dem Todtenbette gewünscht hätte, katholisch zu werden, aber der herzerhebendsten Beispiele weiß ich eine Menge, und habe sie selbst mit innigster Rührung angesehen und angehört, wie gottselige Protestanten dem Tod entgegen jauchzten, und bei dem vollkommensten Bewußtseyn, die bündigsten Zeugnisse der Göttlichkeit und der Wahrheit unserer Religion ablegten. Lesen Sie doch Feddersens Leben und Ende gutgesinnter Menschen; Reizens Historie der Wiedergebornen; Anekdoten für Christen; und so viele Lebensbeschreibungen frommer Protestanten, so finden Sie zwar keine heiligen Legenden, unbegreifliche Wunder aller Art und römische Werkheiligkeit, aber wahre Nachfolger unseres Heilandes, wahre Gottes- und Menschenliebe, wahre gründliche geheime Wohlthätigkeit u. dergl.; daß mancher noch auf dem Todtbette schwer kämpfen und um Vergebung seiner Sünden ringen muß, bis er sie selbst in seinem Innern vom heiligen Geist empfängt, das ist natürlich; wenn er sie aber dann auch hat, dann jubelt er in die Ewigkeit hinüber, und wird durch eine trügliche priesterliche Vergebung nicht getäuscht.

Antwort auf den zwölften Brief.

Von der besten Kirche und von dem Separatismus.

Mein theurer und herzlich geliebter Bruder!

Sie wollen nun beweisen, daß die römische Kirche die Beste, und daß es sehr unrecht ist, sich von ihr zu trennen. Wäre das Erste wahr, so müßte es auch das Letzte seyn. Wir wollen sehen:

Nach allem dem, was ich hier in den vorhergehenden Briefen gesagt habe, brauchte ich kein Wort mehr zu verlieren, denn ich habe unwidersprechlich bewiesen, daß die römische Kirche nicht unfehlbar, nicht allein seligmachend, also nicht die beste, sondern mangelhaft, wie alle andere Religionsgesellschaften, dabei aber doch so anmaßend ist, daß sie die von ihren

Grundsätzen Abweichenden nicht allein ausstößt, sondern verfolgt, martert und tödtet, wenn Sie anders die Macht dazu hat; womit können Sie die Rechtmäßigkeit dieser Anmaßung beweisen? — Doch ich wende mich wieder zu Ihrem Brief und folge Ihnen Schritt vor Schritt. Sie sagen Seite 245 gegen unten:

Kräftige Mittel unserer sittlichen Vervollkommnung und Heiligung können zweierlei Urheber haben, Gott und Menschen. Jene Kirche ist schon viel besser als eine andere, welche alle, von Gott selbst gegebenen, Mittel unserer Heiligung unverfälscht allein inne hat. Ganz recht, lieber Sulzer! S. 246 sagen Sie: gibt es eine solche? und welche ist es? wie heißt sie mit Namen? eine jede wird sagen: ich bins!

Jetzt zählen Sie nun alle Partheien auf, deren jede sagen würde, ich bins! da kommen nun Waldenser, Albigenser, Wiklefiten, Hussiten, Lutheraner, nach verschiedenen Confessionen, Reformirten, nach verschiedenen Confessionen, die Engländer von zwei Hauptpartheien; die Quäcker, die Weigelianer, die Böhmisten oder Theosophen; die Swedenborgianer, die Herrnhuter rc. rc. zum Vorschein.

Lieber Sulzer! ist es denn erlaubt, öffentlich vor dem ganzen Publicum aufzutreten und solche unverdaute, schief angesehene und unwahre Sachen in die Welt zu schreiben und drucken zu lassen?

Erstlich sind die Waldenser mit der Brüdergemeine, die Albigenser mit den Reformirten in Frankreich, die Wiklefiten mit den Reformirten in England, und die Hussiten mit der Brüdergemeine zusammen geflossen. Dieß mußten Sie doch erst wissen, lieber Bruder! ehe Sie solche beleidigende Dinge schrieben. Wo haben denn die Lutheraner verschiedene Confessionen? Alle bekennen sich zur augsburgischen Confession; und wo haben die Reformirten in England, Schottland, Holland, Frankreich, Schweiz und Deutschland, ein anderes Symbol als den heidelbergischen Katechismus? die Weigelianer und Böhmisten kommen wohl nur darum hier vor, um nur der ....aner und .....isten recht viel aufzuzählen; sagen Sie mir, mein Lieber! ist das Wahrheit in Liebe? — wenn irgend ein Gelehrter oder Ungelehrter mit dem wahren protestantischen Lehrbegriff, noch andere vom Fall der Engel, vom göttlichen Wesen, von Engeln und Geistern, von theosophischen Gegenständen u. dergl., wenn sie nur dem Wort Gottes nicht widersprechen, verbindet und dann auch hie und da Beifall findet, so entsteht dadurch deswegen keine neue getrennte Sekte; und wenn auch irgend einer in einem Glaubensartikel irrte, so waren immer rechtgläubige Männer bei der Hand, die ihn widerlegten. In Ihrer Kirche befanden sich ja auch immer Männer, die über philosophische, und mehr oder weniger religiöse Gegenstände stritten, darunter litte ja die Einigkeit Ihrer Kirche nicht, und das ist auch der Fall bei uns Protestanten.

Auf der 247. und folgenden Seiten gehen Sie nun zum Beweis über, daß die wahren, nach dem Sinn des Sohnes Gottes gelehrten Grundsätze, Sittenregeln und Sakramente in Ihrer Kirche alle und unverfälscht gelehrt werden. Verzeihen Sie mir, mein lieber Bruder Sulzer! wenn ich rein heraus die Wahrheit sage: Ihr ganzer Beweis ist ein Gewebe von lauter falschen Schlüssen und ausgemachten Unwahrheiten; Sie sagen: die Kirche habe vom zweiten Jahrhundert an immer nur Eine allgemeine Lehre behauptet und bekennt — ich aber habe Ihnen im Vorhergehenden gezeigt, daß die Kirche der ersten Jahrhunderten, von den wichtigsten Glaubens-Artikeln und Gebräuchen der römischen Kirche, z. B. von der Meß, der Ohrenbeicht, den Bußübungen, Anrufung der Heiligen, Verehrung der Bilder, Wallfahrten, Processionen u. dgl. kein Wort gewußt hat, wie können Sie nun sagen, daß die jetzige Lehre Ihrer Kirche noch immer die nämliche der ersten Kirche und daß sie noch unverfälscht sey? Sie sagen ferner:

Seite 248. Könnten aber die Glaubenssitten und Sakramentlehren und die ächten Sakramente nicht auch in einer andern Kirche rein und vollständig zu finden seyn? Antw. Christus hat nur Eine Kirche gestiftet, die Apostel sprechen nur von Einer: wenn nun die katholische die wahre ist; so verdienen andere Kirchen, die durch die Lehre und das Band des Gehorsams sich von ihr der wahren getrennt haben, nicht mehr die Benennung der wahren Kirche, folglich ist dann die katholische auch allein die wahre. . --

. Sagen Sie mir doch aufrichtig, mein Lieber! hat denn Christus oder irgend ein Apostel die römische Kirche, so wie sie jetzt ist, gestiftet? — Entstand nicht das System eines allgemeinen Bischofs, verbunden mit weltlicher Herrschaft, ganz dem Geist Christi zuwider, Matth. 20, V. 25—28. erst im 7ten Jahrhundert? Und haben sich nicht die Bischöfe zu weltlichen Herren gebildet? Und das alles zum unersetzlichen Schaden der christlichen Religion? — Die gesammte Christenheit mit allen ihren Partheien stammt von Jesu Christo und den Aposteln her. Unter diesen Millionen Namchristen ist die wahre allgemeine (evangelisch-katholische) Kirche zerstreut; der Herr aber kennt jedes einzelne Glied derselben genau, theilt jedem seinen Geist mit und läßt sie durch viele Trübsale zu Erben seines Reichs bilden; in diesem wird erst seine bis jetzt unsichtbare Gemeine in aller ihrer Herrlichkeit sichtbar werden und in vollkommener Einigkeit des Geistes stehen. Dann hören alle, von Menschen gestiftete, politisch-religiöse Gesellschaften auf. Beherzigen Sie doch, lieber, lieber Sulzer! das herrliche Gleichniß unseres Herrn, Matth. 13, V. 24. u. f. Die Saat oder der Same sind die frommen wahren Christen; dieser Same wurde rein und lauter in den Acker der Menschheit gesäet, er ging herrlich auf und grünte, aber die Knechte gaben nicht Acht, sie schliefen in den ersten Jahrhunderten; während der Zeit schlich der Teufel zum Acker und säete Tollkorn, Toespen (Zizania) hinein; dieses wuchs nun auch häufig hervor (ach Gott! am Unkraut fehlte es nie, es überwuchs gar oft den edeln Waizen), nun fragten die Knechte und sagten: Herr, sollen wir das Unkraut ausjäten? — Sollen wir die Ketzer verbannen? — Nein, sagte der Herr, ihr seyd nicht pflanzenkundig genug dazu, ihr könntet den Waizen mit dem Unkraut ausrotten; zur Zeit der Erndte will ich meine Schnitter, die Engel, senden, die sollen den Waizen, die wahre, unter dem Unkraut zerstreute Kirche sammeln und in meine Scheuern bringen, das Unkraut aber wird zum Feuer verdammt. Merkwürdig ist, was der Herr sagt: Laßt beides — Unkraut und Waizen zusammen wachsen bis zur Erndte. Jetzt frage ich Sie, mein Lieber! hat die Kirche, und vorzüglich die römische, nicht gejätet? — Wer hat ihr die Erlaubniß dazu gegeben? Der heilige Geist nicht. Wie oft hat sie den Waizen für Unkraut angesehen, und ihn nicht allein ausgejätet — mit dem Bann belegt — sondern sie hat Eingriffe in das Strafregal Gottes gethan und Unkraut und Waizen zum Feuer verdammt. Sie, lieber Bruder! rühmen das an Ihrer Kirche, daß sie sich so rein hält, reden von einem Gehorsam gegen die Kirche, den Christus und seine Apostel nie befohlen haben; und behaupten, diese Kirche sey die einzige Wahre und Beste; und ich habe jetzt klar uud deutlich bewiesen, daß sie dem ausdrücklichen Befehl Christi geradezu entgegen handelt. Nein, wir Protestanten jäten nicht, wir folgen dem Befehl unseres Herrn und lassen alles zusammen wachsen bis zur Erndte, daher alle die . . . aner und . . . isten.

Aber hier komme ich nun an eine Stelle, wo sie abermal so indiskret sind und etwas aus einem meiner Briefe an Sie öffentlich bekannt machen; wie kommen Sie doch dazu, mein brüderliches Zutrauen so zu mißbrauchen? — Ich schrieb folgendes: Bei unsern Reformatoren mischte sich zu Zeiten etwas Menschliches mit ein: man strich verschiedenes aus den Glaubens-Artikeln ganz aus, weil es damals in Ihrer Kirche gemißbraucht wurde, anstatt daß man hätte reformiren, die Mißbräuche verbessern sollen. Hätte ich damals nur von Ferne geahnet, daß meine Aeußerung gedruckt werden würde, so hätte ich sorgfältiger die Worte gewählt, und anstatt Glaubens-Artikel, Kirchengebräuche, Liturgie gesetzt; mir schwebte damals das gesammte Kirchliche der Katholiken vor der Seele, und im Fluß des Schreibens schrieb ich Glaubens-Artikel; indessen hatte ich doch auch einen Glaubens-Artikel im Auge [40]); nämlich den vom Fegfeuer: Der berühmte Kirchenlehrer Tertullianus, der im 2ten Jahrhundert geboren war, rühmte an den afrikanischen Christen, daß sie für die Verstorbenen beteten; denn die platonische Idee von der Reinigung nach dem Tod wurde von einigen Kirchenvätern angenommen; besonders lehrte sie Clemens von Alexandrien und paßte sie ganz schicklich den christlichen Grundsätzen an. Immer noch blieb dieser Begriff willkürlich, man machte keinen Glaubens-Artikel daraus, und dachte sich geistige Reinigungs-Mittel, wodurch die Seelen, welche in diesem Leben nicht den zur Seligkeit erforderlichen Grad der Heiligung erhalten haben, noch nach dem Tod vollendet würden.

Diese in mancher Rücksicht annehmliche und der heiligen Schrift nirgends widersprechende Vorstellung wurde aber vom Pabst Gregor dem Großen im sechsten Jahrhundert versinnlicht, verfälscht und in die römische Kirche eingeführt: Er lehrte, daß die Reinigung nach dem Tod durch ein Feuer geschehe, wodurch die kleinen, im Leben nicht abgebüßte Sünden, weggefegt würden, und daß priesterliche Fürbitten, Todtenopfer und Seelenmessen diese Reinigung durch das Fegfeuer beschleunigten. Dadurch entstand nun der schreckliche Mißbrauch in der römischen Kirche, daß man mit Fürbitten und Seelenmessen Handlung trieb. Diesen Mißbrauch schafften die Reformatoren dadurch ab, daß sie auch die Reinigung selbst verwarfen, anstatt daß sie sie vom Mißbrauch hätte reinigen sollen. Jetzt gibt es nun sehr viele Theologen in beiden protestantischen Kirchen, denen dieser Lehrbegriff gar nicht zuwider ist.

Auch darinnen fehlten die Reformatoren, daß sie aus Widerwillen gegen alle Mißbräuche und das oft sinnliche Gepränge der römischen Kirche durchaus alle sinnliche Andachtsübungen, bis auf das Singen, Beten und Predigen, abschafften. Diesen Mangel empfand man nachher häufig und man empfindet ihn noch. Dieß bewog auch den Grafen von Zinzendorf, der Brüdergemeine eine Liturgie zu geben, die allen Wünschen entspricht, wie jedermann, auch selbst der eifrige Katholik, wenn er einer Gottesverehrung beiwohnt, gestehen muß.

Indessen kann uns Protestanten dieser Mängel nicht bewegen, katholisch zu werden: denn wir müßten da an Glaubens-Artikeln Theil nehmen, die wir in Ewigkeit nicht annehmen können; z. B. bei der Messe, besonders bei einem feierlichen Hochamt, zeigt sich die Kirche in ihren Gebräuchen am erhabensten; aber die Transsubstantiation und die Anbetung der Hostie hindert jeden rechtschaffenen Protestanten, mehr als bloser Zuschauer zu seyn; und dann hat auch die schönste Musik gar oft das Unangenehme, daß sie zu opernartig ist; sonst ist eine wahrhaft schöne und erhabene Kirchenmusik etwas Herzerhebendes.

Jetzt glaube ich, mich hinlänglich über die angeführte Stelle aus meinem Brief erklärt zu haben.

Der Schluß, den Sie, mein lieber Bruder! S. 249 in der Mitte, festsetzen, nämlich: da nun die römische Kirche die Einzige ist, welche die von Jesu Christo gegebenen Heiligungsmittel unverfälscht und vollständig besitzt, so ist sie in diesem ersten Betracht die beste Kirche — ist durch Alles das, was ich in den vorhergehenden und diesem Briefe dargethan und bewiesen habe, durchaus unrichtig, und die römisch-katholische Kirche gewiß nicht die beste.

Jetzt kommen Sie nun zu denen Cerimonien Ihrer Kirche, die blos menschlichen Ursprungs sind; was Sie über diesen Gegenstand von S. 249 bis 252 sagen, ist mehrentheils wahr und gegründet, nur erlauben Sie mir folgende Bemerkung: der Mensch besteht aus einem sinnlichen und geistigen Prinzip; die Religion oder der wahre Gottesdienst im Geist und in der Wahrheit ist ein Gegenstand des geistigen Prinzips, dieses soll dadurch aus der Sclaverei der Sinnlichkeit befreit werden; der Geist soll die Herrschaft über das Fleisch bekommen und der göttlichen Natur wieder theilhaftig werden. Hierzu tragen die äussern sinnlichen Cerimonien, auch die feierlichsten und erhabensten, unmittelbar nichts bei; sondern weil der Geist gleichsam an die Sinnlichkeit gefesselt ist, so kann er sich freier durch Andacht zu Gott emporschwingen, wenn die obern Sinnen, Gesicht und Gehör, gerührt werden, und so der Geist freier wird. Eigentliche Heiligungsmittel sind solche Cerimonien, auch die feierlichsten und erhabensten, nie; im Gegentheil, wenn der ganze Gottesdienst von Anfang bis zu Ende aus lauter, auch zweckmäßigen Cerimonien besteht, so wird der Mensch zwar gerührt und andächtig, und das ist auch nicht einmal immer der Fall, weil man endlich durch die öftere Wiederholung daran gewöhnt wird; aber der Geist bleibt nun gar leicht am Aeußern, Sinnlichen hangen und kommt nicht zum höhern Aufschwung. Daher dürfen nur wenige, erhabene und rührende Cerimonien, die öfter abwechseln, gewählt werden, um den Geist zu erheben, zu beflügeln und die Andacht zu wecken, damit er zum Vortrag göttlicher Heilswahrheiten, oder zum Genuß der heiligen Abendmahls empfänglich gemacht werden möge. Daher ist auch Ihr Schluß, mein Lieber! S. 252, wo sie sagen: besser ist also in diesem Stück jene Kirche dran, die zu viel, als jene, die zu wenig hat, nicht so ganz richtig: denn wenn man sich an den Speisen, die blos Appetit machen sollen, satt ißt, so schmeckt hernach die Mahlzeit nicht mehr.

Endlich berufen Sie sich, S. 252 und 253, auf Ihre innere Erfahrung: Sie und viele tausend Katholiken fühlen sich selig und im Gewissen beruhigt bei Ihrem Gottesdienst; und ich versichere Ihnen heilig, daß ich und viele tausend Protestanten uns bei unserm innern Gottesdienst im Geist und in der Wahrheit, in Verbindung mit dem äussern höchst einfachen, sehr wohl befinden. Wir wissen gewiß, an wen und was wir glauben, und der Geist Gottes gibt Zeugniß unserm Geist, daß wir Gottes Kinder sind. Wir sehen der großen Entscheidung, wer unter uns beiden recht hat, ruhig entgegen. Solche Erfahrungen sind indessen zur Beweisführung durchaus untüchtig: denn auch der Schwärmer hat sie, und zwar lebhafter, als der ruhige Freund der Wahrheit. Es kommt also alles auf den Grund an, auf dem die Erfahrung beruht. Dies ist nun meine Antwort auf Ihre Frage, Seite 253 unten; und Ihr Schluß Seite 254 oben, daß darum, weil die römische Kirche die meisten Cerimonien, die Sie fälschlich Heiligungsmittel nennen, habe, auch die beste sey, durchaus unrichtig. Hieraus folgt nun auch, daß der unmittelbar folgende Schluß: daß jeder bei Gefahr der ewigen Verwerfung verpflichtet sey, die kräftigsten Mittel zum Zweck, — nämlich die römischen Kirchengebräuche — zu ergreifen, das ist Römisch-Katholisch zu werden, ebenfalls als ganz falsch hinwegfalle.

In dem schrecklichen Verfall der römischen und der protestantischen Kirchen stimmen wir beide überein; allein in beiden befindet sich doch auch eine große Menge wahrer Christen, die zur wahren Gemeine des Herrn gehören und die eigentliche reine evangelisch-katholische Kirche bilden, welche auch die Pforten der Hölle nicht überwältigen werden.

Seite 258 äussern Sie wiederum eine Partheilichkeit, die durchaus grund- und bodenlos ist: Sie rühmen die Pastoral-Beschäftigungen rechtschaffener frommer katholischer Geistlichen, und sagen dann: womit — nehmt mir meine Freimüthigkeit nicht übel — liebe protestantische Brüder! die Pastoral-Arbeiten euerer Minister bei weitem nicht können verglichen werden.

Sagen Sie mir doch, mein lieber Bruder! wo haben Sie denn Gelegenheit gehabt, fromme protestantische Geistlichen lange genug zu beobachten, um ein solches Urtheil über sie zu fällen? kennen Sie ihre Nachtwachen, ihr Ringen mit Gott im Gebet, ihren Fleiß, um das Wort Gottes rein und lauter zu verkündigen, u. d. gl.? Ich kann als ehmaliger Arzt darüber urtheilen, und bin vielfältiger Augenzeuge gewesen, wenn fromme Seelsorger die Seelen sterbender Christen ihrem Erlöser zu treuen Händen überlieferten. Ist es denn auch erlaubt, lieber Sulzer! über eine Sache abzusprechen, die man durchaus nicht kennt. Vom gewöhnlichen Schlage der Geistlichen in beiden Kirchen reden wir ja ohnehin jetzt nicht, sondern nur von denen, die es redlich meynen, und deren kenne ich, Gottlob! in der protestantischen Kirche noch sehr viele. Wenn die römische Kirche ihren Geistlichen die Amtsgeschäfte durch so vieles Cerimonienwesen schwer macht, so frage ich mit dem Propheten Jesaia Cap. 1, V. 12. Wer fordert solches von euern Händen? und Cap. 57, V. 10. Du zerarbeitest dich in der Menge deiner Wege u. s. w., unser Herr und seine Apostel haben diese Wege ja nicht gebahnt.

Seite 260 beschuldigen Sie uns, daß jeder Bauer, auch der roheste, der nicht lesen kann, auch im Gewissen frei sey, sich an keine Entscheidungen, keine Confession, keinen Catechismus zu binden brauche, sondern er dürfe seine Glaubenslehre, seine Moral, seine Sakramente sich selber nach eigenen Einsichten machen, wie ers für gut finde. — Sagen Sie mir doch, lieber Bruder! in welcher Pfütze haben Sie diesen giftigen Fisch gefangen? davon wissen unsere Symbolen und Statuten nichts. Ist ein roher Bauer so boshaft, daß er ein Religions-Verächter und seiner Familie und Nachbarn schädlich wird, so weiß man wohl, was mit ihm anzufangen ist; lebt aber jemand ruhig, gibt er niemand ein ärgerliches Beispiel und seine Grundsätze sind dem Evangelio nicht gemäß, so sucht man ihn zu überzeugen, und hilft das nicht, so läßt man das Unkraut mit dem Waitzen wachsen bis zur Erndte.

Seite 260 Nro. 2. führen Sie noch einmal alle sogenannte Gnadenmittel Ihrer Kirche an, und fragen dann: in welcher Kirche mehr Trost, Heiterkeit des Gemüths und inniges Vergnügen gefunden werde, da, wo man das alles glaubt, und, wo man es nicht glaubt? — Lieber Bruder! das alles ist im Vorhergehenden beantwortet; ich habe gezeigt, was wahr und was falsch ist; desgleichen, was wir glauben und nicht glauben. Daß die Seligen für uns beten, glauben wir auch, aber nicht, daß wir sie darum ansprechen dürfen, oder können, weil sie nicht allwissend und allgegenwärtig sind.

Seite 261 Nro. 3. sagen Sie: In welcher Kirche kann der sittliche Zustand besser beschaffen seyn? in jener, wo die Sittenlehre rein und unverfälscht erhalten wird, wo ich sie nicht nach meinen Neigungen und Leidenschaften verändern darf u. s. w. oder dort, Seite 262 unten, wo die Eigenliebe nach ihren Auswüchsen des Hochmuths, der Habsucht, der Sinnlichkeit den keiner Autorität unterworfenen Verstand besticht, eine dem Herzen angemessene Moral zu machen? wo bald niemand mehr an die Ewigkeit der Strafen glaubt, das heißt: wo man die Sanction des Sittengesetzes in ihrer dem verdorbenen Herzen verhaßten Seite entnervt? wo es mit dem ungenannten Verfasser des Büchleins, Glaube an Jesum heißt: und wenn du des Tages siebenzigmal siebenmal sündigest, so eile nur geschwind wieder zu Jesu und nimm von Ihm Gerechtigkeit u. s. f. Wo keine Beispiele frommer Diener Gottes, deren Leben der Commentar des Evangeliums ist, gesammelt und zur Nachfolge vorgestellt, und tausend mit aller historischen Glaubwürdigkeit bewährte Lebensgeschichten katholischer Heiligen als Fabeln verlacht werden? — Hierauf bitten Sie nun um Antwort.

Lieber Sulzer! der Herr unser Gott gebe Ihnen an jenem großen Tage nicht die Antwort, die Sie verdienen: denn diese Stelle in Ihrem Buch ist namenlos und schrecklich; Er erbarme sich Ihrer verirrten Seele, und lasse Ihnen Barmherzigkeit wiederfahren, wenn Ihnen um Trost bange ist; diese Sünde kann Ihnen kein Priester vergeben, der Herr verzeihe Ihnen! Ich verzeihe Ihnen von Herzen. Nun auch hier meine Antwort:

Sie werden doch den unerschütterlichen Grundsatz aller Protestanten, selbst der vernünftigsten Neologen, wissen: Daß die Befolgung der Moral Jesu Christi und seiner Apostel unbedingte Christenpflicht und nothwendige Folge des wahren Glaubens an unsern Herrn und Heiland ist? — und diese Moral, diese Sittenlehre befindet sich vollständig in der Bibel, vorzüglich im neuen Testament, wie ich schon einmal in einem der vorigen Briefe bewiesen habe. Es kann kein Fall vorkommen, den man nicht aus dieser Quelle entscheiden kann. Sehen Sie, mein Lieber! das ist nun unsre Autorität — eine Autorität, die ihres gleichen nicht hat; und Sie sagen: unser protestantischer Verstand sey keiner Autorität unterworfen.

Ich bitte Sie herzlich, nur Folgendes recht wohl zu beherzigen: nicht wahr, die Sache, worüber wir streiten, betrifft die Lehrbegriffe beider Kirchen? Sie behaupten, die Lehrbegriffe der römischen Kirche seyen die besten, und ich suche zu beweisen, daß es die Unsrigen sind. In der Nichtbefolgung dieser Lehren, oder in dem Verfall beider Kirchen sind wir uns einig. Wie kommen Sie aber nun dazu, die Schuld des Verfalls in unserer Kirche auf den Lehrbegriff unserer Moral zu schieben, der ja doch rein biblisch ist? — berechtigen Sie mich nicht, dadurch die nämliche Beschuldigung der römischen Kirche in ihren eigenen Busen zu schieben? — wo war von jeher Eigenliebe, Hochmuth, Habsucht und Sinnlichkeit herrschender, als am römischen Hof? — wenn also der Lehrbegriff der Moral nach der Ausübung beurtheilt werden soll, so kommen Sie wahrhaftig viel zu kurz. Nun noch eins: Sie beschuldigen uns, wir hätten keine Beispiele frommer Diener Gottes, deren Leben der Commentar des Evangeliums ist, gesammelt und zur Nachfolge vorgestellt, und tausend, mit aller historischen Glaubwürdigkeit bewährte Lebensgeschichten katholischer Heiligen verlachten wir als Fabeln. — Meinen Augen konnte ich kaum trauen, als ich das in Ihrem Brief las. Die protestantischen Kirchen bestehen noch keine dreihundert Jahre, und die eigentliche römische Kirche etwa eilfhundert Jahr. Nach dem Verhältniß der Jahre der Währung beider Kirchen haben wir Protestanten ganz gewiß zehnmal mehr öffentlich gedruckte Lebens-Beschreibungen heiliger Seelen in den protestantischen Kirchen, als die römische Kirche aufweisen kann, wenn sie auch ihr Alter von Petro anrechnet. Ich berufe mich hier auf das gesammte lesende Publikum, und niemand wird mir diese Behauptung streitig machen können. Feddersen hat sechs Octavbände solcher Lebensbeschreibungen gesammelt, und in einer Menge erbaulicher Schriften sind auch die Lebensläufe der Verfasser eingerückt, von den einzeln gedruckten Lebensbeschreibungen frommer Seelen mag ich gar nicht reden, sie sind unzählbar. Das Alles wissen Sie nicht, lieber Sulzer! und schreiben doch solche grobe Unwahrheiten in den Tag hinein. Daß Sie in Ihrer Kirche auch viele heilige Menschen gehabt haben und noch haben, daran zweifle ich gar nicht, und ich freue mich von Herzen darüber. Ein sehr frommer reformirter Schriftsteller, der selige Gerhard Ter Steegen zu Mülheim an der Ruhr, hat drei starke Octavbände Lebensbeschreibungen heiliger Seelen aus der römisch-katholischen Kirche herausgegeben, die ich mit Vergnügen gelesen habe. Bruder Sulzer würde sich Sünden fürchten, eine solche Sammlung protestantischer Heiligen zu veranstalten.

Auch das weiß ich wohl, daß man in Ihrer Kirche wahrhafte und authentische Lebensbeschreibungen hat, dagegen aber haben Sie auch eine große Menge, besonders aus dem Alterthum, deren sich jeder vernünftige Katholik schämt: ich brauche Sie nur an die sogenannte Legenden der Heiligen und an Pater Martin von Cochems Leben Jesu zu erinnern, so können Sie, wahrlich! mit Wahrheit nicht mehr sagen, daß solche Lebens-Beschreibungen mit aller historischen Glaubwürdigkeit seyen geschrieben worden.

Erlauben Sie mir, daß ich Ihnen meine Ueberzeugung über Ihre Grundsätze und Denkart hier öffentlich ans Herz lege: Sie scheinen mir den genauen Unterschied zwischen den Dogmen und Kirchengesetzen oder Gebräuchen Ihrer Kirche nicht zu kennen — entweder halten Sie viele Kirchengesetze für Dogmen, die es nicht sind, oder sie geben den Kirchengesetzen mit Unrecht einen dogmatischen Werth, den sie unmöglich haben können; Sie könnten sonst unmöglich so urtheilen, wie Sie in diesen Ihren Briefen gethan haben; so viel kann ich Ihnen mit der höchsten Wahrheit betheuern, daß mir sehr erleuchtete fromme und rechtschaffene Theologen Ihrer Kirche, und ich könnte Ihnen Namen nennen, für denen Sie gewiß tiefe Ehrerbietung haben, versichert und aus classischen Werken Ihrer Kirche bewiesen haben, daß die römische Kirche weder Unfehlbarkeit, noch die allein seligmachende Eigenschaft behaupte, sogar wird die Transsubstantiation nicht mehr in dem krassen Sinn geglaubt, wie ehmals. Sie sehen also hieraus, mein Lieber! daß Ihre Kirche Sie selbst nicht einmal für ächt katholisch anerkennen wird.

Sie sagen selbst, es seyen seit der Reformation viele Mißbräuche in Ihrer Kirche abgeschafft worden; das wird auch noch ferner geschehen, wir werden uns allmälig immer näher kommen, und endlich am Ziel zusammentreffen.

Was Sie am Schluß Ihres Briefs noch von den Separatisten sagen, das ist auch ungefähr meine Ueberzeugung. Wenn Sie aber glauben, daß die Quelle des Separatismus im protestantischen Lehrbegriffe zu suchen sey, so muß der römisch-katholische Lehrbegriff sehr unvollkommen seyn, denn es hat in der Reformation einen Separatismus verursacht, der ohne Beispiel ist. Ich bin mit wahrer Bruderliebe Ihr treuer

Jung Stilling.

Antwort auf den dreizehnten Brief.

Von dem Protestantismus, dann Betrachtungen darüber an sich und in seinen vermuthlichen Folgen.

Mein theurer und innig geliebter Bruder!

Zur Beantwortung dieses Briefs verleihe mir der Herr seinen sanften, stillen und ruhigen Geist der Wahrheit; zugleich bitte ich alle meine Leser, überall wohl aufzumerken, um meinen lieben Gegner und mich recht zu verstehen.

Seite 274 fragen Sie: wer soll den Geist und das Wesen des Protestantismus bestimmen? Ich selbst? Am wenigsten Bellarmin? Bossuet? Pater Mertz? — Nein! ein Protestant der ersten Größe soll es, der Genfer Bürger Johann Jakob Rousseau!

Lieber Sulzer! — hier bitte ich Sie, einen Blick in Ihr brüderliches Herz zu thun, und einmal unpartheiisch zu untersuchen, warum Sie Rousseau zum Entscheider in Ansehung des Geistes und des Wesens des Protestantismus wählten? kannten Sie den Mann aus seinen Schriften, so mußten Sie wissen, daß er nicht einmal ein Christ, geschweige ein Protestant war; er war ein eklektischer Philosoph, der weder mit Gott, noch mit Menschen zufrieden war, und auch in dieser Gesinnung starb; bei dem Allem weiß ich aber auch, daß er sehr viel Gutes hatte und ein weit besserer Mensch wär, als sein Zeitgenosse und Landsmann Voltaire. Wußten Sie das Alles, und wählten Rousseau doch — so gehen Sie in Ihr Kämmerlein, schließen Sie die Thür hinter sich zu, und machen Sie es dann mit dem großen Herzenskündiger aus — ich mag kein Urtheil über Sie fällen, dieser Zug Ihres Characters paßt nicht zur Bruderliebe. Kannten Sie aber den Rousseau nicht, so mußten Sie ihn gar nicht wählen.

Was würden Sie sagen, wenn ich zur Bestimmung des Geistes und Wesens des Katholicismus eine Stelle aus Voltaire's, D'Allemberts, La Mettrie's, oder Diderots Werken herausgehoben hätte?

Aber was sagt denn nun dieser Obmann, oder Schiedsrichter Rousseau über den Protestantismus? Er sagt erstlich: die Reformatoren hätten der heiligen Schrift einen andern Sinn gegeben, als den die Kirche ihr gab.

Dieser Satz ist schon falsch: die Glaubens- und Lebenslehren der heiligen Schrift sind jedem gesunden Menschenverstand klar und deutlich, und können keinen verschiedenen Sinn haben, und auf diese Glaubens- und Lebenslehren kommt es hier allein an.

Zweitens: man hätte die Reformatoren gefragt: aus was für einem Ansehen (Autorität) sie sich auf diese Art von der hergebrachten Lehre entfernten? sie hätten geantwortet: aus ihrem eigenen Ansehen, aus dem Ansehen der Vernunft.

Diese Behauptung ist wiederum nicht wahr: die Reformatoren sahen die vielen Mißbräuche und den Verfall der römischen Kirche; sie verglichen ihren Zustand mit dem evangelischen Christenthum der Bibel, und fanden nun den großen

Unterschied, der sie bewog, zu reformiren. Die Bibel war ihre Autorität, nicht ihr eigenes Ansehen, nicht ihre Vernunft; und

Drittens: Hätten die Reformatoren gesagt: daß, weil der Sinn der Bibel in dem, was zum Heil gehöre, allen Menschen verständlich und klar wäre, jedermann befugter Richter der Lehre sey, und die Bibel als die Regel der Lehre nach seinem eigenen Sinn auslegen könne, u. s. w.

Hier widerspricht sich Rousseau: denn wenn eine Sache allgemein verständlich und klar ist, so hat sie nur einen allgemein verständlichen Sinn, den keiner nach seinem eigenen Sinn auslegen kann; und nun nehmen Sie, mein Lieber! Seite 275 diesen Widerspruch zum Stichblatt auf und sagen: Seht da (Ihr Protestanten!) also den eigenen Sinn zum einzigen Ausleger der Schrift aufgestellt; seht das Ansehen der Kirche verworfen; sehet einen jeden in Betreff der Lehre unter seiner eigenen Gerichtsbarkeit. Dieses sind die zwei Hauptstücke der Reformation: die Bibel zur Regel seines Glaubens anerkennen und keinen andern Ausleger des Sinnes der Bibel zulassen, als sich selbst, u. s. w.

Ich übergehe nun alle die Folgerungen, die Sie aus diesem Mischmasch ziehen, denn wenn die Prämissen falsch sind, so sind auch die daraus hergeleitete Schlüsse falsch. Ich bitte Sie um Gotteswillen, beherzigen Sie doch folgende Sätze:

Das Verderben und der Unfug in der römischen Kirche war im sechszehnten Jahrhundert so unaussprechlich groß, daß der Unwille und das Mißfallen darüber allgemein wurde. Die Wahrheit dieses Satzes garantirt die Geschichte.

Die Reformatoren, als gelehrte, vernünftige Männer, klagten laut, mündlich und schriftlich gegen alle diese Mißbräuche, allein anstatt daß der Pabst und die römische Geistlichkeit diese Klagen hätten untersuchen und selbst eine ernstliche Reformation veranstalten sollen, schützten und vertheidigten sie diese Mißbräuche auf alle Weise, und drohten den Reformatoren mit dem Bann.

Die allgemeine Unzufriedenheit des hohen und niederen

Publikums mit dem Pabst, der ganzen Clerisei, mit allen eingeschlichenen Mißbräuchen, und besonders mit dem schändlichen Ablaßkram, machte, daß die Reformatoren einen großen Anhang bekamen und bei Hohen und Niedern Beifall fanden. Sie fanden also einen Schutz, dem die römische Kirche nicht gewachsen war; sonst wären sie gewiß verbrannt worden.

Hätte die römische Kirche damals nur ernstlich Hand ans Werk gelegt und zur Reformation treulich mitgewirkt, so wäre es nicht so weit gekommen, aber daran war, sogar auf der Kirchen-Versammlung zu Trident, nicht zu denken, was man da verbessert hat, ist von weniger Bedeutung.

In dieser Lage trennten sich die Reformatoren mit ihrem Anhang von der römischen Kirche, und bildeten eine Eigene, die dann auch von jener ins Ketzerregister eingetragen wurde.

Die Spaltung zwischen den Lutheranern und Reformirten hatte eigentlich nur zwei Ursachen: Luther war in Ansehung der Verwandlung im Abendmahl seiner Sache nicht ganz gewiß; und wollte lieber etwas zu viel, als zu wenig thun. Calvin hingegen faßte die Worte Christi, solches thut zu meinem Gedächniß, stärker auf als jene: das ist mein Leib, und statuirte also, daß Brod und Wein nur äussere Zeichen seyen, in denen nicht die geringste Veränderung vorgehe, u. s. w. Dann lehrte er auch nach Augustin die unbedingte Gnadenwahl, die Luther mit Recht nicht annehmen konnte. Doch das alles hat sich nun so ausgeglichen, daß von beiden Ursachen nicht mehr die Rede ist.

Der wahre und seligmachende Lehrbegriff der heiligen Schrift und aller protestantischen Partheien, die Neologen ausgenommen, besteht in folgenden vier Hauptstücken:

1) Das ganze menschliche Geschlecht ist durch den Fall unserer ersten Eltern sittlich verdorben, zur Sünde geneigt und entfernt von dem Ebenbild Gottes, folglich unter der Gewalt des Reichs der Finsterniß, und wer in diesem Zustand bleibt, der geht nach seinem Tod verloren und wird verdammt.

2) Der ewigliebende Vater der Menschen beschloß, die abgefallene Menschheit zu retten; Er sandte also in der Fülle

der Zeit seinen eingebornen Sohn, dieser wurde Mensch, lehrte die Menschen, seine Brüder, nach dem Fleisch, durch Wort und Beispiel, was sie thun und lassen müßten, um das verlorne Ebenbild Gottes wieder zu erlangen und nach dem Tod selig zu werden, oder das Reich zu ererben, das Er ihnen bereitet hat. Dann besiegelte Er sein Erlösungswerk durch den schrecklichsten Tod am Kreuz; durch dieses einzige Opfer versöhnte Er auf einmal und auf ewig die Menschheit mit Gott, stund am dritten Tag von den Todten auf, ging mit seinen Jüngern und Freunden noch vierzig Tage um und fuhr dann vor ihren Augen gen Himmel. Dort sitzt Er zur Rechten seines Vaters und regiert die gesammte Menschheit, so lang, bis das ganze Erlösungswerk vollendet ist und alle Feinde überwunden sind; dann überantwortet Er wiederum das Reich seinem Vater, damit Gott sey Alles in Allem.

3) Ein Mensch, der selig werden will, muß dies nicht allein wissen und historisch für wahr halten, sondern er muß nun seinen eigenen Zustand prüfen, tief und mit wahrer ernstlicher Reue empfinden, daß er in seiner natürlichen Verdorbenheit nicht selig werden könne, sondern ein ganz anderer Mensch werden müsse. Er wendet sich also nun ernstlich zu Jesu Christo, seinem Erlöser, übergibt sich ihm in festem Glauben an seine Gnade zur Vergebung der Sünden, um seines verdienstvollen Leidens und Sterbens willen. So glaubt er nun, wirksam und bereit zu allen guten Werken, an Jesum Christum, und wendet sich betend zu Ihm: denn er weiß, daß in Ihm die Fülle der Gottheit wohnt, daß der Vater in Ihm und er im Vater ist. Endlich

4) Ein solcher sich ernstlich bekehrender Mensch fühlt aber bald, daß es ihm in der Befolgung der Gebote seines Erlösers Jesu Christi an Kraft mangelt, und daß ihm die Neigung zur Sünde noch zu mächtig ist, daher folgt er nun der Anweisung, die ihm seine Bibel und der christliche Unterricht gibt, er wendet sich im Gebet zu Gott, und fleht um die Gnadengaben des heiligen Geistes, die er dann auch gewiß empfängt, und wenn er sie treu bewahrt, sich der vorgeschriebenen Gnaden-

mittel, nämlich des Gebets, des heiligen Abendmahls, der fleißigen Betrachtung des Worts Gottes öffentlich in der Versammlung der Gemeine und zu Haus mit den Seinigen ordentlich und christlich bedient, so wächst er in der Heiligung, wird reich an guten Werken, die Früchte des heiligen Geistes zeigen sich an ihm immer herrlicher, und wenn er treu beharrt bis ans Ende, so ist er seiner Seligkeit gewiß.

Sehen Sie, mein lieber Bruder! nicht das Gefasel des Eklektikers Rousseau, sondern dies ist der wahre protestantische Lehrbegriff, der Geist und das Wesen des allein seligmachenden Glaubens.

Jetzt fordere ich nun jeden wahren Protestanten in allen Partheien — ausgenommen die Neologen — Bischöfliche und nicht Bischöfliche Lutheraner; Bischöfliche und Presbyterianische Reformirten; die Brüdergemeine, die Menoniten, u. s. w. feierlich hierdurch auf, mich zu widerlegen, wenn nicht obiger Lehrbegriff deutlich und bestimmt jedem Menschenverstand, auch dem ungebildetsten, in der heiligen Schrift alten und neuen Testaments, so daß er unmöglich irren kann, faßlich enthalten ist? Ferner:

Ob nicht der Geist und das Wesen dieses Lehrbegriffs in den symbolischen Büchern aller obigen Partheien enthalten sey? Ich berufe mich auf alle theologische und ascetische Schriften aller dieser Religionsgesellschaften, so wird sich meine Behauptung an den Herzen aller unpartheiischen, wahrheitliebenden Leser als unwidersprechliche Wahrheit legitimiren.

Wer diesem protestantischen, allein seligmachenden Lehrbegriff treulich nachlebt, der wird selig, er mag Griechisch, Römischkatholisch, Protestantisch, kurz, er mag heißen, wie er will. Wer ihn aber nicht befolgt, dem hilft keine Autorität in der Welt, und die ganze Menge aller sogenannten Gnadenmittel sind nur verlorne Mühe, und alle Weltgerechtigkeit ein beflecktes und besudeltes Kleid. Verstehen Sie mich wohl, lieber Bruder! wenn ich diesen Lehrbegriff allein seligmachend nenne, so schließe ich Ihre Kirche nicht aus, denn sie hat ihn ja auch, nur daß sie nach und nach vieles hinzugesetzt hat, das weder in der heiligen Schrift, noch in den Begriffen der ersten Christen gegründet ist: diese wußten nichts von der Messe und von der Anbetung Christi in der Hostie: und eben so wenig von der Ohrenbeicht, und der Art, der Römisch-Katholischen die Sünden zu vergeben. Eben dieses Letztere ist von fürchterlichen Folgen: bedenken Sie nur folgendes, mein Lieber! der katholische Christ glaubt fest, jeder Priester, fromm oder gottlos, könne ihm aus apostolischer Macht die Sünde vergeben — er beichtet ihm also; der Priester trägt ihm Bußübungen auf und ertheilt ihm die Absolution, die Vergebung der Sünden; jetzt geht er beruhigt nach Haus, und da er weiß, wenn er wieder sündigt, daß er dann die nämliche Gnade zu erwarten hat, so sündigt er fort: und auf dem Todtbette beichtet er nochmals, empfängt wieder die Absolution und stirbt nun heiter und ruhig in seinen Sünden — ist das nicht schrecklich? — Ich glaube wohl, daß ein frommer katholischer Geistlicher gründlicher verfahren wird; allein Gott, wie wenig sind derer unter allen christlichen Partheien?

Ganz anders verhält es sich bei den Protestanten: da weiß jeder, auch der Roheste, daß nur allein Gott Sünden vergeben kann; und jeder Pfarrer weiß, daß er auch nur dann, und unter dem Beding, wenn der Sünder wahre Buße thut und sich ernstlich bekehrt, ihm die göttliche Vergebung zusichern kann.

Jetzt bitte ich Sie, mein Lieber! denken Sie doch einmal ruhig über den protestantischen Lehrbegriff, und über das Alles nach, was ich Ihnen da gesagt habe! Daß das Alles heilige Wahrheit sey, das wird Ihnen jeder Protestant sagen, und wenn Sie noch nicht glauben können, so prüfen Sie, aber treu und redlich, so wird Sie die Erfahrung eines Bessern belehren. Ehe dies Alles aber gründlich geschehen war, hätten Sie nicht solche grobe Unwahrheiten von dem Protestantismus und nicht so lieblos gegen uns schreiben sollen. Ich bitte Sie nochmals ernstlich, denken Sie über obigen protestantischen Lehrbegriff ruhig nach, so muß doch Ihr redliches, brüderlich gesinntes Herz überzeugt werden, daß das der Geist und das

Wesen des wahren evangelischen Christenthums, der Lehre Jesu und seiner Apostel ist.

Jetzt kommts nun darauf an, ob in der römischen Kirche diese Lehre Christi und seiner Apostel treuer befolgt werde, als in der protestantischen; oder mit andern Worten: ob in jener mehr wahre Christen gefunden werden, als in dieser? — wäre dies der Fall, so könnte man mit Grund behaupten, daß die viele Cerimonien und Gebräuche der römischen Kirche wahre Beförderungsmittel der Heiligung seyen. Allein hier berufe ich mich wieder auf die Erfahrung: jeder aufrichtige und redliche Menschenkenner wird finden, wenn er die katholischen und protestantischen Länder durchreist und das gemeine Volk aufmerksam prüft, daß in den letztern weit mehr Kenntnisse und Geistescultur gefunden werde, als in den erstern. Der fromme und eifrige Katholik sorgt dafür, daß seine Kinder alle Kirchengebräuche und Cerimonien mit dem, was sie bedeuten, wohl inne haben, und von Kind auf treu und fleißig beobachten; geschieht das nun, so beruhigt man sich, und glaubt, das wesentliche der Religion werde durch diese sogenannten Heiligungs-Mittel nach und nach der Seele eingeimpft werden; allein dieser Fall ist sehr selten: ein solcher Katholik heftet seine Seele an solches sinnliche Gepränge, seine Einbildungskraft wird glühend, enthusiastisch für den äussern Ritus eingenommen; er läuft jeden Augenblick in die Kirche und versäumt sein Hauswesen gar oft, aber vom innern Gebet des Herzens, vom innigen beständigen Umgang mit Gott, von der wahren Heiligung des Herzens weiß er nichts. Er lebt bürgerlich rechtschaffen, aber die wahren edeln Früchte des heiligen Geistes, wahre Gottes- und wahre allgemeine Menschenliebe mit wahrer christlicher Demuth zeigt er nicht; im Gegentheil beseelt ihn ein bitterer Haß gegen alle Nicht-Katholiken, und er ist stolz darauf, ein Glied der römischen Kirche zu seyn. Hiemit will ich aber gar nicht sagen, daß es gar keine wahre Christen in Ihrer Kirche gebe, denn ich bin vom Gegentheil überzeugt, sondern das behaupte ich und das weiß ich gewiß, daß in den protestantischen Kirchen

Mehrere, und zwar bei weitem Mehrere gefunden werden. Beobachten Sie nur einmal redlich und unpartheiisch die, auch bei protestantischen Weltmenschen, verachteten Pietisten, Herrnhuter, Mennoniten, auch sogar gewisse Arten von Separatisten, Inspirirte u. dergl., prüfen Sie anhaltend und lang, so werden Sie freilich hin und wieder auch Heuchler und Schwärmer, aber auch das finden, daß diese verachteten Menschen eben die wahren Jünger Jesu sind: denn an ihren Früchten sollt ihr sie erkennen. Wir nennen alle diejenigen Erweckte, die es nicht bei dem äussern kirchlichen Wesen bewenden lassen, sondern durch ernstliche Buße, Bekehrung, Wiedergeburt und Heiligung dem Himmelreich Gewalt thun und es an sich zu reißen suchen. Solche Erweckte sind unsre Schweizerfreunde und Freundinnen, und alle diejenigen, die Sie, mein Lieber! mit dem Namen der Brüderschaft beehren. Legen Sie doch den gräßlichen Wahn ab, daß alle diese edle Menschen und wahre Christen katholisch werden müßten, um selig zu werden. Bedenken Sie doch, daß unser himmlischer Vater, unser Herr und Heiland, durch seinen heiligen und guten Geist allenthalben gegenwärtig, und jedem, der Ihn sucht, unaussprechlich nahe ist. Sagen Sie mir doch, lieber Sulzer! wo sind wir Menschen denn angewiesen, uns durch Umwege oder durch Mittelspersonen an unsern gnädigen lieben Herrn zu wenden? Er will nur mein Herz, um es zu heiligen, damit es Ihn lieben, im Geist und in der Wahrheit verehren und seine Gebote halten könne; mit Freuden gebe ich Ihm mein Herz, nehme es nie wieder zurück, und damit ist alles gut. Warum soll ich mich nun einer hierarchischen Gewalt und Ihrem Cerimonien-Dienst unterwerfen, die mir mit nichts ihre Autorität beweisen kann.

Jetzt habe ich Ihnen den Protestantismus nach der Wahrheit geschildert; ich fordere das ganze protestantische Publikum auf, mich zu widerlegen und mir zu zeigen, wo und in was ich unrecht geurtheilt habe? Ich weiß aber gewiß, daß dies von einem wahren und ächten Protestanten nie geschehen kann und nie geschehen wird.

Aber was wird denn nun aus Ihrem ganzen dreizehnten Brief? — geben sie sich die Antwort selbst, mein Lieber! die reine Wahrheit, auf das Gelindeste gesagt, würde Sie schwer beleidigen, und das will ich nicht.

Nur noch eine Beschuldigung muß ich abfertigen und dann bin ich mit Ihrem unbegreiflichen Brief fertig: Sie behaupten, der Protestantismus bestehe in einer immerfortdauernden Reformation, oder sein Wesen sey uneingeschränkte Freiheit im Denken; diese nur und nicht Wahrheit hätten die Reformatoren gesucht.

Welch eine krasse Unwahrheit? Fragen Sie doch jeden protestantischen Geistlichen, der nur nicht Neologe ist, der wird die Beschuldigung mit Unwillen verwerfen. Die Reformatoren gründeten ihr ganzes Geschäfte auf die Bibel. Diese ist in den Glaubens-Lehren durchaus verständlich, daraus entstand nun obiger protestantischer Lehrbegriff, der unabänderlich und ewig ist, so wie das Wort Gottes selbst. Daran läßt sich nichts ändern, nichts zu- und nichts abthun, die streitigen Punkten zwischen den Reformatoren selbst waren theils Wortstreit, theils Nebensachen, diese haben sich nun nach und nach beseitiget, und die Einigkeit des Glaubens ist hergestellt. Daß nun aber die neuern philosophischen Köpfe ihre Vernunftsysteme, deren fast jeder sein eigenes hat, in die Bibel hinein buchstabiren wollen, und daher den Protestantismus eine fortschreitende Reformation nennen, dafür können die protestantischen Kirchen nichts. Ich bin von Herzen Ihr treuer Bruder

Jung Stilling.

Antwort auf den vierzehnten Brief.

Welcher Fragmente aus der Geschichte des Protestantismus und Anmerkungen darüber enthält, dann Schluß dieser Briefe.

Mein theurer und herzlich geliebter Bruder!

Ja wohl Fragmente! — und zwar geflissentlich ausgesuchte, um den Protestantismus recht häßlich und gefährlich zu schildern — und doch sind alle Hiebe, die Sie austheilen, lauter Luftstreiche, deren uns kein einziger trifft.

Sie werfen uns immer das Schwankende, das Ungewisse unseres protestantischen Lehrbegriffs vor, und sagen: wir wüßten nicht, was wir glaubten, und sollten doch ja das Wort Glaube an Jesum Christum nicht in Mund nehmen. Seite 93 und ich habe Ihnen im vorigen Brief bestimmt und deutlich den reinen und vollständigen Bibelbegriff des seligmachenden Glaubens an Jesum Christum, welcher auch der wahre protestantische Lehrbegriff ist, dargestellt. Was ist nun Schwankendes darinnen? — Sie führen auch diesen Lehrbegriff S. 323 an, wo er etwas kürzer ausgedrückt ist, aber doch wesentlich mit dem im vorigen Brief übereinkommt; dann ziehen Sie aus meinen Worten: das Uebrige, was noch geglaubt werden muß, folgt dann aus diesem von selbst, wiederum den falschen Schluß, also müsse denn doch noch mehr als diese vier Hauptpunkte geglaubt werden, und was geglaubt werden müsse, würde doch keine gleichgültige Nebensache seyn, und würde auch ein jeder das, was aus dem Hauptpunkt folgt, richtig folgern? — O lieber! lieber Sulzer! welche erbärmliche Sophistereien! — Was von selbst aus unserm Lehrbegriff folgt, braucht ja niemand zu folgern. Z. B. wer da glaubt, daß das ganze menschliche Geschlecht verdorben sey, dem folgt ja auch der Schluß von selbst, daß er auch selbst verdorben seyn müsse — kann nun irgend ein vernünftiger Mensch hier falsch schließen? Wer das Erlösungswerk durch Jesum Christum glaubt, dem legitimirt sich von selbst der Schluß, daß er auch dieser Erlösung theilhaftig werden und alle Gebote des Herrn befolgen müsse. — Doch was halte ich mich mit Sachen auf, die ja jedes Kind begreifen kann.

Um zu beweisen, wie schwankend der protestantische Lehrbegriff sey, führen Sie hier Seite 320 bis 322 zwölf protestantische Schriftsteller an, aus deren Schriften Sie nur einzelne Sätze herausheben, aus ihrer Verbindung mit dem vorhergehenden und nachfolgenden trennen und daraus zeigen wollen, wie verschieden aller dieser Männer Aeusserungen über den protestantischen Lehrbegriff sey. Ich habe Ihnen in diesen meinen Briefen schon ein paarmal gesagt, daß man hier durch Induktion nicht schliessen dürfe. Was würden Sie sagen, wenn ich, um den römisch-katholischen Lehrbegriff zu widerlegen, aus ein paar Dutzend Schriftsteller Ihrer Kirche Aeusserungen herausgerissen hätte, um damit meine Behauptungen zu beweisen? — und doch sind die Sätze aller zwölf Männer, die Sie anführen, nicht nur dem protestantischen Lehrbegriff nicht entgegen, sondern darinnen begriffen, sie beweisen nichts für Sie und nichts gegen uns. Hier muß ich Sie doch auf Ihr Gewissen fragen: warum wählten Sie auch den Socin zum Zeugen, da Sie doch wissen müssen, daß wir Protestanten ihn nicht für einen Glaubensbruder anerkennen? — Antworten Sie dem Herrn, dem Herzenskündiger, ich will Ihre Antwort nicht wissen. Wenn Sie den Lehrbegriff des Protestantismus beurtheilen wollen, so müssen Sie seine Symbolen vor die Hand nehmen und diese widerlegen. Was gehen uns die . . . . aner und . . . . isten alle an, deren Sie aus lauter — Wahrheit in Liebe — S. 325 nicht genug auftreiben können; und doch werden unter allen diesen Sekten, Schwärmern und Nichtschwärmern sehr wenige seyn, die nicht den wahren seligmachenden Lehrbegriff der heiligen Schrift und der protestantischen Kirche von Herzen bekannt haben und noch bekennen; auf diesen und seine treue Ausübung kommts ja allein an, und alles andere ist ja Nebensache. Der Fehler oder Irrthum besteht nur darinnen, wenn eine christliche Religions-Parthei solche Nebensachen zu wahren Glaubens-Artikeln erheben will, die es nicht sind; und eben dies ist auch Ihr Fehler, mein Lieber! Sie hängen obigen rein biblischen und allgemein verständlichen Glaubenslehren noch andere bei, die weder in der Bibel, noch in der gesunden Vernunft, sondern nur in einer Tradition gegründet sind, deren göttlichen Ursprung Sie aber in Ewigkeit nicht beweisen können: nämlich, die fortdauernde Leitung der Kirche durch den heiligen Geist; daher ihre Unfehlbarkeit, daß ausser ihr kein Heil sey, daß die Messe ein Opfer und göttliche Einsetzung sey; die Lehre von der Ohrenbeicht u. s. w. Das alles sind Ihnen Glaubens-Artikel, und ich habe Ihnen bewiesen, daß das alles nicht allein keine Glaubens-Artikel, sondern notorisch und historisch, lauter Menschen-Erfindungen sind. Sie können unsertwegen das alles von Herzen glauben, wir haben Sie dennoch von Herzen lieb, aber wenn Sie sich nun in Ihrem Stolz, und mir ganz unbegreiflichen Eigendünkel, hoch über uns hinauf erheben, und die vielen berühmten, gelehrten und heiligen Männer unserer Kirche wie Schulknaben behandeln, über uns winseln und wehklagen, so muß man bei Ihnen vorüber gehen und — Sie bedauern.

Seite 329 fragen Sie: Die Symbolen der protestantischen Kirche sind Ihnen reine und heilige Wahrheiten; um des Himmelswillen, was für Symbolen? vereinigen Sie einmal die Lutherischen, die Reformirten, die Anabaptistischen, die Herrnhuthischen und andere Symbolen mit einander, und Sie haben das achte Weltwunder geschaffen.

Lieber Sulzer! diese Vereinigung brauche ich nicht zu machen, ich habe Ihnen schon an einem andern Ort gesagt, daß diese alle im Wesentlichen des Lehrbegriffs ganz übereinstimmen. Wenn Sie aber fragen müssen, was für Symbolen? — So muß ich Ihnen abermal sagen, warum wagen Sie es gegen uns aufzutreten, und mich heraus zu fordern, wenn Sie unsre Symbolen nicht kennen, und unsre Glaubens-Artikel nicht wissen?

Eine gröbere Unwahrheit können Sie nicht sagen, als die, welche sich S. 329 und 330, in Ansehung aller der erdichteten Uneinigkeiten in den protestantischen Partheien befindet. Großer Gott! wie feindselig, wie lieblos! — ich erinnere mich keines Katholiken, der mit einer solchen Einseitigkeit und lauter vom Zaun gebrochenen Consequenzen gegen uns aufgetreten wäre; und das Alles soll Wahrheit in Liebe seyn. Von allen Uneinigkeiten, welche Sie S. 330 an der Zahl 17 von a bis r aufzählen, ist doch auch nicht eine Einzige wahr und nicht Eine erwiesen; und, wenn auch hie und da eine Parthei von dieser oder jener Nebensache anders denkt, als die andere, ist das dann sogleich Uneinigkeit? und hat das Einfluß auf den wahren seligmachenden Lehrbegriff?

Jetzt halten Sie sich nun über unsere Uneinigkeit in der Kirchenform und in der Bestimmung des Verhältnisses zwischen Kirche und Staat auf. Wo ist denn Uneinigkeit bei aller Verschiedenheit? Kommt denn etwas auf die äussere Form an? Wenn tüchtige Männer in Kirchen und Schulen angestellt werden, die das Wort Gottes rein und lauter lehren und unter einer leitenden Aufsicht stehen, die es redlich meynt, ist dann nicht der Wille Christi und seiner Apostel erfüllt? wo wußte die erste Kirche vom Pabst, von Cardinälen, von Patriarchen, von gefürsteten Erzbischöfen, Bischöfen und Aebten, von so vielen Mönchsorden, u. s. w. auch das Geringste? — ist nun die Form Ihrer Kirche apostolisch? o daß Gott erbarme!

Was aber nun vollends die Uneinigkeit in Bestimmung des Verhältnisses zwischen Kirche und Staat betrifft, so haben Sie dabei an das Gleichniß vom Splitter und dem Balken im Auge nicht gedacht: wo in aller Welt war dies Verhältniß schwankender und ungewisser, als in der römischen Kirche? Vom eilften Jahrhundert an, bis ins achtzehente hinein hörte ja der Streit zwischen dem römischen Hof und den weltlichen Mächten nie auf, — welche Ströme Menschenblut hat die deutsche Nation in Italien und anderswo vergießen, müssen, um die Rechte ihrer Kaiser gegen die Usurpationen und ungerechte Anmaßungen der Päbste aufrecht zu halten? — Sehen Sie, mein Lieber! solche Sachen schreiben Sie unbedachtsam in die Welt hinein, ohne zu vermuthen, daß man Ihnen etwas entgegensetzen könne; ich erinnere mich auch keines einzigen protestantischen Regenten, der mit seiner Geistlichkeit im Mißverhältniß stünde — jeder hat eine Stelle angeordnet, welche die Pflichten des Landes-Bischofs vertritt; bald besitzt Sie eine einzelne Person, bald ein Collegium, in welchem Einer das Präsidium hat. Wenn nur die Kirche nach dem Sinn des Evangeliums geleitet wird, so kommt ja auf die Form ganz und gar nichts an.

S. 337. Wie kommt nun Moses Mendelsohn hieher? — Antwort: ebenso, wie Joh. Jak. Rousseau. Nun bitten Sie uns arme Tröpfe, besonders die, welche noch nicht die Geschichte der Reformation gelesen haben, S. 338 oben, wir möchten doch Bossuets Geschichte der Veränderungen der protestantischen Kirche lesen. Bossuet, Bischof zu Meaux, war ein grundgelehrter Mann und großer Redner, aber äusserst leidenschaftlich, intriguant und partheisüchtig und zu dem Allem ein Franzos, dem die deutschen Archive nicht offen stunden, und das sind doch die ächten Quellen, aus denen man die Reformationsgeschichte schöpfen muß. Wie können Sie uns ein solches einseitiges ausländisches Werk empfehlen? — Die pragmatische Geschichte der Reformation ist ja in jedermanns Kopf und Händen; alle Geschichtschreiber stimmen in der Hauptsache mit einander überein; und noch Niemand hat ihnen Unwahrheiten und Unrichtigkeiten zeigen können.

Ich glaube diesen lieblosen, mit lauter unstatthaften, schiefen und verdrehten Vorwürfen angefüllten deklamatorischen vierzehnten Brief am besten abfertigen zu können, wenn ich zwei aufgeworfene Fragen beantworte S. 338. Wie es um die gesammte Heilslehre des Sohns Gottes nach achtzehnhundert Jahren auf Erden stehen würde, wenn der protestantische Religionsgrundsatz gleich vom Anfang der Kirche wäre aufgestellt und allgemein angenommen worden? und S. 340. Welches ist die nächste Ursache, daß von Luthers sogenannter Reformation an unzählig mehr Sekten, Partheien und Meynungen in Religionssachen entstanden sind, als, wie ihr in der Kirchengeschichte sehet, in fünfzehnhundert Jahren zuvor?

Auf die erste Frage antworte ich mit unwiderlegbarer Wahrheit und Gewißheit, es würde jetzt gerade so in der Welt aussehen, als es jetzt wirklich aussieht: denn die apostolische Kirche im ersten und im Anfang des zweiten Jahrhunderts hatte durchaus keinen andern Lehrbegriff, als die protestantische Kirche. Ich berufe mich kühn auf die nachgelassenen Schriften der ersten heiligen Kirchenväter, wo man gewiß nichts anders finden wird, als was alle Protestanten als ihren Lehrbegriff ansehen. Der kleine Unterschied, der sich damals in der äussern Kirchenform zeigte, kommt hier nicht in Betracht. Und wären keine Verfälschungen in jenen Schriften vorgegangen, so würde sich meine Behauptung noch klärer zeigen; doch sie ist ohnehin klar genug, und den möchte ich sehen, der mich statthaft widerlegen könnte.

In der zweiten Frage verlangen Sie zu wissen, welches die nächste Ursache sey, daß nach der Reformation so viele Sekten entstanden sind? Lieber Bruder! die nämliche Ursache, welche in der ersten Kirche eine noch weit größere Menge Ketzer und Nichtketzer erzeugte. — Die von Jesu Christo, unserm Erlöser, und von seinen Aposteln sanctionirten Menschenrechte, der Freiheit im Denken, so lange die Rechte eines andern nicht dadurch gekränkt werden. Wer gab den Bischöfen und dem Muhammed das Recht, über die Gewissen der Menschen, über ihren Glauben und Meynungen zu herrschen? und alle, die ihr von Gott anerschaffenes und sanctionirtes Recht behaupten wollten, mit dem Bann zu belegen, zu verfolgen, zu martern und sogar aufs schmerzhafteste hinzurichten? Dies war nicht etwa das System des einen oder des andern Pabstes, nein, mein Lieber! es war System, Maxime der römischen Kirche, gerade dem Sinn und dem Geist Christi entgegen, welcher befiehlt, daß Waizen und Unkraut mit einander wachsen sollen bis zur Erndte.

Bedenken Sie doch nur folgendes, lieber Sulzer! Nicht wahr, es ist uns um die Wahrheit zu thun; wenn wir nun Jemand in dem, was wir für Wahrheit halten, treulich unterrichtet haben, und er wird dadurch nicht überzeugt, werden wir dann unsern Zweck erreichen, wenn wir ihn peinigen, quälen und endlich gar hinrichten? — Die menschliche Natur und die Erfahrung aller Zeiten lehrt das Gegentheil. Jeder redliche Mensch fühlt das Entehrende und Gottmißfällige in der Verläugnung der Wahrheit; wenn es also heißt, du sollst das für wahr halten, was ich dich lehre oder sterben, und er kann es nicht für wahr halten, so stirbt er, wenn er anders kein elender schlechter Mensch ist; und wenn er irrt, so triumphirt in diesem Fall der Irrthum über die Wahrheit. Dies alles gilt im höchsten Grad, wenn von der Religion die Rede ist.

Ich setze also folgenden Satz als unumstößlich fest: was verfolgt wird, sey es Irrthum oder Wahrheit, wird durch die Verfolgung gestärkt und das Blut der Märtyrer ist ein Saame, der tausendfältige Früchte trägt. Sie sehen also, lieber Bruder! daß jene Maxime der Kirche auch nicht einmal politisch klug ist; das Mittel führt nicht zum Zweck.

Hiezu kommt nun noch ein Drittes: der Glaubenszwang hemmt jede Untersuchung der Wahrheit; der gewöhnliche Mensch wird nicht dazu aufgemuntert, der Denker aber oder das Genie entwickelt sich entweder ins Geheime, seufzt in den Fesseln und die von ihm erfundene Wahrheit wird nicht kund. Oder es bricht durch die Fesseln, verkündigt die Wahrheit und wird nun verfolgt.

Dies ist die Ursache, warum die Muhammedaner immer auf der untersten Stufe der Cultur stehen bleiben: denn der Tod steht darauf, wenn einer etwas anders glaubt, als was im Koran steht; und nicht besser sah es in der Christenheit vor der Reformation aus.

Die vollkommene Denk-, Glaubens- und Gewissensfreiheit, in Ansehung der Religion, insofern keine Grundsätze aufgestellt und in Ausübung gebracht werden, die den Staat und der bürgerlichen Gesellschaft gefährlich sind, ist dem Sinn Christi und seiner Apostel gemäß, folglich Grundsatz der christlichen Religion. Sie befördert den Sieg der Wahrheit über den Irrthum und alle nützliche Kenntnisse in allen Wissenschaften.

Eine Religionspartheï, welche den Glaubenszwang ausübt, fühlt, daß sie keine gute Sache vertheidigt und fürchtet, daß durch die Denkfreiheit ihre Macht geschwächt werden möchte.

Nachdem ich dieses vorausgeschickt habe, so kann ich nun auf Ihre Klagen, Vorwürfe und Deklamationen über die Mannigfaltigkeit der Meynungen und Sekten in der protestantischen Kirche statthaft antworten.

Die öffentliche Mannigfaltigkeit der Meynungen in Religions- und Glaubenssachen, folglich auch der Sekten, ist eine natürliche und unvermeidliche Folge der Denkfreiheit; aber alle diese verschiedene Meinungen befördern eben die Entwicklung der Wahrheit und ihren Sieg über den Irrthum; der immerfortstrebende menschliche Geist, der sich bei der Denkfreiheit allgemein mittheilt, entdeckt immer klärer, was Irrthum und was Wahrheit ist, daher werden Sie auch in der Geschichte finden, daß irrende Sekten nicht lange bestanden haben, wenn Sie nicht durch äussere Macht unterstützt und aufrecht gehalten wurden.

Der wahre christliche protestantische Lehrbegriff, so wie ich ihn oben dargestellt habe, legitimirt sich allenthalben in der Ausübung als ewige, himmlische Wahrheit. Alle Sekten, die ihn annehmen, damit aber noch andere mehr oder weniger wahre Lehrsätze verbinden, kommen in der Ausübung und befolgen nach und nach von selbst aufs Reine; dies ist der Fall bei gar vielen protestantischen Sekten, von denen nur der Name noch übrig oder auch dieser gar verschwunden ist. Diese Mannigfaltigkeit hat nichts zu bedeuten, dagegen aber ist der Kampf der philosophischen Vernunft gegen den wahren christlichen Lehrbegriff desto bedenklicher. Hier finden sich eben die Geschwüre, die in der protestantischen Kirche öffentlich und in der römischen heimlich, aber desto gefährlicher eitern. In diesem Zustand ist aber nun die Denkfreiheit wiederum das einzige wahre Heilmittel: das Forschen nach Wahrheit wird nicht aufgehalten, der christliche Lehrbegriff ist ewige unwandelbare Wahrheit, dagegen hat die philosophische Vernunft alle zehn Jahre ein neues System, wornach sie den Lehrbegriff modeln will, daher wird der redliche Wahrheitforscher endlich des Umherirrens müde und wendet sich wieder zum Gehorsam des Glaubens, der sinnliche Weltmensch hingegen widerstrebt allem Glauben, wird Naturalist, Deist und Atheist.

So entsteht allmählig die große Scheidung zwischen den Kindern des Lichts und der Finsterniß, und hätte die Kirche, die griechische und die römische, der Denkfreiheit freien Raum gelassen, so würde jene Scheidung schon in den ersten Jahrhunderten geschehen und die Wahrheit von Jesu Christo und sein Reich herrschend seyn, von einem Ende der Erde bis zum andern.

Ehe und bevor diese Scheidung geschehen ist, kann das Final- oder Schlußgericht über die Menschheit oder Christenheit nicht ausgeführt und das Reich des Herrn nicht gegründet werden: denn so läng noch alles gährt und untereinander gemischt ist, so lang sind wir zu diesem Gericht noch nicht reif, denn die ewige Liebe will nicht die Frommen mit den Gottlosen, sondern nur das Unkraut allein dem Feuer übergeben. Eben die gegenwärtigen schweren Gerichte haben den Zweck, diese große Scheidung zu bewerkstelligen oder zu beschleunigen; das Trübsal treibt entweder die Menschen zu Gott oder ins Gericht der Verstockung. Sie sehen aus dieser richtigen Darstellung, mein Lieber! daß die Freiheit des Glaubens und des Denkens, welche durch die Reformation bewirkt worden, eine große göttliche Wohlthat ist.

Der Hauptirrthum, der durch alle Ihre Briefe in Ihrem

Buch herrschend ist, besteht darinnen, daß Sie glauben, zur Befolgung des von mir im Vorhergehenden festgesetzten reinen und wahren christlichen Lehrbegriffs müsse der heilige Geist durch den Weg der römischen Kirche, vermittelst ihrer Gebräuche und Verordnungen und könne nicht anders mitgetheilt werden. Es ist also natürlich, daß Sie nun auch alle diese Gebräuche und Verordnungen als wesentliche Glaubensartikel und nothwendig zur Seligkeit ansehen.

Da ich Ihnen aber nun aus der heiligen Schrift, aus der pragmatischen Geschichte und Tradition gezeigt habe, daß die ersten Christen ohne alle diese Gebräuche und Verordnungen heilig und selig geworden, daß alle diese Gebräuche und Verordnungen spätere menschliche Erfindungen und die wichtigsten derselben theils irrig, theils die Befolgung der Lehre Jesu und seiner Apostel erschwerend sind; und noch dazu die Richtung des Geistes vom wahren Gesichtspunkt ab und auf sich lenken, so will ich mir zwar nicht schmeicheln, Ihre von Jugend auf tief eingewurzelten Vorurtheile besiegt, aber doch den mir so unbegreiflich bittern Haß gegen den Protestantismus gemildert zu haben.

Ich habe auch aus gewissen Aeusserungen bemerkt, daß Sie glauben, die Weissagung, daß am Ende alles ein Hirte und eine Heerde werden solle, beziehe sich auf die römische Kirche, so daß alle Christen wieder zurückkehren und katholisch werden müßten. Lieber Sulzer! Gott verhüte, daß sie diesen Zweck nicht nach ihrer alten Politik durch Feuer und Schwert zu erreichen sucht; geschähe dies, so wüßten wir, wofür wir sie zu halten hätten und wie wir mit ihr dran wären, dann wäre aber auch ihr und unser Schicksal entschieden. Indessen kann doch auch Ihre Kirche in dem Zustand nicht bleiben, worinnen sie sich jetzt befindet: die wahre und die falsche Aufklärung wachsen ungeachtet alles Glaubens-Zwangs unaufhaltbar und insgeheim empor; es muß endlich zur plötzlichen und schrecklichen Explosion kommen, so wie wir davon in Frankreich ein sehr belehrendes Beispiel erlebt haben; der Erfolg wird dann zeigen, wo Wahrheit und wo die wahre Gemeine des Herrn ist.

Alles folgende in Ihrem Brief, nebst dem Zusatz und den Anmerkungen, besteht aus lauter Folgerungen, aus falschen Vordersätzen, Vorurtheilen und deklamatorischen Ausfällen, ohne Grund und Veranlassung. Nachdem, was ich in allen meinen Antworten auf alle Ihre Briefe gründlich und statthaft bewiesen habe, fällt das alles weg und verschwindet, wie Seifenblasen in der Luft, so daß ich nun darüber kein Wort mehr zu verlieren brauche.

Wir leben in der Zeit der nahen Entscheidung; und mir däucht, wir hätten etwas Nöthigeres zu thun, als durch solche Untersuchungen die alte Fehden wieder anzuknüpfen; durch ihre so ganz grundlose Zuverläßigkeit und durch den stolzen absprechenden Ton, womit sie uns Protestanten ausputzen und durchhecheln, haben Sie die Liebe und Achtung aller Rechtschaffenen unter uns auf eine gefährliche Probe gesetzt und unsere katholische Brüder und Freunde bedauern Sie und Ihr Buch von Herzen; und zwei gelehrte Theologen und wichtige Männer aus der römisch-katholischen Kirche haben mir versichert, daß Sie selbst nicht ächt katholisch seyen und daß dasjenige, was Sie behaupteten, keineswegs Lehre Ihrer Kirche sey.

Dem allem sey nun, wie ihm wolle; ich habe ihnen derb, aber doch durch Wahrheit in Liebe, die reine Wahrheit, so wie ich sie vor Gott dereinst zu verantworten gedenke, gesagt; aber deswegen liebe und verehre ich Sie doch, so lang wir hienieden zusammen pilgern, von ganzem Herzen. Ich sehe gar wohl ein, daß Sie es von ganzer Seele gut meynen; aber eine von Jugend auf eingesogene mönchische Gesinnung hat einmal folgende Grundlage alles Denkens, Urtheilens und Schließens in religiöser Hinsicht unwandelbar festgesetzt: die römisch-katholische Kirche sey die, vom heiligen Geist von Anfang an bis daher geleitete, einzig wahre, unfehlbare und alleinseligmachende Kirche Jesu Christi; und die protestantischen Kirchen seyen voller Irrsal und wollten aus blosem Stolz und Rechthaberei und ungezügeltem Freiheitstrieb nicht wieder in den Schoos der Mutterkirche zurückkehren.

Anstatt nun beide Sätze unpartheiisch nach der Bibel, nach der Vernunft und nach der Geschichte zu prüfen, wie es doch einem Mann zukommt, der Anspruch auf Gelehrsamkeit und noch dazu bei so wichtigen Gegenständen machen will, haben Sie beide Sätze ohne weiters für apodiktisch angenommen und als solche festgesetzt und nun ging Ihr Forschen nur dahin, um alles in einzelnen Schriften aufzuhaschen, was Ihre feindselige Vorstellung von den Protestanten nähren und bestärken konnte; in Ansehung Ihrer Kirche aber behelfen Sie sich mit lauter Sophismen, Hypothesen und falschen Voraussetzungen. Ich berufe mich auf alle denkende und geübte Leser Ihres Buchs aus allen Confessionen, und jeder wird mir das zugestehen müssen.

Jetzt bitte ich Sie nun inständig, diese Sache beruhen zu lassen; Sie haben gewiß keinen denkenden Protestanten überzeugt, hingegen alle von sich und Ihrer Kirche mehr als vorher entfernt und dadurch die Trennung und Animosität gefördert. Ich mußte Ihnen antworten, um nicht durch mein Schweigen den Verdacht zu erregen, Ihre Briefe seyen unwiderlegbar und die Sache der Protestanten sey wirklich so verzweifelt böse, wie Sie sie geschildert haben.

Nun reichen Sie mir die Bruderhand, lieber Sulzer! und fordern Sie mich nicht noch einmal heraus; sondern laßt uns gemeinschaftlich, jeder in seinem Theil, demjenigen treu bleiben, der sich aus Liebe für uns zu Tode geblutet hat. Zu seinen Füßen werden wir uns dereinst umarmen und dann wird von Katholicismus und Protestantismus nicht mehr die Rede seyn. Ewig Ihr treuer Bruder

Jung Stilling.

Nachschrift. Sie haben am Schluß Ihres Buchs ein Urtheil über den berühmten Geisterseher Swedenborg gefällt und bei dieser Gelegenheit uns Protestanten wiederum rechts und links beohrfeigt. Weder Sie, noch irgend jemand in der Welt, so viel mir bekannt ist, hat diesen Mann richtig beurtheilt. Was ich von ihm halte, das habe ich in meiner Theorie der Geisterkunde dem Publikum gesagt und will es hier noch einmal sagen.

Swedenborg war wissentlich kein Betrüger, sondern ein recht frommer, christlicher und in vielen Wissenschaften gründlich erfahrener Mann. In seinen jüngern Jahren arbeitete er an einem neuen philosophischen System, das zwar vielen Scharfsinn und Kenntnisse verräth, aber doch keinen Beifall gefunden hat, aber die beiden Foliobände **Regnum subterraneum de Ferro**, und **Regnum subterraneum de Cupro et Orichalco** sind für den Mineralogen und Metallurgen sehr brauchbare Werke. Alle diese Schriften waren schon heraus, als er anfing, Geister zu sehen, und dies ist nun eben der Punkt, worauf es hier ankommt.

Allen alten und erfahrenen Aerzten muß bekannt seyn, daß es gewisse Nervenkrankheiten gibt, in welchen die menschliche Seele gleichsam exaltirt wird und Dinge weiß, sieht und hört, die kein Mensch in seinem natürlichen Zustand wissen, sehen oder hören kann. Dieser exaltirte Zustand entsteht folgender Gestalt: der menschliche, vernünftig denkende Geist ist innig, ewig und unzertrennlich, mit einem sehr feinen Lichtleib verbunden, vermög welchen er auf den groben menschlichen Körper und dieser wieder auf ihn zurück wirken kann. Der unsterbliche denkende Geist in Verbindung mit seiner Lichthülle ist die menschliche Seele. Jetzt kommt es nun auf die feinste Nervenorganisation an, auf welche die Seele vermittelst ihres Lichtkörpers wirkt und durch welche sie vermittelst der äussern Sinnen bewirkt wird. Werden jene Werkzeuge der Seelen in der Nerven-Organisation durch irgend einen Zufall in Verwirrung gebracht, so entsteht eine Verstandes-Zerrüttung und die Seele spielt ein mehr oder weniger verstimmtes Clavier, aber in ihr selbst geht keine Veränderung vor; bleibt die Organisation regelmäßig und ist zugleich ihre Verbindung mit der Seele so beschaffen, daß sie durch irgend eine Ursache schwächer werden kann, so entstehen dann nach Verhältniß des Grads dieser Schwäche allerhand, dem gewöhnlichen Menschenverstand unbegreifliche Zufälle: denn in dem Verhältniß, in welchem sich die Seele von ihrem thierischen Körper loswindet, kommt sie in Rapport mit dem Geisterreich, sieht und hört Geister und geht mit ihnen um; sie ahnet zukünftige Dinge und wirkt Zeit und Raum nach in die Ferne. Viele bleiben sich bei dem allem äusserlich sinnlich bewußt, viele gerathen aber auch in Entzückung, in welcher der Körper, wie in einer tiefen Ohnmacht liegt und äusserlich nichts empfindet.

Alle diese psychologische Bemerkungen sind richtige Resultate meiner vieljährigen Beobachtungen des thierischen Magnetismus: man lese und studire des seligen Hofrath Böckmanns hier in Carlsruhe, des seligen Dr. Wienholts in Bremen und des Dr. Gmelins in Heilbronn Schriften, Erfahrungen und Beobachtungen, so wird man sich bald von der Wahrheit meiner Bemerkungen überzeugen.

Durch die Operationen des Magnetismus kann man Personen beiderlei Geschlechts, wenn sie von Natur dazü disponirt sind, in solche Entzückungen versetzen. Die vollkommene Aehnlichkeit dieser Erscheinungen mit jenen, die von selbst und blos durch die Natur erzeugt werden, beweist nun deutlich, daß das, was ich behaupte, seine Richtigkeit habe. Religiöse Personen, die sich beständig mit Gott und göttlichen Dingen beschäftigen und dann eine natürliche Disposition zu diesem Zustand (den die Magnetiseurs Somnambulismus nennen) haben, äussern sich in demselben auf eine erhabene Art: sie gehen mit Christo, mit Engeln und seligen Geistern um, sie weissagen, predigen Buße, u. s. w. Bei dem allem aber muß man sehr auf seiner Huth seyn und das alles ja nicht für göttlich halten, denn auch bei den besten Seelen mischen sich Unlauterkeiten dazu, weil sie nicht immer die Bilder der glühenden Phantasie und die täuschenden Vorspiegelungen falscher Geister von der Wahrheit unterscheiden können.

Dies ist nun der Gesichtspunkt, aus dem man so viele sogenannte Propheten und Prophetinnen der vorigen Jahrhunderte in der römischen und protestantischen Kirche, so viele Schwärmer und Schwärmerinnen unserer Tage und dann auch Swedenborg beobachten muß; denn auch er war ein

Somnambül, der aber wegen seiner Frömmigkeit und großen Kenntnissen auch höher exaltirt wurde, als andere; daher kommen nun auch so viele hinreißend schöne, erhabene und mit der Bibel und Theosophie übereinstimmende Sachen vor; aber mitunter auch Ideen, von denen man nicht begreifen kann, wie sie in einem so hellen Kopf entstehen konnten, wie jeder erleuchtete christliche Leser bald finden wird. Das aber ist auch unumstößlich wahr, daß alle seine Schriften nichts enthalten, das dem wahren seligmachenden protestantischen Lehrbegriff zuwider ist; wenn er Gott einen Leib zuschreibt, so ist das so zu verstehen: Er sagt, man wisse im Himmel von keinem andern Gott, als vom Herrn, das ist von Christo. Der ewige Vater sey für alle erschaffene Wesen unerkennbar, ein unzugängliches Licht, nur in Christo sey er erkennbar, in Ihm sey die heilige Dreieinigkeit, die Fülle der Gottheit, unzertrennlich vereinigt; da nun Christus einen verklärten Leib hat, so hat also, nach Swedenborgs Begriff, Gott einen Leib.

Lieber Sulzer! laßt uns auch die Irrenden dulden, tragen und lieben, denn wir irren alle mannigfaltig; und wenn wir sie zurecht weisen wollen, so geschehe es durch Ueberzeugung, mit Bescheidenheit und in dem Gefühl, daß wir auch Menschen sind, die irren können. Leben Sie wohl!

Erläuterungen, Berichtigungen und Beweise.

1.

Der Herr Verfasser gedenkt hin und wieder in seinem Buch meines verklärten brüderlichen Freundes, des seligen Lavaters, nicht mit Wahrheit in Liebe, sondern mit einer geheimen unzufriedenen Bitterkeit. Da nun Lavater sehr viele Freunde in der Welt hat, die alle über den Herrn Verfasser unwillig werden, wenn sie das lesen, so hilft auch dieser Umstand dazu, daß sein Buch die verhoffte Wirkung, nämlich den Protestantismus dem Katholicismus zu nähern, nicht leistet, wohl aber das Gegentheil befördert.

2.

Das, was hin und wieder in den apocryphischen Büchern enthalten ist und von der protestantischen Kirche nicht durchgehends angenommen wird, wie z. B. 2. Makkab. 12, V. 43 bis 46, das Opfer und Gebet für die Todten gehört nicht zum seligmachenden Glauben und verursacht also keine Trennung zwischen Katholiken und Protestanten und ihren Bibeln.

3.

Die katholische Kirche hat auch diesen Satz bei allen ihren Concilien von den versammelten Vätern erwartet. Allein in den ersten Jahrhunderten alterirten gar oft Partheisucht, Kätzermacherei und in späteren Zeiten die römische Politik, welche zu jenem noch hinzukam, den Geist der Concilien, woher dann hie und da Schlüsse entstanden, die der Lehre Christi und der Apostel geradezu und eben so auch dem Geist des ächten und wahren Katholicismus zuwider waren.

4.

Z. B. der heilige Ignatius, Bischof zu Antiochien, er wurde im Jahr 109 zu Rom den wilden Thieren vorgeworfen; der heilige Polycarpus, Bischof zu Smyrna, ein Schüler des Apostels Johannes, wurde im Jahr 167 oder 199 in Smyrna lebendig verbrannt; und wer kennt nicht die heiligen Namen alle, die im 2. und 3. Jahrhundert berühmt wurden, und die man in Gottfried Arnolds Leben der Altväter größtentheils beisammen finden kann. Er hat ihre Lebensgeschichten aus den ächten Quellen der alten Kirchenväter gesammelt. Jeder Katholik wird mit diesem Buch zufrieden seyn.

5.

Dieses gilt vorzüglich vom ersten und zweiten Jahrhundert. Die Beweise werden weiter unten folgen, wo vom Pabst die Rede seyn wird.

6.

Wer sich von dem allem hier Gemeldeten überzeugen will, der lese nur des berühmten Neapolitaners Petrus Giannone bürgerliche Geschichte von Neapel. Er wurde verfolgt, in den Bann gethan und starb endlich im Gefängniß; aber widerlegt hat ihn keiner. Man lese nur in Gottfried Arnolds Kirchen- und Ketzer-Geschichte die Geschichte der Päbste durch alle Jahrhunderte herab, so kann man sich von dem Allem hinlänglich überzeugen. Sagt man, Arnold war ein Lutheraner, so antworte ich: aber die Schriftsteller, woraus er seine erzählte Thatsachen beweist, sind theils Kirchenväter und theils katholische Gelehrten, deren er überall sehr viele anzeigt, ohne daß man ihn widerlegt hätte.

7.

Hieher gehört vorzüglich Clemens, Bischof zu Alexandrien, dessen Schriften noch immer berühmt sind. Siehe Eusebius in seiner Hist. Eccles. L. VI. c. 11. 14. praep. evang. Lib. II. Cap. 9. IV. 16. Hieron. catal. c. 38. u. a. m. S. Henke's Kirchengeschichte S. 148. Hernach kamen noch Origines und mehrere Andere hinzu. Ueber die Einführung der Liturgie lese man Martin Gerbert de cantu et musica sacra.

Tom. I. pag. 40. Renaudot de liturgiar. oriental. orig. et auctoritate, und ejusdem liturgiarum oriental. collectio. S. Henck. K. G. S. 258 und 259. Wer siehet hier nicht, daß man aus dem Heidenthum vieles angenommen hatte, und es in christlich seyn sollende Gebräuche verwandelte; aber auch aus der jüdischen Kirche wurde vieles entlehnt: S. Euseb. vit. Const. L. II. c. 37. Augustin. Ep. 119. ad Januar. Beausobre Hist. du Manich. Tom. II. p. 629. Hamberger rituum, quos Eccles. Rom. a gentibus transtulit, enarr. Götting. 1751. Henck. K. G. pag. wie oben.

8.

S. Jöchers Gelehrten-Lexicon. Joh. Bened. Carpzovii Diss. de religione Quietistarum. Joh. Fried. Mayeri Dissert. de quietistarum persecutionibus. Recueil de diverses pieces Concernaus le Quietisme et Quietistes ou Molinos, ses sentimens et ses disciples, a Amsterdam, 1688. 8.

9.

S. Jöcher. Das Leben des Jansenius hat Libertus Fromendus beschrieben. Siehe auch Leydekeri historiam Jansenismi. Jansenius lehrte nichts Anders, als was auch der heilige Augustinus gelehrt hatte.

10.

Es ist vor 11—12 Jahren eine neue Auflage der sämmtlichen geistlichen Schriften Fenelons und der Madame Guyon in französischer Sprache erschienen, welche theils London, theils Paris auf dem Titel führen. Der fünfte Band der Erstern enthält la vie de Fenelon von einem seiner Verwandten pragmatisch bearbeitet, wo Alles das zu finden ist, was ich von Ihm gesagt habe. Ich habe sie aus einer Buchhandlung in Lausanne erhalten.

11.

Dieser Satz ist so parador und so absurd, daß ich nicht begreife, wie er in einem gesunden Menschen-Verstand entstehen kann. Also hat jeder katholische Geistliche den heiligen Geist; denn jeder ist durch Hände-Auflegen u. s. w. ordinirt worden. Was also auch der gottloseste Geistliche als Geistlicher thut und verrichtet, das thut er durch den heiligen Geist. Nun denke einmal einer an alle die Gräuel im Beichtstuhl!!!!

12.

Die eigentliche wahre katholische Kirche unterscheidet genau zwischen Glaubenslehren (Dogmen) und zwischen Kirchengebräuchen; die Ersten sind zur Seligkeit nöthig, die Andern aber nicht. Sie nimmt kein Dogma an, das nicht von der ganzen Kirche als ein solches von der Apostel Zeiten an bis daher anerkannt worden und mit der Lehre Christi und seiner Apostel übereinstimmt. Haben die Päbste und Concilien andre Glaubenslehren aufgestellt, so erkennt sie der wahre Katholik nicht dafür. Mit den Kirchengebräuchen aber verhält es sich anders; hier gilt die Autorität des Pabstes und der Concilien, und ihre Verordnungen und Beschlüsse werden befolgt. Man lese nur die neuern Schriften der berühmtesten katholischen Kirchenlehrer, so kann man sich davon überzeugen. Im Verfolg werden merkwürdige Beispiele davon vorkommen. Im Grund hat also die katholische Kirche in Glaubenslehren keine andre Autorität als Christum und seine Apostel, oder überhaupt die heilige Schrift.

13.

Daß der Glaube aller Bischöfe, Päbste, Priester, Diaconen und aller geistlichen Gewalten in der römisch-katholischen Kirche in allen Lehrstücken der Geheimnisse, der Moral, der Sakramente und der hierarchischen Verfassung durch alle Jahrhunderte in allen Ländern auf Erden ein und derselbe gewesen, ist eine ungeheure Unwahrheit, die außer dem Herrn Verfasser kein erleuchteter und gelehrter Katholik behaupten wird. In den ersten Jahrhunderten wußte man von der Messe, so wie sie jetzt ist, kein Wort, man genoß das Abendmahl unter beiderlei Gestalt; die Ohrenbeicht war noch ganz unbekannt, nun ist sie ein Sakrament 2c., dies alles werde ich im Verfolg beweisen.

14.

Der Herr Verfasser spricht immer mit Unwillen von der allgemeinen unsichtbaren wahren Kirche Christi: Er sollte doch bedenken, daß alle Namchristen, die nicht selig werden, und wenn sie wirklich römisch-katholisch sind, unmöglich zur wahren christlichen Kirche gehören können; sondern ihr Schicksal ist das nämliche, das auch alle blose Namchristen in allen andern Religionspartheien haben werden. Alle zusammen sind Böcke, die zur Linken gehören. Folglich sind ja auch alle wahre Gläubige der römischen Kirche eine unsichtbare, allenthalben zerstreute Kirche, die niemand kennt. Und der anbetungswürdige Weltrichter fragt nicht, bist du griechisch, katholisch, lutherisch, reformirt, u. d. gl. gewesen, sondern, hast du den Charakter der wahren Gottes- und Menschenliebe?

15.

Man lese die neuere Missions-Nachrichten, die in Elberfeld herauskommen; die Missions-Societät in England, übersetzt von Peter Mortiner, Barby 1797. erster und zweiter Band. Neueste Geschichte der evangelischen Missions-Anstalten zu Bekehrung der Heiden in Ostindien, welche jetzt vom Herrn Doctor und Professor Knapp in Halle herausgegeben werden, und wovon nun 64 Hefte in 4. heraus sind. David Cranzens Missionsgeschichte von Grönland, 2 Bände in 8. Loskiels Missionsgeschichte in Nordamerika, in 8. Oldendorps Missionsgeschichte in den westindischen Inseln, in 8. u. a. m. Ich sage, man lese diese wahre und unläugbare Geschichten, so wird man bald finden, daß in der katholischen Kirche nicht allein wahres Christenthum und Seligkeit zu finden ist.

16.

Siehe die Geschichte der Abnahme und des Falls des römischen Reichs, aus dem Englischen des Eduard Gibbon Esq., übersetzt von C. W. v. R. zwölfter Band, Wien 1791. bei Joseph Stahel. So wenig Gibbon ein Freund des Christenthums ist, so gewissenhaft und wahr ist er, wenn er nicht raisonnirt, sondern erzählt; in Anführung der Beweise ist er reichhaltig und sicher. Die Geschichte der Paulizianer und Albigenser, und ihre schreckliche Verfolgung siehe Gibbon 11. Band Cap. 54. Der Waldenser, siehe Brovius, ein polnischer Dominikaner, in seiner Geschichte der Päbste Anno 1231. Nro. 17. und 1251. Nro. 7. Ueberhaupt findet man die

Kreuzzüge gegen die Waldenser in allen Kirchengeschichten. Das Verfahren Conrads von Marburg in Teuthorns hessischer Geschichte im 3. Band, wo es an Beweisen und Belegen nicht fehlt. Ueber Samsons Ablaßgräuel lese man die Sammlung zur Beleuchtung der Kirchen- und Reformationsgeschichte der Schweiz, von Salomon Heß, Pfarrer der St. Petersgemeinde in Zürich, erstes Heft, Zürich bei Johann Caspar Nef 1811. Dieses enthält lauter Archival-Nachrichten.

17.

Der bekannte Streit wegen der Osterfeier, den alle Kirchen-Historiker umständlich beschreiben, zeigt genugsam, wie wenig die morgenländischen Bischöfe sich um den römischen bekümmerten. Der erste begann zwischen dem römischen Bischof Anicetus und dem frommen Polykarpus, Bischof zu Smyrna, er wurde aber in der Güte beigelegt. Siehe Euseb. H. E. L. IV. Cap. 14. et 26. L. V. C. 24. Socrat. H. E. L. V. Cap. 22. Epiphan. Haer. 50. Nach und nach aber wurde dieser Streit bitterer geführt, bis er endlich im nicäischen Concilium beigelegt wurde, siehe Henk. K. G. Was bedarfs aber hier mehrerer Beweise? die ganze Kirchengeschichte, die nachherige Trennung der römischen von der griechischen Kirche, der Bilderstreit u. d. gl. beweisen ja hinlänglich, daß die christliche Kirche nicht von Anfang an und bis daher ein beträchtlicher Theil der gesammten Christenheit den Pabst nicht als den einzigen Statthalter Christi anerkannt hat. Im Verfolg wird diese Sache klar entschieden werden.

18.

Dies alles haben William Cave in seinem ersten Christenthum, und Gottfried Arnold in seiner Abbildung der ersten Christen und seiner Kirchen- und Ketzerhistorie ausführlich abgehandelt und aus den ersten Quellen der Kirchenväter gründlich bewiesen; und der Bilderstreit selbst entstand ja daher, daß viele Bischöfe ihre Verehrung für heidnisch erklärten.

19.

S. Eunap. vit. Aedes. p. 64. Julian. orat. VII. p. 224. Rutil. itinerar. L. I. v. 439. seqq. Hieronym.

vit. Pauli Theb. Cassian. de coenobior. instit. Palladii hist. Lausiaca. Athanasii vit. Antonii. Socrates L. I. C. 21. IV. 23. u. a. m. Henk. K. G. 1. B. S. 230. u. f. Siehe auch die in Gottfried Arnolds oben angeführten beiden Werken, und in seinem Leben der Altväter angeführten Beweisstellen. Arnold war übrigens ein Freund der Asketen, aber nicht der ausgearteten Mönche und Nonnen.

20.

Ach ja! es fiel doch wohl hie und da einem ein, aber er durfte es nicht recht laut werden lassen. Leo der Erste aber, welcher Anno 440 Bischof zu Rom wurde, schrieb an einen Bischof zu Rouen in Frankreich: Seine Seelsorge sey über alle Kirchen ausgebreitet: denn der Herr fordere das von ihm, indem Er dem heiligen Petrus den Primat aufgetragen habe, u. s. w. Den abendländischen Bischöfen konnten sie schon so etwas sagen, denn ihre Kirchen stammten fast alle von der römischen ab, die noch überdem die Ansehnlichste, und von Aposteln selbst gestiftet war. Schon vor Leo schrieb Innocentius der Erste an die afrikanischen Bischöfe, daß die Sorgfalt für alle Kirchen dem apostolischen Stuhl zukäme. Siehe Planck's K. G. und daselbst 1. B. 661. u. f. Leo. l. Epist. V. 10, und Baronius ad Ann. 484. No. 27. Dieß alles beweißt aber weiter nichts, als daß es im fünften Jahrhundert römische Bischöfe gab, die ihrer Kirche das allgemeine Primat zuzuwenden suchten, das ihnen aber von der gesammten Kirche keineswegs zugestanden wurde.

21.

Diese authentische Geschichte beweist ganz für mich: die beiden aufeinanderfolgende römischen Bischöfe Pelagius und Gregorius erklären laut und öffentlich, daß das Primat irgend eines Bischofs antichristisch sey. Damit erklären sie alle ihre Vorfahren, die es suchten, und alle ihre Nachfolger, die es angenommen haben, für antichristisch gesinnte Männer. War es Heuchelei und Politik, welches ich aber nicht glaube, so war es sehr unklug und ihre Gegner konnten diese Erklärung gegen sie gebrauchen; so dumm waren sie aber nicht, daß sie das nicht hätten einsehen können. War es aber ihr wahrer Ernst, welches gewiß der Fall ist, so appellirten sie an das Gewissen aller Bischöfe, weil sie wohl wußten, daß Alle, den zu Konstantinopel ausgenommen, im Grund ihrer Meynung waren. Der erste Nachfolger Gregors, Sabinianus, war auch so bitter böse auf ihn, daß er alle seine Schriften verbrennen wollte, weil Ketzereien darinnen stünden. S. Onuphrius p. 27. Man sehe nach in Gottfried Arnolds K. u. K. Geschichte Th. I. B. VI. C. 2 §. 3 und folgende, daselbst angeführte Citate: Gregor. M. P. P. L. 4. Ep. 34. 36. 38. L. 7. Ep. 69. und Pelagius. P. P. II. Ep. 8. Synod. Const. Tom. V. Conc. p. 931. Gregorius und Sabinianus beweisen also auch, daß ein Pabst des andern Grundsätze verdammt hat, wo mag da wohl der heilige Geist zu suchen seyn?

22.

Die ältesten Nachrichten wissen von dem Antheil, den Petrus an der Gemeinde zu Rom gehabt haben soll, gar nichts; die Nachricht, daß er sich eine Zeitlang in Rom aufgehalten haben soll, rührt aus dem zweiten Jahrhundert her, und diese ist nach und nach mit mehreren Umständen ausgeschmückt worden. S. Euseb. H. E. L. II. c. 25. Hieron. Catal. C. I. Epiphan. Haeres. XXVII. Nro. 6. u. s. w. Spanheim de temere credita Petri in urbem R. profectione. Foggini de itinere S. Petri Romano. u. a. m. Henck. K. G. I. Band Seite 66.

23.

Daß in der ersten Kirche die Gemeinden das Bannrecht ausübten und ausüben sollten, beweisen folgende Stellen: 1. Cor. 5 v. 1—5. Pfaff orig. Jur. eccles. p. 104. Daß aber die Aeltesten dabei die Hauptpersonen waren, das ist natürlich und ganz recht. Bei dem Anwachs der Gemeinden und dem sittlichen Verderben derselben war es auch schicklich, daß sich die Bischöfe dem Ausschließen aus der Gemeinde unterzogen.

24.

Folgende Zeugnisse beweisen die Grausamkeit der römischen Kirche: Ursprung der Inquisition. Mansi Concil. Tom.

XXIII. p. 192. Histoire de la vie de St. Louis par Jean Filleau de la Chaise, a Paris 1688. Schmink de Exped. cruciata in Stedingos. Marburg. 1722. Meister Conrad von Marburg war der erste, aber auch einer der grausamsten Inquisitoren in Deutschland, und zugleich der letzte; die deutsche katholische Kirche ließ dieß Ungeheuer der Inquisition nicht empor kommen. Der Grundsatz der wahren christlichen Kirche ist, die beharrlich Irrenden und Sünder nur auszuschließen; und der Grundsatz der falschen Kirche ist, sie zu martern, zu verfolgen und zu tödten.

25.

Was hier vom Cölibat, vom Bilderdienst und von den richtigern Gesinnungen der heutigen katholischen Kirche gesagt wird, davon wird weiter unten die Rede seyn.

26.

In den ältern Zeiten der römischen Kirche wurde die Bibel von verschiedenen katholischen Gelehrten in die gemeine Volkssprache übersetzt. Cyrillus und Methodius, die Apostel und ersten Stifter der mährischen Brüderkirche und der benachbarten Nationen, übersetzten die Bibel in die slavische Sprache; eigentlich war Cyrillus der Uebersetzer. Siehe Kohl introd. in hist. et rem liter. Slavor. S. version. Slavion. pag. 124. Voigt über Einführung, Gebrauch und Abänderung der Buchstaben und des Schreibens in Böheim, 1. B. S. 164. Gregorius VII. aber verbot den Böhmen und Mähren, das Bibellesen in ihrer Sprache. S. Wernsdorf hist. ling. lat. in sacris, p. 20. et 28. Von Friese, Kirchengeschichte von Polen 1. Theil S. 107. Im Jahr 1129 verbot das Concilium zu Tolosa, die Bibel in die Landessprache zu übersetzen, siehe Canon 12. et Mansi T. XXI. pag. 226. Innocentius III. aber hielt den Gebrauch der Bibel in der Volkssprache für eine Quelle des Uebels, und unter ihm wurde im Jahr 1215 im lateranischen Concilium das Bibellesen in der Volkssprache förmlich verboten. Siehe Usserii hist. dogma de scripturis et sacr. vernac. p. 151. et Innocentius III. Epist. decret. ad Metenses. Henke K. G.

Gottfried Arnolds K. u. K. Geschichte. So wie der Verfall der römischen Kirche zunahm, so wuchs auch die Strenge des Verbots des Bibellesens.

27.

Schon im 12ten Jahrhundert klagte der heilige Bernhard, Abt zu Clairveaux, über das Verderben in seiner Kirche, siehe seine libros de Consideratione. Und späterhin Erasmus von Rotterdam in seinen Schriften hin und wieder; Ulrich von Hutten u. a. m.

28.

Um die Worte des Herrn: denn das ist mein Leib, von allen übrigen Redensarten dieser Art zu unterscheiden, und daß sie müßten eigentlich verstanden werden, wird auch katholischer Seits die Stelle Joh. 16, V. 25. bis 29. angeführt; wo der Herr sagt: Er habe bisher ihnen (den Jüngern) das alles in Sprüchwörtern (παροιμίαις) gesagt: es werde aber die Zeit kommen, daß Er nicht mehr in Sprüchwörtern, sondern frei heraus von seinem Vater verkündigen werde, u. s. w. Wie kann man aber diese Stelle auf die Abendmahls-Worte anwenden, da der Herr nachher noch oft figürlich spricht? z. B. Joh. 18, V. 11. und Matth. 26, V. 39., wo Er seine Leiden einen Kelch nennt, den Er trinken müsse, das sind ja noch immer Sprüchwörter, παροιμίαι. Der Sinn der ganzen Stelle bezieht sich auf das Gebet durch Christum zum Vater, und diese Art zu beten will Er ihnen nun deutlicher, ohne Sprüchwortsweise zu reden, entwickeln.

29.

Ein verehrungswürdiger und gelehrter katholischer Geistlicher hat mir das dritte Heft des ersten Bandes, der von einigen katholischen Theologen zu Ulm in der Wohlerischen Buchhandlung im Jahr 1807. herausgegebenen Jahrschrift für Theologie und Kirchenrecht der Katholiken mitgetheilt. Hier finde ich im dritten Hauptstück eine meisterhafte, richtige, im Ton der Bruderliebe und der wahren Kritik abgefaßte Abhandlung vom heiligen Abendmahl. Die verschiedenen Lehrbegriffe der Katholiken, Lutheraner und Reformirten werden, da bescheiden ohne Bitterkeit und unpartheiisch vorgetragen und geprüft, da ist von keinem Verdammen und Absprechen die Rede. Von Seite 547 bis 568 werden Zweifelsgründe gegen die Behauptung der katholischen Theologen, daß die Lehre von der Transsubstantiation ein katholisches Dogma sey, aus ächt katholischen ältern und neuern Theologen mitgetheilt; aus denen dann so viel erhellet, daß die krasse Lehre der Transsubstantiation, so wie sie Paschasius Ratbert erfand, und Innocentius III. mit seinem lateranischen Concilio 1215 zum Glaubens-Artikel machte, nie von der ächt katholischen Kirche als Dogma angenommen worden, sondern es wurde von der römischen hierarchischen Gewalt durch den Weg der Ordensgeistlichen der Kirche aufgedrungen. Wer nun glauben wollte und konnte, der glaubte, und das war nun der Fall aller Orten, bei dem gemeinen Volk, sowohl dem geistlichen, als weltlichen, hohem und niedern Pöbel; allein der wahre ächte Katholik sahe diese Lehre nie als verbindendes Dogma an.

30.

Von dem Opfer und der Meß siehe folgende Nummer, hier ist nur von der Transsubstantiation die Rede. Man darf nur Gottfried Arnolds Abbildung der ersten Christen und die daselbst angezeigte Kirchenväter lesen, so wird man finden, daß die gesammte Kirche in den ersten Jahrhunderten an keine Verwandlung des Brods in den Leib Christi dachte. Die erste Veranlassung, an so etwas zu denken, gab Cyrillus, der Bischof zu Jerusalem, gegen das Ende des vierten Jahrhunderts, siehe Cyrilli Mystag. I. Cap. 7. III. 3. IV. 2., indessen ist hier noch gar nicht von einer Sachverwandlung, sondern von einer höhern Bestimmung, von einer edlern Kraft und höhern Würde dieses Brods und Weins die Rede, siehe Henke K. G. 1ster B. 277 u. f. Der heilige Chrysostomus, Bischof zu Konstantinopel, bedient sich gegen die Apollinaristen des Gleichnisses, wie das Brod im Abendmahl auch nach der Weihung Brod bleibe und seine Natur behalte, aber doch den Namen des Leibes Christi erlange, also sey es auch mit der Vereinigung der Gottheit und Menschheit in der Person Christi. S. Kappii de Joh. Chrisost. Epist. ad Caesar. contra Transsubstant. Daß dieser Begriff vom Abendmahl den römischen Bischof Innocentius I. nicht abgeschreckt hat, sein Freund zu seyn, ist daher gewiß, weil er sich seiner während seiner Verfolgung treulich annahm. Johannes Damascenus gibt von der Art der Gegenwart Christi im Abendmahl schon eine genauere Erklärung, die von der Transsubstantiation nicht weit mehr entfernt ist; siehe seine Expos. orthod. fidei. Er lebte im achten Jahrhundert. Die alte Redeform der ersten Christen, daß Brod und Wein im Abendmahl Zeichen, Bilder, Symbole von Christi Leib und Blut seyen, kam allmählig ganz aus der Mode, bis endlich Paschasius Ratbert im 9. Jahrhundert mit seiner Transsubstantiation ans Licht trat, siehe Acta. S. S. d. 26. Apr. T. III. pag. 464. Mabillon acta S. S. ord. Bened. Sect. IV. P. II. 22. Ziegelbauer hist. lit. Bened. ord. T. III. p. 77. u. a. m. Hencke K. G. 2. B. Was ihm Ratramnus entgegengesetzt hat, siehe Hist. lit. de la France Tom. V. p. 332. Oudinot comm. T. II. p. 108. Ceillier hist. generale des Auteurs eccl. T. XIX. p. 136. Ratramni Liber de corpore et sanguine Christi, u. a. m. Hencke K. G. 2. B. S. 51. u. f. Ein wichtigerer Gegner der Verwandlungs-Lehre war Rabanus Maurus, erst Abt zu Fulda, dann Erzbischof zu Mainz; dieser erklärte das Brod und Wein im Abendmahl für weiter nichts, als Symbole, siehe Rab. Maurus de instit. clericali. Weder der Papst, noch irgend ein Bischof hielt ihn deswegen für einen Ketzer. Man sieht hieraus, daß die Kirche über diesen Punkt noch kein bestimmtes Dogma hatte. Indessen fand doch die Verwandlungs-Lehre immer mehr Beifall und wurde immer allgemeiner. Im 11. Jahrhundert aber fand sie wiederum einen heftigen Gegner an dem Berengario von Tours, Archidiakon zu Angers. Er behauptete, es sey ungereimt, der Schrift und Kirchenväter Lehre zuwider, eine physische Körperzerstörung und Körpererzeugung im Abendmahl anzunehmen; und daß durch die priesterlichen Weihungsworte dem Brod und Weine nur die Kraft und der Werth von Zeichen und Unterpfändern des Leibes und des Bluts Christi ertheilt werde. S. Bereng. Epist. ad Adelm. in Martene et Durand Anecd. T. IV. pag. 109. Berengar wurde dieser Meynung wegen bald verketzert, bald vertheidigt, dann wieder verfolgt, bald gab er etwas nach, bald bestand er auf seiner ersten Meynung. Der Erzpabst Gregor VII. gestand endlich, daß er die Sache nicht verstehe; siehe die oxfordische Handschrift von Hildebrandi Expos. super Matthaeum in Allix Vorrede zu Joannis Paris. determin. de modo existendi Corp. Christi in Sacram. Altaris p. 7. Henke K. G. 2. B. S. 132. Berengar starb endlich ruhig. Im Jahr 1215 machte nun Innocentius III. auf dem vierten lateranischen Concilio der Sache ein Ende. Er hatte über 400 Bischöfe versammelt, die zu Allem Ja sagten und sagen mußten, was er im Cabinet beschlossen hatte; hier wurde die Transsubstantiation nun zum Glaubensartikel gemacht, siehe Gottfridus Viterb. Matth. Paris. Anno 1215. Platina Conf. M. Ant. de Dominis. In Gottfried Arnolds K. und K. Geschichte. Aber mit welchem Erfolg, das sehe man in der oben Nro. 29. angeführten Jahrsschrift am angezeigten Ort.

31.

Mit den Opfern oder Oblationen der ersten Christen verhielt sichs folgender Gestalt: Sie steuerten Geld, Brod und Wein, überhaupt Speisen und Getränke, und brachten es zusammen an einen bestimmten Ort, wo dann das Liebesmahl davon gehalten, das Abendmahl gefeiert, und die Armen damit versorgt wurden. S. Concil. Matisconense. C. 4. Amalarius Fortunat. lib. III. de Eccles. Offic. C. 19. Conf. Casaubonus Exerc. XVI. No. 51. seqq. Julius Ep. Rom. ap. gratian. c. cum omne de Consecrat. dist. 2. Hugo Menard. Not. ad Gregorii lib. de Sacram. Append. p. 371. Auctor. Const. Apost. lib. II. C. 26. III. C. 8. Augustin Serm. de Temp. in Gottfried Arnolds Abbildung der ersten Christen. Was für aber eigentlich unter dem Wort Opfer verstanden, das findet man bei folgenden Kirchenvätern und Scribenten: S. Cyrillus Alexandr. Libr. X. contra Julian. Augustin in ps. 41. Chrysostomus Hom. 11. ad Hebr. u. a. m. Wenn man alle diese Schriftstellen liest, so sieht man leicht, auch dann, wann Sie das Abendmahl ein Opfer nannten, daß sie den bei Juden und Heiden gewöhnlichen Opferbegriff nicht damit verbanden, sondern sie brachten Brod, Wein, Speise, Getränke, u. d. gl. und widmeten es zu einem heiligen Zweck. Die Communion aber war ihnen nie ein Opfer.

32.

Ursprung des Worts Messe. Bonae rer. Liturgicar L. I. C. 1. seqq. I. A. Schmid de insignioribus vet Christianor. formul. p. 20. Von den stillen Messen. Bonae rer. Liturg. L. I. Cap. 13. 14. Calixtus de Missis Solitariis. etc. Von den Seelmessen. Constitut. apostol. L. VIII. C. 12. Salvian. de Avarit. L. I. pag. 199. Gregorius I. oder der Große lebte zu Ende des 6. Jahrhunderts, dieser gab der Messe ihre nachherige Gestalt. S. Gregor M. Sacramentarium, in Muratorii Liturg. Rom. vet. T. II. p. 1. Lilienthal de Canone Missae Gregoriano. L. B. 1710. Das Abendmahl ein Opfer zu nennen war alter Sprachgebrauch, dessen Ursprung Nro 31 gezeigt worden ist. S. Pfaff de oblat. vet. Eucharistia, in Syntag. Dissert. theol. p. 225. Janus de Missae Sacrificio pontificio, orientalibus Liturgiis ignoto, advers. Euseb. Renaudot.

Der Begriff, daß in jeder Messe der Priester seinen in der Hostie persönlich gegenwärtigen Erlöser seinem himmlischen Vater darbringe oder opfere; daß dieß Opfer den Lebendigen zur Seligkeit nöthig und den Todten vortheilhaft sey, ist den ersten Christen ganz und gar fremd gewesen; er bildete sich erst nach und nach, mancherlei Ursachen trugen zu dieser Bildung bei. Da aber nun erwiesen ist, daß die erste Kirche nie aus dem Abendmahl ein Opfer machte; daß die wahre ächte katholische Kirche die Verwandlungslehre nie als ein wahres Dogma anerkannte, und da die Messe nie als ein eigentliches Abendmahl, oder als eine Communion angesehen werden kann, so ist und bleibt sie ein bloser Kirchengebrauch, der für den katholischen Christen immer nützlich seyn kann, wenn er nicht mehr als verdienstlich, sondern nur als erbaulich, als eine sinnliche Vorstellung des Leidens und Sterbens Christi und als eine lebhafte Vergegenwärtigung desselben betrachtet wird. Wenn man bei der Elevation der Hostie den Herrn Jesum nicht in ihr, sondern in seiner göttlichen Allgegenwart, wo er uns viel näher ist, anbetet: und endlich, wenn man die Messe nicht mehr als ein Opfer für die Sünde, sondern nur als ein lebhaftes Erinnerungsmittel an das große ein- für allemal vollendete Opfer auf Golgatha ansieht und sich dadurch antreiben läßt, sich zum Sündentilger zu wenden und ihn um Mittheilung dieses Opfersegens anzuflehen.

Ehe ich diese wichtige Materie verlasse, muß ich doch noch einige Bemerkungen über das Abendmahl, die Hostie oder Oblate und über den Genuß desselben unter einer oder unter beiden Gestalten hinzufügen. Die ersten Christen genossen alle das heilige Abendmahl unter beiderlei Gestalten des Brods und des Weins; dies ist gehörigen Orts hinlänglich bewiesen worden. Im fünften Jahrhundert nennt Leo I. oder der Große, Bischof zu Rom, den Genuß des Abendmahls unter einer Gestalt, nämlich des Brods, eine Verstümmelung des heiligen Abendmahls. S. Leo I. Serm. IV. in Quadrag. Serm. VII. in natal. Dom. Hencke. So wie man aber in der Verwandlungslehre fortrückte und die wirkliche Gegenwart Christi im Brod glaubte, so verfiel man auf den Gedanken, daß der Genuß des Weins im Abendmahl nicht nöthig sey, weil man seinen Leib und sein Blut schon im Brod genieße. Dieser Gedanke wurde nach und nach herrschender Kirchengebrauch; aber das ist sonderbar, daß man den Laien den Kelch entzog und daß ihn die Geistlichen beibehielten. Der Hauptgrund war wohl kein anderer, als die Würde und den Vorzug der Geistlichen vor den Laien immer mehr zu erhöhen. Endlich wurde im fünfzehnten Jahrhundert auf dem Concilio zu Constanz der Genuß des Abendmahls unter einer Gestalt, nämlich des Brods allein, zum Kirchengesetz gemacht. Huß war die Veranlassung dazu, S. die 13te Session des Concilii. Der Gebrauch der Hostie entstand folgender Gestalt. Pabst Leo IX. gerieth im eilften Jahrhundert mit der griechischen Kirche in einen Streit, in welchem letzterer der Vorwurf gemacht wurde, daß sie das heilige Brod im Abendmahl verkrümmelte; daher entstand nun der Gebrauch, daß man ungesäuerten Brodteig in dünne Scheibchen formte und diese nun Hostien nannte. S. Humbert. Contr. Calumn. Gr. p. 294. ed. Basnage. Bernold. Constant. Presb. expos. ord. Rom. in Cassandri Liturgic. c. 27. Honor. Augustodun. Presb. de gemma animae L. I. c. 35. Schmidt de oblatis eucharist. quae hostiae vocari solent. etc. etc. Hencke. Die Brüdergemeine formirt aus Oblatenteig länglicht viereckigte Täfelchen, jedes wird in der Mitte durchgebrochen und an zwei Communicanten ausgetheilt, so daß also jeder gebrochenes Brod bekommt; auf diese Weise werden die Gebräuche beider protestantischen Kirchen mit einander vereinigt.

33.

Von der Bußzucht der ersten Christen lese man: Tertull. de poenit. C. 9. de pudicit. C. 13. apologet. C. 39. Dallaeus de Sacramentali Confess. L. III. Albaspinaei obss. de vet. eccless. ritibus. L. II. Morinus de administ. sacram. poenitent. Lib. VI. C. I. Beyer de magno vet. eccl. circa poenitentes rigore P. I. u. f. Hencke. Nachher, als die christliche Religion herrschend wurde und sich viele große und vornehme Sünder dazu bekannten, so fiel es schwer, diese der strengen Kirchenzucht zu unterwerfen. Daher erfand Leo der Große, Bischof zu Rom, im fünften Jahrhundert eine Auskunft, welche darinnen bestand, daß sich jeder Christ einen Beichtvater wählen und diesem seine Sünden ins Geheim bekennen, das ist beichten und von ihm die Absolution unter den vorgeschriebenen Bußübungen empfangen dürfte. Siehe Leonis M. Epist. CXXXVI. Cap. 2. edit. Quesnel. Leonis M. Epist. 78. vel. 80. apud. Gratianum dist. I. C. 39. de poenit. Hencke und Arnolds Abbildung der ersten Christen. Von der Zeit an beichtete man öffentlich und geheim; die Ohrenbeicht war noch kein bestimmtes Kirchengesetz, bis sie endlich Innocentius III. im Jahr 1215 im vierten lateranischen Concilio dazu machte und sie so bestimmte, wie sie bis daher ausgeübt worden ist. Siehe den 21sten Canon dieses Concilii, omnis utriusque sexus. Dallaeus de Confess. auriculari, Genev. 1661. 4.

34.

Daß im Anfang des vierten Jahrhunderts die Bilder in den Kirchen nicht mehr so verabscheut wurden, sondern ihr Mißbrauch schon begonnen, das beweist der 36ste Canon des Concilii zu Illiberis im Jahr 305, in welchem der Bilderdienst verboten wurde. Pabst Gregorius der Große mißbilligte noch das Anbeten der Bilder in den Kirchen, aber er glaubte, daß sie doch als nützliche Erinnerungszeichen die Kirche zieren müßten. Bona rer. liturgicar. Lib. VII. epist. 110. Ueber den Anfang der berühmten Bilderkriege siehe Acta Synod. Nicaen. II. Paris. etc. in Mansi T. XII. XIV. Goldasti imperial. decreta de cultu imagg. Maimbourg hist. de l'heresie des Iconoclastes. Dallaeus de imaginibus. Lib. IV. u. a. m. Hencke. Ueber den Bilderkrieg, den Kaiser Leo der Isaurier im Anfang des achten Jahrhunderts veranlaßte, lese man Theophan. chronogr. ad Ann. Leonis VIII. Zonar. ann. Lib. XV. C. 2. 3. etc. Nicephorus breviar. hist. p. 37. ed. par. Acta S. S. Mai. Tom. III. p. 155. Cave hist. lit. Vol. I. p. 621. Germani Epp. ad Joann Ep. Synod. ad Constant. et Thomam in Act. Concil. Nic. II. Mansi Tom. XIII. p. 99. seqq. Acta SS. Febr. Tom. I. pag. 692. Gregorii II. Epist. II. ad Leon. praemiss. Acta conc. Nic. Mansi T. XII. p. 959, 972. Du Pin de Excommunic. Gregor. II. advers Leon Isauric. in Diss. de antiq. eccles. disc. pag. 308. Hencke. Dieser Streit dauerte nach Leo noch fort; allein die Kaiserin Irena setzte den Bilderdienst durch, und so wurde er durch Concilien in der griechischen Kirche bestätigt. Siehe Harduin. Concil. T. IV. p. 1. Mansi T. XII. p. 991. T. XIII. pag. 410 u. a. m. Hencke. In der abendländischen oder lateinischen Kirche ging man langsamer und behutsamer zu Werke, es wurde für und wider die Bilder gesprochen, bis auch endlich ihre Verehrung von den Päbsten angenommen und gebilligt wurde.

35.

Die heilige Maria, die Mutter unseres Herrn, wurde gewiß von den ersten Christen hochgeschätzt und ihr Andenken war ihnen mit Recht heilig: aber ihr Bild aufzustellen und sie anzubeten, das fiel keinem ein. Christus selbst hat durch sein Betragen gegen seine Mutter gezeigt, daß sie nicht als eine so übermenschliche Person und als Mittlerin zwischen ihm und den Menschen betrachtet werden soll: denn als sie ihn auf der Hochzeit zu Cana in Galiläa erinnerte: Sie haben keinen Wein, so antwortete er ihr: τί ἐμοὶ καὶ γύναι, οὔπω ἥκει ἡ ὥρα μου. Dies übersetzt der H. Hieronymus ganz richtig: quid mihi et tibi Mulier? nondum venit hora mea. In den Geist der deutschen Sprache und nicht gerade wörtlich übersetzt, heißt das: Liebe Mutter! was geht uns das an? ich werde wissen, wenn es Zeit ist. Jedermann sieht, daß unser Herr hier die Fürbitte seiner Mutter ablehnt; und in der Stelle Matth. 12, V. 46—50, als ihn seine Mutter und seine Brüder besuchen wollten und er mit seiner Hand auf seine Jünger zeigte und sagte: Siehe da, das ist meine Mutter und meine Brüder, will er uns belehren, daß ihm als Erlöser der Welt und als der eingeborne Sohn des Vaters alle Blutsverwandtschaft nichts gelte, sondern nur seine wahren Verehrer, alle diejenigen, die von Herzen an ihn glaubten, die seyen seine wahre Verwandten. Zufolge seiner Erlöserswürde durfte er auch durchaus keine fleischliche Anhänglichkeit an irgend einen Menschen haben. Vielleicht wollte er auch einem gewissen Stolz vorbeugen, der leicht in Maria, als Mutter des Messias, entstehen konnte, indem sie bei aller ihrer Heiligkeit doch immer Mensch war. Sichtbar ist auch zugleich, daß er der künftigen Christenheit durch sein Betragen einen Wink geben wollte, daß man seine Mutter nach dem Fleisch nicht übermenschlich verehren müsse. Daher auch die Namen: Mutter Gottes, Gottesgebärerin, unschicklich und unrichtig sind; denn sie hat Christum als Mensch geboren, als Gott ist er der Sohn des ewigen Vaters. Uebrigens war Christus bis in sein dreißigstes Jahr seinen Eltern unterthan und gehorsam; und am Kreuz übergab er seine Mutter seinem Busenfreunde Johannes zur treuen Pflege. Er hatte sie gewiß von Herzen lieb.

36.

Der heilige Cyprianus, in der Mitte des dritten Jahrhunderts Bischof zu Carthago, hätte schon die Folgen seiner unüberlegten Anpreisung der Ehelosigkeit unter rohen und scheinheiligen Menschen leicht einsehen können, denn sie zeigten sich schon hie und da, daß Nonnen und Priester zusammen in einem Bett schliefen, um sich im Kampf gegen die fleischlichen Lüste zu üben, welches aber zu Zeiten fehlschlug. S. Cyprian. Epist. 4. 13. 14. Calixtus de Conjug. Cleric. P. II. c. 6. Dodwell. Diss. Cyprian III. Muratori de Synifactis et Agapetis, in Anecd. Graec. p. 218. Hencke I. Im vierten Jahrhundert fing man schon hin und wieder an, den Priestern das Heirathen zu verbieten; wer aber verheirathet war, dem verbot man die Ehe nicht. S. Concil. Illiber. Can. 32. Ancyr. Can. 10. Neocaesar. Can. I. Calixtus de Conjug. Cleric. p. II. c. 5. p. 205. Hencke I. Bisher hatten die unverheiratheten Geistlichen nur einen Vorzug der Heiligkeit gehabt, jetzt aber ging man schon weiter.

Auf dem ersten Concilio zu Nicäa, im Jahr 325, wäre es schon beinahe zum Verbot der Priesterehe gekommen, allein ein ägyptischer Bischof, Paphuntius, der selbst nicht verheirathet war, erklärte dies Verbot für eine Kränkung der Menschenrechte, und dies Votum verhinderte es. Siehe Socrates H. E. Lib. I. c. 11. Sozom. H. E. L. I. c. 23. Hencke. Unter dem Kaiser Justinian II. wurde gegen das

Ende des siebenten Jahrhunderts (692) eine Synode in Constantinopel gehalten, auf welcher den Geistlichen die Fortsetzung der Ehe, aber nicht das Heirathen erlaubt wurde, doch wurden die Bischöfe auch von der Fortsetzung der Ehe ausgeschlossen. Can. 13. Calixtus de conjug. Cleric. P. II. c. 16. p. 389. Hencke I. In der römischen Kirche ging aber Gregorius VII. (Hildebrand) weiter; sein tiefer Blick in die hierarchische Verfassung und sein Plan, den römischen Stuhl über alle irdische Thronen zu erheben, weckten den Vorsatz in ihm, das Cölibat zum unverbrüchlichen Kirchengesetz zu machen; er verlangte, daß die Geistlichen entweder ihre Weiber oder ihre Aemter verlassen sollten; er verordnete, daß alle, welche künftig die Priesterweihe erhielten, sich durch ein unwiderrufliches Gelübde, ehelos zu bleiben, verpflichten sollen. Siehe Gregor VII. Ep. ad Ottonem Epis. constant. in Mansi Concil. T. XX. p. 404. Lamb. Schafnaburg. 1074. Marian. Scot. A. 1079. Calixt. de Conjug. Cleric. P. II. c. 20. p. 526. Hencke II. In den nordischen Reichen fand das Cölibat lange Widerstand, wurde aber doch endlich durchgesetzt. Siehe Münters Beiträge zur Kirchengeschichte. Es ist schlechterdings unbeschreiblich, welche schreckliche Folgen das Verbot der Priesterehe gehabt hat und noch hat. Rechtschaffene und gewiß ächtchristliche Geistliche der katholischen Kirche haben mir unverholen gesagt: das Cölibat sey der Grund aller Sittenlosigkeit und des Verderbens der römischen Geistlichkeit; und wenn man die Klagen des H. Bernhards von Clairveaux und so vieler frommer und würdiger Männer durch alle Jahrhunderte durch liest, so schaudert einem die Haut. Bei den liederlichsten Ausschweifungen der Priester sieht man durch die Finger; und solche Scheusale und Auswürfe der Menschheit, deren man unter den Päbsten, Cardinälen, Erzbischöfen, Bischöfen und durch alle Classen der Geistlichkeit, leider! die Menge findet, genießen täglich in der Messe — nach ihrer Meynung den Leib und das Blut Christi, sie sind die Ausspender der göttlichen Gnaden und Geheimnisse — die Mittheiler — des heiligen Geistes

— Herr Jesus Christus! erbarme! erbarme dich dieser Kirche!!!

37.

Und diese Kirche soll nun die alleinseligmachende seyn; derjenige, der sie kennt und nicht zu ihr übergeht, mag so fromm seyn, wie er will, er findet kein Heil und kann nicht selig werden. Welche unbegreifliche Begriffe! Es war der römischen Politik gemäß, diesen Grundsatz geltend zu machen. Schon Pabst Innocentius III. erklärte auf dem vierten lateranischen Concilio, es sey nur Eine Kirche und ausser ihr kein Heil. S. Mansi Concil. T. XXII. Es ist leicht zu denken, welche Kirche er meynte. Endlich machte der Pabst Bonifacius VIII. am Ende des dreizehnten oder Anfangs des vierzehnten Jahrhunderts diese menschenfreundliche Idee zu einem Kirchengesetz, welches die Ordensgeistlichen, Mönche, Nonnen und Jesuiten mit höchstem Fleiß allenthalben dem Publikum einschärften, wo es dann auch den erwünschten Erfolg hatte. S. Unam sanctam Extravag. commun. L. I. rit. VIII. cap. 1. Rechtschaffene und wahre Katholiken nehmen dies Kirchengesetz nicht an, sondern sie behaupten, daß ausser der allgemeinen christlichen Kirche, in welche alle eingeschlossen sind, die nach den Lehren der heiligen Schrift an Christum glauben, kein Heil sey. Wohin aber wiederum diejenigen nicht gehören, welche ohne ihre Schuld Christum und seine Religion nicht kennen gelernt haben.

38.

Siehe: Kurzer Auszug aus Menno Simons Schriften, gesammelt und herausgegeben durch Johannes Decknatel, Prediger der Mennoniten-Gemeinde zu Amsterdam, Büdingen bei J. C. Stöhr 1758. Menno Simons war erst ein römisch-katholischer Priester und wendete sich im Jahr 1536 zu den damaligen Wiedertäufern, wurde ihr Reformator und starb Anno 1561. Siehe Jöchers Gelehrt. Lexicon.

39.

Siehe David Cranzens Geschichte der Brüdergemeine und Spangenbergs Lebensgeschichte des Grafen Nikolaus Ludwig von Zinzendorf.

40.

Clemens, Bischof zu Alexandrien, war einer der ersten christlichen Lehrer, die die platonische Vorstellung von der Reinigung nach dem Tod für annehmbar erklärten. Clemens lebte in der letzten Hälfte des zweiten Jahrhunderts, er war ein berühmter und vortrefflicher Mann. Siehe seine Stromat. Lib. V. p. 549. L. VI. p. 637. Gregor der Große versinnlichte diese Idee so sehr, daß er ein Feuer statuirte, in welchem die Seelen gefegt oder gereinigt werden müssen, daher dann also erst zu Ende des sechsten Jahrhunderts der Begriff vom Fegfeuer in der Kirche entstand. Anstatt, daß Tertullianus die afrikanischen Kirchen gelobt hatte, daß sie für die Verstorbenen beteten, verordnete Gregor priesterliche Fürbitten und Seelmessen, die hernach eine reiche Geldquelle der Geistlichen wurden. Siehe Gregorii M. Dialogor. L. II. C. 23. L. IV. C. 39. 55. Mornaeus de Eucharist. L. III. C. 11. Calixtus de purgatorio, u. s. w. Hencke.

Hiemit beschließe ich nun ein Werk, zu welchem mich die Liebe zur Wahrheit, meine innerste Ueberzeugung und mancherlei Umstände genöthigt haben. Ich übergebe es mit ruhigem Gemüth dem gesammten christlichen Publikum zur unpartheiischen Prüfung, und erwarte die Folgen mit dem Bewußtseyn, daß ich es redlich gemeynt habe.

VI.

Die grosse Panacee

wider die

Krankheit des Religionszweifels.

Nos Christum loquimur, quem prisca volumina vatum
Quem licet elinguis, machina vasta canit.

Joh. Mich. Hornanus
in Poëmatiis.

Einleitung.

Quellen des Unglaubens.

Folgende Blätter enthalten die Beschreibung, den Gebrauch und die Wirkungen eines Arzneimittels von äusserster Wichtigkeit. — Es ist unfehlbar, aber seine Anwendung, wenigstens im Anfang, etwas schwer: doch lange nicht so mühsam, als man sichs einbildet. Wer sich nur einmal mit festem Vorsatz der Kur unterzieht, der wird alsofort anfangen, ihre vortreffliche Wirkungen zu erfahren; und diese Empfindungen helfen alsdann schon den Ueberdruß und die Schmerzen, welche diese Medicin verursachen könnte, ertragen.

Ist es doch gewiß der Mühe wohl werth, aus einer Betäubung herausgerissen, aus einer Ungewißheit hervorgezogen, und zu einer unendlichen Gemüthsruhe und Empfindung des größten Friedens überführet zu werden, ein klein wenig Mühe, Selbstverläugnung oder Wehthun zu leiden!

Ein Mensch, der staarblind ist, oder sonsten ein leibliches Gebrechen hat, unterwirft sich ja oft den schmerzhaftesten Operationen, um nur, eine kurze Lebenszeit durch, mit mehrerer Bequemlichkeit leben zu können; sollte man denn nicht ein höchst zuverläßiges Arzneimittel mit beiden Händen ergreifen, wodurch der edelste Theil des Menschen, der unsterbliche, gegen alles wahre Gute und Schöne höchst empfindsame Geist, unfehlbar vollkommen gesund, von seinen moralischen Gebrechen befreit, und zur höchsten unendlichen Wonne, in Besitzung des Inbegriffs alles dessen, was nur Wahrheit, Güte und Schönheit genannt werden kann, unaussprechlich gewiß übergeführt wird? —

Alles dieses, was ich da gesagt habe, ist nichts weniger, als Einbildung, es ist ewige Wahrheit; die Erfahrung wirds einen jeden lehren, der redlich genug ist, sich in diese Kur zu begeben und in derselben getreulich auszuhalten.

Der herrschende Geschmack unserer Zeiten ist: an der Religion zu zweifeln, ein Genie zu heißen, das Dichtungsvermögen zu cultiviren, schön zu reden und zu schreiben, empfindsam, bekannt mit den alten Dichtern, und selbsten ein Poet zu seyn.

Alle diese Eigenschaften zusammen genommen, machen den großen Mann aus, durch dessen Wohnungsort man nicht reisen muß, ohne ihn gesehen und ihm seine Aufwartung gemacht zu haben. —

Ich will weder der Dummheit, noch dem Aberglauben das Wort reden. Die Kultur des menschlichen Geistes und Herzens kann nicht zu hoch getrieben werden. Allein wie sehr wäre doch auch zu wünschen, daß die christliche Religion, vermöge ihrer vortrefflichen Moral und geistaufklärenden Glaubenslehre, das vornehmste Werkzeug zur Menschenverbesserung abgeben möchte! — Gewiß! der Religionszweifel ist ein erschrecklicher Verfall unserer Zeiten. Ich will suchen, seine wahre Quellen zu entdecken.

In vorigen Jahrhunderten herrschten Aberglauben und Irrthümer unter den Menschen; die Ausbildung des Geistes beruhte blos auf den Lehren der scholastischen Wortklaubereien. Die Verstandeskräfte wurden dadurch mehr verwirrt, als entwickelt. Wer also zu diesen Zeiten das Glück hatte, angeborne Fähigkeiten zu besitzen, der schwung sich über andere hin; man betrachtete ihn gemeiniglich wie ein schädliches, gifthauchendes Meteor; die Pharisäer und Schriftgelehrten verfolgten und tödteten ihn, wo und wann sie konnten; dabei litt die Menschenliebe und die Natur selber. Aber was that das? — Man glaubte Gott einen Dienst zu thun.

Mächtige unternehmende Geister, Männer, die allemal in der Geschichte der Menschheit Epoche machen, traten vor und nach auf, und reinigten die Schulen, einer in dieser, der andere in jener Ecke, einer mehr, der andere weniger; bis endlich Leibnitz aufstand und aus der tiefen Fülle seiner Seele Materialien hervorholte, aus denen Wolf seinen vortrefflichen großen philosophischen Bau aufgeführet hat. Nun freute sich die ganze Welt, das ganze scholastische Sternenheer fing an zu verschwinden, es wurde Licht überall; und nun glaubte man: die Sonne der Wahrheit sey im Begriff, aufzugehen; man glaubts noch; allein im Vertrauen gesagt, mir ist bang, es sey noch nichts mehr, als der bloße Vollmond gewesen. Doch, wenn der Himmel nur hell ist, so kann man sich zur Noth damit behelfen.

Nun fing ein jeder an, der sich nur mit Wissenschaften abgegeben und der studiren wollte, seine Vernunft mit Wolfscher Logik und Metaphysik zu waffnen; und alle, die es so machten, hatten Recht.

Sachen, die auf Erfahrungen und daraus gefolgerten Vernunftschlüssen beruhen, mußten nothwendig auf diese Weise in seltenes Licht gesetzt werden, sie mußten gewinnen, und Wissenschaften, die durch die Vernunft erreicht werden müssen, mußten nun anfangen, mit Riesenschritten der vollen Gewißheit entgegen zu eilen. So wähnte man. Doch hat der Erfolg gelehrt, oder die alles umschaffende Mode hat es so mit sich gebracht, daß man das Ziel menschlicher Vollkommenheit so nahe noch nicht fand, und man nun den Weg der Schöngeisterei und der Empfindsamkeit für zuträglicher erkannt hat. Eben dieses Glück versprach man sich auch zum Theil von der Religion; allein hier gings den Gottesgelehrten wie den Knaben, die einen steilen Berg auf einem schlüpfrigen beeisten Weg hinauf laufen; einer purzelt über den andern her, einer macht den andern fallen, und keiner kommt zur Spitze. Man fing an, in der dogmatischen Theologie und auf den Kanzeln zu demonstriren. Das ging an, so lange man es mit der Moral zu thun hatte. Die christliche Sittenlehre kann die strengste Demonstration aushalten, aber nicht so die Glaubenslehre; diese gründet sich auf Thatsachen, die mehrentheils ausser dem gewöhnlichen Lauf der Natur wunderbarer Weise vorgegangen sind, und deren Wahrheit die Grundlage aller Hoffnungen des Christen ist. Diese Wahrheit aber beruhet auf der Glaubwürdigkeit verschiedener Zeugen und der Wahrscheinlichkeit aller Umstände, die nur etwas zur Erläuterung der Sache beitragen; folglich konnte die reinste logische Vernunft in der Untersuchung der Wahrheit von Christo weiter nichts herausbringen, als bloße Wahrscheinlichkeit. Es kann möglich seyn, ja es ist sehr wahrscheinlich, daß das alles so passiret ist. Das ist die ganze Summe aller vernünftigen Untersuchungen der Wahrheit und Zuverläßigkeit der evangelischen Geschichte. Laßt es uns nur getrost gestehen! Auf dieser Seite ist gar der Ort nicht, zur Gewißheit in der Religion zu gelangen, und auf diese Weise ist niemalen die wahre Menschenverbesserung unterstützt worden. Aber was folgte aus den Versuchen, die Wahrheit der Religion durch logische Gründe zu beweisen? Der gemeine Mann blieb aus Faulheit in seinem historischen Wahnglauben; er ist nicht gewohnt, nachzudenken, er glaubt lieber, was ihm der Prediger sagt, und hier mochte wohl wenig Schade geschehen; der Denker aber that einen Blick in die ungeschaffene Vernunft-Religion und entdeckte da eine Lücke, wovor ihm graus'te. Hier ist eigentlich der Geburtsort des Zweifels. Die Vernunft war nun aus der Schule her gewohnt, nichts zu glauben, als was sie mathematisch erwiesen hatte, da konnten alle warnende Einschränkungen des großen Wolfs nicht helfen, wenn er die Demonstration blos auf die Wissenschaften verwies, in der Religion aber die Offenbarung zur Richtschnur des Glaubens setzte; einmal vor all', alles mußte dem Zweifel unterworfen werden, was nicht unläugbar aus der Vernunft erwiesen werden konnte; daher war es kein Wunder, daß Sachen, die vor siebenzehnhundert und mehr Jahren geschehen sind, bezweifelt wurden, nachdem man einmal vom alten apostolischen Weg zur Ueberzeugung ganz abgewichen war.

So war die Verfassung der christlichen Religion beschaffen, als ein Mann voll von französischem Witz und flüchtig überhin denkendem Geist in der Welt auftrat. (Ich übergehe mit

Fleiß viele andere seiner Vorläufer und bleibe nur bei dem wichtigsten stehen.) Der arme Voltaire trat nun auch herzu, spielte auf seiner Schaubühne den Harlequin, und was die ernsthaften Denker unter den Christen sich ins Ohr gesagt hatten, das flickte er zusammen, log noch ein Bischen dazu, und so machte er seine Farcen fertig; alles lachte, und nun wurden auch Nichtdenker überredet, daß es ungewisses Ding um die christliche Religion sey. Denn nichts reißt ein leichtsinniges Gemüth leichter hin, als wenn eine, auch nur scheinbare Wahrscheinlichkeit, mit Witz, Spott, lustigen Einfällen und dergleichen gewürzet und so vorgetragen wird. So ein Koch ist Voltaire; und leider! der dritte Theil der Menschen ist vergiftet.

Bei diesen Umständen sehen große und vernünftige Männer wohl ein, wie schlecht der Religion durch die neue Philosophie gerathen worden; sie wenderen deswegen alle Kräfte an, und brachten endlich den besten Vernunftbeweis heraus, der nur möglich ist. Mich dünkt, Herr Bonnet hat alles geleistet, was durch die Vernunft zu leisten ist. Allein, was kommt heraus? — nichts anders, als daß die evangelische Geschichte die höchste Wahrscheinlichkeit vor sich habe. Aber auch diese höchste Wahrscheinlichkeit, wenn sie auch ein redlicher, ernsthafter Zweifler erkennt, so macht sie ihn doch nicht gewiß; es gehört weit mehr dazu, den Menschen in einer so unendlich wichtigen Sache, wie die von seiner ewigen Glückseligkeit ist, zu überzeugen.

Es ist also gewiß und die Erfahrung lehrt es: daß alle diejenigen, die die evangelische Wahrheiten durch Vernunftschlüsse beweisen wollen, der christlichen Religion wenig Nutzen schaffen. Denn auf diese Weise wird kein Zweifler gründlich überzeugt, vielweniger das Herz gebessert, sondern das menschliche Geschlecht wird vielmehr vom wahren Glauben an Christum, in welchem alle Ueberzeugung eigentlich zu finden ist, abgeführt; und dieses ist die erste Quelle des Verfalls des Christenthums.

Die Sinnlichkeit, der Hang, unsere heimliche Begierden zu

vergnügen, ist die andere Hauptquelle dieses Verderbens; sie ist Ursache daran, daß der Zweifel zu schnellen Fortgang gewonnen hat. Wir leben in Zeiten, wo aller Ueberfluß, Pracht und Wollust um uns her alles erfüllt, unsere Lüste sehnen sich darnach, sie scheuen die Schranken, die sie davon zurück halten, und mit diesen umzäunt sie vornehmlich die Religion. Was Wunder also, daß die Menschen, besonders solche, die Mittel hatten, sich alle Vergnügen zu verschaffen, gleichsam frohlockten, als sie nur eine scheinbare Unwahrscheinlichkeit der evangelischen Geschichte zu entdecken glaubten, und dann noch dazu so feine kitzelnde und witzig spottende Bücher lasen und ihre Scheinwahrheiten wie süßes Gift hineinschlürften. Da konnte auch die allertreueste Vernunft übertäubt werden, geschweige noch, daß der ohnehin schwache Ueberrest ehemaliger Glaubens-Empfindungen gegen diesen Strom sollte aushalten können.

Möchten wir Menschen doch mehr Rücksicht auf unsere natürliche Beschaffenheit haben! Das Kind hat keine Begriffe, macht keine Schlüsse, die Seele ist nach ihrem höhern Theil nur Kraft, nur Vermögen, sich und ihrer Empfindungen bewußt zu seyn, alles, was in sie kommen soll, muß ihr durch die fünf Sinne beigebracht werden. Sie gewöhnt sich also sinnliche Begriffe an, bekommt einen unendlichen Hunger nach Erkenntnissen, sucht ihn durch ihre sinnlichen Begierden zu sättigen, und wühlet also in der Mannigfaltigkeit der natürlichen Dinge herum; wählet, verwirft, hat beständig nur augenblicklichen Genuß, und fällt, ohne jemalen wahrhaftig gesättigt zu werden, von einem auf das andere. Dieses ist die Sinnlichkeit, die von Anfang der Welt her so sehr aller wahren Menschenverbesserung im Wege gestanden!

Wenn wir die Ursache davon nur mit flüchtigem Blick überschauen, so fällt sie uns sogleich in die Augen. Die Offenbarung sowohl, als die Weltweisheit lehren uns: daß unsere Hauptpflicht die Bestimmung unsers Daseyns seye: Uns und andere Menschen, so viel an uns ist, so glückselig zu machen, als wir der Glückseligkit fähig sind. Da wir nun Verstand, Willen und Empfindungsvermögen in so hohem Grade besitzen, folglich auch nach den Regeln der Vernunft, geschweige der heiligen Schrift, nach dem Bilde Gottes geschaffen sind, so ist klar, daß eine vollkommene Aehnlichkeit mit Gott, soweit es unsere Schranken zulassen, das endliche Ziel unserer Bestrebung nach einem bessern Zustand und der Zweck all' unsrer Sittenlehre seyn müsse, und daß eben dieses das Ziel sey, wornach wir auch andere zu führen schuldig sind, wenn es anders unsere Pflicht ist, uns und andere Menschen vollkommen glückselig zu machen, so viel an uns ist und es unsere Schranken erlauben. Die Gesetze, nach welchen wir uns in dieser wahren Menschenverbesserung zu richten haben, lehret uns nun die Religion.

Nun ist es aber schmerzlich zu beklagen, daß wir uns über diese Regeln so wenig verstehen können und so wenig darüber einig sind! Die Sinnlichkeit ist hier eben wiederum eine Hauptursache; sie hat es soweit gebracht, daß sogar viele Freigeister öffentlich sagen dürfen: die Seele werde in dem sinnlichen Genuß der Dinge immer mehr und mehr verfeinert, und so kämen wir Gott immer näher. — Wie aber, wenn es einmal ihrem Schöpfer gefiele, dieser sichtbaren Schöpfung eine ganz andere Gestalt zu geben, die nicht mehr so auf den Menschen wirkte, wie anjetzo? Oder wie, wenn wir in der zukünftigen Welt nur Organe der Empfindung für die Gottheit und die Geisterwelt hätten, wie würde es dann um uns aussehen? — Würde da nicht ein ewiger Hunger ohne einig Labsal unser Daseyn unerträglich machen? — Einmal, ihr bleibt nicht ewig, was ihr jetzt seyd, und ihr steht in einer schrecklichen Ungewißheit, ob eben eure Seelen, die ganz an diese Welt gewöhnet sind, in ihrer künftigen Sphäre eben eine solche Welt wiederfinden werden!!!

Aber auch schon hier macht uns die Sinnlichkeit in ihrer höchsten Fülle unglücklich. Der wollüstigste Fürst ist nicht zufriedner als der ärmste Bauer. Die menschliche Seele ist ein Vielfraß, jemehr sie bekommt, jemehr sie haben will. Und endlich: ein sinnlicher Mensch kann schwerlich seinen Nebenmenschen glückselig machen; er zieht selbsten alle Nahrung rund um sich herum an sich, und die in seinem Wirkungskreise leben, sind gemeiniglich wegen seiner Nähe unglücklich, also ist die Sinnlichkeit sowohl der eigenen Beförderung der Glückseligkeit, als auch der Verbesserung anderer Menschen gerad entgegen. Noch überzeugendere Gründe hievon werden unten an ihrem rechten Ort vorkommen. Ich bin hier ein wenig von meinem Wege abgekommen, doch das schadet wohl nicht, es sind Begriffe, die ich dem Leser vorläufig schon gerne fest einprägen möchte.

Es bedarf wohl keines Beweises, daß demnach die Sinnlichkeit der christlichen Religion höchst zuwider sey. Denn diese lehret alle unsere sinnliche Vergnügungen zu verläugnen, sie nur zur Nothdurft zu gebrauchen, hingegen den unendlichen Seelenhunger in Gott als das unendliche höchste Gut hineinzuwenden. Sie gibt zur Ursache an, daß, da wir sterblich seyen, mithin der Gebrauch der Sinnen bald ein Ende habe, oder doch verändert werde, so müßte die Seele ein ewig bleibendes Gut, welches nichts geringers als Gott seyn kann, eigenthümlich zu besitzen suchen, da aber dieses nicht geschehen könne, wenn man ihm nicht höchst ähnlich und seiner Natur theilhaftig gemacht werde, so müsse alles, was diese Verbesserung der Seelen hindere, aus dem Wege geräumt werden, und dieses seyen eben die sinnlichen Begierden, die Lüste nach vergänglichen Gütern, u. s. w. Eben diese christliche Religion lehret noch überdas: daß es mit zur Gottähnlichkeit gehöre, eben so, wie Gott, der die Liebe ist, alle unsere Liebe auch auf den Nebenmenschen ausströmen zu lassen. Sie erzählt uns: Gott sey uns zu Liebe Mensch geworden, habe uns zu Liebe den Tod gelitten, wir müßten daher unserm Nebenmenschen in seinem Mangel aufhelfen, so lange wir Ueberfluß hätten, wir müßten uns mit der bloßen Nothdurft begnügen lassen, damit auch andere ihre Nothdurft haben möchten, und dergleichen Regeln mehr. Nun ist aber leicht einzusehen, daß die Sinnlichkeit und die christliche Religion ganz und gar gegen einander laufen. Denn eins ist immer des andern Tod; es ist deswegen gar kein Wunder, daß, da die durch die neue Philosophie geführte Vernunft in dem Lehrgebäude der christlichen Religion Lücken zu finden glaubte, sie sofort frohlockte, zufuhr, und ihre Diener zu Zweiflern machte; sie hatte dabei wiederum so gewonnen Spiel und noch mehr, als im ehemaligen Heidenthum.

Es sage mir nur kein Zweifler, Deist oder Freigeist, er habe mit redlichem Gemüthe die Wahrheit der christlichen Religion untersucht: auch das leidet ja die Sinnlichkeit nicht. Ein sinnlicher Mensch ist eben so wenig zu dieser Untersuchung geschickt, als ein Trunkener, ernste Betrachtungen anzustellen. Einmal ist durch metaphysische Gründe und Schlüsse gar nicht zu ihr hin zu gelangen, und dann liegt eine so tief subtile Abneigung gegen diese Wahrheit im Innersten des Herzens verborgen, welche die Grundsätze verdeckt und statt deren Scheinsätze vorstellt, aus welchen nothwendig falsche Schlüsse entspringen müssen. Mit einem Wort, die Vernunft wird durch die Sinnlichkeit so umnebelt, daß ihr unter diesen Umständen gar wenig zu trauen ist. Ich sehe schon voraus, wie manche bei Lesung dieses lächeln und mich bedauern werden. Denn sie werfen uns immer vor, wir verlästerten die Vernunft, die doch das einzige Kleinod des Menschen und sein einziger Vorzug vor dem Thiere wäre. Allein ich frage euch: Ist denn keine Erhöhung, keine Verbesserung der Vernunft möglich? Und überdem können wir viele sonderbare und doch wesentliche Empfindungen demonstriren? Könnt ihr durch die Vernunft erklären, wie es zugehe, daß ein Stein aus der Höhe auf die Erde fällt? Ei so schämt euch, doch zu fordern, daß wir euch die erhabenen Wirkungen der Religion Christi auf das menschliche Herz aus der Vernunft beweisen sollen! — Arme Vernunft! die so wenig von körperlichen Dingen begreift, sollt ich dir die Besserung meines Herzens allein überlassen? Doch muß sie als ein nützliches Werkzeug, das in diesem Geschäft unentbehrlich ist, betrachtet werden. Aber daran hat auch noch nie ein vernünftiger Mensch gezweifelt.

Die Philosophie hat nicht allein durch ihre Lehrmethode

der Religion geschadet, sondern noch besonders durch einen Grundsatz, der noch immer von unsern größten Männern unverbrüchlich beibehalten wird, gleich als wenn er nicht zu missen wäre. Alle übrigen haben zusammen nicht so viele schädliche Folgen auf die Religion gehabt, als dieser einige: Daß nämlich die Welt eine Maschine sey, die von Gott in der Schöpfung so vollständig mit ihren Kräften geschaffen worden, wie sie jetzt da stehet; und so gehe sie nun durch ihre eigene Kräfte, ohne Mitwirkung des Schöpfers ihren Gang fort. Dieser Lehrsatz hat keine unläugbare Vordersätze, woraus er gefolgert worden, und dennoch gilt er für einen Grundsatz. Er ist aber der böseste unter allen; und das vornehmlich darum: weil er so wahrscheinlich und so unschuldig dastehet, als wenn er kein Wasser trüben könnte. Allein man wende ein, was man woll:, seine Wirkungen auf das Herz sind höchst gefährlich. Nach diesem Satz wird mir erstlich Gott fremd. Er wirkt nicht mehr auf die Welt. Alle meine Schicksale sind Folgen der Einrichtung der Welt, sie sind also unvermeidlich; denn sie sind im Bau derselben gegründet, das Beten ist demnach unnöthig, was in die Einrichtung der Welt verwebt ist, kommt doch, ich mag beten oder nicht. Ja ich selbst, mit allen meinen Leibes- und Seelenkräften, handle nach meiner maschinenmäßigen Einrichtung, mein Thun und Lassen folgt also natürlich so, wie es geschieht, ich mag gut oder bös seyn, so ist es meine Schuld nicht. Daß alles dieses mathematisch gewiß aus obigem Satz folge, ist nicht zu läugnen, keine Einwendungen können dagegen gemacht werden; die Sache redet von selbsten. Es ist mir hier zu weitläufig, diesen Satz zu widerlegen, es gehöret auch nicht hieher. Ich muß nur bedauern, daß man ihn noch immer so fest hält und seine gefährliche Folgen nicht einsieht. Viele berühmte Männer geben sich Mühe, ihn mit der christlichen Religion und ihren Lehrsätzen zu vergleichen, seine widrige Wirkungen abzulehnen, und ihn der Offenbarung anzupassen. Allein warum wirft man ihn nicht hinaus in die äusserste Finsterniß, wo Heulen und Zähnklappen ist? — Wir können ja einen viel fruchtbarern an seine Stelle setzen, der nicht allein die strengste Demonstration aushält, sondern auch von unendlich bessern Folgen für Verstand und Herz ist. Nämlich: **Gott hat die ganze Welt mit ihren Kräften vollständig und vollkommen gut fertig geschaffen; in dieser Welt aber und ihren Kräften wirket der schaffende Geist Gottes in allen kleinen und großen einzelnen Dingen allgegenwärtig zu ihrer Erhaltung fort nach denen Gesetzen seiner Absichten und Regierung mitwirkender vernünftiger Geschöpfe.** Wenn nun die Sache so beschaffen ist, so finde ich überall den allgegenwärtigen Gott in allen Gegenständen wirksam; und wenn ich ihn so nahe finde, o! so habe ich Zutrauen zum Vater der Menschen, er werde meine Noth lindern und mir helfen können; ich bete mit kindlicher Zuversicht zu ihm, und wenns mir gut ist, so hilft er mir. Ich will viel sagen, wenn ich schwarze Wolken wie die Nacht aufsteigen sehe: Da führet der Herr ein schwer Gewitter her; ich gehe hin, falle nieder vor dem mächtigen Beherrscher der Natur und der Menschen, ich flehe zu ihm, daß er mich nicht verderben wolle, er erhöret mich und so bekomm ich Zutrauen, mich in allen Schicksalen meines Lebens an ihn zu wenden, ich schreibe ihm alles zu, und so erkenne ich seine Macht über alles. Die Wunderwerke sind mir dann nur gewisse Stimmen, die mir bekräftigen, was sie bekräftigen sollen, und übrigens sind sie mir zu begreifen nicht mehr schwer. Allein die Vernunft, blos durch die Philosophie geleitet, siehet dieses nicht ein, sie glaubt ihrer Sätze gewiß zu seyn, und weiß nicht, daß es ihr geht, wie einem Kinde, welches großes Geld für seine Puppen hingibt, und glaubt wohl daran zu thun.

Noch eine Quelle des Unglaubens habe ich entdeckt. Ich weiß nicht anders, als daß man ihn aus der Analogie der Dinge herausgefolgert hat.

Es ist aber ein rechter Kunstgriff des philosophischen sinnlichen Geistes, wenn er sich weiß macht: der Mensch sey seiner Natur nach noch so unverderbt, als wie er aus der Hand des Schöpfers gekommen; er sey so, wie er seyn müsse, habe zwar seine Schranken, folglich auch seine Unvollkommenheiten, sey aber so erschaffen. Mit einem Worte, der Fall des ersten Menschen sey eine erdichtete Chimäre. Aus diesem Principium fließet nun ganz natürlich: daß alle unsere Triebe, unsere Gemüthsbewegungen, und die ganze Sinnlichkeit in sich selbst wirklich gut seyn und relative je nach ihrer Anwendung bös werden könnten. Daß es also wahr sey, was der bekannte Vorläufer des Antichrists, der berüchtigte Edelmann sagt: Hütet euch nur vor Schaffot und Galgen (ich setze hinzu) und vor Dingen, die der Honnetetät zuwider sind, und dann thut, was ihr wollet.

Ich habe oft mit Freigeistern gesprochen, die immer sich darauf berufen, was kann ich dafür, wenn ich auch irre, ich bin nun einmal so, kann ich mich ändern? Hat mich Gott nicht geschaffen, wie ich bin? Der elende Mensch wähnt also: die Sinnlichkeit sey der Zweck seines Daseyns. Er sey keiner Verbesserung des Herzens und seines Zustandes anders fähig, und so sucht er sich zu beruhigen.

Alles dieses, was ich gesagt habe, will ich nicht widerlegen; es hilft gar nicht; wer sich der Kur unterwirft, die ich in folgendem vorschlagen werde, und die auch das einzige Rettungsmittel ist, der wird eine solche Aufklärung empfinden, daß er vor seinem vorigen Zustande zurückbeben, und mit herrlicher Freude erfüllt seyn wird, sich aus einer solchen entsetzlichen Verwirrung gerettet, und in ein weites sicheres und himmlisches Land des Friedens versetzet zu werden.

Die heutige Art der Religionsverbesserung ist auch zum Theil zu schwach, zum Theil am überhandnehmenden Religionszweifel schuld. Verzeihet mir, ihr grossen Männer! daß ich euch dieses sagen muß! Lasset mich ausreden, so werdet ihr gestehen müssen, daß ich recht habe. Viele verehrungswürdige Religionsverbesserer tragen die Moral des Evangeliums recht schön und reizend vor, aber die Glaubensgeheimnisse, die wahre Herzensänderung, mit einem Worte, die neue Geburt bleibt zurück, man sagt viel nicht davon, gerade als wenn wir Menschen Kräfte genug an uns selber hätten, diese höchst reine und die Wurzel der Eigenheit antastende Gebote zu halten; da doch gewiß viel vorhergehen muß, ehe wir dazu geschickt werden können. Erkenntniß unserer natürlichen Ohnmacht, Glaube, Liebe und Gnade sind alle Dinge, die uns zur Haltung der Gebote Christi erst geschickt machen müssen. Die Apostel und Christus selber hatten eine weit andere Methode, als diese ist. Da hieß es: Verändert eure Herzen — Und dann glaubet an das Evangelium. Die Moral Christi tadelt kein Freigeist, und mit ihrem Vortrag wird kein einziger Zweifler bekehrt; wird aber der Weg zur Herzensänderung angedrungen, so kann der Mensch auch glauben, daß das Königreich des Himmels unter den Christen, und sonst nirgend, könne gefunden werden; überdem ist das schönste systematische Lehrgebäude, da es, wie gesagt, nur auf Beweisen der höchsten Wahrscheinlichkeit beruht, zu unserm Zweck ganz unbrauchbar.

Es gibt noch eine Art sogenannter Religionsverbesserer; diese untersuchen noch einmal von neuem die alten Mannscripte, Versionen und Lectionen der biblischen Schriften. Hiergegen habe ich nichts einzuwenden. Allein, welche ist die Absicht? — Man hat die Ursache dabei: Ob man keine Gelegenheit finden könne, so ein Mittelding zwischen dem Deismus und dem Christenthum zu erfinden. Da ist man also weder kalt noch warm; da kommt in der Bibel der hoch- und wohlweisen Vernunft vieles natürlich vor; die Wunderwerke sind zum Theil orientalische Redeart, zum Theil Allegorie, andere Dinge sind Metapher, orientalischer Schwulst, man setzt die Vernunft zur Richterin der Offenbarung, und bedenkt nicht, daß wenn die Vernunft die Offenbarung beurtheilen soll, es eben so viel sey, als: Wir haben keine Offenbarung. Alles Obige nun abgezogen, wird Christus ein großer Mann, der allegorisch der Sohn Gottes heißt, u. s. w. Auf diese Art entstehet der Socinianonaturalismus, ein viel schlimmeres Ungeheuer, als die Freigeisterei selber. Das ist der rechte falsche Prophet, der die Sprache des Thiers redet!!!

Die Ueberzeugung von der Wahrheit der uralten und wahren christlichen Religion ist ganz unmöglich, ehe und bevor ein Mensch von seiner eigenen grundlosen Verdorbenheit gewiß überzeugt ist.

Die Zweifler haben verschiedene Einwürfe gegen die Religion zu machen; sie sind scheinbar und fähig, einen nicht scharf denkenden Geist zu berücken; folglich gehören sie mit zu den Quellen des Unglaubens. Der erste ist: Wenn die Vernunft nicht die Führerin der menschlichen Handlungen seyn soll, so sind wir Menschen nicht besser, wie die Thiere. Dieser Einwurf ist oben zum Theil schon widerlegt worden. Ich füge nur noch hinzu: wie sehr wäre es zu wünschen, daß ihr einmal vorerst den Leitungen der Vernunft Raum gäbet, so würde sich hernach das andere wohl finden. Die Vernunft lehrt den Menschen schon, daß er die Naturgesetze vollkommen zu halten schuldig sey, wie unten wird erwiesen werden. Thut dann das, so werdet ihr leben! — Allein die Sinnlichkeit, die verdorbene Lüste sind euer Leitstern. Vertheidiget auch diese, wann ihr könnt.

Ferner wirft man uns vor: Wenn die christliche Religion der einzige Weg ist, zur wahren Bestimmung und Vollkommenheit zu gelangen, so hat Gott schlecht für das menschliche Geschlecht gesorgt, denn der mehreste Theil der Menschen weiß noch nichts davon. Wer ist aber daran schuld, daß dieser kleine Theil Sauerteig nicht den ganzen Teig durchsäuert hat? Gott gab ihn in die Welt, soll er ihn den Menschen aufdringen, denen Menschen, denen er Urtheil und Unterscheidungskraft genug gegeben hat, eine Sache zu beurtheilen? Weiter unten wird dieser Theil der Theodicee noch ins helleste Licht gesetzt werden. Und überdem: Menschen, die von Christo niemalen etwas gehört und gesehen haben, können noch eine etwaige Entschuldigung aufweisen. Wie wollen aber diejenigen bestehen, denen seine vortreffliche Lehre, sein nachahmungswürdiges Leben und mehrere eclatante Beweisgründe von einer Wahrheit bekannt sind, sie aber dennoch verwerfen?

Man fragt ferner: Die christliche Religion beruhe auf Enthusiasmus und gewissen Empfindungen; man sey ja nicht gewiß, daß es richtig zugehe. Das ganze Lehrgebäude gründe sich auf Wunderwerke und Thatsachen, von deren Wahrheit man keine hinlängliche Gewißheit habe. Ich antworte nichts mehr, als: Folgt meinem in diesem Buche vorgeschlagenen Rath und dann zweifelt, wenn ihr noch zweifeln könnt, ihr werdet euch nicht genug verwundern können, daß ihr so dumm gewesen, von vieler Gefahr des Enthusiasmus zu reden.

Noch ein wichtiger Vorwurf ist übrig, den uns die Freigeister machen. Sie sagen nämlich: Wenn eure Religion so gut wäre, als ihr vorgebt, so müßten auch die Christen durchgehends bessere Menschen seyn, als sie wirklich sind. — Dieses ist freilich nicht genug zu beweinen! Möchten die Christen nur wahre Christen seyn, so würden wir über Religionszweifel wenig zu klagen haben. Aber daran ist wohl die Religion nicht Schuld. Alle diejenigen, die sich Christen nennen, aber in der That keine sind, sind blos natürliche, sinnliche Menschen; wir müssen nur wahre Anhänger Christi vor uns nehmen, die von Vorurtheilen und Aberglauben frei, blos allein ihrem Erlöser in Lehr und Leben nachfolgen; diese muß man untersuchen und dann wird man sehen, wie so große Gewalt und Kraft die Religion auf die Menschenverbesserung habe, wenn man nur folgen und ihr gehorchen will. Bloß allein die Sinnlichkeit ist, wie immer, Schuld, daß alle Anstalten Gottes zu unserer Besserung so wenig fruchten können.

Doch mein Vorsatz war, nicht durch Vernunftbeweise die Freigeister zu überzeugen; das ist oft genug vergebens versucht worden; es ist mir nur darum zu thun, die vornehmsten Quellen des Unglaubens angegeben zu haben. Dieselben zu kennen, ist doch zur Vorbereitung der Kur nicht undienlich. Denn zu wissen, durch welchen Weg man in ein Labyrinth gekommen, ist nöthig, um wieder herauszukommen.

Ich gehe also nun zum Werk selbsten über, welches ich in drei Abschnitten abzuhandeln Willens bin. Nämlich:

1) Die Vorbereitung zur Kur.
2) Gründliche Kur des Religionszweifels.
3) Wirkungen der Glaubenskur.

Vorbereitung.

Nosce te ipsum.

Erster Abschnitt.

Die gewöhnlichen Triebfedern der menschlichen Handlungen sind die sinnlichen Reize und die daraus entstehende Leidenschaften. Ein jeder folgt von Jugend auf dem, was ihm Vergnügen macht, sucht alle Mittel hervor, sich dieselben zu verschaffen, und wo seine Eigenliebe in Bewegung gesetzt wird oder jene Reize den höchsten Grad erreichen, da entstehen Leidenschaften, die mit unwiderstehlicher Gewalt unsere Handlungen bestimmen. Fast alle übrige Ursachen unsers Thuns und Lassens sind uns lästig, wir suchen sie zu vermeiden, wo wir nur können. Nun ist die Frage: Ob ein Mensch, der aus diesen Quellen seine Handlungen bestimmt oder bestimmen läßt, dem Endzweck Gottes bei seiner Schöpfung, dem Ziel seines Daseyns und seiner vollen Bestimmung entspreche? — Die Freigeister sagen mehrentheils ja, wenigstens sie bezeugen es mit ihrem Betragen und Lebenswandel. Die Christen aber sagen nein. An der Untersuchung dieser Frage ist unendlich viel gelegen; wir wollen die Sachen berichtigen.

Ich will einmal gewisse Grundsätze vortragen; ein jeder prüfe sie aufs Genaueste, ob sie wahr seyen oder nicht.

„Die Glückseligkeit des menschlichen Geschlechts würde ungleich größer seyn, wenn alle Menschen dasjenige vollkommen besäßen, was zu ihrer Lebensnothdurft und nothwendigen Ergötzungen gehört. Da nun ein jeder Mensch schuldig ist, alles, was er kann, zur allgemeinen Glückseligkeit beizutragen; so ist er auch schuldig, dasjenige, was er an Lebensnothdurft und nothwendigen Ergötzlichkeiten übrig hat, dem Dürftigen mitzutheilen.“ Dieser Satz hat hier und da seine Einschränkungen, je nachdem die wahren Bedürfnisse groß oder klein sind; allein nach dem Gesetz der Natur ist er völlig richtig und darf nicht geändert werden. Nun laßt uns dagegen die Stimme der Sinnlichkeit hören; diese hat so viel Bedürfnisse und Gewohnheiten, daß ihr selten dasjenige zulangt, was ihr Beruf und Vorsehung verschaffen; sie sucht so viele Güter zusammen zu sparen, um ihre Reize zu befriedigen, daß andere arm darüber werden, und wenn auch niemand arm darüber würde, was ich ohne Noth zusammenhäufe, wird dem Dürftigen entzogen. Folglich ist in diesem Fall schon die Sinnlichkeit der Liebe des Nächsten, mithin der größten Pflicht des Menschen entgegen. Ferner:

„Ich bin schuldig, meinen Leib so zu nähren und zu pflegen, daß die vollkommenste Gesundheit erhalten werde. Daher: mein Essen und Trinken muß mäßig, nahrhaft, einfach und den Regeln der Gesundheit gemäß zugerichtet und genossen werden.“ Die Sinnlichkeit hingegen wählet vielerlei Speisen und Getränke um des Geschmacks willen und um die sinnlichen Lüste zu vergnügen; sie wühlet unter allen Arten von Geschöpfen, sucht die niedlichsten hervor und wendet alle Kunst an, um den Geschmack nur zu befriedigen. Könnten nicht mit den Unkosten, die mancher Wollüstling auf eine Mahlzeit verschwendet, zwanzig hungernde arme Familien gesättigt werden? — Folglich ist hier wiederum die Sinnlichkeit ein Feind der menschlichen Glückseligkeit und also der Bestimmung des Menschen ganz zuwider.

„Meine Kleidung muß so beschaffen seyn, daß sie den Leib ordentlich erwärme und bedecke. Ihre Gestalt aber muß dadurch bestimmt werden, daß sie niemand Gelegenheit, entweder zum Spott oder zum Aergerniß gebe.“ Hingegen die Sinnlichkeit fordert viele Kleider von allerhand Gattung; Gold, Silber und Seide muß nicht geschont werden. Unterdessen gehen Tausende unserer Nebenmenschen, leiden Mangel in leinenen Kitteln und zerlumpten Kleidern, weinen über uns, wenn sie unsern Staat sehen und verklagen uns bei dem Belohner des Guten und Vergelter des Bösen. — Es ist also sonnenklar, daß auch in diesem Fall die Sinnlichkeit dem Endzweck unsers Daseyns gerade entgegen sey.

„Die Menschen sind schuldig, ihr Geschlecht fortzupflanzen. Beiderlei Geschlechter müssen sich also nicht ehlich beiwohnen, wo dieser Endzweck nicht beäuget wird oder sonsten die menschliche Schwachheit eine Ausnahme macht; wo aber beiderseits Eltern ausser Stand sind, gesammter Hand ihre Leibesfrucht zu versorgen, als im unehelichen Stande, wo noch sogar andere unglückliche Schicksale damit verbunden sind, da ist diese Beiwohnung ganz und gar nicht zuläßig; geschweige daß diese Art der Unmäßigkeit dem Leibe und der Gesundheit höchst schädlich ist." Hier aber ist die Sinnlichkeit besonders heutiges Tages ganz unbändig. Alle Reize werden, wo man nur Gelegenheit dazu finden kann, befriedigt. Auch selbst der feinste Platonismus erfüllt das Herz mit Empfindungen, die es an seiner Verbesserung, an seiner Aehnlichkeit, Liebe und Vereininigung mit Gott hindern. Es ist hier der Ort nicht, ich würde es sonsten beweisen können. Es bedarf keines Beweises, daß hier auch die Sinnlichkeit der Menschenverbesserung sehr im Wege stehe.

„Es ist meiner Bestimmung sehr zuwider, wenn ich hoch von mir halte; ich bin keiner Verbesserung fähig, weilen ich glaube, gut zu seyn. Der Stolz befördert auch des Nebenmenschen Glückseligkeit nicht, denn er wünscht mehr zu seyn, als derselbige. Ich muß mich daher vor den Geringsten halten, um meinen Nächsten nicht zu ärgern; ich muß ihn höher stellen, als mich, um seine Liebe zu erhalten und Frieden auszubreiten. Ich muß keine Ehrenstelle suchen oder annehmen, so lange noch andere Menschen sind, die geschickter sind, als ich. Ich muß nicht zornig, nicht rachsüchtig, nicht neidisch, sondern sanftmüthig und demüthig seyn, friedfertig und menschenliebend."

Die Sinnlichkeit aber sucht sich immer groß zu machen, hoch über andere erhoben zu seyn; andere Menschen müssen sich vor ihr demüthigen, und wer ihr im Wege steht, der empfindet ihren Neid, Zorn, Rache und Feindschaft; sie sucht die höchsten Ehrenstellen, man sey so ungeschickt dazu, als man wolle. Wer sieht auch hier nicht, daß die Sinnlichkeit dem Gesetz der Natur widerspreche? Ja, wer sieht denn nun überhaupt nicht, daß eben diese menschliche Verdorbenheit der Menschenverbesserung gerade im Wege stehe! — Und dieses ist es, was ich beweisen wollte.

Ich könnte noch ungemein viele Naturgesetze aufbringen, wenn ich eine Sittenlehre vorzutragen Willens wäre. Allein obige sind zu meinem Zweck hinlänglich, sie sind die vornehmsten.

„Nun fordere ich alle Religionszweifler feierlich auf — Kommt her und leset dieses. Ich beschwöre euch! aber geht aufrichtig zu Werke; gestehet die Wahrheit, sobald ihr sie erkennet. Und wenn ihr erkennet, daß ich recht habe, so seyd ihr verbunden, meinem Rathe zu folgen; folgt ihr aber nicht, so werdet ihr keine Entschuldigung am Tage des Gerichts haben; selbst euer eigen Herz wird euch verdammen; euer Gewissen wird euch sagen: Es ist die Wahrheit, allein wir wollen eben nicht folgen!!!"

Wenn alle Menschen obige Grundgesetze der Natur vollkommen mit allen Gesetzen, die noch daraus hergeleitet und damit verbunden werden können, gehalten hätten, und beständig fort darnach lebten, würde da nicht das menschliche Geschlecht die höchste Stufe der Glückseligkeit in diesem Leben noch erreicht haben? Menschen! die ihr Vernunft habt und die Bedürfnisse der Menschen kennt, sagt euer Herz und Verstand nicht völlig ja dazu? — Wenn ein Mensch soviel besäße, als der andere, würden nicht alle ihre reichliche Nothdurft haben? Wenn jeder sorgte, seinen Leib zu nähren und nur nach Nothdurft zu pflegen, würden wir nicht durchgehends gesund seyn? und so ferner.

Es ist also unläugbar, daß ein jeder Mensch verbunden sey, das Naturgesetz zu halten und daß es die Bestimmung und wahre Menschenverbesserung unumgänglich erfordere, alle Kräfte anzuspannen, um die vollkommene Gottähnlichkeit zu erlangen, welches auf keine Weise anders geschehen kann, als durch eine vollkommene Haltung des ganzen Naturgesetzes.

Alle nun, die mir dieses zugeben, haben die erste Eigenschaft, die ich zur Vorbereitung erfordere. Mit diesen will ich nun weiter gehen. Ihr werdet mir einwenden: Freilich wäre es gut, es wäre recht, wenn wir nur Kräfte hätten, das Gesetz zu halten; aber in unsern Umständen sind wir unvermögend dazu. Auf diesen Einwurf muß ich umständlich antworten:

Untersucht einmal, ob alle Naturgesetze ausser den Schranken der menschlichen Natur seyen, ob sie eine innere Unmöglichkeit in sich schließen, um gehalten werden zu können, so werdet ihr alsofort finden, daß es wohl möglich sey, alles, was ich habe, den Armen zu geben, mäßig und keusch zu leben, meinem Nächsten den Vorzug vor mir zu geben, u. s. w. Untersucht ferner, was es denn doch sey, daß uns ihre Haltung, ohngeachtet der gewissen Erkenntniß, daß sie unumgänglich nöthig sey, so schwer und fast unmöglich mache, so werdet ihr finden, daß es die Sinnlichkeit sey. Die Sinnlichkeit ist aber nichts anders, als die tief eingewurzelte Gewohnheit, von Jugend auf die sinnlichen Begierden zu vergnügen. Da aber nun die Naturgesetze in sich selbsten möglich zu halten sind, da sie unsere Vernunft für höchst nützlich erkennt, da sie mit einem Wort innerhalb den Schranken der menschlichen Natur sind, da nur tief eingewurzelte Gewohnheiten, die sinnlichen Begierden zu sättigen, Schuld daran sind, daß wir das Gesetz nicht halten können, so laßt uns nun Gott die Ehre geben und unser Herz fragen: Wer ist Schuld an der Nichthaltung des Gesetzes oder an der Unvollkommenheit der Menschen? gewiß nicht seine Eingeschränktheit, gewiß nicht sein Schöpfer, sondern blos allein der Mensch. Wir selbsten, die wir eine gesunde Vernunft haben, sollten uns selber und unsere Kinder so regieren, daß die Sinnen niemals mehr, als die Nothdurft bekämen. Allein schon der erste Mensch muß die Naturgesetze übertreten und der Sinnlichkeit die Herrschaft über die Vernunft abgetreten haben, die alleräilteste Geschichte der Menschheit lehret es schon. Daher ist die Sinnlichkeit so tief in das Fleisch und Blut des Menschen und seine Seelenkräfte verwebet, daß sie wie eine Erbkrankheit von Kind zu Kindeskind fortgepflanzt und angeerbt wird.

Alle diejenigen nun, die dieses eingestehen, wie alle Menschen, die die Wahrheit lieben, nothwendig thun müssen, sind nun entweder schuldig, die große Anstalten Gottes zum Besten des menschlichen Geschlechts, vermöge welcher er nach seiner unendlichen Liebe und Weisheit ein göttliches herrliches Mittel gefunden und in die Welt unter die Menschen hingestellt hat, wodurch das allerreinste und lauterste Naturgesetz den Menschen bekannt gemacht, zugleich aber auch Mittel an die Hand gegeben werden, wie er zu Kräften gelangen und wie dasjenige, was er verschuldet, an die Gerechtigkeit Gottes vergütet werden könne, anzuerkennen; die Anstalten mit beiden Händen zu ergreifen: Oder sie sind schuldig und verpflichtet, das Naturgesetz von Jugend auf bis in den Tod vollkommen zu halten. Denn da wir einmal ausgemacht haben, daß Gott an unserer Verdorbenheit ganz unschuldig, wir Menschen aber ganz allein schuld daran sind, durch diese Verdorbenheit aber der gütige, die Glückseligkeit des menschlichen Geschlechts und die göttliche Ehre befördernde große Endzweck Gottes, bei der Schöpfung ganz und gar vereitelt wird; so ist es höchst billig, wenn Gott die strengste Beobachtung seiner Gebote von den Menschen fordert und sie mit der erschrecklichsten Strafe belegt, wenn sie dieselben nicht halten, besonders, da er noch Mittel an die Hand gibt, wie man sie leicht halten und seiner Gerechtigkeit Genüge thun könne. Folglich ist es ganz himmelfest und ausgemacht, daß ein Mensch ausser Christo das Naturgesetz vollkommen halten müsse und daß diese Haltung von denen nach der allergrößten Strenge beobachtet werden müsse, die das von Gott vorgeschlagene Mittel die Erlösung durch Christum bezweifeln und verwerfen. „Merket euch dieses, Zweifler und Freigeister und alle andere Namchristen, die an keine Verbesserung denken wollen! Gebt euch deswegen wacker an die Arbeit und seht, wie weit ihr kommt, ein jeder aber sey seiner Meynung gewiß.“ Ich wenigstens will mich zu dem halten, der das Gesetz für mich erfüllt hat, wo ich es nicht erfüllt habe oder halten kann. Von ihm will ich mir Kräfte erbitten, wo sie mir mangeln, und täglich dadurch suchen, heiliger, meinem Erlöser ähnlicher zu werden. Dadurch lebe ich im Frieden und genieße eine Gemüthsruhe, die alle widrige Schicksale versüßt, mich schreckt dann auch der Tod nicht sehr, er macht mich der Reichsherrlichkeit dessen theilhaftig, der für mich starb, und noch am Kreuze Liebe an seinen ärgsten Feinden ausübte.

Bedenkt doch einmal, ihr Religionszweifler, euren Zustand! Untersucht euch doch, ob er euch befriedige, ob ihr nichts mehr wünschet, als was ihr wirklich an Leibes- und Seelengütern besitzet! — Denkt doch der Sache einmal nach! Habt ihr nicht noch Verlangen nach diesem und jenem? Fragt euch selber: ob ihr, wenn ihr dieses alles erlangt habt, was ihr wünschet, euer Haupt ruhig niederlegen und sterben könnet? Eure ganze Seele wird sich empören und Nein dazu sagen; es wird ihr ein trauriger Gedanke seyn und jeder Gegenstand wird euch zurufen: In dem Grabe, da du hinfährst, ist weder Kunst noch Weisheit! Ein solcher Mensch wird die ganze Natur anblicken, wie ein sterbender Bräutigam seine Braut. O! (wird seine Seele seufzen) o, möcht ich doch ewig hier leben, um deiner zu genießen! Diese traurige Gedanken müssen bei einem jeden sinnlichen Religionszweifler unter den Umständen aufsteigen. Aber nun, meine Freunde! wie, wenn die Seele fortdauert! — Nach dem Tode fortdauert! — Die Erwartung eines ungewissen fürchterlichen Kannseyns ist wohl ein betrübter Zustand vor einen Menschen, der keinen Augenblick vor dem Tode sicher ist! —

Dieses Nachdenken fordere ich mit Recht, als das zweite Stück der Vorbereitung; es ist fähig, einem Menschen die Sache wichtig zu machen, der einmal überzeugt ist, daß er das ganze Naturgesetz zu halten schuldig sey, und wenn ers nicht gethan habe, nach diesem Leben die strengste Ahndung des gerechten Gottes zu befürchten habe.

Bei allen diesen überführenden Beweisen, daß es unumgänglich nöthig sey, das Naturgesetz zu halten; daß der Mensch blos allein schuld daran sey, wenns nicht geschieht und daß Gott das höchste Recht habe, den Menschen nach seinem Tod aufs strengste dafür zu bestrafen, üben zwar Viele dieses Nachdenken über ihren eigenen Zustand aus, ihr eigenes Gewissen macht zuweilen Vorstellungen dawider; allein die Sinnlichkeit hat zu sehr das Uebergewicht, diese Vorstellungen werden gleichsam durch eine sinnliche Berauschung umnebelt, daß sie niemals recht lebhaft und also wirksam werden können. Die Vernunft nimmt eine wahrscheinliche Ausflucht, sie beredet sich: Ja, ich weiß, daß mein Leben ein Ziel hat, daß ich davon muß; ich weiß, ich muß über kurz oder lang die schöne Natur verlassen. Es ist nun einmal das Schicksal des Menschen so, aber Gott ist die Liebe, wenn wir nach unserm Tode noch fortdauern sollen, so wird er uns nicht darum strafen, daß wir unsern anerschaffenen Trieben nachgefolgt haben. Anerschaffene Triebe sinds gewiß nicht, angewöhnte, von Eltern und Voreltern angeerbte sinnliche Gewohnheiten sind es, und die sind strafbar.

So schläfert sich der arme Mensch wieder ein, seine Verbesserung bleibt zurück und er häuft sich immerfort den Zorn Gottes auf den Tag des Zorns und der Offenbarung der gerechten Gerichte Gottes. Höret folgende Geschichte! —

Ein mächtiger König hatte eine sehr schöne, aber unbewohnte Insel. Um dieselbe urbar zu machen und Nutzen daraus zu ziehen, sandte er viele Colonien hin. Diese Leute fanden alles in den besten Umständen, sie durften nur säen und erndten, so fanden sie ihre Nothdurft überflüssig. Der König verlangte auch nichts mehr als dieses von ihnen, und forderte nun eine jährliche kleine Angabe zum Zeuge des Gehorsams. Was geschah? diese Colonisten wurden in ihrem Ueberfluß übermüthig, sie bedienten sich zu ihrer Nahrung nur einer gewissen Baumfrucht, die reichlich im Lande von selbsten wuchs. Die Tradition sagt, es sey eine Art von Kokosnüssen gewesen, sie machten sich Kleider, Essen und Trinken von diesen Kokosbäumen und versäumten darüber, das Land zu bauen. Der König sah, daß seine Absicht, das Land anbauen zu lassen und durchgehends urbar zu machen, mißlingen wollte. Ob er nun wohl große Ursache gehabt hätte, die Colonisten aufs härteste abzustrafen und aus dem Lande zu jagen, so ließ er doch Gnade für Recht ergehen, schickte einen Abgesandten hin, mit der Vollmacht, Männer, Weiber und Kinder in königliche Leibeigenschaft zu nehmen. Und da das Land ganz verwildert und so zu sagen, zu einem wilden Walde voller Kokosbäumen, Eichen, Buchen, Dornen, Disteln und Gebüschen geworden war, so hatte der Gesandte den Auftrag an die beste Colonie: daß es der König einstweilen erlauben wollte, die Kokosfrucht zu bauen und den Einwohnern dieselbe zur Nahrung zuzulassen; indessen aber sollte ein jeder jährlich eine gewisse Anzahl Holz und Waaren von Holz verfertigen und in das königliche Magazin liefern, und damit dieses nach aller Strenge befolgt werden möchte, so verfaßte der königliche Gesandte ein schriftliches Gesetz, worinnen alle Regeln enthalten waren, wornach sich die nunmehro leibeigen gewordene Colonie zu richten hätte, es wurden auch Zuchtmeister verordnet, die auf die Gesetze und deren Beobachtung die Aufsicht haben und die Uebertreter bestrafen sollten. Diese neue Einrichtung wurde in einer Pflanzstadt der Insel ins Werk gerichtet. Der König urtheilte: wenn die übrigen Einwohner des Landes diese höchst billige Einrichtung zu ihrem eigenen Besten sehen würden, so würden sie sich vor und nach alle eben demselben Gesetz unterwerfen, denn er war nicht Willens, sie mit Gewalt zu zwingen, sondern sie ihrem eigenen Gutdünken zu überlassen, um sie hernach bei allgemeiner Untersuchung nach der Gerechtigkeit behandeln zu können, damit nicht Gutgesinnte und Uebelgesinnte einerlei Schicksale unterworfen seyn möchten. Der Abgesandte hinterließ ihnen das Gesetz und gab ihnen das schriftliche Versprechen, diese Verfügung sey nur auf eine gewisse Zeitlang getroffen worden, hernach aber werde ihnen der König einen noch viel vortrefflichern Gesandten schicken, als er sey. Dieser würde ihnen wieder zur ersten Glückseligkeit verhelfen, ja derselbe würde sie noch viel glücklicher machen, als sie jemals gewesen seyen und als sie nur hoffen konnten. Darauf reiste der Gesandte wieder zurück zum König.

Diese leibeigene königliche Colonie nun lebte nach ihren neuen Gesetzen eine Zeitlang unter ihren Zuchtmeistern fort; allein die andern Ortschaften kehrten sich nicht an diese Einrichtung, sie fielen vor und nach vom König ab, machten sich selber kleine Fürsten, denen sie gehorchten, und so verwilderte die ganze Insel endlich dergestalt, daß sie voller wilden Thiere wurde, so daß endlich die Menschen ihres Lebens nicht mehr sicher waren, und da sie in so viele kleine Staaten vertheilt war, so lagen sich die Einwohner immer in den Haaren, so daß eitel Mord, Raub und Blutvergießen auf derselben herrschte. Die Menschen selbsten wurden ganz wild, roh und unbändig. Die königliche Colonie blieb wohl am längsten in Ordnung, allein die Zuchtmeister thaten nach ihrem Eigennutz so viel ab und zu am Gesetz, als es ihnen gut däuchte, daher wurden die königlichen Einkünfte vor und nach immer kleiner, und endlich wurde das königliche Magazin anstatt nützlicher Waaren mit Kokosnußschalen, Dornbüschen, Reisern, Blumen und dergleichen nichtsgültigen Dingen angefüllt, und die Colonisten selber blieben nicht viel gesitteter und dem König getreuer, als auch die übrigen Insulaner.

Bei diesen Umständen schickte der König endlich seinen eigenen Prinzen nach der Insel ab, um alles in die mögliche Ordnung zu bringen.

Dieser vortreffliche und weise Fürst entschloß sich zu dieser Reise. Er überlegte bei sich selber, wie er es am nützlichsten anfinge, damit nur diejenigen Einwohner der Insel, die es verdienten, glücklich, die aber an dem Verderben Schuld hätten, gestraft werden könnten. Deswegen dachte er: wenn er sich in seinem wahren Charakter als königlicher Prinz zeigen würde, so würde ihm zwar alles zufallen, allein davon hätten die Einwohner kein Verdienst, es würde sich auf die Weise nicht äussern, wer gut gesinnt und wer übel gesinnt wäre; es würde also ungerecht seyn, die schnöde Versäumung der königlichen ersten Hauptabsichten gar nicht zu ahnden, es würde auch wiederum unbarmherzig seyn, so viele Menschen, unter welchen noch sehr viele brauchbare seyen, mit einmal zu verderben und die Insel wüste zu machen.

Er entschloß sich deswegen höchst weislich: Er wolle ganz insgeheim nach der Insel reisen und sich in landesüblicher Kleidung zeigen, den Einwohnern alsdann eine bequeme Methode vorschlagen, wie das Land nach dem ersten Plan des Königs urbar gemacht und angebaut werden könnte. Diejenigen alsdann, die ihm folgen würden, seyen belohnungswürdig, die ihm aber nicht folgen würden, strafbar.

Um diese Zeit fing man auch schon auf der Insel an, den versprochenen großen Gesandten zu erwarten. Man machte deswegen auf der königlichen Colonie alle Anstalten, ihn würdig zu empfangen, man ließ den Pallast ausbessern, die Zimmer mit köstlichen Tapeten behängen, die Marställe für alle seine Rosse, Wagen und Reuter hübsch ausräumen und überhaupt alles auf seinen Empfang zurüsten. Man dachte anders nicht, als er würde kommen, ihnen die ganze Insel einräumen und sie alle mit einander zu großen Herren machen. So hatte man sich die Sache seit langer Zeit vorgestellt und unter einander weiß gemacht.

Unterdessen fand sich ein junger unbekannter Bauersmann auf der Colonie ein. Dieser Mensch ging täglich mit seiner Geräthschaft hinaus ins Feld und fing an, Gebüsche und alles auszurotten und auf den Platz kostbare Früchte zu säen und zu pflanzen. Das Ding ging ihm sehr gut von statten und man merkte gleich, daß er etwas besonders im Schild führen müßte. Er unterrichtete auch alle Menschen, wo er nur Gelegenheit dazu fand, wie sie das Land anbauen und dem Zweck des Königs gemäß urbar machen müßten; er nahm auch zu dem Ende Knechte an, die ihm theils helfen arbeiten, theils auch das Volk unterrichten mußten. Und da die wilden Thiere in diesem wüsten Lande sehr überhand genommen hatten, so gab er sich ganz ungewöhnlicher Weise ans Werk, um diese zu vertilgen. Er kämpfte auch mit den grimmigsten Löwen nicht lange, sondern es war nur ein Schlag, so lag eine solche

Wespe zu seinen Füßen todt ausgestreckt. Die Leute redeten allerlei wunderbare Dinge von diesem Menschen. Dann nennte er den König seinen Vater, dann ließ er sich so halb verlauten; er sey der versprochene große Gesandte, doch konnte niemand recht klug aus ihm werden. Das konnte aber ein jeder wohl sehen, daß sein Vorhaben dahin ging, die ganze Insel, besonders aber die königliche Colonie nach dem ersten königlichen Plan anzubauen und alle Einwohner dazu anzuhalten, um dadurch das Land sowohl dem König nutzbar, als auch diejenigen Einwohner, die ihm zu seiner Absicht würden behülflich seyn, vollkommen glückselig zu machen. Viele unter den Colonisten sahen dieses ein, sie fielen ihm zu, und denen entdeckte er sich insgeheim, daß er wirklich der königliche Prinz selber sey. Jedermann war indessen begierig zu sehen, was die Scene vor ein Ende nehmen würde. Die königlichen Zuchtmeister hörten indessen auch das Gemurmel von diesem seltsamen Manne, sie kamen, ihn zu beobachten, schüttelten aber die Köpfe und bedauerten die Einfalt des gemeinen Volks, welches sogar den versprochenen großen Gesandten aus diesem armen, schlechten Männchen machen wollte. Unterdessen sahen sie doch seine Kämpfe mit den wilden Thieren, worinnen er mehr, als fürstlichen Muth und Tapferkeit bezeigte. Sie sahen ferner, daß er und seine Anhänger gute Progressen im Anbau des Landes machten. Sie mußten gestehen, er sey ein sonderbarer Mann; allein, daß er doch sollte der königliche Gesandte seyn, das konnten sie unmöglich zugeben. Endlich fing er sogar an, die Zuchtmeister zu reformiren und ihnen ihre wahre Pflichten vorzuhalten. Allein diese Wahrheiten konnten sie gar nicht vertragen; sie machten sogar alle mögliche Anstalten, ihn bei der ersten Gelegenheit aus dem Land zu jagen. Der Prinz sah wohl ein, daß es endlich dazu kommen würde. Er berief daher alle seine Anhänger zusammen und trug ihnen auf, das angefangene Werk nach seinem Abschied treulich fortzusetzen und ihn von nun an für ihren König und Herrn anzunehmen. Der König, sein Vater, habe ihm die Oberherrschaft über dieses Land abgetreten; er werde bald nach seiner

Abreise Kriegsvölker schicken, die die ganze Colonie zerstören sollten. Er ermahnte sie, sie sollten auf der ganzen Insel die Leute unterrichten, wie das Land nach seiner Anweisung müsse kultivirt und verbessert werden. Er wolle ihnen ein Geheimniß entdecken, wie sie mit leichter Mühe alle Gebüsche und Gehölze ausrotten könnten. Damit aber solches denjenigen, die nicht Mühe und Fleiß anwenden wollen, nicht in die Hände gerathen möge, so wollte er es nur in seiner Residenz zubereiten lassen, es sey ein weißes Pulver, das man nur um die Wurzeln der Gewächse streuen müsse, so verdorrten von dem an diese unfruchtbare Bäume. Ein jeder, der gutes Willens wäre, brauchte nur an ihn zu schreiben, so solle ihm sofort, so viel er nöthig habe, zugesandt werden. Auf solche Weise sey er Willens, mit ihnen einen Briefwechsel zu unterhalten und sie immer für seine lieben Getreuen zu erkennen. Wann dann endlich einmal alle Mühe an den Einwohnern sey angewendet worden und seinen genommenen Maßregeln nach die Zeit der Gedult vollendet sey, so wolle er in königlicher Herrlichkeit wiederkommen und über alle und jede Einwohner des Landes Gericht halten. Diejenigen, welche alsdann seinem Rath und Befehl gefolgt hätten, wollte er mit sich in sein Reich nehmen und sie mit aller Glückseligkeit überhäufen; die ihm aber nicht folgen würden, die werde er nach so vieler verachteter Langmuth entsetzlich heimsuchen. Diese und dergleichen Anweisungen gab der Prinz den Seinigen insgeheim, um sie von seinem Plan, den er sich vorgenommen hatte, zu unterrichten.

Dieses war aber noch nicht alles, was dieser vortreffliche Prinz zum Besten der Insel vornahm; noch ein besonderer Umstand lag im Wege, der ihn hinderte, die Einwohner des Landes glücklich zu machen. Das vorige königliche Gesetz hielt ausdrücklich in sich, daß alle diejenigen, welche dem Plan des Königs, das Land anzubauen und fruchtbar zu machen, nicht nachleben würden, die sollten zu der Zeit, wann der König einmal über dieselben Gericht halten würde, ohne alle Gnade des Landes verwiesen und ins äußerste Elend verjagt werden. Daher contrahirte der Prinz mit seinem Vater, daß derselbe ihm das Land mit seinen Einwohnern eigenthümlich abtreten möchte, er wolle alsdann in eigener Person das Gesetz erfüllen und für die Einwohner haften. Dieses wurde bewilliget und dieser Vorsatz war eine Hauptursache mit, warum der Prinz so incognito sich im Lande aufhielt.

Der Haß der Zuchtmeister nahm indessen immer mehr und mehr zu, sie konnten die täglichen Vorwürfe, die ihnen dieser Bauer und zwar mit völligem Recht machte, nicht länger ertragen; sie ersahen endlich ihre Zeit und jagten ihn durch ihre Scharfrichter auf eine höchst schändliche Weise mit Hunden aus der Insel weg. Nun war zwar dem königlichen Gesetz ein Genüge geschehen, allein der König nahm doch diese Mißhandlung sehr ungnädig auf. Er schickte Soldaten hin und ließ die ganze Colonie mit Feuer verbrennen, die Rädelsführer schmälig hinrichten und die Einwohner derselben all des Ihrigen berauben; sie wurden zum Bettelstand auf eine lange Zeit verdammt und durch die ganze Insel zerstreut.

Nun fingen die Anhänger des Prinzen an, sich auszubreiten; sie verschrieben weißes Pulver genug, unterhielten Correspondenz mit dem Prinzen, und es schien im Anfang, als wenn die Insel in kurzer Zeit zu ihrem völligen Flor kommen würde.

Allein die verzweifelten Kokosbäume huben wieder an, gepflanzt zu werden, die Leute befanden sich wohl dabei, denn auf diese Weise konnten sie ihr faules Leben fortsetzen und brauchten sich nicht zu plagen; daher fing auch die vortreffliche Anstalt des Prinzen an, ins Stocken zu gerathen. Es wurde wenig weißes Pulver mehr verschrieben und die Verwilderung nahm wieder so sehr die Oberhand, als jemals. Doch waren noch viele Leute, die treulich fortfuhren, rund um ihre Wohnung herum so viel anzubauen, als sie konnten und sich zu der Parthie des Prinzen zu bekennen.

Nach langer Zeit thaten sich unter den Anhängern des Prinzen Leute hervor, die öffentlich ausstreuten, der König habe keinen Prinzen, derjenige Mensch, der sich ehemals dafür ausgegeben, sey kein königlicher Prinz, sondern ein anderer ehrlilicher Einwohner der Insel gewesen, man habe nicht nöthig, seinen Anweisungen zu folgen. — Die Getreuen des Prinzen hielten ihnen ihre Dokumente vor; allein sie lachten darüber und sagten: ob man sie so einfältig hielte, zu glauben, dergleichen Zeugnisse seyen richtig. Diese Leute behaupteten öffentlich, das ganze Land sey so nach des Königs Willen eingerichtet, er wolle es so verwildert mit allen den reißenden Thieren haben, wie es da sey; wenn ers anders haben wollte, so wäre er mächtig genug, die Cultur und den Bau desselben ins Werk zu setzen. Man stellte ihnen ferner vor und fragte sie, wofür sie denn da seyen? Ei! antworteten sie, wir sind des Königs Unterthanen, er ist ein gnädiger Herr, er wird uns nicht strafen, daß wir etwas unterlassen haben, wozu wir zu schwach waren. Ihr müßt aber doch gestehen (versetzte einer aus den Anhängern des Prinzen), daß das Land unendlich besser, fruchtbarer, volkreicher, angenehmer und für unsere eigene Bedürfnisse ganz unvergleichlich bequemer seyn würde, wenn es von seiner Verwilderung befreit und durchgehends zum Feld- und Gartenbau angebaut würde. Wem liegt nun die Verbesserung ob? gewißlich denen es vom König anvertraut ist! — Wollt ihr nun das Mittel nicht brauchen, das uns der Prinz hinterlassen hat, wollt ihr keinen Theil an ihm haben, da er der souveraine Herr der Insel ist, so seyd ihr doch schuldig, den Theil, der euch davon anvertraut ist, rein zu halten und ihn nach dem natürlichen, vernünftigen Recht anzubauen; und wo ihr das nicht zu Stande bringen könnt, so seyd ihr wiederum schuldig, das euch so verhaßte Mittel ordentlich zu brauchen, und wo ihrs alsdann falsch findet, so sollt ihr Recht haben.

Nun frage ich euch, Religionszweifler, aufrichtig! antwortet mir eures Herzens Gedanken: Haben die Rebellen gegen den Prinzen Recht oder Unrecht? Hat der König nicht Recht, von ihnen zu fordern, daß sie den Theil des Landes, das sie bewohnen, so fruchtbar machen, als möglich ist, besonders, da er es ihnen deswegen übertragen hat, und wenn es die höchste Wahrscheinlichkeit vor sich hat, daß ein königlicher Prinz

Herr des Landes sey, daß er kommen wird, Rechenschaft von euch zu fordern. Was werdet ihr ihm antworten? — Wenn er Euch zum Exempel fragen würde:

Warum liegt das Land so wüste?

„Herr wir haben es nicht gebaut!"

Warum habt ihr es denn nicht gethan?

„Wir glaubten nicht, daß es nöthig wäre."

Ihr wißt aber doch, daß es unendlich besser wäre, wenns geschehen wäre, warum habt ihrs unterlassen?

„Herr sey gnädig! Wir hatten keine Kräfte dazu."

Meine Diener hatten aber ein Mittel, welches ich ihnen hinterlassen, durch dessen Gebrauch ihr leicht hättet zum Zweck kommen können. Habt ihr es versucht und falsch befunden?

„Wir habens nicht versucht?"

Warum nicht?

„Weil wir nicht glaubten, daß es dich zum Urheber habe."

Wenn aber viele Zeugen behaupteten, es sey vollkommen gut und zum Endzweck geschickt, wäret ihr nicht schuldig gewesen, die Probe zu machen? — Ihr verstummt! — Nun untersucht die Sache selber, ihr widerspenstigen Faullenzer! Ich hatte bei meinem Vater alle eure schwere Beschuldigungen und Uebertretungen ausgetilgt. Ich hatte euch ein Mittel angewiesen, wie ihr den Plan meines Vaters zu eurem eigenen höchsten Besten leicht ins Werk hättet richten können, und ihr habt es verworfen.

Das erschreckliche Urtheil.

Geht zurück, ihr Vermaledeiten! ins ewige Feuer, das dem Teufel und seinen Engeln von jeher bereitet ist.

Ich bitte einen jeden, der diese meine vorgeschriebene Vorbereitung durchgelesen hat und besonders diejenigen, die es eigentlich angeht, doch alles wohl zu beherzigen und die Sache nicht so leicht überhin zu behandeln. Die Wahrheit von Christo ist wirklich der besten Untersuchung werth, es bleibt einmal dabei. Die Verbesserung des Menschen ist von solchem Gewicht, daß wir alles versuchen müssen, um dazu zu gelangen.

und da die christliche Religion den besten Anschein hat, dazu zu verhelfen, so ist es gewiß strafbar, wenn wir nicht alle Mittel anwenden und versuchen, die sie uns als die besten anpreist.

Doch zu der Kur, die ich hier zu beschreiben vor mir habe und die gewiß denjenigen von seinen Zweifeln heilet und zum wahren Christen macht, der ihr folgt, fordere ich jetzt weiter nichts, als:

Daß er erkenne, daß die Haltung des Naturgesetzes der einige Weg sey, sich selbsten und das menschliche Geschlecht glückselig zu machen.

Daß er also verpflichtet sey, dieses Naturgesetz vollkommen zu halten, weil Gott ein Recht hat, ihn nach diesem Leben zu strafen, wenn ers nicht vollkommen hält und dann auch, weil es das einzige Mittel ist, sich selbsten und seinen Nächsten glückselig zu machen.

Daß er ernstlich und reiflich diese seine Pflicht erwäge und dann einmal überlege, ob ihn sein jetziger Zustand nun beruhigen könne, da er keinen Augenblick vor dem Tode sicher ist und ob er solchergestalt wagen dürfe, so nackt und blos vor der vollkommnen Gottheit zu erscheinen? —

Daß er dem zufolge sich ernstlich entschließe, von nun an seine Pflichten zu erfüllen, die er nach dem Lichte der Vernunft dafür erkennt, sie mögen ihm so hart und so sauer ankommen, als sie wollen und daß er sich unverbrüchlich als vor Gott dazu verbinde, alle Wahrheiten, die ihm von nun an klar und deutlich werden möchten, unverzüglich dafür zu erkennen und ihren Forderungen nach allem Vermögen unpartheiisch zu folgen.

Alle nun, die so gesinnt sind, lade ich zur Kur ein, und verspreche ihnen, wenn sie mir folgen wollen, völlige Genesung. Ich will mich noch dazu anheischig machen, nichts von ihnen zu fordern, als was billig und gerecht ist.

Gründliche Kur des Religionszweifels.

— — Christus ipse colendi
Haud facilem esse viam voluit, primusque peracte
Cor coluit, magnis acuens et pectora curis.

Zweiter Abschnitt.

So zuverläßig diese Anweisung ist, um zu dem höchsten Ziel der Herzens- und Seelenverbesserung zu gelangen, deren der Mensch in diesem Leben fähig ist, so schwer ist auch dieselbe, besonders, wenn man bedenkt, wie weit das menschliche Geschlecht von der ersten rohen Natur ausgeartet und nach dem Verhältniß der Cultur feiner oder besser sinnlicher geworden ist. Wir haben oben schon bewiesen, daß die Sinnlichkeit der Vervollkommnung gerade zuwider ist. Es ist daher klar, daß je höher jene gestiegen ist, desto schwerer wird letztere. — Wir dürfen daher nur die Geschichte der Menschheit durchgehen, so werden wir finden, daß es die Weisheit Gottes so von jeher geordnet hat, daß sich die Sinnlichkeit endlich zu Schanden arbeiten und ein Staat, Volk oder menschliche Gesellschaft wieder in den ersten Naturstand zurücksinken muß, damit die Anstalten Gottes zur Verbesserung wieder neuen und bessern Eingang finden, möchten. Selbsten die gottesdienstliche Verfassungen auf der politischen Seite betrachtet, nehmen diese Wendung. Denn wer sieht nicht, daß auch die Sinnlichkeit sich nach und nach in die heiligsten Dinge einmischt, und weil dieses Uebel die gewöhnlichen Naturmenschen mehr reizt, als das Geistige und Wahre, so verwandelt sich die Religion vor und nach in bloße Ceremonien, und man weicht immer mehr und mehr von der Wahrheit und vom

Wege zur Vollkommenheit ab. Gott sieht endlich drein und sendet neue Lehrer der Menschen, die die Religion wiederum reinigen, und solchergestalt zum großen Endzweck bei der Schöpfung wiederum bequem machen.

Eben dieses, was den Absichten Gottes im Großen zuwider ist und die Besserung hindert, eben das stehet auch einem jeden einzelnen Menschen im Wege. Daher müssen diejenigen, welche reich, vornehm und sehr sinnlich sind, ungleich mehr Mühe anwenden, zur wahren Spur der Weisheit zurück zu kommen, als einfältige, schlechte und geringe Leute; und eben so diejenigen, die sich viele vernünftige Lehrgebäude nach ihren eigenen Grundsätzen aufgeführt haben, müssen vielmehr reformiren, einreißen und aufbauen, als diejenigen, welche keine Richtschnur ihres Glaubens und ihres Thuns und Lassens anders haben, als allgemeine.

Noch eins steht sonderlich heutiges Tages der wahren Herzensbesserung ungemein im Wege; es gibt nämlich Menschen, die zu dem Religionszweifel, wenn ich so reden mag, nicht Herz genug haben; sie sehen wohl, daß sie außer der Religion keine Ruhe haben werden, und eben darum thun sie gleichsam ein Auge zu, um sich nicht zu stören. Sie subtilisiren sich ein gewisses System ihres Glaubens, und dabei bleiben sie stehen. Sie schmieren sich ein Pflaster, decken damit das Geschwür zu. Allein ich muß das sagen, solche Menschen sind noch weniger der Besserung fähig, als die Freigeister. Denn diese, wenn sie redlich sind, zweifeln aus Wahrheitshunger; jene aber mögen nicht einmal zweifeln, sie sind zufrieden, wenn sie nur ihrem Gewissen das Maul stopfen können. Ein jeder merke sich diese felsenfeste Wahrheit.

Ein jeder Mensch, der nicht einen unendlichen Trieb bei sich spüret, nach den ewigen Gesetzen zur Vollkommenheit zu wandeln, sein Leben darnach einzurichten, und der nicht wirklich allen Fleiß zu diesem Entzweck anwendet, der mag glauben, was er will, er mag das reinste Religionssystem haben, so ist er nicht ein Haar besser, als derjenige, der gar keins hat. Fühlt ihr nicht einen starken Trieb bei euch, einen armen

Menschen, der zerlumpt und hungrig bei euch vorbeigeht, zu kleiden und zu speisen; thut ihrs nicht, wo ihr nur könnt; fühlt ihr keinen Abscheu vor dem Laster und keine unüberwindliche Liebe zur Tugend, sucht ihr nicht alles das an euerm Nebenmenschen ins Werk zu setzen, was ihr wünschet, das er an euch thun möchte, so mögt ihr ein noch so reines Glaubensbekenntniß, einen englischen Verstand haben, es ist euch alles nichts nütze, und ihr seyd unnütze Menschen, die unser Herrgott zu weiter nichts brauchen kann, als den Platz auszufüllen, wo ihr auf seinem Erdboden lebet und webet. Und hernach? — Weh euch! —

Alle diejenigen nun, die einen aufrichtigen Wahrheitshunger haben, die gern alles erfüllen möchten, was sie nur ihre Pflichten zu seyn vollkommen überzeugt sind; die, mit einem Wort, rechtschaffene Menschen sind, sie mögen übrigens Juden, Heiden, Christen, Freigeister, Deisten rc. heißen, so lang sie wollen, alle die lade ich ein, und sie sollen zuverläßig den rechten Weg finden, der sie zeitlich und ewig glückselig machen wird. Diejenigen aber unter meinen Lesern, die wirklich an der Wahrheit der Religion Christi keinen Zweifel haben, die entlasse ich, für die hab' ich nicht geschrieben, sie werden wohl wissen, wie man den Geist empfangen müsse, der in alle Wahrheit leiten kann. Jene aber bitte ich, zu kommen, meine vorangesetzte Vorbereitung wohl zu beherzigen, und wenn sie sich unwiderruflich entschlossen haben, alles zu versuchen und bessere Menschen zu werden, und den Frieden Gottes, der alle Vernunft übertrifft, welches das wohlgefällige Zunicken der hohen Gottheit ist, wesentlich zu empfinden, so werden sie weiter mit mir gehen, und solchergestalt fortfahren.

Nehmt euch nun einmal gänzlich vor, nichts anders zu thun, als was ihr nach der Vernunft für das Beste erkennt, ohne eure Begierden und Lüste zu fragen. Ihr wißt nicht, welcher Religion unter allen in der Welt ihr beifallen sollt. Ich weise euch deswegen vorerst auf die bloße natürliche Religion, die gebeut euch vorerst: Ihr sollt euren Nebenmenschen suchen so glückselig zu machen, als ihr könnt. Bemerket derowegen alle eure Handlungen; gebt Acht darauf, ob ihr bei allem eurem Thun und Lassen den Zweck habt, euch selbst dadurch, ohne eurem Nächsten zu schaden, zur Vollkommenheit zu helfen, oder ob es jemand anders wahren Vortheil bringen kann. Sobald ihr findet, daß eure Handlung weder nothwendig noch dieser Zwecke einen habe, so entschlaget euch derselben, eure Begierden mögen euch so stark reizen, als sie wollen. Und wenn ihr euch einbildet, ihr könntet vor diese Zeit keine nützliche Handlung verrichten, so betrügt ihr euch. Kein Augenblick unsers Lebens ist übrig, wir haben viel zu wenig Zeit, um alle Pflichten zu erfüllen, die uns obliegen. Denn bedenket einmal die Zeit, die ihr versäumt habt. Bedenket, wie viel Gutes an andern Menschen zu thun ist, ohne daß ihr jemalen damit fertig werden könnt. Derowegen, wenns euch einfällt: Ei! jetzt hab ich doch ein wenig Zeit, ich wüßte doch nicht, was ich jetzt zu versäumen hätte; jetzt will ich also ein wenig in Gesellschaft gehen, meine Berufsgeschäfte hab' ich ja ausgerichtet, u. s. w., so glaubt gewiß, daß die Sinnlichkeit, wie gar zu oft geschieht, ohne euer Wissen die Vernunft bestochen hat. Setzt euch deswegen hin und prüfet euch: Ob es nicht besser wäre, wenn ihr hinginget, das Geld, welches ihr in eurer Gesellschaft auf erlaubte Vergnügen verwenden wolltet, jener armen Familie insgeheim brächtet, euch bei ihr niedersetztet, und ein und anderes Nützliches bei den guten Leuten sprächet? — Bei dieser Untersuchung wird sich eure Sinnlichkeit empören. Ja, wird es heißen, wo ist es möglich, so zu leben? Ei! doch, es ist wohl möglich. Versucht es nur, es wird im Anfang schwer; allein durch die Uebung wird alles leicht, und ihr werdet anfangen, ein besonderes Vergnügen nach jeder guten Handlung zu empfinden, ein so reines, euch vorhin ganz unbekanntes Wohlthun, das euch reichlich allen sinnlichen Verlust ersetzen wird. Ihr werdet allmählig anfangen, mehr und mehr Lust zur Wohlthätigkeit zu bekommen, und wenn ihr nur treu darinnen seyd, so werdet ihr auch immer stärkern Trieb dazu bekommen.

Lasset derowegen niemalen eine Gelegenheit, wohlzuthun,

aus der Acht, und wo ihrs thut; so werdet ihr allemal die Rügung eures Gewissens spüren, die euch innerlich hart bestrafen wird, und zwar härter, nach Maßgabe der Wichtigkeit der Versäumniß, und schwächer, wenn die Pflicht nicht so wichtig war. Sollte aber euer Muth schwach werden, und ihr anfangen überwunden zu werden, so müßt ihr neuen Muth schöpfen, und euch nach den Regeln, die ich euch weiter unten geben werde, wo von der Aufmerksamkeit auf uns selbst die Rede seyn wird, genau betragen.

Ueberlegt immer nach den Regeln der gesunden Vernunft, ohne auf eure unnöthige Begierden Rücksicht zu haben, ob ihr, ohne eurem Stand, eurem Hauswesen zu schaden (mehr will ich jetzt noch nicht fordern), nicht etwas übrig hättet, das einem eurer Mitmenschen nützlicher seyn könnte als euch. Durchsuchet euer Geräthe und ihr werdet immer etwas finden, dessen Werth einen Leidenden erquicken kann. O! wer nur von Herzen gesinnet ist, Gutes zu thun, der wird immer Anlaß finden. Möchten doch alle Landesfürsten unsern Durchlauchtigsten Regenten auch darinnen nachzuahmen suchen, daß die unnöthige Pracht in Kleidern abgeschafft würde! Möchten denn aber auch die Menschen liebreicher gesinnet seyn! Wie viel könnte nicht zum Unterhalt der Armen, ohne sich noch etwas abzuziehen, verwendet werden, Länder und Staaten könnten sich dadurch einen bleibenden Segen erwerben, anstatt, daß Ueppigkeit und Wollust nur Fluch und Verderben nach sich ziehen. Allein mit der Kaltsinnigkeit gegen die Religion wächst auch die Lieblosigkeit gegen die Tugenden!!!

Eure Vernunft wird Euch immer einwenden: Dieses hab' ich geerbt, jenes hab' ich verdient, es ist ja mein, sollt' ich das weggeben? Und wie sind die mehresten armen Leute gesinnt? Sie verschwenden die Allmosen; man wendet seine Gaben nur übel an. Darauf dient zur Antwort: Ihr seyd ein vor allemal schuldig, euren Nächsten eben so glückselig zu machen, als ihr selber seyd. Nur ist dieses zu bemerken: Das Naturgesetz ist allen Menschen gegeben und auf die Beobachtung von allen Menschen eingerichtet. Würden es nun alle Menschen halten, so wäre es nicht schwer; allein da es die wenigsten halten, so kann es eine Einschränkung leiden, und nach dieser Einschränkung richte ich meine Regeln. Ihr seyd daher eben nicht schuldig, so lange wegzugeben, bis ihr eure bloßen Bedürfnisse zum Leben nur habt, sondern dasjenige nur, was euer Beruf und Stand, ohne deswegen vermindert zu werden, missen kann. Wird diese Regel beobachtet, o! so werdet ihr noch so vieles finden, das ihr thun könnt, so daß eure Sinnlichkeit, wie rasend, sich dagegen sträuben wird. Allein ihr seyd schuldig, mit aller Macht dagegen zu kämpfen.

Was aber das zweite betrifft, so seyd ihr verpflichtet, die wahre Nothdurft eines dürftigen Gegenstandes zu untersuchen, und wo ihr dieses nicht könnt, mäßig zu geben. Wißt ihr aber das Bedürfniß eures Nebenmenschen genau, so habt ihr zwei Regeln. Die eine ist: Gebt nach Vermögen. Die zweite: Gebt nach dem Bedürfniß. Ein Mensch, der Willens ist, die Wahrheit seines Weges zur ewigen Glückseligkeit zu finden, der ist schuldig, dieses alles in Absicht auf seine zeitliche Güter genau zu beobachten.

Wir gehen weiter zu den Gesetzen der Mäßigkeit über; und hier finden wir ein weites Feld vor uns. Was Speise und Trank betrifft, da hat es die sinnliche Lust in ihrer Herrschaft sehr weit gebracht. Wenn unsere Tafel einmal nach den Gesetzen der Natur sollte geprüft werden, wie viel würde da nicht durch die Zeit übrig gefunden werden? Und dieser Ueberfluß ist eine doppelte Sünde; denn erstlich hat er in Absicht auf euch selbst weiter keinen Nutzen, als daß er den Sinn des Geschmacks befriediget, hingegen aber eueren Leibes- und Seelenkräften schädlich ist. Vors zweite aber könnten viele Arme und Nothleidende von diesem Ueberfluß ihre Bedürfnisse befriedigen, die sie ohne das nicht haben können. Daher entstehet diese Regel: „Es soll weiter nichts auf unsern Tisch gebracht werden, als was unsern Leib zur Nothdurft nähret und stärket. Wir sollen bei jedem Gerichte uns prüfen, ob es uns nöthig und nützlich sey, oder ob wir es missen könnten, ohne unserer Gesundheit zu schaden; ist das letztere, so müßt ihrs nie wieder auf den Tisch bringen, sondern den Werth dafür den Armen geben." Das ist sehr hart! — Ja es ist hart, aber prüft es nur unpartheiisch nach der gesunden Vernunft, so werdet ihr doch finden, daß es recht ist, und daß es euch nirgends wo schadet, als an der Befriedigung euerer Lüste. Aber die Befriedigung euerer Lüste ist ja euer Verderben. Dankt also Gott, daß ihr Mittel findet, eurem Verderben zu entgehen. Darum thut euch Gewalt, die Sinnlichkeit mag murren, wie sie will, wie selig werdet ihr seyn, wenn ihr in diesem Kampfe redlich ausgehalten habt; — aber auch an den simpelsten Speisen kann man sich gegen die Mäßigkeit versündigen. Die Begierden sind unendlich. Werden wir so lang essen und trinken, bis wir gar keinen Appetit mehr finden, so ist schon mehr genossen worden, als die Gesundheit des Körpers erfordert; derowegen höret allezeit zu essen und zu trinken auf, wenn ihr verspüret, daß ihr noch wohl Lust hättet, etwas zu genießen. So werdet ihr ein munteres, gesundes Leben führen, vielen Krankheiten entgehen, Leibes- und Seelenkräfte in gehöriger Wirkung erhalten, und bei nächster Mahlzeit wird euch eure einfältige Speise besser schmecken, als dem Unmäßigen all sein Gesottenes und Gebratenes. Starke Getränke müßt ihr nur brauchen als Arzenei zur Stärkung, sonsten sey euer Trank reines Wasser. Beobachtet diejenigen Menschen, die aus Mangel nur mäßige und einfache Speisen und Getränke genießen; dabei aber dasjenige, was sie haben wollen, mit der Hand erwerben müssen, sind sie nicht die gesundesten Menschen? Und eben diese Glückseligkeit könnt ihr haben und genießen, wenn ihr euch nur der Mäßigkeit befleißiget.

Ich will in diese Klasse solche Verschwendungen nicht bringen, die ohnehin schon grob genug sind, um von sinnlich ehrbaren Menschen bemerkt zu werden; sondern nur ein Wort von einer höchst wichtigen Ausschweifung der Sinnlichkeit reden, nämlich von der Unzucht. Hier verbeut mir leider die unzeitige Schamhaftigkeit, deutlich zu seyn; doch will ich mich so erklären, daß derjenige, der mich begreifen will, keine Ursache haben werde, über Dunkelheit zu klagen.

Die Fortpflanzung des menschlichen Geschlechts ist mit dem göttlichen Befehl begleitet: „Seyd fruchtbar und mehret euch und erfüllet die Erde, und machet sie euch unterthan!“ Diejenigen, welche an der Wahrheit der Schöpfungshistorie Mosis zweifeln, werden doch diesen göttlichen Befehl in der Vernunft gegründet finden. Dieses Geschäfte ist aber mit so vielen Schwierigkeiten und beschwerlichen Umständen verbunden, daß es ganz gewiß verabsäumt würde, wenn es nicht mit gewissen sinnlichen Reizen begleitet wäre, die den ohnehin sinnlichen Menschen dazu andrängen.

Nun ist es aber dahin gediehen, daß beiderlei Geschlechter sich gewöhnlich nur um des schnöden sinnlichen Reizes willen mit einander vermischen. Und da die Begierden immer unendlich sind, so findet auch hier die Sinnlichkeit keine Schranken, bis die Natur selbsten durch verdorbene Gesundheit und abscheuliche Krankheiten sich rächet. Das wahre Naturgesetz ist also auch hier leicht zu finden, nämlich: „Beiderlei Geschlechter dürfen sich anders nicht beiwohnen, als wenn der Endzweck der Beiwohnung erreicht werden kann, und niemalen unter andern Umständen, als wo sie im Stande sind, ihre Kinder leiblich und geistlich zu versorgen, das ist, im Ehestand.“ Alle Einschränkungen dieses Gesetzes geschehen nur der Sinnlichkeit zu gefallen, und haben keine andere Entschuldigung, als menschliche Schwachheit; wir müssen aber dahin trachten, stark zu werden. Die Uebertretung dieses Naturgesetzes ist so wichtig wegen ihrer Folgen auf die Glückseligkeit des menschlichen Geschlechts und steht in so großem Verhältniß mit allen andern Lastern, daß fast alle gesittete Völker von jeher politische Strafen auf gewisse Arten dieses Verbrechens gesetzt haben. Ich fordere aber mehr, als Statistik und Politik, ich will, daß das Herz gründlich und aus der Wurzel gebessert werde. Daher muß auch das vermieden werden, was wohl eben keine Folgen auf die menschliche Gesellschaft, desto größere aber für unsere eigene Person hat. Mit einem Wort, ich fordere die Haltung des strengsten Naturgesetzes nach Möglichkeit, und wo es zuweilen übertreten wird, schleunige Rückkehr, mit dem ernstlichen Vorsatz, sich hinführo vor solchen Fehlern zu hüten.

Je grösser der sinnliche Reiz ist, je schwerer ist auch die Ueberwindung desselben, und eben diese Anmerkung gilt von der Sache, wovon ich jetzt handle; wir müssen daher alle Hülfsmittel vor der Hand suchen, die uns in diesem Fall unterstützen können. Die Mäßigkeit im Essen und Trinken nach meiner obigen Vorschrift, ist das beste Mittel dawider; hernach gibt auch der Müßiggang zu unreinen Vorstellungen Anlaß, deswegen müssen wir uns immer beschäftigt halten, und beständig auf unsere aufkeimende Gedanken aufmerksam seyn. (Doch dieses letztere ist von so großer Wichtigkeit, daß ich unten weitläufiger davon reden muß), damit wir im Stande seyn mögen, die allerersten noch schwachen Anfänge der sinnlichen Reize zu ersticken; und endlich ist es eine vortreffliche Arznei gegen die Geilheit, wenn wir spät zu Bett gehen, und des Morgens früh wieder aufstehen, und also nur höchst nothdürftig schlafen. Dieses letztere hat auch sonsten ungemein vielen Nutzen in dem Verbesserungsgeschäfte, der Leib wird gesund und kräftig zur Arbeit erhalten, und ich gewinne Zeit, meine Berufsgeschäfte, die ich doch nicht alle nach meiner Pflicht ausüben kann, besser und vollkommener zu verrichten.

Es gibt noch gewisse stumme Sünden, die hieher gehören, und die erschrecklich sind. Leset Hrn. Tissots Tractat von der Selbstbefleckung, und die englische Onanie ins Deutsche übersetzt, Alle, die sich schuldig wissen, werden merken, wohin ich ziele, und ich fordere die strengste Unterlassung solcher Laster, sie ziehen erschreckliche Krankheiten, leibliche Strafen, höllische Gewissensbisse, und Flüche auf Kinder und Kindeskinder nach sich. Um zu meinem jetzigen Vorsatz fordere ich nochmalen die strengste Abstinenz vor dergleichen heimlichen Greueln.

Endlich komme ich zu der größten Wurzel des menschlichen Verderbens, zu der Hauptstütze der Sinnlichkeit, zu dem Fund, mit dem ein Mensch, der an seiner Vervollkommnung arbeitet, am allerlängsten, ja bis in den Tod zu streiten hat, ich meyne die Eigenliebe.

Das wahre Gesetz, welches ihr entgegengesetzt ist, heißt: „Der Mensch soll alle seine Mitmenschen in eben dem Grade lieben, als er sich selbst liebt.“ Dieses Gesetz gründet sich auf die Gesellschaftsregeln, wo einer des andern Beste eben so gut, wie sein eigenes besorgen muß; so auch das ganze menschliche Geschlecht macht eine einzige Gesellschaft aus, in welcher ein jedes Mitglied helfen muß, daß, so die einzelne, als die Vollkommenheit des Ganzen überall befördert werde. Dieses kann aber nicht anders geschehen, als wenn die allgemeine Liebe beobachtet wird, die ihren Grad der Vollkommenheit erreicht hat, wenn sie der Eigenliebe gleich ist. Da nun die Sinnlichkeit unersättlich ist, indem die unendliche Begierden der Seelen in dieselbe gewendet sind, so nimmt die natürliche Eigenliebe eine solche Richtung, daß sie nur für sich selber sorgt, alles, was sie vergnügen kann, ohne Rücksicht auf andere Menschen an sich zieht, und daher alles verabscheut, was ihr nach ihrem Wahn, zu ihrem Endzweck zu gelangen, im Wege steht. Um nun hier zur wahren vernünftigen Erkenntniß dessen, was recht und unrecht ist, zu gelangen, so muß ich vorerst untersuchen, ob ich mich mehr liebe als recht ist; denn die menschliche Liebe und Hochschätzung muß sich verhalten, gerade, wie der wahre Werth des Gegenstandes, den ich liebe; dieses ist das Recht der Natur. Nun bestehet aber der wahre Werth des Menschen darin, wie weit er dem Gesetz der Natur Gehorsam leiste, oder welches eben so viel ist, wie weit er in seiner wahren Verbesserung gekommen ist. Denn anderweitige Naturgaben und Geschicklichkeiten des Geistes legen dem, der sie besitzt, keinen höhern Werth bei, sie machen ihn im Gegentheil verächtlicher, wenn er sie nicht zum allgemeinen Zweck der Menschheit anwendet. Nach diesen Regeln muß ich mich untersuchen, und zwar ganz unpartheiisch, so werde ich finden, daß ich ungemein weniger Hochachtung verdiene, als ich mir selber zuschätze. Deswegen, sobald ich mir selbsten etwas zueigne, so bin ich schuldig, eben dieses auch andern zuzueignen. In diesem Punkt müßt ihr euch also unverdrossen üben, und bei allen Gelegenheiten, wo ihr etwas redet, thut und handelt, untersuchen; kommt mir dieses auch zu, hat ein anderer nicht eben das Recht, rede ich da auch etwas, das meinen Nächsten verkleinert, oder das mich über meine Schranken erhebt, und wenn ihr dieses mit aller Vorsichtigkeit beobachtet, so werdet ihr vielen Lastern und Verdrießlichkeiten entgehen, die aus dieser Quelle der falschen Eigenliebe entspringen.

Es ist euch bekannt, daß die Menschen ins allgemeine geneigt sind, hoch von sich selbst, von andern aber gering zu halten. Ihr müßt deshalben, wenn ihr sie bessern wollt, und das ist doch euere Pflicht, allen Menschen nachgeben. Wenn euch jemand beleidigt hat, so werdet ihr ihn nicht bessern, wenn ihr ihn wieder beleidiget und euch rächet, sondern wenn ihr ihm nachgebet und ihm Liebe beweiset, so wird er sich schämen, und wenn ihr nur in dieser Gesinnung beharret, so werdet ihr sehen, daß euere ärgste Feinde euere Freunde werden müssen. Sehet, welche Gewalt die Menschenliebe hat! — Welchen Vortheil und welche Gemüthsruhe werdet ihr euch durch ein solches Betragen zuziehen, und wie viel werdet ihr dadurch zur Vermehrung der menschlichen Glückseligkeit beitragen!!! Niemalen bessern wir, wenn wir die Menschen, auch unsere Untergebene, mit Gewalt zu ihren Pflichten antreiben. Am besten ist ein gutes Exempel und Ueberzeugung. Doch schließe ich wohlverdiente Strafen nicht aus. Es gibt wahrlich Menschen, die sich durch nichts zurecht weisen lassen, als durch Gewalt, diese müssen durch ihre Obern gezwungen werden.

Wir haben bei Ausübung dieser Pflichten nur eine Einschränkung, nämlich, wir dürfen unserm Nächsten nicht nachgeben, wann wir gegen das Gesetz der Natur sündigen und uns ebenfalls dazu verbinden will; in dem Falle müssen wir ihm sanftmüthig seine Pflichten vorhalten, und wenn er uns nicht gehorchen will, so lassen wir ihn fahren, hüten uns aber dabei, so viel an uns ist, daß wir ihn nicht beleidigen. Seyd nur getreu in euerer Verbesserung, so werdet ihr in allen unzählbaren Fällen durch die Stimme eueres Gewissens nach diesen Gesetzen geleitet werden, und ihr werdet nicht irren, wenn ihr nur thun wollt, was recht ist.

Der Neid ist ein Laster, welches aus der falschen Eigenliebe entstehet, wenn ich sehe, daß ein anderer ein Gut besitzt, welches ich lieber selber hätte, und ihn darum anfeinde, so bin ich neidisch. Wir sehen also, daß dieses Laster eine Neigung sey, vermög welcher ich meinen Nächsten nur darum hasse, weil ich mich selber nicht genug lieben kann. Daher ist es der Menschenverbesserung höchst nachtheilig. Das Gesetz, welches es genau betrifft, heißt also: „Wir müssen unsern Nächsten lieben, als uns selbst, und ihm darum eben die Güter gönnen, die wir uns selbst gönnen.“ Nach dieser Regel also müssen wir unsere Affekten bezähmen und beständig suchen, uns in allen Stücken darnach zu betragen.

Das Laster, welches mit dem Neid am nächsten verwandt ist, ist der Geiz. Ein jeder Geizhals ist neidisch, und ein jeder Neidhard geizig. Der Geiz treibt an, so viele Güter zusammen zu scharren, als möglich ist, ohne Rücksicht der Bedürfnisse anderer Menschen. Wir brauchen nicht zu beweisen, daß dieses Laster gerade dem Gesetz der Natur widerspreche, wir wollen uns nur eine Gegenregel formiren, und dieselbe genau beobachten.

„Diejenigen Güter, welche wir durch unsern ordentlichen Beruf, ohne jemanden etwas abzuziehen, das ihm zukommt, erwerben, sollen uns unsere Bedürfnisse befriedigen, das übrige aber wollen wir zum Wohl der Menschheit verwenden.“ Nach diesem Gesetz müßt ihr euch in allen Stücken zu betragen suchen.

Der Ehrgeiz gehört am nächsten hierher. Dieser sucht seinen Stand so hoch zu bringen, als möglich ist, ohne Rücksicht auf eigenen Werth. Da aber diese Neigung nur unsere Pflichten vermehrt, deren wir ohnehin mehr zu erfüllen haben, als wir zu erfüllen fähig sind, so macht sie uns unsere Besserung immer schwerer, geschweige, daß dadurch die Sinnlichkeit immer mehr wächst, und unsere Liebe zur Tugend deswegen immer schwächer wird. Wir müssen uns in diesen Fällen so verhalten, „daß wir bei jedem Anlaß zu höherem Stand oder höherer Ehrbezeigung untersuchen, ob es nicht Menschen gebe, die dieser Erhöhung würdiger seyen als wir.“ Ist diese unsere Meynung redlich, so werden wir bald solche Leute finden, die diese Stelle ungemein besser bekleiden können, als wir selber; und ohnedies sollten wir doch erst einmal dasjenige thun, was wir in unserm gegenwärtigen Zustand zu thun vor uns haben, ehe wir uns zu mehreren Pflichten verbindlich machen wollen. Diese Lehren müßt ihr genau, überall und in allen Gelegenheiten eures Lebens zu beobachten suchen.

Hochmuth, Zorn, Haß, Feindschaft, u. s. w. sind alle Geburten der Eigenliebe, wir müssen sie alle zu überwinden suchen, und es wird uns leichter werden, wenn wir obige Naturgesetze in allen Augenblicken unsers Lebens vor Augen halten und darnach zu leben suchen werden.

Die Haupt- und Grundgesetze der Natur habe ich nun vorgeschlagen und summarisch durchgegangen, man darf nur die Schriften rechtschaffener Moralisten durchgehen, so wird man unzählig mehrere finden. Doch dieses ist nicht einmal nöthig. Seyd aufmerksam auf eure Gewissen, so werdet ihr finden, daß dasselbe euch allemal nach der großen Regel rüget: „Thut, was euere und eueres Nebenmenschen Glückseligkeit befördert, und unterlasset, was derselben hinderlich.“ Nun ist aber alles zur Glückseligkeit beförderlich, was den Menschen der Gottähnlichkeit näher bringt, und alles hinderlich, was blos der Sinnlichkeit schmeichelt. Nach dieser Regel prüft alle euere Gedanken, Worte und Werke, so werdet ihr sicher gehen.

Die Beobachtung des Naturgesetzes ist aber nach aller Strenge unmöglich! werdet ihr mir einwenden. — In sich nicht unmöglich. — Je weniger sinnlich, je mehr möglich; je mehr sinnlich, je weniger möglich. Der Mensch von allen Gewohnheiten, von aller angeerbten Gewohnheit, so wie er aus der Hand Gottes kam, betrachtet, kann sie nicht allein halten, sondern diese Haltung ist ihm sogar natürlich. Daß aber dieser Mensch die erste Probe der sinnlichen Reize nicht aushielt, daran ist Gott keine Schuld. Werdet ihr mir einwenden, Gott hätte solche Menschen nicht schaffen sollen, die sich so leicht unglücklich zu machen im Stande wären.

Ihr unbesonnene, einfältige Geschöpfe! — Ihr seyd abgewichen, Gott ist daran nicht Ursache, und doch hat er die vortrefflichsten Anstalten zu eurer Wiederkehr gemacht. Schämet euch! Ihr seyd freie vernünftige Geschöpfe; wäret ihr wohl zu einer Glückseligkeit fähig, wenn ihr sie nicht errungen hättet? Wird ein königlicher Erbprinz einiges Vergnügen daran haben, daß er Kronerbe ist? — Aber wenn ein geringer Bettler einen Weg vor sich fände, wie er, obwohl mit vieler Mühe zu einem mächtigen Thron gelangen könnte, würde er nicht Leib und Leben wagen, denselben zu erwerben? Und sobald er ihn besitzt, wird er von trunkener Freude überfließen.

Eben so ist es auch mit den Menschen überhaupt. Würde sie Gott gleich anfangs in Glückseligkeit versetzt haben, so würde seine Ehre, seine Liebe und seine Herrlichkeit nicht so offenbar, dem Menschen aber seine Glückseligkeit nicht so schätzbar geworden seyn. Doch alles, was zur Theodicee gehört, wird dem wahren Christen offenbar, und was ihm nicht entdeckt wird, das erwartet er im Glauben; es lasse sich jemand durch meine vorgeschlagene Methode kuriren, und dann wird er nicht mehr sich darüber aufhalten.

Noch ein Gedanke von meiner Seele, den ich, ob er schon so eigentlich hieher nicht gehöret, doch einrücken muß, weil er zu meinem Vorsatze gehört.

Gott schuf den Menschen mit aller Fähigkeit, das Gesetz der Natur zu halten. Wenn er es nun gehalten hätte, so war ihm Gott nichts weiter schuldig, als die ununterbrochene Fortdauer seines Daseyns, ohne Widrigkeit, ohne Beschwerlichkeit. Dieses konnte aber nach der Einrichtung der menschlichen Seele weiter nichts Vergnügendes für den Menschen ausliefern, als den ewigen Zustand einer ungekränkten Ruhe. Der Mensch hätte seine Schuldigkeit gethan, und weiter hätte er nicht gekonnt; folglich war ihm Gott nichts mehr schuldig, als eine ruhige ungekränkte Fortdauer seines Daseyns. Auch hätte der Mensch in Absicht auf Gott keine weitere Ursache zu danken gehabt, als für sein Daseyn, und für die schöne Schöpfung, als einem allmächtigen, allweisen, gütigen Schöpfer. Dieses würde auch die göttliche Absicht zwar in dem Fall erfüllt haben. Allein, da der frei geschaffene Mensch einmal abweiche, so wußte es Gott durch seine Anstalten so zu lenken, daß der Mensch eine über alle Vorstellung gehende Glückseligkeit zu noch größerer Verherrlichung Gottes erlangen konnte. Aber nun mußte dieselbe auch errungen und erkämpft werden. Christus hielt das Naturgesetz vollkommen, und erwarb uns Menschen noch dazu die Gnade, durch welche uns auch die Haltung desselben nicht schwer wird, wenn wir sie nur gehörig zu erlangen suchen. Und endlich tilgt dieser anbetenswürdige Erlöser die Schuld des menschlichen Geschlechts dergestalt, daß nun alle Tugenden der Frommen mit unendlicher Glückseligkeit belohnet, und nunmehr, nachdem Christus das Gesetz erfüllet hat, nicht mehr als Pflichten, dazu wir ohnehin verbunden sind, angesehen werden. Dennoch aber, wenn wir diese Pflichten nicht erfüllen, so haben wir eben durch unsern Ungehorsam keinen Theil an Christo, und so sind wir blos dem Gesetz der Natur unterworfen, und machen uns der darauf gelegten ewigen Strafen theilhaftig, wodurch denn unsere Pflichten wieder zu absoluten Pflichten werden, und wir sind dazu stärker als jemals verbunden.

Seyd ihr nun, meine Leser, noch ausser Christo; verlangt ihr keinen Theil an ihm zu haben, so seyd ihr zur strengsten Haltung des Naturgesetzes (wie ich schon oben gesagt habe) von euerer Geburt an bis in eueren Tod, ohne dermalen dagegen zu sündigen, schuldig, und wenn ihr dieses alles gethan hättet, so könntet ihr doch keine weitere Belohnung von Gott fordern, als eine ewige Fortdauer eures Daseyns, ohne Beschwerlichkeit dabei zu haben. Habt ihr ein Gesetz übertreten, so seyd ihr straffällig, und wie wollt ihr dafür büßen? Ihr könnt Gott weiter nichts geben, als ihr habt, und alles, was ihr habt, geht zur Haltung des Naturgesetzes hin; folglich bleibt ihr Gottes ewige Schuldner. Gott ist aber gerecht, folglich muß er die Verabsäumung dieser Pflicht ewig strafen, denn ihr könnt ja nimmermehr thun, als ihr schuldig seyd, folglich an Gott in Ewigkeit keine Bezahlung leisten, diese ewige Strafe wird genau nach der Grösse des Verbrechens abgemessen seyn. Wenn es also in der Ewigkeit nicht noch einen Weg zu Christo gibt, so ist die Unendlichkeit der Strafen ganz gewiß. Wie jenes aber alsdann möglich seyn kann, wann Christus seinem Vater das Weltreich wieder beantwortet hat und mit seiner erworbenen und erlösten Menschenzahl sein höchst glückseliges Königreich fortsetzte, das kann ich nicht begreifen. Es ist entsetzlich gefährlich, Muthmaßungen auf die Anstalten Gottes in der Ewigkeit zu machen. Ich meines Orts will suchen, mit den ersten über den Jordan zu kommen, und ich weiß gewiß, alle Menschen, alle Seligen würden den ewigen Vater nach tausend umgewälzten Aeonen preisen, wenn er auch Anstalten zur Erlösung der Verdammten machen sollte. Ich wünsche es, wenns aber nicht geschieht, so muß ich doch Gott rechtfertigen, denn er hat viele tausend Jahr ganz ohne Schuldigkeit an der Besserung der Menschen gearbeitet, warum haben sie seine Anstalten verworfen, und endlich hoffe ich von seiner Barmherzigkeit, er werde doch auch in den ewigen Strafen nach der grössten Billigkeit zu Werk gehen. Ihr seht also, meine theuren Freunde, wie wichtig die Sache ist, die ich in diesem Traktätchen abhandele, und wie nöthig es ist, sonderlich denen Deisten und Freigeistern, daß sie augenblicklich ihre Besserung nach den Regeln des Naturgesetzes auf das strengste zu halten anfangen? Was bis dahin versäumt ist, verdient ewige Strafe; ihr könnt sie euch aber erleichtern, wenn ihr von nun an eure Schuldigkeit thut; werdet ihr aber ferner meinem Rath folgen, so werdet ihr von der Wahrheit der christlichen Religion überzeugt, Christum im Glauben ergreifen, und also nicht allein der ewigen Strafe entgehen, sondern sogar von eurem göttlichen Freund und Bruder in seine euch bereitete selige Wohnungen überführet und ewig glückselig gemacht werden. Die Haltung seiner Gebote, die das reinste Naturgesetz sind, wird euch sein Geist, den er euch mittheilen wird, leicht machen.

Wenn ein Mensch nun allen Fleiß anwendet, das Naturgesetz zu halten, so wird er finden, daß bei jeder Erfüllung eines Stücks desselben, wie vorhin schon gesagt worden, ein unbekanntes ruhiges Wohlthun; ein Friede seine ganze Seele durchdringet, welches das Zeugniß von der Zufriedenheit des Gewissens ist. Wir befinden uns bei diesem Genuß so wohl und er ist dem Wesen unserer Seele so gemäß, daß wir alsofort erkennen, wir würden in unser anerschaffenes wahres Element kommen, wenn wir nur das Gesetz halten könnten. Dieses wollen wir die Gewissensruhe nennen, denn es ist noch lange der Friede Gottes nicht, der über alle Vernunft gehet.

Wenn aber ein Mensch sich von der Sinnlichkeit überwinden läßt, so daß er gegen das Gesetz der Natur in einem oder dem andern Stück sündiget, so empfindet er einen Seelenschmerz, eine Gewissensunruhe, die ihm sehr beschwerlich ist. Beide diese Empfindungen, Gewissensruhe und Gewissensunruhe, werden aber nicht eher empfunden, als bis der Mensch von ganzem Herzen entschlossen ist, seiner Bestimmung zu folgen und das Naturgesetz zu halten, auch müssen seine Handlungen aus dieser Absicht geschehen, sonsten bringen sie diese Wirkungen nicht so sonderlich merkbar hervor. Endlich sind auch dieselben im Anfang der Uebung nicht so stark, sondern sie wachsen, jemehr man in derselben zunimmt.

Mit diesem Kämpfen gegen die Sinnlichkeit wird der Geist immer heiterer, er beginnt ausgebreiteter zu werden, seine Kräfte werden wirksamer, und er fängt an, sich kennen zu lernen. Ich setze aber voraus, daß der Mensch treu und heldenmüthig anhalte, und sich durch seine Fehler, so groß und so viel ihrer auch seyn mögen, sich nicht zurückhalten und kaltsinnig machen lasse, sondern fort und fort mit aller Macht arbeite und seine Besserung befördere. So wie nun der Geist sich der Sinnlichkeit entringt, freier und in sich selbst aufgeklärter wird, so sieht er auch immer klärer ein, alles, was in seinem Wirkungskreise vorgeht, seine aufgeheiterte Vernunft schließt viel feiner, und ihre Schlüsse sind dem Gemüth empfindsamer; das ist: ihre Wahrheit wird fühlbarer. Da fängt dann an, folgende Einsicht in unserm Zustande ganz mathematisch gewiß zu werden, daß bis an den Zeitpunkt unserer Umkehr, unsers Vorsatzes zur Besserung, alle unsere Seelenkräfte unter der Herrschaft der Sinnlichkeit gefangen gelegen; daß wir während all der Zeit, die wir von unserer Geburt an bis dahin durchlebt haben, immer gegen unsere Bestimmung gehandelt, mithin beständig gegen Gott gesündigt haben; daß wir also einem schlechten Schicksal nach unserm Tod entgegen eilen; denn die Seele fängt nun an, sich unsterblich zu fühlen, sie empfindet, daß sie ewig seyn wird. Dieß alles sind Aufschlüsse des Gewissens, welches nach dem Verhältniß, wie die Geisteskräfte aufgeheiterter werden, auch wirksamer wird. Nun fängt der Mensch an, bange zu werden, er bereut sein geführtes Leben, und nun faßt er tausend Vorsätze, aufs allerstrengste der Tugend nachzujagen und nicht mehr zu sündigen; er thut Gelübde, seiner Bestimmung und Besserung treu zu bleiben. Um diese Zeit fangen auch andere Menschen an, unsere Veränderung zu merken, mithin uns zu verlachen oder zu bedauren. Nun ist man hypochondrisch, oder was man dem Ding vor einen Namen gibt; man kehrt sich aber daran nicht, sondern der veränderte Mensch, der mit seiner Besserung beschäftigt ist, sieht wohl, daß er ganz gewiß auf dem rechten Weg ist.

Weil nun das Gewissen immer reiner und wirksamer wird, so werden auch der Pflichten mehr, da werden nun auch vor und nach die geringsten Lüste, sinnliche Begierden und Gedanken zur Uebertretung des Naturgesetzes, wie sie es auch wirklich sind. Der Mensch fängt also nunmehr an, auf alle seine Gedanken, auf alle, auch die geringste Regungen der Seele Acht zu geben, um gegen dasjenige, was dem Naturgesetz zuwider ist, zu kämpfen, und es in der Geburt zu ersticken. Diese Uebung ist aber, sonderlich im Anfang, entsetzlich schwer, man vergißt alle Augenblick, Acht zu geben auf das, was man denkt und was die Einbildungskraft wirkt. Allein in diesem Stück muß man treu seyn und diese strenge Wachsamkeit auf sich selbst fleißig üben, denn sie ist das allerwirksamste Mittel, zum Zweck zu kommen. Man kann hier keinen Enthusiasmus befürchten. Sollte das wohl Enthusiasmus seyn, wenn ich alle meine Gedanken und Regungen meines Herzens sogleich bei ihrer Geburt vor dem Richterstuhl der Vernunft beurtheile, sie erwähle oder verwerfe? — Allein nichts ist dem sinnlichen Freigeist zu seiner Beruhigung bequemer, als alles dem Enthusiasmus zuzuschreiben, was ihn in seinem träumenden Morgenschlummer stören will.

Diese Uebung ist bei der Menschenverbesserung das allerbeste Mittel und muß auch im Christenthum immerfort geübt werden, denn dadurch erstickt man die Sünde in ihrer Geburt, ehe sie uns durch ihre Reize zu stark wird.

Sobald sich nun ein Mensch in diese Aufmerksamkeit begeben hat, so vermindert sich die Traurigkeit über seinen Zustand ein wenig, er bekommt nunmehro Muth, und hofft durch dieses Mittel zum Zweck zu kommen; allein dadurch wird der Geist noch ruhiger und heiterer, alle Seelenkräfte wirken fast ungehindert fort, und das Gewissen entdeckt den ganzen Greuel der menschlichen Verdorbenheit. Um diese Zeit fängt der Mensch an, einer Empfindung gewahr zu werden, die ihm ganz neu ist. Man fühlt zuweilen eine Neigung, sonderlich, wenn man allein ist und durch nichts gestört wird; oder auch, wenn man eine Zeitlang treu in der Aufmerksamkeit auf sich selbst gewesen, oder eine große sinnliche Lust überwunden hat, sich nieder in den Staub zu legen und anzubeten, man möchte in die untersten Oerter der Erde kriechen, ins Dunkle, um sich zu verstecken. Prüfe sich nun der Mensch, gibt er auf die Wirkungen seines Geistes Acht, so findet er gar nichts, seine Vernunft weiß von nichts, die Einbildungskraft noch weniger, und im Gemüthe spürt man nur diese Neigung, eine unaussprechlich ehrerbietige Empfindung, ein Trieb zum Anbeten, der über alles ist. Dieses Gefühl dauert selten lang, kommt aber gemeiniglich wieder, wenn der Mensch in der Aufmerksamkeit auf sich selbst besonders treu, und übrigens in Befolgung des strengsten Naturgesetzes unverdrossen ist. Ich kann diese obige sonderbare Empfindung nicht anders begreifen, als daß es das Gefühl der Seele von der überall gegenwärtigen Gottheit seyn muß, welches wohl möglich ist, wenn das Gemüth von sinnlichen Dingen sich mehr und mehr entfernt. Denn warum sollte ein Geist den andern nicht empfinden können, wenn sich die Scheidewand, die zwischen beiden war, zu verlieren anfängt. Ja er ists, der Vater der Natur, die Seele empfindet ihn, aber gut ists, daß sie ihn durch ihre Augen der Einbildungskraft nicht erblickt, sie würde, wie Adramelech, sich tausendmal vernichtigen wollen und nicht können, sie würde in der Hölle seyn; schon diese obige schwache Empfindung, ein bloses Gefühl von der Gottheit, macht den Menschen so klein, daß er sich gern in einen Maulwurfshaufen verkriechen möchte, wenn er nur könnte.

Wenn diese Nähe der Gottheit bei fernerer unermüdeter Uebung in der Aufmerksamkeit auf uns selbst und Haltung des Gesetzes immer stärker wahrgenommen wird, so geräth der Mensch ins Beten, es steigen von Zeit zu Zeit tiefe Seufzer aus dem Innersten der Seele zur Gottheit auf, Seufzer, wie eines Gefangenen um Errettung. Hier gilt nun, was Christus sagt: „Es kann niemand zu mir kommen, es sey denn, daß ihn ziehe der Vater, der mich gesandt hat.“ Und endlich fängt an, ein neues Licht in der Seele aufzugehen; von diesem aber muß ich nun gründlicher reden.

Wenn sich der Mensch in der Haltung des Gesetzes mit aller Treue übt, so wird er gewahr, daß es ihm ganz unmöglich sey, dasselbe nach der göttlichen Forderung zu halten, er mag auf alle Gedanken und Gemüthsbewegungen Acht haben, so streng er will, er wird doch täglich fehlen, täglich irren, und täglich von der Sinnlichkeit überwunden werden. Doch gewinnt er immer etwas über sich selbst, wird doch allmählig unvermerkt besser und kommt der Gottheit näher; allein je näher, je mehr Angst, je mehr Reue über begangene Fehler, und endlich, wenn das Gebet hinzukommt und den Menschen noch mehr zu Gott erhebt, so fühlt man in Wahrheit, daß er ein verzehrendes Feuer ist, man kann nicht wieder zurückfallen. Denn man erkennt nun unwidersprechlich gewiß, daß eine ewige Verdammniß auf uns wartet, wenn wir nicht andere Menschen werden. Gehen wir aber weiter, nähern wir uns der Gottheit, so können wir ohne unaussprechliche Angst nicht weiter kommen. Nun beten wir, die Seele ruft immer fort aus der Tiefe des Herzens: Herr! gehe nicht ins Gericht mit mir! Herr, sey gnädig! Herr sey barmherzig! Allein das Gewissen rügt immer nach der Wahrheit, es spricht immerfort das entsetzliche Urtheil: „Ich hätte müssen das Gesetz halten, allein ich habs nicht gethan, folglich ewige Pein verdient.“ Nun ist es Zeit, daß sich der barmherzige Samariter einfinde, den der arme Freigeist so lang bezweifelt hat, ehemals konnt er nicht reimen, was von Erlösung durch Christum gesagt und gelehrt wurde, es war ihm eine Thorheit. Aber jetzt, da das Gewissen in der Vernunft Gericht hält und fast alles am Menschen strafbar wird; Gott selber, dessen Zorn die Seele nun nahe fühlt, wie einer, der des Nachts auf dem Schiffe auf der wilden See erwacht, die in die Ohren gellende nahe Brandung der Wellen an grausamen Felsen hört, mit seinem Schiff in der Höhe und im Abgrund schwebet und alle Augenblicke zu scheitern erwartet, ist dem Menschen fürchterlich und ein verzehrendes Feuer. Nun ist ihm die Erlösung durch Christum süß, und mehr, als moralische Besserung.

Aber wieder auf das neue Licht zu kommen, von dem ich oben sagte; wir entdecken in diesen fürchterlichen Umständen endlich eine neue Empfindung im Gemüthe, die mit dem Gefühl der nahen Gottheit genau vereinigt ist, die tiefe Ehrfurcht vor dem Anbetungswürdigen bleibt; sie wird noch immer stärker, aber anstatt der Angst und schrecklichen Furcht vor Gott, findet sich ein zuversichtliches Zutrauen zum Vater der Menschen ein, die Zerknirschung und die Empfindsamkeit des Herzens wird unendlich, das Rufen aus dem innersten Grund der Seele: Vater, Abba lieber Vater! erbarm dich mein! ist unaufhörlich, und so entstehet vor und nach ein Gefühl der Wahrheit von Christo; die Vernunft, die die höchste Wahrscheinlichkeit der evangelischen Historie weiß und davon überzeugt ist, stimmt zu, alle Sprüche und Reden Christi und seiner Apostel werden nun von unserm Geiste als unwidersprechlich treffend gefunden, und in dem Gefühle der nahen Gottheit kommt ihm im neuen Testamente alles so erhaben und so göttlich vor, daß es ihm in der Seele wehe thut, wenn er die elende Stümpereien der heutigen Kritiker darüber liest und hört, alles ist ihm nun in den heiligen Schriften unendlich wichtig, und er fühlt überall darinnen den lebenden und webenden Geist Gottes; die Vernunft stimmt diesen Empfindungen bei, denn sie findet bei schärfster Prüfung nichts gegen die Wahrheit, aber unendlich vieles, das ihr zu hoch ist. Jeden Augenblick, den er auf die Aufmerksamkeit auf sich selbst verwendet, wird ihm Zeit des Gebets, und endlich durchdringt das Gefühl der Gottheit seine ganze Seele, sie empfindet in allen ihren Kräften den versöhnten Gott. Christi Worte zu jenem Kranken: „Dir sind deine Sünden vergeben!“ sind wie ein Herzensstich, der durch Mark und Bein dringet, und der Mensch wird nun unaussprechlich gewiß, daß ihn Christus bei dem Vater versöhnt habe, und daß er nun seinem Erlöser zu Erb- und Eigenthum verfallen sey.

Hiebei lernt der Mensch die unermeßliche Liebe Gottes in Christo einsehen. Die Liebe des theuersten Gottmenschen zerknirscht ihn dergestalt, daß er tausendmal den Tod wieder für ihn leiden möchte, besonders, wenn ihm einfällt, daß er in seinem vorigen Zustande diesen seinen Fleisch gewordenen Gott verhöhnet und gering geachtet.

Mit dieser Liebe zu Gott und Christo erfüllt der göttliche Friede den ganzen Menschen; und nun fängt der Geist, der vom Vater und Sohn ausgehet, auf die Seelenkräfte durch's geschriebene Wort zu wirken. Der Kampf gegen die Sinnlichkeit wird nun mit Lust fortgesetzt, und so entsteht die sogenannte neue Kreatur, oder der neue Mensch.

Dieses, meine Leser! ist die ganz gewisse und unfehlbare Kur des Religionszweifels, auf keine andere Art kann dem Uebel abgeholfen werden. Nichts anders überzeugt die Vernunft und die Empfindungen, als die gründliche Erfahrung. Allein ich habe noch ein und anderes nachzuholen, das zu diesem Abschnitt gehört.

Der Weg zu Christo, den ich hier der Länge nach beschrieben habe, ist der einzige, und auch bei Christen eben derselbige;

nur mit dem Unterschied: Ein Christ glaubt die Wahrheiten seiner Religion historisch; daher, wenn er einen festen Vorsatz faßt, ein besserer Mensch zu werden, so lehrt ihn schon seine Religion, daß er müsse sein Elend und seine Verdorbenheit erkennen lernen. Er weiß also, daß dieses vorerst nöthig ist, daher betet er sogleich ernstlich zum Erlöser, daß er ihm möchte zu erkennen geben, daß er einen Erlöser nöthig habe, sein Gebet wird, wenn es ernstlich ist und wenn er darin ausharret, endlich erhöret, er wird erleuchtet, sieht seine Verdorbenheit ein, wendet sich zu Christo, und so wird ihm geholfen. Doch dieses ist in Ansehung der Zeit und Umstände, je nach der Beschaffenheit eines Menschen, seiner Sinnlichkeit, seiner Leichtsinnigkeit oder unzähligen andern Umständen mehr, sehr verschieden: Einem wirds schwerer, dem andern leichter; einer ist in diesem Stande länger, der andere kürzer. Unterdessen bleibt die Ordnung und die Grade der Menschenverbesserung immer einerlei, und wer aufmerksam ist, wird mit Erstaunen erkennen lernen, wie genau die Anstalten Gottes den tiefsten psychologischen Regeln und der wahren Natur der Seelen zu ihrer Vervollkommnung angemessen seyn.

Ein Freigeist aber, der redlich und von ganzem Herzen wünscht, die gewisse Wahrheit zu erkennen, der muß diesen schweren Weg wandeln; denn er muß durch die Erfahrung lernen, daß es unmöglich sey, ohne Christum zum Zweck seines Daseyns zu kommen. Ich darf mich erkühnen, folgendes Axiom festzusetzen.

„Ein Zweifler, der dieses Buch mit Ernst und Nachdenken durchliest, und dann diesen darinnen vorgeschriebenen Weg nicht einschlagen will, der zeigt klar, daß er nicht aus Liebe zur Wahrheit zweifle, sondern daß ihm sein Naturleben besser gefalle, und er also lieber sein trauriges Schicksal abwarten will. Nun darf ein solcher sich auch dann nicht mehr über Ungewißheit beschweren."

Ein jeder denkender Leser, der bis daher alles, was ich gesagt habe, mit Aufmerksamkeit durchgedacht hat, wird finden, daß diese meine Anweisung zur Verbesserung des Menschen, mithin zu seiner bleibenden Glückseligkeit, gar genau mit der menschlichen Natur übereinstimme und der Seele ganz angemessen sey, nichts unvernünftig, nichts enthusiastisch, sondern alles reiner, wahrer und psychologischer Gang der wirkenden Seelenkräfte und mitwirkenden Gottheit. Aber nichts legitimirt die heilige Schrift, so wie sie da ist, ins Ganze und Einzelne genommen, mehr, als diese Erfahrungen; alles sympatisirt mit der Lehre Christi und seiner Apostel, und diese ganz genau mit der Haushaltung Gottes im alten Bunde und den Weissagungen der Propheten. Alles predigte von Anfang der Welt bis auf Christum Buße, *μετανοια*, Herzensveränderung, Uebergang aus der Herrschaft der Sinnlichkeit zur Herrschaft des Naturgesetzes. Christus selber konnte vor der Vollendung seiner Erlösung nichts anders thun, als Herzensveränderung predigen. Er lehrte den Kern des Naturgesetzes, befahl, ihn zu halten und an ihn zu glauben, versiegelte dieses alles mit Wundern, so daß derjenige, der sie sah und nur ein Freund der Wahrheit war, sagen mußte: Dieser ist ein Lehrer der Menschen, von Gott gesandt, niemand kann solche Thaten thun, als Gott. Folglich muß er Gott seyn, oder Gott sonderbar durch ihn wirken. Er sagt uns: Ich und der Vater sind eins, wer mich siehet, der siehet den Vater. Das kann nicht Unwahrheit seyn, denn Gott würde einem Lügner, einem Betrüger seine Lügen nicht mit solchen göttlichen Thaten bekräftigen. Folglich dieser Jesus ist Gottes Sohn, er ist der Erlöser der Menschen, ich muß ihm also glauben. Seht! so dachte zur Zeit Christi der jüdische Wahrheitsfreund, und so denkt noch derjenige, der sich in Haltung des Gesetzes ermüdet hat und nun keinen Rath und Hilfe mehr weiß. Denen, die diese letztere Seelengestalt hatten, rief er zu und thuts noch: Kommt her, alle, die ihr mühselig und beladen seyd, ich will euch erquicken! Diese Mühseligkeit, diese Zerarbeitung im Gesetz und Wiederkehr zu Gott, mit einem Wort, der Zug des Vaters zum Sohne. Es kann niemand zu mir kommen, es sey denn, daß ihn ziehe der Vater: sagt Christus. Sollte aber jemand in der Haltung des Naturgesetzes sich anfangen zu beruhigen und in den Wahn verfallen, er thue seine Schuldigkeit, habe also Christum nicht nöthig; so wirds ihm gehen, wie jenem reichen Jüngling, der hatte alles gehalten von seiner Jugend auf. Was fehlt mir noch? Er dachte: Christus wird dir noch nichts nennen können, daß du nicht schon alles gethan habest.

Allein der Erlöser kannte die Forderung des Naturgesetzes besser. Er trug ihm auf: Alles, was er habe, zu verkaufen, den Armen zu geben und ihm nachzufolgen. Denn es war doch nun bald im jüdischen Lande kein Besitz mehr zu hoffen und der Glaube an Christum würde ihm alle Nothdurft verschafft haben.

Die Empfindung zu Ende der Buße, daß die Gottheit versöhnt sey durch Christum, ist der wahre Glaube, der mit der Vergebung der Sünden anfängt, zuweilen wächst, aber auch wohl wieder klein wird, auch im Verborgenen wieder zunimmt. Gleich auf die Vergebung der Sünden folgt die Rechtfertigung, welche wir in der Seele empfinden, in dem Frieden und in der Liebe zu Gott und Christo. Denn diese können nicht anders entstehen, als durch die verborgene Versicherung, daß wir im Gerichte Gottes von unserer Schuld frei gesprochen worden. Wenn nun der Geist Jesu Christi durch die Gnade sich mit der Seele vereinigt, so entsteht die Wiedergeburt, und der Wachsthum des neuen Menschen ist sodann die Heiligung.

Diese Terminologie wollte ich deswegen anhängen, damit ein Religionszweifler sehen möchte, daß es keine leere Töne, sondern Wahrheiten sind, die rechtschaffene Gottesgelehrten nach der Offenbarung und Erfahrung der Kürze wegen ausgedacht und gebraucht haben.

Ich fühle noch immer zwei wichtige Steine des Anstoßes, die dem Religionszweifler, der bis dahin gelesen hat, noch immer im Wege sind. Er wird sagen: Ja, alles, was ihr uns da gesagt habt, ist gut. Allein erstlich ist mir noch immer unbegreiflich, daß Gott, der die Liebe ist, nicht besser für das menschliche Geschlecht gesorgt und die christliche Religion nur an einen so kleinen Theil der Menschheit sollte offenbart haben. Und dann kommt uns der Weg, den sie uns da vorgeschlagen haben, sonderlich gegen das Ende ganz enthusiastisch vor, es lautet alles so schwärmerisch, es ist uns zu gefährlich, zu folgen. Ich will euch auf beides gründlich antworten.

Was das erste betrifft, das ist schon zum Theil in der Einleitung beantwortet worden, man merke noch dieses: Soll Gott den Menschen Christum aufdringen, ihnen, die er zu vernünftigen Geschöpfen gemacht hat? Genug, diese Anstalt ist an die Menschen offenbart. Haben sie dieselben nicht durch die ganze Welt bekannt werden lassen, sondern sie gehindert, daran ist Gott keine Schuld. Und dann, wo wissen wir, ob nicht ein rechtschaffner Huron, Irokese oder Otahitaner, wenn er in Beobachtung seiner Pflichten treu ist, eben den versöhnten Gott durch Christum finden wird, auch dunkel erkennen lernt, daß Gott durch eine oder andere Art versöhnt worden, auch an den Versöhner glaubt, ob er schon nicht davon reden kann, keine Worte und Begriffe davon hat, das alles aber doch empfindet, und wenn er dieser Empfindung treu bleibt, endlich mit unaussprechlicher Freude seinen unbekannten Bruder, der ihn erlöst hat und König der Welt ist, in jenem Leben entdecken und kennen lernen wird? Laß uns Gott nur die Welt regieren lassen und uns nicht darum bekümmern. Es wird denen zu Tyro und Sydon, Amerikanern, Insulanern, Indianern, Hottentotten, Kamtschadaliern, Zemblanern, Mohren und Negern weit erträglicher gehen am Tage des Gerichts, als denen, die Christum, es sey mit Worten oder mit Werken verläugnen, da ihnen sein Licht hell in die Augen scheint und doch nicht sehen wollen. Laßt uns nur thun, was wir thun sollen, wir, denen der Herr so vieles anvertraut hat, vieles wird er auch von uns fordern, wenn er kommen wird. Er bleibt lang aus, allein, ob er verzieht, so wird er doch unvermutheter kommen. Ich warte im Glauben auf die Erschrinung Christi, der mein Herr und mein Gott ist! Und hätte ich geirrt, das in diesem Fall nicht möglich ist, so will ich nach meiner Ueberkunft in die Ewigkeit mich nach ihm umsehen, und werde ich ihn nicht finden, so finde ich den Vater der Menschen. Er wird mich belohnen, denn ich habe gesucht, nach meiner Erkenntniß vollkommener zu werden, ich bin ihm bis in den Tod treu gewesen, dann wird er mir Gnade zuwinken. Aber gewiß, ich werde ihn finden, meinen Heiland, zu seinen Füßen anbeten, ich werde ihn an seiner verklärten Menschheit, an seinen Wundenmahlen kennen und vor Wonne und unaussprechlicher Freude ausser mir selbst seyn, Freunde! ein Tag, ein Jahr geht nach dem andern hin, der große entscheidende Zeitpunkt wird bald kommen!

Der zweite Einwurf, die Furcht vor dem Enthusiasmus, ist nun noch übrig, ihr fürchtet ihn da, wo es eure Besserung betrifft, im Uebrigen aber gesteht ihr, er mache euch glücklich. — Was ist Enthusiasmus? — Werdet doch einmal nüchtern! Kann eine Liebe zu Gott, zu Christo übertrieben, das ist, enthusiastisch genennt werden? — Gesegnet sey mir der Enthusiasmus! Oder ist euch bange, ihr solltet irren, das Falsche für wahr und das Wahre für falsch erkennen; und also in Enthusiasmus für ein Scheinding in ein Unding verfallen, mithin eure edle Lebenszeit vergeblich versäumen. Hierauf antworte ich, und wer gegen diese Antwort noch etwas einwenden kann, mit dem ist kein Reden mehr.

Wir haben das Naturgesetz vor uns, wir haben die höchste Moral vor uns, alle Empfindungen, die uns dazu verhelfen, daß wir derselben gemäß leben und uns also dem Ziel der menschlichen Vollkommenheit, der Gottähnlichkeit näher bringen, die uns diesen Weg leichter machen oder uns nähere Wahrheiten davon entdecken: Alle diese Empfindungen und Kräfte sind göttlich, sind heilig, ich bin bei Verlust meiner Seeligkeit daran gebunden. Nennt ihrs Enthusiasmus, so muß ich sagen: Gesegnet sey mir der Enthusiasmus! — Nun antwortet: sind denn alle Mittel, die ich in diesem Abschnitt angegeben habe, nicht alle mit einander vernünftig und wahrscheinlich? —

Gebt Gott die Ehre, gestehet die Wahrheit, und küsset den Sohn, daß er nicht zürne!

. . . .

Wirkungen der Glaubenskur.

Die Frucht des Geistes ist: Liebe, Freude, Friede, Großmuth, Wohlthätigkeit, Güte, Glaube, Sanftmuth, Enthaltung. Gegen Leute von solcher Art ist kein Gesetz. Die Christo angehören, haben das Fleisch sammt den Leidenschaften und Begierden gekreuzigt.

Paulus B. an die Galat.
C. 5, V. 22–24.

Dritter Abschnitt.

Wir haben nun den Menschen bis dahin gebracht, wo nunmehro der Geist Jesu Christi mitwirkt und den Seelenkräften im Kampf gegen die Sinnlichkeit beisteht. Vor dieser Veränderung kämpfte die Kraft des Menschen gegen sich selbst, sie konnte sich also nicht selbst überwinden, weil sie nicht stärker seyn konnte, als sie selbst ist; aber nun, da die Gnade mitwirkt, ist der Streit, mithin die Ueberwindung leichter. Wir wollen unsern Weg verfolgen und die Wirkungen dieser neuen Seelenbeschaffenheit mit flüchtigem Blick übersehen. Diese Wirkungen müssen betrachtet werden:

1) Auf den Menschen selbst und seine Seelenkräfte.

2) Auf seinen äussern Wirkungskreis, das ist, auf sein Thun und Lassen.

Die Empfindung der nahen und versöhnten Gottheit hat bei dem veränderten Menschen eine solche Macht auf sein Herz, daß dasselbe ein ganz anderes Gefühl von dem Wahren, Guten und Schönen bekommt, als es vorhin hatte. Ueberall, wo Leben und Bewegung ist, empfindet es den nahen beständig fortwirkenden Gott in der ganzen Natur, wie er die ganze

Schöpfung, so weit sie unsere Sinne und Verstand erreichen können, immerfort zum Wohl seiner Geschöpfe weislich, unendlich weislich regiert, das Böse nicht immer austilgt, aber doch allezeit seines Endzwecks verfehlen macht. Wir finden diesen überall nahen, mächtig herrschenden Gott als versöhnt, als unsern Vater, und daher sehen wir überall keine Gefahr, wir wissen, daß er uns bewahrt; so daß wir keinen Fuß ohne seinen Willen an einen Stein stoßen können, daß kein Haar ohne seinen Willen auf die Erde falle und verloren werde, daß wir in ihm leben, weben und bestehen. Alles dieses sind nicht blos Ueberzeugungen der Vernunft, sondern lebendige, erfahrungsvolle Wahrheiten.

Dieses Gefühl dessen, was in jedem einzeln göttlich wahr ist, verbreitet sich auf alle Gegenstände, alles sehen wir in Gott an und unterscheiden den Charakter des Göttlichen von dem Ungöttlichen und das Wahre von dem Falschen.

Das Gute wird ebenso empfunden. Der Christ findet überall, wo göttliche Wirkung, Geschäfte seines Gottes ist, wahre Güte, er weiß, daß alles, was er macht, gut ist, wo aber Menschen arbeiten, Stückwerk, Schwäche und Bösartigkeit webet. Und eben die Bewandtniß hat es mit dem Schönen. Schönheit ist der Seelen Nahrung, sinnliche Schönheiten empfindet sie im sinnlichen Zustand als wahre Schönheiten; aber nun ist ihr nichts mehr schön, als die Gottheit und ihre unverdorbene Werke, da nämlich, wo die Liebe, Güte und Wahrheit Gottes darinnen charakterisirt ist. Das sinnliche Schöne betrachtet der Christ aus eben diesem Gesichtspunkt. Alles wird bös, garstig, häßlich, was nicht Abdruck und Bild der Gottheit ist und was nicht die Seelenkräfte verbessert und Gott ähnlich macht. In allem verherrlicht er Gott, es sey, was es wolle, sinnlich oder geistig und alles muß ihm zur Lehre und Besserung dienen. Das Ebenmaß, der Wohlklang der ganzen Kreatur. Alle wohlgestimmte Saiten der Sphärenmusik empfindet er, die ganze Natur lobet Gott, aber er hört ihr Lob, er ist Virtuos in ihrem Concert. Er sucht überall die schwerste und unangenehmste Dissonanzen in Harmonie aufzulösen und wo es ihm zu sauer wird, da freut er sich aufs große Abendmahl, wo er mit den Vätern der Vorwelt, die Gott fürchteten, wird zu Tische sitzen, wo der menschenliebende König ihn an der Hand fassen und zu ihm sagen wird: Ey du frommer, du getreuer Knecht! du warst im Kleinen redlich, nun soll dir viel anvertraut werden. Gehe ein zur Freude deines Herrn! —

Aber hier hat die geänderte Empfindungskraft, in Absicht auf den Menschen selbst, noch nicht ihre Grenzen; das zerbrochene, zerschlagene und verwundete Herz ist nun lauter Gefühl, lauter Empfindung. Eine jede Beleidigung des versöhnten Gottes und seines Erlösers, wär's auch nur ein bloser Gedanke, schmerzt ihn; er fühlt die Schlangenstiche immerfort, aber eben diese Schmerzen sind es, die ihn bessern, was vorhin im Naturstand blose Vernunftüberzeugung im Gewissen war, das ist jetzt Gefühl und so viel härter, so viel empfindlicher. Damals war's Furcht vor Strafe, jetzt aber ists Empfindung der Beleidigung des Geliebten; jene trieb zur Haltung der Pflichten, diese noch stärker, aber nicht aus Hoffnung der Belohnung, sondern nur dem Geliebten zu gefallen. Daher wächst Erfahrung aus dieser Beständigkeit in der Liebe und diese wächst und erfüllt endlich die Schranken des menschlichen Geistes, der zum Lieben gemacht ist: da ist nun der größte Schmerz für der Geliebten wahre Seligkeit. Die selige Frau de la Motte Guyon sagt irgendwo: Wenn ein wahrhaftig Gott liebender Mensch könnte verdammt seyn, so würde ihm die höllische Qual Seligkeit werden. Und anderswo singt diese göttliche, verliebte Dame:

Laß mich auf dem Rande des Abgrunds wallen,
Zerstöre mein Böses nach deinem Gefallen.
Gerechtigkeit Gottes! vollende an mir,
Und schlachte dein Opfer, vernicht'ge mich hier.
Ich freue mich himmlisch in Martern und Leiden.
Man senge, man brenne! ich singe vor Freuden:
O Liebe! wenn du wirst durch Opfer genähret,
So laß mich durch deine Gluth werden verzehret.

Vielleicht wird hier einer oder der andern hochvernünftige Philosoph sagen: Das war wieder eine historische Frau, die ihre fleischliche Liebe auf ihren Erlöser platonisirt hatte. Und wenn das wäre, so muß ich doch immer sagen: Gesegnet sey mir ein solcher Platonismus und Enthusiasmus! — Hier in diesem Fall nimmt man übertriebene Empfindungen übel, in tausend andern Fällen nicht. Und doch kann die Liebe zu einem unendlichen Gut nie übertrieben werden; und Gott wirds nie einem Menschen übel nehmen, wenn eins seiner Kinder auch Thorheiten aus Liebe zu ihm beginge, wenn sie nur weder einem noch dem andern an seiner Besserung schaden können.

Ich befürchte niemalen, daß der Enthusiasmus zu Gott und in seinem Dienst zu groß werde, er wird Besserung meines Herzens hervorbringen und mich großmüthig machen, alle widrige Schicksale meines Lebens freudig durchzuwandeln und auszuhalten.

Noch ein Gefühl des Herzens, welches mit dem vorigen genau verwandt ist, wirket auf den begnadigten Menschen, es ist eine Empfindung eigener Schwäche und eigener Verdorbenheit. Diese entsteht nicht allein aus dem Gesicht und Bemerkung der unendlich vielen Fehler, die wir immerfort begehen, sondern aus dem Vergleich mit dem menschlichen Geist, Gott wird von dem Menschen nahe empfunden, alle seine unendliche Tugenden empfindet unsere Seele, wird davon in Erstaunen gesetzt. Sie sieht über dieses göttliche Meer hin und sieht kein Ende, lauter Gott, wo sie ihre Augen hinwendet; sie wirft alsdann einen Blick auf sich selbst und findet, daß sie nichts ist; sie kommt sich selbst geringschätzig vor. Wo ists doch möglich, denkt sie, daß der Mensch, der Wurm, einige Achtung vor sich selbst haben kann! — Der Mensch, dessen Wirkungskreis so unendlich enge Schranken hat, und so wenig, als er auch vermag, so bemüht er sich doch mit allem Fleiß, seiner Bestimmung entgegen zu arbeiten. Wenn sie nun bedenkt, daß es Gott doch noch beliebt hat, für ihre ewige Glückseligkeit zu sorgen, so zerschmelzt sie in Empfindung hin. Und dieses ist die wahre Schönheit, die dem Erlöser gefällt, seine Eingeweide brausen alsdann vor Liebe, und er schenkt Fülle über Fülle aus der Schatzkammer seiner Gnade. Noch mehrere Arten von vortrefflichen Empfindungen äussern sich in dem getheilten Herzen, sie sind aber ebenso allgemein nicht, daher will ich nichts davon sagen und zu den Wirkungen der Gnade auf die Vernunft und Verstandeskräfte übergehen.

Die Zweifler, Deisten und Freigeister thun uns groß Unrecht, wenn sie uns Schuld geben: Wir verwerfen die Vernunft, lästerten dieselbe, und das darum, damit wir desto mehr Anlaß finden möchten, unsere Träume an den Mann zu bringen. Nein! sie irren gröblich in diesem Stück und verstehen uns nicht. Die unbehutsamen Ausdrücke vieler christlichen Schriftsteller, die dem Wort Vernunft einen andern Verstand beigelegt haben, als demselben in den Schulen gegeben wird, sind freilich Schuld daran, und wenn sie sich darüber erklären, so erhellet dieses ganz deutlich. Sie verstehen durch die Vernunft die Eigenschaft der Seele, vermöge welcher sie aus Hunger nach Wahrheit sich Dinge selber zu beurtheilen untersteht, die außer ihren Schranken sind, oder wo sie Schlüsse macht auf göttliche Dinge, deren Vordersätze sie nicht fest stellen kann. Mit einem Wort: die den Gottesgelehrten so verhaßte Vernunft ist nichts anders, als die stolze Vermessenheit, alles zu beurtheilen, auch da, wo man überzeugt ist, daß es uns zu hoch ist und wir nicht urtheilen können. Es ist also leicht einzusehen, daß die vortreffliche Seelenkraft, die wir im wahren Verstande die Vernunft heißen, niemalen verworfen werden kann, als von boshaften Menschen und daß sie die Gottesgelehrten eben so sehr zu schätzen wissen und vielleicht noch mehr, als die Freigeister. Unsere Hauptsache ist nur, unsere Seelenkräfte zu erhöhen und zu verbessern. Wenn dieses nun geschehen soll, so müssen wir ja zu allererst einsehen lernen, wie viel in unserm Vermögen, in unsern Schranken ist, was wir leisten und was wir nicht leisten können; wie ist es sonst möglich, an unserer Besserung mitzuwirken? Nun hat aber der menschliche Stolz vor und nach der Vernunft ein so weites Reich eingeräumt, daß es freilich entsetzlich demüthigend ist, wenn bei unpartheiischer Untersuchung gefunden wird, daß sie ein so kleines Plätzchen im Reiche der Wahrheit eingenommen hat und beherrscht. Wir müssen aus dem Reiche der Hypothesen heraus geführt werden und hernach dasjenige, was unsere wahre Glückseligkeit befördert, nach Anleitung der Offenbarung und der Erfahrung im göttlichen Wege einfältig glauben. Uebrigens aber, was innerhalb den Schranken unserer Vernunft ist, und die Wahrheiten, die wir durch sie wissen können, die dürfen wir zu entdecken suchen, in so weit sie zur Beförderung unsers Wohls zu dienen im Stand sind.

Mir fällt noch ein, daß auch die Vernunft im umgekehrten Zustande durch die Sinnlichkeit sehr verfälscht und verdorben worden, so, daß sie sehr viele Trugschlüsse zu machen gewohnt ist, die der Eigenliebe und den Lüsten schmeicheln. Sie ist also in dem Verstand eine sehr unsichere Führerin. Z. B. es gibt Jemand, der dem öffentlichen Gottesdienste sehr wenig oder gar nicht beiwohnt, zur Ursache an: Alles, was mir der Prediger sagen kann, weiß ich schon, warum sollt ich hingehen? Wer sieht nicht, daß dieser scheinbare Vernunftschluß falsch ist, sobald seine Vordersätze genauer untersucht werden. Der Hauptsatz, woraus diese Folgerung fließt, ist dieser: Man gehet nur darum in die Kirche, um etwas zu lernen, das man noch nicht weiß. Dieses ist aber nicht allein die Ursache, es ist vielmehr die geringste; die Hauptursache des Kirchengehens ist neben obiger vornemlich die, durch Singen, durch Gebet und Anhörung des Vortrags göttlicher Wahrheiten das Herz empfindsamer, den Geist ruhiger und heiterer zu machen; durch stille Feier und Betrachtungen wöchentlich einmal, vornemlich sich ganz von allem Irdischen los zu machen und der wirkenden Gnade zur Besserung mehr Raum zu geben. Wer sieht aber auch zugleich nicht, daß die Sinnlichkeit die Vernunft auf sothane Weise übertäubt und überrascht, weil es sie eben ennuyirt, ein paar Stunden, geschweige einen ganzen Tag, ruhig dem Herrn zu feiern. Dieses Exempel habe ich nur darum aus vielen Tausenden herausgesucht, um klar zu beweisen, daß ein sinnlicher Mensch eben so wenig seiner Vernunft trauen könne, als ein wollüstiger, unbändiger und tyrannischer Despot dem Rath seines Lieblings, es mag derselbe nun so weise seyn, als er will.

Weil bei einem wahren Christen die Empfindungen, die innern Gefühle des Herzens zugleich mit den äußern Sinnen auf die Vernunft wirken und sie daher anschauende Urtheile und sodann Schlüsse, die den Willen zu den Handlungen bestimmen, machen muß, so ist leicht einzusehen, besonders, wenn man noch Rücksicht auf ihre Verdorbenheit hat, wie ungemein viel an der wahren Berichtigung und Reinigung der Vernunft gelegen sey. Ich will ihren verbesserten Zustand kurz beschreiben, so wird alles deutlich werden. Mit einem Wort: Die Vernunft eines wahren Christen wird zu lauter Gewissen!!!

In äusserlichen Dingen, die zu Wissenschaften und dergleichen gehören, richtet sich die Vernunft in Erforschung der Wahrheit nach gewissen psychologischen Gesetzen; der gemeine Mann thut dieses sowohl als der Gelehrte. Diese Gesetze haben die Philosophen vernünftig ausgesucht und sie in ein Lehrgebäude gebracht, das wir die Ontologie, oder ins Ganze genommen, die Metaphysik heißen.

Eben solche Gesetze muß aber auch die Vernunft im Moralischen haben, sie muß in ihrem Thun und Lassen eben sowohl eine Richtschnur haben, nach welcher sie den Willen bestimmen kann; und diese sind, wie auch obige, in der Seele gegründet. Wir finden ihre Quelle im Gewissen. Wenn auch diese Regeln, wornach sich die Vernunft in Bestimmung des Willens zu richten hat, wissenschaftlich verfaßt und vorgetragen werden, so nennen wir dieses das Naturgesetz oder man könnte auch die metaphysische Moral sagen. Diese Facultät des Gewissens liegt noch immer unverdorben tief in der Natur der Seele begraben; allein die Vernunft, durch die Sinnlichkeit übertäubt, ist so weit davon abgewichen und so sehr gewohnt, den sinnlichen Reizen die Stimme zu geben, daß es endlich fast nicht mehr möglich wahr ist, die Richtschnur des

Thuns und Lassens zu finden. Daher hat auch Gott dafür gesorgt, daß dieses heilige Naturgesetz immer schriftlich, sinnlich unter den Menschen möchte gefunden werden, damit sie nicht nöthig hätten, tief darnach zu suchen oder sich gar mit der Unwissenheit zu entschuldigen. Die Geschichte des Naturgesetzes unter den Menschen, denen es besonders anvertraut worden, ist unsere Bibel. Christus, der Erlöser der Welt, hat es im reinsten Verstande theoretisch und praktisch gelehrt und mit seinem Blute versiegelt. Zeigt mir ein solches Buch: Es schäme sich ein jeder, zu zweifeln, obs Offenbarung sey! Die gesunde Vernunft approbirt es ganz gewiß, daß die Bibel die reinste Moral enthalte. Sind wir denn nicht schuldig, sie zur Richtschnur unsers Lebens zu machen?

Wenn also die Vernunft von der auf sie wirkenden Sinnlichkeit losgemacht und auf ihren wahren Stand isolirt ist, wie in dem Christenthum geschehen muß, so kennt sie ihre Grenzen ganz genau. Alle moralische Schlüsse, die sie nun macht, haben ihre Prämissen in der tiefsten Wurzel des Naturgesetzes, das ist, in der Offenbarung, in der Lehre Christi und seiner Apostel. Daraus folgen also fruchtbare Bestimmungen des Willens; sie schließt: mir dient es zur wahren Ruh, mehr nicht, als die Nothdurft zu besitzen, zur Freude, dem Dürftigen von dem, was ich nicht bedarf, Gutes zu thun, dadurch sammle ich mir Schätze auf die Zukunft. Ich habe keinen großen Vorrath nöthig, denn mein Vater im Himmel sorgt für mich. Mein Leib bleibt gesund und mein Geist munter und heiter, wenn ich mäßig lebe und die sinnlichen Lüste verläugne. Ich schwäche dadurch die feindseligen Kräfte, die mich an meiner Besserung, an meiner Glückseligkeit hindern, und dadurch bekomme ich Gelegenheit, dem Hungrigen mein Brod zu brechen, den Durstigen zu tränken und den Nackenden zu kleiden; und endlich führt mich die Heiterkeit des Geistes zu hohen Betrachtungen und gewährt mir wahre Erkenntnisse, die Einfluß auf mein glückseliges Leben haben können. Ich verlange keine weltliche Ehre, sie ist vergänglich und gefährlich. Die größte Ehre ist der hohe Adel der Christen, sie sind nach dem Innern aus göttlichem Samen gezeugt. Diese kurze Zeit des Lebens ist eine Zeit der Prüfung, ein illystres Gymnasium, wo wir uns in unsern edlen Ritterspielen üben müssen und uns zu einer andern herrlichen Welt bequem machen. Ich kann und will deswegen der Verachtetste seyn, um desto besser zu lernen und lernen zu können. Sehet! das sind Schlüsse, die die geheiligte Vernunft macht. In wissenschaftlichen Dingen erkennt sie den Vater aller Kräfte für den Ursprung alles Lebens und aller Bewegung, der zwar wieder nach bestimmten Naturgesetzen in der Welt wirkt, auch durch unzählige Unterkräfte wirkt, doch schauen wir durch alles hindurch auf den Allgegenwärtigen, und wir wissen, daß es eben keine Wunder sind, auch gar wohl mit der Reihe der Dinge bestehen könne, wann auch zuweilen etwas einen andern Lauf nimmt, den Kindern Gottes zu dienen.

Der Wille ist endlich der Ausführer der obern Seelenkräfte, vom Schöpfer im unverdorbenen Zustande blos der Vernunft untergeordnet, das zu thun, was die Vernunft für das Beste erkennt. Nachher aber hat auch die Sinnlichkeit die Herrschaft über denselben bekommen, so daß er die Lüste vollbringt, die Vernunft und das Gewissen mögen dazu sagen, was sie wollen.

Im geänderten wiedergebornen Menschen aber sind die Empfindungen aufs Wahre, wesentliche Gute und Schöne gestimmt. Gewissen und Vernunft sind vereinigt und alle streiten mit der Sinnlichkeit. Daher wird die Expedition des Willens wieder von den obern Seelenkräften ausgeführt, und also handelt der Mensch wiederum nach der anerschaffenen Ordnung, folglich breitet der Christ Glückseligkeit um sich aus, so viel er kann. Es ist aber zu bemerken, daß ich von einem rechten wahren Christen hier rede. Bei Anfängern geht dieses alles strauchelnd, fallend, aufstehend und schwächlich zu. Ach! wie rar sind aber solche edle Menschen.

Ich habe nun kürzlich den innern Wirkungskreis einer geänderten, verbesserten Seele durchgegangen. Ich wende mich also nun zum Thun und Lassen des Christen; seine Handlungen bezeichnen seinen Charakter, daran kann man ihn kennen lernen.

Ein Christ weiß, daß die Worte ungemein vielen Einfluß auf das Moralische anderer Menschen haben. Daher redet er nichts, als was vorher vor der geheiligten Vernunft geprüft worden, obs nützlich, wesentlich wahr, gut und schön sey; folglich redet er wenig, aber wichtig, und handelt mehr. Christus sagt: Lasset euer Licht leuchten vor den Leuten, daß sie eure gute Werke sehen und euern Vater im Himmel preisen. Diese Eigenschaft trägt aber vieles dazu bei, daß man anfangende und auch schon ziemlich weit geförderte Christen so leicht nicht entdeckt, denn sie reden wenig, folglich bleiben sie gemeiniglich verborgen.

Ob nun gleich ein Christ die Pflicht auf sich hat, sein Licht leuchten zu lassen, so hat er doch auch eine andere zu beobachten, welche diese immer mäßiget und ihr Schranken setzt. Alle seine Handlungen nämlich, sobald sie eigene Ehre und Selbstdünkel hervorbringen können, so ist er schuldig, dieselbe so viel verborgen zu halten, als möglich ist, ohne jedoch der Glückseligkeit des Nächsten zu schaden. Christus sah dieses gründlich ein, daher gebot er beim Allmosengeben und Fasten die Verborgenheit vor den Menschen. Er selbsten gab uns davon ein Muster. Seine Wunder verrichtet er so viel heimlich und ohne Geräusch als möglich war. Was aber Handlungen sind, die vor den Menschen geschehen müssen, die sollen allezeit ein reiner und wahrer Abdruck des reinsten Naturgesetzes, folglich eine Nachfolge Christi seyn. Zum Exempel, alle solche Pflichten, die nur mich betreffen, meine eigne Glückseligkeit befördern, die muß ich so viel geheim halten, als mir möglich ist, damit ich nicht stolz werde und Gott die Ehre raube; denn durch dessen Gnade bin ich ja, was ich bin. Alle Handlungen aber, die meines Nebenmenschen Glück befördern, müssen so viel offenbar werden, als zum Zweck nöthig ist, weiter aber nicht.

Die Christen haben aber noch etwas an sich, darüber die sinnlichen Menschen oft spotten. Es wäre zu wünschen, daß sie darinnen mehr dem Exempel ihres Heilandes folgten; ich meyne das Sauersehen, die Kopfhängerei. Dieses gewöhnen sich die mehrsten an, zu der Zeit, wenn sie so viele innere Leiden und Kämpfe auszustehen haben, sie behalten zu sehr diese üble Gewohnheit hernachmals bei und geben den Weltmenschen Anlaß zu spotten. Christus hat diesem Uebel schon vorgebeugt. Er befahl seinen Anhängern, daß sie nicht finster aussehen sollten, wenn sie fasteten, und sich in diesem Fall den Heuchlern nicht gleich stellen; und Paulus ermahnt und gebeut, allezeit fröhlich zu seyn. Der rechtschaffene wahre Christ aber läßt sich nicht merken, auch wenn ihm innerlich die Wasser bis an die Seele gehen, er befleißigt sich einer gleichmüthigen und großmüthigen Munterkeit und Heiterkeit im Umgang mit andern Menschen. Besonders hat der Christ etwas Charakteristisches in den Gesichtszügen, Heiterkeit und Ruhe ist darinnen ausgezeichnet, und so zeigt er sich in allen seinen Handlungen.

Falsche Christen oder auch gutmeynende Menschen, wenn sie einmal zu einer gewissen Zeit recht ernstlich, wie sie meynen, ihre Verdorbenheit beweint, auch darauf Trost empfunden haben, so glauben sie, sie hätten nunmehro den schweren Stand ausgehalten, sie seyen nun wiedergeborene Kinder Gottes, sie beruhigen sich dabei in ihrem Wahn, weil sie grobe Fehler, die sie vorhin an sich hatten, abgelegt haben, und da sie öfters den an sich ganz richtigen Satz der Reformirten: Ein Christ könne nicht wieder aus der Gnade fallen, mißbrauchen, indem sie denken, ich bin bekehrt, begnadigt, mir kanns nun nicht fehlen, so bleiben sie still stehen, ihr Verbesserungsgeschäft bleibt liegen, und weil sie sich nun nicht ferner mehr darum bemühen, so sind solche Menschen beklagenswürdiger, als wirklich sinnliche Menschen, die in der That wissen, daß sie noch keine Kinder Gottes sind. Diese wahrhaftig pharisäische Menschen sind eine rechte Geisel, eine Schande des Christenthums. Sie wollen immer Christen vorstellen, die Welt sieht auf sie; bemerket aber so viele Fehler, daß sie unmöglich von solchen Exempeln auf die seligen Wirkungen des Christenthums schließen kann, und diese Folgen sind um so viel schlimmer, weil es solcher Scheinchristen eine grosse Menge gibt. Sie reden schön von der Religion, haben ein äußerlich ehrbares Wesen an sich, mögen gar mit Niemand, als ihres Gleichen, umgehen, sie bilden sich ein, sie würden durch den Umgang mit Weltmenschen befleckt, eben wie die Pharisäer, die es Christo unmöglich vergeben konnten, daß er so viel mit den verhaßten Zöllnern und Sündern umging.

Die Zweifler und Freigeister beobachten solche Menschen und schließen von ihnen auf die Religion und das Christenthum. Diese Schandflecke urtheilen immer über andere neben ihnen, sind Splitterrichter und sehen ihren eigenen Balken nicht. Diese sind es nicht, woran ihr die Wirkungen der Religion erfahren und prüfen könnt: ob sie schon auch oftmalen in großem Ruf der Heiligkeit stehen. Wahre Christen verlangen nicht dafür angesehen zu werden, sie sind verborgen, wandeln unbemerkt unter den Menschen, gehen mit allen ohne Unterschied um, wo es ihr Beruf erfordert, oder wo sie etwas bessern können, wo aber weder Pflicht noch Beruf sie zum Ausgehen treibt, da bleiben sie zurück, wandeln im Himmel und sind im äussern Ansehen nach dem Exempel ihres Meisters mehrentheils geringe unansehnliche Leute. Große Uebungen und Zusammenkünfte solcher Menschen, die sich vor Christen bekennen, sind es selten, wo man die recht gründlichen Christen findet, ich nehme solche Uebungen aus, wo ein wahrhaftig begnadigter Mann lehrt und getreue Anweisungen aus Erfahrung gibt. Alle andere führen zum Eigendünkel, zum geistlichen Stolz und Pharisäismus, sie mögen so gut scheinen, als sie wollen; und darum müßt ihr auch da den exemplarischen Menschen nicht suchen, woran ihr die raren Wirkungen der Religion prüfen wollt.

Ich habe diese Woche noch eine Erfahrung gehabt, die es sehr deutlich macht, was ich sagen will. Verwichenen Sonntag Nachmittag kam ein Bauer in zerrissenem Kittel zu mir und ersuchte mich, mit ihm zu einer kranken Frau, drei Viertelstunden ausser der Stadt wohnhaft, zu gehn, es seyen arme

Leute, sagte er, doch hätten sie ein Bauerngütchen und fänden ihr Brod reichlich darauf, sonst aber könnten sie wenig oder nichts ersparen. Ich ging alsofort mit. Bei meiner Ankunft fand ich eine elende Hütte, die kaum vor dem Regen schützte, in der Küche ging der sechszigjährige Mann herum, um ein paar Kühe zu besorgen, seine Füße und Beine waren sehr dick und mit vielen Lumpen umwunden, mühsam schleppte er sie nach, nebst einem Eimer Getränke für das Vieh. Seine Frau von eben dem Alter hörte ich schon in jenem finstern Loch, das ihre Stube war, jammern, und jeder Seufzer preßte dem alten Mann eine Thräne aus. Mein Begleiter, der mit seinem jungen Weibchen bei diesen alten Leuten im Hause wohnte, fing auch schon beim Eintritt ins Haus an, sympathetisch mitzuempfinden. Ich kroch in die Stube hinein, wo die kranke Frau vor einem Tisch auf einem Stuhl saß, mit dem Haupt auf dem Tisch liegend und unter jedem Aug lag auf der Erde ein nasser Fleck. Die junge Frau meines Begleiters saß auf einer Seite und hielt sie im Arm. Ich setzte mich still neben die Patientin nieder auf eine alte Kiste, sie war halb in Ohnmacht, der Schmerz hatte sie aus dem Bett getrieben und alle Augenblick drohte der Paroxismus, sie zu ersticken. Die Gedärme zogen sich im Unterleib wie eine Kugel zusammen und ihr Schmerz war grausam. Die Patientin nahm mich nicht wahr; jeder Seufzer war ein brünstiges Stoßgebetlein zum Vater im Himmel und um Vergebung der Sünden zum Erlöser. Zuweilen, wenn der Schmerz ein wenig nachließ, so flossen aus der Fülle ihres Herzens solche wesentliche Ausflüsse einer vollkommenen begnadigten Seele, daß ich über solche Erkenntnisse und Erfahrungen erstaunen mußte, besonders, da die Person nicht einmal lesen konnte. Ich wurde aufs äusserste gerührt, ergriff sie bei der Hand und grüßte sie. Darauf drehte sie das Haupt um, sie rauchte wie ein Ofen und der Angstschweiß floß über das Gesicht herunter. Sie sah mich voller Sehnsucht an, und voller Gnade und Großmuth sprach sie: Herr Doctor! könnt Ihr mir nur den Schmerz lindern, so thut es! könnt Ihr aber nicht, so geschehe des Herrn Wille! — Ich sprach ihr zu, ermunterte sie zum heldenmüthigen Aushalten in diesem Leiden und ermahnte sie, mit kindlichem Zutrauen in ihrem Gebet unablässig fortzufahren, damit es dem Herrn gefallen möchte, meine Mittel zu segnen. Und so eilte ich voller Wehmuth nach Haus, um ihr geschwind Hülfe zu schaffen. Der gute Mensch, der mich abgeholt hatte, lief ungeheißen wieder mit mir, um die Arznei geschwind mitzunehmen, ob er gleich keinen Lohn davon bekam, auch gar nicht mit den alten Leuten verwandt war. Er hatte gemerkt, daß ich christlich mit der Frau gesprochen hatte, daher war er nun offenherziger, und auch hier erfuhr ich wiederum die Gewalt der Religion auf die Besserung des Herzens; der Mensch floß über von himmlischer Gesinntheit, Liebe und Rechtschaffenheit. Ehe er wieder nach Haus ging, zeigte er mir seinen rechten Fuß, über welchen ich von Herzen erschrack und ich mir nicht vorstellen konnte, wie der Mensch so munter und geschwind in dem schmutzigen Regenwetter mit mir fortlaufen konnte. Ein paar Tage hernach kam die gute Frau selber an meine Thür, und ich konnte sie nicht bewegen, in meine Stube zu gehen. Sie hatte fünfzehn Stüber in ein Papier gewickelt, die sie mir für meine treue Hülfe, wie sie sagte, absolut aufdringen wollte. Sie sagte: Sie hätte nicht mehr, dieses aber gebe sie von Herzen gern und wenns noch dreimal so viel wäre. Ich redete Verschiedenes mit ihr an der Thür, fand Schätze von Weisheit und Gnade bei ihr und so entließ ich sie im Segen und mit nassen Augen. Bei dieser Gelegenheit fiel mir das einfältige, aber sonst ganz vortreffliche Lied ein: „Es glänzet der Christen inwendiges Leben,“ und unter andern die Strophen:

Sie scheinen von aussen die schlechtesten Leute,
Ein Schauspiel der Engel, ein Eckel der Welt.

Und in einer andern Strophe:

Sie wandeln auf Erden und leben im Himmel;
Sie bleiben ohnmächtig und schützen die Welt;
Sie schmecken den Frieden bei allem Getümmel;
Sie haben, die Aermsten, was ihnen gefällt;

Sie stehen in Leiden und bleiben in Freuden;
Sie scheinen ertödtet den äusseren Sinnen;
Und führen das Leben des Glaubens von innen.

Solche Kleinode der Menschheit und Geburten der Religion Christi sind zwar rar, aber doch noch aller Orten anzutreffen. O möchten sie seyn, wie ein Ferment, welches das ganze menschliche Geschlecht durchdringt! Allein dieses wird wohl ein vergebener Wunsch seyn.

Ich kann mich nicht weiter über die Wirkungen der Glaubenskur ausbreiten. Genug sind die Erfüllung des reinsten Naturgesetzes, und derowegen schließe ich dieses gutgemeynte Traktätchen, und bitte alle Leser desselben nicht auf Styl und Schreibart, sondern auf die Wahrheit zu merken.

O du vollendeter Herzog der Seligkeit, König der Menschen! heilige diese dir geweihte Schrift durch deinen Geist der Wahrheit, lege Kraft und Nachdruck auf jedes Wort, auf daß alle, die es lesen werden, von deinem Licht durchstrahlt und erleuchtet wiederkehren mögen zu deinem glorreichen Scepter des Friedens. Zieh doch täglich eine Anzahl deiner Menschen, eine große Anzahl zu dir in deine Festungen und steure allen Werkzeugen des Unglaubens, damit sie nicht länger dein Reich verwüsten und schwächen mögen. Mein Herr und mein Gott! hier lege ich die Feder vor deinem Throne nieder, laß mich sie nie brauchen, als zum Preise deines Namens und zur Beförderung meiner und meines Nächsten Glückseligkeit. Dir sey Lob, Preis und Herrlichkeit gebracht von einem Ende der Welt zum andern, bis in die Ewigkeit. Amen!

VII.

Die
Schleuder eines Hirtenknaben

gegen den

hohnsprechenden Philister,

den Verfasser

des

Sebaldus Nothanker.

An das Publikum.

Alle, die mich kennen, werden bei Lesung dieser Blätter staunen und sagen: Wie kommt der zu einem solchen scharfen und hämischen Styl? — Die mich aber nicht kennen, werden mich gewiß aus folgenden Bögen auch nicht kennen lernen. Es war meinem Herzen recht lästig, einem Menschen zu Leibe zu gehen, der mich geradezu nicht mehr beleidiget hat, als auch andere Christen. Beiden Arten von Lesern aber muß ich aufrichtig sagen, daß ich einen Antrieb in meinem Gewissen fühlte, dem Herrn Verfasser des Sebaldus Nothanker und denen, die über seine ungesalzene Schmierereien lachen, öffentlich vor der ganzen Welt ins Gesicht zu sagen, daß er ein boshafter Spötter der Religion und ein Stümper von Romanenschreiber sey. Dieses nicht nur zu sagen, sondern auch zu beweisen, ist gar nicht schwer.

Ein ernster Zweifler, der mit Wahrheitsliebe die Grundsätze der christlichen Religion untersucht, muß weder gestrichelt noch gehechelt werden. Ein jeder sey seiner Meynung gewiß, und wer es glaubt zu seyn, der ist glückselig. Ich für meinen Theil bin der Wahrheit von Jesu Christo, seiner seligmachenden Gnade, der Wiedergeburt, Rechtfertigung und Heiligung so gewiß, als der strengsten mathematischen Wahrheiten. Die wunderbaren Schicksale meines Lebens und die sichtbaren Erhörungen meiner Seufzer zu Jesu Christo sind mir mehr als alle

Demonstrationen; allein, wenn ein andrer sonst gutherziger ehrlicher Mann diese Ueberzeugung nicht hat, soll ich den darum nicht lieben, nicht hochschätzen? —

Voltaire ist nunmehr ein alter Greis, dem Ende seiner Tage nahe: darum will ich nicht, einer unzeitigen Geburt gleich, noch seine grauen Haare zupfen. Der gerechte Vergelter, dessen Barmherzigkeit unergründlich ist, wird wissen, was mit ihm in der Ewigkeit anzufangen ist. Alle seine mit ungemeinem Witze gesalzene Spötteleien sind so fein, daß sie unter der niedern Classe von Menschen nicht viel Schaden anrichten können, besonders da seine Sachen französisch geschrieben und für Werkeltagsmenschen zu hoch sind; wiewohl dieser Mann mit der Toleranz doch eine solche Gleichgültigkeit in der Religion in die Welt eingeführt hat, daß es mit Thränen nicht genug zu beklagen ist. Eben die witzigen Spötteleien dieses französischen Dichters haben die Gottesgelehrten rege gemacht, daß sie ihm durch vernünftige Beweisgründe haben begegnen wollen; dadurch aber ist noch mehr Schaden als Nutzen angerichtet worden: denn da die christliche Religion sich nur auf historische Thatsachen und auf eigene Seelenerfahrung gründet, so ist klar, daß durch die Demonstration weiter nichts heraus kam, als ein heidnisch-moralisch-philosophisches Christenthum, nicht viel besser als Confucianismus, Mahometismus und dergleichen. Aus diesen Abweichungen der Theologen von der uralten apostolischen Bekehrungsmethode, sind nun leider mehr Socinianer, Socinians-Naturalisten, Deisten, Freigeister und Spötter entstanden, als durch alle voltärische Witzeleien. Hätte man die Leute auf den Glauben an den auferstandenen Welheiland, zum Gebet um Erleuchtung und zu rechtschaffener Sinnesänderung verwiesen, und sie dazu angehalten, ohne sich mit dergleichen Thorheiten abzugeben, indem es nicht möglich ist, daß Sachen, die vor so vielen hundert Jahren geschehen sind, können mathematisch demonstrirt werden; so würde man erfahren haben, daß Christus Recht habe, wenn er sagt: daß diejenigen, welche den Willen seines himmlischen Vaters thun würden, inne werden sollten, daß seine Lehre von Gott sey.

Die Menschen sind von Natur gewohnt, den Reizen ihrer Sinnlichkeit zu folgen und derselben Genüge zu leisten; es ist aber gewiß, daß eben die Menschen Anlage haben, zu einer hohen Vollkommenheit zu gelangen, zu welcher sie auch von ihrem Schöpfer bestimmt sind. Nun hat aber die Erfahrung von jeher gelehrt, daß der Mensch, wenn er seiner Sinnlichkeit und ihren Reizen folgt, nicht vollkommener, sondern immer unvollkommner werde. Es ist also gewiß, daß wir Menschen, wenn wir das Ziel unsrer Schöpfung, die wahre Glückseligkeit erreichen wollen, unsrer Sinnlichkeit absterben und einen ihr entgegengesetzten Weg einschlagen müssen. Diesen Weg zeigt uns nun die christliche Religion. Es läßt sich leicht begreifen, daß eine höhere Kraft zu unsrer Besserung nöthig sey, als die wir selbsten besitzen: denn da es ein Widerspruch ist, daß eine Kraft sich selber sollte überwinden können, so folgt natürlich, daß noch eine andere hinzukommen müsse, wenn wir uns selbst überwinden sollen. Nun ist aber Christus dazu Mensch geworden; dazu hat er gelitten; dazu ist er auferstanden, daß er durch seinen Geist, durch seine Gnade auch in uns die Werke des Fleisches (das ist, die Reize der Sinnlichkeit) zerstöre und überwinde.

Diese Vervollkommnung thut aber nun freilich, sonderlich im Anfange, dem Menschen wehe. Und darum haben die Philosophen von jeher gesucht, ob man nicht einen andern Weg finden könne, der gemächlicher sey; und dieses ist endlich, wenigstens menschlichem Wahn nach, gelungen.

Spinoza und Edelmann brachen das Eis; sie wußten den Faden so einzufädeln, daß, da einmal gefunden worden, daß die Welt mit den Menschen eine Maschine sey, die nach ununterbrochenen gesetzmäßigen Folgen ihre Umwälzungen in einem fort verrichtete, nunmehr die immerwährende fortdauernde Mitwirkung des Schöpfers nicht mehr nöthig sey. Gott, das liebenswürdigste Wesen, das von Unbeginn sich als einen König der Menschen immer in Regierung derselben thätig bewiesen, wurde nunmehr als ein von der Welt entfernter Gott angesehen, der sich gar nicht mehr mit seiner Hände Werk melirte. Leibnitz und nach ihm Wolff traten in Deutschland auf, da sie aber von den allerersten Grundsätzen der Ersten nicht genugsam abwichen, nicht genug die Erfahrungssätze der göttlichen Offenbarung an die Welt mit in ihr System einflochten; so wurde die Sache, ob sie es schon beide recht gut meynten, gar nicht gebessert. Gott bleibt immer ein metaphysischer Gott, und dem Alterthume zu Ehren und aus Höflichkeit glaubt man noch immer, daß ehemals ein guter Mann in der Welt gewesen, der Christus geheißen habe.

Da nun die Leibnitz-Wolffianische Lehre zur Schulphilosophie geworden (wir haben auch wirklich keine bessere): so werden junge Leute, die studiren sollen, dadurch zum Demonstriren eingeleitet. Die Seele, des Demonstrirens gewohnt, betrachtet nun alles mit mathematischem Auge, geht mit dieser Rüstung ins Religionssystem ein; da kann sie nun nicht mehr fort, da heißt es: Glaubet an das Evangelium. Der Jüngling, der gewohnt ist, immer: Warum zu sagen, erschrickt, daß er ohne Demonstration glauben soll; jetzt fallt ihm ein Buch von Voltaire in die Hand, und, siehe da! er wankt und zweifelt.

Dieses nach meiner Meynung die erste Quelle, woraus unsre heutige freigeisterische Zeiten zu erklären sind.

Wie sehr wär es nun zu wünschen, daß unsre Gottesgelehrten endlich einmal aufhörten, in Religionssachen aus vernünftig seyn sollende Grundsätzen zu demonstriren. Nichts aber ist verkehrter, als gar die Bibel darnach reformiren zu wollen! Ist die Vernunft über die Offenbarung, ei! so haben wir sie nicht nöthig, und wir sind Heiden, wie die Griechen und Römer waren: und alsdann ist die Anlage des menschlichen Geistes vom Schöpfer übel gemacht worden, und alle seine grossen Messiasanstalten, von Anfang der Welt her, sind vergeblich gewesen. Ist aber die Offenbarung über die Vernunft: so arbeiten die Theologen, welche sie reformiren wollen, gegen Gott, und also zum Verderben.

Es läßt sich also einsehen, wie behutsam heutiges Tages ein Schriftsteller zu Werke gehen müsse, der von Religionssachen schreiben will, daß er weder zum Aberglauben noch zum Unglauben wanke. Doch kann keine grössere Frevelthat begangen werden, als wenn ein Mensch bei kritischen Umständen auf die allerinsinuanteste Weise auftritt, und die äussere sowohl als die innere Verfassung unsrer liebenswürdigsten Religion zu untergraben sucht. Die Religion, die doch in den beinahe achtzehnhundert Jahren, die sie gedauert hat, mehr gute und rechtschaffene Menschen, bei aller ihrer Ausartung gebildet hat, als die ersten viertausend Jahre alle Religionen zusammen, ich will von der individuellen Glückseligkeit eines jeden wahren Christen nicht einmal reden.

Bei allen diesen kritischen Umständen tritt in der Mitte der protestantischen Kirche ein Buchhändler, Herr Nicolai in Berlin, auf, schreibt mit einer ironischen Laune einen Roman, unter dem Titel: „Leben und Meynungen des Herrn Magister Sebaldus Nothanker," ein Buch, worinnen die Prediger der protestantischen Kirche, und mit ihnen die allertheuersten Wahrheiten der Religion, auf eine so infame Weise durchgezogen und lächerlich gemacht werden, daß es mit Thränen nicht genug zu beklagen ist, wie viel Menschen dadurch zu lachen und zu sündigen gereizt werden.

Unsre deutschen Jünglinge, die sich entweder dem Kaufmannsstande oder der Gelehrsamkeit widmen wollen, die eines theils in diesen freidenkerischen Zeiten Leben, andern theils ohnehin zur Eitelkeit und zum Lesen der Romanen inkliniren, kaufen dieses Buch häufig. Sie lesen; die ironisch-launische Schreibart kitzelt; der natürliche Mensch haßt ohnehin die ihn bessernde Religion; wird froh über alle die Mängel der Kirche, was halb wahrscheinlich ist, überredet ihn; sein Haß gegen alles, was heilig ist, wird größer; Kirche, Lehrer, Gotteswort und Sakramente werden altfränkisch und lächerlich, und nun ist der Freigeist vollkommen.

Sehen Sie, geehrte Leser! Dieses schädliche Buch hab ich mir vorgenommen zu widerlegen, und die Ehre der Religion gegen diesen hohnsprechenden Philister zu vertheidigen. Und weil ein trockner dogmatischer Styl von unsern deutschen Jünglingen nicht würde gelesen werden, so hab ich mich einer aufgeweckten Schreibart bedienen müssen. Ich habe den Verfasser nicht mehr schonen können als geschehen ist: Niemand verdient mehr bittere Verweise, als einer, der göttlichen Dingen hohnspricht, ohne Mittel zu etwas besserem anzuweisen.

Ich hoffe, keiner Entschuldigung nöthig zu haben, daß ich, als Arzt, mich mit theologischen Sachen abgebe. Ein jeder Christ ist verbunden, seine Religion zu vertheidigen, wo ihr geradewegs und noch mit Hohn widersprochen wird. Ueberdas kommen dergleichen Bücher selten den Theologen in die Hände; wie können sie aber vertheidigen, wenn sie von nichts wissen. Und endlich griff der Verfasser die Prediger vornehmlich an: es wird also mir, als einem Unpartheiischen, besser anstehen, ihm unter Augen zu treten.

Hony soit qui mal y pense.

Ich mag Ihnen in der heutigen Tages gewöhnlichen Waffenrüstung nicht entgegen gehen; ich bins eben nicht gewohnt: und wenn ichs gewohnt wäre, so muß ich Ihnen dreist sagen, Sie verdienen nicht, daß man Ihnen ordnungsmäßig vors Gesicht komme.

Sie haben da ein Buch geschrieben, oder besser, Sie haben eins angefangen zu schreiben; denn wenns rund werden soll, so bin ich gewiß, daß noch ein hübscher Band wenigstens zusammengedichtet und getrachtet werden muß. Mit diesem Büchlein laßt uns beide nun einmal ans Tageslicht gehen und es im hellsten, reinsten Sonnenstrahle betrachten. — Wer sind Sie? — Das will ich Ihnen sagen, mein Herr! Nächst dem, was Sie auf der Titelseite allem Vermuthen nach werden gesehen haben: „Ein vernünftiger Verehrer der erhabensten Religion Jesu Christi," und also ein Ritterbürtiger, der sich, kraft seines Namens und Standes, beinahe zu gut hält, es mit kleinen, faden Geisterchen aufzunehmen. Aber mit Ihnen, mein Herr! scheint mir doch in etwa der Mühe werth zu seyn. Sie machens zu bunt! Jetzt ernstlich zur Sache!!!

Die Religion Jesu Christi hat auch für denjenigen, der sich nicht dazu bekennt, so was Ehrwürdiges, daß er sich, wenn er nur nicht gar ein Thier vom Menschen ist, nicht unterstehen wird, dieselbe lächerlich zu machen.

Wer? Was? Was wollen Sie? Wer will denn eure Religion? — Warten Sie, Herr Verfasser! — So weit sind wir noch nicht.

Und doch gibts anjetzo solcher Thiere genug. — Stelle man sich einen rechtschaffenen Christen vor, hat nicht sein Bekenntniß Einfluß auf Leben und Glückseligkeit der ganzen Menschheit? — Beruhiget es nicht das Herz des Christen? Er fühlt

Wonne und Seligkeit auch im Leiden; heißts Enthusiasmus, heißts wie ihr wollt! Er geht stille daher, bedauert euch übergroße Menschen oder Riesengestalten, und verschwindet. Ihr verschwindet, und dann gilt Rechtens; da ist keine Berliner Schule, kein schöngeisterisches Tribunal mehr, wo man über diesen Witz lacht, über jenen Stich sich kitzelt; dieses schön preist: jenes wahr heißt, und was des mehr ist. Da wird nach dem ächten Maßstabe der Natur gemessen werden, da wirds heißen: „Du! welche war deine Absicht, wie du Nothankers Leben schriebst." Die Antwort — Ha! ich wollte eben die Pfarrer ein wenig striegeln, und so im Vorbeigange die Schöngeister kitzeln und lachen machen. Sagen Sie mir, wird Ihnen da der ernste Beherrscher der ganzen Menschheit, der Donnerer im hohen Himmel, dessen Worte fressende Feuerstrahlen sind, wird Ihnen der auch Gnade zulächeln? Der, vor dessen Angesicht Erde und Himmel wegbebt, wird der eines spöttelnden Geistes schonen, der seine Rechte aufhebt, mit Wiedergeburt, Allegorie der ehrwürdigen Offenbarung (das ist sie doch immer, auch wenns nur menschliche Werke wären) und dergleichen den Spott treibt? Hören Sie das Urtheil, das gewiß gesprochen werden wird, wenn Sie nicht zum Vater der Menschen hintreten und sagen: Vater! ich habe gesündiget im Himmel und vor dir, u. s. w.

„Du hast ein Buch geschrieben. Die Ursache war, deinen Witz, deine Kunst zu zeigen, ein berühmter Autor zu seyn. Die Materie dazu nahmst du, nach dem herrschenden Geschmacke deiner Zeit, aus der schwachen Seite meiner Anhänger; es waren aber doch meine Knechte und Diener, wie verdorben sie seyn mochten: denn sie bekannten sich zu mir: Tausend Jünglinge und Jungfrauen machtest du lachen, freutest dich mit ihnen, daß mein Reich so schwach und schlecht aussähe, verdarbst vollends den zarten Keim zukünftiger Besserung des Geistes nach meinem Sinne, und machtest also mein Heiligthum zugleich lächerlich. Weiche von mir, du gehörst in mein Reich nicht!" —

Hören Sie, mein Herr! es sieht freilich im Lehrstand eben

so verdorben aus, als auch in den andern Ständen. Auch selbst im hochblühenden Schöngeisterstande wagt sich manch Zwergmännchen, thürmt Ballen von Druckpapier wie hohe Berge aufeinander, steht oben drauf, ruft: Guck! da bin ich auch. Allein, es ist wahr, ich möchte doch nicht gerne den Gesandten eines großen Königs, der im Namen seines Principals in meiner Stadt residirt, schimpfen, wenn er auch in aller Form Rechtens ein Lump wäre. — Der König würde seine Ehre retten und sagen: Mensch! wer hat dich über meine Sachen zu Richter gesetzt? Aber lieben und belohnen wird mich der König, wenn ich mit treuem und frommem Herzen seiner Knechte einen zurechtweise. Das bleibt immer wahr; auch der allerunwürdigste Prediger steht doch da, als Gesandter Gottes und Christi; sein Charakter soll uns doch immer ehrwürdig bleiben, wenn uns seine Person um so viel verächtlicher ist. Welch Volk unter allen Völkern hat nicht immer Respect gegen seine Priesterschaft beobachtet; und wie hat die Nachwelt von denen raisonnirt, die sie verspottet haben?

Allein laßt uns ins Detail gehen, um Ihnen recht gründlich zu weisen, daß Sie erstlich nicht einmal Geschick haben, ein Buch mit Geschmack zu schreiben, und hernach, daß es keine Bigotterie von mir ist, was ich Ihnen schon oben gesagt habe, sondern daß es wahr und volle Gewißheit sey, die auch der vollendetste Freidenker einsehen wird.

Wären Sie von Profession ein Gelehrter, d. h. müßten Sie mit Bücherschreiben Ihr Brod erwerben, so müßte man Sie billig bedauern. Allein dieses ist hier der Fall nicht; blos der Kitzel sticht Sie, Ihre Waare zu Markte zu bringen, und siehe da! ein Popanz, ein Unding, das in keiner Welt unter allen möglichen wahr seyn kann, kommt ans Licht. Gekauft wirds doch, ja mein Herr! — leider! — Laßt uns einmal die Hauptpersonen beim Lichte besehen! Herr Magister Nothanker ist der Held des Stücks. Er ist ein braver, ehrlicher Mann, der um ein paar paradoxer Sätze willen immer unglücklich, dadurch aber niemals klug wird, sondern, wenns dem Autor gefällt, seine Maschine wieder an einen andern Ort zu bewegen, so muß er zu allem Unglücke wieder ein Paradoxon seyn; ein Mann, der so oft durch Schaden gewitziget worden, der doch so ziemlich indifferent und tolerant ist, wird sich wohl hüten, ferner Dinge zu predigen, die ihn unglücklich machen, und die auch, nach seiner eigenen Einsicht, nicht einmal zum Wesen der Religion gehören. Aber die Geschichte muß doch fortgehen, und also, Herr Magister: Sie müssen wieder ein Paradoxon predigen.

Doch diese Figur und des Majors seine präsentiren sich noch am besten; nur Schade! daß der Herr Verfasser eben nichts empfindet, auch den empfindsamen Magister nichts fühlen läßt, wenn es zweifelhaft wird, ob seiner Gattin erster Sohn wirklich sein ist. Schade, daß auch der kaltherzige Verfasser bei dem Tode der Wilhelmine ironisch von apokalyptischer Entzückung redet, das reimt sich, wie ein Seiltänzer zum jüngsten Gericht.

Ewig ists nicht wahr, daß Wilhelmine eine Wolffianerin ist; doch mag sie meinetwegen!

Uebertrieben sind die mehresten Charakter; wer nur ein halbes Gefühl hat, wirds inne werden.

Doch der erste Band mag vergessen werden; ist nichts daran gelegen. Aber zum zweiten Bande! Wer da Ohren hat zu hören, der höre! —

Die erste Carricatur von Menschen ist, wie uns der Herr Verfasser weißmacht, ein Pietiste. Ei was! ein Pietiste? — Ja, mein Herr! und doch muß ich Ihnen sagen, daß dieser Unsinn, den Sie da an Mann bringen wollen, wieder ganz am unrechten Ort ist. Einen wahren Pietisten lächerlich zu machen, wäre mehr als teuflisch. Also einen falschen Pietisten — und diese Personnage da, die Sie so heißen, ist gar kein Pietist, mehr Sinzendorfianer, und dieses auch noch nicht: das Ende zeigts, es ist ein Phantom, das sich nirgend schickt, als in den Kopf des Herrn Verfassers. Aber was ihm auch verdirbt, so geräth ihm doch sein Spott über die heiligsten Sachen immer.

Ein falscher Pietist ist ein Mensch, der die allerhöchste Moralität affektirt, der sich darstellt, engelrein zu seyn, doch aber eben so wohl Mensch ist, wie ein andrer: nur daß er seine Schwäche verbirgt, und, um mehr als andere so zu scheinen, so schmählt er gern auf die Unvollkommenheiten der Menschen, besonders seiner Mitchristen. Jetzt sehen Sie, ein falscher Pietist heißt mit einem andern Wort ein Erzheuchler. Hätten Sie nur diesen ihren Mann so recht erbaulich von der Kraft des Christen gegen die Versuchungen (aber ohne Spötteleien) reden; hätten Sie ihn über die Schwäche andrer Menschen klagen, und dann bei der ersten Gelegenheit zum Kampf gegen die Lüste fallen lassen, so wäre ein falscher Pietist herausgekommen. Doch das wäre zu vernünftig für den Herrn Verfasser. —

Gut! — daß der Schatten des ehrlichen Mannes im Frieden ruht, der ehemals das alte Lied: „Wacht auf, ruft uns die Stimme,“ gemacht hat. Ihn wirds nicht stören, daß dieses zwar alte, aber noch immer unsträfliche Lied, das Signal zur rasendsten Spötterei christlicher Religionssätze geben muß! — Wen wirds nicht kränken, wenn irgend ein Portrait eines seiner Vorfahren mit einer Narrenkappe gekrönt wird!

Nothanker sieht einen vor sich gehen, der dieß Lied singt, er naht hinzu und singt mit.

Nach einigen Wortwechselungen kommen wir zu etwas, das zum Steckenpferd des Herrn Verfassers gehört. Da ist die Rede von der Verdorbenheit des Menschen, die der sogenannte Pietist im höchsten Grade behauptet. Nun, da lachen Sie dann, Herr Verfasser! und halten. Noch ehe Sie auslachen, hören Sie! Moses hat wenigstens dem Gotte der Wahrheit in den Mund gelegt: „Das Dichten und Trachten des menschlichen Herzens ist böse von Jugend auf und immerdar,“ und Moses lügt wohl nicht.

Eben diese götliche Majestät klagt durch die ganze Bibel über die Verdorbenheit seiner Menschen. Der, der sich aus Liebe für sie zu Tode martern ließ, darf ich in dieser Sache den Namen nennen? den großen Namen! Jesus Christus (zittern Sie vor diesem Heiligthume) beklagte und beweinte seine ganze Lebenszeit durch bis in den Tod die Verdorbenheit seines Volks. Ja, die Bibel! — da sind wir nicht einerlei Meynung.

Nun so kommen Sie denn. Sie werden doch glauben, daß der Mensch einer höhern Moralität fähig sey, als er, überhaupt betrachtet, wirklich hat, und werden Sie mir nicht auch zugestehen, daß es ungeheure Laster unter den Menschen gibt? — Ja, daß die Menschen, ins Ganze genommen, abstrahirt von aller Erziehung, alle miteinander nicht den Weg der philosophischen Tugend, geschweige der christlichen, einschlagen: Wenden Sie mir keine wilde Nationen ein, die haben die Schranken der Naturgesetze aus der ersten Hand. Sebaldus Einwendung ist die Sprache aller Freigeister, die nichts für sündlich halten, als was just der menschlichen Gesellschaft zuwider ist. Ei! das gesteh ich; ist das aber nicht auch Sünde, was unsre moralische Verbesserung aufhält? — Der Mensch kann durch den Weg der christlichen Religion zu hoher Vollkommenheit gelangen, die Erfahrung lehrt häufig, daß es auch wirklich geschehen ist. Wer aber nun die Mittel der christlichen Religion versäumt, oder gar von sich stößt, sündigt der auch nicht, versteht sich, wenn sie ihm bekannt sind? — Hatte also der Pietist nicht recht, wenn er sagte: „Die arme menschliche Natur sey ganz verderbt;" und war Ihr Nothanker nicht ein elender Theologe, da ers läugnete? —

Nun aber schaudert mir die Haut. Jetzt gehts über die göttliche Gnade her. — Gnade! das hohe apostolisch-geadelte Machtwort Gottes und Christi.

Der Pietist sagt: „Wie könnten wir etwas Gutes wirken, wenn es die allein wirkende Gnade nicht wirkte;" dieses legen Sie der Person in den Mund, die Sie lächerlich machen wollen. Ihren Sebald lassen Sie antworten: „Die Gnade wirke nicht wie ein Keil aufs Klotz. Gott habe die Kräfte zum Guten in uns selbst gelegt. Er wolle, daß wir thätig seyn sollten, so viel Gutes zu thun, als uns möglich ist. Er habe Würde und Güte in die menschliche Natur gelegt."

Schämen müssen Sie sich vor Gott und Menschen, daß

Sie so elend räsonniren! Hören Sie die erhabenen Lehrsätze der Apostel ins Kurze gefaßt.

Die menschliche Natur ist ganz verdorben, d. i. die Menschen, sich selbst überlassen, wandeln ihre Wege fort, dergestalten, daß sie, anstatt immer mehr Gott ähnlicher, mithin vollkommen glückselig zu werden, immer zurück bleiben, immer mehr und mehr ihre Seele mit vergänglichen Scheingütern sättigen, und also sich immer mehr und mehr vom Entzwecke, wozu sie bestimmt sind, entfernen, denn ihre Leidenschaften, die Wurzel mit all ihren Zweigen, wird immer genährt, und auf diese Weise ist also an keine Verbesserung des menschlichen Geistes zu denken.

Sehen Sie sich um, hat jamals eine philosophische Moral der ganzen Welt dieses geleistet? — ich nehm ein paar einzelne Fälle aus. Die philosophische Moral also ist unkräftig, den Menschen zu seiner bestimmten Vollkommenheit zu bringen.

Jesus Christus kommt in die Welt. Er und seine Apostel zeigen die höchste Moral in ihrer majestätischen Einfalt, und die ganze Welt muß sagen, sie ist die schönste.

Aber jetzt, wie sieht's ums Halten aus? auch der Mensch, der sich mit allen seinen Kräften daran gibt, scheitert und bringt's nicht zu Stande. Nun zeigt uns eben der Geist Jesu Christi, der die Apostel belebte, wie wir auch dazu gelangen können, daß uns Christi Joch sanft und eine leichte Last wird. Nämlich: Christus war sterblich. Er mußte durch Leiden und Tod vollkommen gemacht, und also der Herzog der Seligkeit und der unsterbliche König der ganzen Creatur werden. Nach der Einnehmung seines Throns sandte er seinen Geist, der mit wirkender Kraft den menschlichen Geist unterstützen sollte, sobald der Mensch nur herzlich seiner Hülfe begehrte.

Diese wirkende Kraft des Geistes Jesu Christi heißen wir Christen die Gnade.

Nicht wahr, mein Herr Nothanker! das sind böhmische Dörfer? — Ja, aber denn auch keinen Schritt weiter. So haben Sie auch nicht Recht, einen Küster oder Dorfschulmeister zu belachen.

Nun weiter! Daß Sie die christliche Religion lächerlich machen wollen, versteht sich am Rande; daß Sie aber nichts davon wissen, gar keine Kenntnisse von den Geheimnissen derselben haben, das ist sehr schlecht! Es ist unerhört, daß ein Mensch, der so viel tausend Bücher, die von derselben handeln, verkauft hat, seine Waare nicht besser kennt. Unerhört ist es, etwas zu lästern, das man gar nicht versteht. — Sie müssen wohl so einen Kannengießergeist haben, der sich in höhere Sachen mischt, als seine Vernunft reicht. Hin zum Nachteulennest! wer den Tag scheut.

Der Pietist fährt fort, Wahrheiten zu sagen, die der Hr. Verf. für Narrheiten halten muß, weil er sie lächerlich machen will. Er behauptet nämlich: die Tugenden, welche wir aus eignen Kräften ausüben, seyen Scheintugenden. Um Gott wohlgefällig zu werden, müsse man Elend und Unwürdigkeit an sich sehen.

Wollt ihr zu Jesu Heerden,
So müßt ihr gottlos werden!
Das heißt, ihr müßt die Sünden
Erkennen und empfinden.

Die Gnade müsse alles in uns thun; wir müßten recht klein, recht unwürdig werden.

Wenn wir uns mit den Siechen
Ins Lazareth verkriechen.

Wie mußten Sie so froh seyn, als Ihr Gehirn den Fund ausgeboren hatte!

Woltersdorf ist auch bei uns in gesegnetem Andenken. Es bleibt dieser theuere Name ehrwürdig bis ans Ende der Tage. Ihm wirds nichts schaden, daß derselbe in diesem Buche unschuldiger Weise wie ans schwarze Brett angekratzt worden: von ihm sollen obige Strophen seyn.

Jetzt laßt uns sehen, Herr Nothanker, wie weit die Schleuder reicht.

Paulus sagt irgendwo: „Wo die Sünde mächtig ist, da ist die Gnade noch mächtiger." Der Pietist redet also wieder aus der Bibel. Nun, damit Sie auch sehen, daß diese Lehre gar kein Unsinn ist, sondern sogar wohl mit der Vernunft übereinstimme, so merken Sie auf:

Wenn der Mensch sieht, daß seine Kräfte nicht zureichen, sich vollkommner zu machen, Gott ähnlicher zu werden, so fleht er also, wie oben gesagt worden, um den göttlichen Beistand. Der Geist Jesu Christi fängt an, ihn durch die Wirkung der Gnade zu unterstützen. Alle Seelenkräfte werden erhöht, verstärkt, folglich auch der Verstand. Jetzt fängt der Mensch an einzusehen, welche Reinigkeit dazu gehöre, vollkommen zu werden, wie der Vater im Himmel vollkommen ist; auf der andern Seite sieht er seine so sehr abgewichene Natur, den großen Abstand zwischen ihm und Gott; er sieht wirklich ein, daß alles dasjenige, was er vorhin als Tugenden angesehen, blos aus Eigenliebe geborne Handlungen sind; mit einem Wort, er erkennt sein Elend. — Die Gottesgelehrten haben also die Erkenntniß der Sünde von jeher für den ersten Grad des ausübenden Christenthums gehalten. Gar recht sagt also der seinem Gott bis in den Tod getreue Woltersdorf: daß der Mensch sich für gottlos erkennen, daß er seine Sünden empfinden müsse. Vollkommen wahr ists, daß sich ein Mensch müsse zu Christo gleichsam wie ein Kranker, Ohnmächtiger, der sich nicht rathen noch helfen kann, hinbegeben. Hat nun der fromme Mann dieses ein bischen einfältig in Versen gesagt; ei! was werden einem Bauersmann, und derer sind doch die meisten, Klopstocks Oden helfen? selbst Gellerts Lieder sind noch für manchen zu hoch, wie ich aus Erfahrung weiß. Verbesserung der Kirchengesänge ist mehrentheils Thorheit.

Sebaldus, der just so redet, wie sein Verfasser will, um den Pietisten endlich bloszustellen, sieht alles dies wie der Esel das umlaufende Mühlrad an, spricht ordentlich wie ein ausgemachter Dummkopf, und endlich sagt er ganz unerträglich, unbegreiflich schwachsinnig: „Ich pflege das Vater Unser zu beten; darin steht nichts vom Durchbruch, nichts vom Bundesblute, nichts von der Wiedergeburt und von der alleinwirkenden Gnade." Ei! der ist doch wohl der elendeste unter allen Dorfpfarrern! Stauzius hat recht, daß er ihn weggesagt hat, wenn er nicht besser weiß, was Vernunft und Unsinn ist! Der ist ein lebendes Zeugniß von der Weisheit dessen, der ihn so schön ausstaffirt hat. Ists möglich, daß so viele große und gelehrte Männer einen so aberwitzigen Schriftsteller können ungehechelt lassen. Doch — da die Religion lächerlich werden sollte, so mußte ja die Hauptperson des Buchs, die ihr allenfalls noch zur Brust stehen konnte, ein feigherziger Kerl seyn.

Erstlich: Wer hat Ihnen weiß gemacht, daß das Unser Vater, oder Vater Unser, wie Sie wollen, ein Inbegriff aller Wahrheiten der Religion sey? Hat nicht Christus selbst anderwo gesagt: Ringet darnach, daß ihr eingehet durch die enge Pforte? Dieses bedeuten wir mit einem Wort, und nennen es Durchbruch. Sagt nicht Christus: Er lasse sein Leben für die Schaafe? Schärft Er dieses nicht durch das hochbedeutende Brodbrechen und Kelchdarreichung zum ewigen Andenken ein? Thun wir also unrecht, wenn wir den geheimnißvollen Tod unsers Erlösers und seine segensvolle Frucht mit dem Worte: Bundesblut, ausdrücken? — Hat er nicht ausdrücklich dem Nikodemus die Wiedergeburt angedrungen? Und endlich zum Ueberfluß: Was betest du, elender Nothanker, denn, wenn du sagst: Dein Reich komme! — Schließt diese Bitte nicht alle Anstalten und Reichsverfassungen Gottes und Christi in sich? —

Entweder Sie müssen offenherzig gestehen, ich will gar mit Christo nichts zu thun haben; Er geht mich nichts an: und alsdann gehören Sie zu einem andern Menschenvolke, Sie sind ein elender Missethäter, der sich untersteht, Majestäten zu lästern, und verdienen auch von dem Könige, dem Sie dienen, Strafe; oder Sie bekennen sich zu Christo, alsdann wird auch dieser Gott der Schöpfung wissen, was Er mit Ihnen zu thun hat.

Nun kommen wir so vor und nach zur Ewigkeit der Höllenstrafen, wie? — das weiß ich nicht; wir kommen eben darauf, mögen als einmal ein paar Ruthen lang springen, schadet nicht. Das Wort Schwefelpfuhl muß mit den Haaren herbeigezogen werden. Sebald kann ohne alle Gnade seinen Räubern verzeihen und gute Besserung wünschen. Das ist nicht wahr, ohne Heuchelei und ohne Gnade Feinde zu lieben, ist eine Schimäre. Haben doch viele Herrn Pfarrer dem Verfasser nichts zu Leide gethan; Christus mit seiner Lehre hat ihm nichts zu Leide gethan, und doch — Wo ist Liebe? —

Dieses hatte ich vorbeigegangen, mußte aber nachgeholt werden.

Nun singt der Pietist ein altes einfältiges Lied von der schrecklichen Qual der Verdammten.

Dieses Lied braucht wieder der Verfasser, die Religion zu höhnen. Und doch redet Christus von Heulen und Zähnklappen; von Flammen, worin der reiche Mann unträgliche Pein litte; vom höllischen Feuer, wo der Wurm nicht stirbt und das Feuer nicht verlöscht; von Verfluchten, die vor seinem Angesicht wegbeben und ins ewige Verderben weichen sollen. Johannes, der sanfte Liebesjünger, sahe einen Schwefelpfuhl, worin das Thier und der falsche Prophet mit ihren Anhängern von Ewigkeit zu Ewigkeit gepeinigt werden sollten. Hatte nun der alte Dichter unrecht, wenn er diesen Ort schrecklich abmalte? — Und gewiß, dieses Lied kann die Kraft haben, zuweilen noch wohl einen rohen Menschen vom Rande des Verderbens zurück zu scheuchen. Man geht immer sicherer, dem muthwilligen Volke härter zu drohen, als man Willens ist, zu strafen.

Sebald fragt den Pietisten, ob er ein Wiedergeborner sey? — Ja! antwortete dieser, vor drei Jahren den 11ten September, Nachmittags um 5 Uhr u. s. w. Elende unerträgliche Spötterei über die Bekehrung! Konnte denn Paulus nicht die Stunde anzeigen, wann er bekehrt worden? Mir sind viele dergleichen Exempel bekannt, unter andern ein Schreiner, den ich in der Kur gehabt, welcher über dem Saufen und Spielen plötzlich dergestalt über seine Sünden gerührt worden, daß er wie todt zur Erde gefallen, und von der Zeit an ein anderer Mensch geworden. Schämen müssen Sie sich in Ihr Herz, elender Spötter! Da tappen Sie wie ein Maulwurf im Finstern, wollen immer unter Ihrer Mutter Erde fort, machen hier und dort einen Haufen im Garten Gottes. Der Knabe kommt, scharrt sie auseinander, und —

Was den Spott über die Liebe betrifft, daß es nämlich ungereimt sey, wenn die Frommen ihre Mitmenschen werden sehen zur Verdammniß gehen, ohne Mitleid darüber zu haben: da ist es nicht einmal der Mühe werth, sich weitläufig über einzulassen. Wenn einmal weiter kein Verhältniß mehr zwischen Mensch und Mensch ist, als blos in der Uebereinstimmung der moralischen Vollkommenheit: so wird mir ein Feind Gottes eben so gleichgültig seyn, als ein ander abscheulich Thier auch —

Nachdem der Pietist dem Sebaldus noch eine Lektion von der christlichen Gelassenheit gelesen, so springen wieder ein paar Räuber hervor. Wieder Räuber! Ja, mein lieber Leser! Wir haben wieder ein paar Räuber; sie kommen aber nur, den Pietisten zu prüfen, wie gelassen er im Unglück ist. Sebaldus gibt seine paar Groschen willig hin; der Pietist aber sträubt sich, sucht seine Kostbarkeiten zu retten, die er bei sich hat. Die Räuber werden endlich durch das Anschlagen eines Hundes verjagt. Der Pietist ist ungeduldig, flucht auf die Räuber. Nothanker gibt ihm seinen alten Oberrock willig hin, weil er seiner Kleider beraubt worden. So endigt sich der erste Abschnitt des Buchs und mit ihm die erste Gruppe des historischen Gemäldes, eines Hohnbildes, das zum Verdruß des Hausherrn am heiligen Orte stehet, wo die heiligsten Wahrheiten einer Person in den Mund gelegt worden, die, um belacht zu werden, da ist, und wo die Person, die der Religion das Wort reden sollte, entweder unerträglich dumm, oder gar wie ein Freigeist sich aufführt.

Wir müssen aber doch auch mit dem Kunstauge dieß Unding da ein wenig anschauen. Lehrjungenarbeit! Die Zeichnung ist steif, unwahrscheinlich; das Colorit wie bunte Lappen, Licht und Schatten. — Da hat nun der Mann sein eignes; er legt das Licht gegen die dunkle Körper an, Schatten und Gegenschein aber gegen das Licht des Himmels. Der Pietist ist ganz und gar nicht wahr; er ist so wenig Pietist, als der Herr Verfasser. Diese Art Menschen, ich rede von falschen Pietisten, treiben die Werkheiligkeit sehr stark, halten nicht viel auf den Trost, den wir von der Gnade haben sollen; glauben mehrentheils die Wiederbringung aller Dinge; sind überdem zurückhaltend klug und fein. Und was endlich die größte Unwahrheit ist, daß er auf die Räuber soll geflucht haben: das ist nun einmal aller Pietisten wesentlicher Charakter, nicht zu fluchen: daher sogar unter dem Volk eine Art von Sprüchwort läufig ist, wenn einer sagt: Ich bin wohl eben nicht fein (das heißt, ich bin kein Pietist) aber ich fluche doch nicht. Der Herr Verfasser hat ein und anders von den Herrnhuter aufgeschnappt, dieses legt er seiner Personnage in den Mund, ist aber wieder eben so wenig Zinzendorfianer als Pietist. Diese Leute haben weit mehr Feinheit, und schärfen gar nicht stark das Schreckliche der Höllenstrafen ein; sie haben in ihren Lehrsätzen einen gewissen Ton von Liebe, Leutseligkeit und Verträglichkeit, den sie oft so hoch treiben, daß er ins Eckelhafte fällt. Sehen Sie, Herr Romanenschreiber! daß Sie nicht einmal die erste und nöthigste Bedürfniß einer Geschichte oder eines Gedichtes kennen! Wollten Sie einwenden, Sie hätten eine individuelle Person schildern wollen, die um Ihrer Lehrsätze willen da ist: Ja, aber dann mußte er auch einen individuellen Namen haben, nicht Pietist heißen; und wozu ist dieser Kerl denn da? Ei! er soll Religionswahrheiten — still — davon haben wir schon geredet, sind aber noch lange nicht fertig. Sebald Nothanker soutenirt sich eben so übel; bald ist er ein feiner Kopf, bald unerträglich dumm; bald scheint er viel Gelehrsamkeit zu haben, bald ist er wieder ein Tölpel. Und nun endlich die Räuber! — Hilf, Himmel! wieder Räuber! Vor ein paar Stunden ist noch der Postwagen geplündert worden, und doch sind die Räuber gar nicht bang; sie machen sich nicht aus dem Staube, sondern begehen aufs Neue Räubereien auf öffentlicher Landstraße — nahe bei Berlin — wo der wachsamste Beschützer, der mächtige Friedrich thront, dessen Adlers-Auge auch bis an unsre Grenzen Sicherheit und Schutz verschafft. Und überdem ist es keine Kunst, den armen Pietisten aller seiner Grundsätze vergessen zu machen, wenn man ihn in eine so furchtbare Scene führt; und doch sehe ich nicht, daß er etwas Ungereimtes beging, ausser daß er am Ende den Räubern fluchte; und dieses ist offenbar gelogen. War es denn Unrecht, daß er seine Sachen zu verbergen suchte? — War der Herr Sebaldus nicht ein elender Lümmel, daß er seinen Kameraden so ganz ruhig plündern ließ, da es nur zwei Räuber waren? Doch sie sind ein paar feigherzige Kerls: wenigstens gibts wohl hier nichts zu lachen, waren doch tausend andre Mittel, den armen Pietisten in Versuchung zu führen. Das heißt recht den Magen schmieren, daß er nicht in die Ohren kreische und doch thut ers. Ist es nun nicht wahr, daß der Herr Verfasser zum Romanenschreiben gar kein Geschick hat? —

Im zweiten Abschnitt ist wiederum die Hauptsache, den Pietisten zu hecheln; der Autor läßt ihn erbärmlich über den Verfall der Berliner Einwohner klagen, schelten, brüllen, damit er ihn brav verhaßt machen könne. Hören Sie, wie der Herr Magister Nothanker ihn so recht schön bei der Nase kriegt und ihn heimschickt: Er verweist den Pietisten auf den blühenden Staat, auf Handel und Wandel. — Geh nach Haus, armer Pietiste! dieses kannst du nicht läugnen: ergo bist in der Patsche. Der Pietist weiß sich auch wirklich nicht zu helfen; wäre ich aber an seiner Stelle gewesen, so würde ich dem Magister geantwortet haben:

Athen, Rom und Carthago waren ehemals blühende Staaten; wo aber blühende Staaten sind, da sind die Menschen nicht lasterhaft, sondern da herrscht die christliche Religion: folglich Athen, Rom und Carthago hatte recht viel gute Christen. (Ist eben kein syllogismus in barbara, thut aber nichts; der Herr Verfasser, als ein guter Logiker, kann ihn reduciren.)

Jetzt trete herzu, wer Vernunft, will nicht sagen, wer Religion hat: kommt alle her und sehet!

Sebald und der Pietist kommen nahe bei Berlin. Die

Bürger und Bürgerinnen spazieren da ordentlich, wie in großen Städten Sonntags Nachmittags gewöhnlich ist, indem die mehrsten Menschen die Woche durch die freie Luft nicht genießen können.

Der Mann, den der Verfasser die wichtigsten Wahrheiten bisher hat reden lassen, der wenig oder gar nichts Ungereimtes gesagt hat, als wo er nicht sich selbst gleich ist, das ist, wo ihn sein Verfasser verhunzt hat. Dieser Mann, dieser Pietist, der im Auge eines rechtschaffenen christlichen Lehrers Repräsentant der Religion wird, der fängt an, über die Spazierende zu raisonniren und sagt:

„Siehe da die Kinder Belials! wie sie den Lüsten des Fleisches nachziehen! wie sie den Weg der Sünden gehn, reiten und fahren! Immer gerade in den höllischen Schwefelpfuhl hinein!"

Wenn das Ton eines vernünftigen Menschen, Ton eines falschen, Ton eines wahren Pietisten, Ton eines Christen, ja Ton unserer Religion überhaupt ist; wenn jemal solcher Unsinn von jemand anders, als vom Verfasser des Nothankers unserer Religion angedichtet worden (denn dieser Pietist ist, wie gesagt, bis auf einige wenige Carricaturstriche, ein wahrer Christ), so will ich die Hand auf den Mund legen.

Nein! niemals hat eine Sekte der Religion den Christen das Spazierengehen, Fahren und Reiten untersagt oder verboten. Man sieht, wie boshaft und giftig der Verfasser die Pietisten und in dieser Person, die er da aufführt, die Religion anzuschwärzen gesonnen ist. Dieser sein verwünschter Vorsatz wird sonnenklar in dem Auftritte, der nun folgt.

Ich sehe voraus, wie viel Menschen bei dieser rasenden Scene lachen werden, mit diesem Lachen aber sich einen giftigen Dolch durch die Seele bohren, welche Wunde schwer heilen wird. Wehe dem, durch welchen Aergernisse kommen! es wäre ihm besser, daß ein Mühlstein an seinen Hals gehangen und ins Meer geworfen würde, da es am tiefsten ist. Höre ein jeder redlicher, rechtschaffener Mann zu, und wenn ers hört, so zittre ihm Mark und Bein!

Ich will die ganze Stelle hersetzen, um meine Leser zu überzeugen, mit wem ichs zu thun habe und ob ich schuldig sey, fein säuberlich mit dem Knaben umzugehen. Es heißt Seite 28 also:

„Endlich gerieth der Pietist (unter dem spazierenden Berliner Volke nämlich) an einen Kerl, der, nach seinem braunen Rock und rund um den Kopf herum abgeschnittenen Haaren, nichts anders, als ein Schlächter oder Gerber seyn konnte. Mein Freund! redete er ihn an, er gehet, um sich die Zeit zu vertreiben: O! wenn er wüßte, wie wohl dem ist,

„Der da seine Stunden
„In den Wunden
„Des geschlachten Lamms verbringt."

„Herr! sagte der Kerl mit starren Augen: Was kann mir das helfen! „Ich bin vorigen Sonntag im Lamme gewesen, aber das Bier war sauer!" —

Johannes der Täufer sah Christum gehen. Er sagte zu den Umstehenden: Siehe! das ist Gottes Lamm, das der Welt Sünde trägt. Durch die ganze Apocalypse wird Christus unter dem Bilde des geschlachteten Lammes vorgestellt; dieses Bild ist alsobald achtzehnhundert Jahre Wappen und Schild unsers Königs gewesen. Es ist wahr. Die Herrenhuter haben es auf eine unvorsichtige Art profanirt und lächerlich gemacht; allein sie habens aus Einfalt und in guter Meynung gethan. Nun kommt unser Verfasser und stellt diese ehrwürdige Allegorie, Wappen und Schild des von vielen Millionen Menschen göttlich verehrten Königs, des Gottes, der ihm Leben und Existenz, reichliche Unterhaltung zur Fortdauer seines Daseyns mit unendlicher Liebe und Treue gegeben, gleichsam am Pranger zum Schauspiel und Hohngelächter auf, malt einen Christen lächerlich ab, ein Unding von Christen, der es keinen in aller Welt gibt; läßt zur Unzeit denselben Reimen eines einfältigen, gutmeynenden Mannes vom Lamme dahersagen, damit der niedrigste Pöbel Koth auf dieses heilige Bild werfen möge; es geschieht; ein schlechter Kerl sagt eine Sottise dazu. Nun lache, wer lachen kann! wer aber nur den Schein eines Christen haben will, der weiche von dieser gräulichen Stelle.

Der dritte Abschnitt hat uns reichlichen Stoff, von dem Herzen des Verfassers zu urtheilen, an die Hand gegeben. Aber Ihnen, Herr Codowieki! muß ich sagen, daß ich mich wundere, wie Sie Ihre Meisterhand zu so rasendem Unsinne haben herleihen können. Die Adjeux von Calas machten mich weinen, die Kupfer im Nothanker auch. Von jenen haben Sie Ehre, von diesem aber nicht.

Wir wollen nun den Fuß weiter setzen. Der Pietist soll uns nicht mehr aufhalten; seine wenige Auftritte geben Wink und Fingerzeig zu einem schändlichen Charakter. Er ist ein Wucherer, u. s. w. Lauter Pinselzüge, die das Bild immer unwahrscheinlicher machen.

Des Herr Verfassers Endzweck ist, vornämlich die Lehrer der protestantischen Kirche lächerlich zu machen. Das versteht sich nun von selbst, daß es wohl seine Absicht nicht ist, rechtschaffene wohlverdiente Männer, nämlich die es nach seiner Meynung sind, durchzuziehen und zu hecheln. Da er aber die Grundwahrheiten der Religion Jesu Christi nicht glaubt, so ist leicht einzusehen, daß auch recht gottselige Prediger seinem Spotte nicht entgehen werden. Ich muß aber, ehe wir weiter gehen, von dem Lehrstande der protestantischen Kirchen und seiner Verfassung noch ein und anders sagen, damit ich des Herrn Verfassers wie auch meine Leser, in den rechten Gesichtspunkt stellen mögen, aus welchem wir beide nebst unsern Schriften betrachtet werden müssen.

Zu den Zeiten Christi und seiner Apostel wurden fast alle, die seine heilbringende Lehre annahmen, wirklich moralisch gebessert. Denn diejenigen, die zu einer Sinnes- und Herzensänderung keine Lust hatten, blieben bei ihrer hergebrachten väterlichen Weise, und wenige derselben bekannten sich zu Christo. Diejenigen aber, die ihn und seine Lehre aufnahmen und an ihn glaubten, denen gab er Macht, Gottes Kinder zu werden. Zu dieser Zeit war also die Kirche wohl am lautersten. Da nun die Lehre Christi zur praktischen Besserung des Menschen; das Evangelium eine buchstäbliche Erkenntniß erfordert, so wurde dasselbe in gewisse Lehrsätze und Glaubensbekenntnisse verfaßt, um es auch der Jugend beibringen zu können. Bei dem allem aber blieb es noch immer eine willkürliche Sache, Christum mit seiner Lehre anzunehmen und also ein Kind Gottes zu werden. Es wurden also aus den Kindern der ersten Christen entweder Mundbekenner, Schein- und Namenchristen oder wahre Christen. Diese Theilung der Menschen in zweierlei Sorten ist natürlich, sie wird auch bleiben bis zur Vollendung der jetzigen Verfassung des Reichs Christi. Aus diesem Grunde ist auch klar, daß man von der Christenheit, ins Ganze genommen, nie nach der Lehre Christi, sondern nach der Beschaffenheit der menschlichen Natur überhaupt urtheilen müsse, und daß, wenn vom eigentlichen Reiche des Erlösers die Rede ist, man sich die wahren Anhänger desselben, die durchs ganze menschliche Geschlecht unter den verschiedenen christlichen Religionspartheien zerstreut sind, in einen geistlichen Staatskörper zusammengedenken müsse, der aber erst nach der großen Scheidung der guten und bösen Menschen seine volle Kraft erreichen kann.

Da in Religionswahrheiten leicht Mißbegriffe und Zweifel, auch Vergessung der einmal gefaßten Wahrheiten einschleichen konnten, so mußten bei Ausbreitung der christlichen Lehre in allen Gegenden Aufseher, Lehrer angeordnet werden, die die Gründe und Lehrsätze der Religion gründlich inne hatten, damit sie die Irrenden zurechtweisen und überhaupt auch auf falsche verführerische Menschen und Lehrsätze Acht haben konnten. Nun fing aber das Christenthum an, sich durch viele Königreiche und Ländern auszubreiten; folglich wurde die Anzahl der Bischöfe oder Lehrer ungemein groß. Es war gar leicht, daß auch diese lange nicht einerlei dachten; und also mußte die Einheit der Lehre nothwendig Schiffbruch leiden, besonders, da die Bischöfe sowohl Menschen waren, als andere und also sowohl als andere Scheinchristen werden konnten. Man sah dieses ein, veranstaltete Synodalversammlungen, Concilien, vereinbarte sich auf denselben, fand nützlich, Oberaufseher zu bestellen, damit die Einigkeit desto besser Stand halten konnte; und damit ich kurz seyn möge, man gerieth endlich darauf, einem einzigen Bischof die Aufsicht der ganzen Kirche anzuvertrauen. Man sieht leicht ein, daß, so nützlich diese Verfassung seyn konnte, wenn ein solcher Patriarch oder Erzbischof ein rechtschaffener Christ war, so viel tausendmal schädlicher war es aber, wenn er gottlos war. Die Erfahrung redet für die Sache. Da nun die Religion auch so unendlich vielen Einfluß auf die politische Staatsverfassung hat, so ist begreiflich, daß die Einrichtung des geistlichen Standes, oder, wenn ich so reden darf, das Kirchenregiment auch darnach eingerichtet werden muß, in soweit aber nur, als es die Reinigkeit der Lehre, ohne befleckt zu werden, ertragen kann. Bei der Reformation ist die erste reine apostolisch-evangelische Lehre ganz lauter, bis auf einige unbedeutende Punkte, unter den Protestanten wieder ans Licht getreten. Alle fernere Reformation in dem Wesentlichen der protestantischen Kirche ist Deformation, ist Verschlimmerung: Wer das läugnet, der läugnet, daß Evangelium Evangelium ist, und wer sie verspottet, der verspottet Christum mit seiner Lehre. Ich habe oben gesagt, daß das Kirchenregiment genau mit dem Politischen verknüpft sey und eins ohne das andere nicht bestehen könne, ohne Nachtheil entweder der Religion oder auch des Staats. Nun gehe man in die Zeiten der Reformation zurück und sehe, wie da die Staatsverfassung in Europa, geistlich-weltliche und welt-geistliche, so unendlich verworren und wunderbar durcheinander hingen. Nach der Religionsverbesserung mußten also in jedem Lande und in jeder Gemeinde nach den Umständen eingerichtete Verträge, Rechte und Gesetze über geistliche Stiftungen, dieses und jenes aufs Neue regulirt und angenommen werden. Die Prediger, denen die Aufsicht darüber anvertraut worden, mußten sie beim Antritt ihres Amts beschwören und halten, damit Ruhe und Einigkeit unter den verschiedenen christlichen Partheien wiederhergestellt werden konnte. Diese geistlich-politische Einrichtung nun darf eine Parthei um der andern willen nicht leicht ändern; besonders, da noch festgesetzt ist, daß an vielen Orten nur gewisse bestimmte Religionen seyn dürfen, wo immer eine auf die andere genaue Acht hat und wo auch die kleinsten Umstände heilig beobachtet werden müssen, wenn nicht öfters unendliche Unruhen und Verwirrungen entstehen sollen. Nun hat sich der Zeit alles in der Welt sehr verändert; es ist daher leicht zu begreifen, daß viele Kirchengebräuche, Gesetze und Gewohnheiten heutiges Tags theils sehr ungereimt, theils ganz unnöthig geworden; wegen der politischen Verfassung der Religionspartheien aber doch noch immer streng beobachtet werden müssen.

Wir müssen daher die Menschen und also auch den geistlichen Stand beobachten, wie er ist, und nicht, wie er seyn soll. Da gehen dann sich großdünkende starke Geister, moquiren sich über dergleichen Lücken, Mängel und Gebrechen. Ich sage aber vor der ganzen Welt:

> „Trotz dem, der die Religion und Kirche tadelt, ohne zugleich bündige und unfehlbare Mittel anzugeben, wodurch ihre Mängel gehoben werden können!"

Ebenso, wie es mit den politischen Kirchenverfassungen ist, so steht es auch mit den innern, d. i. mit Lehrsätzen und Meynungen. Die wesentlichen der christlichen Religion sind einfach, ihrer sind wenig und sie sind gar annehmlich; zu diesen sind die Prediger verbunden, und es ist ihre theure Pflicht, alle andere Meynungen so sehr zu entfernen, als sie nur können, weil die Einheit des Glaubens durch viele Meynungen unendlich leidet.

Das ist aber zu beklagen, daß die Lehrer diese ihre Pflicht so oft mit Gewalt, mit Raserei und schrecklichen Verfolgungen ausgeübt haben, anstatt daß es mit liebreichem sanftem Geiste geschehen sollte; und dieses ist auch in dem vor uns habenden Buche am Stanzius zu tadeln. Denn daß er einen Prediger, nämlich den Sebaldus, absetzt, weil er die Ewigkeit der Höllenstrafe läugnet, das ist eben so ein großer Fehler nicht, und das will ich klar beweisen. Der gemeine Pöbel, zu allen, auch den gröbsten Ausschweifungen aufgelegt, kann durch lehhafte Predigten von der Schrecklichkeit der Höllen, von vielen Lastern zurückgehalten werden; die Erfahrung lehrt es täglich, da die wenigsten sich durch liebreiche Lockungen ziehen lassen. Was wird also ein Prediger anrichten, der ihnen die Hölle leicht, erträglich und gar endlich vorstellt, wird der nicht allen Lastern Thür und Thor öffnen? Sehr weislich haben Christus und seine Apostel dieser Meynung sorgfältig vorgebaut. Und gesetzt auch, sie wäre wahr, dieser oder jener wäre davon überzeugt, so rathe ich ernstlich, dieselbe um des Volks willen geheim zu halten. Hatte aber Stauzius andere geheime Ursachen zu Sebalds Absetzung, ließ er ihn hernach im Elend herumlaufen, sorgt er nicht für einen andern Brodverdienst, überhaupt behandelt er ihn nicht mit Liebe; das sind Stauzius persönliche Bosheiten und dem Predigtamte gar nicht aufzubürden. Bosheit ists von unserm Verfasser, daß er die Prediger so hechelt, es liegt ein geheimer Haß gegen diesen Stand darunter verborgen. Ja, was noch am allermeisten in die Augen leuchtet und was diese Bosheit am klarsten beweist, ist, daß alle die Fehler, die unser Verfasser dem geistlichen Stande aufbürdet, am allerwenigsten heutiges Tages existiren, sehr einzelne Fälle ausgenommen. Ist es nun nicht unmenschlich, auf eine so hämische Weise einen würdigen Theil der Menschheit, der am meisten Beziehung auf die Gottheit hat, durchzuziehn und zu verspotten.

Folgende Grundsätze stelle ich also fest; und aus diesem Gesichtspunkte fahre ich fort, das unsinnige Buch zu recensiren, weil es der unzweifelhaft wahre Stand eines Kritikers von dieser Art ist.

Die äussere Kirchenverfassung der protestantischen Religionen kann unter jetzigen politischen Umständen nicht viel verbessert werden. Ihrer innern Verfassung nach, was die Lehren betrifft, ist sie ganz unverbesserlich, weil sie genau mit dem Evangelium von Christo übereinstimmen.

So lange die Menschen sind, was sie jetzt sind, so lange wird auch bei der höchsten Reinigkeit der Lehre immer ein äusseres und ein inneres Reich Christi seyn, d. i. es wird

Namchristen und wahre Christen, böse und gute Menschen geben.

Weil die Prediger Menschen sind, so muß man Ihnen auch menschliches Recht wiederfahren lassen, und man fordert unmögliche Dinge, wenn man behauptet, daß das Predigtamt mit lauter frommen Leuten besetzt werden soll.

Wenn ein oder andrer unter ein und andrer Parthie herrschende Mißbräuche entdeckt, so mag er sie öffentlich anzeigen, zugleich aber auch Mittel anweisen, wie mans besser machen könne. Will man auch satyrisiren? meinetwegen! wenn nur auch zugleich was Besseres entdeckt wird. Einmal: was ich nicht besser machen kann, muß ich auch ungespottet lassen!

Durch das Predigtamt wird den Kindern das Evangelium bekannt gemacht, die Menschen werden wöchentlich wenigstens einmal darinnen unterrichtet, mit einem Wort, auf ihnen beruht blos und allein die Fortdauer des äussern Reichs Christi und in demselben auch die Vermehrung des innern. Folglich sind die Lehrer der Kirche immer die Gesandten und die Residenten Gottes und Christi unter den Menschen. Sobald also ihr Amt verspottet und lächerlich gemacht wird, sobald wird auch die äussere Anstalt des Reichs Gottes unter den Menschen lächerlich gemacht, mithin Gott gelästert und seinem Zeug Hohn gesprochen. Bedient aber einer oder der andere sein Amt unwürdig, so hat ein jeder Christ Recht, sobald ers einsieht, entweder im Druck oder auch in Geheim, auf eine ernste Art diesen Fehler anzuzeigen, Besserung zu fordern und anzuweisen.

Tritt aber einer in unserer Mitte auf, der selbst mit den Grundwahrheiten der Religion, mit Gnade, Buße, Selbstverläugnung, Wiedergeburt und Heiligung den Spott treibt; der sich untersteht, in einem der Jugend gefälligen Tone diese Wahrheiten, mithin die Religion selbst und die Lehrer derselben auf eine sophistische höhnische Weise zu erniedrigen und lächerlich zu machen, mithin die Festungswerke der Stadt Gottes auf eine gefährliche Weise untergräbt und ihre junge Mannschaft zu Rebellion verführt, — was verdient der? Ein jeder rechtschaffener Mann wird sichs selbst beantworten können.

So ein Mann ist der Verfasser des Lebens und Meynungen des Magister Nothanker. Daß er so die Religion behandelt, ist zum Theil schon bewiesen, und daß er die Lehrer der Kirche mehrentheils unrechtmäßig mißhandelt, das wird sich nun im Verfolg ausweisen.

In Berlin verläßt der Pietist den Magister Nothanker und geht zu einem bekannten Freunde. Sebaldus aber, von allem Nothdürftigen entblößt, geht kummervoll herum, und geräth endlich an eine Kirche. Diese ist gestopft voll, denn es predigt ein junger Candidat, der eine erbauliche Rede von der wahren christlichen Liebe hält. Nach Endigung derselben geht auch Sebaldus mit andern wieder heraus, weiß aber nicht, wohin weiter. Nun kommt der Candidat mit vollem und rundem Gesichte, mit einer weiß gepuderten, in sanften Locken wallenden, bis auf die Schultern und auf die Mitte des Rückens herabhängenden Perücke, auch aus der Kirche: süß und selbstgefällig ist seine Miene, sieht immer gerade vor sich hin, dankt mit langsamen Kopfneigen rechts und links den gemeinen Leuten, die seinen steifgestärkten Kragen und auf dem Rücken schwimmenden Mantel grüßen, u. s. w. Er geht nach Haus. Sebaldus glaubt sich in seinen Umständen am besten an diesen jungen Menschen adressiren zu können, als welcher NB. „so fein von der christlichen Liebe gepredigt," geht also hinter ihm zum Hause hinein, findet da die Eltern sehr vergnügt über ihren Sohn, daß seine erste Predigt so gut abgelaufen. Nun redet Sebaldus, die Predigt des Herrn Kandidaten mache ihm Muth, sich bei seiner jetzigen Verlegenheit an ihn zu wenden, er sey selbst ein Prediger, obgleich seines Amtes entsetzt, habe sein Geld und Empfehlungsschreiben verloren, bittet ihn um Obdach und guten Rath.

Der Kandidat fragte ihn mit einer sehr weisen und ernsthaften Miene, warum er seines Amtes entsetzt worden? Sebaldus antwortet: Wegen Abweichung von den symbolischen Büchern.

Der Vater des Kandidaten und sein Sohn verweisen ihm das (der Herr Verfasser läßt es sie aber auf eine höhnische Weise thun, damit es was zu lachen gebe). Der Kandidat fragt, was er denn eigentlich in den symbolischen Büchern unrecht fände. Sebaldus antwortet: Die Ewigkeit der Höllenstrafen. Nun schlägt der Kandidat die Hände über dem Kopfe zusammen, kreuzt und segnet sich gleichsam, und nach einigen Wortwechselungen sagte der Vater: „Was? keine ewige Höllenstrafen? Das wäre schön, wenn mein Nachbar an der Ecke gegenüber nicht sollte ewig verdammt werden! er, der das Predigtamt verachtet, der in gar keine Kirche geht, der mir einen Proceß an den Hals geworfen, der ihn gewonnen hat, der gottlose Mann! der Atheist! der Separatist!“ Sebaldus geht hier weg und zu dem Separatisten, der gegenüber wohnt: diesem erzählt er, was bei dem Kandidaten vorgefallen, in Hoffnung, besser aufgenommen zu werden. Der Separatist sagt mit schwacher und sanfter Stimme:

„Ich wundre mich nicht über meines Nachbarn unchristliche Reden, denn er hat den Geist nicht, der das Leben gibt. Freilich sind die symbolischen Bücher eine Erfindung des Teufels, so wie der ganze geistliche Stand. Ein jeder wahre Christ ist ein Hoherpriester. Die Geistlichen haben die Welt von jeher verführt, und da er, mein Freund! von dem Stande ist, so geh er in Gottes Namen, wohin er will, ich habe nichts mit ihm zu schaffen.“

Dieses ist wieder eine Scene, die des Herrn Verfassers würdig ist; wir wollen erstlich sehen, ob Wahrheit in dem Ding ist.

Es ist kurios, daß just der Magister an eine Kirche geräth, wo von der christlichen Liebe geredet wird. Wir lassen das gehen; doch sieht man, daß der Herr Verfasser Zwang anwendet, um seine Gruppe herauszubringen. Der Kandidat hat bis auf die Allongeperücke viel Wahres, doch sind diese vielleicht in Berlin noch Mode.

Aber nun, daß der Magister sich an den Kandidaten wendet, um Hülfe bei ihm zu suchen, weil er von der christlichen

Liebe gepredigt, ist ein unerträglich dummes Stück und ewig nicht wahr! an einen Kandidaten, der seine erste Predigt gehalten und also für seine eigne Beförderung besorgt seyn muß! — Und was eben so unbegreiflich dumm ist: Der Magister sagt gleich Anfangs dem Kandidaten, der jetzt ins Predigtamt tritt, daß er wegen Abweichung von den symbolischen Büchern sey entsetzt worden und bringt wieder die Ewigkeit der Höllenstrafen aufs Tapet. Das ist eine so grobe Unwahrheit, als eine seyn kann. Sebaldus hat alles dieses gewiß nicht gesagt; er würde die Ursache seines Schicksals sorgfältig vor dem Kandidaten, der noch keine Weltkenntniß hat, verborgen haben, wenn er mehr als Hirngespinnst des Verfassers gewesen. Und endlich der Separatist redet so grob und unwahr, daß man deutlich daraus sieht, daß der Verfasser niemals einen Separatisten gehört und gesehen hat. Eben so grundfalsch sind die Worte des Vaters des Kandidaten. Der allerabscheulichste Bösewicht redet so nicht im Ernste.

Wir machen also hier wieder einen klar bewiesenen Schluß: Der Herr Verfasser gehört unter die schlechtesten und ungereimtesten Dichter unsers Jahrhunderts!

Nun müssen wir aber auch die Absicht dieses Gemäldes untersuchen. Die erste ist: Den jungen Kandidaten lächerlich zu machen. Die zweite ist: Die schlechte Uebereinstimmung der Handlungen der Geistlichen mit ihren Lehren höhnisch zu belachen. Die dritte: Die Eitelkeit der Eltern wegen ihres Sohns lächerlich zu machen. Die vierte: Das feste Anhalten der Geistlichen an die symbolischen Bücher ungereimt und lächerlich zu machen. Die fünfte: Die Separatisten in ein so scheußliches Licht zu stellen, daß man ihrer lachen muß.

Wer dieses Ding da im Buche selber in seinem ironischlaunischen Style liest, wird mir ohne Bedenken Beifall geben.

Wie, wenn ich aber klar beweise, daß alle Bolzen des Verfassers fehlgeschossen haben? Was folgt dann aus der ganzen Sache? — Das wollen wir hernach sehen. Daß ein junger Mensch, der seine Studien glücklich vollendet, der seine erste Predigt mit Beifall und glücklich geendet, nun mit einem vergnägten und selbstgefälligen Gesichte seinen, mit vollem Rechte entzückten Eltern, die er Geld, Sorge und Mühe genug wird gekostet haben, in die Arme eilt, ist gar nicht zu belachen, es ist ganz natürlich und menschlich.

Daß der Kandidat von der christlichen Liebe schön predigte, sie aber an dem armen Magister Sebald nicht ausübte, ist wieder ganz natürlich. Des Magisters Bedürfnisse waren weitaussehend, und da er seines Vaters Beutel, der ein mittelmäßiger Bürger war, ziemlich mochte erschöpft haben, auch selbst nunmehro Patronen zur Beförderung für sich suchen mußte, so war es grob von Sebaldus, der ja dieses alles wohl denken konnte, sich an ihn zu wenden, und der Kandidat vollkommen zu entschuldigen, daß er ihn, ohne ihm zu helfen, gehen ließ.

Dem Kandidaten war endlich gar sehr zu verzeihen, daß er fest an die Symbolen sich hielt, sein zeitliches Glück beruhte darauf, und wo konnte er was anders wissen und glauben, da sie ihm mit vollem Rechte angedrungen worden.

Was endlich den Separatisten betrifft, so mag ich mich bei demselben nicht aufhalten: es ist ein Phantom in dem Gehirn des Verfassers und sonst nirgends geboren, wovon sich kein einziger Separatist in der Welt getroffen findet.

Nun die Folge aus diesem allem, mein Herr Autor! Sie ist entsetzlich! — Ich möchte sie um alle Welt nicht auf der Seele haben. — Sie dichten der Religionsverfassung der Kirche Jesu Christi Unwahrheiten an, stellen sie zur Schau aus, machen sie lächerlich; leichtsinnige Leser, deren es doch einen erschrecklichen Haufen gibt, werden hingerissen, sie entdecken hie und da einen ähnlichen Zug, nehmen das Ding an, lachen mit, bekommen einen Abscheu vor Kirchen und Lehrern, die ihnen nach Ihrer Schilderung niederträchtig und lächerlich vorkommen, und — doch ich mag nichts weiter sagen, es wird einem ganz weh ums Herz. Sehen Sie noch nicht bald ein, was Sie für eine abscheuliche Rolle auf Gottes Erdboden spielen?

Im sechsten Abschnitte kommen Episoden vor. Sebaldus

geräth endlich an einen Mann, der mit ihm ähnliche Schicksale gehabt, ihn daher auch wegen Aehnlichkeit der Gesinnungen liebt und für ihn sorgt. Dieser Herr F. geht einmal mit dem Magister spazieren und erzählt ihm seine Geschichte. Sehen Sie, Herr Verfasser! sehen Sie diese Episode an! Diese sind anständig und nicht zu tadeln. Sie spotten darinnen nicht, lassen den Herrn F. als einen moralischen Prediger reden, als einen Prediger nach der Mode, der seine eigene freie Gedanken hat. Der Superintendent ist wiederum ein wahrer Mensch; er handelt, wie ein solcher Mann wohl zu handeln pflegt, wenn er zwischen Thür und Angel ist. Herr F. hat Umgang mit einem jungen Offizier, der allem Vermuthen nach ein Freigeist oder Deist ist. Dieser Umgang scheint dem Superintendenten gefährlich; er ermahnt den jungen Prediger, das hilft aber nicht; es kommen Verläumdungen von andern Predigern dazu; Herr F. wird abgesetzt, wird unglücklich.

Der Herr Verfasser will hier die Welt belehren, daß die Lehrer der Christen mehr mit philosophisch denkenden Menschen umgehen sollten, um selbst solche zu werden. Ich muß diesem so sehr vernünftig scheinenden Satze begegnen: ich bitte mir daher des Lesers Aufmerksamkeit aus; denn ich will gründlich zu Werke gehen.

Jesus Christus bezeugt von sich selbst: Ich und der Vater sind eins; niemand kann zu mir kommen, es sey denn, daß ihn ziehe der Vater. Ich bin der Weg, die Wahrheit und das Leben. Niemand kommt zum Vater, denn durch mich. Wer mich sieht, der sieht den Vater. Er stellt sich dar als den einzigen Gesandten Gottes, der gekommen sey, die Welt zu erlösen, dem der Vater nach seiner Erhöhung die Macht gegeben habe, die Welt zu richten, der auch wirklich dereinst kommen werde mit allen Heiligen, als Beherrscher des ganzen menschlichen Geschlechts von Adam an bis ans Ende der Tage, um über eines jeden Menschen ewiges Schicksal zu gebieten; der alsdann die Todten auferwecken, die Lebenden aber verwandeln wird: ja, eben dieser Christus gibt sich an als das wahre Mittel zur Seligkeit, Brod und Wasser des

Lebens; verspricht nach seinem Tode wieder aufzustehen, den Tod zu überwinden und dann seinen Geist auf seine Nachfolger herabzusenden, um sie mit ausserordentlichen Gnadenkräften zu versehen und auszurüsten.

Auf diese Weise hat sich Christus dargestellt vor dem jüdischen Volk, und so hat er und seine Jünger von ihm bezeugt.

Wenn wir nun alle obige Eigenschaften zusammennehmen, so läßt sich das wenigstens nicht läugnen, daß der allmächtige Gott Christum sich ganz gleich gemacht habe und daß beide Personen vorerst einmal ein Wesen ausmachen. Doch das geht uns hier nicht an; ich will nur das festsetzen: Jesus Christus ist der vollkommene Gott der Menschheit, wenn seine Worte Wahrheit sind.

Nun folgt ganz natürlich, wenn einer ein Christ seyn will, so muß er glauben, daß Christus das sey, wovor er sich ausgegeben hat, oder er widerspricht sich selbst. Glaubt er das, so muß er auch glauben, nicht allein, daß Christus wahrer Gott und wahrer Mensch ist, sondern auch, daß seine Lehre und die Lehre der Apostel Wahrheit sey, folglich, daß ein Mensch aus eignen Kräften nicht die Vollkommenheit erreichen könne, der er fähig ist und die erfordert wird, ewig glückselig zu werden, sondern daß er den Weg des Glaubens, der Buße, der Rechtfertigung, Wiedergeburt und Heiligung einschlagen müsse, wie er im Evangelium und in den protestantischen Kirchen nach den symbolischen Büchern gelehrt wird. Geht nun jemand in etwas von diesem ab, so widerspricht er sich selbst, und seine Religion wird ein Unding, das nicht zusammenhängt, das unwahr ist.

Es gibt daher kein Mittel, das Christenthum und den Deismus zu vereinigen, weil eins dem andern gerade widerspricht. Es ist derowegen vergebliche Arbeit, wenn man nachgibt, den Socinianismus unterstützt, blos die Sittenlehre treibt, und also eins mit dem andern vermischen will.

Das bleibt eine ewige Wahrheit:

„Entweder Christus ist mir der allgenugsame Gott zur Seligkeit in seinem himmlischen Vater, in sich selbst und durch seinen heiligenden Geist, oder er geht mich weiter nichts an, als der große Lama oder Mahomet und Confucius."

Derowegen muß eine Scheidung gemacht werden: Wir müssen entweder Christen seyn, wie die wahren Christen seyn sollen oder wir müssen Deisten seyn. Diejenigen, welche zwischen beiden den Mantel nach dem Winde hängen, sind Nothankers, sind Leute, die sich weder hier noch dorthin schicken.

Der Herr Verfasser und alle, die seiner Meynung sind, thun also besser, wenn sie sich öffentlich dafür bekennen: Wir wollen keine Christen seyn; die andern aber, die sich zu Christo halten, müssen genau bei der Lehre Christi und seiner Apostel bleiben und nicht ein Haar breit davon weichen, weder zur Rechten noch zur Linken.

Sie sehen also, Herr Verfasser! daß der Superintendent nicht unrecht hatte, sorgfältig zu seyn, als er den Umgang des jungen Predigers mit dem Freidenker gewahr wurde. Das ist aber freilich zu beklagen, daß sich von jeher Eigennutz, Eigenliebe und Handwerksneid mit unter die heiligsten Dinge gemischt hat. Allein das gibt Ihnen gar kein Recht, deswegen den ganzen geistlichen Stand lächerlich zu machen. Man gehe in dergleichen Sachen ernsthaft zu Werke, damit der Pöbel vor heiligen Dingen Ehrfurcht behalte.

Aber nun wieder zu unserer Sache. Jetzt wird uns Berlin geschildert, wie die Einwohner, nämlich in Religionssachen, denken. Die Pfarrkinder zu St. Nicolai am Wollenmarkt in der Stralauergasse, bis zur Paddengasse hinauf, halten am meisten auf Orthodoxie; man kann da noch ehrenfeste Bürger über Erbsünde und Wiedergeburt disputiren hören. Ey! sogar über Erbsünde und Wiedergeburt. Das kommt dem Verfasser wirklich altfränkisch vor — eben als wenn das doch nun einmal eine ausgemachte Sache wäre, Erbsünde und Wiedergeburt seyen längst offenbare Thorheiten. —

Erbsünde ist nach dem reinen Begriff eines Christen die von dem ersten Menschen allen seinen Nachkommen angeerbte Unfähigkeit, zu der Bestimmung zu gelangen, zu welcher der

Mensch geschaffen ist, und eben die vom ersten Menschen allen seinen Nachkommen angeborne Fähigkeit, das Thun und Lassen nach den Reizen der Sinnlichkeit einzurichten. Ist das nun so etwas Ungereimtes? — Haben Sie Ursache, darüber zu spotten? — Haben Sie selbst nie gewünscht, moralisch besser zu werden, als Sie wirklich sind? Haben Sie nicht darnach gestrebt, diesen Grad der Vollkommenheit zu erreichen? Haben Sie aber nicht dabei gefühlt, daß Sie gern wollten, daß aber die lüsternen Reize zur Sinnlichkeit Sie überwältigten? Haben Sie da nicht die wirksame Erbsünde an sich empfunden?

Wie vortrefflich ist aber nun die christliche Religion, die uns die Mittel anweist, wie man dieser Verdorbenheit entweichen und Gott wohlgefällig werden könne! Ein Mensch, der von Herzen gern anders werden will, als er ist, wird zu Christo hingewiesen; er betet also um Aenderung seines Sinnes, übergibt sich ganz an die Leitung des Geistes Christi. Allmählich verspürt ein solcher anfangender Christ, wenn er beharrt, mehr Einsichten über seinen eigenen Zustand; er wird gewahr, daß er wirklich viel schlimmer ist, als er geglaubt hat, weil sein Verstand anfängt, aufgeklärter, das ist, erleuchtet zu werden: so kommen ihm die Forderungen Gottes an die Menschen und sein eigenes Unvermögen immer klarer und gewisser vor; er sieht, daß er in solchem Zustand unmöglich mit dem reinsten Wesen der Gottheit vereinigt werden kann. Er erkennt, daß Gott gewiß den Menschen so unvollkommen nicht erschaffen hat, als er ist, und fühlt also, daß in diesem Zustande seine Beschaffenheit nach diesem Leben entsetzlich seyn müsse. Dieses alles ist ihm so überzeugend in seinem Gemüthe, daß keine Demonstration gewisser seyn kann. Nun fängt der Mensch an, zu zittern und zu zagen, weiß keinen Rath und Trost mehr; auf einer Seite sieht er den gerechten Gott, der Vollkommenheiten an ihn fordert, die er an sich gar nicht findet; auf der andern Seite empfindet er seine Schwäche, daß er nie diese Vollkommenheit werde erreichen können. In diesen Umständen bittet er um Vergebung, flehet um Rath und Hülfe und verspricht, seinen Willen ganz von dem Geist Jesu Christi regieren zu lassen. Diesen Zustand nennen wir die Buße. Darauf lenkt sich das Gemüth zum Evangelium und sucht da Ruh und Trost. Dieses sagt ihm nun, Christus habe durch sein Leiden und Tod allen Forderungen Gottes an die Menschen genug gethan, er soll nur festen Glauben an den Erlöser fassen, so werde er für seine Seele Ruhe finden. Diese Lehre von der Genugthuung Christi hatte der Mensch vielleicht wohl historisch geglaubt, aber nicht von Herzen; jetzt dringt ihn aber die Noth, um Glauben zu bitten. Vor und nach wird ihm die Sache klar in seinem Gemüth, und was der natürlichen Vernunft unbegreiflich und gar ungereimt vorkam, das beginnt sie nun einzusehen; er verwundert sich, daß er so thöricht gewesen und die göttlichen Rathschlüsse, die in der ganzen Schöpfung nicht, sondern nur allein in dem ganz unbegreiflichen Gott ihren zureichenden Grund haben, habe begreifen wollen; jetzt glaubt er, Christus sey sein Erlöser, und darauf fühlt er auch natürlicher Weise, daß ihm seine Sünden vergeben worden. Auf diese Vergebung der Sünden folgt nun auch die Rechtfertigung so, daß er versichert ist, Gott habe ihn zu Gnaden angenommen und Christi Gerechtigkeit für die seinige erklärt. Darauf entsteht nun ein Friede in dem Gemüth, eine Beruhigung, die unbegreiflich ist, und mit demselben bekommt der Mensch eine solche Liebe und Zutrauen zum Erlöser, daß er tausend Leben für ihn hingeben könnte. Während diesem Frieden und dieser Liebe verspürt er eine Lust und eine Kraft, alles das zu thun, was die evangelischen Gebote von ihm fordern, daß ihm das Joch Christi sanft und eine leichte Last wird. Diese Veränderung, die dem Menschen durch die göttliche Gnade oder den wirkenden Geist Christi widerfährt, heißen wir nun die Wiedergeburt, die durchs Taufwasser, das ist, die äußerliche Bekenntniß zu Christo, nothwendig zuerst und dann durch den Geist zu Stande gebracht werden muß. Nun fängt die moralische Verbesserung des Menschen an. Wir nennen dieses die Heiligung; da aber freilich noch immer der Mensch Mensch bleibt. Allein, sobald eine solche eingerichtete Menschenseele die Bürde des Leibes und mit ihr die sinnlichen Reize ablegen wird, so wird sie gewiß zu den Anstalten des Reichs Christi in der andern Welt zum Endzwecke des ewigen Vaters bei der Schöpfung des Menschen vollkommen geschickt und also unendlich glückselig seyn.

Dieses alles begreift nun freilich ein Mensch nicht, der es an sich nicht erfahren hat, glaubt es nicht; aber was thut das zur Sache. Wenn ich einem Bauer, der einen vollkommenen guten Verstand hat, erzähle, daß es in den äussersten nordischen Gegenden ein halb Jahr an einander Tag und ein halb Jahr an einander Nacht sey, so staunt er mich an, lächelt über meinen Wahnsinn, sagt, haben die Leute da denn eine andere Sonne, als wir? Sobald ich ihm aber sage, die Sonne stehe still und die Erde drehe sich herum, so lacht er aus vollem Halse und glaubt, ich sey ganz unsinnig. Also: Wer unsre Lehre nicht begreifen kann und sich darum von ihr abwendet, der mags thun, wir zwingen Niemand, mehr zu glauben, was er nicht glauben kann. Das kann unsern Lehrern aber Niemand verdenken, wenn sie auf Menschen wachsam sind, die zur äussern Bekenntniß gehören, daß sie dieselben vor Verführung warnen, da doch so mancher recht vernünftige Mann verführt werden kann; auch daß sie dieselben von der Gemeinschaft der Gemeinde abschneiden oder gar, wenns Lehrer sind, sie ihres Amts entsetzen, damit nicht schwachdenkende Gemüther in rath- und trostlose Umstände gesetzt werden mögen.

Wie übel und wie unverantwortlich haben Sie also gehandelt, Herr Verfasser! daß Sie über eine Sache urtheilen, die Sie gar nicht verstehen, weil Sie keine Erfahrung davon haben! — Wie teuflisch aber ist es nicht auch zugleich, das Heiligthum so vieler Millionen Menschen zu verspotten! — Wollen Sie sagen, das thäten Sie ja nicht, Sie verspotteten nur die Fehler. — Ey! Sie spotteten doch über die Gnade, über die Lehre von der menschlichen Verdorbenheit, über die Wiedergeburt, und wenn das auch nicht wäre: Sie spotteten über Fehler unserer Lehrer, wo keine sind, und wo Sie dieselben treffen, da verdienen sie Mitleiden und keinen Spott.

Einmal: es bleibt dabei, in Religionssachen Satyre zu brauchen, ist unmenschlich. Wo aber sogar durch dieselbe die Religion selbst verspottet wird — ich mag nicht sagen, was für eine Frechheit dazu erfordert werde.

Im siebenten Abschnitte kommen die Spazierenden, Herr Nothanker und Herr F. zur Lindenalle, setzen sich auf eine Bank, an deren anderm Ende ein Prediger und ein Kandidat sitzen, die unter sich zusammenreden, und zwar just von dem Ueberhandnehmen der Freidenkerei in Berlin.

Ich kann mich über den Herrn Verfasser nicht genug verwundern, daß er nicht einsehen kann, wie wenig die historische Wahrheit beobachtet worden. Ueberall treffen sich just Prediger, überall sagen sie just dasjenige, was der Verfasser lächerlich machen will, und dieses ist doch dazu entweder nicht wahr oder unerträglich dumm. Warum untersteht er sich doch, einen Roman zu schreiben, ohne daß er Geschick dazu hat! und warum untersteht er sich doch, Sachen zu beurtheilen, die er gar nicht versteht! Warum belacht er Fehler, die zu beweinen wären! Ist das nicht unsinnig? —

Alle, die dieses lesen werden, hieher, und höret den Kandidaten und den Prediger sprechen und dann urtheilt.

Der Kandidat: „Es müssen doch noch einige andere Ursachen seyn, warum die Freidenkerei so sehr in Berlin überhand genommen hat. Ueppigkeit und Wollust gehn in andern großen Städten auch im Schwange, aber man sieht da nicht so viel öffentliche Freidenker.“

Der Prediger: „Freilich! unsre schöne heterodoxe Herren, die die Religion so menschlich machen wollen und die dabei die Würde unsers Standes ganz aus der Acht lassen, sind am meisten Schuld daran. Sie wollen den Freidenkern nachgeben, sie wollen sie gewinnen, als ob es sich für uns schickte, mit Leuten solches Gelichters Wortwechsel zu führen. Man muß ihnen kurz und nachdrücklich den Text lesen; man muß ihnen das Maul stopfen; man muß sich bei ihnen in der Ehrfurcht zu erhalten wissen, die sie uns schuldig sind.

Der Kandidat: „Das ist wahr. Nur ists zu beklagen, daß diese Leute für alle ehrwürdige Sachen, und besonders für den Predigerstand, nicht die gehörige Ehrfurcht haben.“

Nun geht dieser Ton ein paar Blätter so fort, wo die Beiden über die philosophische Moral ein wenig hohnlächeln, die wenige Ehrfurcht gegen ihren Stand beklagen, ein wenig Papstthum wünschen. Bei dem Vernünfteln komme nichts heraus, der Laie müsse glauben, es käme hier nicht auf Vernunft, sondern auf die Bibel, auf eine übernatürliche Offenbarung an, u. s. w.

Der Prediger fährt fort: „Und unsere neumodische Theologen, die die Welt haben erleuchten wollen, die so viel untersucht, vernünftelt, philosophirt haben, wie wenig haben sie ausgerichtet, wie müssen sie sich krümmen und winden! Sie philosophiren Sätze aus der Dogmatik weg, und lassen doch die Folgen dieser Sätze stehen; sie brauchen Wörter in mancherlei Verstand; sie verwickeln sich in ihre eigene Schlingen, sie sind aufs äußerste inconsequent“ —

Laßt uns dieses einmal beim Lichte besehen: Der Herr Verfasser will hier wieder ein paar Lehrer schildern, so wie er glaubt, daß sie durchgehends wären, oder daß es noch welche so gebe.

Ich muß aber sagen, daß ich in meinem Leben einen so dummpfaffischen Ton nicht gehört habe, und wenn ein Prediger zu Berlin noch so redet, so muß ich sagen, es sey zu arg. Es ist gewiß nicht wahr, daß dieser Ton unter den Geistlichen Mode ist. Der Herr Verfasser wird wenigstens in jetzigen Zeiten sehr wenige mehr finden, die so reden; folglich ist es unergründliche Feindschaft auf das Predigtamt, um es verhaßt zu machen. In dieser Scene sehen wir auch klar, was der Autor will; denn alles, was er die Prediger sagen läßt, kommt ihm ungereimt vor; und doch, wenn man alles das, was er hinzugethan hat, um die Prediger verächtlich zu machen, wegnimmt, und sie es nur mit einem liebreichen Tone sagen läßt, so haben sie gar nicht unrecht, nach christlichem Sinne nämlich; und also ist es wiederum ein abscheulich Gewäsche zum Nachtheil der Religion; denn ein junger Mensch, der diese Stellen liest, wird auf die Zähne knirschen, und ein Geistlicher wird ihm verächtlich vorkommen, und mit ihm die Lehre, die er vorträgt. Mein Gott! welch' ein schädlich Buch ist es doch für die Religion.

Nun mischt sich auch der Sachwalter des Herrn Verfassers mit ein, der Herr Sebald Nothanker.

Wo es noch Mode ist, die Lytanei zu singen, da mag man wohl mit einrücken: Für einem Lehrer, wie Sebald Nothanker, behüt uns lieber Herre Gott!

Er antwortet dem obigen Prediger auch endlich und sagt: „Und wenn sie dann nun inconsequent wären? Wer einzelne Vorurtheile bestreitet, aber viele andere damit verbundene nicht bestreiten kann oder darf, kann, seiner Ehrlichkeit und seiner Einsicht unbeschadet, inconsequent seyn; oder schöner: Die Verbesserer der Religion mögen immerhin ein zerrissenes Buch seyn, das weder Titel noch Register hat, und in welchem hin und wieder Blätter fehlen; aber auf diesen Blättern stehen nöthige, nützliche, vortreffliche Sachen, und ich will diese Blätter ohne Zusammenhang lieber haben, als Meeners Beweis der Ewigkeit der Höllenstrafen, und wenn dies Buch auch noch so komplet wäre."

Gut, Herr Magister! Ungeachtet Er wieder ganz zur Unzeit, ohne Anlaß und Ursache, mit der Ewigkeit der Höllenstrafen auskramt, und ich also meinen Augen kaum trauen darf, ob ich mit einem Gespenst oder mit einem Menschen rede, so muß ich doch ein Wort zu dieser seiner Gesinnung sagen: Ist das neue Testament die Richtschnur seines Glaubens? „Ja! in soweit, als ich sehe, daß es mit der Vernunft übereinstimmt."

So muß ich Ihm sagen, daß er ein großer Thor gewesen, da er einen Commentar über die Apokalypse geschrieben, denn da wird Er mit seiner Vernunft wohl wenig ausrichten; aber wir lassen das jetzt an seinem Orte. Wo das neue

Testament mit der Vernunft nicht übereinkömmt, da muß es entweder auf diese Zeiten nicht passen, oder es muß Dinge enthalten, die man zwar nicht begreifen kann, aber doch wahr seyn können: oder es muß offenbare Widersprüche enthalten. Was die historische Gewißheit anbelangt, die geht uns jetzt nichts an, denn sie sowohl, als alle neue Religionsverbesserer, quasi! nehmen sie an; also: enthält nun das neue Testament Punkte, die uns nichts mehr angehen, so sind es besondere Modifikationen besonderer christlicher Gemeinden, und diese fallen ins Auge. Wir abstrahiren diese, und schränken uns blos ein auf die Lehre von Jesu Christo, diese also muß entweder Dinge enthalten, die der natürlichen Menschenvernunft zu hoch sind, oder die ihr widersprechen. Enthält sie Dinge, die ihr zu hoch sind, und man will diese nach der Vernunft reguliren, so ist die Religionsverbesserung eben anzusehen, als wenn fünf oder sechs wackere rothbackigte Schuljungens Eulers und Kästners Schriften von der höhern Mathematik nach ihrem guten Knabenverstande reformiren wollen; der eine wird das Wort: Equation, der andere: Parallaxe, ausstreichen. Ist ja doch Unsinn in den Worten da, lieber Martin! verstehen sie nicht, laßt's uns ausstreichen; wollen's thun, dann gehen und Blindemaus spielen.

Beweist man uns aber, daß die Lehre Christi Widersprüche enthalte: dann auch keinen Augenblick länger gewartet: Was hinken wir denn auf beiden Seiten! Entweder ein wahrer Bekenner Christi, oder ein Deist! Weder kalt noch warm zu seyn, ist ausspeiens würdig.

Der Prediger beantwortet des Sebaldus hämische Rede mit wahrem Menschenverstande; er sagt:

„Sie sind also, wie ich merke, ein Gönner der neuen heterodoxen Theologen. Sie werden also alles, was dahin gehört, wohl überlegt haben; denn Herren ihrer Art handeln niemals unüberlegt. Sagen Sie mir doch, was für ein Christenthum wir bekennen möchten, wenn diese Herren so fortfahren, wie sie angefangen haben.“

Und dieses ist doch gewiß wahr, was dieser Prediger da

sagt. Der Herr Verfasser will die ungereimte Denkungsart der evangelischen Lehre zeigen, und läßt sie gar oft die Wahrheit sagen.

„Ei nun," sagt Sebaldus, „es könnte wohl ein sehr christliches Christenthum werden."

Ich meyne, wenn man die wesentlichen Stücke hinausschmeißt, das wird ein Christenthum seyn! —

Der Prediger antwortet: „Christlich? ja, ein heidnisch Christenthum wird es werden. Hören Sie wohl? Heidnisch ist der wahre Name! —"

Nun läugne, wer läugnen kann, ob das nicht wahr ist! Vernünftige Moral, die aus eigenen menschlichen Kräften hervorgebracht und ausgeübt wird, ist das wahre eigentliche feine Heidenthum; wer Lust dazu hat, der gehe hin, und er wird finden, daß das alte Sprichwort wahr ist: Viel Köpfe viel Sinne. Ein jeder wird sich eine neue Moral schmieden, so wie es für ihn am bequemsten ist. Der gemeine Mann, der selbst nicht zu denken gewohnt ist, will was Sinnliches haben; wird wieder Abgötter, wie vor einigen tausend Jahren auch.

Menschen! merkt auf die Zeichen der Zeiten. Die Apostel, Jesus, haben es lang voraus gesehen! sie habens gesehen. Unter andern Paulus an den Timotheum im zweiten Brief im dritten Kapitel: „Das sollst du aber wissen, daß in den letzten Tagen werden gräuliche Zeiten kommen, u. s. w. — Verräther, Frevler, aufgeblasen, die mehr Wollust lieben, denn Gott, die haben den Schein eines gottseligen Wesens, aber seine Kraft verläugnen sie; und solche meide. Aus denselben sind, die hin und her in die Häuser schleichen, und führen die Weiblein gefangen, die mit Sünden beladen sind, und durch mancherlei Lüste getrieben werden. Sollte man nicht meynen, Paulus hätte die heutigen schönen Geister dem Frauenzimmer sehen die Cour machen am Nachtisch, am Putztisch, auf dem Kanapee, u. s. w. Ferner: Lernen immerdar, und können nimmer zur Erkenntniß der Wahrheit kommen. Heißt das nicht Weissagung? Beinah achtzehnhundert Jahre vorherzusagen, was aus dem menschlichen Geschlechte werden soll; nun siehe: es wird! —

„Die Fülle der Heiden fängt an einzugehen; wer eine aufmerksame Seele hat, der merke auf und stehe auf seiner Hut! Selig ist der Knecht, den der Herr wachend findet, wann er kommen wird!

Sebaldus ist es nun einerlei, wie man's heißt, „heidnisches oder christliches Christenthum;" das menschliche Geschlecht wird durch eine Benennung weder glücklich noch unglücklich. Wie? wenn aber die Benennung die Natur der Sache trifft, ists auch einerlei? Mögen seyn, was wir wollen, wenn wir nur so dem Trieb unserer Natur folgen können, wie auch die andern Thiere, unsere Nachbarn; wollen gern auf die Menschheit Verzicht thun.

Was dünkt Ihnen, Herr Verfasser? Das ist so die rechte Sprache, nicht wahr? Sie mögen sie behalten, für sich behalten; Sie müssen aber denn auch andere ehrliche Leute ungeschoren lassen, die nicht so denken wie Sie, und nicht so beleidigende Sachen in die Welt hineindrucken lassen.

Der Prediger und Sebald wechseln noch einige Worte, wo es noch einmal ein wenig über die symbolischen Bücher hergeht.

Der Herr Verfasser versteht unter diesen symbolischen Büchern nothwendig die „Augsburgische Confession, den Heidelbergischen Katechismus," und was sonst noch dafür angenommen wird; diese Dinge sind ihm eben so, wie die Bibel, lächerlich und ganz ungereimt und unnöthig. Nothwendig muß es allen Freidenkern, und hernach auch einigen heutigen Reformatoren so vorkommen, sonst würden erstere nicht lachen und spotten, letztere aber nicht verbessern wollen.

Ist die Bibel ganz Offenbarung, so haben wir keinen Streit; ist sie nur zum Theil Offenbarung, und das, was Offenbarung ist, soll mit der Vernunft herausgesucht werden, so ist die Vernunft über die Offenbarung, und wir haben gar keine nöthig; ist sie gar nicht Offenbarung, so ist wieder nichts zu streiten.

Was die andern Symbole betrifft, so sind das Sachen,

gleichsam Verträge und Glaubensbekenntnisse, die unsere Voreltern zu ihren Zeiten verfaßten, und nach den damaligen Umständen verfassen mußten; auf welchen der Religionsfrieden im römischen Reiche beruht; wer davon abgehen will, mag's unsertwegen thun. Ist ein und anders darinnen, das vielleicht unnöthig wäre, und kann es nicht ohne Unruhe verlassen werden, ei! so lasse mans. Ins Ganze aber genommen, seh' ich nicht ein, daß man der menschlichen Freiheit was vergebe, wenn man sich zu gewissen Verträgen verbindet, die, ob sie wohl nicht so nöthig sind, doch nicht schaden. Was aber die Symbole vom Evangelium in sich fassen, das ist Glaubenslehre, die genau von einem Christen beobachtet werden muß. Ich habe oben genug von äußerer und innerer Religionsverfassung geredet, je besser die äußerliche Einrichtung gemacht werden kann, ohne sich in gefährliche Umstände zu setzen, je lieber ist es uns, nur das Innere muß nicht leiden. Wie schwer das aber bei unserer heutigen Staatsverfassung sey, kann ein halb Vernünftiger einsehen. Wenigstens ist es politische Kannengießersarbeit, wenn ein Bürger in Berlin, dessen Fach es gar nicht ist, von dergleichen zu schreiben, dem es an gehöriger Religionserkenntniß, sowohl was das Aeußere als Innere betrifft, mangelt, und also nothwendig fehlen muß; wenn sich, sag ich, ein solcher Mann dahinstellt und von so was urtheilt. Gottlos ist es aber, die Mängel und Fehler mit dem Wesentlichen des Reichs Christi zu verspotten.

Im achten Abschnitt werden die Symbole und die Moden der Kleidungen der Lehrer verglichen.

„Die Erfahrung lehrt, heißt es S. 90, daß die Meinungen sich nicht minder verändern, als die Kleidertrachten. Es geht daher auch den symbolischen Büchern eben so, wie der Kleidung der Geistlichen. Als die symbolischen Bücher gemacht wurden, enthielten sie bloß die allgemein angenommene Meynungen aller Glieder der lutherischen Kirche; so wie die Kleidung der Geistlichen, dem Schnitte nach, die Kleidung aller gelehrten Leute, und die schwarze Farbe eines Biedermanns war, wenn er feierlich erschien. Als die Kleidermoden sich änderten, so blieben die Geistlichen in derselben wohl vierzig oder fünfzig Jahre zurück, so wie es Ihnen noch oft in der Literatur und Philosophie geht. Endlich änderte sich die Welt so sehr, daß der Schnitt des Glaubens und der Kleidung, der zu Luthers Zeiten allen guten Leuten gemein war, endlich das Symbolum eines besondern Standes blieb. Und dennoch befürchte ich, es gehe noch in einer andern Absicht der Conformität mit den symbolischen Büchern wie den Aermeln und den Mänteln der Geistlichen; obgleich jene immer Orthodoxie heißt, und diese immer schwarz bleiben, so haben sie beide doch, sonderlich seit fünfzig Jahren, so viel kleine aber wesentliche Veränderungen erlitten, daß im Grunde ein guter alter orthodoxer Dorfpastor, der seit Buddeus Zeiten an keine Veränderungen, weder in der Gelehrsamkeit, noch in Rockschößen und Perücken gedacht hat, von einem jungen orthodoxen Diakon jetziger Zeit, der vier Jahre lang in adelichen Häusern Hofmeister gewesen ist, aller Conformität ungeachtet, eben so stark in der Kleidertracht, als in der Glaubenslehre verschieden ist."

Auf dieses folgt nun die Geschichte der geistlichen Kleidermoden in Berlin, von Spener an, bis auf diesen Tag. Und Herr Chodowiecki, der vortrefflichste Zeichner unserer Zeit, hat alle diese Figuren lächerlich genug aufs Titelkupfer gezeichnet.

Alles dieses mag nun wahr seyn, oder nicht; wer gerne lacht, wird wiederum lachen.

Immer greift der Herr Verfasser den Lehrstand an, wo ers am wenigsten verdient. Hier ist der Ort, wo ich davon reden muß.

Daß der Lehrstand eben so grundverdorben ist, wie auch alle andere Stände, das siehet man aus dem schlechten Erfolge, den mehrentheils ihre Bedienung des Evangeliums in der Verbesserung der Menschen hat. Die Kleidermoden der Prediger sind hier eben so unbedeutend, als die vermeinten Veränderungen der wahren Orthodoxie. Diese ist und bleibt immer die einzige wahre christliche, bis dahin, wo die Gebalde Nothankers anfangen zu arbeiten.

Das erste, das man anzumerken hat, ist, daß sie sowohl als andere Menschen sind; daher es dann auch kommt, daß sich überall menschliche Verdorbenheit mit einmischen, die aber in diesem Falle besonders wichtige Folgen haben können. Aus dieser Quelle entspringt nun ein anderer Fehler, nämlich, daß unter den Predigern ebensowohl die Wenigsten wahre Christen sind, als auch unter andern Ständen.

Wo nun ein Prediger ein wahrer Christ ist, da siehet man auch noch immer das Evangelium seine Kraft beweisen, das heißt: die Menschen, wenigstens einige, werden gebessert.

Sobald aber ein Prediger nicht nach der Lehre des Evangeli wandelt, sobald wird der Stolz seine erste Plage seyn; er wird sich auf die Haushalterschaft Gottes und Christi was rechts einbilden, und aus diesem Grundsatze eben so gut herrschen wollen, als es ein jeder anderer natürlicher Mensch will, wo er nur Gelegenheit dazu finden kann. Aus eben dem Grunde, da niemand von der Wahrheit der Religion überzeugt seyn kann, der nicht ihren Geboten nachlebt, indem blos der Glaube erst die Ueberzeugung wirkt, folgt dann auch abergläubische Dummheit. Dem allen ungeachtet predigen doch diese Leute evangelische Wahrheiten! und da ihr Stolz und Dummheit nach der Reformation wenig wichtige Folgen, ausgenommen sehr selten, und noch mehrentheils in einzelnen Fällen haben kann, so geschieht dem gemeinen Besten, ins Ganze genommen, wenig Schaden darunter, wohl aber dem Reiche Christi.

Diesem Verderben des Lehrstandes die gehörigen Mittel entgegen zu setzen, erfordert Weisheit, und ist nicht die Arbeit eines Religionsspötters. Das beste Mittel ist, zum Predigtamte solche Leute zu wählen, die von ganzem Herzen Christo und seinem Evangelium in Lehre, Leben und Wandel getreu sind, so wirds bald besser werden. Solche Männer sehen immer in ihrer Amtsführung auf das Wesentliche, auf Herzens- und Sinnesänderung ihrer Zuhörer, und daher, da sie Christen sind, ist von ihrem Stolz und Dummheit wenig oder nichts zu besorgen.

Ich kann gar wohl die Quelle anzeigen, aus welcher die heutige Verachtung des Lehrstandes herkommt. Der Voltär'sche Geist hat sich so allgemein gemacht, daß auch diejenigen, die sich äußerlich zu Christo bekennen, sich schämen, von ihm und seiner Lehre zu reden; die schöne Philosophie ist jetzt Mode; und die Macht jener altfränkisch und zum Theil lächerlich. Da nun die Geistlichen wegen ihres Amts noch immer davon reden, und allem, was von Christo abführt, widerstehen müssen, dieses aber bei unbekehrten Geistlichen immer mit Stolz und Dummheit verpaart geht, auch noch dazu dieser die mehrsten sind, so muß der Lehrstand nothwendig verächtlich werden.

Nun ist die Frage, ob man durch Spötteleien die Sache ins Allgemeine bessere oder nicht?

Die Beantwortung dieser Frage beruht nur auf der Erörterung folgender Frage:

Wird die wahre Religion Christi dadurch befördert, wenn die Geistlichkeit lächerlich und verächtlich gemacht wird? Denn daß solches durch Spötteleien zuwege gebracht wird, ist gar keine Frage, daran zu zweifeln wäre.

Ich will dieses alles durch ein Gleichniß erörtern, so wirds in ein helles Licht gesetzt werden.

Ein gewisser Fürst hatte eine schöne und große Stadt, die von vielen Menschen bewohnt wurde, die sich alle recht wohl und reichlich nährten. Der Fürst mußte eine sehr lange Reise thun, damit aber doch die Stadt ruhig verwaltet würde, so verfaßte er gewisse Statuten und Gesetze, nach welchen gewisse dazu bestimmte Männer, deren über ein jedes Quartier der Stadt einer oder mehrere bestimmt worden, alles richten und schlichten, und die Einwohner, nach der Regel derselben zu leben, anführen sollten. Was geschah? Diese Männer regierten die Stadt; da sie aber ungleich die Gesetze auslegten, so warf sich endlich einer zum Regenten auf, machte noch viele Nebengesetze und die andern alle mußten ihm gehorchen. Dieses dauerte eine Zeitlang, so fanden sich gewisse Männer, die mit der Monarchie gar nicht zufrieden waren: sie fingen an dagegen zu streiten, forderten ihres Fürsten Gesetzbuch, gabens alten Leuten zu lesen und strichen alles darinnen aus, was von jemand anders hinzugeflickt worden. Das ging eine Zeitlang so fort; da aber diese letztere Aristokratisten theils träg in ihrem Amte, theils auf Nebenumstände tyrannisch, theils im Wesentlichen lau wurden: siehe! so fand sich ein Bürger in der Stadt, der fing an mit höhnischen spitzigen Reden den Bürgern zu sagen, daß sie Bürger wären: Sie wären ja wackere freie Leute auf Gottes Erdboden, wären ja selber klug genug; warum Sie sich doch nach gewissen alten Gesetzen beherrschen ließen, da man nicht wüßte, von wem sie eigentlich wären? Ja, der Fürst! das ist so eine Sache; es kann wohl einmal ein guter Mann hier in der Stadt gewesen seyn. — Hört! besser ists, wir kehren uns gar an nichts; ist ja der Kaiser unser aller Oberherr. Was will uns der altfränkische Fürst sagen? Es heißt in den Gesetzen: Er soll des Kaisers Sohn seyn, sein Erbprinz — mag er — geht uns nichts an, wir halten uns an den Kaiser. Da sagen die Leute: Der Kaiser und sein Sohn haben die Gesetze so bestätigt und gemacht; allein, wer weiß, obs wahr ist? Es sind doch viele Ungereimtheiten darin, lächerliche Dinge. Was ist des Krams all nöthig? Wir sind gesittete Menschen: es ist ja natürlich, daß einer den andern liebe. Dieser Mann brachte es so weit, daß der mehrste Theil der Menschen so wurde, wie er. Man dachte nicht viel mehr an den Fürsten, eben so wenig an den Kaiser; der schuldige Tribut wurde unsäglich viel kleiner, und so wurde der Weg zur Unabhänglichkeit gebahnt.

Der Monarch in der Stadt kehrte sich nicht viel dran, ließ die Leute denken und setzte sein Regiment fort. Die Aristokratier aber waren verschiedener Meynung: Einige gaben sich dran und untersuchten die Gesetze aufs neue; sie glaubten, es könnte wohl ein Vergleich getroffen werden; einer meynte zu finden, daß der verreiste Herr ein guter vornehmer Patritius in der Stadt gewesen seyn könnte, der diese

Gesetze zum Besten derselben gemacht habe. Die gemeine Sage, daß er bald wiederkomme, sey eine Sache, die unwahrscheinlich wäre. Da dieser Herr also ebensowohl ein Bürger sey, wie sie, wenn er auch allenfalls ein kaiserlicher Minister geworden wäre: so könnte er ihnen doch nicht übelnehmen, wenn sie die Gesetze nach der jetzigen Denkungsart ein wenig geändert, auch wohl ein und anders darinnen ausgestrichen hätten. Andere von eben diesen Aristokratiern wollten gar von keinem Vergleiche hören und sehen, hielten genau auf dem alten Buchstaben, schändeten und schmälten auch die Demokratisten oder kaiserlichen Freileute, schalten sie für Rebellen, gaben auch zuweilen Ohrfeigen, wo sie konnten. Diese Zeloten wurden endlich gar verhaßt in der Stadt. Die Demokratier, deren am allermehresten waren, lachten darüber, hießens Knabenstreiche; und weil sie glaubten, daß ihre Stadt eine kaiserliche freie Reichsstadt wäre, so glaubten sie, auch die Zeloten müßten ihre Freiheit haben, sowohl als sie.

Unter den Aristokratiern waren aber noch immer einige stille Leute. Man sagt, daß sie geheime Correspondenz mit dem Fürsten hätten. Diese ermahnten überall, wo sie Gelegenheit dazu hatten, die Einwohner, sie möchten genau nach den Gesetzen des Fürsten sich halten: man befände sich ja wohl dabei; sie wüßten, er würde bald kommen, und dann würde er gewiß seine treuen Anhänger mit unabsehbarem Glücke belohnen. Diese stillen Aristokratier hielten sich also geheim, warteten ihres Amts, und beklagten den Zustand der Bürgerschaft.

Bei diesen kritischen Umständen, da die Demokratier oder Freidenker überall den Meister spielten, und alles dem Fürsten anfing abtrünnig zu werden, der Monarch zwar noch glaubte, er wäre, was er immer gewesen, und die Aristokratier, wie oben gemeldet, in drei Faktionen, in Vergleichskommissarien, in Zeloten und in fürstliche Aristokratier getheilt waren, läßt sich leicht vermuthen, daß die Demokratier, als die herrschende Parthei, weder die Monarchischen, noch die Aristokratier werden haben leiden können, sondern einen mit dem andern, so viel an ihnen ist, werden gesucht haben zu unterdrücken. Die Aristokratier waren also alle drei Partheien, wie man allgemein glaubte, unnöthige Bürger.

Nun trugs sich einmal zu, daß man des Morgens, als man aufstund, ein Bild auf dem Markt entdeckte. Es stund am höchsten Orte, so daß Klein und Groß es von Weitem und Nahem sehen konnte. Es war eine strohene Statue in riesenmäßiger Größe, in Satyrengestalt, mit Geisfüßen, Bockshörner auf dem Kopf, und das Gesicht war von Papier oder Pappendeckel so geformt, daß es mit den Augen nach einem nach der Seite hinstehenden aristokratischen Hause schielte, und sein Maul dabei zum Lachen verzerrt war. Mit dem Zeigefinger der rechten Hand wies es auf dieses Haus. Die Kleidung dieses Strohmannes war genau so, wie sie die Aristokratier zu tragen pflegen. Unter seinen Geisfüßen lagen verschiedene sinnbildische Figuren, deren Namen aus dem fürstlichen Gesetzbuche genommen waren, als: Gnade, Wiedergeburt ꝛc. Auch sahe man da das Wappen des Fürsten in der Hand eines Aristokratiers, wie er dem Strohmanne unter den Füßen lag; doch war das Wappen so gekehrt, daß es konnte mit Koth beworfen werden. Unten am Fußgestelle stand mit großen Buchstaben: „Sebald Nothanker, ein Aristokratier.“ Knaben und Männer, Jünglinge und Jungfrauen stunden zu Tausenden um dieß Bild, lachten aus vollem Halse, klatschten, und wo sie hernach einen Aristokratier fanden, da warfen sie Koth auf ihn.

Nun entsteht die große Frage, wie es fernerhin mit der Stadt zugehen werde? — Darauf läßt sich nichts antworten. Wir Aristokratier glauben es zu wissen, und die Demokratier glaubens zu wissen.

Ich weiß aber eins gewiß, und das ist Folgendes:

Die Gesetze sind da, und in denselben stehts, der Fürst der Stadt sey der Erbprinz des Kaisers; dieser und unser Fürst haben eine und dieselbe Regierung; was einem geschehe, geschehe auch dem andern. Nun, was ist dann sicherer, als daß man sich diesen Gesetzen unterwerfe? Ders thut, fehlt gewiß nicht, wenn sie auch unnöthig wären, denn das kaiserliche Interesse wird doch dadurch vermehrt; wers aber nicht thut, läuft entsetzliche Gefahr, auf ein großes Kannseyn einstweilen Rebelle gegen den Kaiser und seinen Sohn zu seyn: denn daß die Demokratier sagen, sie verehrten den Kaiser und nennten ihn ihren Oberherrn, das ist so viel gesagt, als: der Kaiser ist ein ehrlicher Mann, wofür wir Respekt haben; wir thun aber, was uns gefällt, und sind ihm weiter nichts schuldig. Wie's aber mit dem Herrn Pasquino und seinem Strohmanne aussehen wird, wenn dereinst der Fürst kommt; ob er damit zufrieden seyn wird, wenn er ihm antwortet: die Aristokratier waren Schurken: sie thaten nicht, was uns Demokratiern gefiel; darauf wollt ichs um aller Welt willen nicht wagen, an seiner Stelle zu seyn.

Hiemit will ich meinem Büchlein ein Ende machen. Obige, aus der gegenseitigen Schrift angeführte Stellen sind hinlänglich, zu beweisen, was ich beweisen will. Nur noch ein Wort an alle Zweifler.

„Wie kann man sich in jetzigen Zeiten am besten beruhigen? Wie kann man zur Gewißheit kommen?“

Hört alle, Große und Kleine! Schaut die ganze Welt an und sehet! Alles lebt und bewegt sich. Reducirt alles auf die ersten Centralkräfte, auf die anziehende und wegstoßende Kraft; denkt und urtheilt nun unpartheiisch: Ist das denn etwas Begreifliches, daß der Stein, wenn er in die Höhe geworfen wird, wieder auf die Erde fällt? noch nie hat es ein Mensch herausdemonstriren können; es ist immerwährende Wirkung der Allmacht Gottes, die da will, daß ähnliche Körper nach dem Verhältniß ihrer Massen sich anziehen, unähnliche aber sich abstoßen sollen; von diesen Centralkräften sind noch viel Sachen bis dahin, wo unsere Vernunft zu begreifen anfängt. Genug, es bleibt dabei, die Grundlage alles Lebens und aller Bewegung beruht auf der fortdauernden Wirkung der schöpferischen Macht Gottes. Diese Macht hat sich gewisse Gesetze vorgeschrieben, nach welchen sie in dieser Welt handeln will. Diesen Satz will ich auf die menschliche

Seele anwenden. Die Seele hat eine deutliche Vorstellung von gewissen Sachen; sie ist sich deren bewußt, sie ist sich ihres Daseyns mit höchster Deutlichkeit bewußt; was ist das nun? Auf, Vernunft! ergründe dich selbst, was du bist! — sie kanns nicht; sie kann nichts weiter entdecken, als daß sie da ist, und daß sie nach gewissen Grundtrieben handelt; sie kann nicht einmal aufhören zu denken, wenn sie will; sie ist also nicht souverain, sie lebt wieder abhänglich von dem, der da befiehlt: Du Stein sollst ewig fallen, wenn du in den Stand gesetzt wirst, daß du fallen kannst. Es ist also ausgemacht, daß die Vernunft Gränzen um sich herum hat, über welche sie nicht weg kann. Bei diesen Umständen, da die Seele so eingeschränkt ist, hat sie doch einen unendlichen Hunger nach Erkenntnissen. Ein Mensch, der mit diesem Hunger nun in die Dinge der Schöpfung eingeht, stirbt, eh er kaum angefangen hat. Die Welt hat schon bald sechstausend Jahre gestanden, und noch siehts erschrecklich mangelhaft in den Wissenschaften aus; folglich ist unläugbar:

Der Mensch ist für dieses Leben nicht allein da, denn er erreicht seinen Endzweck nie.

Der menschliche Geist ist aber doch einer Erhöhung seiner Kräfte fähig, und er ist ihrer nicht umsonst fähig, wenn anders ihr Schöpfer ein weiser Schöpfer ist.

Ist der Mensch für dieses Leben nicht allein da, so muß ein anders Leben auf dieses folgen, und ein Mensch muß, seinen wesentlichen Kräften nach, ebenderselbe nach dem Tode seyn, der er zuvor war; das ist, er muß sich dieses Lebens noch erinnern können, sonst wär er so gut, als wenn er neu geboren, das ist, ein anderer Mensch wäre.

Ist die menschliche Seele sich ihrer ersten Grundanlage nicht bewußt, so mußte die immerfortdauernde schöpferische Machtkraft wieder nach fortdaurenden Gesetzen die Seele fortschaffen, das ist erhalten. Nun ist aber die Seele, ihren Kräften nach, einer Erhöhung oder Verbesserung fähig! — Jetzt, meine Herrn Freigeister und Deisten! wo sind die Grundregeln anzutreffen, die der Natur der Seele angemessen, die fähig sind, den Menschen nach seinem Zustande zu verfeinern, seine Erkenntniß zu vermehren, und ihn in den Stand zu setzen, seine Bestimmung zu erreichen? — Von aussen, durch blose sinnliche Wirkungen der Schöpfung auf uns, bringen wir der Seele tausenderlei Mannigfaltigkeiten bei, sie fällt immer von einem aufs andere, und es kommt am Ende weiter nichts heraus, als wir haben unsere Existenz verbessert, aber nur die Existenz für dieses Leben. Da dieses aber kurz ist, so haben wir schlecht für uns gesorgt, wenn wir weiter nichts besitzen können. Von jeher haben die Verständigsten des menschlichen Geschlechts eingesehen, daß die Verbesserung des Menschen darin bestünde, und daß er einen viel höhern Grad der Menschheit erreichen könnte, wenn er nur in sofern die Schöpfung gebrauchte, als es zu Erhaltung seines Daseyns nöthig wäre; im übrigen aber seine Seelenkräfte dazu anwendete, Gottes liebenswürdige Eigenschaften kennen zu lernen, wie er sich in der Schöpfung an die Menschen offenbart habe, und zu diesem auch andere Menschen zu leiten und zu führen. Alle, die diesen Weg einschlugen, fühlten im Innersten ihrer Seele ein unbekanntes Wohlthun, welches das zustimmende Ja der Gottheit ist, die immer am Rade der Natur auch in der menschlichen Seele umdreht. Allein, es ging solchen weisen Männern, als wenn man einen Mühlstein in einem engen Thal einen Berg herablaufen läßt; er erhält durch sein strenges Herablaufen und immerfort beschleunigte Bewegung zwar so viel Kraft übrig, daß er die andere Seite ein Stück Wegs wieder heranfläuft, bald aber wieder zurücksinkt und liegen bleibt. Wo kann sie sich selbst verbessern, wo kann sie ihre Kräfte erhöhen, wenns der nicht thut, der sie erhält! Der Weg, dazu zu gelangen, ist untrüglich. Ich will Ihnen denselben zeigen, und alle vernünftige Menschen werden sagen müssen, ich hätte Recht.

Wer also ein herzliches Verlangen in sich verspürt, daß er gerne wollte so seyn, wie er seyn muß; der da empfindet, wie mangelhaft es um ihn aussieht (denn die andern, die schlechterdings zufrieden sind, wie es geht, die zufrieden sind, wenn sie das vornehmste Thier heissen; und ferner kein Verlangen bei sich spüren und ruhig sind, mit denen rede ich nicht. Ich rede nur mit denen, die Wahrheitshungrig sind, und aus Wahrheitsliebe zweifeln, was sie thun sollen); diesen gebe ich folgenden Rath, der sie nicht betrügen wird.

Erst müssen sie sich vornehmen, das allgemeine Gesetz der Natur, allen Menschen wohlzuthun, fest und unverbrüchlich zu halten; ferner auch alles dasjenige, was uns die gesunde Vernunft lehrt, was unsre und des Nebenmenschen Glückseligkeit befördert; mit einem Wort: was einen jeden seine innere Ueberzeugung lehret thun, das thue er, ohne es zu unterlassen, und prüfe alle Handlungen nach dem Probiersteine der innern Ueberzeugung dessen, was gut und bös ist: gebe also fleissig auf sich selbst und seine Handlungen Acht, so wird er erst gewahr werden, wie schwach er ist, und wie wenig der Mensch geschickt ist, blos das Naturgesetz zu halten, geschweige die Feinde von Herzen zu lieben. Nun müßt ihrs aber nicht machen, wie der Mühlstein, und wieder zurücklaufen, sondern ihr müßt den Vater der Natur und der Menschen, der überall wirksam ist, um Hülfe ansprechen; ihr müßt in dieser Sehnsucht beharren und gleichsam zum Magnet werden, um mehrere Kräfte durch Gebet vom Vater zu erlangen: so werdet ihr vor und nach gewahr werden, daß der Vater der Natur mit allmächtiger Kraft, nach Zahl und Maaß und unveränderlichen Gesetzen, auf alles Erschaffene wirke. Ihr werdet finden, daß zwischen euch und ihm ein so unendlicher Unterschied sey, daß euch der mindeste Zusatz von seiner reinen göttlichen Kraft ein verzehrendes Feuer werden würde. Alsdann werdet ihr erfahren, daß die Erzählung Moses vom Fall Adams wahr seyn müsse, indem es unmöglich ist, daß der Gott, der so aufs strengste nach seinen Gesetzen alles regiert, ein so ganz unvollkommenes Ding, wie die menschliche Seele anjetzo ist, sollte haben machen können. Ihr werdet dann mit größter Klarheit einsehen lernen, wie entsetzlich die menschliche Natur im Verderben lebe; ihr werdet zittern und zagen, und keinen Rath wissen, wie ihr nun zu eurer

Bestimmung gelangen sollt, die euch nun unendlich wichtig wird, indem euch nichts gräßlicher vorkommen kann, als wenn die Seele sollte vom Leib getrennet, aus dem Elemente der Gottheit verstoßen werden, und ihr doch immer nahe seyn und bleiben. Nun wird euch die Lehre vom Versöhner Jesu Christo so handgreiflich nöthig und so gewiß vorkommen, daß ihr ganz und gar an keinen Zweifel mehr denken werdet, und ihr werdet ihn mit beiden Händen ergreifen.

Dieses ist der einzige Weg eines Zweiflers, zur Ueberzeugung in der christlichen Religion und deren Wahrheit zu gelangen. Ein jeder, der kein wahrer Christ ist, doch aber Christum mit dem Munde bekennet, thut eben so viel, als wenn er sagt: Ich habe gehört, es soll ein Evangelium in der Welt seyn, das so und so heißt; überzeugt, von dessen Wahrheit überzeugt ist er gewiß nicht. Wer aber nicht überzeugt seyn will, der hüte sich doch wenigstens, ein Voltaire oder ein Verfasser eines Nothankers zu werden.

Merkwürdige und wahrhafte Geschichte eines armen Bauernknaben.

In dem sogenannten baierischen Successionskrieg, der im Anfang der vierziger Jahre des verflossenen achtzehnten Jahrhunderts gegen die Kaiserin Königin Maria Theresia von verschiedenen europäischen Mächten geführt wurde, diente ein gewisser Herr von Falkenhain aus dem Elsaß als Offizier in der französischen Armee; dieser nahm einen armen Bauernknaben, Namens Ammel, aus dem Dorfe Kolbsheim, der auch sein Unterthan war, als Roßbuben mit. Ammel war ein guter und braver Bursche, aber seine blutarme Eltern konnten ihm keine Erziehung geben, und er hatte weder lesen noch schreiben gelernt, er folgte also seinem Herrn zur Armee und diente ihm treulich. Nun war das Fouragiren bei Lebensstrafe verboten, und doch zwang ihn sein Herr, der Commandant eines französischen Bataillons war, mit Gewalt dazu; alsofort wurde der arme Tropf von den Häschern ertappt; und ohne weitere Umstände zu einem Baum geführt, an den sie ihn aufhängen wollten. In dem Augenblick entdecken sie noch andere, die auch fouragirten; damit ihnen nun diese nicht entgehen möchten, und um auch das Aufknüpfen an allen zugleich und in füglicher Ordnung zu verrichten, so übergaben sie den Ammel sogleich einer Vorwache, die ihn so lang verwahren sollte, bis die andern Verbrecher auch eingefangen wären; nun war aber der wachhabende Offizier ein Freund des Herrn von Falkenhain, und um den armen Roßbuben zu retten, gab er der Wache einen Wink, die ihn also davon laufen ließ.

Ammel konnte nun nicht mehr in dem bisherigen Dienst bleiben, daher ging er in ein anderes Lager der französischen Armee, und wurde Husar. In den vielen Scharmützeln und Schlachten, denen er beiwohnte, bewahrte ihn die gütige Vorsehung dergestalt, daß er ohne allen Schaden davon kam.

Einsmal als er gefangen wurde, kroch er auf dem Bauch durch alle Wachen hindurch, und kam glücklich wieder zu seinem Regiment. Hier trug sichs nun zu, daß ein Detaschement Husaren beordert würde, Kriegsgefangene nach Mastricht zu bringen; Ammel war mit unter dieser Begleitung; auf dem Wege wurde er unter den Gefangenen einen schönen jungen Mann von edlem Anstand und Ansehen gewahr, der bisweilen Thränen vergoß; sein Herz wurde weich, er nahte sich ihm und fragte mitleidig: „was fehlt ihm, mein Freund? fürchte er sich nicht! die französische Kriegsgefangenschaft ist nicht so hart, und vielleicht wird er bald ausgelöst! — Ach, erwiederte der Gefangene: „das ist die eigentliche Ursache meiner Thränen nicht — aber — indem er einen Fuß aufhob — „Seh' er da, welche schlechte Schuh und Strümpfe ich habe!“, sie waren ganz zerrissen, und dieser Zug geschah in den kalten und regnichten Novembertagen; dann fügte er hinzu: „er sey aus einem guten Hause, und eines solchen Jammers nicht gewohnt. O! wenn es nur das ist, versetzte Ammel, so habe er nur Geduld, bis wir dort an das Städtchen kommen, da soll ihm geholfen werden."

Bald kamen sie in dem Städtchen an, und da sie an dem Thor Halt machen mußten, um daselbst zu speisen, so bat unser Husar seinen Offizier um Erlaubniß, in die Stadt zu reiten, weil er etwas kaufen müßte; er erhielt sie, ritt in vollem Gallop hinein, kaufte ein neues Paar Strümpfe und Schuhe, ließ seine Flasche mit Branntwein füllen, und nahm noch einige Brödchen mit; wie ein Blitz war er wieder da, rufte dem Gefangenen freundlich zu: „da neue Strümpfe, neue Schuh, geschwind weg mit den alten — indem er ihm die Flasche und das Brod reichte — stärk' er nun auch sein Herz, und sey er gutes Muths! — der Herr wird ferner für ihn sorgen!" —

Bestürzt und innig gerührt, erhob der Holländer seine Hände gen Himmel, er wollte sich zu den Füßen des Husaren werfen, der es aber nicht zugab; dann rief er: Ach mein Gott! wenn ich ihm nur diese Wohlthat noch in diesem Leben vergelten könnte, so wollte ich mich für den glücklichsten Menschen schätzen! Bald kamen denn die Gefangenen nach Mastricht, und Ammel mit seinen Kameraden wieder zurück zu ihrem Regiment.

Unser guter Husar diente treulich fort, da er aber Protestant war, so wurde er von seinen katholischen Kameraden unaufhörlich geneckt, er klagte es oft seinen Offizieren, allein die lachten dazu und bekümmerten sich wenig um seine Klagen; endlich wurde es ihm unerträglich, und er beschloß zu desertiren; dies gelang ihm, er kam glücklich durch, und reiste nach Frankfurt am Main, wo er damals sicher war. Nun hatte er oft von Ostindien gehört, und daß man da wohl sein Glück machen könnte; er beschloß also dorthin zu reisen, und ganz von diesem Gedanken erfüllt, sahe er im Traum schon das Schiff, das ihn über das Weltmeer nach Ostindien tragen sollte.

Des andern Morgens stand er früh auf und fragte nach dem Weg nach Ostindien; man belehrte ihn, daß er den Main und Rhein hinab nach Holland, und zwar nach Amsterdam reisen müßte, wo er Gelegenheit finden würde, sein Vorhaben auszuführen; alsofort machte er sich auf den Weg und langte in Amsterdam an. Mit Geld, welches er sich in seinem Dienst erspart hatte, ziemlich versehen, kehrte er in dem nächsten gut aussehenden Wirthshaus ein, setzte sich, und forderte Brod und einen Schoppen Wein; indem er so da saß und über seinen vorhabenden Plan nachdachte, trat ein junger schöner und ansehnlicher Mann in einem feinen Persianischen Talar und seidenen Bund gekleidet in das Zimmer. Im Auf- und Abgehen fing dieser fremde Herr an, unserm Ammel scharf ins Angesicht zu sehen und ihn genau zu beobachten; dieser gute Mensch wurde bange, denn die schrecklichen Seelenverkäufer fielen ihm ein. Endlich, als der Persianer anfing und sagte: Mein Freund, will er mir nicht den Gefallen erweisen, und in einem andern Zimmer mit mir zu Mittag speisen? so überlief den armen Ammel ein eiskalter Schauer, und er schlug es dankend ab. Der Fremde merkte, was er fürchtete, und sagte daher sehr freundlich zu ihm: Seine Furcht ist ungegründet, ich habe nichts Böses, sondern ganz etwas anders im Sinn; komm er nur getrost. — Ammel folgte, aber wie ward ihm, als der fremde Herr nun unter vier Augen ihn fragte: Mein Freund! ist er nicht ehemals französischer Husar gewesen?

Antw. Ja, mein Herr!

Hat er nicht einmal holländische Gefangene nach Mastricht begleitet?

Antw. Ja, mein Herr!

Hat er nicht einem dieser Gefangenen Strümpfe und Schuh gekauft und ihn in seinem Elend erquickt?

Antw. Ja, mein Herr!

Nun fiel der Fremde dem Ammel mit milden Thränen und schluchzend um den Hals, und sagte: der Gefangene war ich, mein Freund! Gott! womit kann ich ihm nun seine Liebe vergelten? Sag er an, womit kann ich ihm dienen? wie — ihm helfen? Was nur in meinem Vermögen ist, das steht ihm zu Diensten?

Ammel stand da wie versteinert; endlich brach er auch in Thränen aus, und erwiederte: Lieber Herr! das war ja eine gar kleine Gefälligkeit, und ausserdem Menschenpflicht, ich habe keinen grösseren Wunsch, als nach Ostindien zu reisen — wenn ich nur nicht brauchte Matrose oder Sclave zu werden.

O wie schön! rief der fremde Herr aus, ich bin Commandeur eines ostindischen Schiffs, und reise in vierzehen Tagen dahin ab, bleibe er nun so lange bei mir, ich will dann schon aufs Beste für ihn sorgen.

Jetzt war der Grund zu Ammels Glück gelegt; der Commandeur brachte ihn nach Colombo auf der Insel Ceylon, avancirte ihn, so bald als möglich war, zum Sergeanten, und gab ihm vor seiner Rückreise nach Europa alle ersinnliche Anweisung, wie er sich dort nicht allein ehrlich nähren, sondern auch ein hübsches Vermögen erwerben könnte. Nun hatte er schon in seinen Soldaten-Jahren nachgeholt, was seine Eltern versäumt hatten; er war im Lesen, Schreiben und Rechnen geübt, und konnte sich also nun um so viel leichter einem Geschäfte widmen; er wählte die Juwelier-Kunst zu seinem Beruf, blieb dreizehn Jahre in Colombo, und machte inzwischen Reisen nach China, Japan, Batavia, nach der Küste von Coromandel u. s. w., während der Zeit erwarb er sich ein ansehnliches Vermögen.

Daß Ammel von jeher ein gutherziger, braver und rechtschaffener Mensch war, das erkennt man leicht aus seiner bisherigen Geschichte, aber das wahre Christenthum, die einzige Quelle aller wahren Tugenden und reinen Sittlichkeit, kannte er noch gar nicht; nun hatte ihn zwar der Erlöser und Beglücker der Menschen an irdischen Gütern gesegnet, aber seine unbefangene Wohlthätigkeit und seine Treue im Kleinen sollte auch mit der ewigen Seligkeit bekrönt werden.

Einsmals, als er in einer Spielgesellschaft den ganzen Abend bis in die Nacht zugebracht hatte, gerieth er bei dem Nachhausegehen in große Gefahr; er kam ins Wasser, welches ihm bis an den Hals ging, und er sahe nun den Tod vor Augen; jetzt wurde die Angst seines Herzens groß, er flehte zum Allerbarmer um Rettung: er fühlte seine Fluchwürdigkeit, und daß er, wenn er in diesem unbekehrten Zustand stürbe, unfehlbar verloren gehen würde; zugleich entstand der feste unabänderliche Vorsatz in ihm, daß er, wenn ihm jetzt der Herr das Leben fristen würde, alle seine Tage und Kräfte in der Furcht Gottes und in seinem Dienst zubringen und verwenden wollte. Er fand Grund, und wurde gerettet.

Als er nach Hause kam und sein Mohrensclave, den er im Christenthum hatte unterrichten und taufen lassen, ihn in diesem erbärmlichen Zustande sahe und ihm einen tief beschämenden und drohenden Blick zuwarf, der ihm durch Mark und Bein drang, so wurde sein Herz vollends zerknirscht und sein Vorsatz unabänderlich gegründet; von nun an beschäftigte er sich mit Singen, Beten, Lesen und gottseligen Betrachtungen.

Um diese Zeit kam auch der Apostel der Malabaren, der berühmte und fromme Missionarius Schwarz nach Colombo, um dort einen Besuch zu machen; dieser leitete ihn nun vollends auf den wahren evangelischen Weg, wie er im Glauben an Jesum Christum und seine Erlösung der Heiligung nachjagen, und als ein wahrer Christ leben und sterben müsse.

Von nun an war ihm der Aufenthalt in einem Lande, wo die Christen zur Schande der Religion allen Lastern ergeben und den tugendhaften Heiden sehr anstößig sind, unausstehlich; er machte also all sein Vermögen zu Geld, und reiste nun wieder nach Europa und Deutschland zurück.

Als er auf die Gränze seines Vaterlandes kam, so fiel ihm ein, daß er desertirt war und nach den Gesetzen gestraft werden konnte; er schrieb also an seinen ehemaligen Herrn, den Baron von Falkenhain, und erkundigte sich, ob er sicher kommen könnte? Dieser Cavalier war während der Zeit auch zur wahren Selbst-Erkenntniß und zum Glauben an den Freund bußfertiger Sünder gekommen, und da er aus gewissen Ausdrücken in Ammels Brief die nämlichen Gesinnungen bemerkte, so beantwortete er ihn in dem nämlichen Ton, und versicherte ihm, daß er, ohne die geringste Gefahr zu befürchten, kommen könnte.

Es ist natürlich, daß dieser Brief in mehr als einer Rücksicht dem guten, frommen Ammel Ruhe, Frieden und Freude einflößen mußte; er kam also nun in sein Vaterland zurück, setzte sich zu Baar im Elsaß, und fing eine kleine Handlung an, mit welcher er sich nun über dreißig Jahr mit Glück und Segen beschäftigt hat. Er lebt in einer kinderlosen Ehe, nunmehr in hohem Alter, stirbt den äusseren Sinnen nach und nach zusehends ab, und wartet mit Sehnsucht auf die frohe Stunde seines Abrufs.

Der fromme, gottselige Freund, der mir diese interessante Geschichte erzählte und einer seiner nächsten Nachbarn und vieljähriger vertrauter Freund ist, konnte mir nicht genug sagen, wie ruhig, wie kindisch vergnügt und dankbar er jeden Schimmer von Hoffnung, bald aufgelöst und daheim bei dem Herrn zu seyn, aufnimmt.

Dort, sagt er tausendmal, wann ich Ihn sehen und mich zu seinen durchbohrten Füßen niederwerfen werde, dann will ich ihm erst für seine heilige Führung danken; hier bin ich zu schwach dazu.

Dergleichen Geschichten sind Fortsetzung der Bibel, unwidersprechliche Beweise, daß der Welt-Erlöser auch Welt-Regent ist, und die Schicksale der Menschen zu dem Glauben an Ihn, an seinen versöhnenden Opfertod, und dadurch dann zur ewigen Seligkeit leitet. Mir sind solche Erfahrungsbeweise köstliche Kleinode, die ich da aufhebe, wo ich sie finde, mich ihrer höchlich freue, und sie dann gerne den Liebhabern der Wahrheit mittheile.

Eine ausserordentliche Wirkung der Einbildungskraft.

Zu Schauburg wohnte ein edler und wohlhabender Bürger, der sich mit Büchereinbinden und der Klein-Uhrmacherkunst ernährte. Dieser rechtschaffene Mann war des Doctor Stillings Freund, und wenn Jemand in seinem Hause unpäßlich war, so bediente er sich seines Raths und seiner Hülfe. Nun war einmal seine Gattin krank geworden, er schrieb also einen Brief an seinen Arzt; Stilling eilte, setzte sich auf sein Pferd und eilte dorthin. Er kam am Abend an und war also genöthigt, bei seinem Freund zu übernachten.

Als nun der Doktor seine Patientin gehörig besorgt und sich an der freundschaftlichen Tafel nach Leib und Seel erquickt hatte, so führte ihn der Buchbinder auf sein Schlafzimmer. So wie er das Licht auf das Consol-Tischchen stellte, fiel Stillingen ein unter dem Spiegel hängendes Portrait in die Augen; es war auf Kupferblech gemalt und ein Meisterstück in seiner Art. Er betrachtete und bewunderte das Gemälde eine Weile; nach und nach aber überlief ihn ein Schauer: denn er merkte etwas Furchtbares, das sich vor seinen Augen immer mehr und mehr entwickelte, je länger er es ansah. Ob er sich nun gleich alle Mühe gab, die Charakterzüge ausfindig zu machen, die den erstaunlichen Eindruck auf ihn machten, so fand er doch nichts Sonderliches im Einzelnen, sondern das, was ein solches tief eingreifendes Entsetzen verursachte, war Wirkung des Ganzen; diese ward aber bei Stilling so stark, daß er nöthig hatte, an seine Vernunft zu appelliren, um diese Nacht auf dem Zimmer bleiben zu können. —

Das Portrait war ungefähr von der Größe eines Quartblatts und das Brustbild eines Mannes von ungefähr 30 bis 40 Jahren. Er hatte einen bordirten Hut auf, trug eine Allonge-Perücke und war in gallonirten Scharlach gekleidet, alles nach dem Kostüm des vierten Jahrzehents unsers Jahrhunderts.

Stilling konnte kein Auge von dem Bilde wegwenden. Je mehr ers anschaute, je tiefer ward er von Schauer durchdrungen; der Buchbinder merkte das, er fragte daher: „Gefällt Ihnen das Gemälde, Herr Doktor?" — Dieser versetzte: Ich weiß nicht, was ich sagen soll — ich sehe da ein Meisterstück der Malerei, das Bild eines überaus schönen Mannes; und doch prägen mir diese so äusserst regelmäßigen Züge ein geheimes Entsetzen ein, dessen eigentliche Ursache ich nicht ausfindig machen kann. Es ist nicht Ehrfurcht, was ich empfinde, sondern der Eindruck ist demjenigen ähnlich, den etwa Satan auf mich machen würde, wenn er in der Hülle eines schönen Mannes da vor mir stünde.

Der Buchbinder verwunderte sich und sagte: Alle, die das Portrait gesehen haben, finden etwas Fremdes und Schauervolles darin; allein Sie sind doch der erste, auf den es so stark gewirkt hat. Wenn Sie nicht zu müde und schläfrig sind, so will ich Ihnen die äusserst merkwürdige Geschichte erzählen, der ich diese Seltenheit zu verdanken habe.

Stilling war so bewegt, daß er keinen Schlaf empfand; beide setzten sich also zusammen, und sein Freund erzählte:

Vor etwa 25 Jahren reiste mein seliger Vater (der auch Buchbinder in Schauburg war) nach D* —; dort kehrte er in einem bekannten Gasthofe ein, wo er in der Wirthsstube, wie gewöhnlich, verschiedene Männer allerlei Standes an Tischen sitzend fand, die Wein tranken. Hinter dem Ofen aber bemerkte er einen wohlgekleideten Fremden, dessen verzweiflungs- und schwermuthsvolle Miene alsofort seine Aufmerksamkeit und Neugierde rege machte. Er erkundigte sich deßfalls bei dem Wirth, wer der Mann sey, und erhielt die Antwort: dieser Fremde sey ein reisender Maler, der erst vor ein paar Tagen angekommen, aber äusserst melancholisch sey;

woher er komme und wohin er wolle, das könne man nicht von ihm erfahren.

Dies machte meinen Vater noch neugieriger; er nahm also einen Stuhl und setzte sich nahe zu dem Fremden und zwar ihm gegenüber, der Maler that aber, als wenn er gar nicht da wäre.

Nach und nach bemerkte mein Vater, daß dieser sonderbare Mann mit einer entsetzlich furchtsamen Miene zuweilen hinter sich blickte, dann gleichsam zusammenfuhr und mit tobender Verzweiflung vor sich hinschaute.

„Das mußt du heraus haben!" dachte mein Vater, „es mag auch kosten, was es will." Er rückte also noch näher, um leise mit dem Maler sprechen zu können, damit fing er in seinem freundlichen und traulichen Tone an: „Mein Herr, verzeihen Sie, daß ich Sie anrede, Sie sind unglücklich, und ich ein Freund aller Unglücklichen, vielleicht kann ich Ihre Leiden lindern."

Wer meinen Vater gekannt hat, der weiß, daß man seiner ehrwürdigen und leutseligen Miene und Art zu reden nicht widerstehen konnte; der Fremde heiterte sich also auf und antwortete: „Ich danke Ihnen herzlich für den Antheil, den Sie an meinem Schicksal nehmen; allein es ist von der Art, daß weder im Himmel noch auf Erden eine Macht groß genug ist, mir es zu erleichtern." Hierauf erwiederte mein Vater: die Religion sey im Stande, alle Leiden wegzuheben, wenn man nur Glauben an Gott und Zutrauen zum Erlöser habe. Indessen half alles Zureden nichts; der Fremde war und blieb kalt, seine Seele war keines Trostes fähig: doch schloß er sich an meinen Vater an, war zutraulich gegen ihn und hielt sich zu ihm.

Mein Vater gab deßwegen die Hoffnung nicht auf, sein Geheimniß herauszulocken und ihm alsdann mit unwiderlegbaren Trostgründen beizukommen; er bat daher den Wirth, ihm wo möglich ein Schlafzimmer neben dem Fremden zu geben. Dieses war nun zwar besetzt, aber auf dem Zimmer des

Malers standen zwei Betten; mein Vater wählte also mit Zustimmung des Fremden dasjenige, was noch leer war.

Als nun die beiden nach dem Abendessen auf der Kammer allein bei einander waren und zusammen sprachen, so wurde der Maler nach und nach so offenherzig, daß er meinem Vater sein ganzes Herz eröffnete. Sein schreckliches Geheimniß war ein Meuchelmord, welcher sich folgender Gestalt zugetragen hatte.

Er war am D *** n Hofe Hofmaler gewesen; nun hatte ihn auf einem Ball ein gewisser Cavalier höchlich beleidigt; der Maler paßte ihm bei dem Nachhausegehen an einem dunkeln, einsamen Orte auf, rennt ihm von hinten zu den Degen durch den Leib und entflieht. Nachdem er sich nun in Sicherheit befindet und die kochende Leidenschaft der Rache abgekühlt ist, so folgt eine tiefe Reue und mit dieser die rasendste Verzweiflung. Die ganze Last seines Verbrechens lagert sich wie ein Gebirge auf seine Seele hin: er fühlt nichts als Verdammniß; die ganze Hölle wüthet in ihm, und jeder Gedanke des Trostes ist wie ein Wassertropfen, der in eine Glut fällt und im Augenblick verraucht. Allmählig fängt nun der bei lebendigem Leibe verdammte Sünder an, nahe hinter sich den ermordeten Edelmann mit schrecklich drohender Miene zu sehen; dieser fürchterliche Verfolger ward immer lebhafter, immer deutlicher vor seinen Augen und verließ ihn nie. So oft er hinter sich sah, stand der Quälgeist in seiner vollkommenen, natürlichen Gestalt, so wie er auf dem Ball gekleidet gewesen, in einer Entfernung von etlichen Schritten da; und es war ihm zu Muth, als wenn dieser Bluträcher alsofort über ihn herfallen wollte. Diese schreckliche Erscheinung wars nun, die den armen Maler peinigte, so daß er weder Tag noch Nacht ruhen konnte, wozu denn noch die innere Ueberzeugung seiner Blutschuld kam, die den armen Geist zu Boden drückte.

Jetzt wußte mein Vater, wo es dem bedauernswürdigen Manne fehlte; er suchte also alle Trostgründe der Religion hervor und wandte sie auf ihn an, aber sie hafteten ganz und gar nicht. Endlich schlug er ihm vor, wieder umzukehren und sich der Gerechtigkeit in die Hände zu liefern oder es auch hier zu thun; allein auch das schlug er aus; mit einem Worte: alles, was mein Vater anwendete, ihn zu retten, war vergeblich. Die ganze Nacht brachte er mit Aechzen und Wehklagen zu, des Morgens aber, nachdem er sich angekleidet hatte, zog er aus seinem Coffre jenes Gemälde hervor, schenkte es meinem Vater und sagte: „dieses Portrait meines schrecklichen Verfolgers, das ich erst vor ein paar Tagen geendigt habe, schenke ich Ihnen zum Andenken für ihre liebreiche Theilnahme; erinnern Sie sich dabei eines ewig verlorenen Menschen und widmen Sie ihm dann allemal eine mitleidige Thräne."

Mein Vater nahm das schauervolle Geschenk mit Vergnügen an und versuchte noch einmal alles Mögliche, um sein Herz zu erweichen und ihm mit Trost beizukommen; aber vergeblich. Der Maler schlug alle Mittel aus und betheuerte hoch: daß ihm schlechterdings nicht zu helfen sey. Hierauf empfahl er sich meinem Vater, indem er sagte: er habe einige Geschäfte in der Stadt zu verrichten, würde aber den Mittag oder den Abend wieder an der Wirthstafel erscheinen.

Während der Zeit aber, daß mein Vater damit umging, vernünftige Leute über die Rettung dieses Menschen zu Rath zu ziehen, erscholl das Gerücht, er sey in den Strom gesprungen und ertrunken.

Sehen Sie, lieber Herr Doktor! das ist die merkwürdigste Geschichte dieses merkwürdigen Gemäldes.

Stilling stellte sich aufs neue vor das Portrait hin und betrachtete es nun noch mit einem neuen Interesse; es war ihm, als wenn er das drohende Phantom selber gesehen hätte, er schlief in der Nachbarschaft desselben wenig und ritt des andern Morgens, ganz mit den Ideen dieser gräßlichen Geschichte erfüllt, nach Haus.

Diese Erscheinung ist für den Psychologen deswegen wichtig, weil der Maler, oder besser, der Patient, das Bild nicht beständig vor den Augen hatte, sondern es nur dann sah, wann er hinter sich schaute. Man hat mehrere Fälle dieser

Art, in welchen aber der Leidende die Figur immer vor Augen sah, sobald er sie nur öffnete. Dieses ist begreiflich; daß aber eine solche Gestalt nur dann sieht, wenn er zurückschaut, ist etwas seltenes. Eben diese Bemerkung hat viele vernünftige Leute, denen ich die Geschichte erzählte, bewogen, zu glauben, daß der Geist des Ermordeten wirklich den Mörder verfolgt habe; allein, wer nur einigermaßen geläuterte Begriffe hat, der sieht ein, daß es weit leichter sey, die ganze Sache aus der Natur der Phantasie, als aus Wirkungen des Geisterreichs zu erklären, besonders da man bei der letzten Methode sogar gerne auf Abwege geräth, auf denen man sich zwar mit Vergnügen verirrt, aber immer weiter von der Wahrheit entfernt wird.

Der Morgenstern.

Wie der Stern dort huldreich lächelt,
Aus dem fernen Strahlenmeer!
Wie der Ostwind lieblich fächelt
Ueber jene Hügel her!
Warum weilt ihr, Erdenkinder,
Von dem Schlafe aufzustehn?
Seht er winkt — der Tagsverkünder,
Eilt, dies Schauspiel anzusehn!

Dämmrung deckt noch Thal und Hügel,
Nur die Wolkensäume glühn;
Auf der Morgenröthe Flügel
Sehn wir sie dem Licht entfliehn.
Tief im Westen weilt noch immer
Schwarzes Dunkel, öde Nacht,
Und des Mondes matter Schimmer
Weicht dem Licht in seiner Pracht.

Heitert in dem Morgenschimmer,
Brüder, euern matten Blick!
Schauet vorwärts und nicht immer
In die finstre Nacht zurück!
Unsern Geistes-Augen lächelt
Ein erwünschter Morgenstern;
Und das matte Herz umfächelt
Wonnevoll der Geist des Herrn.

Seht, wie der Propheten Worte
Mächtig in Erfüllung gehn!
Seht ihr an der Aufgangs-Pforte
Diesen Lichts-Verkünder stehn?

Dieser ist der Stern der Wonne;
Wie er glänzet hoch und hehr!
Bald folgt ihm die ew'ge Sonne,
Und das Dunkel ist nicht mehr.

Ach, verschlaft nicht diese Scene!
Seyd nicht träge, sie zu sehn!
Denn es trocknet jede Thräne,
Und in dieses Geistes Wehn
Wird das Auge klar und heiter,
Alles um euch her wird schön,
Und ihr könnt dann immer weiter
Durch des Glaubens Fernrohr sehn.

Fürchtet nicht die Nacht der Schrecken
Die dort fern im Westen weilt,
Dunkel soll das Erdreich decken,
Bis der Tag es übereilt.
Laßt den Abfall immer wüthen,
Bis sein Mondenlicht erblaßt,
Bleibt ihr nur im stillen Frieden,
Und auf jeden Fall gefaßt.

Wolken sind der Luft Gedanken
Und Ideen der Natur;
Unbeständig, ohne Schranken
Irren sie auf jeder Flur.
Wenn sie Licht des Himmels trinken,
Baden in dem Ocean,
Dann mit mildem Schimmer blinken,
Füll'n sie uns mit Segen an.

Aber, wenn mit Finsternissen
Sie den Himmel uns verhülln,
Auch mit Blitz und Wassergüssen
Alle Welt mit Angst erfülln.
Wenn sie auch mit falschem Schimmer
Unsre Blicke auf sich ziehn,
Ja dann sollen sie auf immer
Schamroth vor der Sonne fliehn.

Trinkt der Mond das Licht der Sonne,
Dann erhellt er unsre Nacht,
Tröstet den mit holder Wonne,
Den der Zeitgeist traurig macht.
Wenn Vernunft das Licht von oben
Wie der Mond die Sonne trinkt,
Dann wird sie emporgehoben
Und ihr ganzes Thun gelingt.

Aber wenn im Wasserspiegel
Ihr ihr eignes Licht gefällt,
Sie auf jedem Wolkenhügel
Sich ein schimmernd Denkmahl stellt;
Dann muß sie nach Westen schleichen,
Wann der hohe Morgen blinkt,
Und in seinem Glanz erbleichen,
Bis sie hin zum Staube sinkt.

Du erhabne Geistersonne,
Urquell alles wahren Lichts.
Ocean der sel'gen Wonne,
Fülle unser leeres Nichts!
Mit den Strahlen deiner Klarheit
Helle unsre Augen auf!
Zeige uns den Weg der Wahrheit,
Und befördre unsern Lauf.

Bring durch deines Geistes Wehen
Leben in das Knochenfeld!
Laß uns fest und wachsam stehen,
Da, wo du uns hingestellt!
Bis wir einst das Ziel gefunden,
Sich der hohe Aufgang zeigt,
Und im Glanze deiner Wunden
Sich der ganze Erdkreis beugt.

VIII.

Die
Theodicee des Hirtenknaben
als
Berichtigung und Vertheidigung
der
Schleuder desselben.

An das Publikum.

Die Schleuder eines Hirtenknaben gegen den Herrn Verfasser des Lebens und der Meynungen des Sebaldus Nothankers hat gewiß bei einem jeden, der sie gelesen, besondere Gedanken von mir erregt, jenachdem ein Leser nach seinem individuellen Gesichtspunkt die Sache betrachtete. Alle diese besondere Begriffe nun, die sich so viele hundert Menschen von mir machen, als Exemplare gelesen werden, zusammen genommen, sind die Ursache dieser Theodicee.

Von einer Art Leser hat sich schon jemand gegen mich aufgemacht und mir derb genug den Kopf gewaschen. Herr v. Br.... zu Crefeld, ein Kaufmann von Stande und übrigens von gutem Leumund und Gerüchte, hat Anmerkungen über die Schleuder eines Hirtenknaben dem verständigen Publikum zur Einsicht mitgetheilt. Dieser Gegner behandelt mich wie einen Hirtenknaben, macht mich herunter, und glaubt, meine Vorwürfe, die ich dem Verfasser des Nothankers machte, zur Genüge widerlegt und vernichtiget zu haben. Ich habe aber gesehen, daß der gute Mann meine gültige Gründe gegen das Buch des Nothankers gar nicht eingesehen und erkannt hat; sie sind sonnenklar, und wann sie es noch nicht sind, so sollen sie es in diesen Blättern werden.

Ich werde die Schreibart der Schleuder nicht brauchen,

sondern aus Liebe zur Wahrheit nur Gründe und Beweise führen. Glauben die Herren Verfasser des Nothankers und der Anmerkungen, ich hätte noch mehr Strafen verdient, so will ich dieselben erwarten, hernach aber mir nicht allein von diesen, sondern von allen unpartheiischen Christen ausbitten: daß man meine Gedanken untersuchen, und der Wahrheit Beifall geben möge, auch dann, wann sie von einem noch kleinern Lichtchen, als ich bin, sollte vorgebracht werden

Ich habe die Verfassung der allgemeinen Christenheit in unsern Tagen durchgedacht, und sie gegen die allgemeinen Regeln unserer Stifter Christi und seiner Apostel verglichen, und da fand ich fast gar keine Aehnlichkeit mehr. Durch alle Jahrhunderte seit der Gründung unserer Religion herrschten Aberglaube und Verfolgung nun mehr dann weniger. Aber während all dieser Zeit, obgleich das Christenthum Götzendienst war, wie eine jede Religion im Aberglauben ist, fanden sich doch noch immer die Menge von Zeugen der Wahrheit, die die Lehre von Christo mit ihrem Blut versiegelten, oder doch mündlich und schriftlich davon mannhaft zeugten. Zu der Zeit war es freilich der elendeste Zustand, ein Christ zu seyn. Doch waren ihrer sehr viele, und vielleicht mehrere als jetzt. Wenigstens diejenigen, welche sich damals zum Christenthum bekannten, waren durchgehends gründlicher und brünstiger in der Liebe zu Gott und Christo, als man heutiges Tages zu seyn pflegt. Sollte man denn wünschen, Zeiten zu haben, wie sie damals waren? — Davor bewahre uns Gott in Gnaden! Aber schade, daß die Toleranz mit der Gleichgültigkeit verpaaret geht, und daß man die Freiheit, zu denken und zu leben, wie man denkt, zu Verfeinerung der sinnlichen Ergötzlichkeiten anwendet, anstatt daß man sie zur Vervollkommnung des unsterblichen Geistes brauchen sollte! Man sieht also noch immer aus der Erfahrung, daß der Zwang, der Druck und die Verfolgung zur Verbesserung des Menschen nöthig sey, und daß er sich sehr selten durch Liebe ziehen lasse. Und so gehts noch immer im Einzeln, der Christ muß durch viele Leiden bewährt und ein Christ werden, der Vater im Himmel weiß in unsern freien Zeiten noch immer Mittel dazu, die Seinigen in den Schmelzofen zu bringen. Unterdessen können wir Gott nicht genug danken, wenn er uns Ruhe und Sicherheit zu leben schenkt, und unsere Verantwortung wird groß seyn, wenn wir sie nicht zu unserm wahren Besten anwenden.

Ich verspare die weitere Ausführung aller dieser Dinge auf den Verfolg. Ich will mich nur entschuldigen, warum ich mich unterstanden habe, den herrschenden Geschmack unserer Zeiten öffentlich zu tadeln. Ich will beweisen, gründlicher als in der Schleuder und in der Panacee wider die Krankheit des Religionszweifels geschehen ist, daß unsere neue Gelehrsamkeit, neues Religions- und Lebensystem gerade wider die Bestimmung zu unserer wahren Glückseligkeit, gerade gegen die Lehre Christi und seiner Apostel größtentheils anstoße, daß das Ende unserer Staaten und des Flors unserer Cultur, nach der Anologie zu schließen, nahe sey, und nicht lange mehr bestehen könne, um so mehr, weilen man es wie die griechischen, jüdischen und römischen Republiken, gar nicht vermuthet, und sich überredet: mein Herr kommt noch lange nicht.

Alles dieses klar zu beweisen, ist nöthig, wenn ich den Leser, den unpartheiischen Leser überführen will, daß der Roman von Sebaldus Nothanker und mit ihm seine Anhänger und Vertheidiger zum Verderben ihrer Mitmenschen arbeiten, sie mögen sich entschuldigen, so viel sie wollen; und daß in der Hirtenschleuder die klare Wahrheit mit derben Worten gesagt worden, so wie man zu reden pflegt, wenn man Zelote ist und Wärme im Blut fühlet. Alle diejenigen, welche glauben, durch die Härte des Vortrags in der Schleuder beleidigt zu seyn, mögen nur bedenken, daß ein Kind recht habe, zu eifern, wenn man seinen Vater schmäht, es geschehe nun gerade zu, oder untergrabend. Uebrigens bitte Herrn N. als Verfasser des Nothankers allhier öffentlich um Verzeihung, insofern wahre unerlaubte Beleidigungen in der Schleuder sind. Was aber die Wahrheiten betrifft, die ich behauptet habe, diese will ich beweisen, und darauf leben und sterben, nämlich: daß dieses Buch Leben und Meynungen des Magister Sebaldus Nothankers, ein der Kirche Christi und der wahren Menschenverbesserung gerade zuwiderlaufendes, und wegen seines grossen Abgangs höchst schädliches Buch sey, ja eines der schädlichsten, so anjetzo in Deutschland gelesen werden; und daß ich daher recht habe, dawider anzugehen, und seine Schädlichkeit zu zeigen, besonders auch noch, da so viele tausend rechtschaffene Menschen darüber klagen und die Folgen dieser Lektür bejammern.

Der Verfasser der Anmerkungen über meine Schleuder glaubt, daß mich Kabale, Autorhaß und gelehrter Stolz ganz verblendet habe, dem Herrn N*** zu Leibe zu gehen.

Ich weiß wohl, daß viele unserer grossen Geister scheel sehen, daß Herr N... solche Progressen macht. Wie weit sie Recht oder Unrecht haben, weiß ich nicht.

Kabalen gehen mich gar nichts an, Gott weiß es, daß ich mich über alle wahre Verdienste des Herrn N... herzlich freue, er weiß aber auch, daß blos die Durchblätterung des zweiten Bandes des Nothankers mich bewogen habe, die Schlender zu schreiben. Warum man Herrn N... eigentlich anfeindet, ist mir wahrlich ein Geheimniß.

Autorhaß! — Ich weiß nicht, was das ist, ich soll vielleicht mißgünstig über den Autorruhm eines berühmten Mannes seyn? — Das ist lächerlich, was habe ich zu beneiden, da es mein Fach nicht ist, auch nie darinnen groß werden kann und will, in dem Herrn N... arbeitet. Wollte Gott, daß alles Volk des Herrn weissagte! — Und endlich gelehrter Stolz! ein Mensch, wie ich, den die hohe Vorsehung aus dem geringsten aber ehrlichsten Stande der Menschen hervorzog, mir wunderbarer Weise Mittel an die Hand gab, meinen Hang zu den Studien zu begünstigen, und mich endlich zu einem ehrlichen bürgerlichen Arzt bestimmt hat, sollte der gelehrten Stolz äußern! Schlechter Dank gegen den himmlischen Vater! — Dank soll ihm mein Herz opfern, so lang Odem in mir ist, der geringste Bettler soll Gehorsam von mir fordern, und ich will sein pflegen. Wie gerne wollt ich meinen Gang unbemerkt unter den Menschen führen und fortwandeln! Da ich aber Gott glaube beleidigt zu finden, da muß ich seine Ehre vertheidigen. Heiße man's gelehrten Stolz, oder wie man wolle. Diese Vorwürfe lassen sich nicht widerlegen. Genug, wenn mich mein Gewissen frei spricht.

Doch alles dieses, was ich da gesagt habe, legitimirt mich gar nicht vor den Menschen, es mag seyn! man denke von mir, was man will, unser gelehrtes Deutschland wird mehrentheils schlecht von mir urtheilen, indem ich gar nicht nach dem herrschenden Geschmack schreibe, sondern gar dagegen angehe. Recensenten, Genies und Dilettanten werden von ihrer Höhe auf mich herab sehen, mich bedauern oder belachen! Gut, thun Sie, was Sie wollen, meine Herren! ich werde die Christenheit nicht ändern, aber hie und da einzelnen rechtschaffenen Gemüthern die Augen öffnen und sie vom Verderben retten. Belohnung genug für mich, wenn dieser auch nur etliche seyn werden! Wenn endlich der Bau kracht und stürzt, so werden meine Blätter vergessen, und nie ihrer wieder gedacht werden. Aber der, der auch verlorne Gedanken sammelt, wird meiner gedenken am Tage der großen Vergeltung.

Nur eins bitte ich mir von allen meinen Lesern aus, daß sie nämlich wohlbedächtlich meinen Gedanken in diesem Traktätchen nachgehen und alles prüfen wollen; wo sie aber die Wahrheit finden, sich davon überzeugen lassen. Denn es ist doch wohl der Mühe werth, daß man nachforsche: ob man auch auf dem rechten Weg seiner Bestimmung wandle!!!

Ich will also meinem Zweck gemäß den Zustand der christlichen Menschheit unpartheiisch untersuchen; wann die dann so gut ist, wann die herrschende Denkungsart so recht ist, so muß die Gottheit nicht so seyn, wie sie uns Vernunft und Offenbarung anpreist; ist aber Gott so vollkommen rein, heilig, ist er unendliche Liebe und lauter Seligkeit, so liegt der mehreste Theil der Menschen am Rande des Verderbens, und unsere Geschmacksregenten regieren zum Umsturz der Menschen, mithin ist von der Seite her bewiesen, was ich in der Schleuder beweisen wollen.

Diese Theodicee war nöthig, um sich vor dem Straucheln zu bewahren. Wer Gott nicht kennt, sieht das Verderben ein, wem aber unser herrschender Geschmack so gut ist, der kennt Gott nicht. Er wird auf solche Weise zu einem Wesen, das sich selbst nicht gleich ist; zu dem man kein Zutrauen haben und ihn im Geist und in der Wahrheit nicht anbeten kann.

Elberfeld, den 1sten des Christmonats 1775.

Joh. Heinr. Jung.

Zustand der christlichen Menschheit.

So spricht der Herr: Tretet auf die Wege, und schauet, und fraget nach den vorigen Wegen, welches der gute Weg sey und wandelt darinnen, so werdet ihr Ruhe finden vor eure Seele. Aber sie sprechen, wir wollens nicht thun. Jeremias 6. v. 16.

Wenn wir rund um uns herum das Menschengewühl durchschauen, so finden wir ein wunderbares Gemische — Menschen von wenig Verstand herrschen über andere, die mit Weisheit ausgerüstet, gehorchen, und alle Kräfte anstrengen müssen, Geduld zu üben und ihr Schicksal zu ertragen. Dort besitzt einer Geld und Güter die Menge, kleidet sich nach seinem Geschmack, ißt und trinkt das Fette des Landes. Der Arme steht an seiner Thür, seufzt und fleht um ein Allmosen, dreimal kreischt man durch die Thürritze: Vorbei! Aber er kann nicht vorbeigehen, trägt Schmach um des Hungers willen, die Magd reicht ihm ein Stück Brod durch die Thür, schnappt sie darauf zu, der Arme geht und theilt seine Schnitte Brods mit einem noch Aermern. Unterdessen verwahrt der Reiche sein Geld und Gut übel, es wird zerstreut, Gläubiger, Geiz- und Schnapphänse theilens gierig unter sich, und so verstiebts. Ein anderer sitzt mit seiner Gattin und kleinen Kindern auf seinem kleinen Stübchen, arbeitet, daß er schwitzt, seine Gattin hilft bis zur Ohnmacht; kleine Würmchen sitzen ganze lange Tage auf dem Kinderstühlchen, weinen, und sitzen mit dickem Kopf, großen eingefallenen Augen, magerem alten Mannsgesicht, schmalen knochigt und knorichten Armen und Beinen, sitzen und sterben. Die arme Eltern weinen, seufzen und klagen, aber sie müssen beide vors Brod arbeiten, mögen auch weder stehlen noch betteln, denn ihr Gott im Himmel steht ihnen vor Augen. Rasender Zweifel läßt sie wohl daran denken, aber Gottesfurcht scheucht sie davon zurück. Sie sehen den wollüstigen stolzen Reichen sein Uebriges verschwenden, seufzen und hoffen auf ein besseres Leben nach dem Tod.

Zwei junge Leute heirathen sich aus Liebe und Uebereinstimmung der Herzen, sie haben aber nichts zum Anfang ihrer Haushaltung. Ihre Redlichkeit verschafft ihnen Credit, im Vertrauen auf den Vater im Himmel lehnen und borgen sie, aber die Vorsehung scheint sie zu verlassen. Endlich nehmen ihnen die Gläubiger ihr Bischen, das sie haben; die Werb-Soldaten nehmen den guten schüchternen Mann, ziehen ihm die Montur an, schlagen und stoßen ihn, mit der Peitsche zwingt man ihm das Exercitium in den Kopf, wozu er nie Geschick hatte; er bekömmt das Heimweh, stirbt ungeehrt und ungeachtet. Seine Frau grämt sich zu todt, und ihr Kind, ein unerzogenes Knäbchen, findet endlich eine barmherzige Pflegerin, die ihm trocken Brod und Wasser gibt, bis es rachitisch dahin fährt.

Calasse werden hingerichtet, und große Böswichter, die unschuldige Jungfrauschänder, Sittenverderber, ruhen sanft auf Federpolstern, der Pöbel schmeichelt Ihnen, und betet sie an. Ungestraft betrügt der Reiche den Armen, und Räuber stehlen das ehrlich Ersparte.

So gehts unter den Menschen, täglich haben wir dergleichen Exempel. Der Weise Europens sitzt indessen auf seinem weichen Kanapee, mit großen Gedanken schwanger, eine empfindsame Reise, eine Preisschrift, ein Drama, eine Farce, eine Ode, oder Beiträge zu diesem oder jenem Journal der schönen Wissenschaften zu schreiben. Läßt sich indessen seinen delikaten Wein, seine Concerte, Opern und Comödien recht gut schmecken; träumt sich einen Gott im hohen Himmel, dem er so recht wohl gefalle, weilen Er doch lauter Liebe seye gegen seine Menschen, und sie just so seyen, wie er sie haben wolle, oder wenn sie sich irgendwo vergingen, so hätte Gott Geduld mit uns; werde die Böswichter unter den Menschen so hart eben nicht strafen; alles seye lauter Schwachheit unter den Menschen Gottes; die Abirrungen derselben seyen Folgen ihrer anerschaffenen Eingeschränktheit.

Der Gottesgelehrte nach der Mode träumt Moralität der Christen. Der Erlöser ist sein Gegenstand, er spintisirt hin und her, wie es einzurichten sey, daß man so hübsch mit seinen sinnlichen Lüsten ohne Ertödtung des Fleisches (denn das thut weh!) doch dem Sinn Christi gemäß leben könne. Da ist im Evangelio anderer Wortverstand; da variiren die Lectionen; dort weiß man gar nicht recht, ob das ganze Buch auch wohl zur Bibel gehöre; das ist Allegorie, muß so verstanden werden, und jenes Orientalismus.

Ein anderer baut ein hübsches moralisch-christliches System, fein und lieblich anzusehen und zu lesen, aber ums Halten und halten können, ja! da sind wir schwache Menschen. Man hälts selber nicht, aber doch man hat Ehre davon; heißt ein großer Mann, u. s. w.

Noch ein anderer schreibt einen lehrreichen Roman. Da wird die einfältige Natur so recht liebreizend geschildert, daß man meynen sollte, unter dem gemeinen Landvolk seye das Paradies der Freuden; da ist man so recht mit der Menschheit zufrieden. Und wirklich, nicht ein Ideal ist völlig wahr, es ist immer verfeinert, und nie wird ein solcher Naturliebhaber wirklich finden, was er glaubt nach der Natur geschildert zu haben, es sey denn, daß ihn die Weiberliebe verblendet, und er sogar im anschauenden Urtheile idealisire. Und endlich alles dieses ist doch nichts anders, als Verfeinerung und Vergeistigung der Sinnlichkeit, Herzenswärme für das Gute und Schöne, wornach die Leidenschaften lüstern sind; aber wahre Menschenverbesserung, Grund und Anlage, das Menschengeschlecht, wie es im Ganzen zu Anfang dieses Abschnitts von mir geschildert worden, anzugeben, das Naturgesetz zu halten, selbst in seinem Wirkungskreis dasjenige zu thun, was man kann, um Menschen glückselig zu machen, daran denkt man nicht.

Bei allem dem Unrecht, das unter den Menschen im Schwang

geht, bei aller dieser Lage der Sachen hat Gott, wie Sebald Nothanker sagt, die Kräfte zum Guten in uns selbst gelegt; Er wolle, daß wir thätig seyn sollen, so viel Gutes zu thun als uns möglich ist; Er habe Würde und Güte in die menschliche Natur gelegt. Wo sind die Kräfte zum Guten, wo ist Thätigkeit, Würde und Güte? Wo sind alle diese schöne Heiligkeiten des ersten Menschen? Von da ab an sind sie verloren, als Eigenthum der Menschen ganz verloren. Wenn dieses wahr ist, warum siehts denn so elend unter uns aus, als wir es wirklich unter den Menschen finden? Oder haben wir diese Vermögen und brauchen sie vielleicht nicht? Ist das aber dann auch nicht Grundverdorbenheit, und woher kommt diese? Von unserer anerschaffenen Eingeschränktheit? —

Wenn Gott die Menschen so geschaffen hat, wie sie da sind, wenn all ihr Verderben von ihren anerschaffenen Schranken herkommt, wenn es wahr ist, daß Gott in die menschliche Natur dennoch Kräfte zum Guten gelegt habe, daß Würde und Güte in der menschlichen Natur liege, ja daß alles dieses seine Richtigkeit habe, und dennoch so viel Druck der Elenden, Glück der Gottlosen, u. s. w. unter den Menschen herrscht: so weiß ich nicht, was ich aus dem Gott des Sebaldus und aller, die so denken, machen soll. Dieser Gott schafft Menschen dahin, die vermög ihrer Schranken, so wie sie da geschaffen sind, mit allen ihren Kräften zum Guten, mit ihrer Würde und Güte, gerade auf ihr Verderben zueilen. Der Rechtschaffene mit seinen Kräften muß Elend, Druck und Plage leiden bis in seinen Tod, und der Stolze, der ihn drückt, der Böswicht, der die Zeit der Prüfung liederlich verschwendet, bekommt vom Sebaldus die frohe Hoffnung, daß auch seine Strafe nicht ewig währen soll. Wohlan! denkt er, du sollst nach diesem Leben geläutert, gereiniget und zur ewigen Seligkeit geschickt gemacht werden. Gott ist ja ewige und lautere Liebe gegen seine Menschen. Mein Temperament ist nun einmal so, Gott hat mich so geschaffen, was kann ich davor, daß ich nicht anders bin, hätte Er mich anders haben wollen, so hätt' Er mich anders geschaffen.

Ich muß es sagen, niemalen ist eine verderblichere Lehre vom Menschen erdacht worden, als diese. Ich will mit einem Gott nichts zu schaffen haben, der ungerecht ist. Mein Gott ist auch die ewige Liebe, aber eben darum muß Er mich auch retten, und das in einer Kürze, wenn mir unrecht geschieht. Er muß mir zuweilen in meinem Leiden Trost schenken, daß mir das Kreuz süß wird.

Und dieses thut Er auch ganz gewiß, wenn ich mich nur Ihm ganz anvertraue und Ihn mein Schicksal bestimmen lasse.

Es ist also ganz klar, wenn die menschliche Natur gut ist, das heißt, von Natur gut ist. Wenn Gott Kräfte zum Guten in dieselbe gelegt hat, wenn Würde und Güte darinnen ist, so hat Gott nicht wohl gethan, daß Er Menschen geschaffen hat, denn alle diese Kräfte zum Guten werden durchgehends übel angewendet; und das hätte ja Gott voraus wissen sollen! —

Sie sehen also, meine Herren! wie ungereimt ihre Religion ist. Auf einer Seite das Menschengeschlecht ein Werk Gottes, so mit allem Vermögen und Eingeschränktheit fähig, sich untereinander unglückselig zu machen, und wenn nicht göttliche Anstalten dagegen gemacht worden, so hätte es sich längst selber aufgerieben, dieses Menschengeschlecht so geschaffen. War das denn der Endzweck Gottes, so unglückselige Creaturen auf seine Erde zu pflanzen, was soll ich von einem solchen Wesen denken? Wo bleibt seine so sehr gerühmte Liebe? War es aber sein Endzweck nicht, wo bleibt denn seine Weisheit, der nichts fehl schlagen kann? Besinnt Euch doch Menschen! Was müssen gesittete Mahometaner, oder besser, gesittete Heiden von Euch denken? Und auf der andern Seite denkt Ihr euch Gott als lauter Güte, Liebe und Wohlthun. O ja! so denk ich mir Ihn auch, aber thätig, die Unschuld zu retten, thätig, mir Mittel an die Hand zu geben, alles dasjenige, was ihr Feinheit des Geistes heißt, was euer höchstes Gut ist, zu verläugnen, hingegen wahre Herzens- und Sinnesänderung zu bewirken, die euch fähig macht meinen Gott und Erlöser rein zu lieben, und meines Nächsten wahre

Glückseligkeit zu befördern, wo und wann es mir möglich ist.

Der herrschende Ton unserer Zeiten ist so beschaffen, man will mit allem Ernst die Kunstvollkommenheit der alten gesitteten Völker erreichen; man ist Nachahmer, auch das größte Original Europens ist wirklich Nachahmer; man bildet den Geschmack, bildet und bildet, aber man bilde auch Herz und Geist darnach; man wendet allen Fleiß an, die Sitten zu verfeinern, man wird auch wirklich tolerant, höflich und einnehmend, aber man verfeinert auch die Laster, mit einem Wort, man verfeinert eben das, was uns von Gott abführt, die sinnlichen Lüste; man kommt unvermerkt immer weiter von dem Grund und Fundament der Religion Christi ab, man dreht und formt eben so zum Verderben an den Grundsätzen der Religion, als auch vorhin unter dem Aberglauben. Alles dieses kommt aber blos von dem Mißbegriff her, daß wir Menschen von Natur gut seyen; daß der Genuß dieser irdischen Dinge menschlich, recht, und Zweck Gottes bei der Schöpfung seye; daß wir also nur in so fern einen Erlöser nöthig haben, der uns weise Sittenregeln lehret, die zu tief versteckt lagen, als daß wir sie hätten erfinden können. Was übrigens Christi Leiden und Sterben, Versöhnung für unsere Sünde, Lösegeld, λυτρον &c. betrifft, das ist so eine Sache. Wir wollen dem Alterthum zu gefallen als ein wenig ja sagen, mit der Zeit wird die Welt klüger werden. Nun sage mir doch einer, was ist dann für ein Unterschied zwischen Christen und gesitteten Heiden? Und doch sagt Sebaldus Nothanker, es könnte wohl ein sehr christliches Christenthum werden, wenn nämlich die neue Denkungsart fortfahren wird, Vergessen zu machen. Bei dem allem da ich, Gott weiß es! gar recht, leider! ganz richtig klage, wo man mit eigenen Kräften zum Heil seiner Seelen wirken soll, wie auch die weisen Heiden, folglich keine Gnade nach evangelischem Verstande nöthig hat, keine Wiedergeburt, Vergebung der Sünden und Rechtfertigung nach dem Sinn der Apostel Christi bedarf, ob man gleich diese Sachen noch so mit gehen läßt, bei dem allem, sage ich, kommt Herr v. B... der

Verfasser der Anmerkungen, gleich als wenn er ganz gewiß wäre, daß ich fehlte, „heißt mich einen Inquisitor, und wischt mir die Augen, wenn er sagt: Eine Moral, die wir als vernunftmäßig erkennen, deren Verbindlichkeit wir einsehen; die durch die der Seelen eingedrückte Fähigkeiten, nämlich Lernbegierde, Aufmerksamkeit, Nachdenken über natürliche und geoffenbarte Wahrheiten, u. s. w. hervorgebracht oder erkennt, und unter täglichem Kampf mit der Sünde durch Wachsamkeit, Uebung und dem Gebrauch aller wahren göttlichen und nützlichen Hülfsmittel (alles wobei natürliche Kräfte mitwirken, die auch da sind, wenn sie gebraucht werden) ausgeübt wird, sollte die wohl das wahre eigentliche Heidenthum ausmachen?" Ja, mein Freund! das alles kann noch Heidenthum seyn. Sie wollen keine Moral, als die sie vernunftmäßig erkennen, und deren Verbindlichkeit sie einsehen, ist das nicht Heidenthum? — Moral, die durch Lernbegierde, Aufmerksamkeit, Nachdenken über natürliche und geoffenbarte Wahrheiten, u. s. w. **NB.** hervorgebracht und erkannt wird, ist das nicht Heidenthum? — Wo bleibt da die Erleuchtung von Oben, die durch die neue Geburt hervorgebracht wird? — Wachsamkeit, Uebung und Gebrauch aller wahren göttlichen und nützlichen Hülfsmittel — das ist unbestimmt, ein Heide kann wachsam seyn, er kann wahre göttliche und nützliche Hülfsmittel brauchen, ohne durch den thätigen Glauben an Christum wiedergeboren zu werden. Und doch fliegen Sie weit über mich hin, glauben wunder was Sie ausgerichtet und gesagt hätten, spotten meiner recht Nicolaitisch und betäuben vielleicht einen oder den andern. Nicht eine einzige Stelle Ihrer Anmerkungen ist gesund. So viel ich Gelegenheit dazu finden werde, will ichs Ihnen zeigen. Das ganze Ding ist übrigens der Mühe nicht werth, viel Worte drum zu verlieren, es wird wenig Wahrheit für den Hungrigen dabei herauskommen.

Die großen Männer Deutschlandes sind gewohnt, daß man sie rühmt und preißt, ihre schöne Schriften und Romanien werden häufig gelesen, und Herr v. B... gesteht auch, daß es sein Geschmack sey, sie zu lesen. Glück zu! daß er Freund mit ihnen ist, und durch seine Verspottung meiner und meiner Schleuder Dank bei Ihnen verdient. Durch diesen allgemeinen Beifall sitzen sie hin auf den Thron, und regieren die Welt; predigen Kunst und Moral, und schwächen von Tag zu Tag immer mehr die wahre herzverbessernde Religion. Sage mir einer, ob es nicht wahr ist! Der Gott Anakreons und der Liebe wird angebetet; die Göttin Phantasie sitzt und richtet die Menschen und ihre Schriften; man schämt sich gar, Christum zu nennen, geschweige sein Bild zu tragen. Liebe und Vertrauen zu Gott predigen Sie, aber sie tödten erst den Geist und predigen also den Todten.

O du sanfter, heiliger Erlöser! Wo sind Deine wahren ächten Nachfolger? Wie treu waren Deine Lehren, wie heilig Dein Wandel, wie wohlthätig Dein Thun und Lassen. Lauter Gottgeziemende Tritte und Schritte thatst Du, gingst hin wie ein Lamm, ohne den Mund aufzuthun, und littest den schmerzhaftesten Tod für Deine Menschen! Deine Apostel zeugen mit Dir, Du habest Dein Leben für Deine Schaafe gelassen; und doch denkt man Deiner nicht mehr, man verkennt Dich und Deine Lehre; spottet sogar über die, die Dich öffentlich verkündigen, sie mögens thun müssen, oder gerne thun. Beweinenswürdig ist Deine Kirche, und doch glaubt man, die Wunden seyen heil und uns fehlte nichts.

Man beurtheilt den Prediger des Evangelii je nach seiner Denkungsart. Ein jeder, der von einer Gemeinde ordentlich berufen worden, hernach zu gehörigen Zeiten die evangelischen Wahrheiten nach dem Sinn Christi vorträgt, der ist ein Gesandter Gottes und Christi. Lebt er dem Evangelio nicht gemäß, so wird er doppelte Streiche leiden müssen, indessen bleibt sein Amt würdig, und sein Vortrag, insofern er ist, wie ich oben gesagt habe, göttlich. Diese Männer sind durch die ganze Christenheit ausgestreut, ein jeder steht an seinem Ort, der eine ist fromm, der andere nicht, alle zusammen predigen Christum ein jeder nach seiner Art. Der Ton dieser Leute, besonders vieler von ihnen, die meinen Gegnern altfränkisch sind, ist ihnen preciös, mystisch, tändelnd und unverständlich, mit einem Wort, verhaßter Kanzelton, die Ursache überhand nehmender Freigeisterei, wie Herr B. B*** glaubt. Alle diese Beschaffenheit der Kanzelreden mag wahr seyn oder nicht, demnach dreht sich alles um den gemeinen Pol, um den Glauben an Christum und die daraus herfließende Heiligung herum. Die Menschen werden doch immer zur Rechtschaffenheit gewiesen und die Laster bestraft; man erbaut sich durch Gesänge solcher Lieder, worüber die Critik vieles sagt, der gemeine Mann sich aber noch immer dadurch erbaut, und endlich das Predigtamt und die Kirchenordnung, tragen mehr zur allgemeinen Ruhe, Polizei und Sicherheit bei, als alle Obrigkeit ohne dieselbe würde thun können. Sie sind dem Staat höchst nöthig. Würde die Obrigkeit den bürgerlichen Lastern, die sie nach den Gesetzen nicht bestraft, steuern können, wenn der Kirchenzwang mangelte? Und doch erscheint ein Buch, das diesen so nöthigen Predigerstand durchhechelt, lächerlich macht, und diejenigen, die es lesen, mit Verachtung gegen ihre Lehrer anfüllt. Da untersucht man nun nicht lange, ob der Prediger verachtungswürdig ist, genug, es ist ein Prediger, und im ganzen Nothankerischen Buche ist kein einziges Muster eines rechtschaffenen Geistlichen, welches dem Leser Ehrfurcht, Liebe, Auswahl und Unterschied beibringen konnte. Nein! alle nutzen nichts, einer ist ein Böswicht, der andere ein schlechter Mann, der dritte ein elender Kerl, u. s. w. Daher ist es nicht anders möglich; der Leser muß den Predigerstand verabscheuen, und wo er nur kann sich ihrer Aufsicht entziehen. Was es dann hernach für eine Welt geben wird, wenn ein jeder frei lebt und handelt, sich von der Kirchenordnung separirt und nach seinem Gang handelt, besonders wenn ihm einmal beigebracht wird, daß Würde und Güte und Kräfte zum Guten in seiner Natur liegen? So wird er nicht mehr um Gnade und Stärke bitten; er hat sie selber und wird er sie dann wohl brauchen? — Ei nein! das hat er nicht nöthig, Gott ist ja barmherzig, er wird nicht ewig verdammen. Läugne mir niemand, daß diese Folgen aus der Lektür des Sebald Nothankers entstehen! wer nur unpartheiisch denkt, der wird es aus dem Ganzen wohl schließen können. Die heutige Philosophen stellen sich das gemeine Volk wunderlich vor, sie lieben die rohe Natur, und glauben, da sey überall wahre Einfalt, sanftes, ruhiges Gefühl von Mitleid und Liebe, sie können griesgrammen, wenn da ihr Prediger schilt, schmäht und mit ewigen Höllenstrafen droht; sie wissen aber nicht, wie erbärmlich es unter dem großem Haufen der Menschen noch immer aussieht. Einsicht und Erleuchtung sieht man sehr selten, die gröbsten Ausbrüche der sinnlichsten Lüste herrschen da alle Tage, die Gräßlichkeit der Höllenstrafen schreckt sie noch zurück, und ich weiß es aus der Erfahrung, daß scharfe Gesetzpredigten am meisten Eindruck auf einen so rohen Haufen machen können, der bei überzeugenden Liebespredigten größtentheils einschlummert. Dieses war mein Sinn, als ich in der Schleuder gegen den Magister Nothanker wegen seiner Denkungsart anging. Es ist gar die Frage hier nicht, ob solche Predigten dem Reich Christi Proselyten machen, ob sie die Herzen der Menschen bessern und den Geist erleuchten, sondern das ist die Frage, ob nicht die Lehre von der Wiederbringung, wenn sie allgemein geglaubt würde, einen schädlichen Einfluß auf die Sitten der Menschen haben müßte, und ob es nicht zuweilen nöthig sey, Donnerpredigten zu halten? Zu Ueberzeugungen von der Größe der göttlichen Liebe gegen die Menschen hat lange nicht ein jeder Prediger Geschick genug; und endlich ob nicht strenge Predigten im Stand sind, das gemeine Volk im Zaum zu halten? Und bei aller dieser Wahrheit kommt B. B*** mit seiner grossen Mennschenkenntniß, wischt mich brav um die Ohren und sagt: ich würde meiner Hölle durch diese meine Meynung mehr Recruten verschaffen, als Herr N. mit seinem ganzen Buche. Das ist mir doch unbegreiflich! Wenn ich dem rohen Sünder bang mache, daß er Gott wegen seinen grossen Sünden fürchtet, sollte ich dadurch denselben ehe zur Höllen führen, als wenn ich ihm Gott vorstelle als ein liebendes Wesen, das mit seinen Gebrechen Gedult habe, und ihn nicht unendlich strafen werde. Und dann rügt mein Gegner: daß ich gesagt habe, es sey immer besser, daß man härter drohe, als man Willens sey zu strafen, und verdreht mir diesen im bürgerlichen Verstand nicht schädlichen Satz, gleich als wenn ich Gott darunter verstanden hätte, daß nämlich derselbe härter drohe, als strafe. Welche Consequenzen! es ist gar keine Kunst, jemanden herunter zu machen, wenn man gleichgültig ist, ob es mit Grund geschieht oder nicht. Welche Folgerungen! welche Gegner! welche Menschen! — Und an einem andern Ort sucht mich V. B*** zu beschämen: indem ich rathe, wenn jemand von der Endlichkeit der Höllenstrafen glaubt überzeugt zu seyn, so soll er damit dennoch zurück halten, und sie nicht gemein bekannt machen. Kann nun wohl etwas vernünftiger seyn? so frage ich einen jeden verständigen Leser, und da verspottet mich dann Herr V. B***, sagt mir höhnisch vor, ich riethe zum Geheimhalten dieser Sache, und doch ließ ichs drucken! — Was habe ich denn drucken lassen, Freund V. B***, lesen Sie nur noch einmal was ich Seite 52 der Hirten-Schleuder gesagt habe! Gesetzt, die Wiederbringung wäre wahr, dieser oder jener wäre davon überzeugt, so müßte mans doch geheim halten. Darf ich das nicht der ganzen Welt sagen, das ist, drucken lassen? Widerspreche ich mir da? Ich sage: Gesetzt — Wir wollen einmal zugeben, es wäre wahr, so müßte mans doch aus Klugheit geheim halten. Christus und seine Apostel haben nichts Deutliches darüber gesagt, wohl aber, die Gottlosen werden in die ewige Pein gehen (wo ihr Wurm nicht stirbt und ihr Feuer nicht auslöscht), die Frommen aber ins ewige Leben. Was meynen Sie, mein theurer Herr V. B***, wann ich so mit Ihnen umgegangen wäre, wie Sie mit mir, was würden Sie von mir denken? — Behaupte ich die Wiederbringung öffentlich, und will sie doch geheim halten? das wäre Widerspruch. Das heißt recht sophistisch zu Werk gegangen. Ich soll nach ihrem Urtheil der Höllen durch diese meine Grundsätze mehr Recruten verschaffen, als Herr N. mit seinem ganzen Buche. Thut alle die Augen auf, ihr werthen deutschen Biedermänner! und wenn ihr diese Folgen aus meinen Sätzen vernünftiger Weise herausbringen könnt, so will ich Gott und Menschen demüthig und fußfällig wegen meiner Fehler Abbitte thun.

Solche Herren wie N. B. B*** und ihres Gleichen, sind gesittete Leute, bei denen Prediger und Kirchenzwang wegen des bürgerlichen Wohlstandes und Zucht, und vielleicht auch wegen Erkenntnisse eben nicht nöthig ist, aber ist es darum im Staat nicht nöthig? so gesittet wir uns unser Deutschland vorstellen, so ist doch der große Haufe noch sehr weit zurück. Laßt uns einmal die kahle moralische christliche Religion, wie sie die Herren haben wollen, von allem Enthusiasmus befreit, allgemein Mode werden! Der Bauer geht nicht mehr in die Kirche, er hat gelernt darüber lachen und spotten, aber er wird während der Zeit, da er privilegirt ist, nichts zu thun, hingehen, ein Glas Branntewein trinken, sich mit vollem Gehirn mit seinem Nachbar herumprügeln. Er wird den großen Geistern ablernen dem Frauenzimmer die Cour machen, aber wird er auch platonisiren? Mit einem Wort: laßt den Sebaldus Nothanker seine volle Wirkung unter dem Volk thun, laßt das Volk von seinen Predigern so denken, so wird der Unglaube einreißen wie ein Strom, niemand wird ihn aufhalten. Mir ist ein braver rechtschaffener, protestantischer Lehrer bekannt, der auf dem Titelkupfer des zweiten Bandes des Nothankers von ungefähr aus der Maßen wohl getroffen worden, dessen Figur da recht am schwarzen Brett steht. Wenn nun dieser würdige Mann da auf der Kanzel steht, so können die muthwilligen Leser des Nothankers unmöglich das Lachen einhalten; so manchmal sie ihren treuen Lehrer ansehen, der gewiß keine Fehler hat, die Herr N. rügt, so kommt ihnen allemal ein Stauzius Tuffelius oder ein anderer mit ihren lächerlichen Scenen in den Sinn, und so müssen sie lachen, und ihre Lehrer werden ihnen verächtlich. Dergleichen Folgen bringt das Lesen des Nothankers alle Tag hervor. Einem getreuen Beobachter der Menschen, der ein Arzt seyn kann, wann er will, entgehen solche Erfahrungen nicht, man kann sie immer machen. Nun urtheile ein jeder vernünftiger, nur patriotisch denkender, will nicht sagen christlicher Mann: Ob nicht dieses Buch wirklich ein staats- und sittenverderblicher Roman ist, dessen Folgen erst die Nachwelt recht empfinden wird? Was hat Voltaire, der doch ein Franzos ist, für einen Einfluß auf Deutschland gehabt, und was kann Herr N. haben, wenn er in diesem Ton fortfährt.

So ist das Ende einer jeden Religion, und mit ihr das Ende des Staats gewesen. Herr V. B*** schreibt mir schlechte Kenntnisse der Kirchenhistorie zu, ich habe mich wenig darinnen umgesehen, sagt der menschenfreundliche Züchtiger, kann seyn! Luther, Thomasius und der gottselige Herr Arnold, wo hattens die Leute mit zu thun? mit grundverdorbenen Religionskenntnissen und Tyrannei der Gewissen. Aber lieber Herr V. B***, wer kann heutiges Tages über diese Stücke ins allgemeine mit gutem Grund klagen? wo der Einfältigste das reine Evangelium liest; wo ihm der allerböseste Prediger doch den Glauben an Christum Buße und Bekehrung predigen muß, wenn er nicht abgesetzt werden will; wo der Lehrstand keinen weitern Zwang hat, als die unter den Protestanten gewöhnliche Kirchenzucht, den einzigen Zaum gegen die letzte Hand des Umsturzes, und wollte Gott! sie würde noch besser ausgeübt. Nach dem Geschmack der heutigen Zeiten müßte eine jede Gemeinde auch hübsch ein Komödienhaus haben, oder wo der Keins gebaut werden kann, warum sollte man nicht auch in der Kirche dürfen Komödien spielen? — Ei warum nicht? bessern doch die Schauspiele ungemein mehr wie die Predigten! Die Prediger des Evangeliums müssen fein, sanft, gute Sitten predigen. Das Ringen durch die enge Pforte einzukommen, dem zukünftigen Zorn zu entfliehen, Buße zu thun, damit der Zorn Gottes nicht entbrenne, wo die Verächter wie Stroh seyn werden, das ist, im Vertrauen gesagt, gar nicht nöthig, ist precise, von der Wiedergeburt durch Wasser und Geist zu reden ist mystisch, der Glaube an Jesum Christum in apostolischem Verstand ist Kanzelton, tändelnd rc. Merken Sie sich das

Herr B. B***! Die Herren müssen nicht wachen für die Seelen ihrer Zuhörer, nicht Rechenschaft davon geben, diese Ermahnung Pauli gehet uns nicht mehr an. Mit einem Wort: wir nähern uns mit starken Schritten dem wahren gesitteten Heidenthum, und sodann hat Christus unter uns seine Zahl voll. Er wird aber für seine Getreuen ein Pella wissen, wo er sie heimführen wird, ehe der fatale Termin über seine abgewichene Kirche einbrechen wird.

Das Volk Israel blühte unter seinen dreien ersten Königen. Die Christenheit in den ersten drei Jahrhunderten so ziemlich. Die Israeliten suchten mehr sinnlichen Gottesdienst, sie nahmen die Götter anderer Völker an, verfielen immer mehr und mehr bis zur babylonischen Gefangenschaft. Eben so gings den Christen, sie machten ihre Religion so sinnlich als möglich war, geriethen unter die Dienstbarkeit der Geistlichkeit bis zur höchsten Tyrannei.

Serubabel kam, führte einen Haufen Juden wieder nach Jerusalem, baute einen kümmerlichen Tempel, Edras reformirte so gut er konnte. Die Reformatoren Luther, Zwingli, Calvin und andere reformirten die Christen, wie kümmerlich es damit zugegangen, zeigt die Kirchenhistorie zur Genüge.

Die Juden geriethen bei ihrer Lauigkeit im Gottesdienst unter fremde Mächte, die sie drückten, verfielen nach und nach zum bloßen, geistlosen, sinnlichen Disputiren und Gewäsche über die vormaligen Sätze und Grillen ihrer Vorfahren.

Die Christen wurden nach der Reformation gedrückt, zu Tausenden geschlachtet und gemartert, sie bekamen Friede, und nun reformirt man immer und ewig, bessert, bessert und bessert, und doch, wo ist Verläugnung alles irdischen Wandels für den Himmel, Fremdlingschaft auf Erden? Wo bleibt Ausbreitung der Liebe und Glückseligkeit des Nächsten? ich verkenne ja die schönen Anstalten nicht, die heutiges Tages hie und da zum Besten der Menschen gemacht werden. Aber sage mir einer, wie stehts mit dem Ganzen der christlichen Menschheit? Diejenigen, welche noch das Evangelium nach dem Sinn Christi und der Apostel predigen, bekommen

Rippenstöße von Freigeistern, Deisten und Nicolaiten; man höhnt sie, macht sie verhaßt, und so werden sie nach und nach altfränkisch. Neue Lehrer nach dem Sinn der herrschenden Parthei werden gebildet, kommen vor und nach in Aemter, und so entschlafen vor und nach die Rechtgesinnten und Pharisäer, Sadducäer, Essäer werden herrschen und den übrigen Wohlgesinnten allen Drang anthun. Denn, laßt jetzt den Unglauben tolerant seyn, es ist kein rasenderes Thier als eben er, wenn er Meister wird, und das wird er gewiß werden, wenn keine göttliche Dazwischenkunft der Sache ein Ende machen wird.

Christus und die Seinigen traten endlich auf. Er kam in seinen Gesinnungen eben so wenig mit den Pharisäern und Sadduccäern überein, als heut zu Tage wahre Christen mit den Schöngeistern und Nicolaiten. Sie verfolgten und tödteten ihn. Er verkündigte ihnen ihren Untergang, des lachten sie, sie huben Steine auf, u. s. w. Seine Apostel fuhren fort, wider sie zu zeugen, und sie wurden wie ihr Herr und Meister verfolgt und getödtet. Die Römer kamen und nahmen ihnen Land und Leute, noch gehen sie unter uns zum warnenden Exempel, aber wer denkt darauf? —

Die Römer weissagten sich eine ewige Dauer ihres Staats, aber die Ewigkeit war kurz.

Die griechische Christen erkalteten bis zum Ausspeien, wo ist ihr Staat? —

Sollten wir wohl sicherer seyn, als alle Völker von Anbeginn gewesen, ja sollte Gott wohl um unsertwillen eine Ausnahme in seinem Regiment machen? ich fürchte sehr, es werde uns gehen, wie auch andern ausgearteten Menschenkindern.

Sollten wir nicht die Lehre Christi vor Augen haben, sollten wir nicht täglich und stündlich vor dem Herren unser Herz beten lassen, damit er uns erleuchten und uns den Weg der Wahrheit zeigen möge; da würde wahre Toleranz und Vertragsamkeit, wahre Liebe zum Nächsten herauskommen; wir würden dem Hungrigen unser Brod brechen; wir würden uns Lehrer erwählen, die in der Schule der Demuth und Selbstverläugnung Weisheit gelernt hätten; wir würden uns dann um Critiken der Symbolen wenig bekümmern. Wenn wir Gott und den Nächsten von Herzen lieben, so werden wir dergleichen Bande wenig nöthig haben, wir werden uns selbst ein Gesetz seyn. Aber diese Wünsche sind vergeblich, wir sind der Romanen-Liebe, der Göttin Phantasie zum Raub dahin gegeben, sie wird uns über wenig Jahre ganz beherrschen, und wir werden Abgötter seyn, wie unsere Voreltern, und je feiner je schädlicher.

Das ist die Schilderung und der Entwurf der christlichen Menschheit nach der Wahrheit und Liegenheit der Sache. Um aber desto füglicher zur Theodicee übergehen zu können und meinem Endzweck gemäß zu verfahren, will ich die Hauptsache noch einmal ins Kurze zusammen ziehen und ins rechte Licht stellen.

Wenn der Mensch Kräfte zum Guten von Natur in sich hat, wenn Würde und Güte in seiner Natur liegt, so ist der Mensch nur in so weit ein verdorben Werk Gottes, als er seine eigene Kräfte zum Guten nicht anwendet, es ist weiter kein Erlöser nöthig, als nur dem Menschen Regeln an die Hand zu geben, wie er seine eigene Kräfte brauchen soll, um vollkommen zu werden. Jesus Christus braucht nicht Gott zu seyn, genug, wenn er nur der vortrefflichste Mensch war. Sein Leiden und Sterben war unnöthig. Buße und Bekehrung, Wiedergeburt und Heiligung sind blos stärkere Anstrengungen der natürlichen Kräfte, und nicht ein Werk des Geistes Gottes in der Seele. Die göttliche Gnade ist alsdann blos allgemeines Schöpfungsgeschenk der Seelenkräften. Gebet um geistliche Gaben, Leitung und Führung des heiligen Geistes ist unnöthig, Uebergabe des eigenen Willens an den göttlichen Willen ist unnöthig, wir formen nur unsern Willen nach der Moral Jesu Christi, und thun dann, was wir können. Gott hat den Menschen geschaffen, wie er ist, er kann ihn also nicht ewig strafen, alle Strafen wären sodann ungerecht, sondern Züchtigung zur Besserung wäre Gott geziemend, und der Folgen mehr. Die Predigt des Evangelii nach dem Sinn der protestantischen Symbolen und Kirchenverfassungen ist Unsinn, ungereimt, Kanzelton, prerids, mystisch, tändelnd, und werth, Rothankerisch gehöhnt zu werden.

Läugnet nun alle ihr Männer Deutschlandes und Lehrer der Kirchen und Künste, daß dieses der Plan der Religion sey, die anfängt hervorzukeimen, und schon hier und dorten mächtig am Blühen ist! Die Zeit wird es lehren, daß ich die Wahrheit gesagt habe. Eine Religion, die sich dem Heidenthum nähert, eine Religion, wie Jerobeams, der Israel sündigen machte, wo wir Christum mit den Götzen vermischen, und weder kalt noch warm sind, wo der große Endzweck Gottes, neue Geburt zu jener Welt, zum Himmelreich, gänzlich verfehlt wird.

Nun die Folgeschlüsse dieser neuen Religion auf Gott und Christum.

Wenn der Mensch so, wie er da ist, Gottes Werk ist; wenn er Kräfte zum Guten in sich selbst hat; wenn er mit einem Wort nicht durch den Fall Adams nach dem Sinn der Apostel und beider evangelischen Kirchen, nebst den andern rechtsinnig denkenden Haufen der Christen, von Grund aus verdorben ist: so ist Gott, sein Schöpfer, wahrlich schuld am Elend der Menschen. Er ist alsdann die Ursache, daß oft ein thörichter, unverständiger Mann über andere herrscht und den Frommen und Weisen unterdrückt; daß oft Schlemmer und Wollüstlinge, geizige Mörder und Räuber und Spitzbuben den unschuldigen Frommen unterdrücken und verderben; an allem dem, was ich zu Anfang dieses Abschnitts gesagt habe, ist Gott schuld (Gott im Himmel verzeihe mir diese Ausdrücke!). Denn Gott schuf solche Menschen, die nothwendig wegen den Schranken ihrer menschlichen Kräfte, die Er ihnen setzte, so werden mußten. Die ganze heilige Schrift ist als Richtschnur des Glaubens und Lebens nur in so weit nützlich, als sie eine gute und annehmliche Moral lehret; als Offenbarung Gottes und seiner Geheimnisse an die Menschen, die über Vernunft und Natur gehen, unnöthig und ihr nicht zu trauen. Geheimnisse sind so Sachen — Herr v. B. . . will nur eine Moral haben, die als vernunftmäßig erkannt wird, deren Verbindlichkeit eingesehen wird, die durch die der Seelen eingedrückte Fähigkeiten, Lernbegierde, Aufmerksamkeit, Nachdenken über natürliche und geoffenbarte Wahrheiten hervorgebracht und erkannt wird, u. s. w. Wo wird solchergestalt dem Sünder das Leiden Christi und sein Versöhnopfer nothwendig werden?

Geheimnisse glaubt der Herr v. B . . . gewiß nicht. Ich gebe diese folgende Stelle jedem vernünftigen Leser im Vorbeigang zu prüfen, und dann urtheile, wer nur urtheilen kann. Er sagt in seinen Anmerkungen zur Schleader S. 46.

„Wenn man bei der Erklärung der Apokalypse mit Gelehrsamkeit — Zeitrechnung — Sprachkunde — orientalischer Bilderkenntniß — Kirchen- und Profangeschichte — Auslegungskunst, das ist, mit gelehrter Vernunft nichts ausrichten kann, was dann? — Eine Offenbarung über die Offenbarung, möchte noch wohl dem Herrn Doktor (das bin ich mit Ehren zu melden) aufbehalten seyn; sonst lasse man sie unerklärt."

Diese Passage da, eines Mannes, der sich rühmt ein Christ zu seyn, was zeigt die? — Sie beweißt sehr deutlich, was ich sagen wollen, daß auch das geheimnißvollste Buch die Offenbarung Johannis, der gelehrten (nicht erleuchteten) Vernunft nicht zu schwer sey, und doch ist in mehr als siebenzehen Jahrhunderten kein einziger Mann mit einer solchen Vernunft aufgestanden. Ist denn kein Mittel zwischen gelehrter Vernunft und Offenbarung? Kann ein Mensch, der dem Sinnlichen abgestorben ist, nicht feinere und höhere Begriffe durch Mitwirkung der Gnade bekommen? Und endlich prophetische Schriften sind von jeher nur Wink- und Fingerzeig für den Aufmerksamen gewesen, die nie völlig sollten und konnten verstanden werden bis nach der Erfüllung, damit nicht der Rath Gottes zu früh offenbaret und durch die Menschen rückgängig gemacht werden könnte. Darum mußten oft die Propheten dieses und jenes versiegeln. Wenn die Juden z. B. den Jesaiam recht verstanden hätten, sie würden Christum nicht hingerichtet haben. So vermessen bin ich nicht, werthester Herr Gegner! daß ich sollte eine Offenbarung über die Apokalypse von meinem Gott erwarten. Dieser Spott wird, wenn Sie ihn nicht bereuen, Ihnen auf dem Todbette tiefe Seufzer auspressen. Doch ich vergebe Ihnen denselben hiemit nebst allem andern öffentlich, und vor dem Angesicht Gottes, von ganzem Herzen und von ganzer Seele.

Also: Geheimnisse der Offenbarung werden vor und nach ohne kindlichen Glauben vorbeigegangen werden. Was wird dann endlich aus dem Buch, das uns Christen von allen andern Nationen unterscheidet. Es wird zur historischen glaubwürdigen Erzählung alter Thatsachen herabkommen, neben Homer, Pindar, Euripides ꝛc. hingesetzt, und als eine jüdische Geschichte betrachtet werden, die ungemein viel Fabelhaftes enthält. Sollte einem rechtschaffenen Christen nicht sein Blut zu Thränen werden! und ist mir nicht zu verzeihen, wenn ich im ersten Eifer den Herrn N. derb angreife, besonders da mir sein Roman als ein mächtiges Mittel vorkommt, die neue Religion fortzupflanzen? Und welchem rechtschaffenen Christen wird er nicht so vorkommen?

Und Jesus Christus, der nach obigen Grundsätzen nicht wahrer Gott, sondern nur ein vortrefflicher Mensch, Haupt und Stifter des Christenthums, weiter aber nichts wird, hat alsdann auf alle andere Menschen weiter keine Beziehung, sie gehen Ihn nichts an.

Eben dieser Jesus sagt: Vater, die Stunde ist hie, daß du deinen Sohn verklärest. u. s. w. Gleichwie du Ihm Macht hast gegeben über alles Fleisch u. s. w., folglich ist Er alles Fleisches, aller Menschen König. Der Vater richtet niemand, sondern alles Gerichte hat Er dem Sohn gegeben, auf daß sie den Sohn ehren, wie sie den Vater ehren. Also gebührt Christo eben die Ehre, die wir dem Vater schuldig sind; wenn aber zwei Personen gleicher Ehre werth sind, so sind sie sich auch an Würde gleich. Wie der Vater das Leben hat in Ihm selber, sich selbsten Ursprung des Lebens ist; so ist auch eben diese Macht dem Sohn gegeben. Ehe dann Abraham war, bin ich — Ich bin ein guter Hirt und lasse mein Leben für meine Schaafe. Das ist aber nach der neuen Religion unnöthig gewesen. Ich und der Vater sind eins. Wer mich sieht, der sieht den Vater, u. s. w.

Alles dieses ist nach der neuen Denkungsart, nach dem gesunden Wortverstand nicht wahr. Christus sagt so was, wir könnens nicht glauben, es streitet wider die gesunde Vernunft, aber Er ist doch unser Haupt und unser Erlöser. Das reime mir einer zusammen. Christus wird dem zufolge als Haupt, als Richter, als Messias, als Erlöser angesehen, aber seine Bezeugungen von sich selbst können wir nicht glauben. Was wird dann aber aus einem solchen Erlöser? Mir schaudert es zu sagen.

Die Freigeister, Deisten und Religionsverbesserer sind mit der protestantischen Glaubenslehre nicht zufrieden. Dieses ist ein unläugbarer Grundsatz.

Die Leute alle zusammen denken sich neue Glaubensartikel aus, so wie ich sie oben daher erzählt habe, einer mehr, der andere weniger, so wie es mit seinen Begriffen bestehen kann. Diese Religion aber enthält Ungereimtheiten, sie kann weder die rechte seyn noch werden.

Wenn ich nun aus den allgemein bekannten Eigenschaften Gottes, aus den allgemein bekannten Eigenschaften der Menschheit eine vernünftige Religion herausziehe, die mit der reinsten Philosophie, mit der heiligen Schrift und mit den wahren Grundsätzen der protestantischen Kirche und denen, die Ihr verwandt sind, übereinkommt; so folgt, daß wir schuldig sind, bei den Symbolen dieser Kirche zu bleiben, sie zu schützen und zu vertheidigen, und so folgt, daß in der Schleuder die Wahrheit gesagt worden, ja es folgt, daß Freigeister, Deisten und Religionsverbesserer, in sofern sie an den Grundsätzen verändern, zum Verderben eilen, und endlich, daß der Roman von Sebaldus Nothanker ein seelverderbend, gefährliches Buch sey.

Wenn ich dieses Vornehmen richtig ausführe, so habe ich eine wahre Theodicee geschrieben.

Herr! führe den Faden meiner Gedanken und Begriffe, so werde ich demselben folgen und den rechten Weg gehen!

Die Theodicee.

Betet an den Herrn im heiligen Schmuck: es fürchte ihn alle Welt. Saget unter den Heiden, daß der Herr König sey und habe sein Reich, so weit die Welt ist, bereitet, daß es bleiben soll und richtet die Völker recht. Ps. 96. V. 9, 10.

Erste Untersuchung: Was die Sünde sey.

Das menschliche Geschlecht hat einen Schöpfer, dem es seinen Ursprung und Daseyn zu danken hat. Dieser Schöpfer mußte aber einen Endzweck haben, warum er Menschen schuf. Dieser Endzweck muß ihm zur Ehre und Verherrlichung, dem Menschen aber zur höchsten Glückseligkeit gereichen. Beide Stücke, die Verherrlichung des Schöpfers und die Glückseligkeit des Menschen, müssen eins seyn, sie müssen beide der menschlichen Natur bei der Schöpfung angemessen gewesen und ihr erreichbar gewesen seyn. Untersuchen wir diese beide Stücke, so finden wir, daß sie nichts anders seyen, als vollkommene Liebe gegen Gott. Das ist: Gott lieben von ganzer Seele, von ganzem Gemüthe und von allen Kräften. Durch diese Liebe wird Gott so hoch von den Menschen verherrlicht, als es durch die menschliche Natur möglich ist.

Der Mensch kann aber Gott nicht lieben, wenn er ihn nicht kennt. Die Erkenntniß Gottes ist also der Weg zur Liebe Gottes. Gott muß aber vollkommen, wahr, gut und schön seyn, sonst könnte ihn der Mensch nicht vollkommen lieben; sobald er wahre Mängel entdeckte, sobald würde die Liebe fallen.

Die höchste Glückseligkeit des Menschen besteht darinnen, wenn er das vollkommenste Wahre, Gute und Schöne ausführlich erkennen, lieben, von demselben wieder geliebt und diesen

Genuß ewig, unaufhörlich fortsetzen, oder welches ebendasselbe ist, ewig besitzen und als Eigenthum genießen kann; wenn aber der Mensch das vollkommenste Wahre, Gute und Schöne, oder mit einem Wort, das höchste Gut wirklich erkennt, so liebt ers gewiß. Dieses ist ein psychologischer Grundsatz. Und wenn er das höchste Gut liebt, so sehnt er sich, wieder geliebt zu werden und diese Liebe und Gegenliebe ewig fortzusetzen. Dieses ist die vollkommene Sättigung der Seelen und ihr ewiges Element. Also: Gott genießt Seligkeit, wenn ihn seine Menschen vollkommen lieben; und der Menschen Ziel, Ende und höchste Glückseligkeit ist: wenn sie Gott vollkommen lieben. Folglich ist die Verherrlichung Gottes und der Menschen höchste Glückseligkeit eine und die nämliche Sache.

Es sind aber viele Menschen in der Welt. Gott ist ihrer aller Schöpfer, nach dem Recht der Natur ist ihm also einer so nah, als der andere. Derjenige nun, der ihn am meisten liebt, ist ihm der nächste, der ihn am meisten haßt, ist ihm der entfernteste.

Alles dasjenige nun, was der Mensch vollkommen liebt, dem muß er, seiner Natur zufolge, auch seine Glückseligkeit vermehren, oder, welches in Absicht auf Gott eben dasselbige ist: Er muß ihm seinen Endzweck, seine Verherrlichung suchen zu vermehren.

Dieses kann der Mensch auf keine andere Weise, als wenn er erstlich sich selbst dem Endzweck Gottes gemäß beträgt und dann auch so viel an ihm ist, seine Mitmenschen dazu zu führen pflegt. Das heißt also den Nächsten als sich selbst lieben. Wenn ich also nicht alle Menschen, in so weit meine Bemühung fruchtbar seyn kann, zu Gott zu führen suche, so ist meine Liebe zu Gott noch nicht vollkommen, und wenn diese noch nicht vollkommen ist, so kenne ich Gott noch nicht.

Ich muß also die Menschen um Gotteswillen lieben. Diese Liebe erfordert aber auch, daß ich für seine Bedürfnisse sorge, so viel ich kann; denn wer schwache Erkenntnisse von Gott hat und ihm fehlen seine Bedürfnisse zum Leben und Bestehen, so kann er Gott nicht lieben. Wenn ich sie ihm aber im Namen Gottes reiche, so befördere ich die Verherrlichung Gottes. Also:

Du sollst lieben deinen Herrn von ganzem Herzen, von ganzer Seele, von ganzem Gemüth und von allen Kräften und deinen Nächsten als dich selbst, an diesen zwei Stücken hängt das ganze Gesetz und die Propheten. So sagt die Vernunft, so sagt das natürliche Gewissen, so sagt die heilige Schrift und so versiegelt es Christus an verschiedenen Orten und bei verschiedenen Gelegenheiten. Wer aber nicht immer recht begreifen kann, welcher der Nächste sey, der lese Luc. 10, V. 25—27. Derjenige Mensch, der Hülfe am nöthigsten hat, der ist mein Nächster. Wahrlich, Christus war ein großer Theologe und Psychologe!!!

Die reine und wahre Philosophie lehret: Wir sollen unsere eigene und unseres Nebenmenschen wahre Glückseligkeit auf alle Weise zu befördern suchen. Da nun Oben ausgemacht ist, daß unsre höchste Glückseligkeit in der Erkenntniß und Liebe Gottes als des höchsten Guts bestehe; so ist klar, daß wir alle Menschen zur Erkenntniß und Liebe Gottes, so viel an uns ist, anführen müssen. Thun wir dieses, so lieben wir unsern Nächsten als uns selbst; und wir tragen alles zur Verherrlichung Gottes bei, was wir können; folglich lieben wir auch Gott so sehr, als wir können.

Es ist also unwidersprechlich, daß die heilige Schrift, Vernunft und Philosophie darinnen übereinstimme: daß Endzweck Gottes bei der Schöpfung des Menschen, Urgesetz des Menschen, um welches sich das ganze natürliche und geoffenbarte Gesetz, mithin alle wahre Religion, wie um einen Angel herumdreht, in folgendem Satze bestehe:

Du sollst lieben Gott über alles, und deinen Nebenmenschen wie dich selber. Folglich:

Sich selber über alles lieben, Gott aber und den Nächsten hassen, ist ebenso die größte Sünde, wie jenes die größte Heiligkeit.

Gott gar nicht kennen, sich selber über alles lieben: ist menschlicher Verfall der Verbesserung fähig.

Gott kennen, ihn aber doch über alles hassen, sich selber über alles lieben, alle Werke Gottes hassen: ist der Charakter des Teufels.

Eine individuelle Handlung Gottes, von der man gewiß ist, daß es ein Werk Gottes ist, ihm aus Haß abläugnen: ist eine teuflische Sünde. Doch dieses nur im Vorbeigang.

Es ist also ausgemacht: wie das Gesetz der Liebe Gottes und des Nächsten das Grundgesetz des ganzen Naturgesetzes ist, so ist die Liebe seiner selbsten über alles und der Haß Gottes und des Nächsten die Wurzel, Grund und Fundament aller Sünde.

Die Erkenntniß Gottes führt den Menschen zur Liebe Gottes und des Nächsten, folglich ist die Lehre, wie man Gott müsse erkennen lernen, seine seligmachende Lehre. Und diese muß die wahre Religion, göttlich und menschlich naturmäßig vortragen. Was aber nun diesen Lehren widerspricht, ist falsche Lehre, die zur Sünde führt, und wo der Mensch diesen Lehren zuwider lebt, da sündigt er. Also: Alles, was uns von der wahren Erkenntniß Gottes abführt, ist Sünde.

Da alle Menschen von Natur Gott so nah sind, als ich, weil er aller Menschen Schöpfer ist und ich also alle Menschen, soviel ich kann, zur Glückseligkeit führen muß, eben sowohl als mich selber, das ist: Da ich verbunden bin, meinen Nächsten als mich selbst zu lieben; so folgt: daß alle meine Handlungen, die die Unglückseligkeit des Nebenmenschen oder seinen Nachtheil befördern, Sünde sind.

Die Lehren also, die uns unterrichten, wie wir unser Thun und Lassen zu Beförderung unserer und unseres Nebenmenschen Glückseligkeit einzurichten haben, oder mit einem Wort: Die Sittenlehre macht wiederum einen Theil aus, womit sich die Religion beschäftigen muß. Was also auch diesen Lehren widerspricht, ist Sünde.

Es folgt also auch unwidersprechlich: daß alles, was den Lehren der wahren Religion zuwider ist, Sünde sey. Was die wahre Religion lehret, ist also Recht, Gerechtigkeit, was ihr zuwider läuft: Unrecht, Ungerechtigkeit. Die Sünde ist das Unrecht, sagt ein biblischer Schriftsteller.

Die Eigen- oder Selbstliebe, nach dem Verstand, wie ich das Wort in diesem Werk brauchen werde, ist: wenn ich mich selbst über alles liebe.

Wer sich selbst über alles liebt, der kennt Gott nicht. Oder die Eigenliebe kennt Gott nicht.

Wenn ich nun bewiesen habe, daß alle Menschen sich selbst von Natur über alles lieben, so habe ich auch bewiesen, daß alle Menschen von Natur Gott nicht kennen und daß also auch alle Menschen von Natur Gott nicht lieben, daß also alle Menschen von Natur verfallen sind. Wenn ich aber auch beweise, daß alle Menschen von Natur sich selbst über alles lieben, Gott aber und den Nächsten hassen, so habe ich auch bewiesen, daß alle Menschen von Natur ihrem Endzweck zuwider leben, daß sie von Natur grundverdorbene Sünder und Erbsünder sind, die alle mit einander, wenn sie nicht die Mittel zu ihrer Wiederherstellung in der, ihnen von der göttlichen Langmuth angewiesenen Zeit ergreifen, die höchste Strafe verdienen. Alles dieses und noch mehreres gehört in folgende Untersuchungen.

Die zweite Untersuchung: Vom Ursprung der Sünde.

Nun tretet her, alle ihr Menschen, untersuchet mit mir, um der Ehre Gottes und unserer ewigen Glückseligkeit willen, wo Wahrheit sey, und wenn wir sie finden, so wollen wir dem Vater der Menschen die Ehre geben, uns vor ihm demüthigen und sagen: Herr, du bist gerecht, aber alle Menschen sind Sünder!

Wer also Ohren hat, zu hören, der höre! —

Schaut an das ganze menschliche Geschlecht, und macht mit mir unpartheiische Erfahrungen.

Alle Menschen sind Gott gleich nahe, einer wie der andere,

doch aber ein jeder Mensch ist nach seiner Leibes- und Seelenbeschaffenheit individualisirt und von dem andern unterschieden. Also: wer Gott am meisten liebt, der muß der vornehmste, der geehrteste Mensch seyn, in der mehrsten und größten Gottliebe muß Stand und Würde zu finden seyn.

Wenn die Menschen Gott über alles lieben müssen, so muß man sehen, wie ein jeder Mensch sich damit beschäftige, Gott erkennen zu lernen, es sey nun aus seinen Werken oder durch andere wahre Mittel.

Wenn die Menschen ihre Nächsten lieben sollen als sich selbst, so müssen sie, sobald sie sich ihre eigene Bedürfnisse zum Leben und Bestehen verschafft haben, all ihr Uebriges an den Nebenmenschen, der seine Bedürfnisse nicht hat, abgeben, und das müssen alle thun, so werden auch alle ihre Bedürfnisse haben. Der Arme aber muß auch nicht mehr, als seine Bedürfnisse begehren, mit einem Wort, ein jeder Mensch muß dahin sorgen, daß alle andere neben ihm keinen Mangel haben und daß alle Gott lieben und erkennen lernen.

Prüfe nun ein jeder Leser, ob diese Regeln nicht dem Endzweck Gottes und der Schöpfung angemessen seyen, und wenn die Welt so beschaffen wäre, ob es dann übel darinnen aussehen würde oder ob die Erde ein Himmelreich seyn würde? Nun schauet aber umher, ob ihr dieses alles in der ganzen Menschheit findet. Nein, wir finden in der natürlichen Menschheit, sie sey roh oder gesittet, keine Spur davon. Folglich: soviel dürfen wir schon mit Gewißheit schließen.

Die Menschheit lebt ganz und gar dem Endzweck ihrer Schöpfung nicht gemäß, sie ist im Gegentheil ganz verdorben.

Wenn aber die Menschen suchen, ein jeder der Größte, der Reichste, der Angesehenste zu seyn. Wenn die Menschen suchen, sich und die Ihrigen zu bereichern, Schätze für sich zu sammeln, dem Nächsten mit Widerwillen davon sparsamlich und kürzlich mittheilen, einen jeden, der ihnen in ihren Absichten zuwider ist, anfeinden; wenn ihnen die Vorsehung sogar Riegel in die Wege schiebt, sie dieselbige zu überspringen suchen, ich sage, wenn dieses der menschlichen Natur überhaupt eigen und wesentlich ist, so kann man mit Grund der Wahrheit sagen, daß sich die Menschen über alles lieben.

Nun frage ich einen jeden Menschen auf sein Gewissen und auf seine eigene Erfahrung, ob nicht die Menschheit im Grund so beschaffen, ob sie nicht von Natur so geartet sey. Folglich:

Die Menschheit ist von Natur geneigt, sich selbst über alles zu lieben.

Aus diesem folgt schon ganz natürlich, daß die Menschheit auch von Natur geneigt sey, Gott und den Nächsten zu hassen. Allein ich will doch den Beweis noch gründlicher führen.

Haß ist eine Leidenschaft der Seelen, der Liebe gerade entgegengesetzt, vermög welcher der Mensch die Vorstellung eines Gegenstandes verabscheut, die Erkenntniß desselben verabscheut, den Umgang mit ihm vermeidet. Der Mensch haßt also von Natur alles dasjenige, was seinen Neigungen im Wege steht und ihn verhindert, dieselben zu erfüllen. Nun untersuche ein jeder die Menschheit, ob sie nicht durchgehends Mensch für Mensch, einer mehr, der andere weniger, das Andenken an Gott, in soweit er ihnen der Wahrheit nach und seinen Geboten nach bekannt ist, verabscheue, oder wem dies Wort zu hart ist, ob nicht alle Menschen von Natur sehr ungern an Gott denken. Ob es ihnen nicht alle mit einander die größte Beschwerde ist, diesen Gott nach der Wahrheit und wie er sich an die Menschen durch Natur und Offenbarung bekannt macht, kennen zu lernen und man nicht allen Umgang mit ihm vermeide, so viel man kann, daß man Gott gar nicht suche und sich um seine Erkenntniß am allerwenigsten bemühe, ja, wenn man seine Gebote und das Gesetz der Natur einzusehen beginnt, ob man dann nicht in sich selbst fühle, daß es einem ganz und gar zuwider sey und allen seinen liebsten Neigungen gerade widerspreche. Ja, sagt mir alle ihr Menschen ohne Umschweif, wenn ihr euch von Natur untersuchet, abgerechnet, was Religion und Zucht an euch verbessert haben, ob ihr nicht lieber hättet, daß gar kein Gott wäre, wenn ihr nur alle eure sinnliche Vergnügungen ewig erfüllen und unaufhörlich diesen euren

Zustand so fortsetzen könntet? Ja! — ich gebe Gott die Ehre und gestehe die Wahrheit, wenn nicht die seligmachende Gnade eine Veränderung mit mir vorgenommen hätte. O ja! ich hätte Gott gar wohl missen können, wenn ich nur meine Lüste sattsam zu vergnügen gewußt hätte. Ein jeder, der Menschenkenntniß und Wahrheitsliebe hat, wird dieses alles mit mir bekennen. Also:

Wenn sich die Menschen um Gott und seine Erkenntnisse von Natur gar nicht bekümmern; wenn ihnen die Ausübung seiner Naturgesetze zur Last ist; wenn diese ihren Neigungen gerade widersprechen: so hassen sie Gott. Da nun alles dieses der gesammten Menschheit von Natur eigen ist, so ist gewiß, daß alle Menschen von Natur nach bisher geführten Beweisen sich selbst über alles lieben, Gott aber hassen.

Wenn ferner das Gesetz der Natur und der Endzweck Gottes erfordert, daß wir unsern Nächsten lieben sollen, wie uns selbst; wir aber im Gegentheil finden, daß wir nur diejenigen lieben, die uns Gott hassen helfen und die uns unsere Neigungen begünstigen helfen; alle diejenigen aber, die zu unserer wahren Glückseligkeit beförderlich sind, anfeinden, mit einem Wort: wenn wir uns selbst über alles lieben, so sind uns alle andere gleichgültig, und diejenigen, die uns aufs Gesetz der Natur leiten wollen, hassen wir: folglich hassen wir unseren Nächsten aus Haß gegen Gott oder um Gottes willen, folglich ist zur Genüge und unwidersprechlich bewiesen:

Daß alle Menschen, einer mehr, der andere weniger, von Natur geneigt sey, Gott und den Nächsten zu hassen, sich selbst aber über alles zu lieben.

Dieses ist so grundwahr und aus der Erfahrung so wohl zu erkennen, daß es nicht einmal eines Beweises bedarf. Also:

Alle Menschen liegen von Natur, so wie sie ungebessert in der Welt leben, in der größten Sünde, in der größten Entfernung von Gott; und es fehlt nur noch dieses an ihrer unwiderbringlichen Verdorbenheit, daß sie Gott kennen.

Daß es möglich ist, denselben kennen zu lernen und daß

sie, sobald sie Gott in der That und Wahrheit kennen, denselben zufolge ihrer Natur ewig lieben und verherrlichen und also selig werden müssen, ist der einzige Weg zu ihrer Seligkeit.

Ob diese ausgemachte Wahrheit nun mit der heiligen Schrift übereinkomme, da schlage nur ein jeder dieselbe auf, so wird er finden, ob sie mit der gesunden Vernunft übereinkomme. Da prüfe ein jeder meine Beweise, und wenn ihm daran nicht genügt, so fordere er öffentlich oder heimlich mehrere Erläuterung, so will ich ihm nach meiner Erkenntniß dienen. Ob sie mit den Symbolen der protestantischen Kirche und rechtdenkenden Nebenpartheien übereinkomme, da brauch ich nicht einmal davon zu reden. Der heidelbergische Catechismus, den ich von Herzen nächst der Bibel für mein Symbolum erkenne, sagt wenigstens in der fünften Frage: der Mensch sey von Natur geneigt, Gott und den Nächsten zu hassen. Und von den andern protestantischen Symbolen weiß ich eben das nämliche. Ob endlich die Erfahrung dieses alles bekräftige, da schaut die Welt an, betrachtet jedes unerzogene, ungebildete Kind, betrachtet die ganze Menschheit, und dann urtheilt.

Vielleicht geben mir dieses viele meiner Gegner zu. Allein dann bedenken sie nicht, was aus dieser Wahrheit natürlich folgt.

Das sind mir seine Kräfte zum Guten, seine Würde und Güte in der menschlichen Natur. O armer Nothanker mit deinen Vertheidigern!

Doch ich muß nun meinen Stab weiter setzen. Ich bin einsam auf diesem Wege, mein Pfad ist dunkel, schmal, steil und ungebahnt; es gibt erschreckliche Abgründe, in die ich stürzen könnte; aber ich will mich an meinen Wegweiser halten. Der wird mich hindurchführen; es gereicht ja zur Verherrlichung Gottes.

Der Mensch ist also von Natur gänzlich abgeneigt, Gott über alles und den Nächsten als sich selbst zu lieben, im Gegentheil, Gott ist ihm zuwider und er liebt sich selbsten über alles, seine Nächsten aber nur, insoweit er seine Absichten befördert, wer aber seine wahre Glückseligkeit befördern will, den haßt er um Gottes willen.

Jetzt komme ich zu der grossen Frage, welche die ganze Theodicee entscheidet.

Hat das menschliche Geschlecht vom ersten Menschen an, ohne jemalen einen sonderlichen Fehltritt zu machen, so dem ordentlichen Gang der menschlichen Natur, wie sie dem ersten Menschen angeschaffen war, nachgewandelt und ist demnach geworden, was es nun ist und was es schon zufolge der ältesten Geschichten im Anfang der Welt war? Oder mit einem Wort: ist diese Grundverdorbenheit in den Schranken der menschlichen Natur gegründet? Oder ist der Mensch durch einen gewissen Zufall aus seiner anerschaffenen Vollkommenheit herausgewichen und also selber an seinem Verderben schuld?

Jetzt geht mir nach, ihr Leser, prüft meine Sätze auf das Strengste, und wo ich fehle, da weiset mich zurecht. Ich muß hier mathematische Gewißheit haben! Wir müssen, so viel zu unserm Zweck dient, die menschliche Natur zuerst untersuchen.

Wenn wir den Menschen betrachten, so finden wir, daß er erstlich ein lebender Körper sey, der sich zu unendlich vielen Absichten bewegen kann und wirklich bewegt, der unzählig viele grosse und kleine Werkzeuge hat und daraus zusammengesetzt ist, die alle zu gemeinschaftlichen und einzelnen Zwecken wirken können, wenn sie zu wirken bestimmt werden. Diejenigen Werkzeuge, welche das Leben und Daseyn des Menschen erhalten müssen, werden durch ihre Ursachen immer bestimmt, andere aber sind bereit, auf eine gegebene Bestimmung sich nach Art der Bestimmung zu bewegen.

In diesem menschlichen Körper ist etwas, das sich selbst bewußt ist, das sich die Welt, soweit es die Werkzeuge des Körpers erreichen und von den Gegenständen der Welt bewirkt werden können, deutlich mit Selbstbewußtseyn vorstellt, das für das Daseyn, Dauer und Bestehen des Menschen sorgt, und das freie Wahl macht unter den Dingen, die es zu seinen Absichten gut, wahr und schön zu seyn glaubt, und also eine Fähigkeit, das Gute, Wahre und Schöne auf eine relative Weise zu erkennen; mit einem Wort: ein Etwas, das durch den Körper empfindet, des Empfundenen sich mit Deutlichkeit bewußt ist und unter den empfundenen Dingen das Beste nach seiner Meynung auswählt, das Beste liebt und das sich vergangene Dinge erinnern und sich abwesende Dinge vorstellen kann. Ein Etwas, das Verstand und Willen hat.

Der menschliche Körper kann dieses Wesens beraubt werden, und das nennen wir Sterben; kann aber der Körper dieses Wesens beraubt werden, so ist es nicht eben dasselbige mit dem Körper, folglich ein abgesondertes Wesen. Der Mensch besteht also aus Leib und Seele.

Die menschliche Seele empfindet durch die sinnlichen Werkzeuge des Körpers die Gegenstände der Welt. Diese Empfindungen bringen Begriffe in ihr hervor, und diese Begriffe beschäftigen alsdann die Seele.

Vor der Geburt hat die Seele keine Begriffe. Sie ist sich selbsten und anderer Dinge gar nicht bewußt, folglich sind die innere Kräfte der Seele Begriffe, Vorstellungskraft, Verstand, Vernunft, Gedächtniß, Willen, u. s. w. bloße, leere Fähigkeiten und Vermögen.

Nach der Geburt aber, sobald die Gegenstände der Welt auf das Kind zu wirken anfangen, sobald fangen auch die innere Seelenkräfte an zu wirken, und diese nehmen zu, bis die Schranken ihrer Vermögenheiten erfüllt sind.

Aus diesen Grund- und Erfahrungssätzen können wir nun die wichtigsten Folgerungen ziehen.

Sind die innere Seelenkräfte bei der ersten Anlage des Menschen bloße, leere Fähigkeiten, so sind ihm keine böse Begriffe angeboren (man verstehe mich wohl, die Erbsünde ist an einem andern Ort zu suchen, davon hernach), es sind also in der neu entstandenen Menschenseele weder gute noch böse Begriffe.

Sind aber diese Fähigkeiten wirklich da, sind sie dem Wesen des Menschen angemessen? O ja! bei einem ordentlichen gesunden Kinde fehlts daran nicht und auch wohl nicht bei dem Kranken.

Sind bei einem gesunden, ordentlichen Kinde die Werkzeuge des Körpers, durch welche die Welt auf die Seele wirkt, vollkommen gut, ihrem Endzweck gemäß? O ja! das Kind hört, sieht, riecht, schmeckt und fühlt.

Wohlan dann! Salomo sagt: Allein schaue, das habe ich gefunden; daß Gott den Menschen hat aufrichtig, gerade, ohne etwas Falsches hineinzuflicken, gemacht. Aber die Menschen suchen viele Künste, Ueberlegungen, Nachdenken, Demonstrationen. Ich meyne, daß sie Künste suchen! —

Und dieses, erhabener, hebräischer Philosoph! dieses habe ich auch gefunden.

Der Mensch ist also nach seiner An- und Grundlage, was Schöpfung, Erhaltung und Werk Gottes heißt und ist, noch immer unverdorben. Der Mensch hat also ganz gewiß kein anerschaffenes Uebel.

Wo finden wir aber dann die Ursache der Sünde, der menschlichen, natürlichen Verdorbenheit, der Erbsünde? Herr V. B. *** will haben, ich soll Erbübel sagen, warum? ist ihm Erbsünde zu hart, wenn der Mensch so ist, wie ich ihn oben geschildert habe?

Dieses wollen wir nun aufsuchen.

Wir wollen wiederum das Kind vor uns nehmen und den Menschen bis ins Alter betrachten. Die Erfahrung ist der beste Lehrmeister. Sobald das Kind geboren ist, sucht es auf Antrieb der Natur seine Nahrung, es lebt fort. Die Thiere sind damit bis in ihren Tod zufrieden, sie suchen ihre Nahrung, pflanzen sich fort und sterben, und das ist ihre Bestimmung, Schöpfungszweck. Aber so nicht das Kind, es fängt vor und nach an, alles, was ihm schön vorkommt, zu begehren und zu besitzen, ohne darauf zu sehen, ob es Bedürfniß für dasselbe ist. Eine Weile dauert dieß Vergnügen, so ist der Gegenstand ihm gleichgültig, es sucht wieder einen andern, belustigt sich eine Zeitlang daran, und dann ist es desselben wieder müde und sucht wieder einen andern. Und so auch der Knabe;

nur mit dem Unterschied, daß mit dem Wachsthum, Kenntniß und Menge der Begriffe, auch die Begierden und Lüste nach Gegenständen und Vergnügen wachsen. Der Jüngling fährt auf diesem Wege fort, vervielfältigt noch immer das Begehren nach Dingen, die seinem Gefühl, seiner Empfindung nach schön sind und das Gesetz der Fortpflanzung fängt an, in seinen Gliedern zu wirken, sein Verlangen, auch da seine Lüste zu sättigen, ist uneingeschränkt und nicht blos auf die Fortpflanzung bestimmt. Der Mann sammelt sich Reichthümer, Schätze, er trachtet wenigstens darnach, sie mögen nun bestehen, worinnen sie wollen, und so fort bis ins Alter. Diese Erfahrung ist ganz unläugbar; aus derselben fliessen folgende Sätze:

Die menschliche Seele findet in ihrem ganzen Leben auf dieser Erde, in allen sinnlichen Gegenständen der Welt, keine Sättigung.

Die Seele sucht aber doch von Natur ihre Sättigung blos und allein in den sinnlichen Gegenständen der Welt.

Die Seele sucht also von Natur ihre Sättigung, wo sie nicht ist.

Wir wollen die Empfindungen der Seele von der Welt durch die sinnlichen Werkzeuge die Sinnlichkeit heissen.

Die Seele sucht also von Natur, von Geburt an, bis in den Tod ihre Sättigung, ihre Befriedigung in der Sinnlichkeit, findet sie aber nicht darinnen.

Nun wollen wir schon einen Schluß machen.

Alle gute und unverdorbene Werke des Schöpfers müssen den Endzweck, zu dem sie Grund- und Anlage haben, zu dem sie geschaffen sind, vollkommen erreichen. Dieses ist ein Grundsatz.

Nun erreichen aber die Menschen ihren Endzweck in diesem Leben, insoweit sie blos Naturmenschen sind, gar nicht.

Folglich sind die Menschen keine gute, sondern verdorbene Werke des Schöpfers, so nämlich, wie sie von Natur ihren Trieben folgen.

Wir haben aber oben gesehen, daß die Anlage des Menschen, seine wesentliche Bestandtheile, noch immer gut sind; ist aber das Wesentliche des Menschen gut, so muß die Verdorbenheit in dem Zufälligen liegen, es gibt kein drittes. Nun ist aber die Sinnlichkeit das Zufällige, folglich liegt die Erbsünde, das natürliche Verderben, blos und allein in der Sinnlichkeit.

Die höhere Seelenkräfte, der Verstand, die Vernunft u. s. w., sind, wie oben gemeldet worden, bei dem Kinde leere Fähigkeiten, daher müssen alle Erkenntnisse durch die Sinnlichkeit in die Seele kommen. Es ist aber gewiß, daß viele Erkenntnisse nöthig und nützlich sind, folglich kann man wohl sagen, alles natürliche Verderben des Menschen kommt durch die Sinnlichkeit oder liegt in der Sinnlichkeit, aber nicht umgekehrt, alles Sinnliche ist Verdorbenheit. Daher müssen wir genauer untersuchen, wo eigentlich die Verdorbenheit in der Sinnlichkeit ihren Sitz habe.

Wir sollen Gott über alles lieben. Wenn wir Gott lieben sollen, so müssen wir ihn auch kennen. Wir können ihn aber nicht kennen, als insoweit er sich an uns offenbart. Er offenbart sich aber an uns durch und in der Schöpfung, die Schöpfung aber offenbart sich an uns durch die Sinnen. Also: Alle sinnliche Erkenntnisse, die unsre Erkenntnisse von Gott vermehren, sind gut. Folglich: Alle sinnliche Erkenntniß, die die Erkenntniß Gottes verhindert, ist böse.

Nun aber haben wir oben aus der Erfahrung bewiesen, daß durchgehends fast alle sinnliche Erkenntnisse des Naturmenschen blos auf den sinnlichen Gegenständen, ohne Rücksicht auf Gott, haften und stehen bleiben. Folglich: sind fast alle sinnliche Erkenntnisse, Hindernisse der Erkenntniß Gottes, insoweit sie nicht zu dieser Erkenntniß angewendet werden. Ich nehme diejenigen aus, die zu unsern Bedürfnissen gehören.

Nun können wir also festsetzen: Die ganze Sinnlichkeit ist fast ganz verdorben, ausgenommen, insoweit sie unsere Bedürfnisse befriedigt.

Wir haben nun die Schranken der menschlichen Verdorbenheit bestimmt; wir müssen nun aber auch die Ursache dieser Verdorbenheit aufsuchen.

Das Kind hat bei der Geburt weder innere noch äussere

sinnliche Begriffe, es ist ganz leer. Gleich nach der Geburt fängt die Sinnlichkeit an zu wirken, wir finden aber keine Kraft, die ihr entgegenwirkt, eine jede Kraft aber, die alle Augenblick neuen Zuwachs bekommt und keinen Widerstand findet, wächst ins unendliche: die Sinnlichkeit hat von Natur keine Kraft, die ihr entgegenwirkt, folglich wächst die Sinnlichkeit ins Unendliche. Da aber die Sinnlichkeit fast ganz verdorben ist, so wächst auch die Verdorbenheit des Menschen bis ins Unendliche.

War es also (im Vorbeigang gesagt) nicht Weisheit des Schöpfers, als er dem Leben des Menschen durch den Tod ein Ziel setzte? Diese Verdorbenheit mochte denselben nun physisch nach sich ziehen oder Gott mochte ihn unmittelbar zum Gesetz der Natur machen.

Die Ursache der menschlichen Verdorbenheit ist also: daß dem Menschen eine Kraft fehlt, die der Sinnlichkeit entgegenwirkt.

Die der Sinnlichkeit entgegengesetzte Kraft muß dieselbige in solche Schranken führen, daß der Mensch seinem bei der Schöpfung bestimmten Endzweck zur Verherrlichung Gottes und des Menschen höchsten unendlichen Glückseligkeit gemäß lebet. Das Naturgesetz aber führt die Sinnlichkeit in solche Schranken. Folglich: das Naturgesetz ist die, der Sinnlichkeit entgegegengesetzte, aber für den Naturmenschen verlorne Kraft!

Mir deucht, jetzt fehlte nichts mehr an der deutlichen Bestimmung der Erbsünde oder der natürlichen Verdorbenheit.

Der Haß des natürlichen Menschen gegen Gott und die Selbstliebe über alles ist die Erbsünde.

Die Erbsünde ist dem Menschen nicht angeschaffen, sie liegt nicht im Wesen des Menschen, sondern in der Sinnlichkeit.

Die Ursache der Erbsünde ist der Mangel einer Kraft, die der Sinnlichkeit entgegen wirkt, nämlich des Naturgesetzes, das der Seele mit größter Deutlichkeit eingegeben seyn sollte. Und eben dieses Naturgesetz macht in der Sprache der heil. Schrift und der symbolischen Bücher das Ebenbild Gottes aus, welches in demselben verloschen oder verloren worden.

Das Wort Sinnlichkeit drücken die heil. Schrift und die Symbolen mit den Wörtern, Fleisch und Blut, Fleisch, fleischlich Gesinntheit u. dergl. aus. Nach diesen Worterklärungen wird nun der Leser die Sprache der heil. Schrift und der protestantischen Kirche von dem natürlichen Zustand des Menschen recht wohl verstehen und keine Ungereimtheiten darinnen finden.

Wie ist es aber, daß das Naturgesetz im Menschen unkräftig ist? Ist der Schöpfer schuld daran oder der Mensch? — auch dieses müssen wir ins Licht setzen.

Wenn im Wesen der menschlichen Seele keine Fähigkeit zu finden ist, die Verbindlichkeit des Naturgesetzes einzusehen, wenn das Naturgesetz im Wesen der Seele nicht gegründet ist, so hat der Schöpfer gefehlt, daß er dem Menschen keine Kraft gegeben hat, die der Sinnlichkeit entgegen wirkt.

Nun aber finden wir im Tiefverborgenen des Seelenwesens eine Ueberzeugung, daß das Naturgesetz Wahrheit sey und daß es der Mensch halten müßte. Wir finden auch daselbst die Ueberzeugung, daß das ganze Naturgesetz innerhalb den Schranken unseres Vermögens sey und daß uns nichts daran hindere, als die weit stärkere Kraft der Sinnlichkeit; ja wir empfinden mit mathematischer Gewißheit die Verbindlichkeit des Naturgesetzes. Diese Fähigkeit zur Ueberzeugung von der Wahrheit des Naturgesetzes nennen wir mit einem Wort: das natürliche Gewissen. Dieser Satz ist ganz gewiß. Wie viele weise Heiden, die nur Gott aus der Natur kannten, haben vieles vom Naturgesetz eingesehen. Wo hatten sie dieses anders her, als aus dem Gewissen? Laßt nur einen jeden gesitteten Heiden die Regeln desselben prüfen, er wird sie einsehen. Sobald aber Menschen von allen Voreltern her mit aller Macht der Sinnlichkeit bewirkt worden sind, ohne je an Verbindlichkeit gegen Gott und den Nächsten zu denken, so liegt das Gewissen freilich tief begraben, wie bei vielen Indianern; doch wird man noch immer eine Spur des Naturgesetzes unter ihnen finden. Laßt sie aber nur mehr und mehr cultivirt werden, so werden sie auch immer mehr und mehr seine Verbindlichkeit einsehen. Also:

Gott hat dem Menschen die Facultät des Naturgesetzes in das Wesen seiner Seele eingeschaffen und ist also auch hier nicht schuldig.

Diese Facultät, dieses Vermögen, das Gewissen, ist bei dem Kinde eben sowohl ein leeres Vermögen, als alle seine andere Vermögen. Allein die Kraft der Sinnlichkeit wirkt gleich nach der Geburt mit ganzer Stärke auf das Kind. Das Gewissen wird nicht cultivirt und bleibt also eine todte Kraft.

Nun kann ich eine vortreffliche und höchst fruchtbare Wahrheit festsetzen, die ganz mathematisch gewiß ist: Wenn das Gewissen die Kraft der Sinnlichkeit vollkommen beherrschte, so wäre und würde der Mensch vollkommen. Dahin geht also aller Endzweck und Anstalten Gottes zur Menschenverbesserung.

Nun kommen wir zu einem wichtigen Punkt, wie nämlich die menschliche Verdorbenheit erblich ist? es kommt eben nicht darauf an, ob wir es gewiß bestimmen können, wie das zugehe, genug, wir wissen nun, daß eine Grundverdorbenheit, eine Erbsünde im Menschen ist, wir wissen auch nun, daß Gott nicht schuld daran ist. Wir wissen ebenmäßig den Sitz dieses Uebels und auch die Ursache desselben, und endlich ist ganz gewiß, daß diese Verdorbenheit erblich ist. Allein es kann doch auch nicht schaden, wenn wir untersuchen, wie diese Verdorbenheit fortpflanzen könne.

Die Verdorbenheit eines neugebornen Kindes besteht nach oben geführten Beweisen darinnen: daß bei demselben die sinnlichen Reize viel stärker sind, als die Ueberzeugung vom Guten und Bösen oder als das Gewissen. Diese Beschaffenheit bringt es also mit sich auf die Welt, sie ist ihm angeerbt; wären beide Kräfte bei ihm im Gleichgewicht, so wäre es ihm nicht angeerbt, nun lehret uns aber auch die Erfahrung, daß mein ebengestellter Satz wahr sey; es folgt also natürlich, was ich geschlossen habe. Mir fällt hiebei ein: ich kann hier eine artige Erklärung der Erbsünde geben, nämlich:

Die Erbsünde ist die stärkere Macht der sinnlichen Reize,

als die Ueberzeugung von dem, was gut und bös ist oder als das Gewissen.

Es ist eine physiologische Wahrheit, daß diejenigen Theile des menschlichen Körpers, welche am meisten gebraucht werden, am fähigsten werden, zu wirken. Die Gewohnheit wird zur andern Natur. Nun aber wirken bei dem natürlichen Menschen die äussere Sinnen auf die innere Sinnen, welche das Feinste von dem Körper ausmachen, die innere Sinnen gränzen aber an die äusserste Seelenkraft, an die Phantasie oder Einbildungskraft, in welcher die höchst verdorbene, sogenannte Sinnlichkeit ihren Sitz hat, folglich werden im natürlichen Zustand des Menschen die innere Sinnen am meisten gebraucht, sie werden so habil, daß sie auch im Schlaf, im Traum auf die Imagination der Seele wirken. Wir sehen also die Möglichkeit leicht ein, wie die Erbsünde auch physischer Weise fortgepflanzt werden könne. Wollte man mir einwenden, daß doch Kinder die Geschicklichkeit ihrer Eltern in Künsten und Wissenschaften nicht erbten, so bedenke man nur, daß alles, was erst durch die höhere Seelenkräfte bestimmt werden muß, nicht fortgeerbt werden kann, was aber natürliche, tief in den Körper verwebt und eingedrungene Gewohnheit und Natur ist, das muß fortgepflanzt werden.

So weit sind wir also nun gekommen. Ich habe meinen ungebahnten, dunkeln Weg fortgestolpert, habe ich zuweilen seitwärts abgetreten, so habe ich doch den Steg wieder gefunden. Ich muß also nun den ersten Ursprung der Erbsünde aufsuchen.

Das ganze menschliche Geschlechte, so weit wir noch auf dem Erdboden Menschen gefunden haben, und so weit wir die Geschichte hinauf bis ins graueste Alterthum kennen, ist ganz verdorben, von Natur der Sünde, der Sinnlichkeit Unterthan, ganz ohne Freiheit unter der Dienstbarkeit desselben. Die natürliche anerschaffene Willensfreiheit liegt ungebraucht in der Seele, und der Mensch wird von der stärkeren Kraft der Sinnlichkeit beherrscht. Gott hat die Menschen so nicht geschaffen, sie sind also von sich selbsten in dieses Verderben gerathen. Gott hat, den Menschen vollkommen gut gemacht, aber er ist aus seinem vollkommenen Zustand in einen höchst unvollkommenen Zustand gerathen. Der Mensch ist gefallen. Alles dieses ist nun hinlänglich bewiesen, und zwar aus der Erfahrung und der Natur der Sache selbsten.

Es war also einmal ein Zeitpunkt, da die Menschheit fiel.

Die Menschen sind entweder in dem Zeitpunkt sich alle einig geworden, der Sinnlichkeit Unterthan zu werden oder der Stammvater aller Menschen, der erste Mensch, ist gefallen. Das erste fällt schon ganz unwahrscheinlich in die Augen, das andere aber sehr wahrscheinlich. Wir können aber auch unläugbar beweisen, daß der erste Mensch, und zwar nicht lang nach seiner Schöpfung, gefallen ist.

Eine jede Kraft kann nicht stärker wirken, als der Gegenstand, auf den sie wirkt, bewirkt werden kann.

Eine jede Kraft ist, ehe sie anfängt zu wirken, eine todte Kraft, eine bloße leere Fähigkeit, ein bloßes Vermögen, zu wirken.

Gott konnte keine Kraft schaffen, die schon gewirkt hatte, ehe sie da war; folglich: Gott mußte den Menschen schaffen, so daß er nur bloße Fähigkeiten zu wirken hatte.

Wenn die Kräfte so stark wirken, als der Gegenstand, auf den sie wirken, bewirkt werden kann, so sind die Kräfte, die noch nicht gewirkt haben, die todten Kräfte, sich alle gleich, sie erlangen erst die Grade ihrer Wirksamkeit, ihrer Stärke durch das Wirken. Folglich:

Gott konnte dem Menschen keine Seelenkräfte anschaffen, deren eine stärker war, als die andere, sie mußten alle gleich seyn. Man muß aber wohl merken, daß ich hier von einfachen Kräften rede, wie die Seelenkräfte sind.

Die Seelenkräfte sind wirklich alle einfach; ich kann nur eine Sache und nicht zwei zugleich denken, und ich kann mir nur einen sinnlichen Gegenstand und nicht mehrere zugleich vorstellen, ich kann nur eine Wahrheit und nicht mehrere in eben dem Zeitpunkt begreifen: Folglich, wenn die Sinnen mir nur einen Gegenstand auf einmal vorstellen können, so ist die

Einbildung- und Vorstellungskraft nicht stärker, als auch das Gewissen und die andere Seelenkräfte.

Gott schuf also den ersten Menschen vollkommen. Seine Seelenkräfte waren vollkommen im Gleichgewicht und vollkommen geschickt, nach ihren Endzwecken zu wirken, und der Körper mußte ebenfalls vollkommen geschickt seyn, nach den Absichten der Seele zu wirken.

Nun wollen wir uns diesen Menschen so vorstellen, wie er eben aus der Hand des Schöpfers kommt, wie er jetzt anfängt, zu leben und sich seiner selbst vollkommen bewußt zu seyn. Wir betrachten ihn aber nach Vernunft und Natur, ohne besondere Offenbarung Gottes an ihn. Dieser Mensch ist ganz ohne Vorurtheil, ohne innere Verdorbenheit mit vollkommen fähigen Seelen- und Leibeskräften begabt, ganz ohne Gewohnheit, ohne Leidenschaften. Er sieht die Schöpfung, alle Gegenstände wirken durch die Sinnen auf die innere Seelenkräfte, seine leere Einbildungskraft wird mit lauter Gegenständen der Natur, der schönen, durch Menschenhände noch unverdorbenen, durch Werke der scheinbaren Kunst noch ungeschmähten Natur, angefüllt; sein Gewissen war noch nicht Gewissen, er hatte noch keinen Begriff vom Guten und Bösen; es war zartes, unverdorbenes, lebhaftes Empfindungsorgan, lauter Herz; jedes Blümchen, jedes Kraut; jeder Gegenstand der schönen Natur, jede reizende Gegend brachte in ihm ein hohes lauteres Vergnügen hervor; in seinem eigenen Daseyn und in dem Daseyn aller Dinge empfand er lauter Wonne, hohes, von uns unerreichbares Vergnügen. Der erste Gedanke, der dieses alles bei dem ersten Menschen hervorbrachte, war nichts anders, als eine lodernde Liebe gegen den, der dieses alles, der ihn selber hervorgebracht und gemacht. Die Mannigfaltigkeit, Größe und Herrlichkeit der schönen Natur mußte ihm Ehrfurcht und große Begriffe von dem Schöpfer beibringen.

Ein wenig weitere Erfahrung brachte ihm die ganz fest überführte Gewißheit, daß Gott die ganze Welt mit aller ihrer Schönheit darum gemacht habe, daß der Mensch daraus die Macht, Weisheit und Güte des Schöpfers erkennen lernen und ihn dadurch vollkommen lieben und ewig verherrlichen sollte.

Dieses alles war dem ersten Menschen nicht schwer. Was ist leichter, als folgende Gedankenkette.

Derjenige, der mich und alles dieses gemacht hat, muß über alle meine Begriffe groß seyn. Der Himmel und Erde gemacht hat, ist gewiß mächtig.

Bei einer Erfahrung von einigen Tagen mußte der Mensch die Uebereinstimmung aller so verschiedenen, so mannigfaltigen Dinge zur Unterhaltung und Fortdauer derselben anfangen, einzusehen: folglich mußte unwidersprechlich der Gedanke und Begriff von der großen Weisheit Gottes entstehen.

Fand er nun vollends die Befriedigung seiner leiblichen Bedürfnisse, den Wohlgeschmack so vieler Früchte, die zu seiner Erhaltung da waren, und die viele Vergnügen, die ihm das Gute und Schöne der Schöpfung gewährte, daß also auch sein Geist überall Nahrung fand, so konnte er seiner Natur nach nichts anders, als Gott über alles lieben.

Der Mensch hatte auch weiter keine Bedürfnisse, als sich satt zu essen und zu trinken. Süße und säuerliche mannigfaltige Baum- und Staudengewächse lieferte ihm die Schöpfung aus; klares, reines Wasser die Menge. Folglich hatte er weiter nichts zu thun, als immer und ewig die Werke der Schöpfung zu studiren, um Gott daraus näher kennen zu lernen, und durch diese Erkenntniß in der Verherrlichung des Schöpfers aufzusteigen. Dadurch die Liebe des Schöpfers gegen seine Menschen zu vergrößern. Hingegen waren weiter keine sinnliche Lüste, kein Verlangen nach größern Reichthümern, keine Leidenschaft, keine Wollust, kein Hochmuth, kein Ehrgeiz, alles war sein, er aber mit allem des Schöpfers Eigenthum.

Der erste Mensch durfte also nur seinen Naturtrieben nach leben, er brauchte nur dem zu folgen, zu dem ihn Leibes- und Seelenkräfte führten, so lebte er seiner Bestimmung gemäß.

Hätte er in diesem Zustand fortgelebt, so daß er aus Erfahrung ausführliche Begriffe bekommen hätte, daß alles dasjenige, was in seiner Natur nicht gegründet wäre, auch von ihm nicht begehrt, sondern von ihm vermieden werden müßte; daß er durch ein weiteres Begehren das Gleichgewicht seiner Naturkräfte gestört und also diejenige Kraft, die den mindesten Zuwachs bekommen würde, die anderen unterdrücken und bis ins Unendliche fortwachsen, und also ihn und sein Geschlecht in die äußerste Verdorbenheit stürzen würde; hätte der Mensch, sage ich, dieses einmal eingesehen, so wäre kein Fall mehr möglich, und also der Mensch auf ewig befestigt gewesen. Diese Wahrheit aber, mit so fähigen unverdorbenen Seelenkräften vor und nach zu empfinden und einzusehen, war dem ersten Menschen nicht schwer und bedurfte keine Reihe von Jahren.

Kommt aber noch dazu, daß sich die Gottheit sinnlich oder auch an seine Seelenkräfte geistlich offenbart und ihn von denen ihm nöthigen Wahrheiten unterrichtet habe, so konnte der Fall des Menschen um so viel weniger lange nach seiner Schöpfung geschehen.

Aus allem diesem wird nun gewiß, daß der erste Mensch kurz nach der Schöpfung gefallen seyn müsse.

Nun bitte ich mir die größte Aufmerksamkeit des Lesers aus:

Wir müssen den Fall des ersten Menschen nach seiner wahren Beschaffenheit vernünftig betrachten.

Der Mensch hatte seine bestimmte vollkommene Natur. Seine Schranken bestunden darinnen, daß er keine Wahrheiten von Natur wußte, alle, die ihm nöthig waren, aber von selbsten entdecken mußte. Er hatte einen freien Willen, aber dieser konnte nicht anders wählen, als was sein Verstand für das Beste erkannte. Nun erkannte aber sein Verstand nichts anders, als die Bedürfnisse der Natur, die Schöpfung und Gott. Folglich erkannte auch sein Verstand nur die Bedürfnisse der Natur, seine Beziehung auf die Welt und seine Beziehung auf Gott. Dieses war aber seine wahre Bestimmung, folglich hatte der Mensch zwar seinen freien Willen, aber dieser Wille konnte doch nichts anders wählen, als was seiner Bestimmung gemäß wäre. Es ist also ganz gewiß, Gott ist gar keine Schuld am Fall des Menschen.

Es ist eben so gewiß: der Mensch brauchte nur seinen Naturtrieben zu folgen, so lebte er seiner Bestimmung gemäß; ihn hinderten seine anerschaffene Schranken gar nicht. Hätte er ein uneingeschränktes Bewußtseyn gehabt, so wäre er ein Gott gewesen und also kein Mensch. Gott konnte also keine vollkommenere Wesen schaffen, als den Menschen.

Wir haben also hier nur drei Gegenstände: Gott, den Menschen und die Schöpfung. Der Mensch war geschaffen zur Verherrlichung Gottes, zu des Menschen Glückseligkeit. Der konnte also nicht anders fallen, als wenn er dieser Bestimmung anfing, zuwider zu leben; dieses war nicht anders möglich, als wenn er anfing, sich selbsten zuzueignen, was Gott zugehörte, das ist: wann er seine eigene Ehre suchte, die Schöpfung, die Gottes Eigenthum war, sich zueignete, mit einem Wort: wenn er Gott die Abhänglichkeit aufkündigte und von sich selbst abhänglich seyn wollte.

Die Folgen dieses Falls waren also in der menschlichen Natur nothwendig diese: Die Beziehung des Menschen auf Gott hörte auf; folglich wurde das innere hohe Empfindungsorgan zum rügenden Gewissen. Die Wirkungen der Welt auf die Sinnen waren, wie vorher, aber blos als Eigenthum des Menschen. Die Begierden, die Lüste waren geboren; was für den Menschen nicht zu erlangen war, das machte ihm den größten Verdruß, die sinnliche Begierden wuchsen mit jedem Tage, die Seele hungerte nach dem Vollkommenen, Wahren, Guten und Schönen, das war aber mit dem höchsten Gut für sie verloren; sie suchte es in der Schöpfung, fand aber nur leere Begriffe, Vorübergehendes, Schein und Nichtseyn. Die Sinnlichkeit wuchs und das Gewissen nahm ab; und so hats fortgedauert bis an diesen Tag. Folglich das Gleichgewicht der Natur- oder Seelenkräfte ist verloren und also auch das Ebenbild Gottes, wornach der Mensch geschaffen worden.

Wir haben aber auch eine Geschichtsbeschreibung, die uns

umständlich erzählt, wie es mit dem Fall des ersten Menschen des Adams zugegangen. Wenn nun meine bisherige philosophische Untersuchung, die ich ohne Rücksicht auf diese Erzählung, blos nach dem Leitfaden meiner Vernunft, wie ein jeder unpartheiischer oder denkender Leser wohl einsehen wird, daß sie ganz psychologisch sey, angestellt habe, mit der Erzählung des Moses genau übereinstimmt, so ist meine Untersuchung gesichert und die Erzählung Moses verdient den stärksten Glauben.

Es ist aber auch aus obigen meinen Beweisen klar, daß der Mensch ohngeachtet seines freien Willens unmöglich fallen konnte, so lang keine andere vernünftige Kraft ihm den Weg zeigte, wie er fallen könnte; denn aus seinen eigenen Naturtrieben konnte kein Fall folgen, die waren unverbesserlich, aus der Schöpfung auch nicht, die war dem Menschen zu seinem Dienst; er konnte nicht mehr davon nutzen, als seine Bedürfnisse, das übrige aber zur Verherrlichung des Schöpfers anwenden. Gott konnte ihn nicht in den Fall stürzen, das wäre gräulich zu gedenken. Es mußte also noch ein anders Wesen seyn, das Gott kannte, ihn aber über alles haßte, sich selber über alles liebte, mithin ein Wesen, das gegen Gott und seine schönste Werke in der größten Feindseligkeit stund, und dieses Wesen war fähig, den Menschen zu verführen. Dieses Wesen heißen wir den Satan oder den Teufel, von dessen Daseyn wir zu Ende dieser Untersuchung noch etwas sagen wollen, obschon dieser Beweis beinahe hinlänglich ist.

Wann wir ferner setzen, es wäre Gott geziemend gewesen, wenn er, da er dieses feindselige Wesen, den Satan, kannte, die Befestigung des Menschen beschleunigte, damit er nicht mehr fallen könnte, und wir finden dann, daß Gott dieses auf eine höchst weise, unergründlich kluge und der menschlichen Natur angemessene Art gethan, so müssen wir sagen, der Mann, der dieses alles erzählt, dieser Moses hat uns die Wahrheit erzählt, wir müssen ihm ohne Zweifel und ganz ununschränkt glauben. Wir untersuchen also die Geschichte des ersten Menschen, wie sie uns Moses erzählt.

Dieser älteste Geschichtschreiber sagt uns: Gott habe die Schöpfung vollendet, Himmel und Erde mit ihrem ganzen Heer, darauf habe er auch Menschen nach seinem Bilde gemacht, nämlich ein Paar, Mann und Weib. Er habe darauf die Fortpflanzung anbefohlen und dann von seinen Werken geruht. Nun kommt Moses zur besondern Geschichte der Menschheit. Gott hatte auf dem Erdboden einen besondern Platz für den Menschen bestimmt, der alle Schönheiten der Natur und alle Bedürfnisse des Menschenpaars enthielt; in dieses Paradies wurden die beiden ersten Menschen gesetzt.

Nun finden wir aber einen Umstand, eine Geschichte; die als Thatsache nicht konnte errathen werden, die dennoch aber mit der Vernunft aufs Genaueste übereinkommt; Gott hat sich an die ersten Menschen persönlich geoffenbart und ihnen Lehren gegeben.

Dieser Umstand rechtfertigt Gott noch mehr. Der Mensch hätte seinen Fall also noch besser verhüten können, und er wird dadurch noch strafbarer. Es heißt nämlich: Gott habe den ersten Menschen gesagt: ihr habt da allerlei Bäume um euch, deren Früchte ihr geniessen könnt, um eure Bedürfnisse davon zu nehmen, es ist aber ein Baum darunter, den will ich euch ganz verbieten, ihr sollt die Frucht davon weder essen noch anrühren, denn sobald ihrs thut, werdet ihr eure Unsterblichkeit verlieren und mit der Zeit ganz aufhören, zu seyn.

Laßt uns dieses Verbot ein wenig näher beleuchten. Es wird mir manchmal weh ums Herz und zuweilen auch lächerlich, wenn ich sehe, wie unsere heutige Gottesgelehrten mit dieser Sache umgehen, sie wenden und kehren es hundertausendmal um, es will ihnen auf keinerlei Weise in den Kopf. Der eine denkt: es möchte wohl nur so ein freundschaftlicher Rath Gottes an Adam und Eva gewesen seyn, um sie vor der schädlichen Frucht zu warnen. Ey! Ey! warum ließ denn Gott diesen einzigen Baum im Garten wachsen, wenn er keine höhere Absicht damit gehabt hätte; er hätte ja wohl diese schädliche Frucht, wie auch alle andere schädliche [illegible] lassen können, würde es auch wohl gethan haben; [illegible] nicht das Mittel hätte seyn sollen, mit der Befestigung des Menschen zu eilen und ihn vor den Fall zu sichern. Andere hochweise Herren machen Allegorie aus der ganzen Erzählung. Warum aber das? — Ach, es reimt sich zu ihrer Denkungsart gar nicht, denen ist entweder eine Baumfrucht nicht tiefsinnig, nicht groß genug, u. s. w. Ich mag nicht alle Meynungen über diesen Punkt daher erzählen; wenn ich finde, daß die Geschichte der Vernunft ganz gemäß ist und daß die Sache nicht anders zugehen konnte, was hat man dann zu zweifeln, zu verdrehen? —

Der Mensch war mit vollkommener Freiheit geschaffen. Der Wille war nichts unterworfen, als dem, was der Verstand für das Beste erkannte. Wer die Grundlage der menschlichen Natur kennt, der weiß auch, daß Gott kein vernünftiges Wesen ohne diese Freiheit schaffen konnte. Also: der Mensch handelte nach seinen Naturtrieben frei und doch Gott wohlgefällig.

Wäre nun kein Gott feindseliges Wesen, kein Satan gewesen, so wäre auch dieses Verbot nicht nöthig gewesen, denn der Mensch würde von Tag zu Tag mehr Erfahrung und also auch mehr Vollkommenheit erlangt haben, mithin in kurzer Zeit befestigt geworden seyn. Da aber nun ein Teufel war, der eben wohl auch mit Freiheit zu wollen und zu wirken begabt war, Gott aber wohl wußte, daß dieser Feind mit allem Fleiß den Menschen zu stürzen suchen würde, aus Feindseligkeit gegen den Schöpfer und aus Selbstliebe Eroberungen zu machen, so eilte Gott mit dem Probgesetz, um den Menschen zu befestigen; würde es der Mensch halten, so würde er gewahr werden, daß der Teufel ein Lügner, Betrüger und Feind Gottes sey, wie wir bei der Versuchung Christi in der Wüste sehen. Da war auch der erste Ansatz des Versuchens so scheinbar, daß Christus gewiß göttliche Weisheit nöthig hatte, um zu widerstehen. Diese Versuchung Christi war Genugthuung an die Gerechtigkeit Gottes für die Versuchung unserer ersten Eltern. (Hievon aber vielleicht weiter unten.) Wie sich also der Bösewicht an Christum offenhatte, so würde ers auch an unsern ersten Eltern gethan haben, und also auf ewig überwunden gewesen seyn, wenn sie nur ein wenig Stand gehalten hätten, und sie wären auch dann auf ewig vor ihm sicher gewesen.

Hier kann mir aber jemand einen wichtigen Einwurf machen, den ich gründlich widerlegen muß. Nämlich: Wenn nun Gott dem Menschen kein Probgesetz gegeben und ihn an sich selbst überlassen hätte, vielleicht hätte er dann dem Satan und seinen Versuchungen besser widerstehen können und er hätte auch dann weniger Schuld auf sich geladen, als durch einen offenbaren Ungehorsam gegen das Probgesetz. Der Einwurf ist natürlich.

Der Satan war älter als der Mensch, er kannte Gott und die Schöpfung, der Mensch aber hatte noch sehr wenig Erfahrung, es war also ganz gewiß, daß der Satan den Menschen durch Scheingründe und falsch blendende Verheißungen ins Verderben gestürzt hätte oder Gott hätte immerfort den Menschen bei jeder Versuchung übernatürlich warnen müssen, wo wäre aber dann seine Freiheit geblieben, und endlich, wäre der Mensch ohne Probgesetz vom Teufel verführt worden, so wäre er ohne seine Schuld gefallen, ohne seine Schuld ins größte Verderben gerathen, und der Hauptgrund, warum Gott das Probgesetz gab, wäre vornehmlich dieser: damit er, wenn der Mensch fallen würde, die Erlösung desselben in Sicherheit setzen möchte. Denn wenn der Mensch ohne Probgesetz blos durch Versuchungen fiel, denen er von Natur nicht gewachsen war, so konnte der Mensch nicht aus seinem Verderben erlöst werden und so wurde die Bestimmung des Menschen, der Endzweck Gottes ganz und gar vereitelt; daß der Mensch in dem Fall von seinem Verderben nicht erlöst werden konnte, ist ganz gewiß; denn zur Erlösung des frei geschaffenen Menschen wird erfordert, daß er seinen grundverdorbenen Zustand erkenne und sich den Anstalten Gottes zur Erlösung unterwerfe, wo hätte das aber der Mensch thun können, wenn er ohne Schuld gefallen wäre; hätte er Gott nicht immer entgegenstellen müssen, er wisse von keinem Ungehorsam, von keiner

Grundverdorbenheit, just, wie heut zu Tage die Freigeister sagen, und diese sind eben sowohl keiner Erlösung fähig, bis sie den Fall des Menschen und seine Grundverdorbenheit anerkennen. Also:

Wenn Gott dem Menschen kein Probgesetz gegeben hätte, so wäre seine Befestigung verzögert worden und er der Gefahr, vom Satan ohne seine Schuld überrumpelt zu werden, ausgesetzt gewesen, mithin hätte er nicht können erlöst werden und der Endzweck Gottes wäre ganz vereitelt worden; im Fall aber, daß der Mensch das Probgesetz gehalten hätte, wäre er durch einen leichten Kampf, der ihm gar möglich war, für sich und seine Nachkommen auf immer vor den Nachstellungen des Feindes sicher gewesen, denn dieser Lügner wäre offenbar worden, Niemand würde ihm forthin geglaubt haben.

Wir bewundern also billig die unendliche Weisheit Gottes in dieser Sache. Ihm war es allein möglich, ein freigeschaffenes Wesen zu sichern und die Anschläge eines andern freien Wesens zu vereiteln, ohne beider Freiheit zu kränken, und das ist immer bis dahin sein Weg so gewesen und wirds auch bleiben, und doch wird er seinen Zweck erreichen; dazu gehört aber freilich christliche Weisheit. Dieses wird aber bis zum Erstaunen und Anbeten klar, wenn wir auch die Natur des Probgesetzes untersuchen. Gott wählte dazu ein so bequemes Mittel, welches, wenn der Mensch das Gebot übertrat, die Wirkung auf ihn haben mußte, daß sein Daseyn nur auf eine kurze Zeit eingeschränkt wurde, damit die Folgen des Falls nicht ins Unendliche laufen möchten, und also abermal die Folgen der Erlösung fruchtlos gemacht würden. Gott wählte dazu eine Baumfrucht, die das Gleichgewicht der körperlichen Kräfte störte, wenn sie genossen wurde, wodurch eine Schwächlichkeit in denselben entstund, die Mutter des Todes auf tausenderlei Art werden mußte. Vielleicht war diese Frucht auch vermögend, die Reizbarkeit aller sinnlichen Empfindungsorgane zu erhöhen, wie einem Arzt gar wohl zu begreifen möglich ist; aus welchem Grunde sich denn auch die Herrschaft der Sinnlichkeit über den Menschen in vielen Stücken physisch erklären läßt. Auch dieses war Gott noch nicht genug, daß er dem Menschen blos die Frucht zu essen verbot, sondern er fügte auch die Warnung dazu, daß, welches Tages er davon essen würde, der Tod in ihm zu wirken anfangen würde.

Der Mensch war also nun auf der Probe. Er war überzeugt, daß der, der ihm das Verbot gegeben, Gott der Herr, sein und aller Dinge Schöpfer war, daß dieser Gott, der ihn gemacht, auch für sein Wohl sorge und ihn liebte. Er sahe die Verbindlichkeit seines Gehorsams gegen dieses Verbot ein, und er würde es ewig gehalten haben, wenn ihn nicht eine feindselige Macht verführt hätte; er würde alle Tage mehr befestigt geworden seyn, und also immer weniger Gefahr zu fallen gehabt haben. Wo konnte der Mensch aus eigenen Naturtrieben dieses Gebot übertreten? er wußte von keiner sinnlichen Lust weiter, als seine Bedürfnisse zu befriedigen, und dazu hatte er tausend andere Mittel. Er konnte diesen einzigen Baum gar wohl missen, und da er vollends die Folgen wußte, die aus dem Genuß der Frucht entstunden, so mußte er dieselbe verabscheuen; Gott konnte er nicht mißtrauen, denn er hatte noch keinen Begriff von Lügen und Falschheit. Es war also wohl durch die Versuchung einer andern feindseligen Kraft möglich, daß der Mensch fiel, in seinen eigenen Naturkräften war es nicht gegründet.

Die ersten Eltern lebten also in dem Garten ohne Sorge, sie fürchteten keine Gefahr, sie wußten auch von keiner; Eva wandelte allein umher, während der Zeit, daß ihr Mann an einem andern Ort war; keins hatte Lust, von dem verbotenen Baum zu essen, denn sie glaubten Gott. Indem kommt ein freundlich gesellig Thier zu der Eva, und fängt an mit ihr zu reden. Die gute unschuldige Eva, die noch nicht so viele Erfahrung wie ihr Mann haben mochte und also leichter zu überwinden war, mochte sich wundern, daß es auch ein Thier gab, das vernünftig reden konnte. Vielleicht gewann sie es lieb, und wünschte dessen Gesellschaft zu geniessen. Dieses Thier, die Schlange, fängt mit der Eva eine Unterredung an.

Ei! sagt sie, sollte das wohl möglich seyn, daß euch Gott verboten habe, von allerlei Bäumen des Gartens zu essen; der sonst so gütige Schöpfer, sollt euch der wohl eine oder andere Frucht nicht gönnen? Die Eva antwortete: doch ja, wir dürfen von allen Bäumen im Garten essen, da ist aber einer mitten im Garten, davon dürfen wir nichts geniessen. Gott hat es uns verboten, damit wir nicht sterben möchten.

Da liegt was anders unter verborgen, sagt die Schlange, ihr werdet ja nicht sterben, Gott weiß wohl, wer von der Frucht ißt, der bekommt Erkenntniß des Guten und Bösen, der wird Gott gleich, und das gönnt euch Gott nicht, darum hat er's euch verboten.

In dieser Versuchung liegt eine tiefe Kenntniß der menschlichen Natur verborgen, die der Versucher hatte, der durch die Schlange redete. Er konnte keinen andern Weg einschlagen, den Menschen zu stürzen, als wenn er ihm Ehrgeiz und Erkenntnißhunger einflößte; und dieses konnte er am besten bewerkstelligen, wenn er dem Menschen Mißtrauen gegen die Redlichkeit des Schöpfers beibrachte. "

Nun ließen sich die ersten Eltern verführen, sie genossen die Frucht.

Wir wollen nun wieder die Folgen dieses Schritts, den der erste Mensch wagte, vernünftig betrachten.

Sobald der Mensch anfing, dem Versucher Glauben beizumessen, mußte er nach dieser Frucht mehr gelüsten als nach den andern Früchten. Der Wille wurde durch diese Lust bestimmt, er genoß die verbotene Frucht, dadurch wurde er dem göttlichen Gebot ungehorsam. Das Naturgesetz fing an, in seinem Gewissen zu rügen. Die Empfindung des Göttlichen wurde schwächer, denn der Mensch hatte keine Vergnügen mehr in dieser Empfindung, ihm war alles Göttliche fürchterlich; wie ein Kind, das seinen Vater beleidigt hat, alles scheut, was es an seinen Vater erinnert. Der Mensch suchte also Ruhe, wirkte mit der Sinnlichkeit in die Schöpfung, er gelüstete nun nach allem, weit über seine Bedürfnisse. So lang die Seele sich an dem Allgenugsamen sättigte, war keine sinnliche Lust da, als nur die, welche die Bedürfnisse befriedigte, nun aber fehlte der Seele diese Sättigung. Das Andenken an Gott war ihr fürchterlich, sie wandte daher ihren Hunger und Begierden in die Schöpfung. Da sie aber ihrer Natur gemäß, ein unendlich Gut zu besitzen, nöthig hat, so wühlet sie ewig in der Schöpfung herum, ohne jemalen Ruhe zu finden.

Die Frucht wirkte auch physisch auf den Körper, und führte widrige Empfindungen in denselben ein, die dem Menschen zur Last waren und ihn genugsam überzeugen konnten, daß Gott recht gehabt, ihnen diesen Genuß zu verbieten.

Nunmehr äußerte sich am ersten der höhere Reiz der Sinnlichkeit. Die sinnlichen Lüste fingen an zu steigen, nachdem das Gleichgewicht der Kräfte verloren war. Beide Menschen sahen sich an, und siehe, eine neue Lust stieg in ihnen auf, die nicht zweckmäßig war. Diese Lust erkannten beide für Unrecht und unzuläßig. Jedes kehrte sich von diesem Anblick weg, und bedeckten beide den Gegenstand, der diese Lust, der sie nicht widerstehen konnten, erweckte; sie schämten sich, daß sie nackend waren.

Mir kommt nichts überzeugender für die Wahrheit der Mosaischen Geschichtserzählung vom Fall Adams vor, als eben dieses, dem ganzen menschlichen Geschlecht durchgehends eigen gewordene Gefühl der Scham bei Anblick der Geburtsglieder beider Geschlechter; es ist wahrlich noch immer Zeugniß der Wahrheit des Falls Adams, und billig sollte sich der Zweifler davon überzeugen lassen. Aber da hat der Teufel, der Feind aller Wahrheit, wiederum einen Fund. Ja, heißt es, das ist so eine Erfindung der Cultur und der Sittlichkeit, gibts doch Menschen, die sich gar nicht schämen. Und wenns wilde Völker gibt, die gar keine Spur davon haben, so haben sie diese natürliche Scham durch die lange Gewohnheit verdrängt, und diese sind doch sehr selten. Ich möchte fragen: wann ehe haben doch die Menschen diese Mode, sich zu schämen, angefangen? Wann ehe sind sie doch allzusammen in der ganzen Welt einig geworden, sich zu schämen? Seichte, thörichte Gründe! aber auch unergründliche Bosheit, alles zu läugnen und zu verdunkeln, was nur einigermaßen die Wahrheit der wahren göttlichen Anstalten zur Erlösung durch Jesum Christum unterstützen kann. Was beweist wohl stärker die Wahrheit von Christo, als das Daseyn der Juden unter uns; und die Art, wie sie unter uns sind? Und doch zweifelt man! —

Dieses ist also der wahre Hergang des Falls des ersten Menschen, nach der Vernunft und Offenbarung untersucht und ins Licht gestellt. Ich will aber die Sätze noch einmal zusammen ins Kurze bringen, um noch besserer Ueberzeugung willen.

Die Bestimmung des Menschen ist, daß der Mensch Gott aus allen seinen Kräften lieben und mit ihm in ewiger Glückseligkeit leben soll.

Alle Menschen leben von Natur dieser Bestimmung zuwider, folglich sind alle Menschen Sünder.

Gott hat den Menschen gut gemacht, denn wir finden weder in der Einrichtung der Seele noch des Leibes einigen Fehler, alle Fähigkeiten sind da.

Der Ursprung der Sünde liegt also darin, daß die Fähigkeiten der Seele nicht mit gleicher Stärke cultivirt werden, sondern die Sinnlichkeit allein herrscht.

Daß der Mensch nicht alle Fähigkeiten der Seele im Gleichgewicht erwählt, ist ein Erbfehler. Das Kind kanns nicht, weil ihm stärkere, sinnliche Reize angeboren werden, als die Triebe des Naturgesetzes sind.

Der Mensch haßt Gott von Natur, denn er scheut alle Erinnerung an Gott, liebt sich über alles; der Mensch ist also von Natur der größte Sünder.

Die Verdorbenheit des Menschen mußte einen Anfang haben. Dieser Anfang mußte gleich nach seiner Schöpfung seyn, denn ein wenig mehr Erfahrung und Erkenntniß Gottes hätte ihn vor dem Fall gesichert.

Gott konnte keine vollkommenere Menschen schaffen, als er wirklich that: denn ein Wesen, das sich von sich selbst und andern Dingen deutliche Begriffe und Vorstellungen machen kann, ist vollkommen; wären seine Fähigkeiten uneingeschränkt, so wär es Gott; ein freies denkendes Wesen ist vollkommen.

Die Begriffe und Vorstellungen sind Wirkungen der Seelenkräfte. Gott konnte also keinen Menschen schaffen, der schon Erkenntnisse hätte, sonst hätte er Kräfte geschaffen, die schon gewirkt hätten, welches ein Widerspruch ist.

Der Mensch hatte vollkommene Freiheit zu wirken, der Wille war aber immer der Erkenntniß von dem besten Gehorsam.

Der erste Mensch erkannte gleich nach seiner Schöpfung nach seinen eingeschränkten Seelenkräften seinen Schöpfer, nach dem Maß seiner Kräfte; er erkannte also das Beste, und der Wille wählte auch das Beste.

Der Mensch hätte nicht fallen können, wenn keine fremde feindselige Macht ihn versucht hätte. Aus eigenen Naturtrieben konnte er's nicht.

Wenn der Mensch ohne Probgesetz gefallen wäre, so wäre er ohne Schuld gefallen. Der freie Mensch hätte keinen Ungehorsam, keine Schuld erkennen können, er hätte also nicht können erlöset werden.

Das Probgesetz war so beschaffen, daß seine Uebertretung den Tod nach sich ziehen mußte, daß also die Sünde nicht unendlich zunahm, und abermal die Erlösung fruchtlos machte.

Gott hatte den Menschen so vollkommen geschaffen, als möglich war, er hat ihn mit vollkommner Freiheit geschaffen, doch so, daß alle Umstände dahin eingerichtet waren, daß der Mensch das Beste wählen mußte.

Gott wußte die feindselige Kraft, den Satan, weil aber auch dieser Freiheit zu wirken hatte, Gott aber kein freies Geschöpf zwingen will, so machte Gott durch das Probgesetz Gegenanstalten, dadurch die Befestigung des Menschen beschleuniget werden mußte, indem der Satan, als Ursächer des Bösen und Feind Gottes, wenn der Mensch die Versuchung überwunden hätte, bekannt geworden wäre. Und sollte der Mensch fallen, so wäre doch noch Rath übrig, seine Wiederherstellung zu bewerkstelligen.

Es ist ein ewiges Gesetz in der göttlichen Regierung, Gott zwingt kein freies vernünftiges Wesen, nach seinen Absichten zu handeln, sondern er regiert alles durch solche Anstalten, die ihnen bessere Einsichten zu geben im Stande sind; die ihren Willen lenken können, ihrer Bestimmung gemäß zu leben.

Es folgt also jetzt schon unwidersprechlich.

Gott ist allein gerecht und alle Menschen sind Sünder.

Wenn aber in folgender Untersuchung erhellen wird, daß Gott die vortrefflichste und höchstweise Anstalten gemacht hat, den Menschen aus seinem Verderben zu retten; so muß sich der Mensch vor Scham verkriechen, daß er diesen Anstalten nicht gemäß lebt, und sich noch wohl gar gegen diesen guten Gott rechtfertigen will. Wer aus Leichtsinn zweifelt, ist dem Satan nahe in seinem Verderben.

Es war noch etwas zu untersuchen übrig, das hieher gehört, nämlich das Daseyn eines bösen, Gott und Menschen feindseligen Wesens, des Teufels. Eine Parthei von den heutigen —isten, die Herren Adiabolisten, thun dem Satan sehr viel Ehre an, sie allein wollen Ursach an allem Unglück und Uebel in der Welt seyn. Das mag ja leicht, ist doch so viel Uebels nicht darinn, sind Schwachheiten, menschliche Schranken, wir können die Teufel gar wohl entbehren, laßt uns ihn aus dem Weltsystem herausschmeißen. Wohlan denn! — Ich fürchte aber, er hat eine andere Larve angezogen, die Menschen sind nun klüger und feiner, lassen sich mit Bocksfüßen und Geishörnern nicht mehr schrecken, er kommt nun in der Gestalt eines philosophischen Genie's. Doch ich mag nichts mehr sagen.

Wenn der Mensch rein und heilig geschaffen war, so konnten ihn seine eigene Kräfte nicht zu Fall bringen.

Der Mensch ist aber dennoch gefallen. Folglich:

War der Mensch entweder nicht rein oder heilig geschaffen, oder derselbe ist durch fremde Kräfte zu Fall gebracht worden.

Daß der Mensch rein und heilig geschaffen worden, bezeugt die Vollkommenheit Gottes. Der Mensch ist also durch eine fremde Macht zu Fall gebracht worden.

Wer noch nicht begreifen kann, daß der Mensch aus eigenen Kräften nicht fallen konnte, der hat die Vollkommenheit Gottes noch nicht reiflich durchgedacht. Und wozu war doch wohl ein Probgesetz nöthig, wenn Gott den Menschen nicht von einem Verführer, er möchte nun fallen oder nicht fallen, in Sicherheit hätte setzen wollen? Wenn kein Verführer gewesen wäre, so wäre ja das Probgesetz ganz und gar unnöthig gewesen, wie oben schon untersucht worden.

Es ist also höchst glaubwürdig, daß ein sehr listiges, kluges, freiwirkendes, aber Gott sehr feindseliges Wesen seyn müsse, welches immer darauf ausgehet, die Absichten Gottes mit den Menschen zu vereiteln.

Die ganze ehrwürdige Offenbarung behauptet diesen Satz von Anfang bis zu Ende. Wollen wir derselben nicht glauben, so ist zwar wenig Rath mehr übrig, doch will ich zum Ueberfluß noch einen wichtigen Erfahrungsschluß machen.

Ein Mensch kann so verdorben seyn, das Naturgesetz kann durch Versäumniß und durch den blinden Gehorsam gegen die Sinnlichkeit und ihre Reize so verlöschen, daß er kein Uebel scheut, seine Absichten zu erreichen, er kann, eine Absicht zu erlangen, die größte Sünde thun. Aber das ist in der menschlichen Natur und durch dieselbe unmöglich, daß ein Mensch sollte können einen andern Menschen ganz ohne Absicht, blos aus Belustigung martern und tödten, oder auch sonsten großen Schaden thun, ohne denselben zu hassen, ohne daß ihm jemals Unrecht von demselben zugefügt worden. Sobald ein Mensch den andern leiden sieht, den er nicht haßt, wenn er ihn auch gar nicht liebt, sondern ihm gleichgültig ist, so treibt ihn das Gesetz der Natur zum Mitleid. Nun ist es zwar der höchste Grad der Auslöschung des Naturgesetzes, wenn ein Mensch das größte Leiden seines Mitmenschen nicht fühlt; weiter aber kann die menschliche Natur aus eigenen Kräften nicht gehen.

Wenn wir aber in der Geschichte der Menschheit finden, daß greuliche Böswichter und Uebelthäter, aus purer satanischer Lust ganz ohne Absicht, unschuldige Kinder und Personen grausam gemartert und getödtet haben; ja wenn wir täglich finden, daß Menschen blos aus Muthwillen, ohne Nutzen davon zu haben, ihren Nächsten quälen; so muß dem zu Folge, was oben gesagt worden, eine bösere, als die menschliche Natur auf sie wirken, und letztere zu wirken antreiben.

Und endlich ist ja kein Widerspruch in der ganzen Sache. Ist es unmöglich, daß mächtige Wesen, die uns nicht in die Sinnen fallen, seyn können?

Sollte es ferner nicht möglich seyn, daß ein geistiges Wesen sich mit einer oder der andern Seelenkraft vereinigte und ihre Wirkung auf die Organe erhöhte?

Dieses ist aus der Vernunft höchst glaubwürdig, und aus der Offenbarung ganz gewiß.

Diese Untersuchung ist also nun zu Ende. Die Wahrheiten, die ich darinnen erörtet habe, kommen mit der heiligen Schrift, den symbolischen Büchern und den Lehrbegriffen aller rechtsinnigen Christen ganz genau überein. Nämlich:

Daß alle Menschen von Natur die größten Sünder werden müssen. Daß die Ursach davon die Erbsünde sey.

Daß also die Menschen von Natur geneigt sind, Gott und den Nächsten zu hassen, sich selbsten aber über alles zu lieben.

Daß der Fall des Menschen durch vorsätzliche Bosheit des Satans und strafbare Schwachheit und Mißtrauen des Menschen gegen Gott entstanden sey.

Daß der Mensch wiederum einer Erlösung fähig sey.

Daß Gott an dem Fall des Menschen ganz und gar unschuldig sey.

Die dritte Untersuchung: Von den Anstalten Gottes zur Erlösung des Menschen.

Wenn Gott vernünftige Creaturen schuf, freie und denkende Geschöpfe, die Gott so sehr kannten, als es ihre Schranken erlaubten; dem ohngeachtet aber durch eine uns unerforschliche Ursache von Ihm abfielen, um sich unabhängig zu machen; wenn ein Teufel entstehen konnte; so war dieser Teufel durch alle Anstalten Gottes, die wir kennen, keiner Verbesserung fähig. Ich stelle nur diesen Gegensatz, um folgendes in helleres Licht zu setzen, wir wissen sonsten von dem Satan nichts weiter, als daß er ein mächtiges Wesen ist, das Gott und die Menschen über alles haßt. Wir können von Gott überzeugt seyn, daß ihm kein Unrecht geschehen ist.

Wenn Gott aber Wesen schuf, eben solche freidenkende Wesen, die zu der Zeit, da sie noch eine schwache Erkenntniß von Gott hatten, durch hinterlistige Versuchung verführet wurden, Gott ungehorsam zu werden, sich selbst die Ehre zu geben und zu lieben; wenn dieser Fall so beschaffen war, daß der freie denkende Mensch denselben erkennen und bereuen konnte, so waren diese Wesen, die Menschen, der Erlösung und Wiederherstellung fähig.

Nun haben wir aber oben gesehen, daß der Fall Adams so beschaffen war. Folglich ist der Mensch der Erlösung fähig. Und ist dieses, so muß sie auch Gott nach seiner vollkommenen Liebe, Weisheit und Gerechtigkeit veranstalten: denn der höchst-vollkommene Gott kann seinen Endzweck nicht verfehlen. Er würde ihn aber verfehlt haben, wenn Er die Menschen hätte im Verderben liegen lassen.

Um nun in dieser unendlich wichtigen Sache unsere Begriffe deutlich zu machen, so müssen wir die zwei Eigenschaften Gottes, die insonderheit die genaueste Beziehung auf den Menschen haben, genauer einsehen lernen, nämlich: Seine Liebe, und dann auch Seine Heiligkeit. Wir sind gewohnt, zu menschlich von Gott zu denken, und wir überreden uns so leicht, Er müsse alles lieben, was Er geschaffen habe. Man merke folgendes:

Gott ist ganz vollkommen, es kann keine seiner Eigenschaften weder ab- noch zunehmen, denn alle sind unendlich, und alles auf einmal, was sie seyn und werden können; daher ist auch keine Folge der Zeit, kein Heut, kein Gestern, kein Morgen bei Ihm, sondern alles auf einmal, unendlich und ohne Schranken. Folglich ist seine Liebe auch so beschaffen; sie ist uneingeschränkt, und eben so seine Heiligkeit. Man merke wohl! ich rede jetzt von Gott, wie Er in sich betrachtet, ohne Anstalten zur Erlösung betrachtet werden muß. Daher muß Gott alle seine Werke, die vollkommen sind, wie Er sie gemacht hat, auch mit unendlicher Liebe lieben. Er muß sie ohne Schranken lieben, und dieses ist seiner vernünftigen Geschöpfe unendliche und unbegreifliche Seligkeit. Von einem unendlich vollkommenen Wesen geliebt zu werden, muß unendliche Seligkeit seyn.

Aber eben so unendlich und uneingeschränkt ist auch die Heiligkeit Gottes. Weil Er vollkommen rein oder heilig ist, so kann Er dem zufolge nichts dulden, welches aus der Vollkommenheit fällt, die Er ihm angeschaffen hat, und also seinem Endzweck nicht mehr entsprechen kann. Er muß dieses Geschöpf in dem Augenblick seines Falls verdammen. Seine Gerechtigkeit fordert uneingeschränkt die Wiedererstattung des Verlustes. Sie fordert, das Geschöpf soll seiner Bestimmung gemäß leben, das Geschöpf kann in Ewigkeit dieses nicht leisten, weil es den Standpunkt verloren hat, in dem es dasselbe hätte leisten können, und aus eigenen Kräften ist es ihm auch unmöglich, denselben wiederum zu erreichen.

Wir wollen, um diesen Satz ganz einleuchtend zu machen, das Exempel des ersten Menschen vor uns nehmen.

So lang Adam war, wie ihn Gott geschaffen hatte, so liebte ihn Gott mit seiner göttlichen unumschränkten Liebe; sobald aber der Mensch fiel, und nunmehr gerad seiner Bestimmung entgegen lebte, so konnte ihn Gott nicht mehr lieben, denn Er liebt nur das Vollkommene; sondern seine Gerechtigkeit und Heiligkeit forderte die vollkommene Leistung des Naturgesetzes zur Bestimmung des Menschen; dieses war aber unmöglich, denn die Kraft, dasselbe zu halten, war mit dem Gleichgewicht der Kräfte verloren. Daher hätte Adam ohne die Erlösung nimmermehr zu Gnaden kommen können. Gott hätte dem Menschen den Besitz alles dessen, was Er ihm gegeben hatte, entziehen, und ihn an sich selbst überlassen müssen, wo er mit unendlichem Seelenhunger, ohne das Mindeste zur Sättigung zu haben, nebst den quälenden Forderungen der göttlichen Gerechtigkeit die Ewigkeit hätte durchleben, und also verdammt seyn müssen. Denn sobald Gott dem Adam seinen Fall verziehen und ihn wieder zu Gnaden angenommen hätte, sobald hätte Gott ein Unrecht vergeben, und also seine Gerechtigkeit eingeschränkt, welches in der göttlichen Natur eben so viel als ein offenbarer Widerspruch ist. Und durch diese Verzeihung würde dennoch Adam nicht gerettet worden seyn, seine Natur wurde dadurch nicht geändert.

Gott ist das reinste, vollkommenste, uneingeschränkteste Wesen, dessen Eigenschaften alle miteinander ganz unendlich sind, seine Wirkungen geschehen alle in einem Augenblick, sobald er gebeut, so steht's da; Er kann unmöglich die allermindeste Unvollkommenheit ertragen. Er sondert sie von sich ab und kann keine Gemeinschaft damit haben. Er kann einen Menschen seiner Natur nach (man merke wohl, ich rede von Gott, ohne Rücksicht auf die Erlösung zu haben) unmöglich lieben und dulden, so lang noch die geringste Unvollkommenheit an ihm ist. Auch die Himmel sind nicht rein vor Ihm. Er fordert, daß der Mensch vollkommen sey, wie Er ihn erschaffen hat. Alles dieses fließt so natürlich aus den Eigenschaften Gottes, daß bei dem vernünftigen, unpartheiischen Denker gar kein Zweifel dagegen entstehen kann.

Es ist deswegen sehr wunderlich und unbegreiflich, wie die Deisten ihre Begriffe von Gott und den Menschen vereinigen können. Sie glauben, Gott habe (ohne Rücksicht auf die Versöhnung) Geduld mit den Menschen; Er werde seine Werke, die ihrer Natur nach handeln, nicht strafen, gleich als wenn Gott, einem grundverdorbenen Stäubchen zu gefallen, unheilig werden und seine Natur verläugnen müßte: und dieses ist doch absolut nöthig, sobald Er ohne Genugthuung Sünden vergeben will.

Wir haben nun zwei Gegenstände vor uns, den unendlichen, heiligen, gerechten und unveränderlichen Gott, dessen Wille immer das Beste wählt und ganz unveränderlich ist; der nicht die mindeste Unvollkommenheit, nicht den geringsten Ungehorsam dulden kann, sondern immerzu das aufrichtige gerade Recht fordert; und wiederum, dessen Liebe das vollkommene getreue und gehorsame Geschöpf mit unendlicher Glückseligkeit ganz erfüllt.

Und auf der andern Seite steht der neue und vollkommen erschaffene, so weit als es nur möglich war, vollkommene Mensch, der Adam verführt, abgefallen, sich selbst liebend, Gott scheuend, abgerissen von Gott, voll Hunger nach sinnlichen Dingen, voller Lüste, er liebte Gott nicht mehr, wünschte selber Herr der Schöpfung zu seyn, mithin ein Geschöpf, das nach den Rechten der Gerechtigkeit Gottes werth war, ewig verstoßen und verworfen zu werden, ausgenommen Er war verführt worden und kannte Gott noch nicht genug. Daher hatte Gott einen Rathschluß abgefaßt, wodurch seine Gerechtigkeit ungekränkt bliebe, und doch der Mensch errettet werden konnte. Wenigstens wir sehen aus der Erfahrung, die Erde steht noch, der Mensch bewohnt sie. Es sind hie und da einzelne Gott liebende Menschen, an welchen man sehen kann, daß etwas muß vorgegangen seyn, wodurch die Folgen des adamitischen Falls einigermaßen eingeschränkt worden, es muß ein Mittel erfunden worden seyn, wodurch der Mensch geschickt gemacht werden kann, wiederum seine Bestimmung zu erreichen. Und überhaupt, wäre keine Versöhnung des Menschen mit Gott vorgegangen, so könnte seiner Gerechtigkeit zufolge die Erde mit ihren Menschen nicht mehr seyn, was sie ist.

Und dieses Mittel zur Wiederherstellung des Menschen! Laßt uns untersuchen, was dazu erfordert wird.

Gott mußte einen Menschen haben an Adams Stelle, welcher Ihm ein Menschengeschlecht sammelte, das seinem Endzweck gemäß Ihn liebte, und durch diese Liebe vollkommen glückselig gemacht werden konnte.

Und Adam mußte für sich und seine Nachkommen einen Gott haben, der ihn selig machen; oder: der durch eine eingeschränkte Kraft fähig war, von Grad zu Grad auf ihn zu wirken; der Mitleiden mit ihm haben, ihm seine Sünden vergeben, und ihn nach dem Maß seiner Treue glückselig machen, den Ueberrest von Unvollkommenheit aber vergessen und verzeihen konnte, das ist: dieser Gott mußte ein Mensch seyn. Oder in der Sprache der Symbolen zu reden: der Erlöser mußte Gott und Mensch in einer Person seyn.

Die Gerechtigkeit Gottes forderte an Adam folgende Stücke:

Er mußte das Probgesetz halten.

Er mußte den Versuchungen des Verführers widerstehen. Folglich: die Gerechtigkeit Gottes forderte vom Erlöser.

Er mußte alles, was Adam durch seinen Fall verdorben hatte, wieder herstellen, das ist:

Er mußte das verlorne Naturgesetz wieder den Menschen bekannt machen.

Er mußte ihnen die verlorne Kraft, dieses Gesetz zu halten, und der Sinnlichkeit zu widerstehn, wieder herstellen.

Er mußte den Tod, der durch die Uebertretung des Probgesetzes über alle Menschen herrschte, wiederum überwinden, und ewiges Leben den Menschen wieder erwerben.

Er mußte die Versuchungen des Satans überwinden, ihn dadurch offenbar machen, und die Menschen seiner Herrschaft entziehen.

Wenn der Erlöser dieses alles vollkommen geleistet hatte, so war die Gottheit versöhnt, und der Mensch kann nun wieder seiner Bestimmung gemäß leben, also dem Endzweck Gottes durch den Erlöser entsprechen, sobald er sein Verderben erkannte, oder sich gänzlich an den Erlöser ergab, und ihn für seinen Herrn und Gott erkannte, und sich als Eigenthum übergab.

Wenn der Erlöser dieses alles sollte leisten können, so mußte Er ein wahrer Mensch von Adams Geblüt und Samen seyn, sonst hätte ja sein Verdienst dem Adam nicht zu gut kommen können.

Er mußte von der Erbsünde frei seyn, sonst wäre Er wie alle Adamskinder ein Sünder geworden, und hätte also für sich selbst genug zu thun gehabt, ohne doch der Gerechtigkeit Gottes Genüge leisten zu können.

Aus dieser Beschaffenheit des Erlösers folget auch schon: Daß Er das vollkommene Naturgesetz belebt und also auch erkannt habe. Daher Er es auch schon den Menschen offenbaren konnte.

Er mußte als Mensch alle Versuchungen des Satans überwinden.

Er mußte ganz unschuldig als ein Missethäter sterben, weil Adam ganz unschuldiger Weise, als Beleidiger der göttlichen Majestät, den Tod über sein ganzes Geschlecht gebracht hatte.

Er mußte aber auch selber den Tod überwinden, und sich selbst wiederum ein ewiges Leben verschaffen, auch sich in den Stand setzen, alle diejenigen von Adams Geschlecht, die Er erlöset hatte, mit ewigem Leben zu begaben, und ihnen die Seligkeit je nach dem Maß ihrer Treue mitzutheilen, die Er sich erworben hatte.

Wenn meine Leser diesen Plan der Erlösung reiflich überdenken, so wird ein jeder rechtschaffener Mensch einsehen, wie gottgeziemend derselbe sey.

Was würde aber nun für eine Person dazu erfordert, um diesen Plan auszuführen? Diese Person mußte ein wahrer Mensch von Adams Geschlecht und Samen seyn, das versteht sich von selbst. Aber läßt uns nun den allervollkommensten Menschen uns denken, ohne alle Folgen des Falls; konnte derselbe mehr thun, als er seinem Gott und Schöpfer schuldig war? Alle seine Leibes- und Seelenkräfte wären ohnehin auf ewig Gott eigen, und alles, was er aus Antrieb des Naturgesetzes thun konnte, war wohl im Stand, seine eigene Herrlichkeit und Seligkeit auf den höchsten Gipfel zu erhöhen; aber es konnte keinen Einfluß auf andere Menschen haben. Und eben dieses ist von einem jeden andern Geschöpf wahr, so lang wir uns eine erschaffene eingeschränkte Creatur denken; so lang ist dieselbe mit allen ihren Kräften und Wirkungen Gottes Eigenthum und kann Ihn unmöglich mit andern Geschöpfen aussöhnen; denn dieses höhere Geschöpf, als ein Mensch, ist alsdann kein Mensch mehr. Dieses höhere Geschöpf konnte auch aus eigener Kraft den Tod nicht überwinden; denn es ist nicht Herr der Schöpfung, sondern das ist

Gott allein. Hat ihm aber Gott die Macht gegeben, so thut es Gott ohnehin selber, und er braucht keines Geschöpfes dazu. Mit einem Wort, es läßt sich ohne vieles Nachdenken leicht einsehen: wenn der Erlöser von Adams Geschlecht ohne Erbsünde sollte geboren werden, so mußte Er wahrer Gott seyn, der sich einen Leib in einer weiblichen Person, ohne den ordentlichen Weg zu gehen, aus der Natur dieser Person bilden konnte.

Wenn der Erlöser selber sterben mußte, so konnte Er sich nicht selber das Leben wiedergeben, oder Er mußte wahrer Gott seyn.

Und endlich ist unwidersprechlich gewiß: wenn der Erlöser der Gott des menschlichen Geschlechts seyn sollte, so mußte Er ja wahrer Gott seyn. Gott kann vermög seiner Gerechtigkeit unmöglich seine göttliche Herrschaft einem Geschöpf übertragen.

Und endlich, wenn der Erlöser dem Menschen die verlorene Kraft, das Naturgesetz zu halten, wieder erwerben sollte, so mußte diese Kraft ja allgegenwärtig und allenthalben wirksam seyn können. Nun ist aber keine Kraft allgegenwärtig und allenthalben wirksam, als der Geist Gottes, und diesen kann niemand geben als Gott selber. Hat Ihn nun der Erlöser für uns erworben, gibt Er uns denselben, so muß Er ja wahrer Gott seyn!!!

Noch mehr! wenn Gott selber eine menschliche Seele mit sich vereinigte, unzertrennlich mit sich vereinigte, die Kräfte dieser Seele als Werkzeuge brauchte, wodurch Er das menschliche Geschlecht regierte; wenn diese Gott-Seele einen menschlichen Leib annahm, so mußte dieser Mensch werden und leisten alles das, was wir oben als nothwendige wesentliche Eigenschaften des Erlösers eingesehen haben. Diese göttliche Erfindung war allein vermögend, das große Räthsel zu enthüllen, woran alle vernünftige Geschöpfe eine ganze Ewigkeit würden zu rathen gehabt haben.

Dieser anbetenswürdige Erlöser besitzt nun alle Eigenschaften, die nöthig sind, den Fall Adams sowohl wieder gut zu machen, als auch die unendliche göttliche Gerechtigkeit zu befriedigen.

Mir schwindelt; ich konnte meinen Weg nicht weiter fortsetzen; ich habe ihn durch ein Sehrohr verfolgt, so weit ich konnte. Mir ist es genug, gezeigt zu haben, daß die biblische Begriffe von Gott dem Sohn, unserm Erlöser, nichts Vernunftwidriges enthalten, sondern so weit es unsere Schranken erlauben, können wir wohl einsehen, daß alles mit dem gesunden Menschenverstand wohl übereinstimme, und daß alle andere Meynungen vom Erlöser tausend Schwierigkeiten erzeugen, die unüberwindlich sind.

Die Weissagungen der alten jüdischen Propheten, die Erzählungen der Evangelisten von Jesu Christo, die Bezeugungen, die dieser Erlöser von sich selbst und seinem Vater that, sein Leben, seine Wunder, sein Märtertod, seine Auferstehung, die Sendung seines Geistes als die Ergänzung der verlornen Kraft des Gewissens, oder des verlornen Ebenbildes Gottes, und die Ausbreitung seiner Herrschaft unter den Menschen, seine Weissagungen vom Untergang der Juden, und die noch vor Augen stehende Erfüllung derselben, sollten alle diese Zeugnisse nicht überführend auf uns wirken?

Dem allem ungeachtet, findet man heut zu Tage durchgehends eine allgemeine Erkaltung gegen die Wahrheit, man dichtet sich nach seinen sinnlichen Begriffen einen Gott dahin, dem wir so recht wohl gefallen, mit allen unsern sinnlichen Lüsten. Sind wir noch übrig nach dem Tod, welches wir doch nicht wissen können, so wird aus der Raupe wohl ein Schmetterling werden, u. s. w. Ei Menschen! wer garantirt euch doch solche Grillen, wer wird euch doch gut davor, daß alles unwahr ist, was das Volk der Juden von Anbeginn geglaubt und gehofft, und was die rechtsinnige Gemeinde Jesu Christi bis dahin mit Lehr und Leben, ja mit dem grausamsten Martertod oftmalen versiegelt hat? Einem rechtschaffenen Manne, der von allen diesen Wahrheiten gründlich überführt ist, blutet oft das Herz, wenn er sonst gutartige Menschen auf diesem Irrwege herum straucheln sieht, man möchte Blut weinen, wenn so gefährliche Zweifelschriften, oder auch ironische Nothankers erscheinen, die gleich einem süßen Gift ungegründeten Gemüthern, bis in Mark und Bein hineinkriechen und den Zweifler und Freigeist vollenden. Wenn solche Leute, die da glauben, ihrer Meynung recht gewiß zu seyn, dereinst einen Richter erblicken werden, in den sie so oft frevelhafter Weise gestochen haben, wenn von diesem Richter ihre ewige Glückseligkeit abhängt, werden sie da nicht grausam erschrecken und unter einander mit Reue reden und vor Angst des Geistes seufzen: Das ist der und der, den wir für einen Spott hielten und über welchen wir in ironischer Laune dieses oder jenes Pieschen drucken ließen; wir Narren hielten sein Leben für unsinnig und sein Ende für eine Schande, wie ist er nun gezählt unter die Kinder Gottes und sein Erbe ist unter den Heiligen? Darum, so haben wir des rechten Weges gefehlt und das Licht der Gerechtigkeit hat uns nicht geschienen, u. s. w. B. d. Weish. 5.

Wo sind denn nun die Ungereimtheiten der protestantischen Symbolen, die man reformiren will? Ist das alles nicht reiner Lehrbegriff der Protestanten, und wo ist ein so böser Prediger, der nicht wenigstens diese buchstäbliche Wahrheiten fortprediget und die Kinder darinnen unterrichtet? O ihr arme Religionsverbesserer! führt, anstatt ausgekünstelte Lehrbegriffe zu schmieden und zu erfinden, eure Untergebene zur Erkenntniß ihres natürlichen Elendes an, führt sie zum Glauben an Christum und zum Gehorsam an seine selig- und heiligmachende Gnade.

Da sitzen die hochgelehrte Herrn Professoren und Doctoren der heiligen Schrift auf ihren Lehrstühlen, lehren die Lehrsätze Christi und seiner Apostel, stellen aber die Sätze der Socinianer und anderer Freigeister und Deisten so scheinbar vor, daß der arme Student doch weder links noch rechts weiß, und als Zweifler Candidat und vollends Prediger wird. Da wird die Kirche Christi binnen zwanzig bis dreißig Jahren erbärmlich aussehen, wenn der Herr nicht andere Mittel dagegen veranstalten wird.

Andere machen Werke vom Recensiren, und das sind nun endlich die Richter alles dessen, was schön und gut ist. Manches schöne Buch wird aus Kabale, persönlichen Absichten und dergleichen schief recensirt und der gemeine Mann dadurch abgehalten, es zu lesen. Doch ich mag nicht weiter die Stimme des allgemeinen Elends seyn, ich kehre wieder zu meinem Zweck zurück.

Der Begriff von der Dreieinigkeit ist allen Ungläubigen ein Stein des Anstoßes, sie werfen uns vor, er sey vernunftwidrig und ungereimt. Ein rechtschaffener Christ denkt so:

Dasjenige Wesen, das alles erschaffen hat und erhält, ist Gott.

Derjenige, der den gefallenen Menschen erlösen sollte, ist wahrer Mensch und wahrer Gott.

Dasjenige Wesen, das die Erkenntniß der Wahrheit in dem gefallenen Menschen hervorbringen und seine Seelenkräfte zur Haltung des Naturgesetzes, zur Heiligung erhöhen oder die Heiligung des Menschen bewirken soll, ist Gott.

Vater, Sohn und heiliger Geist, und diese drei sind eins.

Ist dieser Begriff ungereimt? — hat aber einer oder der andere wesentliche Erfahrungen, die ihm die Sache klarer vorstellen, der halte sie geheim, weil er sie nicht vernünftig beweisen kann.

Hier wäre wohl der Ort, von der Gnadenwahl und dem freien Willen zu reden, aber ich mag diese Zankäpfel nicht berühren. Werde ich der ersten zu nahen kommen, so habe ich sectirische Reformirten am Hals, werde ich aber den zweiten widerlegen, so kommen die sectirischen Lutheraner hinter mich. Werden die Umstände so zunehmen, wie es die Aspecten vorbedeuten, so sind wir bald keine Christen mehr, und dann werden wir freilich auch keinen Streit mehr um diese beiden Stücke haben. Wenn doch alle Religionsverbesserer und Lehrer der protestantischen Kirche blos das Wesentliche des Christenthums üben und lehrten, wie bald würden wir uns einig seyn. Wahre Christen bekümmern sich um dergleichen Nebensachen gar nicht. Und endlich, wer diese Abhandlung von Anfang bis zu Ende aufmerksam lesen wird, der wird finden, daß es ebenso wenig Menschenwerk sey, sich selber zu erlösen, als es Menschenwerk war, das ganze menschliche Geschlecht zu erlösen, bei aller Freiheit des Willens, die der Mensch haben soll und wirklich hat. Und daß, ohngeachtet aller Begriffe von der Gnadenwahl, ein jeder Mensch sich des Todes und der Verdammniß wird schuldig geben müssen, wann Christus dermaleins alles Verborgene des Herzens ans Tageslicht bringen wird.

Um mehrerer Deutlichkeit willen laßt uns die Begriffe vom Rathschluß Gottes ins Kurze zusammenziehen.

Gott wollte eine Welt schaffen und in dieselbige Menschen setzen, das ist: solche Wesen, die Gott ähnlich seyn sollten, aber doch die in Schranken eingestellt werden mußten, sonst hätte Gott Wesen, wie er selbst ist, schaffen müssen.

Diese Menschen sollten mit Fähigkeiten begabt seyn, wodurch sie Gott aus seinen Werken konnten kennen lernen. Diese Erkenntniß sollte mit dem unendlichen Leben des Menschen immer wachsen, seine Schranken also immer weiter werden, und eben diese Erkenntniß sollte zur Verherrlichung Gottes und zu des Menschen höchsten Glückseligkeit gereichen.

Weil der Mensch mit bloßen Fähigkeiten und nicht mit Erkenntnissen erschaffen werden konnte und überdem ein anderes feindseliges Wesen war, das ebenwohl freie Macht zu wirken bei seiner Schöpfung empfangen hatte und das Gott nach dem Plan seiner Regierung nicht hindern wollte, so mußte Gott gleich nach der Schöpfung des Menschen demselben ein Probgesetz stellen, wodurch der Mensch, wenn er es übertreten würde, zur Erkenntniß seines Falls und Ungehorsams kommen, mithin erlösungsfähig gemacht werden könnte.

Wenn der Mensch fallen würde, so stund es in des Menschen Kräften nicht mehr, das Verlorene wieder zu ersetzen, zu einem vollkommenen Gehorsam war er nicht mehr fähig, dazu hatte er die Kraft verloren, und wenn er sie gehabt hätte, so hätte er sie von Gott, und war sie demselben auch, ohne zu fallen, ganz und allein schuldig.

Daher wurde im Rathschluß Gottes beschlossen, daß ein vollkommener Mensch aus Adams Geschlecht entstehen sollte, mit dessen Seele sich die Gottheit wesentlich vereinigte. Dieser Gottmensch sollte als der erste Mensch betrachtet und alle Menschen, von Adam an bis ans Ende der Tage, die er durch seinen Geist wiederherstellen und verbessern würde, sollten für das ganze menschliche Geschlecht, das zur Verherrlichung Gottes erschaffen seyn sollte, angesehen werden.

Dieser Gottmensch sollte alle Uebertretungen des Adams an die Gerechtigkeit Gottes versöhnen und also die Verdammniß voh seinen Auserwählten abwenden und ihnen an die Stelle ewiges Leben und Seligkeit wieder verschaffen.

Die göttliche Gerechtigkeit, als eine unendliche Eigenschaft Gottes, die keine Grade hat, konnte nicht anders versöhnt werden, als wenn Gott sie selber versöhnte.

Nachdem dieser Rathschluß festgesetzt worden, so wurde der Mensch geschaffen.

Wem bei Lesung dieses einfallen wird, ich schlösse also alle diejenigen, die von Christo nichts wissen, von der Seligkeit aus, der verspare diese und noch mehrere Einfälle, bis er auch folgende, sehr wichtige Untersuchung wird gelesen haben.

Die vierte Untersuchung: Ueber die Folgen der Anstalten Gottes zur Erlösung, ins Ganze und Besondere.

Die ganze Menschheit von Adam bis ans Ende der Tage, ein jedes Volk besonders und ein jeder individuelle Mensch haben ihren rohen Naturstand, ihre Kindheit, ihren Jünglingstand, ihr männliches Alter und ihre Abnahme und Tod. Dieses beweist die Erfahrung, und es ist auch in der menschlichen Natur gegründet.

Der rohe Naturstand ohne Cultur ist der Sphäre des Thieres am nächsten, ich rede vom Menschen, wie er von dem verfallenen Adamsgeschlecht herkommt, die Gegenstände der Welt wirken auf ihn, er beurtheilt alles nach seinem natürlichen Gefühl, weder Kunst, Bildung noch Völkersitte hat

Wirkung auf ihn gethan, keine Gewohnheit hat ihn geführt, das Schöne häßlich und das Häßliche schön zu nennen. Was ihm in der Schöpfung gefällt, wünscht er zu besitzen und zu genießen; er wendet gerade die nächsten Mittel an, es zu erlangen, wie und wo er kann, das Naturrecht mag es erlauben oder nicht; er verabscheut alle vernünftige Vorstellungen, die ihn davon abzubringen suchen. Und hier sieht man schon das Verderben des Menschen, wie sein Gefühl vom Recht zu schwach, die Sinnlichkeit aber zu stark sey.

Dieses Menschenalter hat wenig Bedürfnisse, die Sinnlichkeit fängt erst an zu wirken, sie kennt noch nicht alles, was für sie reizend ist, bis nach und nach Kunst, Gewohnheit und Cultur Stoff genug erfinden, der die Menschen fesseln und immer mehr und mehr vom rechten, wahren Zweck abführen kann. Man halte gegen diese charakteristische Schilderung das Volk auf der Insel Otaheiti, wie es von denen nach dem Südmeer gereisten Engländern beschrieben wird; diese sind wirklich solche Leute.

Und so waren auch die Menschen im ersten Jahrhundert der Welt.

Die Anstalten zur Erlösung oder mit einem Wort, die Religion gründet sich auf zwei Hauptpunkte, sie muß erstlich den Menschen in den Stand setzen, daß er der Erlösung fähig seyn kann, und dann müssen ihre Hülfsmittel oder, wie sich unsere Kirche ausdrückt, die Gnadenmittel den Begriffen des Menschen so angemessen sey, daß sie ihren Zweck erreichen können. Wir haben Oben schon gesagt und es spricht von selbst, daß der Mensch unmöglich errettet oder erlöst werden kann, sobald er noch nicht überzeugt ist, daß sein Zustand verdorben ist. Wie kann ich Arzt und Arznei suchen, wenn ich glaube, ich sey gesund! Aber auch das ist noch nicht genug, ich muß auch genau die Natur und Beschaffenheit meiner Verdorbenheit kennen, weil ich sonst das rechte Mittel dagegen nicht suchen werde. Z. B., da man jetzt in der Christenheit den Fall Adams und mit demselben die innere geistliche Abgekehrtheit von Gott, die innere Grundverdorbenheit der menschlichen Natur zu läugnen beginnt, wie ist es da möglich, daß man Christum als den Sohn Gottes ansehen und seine Genugthuung, seine Wiederbringung der göttlichen Gnade zum Heil des Sünders glauben könne? — Sobald aber ein Mensch einzusehen beginnt, daß in ihm alle Kräfte zum Guten schlapp geworden, daß seine Seele ein ewiges Element, nämlich: Gott zu genießen suche, daß aber die sinnlichen Lüste viel zu stark seyen und seine Seele gefangen halten. O wie nöthig wird ihm da ein Erlöser, der wahrer Gott ist! Gewiß, ein Socinianer hat noch nie sich selber kennen gelernt.

Die Haushaltung Gottes mit dem menschlichen Geschlecht ist also immer, je nach dem Alter und Zustand eines Volks, so beschaffen gewesen, daß die Menschen, wenn sie nur wollten, ihr Verderben einsehen konnten, aber auch zugleich ein Mittel vor sich sahen, diesem Verderben zu entrinnen.

Diesen Plan hat Gott bis auf diesen Tag genau beobachtet, wir wollen ihn erstlich ins Allgemeine durchgehen.

Es muß aber vorerst noch gezeigt werden, warum der Gottmensch sein Erlösungswerk nicht gleich nach dem Fall ausgeführt habe. Eben der Grund, den ich so eben angegeben, gilt auch hier, die Menschheit mußte erst einsehen und gründlich erkennen lernen, daß ihr altes gottesdienstliche Gepränge, alle Moral, alle Cultur und alle Mühe nichts zur Verbesserung beitrage, wo nicht neue Kräfte erworben und eine Versöhnung mit Gott ausgeführt würde. Diese Erkenntniß von der Nothwendigkeit eines Erlösers war höchst nöthig, wo hätte er sonst angenommen werden können. Wer auch dieses deutlich bei der Ankunft Christi ins Fleisch, das ganze Volk Israel wartete mit Schmerzen auf die Erlösung, aber ein jeder nach seinen Begriffen. Wären die Juden darinnen richtig gewesen, so würden sie ihn auch besser erkannt und angenommen haben, allein ihre Begriffe gingen ins Sinnliche, wo die Erlösung gar nicht zu suchen war.

Der Gottmensch oder Jehoschuah, Jesus, Jehovah, nahm nun dem Gnadenbund zufolge die Regierung der Menschen sofort nach dem Fall Adams an. Sein ganzer Plan und alle Anstalten gingen dahin, sich aus dem ganzen menschlichen Geschlecht, von Anfang desselben bis ans Ende, ein freiwilliges, auserwähltes, reines Volk zu sammeln, ein jedes Glied dieses Volks in diesem Leben so weit als möglich zuzubereiten und im Tod die Seele zur Ruhe zu führen, am allgemeinen Ende der Welt aber alles wieder aufzuwecken, alles lebendig zu machen und dann sein Volk einzuführen in das herrliche Reich, das er erwerben und zubereiten wollte. Das übrige menschliche Geschlecht aber, welches seinen Anstalten kein Gehör geben würde, sollte nach seinen Werken und nach den Gesetzen der Gerechtigkeit des ewigen Vaters gerichtet und behandelt werden.

Alles dieses, was ich da gesagt habe, folgt ohne vieles Nachdenken aus den Sätzen voriger Untersuchung, ich will also, um der Kürze willen, die Beweise nicht weiter führen. Wer nur ein wenig Logik hat und wer obige Sätze einsieht, wird die Wahrheit von diesen letzteren leicht erkennen können.

Wer zur Erkenntniß seines großen natürlichen Elends kommen will, der muß erst den Mangel des wahren Guts fühlen; wer den Mangel des wahren Guts fühlen will, der muß sich aller Scheingüter, die über seine Bedürfnisse gehen, entziehen, denn ein Mensch fühlt keinen Mangel, so lang er noch von einem sinnlichen Genuß zum andern hinwählt: sobald ihm aber die sinnlichen Lüste entzogen werden, sobald sieht er, daß alle sinnlichen Lüste Scheingüter, vorübergehende, vergängliche Vergnügen sind, und daß ihm sein wahres, eigenes, bleibendes, höchstes Gut fehle. Also: wer zur Erkenntniß seines eigenen großen Elends kommen, wer den großen Mangel eines wahren Guts erkennen will, dem müssen alle sinnlichen Vergnügungen entzogen werden. Der fühlt sich gewiß elend, dem sein höchstes Gut mangelt, das ist: wer diesen Mangel tief wesentlich empfindet. Die Erkenntniß dieses Mangels, dieses Elendes treibt alsdann den Menschen an, die Ursache dieses Verfalls zu suchen, nicht weniger auch einen Weg ausfindig zu machen, aus diesem Zustande heraus und zum Genuß des höchsten Guts zu kommen. Dieses ist die wahre Herzensbeschaffenheit, welche Gott zu bewirken sucht, und wenn sich der Mensch nur lenken und bewirken läßt und nicht widersteht, so wird er auch ferner geleitet und geführt werden.

Wenn wir dieses alles genau und im Lichte der Wahrheit betrachten, so können wir dieses Abziehen der Seele von allem überflüßigem, sinnlichem Genuß der Creaturen wohl die Voranstalten Gottes nennen; diese sind in sein Weltregiment öfters so verwebt, daß sie uns ganz natürlich vorkommen. Z. B. Ein Mensch hat einen natürlichen Hang zum Ehrgeiz, er sucht alle Mittel hervor, sich aufzuschwingen, es geräth ihm endlich, er sitzt dem Glück im Schooß; auf einmal dreht sich der Wind, er scheitert, stürzt und fällt von seiner errungenen Höhe herunter, er erkennt nunmehr seine Eitelkeit, sucht seiner Seele Besserung und sucht seine Ehre bei Gott; diese Wendung hätte er nicht genommen, wenn sein Glücksumsturz, der Voranstalt Gottes war, nicht geschehen wäre. Und darinnen besteht eigentlich die große Weisheit des Gottes Jehovah, daß er sein Weltregiment so einzurichten weiß, damit es immer zur Menschenbesserung abziele.

Die Mittel, die Gott anwendet, uns von der Sinnlichkeit abzuziehen, ohne daß wir etwas dazu beitragen, nennt die Schrift und unsere Symbole: Kreuz oder auch Trübsal, von dessen Nutzen Christus, seine Apostel und alle wahre Gottesgelehrte so vieles gelehrt und gesagt haben. Wenn der Mensch aber selbst die Kräfte der Gnade anwendet, sich von der Sinnlichkeit loszuwinden, so heißen wir dieses Selbstverläugnung. Beide Stücke sind zur Erlösung wesentlich nothwendig.

Dieses ist auch die Ursache mit, warum Gott unsere erste Eltern sogleich nach dem Fall aus dem Lustgarten vertrieb; Adam sollte nun seinen Mangel tief empfinden und dadurch angetrieben werden, den ihm von Jehovah vorgeschlagenen Weg zur Erlösung ernstlich zu wandeln. Damit aber die Menschen in diesem gar rohen und uncultivirten Zustand nicht zu geschwind abirren und Gelegenheit zur wahren Menschenbesserung und Cultur haben möchten, so offenbarte er sich den Frömmsten und Besten unter den Menschen gar oft und unterrichtete sie väterlich von dem, was ihnen nützlich und nöthig war. Er bot ihnen gleichsam die Gnade dar, tischte sie auf, selbst in allerhöchster Person, wer davon genießen wollte, brauchte nur zuzugreifen. Diese Zeit war ohne Zweifel eine gesegnete, angenehme Zeit, sonderlich die Jahrhunderte durch, in welchen Adam und sein Sohn Seth lebten und den Namen Jehovah predigten.

Allein auch diese wahre Theokratie war nicht hinlänglich, die Sinnlichkeit der Menschen unters Joch zu bringen, Gott mußte sich immer mehr zurückziehen. (Wir müssen nie vergessen, daß Gott seine freie Geschöpfe nicht mit den Haaren zur Besserung zeucht, sondern nur Vorstellungen veranstaltet, wollen denselben die Menschen nicht Gehör geben, so läßt sie der Herr fahren). Er hatte aber dennoch seinen vertrauten Umgang noch immer mit gewissen heiligen Personen, bis endlich nur eine rechtschaffene Haushaltung mehr in der Welt war. Vater Noa war nun der einzige mit seinen Leuten, der Gott gefällig lebte. Dieser wurde gewarnt, ihm wurde das bevorstehende Weltende kund gethan und ihm gerathen, wie er sich mit den Seinigen vor dem einbrechenden Gericht verwahren sollte.

Ich kann mir vorstellen, wie die gewöhnliche Menschen und damalige Freigeister lachen mußten, als der gute Altvater anfing, Holz zu fällen, sein Schiff zu bauen und die Menschen treuherzig und ernstlich zu warnen, just als wenn jetzt in Europa ein guter weidlicher Bauersmann anfing, umzugehen und den Untergang der Welt zu predigen. Hin ins Tollhaus! Der Mensch ist ein Phantast! — und es wäre auch wirklich möglich, daß ers wäre.

Ich will eben nicht behaupten, wie ich Oben zu behaupten schien, als wenn Noa nur allein fromm in der Welt gewesen wäre; er war wenigstens rechtschaffen, fromm und zum Endzweck Gottes geschickt. Kurz, die Erde wurde getauft, gewaschen und von allen Unreinigkeiten gefegt.

Nun hatten die Menschen schon das aus Erfahrung gelernt, daß die Langmuth Jehovah auch ein Ende nehme und daß er schrecklich strafe, wann die Ungerechtigkeit zu hoch stiege, die erste Welt war ihnen nun ein ewiges Warnungs-Exempel.

Indessen setzte Gott seine angefangene Theocratie noch immer unter den Noachiten fort, machte aber unter der Hand zu einer andern Regierungsform Anstalten. Hier muß ich aber eine Anmerkung machen.

Mir gefällt der Ursprung der Opfer nach der Meynung des Herrn Pastor Heß recht wohl, allein wir können doch nicht ganz damit zufrieden seyn. Gott muß den Menschen das Schlachten und Opfern der Thiere als ein sinnliches, gottesdienstliches, hochbedeutendes Mittel, als ein Sacrament, schon gleich Anfangs angerathen haben, um dadurch die Menschen gleichsam pflichtmäßig an sich zu verbinden und das Geheimniß des Todes des Erlösers, das künftig ausgeführt werden sollte, als den Gegenstand, als das Ziel des Heils anzudeuten, wie der Apostel Paulus auch gründlich genug gelehrt hat. Abel, der Sohn Adams, wußte dieses gewiß, vielleicht ganz dunkel, allein sein Opfer war doch zweckmäßig und daher Gott gefällig, da Kain Feldfrüchte brachte und das Erlösungswerk wohl gar nicht im Aug hatte. Wir finden überhaupt, daß das Opfern unter der ganzen Menschheit Gottesdienst wurde, und also auch überall, wo die Versöhnung mit Gott darunter beäugt wurde, zweckmäßig war.

Die Menschen begonnen nun, wiederum sich zu mehren; die drei noachitischen Stämme, Sem, Ham und Japhet, wurden große Völker, sie breiteten sich aus und theilten sich in die Länder. Daher wollte Jehovah nunmehr seine Regierungsart verändern; der einzelne Familien-Umgang konnte auf die ganze Menschheit nicht mehr wirksam genug seyn, besonders, da die Sinnlichkeit sich auf den Weltthron setzte und eine Monarchie errichtete. Wir müssen uns da deutlicher erklären.

Merkt, ihr Herrn Europäer! Es stand ein groß Genie auf; ein mächtig groß Genie — wer will das dem Nimrod absprechen? Nach unserm verfeinerten Geschmack wohl Niemand, ein unbezwinglicher Mensch, thätig von großen Unternehmungen, der die bildenden Künste nach dem damaligen Geschmack recht inne hatte, er baute Städte und Festungen, um sich gewaltig zu machen. Und nun siehe da! der große Mann mußte wohl auch ein Freigeist seyn! die Sündfluth war ihm noch in frischem Andenken; es geht doch alles ganz natürlich zu in der Welt, wir wollen da hübsch einen Thurm bauen, der hinauf bis an den Mond geht, nur ein paar Fuß niedriger, er möchte sonst sich daran zerstoßen; da klimmen wir dann alle herauf, wenn einmal wieder ein so Gewässer kommen sollte. Es war wirklich spaßigt, daß die Menschen Gott auf diese Weise zu klug seyn wollten. Er saß hoch auf seinem Thron und ließ die Ameisen da drunten wacker kribeln und krabeln. Das große Genie hatte aber auch dabei im Sinn, seinen Namen durch diesen Bau zu verewigen, wie auch wirklich geschehen ist, aber ganz anders, als er dachte; denn der Herr fuhr hernieder, um zu sehen, was es da mit der Festung gegen ihn geben sollte. Ein Odem ging von ihm aus, ein lähmender Wind durch das ganze bauende Volk, alles stammelte, keiner konnte sich dem andern verständlich machen, sie konnten die Worte ihrer Sprache nicht mehr formiren und ihre Kinder mußten aus halbgebrochenen Tönen ihrer Eltern neue Worte bilden, und so entstanden Sprachen und Dialekte.

Nimrod richtete also eine Monarchie auf; es entstunden hier und da Regenten, Fürsten, Könige, die die Menschen nach ihren eigenen Einsichten und sinnlichen Trieben beherrschten, worunter auch die allgemeine göttliche Vorsehung gewiß mitwirkte und immer gegen die Sinnlichkeit zu Felde lag und mit ihr kämpfte, auch sich ohne Zweifel noch immerfort hier und da nach dem Endzweck des göttlichen Rathschlusses Menschen sammelte, die sich durch ihren Opferdienst zum Erlöser lenken ließen, ob sie es schon selbst nicht eigentlich wußten, und den Anstalten Gottes, je nachdem sie unter einem Volk in Verfassung stunden, gemäß lebten und fromm wurden.

Diesen Königreichen und Monarchien wollte nun Gott auch eine Monarchie vor Augen stellen, theils um der ganzen Welt ein lebendiges Muster guter Regierung, guter Cultur und wahrer Menschen-Besserung zu geben, eine Schule der Menschheit, wo man alles, was nöthig war, lernen konnte, theils aber auch vor und nach den Weg zur Ausführung des Plans der Erlösung auszuführen. Und endlich auch, um einen eigenen Garten gleichsam anzupflanzen, aus welchem der Erlöser immerfort seine Menschen und Reichsunterthanen sammeln und also sein künftiges Königreich bevölkern könnte. So wie also Jehovah bei einzelnen Familien seine Wohnung, Feuer und Heerd hatte, die gleichsam immer das Ferment waren, welches den ganzen Teig säuern sollte, so wollte er nun ein ganzes Volk dazu zubereiten, weil einzelne Geschlechter zu diesem Zweck für eine ganze Welt zu unbeträchtlich waren.

Gott geht in seiner Regierung Schritt für Schritt, wie auch die Natur; er bereitet sich vor und nach alles so, daß, wenn er einmal losbricht, alles ganz natürlich seinen Gang gehen muß.

Er wählte sich einen jungen wackern Chaldäer aus, einen Mann, der zu allem fähig war, was Jehovah aus ihm machen wollte; dieser Abram mußte aber erst selbst verbessert, selbst ein Unterthan des Reichs Jehovah werden, ehe er ihn brauchen konnte.

Gleichwie die Erfahrung der beste Lehrmeister ist und die den Menschen vor Augen gesetzte Exempel am leichtesten auf sie wirken, so sollte auch dieser Abram ein Muster der Abhänglichkeit von Gott und des Glaubens werden, er sollte der Grundriß und Plan seyn, wornach Gott künftig alle seine Glaubige führen und leiten wollte; aber auch dieses noch nicht allein, er sollte der Stammvater des Volks Gottes werden bis ans Ende der Tage, wenn dermaleins seine Zweige verwildert und zum Tragen unnütz geworden seyn würden, so sollten diese abgehauen und andere aufgepropfet werden; ja, dieser Abram sollte über das alles den Samen heiligen und aus seinem Stamm sollte endlich der Mann Zemach entstehen, auf welchen die Heiden gepfropft werden sollten.

Mit diesem Abram ging Gott die allerstrengsten Wege, um seine Sinnlichkeit zu kreuzigen, ohne ihm sonderbare Güter dagegen zufließen zu lassen; mit einem Wort: er wurde ein

Muster des Glaubens und Zutrauens auf Gott nach der Absicht Jehovah. Man lese seine Geschichte mit Aufmerksamkeit, so wird mans finden.

Diese Anstalten Gottes gingen so wunderbar fort bis auf Mosen. Alle Werkzeuge Gottes wurden immer nach einem und demselben Plan der Erlösung gebildet und zubereitet. Isaac, Jakob, Joseph und Moses, alle wurden erst durch schwere Wege der Verläugnung der Sinnlichkeit geführt und zu ihrem Beruf geschickt gemacht.

Jehovah wollte nun sein neu angehendes eigenthümliches Volk eben diesen Weg führen, den er mit einzelnen Menschen einzuschlagen gewohnt ist. Die Kinder Jakobs waren Hirten, uncultivirte Leute. Er wußte es so zu veranstalten, daß sie in Egypten kamen, daselbst angebaut wurden, ohne sich jedoch mit den Egyptern zu vermischen, damit sie ein abgesondertes Volk seyn möchten. Die ganze Führung Josephs hatte den Endzweck, um zu dieser Anstalt das vorbereitende Werkzeug zu seyn.

Egypten war zu der Zeit ein blühendes Königreich, worinnen Künste, Wissenschaften, Cultur recht im Flor waren. Die Erkenntniß Gottes fing aber schon an zu fallen und Jehovah gab diesem gesitteten Volk die Gelegenheit, ihn wieder kennen zu lernen und eine gottesdienstliche Reformation anzufangen, die gewiß nöthig war, da ihr Gottesdienst zur Abgiterei und bis zum Unsinn auszuarten anfing. Die Kinder Israel dienten dem wahren Gott mitten unter den Egyptern; diese konnten ihn also wieder kennen lernen, und ohne Zweifel hat auch diese Anstalt bei vielen einzelnen Personen ihren Zweck erreicht und dem Reiche des Messias Unterthanen erworben. Die Israeliten hingegen lernten auch unter den Egyptern solche Sachen, die zu einer ordentlichen festen Haushaltung, Ackerbau, mit einem Wort zum bürgerlichen republicanischen Leben, wozu sie bald in einem eigenen Staat bestimmt werden sollten, unentbehrlich waren. So lebten sie ein paar Jahrhunderte fort.

Aber auch diese Israeliten, wenn sie in ein anderes Land

aus dem schönen Egypten verpflanzt werden sollten, so mußten sie in diesem gedruckt und verfolgt werden, damit sie desto besser der Führung Gottes und willig folgen möchten, sie wären sonst auf ihrer Reise hundertmal wieder umgekehrt. Daher ließ es Gott zu, daß dieses Volk endlich von den Egyptern zinsbar gemacht wurde, daß sie ihnen als Knechte dienen mußten; sogar wurden Anschläge gemacht, wie sie vor und nach vertilgt werden möchten. Alles dieses war nöthig, um den Israeliten den Abschied aus Egypten leicht und die Sehnsucht nach dem versprochenen Land brennender zu machen. Endlich wurde Moses unter der Hand zur Erlösung des Volks zubereitet, eben wiederum nach dem festen Plan Gottes durch viele schwere Proben und Führungen; und so war der Abzug der Israeliten aus Egypten und ihre ganze Reise nach Canaan eingerichtet.

Jehovah, der nun auch einen weltlichen König vorstellen mußte, gab auf eine göttliche Art seinem Volk Gesetze, die alle auf das wahre Naturgesetz der Menschheit gegründet waren, doch aber auch auf ihren besondern Staat, und was das Gottesdienstliche betrifft, auf eine ganz herrlich-sinnliche und majestätische Weise, die auf das bevorstehende große Erlösungswerk Beziehung hatten. So wurde der israelitische Staat eingerichtet, er stund da vor den Augen der ganzen Welt, die besondere Aufsicht des einigen höchsten Gottes und Herren der Welt konnte von allen aufrichtigen Suchern der Wahrheit wohl erkannt werden. Die Wunder, die Gott unter diesem Volk that, mußten weltkundig werden und Eindruck auf alle rechtschaffene Menschen machen, und alle rechtschaffene Menschen konnten nun mit leichter Mühe den wahren Gott und seine Gesetze kennen lernen, wenn sie nur Begierde dazu hatten. Es ist auch kein Zweifel, Jehovah wird durch diese Anstalt wiederum viele Menschen aus den Völkern eingeerndet haben, ohne was er täglich unter seinem eigenen Volk an besondern Messias-Unterthanen gewonnen.

Allein das Volk Israel war sowohl Mannsgeschlecht wie alle andere Menschen, es artete vor und nach zum gröbsten

Sinnlichkeit und Abgöttereien aus, der Aberglauben stieg aufs höchste, und Gott brauchte viele Mittel, es wieder an sich zu ziehen; allein es war endlich alles vergebens. Er ließ es wieder in die Dienstbarkeit gerathen, aber unter solche Völker, die lange der reinen Erkenntniß des wahren Gottes ermangelt hatten, auf daß auch die morgenländischen Völker durch die einzelnen, noch rechtschaffenen Israeliten Anlaß haben möchten, den Gott Jehovah kennen zu lernen, so wurden sie in die Gegenden hinversandt und wie ein Same verstreut.

Nun schritt Gott näher zu der Hauptanstalt der Erlösung, er ließ vornehmlich den Stamm, aus welchem der Erlöser geboren werden mußte, wiederum befreit und in sein Vaterland eingeführt werden. Dieser machte einen neuen Staat und Königreich aus, allein die gottesdienstliche Verfassung kam nie wieder in den Flor, sie leuchtete den Völkern nicht mehr in die Augen, wie ehemals, man fing an Buchstäbler zu werden, Unglaube, Freigeisterei, Adelstolz und alle Früchte der Sinnlichkeit grünten und blühten unter den Juden. Alles stieg aufs höchste und konnte nicht lang mehr ausdauern, die Seifenblase mußte zerspringen.

Als nun alles im jüdischen Staat aufs höchste verdorben war, die ganze Menschheit überhaupt in der größten Finsterniß seufzte, alle rechtschaffene Wahrheitsfreunde, ein jeder auf seine Weise, zu seinem Gott um bessere Zeiten rief; als alle Welt überzeugt seyn konnte, daß der Gang des menschlichen Geschlechts nicht zum Glück desselben, sondern zum Verderben ging. Nur die Römer fühlten noch keinen Mangel, sie konnten aber doch ebenfalls wohl einsehen, wenn sie nur wollten, daß ihr Staat mit allen seinen weisen Gesetzen zertrümmern müßte, sie hatten Beweise von dergleichen Umwälzungen des Glücks und konnten sie ahnden: Als die Menschheit unter der Last der Sinnlichkeit allenthalben seufzte, da trat der Gottmensch in Gestalt eines der geringsten Menschen im jüdischen Land auf und führte den Rath Gottes vollkommen aus. Er lehrte das vollkommene Gesetz der Natur, gab die höchsten Beweise seiner Gottheit und daß er der Messias sey, litt den schmählichsten Tod, überwand denselben, stund am dritten Tage auf und setzte sich auf den Thron Gottes, zu herrschen über alle Creaturen. Nun wurden die Juden in alle vier Winde zerstreut, die Völker wurden auf den Stamm des Glaubens Vaters Abrahams eingepfropft und die christliche Lehre zur Besserung des Menschen, durch den Beistand und die Mitwirkung der göttlichen Gnade, wurde nun weit und breit ausgesäet.

Alle diese einzelnen Züge der göttlichen Haushaltung unter den Menschen, als Anstalten zur Erlösung, habe ich nur deswegen berührt, um zu zeigen, daß es Gottes Schuld niemals gewesen, daß weder die jüdische noch die christliche Religion allgemein geworden. Er behandelt seine freie, vernünftige Geschöpfe nicht als Maschinen, die er just agiren läßt, wie er will. Nein gar nicht! Er regiert nicht einmal wie weltliche Monarchen, mit Zwang und Gewalt, sondern durch weise Veranstaltungen und Vorstellungen, so daß die Menschen recht wohl sehen können, was sie thun und lassen müssen, wenn sie nur wollen, sind aber die Menschen einmal so weit gekommen, daß die Vorstellungen Gottes nicht mehr wirksam sind, daß seine Erndte beginnt, ganz fruchtlos zu werden, so ist der fatale Termin eines Volks vor der Thür, und die europäischen Staaten werden gar bald inne werden, daß der Unglaube kein Jahrhundert unter dem Volk der Christen dauern könne, ohne es aufzureiben. Also: am Tage des Gerichts wird Niemand Entschuldigung haben, denn ein jeder wird nach der Ueberzeugung, die er vom Recht und Unrecht hat, beurtheilt werden. Dieses gilt aber nicht von den unglaubigen Christen, alle, die das klare Evangelium vor sich haben und von dessen Wahrheit überzeugt seyn können, werden das schwerste Gericht zu erwarten haben. Ihre Strafe wird schrecklicher seyn, als die Strafe der wildesten Völker.

Ich muß hier noch einen Mißverstand berühren, den die Sprüche der Apostel zu erzeugen scheinen, als: daß außer Jesu keine Hoffnung zur Seligkeit sey. Man glaubt also daß alle Völker, die außer der äusserlichen Bekenntniß der Christen sind, nicht selig werden können.

Mir kommt die Sache ganz vernünftig vor. Alle gute Anstalten, die zum Besten der Menschheit von Anfang bis ans Ende der Tage gemacht sind und noch gemacht werden unter allen Völkern und Nationen, sind Früchte der Versöhnung Gottes mit den Menschen durch Christum. Dieser Satz kann nicht geläugnet werden. Alle Menschen, die diese Anstalten zur Regel ihres Lebens annehmen, die nehmen, ohne es selbst zu wissen, die Versöhnung Gottes durch Christum an, insoweit die Anstalten Gottes und Christi übereinstimmen. Folglich können auch solche Menschen nach dem Maß ihrer Erkenntniß und Treue, durch Christum selig werden.

Wie wird ein redlicher und gebesserter Indianer, Mohre oder Bramine sich freuen, wenn er bei der letzten Erscheinung Christi die Beruhigung in sich fühlen wird, er habe dem Willen dieses ihm unbekannten Gottes- und Weltkönigs gefolgt, er wird ihm mit Freuden huldigen und mit ihm, mit Abraham, Isaac und Jakob zu Tische sitzen, wenn Tausende unter den sogenannten Christen scheel sehen und sagen werden, Herr, haben wir nicht den ganzen Tag gearbeitet! — haben wir nicht auf deinen Gassen gelehrt! — vor dir gegessen und getrunken, geweissagt, Teufel ausgetrieben, viel Thaten gethan? u. s. w.

Aber ganz anders ist es mit denen beschaffen, die von Jugend auf in der christlichen Religion erzogen sind, und ihr, obwohl unter vielen Schwachheiten, treu bis in den Tod geblieben sind, diese werden vor allen Menschen den Vorzug haben und die nächsten um den König in jener Welt seyn. Und ebenso diejenigen, die in derselben erzogen sind, dieselbe verläugnen, unglaubig werden und läugnen, daß Jesus Christus der Erlöser sey; diese werden zum Widerchristen gerechnet und ihr Theil mit ihm haben im Pfuhl, der mit Feuer und Schwefel brennt. Auch diejenigen, welche ungeachtet aller schönen Gelegenheiten und Anstalten zur Besserung, dieselbe in den

Wind schlagen und Naturmenschen bleiben, werden härter als alle Heiden gestraft werden.

Alles das, was ich nun bis dahin vorgestellt und untersucht habe, sind die theoretische Quellen der wahren christlichen Religion, sie mag nun verborgen liegen unter allerlei Bekenntnissen derselben, je mehr sich ein Bekenntniß diesen Quellen nähert, je reiner es ist. Ein jeder, wer er auch sey, muß mir also zu gut halten, wenn ich sage, daß alle Glaubensbekenntnisse nach diesem Maßstab gemessen (und ist es denn nun nicht der Maßstab der Vernunft und Offenbarung?) denselben nicht so nah kommen, als die protestantische Kirche. Man prüfe meine Theodicee und man prüfe die Symbolen.

Nun folgere ich ganz richtig folgende praktische Sätze:

Weil Jesus Christus uns erlöst hat, das ist, weil er die Forderungen der Gerechtigkeit Gottes an die Menschen bezahlt und abgethan hat, so ist er unser Hoherpriester; weil er uns das wahre, reine menschliche Gesetz der Natur gelehrt hat, so ist er unser Prophet; weil er uns sich zum Eigenthum, zu seinen leibeigenen Unterthanen durch sein Blut erkauft hat, so ist er unser König, und weil er ewiges Leben und unendliche Seligkeit allen seinen wahren Unterthanen erworben hat und sie ihnen schenkt, so ist er unser wahrer und anbetenswürdiger Gott. Aller Socinianismus ist Rebellion.

Was würde ein deutscher König sagen, wenn man hitzig stritt und lange die Zeit verdürbe mit Beweisen: es wäre noch ein Kaiser über ihn. Jesus Christus ist mein Gott und mein Alles. Gott will und kann von den Menschen nicht anders verehrt werden, als durch und in Christo. Dieses ist der Grundsatz des Glaubens der Christen.

Der Mensch ist von Natur grundverdorben, seine Natur liegt unter der Sinnlichkeit, der größten Feindin Gottes, gefangen. Er ist, außer Christo betrachtet, ein Abscheu vor den Augen Gottes, und es ist unmöglich, daß er ohne Christum Gott gefallen kann. Es ist also ein guter und löblicher Gebrauch, daß die Kinder gleich Anfangs durch die Taufe Christo geschenkt, aufgeopfert und übergeben werden.

Diese Grundverdorbenheit muß ein Mensch, der selig werden will, innig empfinden, er muß mit der größten Gewißheit überzeugt seyn, daß er in seinem Naturstand fluch- und verdammnißwürdig und zu keinen guten Handlungen geschickt sey; denn er mag vorgeben, was er will, alle seine sogenannte Tugenden mögen so heilig scheinen, als sie wollen, wenn er sie nicht als Gnadengeschenke des Geistes Christi betrachtet, so sinds nur Feigenblätter, womit er seine Schande bedeckt, wodurch er die Gerechtigkeit Christi schmälert und wodurch er nur seine eigne Ehre und Gewissensberuhigung sucht, sie können ihm nicht helfen und gehören zu denen, die, sich unabhängig zu machen, grosse Thaten thun.

Sobald ein Mensch sein Elend erkennt, so fängt er an Buße zu thun, das ist: er erkennt nunmehr seine Ohnmacht und Verdorbenheit, fängt derowegen an, von ganzem Herzen zu Gott zu beten und um Kraft zur Besserung zu seufzen; er fängt an, seine Sinnlichkeit, sein Fleisch zu kreuzigen sammt den Lüsten und Begierden. Die Gnade fängt an, ihn von Innen zu erleuchten und von Außen durch Trübsal heimzusuchen. Durch dieses wird die Sinnlichkeit mehr ertödtet und durch jenes die Seelenkräfte und besonders das Gewissen erhöht; er sieht seine Verdorbenheit mehr und mehr ein und die Erkenntniß von der Nothwendigkeit des Erlösers geht ihm je mehr und mehr auf, er flieht zu ihm und ergibt sich ihm auf erb- und ewig zum Eigenthum und schenkt sich ganz völlig seinem Geist und Gnade zur Bewirkung hin, und dieß ist eigentlich der wahre seligmachende Glaube der Christen. Das Ringen der Vernunft und Seelenkräfte, um zu diesem Glauben zu gelangen, ist der sogenannte Durchbruch der Mystiker.

Sobald der Mensch sich an Christum und seine Gnade übergeben hat, so nimmt ihn Christus an, und alsdann sind ihm um Christi willen seine Sünden vergeben; er wird von Gott in Christo angesehen als ein reiner, neuerschaffener Mensch.

Und nun ist der neue Mensch geboren; das ist: die Gnade, die das verlorene Gleichgewicht der Seelenkräfte nun anfängt wiederherzustellen, hat gleichsam eine neue Seele nach dem Bilde Gottes wiederhergestellt und also einen neuen Menschen wieder hervorgebracht, der in der ersten Heiligkeit wieder da ist. Diesen neuen Menschen nennen die Mystiker Christum in uns, und die Gnade, welche in uns wirkt, beten sie an als den im Menschen gegenwärtigen Gott; sie treiben daher zur Sammlung und Einkehr und zur Aufmerksamkeit auf die Wirkungen der Gnade in uns, welche sie das innere Wort nennen.

Man sieht also leicht ein, was die Wörter: Buße, Vergebung der Sünden, Glaube, Rechtfertigung und Heiligung sagen wollen, und man begreift nun auch leicht, daß sie der Natur der Sache ganz angemessen und wohl zu gebrauchen sind, ob sie schon anfangen, altfränkisch zu werden.

Nach der Wiedergeburt fängt nun an der neue Mensch zu wachsen, das ist: die begnadigten Seelenkräfte kämpfen immerfort mit der Sinnlichkeit. Der Wachsthum besteht also in dem Abnehmen der sinnlichen Begierden und in dem Zunehmen in der Gerechtigkeit Jesu Christi. Dieser Kampf und Wachsthum dauert nun bis zum Uebergang in jenes Leben; wo die sinnlichen Werkzeuge in der Auferstehung dem neuen Menschen gemäß seyn werden und wo die Sinnlichkeit mit den Gegenständen, die sie gereizt hatten, gänzlich überwunden seyn wird.

Diejenigen aber unter den Christen, die alle diese Wahrheiten vor Augen haben, durch ihre Sinnlichkeit aber und andere Ursachen sich von denselben nicht überzeugen lassen, die aller Ueberzeugung widerstehen. Diese armseligen Menschen bleiben außer Christo, bloß unter der göttlichen Gerechtigkeit im Fluch stehen, gehen auch so im Tod in die Ewigkeit über, und da sie Christum nicht angenommen haben, nicht gründlich sich durch ihn haben überzeugen lassen, denn das äussere Bekenntniß machts nicht aus, so fehlt ihnen erstlich die Sinnlichkeit, woran sie sich belustigten, sie fühlen also ein erschreckliches

Heimweh und Sehnen nach dieser Welt. Die ist ihnen aber ewig verriegelt. Zweitens: da sie vom Leibe abgesondert sind, so spürt nun das geistliche Gefühl den allenthalben nahen Gott, der ihnen ein verzehrend Feuer ist, dem sie nicht entfliehen können. Denn wie kann ihnen Gott die Liebe seyn; da sie nicht in der Probzeit mit ihm versöhnt worden. Das ist also ein ewig nagender Wurm für sie, daß sie hätten ewig selig werden können; sie habens aber versäumt. Bei der Auferstehung, da sie mit ihrem Leibe wieder vereinigt werden sollen, wartet auch Qual auf sie, die ewig dauern soll.

Hat nun Gott noch Rath für diese unglückselige Geschöpfe übrig, so müssen ihn alle Seligen dafür preisen, und ich werde es mit ihnen thun. Allein die Offenbarung sagt davon nichts, wenigstens nichts Entscheidendes, wohl aber, daß die Qual der Verdammten ewig dauern soll. Was sind es denn nun für süße Träume, womit Herr Magister Nothanker und alle seine Anhänger die ohnehin sichere Menschen einzuschläfern suchen? Laßt uns eilen, mit den Ersten über den Jordan zu kommen und es dann machen, wie der selige erleuchtete Tersteegen. Dieser theure Mann wurde wegen der endlichen Erlösung der Verdammten um seine Meynung gefragt, worauf er weislich antwortete: Ich bin ein Kind im Hause Gottes und nicht sein Geheimerath. Laßt uns ebenso denken, ein jeder sorge für seine und seines Nächsten Glückseligkeit und lasse Gott für die Ewigkeit sorgen, er wird alles wohl machen.

Hier will ich meine Theodicee beschließen, sie macht mein Glaubensbekenntniß aus und enthält zugleich die Gründe, worauf ich es baue. Würde nun gleich ein Engel vom Himmel kommen und mir ein ander Evangelium predigen, so würde ich es gar nicht annehmen. Sind aber hier oder dorten Beweisführungen, Nebengedanken oder so etwas, das unrichtig geschlossen oder gedacht ist, so habe man die Liebe für mich und zeige mir meine Fehler, so werde ich sie öffentlich verbessern, und wo irgend etwas undeutlich ist, da fordere man Erläuterung und, wo ein Mißverstand entstehen könnte, man zeige mir es an, so werde ichs verbessern und gestehen: daß ich ein sehr schwacher, fehlbarer Mensch bin.

Gott lasse durch Christum und seinen Geist auch diese Bogen hier und da gesegnet seyn, zum Preise seines Namens und zu seiner Verherrlichung in Zeit und Ewigkeit!

Vertheidigung der Schleuder des Hirtenknaben.

Ich war Anfangs nicht Willens, die Anmerkungen des Herrn v. Br. zu Crefeld zu widerlegen, ich werde aber unter der Hand inne, daß doch viele überhinfahrende Köpfe von den Scheingründen meines Gegners überrascht werden. Ich will daher mich gegen ihn verantworten; dasjenige aber, was schon in der Theodicee widerlegt worden, werde ich übergehen.

Ich habe von Jugend alle Partheien, die sich unter beiden protestantischen Gemeinden aufhalten, mit Wahrheitsliebe, aber auch mit Anhänglichkeit durchgangen, ich habe alles untersucht und gefunden, daß überall menschlicher Verfall auch die heiligsten und besten Dinge befleckte, daß alle Gemein- und Brüderschaften mit den heiligsten Absichten doch in kurzer Zeit viel geschwinder ausarten und ins Tolle und Ungereimte übergingen, als die protestantische Kirche selbst. Ich begonnte daher aufmerksamer die Mängel dieser Kirche zu untersuchen, aber auch den Nutzen, den dieselbe stiftete. Zu dieser Zeit gerieth ich in die große Welt und kam auf die hohe Schule, ich wurde mit Deutschlands größten Genies bekannt. Ich wurde in die schönen Wissenschaften hineingerissen; ich wurde angefeuert, dies und jenes zu schreiben, mit einem Wort, ich wurde durch die sonderbare Freundschaft großer Männer gleichsam als wie durch einen Strom fortgerissen, ich las die besten Originaldichter und Schriftsteller Englands und Deutschlands und bekam gar bald meinen Antheil an Geschmack, Beurtheilungskraft und Ton der großen Welt.

Durch diese und dergleichen Mittel wurde mir auch der Zustand der Freigeisterei, des Religionszweifels, des Deismus und der Religion selber offenbar; ich stutzte, las, dachte, las wieder, bald dieses, bald jenes; ich wurde irre an meinem Glauben; ich war von Jugend auf in der praktischen wahren Gottseligkeit erzogen; ich war unter Gebet und Thränen meines frommen Vaters erzogen, alles dieses setzte mich zu gewissen Zeiten in eine wunderbare Fassung. Und wenn die ewige Liebe in Christo mich nicht durch ganz sonderbare Wege geführt hätte, wenn ich nicht aus der Hand Gottes alle meine Bedürfnisse hätte holen müssen und also täglich brünstig zu beten genöthigt gewesen wäre, so wäre ich gescheitert und vielleicht ein angesehenes, großes Genie, aber zugleich auch ein für Gott und Christum verlorenes Schaf geworden.

Ich stund also immer in der größten Abhänglichkeit von der göttlichen Vorsehung. Sie bestrafte mich immerfort auf frischer That durch äussere und innere Leiden, sobald ich nur im Mindesten von der klaren evangelischen Wahrheit entweder theoretisch oder praktisch abwich, und sie behandelt mich noch immer so. Ich muß es zum Preise meines Erlösers sagen, wenn ich ein Freigeist geworden wäre, so hätte ich die größte Verdammniß verdient unter allen Menschen, von Adam an bis dahin. Denn mir sind Stunden bekannt, in welchen ich mit brünstiger Wahrheitsliebe um Gewißheit in diesem oder jenem Theil der Religion gebeten und gar Gott mit Vermessenheit auf die Probe gesetzt habe, und er hat mich wirklich erhalten und durch ganz sonderbare Mittel überzeugt und zur Wahrheit geführt. Ich erkenne nunmehr ganz gewiß, daß die protestantische Kirche, mit allen ihren Mängeln und Gebrechen, doch noch die Lehre Christi und seiner Apostel nach der Wahrheit lehre, wenn auch schon hie und da unnöthige Sachen nebeneinschleichen; daß sie die reinste Parthei unter den Christen sey, was die Symbolen betrifft und daß ich daher verbunden sey, mich zu ihr zu halten und mich ihr zu unterwerfen.

Ich weiß ferner aus der Erfahrung, daß alle Religionsverbesserung von Anbeginn bis dahin fruchtlos gewesen, wenn sie nicht den Hauptzweck gehabt hat, das menschliche Herz zu bessern; daß ferner keine wahre Herzensbesserung möglich ist, so lange die Grundverdorbenheit des Menschen geläugnet wird; und ich weiß also vollkommen gewiß, daß alle heutige sogenannte Verfeinerung und Verbesserung der Religion den Umsturz Deutschlands und der ganzen christlichen Religionsverfassung unfehlbar beschleunigen wird, wo nicht der Hauptpunkt vom Fall Adams mit allen seinen Folgen ins hellste Licht gesetzt und gelehrt wird; unsere europäische Staatsverfassung ist mit der Religionsverfassung so genau verwebt, daß keines ohne das andere bestehen kann. Und wo bleibt der Grund des Christenthums, wann der Fall Adams geläugnet wird?

In dieser Gemüthsgestalt und Ueberzeugung fiel mir in einer gewissen Stadt, wohin ich in Geschäften gereist war und wo ich bei einem, allen Belletristen wohlbekannten, rechtschaffenen Mann logirte, der Roman: Leben und Meynungen des Magister Sebaldus Nothanker, und zwar der erste Band, in die Hand. Der Besitzer sagte mir den Verfasser dieses Buchs, von welchem ich bis dahin noch nichts weder gesehen noch gehört hatte; wenigstens ich konnte mich nichts davon erinnern. Sogleich bei dem Titel schwänete mir schon eine Nachahmung des Tristram Schandi und zweifelte schon, daß mehr als ein Stern in der Welt sey. Ich las und fand, daß ich mich nicht geirrt. Die Laune fand ich hölzern und boshaft, die Schilderungen aber gar zu sehr Karrikatur und verzerrt. Mein Freund, bei dem ich war, läugnete mir dieses nicht ab und gestund mir, daß die größten Kenner dieses alles so fänden, wie ich, nur daß man den Herrn Verfasser wegen anderer Verdienste schone und ihn dennoch ziemlich günstig recensire. Für den Pöbel aber sey es ein erwünschtes Buch, und sonderlich für halbe Kenner, die eben nicht sogar scharf denken und denken wollen.

Ich durchlief und durchlas dennoch den ersten Band und merkte gleich, daß das Buch eine Satyre auf den Lehrstand der Protestanten seyn sollte und daß dieses die Hauptabsicht des Verfassers wäre. Diese Absicht kam mir abscheulich vor. Denn so sehr ich einen Stauzius und Tuffelius hasse und verabscheue, so muß doch ein jeder rechtschaffener Patriot gestehen, daß die Satyre ganz und gar das Mittel nicht sey, den Lehrstand zu bessern. Niemalen hat die Satyre den erwünschten Effekt, in Religionssachen aber ist sie greulich. Man macht die Fehler der Lehre lächerlich, anstatt daß man darüber weinen sollte. Leichtsinnige Gemüther sehen nach einer solchen Lectüre den ganzen Lehrstand verächtlich an, und werden zum Spotten und zur Freigeisterei mit grossen Haufen gebildet. Wenn der Herr Verfasser des Nothankers selber unter dem Publikum herumginge und die Folgen beobachtete, die sein Buch macht, so würde er selbst schaudern.

Diesen verwichenen Herbst fand ich nun endlich auch den zweiten Band des Nothankers bei einem Freunde liegen, ich schlug ihn auf, durchblätterte ihn, und fand ihn noch viel schlimmer als den ersten. Ich wurde eifrig, setzte mich hin, und schrieb in einem Feuer die Schleuder nieder, so wie sie da ist.

Ich bekenne von Herzen, daß ich besser gethan hätte, wenn ich erstlich die Wallung hätte übergehen lassen, allein es ist nun geschehen, und ich bitte Herrn Nikolai alle Beleidigungen öffentlich und herzlich ab, was wirklich Beleidigungen sind; allein die Behauptungen der Schleuder, was die Religion betrifft, bekenne ich wahr zu seyn und weiche nicht davon, weder zur Rechten noch zur Linken bis in meinen Tod. Deswegen hab ich diese Theodicee geschrieben, um deutlicher zu zeigen, aus welchem Gesichtspunkt man die Sache beurtheilt habe und beurtheilen muß.

Ich wende mich aber nun zu den Anmerkungen, die Hr. von B . . über meine Schleuder herausgegeben hat. Alle Ironien über meine Person dienen nicht zur Hauptsache, ich werde mich gar nicht, weder nun noch jemals damit aufhalten. H. N . . . mag mich behandeln, wie er will, und alle Menschen wie sie wollen, darauf werde ich nie antworten, aber die Wahrheit, die Ehre Gottes und der Religion will ich vertheidigen, so lang ich kann.

Nur ein Gefühl des Unrechts, das einem um Deutschland

verdienten Manne durch meine Schleuder geschehen ist, treibt meinen Herrn Gegner an, Anmerkungen dazu zu schreiben. (Siehe die Vorrede.) Diese Verdienste des Herrn N... erzählet er daher; wären nur die Freuden des jungen Werthers weggeblieben, die gehören gewiß nicht dahin. Diese Brochüre verkleinert das größte Genie Deutschlands, aus Herrn Wielands und mehrerer Ephoren Mund zu reden. Einsichtsvoller Kunstkenner — ist noch ein Problem. Ferner: Kabale, Autorhaß und gelehrter Stolz sind die Triebfedern, die mich zum Schreiben der Schleuder angefeuert haben, dieses weiß Gott am besten, ich habe es oben gesagt, was mich angetrieben habe. Doch weiter:

Seite 1. der Anmerkungen.

Ich soll meinem Gewissen nicht mehr folgen, das mich antreibt, Grobheiten zu sagen, die sich gesittete Menschen nicht erlauben. Christus sagt aber gar oft zu den Pharisäern: Ihr Schlangen und Otterngezüchte! ihr Heuchler! ihr übertünchte Gräber! alles das hab ich lange dem Herrn N... noch nicht gesagt, und doch sag ich ihm Grobheiten, man vergleiche, mit wem Christus zu thun hatte, und mit wem ich zu thun habe.

S. 2. Ueber meine Freigeistergeschichte verliert mein Gegner wenig Worte, sie sey nur ein flüchtiger Einfall von mir, zum Behuf schmähsichtiger Absichten ersonnen. Wo ist der Beweis davon, Herr von Br.? die Sache redet ja von selbst. Freilich haben Leibnitz und Wolf die Philosophie reformirt, ich sage ja in der Schleuder, ihre Philosophie sey die beste, die wir hätten; ich zeige da ja auch, auf welche Weise sie der Religion geschadet habe. Das berühren Sie aber nicht, widerlegen es auch nicht, sondern sagen da etwas in den Wind, das gar ohne Grund ist. Wer dieses alles da unpartheiisch in der Schleuder liest, der muß mich entschuldigen. Allein mein Gegner will mir eben den Kopf waschen.

S. 3. Man überlege doch einmal, was mein Gegner diese Seite herunter sagt: Der preziöse, mystische, tändelnde, unverständliche Vortrag vieler Lehrer u. s. w. sey Schuld an der Freigeisterei, und doch ist der Kanzelton vor und nach der Reformation noch viel elender gewesen, ohne Freigeister zu erzeugen. Warum thut er es denn doch jetzt just in unsern Tagen? — Merken Sie doch, Herr v. Br.! es läßt sich vieles sagen: aber wer widerlegen will, der muß auch beweisen. Sie haben aber in ihren Anmerkungen nicht einen einzigen Vorwurf, den Sie mir machen, mit gründlicher logischer Gelehrsamkeit und Wissenschaft dargethan. Mit blosem Geschwätz kann man wohl Kinder bang machen. Sagen Sie mir doch, was ist vernünftiger Glaube? Wenn Sie hier durch denselben den wahren Glauben des Christen verstehen, wie ich sehe, daß Sie wirklich thun, so entsteht der Glaube an Christum durch Untersuchung, Prüfung und Zweifel; das ist doch wahrhaftig elend genug. Sie unterscheiden nicht den Ursprung des historischen Glaubens von dem Ursprunge des seligmachenden Glaubens. Meynen Sie denn, die Ueberzeugung der Gewißheit, daß die evangelische Geschichte wahr sey, sey der Glaube, der das Herz bessert, er sey der Glaube, der uns fähig macht, uns und unsern eigenen Willen an Christum aufzuopfern? — Kennen Sie unsere Bedürfnisse noch nicht besser? Das Herz muß durch Erfahrung überzeugt seyn, es muß fühlen und empfinden, daß es einen Erlöser nöthig habe, es findet ihn und glaubt mit unaussprechlicher Freude. Und im übrigen sage ich mit vollem Recht: Ja, Hr. v. Br. laßt alle Künste und Wissenschaften steigen, die Religion muß, wie sie Christus und die Apostel gelehrt haben, das ist: beim Alten bleiben. Verlangen Sie denn eine andere?

S. 6 und 7. Hören Sie, liebster Hr. von Br., auf diesen zwei Seiten muß ich Ihrer wirklich schonen, und das aus Hochachtung gegen Ihren Charakter, ich würde Sie sonst bis zum Schämen blosstellen. Also nur dieses: Was habe ich in der Schleuder behauptet? Gewiß nicht, daß Stauz und Tüffel wackere fromme Männer sind, und eben so wenig, daß böse Müdlinge von Lehrern wirklich wahre Hirten der Heerde nach dem Sinne Christi sind, hätte ich dieses behauptet, so hätten Sie auch ganz recht, allein wer nur halb sehen will, der versteht meinen Sinn wohl. Ich behaupte nämlich: so lange die Grund- und Glaubenslehre im Ganzen richtig gelehrt und vorgetragen wird, so sind diejenigen, die sie vortragen, Diener und Gesandten Christi, in so weit ihre Lehre rechtsinnig ist, wenn sie auch sonsten schwache und verdorbene Menschen sind.

Und wehe dem, der sich untersteht, Satyren auf sie zu machen, NB. ohne dazu das Muster eines Lehrers, wie er wirklich seyn soll, vor Augen zu stellen. Man soll solche Fehler beklagen und die Menschen, anstatt darüber zu lachen und zu spotten, weinen machen. Dieses ist meine Meynung und Absicht. Wer mit Nachdenken und Menschenkenntniß den Nothanker liest, wird finden, daß das Urtheil, welches ich dem Richter der Menschen S. 18. der Schleuder sagen lasse, grundrichtig ist. Wie schief sind nicht die Anwendungen, werther Freund! die Sie S. 7. machen. Die protestantischen Prediger und die Pharisäer und Sadduccäer. Christus weint über diese, folglich darf Herr N . . . jene verspotten. Leute, die die Lehre Christi am reinsten in der Christenheit lehren, gehören die neben die Pharisäer?

Erasmus, Luther, Thomasius, Gottfried, Arnold, u. s. w. bestrafen den Verfall ihrer Zeiten, ein jeder nach seiner Art, aber womit hatten's die zu thun? Die erstern mit der äusserst verfallenen, in Lehr und Leben verdorbenen, römischen Geistlichkeit, und letzterer mit dem Ueberrest dieser Verdorbenheit unter den Protestanten. Seit der Zeit ist aber die Geistlichkeit durchgehends besser worden. Der sanfte Arnold, wo ist dessen Groll? Ich kenne seine Kirchen- und Ketzerhistorie durch und durch, und weiß seine Fehler gar wohl, Groll aber finde ich bei dem frommen Mann eben nicht.

Ist das dann vernünftiger Vergleich, wenn man die auf der Neige stehende protestantische Kirchenverfassung, wenn sie Gott nicht rettet, die wegen des Unglaubens, und nicht wegen des Aberglaubens und Pharisäismus auf der Neige stehende Kirche mit dem tiefsten Aberglauben vergleicht, dem der verehrungswürdige Verfasser der Briefe über das Mönchswesen so muthig entgegen geht? Darf deswegen jemand noch auftreten und lächerliche und ungereimte (Niemand lächerlich und ungereimt, als der den Unglauben schon aufgefaßt hat, oder der hie und da die personelle schändliche Züge eines gottlosen unwürdigen Pfaffen, die man vor Auswärtigen bedecken sollte, die nicht mehr allgemein herrschend sind, beobachtet), ich sage, darf deswegen jemand auftreten und solche einzelne unmenschliche Auftritte eines Stanzius als herrschende Laster der protestantischen Geistlichkeit besatyrisiren und belachen? Preisen Sie mir ja des würdigen Sulzers Theorie nicht an, ich weiß gar wohl, wie weit die Satyre und ernstliche Bestrafung gehen muß und sehen Sie einmal die Sache unpartheiisch an, schlagen Sie dann die Augen nieder. Vor dem, der auf dem Stuhl sitzt!!!

Nun folgen einige nicht beantwortenswürdige Ironien, sie sind personell, es gilt der Welt einerlei, ob ich ein Kunstkenner bin oder nicht.

S. 15. Ich der Bannstrahlenwerfende! — Welch ein Ausdruck, mein Freund! — Die Summe des Guten soll ungeachtet der menschlichen Verdorbenheit größer seyn, als das Böse, wer läugnet das! Ich sage nur, daß alles Gute in dem Reiche Gottes durch die Gnade gewirkt, und gar nichts Gutes von den Menschen aus eignen Kräften vorgebracht werde; sondern daß der natürliche Mensch nicht einmal etwas Gutes von sich selber denken, geschweige ausüben könne, wie der Pietist gar recht mit Paulo behauptet, ja daß, wie ich in der Theodicee bewiesen habe, alle Tugenden des Naturmenschen, wenn sie nicht aus den Anstalten Gottes herfließen, und also durch die Gnade gewirkt werden, ein Greuel in den Augen Gottes sind. Ja, es ist gewiß, daß alle Nothanker'sche Lehren, die von eigenen Kräften zum Guten, von Würde und Güte in der menschlichen Natur reden, mit Gewalt die Lehre von der Erlösung durch Christum schwächen. Der Mensch sey immer gründlich übergeben an die Gnade und den Geist Christi, und halte an um Kraft wider die Sünde, so wird er einsehen, daß alle eigene Werke mit Sünden befleckt sind, und daß er aus Gnaden sey, was er ist. Sind das Bannstrahlen? — Rede ich nicht die klare Lehre der Offenbarung Gottes an die Menschen? Wenn Sie mich widerlegen wollen, so müssen Sie mich aus der Bibel widerlegen. Sie widerlegen mich aber aus Ihrem eigenen Glaubenssystem; wer garantirt mir aber dasselbe? Es zeugt gar zu sehr, wes Geistes Kind sie waren, da sie die Anmerkungen niedergeschrieben!!!

S. 16. Sie retten hier ihren Nothanker sehr übel. Der Pietist schreibt alles der Gnade zu, der Magister aber nicht alles, nämlich das Gute. Nothanker sagt recht hämisch und spottend: Die Gnade wirke nicht, wie ein Keil auf's Klotz, das hatte aber auch der Pietist nicht behauptet, sondern nur; der Mensch müsse sich von der Gnade bewirken lassen; das ist, er muß sich an dieselbe übergeben. Nothankers Antworten sind immer, als wenn man jemand seine Worte verdrehen und lächerlich machen will. Beweisen müssen Sie, daß unsere Begriffe von der Gnade ketzerisch sind. Mein Gott! Sie sagen eine Menge Zeug daher, beweisen aber nichts, gar nichts. Mache ich Luftstreiche! Sie sagen's, beweisen's aber nicht.

S. 17. Ich habe in der Schleuder gesagt, die Verbesserung der Kirchengesänge sey mehrentheils Thorheit, nämlich wie sie jetzt in der Kirche hie und da vorgenommen wird. Sie aber wischen über mich her, und behandeln mich, als wenn ich gesagt hätte: alle Liederverbesserung, die jemals geschehen wäre, und die noch jetzt geschieht, sey Thorheit. Das sind wohl Luftstreiche, das ist mir nie in den Sinn gekommen. Gehen Sie nun recht und vernünftig zu Werke, lieber Herr v. Br.? Kann das auf die Verbesserung der Lieder von unsern Vorfahren auch nur mit den Haaren gezogen werden? — Und wenn Sebaldus sich auf das Vaterunser beruft, ist das nicht recht elend? Der Pietist redet vom Proceß, den ein Christ durchgehen muß, und da setzt Nothanker gegen, er bete das Vaterunser, darinnen stehe nichts vom Durchbruch, vom Bundesblut u. s. w., ist das dann treffend?

S. 19. Verdrehen Sie mir wiederum meinen Sinn. Ich sage ja gar nicht, daß Sebaldus keine Gnade hatte, ich ziehe nur eine Consequenz aus seinen Worten: Er hatte vorhin Würde und Kräfte zum Guten dem Menschen beigelegt, und ist doch so verträglich gegen die Räuber, welches er ohne die Wirkung der Gnade nicht konnte, ich will hier nur einen Widerspruch im Charakter des Nothankers zeigen, das hätten Sie wohl sehen können, wenn es Ihnen nur um die Wahrheit zu thun gewesen wäre.

Und ebenso schändlich verdrehen Sie mir die Worte: Man gehe immer sicherer, dem muthwilligen Volk härter zu drohen, als man willens ist zu strafen. Nun zittern Sie doch vor der Folge, die Sie daraus ziehen! — Denken Sie doch einmal nach, ob das freundschaftlich und christlich sey, auf eine so fatale Weise die Worte zu verdrehen. Ich hatte erst bewiesen, daß das alte Lied von der Ewigkeit der Höllenstrafen den Ausdrücken der Offenbarung nicht widerspreche. Und hernach sage ich, dieses Lied könne noch wohl einen rohen Menschen vom Verderben zurückscheuchen. Es sey besser, lieber zu hart zu drohen, als die Sache zu leicht zu machen. Hier habe ich das Lied im Gesicht. Wer wird aber hieraus folgern können, meine Meynung sey gewesen, Gott drohe härter, als er willens sey zu strafen, oder daß die Prediger die Folgen der Sünde härter machten, als sie seyen. Bedenken Sie doch, wie ungerecht sie mich behandeln.

S. 20. Philosophie eines Doktors, Menschenverstand, Menschenempfindung. — Halt! halt! nicht so eifrig, mein Herr und Freund! Mit wem kämpfen Sie? Was eifern Sie? — Ich sage mit der ganzen christlichen Kirche, wir werden in jener Welt den Engeln gleich seyn. Diejenigen Bande der Blutsfreundschaft, die nur Beziehung auf die Weltverfassung haben, werden nicht mehr seyn. Wenn meine Gattin und Kinder Gott fürchten, und ich werde sie folglich zur Rechten Christi neben mir sehen, wie groß wird meine Freude seyn! Wenn sie aber gottlos gewesen sind und alle ihre Greuel vor dem göttlichen Gericht offenbar werden, sollte ich sie da noch lieben können? Wird ein Mann seine Frau noch lieben, wenn er entdeckt, daß sie eine schändliche Hure ist, die ihm vielmal untreu geworden ist? Werde ich meinen Sohn noch lieben, wenn ich gewahr werde, daß er ein Ungeheuer ist, das mir nach dem Leben steht!

Und wird meines herrlichen Königs Jesus, den ich denn in aller seiner Glorie und Liebenswürdigkeit vom Angesicht schauen werde, Ehre und Beleidigung nicht die meinige seyn? Bin ich nicht hier schon schuldig, Eltern, Weib und Kinder um seinetwillen zu verläugnen, wenn sie mich im Christenthum hindern? Wie vielmehr dermaleins, wann diese Bande getrennt seyn werden!

Ist nun ihr Spott nicht entsetzlich! Sie sagen: Wer verlangt nicht des gründlichen Mannes (das bin ich, meine Leser) Seelenlehre einst in groß Folio gedruckt zu sehen! 2c. Erbärmlich! erbärmlich schlechte Widerlegung und Folgerung! Ich möchte aufhören, mich mit dergleichen ungegründeten unbewiesenen leeren Ironien zu beschäftigen; es ist Zeitverderb.

Meine heruntergestürzte und vernichtigte Kunstkenntniß übergehe ich wieder. Die größten Genie's Deutschlands reden mit mir aus einem Munde. Doch fällt mir auf; S. 23. geben Sie mir Schuld, ich habe behauptet: die Räuber, die den Pietisten plünderten, seyen eben dieselben, die den Postwagen geplündert hatten. Wo steht das in der Schleuder? Ich sage: vor ein paar Stunden sey der Postwagen geplündert worden, und doch seyen die Räuber (nämlich diejenigen, die den Pietisten beraubten) gar nicht bang gewesen, u. s. w. Ist es denn nicht höchst unwahrscheinlich, daß so nahe bei Berlin zweimal Räubereien hinter einander auf einer Straße geschehen? —

S. 24. Ist kein Unterschied zwischen Werkheiligkeit und wahrer Heiligkeit? — Ist kein Unterschied unter den Tugenden, die ich in der Absicht thue, ein tugendsamer, vortrefflicher Mann zu heißen, und unter den Werken, die ich im Verborgenen thue, Gott zu verherrlichen und meinem Nächsten zu dienen? Ist kein Unterschied zwischen Pharisäismus und den verborgenen guten Handlungen des Christen? Wo hatten Sie die Gedanken, Mein Herr! wie Sie das Ding dahin schrieben? — Und bei dem all ironisiren und spotten Sie meiner.

Den erläuterten Sillogismus mag man nur in der Schleuder in Ihren Anmerkungen, und seine Prämissen im Nothanker lesen, wenn es der Mühe werth ist, der wird sehen, daß ich vollkommen recht geschlossen habe.

S. 27. Ich habe behauptet, der Pietist rede im Nothanker die Sprache der Religion bis dahin, daß er sich selbst nicht gleich ist. Sie sagen darauf: man solle doch einmal hinsehen, was ich vor unüberlegtes Zeug schriebe! Ich widerspreche mir selbsten. Sie sagen das, ohne es zu beweisen, und jemalen beweisen zu können.

S. 28. Was braucht's viel Untersuchens, ob Herr N. das Lamm habe wollen lächerlich machen oder nicht; genug, es wird lächerlich. Ein jeder, der nicht gar ein zart Gewissen hat, lacht hier aus vollem Halse. Und weß lacht er denn? Er lacht des Lammes am unrechten Ort. Wer hat es an den unrechten Ort gestellt? Herr N. um Leute lachen zu machen, man braucht nur Augen, um das zu sehen. Was aber das anbetenswürdige Lamm, das geschlachtet ist, vor Grundlegung der Welt dazu sagen wird, das kommt mir nicht zu, weiter zu untersuchen. Und Sie vertheidigen diesen Greuel, diese evidente Lästerung!!!

Herr v. Br. es ist mir unmöglich, zu begreifen, wie Sie sich so sehr haben vergessen können, um auf eine, ich muß es sagen, boshafte Weise ein Buch zu vertheidigen, das doch wahrhaftig kein rechtschaffener Mann, wenn er es auch liest, davor ansieht, daß es nützlich sey, alle wohldenkende Leute, und die glimpflichsten sagen doch immer: Herr N. hätte besser gethan, wenn er das Buch nie geschrieben hätte. Sie glauben: ein wahrer Pietist könne das Buch lesen. Wie reden Sie doch gegen ihr Herz; Sie wissen's ja besser, soll ich Sie überführen, daß Sie selbsten eingestehen müssen und in der That überzeugt sind, das Buch sey dem Christenthum schädlicher als nützlich. Ich mag Ihnen den Prediger nicht nennen, Sie haben ihn vielleicht wohl gekannt. Ein Mann, von dem niemand in der Welt sagen konnte, er sey kein Christ, ein Mann, den Lavater, den Jacobi, den alle Menschen liebten, und der ebenso Gott und alle Menschen liebte, der toleranteste, liebenswürdigste, theuerste Mann, der keinen Feind in der Welt hatte, und niemand feind war; was soll ich sagen: ein Mann, der alles las und mit Liebe beurtheilte; bei seinem Andenken blutet mir das Herz, und es blutet allen, die ihn gekannt haben; er starb in der Blüthe seiner Jahre.

Dieser mein verklärter Freund fragte mich einmal, ob ich Wielands Agathon gelesen hätte, ich sagte ja. Er fragte mich, ob ich es für gut fände, daß er ihn lese, ich rieth ihm das ab. Doch er bestund darauf und sagte: ein Prediger muß alle Bücher kennen, wie kann er sonst urtheilen, rathen und warnen. Nach einiger Zeit kam ich wieder zu ihm, nun hatte er nicht allein den Agathon, sondern auch den ersten Band vom Nothanker gelesen. Freund! sagte er zu mir, Agathon reizt zur Wollust, aber auch zur Wiederkehr. Nothanker aber (hier kamen zwei Thränen die Wangen herunter) zeugt Religionsspötter die Menge, ohne Hoffnung der Besserung.

Sie wollen Ihren Hrn. N. entschuldigen — Doch ich bin wahrlich müde, und entschlossen aufzuhören. Ihre Anmerkungen vom Anfang bis zu Ende machen mir nicht einen einzigen Vorwurf, den Sie beweisen können, wenn ich Beweis forderte. Das ganze Büchelchen ist eine Ironie und Spott über meine Person und Schleuder. Geben Sie Gott die Ehre! Ich weiß, daß Sie denselben fürchten und verehren, und gehen Sie in der Stille auf ihr Kämmerchen. Flehen Sie dem Vater der Menschen, daß er wegen dieser Sache nicht mit Ihnen ins Gericht gehen wolle, sonst wird es schlecht aussehen.

Ein deutscher Roman, der nicht feine subtile, dem Pöbel unmerkbarere Lehren enthält, sondern der gerades Weges auf gut Deutsch diejenigen lächerlich macht, die das einzige Band der Ordnung und der bürgerlichen Zucht in der Hand haben; der über Gnade, Höllenstrafen, Lamm und andere den Christen ernsthafte und zum Theil heilige Sachen ein paar schlechte Leute lächerlich raisonniren läßt, und dergleichen Dinge der Reihe nach mehr.

Ein solcher Roman ist schädlich, und wer denselben vertheidiget, handelt sehr unweislich.

Der Tag, an welchem die Gedanken, Worte und Werke aller Menschen, sowie sie ihrer Natur nach sind, offenbar und aufgedeckt werden sollen, der wird auch mich und meine Schriften aufdecken, und dann werden Anmerkungen, Vertheidigungen und Beleuchtungen gar nicht mehr nöthig seyn; sondern wir werden alle sagen und bekennen müssen, daß wir unnütze Knechte sind, auch dann, wenn wir gethan haben, was unsere Schuldigkeit war. Darum laßt uns ferner keine Ehre mehr bei Menschen suchen, sondern sie Gott allein geben, dem sie gebühret.

Lightning Source UK Ltd.
Milton Keynes UK
UKHW020824201218
334296UK00009B/1192/P

9 780260 985637